INVESTMENTS

9th Edition

投资学

（原书第9版）

滋维·博迪（Zvi Bodie）（波士顿大学）

（美） **亚历克斯·凯恩**（Alex Kane）（加利福尼亚大学） 著

艾伦 J. 马库斯（Alan J. Marcus）（波士顿学院）

汪昌云 张永冀 等译

机械工业出版社
China Machine Press

《投资学》是由三名美国知名学府的著名金融学教授撰写的优秀著作，是美国最好的商学院和管理学院的首选教材，在世界各国都有很大的影响，被广泛使用。自1999年《投资学》第4版以及2002年的第5版翻译引进中国以后，在国内的大学里，本书同样得到热烈反响和广泛运用。此为本书的第9版，作者在前8版的基础上根据近年来金融市场、投资环境的变化和投资理论的最新进展做了大幅度的内容更新和补充。全书详细讲解了投资领域中的风险组合理论、资本资产定价模型、套利定价理论、市场有效性、证券评估、衍生证券、资产组合管理等重要内容，并纳入了最新的2008年金融危机方面的相关内容。

本书观点权威，阐述详尽，结构清楚，设计独特，语言生动活泼，学生易于理解，内容上注重理论与实践的结合。本书适用于金融专业高年级本科生、研究生及MBA学生，金融领域的研究人员与从业者。

Zvi Bodie, Alex Kane, Alan J. Marcus. Investments, 9th Edition.
ISBN 0-07-353070-0

本书版权登记号：图字：01-2011-0654

图书在版编目（CIP）数据

投资学（原书第9版）/（美）博迪（Bodie, Z.），（美）凯恩（Kane, A.），（美）马库斯（Marcus, A. J.）著；汪昌云，张永冀等译. —北京：机械工业出版社，2012.7（2015.12 重印）
（华章教材经典译丛）
书名原文：Investments

ISBN 978-7-111-39028-2

Ⅰ. 投…　Ⅱ. ①博…　②凯…　③马…　④汪…　⑤张…　Ⅲ. 投资经济学　Ⅳ. F830.59

中国版本图书馆 CIP 数据核字（2012）第146090号

机械工业出版社（北京市西城区百万庄大街22号　邮政编码　100037）
责任编辑：宁　姗　　　版式设计：刘永青
北京盛兰兄弟印刷装订有限公司印刷
2015年12月第1版第10次印刷
214mm×275mm・42.5 印张
标准书号：ISBN 978-7-111-39028-2
定价：98.00元

凡购本书，如有缺页、倒页、脱页，由本社发行部调换
客服热线：（010）88379210；88361066
购书热线：（010）68326294；88379649；68995259
投稿热线：（010）88379007
读者信箱：hzjg@hzbook.com

译者序

FOREWORD

2008年，由美国次贷危机引发的金融海啸开始蔓延全球。时至今日，世界经济依然笼罩在金融危机的阴霾之中。在这种特殊的经济环境下，滋维·博迪等人撰写的第9版《投资学》应运而生。

博迪版《投资学》作为全美商学院投资学课程的首选教材，自1990年首版问世以来，随着金融市场的发展而变化，不断更新。除了内容的与时俱进，该书还配套编写了丰富的习题集，相应地，向教师提供习题答案、教辅材料及教学手册。美方出版商麦格劳－希尔公司还制作了丰富的网络教学资源，以满足教学的多样化需求。该书还是CFA考试的官方指定参考用书。书中两位作者均在美注册金融分析师协会从事研究，章节后提供了CFA考试真题和习题，对学生获取CFA认证资格也具有一定的价值。因此，本书问世至今，在世界各国都有广泛的使用，成为现代投资理论传播的重要途径。

我国的证券投资业历史虽短，但发展速度惊人。自20世纪90年代初沪深证券交易所建立以来，我国的股票市场从零起步，现已发展成市值规模仅次于美国的第二大股票市场；投资者群体规模居世界之首，到目前为止，沪深股市开户数已双双突破8 000万户；我国的期货市场交易量多年来以两位数平均增幅成长，在全球十大最活跃的期货合约中，一半以上来自中国期货交易所交易的合约；我国的股指期货上市两年多时间来，套利交易和套期保值策略已经为投资者广泛接受，并逐渐成为机构投资者的常规交易策略。毋庸置疑，我国金融市场尚处在发展的过程中，证券投资业也正在规范中走向成熟。尽管我们还缺乏体现中国特色的投资理论，但这一切丝毫不影响我们学习和发展以西方新古典经济学为基础的投资理论，相反，博迪等人撰写的《投资学》教材为探索和建立中国特色投资学理论奠定了一个重要的基础。

1999年《投资学》第4版介绍进中国以来，无论是在高等院校还是在金融业界均得到了读者的广泛认可和好评。它不仅是读者了解投资的入门读物，同时也是投资实业人员必备的案前工具书。我国的金融市场正处在规模快速增长，结构逐渐优化，产品、制度和机构创新有效突破的重要阶段。《投资学》以美国金融市场百年发展为基础，其中不仅有丰富的现代投资金融理论，更有发达市场金融在产品创新、风险控制方面的历史经验。因而，该教材的引进为中国投资领域的变革以及指导实际投资决策提供了极好的理论支持与经验参考。

本书距上一版中文译本已有三年，这三年中全球金融市场剧烈动荡。传统的金融理论正经受着史无前例的质疑。就像作者们在前言中提到："可能没有任何一个行业可以像金融业一样，使理论创新传播到行业实践成为如此司空见惯的事。这些新的变化给实践者和教师带来的挑战比短短几年前的情况要大得多。我们的教材不可避免地跟进了金融市场及其对世界的影响和变化。"博迪等教授加紧了教材的不断更新，力求贴近现实。在金融危机尘埃落定之时，第9版《投资学》开篇对此轮金融危机进行了阶段性的回顾与探讨。围绕着金融危机这一议题，本版在投资环境、金融机构、资产类别、证券交易等章节均增加了新的内容。

没有哪一个行业像投资领域一样更能反映出"创新"二字。新的金融产品和交易机制等使得这个行业10年前的知识在今天看来已经略显陈旧。对于一门不断对创新进行总结的学科，在专业词汇、用词习惯上，还没有形成标准的规范。这也是翻译过程中最大的困难之处。我们力求保持与学术界、金融业界一致的用语。尽管如此，依然存在着许多分歧巨大的用词与表述。

博迪等人撰写的《投资学》体系完整、内容丰富。鉴于国内高校投资学课程的学习时间多为一学期（16~18周），授课老师在一个学期内详尽讲授本教材的所有内容十分困难，实际教学过程中可能需要根据实际情况有选择地挑选主要章节详尽讲授，部分章节简明扼要地介绍，有些章节留给学生自学。我们分两种情况对教材内容的选择提出参考性意见。对于金融、投资以及财务管理专业的学生，投资学课程一般是专业基础课，因此，第1~13章是本课程的重点内容。第14~16章的内容因为另外开设有固定收益证券课程，故而在本课程教学中只需安排1周的课时进行介绍性讲授。同样，第20~23章的内容在金融衍生工具或金融工程课程中有较深入的展开，在本课程中也只需要安排1周的课时即可。第17~19章以及第24~28章可以留给学生自学。对于其他专业的学生，由于没有其他相应的金融专业课程，其重点内容应该是第5~16章以及第20~23章。第1~4章主要介绍投资环境、金融市场和金融机构，可以安排1~2周的课时进行介绍性讲授。其余部分留给学生自学。对于这一版本的教材，我们建议教师及学生更多地运用丰富的网络教学资源来提高教学效果。以译者多年的教学经验来看，如果配合Excel工具讲述投资建模，不仅可以加深学生对理论的理解，还可以提高学生的动手能力，对今后的实际工作也会有所帮助。

本书翻译工作的按期顺利完成是整个翻译师生团队共同努力的结果。参加本书翻译工作的有付安娜、黄羽佳、李莉、李曌、邵圆圆、汪昌云、吴萍萍、张珂、张磊、张韶恒、张永冀和张宇飞。汪昌云和张永冀对全部译稿进行了统改、补译、校对和定稿。

在此对所有为本书翻译工作付出了辛勤劳动的同学、老师和出版社的编辑王洪波表示衷心的感谢。对于译文中还存在着的不足之处，欢迎读者批评指正。

汪昌云　张永冀

2012年5月于北京

ABOUT THE AUTHORS 作者简介

滋维·博迪

滋维·博迪（Zvi Bodie）是波士顿大学管理学院金融学与经济学教授。他拥有麻省理工大学的博士学位，并且曾在哈佛商学院、麻省理工学院斯隆管理学院担任教职。博迪教授在养老金和投资策略领域的前沿专业期刊上发表过多篇文章。在与 CFA 认证的合作中，他最近做了一系列的网络广播，并且出版了专著《未来生命周期中的储蓄与投资》。

亚历克斯·凯恩

亚历克斯·凯恩（Alex Kane）是加利福尼亚大学圣迭戈分校国际关系和太平洋学院研究生院教授。他曾在东京大学经济系、哈佛商学院、哈佛肯尼迪政府学院做过访问教授，并在美国国家经济研究局担任助理研究员。凯恩教授在金融和管理类的期刊上发表过多篇文章，他的主要研究领域是公司理财、投资组合管理和资本市场。他最近的研究重点是市场波动的测量以及期权定价。

艾伦 J. 马库斯

艾伦 J. 马库斯（Alan J. Marcus）是波士顿学院卡罗尔管理学院的教授。他在麻省理工大学获得经济学博士学位。马库斯教授曾经在麻省理工学院斯隆管理学院和 Athens 工商管理实验室担任访问教授，并在美国国家经济研究局担任助理研究员。马库斯教授在资本市场以及投资组合领域发表过多篇文章。他的咨询工作也包括新产品研发以及为效用测评提供专业测试。他曾经在联邦住房担保贷款公司（房地美）做了两年的研究并开发出抵押贷款定价模型和信用风险模型。他最近在 CFA 认证机构中担任研究基金顾问委员会成员。

前言 PREFACE

本教材的第1版撰写于20多年以前。截至今天，投资领域经历了一个快速、深刻、不断变化的时期。这一方面的原因在于有大批新设计出来的证券种类，另一方面在于当今电子科技的进步使得许多新的交易策略创新得以付诸实践，此外，这也得益于投资理论界相关学术成果的快速发展，以及全球证券市场上发生的一些前所未见的大事件。可能没有任何一个行业可以像金融业一样，使理论创新传播到行业实践成为如此司空见惯的事。这些新的变化给实践者和教师带来的挑战比短短几年前的情况要大得多。我们的教材不可避免地跟进了金融市场及其对世界的影响和变化。

本书是一本为投资分析课程设计的教材。我们的指导原则是将资料按照一个核心的持续性框架进行整理并呈现给读者。我们努力去掉不必要的数学和技术细节，为学生和行业实践者提供一种投资直觉来指导他们面对行业实践中新的想法与挑战。

本教材将向您介绍所有投资者现在正在关注的主要问题，为您提供针对主流媒体报道甚至学术期刊涉及的当今重要问题和争论的分析技巧。无论您是否计划成为一名专业投资人，还是一名成熟的个人投资者，您都会发现我们所提供的技巧在当今变化多端的环境中的重要性。

本书的主要目标是为大家提供具有实际意义的资料，而本书三位作者都是金融经济学的研究者，我们发现本书所提供的所有资料都具有极高的知识趣味性。幸运的是，我们认为在投资领域追求真理与追求财富并不是相互矛盾的两件事。恰恰相反，资本资产定价模型、套利定价模型、有效市场假说、期权定价模型以及现代金融研究领域的重要成果不仅代表了科学界对知识探求的成果，而且对成熟投资者的实践同样具有极其重要的意义。

为了与实践靠得更近，我们还尝试与CFA机构保持一致。除了保持金融领域的研究以外，CFA机构还向获取CFA资格的人提供教育和注册资格项目。CFA提供的相关课程是杰出的学者和行业实践者对投资业所需要的核心知识所达成的共识。本教材也应用于许多财务计划协会（Financial Planning Association）和精算师协会（Society of Actuaries）的资格认证项目。

本教材的许多特色都与CFA课程保持一致。本书每一章末几乎都包含了部分CFA的往年考题。第3章包含了CFA的“职业道德和职业标准”的部分节选。第28章，在讨论投资者和投资过程的问题时，我们提供了CFA框架下系统性相关投资者目标和最终投资政策约束方面的内容。章节末的习题也包括考题编写组主要成员Kaplan Schweser提供的资料。

在第9版中，我们继续系统性地收集Excel表格，使本书比以往的版本能够提供更加深入地挖掘概念与思路的工具。

潜在的逻辑

在第 9 版教材中，我们涉及投资环境中的许多变化，包括金融危机中发生的前所未有的事件。

同时，许多基本的原则依然保持其一贯的重要性。我们相信关注少数几个重要的原则可以简化我们对复杂材料的学习，而这些基础性的原则应该贯穿并纳入整个学习过程。这些原则对于理解未来金融市场中的证券交易和金融工具创新来说至关重要。因此，我们将本书变成专题的性质，我们的所有经验都是参考现代金融的中心原理提供的。

本书贯穿始终的一个主题是：证券市场是接近有效的，大多数证券的定价取决于它们的风险和收益属性。在竞争性的金融市场，几乎找不到免费的午餐。这个简单的观察结果在投资决策的设计中体现出强有力的暗示，我们对投资策略的讨论都是在有效市场假说的指引下进行的。然而市场的有效程度永远是一个没有终点的讨论（本书用了整整一章来讨论行为金融对有效市场假说的挑战）。我们希望本书的讨论为当今的观点争鸣传递有益的批判。

特色主题

投资学围绕以下几个主题开展：

(1) 本书的第一个中心主题是像美国这样发展成熟、接近信息有效的市场，一般认为市场不会为参与者提供"免费的午餐"；第二个主题为风险与收益的权衡，这仍然属于"没有免费午餐"的范畴，它是指高收益的获得永远需要承担更高的投资风险。然而，这个观点留下了一些未回答的问题：我们应如何衡量一项资产的风险？如何计量风险与期望收益的权衡关系？我们运用现代投资组合理论来处理这些问题，这也是本书的一个编写原则。现代投资组合理论关注有效分散投资组合的技术和含义，我们不仅关注分散投资组合对组合风险的影响，同时也关注有效分散投资组合为合理计量风险及风险收益关系所带来的启示。

(2) 本书比其他教材更加注重资产配置的相关内容。我们选择这个侧重点有两个原因：首先，资产配置是每个投资者确确实实经历的过程。一开始你可能将所有的钱都放在银行账户里，接着你开始考虑如何将一部分资产投入到风险稍高的资产当中以便获得更高的期望收益。在这一步中我们常常会考虑到的风险资产类别包括股票、债券或房地产。这就是一项资产配置决策。其次，在大多数情况下，对于资产类别配置的重要性要远远高于证券选择决策的重要性。资产配置是投资组合风险收益性质的首要决定因素，所以在学习投资决策时也应该放在第一位来考虑。

(3) 相比其他投资学教材，本书提供了对期货、期权以及其他衍生证券市场更加广泛和深入的介绍。这些衍生金融市场对于整个金融环境来说已经变得至关重要，在某些情况下甚至已经成为主要的驱动力。无论你是想成为一名专业的金融从业人员还是一名成熟的投资者，我们唯一能做的就是在衍生金融市场变得更加精通。

第 9 版的变化

下面列出的是第 9 版教材中的一些变化和调整。这并不是一幅详尽的路线图，而是针对第 9 版教材的增减和变化做出一个概览性的说明。

第 1 章　投资环境　本章增加了对 2008 年金融危机及其起因的深入分析，背景资料包括一条时间线以及当前对系统性风险的主流观点。

第 2 章　资产类别与金融工具　在金融危机之后，对于某几类金融工具的了解和思考有待加强。因此本章增加了房利美和房地美的战略和失败案例。

第 3 章　证券是如何交易的　本章新增了 2008 年金融危机后对卖空限制的新政策及其对市场的启示。

第 5 章　风险与收益入门及历史回顾　本章对历史数据中风险与收益的内容进行了彻底的调整和修正，新增了尾部风险和极端事件的相关资料。

第 7 章　最优风险资产组合　我们增加了对长期股票风险以及时间分散化谬误的介绍。

第 9 章　资本资产定价模型　我们新增了对流动性风险和风险溢价的扩展介绍。

第 11 章　有效市场假说　本章增加了对 2008 年金融危机中证券价格泡沫更全面的介绍。

第 13 章　证券收益的实证依据　为了跟进最近的实证研究结果，我们修订并更新了资产定价中流动性风险所扮演的角色。

第 14 章　债券的价格与收益　我们新增了对信贷风险的讨论，主要关注信用违约掉期合约的介绍及其在 2008 年金融危机中所扮演的角色。

第 17 章　宏观经济分析与行业分析　本章新增对 2008 年以后宏观政策的思考和观察，包括对全球股票市场扩散以及货币与财政政策的介绍。

第 19 章　财务报表分析　我们详细分析了市场对市场会计以及新的 FASB 指导意见在危机背景下相矛盾的地方。

第 20 章　期权市场介绍　本章大部分内容与上一版保持一致，我们只新增了衍生工具风险管理的相关内容。

第 25 章　投资的国际分散化　本章对于国际分散化投资效力的相关数据进行了完整的更新，同时也增加了对国际市场 CAPM 的扩展性讨论。

第 26 章　对冲基金　我们纳入了风格分析和流动性对冲基金收益分析，我们也增加了麦道夫丑闻以及对冲基金在其中扮演的角色。

组织与内容

本教材的七大部分是相互独立的，可以安排多种教学顺序。由于本书所提供的资料足够分两个学期来学习，所以只用一个学期授课的老师需要对教学内容进行取舍。

第一部分是绪论性质的内容，主要对金融环境做了系统性的介绍。我们讨论了金融市场中的主要参与者，对在市场中交易的证券种类做了概览式的介绍，并解释了证券是如何、在何处进行交易的。我们同时也深入地讨论了共同基金以及其他投资公司的角色，而这些公司在我们个人投资者中正成为越来越重要的投资渠道。此外，最重要的一点在于，我们讨论了金融市场如何影响到全球经济的各个方面，就像我们在 2008 年金融危机中所看到的一样。

对于第一部分所提供的资料，授课老师应该尽早将各个项目分配到学期各阶段中。这些项目可能需要学生细致地分析某一类特定的证券。许多授课老师都愿意让学生参与到某种投资游戏当中，本书在这些章节中所提供的资料将有助于这一活动的开展。

第二部分和第三部分是现代投资组合理论的核心内容。第 5 章对风险和收益进行了总体的探讨，对历史收益从长期来看遵循风险和收益的权衡原则进行了相应的介绍，并介绍了股票收益分布的相关内容。我们在第 6 章更加细致地关注投资者的风险偏好及其在资产配置过程中的表现。在接下来的第 7 章和第 8 章我们分别讨论了组合最优化（第 7 章）以及利用指数模型来实施组合最优化的过程（第 8 章）。

在介绍了第二部分现代投资组合理论以后，我们在第三部分对该理论风险资产期望收益的均衡结构做了探讨。

第 9 章介绍了资本资产定价模型，第 10 章对多因素风险以及套利定价理论做了介绍。第 11 章介绍并讨论了有效市场假说理论以及支持和反对有效市场假说的实证证据。第 12 章介绍了行为金融学对市场理性的挑战。最后我们以第 13 章“证券收益的实证依据”对第三部分做了总结。该部分包括风险收益关系以及流动性对资产定价的影响。

第四部分是对证券估值相关内容的介绍。该部分首先对固定收益证券——债券的价格与收益（第 14 章）、利率的期限结构（第 15 章）以及利率风险管理（第 16 章）做了介绍。第五部分和第六部分主要与权益证券和衍生证券内容相关。如果您的课程着重点在证券分析并且不对投资组合理论进行介绍，那么您可以直接从第一部分跳到第四部分，本教材依然可以保持教学内容的连续性。

最后，第七部分介绍了对投资组合经理来说较为重要的几个论题，包括业绩评价、国际分散化投资、积极管理以及在投资组合管理过程中的协议等实际问题。该部分还包括一章有关对冲基金的内容。

教学建议 SUGGESTION

教学目的

本课程教学的目的在于让学生掌握投资学的基本知识和原理，主要包括投资组合理论与实践、资本市场均衡、固定收益证券、证券分析、期权期货与其他衍生证券，以及应用投资组合管理七个部分，要求学生从多个方面掌握投资的相关知识。本教材不仅全面介绍了投资学的相关理论知识，而且介绍了其最新发展情况，从而使学生在掌握与投资相关的基本理论的同时，了解其最新的发展动向。

前期需要掌握的知识

金融学、微观经济学、宏观经济学、会计学、财务管理等课程相关知识。

课时分布建议

教学内容	学习要点	课时安排	
		本科	研究生
第 1 章 投资环境	（1）了解实物资产与金融资产的区别 （2）掌握金融市场的类型 （3）了解投资过程 （4）了解 2008 年金融危机的相关情况	1	1
第 2 章 资产类别与金融工具	（1）了解金融资产的类型 （2）掌握货币市场、债券市场与股权市场 （3）掌握股票市场指数和债券市场指数 （4）了解衍生金融工具	1	1
第 3 章 证券是如何交易的	（1）理解公司是如何发行证券的 （2）理解证券的交易过程 （3）了解美国的证券市场 （4）掌握交易成本 （5）理解证券市场监管	1	1
第 4 章 共同基金与其他投资公司	（1）理解投资公司的类型 （2）掌握共同基金及其投资成本与所得税 （3）了解交易所交易基金	1	1

（续）

教学内容	学习要点	课时安排	
		本科	研究生
第 5 章 风险与收益入门及历史回顾	(1) 掌握利率水平的决定因素 (2) 掌握持有期收益率 (3) 掌握风险与风险溢价的相关内容 (4) 了解正态分布、非正态分布的风险度量 (5) 理解风险投资组合的历史收益	3	1
第 6 章 风险厌恶与风险资产配置	(1) 掌握风险与风险厌恶的概念 (2) 理解资本配置的过程 (3) 掌握无风险资产的概念 (4) 掌握资本市场线的概念 (5) 了解单一资产的投资组合	2	1
第 7 章 最优风险资产组合	(1) 掌握分散化的概念 (2) 了解信用保险与保证保险的区别 (3) 理解资产在股票、债券与短期国库券之间的配置过程 (4) 掌握马科维茨投资组合选择模型	3	1
第 8 章 指数模型	(1) 理解证券市场的单因素模型 (2) 了解单指数模型 (3) 了解指数模型在投资组合管理中的实际应用	2	1
第 9 章 资本资产定价模型	(1) 掌握资本资产定价模型 (2) 理解资本资产定价模型与指数模型的关系 (3) 了解资本资产定价模型的拓展形式 (4) 理解流动性与资本资产定价模型的关系	2	1
第 10 章 套利定价理论与 风险收益多因素模型	(1) 理解多因素模型 (2) 掌握套利定价理论 (3) 掌握多因素套利定价理论 (4) 了解多因素资本资产定价模型与套利定价理论之间的关系	2	1
第 11 章 有效市场假说	(1) 理解随机漫步的概念 (2) 掌握有效市场假说的内容 (3) 了解共同基金与分析师业绩	2	1
第 12 章 行为金融与技术分析	(1) 了解行为学派的观点 (2) 理解技术分析的概念 (3) 了解技术分析与行为金融的关系	1	1
第 13 章 证券收益的实证依据	(1) 掌握指数模型与单因素套利定价模型 (2) 理解多因素 CAPM 和 APT 的检验 (3) 了解法玛 - 弗伦奇三因素模型 (4) 掌握流动性与资产定价	2	2
第 14 章 债券的价格与收益	(1) 掌握债券的特点 (2) 掌握债券的定价与收益率 (3) 理解违约风险与债券定价的关系	4	2
第 15 章 利率的期限结构	(1) 掌握收益曲线 (2) 掌握远期利率 (3) 理解利率的期限结构理论 (4) 理解作为远期合约的远期利率	3	2
第 16 章 债券资产组合管理	(1) 掌握利率风险 (2) 掌握消极债券管理 (3) 掌握积极债券管理	2	1
第 17 章 宏观经济分析与行业分析	(1) 了解全球的经济形势 (2) 了解美国国内的宏观经济形势 (3) 理解需求与供给对宏观经济的冲击 (4) 掌握商业周期	1	1

（续）

教学内容	学习要点	课时安排	
		本科	研究生
第 18 章 权益估值模型	（1）掌握比较估值 （2）掌握股票的内在价值与市场价格 （3）掌握股利贴现模型 （4）掌握市盈率 （5）掌握自由现金流估值方法	4	2
第 19 章 财务报表分析	（1）掌握主要的财务报表 （2）掌握会计利润与经济利润的概念和区别 （3）掌握赢利能力的度量方法 （4）掌握主要比率 （5）了解格雷厄姆技术	4	2
第 20 章 期权市场介绍	（1）掌握期权到期价值 （2）掌握期权策略 （3）掌握看涨期权与看跌期权的平价关系 （4）了解金融工程 （5）了解奇异期权	2	2
第 21 章 期权定价	（1）理解期权定价的限制 （2）掌握二项式期权定价方法 （3）掌握布莱克 – 斯科尔斯期权定价 （4）了解期权定价的实证依据	2	2
第 22 章 期货市场	（1）掌握期货合约的特点 （2）掌握期货市场的交易机制 （3）掌握期货市场策略 （4）理解期货价格与预期现货价格的关系	2	2
第 23 章 期货、互换与风险管理	（1）掌握外汇期货 （2）掌握股指期货 （3）掌握利率期货 （4）理解互换 （5）理解商品期货的定价	2	1
第 24 章 投资组合业绩评价	（1）理解传统的业绩评价理论 （2）掌握对冲基金的业绩评估 （3）掌握市场择时的概念 （4）理解业绩贡献分析程序	2	1
第 25 章 投资的国际分散化	（1）了解全球股票市场 （2）掌握国际投资的风险因素 （3）理解业绩贡献分析程序	2	1
第 26 章 对冲基金	（1）掌握对冲基金与共同基金 （2）掌握对冲基金策略 （3）掌握可携阿尔法的概念 （4）理解对冲基金的类型分析 （5）了解对冲基金的业绩评估和费用结构	1	1
第 27 章 积极型投资组合管理理论	（1）掌握最优投资组合与 α 值 （2）掌握特雷纳 – 布莱克模型 （3）掌握布莱克 – 利特曼模型 （4）理解特雷纳 – 布莱克模型与布莱克 – 利特曼模型的关系	1	1

（续）

教学内容	学习要点	课时安排	
		本科	研究生
第28章 投资政策与注册金融分析师协会结构	（1）了解投资管理过程 （2）了解投资策略说明书 （3）了解管理个人投资者投资组合 （4）了解养老基金 （5）了解长期投资	1	1
课时总计		56	36

说明：

（1）在课时安排上，对于金融专业基础课建议按每周4个学时开设，共68或72个学时，对于经济学的学科共同课可以按每周3个学时安排，共51或54个学时；管理专业本科生和非管理专业本科生可以根据36个学时安排，标注课时的内容建议要讲，其他内容不一定讲，或者选择性补充。

（2）小组讨论、上机模拟等活动可以在课程中穿插进行。

目录 CONTENTS

第五部分　证券分析

第六部分　期权、期货与其他衍生证券

PART 1 第一部分

绪　论

CHAPTER1

第1章 投资环境

投资是指投入当前资金或其他资源以期望在未来获得收益的行为。例如，人们购买股票并期望这些股票给他们带来的未来收益可以补偿与这项投资相对应的货币时间价值和风险。你用来学习这本书的时间也是一项投资。你放弃了当前的休闲时间或是通过工作可以赚得的收入，并期望你未来的职业生涯可以提高以补偿你所付出的时间和努力。尽管这两类投资在很多方面都不相同，但它们具有一个重要的共同点，这也是所有投资的共性，那就是：投资者牺牲现在有价值的东西以期望未来获益。

本书会让你成为一个见多识广的投资实干家。尽管本书将重点放在证券投资（如股票、债券、期权和期货等）上，但我们讨论的大部分内容适用于各种类型的投资分析。本书将介绍各类证券市场组织的背景；适用于特定市场的估值技术和风险管理原理，如债券市场和股票市场；本书还将介绍构建投资组合的原理。

总的来说，本章将主要介绍三个方面的内容，这些内容将为你接下来的学习奠定良好的基础。在进入“投资”这一主题之前，将首先介绍金融资产在经济中的作用。这部分内容主要包括金融资产和那些实实在在为消费者提供产品和服务的实物资产之间的关系，以及为什么金融资产在发达经济中起到至关重要的作用。在介绍了这些背景知识之后，我们将讨论投资者在构建投资组合时所面临决策的类型。这些决策都是在高收益伴随高风险的环境下做出的，因此很少会有因定价失误而导致价格明显低估的情况。风险和收益的权衡以及金融资产的有效定价是投资过程中的中心主题，本章将简要介绍一下它们的含义，这些内容在以后的章节中将有更详尽的阐述。

最后，本章将介绍证券市场组织和各种类型的市场参与者。这部分内容将使你对证券市场的参与者和他们所处的环境有一个直观的了解。2007 年爆发并于 2008 年达到高潮的金融危机形象地描绘了金融系统和实体经济的联系。本章简要地介绍了这次金融危机的起源以及它带给我们的关于系统性风险的教训。最后一节将概述本章的主要内容。

1.1 实物资产与金融资产

一个社会的物质财富最终取决于该社会经济的生产能力，即社会成员创造产品和服务的能力。这种生产能力是经济中**实物资产**（real assets）的函数，如土地、建筑物、机器以及可用于生产产品和提供服务的知识。

与实物资产相对应的是**金融资产**（financial assets），如股票和债券。这些证券不过是几张纸，或者更普遍的是一些计算机录入的条目，它们并不会直接增加一个经济体的生产能力。但是，在发达经济社会，这些证券代表了持有者对实物资产所产生收入的索取权（或对政府收入的索取权）。即使我们没有自己的汽车厂（实物资产），我们仍然可以通过购买福特或丰田汽车的股份来分享汽车生产所产生的收入。

实物资产为经济创造净利润，而金融资产仅仅确定收入或财富在投资者之间的分配。人们可以在即期消费和投资之间进行选择。如果选择投资，他们可以通过购买各种各样的证券来投资金融资产。投资者从企业中购买证券，企业就可以用筹集到的资金购买实物资产，如厂房、设备、技术和存货。因此，投资者投资证券的收益最终来源于企业用这些证券所筹集的资金购买实物资产所产生的利润。

通过比较美国家庭资产负债表（见表1-1）和美国国内净资产的构成（见表1-2），我们可以发现实物资产和金融资产之间存在明显的区别。家庭财富包括银行存款、企业股票和债券等金融资产。这些证券一方面构成家庭的金融资产，另一方面又形成发行者的负债。例如，一张丰田汽车的债券，对投资者来说是一项资产，因为它代表投资者对债券本金和利息的索取权，但对丰田汽车来说却是一项负债，因为它意味着丰田负有偿还本息的义务。因此，当我们汇总家庭和企业所有的资产负债表时，金融资产和金融负债互相抵消，仅剩下实物资产作为经济的财富净值。国民财富包括建筑物、设备、存货和土地等。[⊖]

表1-1 美国家庭资产负债表

资产	金额（10亿美元）	比例（%）	负债与净资产	金额（10亿美元）	比例（%）
实物资产			**负债**		
不动产	20 026	29.8	抵押	10 652	15.8
耐用消费品	4 601	6.8	消费信贷	2 476	3.7
其他	221	0.3	银行和其他贷款	253	0.4
实物资产总额	24 847	37.0	证券信用	148	0.2
			其他	541	0.8
			负债总额	14 068	20.9
金融资产					
存款	7 760	11.5			
人寿保险准备金	1 198	1.8			
养老准备金	10 656	15.9			
公司权益	6 266	9.3			
非公司企业权益	6 996	10.4			
共同基金份额	3 741	5.6			
债务型证券	4 327	6.4			
其他	1 418	2.1			
金融资产总额	42 361	63.0	净资产	53 140	79.1
资产总额	67 208	100.0		67 208	100.0

注：由于四舍五入，竖列各项之和可能与总额略有差异。

资料来源：*Flow of Funds Accounts of the United States*, Board of Governors of the Federal Reserve System, September 2009.

⊖ 你或许想知道，为什么表1-1中家庭持有的实物资产总额是248 470亿美元，而表1-2中美国国内经济实物资产总额却为391 390亿美元，远远高于家庭实物资产总额。一个主要的原因是企业持有的实物资产，如财产、工厂和设备等包含在家庭部门的金融资产中，主要以公司权益和其他股票市场投资的形式存在。另一个原因是表1-1中权益和股票投资的价值是以市场价值衡量的，而表1-2中的厂房和设备的价值是以重置成本衡量的。

表 1-2 美国国内净资产

资产	金额（10 亿美元）	资产	金额（10 亿美元）
非住宅型房地产	8 316	存货	1 654
住宅型房地产	20 026	耐用消费品	4 601
设备和软件	4 542	总额	39 139

注：由于四舍五入，竖列各项之和可能与总额略有差异。

资料来源：*Flow of Funds Accounts of the United States*, Board of Governors of the Federal Reserve System, September 2009.

虽然本书将以金融资产为重点，但是我们仍然不能忽略这样一个事实，那就是我们所购买的金融资产的成败最终取决于实物资产的表现。

概念检查 1-1

下面的资产是金融资产还是实物资产？

A. 专利权　B. 租赁合同　C. 客户友好
D. 大学教育　E. 5 美元的票据

1.2 金融资产

金融资产通常可以分为三类：固定收益型金融资产、权益型金融资产和衍生金融资产。**固定收益型证券**［fixed-income security，或称为**债务型证券**（debt security）］承诺支付固定的收益流，或按某一特定公式计算的现金流。例如，公司证券向证券持有者承诺每年固定的利息收入。而浮动利率债券向证券持有者承诺的收益会随当前利率的变化而变化。例如，一种债券可能会向持有者承诺按美国国库券利率上浮 2% 来支付利息。除非债券发行者宣告破产，否则债券持有者将获得固定收益或按某一特定公式计算的收益。因此，固定收益型证券的收益受发行者财务状况的影响最小。

固定收益型证券的期限和支付条款多种多样。一种极端的情形是货币市场上的债务型证券，这些证券的特点是期限短、流动性强且风险小，如美国国库券和银行存单。相反，货币市场上的固定收益型证券是指一些长期证券，如美国长期国债，以及联邦代理机构、州和地方政府、公司发行的债券。这些债券有的违约风险较低相对比较安全（如美国长期国债），而有的风险相对较高（如高收益债券或“垃圾”债券）。此外，这些债券在偿付条款和防范发行者破产条款的设计上有很大不同。本书将在第 2 章涉及此类证券，并在第四部分深入分析固定收益证券市场。

与固定收益型证券不同，普通股或**权益型**（equity）证券代表了证券持有者对公司的所有权。权益型证券持有者没有被承诺任何的特定收益，但是他们可以获得公司分配的股利，并按相应的比例拥有对公司实物资产的所有权。如果公司运营成功，权益价值就会上涨，如果公司运营失败，权益价值就会下降。因此，权益投资的绩效与公司运营的成败密切相关。本书将在第五部分讨论权益证券市场和权益证券估值。

最后，**衍生证券**（derivative security，如期权和期货合约）的收益取决于其他资产（如债券和股票）的价格。例如，如果英特尔公司股票的价格一直低于执行价格（比如说每股 20 美元），那么其看涨期权可能会一文不值，但是若其股票价格高于执行价格，则看涨期权就会变得非常有价值。[⊖]之所以将这类证券称为衍生证券，是因为其价值取决于其他资产的价格，如英特尔公司看涨期权的价值取决于其股票的价格。其他主要的衍生证券还包括期货和互换合约。本书将在第六部分讨论这类证券。

衍生证券已成为投资环境中不可或缺的一部分。衍生证券最主要的用途之一是规避风险，或者说是把风险转移给其他方。利用衍生证券规避风险的现象非常普遍，以至于交易额上万亿美元的衍生证券市场也不足为怪。但是，衍生证券也可以用于高风险的投机活动。一旦这种投机行为失利，就会造成上亿美元的损失。尽管这些损失引起人们越来越多的关注，但这只是一种意外，衍生证券还是被普遍地作为一种风险管理工具。在投资组合的构建和金融系统中，衍生证券将继续起着至关重要的作用。本书后面的章节还会继续讨论这一话题。

除了金融资产，人们也会直接投资一些实物资产，如不动产、贵金属、农产品等实物资产也有可能构成投资组合的一部分。

⊖ 看涨期权是指在期权到期日或之前按规定的执行价格买入股票的权利。若英特尔公司股票的价格低于每股 20 美元，那么以每股 20 美元购买该股票的权利会变得一文不值。但若在期权到期之前股票价格高于每股 20 美元，那么期权就会被行使，期权持有者可以以每股 20 美元的价格购入股票。

1.3 金融市场与经济

我们之前说过，实物资产决定了经济中的财富，金融资产仅代表了人们对实物资产的索取权。但是，金融资产和使金融资产可以得到交易的金融市场在发达经济中起到至关重要的作用。正是金融资产使我们可以创造经济中的大部分实物资产。

1.3.1 金融市场的信息作用

在资本主义体制中，金融市场在资本配置方面起到了关键作用。股票市场上的投资者最终决定了公司的存亡。如果一家公司未来的获利前景良好，那么投资者会抬高其股价。在这种情况下，公司的管理者可以很容易地通过发行股票或举借债务来筹集资金以支持公司的研发，构建新的生产设施，扩大经营规模。但是，如果其获利前景很差，投资者便会压低其股价，那么公司会被迫缩减规模，并且最终可能倒闭。

通过股票市场来配置资本的过程有时候似乎是无效的。有些公司在短期内可能会很“火”，从而吸引了大量投资资本，但转眼几年间就会衰落，不过这是不确定性的重要含义之一。没有人可以确切地知道哪些公司会成功，哪些会失败，但是股票市场促进资本流向当前前景良好的公司。现在有许多被高薪聘请的睿智的专业人士在分析上市公司的前景，股票价格正是对他们集体判断的反映。

1.3.2 消费时机

在经济社会中，有的人挣的比花的多，有些人花的比挣的多，如退休人员，那么我们怎样才能把购买力从高收入期转移到低收入期？一种方法是通过购买金融资产来“储存”财富。在高收入期，我们可以把储蓄投资于股票、债券等金融资产，然后在低收入期卖出这些金融资产以供消费。这样我们就可以调整一生的消费时机以获得最大的满足。因此，金融市场可以使人们的现实消费与现实收入相分离。

1.3.3 风险分配

事实上，所有实物资产都有一定的风险。例如，当福特汽车公司投资建造工厂时，没有人确切地知道这些工厂可以产生的未来现金流。金融市场和在金融市场上交易的各种金融工具可以使偏好风险的投资者承担风险，使厌恶风险的投资者规避风险。例如，福特汽车公司向公众发行股票和债券以筹集资金来建造工厂，那么乐观或风险承受力较强的投资者就会购买股票，而保守的投资者则会购买债券。因为债券承诺了固定的收益，风险较小。而股票持有者需要承担较大的经营风险，同时也会获得潜在的更高的收益，这样资本市场便把投资的固有风险转移给了愿意承担风险的投资者。

这种风险分配方式对于需要筹集资金以支持其投资活动的公司而言也是有利的。当投资者可以选择满足自身特定风险 - 收益偏好的证券时，每种证券都可以以最合适的价格出售，这加速了实物资产证券化的进程。

1.3.4 所有权和经营权的分离

许多企业的所有者和经营者是同一个人，这种简单的组织形式非常适合小企业，事实上，这也是工业革命前最常见的一种企业组织形式。然而，在市场全球化和生产规模化迅速发展的今天，企业对规模和资本的需求急剧增加。例如，通用电气的资产负债表显示其2009年房地产、厂房和设备的总价值约为730亿美元，资产总额接近7 800亿美元。规模如此之大的企业不可能简单地以业主经营的形式存在。实际上，通用电气拥有60多万个股东，每个股东对公司的所有权与他们持有的股份成比例。

这么多人显然不可能全部参与到公司的日常管理中。事实上，股东们的做法是：他们共同选举产生一个董事会，然后由董事会负责聘请并监督公司的管理层。这种结构意味着公司的所有者和管理者是不同的人，从而使公司获得了业主经营企业形式下无法获得的稳定性。例如，如果股东不想继续持有公司的股份，他们可以将股份出售给其他投资者，而不会影响公司的管理。因此，金融资产以及在金融市场上买卖这些金融资产的能力使所有权和经营权很容易地分离开来。

如何才能使公司各类股东（从持有上千万股的养老基金到仅持有一股的小投资者）就公司目标达成一致呢？金融市场再次提供了行动指南。所有股东都会赞成管理层追求提升股票价值的经营战略，因为这会增加他们的财富从而使他们可以更好地追求个人目标（无论这些目标是什么）。

管理层真的会努力使公司价值最大化吗？我们很容易发现他们会从事一些并非使股东价值最大化的活动，例如组建自己的集团，为保住自己的职位而避免投资风险项目，或是过度消费奢侈品（如乘坐公务机等），这些额外津贴的成本大多由股东承担。由于管理层可能会追求个人利益而非股东价值最大化，因此管理层和股东之间存在着潜在的利益冲突，这种冲突叫做**代理问题**（agency problem）。

为了减轻这种潜在的代理问题已经出现了许多管理机制。首先是把管理层的收入与公司成败联系起来的薪酬计划，高层管理者的大部分薪酬是股票期权的形式，这意味着只有股票价格上涨给股东带来利益，高层管理者才可以获利。（当然，我们现在已经知道过度使用期权也会产生代理问题，管理层可以操纵信息在短期内支撑股价，这样他们便有机会在股价回落到反映公司真实价值之前将其变现。）第二种机制是由董事会解雇那些表现不好的管理者，即便有时候董事会被认为是管理层的保护者。第三种是由外部证券分析者和大型机构投资者（如养老基金）密切监督公司，使那些业绩差的管理者的日子不那么好过。

最后一种机制是被接管的威胁。如果董事会不严格监督管理层，那么从原则上讲股东可以重新选举产生一个新的董事会。股东可以通过发起一场代理权争夺战来获得足够的代理权（代表其他股东投票的权利），以控制公司并选举产生新的董事会。但是这种威胁通常来说非常小，发起代理权之争的股东必须动用自己的资金，而管理层却可以使用公司的资金来进行防御，因此大多数代理权之争都会以失败告终。真正被接管的威胁来自其他公司：如果一家公司发现另一家公司业绩较差，那么它可以收购那家业绩较差的公司，并用自己的管理队伍取代其原来的管理层。结果股价会上涨以反映投资者对公司业绩转好的预期，这会激励公司从事兼并活动。

【例1-1】　**卡尔·伊坎和雅虎的代理权之争**

2008年2月，微软提出要以每股31美元的价格收购雅虎，要知道这与雅虎前一天的收盘价19.18美元相比有非常可观的溢价。但是雅虎的管理层拒绝了这个价格以及后来更高的每股33美元，其首席执行官杨致远要价每股37美元，而雅虎的股价已经两年多没有达到这个水平了。这激怒了雅虎的股东——亿万富翁卡尔·伊坎，他指责管理层是以股东财富为代价来保护自己的职位。卡尔·伊坎通知雅虎的管理层说他已经被要求发起一场代理权争夺战，试图解散现在的董事会，并组建新的董事会与微软协商以促成此次收购。最后，他购买了大约5 900万股雅虎股票并选出了10个董事会候选人以对抗当前的董事会。尽管存在这些挑战，雅虎的管理层还是拒绝了微软的收购提议。在现行董事会的支持下，杨致远击退了微软和卡尔·伊坎的"进攻"。2008年7月，卡尔·伊坎同意结束这场代理权争夺战，条件是返还其联盟在董事会中的三个席位。但是，11人的董事会仍然由雅虎当前的管理层控制着。雅虎的股价从与微软谈判时的每股29美元跌回每股21美元。回想一下这位知名的亿万富翁与地位根深蒂固的管理层之间的争夺战，难怪代理权之争会很少发生。历史上只有三四起代理权之争取得了胜利。■

1.3.5　公司治理和公司伦理

前面已经阐述了证券市场在资本优化配置方面起着重要作用，为了更有效地发挥这种作用，证券市场必须有一定的透明度以使投资者做出正确的投资决策。如果企业误导公众对其前景的预期，那么很多决策都会出错。

尽管已经有很多机制来平衡股东和管理者之间的利益，但是2000～2003年三年间似乎充斥着无休止的丑闻，这暗示着公司在治理和伦理方面存在危机。例如，世通公司不当地将费用归类为投资，从而使其利润夸大了38亿美元。当真相曝光以后，美国出现了有史以来最大的一例破产。美国第二大破产案例是安然公司，它利用现在已臭名昭著的"特殊目的科目"将债务从其账簿中转移，同样向公众呈现了具有误导性的财务状况。不幸的是，这样的公司并不止一两家，其他公司如来爱德（Rite Aid）、南方保健、环球电讯、奎斯特通讯等也操纵并错报其账户达几十亿美元。丑闻并不仅限于美国，意大利牛奶公司帕玛拉特声称有48亿美元的银行存款，但实际上并不存在。这些案例说明代理问题和激励问题远没有解决。

同期发生的其他丑闻还包括股票分析师做出的带有系统性误导和过度乐观的研究报告。（他们乐观的分析是为了换取有关公司对未来投资银行业务的承诺，而且分析师的薪酬并不取决于他们分析的准确性和洞察力，而是取决于他们在获得投资银行业务方面所起的作用。）除此以外的丑闻还有将首次公开发行募集的资金分给公司执行官以作为对其贡献的补偿，或是承诺将未来的业务返给IPO经理。

那么被认为是公司监督者的审计师呢？由于近期业务的变化使事务所发现咨询业务比审计业务更有利可图，因此激励机制同样也被扭曲了。例如，安然公司的审计师亚瑟·安达信为安然提供咨询服务比为其提供审计服务要挣得多。考虑到亚瑟·安达信为确保其咨询收入，那么他和其他审计师在审计工作中过于宽松也就不足为怪了。

2002年，为了应对接二连三的伦理丑闻，美国国会通过了《萨班斯－奥克斯利法案》以加强公司治理方面的法规。例如，法案要求公司要有更多的独立董事，即不担任管理者（或附属于管理者）的董事。法案还要求首席财务官亲自为公司财务报表担保，并设立监督委员会监督上市公司的审计，禁止审计师为客户提供其他服务。

1.4 投资过程

投资者的投资组合只不过是其所投资产的集合。投资组合确定以后，通过出售现有证券并购入新证券，或投入额外资金扩大投资组合规模，或出售证券缩小投资组合规模，都可以使原来的投资组合更新或重构。

投资资产可以分为股票、债券、不动产、商品等。投资者在构建投资组合时，需要做出两类决策：**资产配置**（asset allocation）决策和**证券选择**（security selection）决策。资产配置决策是指投资者对这些资产大类的选择，证券选择决策是指在每一资产大类中选择特定的证券。

资产配置决策包括对安全资产（如银行存款和货币市场证券）和风险资产投资比例的决策。不幸的是，许多评论员甚至是那些提供财务建议的人也错误地把储蓄等同于安全投资。[㊀]“储蓄”的意思是你没有花光当前所有的收入，因此可以用于增加投资组合。你可以把储蓄投资于安全资产、风险资产或是两者的组合。

“自上而下”的投资组合构建方法是从资产配置开始的。例如，某人目前所有的钱都存放于一个银行账户，那么他首先要决定整个投资组合中股票、债券等应占的比例。这样，投资组合的大特点就确定了。例如，自1926年以来，大型公司普通股的平均年收益率一直高于11%，而美国短期国库券的平均年收益率却低于4%。另一方面，股票风险相对较大，其年收益率（根据标准普尔500指数）从最低的－46%到最高的55%不等。相比而言，美国短期国库券是无风险的，因为购买时你就已经知道可以获得的利率。因此，如何将投资在股票市场和国库券市场之间配置将会对投资组合的收益和风险产生很大的影响。一个自上而下的投资者首先会确定如何在大类资产之间进行配置，然后才会确定在每一类资产中选择哪些证券。

证券分析（security analysis）包括对可能包含在投资组合中的特定证券进行估价。例如，投资者可能会问，默克和辉瑞哪家公司的股价更有吸引力。债券和股票都需要根据其对投资者的吸引力来进行估价，但是，对股票估价要比对债券估价难得多，因为股票的绩效通常对发行公司的状况更敏感。

与“自上而下”的投资组合管理相对应的是“自下而上”的战略。使用“自下而上”的方法时，投资组合的构建是通过选择那些具有价格吸引力的证券而完成的，不需要过多地考虑资产配置。这种方法可能会使投资者无形中把赌注全投向经济的某一领域。例如，投资组合最终可能会集中于某一行业或某一地区，或是集中于某种不确定性。但是，“自下而上”法确实可以使投资组合集中在那些最具投资吸引力的资产上。

1.5 市场是竞争的

金融市场的竞争非常激烈，成千上万才华横溢并富有财力的分析师每天穿行于证券市场寻找低估资产。这种竞争意味着我们应该预期到证券市场几乎没有“免费午餐”，即价值被明显低估的证券。没有“免费午餐”隐含了几层含义，下面将分析其中的两点。

1.5.1 风险收益的权衡

投资者投资是为了获得预期的未来收益，但是这种收益很难准确地预测。所有的投资都伴随着风险，实际获得的收益几乎总是偏离投资期初我们预期的收益。例如，标准普尔500指数在1931年下跌了46%（自1926年以来最糟糕的一年），1933年上涨了55%，我们可以确定投资者在这两年年初肯定没有预测到股市的这种极端变化。

如果其他条件相同，投资者会偏向于期望收益[㊁]最高的投资，这是很自然的。但是，没有“免费午餐”这个原则告

㊀ 例如，下面一段话是从美国证券交易委员会的网站上摘录的，“‘储蓄’通常被存放在最安全的地方……‘投资’发生损失的可能性比‘储蓄’要大得多”。这种描述是错误的：投资组合中既可以包括安全资产，也可以包括风险资产，而一段时间内的储蓄仅仅是指收入和消费的差。

㊁ 期望收益不是投资者认为他们必须要获得的收益，甚至也不是他们最可能获得的收益。期望收益是指所有可能结果的平均，有些结果的概率可能比其他结果高。期望收益率是所有经济形势下的平均收益率。

诉我们其他条件不可能相同。要获得更高的期望收益，就要承担更大的投资风险。如果不承担额外的风险便可以获得更高的期望收益，那么投资者会疯狂抢购这些高收益资产，结果使其价格大幅攀升。此时投资者认为这些资产价格过高，投资吸引力下降，原因是购买价格越高，期望收益（指每一美元投资所能获得的利润）越低。如果一些资产被认为具有吸引力，其价格将继续上涨，直至其期望收益与风险不再相适应。这时，投资者可以获得一个与风险相适应的收益率，但不会更高。类似地，如果收益和风险相互独立，那么投资者会抛售高风险资产，导致这些资产价格下跌（但是期望收益率会上升），直至跌到它们有足够的吸引力可以再次被纳入投资组合中。因此，我们可以得出这样一个结论：证券市场中的**风险 - 收益权衡**（risk-return trade-off），高风险资产的期望收益率高于低风险资产的期望收益率。

当然，以上讨论中还有几个问题没有解决。我们应如何度量资产的风险？如何量化风险 - 收益权衡？有人认为资产风险与其收益的波动性有关，但这种猜测并非完全正确。当把某一资产加入到投资组合中时，我们需要考虑资产之间的相互作用以及资产多样化对整个投资组合风险的影响。多样化意味着投资组合中包含多种资产，而每一种资产对组合风险的影响都是有限的。本书第二部分将讨论资产多样化对投资组合风险的影响，合理度量风险的含义以及风险与收益之间的关系。这些都是现代投资组合理论的主题，该理论的创始人马科维茨和夏普因此获得了诺贝尔经济学奖。

1.5.2　有效市场

没有“免费午餐”的另一层含义是不要期望在证券市场发现价值被明显低估的资产。本书第 11 章将对“金融市场可以快速有效地处理所有相关信息”（即证券价格反映了投资者可以获得的关于证券价值的所有信息）这一假说进行探讨。根据该假说，因为投资者可以获得有关证券的新信息，因此证券价格可以即时迅速做出调整，与市场对证券价值的估值相等。如果这一假说成立，价值被明显低估或高估的证券将不会存在。

“有效市场假说”暗含了一个有趣的问题，即在积极型和消极型投资管理策略中进行选择。**消极型管理**（passive management）主张持有高度多样化的投资组合，无须花费精力或其他资源进行证券分析以提高投资绩效。**积极型管理**（active management）是试图通过发现误定价的证券或把握投资时机（例如当某一股票看涨时增加买入量）来提高投资绩效。如果市场是有效的，而且价格反映了所有相关信息，或许采取消极型管理战略会更好，无须白费资源去猜测竞争对手的心思。

如果将有效市场假说极端化，那么进行积极的证券分析就变得没有意义了，只有傻瓜才会投入资源去积极地分析证券。然而，如果不进行持续的证券分析，证券价格最终会偏离“正确”的价值，这又会激励证券专家重操旧业。因此，即便在金融市场这样一个竞争激烈的环境中，我们也只能发现“近似有效”，那些勤奋并且有创造力的投资者仍然可以发现获利机会。第 12 章将分析这些问题对有效市场假说提出的挑战，这也促使我们在本书第七部分讨论积极投资组合管理。更重要的是，对证券分析和投资组合构建的讨论可以证明近似有效市场存在的可能性。

1.6　市场参与者

纵观整个金融市场，主要有三类参与者：

（1）公司。公司是净借款者，它们筹集资金并将其投资于厂房和设备，这些实物资产所产生的收益用于向投资者（公司发行证券的购买者）支付回报。

（2）家庭。家庭通常是净储蓄者，它们购买那些需要筹集资金的公司所发行的证券。

（3）政府。政府可能既是借款者又是贷款者，取决于税收收入和政府支出之间的关系。自第二次世界大战以来，美国政府通常是财政赤字，说明其税收收入低于政府支出。因此，政府不得不借款来填补财政赤字。发行短期国库券、票据和债券是政府向公众筹集资金的主要形式。相反，政府在 20 世纪 90 年代末期实现了财政盈余，从而有能力清偿一些债务。

公司和政府不会将其全部或大部分证券直接出售给个人。例如，约一半的股票由大型金融机构（如养老基金、共同基金、保险公司和银行等）持有，这些金融机构处于证券发行者（公司）和证券最终所有者（个人投资者）之间，因此，它们被称为金融中介。同样，公司不会直接向公众推销证券，而是聘请代理人（称为投资银行）代表它们与公众接洽。下面将讨论这些中介的作用。

1.6.1　金融中介

家庭希望用储蓄进行有价值的投资，但是大多数家庭的财务资产规模过小，直接投资很困难。首先，有意提供贷款的小型个人投资者不可能在地方报纸上刊登公告来寻找理想的借款人；其次，个人贷款者不可能通过多样化借款者降低风险；最后，个人贷款者没有能力评估并监督借款者的信用风险。

在这种情况下，**金融中介**（financial intermediary）发展起来，成为联系借款者和贷款者的桥梁。金融中介包括银行、投资公司、保险公司和信贷联盟等。这些金融机构通过发行证券筹集资金以购买其他公司发行的证券。

例如，银行将吸收的存款贷给其他借款者，支付给储户的利率与向借款者所要的利率之差成为银行的利润来源。这样，借款者和贷款者便无须直接联系，银行起到中介的作用。当借款者和贷款者各自独立寻找共同的中介时，借贷双方的匹配问题就迎刃而解了。

金融中介区别于其他商业机构的主要特点在于其资产和负债大多数是金融性的。表1-3是商业银行（金融中介最主要的形式之一）的汇总资产负债表，可以看出，该资产负债表只包含极少数的实物资产，与非金融公司的汇总资产负债表（见表1-4）相比，非金融公司的实物资产约占总资产的一半。导致差距如此悬殊的原因在于金融中介仅仅是把资金从一个部门转移到另一个部门。事实上，这些金融中介的主要社会功能就是将家庭储蓄输送到企业。

表1-3 美国商业银行资产负债表

资产	金额（10亿美元）	比例（%）	负债与净资产	金额（10亿美元）	比例（%）
实物资产			负债		
设备和厂房	111.2	0.9	存款	8 077.2	67.9
其他不动产	28.9	0.2	借款和其他借入资金	1 469.7	12.4
实物资产总额	140.1	1.2	联邦基金和回购协议	758.1	6.4
			其他	314.7	2.6
			负债总额	10 619.8	89.3
金融资产					
现金	858.3	7.2			
投资证券	2 032.1	17.1			
贷款和租赁	6 519.3	54.8			
其他金融资产	1 175.2	9.9			
金融资产总额	10 584.9	89.0			
其他资产					
无形资产	407.4	3.4			
其他	762.7	6.4			
其他资产总额	1 170.1	9.8	净资产	1 275.3	10.7
资产总额	11 895.1	100.0		11 895.1	100.0

注：由于四舍五入，竖列各项之和可能与总额略有差异。

资料来源：Federal Deposit Insurance Corporation，www.fdic.gov，June 2009.

表1-4 美国非金融企业资产负债表

资产	金额（10亿美元）	比例（%）	负债与净资产	金额（10亿美元）	比例（%）
实物资产			负债		
设备和软件	4 322	16.3	债券和抵押贷款	5 284	19.9
不动产	6 562	24.7	银行贷款	638	2.4
存货	1 654	6.2	其他贷款	1 347	5.1
实物资产总额	12 538	47.2	贸易债务	1 642	6.2
			其他	4 448	16.7
			负债总额	13 359	50.3
金融资产					
现金和存款	637	2.4			
有价证券	936	3.5			
贸易和消费信贷	2 202	8.3			
其他	10 259	38.6			
金融资产总额	14 034	52.8			
资产总额	26 572	100.0	净资产	13 214	49.7
				26 572	100.0

注：由于四舍五入，竖列各项之和可能与总额略有差异。

资料来源：*Flow of Funds Accounts of the United States*，Board of Governors of the Federal Reserve System，September 2009.

其他类型的金融中介还包括投资公司、保险公司和信贷联盟等。这些机构在发挥中介职能时具有以下共同优点：第一，通过聚集小投资者的资金可以为大客户提供贷款；第二，通过向众多客户贷款可以分散风险，因此可以提供单笔风险很高的贷款；第三，通过大量业务来储备专业知识，并可以利用规模经济和范围经济来评估、监控风险。

聚集并管理众多投资者资金的**投资公司**（investment company）也产生于规模经济。目前的问题在于大多数家庭投资组合的规模有限，不能覆盖各种各样的证券，而购买多家公司一两股股票的经纪佣金和分析成本非常高。共同基金具有大规模交易和投资组合管理的优势，投资者享有与他们的投资额成比例的投资基金份额，这种机制解决了小投资者的难题，使他们愿意向共同基金的运营者支付管理费用。

投资公司也专门为那些有特定目标的大型投资者设计投资组合。相比而言，共同基金占领的是零售市场，共同基金与投资公司的区别在于：共同基金的投资理念是吸引大量客户。

规模经济也可以解释为什么越来越多的投资者愿意接受投资公司的分析服务。实时资讯提供商、数据库服务商以及经纪公司的分析服务均参与分析研究工作，然后他们再将信息卖给大客户群。这种组织应运而生，因为投资者需要信息，而自己亲自收集很不经济。这样赚钱的机会就来了：一家公司可以为许多客户提供这种服务并收取费用。

1.6.2 投资银行

正如规模经济和专业化为金融中介创造了获利机会一样，它们也为那些向企业提供专门服务的公司带来了赢利机会。公司大部分资金都是通过向公众发行证券（如股票和债券等）来筹集的，但这样做的频率并不高，专门从事此类业务的**投资银行**（investment banker）可以以低成本（指低于在公司内部保留证券发行部门的成本）向公司提供这项服务。在这个过程中，投资银行被称为承销商。

投资银行在证券发行价格、利率等方面为公司提供建议。最后再由投资银行负责证券在**一级市场**（primary market，新证券向公众发行的市场）销售，随后投资者可以在**二级市场**（secondary market）买卖一级市场发行的证券。

在20世纪的大部分时间里，根据美国法律规定，投资银行和商业银行必须相互独立，尽管这些规定在1999年被彻底废除，但直到2008年，久负盛名的“华尔街”主要还是由大型独立的投资银行（如高盛、美林、雷曼兄弟等）组成，但是这种独立的格局在2008年戛然而止，美国所有主要的投资银行要么被并入商业银行，要么宣告破产，要么重组为商业银行。专栏1-1是对这些事件的介绍。

专栏1-1

投资银行业独立格局的告终

直到1999年，《格拉斯－斯蒂格尔法》禁止银行同时从事吸收存款和承销证券的业务，换句话说，它迫使投资银行和商业银行分离。当《格拉斯－斯蒂格尔法》被废除以后，许多大型商业银行开始转型为“全能型银行”（可以同时提供商业银行和投资银行服务）。一些商业银行完全是从零开始设立自己的投资银行部，但大多数是通过兼并来实现业务扩张，例如，大通曼哈顿收购J. P. 摩根组建成了摩根大通。类似的还有花旗集团收购所罗门美邦，从而可以为客户提供财富管理、经纪业务、投资银行业务和资产管理等服务。欧洲大部分地区没有商业银行和投资银行必须分离的强制要求，因此，瑞士信贷、德意志银行、汇丰和瑞银等大型银行一直以来都是“全能型银行”。然而在美国，直至2008年，独立的投资银行一直都充满活力，如高盛、摩根士丹利、美林和雷曼兄弟等。

2008年，投资银行业受到巨大的冲击，许多投资银行因持有大量的抵押贷款支持证券而遭受巨额损失。2008年3月，濒临破产的贝尔斯登并入摩根大通。9月14日，同样遭受与抵押贷款相关的重大损失的美林与美国银行达成被收购协议。第二天，由于无法找到有能力并且有意愿的收购方，雷曼兄弟也因巨额损失而宣告破产，这是美国有史以来最大的破产案例。第二周，唯一两家幸存下来的独立投资银行——高盛和摩根士丹利，决定转型为传统型商业银行股份有限公司，这样做的结果是它们将成为美联储等国家银行监管部门的监管对象，而且要遵守关于商业银行在资本充足率方面更严格的规定。①高盛和摩根士丹利认为转型是值得的，因为通过转型它们可以获得商业银行所具有的高稳定性，尤其是通过转型它们可以获取银行存款来支持其运营，而且可以拥有从美联储紧急借款的能力。以上这些并购和转型促成了投资银行业的终结，但不是投资银行业务的终结，这些服务将由大型“全能型银行”来提供。

①例如，2008年，商业银行典型的杠杆比率（资产总额/银行资本）为10:1，而投资银行的杠杆比率却达到30:1。时机好时这种高杠杆可以增加获利，但对损失的应对不足，因此当投资组合遭受重大损失时投资银行将面临失败。

1.7 2008年的金融危机

本章已经给出了金融系统的大体框架以及金融界与实业界的部分联系。2008年的金融危机以一种令人痛苦的方式说明了这两个领域的密切关系，这一部分将简单地介绍此次金融危机，并试图从金融系统的功能和系统性风险的后果中吸取一些教训。本部分内容比较复杂，在此只做简单介绍，接下来更深入地学习以后再做更详尽的分析。

1.7.1 金融危机的前情

在2007年年初，大多数评论员无论如何也不会相信在两年内全世界的金融系统将面临自大萧条以来最严重的危机。当时的经济似乎在不断增强。上一次对宏观经济的重大威胁来自2000～2002年的高科技泡沫，美联储对这次初露头角的经济衰退的反应是积极降低利率。从图1-1中可以看出2001～2004年美国短期国库券利率显著下降，LIBOR利率[一]（伦敦银行同业拆借利率）也相继下调。这些举措最终取得了成功，这次的经济衰退短暂而且温和。

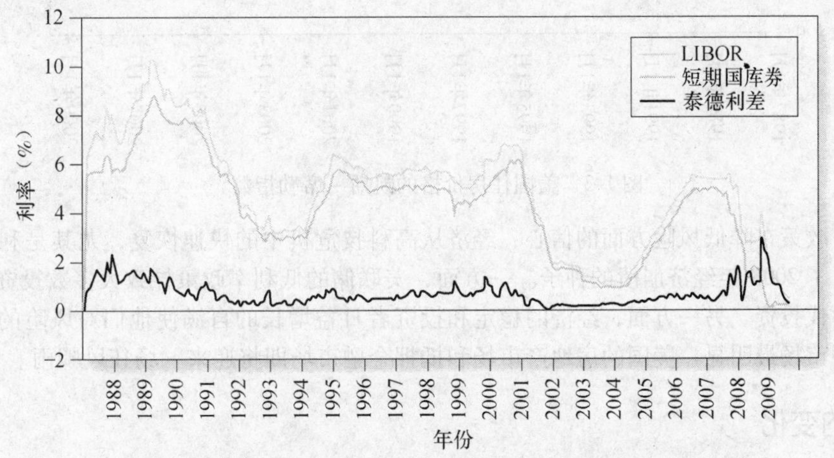

图1-1 短期LIBOR利率、美国短期国库券利率以及泰德利差

到2005年前后，经济已明显好转。尽管股票市场2001～2002年大幅度下跌，但是从图1-2中可以看出股票市场在2003年年初已经开始止跌回升，且几年后完全恢复到高科技危机之前的水平。同样重要的是，银行领域恢复正常。银行领域通常用LIBOR利率（银行间互相拆借的利率）与美国短期国库券利率（美国政府借款利率）之差（通常称为泰德利差[二]）来衡量信用风险，该差值在2007年年初只有0.25%左右（见图1-1最底部的曲线），说明银行领域对违约风险或者说“交易对手”风险的恐惧非常低。

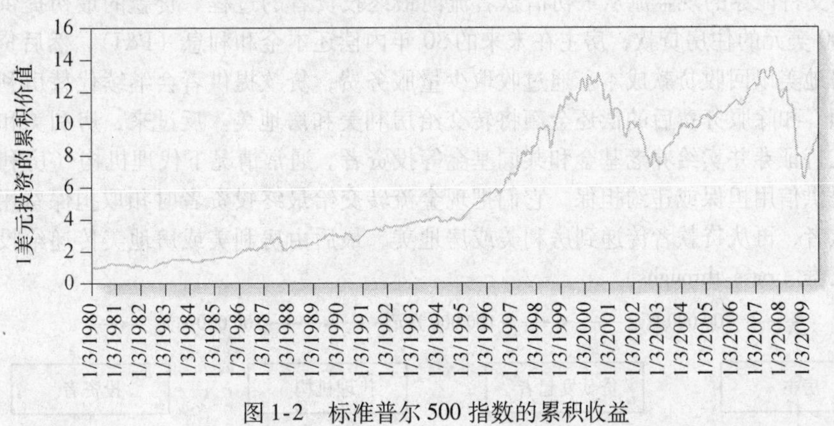

图1-2 标准普尔500指数的累积收益

[一] LIBOR代表London Interbank Offer Rate，指非美（主要以伦敦为主）银行间拆借市场上以美元计价的贷款的利率。期限3个月的贷款通常使用该利率。LIBOR利率与美国联邦基金利率密切相关。美国联邦基金利率是指美国银行间互相拆借的利率，通常是隔夜利率。

[二] 泰德（TED）代表Treasury-Eurodollar spread，此处的欧洲美元利率（Eurodollar rate）实际上是指LIBOR利率。

事实上，在这次经济衰退中货币政策（在过去30年里使用更频繁）取得的巨大成功催生了一个新术语——"大稳健"，用来形容最近的经济周期（尤其是经济衰退）比起过去似乎更温和。一些评论员怀疑我们是否已经进入了宏观经济政策的黄金时代，经济周期已经被驯服。

低利率和经济稳定使房地产出现历史性繁荣。从图1-3中可以看出20世纪90年代末房地产价格开始明显上升，且2001年以后利率的大幅下降使得房地产价格加速上升，在1997年后的10年里翻了3倍。

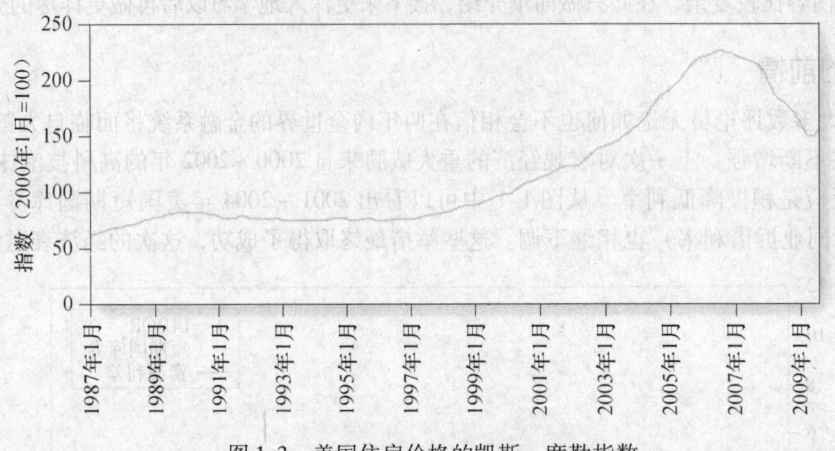

图1-3 美国住房价格的凯斯-席勒指数

但是，对宏观经济政策在降低风险方面的信心，经济从高科技危机中的快速恢复，尤其是利率降低使房地产空前繁荣，这些已经播下了2008年经济崩溃的种子。一方面，美联储的低利率政策导致大多数投资的收益率降低，投资者渴望高收益率的替代投资。另一方面，经济的稳定和投资者日益增长的自满使他们对风险的容忍度更高。这在不断膨胀的证券化抵押市场最明显。美国的房地产市场和抵押金融市场即将迎来一场狂风骤雨。

1.7.2 住房融资的变化

1970年以前，大多数抵押贷款由当地贷款者提供，如附近的储蓄银行和信贷联盟。人们在买房时贷款，然后在很长一段时间（通常是30年）内偿还，因此传统储蓄机构的主要资产就是这些住房贷款的组合，而主要负债是储户的存款。当房利美（FNMA，联邦国民抵押贷款协会）和房地美（FHLMC，联邦住房贷款抵押公司）开始从贷款发起者手中购买抵押贷款并将它们捆绑在一起形成资产池，使其可以像其他金融资产一样交易时，这种格局开始改变。这些资产池实质上代表的是对相应抵押贷款的索取权，后来它们被称为抵押支持证券，这个过程被称为**证券化**（securitization）。房利美和房地美很快成为抵押贷款市场的巨头，它们大约购买了私人领域抵押贷款的一半。

图1-4说明了抵押支持证券的现金流从最初借款者流向最终投资者的过程。贷款的最初提供者，如房屋互助协会，向房主提供100 000美元的住房贷款，房主在未来的30年内偿还本金和利息（P&I），然后贷款提供者把这些抵押贷款卖给房利美和房地美以回收贷款成本。通过收取少量服务费，贷款提供者会继续代替房利美和房地美每月从房主那里收取偿还金额，扣除服务费后的偿还金额将转交给房利美和房地美。反过来，房利美和房地美又把这些贷款汇总起来形成抵押支持证券并卖给养老基金和共同基金等投资者。通常情况下代理机构（房利美和房地美）会为每个资产池中的贷款提供信用担保或违约担保，它们把现金流转交给最终投资者时扣取担保费用。因为抵押贷款现金流从房主传递到贷款者，再从贷款者传递到房利美或房地美，最后由房利美或房地美传递给投资者，因此抵押支持证券又被称为**转递证券**（pass-throughs）。

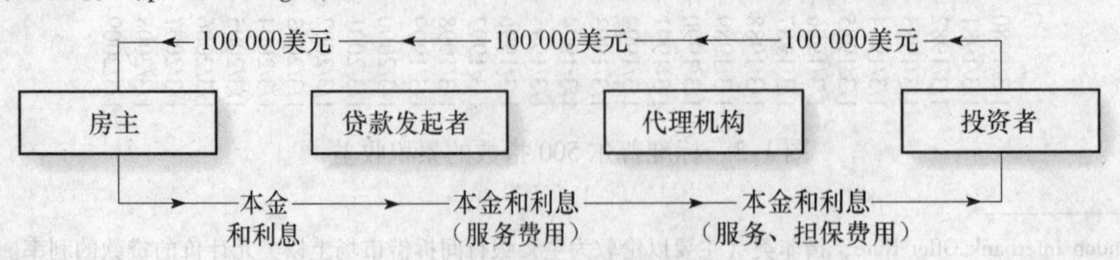

图1-4 抵押转递证券的现金流

直到最近10年，大多数证券化的抵押贷款由房利美和房地美持有或担保。这些抵押贷款的风险很低，意味着符合证券化条件的贷款金额不能很大，且房主必须达到承销标准以确保他们有能力偿还借款。例如，贷款金额占住房价值的比例不能超过80%。但是证券化向抵押贷款者提供了一个新的有利可图的市场："源于分配"（而不是"源于持有"）的商业模式。

符合条件的贷款几乎全部通过房利美和房地美汇集，一旦证券化模型形成，将产生一种新产品：由私营企业提供的以不符合条件的违约风险高的次级贷款为支持的证券化产品。私营转递证券的投资者要承担更大的风险，因为房主违约的可能性更大，这是私营转递证券与政府转递证券最大的区别之一。因此只要这些贷款可以出售给投资者，抵押贷款的发起经纪人就不会在此花费精力尽职调查。当然，投资者不可能与借款者直接联系，也不可能专注于确保贷款的质量。相反，他们依靠对借款者持续的信用评分来代替传统的担保。

先向"简易型贷款"再向"无文档贷款"的发展趋势开始显现，对借款者还贷能力的验证越来越弱，其他次级贷款担保标准迅速降低。例如，允许的住房贷款杠杆（贷款金额占住房价值的比例）明显提高。常用的"搭载贷款"（把第二笔贷款置于第一笔贷款之上）使贷款-价值比率迅速上升。当住房价格下降到低于贷款余额时，很多房主会拒绝还贷。

可调整利率抵押贷款（ARMs）也日益普及。这些贷款向借款者提供一个很低的初始利率或者称为"诱惑利率"，但最终这些利率会被重新设定为市场利率，如短期国库券利率加3%。在初始利率的诱惑下，许多借款者会使其借款能力达到最高，但是，一旦利率重新设定，他们每月的还款金额就会大增，尤其是在市场利率上升的情况下。

尽管这些风险显而易见，但是最近10年持续上涨的房价似乎使投资者得意忘形，人们普遍相信不断上涨的房价会使表现不佳的贷款摆脱困境。但是，从2004年开始，通过再融资来解救贷款的能力开始下降。首先，高利率使可调整利率抵押贷款的借款者承受很大的还款压力；其次，如图1-3所示，房价在2006年达到最高点，因此房主运用已形成的住房权益进行再融资的能力下降。2007年住房贷款违约率开始激增，抵押支持证券的损失也开始迅速增加，危机正向更严重的方向发展。

1.7.3 抵押贷款衍生工具

有人可能会问：谁愿意购买这些高风险的次级贷款？证券化、重组和信用增级已经给出了这个问题的大部分答案。新型的风险转移工具使投资银行可以从最初发行的"垃圾"贷款中挑出AAA级证券。担保债权凭证是这些最终变为垃圾的创新产品中最重要的一种产品。

担保债权凭证把信用风险（即违约风险）集中在某一类投资者身上，从而使其他投资者可以相对较少地承担信用风险。理念是通过把资产池分为高、低级别排出对贷款还款金额索取权的优先次序，这种高低级别被称为份额。高级份额享有对还款金额的优先索取权，只有当高级份额收到所有相应的份额后，低级份额才可以享有对还款金额的索取权。[⊖]例如，如果一个资产池被分为两个份额，其中70%为高级份额，30%为低级份额，那么还款金额的前70%将被全额支付给高级份额，也就是说只要资产池的违约率在30%以下，高级份额就不会有风险。即使资产池中包括高风险的次级贷款，违约率超过30%的可能性也极低，因此高级份额通常被主要的信用评级机构（如穆迪、标准普尔和惠誉）授予最高评级，如AAA级，从而有大量的AAA级证券从低利率的抵押贷款资产池中被挑选出来，本书第14章将会更详细地讨论担保债权凭证。

当然，现在我们知道这种评级是错误的。抵押贷款证券这种高低级的结构给高级份额带来的保护要远远低于投资者的预期。人们对高评级的普遍辩解是：如果组成资产池的抵押贷款来自不同的地理区域，那么整个资产池的违约率不可能超过高级份额投资者所能承受的损失水平。但是，如果整个国家的房价一起下跌，所有地区的违约率都会上升，那么通过跨地区来分散风险的愿望将不会实现。

为什么评级机构会明显低估这些次级证券的风险呢？首先，违约率是使用不具有代表性的历史时期数据估计的，该历史时期的特点是房地产市场蓬勃发展，宏观经济异常繁荣。其次，评级分析师根据历史违约经验推断新型的借款者资产池，这种资产池没有首付，包括还款数额激增的贷款和简易型或无文档贷款（也称为骗子贷款）。考虑到市场发生的深刻变化，历史违约经验事实上是无关的。再次，人们对区域多样化降低风险的能力过度乐观。

⊖ 担保债权凭证和其他相关证券有时候被称为结构化产品。"结构化"是指初始现金流被分割并根据相关的规定在份额之间重新进行分配。

最后，代理问题日益明显。证券发行者而非购买者向评级机构支付证券评级费用，因此评级机构面临来自发行者的压力，因为发行者可以“货比三家”去寻找更宽松的评级机构。

概念检查 1-2

房利美和房地美把抵押贷款集中起来打包为证券，并由它们为这些证券进行担保。相反，没有机构为次级抵押支持证券进行担保，因此投资者需要承担更高的信用风险。这两种管理和分配违约风险的方式哪种更好？

1.7.4 信用违约掉期

与担保债权凭证市场相同，信用违约掉期（credit default swaps，CDS）市场在这一时期也迅速发展。信用违约掉期实质上是一种针对借款者违约的保险合同，本书第14章将对此进行更详细的讨论。信用违约掉期的购买方每年支付保金（类似于保险费用）以使其免受信用风险。信用违约掉期成为信用增级的一种替代方法，它似乎允许投资者购买次级贷款并且可以保证其安全性。但是在实践中，一些信用违约掉期的发行方加大了他们需要应对的信用风险，却没有足够的资金来支撑这些合约。例如，大型保险公司美国国际集团（AIG）自己就卖出了4 000多亿美元的基于次级抵押贷款的信用违约掉期合约。

1.7.5 系统性风险的上升

截止到2007年，金融系统已经显现出一些令人担忧的特点。许多大型银行和相关的金融机构都实施了一项有利可图的融资计划：把低利率的短期资本融资投资于流动性差但收益率更高的长期资产[㊀]，并把资产与负债之间的利差当做经济利润。但是这种商业模式非常危险：主要依靠短期借款作为资金支持，这些公司需要不断再融资（即借款到期后再借入其他资金），或者是出售流动性较差的资产组合，但这在面临财务压力时是很困难的，而且这些机构的杠杆率都很高，几乎没有额外资金来应对损失，尤其是华尔街上的大型投资银行，它们的杠杆率迅速提升，这增加了再融资的困难，特别是当它们的资产组合出现问题时。例如，2008年雷曼兄弟和美林的杠杆比率大约是30∶1，这意味着它们97%的资金是借来的，即使是很小的资产组合损失也可能使其净资产变为负值，这样就不会有人愿意给它们延长贷款期限或是借款了。

高杠杆比率和资产负债间的流动性错配使金融机构很容易遭受信心危机，如果对它们资产组合的估值下降，那么将会出现挤兑现象，因为投资者会要求撤回资金，但是资产的低流动性使得及时满足这种偿还要求很困难。

金融机构脆弱性的另一个原因是很多投资者依靠通过结构化产品实现的“信用升级”。例如，担保债权凭证的分级创造了很多AAA级证券，但是大多数毫无根据地依赖于很可能被高估的多样化利益和很可能被低估的违约率预测。这些资产池中的很多资产流动性差、估值难，而且高度依赖于对其他贷款表现的预测。在经济普遍低迷时，加上评级降低，这些资产很难卖出去。

非正式场外交易市场不断取代正式交易所的交易产生了其他问题。在正式的交易所如期货或期权市场中，参与者必须缴付保证金（margin）以保证他们有能力履行合约。价格每天计算，收益不断地加入（若是损失将被扣除）交易商的保证金账户。如果经过一系列损失后保证金账户低于某一余额，投资者将被要求补足保证金或是在破产之前平仓出局。因此仓位与损失发生的风险对其他交易商来说是透明的。相比而言，信用违约掉期合约交易的场外交易市场是买卖双方私人之间的合约，很少有对仓位的公开披露，产品的标准化程度较弱（这使合约的公允价值很难被发现），因此很难确认一段时间内的累积收益或损失以及每一个交易伙伴的信用风险。尽管场外交易市场也要求保证金，但是保证金账户的更新频率没有正式交易所快，当公平的市场价格难以确定时，保证金账户余额的确定很困难。

这种新的金融模型充满了**系统性风险**（systemic risk），当一个市场产生问题并波及其他市场时，整个金融系统可能会崩溃。许多市场创新无意中为系统性风险创造了新的反馈回路。当公司是完全杠杆时（即借款金额达到最大），资产组合的损失会迫使它们出售部分资产以使杠杆恢复到合理水平。但是机构出售资产的浪潮会使资产价格下降，加剧资产组合损失，这又会迫使其进一步出售资产，因此资产价格会呈现螺旋式下降。

当银行等贷款者的资金受限并担心进一步遭受损失时，它们会理性地选择囤积资金而非借给客户，这会使其客

㊀ 流动性是指投资者将投资变现的速度和灵活程度。非流动资产（如不动产）想要快速出售非常困难，而且快速出售时的价格可能远远低于正常情况下出售的价格。

户的资金问题继续加剧。一起违约引起其他一系列违约，这意味着借款者可能会受到从来没有与他们进行直接交易的机构违约的牵连。例如，美国国际集团的破产触发了其他许多公司的破产，尤其是银行，它们曾经依赖美国国际集团对上亿美元的抵押贷款进行担保（通过信用违约掉期合约）。银行的破产会进一步导致其交易伙伴的破产，这种传递性杀伤力极大：截止到2008年8月，63万亿美元的信用违约掉期合约无法清偿（而当时美国的国内生产总值只有14万亿美元）。

1.7.6 靴子落地

预示着金融系统即将发生大灾难的征兆在2007年的夏天第一次出现。早在2006年年初次级贷款的拖欠率就一直在增加，贝尔斯登在6月突然宣布它有两只与次级贷款相关的对冲基金正在遭受严重损失，至此全世界的银行和对冲基金才被发现存在大量的次级贷款风险，导致市场流动性普遍下降，银行负债率显著上升。至2007年秋，住房价格普遍下降（见图1-3），抵押贷款拖欠率继续上升，股票市场也开始大幅下挫（见图1-2）。2008年3月，美联储决定由摩根大通收购濒临破产的贝尔斯登（美联储承诺使摩根大通避免遭受贝尔斯登的进一步损失）。

这场金融危机在2008年9月达到顶峰。9月7日，大型联邦抵押贷款机构房利美和房地美进入接受管理程序，这两家机构都持有大量的次级贷款支持证券（本书第2章将有更详细的介绍）。作为美国住房和抵押贷款金融行业的两大支柱，房利美和房地美的失败把金融市场置于恐慌之中。截止到9月第二周，雷曼兄弟和美林已毫无疑问处于破产边缘。9月14日，美林被美洲银行收购，同摩根大通一样，美洲银行可以享受政府牵线并担保其免受损失的利益。第二天，雷曼兄弟提交破产保护申请，此前它拒绝了与美林相同的待遇。两天后，也就是9月17日，联邦政府借给美国国际集团850亿美元，理由是美国国际集团的失败将给银行业带来巨大的冲击，因为其持有联邦政府大量的信用担保凭证（即信用违约掉期合约）。第二天，美国财政部首次宣布将投入7 000亿美元购买“有毒的”抵押担保证券。

雷曼兄弟破产对货币市场上的短期贷款造成了灾难性的后果。雷曼兄弟通过发行短期债务（称为商业票据）借了大量资金。商业票据的主要客户之一是货币市场上的共同基金，共同基金投资短期、高流动性的债务。当雷曼兄弟倒闭时，持有雷曼兄弟大量AAA级票据的联邦货币市场基金遭受到严重的投资损失，以至于使其股价降到每股1美元以下。㊀恐慌在其他具有类似风险敞口的基金中蔓延，全美货币市场基金的客户纷纷撤回资金，大量资金从商业票据涌向安全性更高、流动性更强的短期国库券，最终使短期金融市场停止运转。

信用市场的冰冻否定了可以将金融危机限定在华尔街的这种判断。曾经依赖于商业票据市场的大型公司已无法筹集到短期资金，银行同样也很难筹到资金（见图1-1，用于衡量银行偿付恐慌的泰德利差在2008年飙升）。由于银行不愿意或不能够给客户扩大信用，很多依赖于银行贷款的小企业无法筹集到正常的营运资金。资金匮乏的公司不得不迅速缩减业务规模，失业率急剧上升，经济进入了几十年以来最糟糕的时期。金融市场上的动荡已经波及实体经济，同华尔街一样，“主体街”也陷入长期的痛苦中。

1.7.7 系统性风险和实体经济

之前我们已经指出，实体经济需要一个有良好润滑作用的金融业来支持。小公司依赖银行的短期借款，银行依赖投资者购买它们的短期债务证券，如大额存单和商业票据。所有投资者都需要评估对手的信用风险，以确定哪些证券值得购买。大公司可以自己评估资本市场，但它们也需要依靠一个运转良好的金融市场，当市场（如商业票据市场）冻结时，会立刻波及实体经济，并且非常麻烦。

政府对金融危机的反应是努力打破估值风险、对手风险、流动性风险的恶性循环。一种方法是通过向危险的银行注入资金来降低金融领域的风险。原因是通过注入资金可以降低银行的破产风险，这样，重新稳定下来的银行就可以筹集到资金，并且可以恢复银行之间的借贷以及为客户提供贷款。随着更多资金的注入，一家银行破产引发其他银行破产的情形可以得到控制。此外，当银行有更多资金时，它们抬升风险的动机会下降，因为潜在的损失将由它们自己而非联邦存款保险公司来承担。

针对性建议还将目标锁定在了提高透明度上。例如，一种建议是信用违约掉期合约标准化，允许或强行规定它们必须在集中化的交易所中交易，那里的价格是由高流动性市场决定的，且收益或损失通过逐日盯市来结算。每天

㊀ 通常情况下，货币市场基金几乎没有投资风险，且可以将资产价值维持在每股1美元，因此投资者把它们视为支票账户的近似替代物。在这件事情发生之前，从未出现过其他零售基金跌破面值的情况。

的保证金要求可以阻止信用违约掉期的参与者建立超出他们控制能力的仓位，而且场内交易更便于分析公司遭受损失的风险。

最后，激励问题产生。有些建议提出员工薪酬要反映公司的长期绩效。例如，一部分薪酬要先扣留下来直到几年以后员工行为带来的利益可以全面评估时再发放。这样做的目的是阻止员工过度冒险，因为员工可能会有这样的侥幸心理：如果结果好可以获得一大笔奖金，如果结果不好，将由公司或是纳税人承担。对债券评级机构的激励也是一件伤心事，没有哪家评级机构会满意由被评级公司支付它们报酬的体系。

现在讨论哪种改革会最终成功还为时尚早，但是这次金融危机明晰了金融体系对实体经济运行的重要作用。

1.8　全书框架

本书共分为七个部分，各部分之间相对独立，因此可以随意安排学习顺序。第一部分介绍了金融市场、金融工具和证券交易，还包括对共同基金的描述。

第二部分和第三部分包含了现代投资组合理论的核心。第二部分首先大致介绍了风险和收益以及资本市场历史带给我们的教训，然后重点描述投资者的风险偏好、资产配置过程、有效分散化和投资组合优化。

第三部分研究了资产组合理论中风险与收益的权衡。这部分内容主要介绍资本资产定价模型、如何用指数模型实现它，以及关于风险和收益的更高级模型。此外，本部分还介绍了有效市场假说，并从行为科学角度评论了基于投资者理性的相关理论。本部分最后一章是关于证券收益的实证依据。

第四部分到第六部分涵盖了证券分析和证券估值的相关内容。第四部分介绍了债务市场，第五部分介绍了权益市场，第六部分介绍了衍生工具，如期权和期货合约。

第七部分是对积极投资管理的介绍，解释了投资者不同的投资目标和约束条件将如何形成不同的投资策略。这一部分将讨论在近似有效市场中积极型管理的作用，以及如何评价追求积极型策略的经理的绩效，还说明了投资组合构建原则为什么可以延伸到全球环境中，并讨论了对冲基金行业。

小　结

1. 实物资产创造财富，金融资产代表对财富的索取权，金融资产决定如何在投资者之间分配实物资产的所有权。
2. 金融资产分为固定收益型、权益型和衍生工具。自上而下的投资组合构建方法的起点是资产配置决策，即将资金在大类资产之间进行分配，然后在大类资产中选择具体证券。
3. 金融市场中的竞争使得风险与收益相互权衡，期望收益率更高的证券意味着投资者将承担更大的风险。然而，风险的存在意味着在投资期初实际收益率与期望收益率可能会相差甚远。证券分析师之间的竞争会促进金融市场向信息有效的方向发展，即价格反映了所有关于证券价值的可获得信息。消极型投资策略在近似有效市场上是有效的。
4. 金融中介汇集投资者的资金并进行投资。这种中介服务是存在需求的，因为小型投资者不能有效地收集信息、多样化并监控投资组合。金融中介把自有的证券出售给小型投资者，然后用筹集到的资金再进行投资，最后把获得的收益偿还给小型投资者，并从中赚取价差。
5. 投资银行提高了公司融资的效率，投资银行家在新发行的证券定价和推销方面具有专业优势。截止到2008年年末，美国所有主要的独立的投资银行都并入了商业银行，或是重组为商业银行股份公司。在欧洲，全能型银行从来未被禁止，大型银行通常既包括商业银行部门又包括投资银行部门。
6. 2008年的金融危机说明了系统性风险的重要性。控制系统性风险的措施包括：提高透明度以使交易商和投资者可以评估对手的风险；提高资本充足率以避免交易参与者由于潜在损失破产；频繁结算收益或损失以避免某机构的累积损失超出其承受能力；制定有助于阻止承担过度风险的激励措施；由评估证券风险的机构进行更准确的风险评估。

习　题

基础题

1. 金融工程曾经遭到贬低，认为仅仅是对资源重新洗牌。批评家认为：把资源用于创造财富（即创造实物资产）而非重新分配财富（即捆绑和分拆金融资产）或许更好。评价这种观点。从各种基础证券中创造一系列的衍生证券是否带来了好处？

2. 为什么证券化只能发生在高度发达的证券市场上？
3. 在经济中，证券化和金融中介的作用之间有什么关系？证券化过程对金融中介有什么影响？
4. 尽管我们说实物资产组成了经济中真正的生产能力，但是很难想象一个现代的经济社会中没有发达的金融市场和多样化的证券。如果没有可以进行金融资产交易的市场，那么美国经济的生产能力将受到什么影响？
5. 公司通过在一级市场上发行股票从投资者那里筹集资金，这是否意味着公司的财务经理可以忽视二级市场上已发行股票的交易情况？

中级题

6. 假设全球的房价都涨了一倍
   a. 社会为此变得更富有了吗？
   b. 房主更富有了吗？
   c. 你对a和b给出的答案一致吗？会不会有人因为这种变化变得更糟？
7. Lanni Products是一家新成立的计算机软件开发公司，它现有价值30 000美元的计算机设备，以及股东投入的20 000美元现金。识别下列交易中的实物资产和金融资产。这些交易有没有创造或减少金融资产？
   a. Lanni取得一笔银行贷款，得到50 000美元现金，并签发了一张票据承诺3年内还款。
   b. Lanni把这笔钱以及自有的20 000美元投入到新型财务计划软件的开发中。
   c. Lanni把该软件出售给微软，微软将以自己的品牌进行销售。Lanni收到微软的1 500股股票作为回报。
   d. Lanni以每股80美元的价格将微软股票出售，用所获得的部分资金偿还银行贷款。
8. 重新考虑第7题中的Lanni Products公司
   a. 若在其获得银行贷款后立即编制资产负债表，实物资产占总资产的比例是多少？
   b. 若在其投入70 000美元开发软件产品后再编制资产负债表，实物资产占总资产的比例是多少？
   c. 若在其接受微软的股份后再编制资产负债表，实物资产占总资产的比例是多少？
9. 回顾表1-3美国商业银行资产负债表，实物资产占总资产的比例是多少？对于非金融企业（见表1-4）而言，这一比例是多少？为什么会有这种差别？
10. 图1-5描述了美国黄金证券的发行过程。
    a. 发行过程是在一级市场进行还是在二级市场进行？
    b. 该证券是基础资产还是衍生资产？
    c. 发行填补了什么市场空缺？

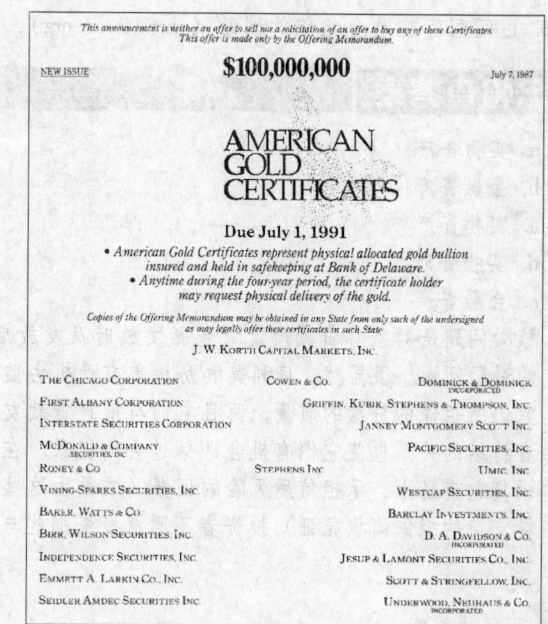

This announcement is neither an offer to sell nor a solicitation of an offer to buy any of these Certificates. This offer is made only by the Offering Memorandum.

NEW ISSUE　　**$100,000,000**　　July 7, 1987

AMERICAN GOLD CERTIFICATES

Due July 1, 1991

• American Gold Certificates represent physical allocated gold bullion insured and held in safekeeping at Bank of Delaware.
• Anytime during the four-year period, the certificate holder may request physical delivery of the gold.

Copies of the Offering Memorandum may be obtained in any State from only such of the undersigned as may legally offer these certificates in such State

J. W. Korth Capital Markets, Inc.

The Chicago Corporation　Cowen & Co.　Dominick & Dominick Incorporated
First Albany Corporation　Griffin, Kubik, Stephens & Thompson, Inc.
Interstate Securities Corporation　Janney Montgomery Scott Inc.
McDonald & Company Securities, Inc.　Pacific Securities, Inc.
Roney & Co　Stephens Inc　Umic, Inc
Vining-Sparks Securities, Inc.　Westcap Securities, Inc.
Baker, Watts & Co.　Barclay Investments, Inc.
Birr, Wilson Securities, Inc.　D. A. Davidson & Co. Incorporated
Independence Securities, Inc.　Jesup & Lamont Securities Co., Inc.
Emmett A. Larkin Co., Inc.　Scott & Stringfellow, Inc.
Seidler Amdec Securities Inc.　Underwood, Neuhaus & Co. Incorporated

图1-5　黄金支持证券

11. 讨论下列形式的管理层薪酬在缓和代理问题（指管理层和股东之间的潜在利益冲突）方面的优点和缺点。
    a. 固定工资。
    b. 公司股票，但是必须持有5年。
    c. 与公司利润挂钩的工资。
12. 我们发现大型机构投资者或债权人的监督是减轻代理问题的一种方法，为什么个人投资者没有同样的激励去监督公司的管理层？
13. 请举出三种金融中介的例子，并解释它们如何在小型投资者和大型资本市场或公司之间起到桥梁作用？
14. 自1926年以来，大型股票的平均投资收益率超过短期国库券7%的收益率，为什么还有人投资短期国库券？
15. 与“自下而上”的投资方式相比，“自上而下”的投资方式有什么优缺点？
16. 你看到一本书的广告，广告中声称这本书可以指导你在没有任何资金投入的情况下获得100万美元的无风险收益，你会购买这本书吗？
17. 为什么金融资产是家庭财富的组成部分，却不是国家财富的资产部分？为什么金融资产仍与经济社会的物质福利有关？
18. 华尔街上的金融机构把交易利润的一部分支付给交易商作为报酬，这将如何影响交易商承担风险的意愿？这种行为将导致什么代理问题？
19. 金融系统如何改革才可以降低系统性风险？

在线投资练习

1. 访问美国证券交易委员会的网站（www.sec.gov），它的职能是什么？它能为初学投资者提供什么信息和建议？

2. 访问全美证券交易商协会的网站（www.finra.org），它的职能是什么？它能为初学投资者提供什么信息和建议？

3. 访问国际证监会组织的网站（www.iosco.org），它的职能是什么？它能为初学投资者提供什么信息和建议？

概念检查答案

1-1 a. 实物资产
b. 金融资产
c. 实物资产
d. 实物资产
e. 金融资产

1-2 核心问题是对监督贷款质量（包括发放时及发放后）的激励问题。很显然，房利美和房地美有动机去监督它们所担保的贷款的质量，而且它们与抵押贷款发起者持续的关系也使它们有机会评估过去的记录。在次级贷款市场上，承担信用风险的证券（或是由这些证券支持的担保债权凭证）投资者不愿意投资那些与违约率不相称的贷款。如果他们了解自己承担的信用风险，那么他们会在支付的价格（会相应地下降）中强加对抵押贷款发起者和服务商的限制条件。事实上，他们愿意持有这些高风险的证券说明他们并没有意识到自己所承担的风险有多大，对房价过度乐观的推测或是信用报告机构有偏的评估或许误导了他们。原则上，对违约风险的排序可以保证对抵押贷款发起者适当的约束，但在实践中，房利美和房地美的信息优势或许使它们成为违约风险更好的承担者。我们从中得到的教训是：信息和透明度是保证市场良好运转的前提条件。

CHAPTER2

第2章 资产类别与金融工具

第1章中我们已经学过，构建投资组合时首先要决定分配到各个资产大类中的货币金额，如安全货币市场证券或者银行存款、长期债券、股票，甚至是房地产和贵金属，这个过程叫做资产配置。在每一资产大类中选择具体的资产进行投资，这一过程叫做证券选择。

每一资产大类都包含多种证券，而且每一小类的资产种类也多种多样。本章的学习目标是了解各大类证券的主要特点，为达成这一目标，本章将根据每一资产大类依次介绍各种金融工具。

金融市场通常被分为**货币市场**（money market）和**资本市场**（capital market）。货币市场工具包括短期的、变现能力强的、流动性强的、风险低的债务证券。货币市场工具有时被称为现金等价物，或简称为现金。相反，资本市场主要由期限较长的、风险较大的证券组成。资本市场上的证券种类远远多于货币市场上的证券种类，因此又可以将资本市场细分为四个部分：长期债券市场、权益市场以及期权与期货衍生工具市场。

本章将首先介绍货币市场工具，然后介绍债务证券和权益证券。本章还将分析各种股票市场指数的结构，因为市场基准组合在构建和评估投资组合时起到重要作用。最后本章介绍期权和期货合约的衍生证券市场。

2.1 货币市场

货币市场是固定收益市场的一部分，它由变现能力极强的超短期债务证券组成。大多数这类证券的交易面值很大，因此个人投资者无力购买，但是他们很容易买到货币市场基金。这些共同基金汇集投资者的资金，并以他们的名义购买各种货币市场证券。

2.1.1 短期国库券

美国短期国库券（T-bills，bills）是所有货币市场工具中变现能力最强的，它代表了一种最简单的借款形式：政府通过向公众出售国库券筹集资金，投资者以面值的一定折扣购入国库券，当国库券到期时，持有者将从政府那里获得面值。购买价格与面值之差构成投资者的投资收益。

短期国库券的期限分为4周、13周、26周和52周。个人可以直接在一级市场上通过拍卖购入，也可以在二级市场上从政府证券交易商那里购入。短期国库券的流动性非常强，也就是说可以很容易地将它们转化成现金，而且交易成本低，也没有多大的价格风险。大多数货币市场工具的最低交易面值是100 000美元，而短期国库券的最低交易面值只有100美元，尽管更常见的是10 000美元。此外，短期国库券的收益可以免除所有的州和地方税，这是短期国库券区别于其他货币市场工具的又一特征。

图2-1列出了部分美国短期国库券的收益率。财经报纸并不提供每种国库券的价格，它提供的是基于这些价格计算出的收益率。从图中可以看到与买价和卖价相对应的收益率。**卖方报价**（asked price）是指从证券交易商手中买入一张国库券时必须支付的价格。**买方报价**（bid price）是指将一张国库券卖给交易商时所能收到的价格，它略低于卖方报价。**买卖价差**（bid-asked spread）是指卖方报价和买方报价之间的差额，它是交易商的利润来源。（注意：图2-1中的买方收益率高于卖方收益率，这是因为价格与收益率之间成反比例关系。）

美国短期国库券

到期日	到期天数	买方报价（%）	卖方报价（%）	变化	基于卖方报价的收益率（%）
2009年10月22日	8	0.055	0.050	无变化	0.051
2009年10月29日	15	0.058	0.053	−0.002	0.053
2009年11月12日	29	0.055	0.048	+0.005	0.048
2009年11月19日	36	0.050	0.043	无变化	0.044
2009年11月27日	44	0.043	0.035	−0.010	0.036

图2-1 美国短期国库券收益率

资料来源：Compiled from data obtained from *The Wall Street Journal Online*，October 15，2009.

图2-1中的前两种收益率是按银行贴现法计算的，即到期值或面值的贴现率是按年计算的（一年按360天算）。以2009年11月19日到期、距到期日还剩36天的国库券为例，对应于“卖方报价”的收益率是0.043%，通过计算0.043% ×(36/360) =0.004 3%，意味着交易商愿意按面值折扣0.004 3%的价格将这种国库券出售。因此，面值为10 000美元的国库券的出售价格是10 000美元×(1 -0.004 3%) =9 999.57美元。类似地，按“买方报价”的收益率0.05%计算，10 000美元×[1 -0.05% ×(36/360)] =9 999.50美元，即交易商愿意以每张9 999.50美元的价格买入这种国库券。

采用银行贴现法计算收益率已经有很长的历史了，但它至少存在两方面的不足：第一，它假设一年只有360天；第二，它以面值为基础而非以投资者的购买价格为基础计算收益率。[⊖]仍以2009年11月19日到期的国库券为例，投资者按卖方报价购入该国库券并持有至到期日，在36天里这种国库券涨了10 000美元/9 999.57美元-1 =0.004 3%，把这个收益率转换为按365天计算的年度收益率，0.004 3% ×365/36 =0.044%，这便是表中最后一列“基于卖方报价的收益率”所对应的数值，被称为债券等值收益率（bond-equivalent yield）。

货币市场的主要组成如表2-1所示。

表2-1 货币市场的主要组成

	10亿美元
回购协议	1 245
小额定期存单[①]	1 175
大额定期存单[①]	2 152
国库券	2 004
商业票据	1 280
储蓄存款	4 612
货币市场共同基金	3 584

注：①小额是指小于100 000美元。

资料来源：*Economic Report of the President*，U. S. Government Printing Office，2009；*Flow of Funds Accounts of the United States*，Board of Governors of the Federal Reserve System，September 2009.

2.1.2 大额存单

大额存单（certificate of deposit，CD）是一种银行定期存款，因此不能随时提取，银行只在大额存单到期时才向储户支付利息和本金。但是，面额超过100 000美元的大额存单通常是可以转让的，也就是说所有者可以在大额存单到期前将其出售给其他投资者。短期大额存单的变现能力很强，尽管期限超过3个月时，其市场会大大缩水。大

⊖ 在计算机产生之前，为了简化计算就会产生这两种“误差”。基于面值这样的整数计算贴现率要比基于购买价格简单得多，而且按一年360天来计算收益率也相对容易，因为360是许多数字的偶数倍。

额存单被联邦存款保险公司视为一种银行存款，当银行出现偿债能力危机时，其持有者可获得高达25万美元的保额。㊀

2.1.3　商业票据

知名的大型公司通常不会直接向银行借款，它们通常会发行短期无担保债务票据，这种票据叫做**商业票据**（commercial paper）。通常，银行票据由一定的银行信用额度支持，这样可以保证借款者在票据到期时有足够的现金来清偿（如果需要的话）。

商业票据的期限可长达270天，期限更长的要到美国证券交易委员会注册，因此几乎没有发行过。商业票据的期限通常在1个月或2个月以内，面值一般是100 000美元的倍数，因此小型投资者不能直接投资商业票据，只能通过货币市场上的共同基金投资。

商业票据被认为是一种相当安全的资产，因为公司的经营和财务状况在1个月这么短的时间内是可以监督并预测的。

商业票据通常由非金融公司发行，但近几年来，诸如银行此类的金融公司开始大量发行资产支持商业票据，这是一种短期商业票据，用于筹集资金来投资其他资产，反过来这些资产再作为商业票据的担保品，因此这些票据被贴上“资产支持”的标签。2007年夏初，当次级抵押贷款的违约率不断上升时，这种行为带来了很多问题，随着已发行商业票据的到期，银行发现它们无法再发行新的商业票据进行融资。

2.1.4　银行承兑汇票

银行承兑汇票（banker's acceptance）是指由银行客户向银行发出在未来某一日期支付一笔款项的指令，期限通常是6个月内。此时，银行承兑汇票类似于远期支票。当银行背书承兑后，银行开始负有向汇票持有者最终付款的责任，此时的银行承兑汇票可以像其他任何对银行的债权一样在二级市场上交易。银行承兑汇票以银行信用代表交易者信用，因而被认为是一种非常安全的资产。在国际贸易中，交易双方互不知晓对方信用情况时，银行承兑汇票得到广泛的使用。像短期国库券一样，银行承兑汇票在面值的基础上折价销售。

2.1.5　欧洲美元

欧洲美元（Eurodollars）是指国外银行或美国银行的国外分支机构中以美元计价的存款。由于这些银行或分支机构位于美国国外，因此它们可以不受美联储的监管。尽管被冠以“欧洲”二字，但这些账户并不是必须设在欧洲的银行中，欧洲只是除美国本土以外首先接受美元存款的地区。

大多数欧洲美元存款是数额巨大且期限短于6个月的定期存款。欧洲美元大额存单是欧洲美元定期存款的一种衍生品，它与美国国内银行的大额存单相似，唯一的区别在于它是银行非美分支机构如伦敦分支机构的负债。与欧洲美元定期存款相比，欧洲美元大额存单的优点在于它可以在到期前转让变现。但是，与美国国内的大额存单相比，欧洲美元大额存单流动性较差，而且风险较高，因而收益率也较高。公司也会发行欧洲美元债券，即在美国以外以美元计价的债券。由于期限太长，欧洲美元债券并不是货币市场投资工具。

2.1.6　回购和逆回购

政府证券的交易商使用**回购协议**（repurchase agreements，repos或RPs）作为一种短期（通常是隔夜）借款手段。交易商把政府证券卖给投资者，并签订协议在第二天以稍高的价格购回。协议约定的价格增幅为隔夜利息。通过这种方式，交易商从投资者那里借款一天，证券在其中权当抵押品。

定期回购本质上与普通回购一样，只是定期回购的期限可以超过30天。因为有政府证券作为担保，故而在信用风险方面回购协议被认为是非常安全的。逆回购恰是回购的一种镜像。在逆回购中，交易商找到持有政府证券的投资者买入证券，并协定在未来某一日期以稍高的价格售回给投资者。

㊀ 2008年10月，联邦存款保险公司将大额存单的保额从10万美元暂时提高到25万美元，直到2013年12月31日。

2.1.7 联邦基金

像我们把钱存在银行一样，银行会把钱存在联邦储备银行中。联邦储备体系中的每一家会员银行都要在美联储中设立一个准备金账户，且账户要保持最低余额，最低余额的标准取决于银行客户的存款总额。准备金账户中的资金叫做**联邦基金**（federal funds，fed funds）。总有一些银行准备金账户中的余额高于最低金额，其他银行（尤其是位于纽约和其他金融中心的大型银行）则常常准备金不足。在联邦基金市场上，准备金不足的银行可以向准备金超额的银行借款，这类借款通常是隔夜交易，这种银行间拆借的利率叫做联邦基金利率。

尽管联邦基金市场设立的初衷是为银行之间转移准备金余额以达到监管要求提供一种途径，但现在该市场已经发展成为许多大型银行利用联邦基金筹资的一种工具了。因此，联邦基金利率是金融机构间超短期借款的利率。尽管大多数投资者不能参与到联邦基金市场，但是联邦基金利率倾向于成为一个货币政策松紧的度量指标。

2.1.8 经纪人拆借

通过支付保证金形式购买股票的个人投资者可以向经纪人借款来支付股票，而经纪人可能又向银行借款，并协定只要银行需要将即时归还。这种借款的利率通常比短期国库券的利率高出1%。

2.1.9 伦敦银行同业拆借市场

伦敦银行同业拆借利率（London Interbank Offered Rate，LIBOR）是位于伦敦的大型银行之间互相借款的利率。这种依据以美元计价的贷款而确定的利率已经成为欧洲货币市场上短期借款的主要利率报价，也成为很多金融交易中的参考利率。例如，公司借款的利率可能是LIBOR利率加上2%的浮动利率。

除美元外，LIBOR利率还可能与其他多种货币挂钩。例如，LIBOR利率广泛地用于以英镑、日元、欧元等计价的交易。还有一种利率与LIBOR利率相似，叫做欧洲银行同业拆借利率（European Interbank Offered Rate，EURIBOR），它是欧元区银行间互相借款所使用的利率。

2.1.10 货币市场工具的收益率

尽管货币市场证券的风险很低，但并不是没有风险。货币市场证券承诺的收益率高于无风险的短期国库券，部分原因是由于其风险相对较高。此外，许多投资者要求高流动性，他们宁愿接受收益率低但可以快速低成本变现的短期国库券。如图2-2所示，银行大额存单一直以来持续支付高于短期国库券的风险溢价，且该溢价随经济危机的爆发而增加，如两次因石油输出国组织（OPEC）动荡而引发的能源价格波动、宾夕法尼亚广场银行的倒闭、1987年股市崩盘、1998年长期资本管理公司倒闭，以及2007年由于次级贷款市场崩溃而引发的信用危机等。回顾第1章中的图1-1，我们发现泰德利差，即LIBOR利率与短期国库券利率之差，在金融危机时也达到最高点。

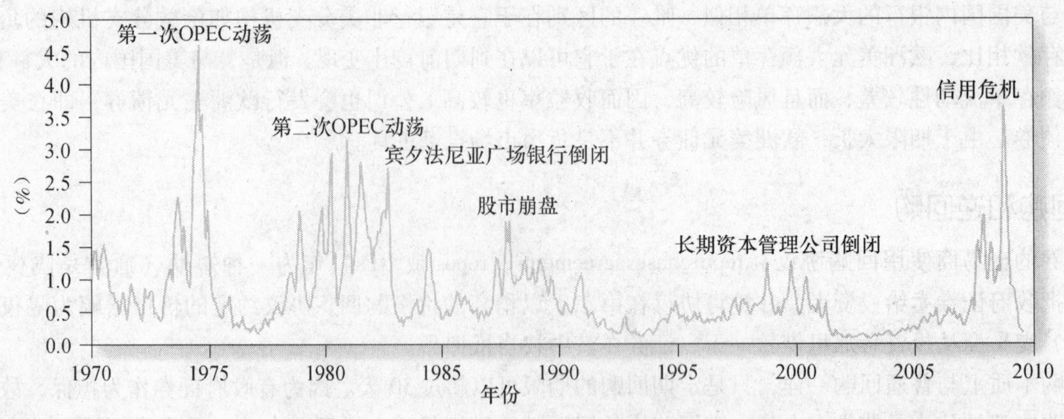

图2-2 3个月期大额存单利率与短期国库券利率之差

货币市场基金是一种对货币市场工具进行投资的共同基金，现在它们已成为该领域的主要融资来源。专栏2-1讨论了2008年的信用危机对这些基金的影响。

专栏2-1

货币市场基金与2008年的信用危机

货币市场基金是一种共同基金，对货币市场上的短期债务工具进行投资，2008年，这些基金的投资总额约为34 000亿美元。它们被要求只能持有高质量的短期债务：平均期限短于3个月。它们最主要的投资是商业票据，但是大额存单、回购协议、短期国库券也占有相当大的比重。由于这种保守的投资组合，货币市场基金的价格风险很低。投资者通常可以针对其在基金中所享有的份额获得开具支票特权，他们把货币市场基金作为银行账户的近似替代物。这种做法是可行的，因为货币市场基金几乎总能将每份价值维持在1美元，并以利息的形式向投资者支付投资收益。

到2008年，只有一只货币市场基金的价值曾跌破每份1美元。但是2008年9月15日雷曼兄弟申请破产保护时，许多购买了其大量商业票据的基金都遭受了严重损失。第二天，储备主要基金（最早的货币市场基金）的每份价值跌到0.97美元。

当投资者意识到货币市场基金正遭受巨大的信用危机时，出现了严重的挤兑现象。雷曼兄弟破产仅三天后，由于严重的挤兑，普特曼主要货币市场基金宣布正在进行破产清算。为了避免进一步的资金流出，美国财政部宣布将为愿意支付一定数额保险费用的货币市场基金提供联邦保险，该项目类似于联邦存款保险公司的银行保险业务。资金外流的危险终于平息了。

然而，华尔街货币市场基金的动荡已经波及“主体街”。担心会有进一步的投资者挤兑，货币市场基金甚至连短期投资也不敢做了，其对商业票据的需求也迅速枯竭。曾经可以以2%的利率借款的企业现在不得不支付高达8%的利率，而且商业票据市场也处于崩溃的边缘。这些市场曾经是企业短期融资（用于从工资到存货的各种支出）的主要来源。货币市场的进一步崩溃立即对经济产生更广泛、更恶劣的影响。几天后，联邦政府提出了用7 000亿美元稳定信贷市场的计划。

2.2　债券市场

债券市场由长期借款或债务工具组成，这些工具的期限比在货币市场上交易的要长。该市场主要包括中长期国债、公司债券、市政债券、抵押证券和联邦机构债券。

有时候人们认为这些工具组成了固定收益资本市场，因为它们中的大多数都承诺支付固定的收入流或是按特定公式来计算收入流。但实际中，根据这些公式计算出来的收益并不是固定的，因此，“固定收益”这个词用得并不十分恰当。把这些证券称为债务工具或债券更简单、直接。

2.2.1　中长期国债

美国政府很大程度上通过发行**中期国债**（Treasury notes）和**长期国债**（Treasury bonds）进行融资。中期国债的期限最长为10年，长期国债的期限从10年到30年不等，它们的面值可以为100美元，但是交易中更常见的面值是1 000美元。中期国债和长期国债都是每半年支付一次利息，叫做息票支付（coupon payments），该名称源于计算机出现之前，投资者依次撕下附在债券后面的息票交给发行者索取利息。

图2-3是一张中长期国债行情列表。以2038年5月到期的长期国债为例，其息票收益，或者称为利息，是其面值的4.5%，即面值为1 000美元的长期国债每年将获得45美元的利息，每半年支付一次，每次22.5美元。在买方报价和卖方报价两栏中，冒号右边的数字代表$\frac{1}{32}$点。

美国中长期国债

到期日	息票收益	买方报价	卖方报价	涨跌	基于卖方报价的收益率（%）
2011年6月30日	5.125	107：11	107：11	−2	0.779 2
2011年7月31日	1.000	100：09	100：10	−2	0.830 3
2011年7月31日	4.875	107：05	107：06	−3	0.818 6
2011年8月15日	5.000	107：18	107：19	−3	0.811 8
2011年8月31日	1.000	100：06	100：06	−1	0.900 8
2011年8月31日	4.625	106：29	106：30	−3	0.879 6
2011年9月30日	1.000	100：03	100：03	−2	0.955 5
2011年9月30日	4.500	106：28	106：29	−2	0.936 5
2011年10月31日	4.625	107：11	107：12	−2	0.973 9
2011年11月15日	1.750	101：16	101：17	−2	1.012 2
2011年11月30日	4.500	107：08	107：09	−3	1.023 5
2037年5月15日	5.000	111：00	111：05	−21	4.304 9
2038年2月15日	4.375	100：24	100：28	−21	4.320 8
2038年5月15日	4.500	102：29	103：00	−20	4.316 1
2039年2月15日	3.500	86：11	86：14	−18	4.319 7
2039年5月15日	4.250	98：26	98：29	−20	4.315 6
2039年8月15日	4.500	103：02	103：03	−22	4.314 3

图2-3　中长期国债行情摘要

资料来源：Compiled from data obtained from *The Wall Street Journal Online*, October 15, 2009.

该长期国债的买方报价是$102\frac{29}{32}$，或者是

102.906，卖方报价是103。尽管中长期国债的面值是1 000美元，但是买卖时是按面值的某一百分比报价的。因此买方报价102.906的意思是面值的102.906%，即1 029.06美元。类似地，卖方报价为1 030美元。"涨跌"栏中 -20 的意思是当日收盘价较前一日收盘价下跌了$\frac{20}{32}$（面值的百分比）。最后，基于卖方报价计算的到期收益率是4.316%。

金融专栏中报道的**到期收益率**（yield to maturity）是在半年收益率的基础上翻倍计算出来的，而不是将两个半年按复利方法计算。这意味着使用单利方法计算的年收益率是一种年化百分比利率（APR）而非有效年收益率，这里的年化百分比利率也叫做债券等值收益率（bond equivalent yield）。本书第四部分将对到期收益率进行详细阐述。

概念检查2-1

观察图2-3中将于2039年5月到期、息票收益为4.25%的长期国债，其买方报价、卖方报价和到期收益率分别是多少？其前一交易日的卖方报价是多少？

2.2.2 通胀保值债券

构建投资组合时最好的做法是从风险最小的证券开始。世界上许多国家的政府，包括美国政府，都发行过与生活成本指数相关的债券以使其国民可以有效地规避通货膨胀风险。请阅读本章末关于全球通胀保值债券的在线投资练习。

在美国，通胀保值债券被称为TIPS（Treasury Inflation-Protected Securities）。这种债券的本金需要根据消费者物价指数（CPI）的增幅按比例进行调整，因此它们可以提供不变的实际货币（通货膨胀调整的）收益流。TIPS债券的收益率是一种实际利率或是通货膨胀调整的利率，本书第14章将对TIPS债券进行更详尽的阐述。

2.2.3 联邦机构债券

一些政府机构会自己发行证券进行融资，这些机构成立的初衷是向那些国会认为无法通过正常的私人渠道获取充分信用的特定领域提供信用。

主要的抵押贷款机构有联邦住房贷款银行（FHLB）、联邦国民抵押贷款协会（FNMA，房利美）、政府国民抵押贷款协会（GNMA）、联邦住房贷款抵押公司（FHLMC，房地美）。联邦住房贷款银行将发行债券筹集的资金借给储蓄和贷款机构，再由这些机构把款项贷给需要住房抵押贷款的个人。

尽管没有明确地说明联邦机构的债务由联邦政府担保，但是长期以来人们普遍认为如果联邦机构濒临破产，政府一定会伸出援手。这种观点在2008年9月当房利美和房地美面临严重的财务困境时得到了验证。当两家公司处于破产边缘时，政府进入干涉、接管，并指定由联邦住房金融机构接管两家公司，但事实上这是有利于公司债券的。本章稍后将讨论导致这次接管的事项。

2.2.4 国际债券

有许多公司从国外借款，也有许多投资者购买国外发行的证券。除国内资本市场外，主要以伦敦为中心的国际资本市场正蒸蒸日上。

欧元债券是一种以发行国以外的货币计价的债券。例如，在英国发行的以美元计价的债券叫做欧洲美元债券。类似地，在日本国外发行的以日元计价的债券叫做欧洲日元债券。由于欧洲的货币被称为欧元，"欧元债券"这个名称可能会引起误解，因此最好将欧元债券视为国际债券。

与以外币计价的债券相对应，许多公司在国外发行以本国货币计价的债券。例如，扬基债券是一种非美发行者在美国发行的以美元计价的债券，类似地，武士债券是指由非日发行者在日本发行的以日元计价的债券。

2.2.5 市政债券

市政债券（municipal bonds）是由州和地方政府发行的债券。市政债券类似于长期国债和公司债券，区别是市政债券的利息收入无须缴纳联邦所得税，在发行州也无须缴纳州和地方税。但当债券到期或投资者以高于买方报价将债券售出时，必须缴纳资本利得税。

市政债券通常分为两类：一般责任债券（general obligation bonds）和收入债券（revenue bonds）。一般责任债券完全由发行者的信用支撑（即征税能力）；而收入债券是为特定项目筹资而发行的，并由该项目获得的收入或运作该项目的特定市政机构担保。收入债券的发行者通常是机场、医院、公路和港口管理机构等。很明显，收入债券的违约风险高于一般责任债券。图2-4描绘了两类市政债券的债务总额。

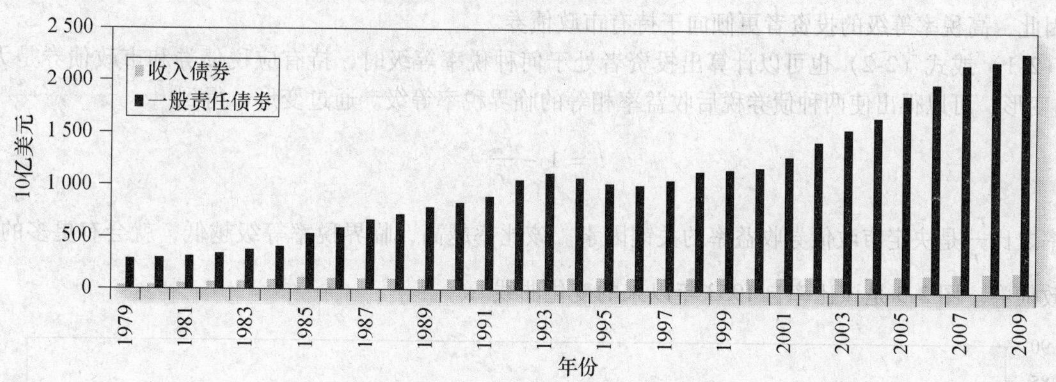

图2-4　免税债务余额

资料来源：*Flow of Funds Accounts of the United States*，Board of Governors of the Federal Reserve System，September 2009.

产业发展债券（industrial development bonds）是一种为商业企业筹措资金的债券，如为私营企业筹集资金建设厂房。事实上，这种以鼓励私营企业发展为目的的债券使企业可以获得像市政当局那样的免税借贷，但是联邦政府限制这类证券的发行量。[㊀]

像长期国债一样，市政债券的期限变动范围非常大。很大一部分市政债券是以短期待付税款票据（tax anticipation notes）的形式发行的，目的是在实际收取税款前筹集支出资金。其他市政债券都是长期的，用于支持大型资本投资，期限可长达30年。

免税是市政债券最主要的特点。由于投资者无须为利息所得支付联邦税和州税，因此他们愿意接受这类债券较低的收益率。

投资者在应税债券和免税债券之间选择时，需要比较每种债券的税后收益。要想做出准确比较，就必须计算税后收益率，这样才能清楚地说明所得税和已实现的资本利得。但在实际中，通常使用一种简单方法：假设用t表示投资者的边际税率等级（联邦与州复合税率），r表示应税债券的税前收益率，那么$r(1-t)$即表示这些债券的税后收益率。[㊁]如果该值超过了市政债券的收益率r_m，则投资者应购买应税债券。否则，投资者应购买免税的市政债券。

另一种比较方法是计算使应税债券税后收益率与市政债券收益率相等的应税债券利率。为了计算该值，首先假定两种债券的税后收益率相等，然后计算市政债券的**应税等值收益率**（equivalent taxable yield），这就是应税债券与市政债券的税后收益率相等时应税债券需支付的税前利率。

$$r(1-t)=r_m \tag{2-1}$$

或

$$r=r_m/(1-t) \tag{2-2}$$

因此，市政债券收益率除以$1-t$即为应税等值收益率。表2-2给出了一些通过市政债券收益率和税率计算出的应税等值收益率。

表2-2　与免税债券收益率对应的应税等值收益率

边际税率	市政债券收益率（%）					边际税率	市政债券收益率（%）				
	1%	2%	3%	4%	5%		1%	2%	3%	4%	5%
20%	1.25	2.50	3.75	5.00	6.25	40%	1.67	3.33	5.00	6.67	8.33
30%	1.43	2.86	4.29	5.71	7.14	50%	2.00	4.00	6.00	8.00	10.00

㊀　注意，尽管产业发展债券通常是免税的，但若将筹集的资金用于以赢利为目的的企业项目，则须缴纳最低税额。

㊁　联邦与州复合税率近似等于两个税率之和。例如，若联邦税率为28%，州税率为5%，那么复合税率约等于33%。更精确的方法是在计算联邦税时将州税扣除，因为应缴联邦税的所得额是扣除州税后的净所得额。因此，对于1美元的所得，税后收益为$(1-t_{联邦})(1-t_{州})$。本例中，1美元的税后收益为$(1-0.28)\times(1-0.05)=0.684$，因此，复合税率为$1-0.684=0.316$，即31.6%。

表2-2经常出现在免税共同债券基金的营销资料中，因为它向高税率等级的投资者证明了市政债券可以提供非常诱人的应税等值收益率，这可以根据式（2-2）计算出来。若应税等值收益率超过了应税债券的实际收益率，则对投资者而言持有市政债券更有利。注意，投资者的税率等级越高，应税等值收益率越高，市政债券的免税特性就越有价值。因此，高税率等级的投资者更倾向于持有市政债券。

运用式（2-1）或式（2-2）也可以计算出投资者处于何种税率等级时，持有应税债券和市政债券是无差别的。把式（2-2）变形，可以得出使两种债券税后收益率相等的临界税率等级。通过变形，得到

$$t = 1 - \frac{r_m}{r} \tag{2-3}$$

因此，收益率之比$\frac{r_m}{r}$是决定市政债券收益率的关键因素。该比率越高，临界税率等级越低，就会有更多的投资者倾向于持有市政债券。图2-5是该比率自1953年以来的变化曲线。

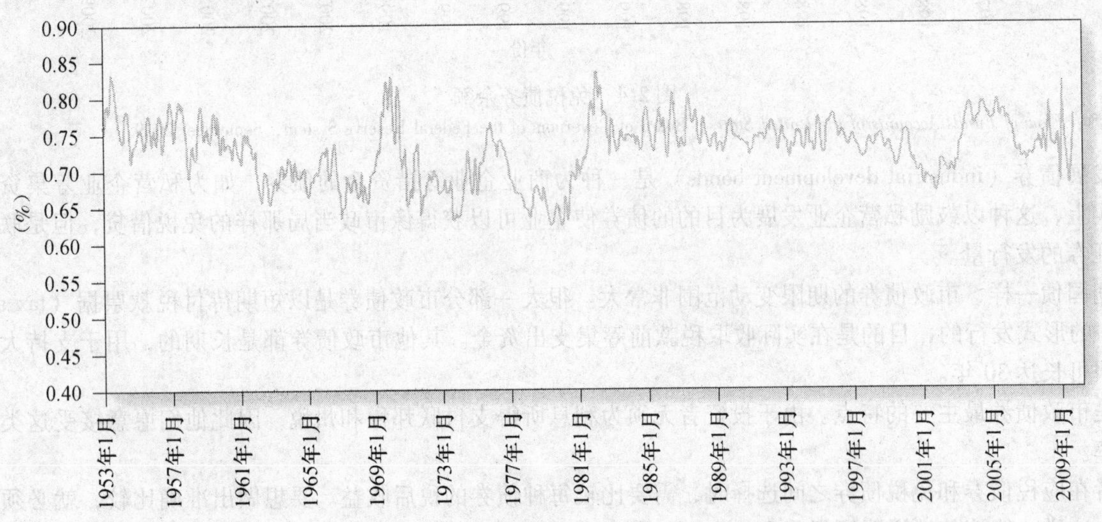

图2-5　市政债券与公司债券的收益率之比

资料来源：Authors' calculation, using data from www.federalreserve.gov/releases/h15/data.htm.

【例2-1】　应税债券收益率与免税债券收益率的比较

从图2-5中可以看出，近些年来，免税债券与应税债券的收益率之比围绕0.75上下波动。这对临界税率等级（即投资者的税率等级一旦超过该值，持有免税债券将带来更高的税后收益率）意味着什么？根据式（2-3），若投资者的税率等级（联邦税加上州税）超过1-0.75=0.25，即25%，持有市政债券将获得更高的税后收益率。但需要注意，准确把握这些债券的风险差异极其困难，因此临界税率等级只能是一个近似值。■

概念检查2-2

假设你的税率等级是30%，那么你会倾向于持有收益率为6%的应税债券还是收益率为4%的免税债券？该免税债券的应税等值收益率是多少？

2.2.6　公司债券

发行公司债券是私营企业直接向公众借款的方式。公司债券在结构上与中长期国债相似——它们通常每半年向持有者支付一次利息，到期时偿付本金。公司债券与国债最主要的区别在于风险的高低，违约风险是投资者购买公司债券时必须考虑的因素，本书第14章将详细阐述风险问题。在此只需区分抵押债券、无抵押债券或称为信用债券，以及次级债券。抵押债券是指公司破产时有担保物支持的债券，无抵押债券则没有任何担保物支持；次级债券是指公司破产时，对资产的求偿权位于其他债券之后的债券。

公司债券有时候会附有选择权。可赎回债券赋予公司按规定价格从持有者手中回购债券的选择权。可转换债券

赋予债券持有者将每张债券转换成规定数量股票的选择权。本书第 14 章将详细讨论这些选择权。

2.2.7　抵押贷款和抵押担保证券

由于抵押担保证券的膨胀，几乎所有人都可以投资抵押贷款的投资组合，抵押担保证券也成为固定收益市场最主要的组成部分。正如第 1 章中所述，抵押担保证券既代表了对抵押贷款资产池的求偿权，也代表了由该资产池作担保的一项负债。这种求偿权代表了抵押贷款的证券化，抵押贷款的贷款者发放贷款，然后将这些贷款打包并在二级市场销售。具体来讲，他们销售的是抵押贷款被偿还时其对现金流的求偿权。贷款发起者继续为这些贷款服务，负责收取本金和利息并转交给抵押贷款的购买者。因此，抵押担保证券也叫转递证券。

大部分抵押担保证券由房利美和房地美发行。截止到 2009 年，约 5.1 万亿美元的抵押贷款被房利美和房地美证券化为转递证券，使转递证券的市场规模超过了公司债券（约 4 万亿美元），直逼国债（约 7.1 万亿美元）的市场规模。

大多数转递证券由符合标准的抵押贷款组成，即这些贷款在被房利美和房地美购买之前要满足某一特定标准（针对借款者信用的标准）。然而，临近 2008 年的几年里，大量次级抵押贷款（向财务状况较差的借款者发放的风险较大的贷款）被打包并以“私营”发行者的名义销售。图 2-6 说明了自 1979 年以来机构和私营抵押担保证券的爆炸式增长。

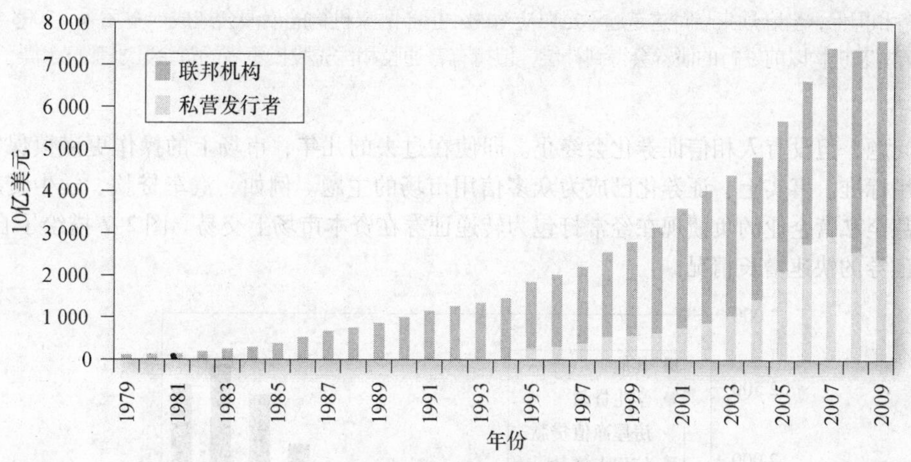

图 2-6　抵押担保证券余额

资料来源：*Flow of Funds Accounts of the United States*，Board of Governors of the Federal Reserve System，September 2009.

为了使低收入家庭也能买得起房子，房利美和房地美被允许，事实上是被鼓励购买次级抵押贷款资产池。正如我们在第 1 章中所看到的，这些贷款最终变成了灾难，银行、对冲基金、其他投资者，以及房利美和房地美（由于它们购买的次级抵押贷款资产池而损失了几十亿美元）总共遭受了几万亿美元的损失。2008 年 9 月，房利美和房地美面临破产，最终由联邦政府接管。[⊖]专栏 2-2 描述了这一系列的事件。

专栏 2-2

房利美和房地美的失败

房利美于 1938 年成立，目的是为抵押贷款市场融资并提高其流动性。它最初的运作模式是：通过发行大量自己的债券筹集资金，用筹集到的资金从贷款发起者手中购买抵押贷款并作为投资组合的一部分持有。贷款发起者通常继续为这些贷款服务（包括收取还款、缴纳税收和保险），但会收取一部分“服务费”。很多贷款发起者没有独立的资金来源，作为抵押贷款银行，它们并不接收存款，仅发放贷款，然后将其快速出售给房利美、房地美和其他购买者。

⊖ 房利美和房地美并没有经历标准的破产程序，由于担心其破产会波及资本市场和住房市场，联邦政府使其进入监管程序，这意味着它们可以继续运营下去，但必须由联邦住房金融机构负责，直至其重组成功。但在当时，没有人清楚地知道房利美和房地美的重组会是什么结果。

房地美成立于1970年，目的是为传统抵押贷款创造一个可以交易的二级市场。当时，大多数抵押贷款由当地的储蓄和贷款协会（其业务很大程度上仅限于接收存款、发放抵押贷款）发放并持有。但是，对存款利率上限和禁止州际银行的规定使储蓄和贷款行业很难为住房市场提供足够的资金。房地美首先开创了转递证券，全美性的抵押贷款市场得以诞生，缓解了地方性抵押贷款信用需求和供给不平衡的现象。从此，抵押担保证券可以像其他证券一样交易，筹集到的资金为买房者提供了另一项重要的资金来源。后来，房利美和房地美互相模仿对方的政策，都发行了大量的抵押担保证券，都用发行自己债务筹集的资金购买并持有大量抵押贷款。

房利美和房地美厌恶其购买的以及打包后作为转递证券销售的抵押贷款的信用风险，这是因为在转递证券销售时，房利美和房地美向投资者承诺，若房主拖欠贷款，它们将购回这些证券。但房利美和房地美会为这些信用担保收取一定的担保费用，这在当时是非常可观的盈利。在评估贷款的信用风险方面，这两家机构显然比外部投资者更有利，因此，承担信用风险并从中收取一定的担保费用对它们来说合情合理。

至上一个10年之前，房利美和房地美持有或担保的大部分抵押贷款都是低风险的、符合标准的抵押贷款，也就是说贷款的数额不能太大，且房主必须达到某一标准以确保他们有能力偿还贷款。但是，近几年来的许多发展使房利美和房地美面临的风险越来越大。首先，它们开始购买或担保那些所谓的次级抵押贷款，这些贷款在借款者信用方面不符合传统的承销标准，而且首付远远低于两家机构以往规定的20%。国会以及住房和城市发展部（HUD）鼓励房利美和房地美进入这些市场以支持经济适用房目标，两家机构也把购买这些贷款作为保持增长和维持市场占有率的一种方式。其次，自2006年起住房价格开始低迷，那些安全的、符合标准的贷款的违约率也开始上升。贷款的高违约率（尤其是次级贷款）使两家机构经历了严重的信用损失。最后，尽管两家公司承担的风险越来越大，但它们无法筹集更多的资金来缓冲潜在的损失。例如，据报道，2007年年末，房利美和房地美仅有832亿美元资金支撑52 000亿美元的债务和担保，当麻烦来临时这是远不足以应对的。担心两家机构的崩溃会造成严重后果，2008年9月美国国会决定将其接管。政府承诺两家机构以前发行的债券会得到补偿，但持有普通股和优先股投资者的资金几乎都打水漂了。

尽管存在这些问题，但没有人相信证券化会终止。即使在过去的几年，市场上的操作更谨慎保守了，尤其是最终借款者都遵守信用标准。事实上，证券化已成为众多信用市场的主题。例如，汽车贷款、学生贷款、房屋净值贷款、信用卡贷款，甚至私营企业的负债现在经常打包为转递证券在资本市场上交易。图2-7描绘了自1995年以来非抵押贷款资产支持证券的快速增长情况。

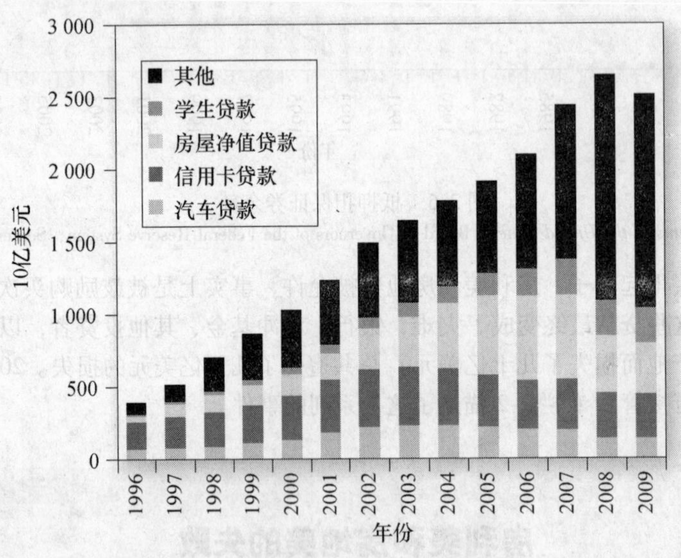

图2-7　资产支持证券余额

资料来源：The Securities & Industry and Financial Markets Association，www.sifma.org.

2.3　权益证券

2.3.1　代表所有权股份的普通股

普通股（common stocks），又称为权益证券或权益，代表对公司的所有权份额。每份普通股都赋予其所有者在年

度股东大会上对任何公司治理事务的一份投票权，同时也代表了对公司财务利益的一份索取权。[⊖]

公司由股东选举出的董事会控制。董事会每年只召开几次会议，董事会推选运作公司日常事务的总经理，总经理有权做出大部分经营决策，无须董事会批准。董事会的责任是监督总经理以确保其行为可以实现股东利益最大化。

董事会成员由年度股东大会选举产生，无法参加股东大会的股东可以通过投票委托书（proxy）授权其他方以自己的名义进行投票。管理层通常会征集这种投票委托书以获得大部分投票代理权，这样一来他们就可以有适度的自由裁量权按自己认为合适的方式运作公司，而无须受到来自实际拥有公司所有权的股东的日常监督。

第 1 章中我们已经说过，所有权和经营权的分离会导致“代理问题”的产生，即经理人追求的目标与股东利益最大化相违背。但是有许多机制可以缓和这种代理问题，包括：薪酬激励计划，即将经理人的薪酬与公司业绩挂钩；董事会的内部监督以及证券分析师、债权人和大型机构投资者的外部监督；代理权争夺战的威胁，即不满经营现状的股东试图取代现在的管理团队；以及被其他公司兼并的威胁。

多数大型公司的普通股可以在一个或多个股票交易所自由买卖。股票不能公开交易的公司叫做封闭式持股公司，这类公司的所有者会积极参与管理，因此，它们通常不会面临兼并的威胁。

2.3.2　普通股的特点

普通股作为一种投资工具有两大主要特点：**剩余追索权**（residual claim）和**有限责任**（limited liability）。

剩余追索权是指股东对公司资产和收益的追索权位于最后一位。当公司清算资产时，普通股股东只有在其他索偿人如税务部门、公司员工、供应商、债券持有者和其他债权人等都得到补偿后，才能对剩余资产享有索偿权。对于未处于清算中的公司，普通股股东只对扣除利息和税收之后的运营收益享有索偿权。公司管理层可以将剩余收益以现金股利的形式发放给股东，也可以将其再投资到公司的业务中以增加股票价值。

有限责任是指公司经营失败时，股东的最高损失是其原始投资额。与非公司制企业不同的是，债权人对公司股东的个人财产（如房子、汽车、家具等）不享有索偿权，股东最大的损失也不过是手中的股票变得一文不值，他们个人对公司的债务不负有任何责任。

概念检查 2-3

a. 如果你购买 100 股 IBM 的股票，你将享有什么权利？

b. 通过此项投资，第二年你最多赚多少钱？

c. 如果你购买该股票时为每股 80 美元，第一年你最多损失多少钱？

2.3.3　股票市场行情

图 2-8 是纽约证券交易所部分股票的交易数据。纽约证券交易所是投资者买卖股票的主要市场之一，本书第 3 章将深入讨论这些市场。

公司名称	股票代码	收盘价（美元）	涨跌（美元）	成交量（股）	52周最高价（美元）	52周最低价（美元）	股利（美元）	收益率（%）	P/E	自年初涨幅（%）
Gannett Co.	GCI	13.19	−0.29	6 606 846	13.77	1.85	0.16	1.2	dd	64.9
Gap Inc.	GPS	22.79	−0.18	5 785 671	23.11	9.41	0.34	1.5	17	70.2
General Cable Corp.	BGC	40.29		555 237	42.73	6.73	....	....	11	127.8
General Dynamics Corp.	GD	67.32	0.47	1 688 963	67.04	35.28	1.52	2.3	11	16.9
General Electric Co.	GE	16.79	−0.05	80 686 921	22.39	5.73	0.40	2.4	13	3.6
General Maritime Corp.	GMR	8.45	0.11	643 380	14.53	6.40	2.00e	23.7	14	−21.8
General Mills Inc.	GIS	65.29	0.47	2 156 259	69.00	46.37	1.88	2.9	16	7.5
General Steel Holdings Inc.	GSI	4.37	0.29	1 443 272	7.61	1.84	....	....	....	19.9
Genesco Inc.	GCO	26.66	0.99	467 448	32.34	10.37	....	....	19	57.6
Genesee & Wyoming Inc. Cl A	GWR	33.12	0.02	127 785	37.58	16.42	....	....	18	8.6
Genesis Lease Ltd. ADS	GLS	8.40	−0.26	300 526	9.32	2.01	0.40	....	8	196.8
Genpact Ltd.	G	11.72	−0.01	65 278	14.45	6.30	....	....	18	42.5

图 2-8　纽约证券交易所部分股票行情

资料来源：Compiled from data from *The Wall Street Journal Online*，October 15，2009.

[⊖] 有时候公司会发行两种普通股，一种享有投票权，而另一种则不享有。由于这种无投票权的普通股限制了所有者的权利，因此其售价低于有投票权的普通股。

为了更清楚地解释图2-8，我们将以通用电气公司（General Electric Co.）为例进行说明。表中给出了它的股票代码（GE）、收盘价（16.79美元）、较前一交易日的涨跌（-0.05美元），当天的成交量约为8 070万股。表中还给出了在过去的52周中交易的最高价和最低价，“股利”栏中0.40的意思是上一季度的股利是每股0.1美元，即每年的股利为每股0.1×4=0.4（美元），与年度股利收益率（即每美元股票投资得到的股利）0.40/16.79=0.024，即2.4%一致。

股利收益只是股票投资收益的一部分，股票的投资收益还包括**资本利得**（capital gains，即股价上涨）或损失。低股利公司通常被期望提供更高的资本利得，否则投资者将不会在其投资组合中持有其股票。浏览一下图2-8，你会发现不同公司的股利收益率差别很大。

市盈率（price-earnings ratio，P/E）是指当前股价与上一年每股收益之比。市盈率表示投资者必须为公司创造的每美元收益而支付的价格。以通用电气为例，其市盈率是13。不同公司的市盈率差别也很大。图2-8中没有报告部分公司的股利收益率或市盈率，这是因为这些公司没有发放股利，或是其上一年的每股收益为零或负数。我们将在本书第18章中详细阐述市盈率。最后，从图中还可以看出通用电气的股价自2009年年初涨了3.6%。

2.3.4 优先股

优先股（preferred stock）具有权益和债务的双重特征。像债券一样，它向持有者承诺每年支付固定的收益，从这个角度讲，优先股类似于无限期的债券，即永久债券。另一个与债券相似的特点是：优先股没有赋予其持有者参与公司决策的权利。但是，优先股是一种权益投资，公司保留向优先股股东支付股利的自主权，支付股利并不是公司的合同义务。此外，优先股股利通常是累积的，也就是说，优先股股利可以累积，公司向普通股股东支付股利之前需要首先全部付清优先股股利。与此相反，公司有义务向债权人支付利息，若无法支付，公司会进入破产程序。

优先股与债券在税收方面也有区别。由于向优先股股东支付的是股利而非利息，因此对公司来说不可抵税。但是优先股的这种劣势部分被抵消了，因为公司计算应税收益时可以扣除从国内公司收到的70%的股利。因此，很多公司进行固定收益投资时都会选择优先股。

尽管公司破产时，优先股对公司资产的求偿权位于债券之后，但是优先股的收益率通常低于公司债券。这可能是由于优先股股利可以免税的原因，否则按常理来推，优先股的风险高于债券，则应提供更高的收益率。但是对于个人投资者而言，他们不能享受优先股股利70%的免税政策，因此优先股相对于其他投资而言并没有那么大的吸引力。

与公司债券类似，优先股的发行形式也多种多样。有的优先股可以由发行公司赎回，叫做可赎回优先股；有的优先股可以按特定比例转换为普通股，叫做可转换优先股；还有的优先股股利与当前市场利率相关联，它与浮动利率债券类似，叫做浮动利率优先股。

2.3.5 存托凭证

美国存托凭证（American Depository Receipts，ADRs）是一种在美国市场上交易的代表对国外公司所有权份额的凭证。每张存托凭证都与某一国外公司的部分股份相对应。推出存托凭证的目的是使国外公司更容易满足美国注册证券的要求。存托凭证是美国投资者投资国外公司股票最常用的方式。在图2-8中，字母ADS代表美国存托股份（美国存托凭证的另一种叫法），如图2-8中所列示的Genesis Lease Ltd.。

2.4 股票市场指数与债券市场指数

2.4.1 股票市场指数

道琼斯工业平均指数的每日行情是晚间新闻报道的主要内容之一，尽管该指数是世界最著名的股票市场绩效衡量标准，但它只是标准之一。此外，衡量债券市场表现的指数也有很多。

国际贸易和投资所扮演的角色日渐重要，这使国外的一些金融市场指数也成为大多数新闻报道的内容，诸如东京日经指数和伦敦金融时报指数等国外股票交易指数也很快成为家喻户晓的指数。

2.4.2 道琼斯工业平均指数

自从1896年，以30家大型绩优公司股票为成分股的道琼斯工业平均指数（DJIA）被计算出来，其悠久的历史大概可以解释它在人们心中的重要地位（1928年之前道琼斯工业平均指数包含20只成分股）。

最初，道琼斯工业平均指数是其成分股价格的简单平均数，即把该指数包含的30只成分股的价格加起来再除以30。因此，道琼斯工业平均指数变化的百分比即为30只股票平均价格变化的百分比。

指数计算方法说明，道琼斯工业平均指数变化的百分比即由30只成分股且每只股票仅持有一股的投资组合收益率（不包括股利），该投资组合的价值等于30只股票的价格之和。由于30只股票平均价格变化的百分比等于30只股票价格之和变化的百分比，因此指数和投资组合每天的变动是一样的。

由于道琼斯工业平均指数相当于一个由30只成分股且每只股票仅持有一股的投资组合，投资于每家公司的金额与该公司的股价成比例，因此道琼斯工业平均指数称为**价格加权平均**（price-weighted average）指数。

【例2-2】 **价格加权平均数**

参见表2-3中的数据，该表假设道琼斯工业平均指数中只包括两只成分股，比较由两只成分股且每股仅持有一股的投资组合的价值变化以及价格加权平均数的变化。股票ABC最初为每股25美元，后来涨到每股30美元；股票XYZ最初为每股100美元，后来跌到每股90美元。

表2-3 构建股票价格指数的数据

股票名称	初始价格（美元）	最终价格（美元）	股票数量（百万）	发行在外股票的初始价值（百万美元）	发行在外股票的最终价值（百万美元）
ABC	25	30	20	500	600
XYZ	100	90	1	100	90
总计				600	690

投资组合：初始价值 $=25+100=125$（美元）

最终价值 $=30+90=120$（美元）

投资组合价值变化的百分比 $=-5/125=-0.04=-4\%$

指数：初始指数 $=(25+100)/2=62.5$

最终指数 $=(30+90)/2=60$

指数变化的百分比 $=-2.5/62.5=-0.04=-4\%$

投资组合的价值和指数都下降了4%。

我们发现，价格加权平均指数在确定指数绩效时赋予高价股更高的权重。例如，尽管股票ABC的价格涨了20%，股票XYZ的价格仅跌了10%，但是指数却下降了。这是因为股票ABC价格上涨20%（每股5美元）所增加的价值小于股票XYZ下跌10%（每股10美元）造成的价值减少。该投资组合中投资于股票XYZ的金额是投资于股票ABC的4倍，因为XYZ的股价是ABC股价的4倍。因此，XYZ的股价在平均价格中起主导作用。由此我们可以得出结论，高价股票在价格加权平均指数中起主导作用。

你可能想知道，如果道琼斯工业平均指数是其所包含的30只成分股的价格平均数，为什么它还可以达到11 000点（2010年年初）。当发生股票分拆、股利派发超过10%，或30只成分股中任意一只股票被其他股票取代时，道琼斯工业平均指数不再等于30只股票的价格平均数，因为计算指数的过程需要做出调整。一旦发生上述事件，计算平均价格的除数会被调整以消除这些事件对指数的影响。■

【例2-3】 **股票分拆和价格加权平均指数**

假设将一股XYZ分拆为两股，那么其价格会下降为每股50美元，但我们并不希望道琼斯工业平均指数下降，因为这有可能被错误地理解为股票市场价格的普遍下降。因此发生股票分拆时，需要减小除数以使指数维持在原来的水平。表2-4阐明了这一点。当期初发生股票分拆时，XYZ的初始价格从表2-3中的每股100美元下降到每股50美元。我们可以发现，发行在外的股票数量翻了一倍，但股票总的市场价值维持不变。

表 2-4 股票分拆后构建股票价格指数的数据

股票名称	初始价格（美元）	最终价格（美元）	股票数量（百万）	发行在外股票的初始价值（百万美元）	发行在外股票的最终价值（百万美元）
ABC	25	30	20	500	600
XYZ	50	45	2	100	90
总计				600	690

我们可以通过下面的计算过程得出新的除数。股票发生分拆前，指数 = 125/2 = 62.5。股票分拆后，XYZ 的价格下降为每股 50 美元，那么必须找到一个新的除数 d 以确保指数不变。通过下面的方程可以求出新的除数 d：

$$\frac{\text{ABC 的股价} + \text{XYZ 的股价}}{d} = \frac{25 + 50}{d} = 62.5$$

通过计算可以得出，除数 d 由原来的 2.0 变为现在的 1.2。

由于指数分拆使 XYZ 的股价下降，那么价格加权平均指数中两只股票的相对权重也会发生变化。因此，指数的收益率会受股票分拆的影响。

期末，ABC 的股价变为每股 30 美元，XYZ 的股价变为每股 45 美元，这与表 2-3 中 −10% 的收益率相同。重新计算的价格加权平均指数 = (30 + 45)/1.20 = 62.5，因此，指数没有发生变化，收益率为零，而不是在没有股票分拆情况下计算出的 −4%。

股票分拆使 XYZ 在指数中所占的相对权重下降了，这是因为 XYZ 的初始价格降低了。由于 XYZ 的市场表现相对较差，其权重下降后指数的绩效反而会上升。这个例子说明，价格加权平均指数中隐含的权重因素具有随意性，它是由股票价格而非市值（股票价格乘以发行在外的股票数量）决定的。■

由于道琼斯工业平均指数中包含的成分股较少，因此一定要确保这些成分股能够代表广泛的市场。为了充分反映经济的变化，道琼斯工业平均指数的成分股变动频繁。表 2-5 列出了 1928 年道琼斯工业平均指数成分股的构成情况以及 2010 年的构成情况。该表展示了在过去 80 年里美国经济发生惊人变化的证据，1928 年曾被认为是蓝筹股的许多公司已不复存在，曾经作为美国经济支柱的行业也已让位给当时无法想象的其他行业。

表 2-5 1928 年和 2010 年道琼斯工业平均指数的成分股

1928 年的成分股	当前的成分股	股票代码	行业	成为成分股的年份
莱特航空	3M	MMM	多元化行业	1976
联合化学	美国铝业	AA	铝业	1959
美国北方	美国运通	AXP	旅游、金融服务	1982
胜利唱机	美国电话电报	T	通信业	1999
国际镍	美国银行	BAC	银行业	2008
国际收割机	波音公司	BA	航天和国防业	1987
西屋电气	卡特彼勒	CAT	建筑业	1991
得克萨斯湾硫黄	雪佛龙	CVX	石油和天然气	2008
美国制糖	花旗集团	C	银行业	1997
美国烟草	可口可乐	KO	饮料行业	1987
得州公司	杜邦公司	DD	化工业	1935
标准石油（新泽西）	埃克森美孚	XOM	石油和天然气	1928
通用电气	通用电气	GE	多元化行业	1907
通用汽车	通用汽车	GM	汽车行业	1925
西尔斯罗巴克	惠普	HPQ	计算机行业	1997
克莱斯勒	家得宝公司	HD	家具建材零售业	1999
大西洋精炼	英特尔	INTC	半导体行业	1999
派拉蒙影视公司	IBM	IBM	计算机服务业	1979

（续）

1928 年的成分股	当前的成分股	股票代码	行业	成为成分股的年份
伯利恒钢铁	强生	JNJ	制药业	1997
通用铁路信号	摩根大通	JPM	银行业	1991
麦克货车	卡夫食品	KFT	食品加工业	2008
联合碳化物	麦当劳	MCD	餐饮业	1985
美国冶炼	默克公司	MRK	制药业	1979
美国制罐	微软	MSFT	软件行业	1999
波士顿公司	辉瑞	PFE	制药业	2004
内斯汽车	宝洁	PG	日用品行业	1932
古德里奇	联合技术	UTX	航天航空业	1939
无线电公司	威瑞森	VZ	通信业	2004
伍尔沃斯公司	沃尔玛	WMT	零售业	1997
美国钢铁	迪士尼	DIS	广播和娱乐业	1991

同股票分拆需要重新计算除数一样，在道琼斯工业平均指数成分股中，当一家公司被另一家股价完全不同的公司代替时，也需要重新计算除数以确保指数不变。到2010年为止，用以计算道琼斯工业平均指数的除数已经下降到0.132。

道琼斯公司还计算运输业平均指数（包括20只航空、货运和铁路公司股票）、公共事业平均指数（包括15只电力和天然气等公共事业股票）和综合平均指数（综合了前述三种指数中的65家公司的股票）。这三种指数都是价格加权平均指数，因此受高价股票的绩效影响较大。

概念检查 2-4

假设表2-3中股票XYZ的价格上涨到每股110美元，股票ABC的股价下跌到每股20美元，计算包含两只股票的价格加权平均指数的变动百分比，并将其与这两只股票各一股组成的投资组合的收益率比较。

2.4.3　标准普尔500指数

与道琼斯工业平均指数相比，标准普尔500指数在两个方面有所改进：一是其涵盖的成分股范围更广，包括500只股票；二是它是**市值加权指数**（market-value-weighted index）。以例2-2中的股票XYZ和股票ABC为例，标准普尔500指数赋予股票ABC的权重将是股票XYZ的5倍，因为ABC发行在外的股票市值是XYZ的5倍，分别为5亿美元和1亿美元。

标准普尔500指数是通过计算500只成分股的总市值和前一交易日这些股票的总市值得出来的，从一个交易日到下一个交易日总市值的增长百分比即为指数的增长百分比。指数的收益率与包含全部500只股票且投资金额与各股票市值成比例的投资组合的收益率相等，当然，指数的收益率并没有反映公司支付的现金股利。

实际上，现在大多数指数使用的是市值加权修正方法。该方法在赋予权重时不是根据每只股票的总市值，而是根据每只股票公众持股的市值，即投资者可以自由买卖的股票的市值。例如，在计算权重时不包括那些由创始家族和政府持有股票的市值，因为投资者实际上无法自由买卖这些股票。在日本和欧洲区分这一点尤为重要，因为在这些地区，投资者无法自由交易股份的比例更高。

【例2-4】　市值加权指数

为了说明市值加权指数是如何计算的，让我们回顾一下表2-3，发行在外股票的最终市值价值是6.9亿美元，初始价值是6亿美元。假设随意给定由股票ABC和股票XYZ组成的市值加权指数的初始值，如100，那么年末时该指数等于$=100\times(690/600)=115$。指数的增长比例说明，若某一投资组合包含这两只股票，且对各股票的投资额与其市值成正比关系，那么该投资组合的收益率为15%。

与价格加权指数不同，市值加权指数赋予股票ABC更高的权重。价格加权指数赋予高价股票XYZ更高的权重，因此当XYZ的股价下跌时，价格加权指数下降；而市值加权指数赋予高市值股票ABC更高的权重，因此当价格加权指数下降时，市值加权指数反而上升了。

通过表 2-3 和表 2-4 我们还可以发现，市值加权指数不受股票分拆的影响。无论是否发生股票分拆，XYZ 的市值都从 1 亿美元降到了 9 000 万美元，因此股票分拆与指数的表现无关。■

市值加权指数和价格加权指数的共同优点是它们都直接反映了投资组合的收益率。若投资者购买指数中包含的所有股票，且每一只股票的投资金额与其市值成正比，那么市值加权指数的变动恰好反映了该投资组合的资本利得情况；同样，若投资者仍购买所有成分股，且每一只股票的购买数量相等，则价格加权指数的变动恰好反映了该投资组合的收益情况。

概念检查 2-5

重新考虑概念检查 2-4 中的股票 ABC 和股票 XYZ，计算市值加权指数的变动百分比，并将其与包含 500 美元的股票 ABC 和 100 美元的股票 XYZ 的投资组合（即指数投资组合）的收益率比较。

现在，投资者可以很容易地购买指数投资组合。一种方式是购买与各种指数对应的共同基金，这些共同基金的股票组合与标准普尔 500 指数或其他指数中的成分股持有比例相当。这种类型的共同基金叫做**指数基金**（index funds），指数基金的收益率等于相应指数的收益率，因此为权益投资者提供了一种低成本的消极型投资策略。另一种方式是购买交易所交易基金，它是一种按基金单位进行交易的股票投资组合，其交易就像买卖个股一样方便。现有的交易所交易基金既包括覆盖面极广的全球市场指数，也包括覆盖面狭窄的行业指数。本书第 4 章将进一步探讨共同基金和交易所交易基金。

此外，标准普尔公司还公布标准普尔 400 工业指数、标准普尔 20 运输业指数、标准普尔 40 公共事业指数和标准普尔 40 金融业指数。

2.4.4 其他美国市值加权指数

纽约证券交易所除了发布工业、公共事业、运输业和金融业等行业股票指数外，还发布一种包括所有纽约证券交易所上市股票的市值加权综合指数，这些指数甚至比标准普尔 500 指数的涵盖范围更广。全美证券交易商协会推出了一种涵盖纳斯达克市场交易的 3 000 多种股票的指数。

到目前为止，涵盖范围最广的美国股票指数是威尔希尔 5000 指数，它是一种几乎包括美国全部交易活跃股票的市值加权指数。尽管名为 5 000，但该指数实际约涵盖了 6 000 只股票。上述大部分指数的行情都会出现在《华尔街日报》上。

2.4.5 等权重指数

市场表现有时会用指数中每只股票收益率的等权重平均值来衡量。这种平均方法赋予每种收益率相同的权重，即对指数中每只股票的投资金额相等。这种赋权方法与价格加权法（要求对每只股票的投资数量相同）和市值加权法（要求对每只股票的投资金额与其市值成正比）均不相同。

与价格加权指数和市值加权指数不同的是，等权重指数不符合买进 - 持有的投资组合策略。回顾表 2-3，假设你对股票 ABC 和股票 XYZ 分别投资了等额资金，一年之后股票 ABC 的价格涨了 20%，股票 XYZ 的价格跌了 10%，因此你的投资组合不再是等权重的，此时股票 ABC 占有更大的权重。为了使投资组合恢复到等权重状态，你需要卖出部分股票 ABC 或再购入一些股票 XYZ。为了使投资组合的收益率与等权重指数的收益率一致，上述平衡的重建措施是必要的。

2.4.6 国外及国际股票市场指数

全球金融市场的发展包括金融市场指数的构建。其中几个比较闻名的指数包括日本日经指数（Nikkei）、英国富时指数（FTSE）、德国综合指数（DAX）、中国香港恒生指数（Hang Seng）和加拿大多伦多股市指数（TSX）。

引领国际金融市场指数构建的是摩根士丹利资本国际（MSCI），它构建了 50 多个国家以及许多地区性的金融市场指数。表 2-6 列出了部分由摩根士丹利资本国际计算的指数。

表2-6 摩根士丹利资本国际计算的指数示例

地区指数		国家或地区指数	
发达市场指数	新兴市场指数	发达市场指数	新兴市场指数
欧澳远东指数（EAFE）	新兴市场指数	澳大利亚	阿根廷
EASEA（除日本外的EAFE指数）	亚洲新兴市场指数	奥地利	巴西
欧洲指数	远东新兴市场指数	比利时	智利
欧洲货币联盟指数	拉美新兴市场指数	加拿大	中国
远东指数	东欧新兴市场指数	丹麦	哥伦比亚
Kokusai指数（除日本外的世界指数）	欧洲新兴市场指数	芬兰	捷克斯洛伐克[①]
北欧指数	欧洲和中东新兴市场指数	法国	埃及
北美指数		德国	匈牙利
太平洋地区指数		希腊	印度
世界指数		中国香港	印度尼西亚
七国集团指数		爱尔兰	以色列
除美国外的世界指数		意大利	约旦
		日本	韩国
		荷兰	马来西亚
		新西兰	墨西哥
		挪威	摩洛哥
		葡萄牙	巴基斯坦
		新加坡	秘鲁
		西班牙	菲律宾
		瑞典	波兰
		瑞士	俄罗斯
		英国	南非
		美国	中国台湾
			泰国
			土耳其

注：①捷克斯洛伐克目前已分为两个独立国家——捷克和斯洛伐克。

资料来源：MSCI Barra.

2.4.7 债券市场指标

就像股票市场指数提供整个股市的表现指南一样，债券市场指标可以衡量各类债券市场的表现。其中最著名的债券市场指数是由美林证券、巴克莱银行（曾经是雷曼兄弟）和所罗门美邦（现隶属于花旗集团）三家机构提供的。表2-7列示了2009年债券市场的组成情况。

表2-7 美国债券市场

债券类别	规模（10亿美元）	占市场总额的百分比（%）	债券类别	规模（10亿美元）	占市场总额的百分比（%）
国债	7 143.1	26.5	抵押担保证券[②]	7 568.0	28.0
政府资助企业债券	2 950.1	10.9	其他资产担保证券	2 533.6	9.4
公司债券	4 007.3	14.9	总计	26 980.6	100.0
免税债券[①]	2 778.5	10.3			

注：①包括私人目的的免税证券。

②既包括机构转递证券，又包括私营转递证券。

资料来源：*Flow of Funds Accounts of the United States*: *Flows & Outstandings*, Board of Governors of the Federal Reserve System, September 2009.

由于债券交易不频繁，难以获得可靠的最新价格，因此债券市场指数的最主要问题是很难计算债券的实际收益率。在实务中，许多价格必须通过债券估值模型估计，但这些“模型”得出的价格很可能与实际市场价值不同。

2.5 衍生工具市场

近些年来金融市场最显著的发展之一是期权、期货及其相关市场的发展。这些金融工具提供的收益依赖于其他资产的价值，如商品价格、债券价格、股票价格或市场指数的价值。因此，这些金融工具也被称为**衍生资产**（derivative asset），它们的价值随其他资产价值的变化而变化。

2.5.1 期权

看涨期权（call option）赋予其持有者在到期日或到期日之前以特定价格［即**执行价格**（exercise price 或 strike price)］购买某种资产的权利。例如，一份11月到期的执行价格为20美元的英特尔公司股票的看涨期权，赋予其持有者在11月到期日或到期日之前以每股20美元的价格购买英特尔公司股票的权利。每份期权合约可以购买100股股票，但报价是每股的价格。看涨期权的持有者并不是必须行权，只有当资产的市场价格超过执行价格时行权才是有利可图的。

当市场价格高于执行价格时，看涨期权的持有者会以执行价格买入资产，获得的收益等于市场价格与执行价格之差。当市场价格低于执行价格时，看涨期权的持有者不会行权。若期权合约到期时仍未行权，则该期权终止并不再具有价值。因此，看涨期权在股票价格上涨时可以提供较高的收益，看涨期权的盛行会向市场传递一种牛市信号。

相反，**看跌期权**（put option）赋予其持有者在到期日或到期日之前以特定的价格出售某种资产的权利。例如，一份11月到期的执行价格为20美元的英特尔公司股票的看跌期权赋予其持有者在11月到期日或到期日之前以每股20美元的价格卖出英特尔公司股票的权利，即使到时英特尔公司股票的价格低于每股20美元。当标的资产价格增加时，看涨期权的收益增加；而当标的资产的价格下降时，看跌期权的收益增加。只有当标的资产的市场价格低于执行价格时，看跌期权的持有者才会行权。

图2-9列出了英特尔公司股票期权的报价情况，当天英特尔的股票价格为每股20.83美元，前两列分别是各种期权的到期月和执行价格。该表包括执行价格从20美元到22美元，到期月分别为2009年10月、2009年11月、2010年1月和2010年4月的多种看涨期权和看跌期权。

收盘价，2009年10月14日

英特尔（INTC）					当前股票价格：20.83		
到期月	执行价格	看涨期权			看跌期权		
		最新成交价格	成交量	未平仓量	最新成交价格	成交量	未平仓量
2009年10月	20.00	0.84	36 929	101 414	0.03	8 897	52 083
2009年11月	20.00	1.21	11 715	30 765	0.52	7 979	11 172
2010年1月	20.00	1.66	4 709	127 518	0.98	3 376	60 439
2010年4月	20.00	2.10	684	4 990	1.50	414	7 701
2009年10月	21.00	0.17	77 484	93 413	0.33	21 907	8 582
2009年11月	21.00	0.64	23 848	25 003	0.94	6 407	3 967
2010年1月	21.00	1.11	22 091	34 338	1.41	2 440	4 235
2010年4月	21.00	1.58	2 073	6 063	1.98	1 355	828
2009年10月	22.00	0.02	10 327	107 054	1.22	2 048	6 865
2009年11月	22.00	0.30	25 995	27 373	1.63	959	762
2010年4月	22.00	1.15	2 213	2 679	…	…	191

图2-9 英特尔公司股票期权的交易数据

资料来源：Compiled from data downloaded from *The Wall Street Journal Online*, October 15, 2009.

剩下的几列分别提供了每种期权的收盘价、成交量和未平仓量。例如，2009年11月到期执行价格为每股20美元的看涨期权的成交量为11 715份。最新成交价格为1.21美元，意思是以每股20美元的执行价格购买一股英特尔公司股票的期权的售价是1.21美元，因此，每份期权合约（100股）的售价为121美元。

从图2-9中可以发现，看涨期权的价格随执行价格的增加而降低。例如，同样为2009年11月到期但执行价格为每股21美元的看涨期权的售价仅为0.64美元。这是合情合理的，因为付出高价购买股票的权利相对而言价值较低。相反，看跌期权的价格随执行价格的增加而增加。2009年11月，以20美元售出一股英特尔公司股票的期权价格为0.52美元，而以21美元售出一股英特尔公司股票的期权价格为0.94美元。

期权价格还随期限的增长而增加。很明显，相对于在2009年10月之前以每股20美元购买英特尔公司股票的权利而言，投资者更倾向于在11月之前以同样的价格购买该公司股票的权利，这可以通过11月到期

概念检查2-6

某投资者购买了执行价格为每股20美元2010年1月到期的英特尔公司股票的看涨期权，假设到期时股票价格为每股22美元，那么该投资者的收益或损失是多少？若该投资者购买的是看跌期权，其收益或损失又将是多少？

的期权价格较高表现出来。例如，执行价格同为每股20美元的看涨期权，11月到期的价格为1.21美元，而10月到期的价格仅为0.84美元。

2.5.2　期货合约

期货合约是指在规定的交割日或到期日按约定的价格对某一资产（有时候是其现金价值）进行交割的合约。持有多头头寸（long position）的交易者承诺在交割日购买资产，而持有空头头寸（short position）的交易者承诺在合约到期时出售资产。

图2-10是2009年10月16日芝加哥交易所中玉米期货合约的行情数据。每份期货合约的标的物均为5 000蒲式耳玉米，图中每一行给出了不同到期日的期货合约的详细价格。第一行是离到期最近的合约，将于2009年12月到期，最新成交价是每蒲式耳3.712 5美元（撇号后面的数字代表八分之几美分）。与上一交易日的收盘价相比，该价格下降了每蒲式耳0.017 5美元。接下来的几列分别给出了玉米期货合约当天的开盘价、最高价和最低价。成交量是指当天成交的期货合约份数，未平仓量是指尚未平仓合约的份数。

到期月	最新成交价格	增减	开盘价	最高价	最低价	成交量	未平仓量
2009年12月	371'2	−1'6	372'4	377'6	368'6	53 150	521 158
2010年03月	383'4	−1'4	384'2	389'4	381'0	6 464	177 561
2010年05月	392'4	−1'0	393'0	397'2	389'6	728	40 116
2010年07月	400'2	−1'0	400'0	405'4	397'0	1 022	60 725
2010年09月	405'4	−1'4	407'0	410'6	403'0	184	15 953
2010年12月	412'2	−1'2	412'4	417'4	410'0	2 902	95 330
2011年12月	418'6	−0'6	418'6	423'0	417'2	33	6 296
2012年12月	437'0	0'0	440'0	440'0	436'0	25	953

图2-10　芝加哥交易所中玉米期货合约的价格，2009年10月16日

资料来源：*The Wall Street Journal Online*, October 16, 2009.

多头头寸的交易者从价格的上涨中获利。假设期货合约到期时，玉米的售价是每蒲式耳3.912 5美元，而在2009年10月16日签订期货合约的多头头寸交易者在合约到期时则可以按每蒲式耳3.712 5美元购入玉米，而当时的玉米市价是每蒲式耳3.912 5美元。

由于每份期货合约的标的物都是5 000蒲式耳玉米，因此，多头交易者的利润等于5 000×(3.912 5−3.712 5)=1 000（美元）。相反，空头交易者必须按约定的价格售出5 000蒲式耳玉米，其损失等于多头头寸交易者的利润。

看涨期权与期货合约中多头头寸的区别在于，前者是以约定价格购买某一资产的权利，而后者是按约定价格购买某一资产的义务。期货合约强迫多头方必须按交割价格购入资产，而看涨期权赋予其持有者一种以执行价格购买资产的权利，只有有利可图时期权持有者才会行使权利。

显然，当看涨期权的执行价格与期货合约的交割价格相等时，期权持有者获得的头寸将高于期货合约中多头方获得的头寸。当然，这种优势只有在同一价格下才存在，看涨期权必须购买才能拥有，而期货合约的签订无须任何成本。期权的购买价格叫做“期权费”。仅当有利可图时期权持有者才会行使权利，因此期权费是对期权出售者的一种补偿。同样，看跌期权与期货合约中空头头寸的区别在于，前者是按约定价格出售某一资产的权利，而后者是按约定价格出售某一资产的义务。

小　结

1. 货币市场证券是极短期的债务，其变现能力强且信用风险相对较低。期限短和信用风险低的特点使货币市场证券只能获得最小的资本利得或损失。这类证券交易面值很大，但可以通过货币市场基金间接购买。
2. 美国政府通常通过发行中长期国债来借款。中长期国债是一种息票支付债券，设计上与息票支付形式的公司债券相似，通常以面值或接近面值的价格发行。
3. 市政债券与其他债券的最大区别在于其免税的特征，市政债券的利息收入（不包括资本利得）免征联邦所得税。市政债券的应税等值收益率等于$\frac{r_m}{1-t}$，其中r_m表示市政债券的收益率，t表示投资者的税率等级。
4. 抵押转递证券是将抵押贷款打包的资产池。转递证券的所有者从借款者那里获得本金，利息抵押贷款的发起者起服务的作用，即把收到的本金和利息转交给抵押贷款的购买者。联邦机构通常会为抵押转递证券担保，但私营的抵押转递证券得不到这种担保。
5. 普通股代表对公司的所有权份额。每一股普通股都赋予其所有者对公司治理事务的一份投票权，并可以按持股比例享有公司派发的股利。股票或权益所有者享有对公司收益的剩余追索权。
6. 优先股通常在公司的生命周期内支付固定的股利，它类似于永续年金。但是，公司无力支付优先股股利并不意味着公司将会破产，未支付的股利将被累积起来。新型

的优先股包括可转换优先股和浮动利率优先股。

7. 有许多股票市场指数可以衡量整个市场的业绩。道琼斯工业平均指数是最悠久、最闻名的指数，它是一种价格加权指数。如今，许多覆盖面广泛的市值加权指数每天都被计算，主要包括标准普尔500指数、纽约证券交易所指数、纳斯达克指数、威尔希尔5000指数，以及许多非美股票市场指数。
8. 看涨期权是在到期日或到期日之前以规定的执行价格购买某一资产的权利，而看跌期权是在到期日或到期日之前以规定的执行价格出售某一资产的权利。随着标的资产价格的上涨，看涨期权的价值将增加，而看跌期权的价值将减少。
9. 期货合约是在到期日以合同规定的价格购买或出售某一资产的义务。当标的资产的价值上涨时，承诺购买资产的多头头寸方将获利，而承诺出售资产的空头头寸方将遭受损失。

习 题

基础题

1. 优先股与长期债务的相似点是什么？其与权益的相似点又是什么？
2. 为什么有时把货币市场证券称为“现金等价物”？
3. 下面哪一项对回购协议的描述是正确的？
   a. 出售证券时承诺将在特定的日期按确定的价格回购这些证券。
   b. 出售证券时承诺将在不确定的日期按确定的价格回购这些证券。
   c. 购买证券时承诺将在特定的日期购买更多的同种证券。
4. 如果发生严重的经济衰退，你预期商业票据的收益率与短期国库券的收益率之差将如何变化？
5. 普通股、优先股以及公司债券之间的主要区别是什么？
6. 为什么与低税率等级的投资者相比，高税率等级的投资者更倾向于投资市政债券？

中级题

7. 回顾图2-3，观察将于2039年2月到期的长期国债
   a. 购买这样一张证券你需要支付多少钱？
   b. 它的利率是多少？
   c. 该国债当前的收益率是多少？
8. 假设某一中期国债每6个月的收益率是2%，且该国债恰好还剩6个月到期。那么你预期一张6个月期的短期国库券的售价将是多少？
9. 某公司以每股40美元的价格购入一股优先股，并在当年年末以同样的价格售出，同时还获得了4美元的年末股利，假设该公司的税率等级为30%，请计算该公司的税后收益率。
10. 回顾图2-8，并查看General Dynamics的股票行情
    a. 5 000美元可以购买多少股股票？
    b. 这些股票一年可以给你带来多少股利收入？
    c. General Dynamics的每股收益是多少？
    d. 该公司前一交易日的收盘价是多少？
11. 分析表2-8中的三只股票，其中P_t表示t时刻的股价，Q_t表示t时刻发行在外的股票数量，股票C在上一期由一股分拆成两股。

表 2-8

股票名称	P_0	Q_0	P_1	Q_1	P_2	Q_2
A	90	100	95	100	95	100
B	50	200	45	200	45	200
C	100	200	110	200	55	400

    a. 计算第一期（$t=0$到$t=1$）三只股票的价格加权指数的收益率。
    b. 第二年，价格加权指数的除数将会发生什么变化？
    c. 计算第二期（$t=1$到$t=2$）的收益率。
12. 用第11题的数据，计算三只股票的下列指数在第1期的收益率。
    a. 市值加权指数。
    b. 等权重指数。
13. 某投资者的税率等级为30%，若公司债券提供9%的收益率，要想使该投资者偏好市政债券，市政债券应提供的收益率最低为多少？
14. 某短期市政债券的收益率为4%，当投资者的税率等级分别为0、10%、20%和30%时，该市政债券的应税等值收益率分别为多少？
15. 若某一共同基金正试图开发一只与覆盖面广泛的等权重指数相关的指数基金，那么它会面临什么问题？
16. 下列各项中哪种证券的售价将会更高？
    a. 利率9%的10年期长期国债和利率10%的10年期长期国债。
    b. 期限3个月执行价格每股40美元的看涨期权和期限3个月执行价格每股35美元的看涨期权。
    c. 执行价格每股50美元的看跌期权和标的物为另一只股票执行价格每股60美元的看跌期权（股票和期权的其他相关特点均相同）。
17. 参见图2-10中玉米期货合约的行情表
    a. 假如你购买了一份将于3月交割的期货合约，若该期货合约在到期月的收盘价为3.875，你将获利多少？
    b. 将于3月交割的合约的未平仓量是多少？
18. 回顾图2-9并观察英特尔公司股票的期权，假设你购买了一份执行价格为每股21美元将于11月到期的看涨期权
    a. 假设11月英特尔公司的股价为每股21.75美元，你会行权吗？你的获利将是多少？
    b. 若你买入的是执行价格为每股22美元11月到期的看涨期权，情况会怎样？
    c. 若你买入的是执行价格为每股22美元11月到期的看跌期权，情况又会怎样？
19. 为什么看涨期权在其执行价格高于标的股票的价格时，

仍以正的价格销售？

20. 某一看涨期权和某一看跌期权的标的股票均为XYZ，两者的执行价格均为每股50美元，期限均为6个月。若投资者以4美元的价格购入看涨期权，当股票价格分别为下列水平时，投资者的收益将各是多少？若投资者以6美元的价格购入看跌期权，当股票价格分别为下列水平时，投资者的收益又将各是多少？

高级题

21. 说明看跌期权与期货合约中空头头寸的区别。
22. 说明看涨期权与期货合约中多头头寸的区别。

CFA考题

1. 优先股的收益率经常低于债券的收益率，原因是______。
   a. 优先股的机构评级通常更高
   b. 优先股的所有者对公司收益享有优先索偿权
   c. 当公司清算时优先股的所有者对公司资产享有优先求偿权
   d. 公司收到的大部分股利收入可以免除所得税
2. 某市政债券的利率为6.75%，按面值进行交易，某纳税者的联邦和州综合税率等级为34%，该市政债券的应税等级收益率是多少？
3. 若预期股市将会大幅增长，股票指数期权市场上的下列哪项交易的风险最大？
   a. 出售一份看涨期权　b. 出售一份看跌期权
   c. 购买一份看涨期权　d. 购买一份看跌期权
4. 短期市政债券的收益率为4%，应税债券的收益率为5%，当你的税率等级分别为以下情况时，哪一种债券可以提供更高的税后收益率？
   a. 0　b. 10%　c. 20%　d. 30%
5. 免税债券的利率为5.6%，应税债券的利率为8%，两种债券均按面值销售，当投资者的税率等级为多少时投资两种债券是无差别的？

在线投资练习

全球通胀保值债券

巴克莱银行经营了一家网站 www.barcap.com/inflation/index.shtml，该网站提供有关全球通货膨胀情况的信息以及帮助证券发行者和投资者理解与通货膨胀相关联的资产信息。1945年后，许多国家发行了与通货膨胀挂钩的债券，其中包括以色列、阿根廷、巴西和冰岛等。然而，现代化的市场一般被认为诞生于1981年，首张与指数挂钩的国债在英国发行。其他大型市场采用了与英国略不相同的计算方法，大多数模仿的是1991年被加拿大首次采用的更直观的模型。若按时间排序，通胀保值债券市场出现的先后顺序是英国（1981年）、澳大利亚（1985年）、瑞典（1994年）、美国（1997年）、法国（1998年）、意大利（2003年）和日本（2004年）。

概念检查答案

2-1　该债券的买方报价为98：26，即为面值的98.813%，或者说988.13美元，卖方报价为98：29，或者说989.06美元，卖方报价对应的收益率为4.3156%。卖方报价较前一交易日下跌了20/32，因此前一交易日的卖方报价应为99：17，或者说995.31美元。

2-2　6%的应税债券收益率等于4.2%[6×(1-0.30)]的税后收益率，因此你会更倾向于持有应税债券。免税债券的应税等值收益率等于4/(1-0.30)=5.71%，因此，要与收益率4%的免税债券提供相等的税后收益，应税债券的收益率应为5.71%。

2-3　a. 你将获得IBM派发的与你所持股份成比例的股利，并享有在其股东大会上投票的权利。
b. 你的潜在收益是无限的，因为IBM的股价没有上限。
c. 你的投资额为80×100=8000（美元），在有限责任条件下，这就是你可能承担的最大损失。

2-4　价格加权指数从62.5[=(100+25)/2]涨到了65[=(110+20)/2]，收益率为4%。若对每只股票投资一股，初始投资额为125美元，后来涨到了130美元，收益率为4%（即5/125），等于价格加权指数的收益率。

2-5　市值加权指数的收益率是通过计算股票投资组合的价值增值得出的。这两只股票的初始市值为1+5=6（亿美元），后来跌到了1.1+4=5.1（亿美元），损失了0.9/6=0.15，即15%。指数投资组合的收益率是股票XYZ和股票ABC分别占1/6和5/6的加权平均收益率（权重与相对投资额成比例）。因为XYZ的收益率为10%，ABC的收益率为-20%，则指数投资组合的收益率为$\frac{1}{6}\times10\%+\frac{5}{6}\times(-20\%)=-15\%$，等于市值加权指数的收益率。

2-6　该看涨期权的到期收益为每股2美元，期权成本为每股1.66美元，因此每股利润为0.34美元。而看跌期权到期时将变得一文不值，投资者的损失为看跌期权的成本，即每股0.98美元。

CHAPTER3

第3章 证券是如何交易的

本章将概括性地介绍美国以及其他国家市场的证券交易场所和交易过程，在这里我们将了解各种各样的交易机制——从交易者直接谈判到完全由计算机自动处理交易指令。

股票首次向公众发行即该证券的首次交易，因此，我们将首先介绍投资银行是如何把证券推销给公众的，然后对已发行证券是如何交易的进行概括性阐述，并着重介绍交易商市场、电子交易市场和专家做市商市场。介绍过这些背景知识之后，我们将介绍具体交易场所（如纽约证券交易所、纳斯达克以及其他国外证券市场）之间为赢得证券交易者是如何竞争的，主要包括交易成本、交易执行质量以及对跨市场一体化交易的不断探索。

此外，本章还将讨论几种特殊类型交易的本质，如保证金购买和股票卖空等。最后，将介绍一些证券交易方面的法规，包括内幕交易法，以及证券市场作为自律性组织所起的作用。

3.1 公司如何发行证券

当公司需要筹集资金时，它们很可能会发行证券。这些新发行的证券（包括股票、债券以及其他证券）由投资银行推销给公众，该市场叫做**一级市场**（primary market），投资者交易已发行证券的市场叫做**二级市场**（secondary market）。二级市场上的交易不影响已发行证券的数量，仅是证券的所有权在投资者之间的转移。

一级市场中普通股的发行方式有两种：**首次公开发行**（initial public offerings，IPOs）和**再次发行**（seasoned equity offerings）。首次公开发行是指将要上市的公司首次向公众发行股票的行为。再次发行是指已上市公司再次发行股票的行为，例如，IBM发销新股就属于再次发行。

对于债券而言，在一级市场的发行方式也分为两种：公开发行和私募。前者是指向广大投资者发行新债券的行为，因此这些债券可以在二级市场上交易。后者是指向一家或几家机构投资者发行新债券的行为，这些机构投资者通常会将债券持有至到期。

3.1.1 投资银行

通常情况下，投资银行在股票和债券的公开发行中扮演了**承销商**（underwriters）的角色。负责推销证券的投资银行通常不止一家，而是以一家为主承销商，形成一个由多家投资银行构成的承销辛迪加来分担股票发行的责任。

投资银行会向公司介绍证券发行的程序和条件。首先公司必须向美国证券交易委员会提交初步注册说明（即初步募股说明书），以说明发行事宜和公司前景。初步募股说明书又被称为“红鲱鱼”（red herring），因为其包含了一个以红字印刷的声明，承诺公司不会在说明书得到批准之前销售证券。得到美国证券交易委员会批准的说明书终稿被称为**募股说明书**（prospectus），进行到这一步后，证券的发行价格就可以公布了。

典型的承销过程是投资银行首先从发行公司那里购买证券，然后再把这些证券销售给公众。发行公司把证券销售给承销辛迪加的价格为公开发行价减去一个差价，该差价作为支付给承销商的佣金。这个过程叫做包销（firm commitment）。除差价之外，投资银行还可能获得发行公司的普通股或其他证券。图3-1描绘了证券发行公司、主承销商、承销辛迪加以及公众之间的关系。

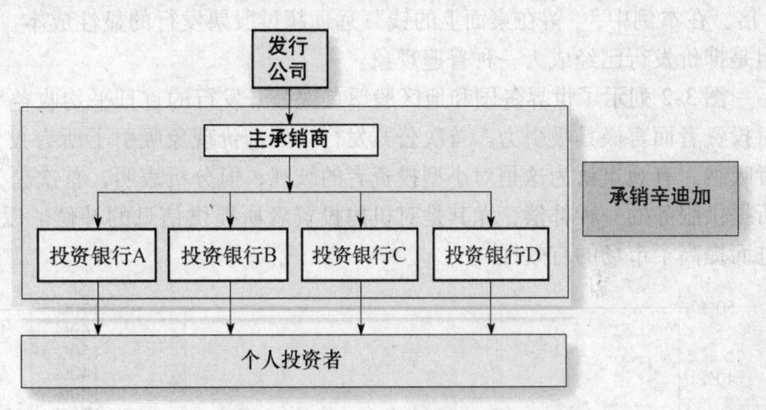

图3-1　证券发行公司、承销商以及公众之间的关系

3.1.2 暂搁注册

1982年证券发行领域有一次重要创新，即美国证券交易委员会通过了415法案，该法案允许公司在证券首次注册后的两年内逐期向公众销售证券。因为证券已注册过，因此只需经过临时通知即可销售，而几乎无须额外的文书工作。此外，这些证券可以零散发行，无须大量的发行成本。由于这些证券是“暂时搁置”的，随时都可以发行，因此产生了“暂搁注册”这一术语。

概念检查3-1

为什么有必要对暂搁注册在时间上做出限制？

3.1.3 私募

首次发行并非一定采用公开发行，也可以采用**私募**（private placement）的方式发行。若采用私募方式，投资银行直接向少数机构投资者或富裕投资者销售证券。私募的成本远远低于公开发行的成本，这是因为证券交易委员会通过的144A法案允许公司采用私募方式时，无须像公开发行那样花费大量的财力准备募股说明书。另一方面，由于私募不是针对普通大众，因此不适于大量发行，而且通过私募方式发行的证券不能在证券交易所等二级市场交易，这大大降低了证券的流动性，因此，投资者支付的价格也相对较低。

3.1.4 首次公开发行

投资银行负责将新证券发行给公众，一旦美国证券交易委员会对注册说明做出评价，且初步募股说明书分发给有兴趣的投资者后，投资银行便会组织路演（road shows），在全美巡回宣传即将发行的证券。这些路演活动有两个作用：一是激发潜在投资者的兴趣并提供相关的发行信息；二是为发行公司及其承销商提供确定证券发行价格的相关信息。通过路演，大型投资者会向承销商表达其购买首次公开发行证券的兴趣，这种兴趣的暗示过程叫做“预约”，赢得潜在投资者的过程叫做“建立投资者购股意愿档案”。这种兴趣的暗示为证券发行公司提供了许多有价值的信息，因为机构投资者通常能够敏锐地洞察市场对证券的需求和发行公司及其竞争对手的发展前景，投资银行通常会根据机构投资者的反馈信息修订最初估计的证券发行价格和发行数量。

为什么投资者会向投资银行显露其对发行证券的真实兴趣呢？如果他们不显露兴趣是否更有利于压低发行价格呢？事实上，在这种情况下，诚信是更优的策略，会得到更多的回报，首次公开发行股份在众多投资者之间的配售比例很大一部分取决于投资者对发行证券所表示的兴趣的强烈程度。如果某投资者对发行证券的前景乐观，并期望获得较大的配售比例，他就有必要表露其对该证券的乐观评价。相反，为了吸引投资者建立购股意愿档案并共享信息，承销商也会向投资者提供优惠的价格。因此，首次公开发行证券的价格通常低于证券的正常销售价格，这种抑价会反映在股票首次在公开证券市场交易时的价格跳动。抑价现象最典型的案例发生在 1999 年 12 月，当时 VA linux 股票的首次公开发行价格为每股 30 美元，首个交易日的收盘价达到每股 239.25 美元，日收益率高达 698%。[㊀]

尽管首次公开发行的显性成本仅为筹资额的 7% 左右，但是这种抑价也应视为发行成本的一部分。例如，若 VA linux 的首次公开发行价格为投资者愿意支付的每股 239 美元，那么首次公开发行募集到的资金将是实际募集资金的 8 倍。在本例中，“留在桌面上的钱”远远超过股票发行的显性成本。尽管本例中的抑价程度远远超过了一般情况，但是抑价发行已经成为一种普遍现象。

图 3-2 列示了世界各国和地区股票首次公开发行的首日平均收益率，图中的数据一致表明首次公开发行的价格对投资者而言极具吸引力。首次公开发行中的抑价现象吸引了所有投资者，然而大多数新发行的股票都被机构投资者吸纳。有观点认为这是对小型投资者的歧视，但分析表明，首次公开发行中的抑价在某种程度上是对机构投资者所提供服务的一种补偿，尤其是对机构投资者所提供信息的补偿。以这种方式分配股票促进了信息的收集和传播，进而提高了市场的有效性[㊁]。

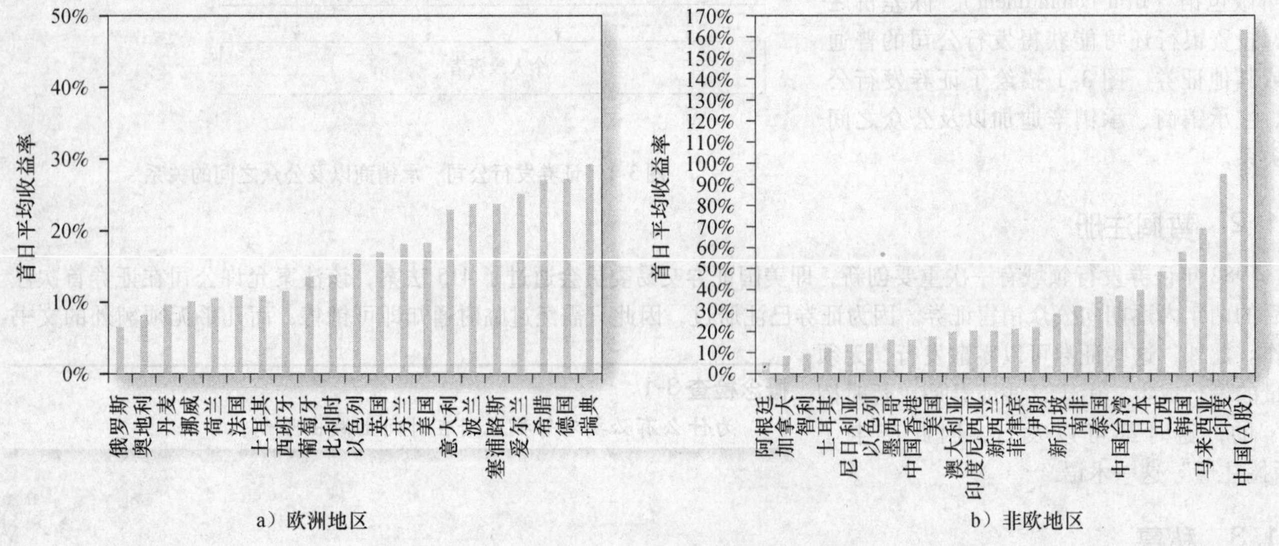

图 3-2　首次公开发行的首日平均收益率

资料来源：Provided by Professor J. Ritter of the University of Florida，2008. This is an updated version of the information contained in T. Loughran，J. Ritter，and K. Rydqvist，“Initial Public Offerings，” *Pacific-Basin Finance Journal* 2（1994），pp. 165-199. Copyright 1994 with permission from Elsevier Science.

关于首次公开发行配售的两种观点各有道理。将首次公开发行的股票配售给机构投资者确实可以作为一种信息收集工具，以实现某种经济目的。但是，该系统有可能甚至已经被滥用了，2000～2002 年发生的华尔街丑闻部分是由于首次公开发行配售引起的。其中一种违规配售方式叫做“自旋”（spinning），即投资银行利用首次公开发行配售来拉拢公司内部人，这实际上是一种隐性回扣方式。这些承销商（投资银行）会慷慨地将首次公开发行的股票授予某些特定公司的高级管理人员，以赢得这些公司未来的投资银行业务。

首次公开发行并非易事，也并非所有的首次公开发行均为抑价发行。有些股票发行后的市场表现极差，有些甚

㊀　这并不能说明什么，截止到 2000 年 12 月，VA linux（现更名为 VA Software）的股价每股不到 9 美元，而到 2002 年时，已低于每股 1 美元。尽管这是一个极端案例，但也表明了首次公开发行股票的长期投资业绩通常令人非常失望。

㊁　Lawrence Benveniste 和 William Wilhelm 在其 1997 年春发表在 *Journal of Applied Corporate Finance* 9 上的“Going by the Book”中对这一点做了详尽解释，并对建立投资者购股意愿档案的过程进行了更深入的讨论。

至无法全部售出，承销商被迫将无法售出的证券在二级市场上低价出售。因此，投资银行须承担证券承销的价格风险。

有趣的是，尽管大多数股票在首次公开发行当日的市场表现极好，但这些股票的长期投资业绩通常极差。图 3-3将首次公开发行后 5 年内股票的业绩与未公开上市公司的股票业绩进行了比较。从图中可以看出，首次公开发行股票的业绩显著低于未公开上市公司的股票业绩，这说明公众投资者普遍对这些上市公司的前景过于乐观。

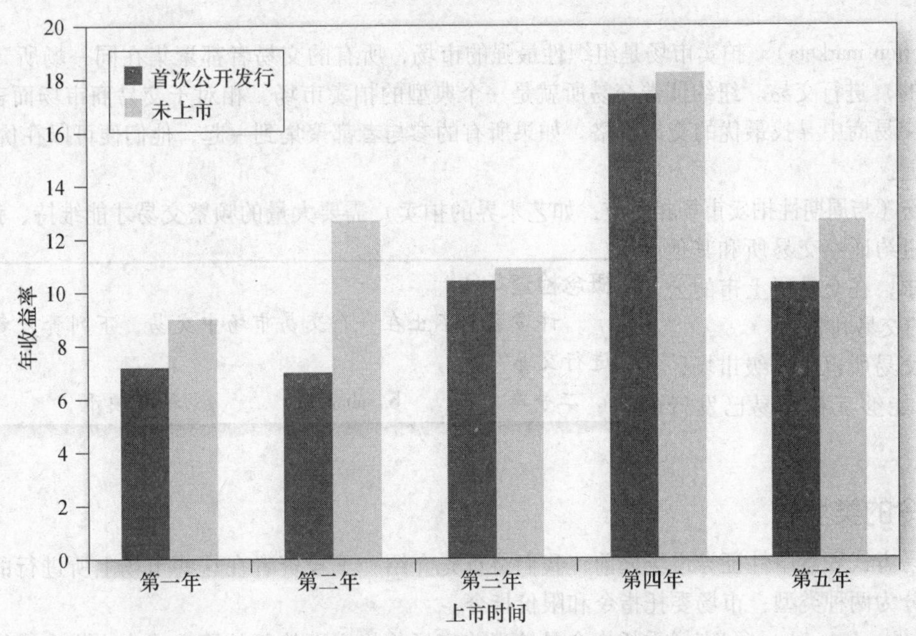

图 3-3　首次公开发行股票的长期相对业绩

资料来源：Professor Jay R. Ritter's Web site, University of Florida, October 2009, bear. cba. ufl. edu/ritter/ipodata. htm.

3.2　证券如何交易

为了满足特定交易者的需求，金融市场在不断发展。设想一下，若不存在有组织的金融市场，将会出现什么状况？任何有意投资某类金融资产的家庭首先必须找到有意出售这类金融资产的其他家庭，有兴趣的投资者集聚的地方很快便会发展起来，最终，金融市场就在这些集聚场所中诞生了。一家位于旧伦敦的被称为劳合社的俱乐部最初发起了海上保险业务，一家华尔街上的曼哈顿场外交易市场也成为金融世界的代名词。

3.2.1　市场的类型

我们可以把市场分为四种类型：直接搜寻市场、经纪人市场、交易商市场和拍卖市场。

直接搜寻市场（direct search markets）　直接搜寻市场是组织性最差的市场，市场上的买方和卖方需要直接相互搜寻。下面举一个此类市场交易的例子，出售一台旧冰箱时，卖方一般会在当地报纸或网络上刊登广告寻求买主。这类市场交易的特点是不常发生、价格低廉且商品非标准化。专于此类市场的公司很难获利。

经纪人市场（brokered markets）　组织性仅优于直接搜寻市场的是经纪人市场。在交易活跃的市场中，经纪人发现为买方和卖方提供搜寻服务是有利可图的。房地产市场就是一个典型的例子，考虑到寻找房源和可能买主的规模经济效应，市场参与者值得花钱聘请经纪人来负责搜寻工作。特定市场上的经纪人逐渐积累了对该市场中的交易资产进行估值的专业知识。

一级市场是一类重要的经纪人投资市场。在一级市场上，新发行的证券被提供给公众，把证券销售给公众的投资银行扮演了经纪人的角色，它们直接为证券发行公司寻找投资者。

另一类经纪人市场是专为大宗交易建立的，主要用于大宗股票的买卖。该市场中股票的交易数额巨大（从技术上讲，超过 10 000 股即为大宗交易，但通常数额更大），以至于经纪人或经纪公司直接搜寻其他大型交易商，而非销售给规模相对较小的投资者。

交易商市场（dealer markets）　当某类特定资产的交易活动日益频繁时，交易商市场便诞生了。专于某类资产的交易商用自己的账户买入这类资产，而后再从他们的存货中卖出这类资产，从中赚取利润，交易商的买卖差价即为利润来源。交易商市场为交易者节省了搜寻成本，因为市场参与者可以轻易获得向交易商出售或从交易商处买入某一资产的价格。要想使市场交易成为一个诱人的收入来源，需要足够的市场交易量来支撑。大多数债券都在场外交易市场交易。

拍卖市场（auction markets）　拍卖市场是组织性最强的市场，所有的交易者都聚集在同一场所（既可以是交易场地也可以是电子的）进行交易。纽约证券交易所就是一个典型的拍卖市场。相对于交易商市场而言，拍卖市场的优势之一是无须在交易商中寻找最优的交易价格。如果所有的参与者都聚集到一起，他们便可以在价格上达成一致，从而节省了买卖价差。

持续的拍卖市场（与周期性拍卖市场相对应，如艺术界的拍卖）需要大量的频繁交易才能维持、弥补市场的持续运行费用。因此，纽约证券交易所和其他交易所制定了上市要求，在交易所上市的公司必须能够获取足够的交易利润。

概念检查 3-2

许多资产不止在一个交易市场中交易，下列资产都在哪类市场中进行交易？

a. 二手车　　b. 油画　　c. 稀有硬币

有组织的股票交易所也是二级市场，它们的存在使投资者能够互相交易已发行的证券。

3.2.2　交易指令的类型

在比较各类交易方式和竞争性证券市场之前，我们将首先介绍一下投资者在这些市场上所进行的交易类型。总的来说，交易指令分为两种类型：市场委托指令和限价指令。

市场委托指令（market orders）　市场委托指令是按当前市场价格立即执行的买入或卖出指令。例如，投资者可能致电其经纪人询问 IBM 股票的市价，经纪人回电可能说明最佳的买方报价为每股 90 美元，最佳的卖方报价为每股 90.05 美元，意味着投资者购买一股 IBM 的股票需要支付 90.05 美元，出售一股 IBM 的股票可收到 90 美元，本例中的**买卖价差**（bid-asked price）为 0.05 美元。因此，买入 100 股 IBM 股票市场委托指令的执行结果是按每股 90.05 美元买入，卖出 100 股的执行结果是按每股 90 美元卖出。

上述这种简单的情形也可能变得很复杂。首先，报价实际上只代表了对一定数量股票交易的承诺，如果市场委托指令要求的交易量超过了这个数量，该指令可能需要按照多种不同的价格执行。例如，若市场委托指令的卖价对应的股票数量仅 1 000 股，而投资者希望购买 1 500 股，则投资者可能需要支付稍高的价格来购买额外的 500 股。其次，另一个交易者的报价可能击败该投资者的报价，这意味着投资者可能需要按更不利的价格执行指令。最后，在指令到达之前最佳报价可能已发生变化，这也可能导致执行价格与发出指令时的市价不同。

限价指令（price-contingent orders）　投资者也可能设定指令来明确规定他们希望买卖证券的价格。限价买入指令指导经纪人在 IBM 股价降到或低于约定价格时买入某一数量的股票。相反，限价卖出指令指导经纪人在股价升到或高于约定价格时卖出一定数量的股票。等待被执行的**限价指令**（limit orders）的集合叫做限价指令簿。

图 3-4 列示了群岛交易所（几个电子交易所之一，稍后详述）中英特尔股票的部分限价指令簿。可以看出，最优的指令价格位于表的最上部，即买方报价最高，卖方报价最低，其中，买方报价为 20.77 美元，卖方报价为 20.78 美元，这两个价格叫

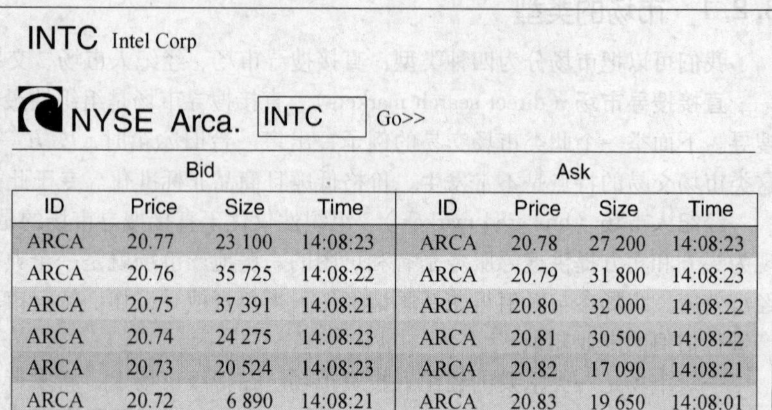
INTC Intel Corp

NYSE Arca.　INTC　Go>>

Bid				Ask			
ID	Price	Size	Time	ID	Price	Size	Time
ARCA	20.77	23 100	14:08:23	ARCA	20.78	27 200	14:08:23
ARCA	20.76	35 725	14:08:22	ARCA	20.79	31 800	14:08:23
ARCA	20.75	37 391	14:08:21	ARCA	20.80	32 000	14:08:22
ARCA	20.74	24 275	14:08:23	ARCA	20.81	30 500	14:08:22
ARCA	20.73	20 524	14:08:23	ARCA	20.82	17 090	14:08:21
ARCA	20.72	6 890	14:08:21	ARCA	20.83	19 650	14:08:01

图 3-4　群岛交易所中英特尔股票的限价指令簿

资料来源：New York Stock Exchange Euronext Web site, www.nyse.com, January 19, 2007.

做内侧报价（inside quotes）。对英特尔股票而言，内侧报价差价只有1美分。但是请注意，内侧报价指令的订单数量通常很小，因此，对大型交易感兴趣的投资者通常需要面对更大的差价，因为他们无法按照内侧报价执行所有的交易。

直到2007年，美国市场开始采用十进制的报价方法，最小的价差为“1点”，1997年之前，纽约证券交易所的最小价差为$\frac{1}{8}$美元，后来改为$\frac{1}{16}$美元。改用十进制定价方法后，最小价差可以更小，纽约证券交易所的平均价差不到5美分。

停止指令（stop order）类似于限价指令，只有股票价格触及价格界限时指令才会被执行。对止损指令而言，只有股价跌到指定价格时才会卖出股票。正如其名，该指令要求卖出股票以避免更多的损失。类似地，止购指令要求股价上涨到指定价格时购入股票。这些交易通常伴随着卖空（卖出从经纪人手中借入但并非真正拥有的股票），常常用于因空头头寸而造成的潜在损失。本章稍后将详细讨论卖空的相关内容。图3-5用一个简洁的矩阵对各类交易进行归纳。

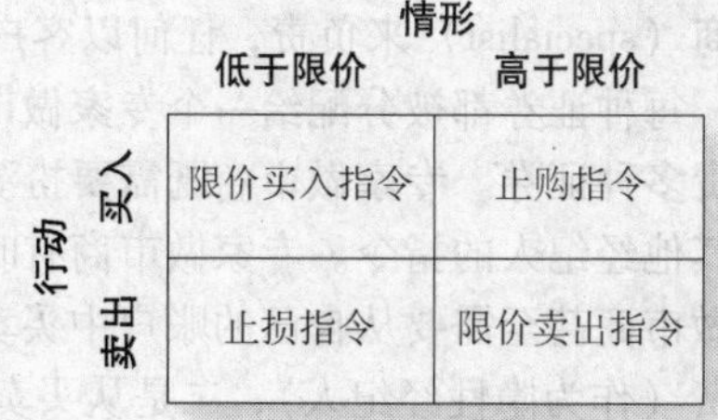

行动 \ 情形	低于限价	高于限价
买入	限价买入指令	止购指令
卖出	止损指令	限价卖出指令

图3-5 限价指令

概念检查3-3

在以下各种情形下，你会向你的经纪人发出何种交易指令？

a. 你想购买英特尔公司的股票以使投资组合多样化，且你相信当前的股价已接近公允价值，因此，你希望尽快以最低成本完成交易。

b. 你想购买英特尔公司的股票，但你认为当前的股价相对于该公司前景而言太高，若股价可以下降5%，你会购买该公司的股票。

c. 你计划在下个月买一套公寓，因此需要出售你所持有的英特尔公司的股票以支付公寓所需资金。你相信英特尔公司的股价在接下来的几周内会上涨。但若你判断错误，股价急剧下降，你将无法支付购买公寓所需的资金，因此你可能需要继续持有股票，但也需要避免遭受严重损失。

3.2.3 交易机制

一般而言，美国有三大交易系统：场外交易商市场、电子通信网络和正规的交易所。如纳斯达克和纽约证券交易所这种知名的交易市场通常都会采用多种交易程序，因此在深入探讨某一特定市场之前，有必要先了解每类交易系统的基本操作过程。

交易商市场（dealer markets） 约有35 000种证券在**场外交易市场**（over-the-counter market，OTC market）进行交易。成千上万的经纪人在证券交易委员会注册成为证券交易商，交易商报出其所期望的证券买卖价格，然后经纪人联系报价最具吸引力的交易商执行交易。

在1971年之前，所有的场外交易市场报价每天通过手工记录并刊登在所谓的粉单上。1971年开发了全美证券交易商协会自动报价系统，或称为纳斯达克，该系统通过计算机网络提供并更新报价，从而将经纪人和交易商联系在一起。交易商可以通过该网络公布其买入某一证券愿意支付的价格（即买方报价）以及卖出某一证券希望获得的价格（即卖方报价）。这两种价格之差，即买卖价差，是交易商的利润来源。经纪人代表客户从计算机网络上查询报价，并联系报价最优的交易商执行报价。

纳斯达克最初成立时，与其说它是一个交易系统，还不如说它是一个报价系统。尽管经纪人可以通过交易商的网络查询报价以发现最佳交易机会，但是实际交易仍需要投资者的经纪人与交易商直接进行谈判（通常通过电话）。但不久之后，纳斯达克迅速发展成为一个电子交易市场。尽管交易商仍然通过网络进行报价，但是大多数交易直接以电子方式成交，而无须直接谈判。

电子通信网络（electronic communication networks，ECNs） 电子通信网络允许参与者通过计算机网络发出市场委托指令和限价指令，所有参与者都可以查看限价指令簿。图3-4显示了一个群岛交易所（电子通信网络的领头羊之一）的限价指令簿实例。指令成交，即与另一个指令配对成功，可以自动执行而无须经纪人的干预。例如，若恰有卖价为50美元的订单尚未执行，那么以50美元或稍低的价格买入一股的指令会立即成交。因此，电子通信网络是一个真正的交易系统，而不仅仅是一个报价系统。

电子通信网络有以下几点吸引人的地方。首先，直接撮合交易而不采用经纪人-交易商系统消除了买卖价差，由于电子通信网络可以自动撮合交易，因此交易成本可以达到最低，每股的交易成本通常低于1美分。其次，电子通信网络执行交易的速度非常快。最后，电子通信网络使投资者可以匿名交易。

专家做市商市场（specialist markets）　在纽约证券交易所这种正规交易所中，每种证券的交易都有一个**专家做市商**（specialist）来负责，任何以客户的名义买卖证券的经纪人必须把交易提交到专家做市商所在交易所的交易台。

每种证券都被分配给一个专家做市商，但是每家专家做市商公司（目前纽约证券交易所中有不到10家）可以负责多种证券。专家做市商既需要扮演经纪人的角色也需要扮演交易商的角色。专家做市商作为经纪人时，仅是执行其他经纪人的指令。专家做市商有时也会买卖股票来构建他们自己的投资组合。当无法找到交易的另一方时，专家做市商甚至需要从自己的账户中买卖股票。专家做市商的收入来源主要有两个：一是因管理交易指令而收取的服务费（作为隐性经纪人），二是从买卖证券中获得的价差（作为隐性交易商）。

作为经纪人时专家做市商的部分工作是文书性工作。专家做市商保留了一份包括所有未执行限价指令的订单，当限价指令可以按市价执行时，专家做市商会立即执行交易或者说撮合交易。

当专家做市商撮合交易时，必须采用最高的委托买入价和最低的委托卖出价，因此，专家做市商市场是一个拍卖市场，这意味着所有的买卖指令都将集中在一起，价格最优的指令将“赢得”交易。在这一过程中，专家做市商仅起到推动作用。

专家做市商另一项更有趣的职能是通过扮演交易商的角色来维持一个公平有序的市场。为了获得交易所中交易某种股票的特权，专家做市商会被证券交易所要求从自己的股票存货中进行买卖，以此来维持一个有序的市场。专家做市商会保持自己的股票投资组合，并报出自己所期望的买卖价格，这样一来他们可以撮合最低限量的交易指令。

正常情况下，在活跃市场中，交易指令可以被直接撮合，而无须专家做市商的干预。但有时候专家做市商报出的买价优于其他市场参与者报出的价格，因此，任何时候，市场上的有效卖价均为专家做市商的卖价与未执行限价卖出指令最低报价的较低者。类似地，市场上的有效买价为专家做市商的买价与未执行限价买入指令最高报价的较高者。该过程确保专家做市商可以向市场提供适当流动性。

专家做市商竭力缩小买卖价差的原因主要有两个方面：第一，专家做市商的收入来源之一是按买价和卖价所进行的频繁交易，买卖价差为交易利润。价差过大会使专家做市商的报价与其他交易者在限价指令中的报价相比不具有竞争力。若专家做市商的报价一直次于其他交易者的报价，专家做市商将无法参与任何交易，从而失去从买卖价差中获利的机会。

另一个同样重要的原因是专家做市商必须保证市场价格的连续性。为了说明价格连续性，假设某只股票限价买入指令的最高报价为每股30美元，限价卖出指令的最低报价为每股32元。当有市价买入指令发出时，会与每股32美元的最佳限价卖出指令相撮合；而市价卖出指令会与每股30美元的最佳市价买入指令相撮合。由于市价买入和卖出指令是随机发出的，因此股价会在30～32美元波动。交易所会认为这是一种过度波动，从而要求专家做市商介入，即报出介于30美元和32美元之间的买卖价格，以使买卖价差缩小到可以接受的范围，对大公司而言，通常低于0.05美元。

3.3　美国证券市场

前面已简要介绍了美国三种主要的交易机制：场外交易市场、专家做市商市场和电子通信网络。最初，纳斯达克是美国最主要的交易商市场，纽约证券交易所是最主要的专家做市商市场。但是，正如我们现在所看到的，为了适应信息技术的进步，这些市场在自动电子交易方面已取得了显著的发展。

3.3.1　纳斯达克

尽管现在所有证券都可以在联系经纪人和交易商的场外交易市场交易，但最初成立的全美证券交易商协会自动报价系统并非包括所有证券。该系统现在称为**纳斯达克股票市场**（NASDAQ Stock Market），目前约包括3 200家上市公司和三种报价系统：纳斯达克全球选择市场涵盖了1 000多家规模最大、交易最活跃的公司；纳斯达克全球市场涵盖的是第二层级的公司；纳斯达克资本市场涵盖的是第三层级的公司。表3-1列出了这些市场要求的部分上市条件。对于未达到上市条件或不希望公开披露的公司，粉单LLC通过网站www.pinksheets.com和Pink Link（一种电子通信和交易谈判服务）提供了其实时股票行情。

纳斯达克的会员分为三个级别。最高级为三级会员，他们为证券做市商，这些做市商持有某一证券的存货，并随时准备按买价和卖价买卖这些证券，并从买卖价差中获取利润。三级会员可以把自身希望的买价和卖价输入计算机网络，并可以按意愿随时更新这些报价。

表3-1　在纳斯达克市场首次上市的部分条件

	纳斯达克全球市场	纳斯达克资本市场
股东权益（万美元）	1 500	500
公众持股（万美元）	110	100
公开交易股票的市值（万美元）	800	1 500
最低股价（美元）	4	4
税前所得（万美元）	100	75
股东人数（人）	400	300

资料来源：The NASDAQ Stock Market，www.nasdaq.com.August 2009，The NASDAQ Stock Market，Inc.Reprinted with permission.

二级会员可以查询所有报价，但不能输入自己的报价。二级会员通常为经纪公司，它们执行客户的指令，但不会主动交易自己账户中的股票。买卖证券的经纪人与最佳报价的做市商（三级会员）进行交易。

一级会员只能够收到内侧报价（即最高买价和最低卖价），他们通常是不积极参加证券买卖但需要即时价格信息的投资者。

如前所述，早期的纳斯达克与其说是一个交易系统，还不如说是一个报价系统。但情况已经发生了变化。现在，纳斯达克中的投资者（通过其经纪人）通常可以通过电子设备输入其买价和卖价，而无须人工之间的相互作用。纳斯达克已经稳步推行了一个更复杂的电子交易平台，用以处理大部分交易。当前的交易平台叫做纳斯达克市场中心，它将所有纳斯达克已有的电子市场整合为一个集成系统。

纳斯达克市场中心是纳斯达克积极应对日益普遍的电子通信网络（现已处理了大部分指令）的措施。通过自动执行交易，市场中心使纳斯达克具备了类似电子通信网络的功能，而且，由于大型指令仍需经纪人与交易商直接谈判，因此纳斯达克还保留了交易商市场的部分特点。

3.3.2　纽约证券交易所

纽约证券交易所是美国最大的**股票交易所**（stock exchange），约有2 800家上市公司的股票在此交易，2010年年初总市值将近12万亿美元，2009年股票平均日交易量超过50亿股。

希望在纽约证券交易所交易股票的投资者可以向经纪公司发出指令，经纪公司可以通过计算机网络将指令发送到交易所场内，也可以与其场内经纪人联系，要求其执行指令。小型指令一般会通过计算机网络发送并自动执行，而往往需要谈判沟通的大型指令一般会发送给场内经纪人。收到指令的场内经纪人将指令带到专家做市商的工作台。该工作台有一台显示器，叫做订单列表，该列表列示了在特定交易量下所有感兴趣的投资者的买卖报价。如果可行的话，专家做市商会将交易指令与其他经纪人的交易指令相撮合，或者动用自己的股票存货进行交易。经纪人也可以另外寻找报价优于订单列表上所有报价的交易者。如果可以找到，经纪人只需将已达成协议的交易交由专家做市商执行。

经纪人必须购买在纽约证券交易所进行交易的权利。最初，纽约证券交易所以非营利组织的形式运营，由其会员或“席位持有者”所有。例如，2005年纽约证券交易所有1 366个拥有席位的会员，每个席位赋予其会员公司派出一个经纪人在交易所执行交易的机会。会员公司可以向投资者收取执行交易的佣金，这使得会员席位成为一种有价资产，其价值取决于会员公司通过这种活动可以获得的佣金。交易所的席位可以像其他资产一样进行买卖，且其价格波动幅度非常大，最低仅为4 000美元（1878年），而最高可达到400万美元（2005年）。

最近，许多交易所已经决定从会员共同所有的形式转为由股东所有的上市公司。2006年，纽约证券交易所与群岛交易所合并成为一个股份有限公司，取名为纽约证券交易集团。2007年，纽约证券交易集团又与欧洲交易所合并成为纽约欧洲交易所。作为一家公开上市公司，与原来的交易所席位价格相比，其股价成为反映其财务健康状况的最佳指标。交易所席位被年度许可证代替，作为允许在交易所内进行交易的凭证。

交易所向公开上市公司转型成为一种普遍趋势。近年来其他上市的交易所包括芝加哥商业交易所（衍生工具交易，2002年，Chicago Mercantile Exchange）、国际证券交易所（期权交易，2005年，International Securities Exchange）和芝加哥期货交易所（衍生工具交易，2005年，Chicago Board of Trade，现已与芝加哥商业交易所合并）。2010年年初，芝加哥期权交易所（Chicago Board Options Exchange）也在积极准备上市。

表3-2 列出了在纽约证券交易所首次上市的部分条件，这些条件可以确保交易所向公司配置交易设施之前，其股票也可以引起投资者足够的交易兴趣。若某家上市公司业绩下降，无法满足表3-2 中的标准时，那么它可能需要退市。

表3-2　纽约证券交易所首次上市的部分条件

前两年最低年度税前所得（美元）	2 000 000
收入（美元）	75 000 000
公众持股的市值（美元）	100 000 000
公众持股股数（股）	1 100 000
持股数额为100 股及以上的股东人数（人）	400

资料来源：New York Stock Exchange，www. nyse. com，October 2009.

地方性交易所也会从事一些已在纽约证券交易所上市的公司证券的交易，这使得地方经纪公司可以在未获得纽约证券交易所业务许可证的条件下开展大型公司的股票交易。

大部分在纽约证券交易所上市的证券是在纽约证券交易所内交易的。若以交易的单数而非交易的股份数来衡量纽约证券交易所的市场份额，那么其市场份额会降低很多，因为大多数小额的零散交易都是在场外进行的，但纽约证券交易所仍然是大宗交易的首选场所。

大宗买卖　机构投资者频繁进行上万股的**大宗交易**（block transactions），这些大宗交易的数额太大（技术上讲超过10 000 股的交易即为大宗交易，但通常更多），以至于专家做市商都难以处理，因为他们不希望在自己的账户中持有如此多的股票。

大宗证券公司的发展并没有为解决大宗交易提供帮助，大宗证券公司是为大宗交易的买卖双方牵线搭桥的经纪公司。一旦卖家与买家相撮合，该大宗交易就会被送至交易所并由专家做市商执行交易。若无法找到买家，大宗证券公司会用自己的账户买入全部或部分大宗出售的证券，然后再把这些证券销售给公众投资者。

从表3-3 中可以看出，近些年来，大宗交易的交易量已大幅下降，这反映了电子市场出现以来交易活动所发生的变化。现在，大型交易多被拆分为多个小型交易并自动执行。对电子交易所的理解不足也使这种模式更加根深蒂固：由于交易所中的内侧报价只对小型交易有效，交易者更倾向于将大宗交易拆分为一系列的小型交易。

表3-3　纽约证券交易所的大宗交易

年份	股份数量（百万股）	占总交易量的百分比（%）	平均每天成交笔数
1965	48	3. 1	9
1970	451	15. 4	68
1975	779	16. 6	136
1980	3 331	29. 2	528
1985	14 222	51. 7	2 139
1990	19 682	49. 6	3 333
1995	49 737	57. 0	7 793
2000	135 772	51. 7	21 941
2005	112 027	27. 7	17 445
2006	97 576	21. 3	14 360
2007	57 079	10. 7	7 332

资料来源：Data from the New York Stock Exchange Euronext Web site，www. nyse. com，October 2008.

纽约证券交易所中的电子交易　在过去的10 年里，纽约证券交易所一直致力于其在电子交易方面的发展。SuperDot 是一种电子指令转换系统，它使经纪公司可以通过计算机网络直接向专家做市商发送市场委托指令和限价指令。SuperDot 尤其适用于程式交易者。**程式交易**（program trade）指协同买卖整个投资组合的全部交易。

尽管SuperDot 可以将指令直接发送给专家做市商，但纽约证券交易所仍旧创建了一个名为DirectPlus 或Direct + 的全自动交易执行系统，该系统可以在不到1 秒钟的时间内将内侧报价的交易指令进行撮合。Direct + 现已处理纽约证券交易所的大部分大额交易。现在，尽管绝大部分交易指令是自动执行的，但这些指令多为小额指令，大额指令通常还是通过专家做市商来执行。

结算　自1995 年6 月以来，在交易所执行的指令必须在3 个工作日内结算，这一要求通常被称为$T+3$，即成交日加上3 天。在规定的时间内，买方必须支付现金，卖方必须将股票交付给经纪人，再由经纪人交付给买方的经纪人。通常情况下，客户是以街名（street name）持有证券的，这意味着经纪人以客户名义所持有的证券是登记在经纪公司名下的，这样可以加快股票的转移，而且，在$T+3$ 的结算模式下，这种安排显得尤为重要，因为如果证券被保存在卖方的保险柜里，证券卖方很难在3 日内将证券全部转移给买方。

清算所的成立进一步简化了结算工作。所有交易所会员的交易都在当天被记录下来，并以此计算出会员的净收益，因此会员只需交付或接收当日买卖的股票净额。然后经纪公司再与清算所结算，而非与和其交易的其他经纪公司结算。

3.3.3　电子通信网络

电子通信网络是一个直接联系买方和卖方的私人计算机网络。收到交易指令时，系统会确定是否有与之相符的指令，如果有，交易会立即执行。连接到电子通信网络的经纪人都拥有一个计算机数据库，并可以在限价指令簿上输入交易指令。此外，个人交易者可以进入这些经纪人的数据库，并将他们自己的交易指令输入系统中。主要的电子通信网络包括纳斯达克市场中心、ArcaEx、Direct Edge、BATS 和 LavaFlow。总的来说，这些电子市场处理了绝大部分交易。

在过去的几年里，由于技术的发展，电子市场处理了所有交易中的绝大部分。电子市场的一个最新发展是速度极快的闪电交易（flash trading）。根据特定的交易规则专门设计的计算机程序通过搜寻整个市场可以发现极小的误定价，并且可以在不到1秒的时间内执行交易。许多速度快的交易者被授予其经纪人的计算机交易密码，他们最快可在250（0.000 25 秒）微秒内执行交易。专栏 3-1 说明这种裸访问已成为市场监管者主要关心的问题之一。

专栏3-1

一大块市场正在变得裸露

Aite Group（一家波士顿研究机构）的研究发现，裸访问这种被快速交易者广泛使用的具有争议的交易方式占美国股票交易量的40%。

这一发现增加了监管机构对裸访问的关注，是证券交易所对从事交易的公司的身份一无所知，从而减少了在不稳定或问题交易中的责任。

从广义来说，公司可以通过两种方式在交易所交易。一种是在美国证券交易委员会注册成为经纪人，然后成为交易所的会员，但是这两个过程都需要花费大量成本。另一种方法是公司向注册经纪人支付一定的费用，然后使用经纪人的计算机密码进行交易或赞助访问。

一些赞助公司通过经纪人的计算机系统进行交易，他们给予经纪人使用交易前搜查的能力，这种搜查可以在风险交易到达市场之前发现它们。然而，使用裸访问的交易者可以直接在交易所进行交易，并不会被第三方的交易前搜查发现。

监管机构担忧的背后是高频率交易者越来越快的交易速度。根据 Aite Group 的报告，使用裸访问进行交易的公司可以在250～350 微秒内完成交易，而赞助访问的交易者通过经纪人的计算机系统进行交易则需要 550～750 微秒。

在由计算机驱动的充满高频率交易的世界中，这种极小的时间差距可能意味着成功与失败的不同。随着电子市场提供的超快的访问速度，这种时间差距强调了公司令人费解的竞争速度。

评论家认为裸访问提高了鲁莽交易的风险，而这可能会造成更广泛的市场不稳定。交易所经常不了解使用赞助访问的公司的身份，因为识别公司的唯一方法是通过计算机密码。

这意味着很难迅速找出哪家公司的交易已走火入魔，但是交易所都在努力提供这项服务，因为这可以带来大量的交易量和交易费用。

资料来源：Scott Patterson，“Big Slice of Market is Going ‘Naked，’” *The Wall Street Journal*，December 14，2009. Reprinted by permission of *The Wall Street Journal*，© 2009.

3.3.4 全美市场体系

1975 年修订的《证券法》责令美国证券交易委员会建立了一个全美性的竞争性证券市场。这样一个市场将实现交易报告和报价系统的集中化，目的是加强做市商之间的竞争。

1975 年，证券买卖汇总（Consolidated Tape）开始报告在纽约证券交易所、美国证券交易所、主要的地方性交易所以及纳斯达克上市股票的交易行情。1977 年，统一报价服务开始在网上提供同时在纽约证券交易所和其他交易所交易的证券的报价。1978 年，市场间交易系统（ITS）开始推行。市场间交易系统将各交易所连接在一起，允许经纪人和做市商展示和查看所有市场的报价，并可以在统一报价系统显示其他市场上的报价更优时进行跨市交易，但是市场间交易系统的成功具有局限性，参与者需要将交易指令发送到最优报价的市场，这可能极为不便或根本无利可图。

然而，自动电子交易的发展使市场一体化变得更为可行。2005 年，证券交易委员会重申了所谓的市场交易规则。其中，全美市场体系规则（Regulation NMS）要求投资者的交易指令必须以最优价格立即执行，即便该价格是其他市场报出的。

制定市场交易规则旨在提高交易速度，并促进竞争性股票市场的一体化。通过电子网络把市场连接起来，并通过统一的报价订单显示所有的限价指令，使得跨市交易成为可能，这也是市场间交易系统的合理延伸。但这种一体化的程度仍未完全实现。全美市场体系规则只要求共享所有市场的内部报价，由于内部报价或最优报价只适用于一定数量的股票交易，因此不能保证投资者的整笔交易都可以按内部报价执行，尤其是对大宗交易而言。

3.3.5　债券交易

2006 年，纽约证券交易所获批将其债券交易系统的交易范围扩大到包括纽约证券交易所上市公司发行的债务。在此之前，所有债券上市之前必须进行注册，这种要求如此严苛，根本无法使尽可能多的债券上市。为了使尽可能多的债券上市，纽约证券交易所将其电子债券交易平台进行了延伸，现被称为纽约证券交易所债券系统，它是美国所有交易所中最大的集中化债券市场。

债券交易商之间的债券交易大多发生在场外交易市场，即使是在纽约证券交易所上市的债券也不例外。该市场是一个通过计算机报价系统把债券交易商联系起来的网络，这些债券交易商包括美林（现隶属于美洲银行）、所罗门美邦（花旗银行的一个分部）或高盛。然而，由于这些交易商不会大量持有各种上市债券，所以他们有时无法从自己的账户中将债券销售给客户，他们甚至不会用自己的账户购买债券。相反，他们可能会努力寻找另一方交易者。但是在实际中，公司债券的市场通常很小，因此随时准备交易某种债券的投资者可能非常少。债券市场通常要面对一定的流动性风险，因为持有者很难随时变现手中的债券。

3.4　其他国家的市场结构

各国证券市场的结构差别很大，将世界各国进行比较超出了本书的能力，因此我们将只简要介绍三大非美股票市场：伦敦股票交易所、泛欧证券交易所和东京证券交易所。图 3-6 显示了世界主要市场的资本市值。

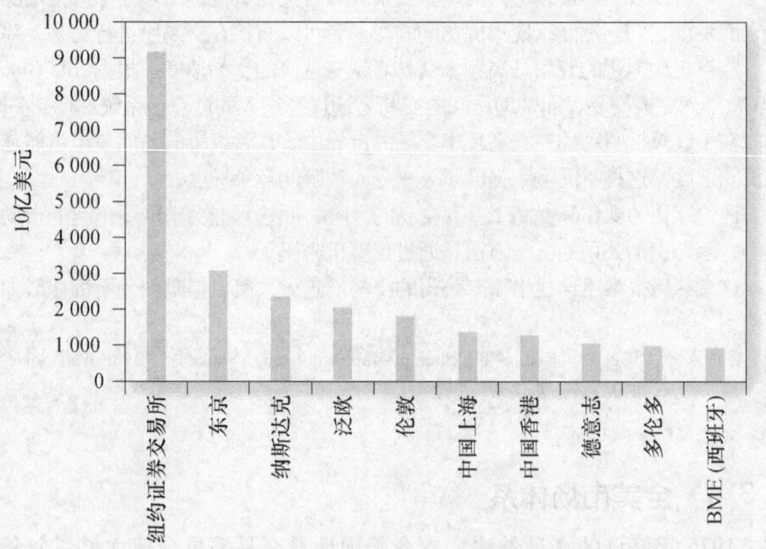

图 3-6　2008 年年末世界主要证券交易所的股票市值

资料来源：World Federation of Exchanges，2009.

3.4.1　伦敦股票交易所

伦敦股票交易所（London Stock Exchange）专为交易大额、流动性强的证券引入了一套被称为股票交易所交易系统（Stock Exchange Electronic Trading Service，SETS）的电子交易系统，这是一种类似于电子通信网络的电子清算系统，该系统通过计算机网络提交买卖指令，并自动执行可以撮合的指令。但是，流动性较差的股票一般通过一个更加传统的被称为股票交易所自动报价系统（Stock Exchange Automated Quotations，SEAQ）的交易商市场进行交易，做市商可以将他们期望的买卖价格输入其中。这些交易或许需要经纪人与做市商直接谈判。伦敦股票交易所中最主要的股票指数是伦敦金融时报 100 指数（Financial Times Stock Exchange，FTSE，又被称为富时指数）。2008 年伦敦股票交易所的日交易量约为 33 亿股。

3.4.2　泛欧证券交易所

泛欧证券交易所（Euronext）成立于 2000 年，最初由巴黎证券交易所、阿姆斯特丹证券交易所和布鲁塞尔证券交易所等合并而成，2007 年又与纽约证券交易集团合并。与大多数欧洲交易所一样，泛欧证券交易所使用电子交易系统进行交易，该系统被称为新报价系统（New Quotation System，NSC），实现了指令传送和执行的全自动化。事实上，投资者可以直接输入指令而无须联系其经纪人。如果发送到该系统的指令恰好可以与限价指令簿中的指令撮合，那么交易会立即执行；若无法撮合，该指令就会被纳入最新成交簿。2008 年泛欧证券交易所的日交易量约为 5.5

亿股。

泛欧证券交易所已与其他几个欧洲交易所（如赫尔辛基或卢森堡证券交易所）达成了交叉交易协议。2001 年，它还收购了伦敦国际金融期货与期权交易所（London International Financial Futures and Options Exchange，LIFFE）。

3.4.3 东京证券交易所

按资本市值来衡量，东京证券交易所（Tokyo Stock Exchange，TSE）是世界上最大的交易所之一，约有 2 400 家公司在此上市交易。东京证券交易所反映了全球股票市场发展的许多趋势：1999 年，它关闭了交易所交易场地，转为电子交易；2001 年，其组织形式由会员制转为公司制。

东京证券交易所保留了三个“板块”。第一板块交易大型公司股票，第二板块交易中型公司股票，第三板块即“创业板”（MOTHERS，Market of the Light—growth and emerging stocks）交易新兴和发展迅速的公司的股票。在所有上市公司中，约有 3/4 在第一板块交易，约有 200 家在“创业板”交易。

东京证券交易所中两个最主要的股票市场指数分别是日经 225 指数和 TOPIX 指数。225 指数是涵盖 225 家上层日本公司股票的价格加权平均指数，TOPIX 指数是涵盖第一板块公司股票的市值加权指数。

3.4.4 股票市场的全球化和并购

近年来，股票市场面临的压力日益增大，这促使它们形成国际联盟或进行合并，这种压力主要来自于电子交易的冲击。越来越多的交易者把股票市场当做连接他们与其他交易者的计算机网络，而且对交易者在全球范围内选择交易证券的限制也越来越宽松。在这种背景下，由交易所提供一种廉价、高效的执行指令和清算的交易机制变得越来越重要，这也证明了建立国际联盟可以使跨国交易成为可能，并且可以享受规模经济效应。此外，由于面临电子网络的竞争，交易所意识到它们最终需要建立提供24 小时服务的国际市场和允许不同类型证券交易的平台（如同时允许股票和衍生品交易）。最后，公司希望当它们需要资金时可以进行跨国筹资。

这些压力引发了全球市场合并的大趋势。在过去的 10 年里，大多数合并是同一大洲内交易所之间的合并。在美国，纽约证券交易所于 2006 年与群岛交易所合并，又于 2008 年收购了美国证券交易所。纳斯达克于 2005 年和 2007 年分别收购了即时电子交易网（Instinet，INET，运行另一主要的电子通信网络）和波士顿股票交易所。在衍生工具市场，芝加哥商业交易所于 2007 年和 2008 年分别收购了芝加哥期货交易所和纽约商业交易所，从而使美国几乎所有的期货交易都在同一交易所进行。在美国，泛欧证券交易所由巴黎证券交易所、阿姆斯特丹证券交易所、里斯本证券交易所和布鲁塞尔证券交易所合并而成，不久后又收购了伦敦国际金融期货与期权交易所（位于伦敦的衍生工具交易所）。2007 年，伦敦证券交易所与 Borsa Italiana（经营米兰证券交易所）合并。

此外，也有一些洲际之间的合并：2007 年，纽约证券交易集团与泛欧证券交易所合并；纽约证券交易所购买了印度国家证券交易所 5% 的股份，并与东京证券交易所达成了合作协议；2007 年，纳斯达克在欧洲收购了一个立足点，它联合迪拜交易所收购了瑞典交易所 OMX，该交易所的母公司现被称为纳斯达克 OMX 集团；2007 年，欧洲期货及期权交易所收购了国际证券交易所（International Securities Exchange Holdings，ISE），且国际证券交易所宣布将与多伦多证券交易所合作建立一个新的衍生工具交易市场。

3.5 交易成本

证券交易的部分成本是显性的，如投资者向经纪人支付的佣金。个人投资者可以选择两类经纪人：综合服务经纪人和折扣经纪人。综合服务经纪人提供各种各样的服务，通常被称为账户执行者或财务顾问。

除提供基本服务（如执行指令、保管证券、提供保证金贷款和促成卖空等）外，经纪人通常还提供与投资决策相关的信息和建议。

综合服务经纪人通常依靠一支调研团队来分析和预测宏观经济环境以及行业和公司的微观环境，从而对相关证券的投资提出建议。许多客户完全信任经纪人，他们通过设定一个授权账户（discretionary account）将买卖决策全权委托给综合服务经纪人。在授权账户中，经纪人可以在其认为合适的情况下买入或卖出指定的证券，但他们不能提取任何资金。在这种情况下，客户需要极为信任经纪人，因为不道德的经纪人可能会“扰乱”账户，他们可能会为获取佣金而过度交易证券。

相反，折扣经纪人不提供没有必要的服务，他们只负责买卖证券、保管证券、提供保证金贷款和促成卖空。他们为其管理的证券提供的唯一信息是报价信息。近些年来，折扣经纪人服务已日益普遍，现在许多银行、储蓄机构和共同基金管理公司都为公众投资者提供这项服务，这已成为创立一站式“金融超市”发展趋势的一部分。在过去的10年里，股票交易费用已稳步下降，嘉信理财、E*Trade和TD Ameritrade等折扣经济公司获取的佣金不足10美元。

除了经纪人佣金这项显性交易成本外，还包括隐性交易成本，即买卖价差。交易证券时，经纪人有时也是一名交易商，他们不直接索取佣金，而是从买卖价差中赚取服务费用。观察者还注意到另外一种隐性成本，即当投资者希望的交易量超过与报价相对应的交易量时，其必须做出价格让步。

纽约证券交易所更优的交易执行质量在多大程度上弥补了它较其他市场相比较高的显性成本，这是纽约证券交易所与其竞争对手之间一直存在争议的问题。纽约证券交易所认为大多数投资者过分关注他们可以看见的显性成本，从而忽略了交易的执行质量，而这可能比交易成本更为重要。执行质量一方面指像纽约证券交易所这种大型交易所在执行大宗交易时避免引起证券价格过度波动的能力，另一方面是指买卖价差的大小，限价指令订单越深入，买卖价差越小。

3.6　以保证金购买

购买证券时，投资者很容易接触到一种被称为经纪人即期贷款（broker's call loans）的债务融资方式，利用经纪人即期贷款购买证券的行为叫做以保证金购买。

以保证金购买意味着投资者需要从经纪人那里借入部分购买股票的资金。账户中的**保证金**（margin）是由投资者提供的购买款项，剩下的购买款项是向经纪人借入的。经纪人以活期贷款利率从银行借入资金以支持这些购买，然后再按这个利率向投资者收取贷款利息和服务费用。所有以保证金购买的证券必须由经纪公司以“街名”的方式保管，因为这些证券都被视为贷款的抵押物。

联邦储备系统理事会规定了用保证金贷款购买股票的上限，当前的保证金要求比例是50%，即购买价款中至少50%是现金支付，剩下的可以借款。

【例3-1】　　　　保证金

保证金比例被定义为账户净值或权益价值与证券市值之比。下面举例说明这一概念。假设某投资者最初支付6 000美元购买价值10 000美元的股票（以每股100美元的价格购入100股），剩下的购买款项向经纪人借入。则最初的资产负债表如下：

资产（美元）		负债和所有者权益（美元）	
股票市值	10 000	向经纪人贷款	4 000
		权益	6 000

最初的保证金比例为：

$$\text{保证金比例}=\frac{\text{权益价值}}{\text{股票市值}}=\frac{6\,000\text{ 美元}}{10\,000\text{ 美元}}=0.60=60\%$$

如果价格下降到每股70美元，则资产负债表变为：

资产（美元）		负债和所有者权益（美元）	
股票市值	7 000	向经纪人贷款	4 000
		权益	3 000

股票价值下降导致账户中资产的价值和权益价值均随之下降，保证金比例变为：

$$\text{保证金比例}=\frac{\text{权益价值}}{\text{股票市值}}=\frac{3\,000\text{ 美元}}{7\,000\text{ 美元}}=0.43=43\%$$ ■

若例3-1中的股票价值跌至4 000美元以下，所有者权益将变为负值，这意味着股票价值已不能作为经纪人贷款的足额抵押。为了避免这种情况的发生，经纪人设定了一个维持保证金比例，若保证金比例下降到维持保证金比例以下，经纪人就会发出保证金催缴通知，要求投资者向保证金账户增加现金或证券。若投资者不履行要求，经纪人会从账户中出售证券并偿还贷款，以使保证金比例恢复到一个可接受的水平。

【例3-2】 **维持保证金**

假设维持保证金比例为30%，股票价格跌至多少投资者将收到保证金催缴通知？

假设P代表股票价格，那么100股股票的价值为$100P$，账户中的权益价值为$100P-4\,000$，保证金比例为$(100P-4\,000)/100P$。使保证金比例等于维持保证金比例0.3的股票价格便可以通过下式计算出来：

$$\frac{100P-4\,000}{100P}=0.3$$

通过计算得出，$P=57.14$美元。若股票价格跌至57.14美元以下，投资者将收到保证金催缴通知。■

概念检查3-4

假设例3-2中的维持保证金比例为40%，则股票价格跌至多少投资者将收到保证金催缴通知？

Excel应用：用保证金贷款购买

在线学习中心（www.mhhe.com/bkm）包含了以下电子数据表格模型，该模型可以用来分析不同保证金水平和股价波动的影响，而且可以用来比较使用保证金贷款和不使用保证金贷款时的投资收益。

	A	B	C	D	E	F	G	H
1								
2			B栏的	期末	投资		期末	无保证金
3			操作或公式	股价	收益率		股价	收益率
4	期初股票投资	$10000.00	输入数据		-41.60%			-18.80%
5	贷款总额	$10000.00	(B4/B10)-B4	$20.00	-121.60%		$20.00	-58.80%
6	期初股价	$50.00	输入数据	25.00	-101.60%		25.00	-48.80%
7	购买数量	400	(B4/B10)/B6	30.00	-81.60%		30.00	-38.80%
8	期末股价	$40.00	输入数据	35.00	-61.60%		35.00	-28.80%
9	持有期内分红	$0.60	输入数据	40.00	-41.60%		40.00	-18.80%
10	初始保证金比率	50.00%	输入数据	45.00	-21.60%		45.00	-8.80%
11	维持保证金比率	30.00%	输入数据	50.00	-1.60%		50.00	1.20%
12				55.00	18.40%		55.00	11.20%
13	保证金贷款利率	8.00%	输入数据	60.00	38.40%		60.00	21.20%
14	持有期（月）	6	输入数据	65.00	58.40%		65.00	31.20%
15				70.00	78.40%		70.00	41.20%
16	投资收益			75.00	98.40%		75.00	51.20%
17	股票资本利得	-$4000.00	B7*(B8-B6)	80.00	118.40%		80.00	61.20%
18	股息	$240.00	B7*B9					
19	保证金贷款利息	$400.00	B5*(B14/12)*B13					
20	净收入	-$4160.00	B17+B18-B19				图例	
21	初始投资	$10000.00	B4				输入数据	
22	投资收益率	-41.60%	B20/B21				计算值	

为什么投资者会用保证金贷款购买证券？当投资者希望购买的证券数额超过自身所能支付的数额时他们会通过保证金贷款来购买，从而可以获得更大的上涨潜能，但也将承受更大的下跌风险。

为了说明这一点，假设某投资者对IBM股票看涨，当前股价为每股100美元。该投资者拥有10 000美元资金，他预期IBM的股价在下一年度将上涨30%。在不考虑股利的条件下，若该投资者投资10 000美元买入100股，其投资收益率将为30%。

但是，现在假设该投资者从经纪人处另外借入10 000美元，也投资于IBM股票，现在总投资额变为20 000美元（200股）。假设保证金贷款的年利率为9%，如果IBM股价至年末将上涨30%，此时投资者的收益率是多少（不考虑股利）？

年末，200 股 IBM 股票的价值为 26 000 美元，偿还保证金贷款的本金和利息共 10 900 美元后，还剩 15 100 美元（即 26 000 美元 - 10 900 美元），那么本例中的投资收益率将为：

$$\frac{15\,100\text{ 美元} - 10\,000\text{ 美元}}{10\,000\text{ 美元}} = 51\%$$

这样，投资者同样进行了 10 000 美元的投资，股价同样上涨 30%，而投资收益率却增至 51%。

这样做也增加了股价下跌时的风险。假设 IBM 的股价不是上涨 30%，而是下跌 30%，即每股变为 70 美元。此时，IBM 的股票价值变为 14 000 美元，偿还 10 900 美元的贷款本金和利息后还剩 3 100 美元，此时的投资收益率是惨不忍睹的，为：

$$\frac{3\,100\text{ 美元} - 10\,000\text{ 美元}}{10\,000\text{ 美元}} = -69\%$$

表 3-4 总结了这几种假设的可能结果。若 IBM 股价保持不变，那么投资者将损失 9%，即贷款成本。

表 3-4 对用保证金购买股票的说明

股价变化	年末股票价值（美元）	本息支付[①]（美元）	投资者收益率（%）
上涨 30%	26 000	10 900	51
不变	20 000	10 900	-9
下跌 30%	14 000	10 900	-69

注：①假设投资者购买了价值 20 000 美元的股票，其中 10 000 美元是借来的，年利率为 9%。

概念检查 3-5

假设在上述保证金贷款的例子中，投资者仅借入 5 000 美元，年利率仍为 9%，若 IBM 股价上涨 30%，投资者的收益率为多少？若下降 30%，收益率为多少？若股价保持不变，收益率又为多少？

3.7 卖空

通常情况下，投资者会先买入股票再把股票卖出，而卖空指令却与之完全相反。在卖空中，投资者先售出股票然后再买入股票。在这两种情况中，投资者在最初和最后都没有持有股票。

卖空（short sale）允许投资者从证券价格下跌中获利。投资者首先从经纪人处借入股票并将其卖出，然后再买入等量相同的股票偿还借入的股票，这个过程叫做平仓空头头寸。表 3-5 比较了股票卖空[⊖]与通常情况下的股票买卖。

卖空者预期股价会下跌，因此他可以以低于最初卖出的价格买入股票。如果卖空者的预期是正确的，那么他将从中获取利润。卖空者不仅要向借出者偿还股票，还要支付卖空期间的所有股利。

表 3-5 股票买卖与股票卖空的现金流

时期	行为	现金流[①]
通常情况下的股票买卖		
0	买入股票	- 股票最初价格
1	收到股利，卖出股票	股利 + 股票最终价格
利润 =（股利 + 股票最终价格）- 股票最初价格		
股票卖空		
0	借入股票并售出	+ 股票最初价格
1	偿还股利，并购入股票来偿还最初借入的股票	-（股利 + 股票最终价格）
利润 = 股票最初价格 -（股利 + 股票最终价格）		

注：①负的现金流代表现金流出。

实际操作中，通常由卖空者的经纪公司向卖空者借出股票，经纪公司以"街名"持有其他投资者的各种股票（即经纪人代表客户以经纪人自己的名义注册持有股票）。股票所有者无须知道股票被出借给卖空者。如果股票所有者希望售出股票，经纪公司从其他投资者处借入股票即可。因此，卖空期间是不确定的。但是，若经纪公司无法找到新的股票填补已售出的股票，卖空者需要立即从市场中买入股票并将其偿还给经纪公司。

最后，交易所还规定卖空的收益必须保留在经纪人的账户中，卖空者不能用这笔资金再进行投资，尽管大型或机构投资者经常会收到由经纪人保管的部分卖空收益。在卖空期间，卖空者还必须向经纪人追加保证金以填补股价上涨带来的损失。

⊖ 裸卖空是传统卖空的一种变形。在裸卖空中，交易者卖出尚未接入的股票，他们假设在交割期限之前可以及时获得股票。尽管裸卖空是被禁止的，但是实施结果却参差不齐，许多公司仍从事裸卖空交易，因为它们相信在交割期限之前它们一定可以顺利获得股票。现在，美国证券交易委员会要求卖空者在参与交易之前必须做好交割准备。

Excel应用：卖空

在线学习中心（www.mhhe.com/bkm）包含了以下电子数据表格模型，该模型是以本书中的Dot Bomb公司股票为例建立的。该模型可用于分析收益、保证金催缴以及各种初始保证金比例和维持保证金比例的影响，该模型还包括最终股价与投资收益的敏感性分析。

	A	B	C	D	E
1					
2			B栏的	期末	投资
3			操作或公式	股价	收益率
4	期初投资	$50000.00	输入数据		60.00%
5	期初股价	$100.00	输入数据	$170.00	-140.00%
6	卖空股票数量	1 000	(B4/B9)/B5	160.00	-120.00%
7	期末股价	$70.00	输入数据	150.00	-100.00%
8	每股股息	$0.00	输入数据	140.00	-80.00%
9	初始保证金比率	50.00%	输入数据	130.00	-60.00%
10	维持保证金比率	30.00%	输入数据	120.00	-40.00%
11				110.00	-20.00%
12	卖空收益率			100.00	0.00%
13	股票的资本利得	$30000.00	B6*(B5-B7)	90.00	20.00%
14	支付股息	$0.00	B8*B6	80.00	40.00%
15	净收入	$30000.00	B13-B14	70.00	60.00%
16	初始投资	$50000.00	B4	60.00	80.00%
17	投资收益率	60.00%	B15/B16	50.00	100.00%
18				40.00	120.00%
19	保证金投资			30.00	140.00%
20	按期末股价计算的保证金比率	114.29%	(B4+(B5*B6)-B14-(B6*B7))/(B6*B7)	20.00	160.00%
21				10.00	180.00%
22	需补缴保证金时的股价	$115.38	(B4+(B5*B6)-B14)/(B6*(1+B10))		
23					LEGEND:
24					Enter data
25					Valuecalculated

【例3-3】 **卖空**

为了说明卖空机制，假设你对Dot Bomb公司的股票看跌，该股票的市价为每股100美元。现在，你要求经纪人卖空1 000股，经纪人会从其他客户的账户中或其他经纪人处借入1 000股。

从卖空中获得的100 000美元的现金流会贷记入你的账户。假设经纪人对卖空的保证金比例要求为50%，这意味着你的账户中必须至少有50 000美元的现金或其他证券作为卖空的保证金。现假设你有价值50 000美元的国库券，则卖空后你的账户将变为：

资产（美元）		负债和所有者权益（美元）	
现金	100 000	Dot Bomb股票的空头头寸（欠1 000股）	100 000
国库券	50 000	权益	50 000

你最初的保证金比例等于权益价值（50 000美元）与你所借入股票的当前价值（100 000美元，这也是你最终必须偿还的价值）之比，即

$$保证金比例 = \frac{权益价值}{所欠股票价值} = \frac{50\,000\text{ 美元}}{100\,000\text{ 美元}} = 0.50 = 50\%$$

假设你最初的预期是正确的，Dot Bomb的股价跌至每股70美元，你就可以轧平你的头寸并获得利润。为了填补借入的股票，你还需要买入1 000股Dot Bomb的股票。由于当前股价为每股70美元，那么你的购买成本仅为70 000美元[⊖]。由于你借入并卖出股票后你的账户被贷记了100 000美元，所以你的利润为30 000美元，正好等于股价的下跌额与卖空股票股数的乘积。

与用保证金贷款购买股票的投资者一样，卖空者必须关注保证金催缴通知。如果股价上涨，账户中的保证金比

⊖ 注意，用保证金贷款购买时，你向经纪人借入的是数额一定的贷款，因此，该贷款的数额与股票价格无关。但是，卖空时你向经纪人借入的是数量一定的股票，因此，当股票价格发生变化时，你需要偿还的金额也在发生变化。

例就会下降，若保证金比例下降到维持保证金比例以下，卖空者便会收到保证金催缴通知。■

【例3-4】 **空头头寸的保证金催缴**

假设经纪人对卖空的维持保证金比例要求为30%，这意味着你账户中的权益价值至少维持在空头头寸的30%。那么 Dot Bomb 的股价上涨到多少时你会收到保证金催缴通知？

假设 P 表示 Dot Bomb 的股价，那么你必须偿还的股票价值便为1 000P，此时，你账户中的权益价值为150 000美元 - 1 000P。空头头寸的保证金比例等于权益价值与股票价值之比 = (150 000美元 - 1 000P)/1 000P，因此，P 的准确值便可以根据下式计算出来：

$$\frac{\text{权益价值}}{\text{所欠股票价值}} = \frac{150\,000 - 1\,000P}{1\,000P} = 0.3$$

通过计算可得，P = 115.38美元，即若 Dot Bomb 的股价涨至115.38美元以上，你便会收到保证金催缴通知，你可以选择向账户中追加现金或购买新的股票偿还借入的股票。■

现在你可以明白为什么止购指令总是伴随着卖空了。假设 Dot Bomb 的股价为每股100美元时你卖空其股票，若股价下降，你会从买空中获利，但若股价上涨，假设涨至每股130美元，你将每股损失30美元。但是假设你在开始实施卖空的同时发出了股价为每股120美元的止购指令，一旦股价超过120美元，止购指令便会被执行，那么你的损失将被限制在每股20美元之内。（若股价下跌，止购指令将不会被执行。）因此，止购指令为卖空者在股价上涨时提供了保护。

概念检查 3-6

a. 若例3-4中 Dot Bomb 的股价涨至每股110美元，编制此时的资产负债表。

b. 若在 Dot Bomb 的例子中空头头寸的维持保证金比例为40%，那么股价上涨到多少时投资者会收到保证金催缴通知？

卖空机制总是周期性受到人们的攻击，尤其是在股价下跌、经济不景气的时候，在过去的几年里从无例外。例如，2008年金融危机后，美国证券交易委员会规定在某一天内股价下跌10%或以上的股票禁止卖空，当该股票的价格超过全美股票市场中该股票的最高买方报价时才可以恢复卖空。专栏3-2详细讨论了关于卖空的争议。

专栏3-2

卖空再次引火上身

尽管没有引起公开的强烈反对，但卖空一直以来饱受争议。在18世纪相当长的一段时间内，英国是禁止卖空的，拿破仑把卖空称为国家的敌人。在美国，人们普遍认为卖空造成了1929年市场的崩溃，而且，在2008年的金融危机中，卖空者被指责引发了贝尔斯登和雷曼兄弟两家投资银行的倒闭。2008年9月，随着其他金融公司股价的大幅下跌，美国证券交易委员会暂时禁止卖空近1 000家金融公司的股票。类似地，英国金融服务管理局（Financial Services Authority，英国的金融监管机构）禁止卖空约30家金融公司的股票。与此同时，澳大利亚也开始禁止卖空。

颁布这些禁止规定的原因是：在很多情况下卖空会给股价带来毫无理由的下跌压力。首先进行卖空的投资者会编造一些导致公司股价下跌的谣言，然后把这些谣言传播出去。然而，当股价确实太高应该下降时，卖空是合法的。不过在2008年年末市场面临巨大压力时，人们普遍认为即使卖空是合法的，监管者也应该尽力支撑受影响的机构。

人们对卖空的敌意或许是由于他们容易混淆坏消息和传播坏消息的人。对于那些经分析认为公司被高估的投资者，卖空使他们可以在自己判断正确时获利。与其说卖空者造成股价下跌，倒不如说他们预期股价下跌，卖空者的行为仅仅是促使市场更快地反映问题公司恶化的发展前景。换句话说，卖空只是把所有信息和观点（既包括乐观的也包括悲观的）都反映在股价中的一个过程。

例如，甚至在世通、安然、泰科等公司进入监管者的视线之前，卖空者已经对这些公司持悲观态度了。事实上，有观点认为不断兴起的卖空行为可以帮助监管者发现那些之前没有发现的舞弊行为。最后说一句，雷曼兄弟和贝尔斯登的倒闭是由于它们与抵押贷款相关的投资所造成的重大损失，而不是由于那些毫无根据的谣言。

学术研究证明了卖空可以促进有效市场定价的猜想。例如，对卖空某一股票的需求越大，该股票的未来收益就会越低，而且，那些采取法律行动或负面宣传威胁卖空者的公司，它们未来的收益尤其更低①。最后证明禁止卖空仅是一种可以理解但完全错误的行为，是一种“斩杀信使”的行为。

①See, for example, C. Jones and O. A. Lamont, “Short Sale Constraints and Stock Returns,” *Journal of Financial Economics*, November 2002, pp. 207-39, or O. A. Lamont, “Go Down Fighting: Short Sellers vs. Firms,” *Yale ICF Working Paper No. 04-20*, July 2004.

3.8 证券市场监管

美国的证券市场交易受到众多法律的制约，其中主要的监管法律包括1933年颁布的《证券法》和1934年颁布的《证券交易法》。1933年的《证券法》要求对新证券发行的相关信息进行充分披露。该法案还对新证券的注册和募股说明书（详细说明公司的财务前景）的发布进行了规定。美国证券交易委员会对募股说明书或财务报告的批准并不能说明该公司的证券是一项好投资，美国证券交易委员会仅关心相关信息是否如实披露，投资者必须自己评估债券的价值。

1934年颁布的《证券交易法》明确规定由证券交易委员会监督执行《证券法》中的相关条款。此外，该法案还扩展了《证券法》中的信息披露原则，要求已在二级市场发行证券的公司定期披露相关财务信息。

《证券交易法》还授权美国证券交易委员会负责证券交易所、场外交易市场、经纪人和交易商的注册和监管。美国证券交易委员会与其他监管机构共同负责对整个证券市场的监管，如商品期货交易委员会（Commodity Futures Trading Commission，CFTC）负责监管期货市场，而美联储全面负责美国金融系统的安全。在这一角色中，美联储对股票和股票期权制定了保证金要求，并对银行向证券市场参与者贷款作了相关规定。

1970年颁布的《证券投资者保护法》明确规定证券投资者保护公司（Securities Investor Protection Corporation，SIPC）要保护投资者避免在其经纪人公司破产时遭受损失。就像联邦存款保险公司为储户提供联邦保护以避免其在银行破产时遭受损失一样，证券投资者保护公司保证投资者在其经纪公司破产时，可以收回其在经纪公司账户中以“街名”持有的证券，每个客户可收回的最高限额为500 000美元。证券投资者保护公司通过向其经纪公司会员收取“保险费”来筹集运行资金。

除联邦监管之外，证券交易还要遵守所在州的法律，这些由各州制定的关于证券交易的法律被统称为蓝天法（blue sky laws），因为这些法律的目的是让投资者对投资前景有一个清楚的认识。禁止证券交易中欺诈行为的州法案在1933年的《证券法》制定之前就已存在。随着1956年颁布的《统一证券法》的部分规定被大多数州采用，那些互不相同的州法案也开始趋于一致。

随着2008年金融危机的爆发，相关机构和人员开始重新审视监管框架。作为审查金融产品的过度风险和公正性的新机构，美联储的权力很可能会被延伸。但是现在，国会仍在激烈地讨论某些改革提议，众议院和参议院最终所能达成的改革方案充满着不确定性。

3.8.1 自律

除政府监管外，证券市场中还存在着许多行业自律机构。其中，最主要的自律机构是金融行业监管局（Financial Industry Regulatory Authority，FINRA），它是美国最大的监管证券公司的非政府监管机构。金融行业监管局成立于2007年，由全美证券交易商协会与纽约证券交易所的自律部门合并形成，其主要任务是保护投资者和维护市场公正，包括检查证券公司，制定并实施证券交易方面的规定，为投资者和注册公司管理争议解决论坛。

除交易所的自律监管外，投资专业人员协会也具有自律约束的职能。例如，注册金融分析师协会制定了专业人员的行为准则以规范具有注册金融分析师资格的从业人员的行为。专栏3-3对这些准则进行了简要概述。

专栏3-3

摘自注册金融分析师协会的执业行为准则

1. 职业操守

- 法律知识。会员必须理解、掌握并遵守所有适用的法律、法规和规章，包括注册金融分析师协会道德规范和职业行为标准。
- 独立性和客观性。会员进行执业活动时必须保持独立性和客观性。
- 曲解。会员不得有意曲解分析、建议、行动和其他专业活动。

2. 资本市场的公正性

- 非公开信息。会员不得利用非公开的重要信息。
- 市场操纵。会员不得试图歪曲价格和交易量来误导市场参与者。

3. 对客户的责任

- 诚实、审慎和谨慎。会员必须保持合理的谨慎，将客户的利益置于自身利益之上。
- 公平交易。会员在做出投资建议或进行投资活动时，必须公正、客观地与客户交易。
- 适当性。会员在做出投资建议之前，必须适当地询问客户的财务状况、投资经历和投资目标。
- 业绩陈述。会员要力图保证投资业绩的陈述公正、准确和完整。
- 保密。未经客户允许，会员不得公开客户信息。

4. 对雇主的责任

- 忠诚。会员必须以雇主利益为前提行事。
- 薪酬。会员在获得各方书面同意之前，不得接受来自其他方可能导致与雇主利益产生冲突的薪酬。
- 监督。会员必须监督并阻止在其监督范围内的违法违规行为。

5. 投资分析与建议

- 勤勉。会员必须保持勤勉的态度，在进行投资分析或提出投资建议时必须有充分的依据。
- 沟通。会员在分析报告中必须区分事实和观点，且必须披露投资分析过程的一般原则。

6. 利益冲突

- 冲突的披露。会员必须披露可能损害其客观性或妨碍他们履行其他职责的所有事项。
- 交易优先。为客户和雇主的交易优先于为会员利益而从事的交易。

7. 注册金融分析师协会会员的责任

- 行为。会员不得从事任何危害注册金融分析师协会或注册金融分析师制定机构的声誉或公正性的行为。

资料来源：Summary of *the Code of Ethics and Standards of Professional Conduct* of the CFA Institute. Copyright 2005，CFA Institute. Reproduced with permission from the CFA Institute. All rights reserved. www. cfainstitute. org/centre/codes/ethics.

3.8.2 萨班斯－奥克斯利法案

2000～2002年的丑闻主要集中于三个方面：首次公开发行股票的配售，向公众提供不实的证券分析报告和投资建议，以及提供带有误导性的财务报表和会计惯例（这一点可能是最重要的）。针对这些问题，美国国会于2002年颁布了《萨班斯－奥克斯利法案》，该法案的主要改革内容如下：

- 成立一个上市公司会计监管委员会以监督上市公司的审计。
- 公司董事会的审计委员会中必须包含独立的财务专家。
- 首席执行官和首席财务官必须亲自保证其披露的财务报表在所有重大方面真实反映了公司的经营成果和财务状况。若这些财务报表具有误导性，他们个人将受到处罚。遵守公认会计准则固然重要，但这在会计实务中是远远不够的。
- 审计师不再为客户提供除审计外的服务，以避免从咨询服务中获取利益影响审计的质量。
- 董事会中必须包含独立董事，必须定期召开管理层不参加的董事会会议（这样可以避免管理层妨碍或影响讨论）。

近来，对《萨班斯－奥克斯利法案》有很大的抵触情绪。许多观察者发现服从该法案的成本过于繁重，尤其是对于小公司而言，而且，该法案过于苛刻的监管制度使在国外上市的证券比在美国上市的证券更有优势。此外，随着全球化进展的加快和资金跨国流动监管的放松，单一国家法规的有效性正在接受检验。

3.8.3 内幕交易

禁止内幕交易也是监管的重要内容之一。任何利用**内幕信息**（inside information）进行证券交易的行为都是违法的，内幕信息是指由高管人员、董事或大股东掌握的还未向公众披露的信息。但对内部人的定义却很模糊，例如，首席财务官显然是内部人，但公司最大的供应商是否属于内部人却很难确定。供应商可以从订单数量的大幅变化上来推断公司的近期前景，这使供应商可以获得一些特定的内幕信息，即便是这样，从技术上讲供应商仍不能算是内部人。这种模糊不清的定义使证券分析师非常烦恼，因为他们的工作就是尽可能挖掘有关公司未来发展前景的信息。合法内幕信息和非法内幕信息之间的界限往往非常模糊。

证券交易委员会要求高管人员、董事和大股东报告他们交易自己所属公司股票的所有情况。证券交易委员会的证券交易与持股情况官方汇总报告（*Official Summary of Securities Transactions and Holdings*）每月都会出版《内幕交易概要》，目的是向公众披露内部人员对公司前景乐观或悲观的暗示。

内部人员确实会利用他们所掌握的信息，以下三大证据都将支持这一结论。第一，人们普遍相信内幕交易的存在。

第二，大量证据证明，那些对投资者有用的信息在向公众披露之前就已经泄露给某些交易者了。例如，宣告增加股利发放（市场认为这是关于公司前景的好消息）的公司，其股价通常在公告宣告之前几天就开始上涨。显然，某些投资者在好消息公布之前就已经利用这些消息炒作股票了。但是有时在利好公布当天股价仍会明显上涨，这说明内部人员和其同伙没有把股价抬升到与利好消息相对应的水平。

第三个证据与内部人员所获得的收益有关。研究人员曾仔细分析证券交易委员会发布的《内部交易概要》以评价内部人员交易的业绩。这些研究中最著名的是Jaffee[⊖]所做的关于内部人员交易后几个月内的异常收益研究，他发现当买入股票的内部人员超过卖出股票的内部人员3倍或更多时，在接下来的8个月内股票的异常收益率约为5%，而且，当卖出股票的内部人员超过买入股票的内部人员时，股票的市场表现将会很差。

小 结

1. 公司通过发行证券来为其投资项目筹集所需资金，投资银行在一级市场把这些证券销售给公众。投资银行通常扮演了承销商的角色，它们从公司买入证券，又溢价销售给公众。在将证券销售给公众之前，公司必须发布一份经证券交易委员会批准的募股说明书，披露有关公司前景的信息。
2. 已发行的证券在二级市场进行交易，二级市场主要包括有组织的证券交易所、场外交易市场，对大宗交易而言，还要通过直接谈判。只有持有交易所许可证的经纪公司才能在交易所内进行交易，这些经纪公司向个人投资者提供服务，代替他们执行交易以收取佣金。
3. 交易既可以在交易商市场进行，也可以通过电子通信网络或在专家做市商市场进行。在交易商市场上，证券交易商报出其期望的买卖价格，个人投资者的经纪人以最优报价执行交易。在电子市场上，已有的最新成交簿提供了交易执行的条件，管理整个市场运行的计算机系统将自动撮合相匹配的买卖指令。在专家做市商市场，专家做市商通过保持价格的连续性来维持市场的有序。专家做市商管理最新成交簿，但也从自己的股票存货中进行买卖，因此，专家做市商市场的流动性既来自于最新成交簿，又来自于专家做市商的股票存货。
4. 纳斯达克是典型的交易商市场，交易商通过直接谈判来达成交易。纽约证券交易所是典型的专家做市商市场。但是近年来，这些市场都加强了其电子自动交易的功能，现在，大多数交易是通过电子网络自动执行的。
5. 交易成本包括显性的经纪人佣金和隐性的买卖价差。目前市场中关于总交易成本这个问题争论不休，纽约证券交易所认为若考虑交易质量，它是成本最低的交易场所。
6. 用保证金贷款购买是指通过向经纪人借款，从而可以购买比用自有资金所能购买的更多的证券。用保证金贷款购买时，投资者既提高了其在股价上涨时的获利能力，也加大了其在股价下跌时的损失风险。如果保证金账户中的权益下降到规定的维持水平以下，投资者就会受到来自经纪人的保证金催缴通知。
7. 卖空是指投资者卖出其并不拥有的证券。卖空者从经纪人处借入股票并卖出，但随时都可能被要求平仓空头头寸。卖空的现金所得需由经纪人保管，经纪人通常会要求卖空者存入额外的现金或证券作为保证金（即抵押品）。
8. 证券交易由证券交易委员会和其他政府机构监管，除此之外还有交易所的自我监管。许多重要的监管法规都与证券相关信息的完整披露有关。内幕交易法规禁止交易者利用内幕信息获取利益。

⊖ Jeffrey E. Jaffee, "Special Information and Insider Trading," *Journal of Business* 47 (July 1974).

习 题

基础题

1. 分别致电一个综合服务经纪人和一个折扣经纪人，询问执行下列交易的交易成本：
   a. 现在买入100股IBM的股票，并在6个月后卖出
   b. 买入100份6个月期的IBM股票的平价看涨期权，并在6个月后卖出
2. 谁设定场外交易市场中的买方报价和卖方报价？你认为是交易活跃的股票的买卖价差大还是交易不活跃的股票的买卖价差大？
3. 假设你卖空100股IBM的股票，其当前价格为每股120美元。
   a. 你可能遭受的最大损失是多少？
   b. 假如卖空时你同时设定了128美元的止购指令，你的最大损失又将是多少？
4. 市场委托指令具有______。
   a. 价格的不确定性，执行的确定性
   b. 价格和执行的均不确定性
   c. 执行的不确定性，价格的确定性
5. 在发展中国家，流动性差的证券最可能在什么市场中交易？
   a. 经纪人市场
   b. 电子通信网络
   c. 电子限价指令市场

中级题

6. 投资者Dee开设了一个经纪人账户，以每股40美元购买了300股Internet Dreams的股票，为支付购买价款，她向经纪人借款4 000美元，贷款利率为8%。
   a. Dee首次购买股票时，其账户中的保证金是多少？
   b. 若年末时股价跌至每股30美元，Dee账户中的剩余保证金是多少？若维持保证金比例是30%，她会收到保证金催缴通知吗？
   c. 她的投资收益率是多少？
7. 投资者Old Economy开设了一个账户，卖空了1 000股Internet Dreams的股票，最初的保证金比例是50%（保证金账户没有利息）。一年后，Internet Dreams的股价从每股40美元涨至每股50美元，且该股票已支付了每股2美元的股利。
   a. 账户中的剩余保证金是多少？
   b. 若维持保证金比例要求是30%，Old Economy会收到保证金催缴通知吗？
   c. 其投资收益率是多少？
8. 表3-6是专家做市商的最新成交簿，该股票上笔交易的成交价格是每股50美元。

表 3-6

限价买入指令		限价卖出指令	
报价（美元）	股票数量	报价（美元）	股票数量
49.75	500	50.25	100
49.50	800	51.50	100
49.25	500	54.75	300
49.00	200	58.25	100
48.50	600		

   a. 若买入100股的市场委托指令出现，执行价格将是多少？
   b. 下一条市场委托买入指令将以何种价格执行？
   c. 如果你是专家做市商，你会增加还是减少自己的股票存货？
9. 你对Telecom的股票看涨，其当前市价是每股50美元，你自己有5 000美元可进行投资，此外你又从经纪人处借入5 000美元，年利率为8%。你将这10 000美元全部投资该股票。
   a. 若Telecom的股价在下一年内上涨10%，你的投资收益率将是多少（不考虑股利）？
   b. 若维持保证金比例为30%，Telecom的股价跌至多少时你会收到保证金催缴通知？假设股价是瞬间变化。
10. 你对Telecom的股票看跌，其当前市价是每股50美元，你决定卖空100股。
   a. 若经纪人的维持保证金比例要求是空头头寸的50%，你必须在你的经纪人账户中存入多少现金或证券？
   b. 若经纪人的维持保证金比例要求是空头头寸的30%，股价涨到多少时你会收到保证金催缴通知？
11. 假设英特尔股票的当前价格为每股40美元，你买入500股，其中15 000美元为你的自有资金，剩下的向经纪人借入，贷款利率为8%。
   a. 若英特尔的股价瞬间变为：①44美元；②40美元；③36美元，你的经纪人账户中权益的变动百分比是多少？你的投资收益率与股价变化率之间的关系是什么？
   b. 若维持保证金比例25%，股价跌至多少时你会收到保证金催缴通知？
   c. 若你最初买入股票时自有资金仅为10 000美元，问题b的答案将如何变化？
   d. 若一年后英特尔的股价变为：①44美元；②40美元；③36美元，你的投资收益率分别为多少（假设你最初投资的自有资金为15 000美元）？你的投资收益率与股价变化率之间的关系是什么？
   e. 假设一年已经过去，股价跌至多少时你会收到保证金催缴通知？

12. 假设你卖空500股英特尔公司的股票，其当前市价为每股40美元，你向经纪人支付15 000美元来建立你的保证金账户。
   a. 假设保证金账户没有利息，若一年后英特尔的股价变为：①44美元；②40美元；③36美元，你的投资收益率分别为多少（不考虑股利）？
   b. 若维持保证金比例为25%，股价涨至多少时你会收到保证金催缴通知？
   c. 假设英特尔公司支付每股1美元的年终股利，重新计算问题a和问题b。其中，问题a中的股价不包含股利。
13. 下面是Marriott股票价格的部分信息：

	买方报价（美元）	卖方报价（美元）
Marriott	19.95	20.05

   你已发出一条20美元的止损指令，这意味着你在向经纪人传达什么意思？考虑到当前的市场价格。你的指令会被执行吗？
14. 下面是Fincorp股票价格的部分信息，假设该股票在交易商市场进行交易。

买方报价（美元）	卖方报价（美元）
55.25	55.50

   a. 假设你已向经纪人发出一条市场委托买入指令，该指令的执行价格将是多少？
   b. 假设你已向经纪人发出一条市场委托卖出指令，该指令的执行价格将是多少？
   c. 假设你已向经纪人发出一条55.62美元的限价买入指令，将会发生什么？
   d. 假设你已向经纪人发出一条55.37美元的限价卖出指令，将会发生什么？
15. 假设Fincorp股票在交易所市场进行交易，如纽约证券交易所，重新思考上述问题。
   a. 问题a中的市场委托买入指令可能以低于55.50美元的价格执行吗？问题b中的市场委托卖出指令可能以高于55.25美元的价格执行吗？
   b. 问题d中的限价买入指令可能以55.37美元的价格立即执行吗？
16. 你以保证金贷款的形式借入20 000美元购买迪士尼公司的股票，该股票的当前市价为每股40美元，账户的初始保证金比例要求为50%，维持保证金比例要求为35%，两天后该股票的价格跌至每股35美元。
   a. 此时你会收到保证金催缴通知吗？
   b. 股价下跌至多少时，你会收到保证金催缴通知？
17. 1月1日，你以每股21美元卖空一手（即100股）Lowes公司的股票。2月1日，收到每股2美元的股利支付。4月1日，你以每股15美元的价格买入股票填补卖空的股票。每笔交易你都要支付每股50美分的佣金。4月1日，你账户的价值是多少？

CFA考题

1. FBN公司刚刚首次公开发行了100 000股股票，支付给承销商的显性费用为70 000美元，首次公开发行价格为每股50美元，但发行后立即涨至每股53美元。
   a. 你认为FBN公司这次首次公开发行的总成本是多少？
   b. 承销的总成本是承销商的利润来源之一吗？
2. 某股票的当前市价为每股62美元，你发出一条以每股55美元卖出100股该股票的止损指令，若股价跌至每股50美元，每股你将收到多少钱？
   a. 50美元　　b. 55美元
   c. 54.87美元　　d. 根据已知信息无法判断
3. 纽约证券交易所的专家做市商不包括下列哪一项？
   a. 作为自己账户的交易商　　b. 执行限价指令
   c. 向市场提供流动性　　d. 作为交易商

在线投资练习

股票市场的上市标准

每家交易所都规定了不同的股票上市条件，如纽约证券交易所把其规定的这些条件称为“上市标准”（Listing Standards），纳斯达克称为“上市资格”（Listing Qualifications）。这两大市场的上市条件可在其网站上查到，网址为www.nyse.com和www.nasdaq.com。查看这两大市场规定的公司证券上市交易的条件。此外，纽约证券交易所还规定了“继续上市标准”（Continued Listing Standards），这些标准是什么？使用纽约证券交易所或纳斯达克的证券搜索引擎，找出不符合纽约证券交易所规定的“继续上市标准”的公司。什么情况下股票将从纽约证券交易所退市？什么情况下股票又可以重新上市？

概念检查答案

3-1 引入限时暂搁注册的原因是其节约的成本超过了非即时披露的劣势，但若不对暂搁注册进行时间限制，则违背了蓝天法中对信息披露的相关规定，因为公司的财务状况会不断变化。

3-2 a. 二手车可在交易商市场（二手车市场或汽车特约经销商）交易；当个人在当地报纸或网站登广告时，

二手车是在直接搜寻市场进行交易。

b. 当客户委托经纪人代为买卖油画时，油画是在经纪人市场进行交易；美术画廊中的油画属于在交易商市场进行交易；油画还可以在拍卖市场进行交易。

c. 稀有货币主要是在货币商店进行交易，这属于交易商市场；但当刊登希望买卖稀有货币的广告时，稀有货币是在直接搜寻市场进行交易；稀有货币还可以在拍卖市场进行交易。

3-3 a. 你应向经纪人发送一条市场委托指令，该指令可以被立即执行，而且市场委托指令的经纪人佣金最低。

b. 你应向经纪人发送一条限价买入指令，只有当股价上涨5%后该指令才会被执行。

c. 你应向经纪人发送一条止损指令，当股价下跌时该指令将会被执行，为避免大额损失，设定的限价应接近当前市价。

3-4 $\frac{100P-4\,000\text{ 美元}}{100P}=0.4$，得 $P=66.67$ 美元/股。

3-5 若投资者购买150股股票，其收益率如表3-7所示。

表 3-7

年末价格变化（%）	年末股票价值（美元）	偿还本息（美元）	投资收益率（%）
30	19 500	5 450	40.5
无变化	15 000	5 450	-4.5
-30	10 500	5 450	-49.5

3-6. a. 当 Dot Bomb 的股价涨至每股110美元时，你的资产负债表将变为：

资产（美元）		负债和所有者权益（美元）	
现金	100 000	Dot Bomb 股票的空头头寸	110 000
国库券	50 000	权益	40 000

b. $\frac{150\,000\text{ 美元}-1\,000P}{1\,000P}=0.4$，得 $P=107.14$ 美元/股。

CHAPTER4

第4章 共同基金与其他投资公司

前3章介绍了证券交易的机制及证券交易市场的结构。但是，在成熟的市场，个人投资者通常不会直接开立账户交易证券，而是会把资金交给证券投资公司，由它们代为管理证券。其中最重要的金融中介是开放型投资公司，更通俗地说是共同基金。本章我们将着重介绍共同基金，也会简单涉及其他类型的投资公司，如单位投资信托、对冲基金和封闭式基金。本章将首先描述并比较各种已有的投资公司，然后考察共同基金的功能、投资类型和投资策略，以及这些基金的投资成本。接下来我们简单看一看这些基金的投资业绩。我们需要考虑它们的管理费和换手率对净业绩的影响并考察跨时段投资业绩的持续性。也就是说如果共同基金过去的业绩骄人，那么它未来也会是业绩佼佼者吗？最后，本章还将讨论有关共同基金的信息来源问题，并详细介绍包罗万象的信息指南——晨星公司的《共同基金资料手册》提供的信息。

4.1 投资公司

投资公司（investment company）是一种金融中介，它从个人投资者手中汇集资金再将其广泛投资于各种有潜力的证券或其他资产。隐藏在投资公司背后的关键理念是汇集资产。对于投资公司设立的资产组合，每位投资者都有与其投资数额成比例的索偿权。这样，这些投资公司就为小投资者们联合协作获取大规模投资所得的利益提供了一种机制。

对投资者来说，投资公司发挥着以下几种重要功能：

（1）记账与管理。投资公司定期发布工作进度报告，记录资本利得分配情况、股利、投资及偿债情况，并可能将股东的股利及利息收入进行再投资。

（2）分散化与可分割性。通过聚集资金，投资公司使每个投资者持有许多不同证券的份额。这样它们就可以像大投资家那样行事，而这是任何单个股东所做不到的。

(3) 专业化管理。投资公司中有全职的证券分析家和资产组合管理专家，正是他们在努力地工作，为投资者获取丰厚的投资收益。

(4) 较低的交易成本。由于是以大宗交易的方式进行证券买卖，投资公司可以节约大量的经纪人费用与佣金。

把个人投资者的资产都汇集在一起的同时，投资公司也需要分配投资者对这些资产的所有权。投资者购买投资公司的股份，其所有权与购买股份的数量成比例。每一股份的价值被称为**资产净值**（net asset value，NAV）。资产净值等于资产减负债再除以发行在外的股份数量。

资产净值 =（资产市值 - 负债）/发行在外的股份数量

【例 4-1】 **资产净值**

考察一个管理着价值 1.2 亿美元证券资产组合的共同基金。假设该基金欠投资顾问费 400 万美元，欠租金、应发工资及杂费 100 万美元。该基金发行在外的股份为 500 万股，则

资产净值 =（12 000 万美元 - 500 万美元）/500 万股 = 23 美元/股 ■

概念检查 4-1

分析先锋全球股票基金 2009 年 3 月资产负债表的数据。该基金的资产净值是多少？

资产	3 035.74 万美元
负债	83.08 万美元
股份	281.69 万股

4.2 投资公司的类型

在美国，1940 年的《投资公司法》将投资公司分成单位投资信托与投资管理公司两类。单位投资信托的资产组合基本是固定的，因而被称为“无管理”的投资。而管理投资公司之所以这样命名，是因为它们所投资的资产组合中的证券被不断地买卖：投资组合是受管理的。受管理的投资公司还可以进一步分为开放型和封闭型。开放型公司就是我们通常所说的共同基金。

4.2.1 单位投资信托

在基金存续期间，**单位投资信托**（unit investment trust）的资金都投资在一个固定的投资组合中。为了成立一个单位投资信托，信托的发起人（通常为某家经纪公司）会购买一个证券资产组合并将其存入信托中。之后，单位信托销售信托中的基金份额或“单位”，这些份额或单位被称为可赎回的信托凭证。投资组合中所有的本金和收入都由基金的受托人（银行或信托公司）支付给基金持有人。

单位投资信托不需要很多的积极管理活动，一旦成立，它的资产组合的构成是固定不变的。所以这些信托被称为无管理的基金。单位信托往往投资于相对单一的资产类型，例如一个信托可能投资于市政债券，而另一个则可能投资于公司债券。投资组合的单一性与无须积极的管理是密切相关的。单位信托为投资者提供了一个购买资产组合中某一系列特定类型资产的工具。

单位投资信托的发起人以标的资产的成本加溢价的价格出售股份获得收益。例如，一家信托购买了 500 万美元的资产，按每股 1 030 美元的价格公开出售 5 000 股（假设该信托没有负债）。这意味着单位信托所持有的证券的资产净值有 3% 的溢价，这个 3% 的溢价就是受托人设立该单位信托的收入。

希望变现所持有的单位投资信托股份的投资者可以按照资产净值将股份卖回给受托人。受托人要么出售资产组合中的证券获得必要的现金支付给投资者，要么将股份出售给新的投资者（仍然以资产净值加一个小的溢价出售）。

4.2.2 投资管理公司

投资管理公司分为两种类型：开放式与封闭式。这两种公司的董事会都由股东选举产生，并聘用一家管理公司对资产组合进行管理，管理公司的年费为全部资产的 0.2% ~ 1.5%。在许多情况下，管理公司就是组织基金的那家

公司。例如，富达管理与研究公司就是许多富达共同基金的发起人，负责管理基金的资产组合，确定每个富达基金的管理费用。在其他情况下，共同基金会聘用一位外部的资产组合管理人。例如，先锋公司聘用了韦林顿管理公司担任它的韦林顿基金的投资顾问。多数管理公司都签约管理数家基金。

开放式基金（open-end fund）可以随时以资产净值赎回或发行基金股份（虽然购买与赎回都发生销售费用）。当开放式基金的投资者想要变现基金份额时，他们就以资产净值把股份再卖回给基金。相反，**封闭式基金**（close-end fund）不能赎回或发行股份，封闭式基金的投资者想要变现的话，必须将股份出售给其他投资者。封闭式基金的股份在有组织的交易所里交易，可以像其他普通股票一样通过经纪人进行买卖，因此它的价格也就与资产净值不一样了。在 2009 年年初，大约有 1 880 亿美元的资产在封闭式基金中交易。

图 4-1 是一个封闭式基金的列表。第一栏是基金的名称和代号。接下来的两栏是基金最近的资产净值和收盘价。之后一栏的折价和溢价是价格与资产净值差异的百分比。注意到折价发行（用负数表示）的基金比较多。最后一栏是基于股份价格变化百分比加上股利收益的 52 周收益。

基金名称和代号	资产净值	收盘价	折价和溢价（%）	基于股份价格变化百分比加上股利收益的52周收益（%）
Gabelli Div & Inc Tr(GDV)	14.91	12.27	−17.71	44.02
Gabelli Equity Trust(GAB)	4.85	4.93	1.65	51.94
General Amer Investors(GAM)	26.85	23.24	−13.45	38.78
J Hancock Tx-Adv Div Inc (HTD)	13.13	11.90	−9.37	46.27
Liberty All-Star Equity(USA)	5.08	4.13	−18.70	39.33
Liberty All-Star Growth (ASG)	3.77	3.13	−16.98	31.96
Nuveen Core Equity Alpha(JCE)	12.71	10.96	−13.77	26.84
Nuveen Tx-Adv TR Strat(JTA)	11.41	10.01	−12.27	53.94

图 4-1　封闭式基金

资料来源：Data compiled from *The Wall Street Journal Online*，October 30，2009.

通常情况下，股份价格与资产净值偏差幅度较大，这仍然是一个尚未完全解开的谜。为了解释为什么这是个难题，我们考察某一按资产净值折价出售的封闭式基金。如果该基金要卖掉其资产组合中的所有资产，其所得收益将与资产净值相同。基金市值与资产净值之间的差异代表基金投资者每股财富的增长，而且，基金的溢价和折价随着时间的推移会逐渐消失，所以折价销售的基金会因为折价的逐渐缩减而获得更多的回报率。Pontiff 估计，一只折价 20% 的基金，其期望年回报率比按资产净值㊀出售的基金多 6% 以上。

有趣的是，尽管许多封闭式基金按资产净值折价出售，但是初次发行的基金的价格通常高于资产净值。既然这些基金股份在发行后不久就会打折销售，为什么投资者愿意购买新发行的溢价的基金？这是一个更难解的谜。

与封闭式基金相比，开放式基金的价格不能降至资产净值以下，因为这些基金的股份随时准备以资产净值的价格被赎回。当然，如果该基金有**手续费**（load）时，其报价就会超过资产净值。这个手续费实际上是销售费用。这种收取手续费的基金由证券经纪人或直接由共同基金集团出售。

与封闭式基金不同，开放式的共同基金不在有组织的交易所中交易。相反，投资者仅仅通过投资公司以资产净值购买与变现其股份。因此，这些基金发行在外的股份数量每天都在发生变化。

4.2.3　其他投资机构

有一些中介，它们不像投资公司那样具有正式的组织或规范化的管理，然而它们的服务功能却与投资公司相似。其中三个较重要的机构为综合基金、不动产投资信托和对冲基金。

综合基金　综合基金是汇集投资者资金的合伙制企业。由管理公司如银行或保险公司来组织、管理这个合伙制企业，并收取管理费用。综合基金的典型合伙人为信托或退休账户，它们的资产组合比大多数个人投资者的大得多，但如果单独管理，资产组合的规模仍然偏小。

综合基金在形式上与开放式共同基金相似。但是综合基金发行基金单位而不是基金股份，这些基金单位以资产

㊀ Jeffrey Pontiff，"Costly Arbitrage：Evidence from Closed-End Funds，" *Quarterly Journal of Economics* 111（November 1996），pp. 1135-51.

净值进行交易。银行或保险公司可以提供大量不同的综合基金，例如，货币市场基金、债券基金和普通股基金。

不动产投资信托 不动产投资信托与封闭式基金相似。不动产投资信托投资于不动产或有不动产担保的贷款。除发行股份以外，它们通过银行借款、发行债券或抵押来筹集资金。它们中多数运用很高的财务杠杆，通常情况下的负债率达70%。

不动产投资信托有两个基本类型。产权信托直接投资于不动产，而抵押信托则主要投资于抵押与工程贷款。不动产投资信托通常由银行、保险公司或抵押公司设立，这些机构像投资公司那样提供服务并收取费用。

对冲基金 对冲基金（hedge fund）和共同基金一样，汇集私人投资者的资产并由基金管理公司负责投资。但是，对冲基金通常以私人合伙人的形式存在，也几乎不受证监会监管。它们一般只对富有的投资者和机构投资者开放。许多对冲基金要求投资者同意一开始就锁定，也就是说，在长达几年的投资期中，投资者不能收回投资。锁定允许对冲基金投资于流动性不强的资产而无须考虑满足基金赎回的要求。此外，由于所受监管很松，对冲基金的管理者可以使用一些共同基金管理人通常不能使用的投资策略，比如大量使用衍生工具、卖空交易和财务杠杆。

对冲基金能够投资于范围广泛的投资产品。各种各样的基金投资于衍生工具、处于财务困境中的企业、货币投机、可转换债券、新兴市场、并购套利，等等。当觉察到投资机会转变时，有些基金会从一类资产转向其他资产。

在过去的几年中，对冲基金增长速度很快。1990年时受管理的基金为500亿美元左右，到2008年中期时就快速增长为2万亿美元。除此之外，有1.4万亿美元的基金遭遇到始于2008年中期的信用危机。

4.3 共同基金

开放式投资公司通常被称为共同基金，共同基金是当今投资公司的主要形式，其资产约占投资公司资产总额的90%。在2002年年底，共同基金行业所管理的资产价值大约有6.4万亿美元。鉴于共同基金最近的突出表现，我们将用第26章整章来介绍这些基金。

4.3.1 投资策略

每一个共同基金都有其独特的投资策略，并记载在基金的筹资说明书中。例如，货币市场共同基金持有短期的、低风险的货币市场工具（参阅第2章，复习一下这些证券的内容），而债券型基金持有固定收益证券。一些基金规定的投资范围更为狭窄。例如，一些债券基金主要持有国库券，另一些则主要持有抵押支持证券。

管理公司管理着一个共同基金家族或共同基金的“综合体”。它们组织起一个基金集合，然后收取运作基金的管理费。通过对整个基金集合进行统一管理，这些公司能够很容易地为投资者在各个行业配置资产，在不同基金间转换资产。同时也从集中记账中获得好处。最著名的管理公司有富达公司、先锋公司、帕特南公司及德莱弗斯公司。每一家都提供一系列具有不同投资策略的开放式共同基金。2009年年初美国有近8 000家共同基金，它们是由不到700个基金“综合体”发起的。

根据投资策略的不同，基金通常可以分成以下几种类型。

货币市场基金 货币市场基金投资于货币市场证券，如商业票据、回购协议或者大额可转让存单。其平均期限往往也就一个多月。货币市场基金通常提供支票簿提领功能，而且资产净值固定为每股1美元[⊖]，因此股份赎回时的资本利得或损失都无须交税。

股权基金 股权基金主要投资于股票，资产组合管理人出于谨慎也可能持有固定收益证券或其他类型的证券。基金通常将4%～5%的总资产投资于货币市场证券以满足潜在的份额赎回时的流动性需求。

传统上，我们根据股权基金对资本增值和当前收入偏好的不同来对其进行分类。收入型基金倾向于持有持续高股利派送的公司股票。成长型基金愿意舍弃当前收入，关注未来的资本利得。虽然这种基金分类方式依据的是收入和资本利得，但实际上，值得注意的更大区别在于这些基金所承担的风险。成长型股票和成长型基金通常有更大的

⊖ 第2章注释说货币市场基金资产净值之所以维持在1美元，是因为它们投资于短期高质量低价格风险的债券。基金损失巨大从而使资产净值低于1美元的情况极少发生。但是，2008年9月，因为持有雷曼兄弟的商业票据而遭受重大损失的美国货币市场基金（美国最古老的货币市场基金）的资产净值跌破1美元，跌到0.97美元。

风险，当经济状况发生变化时，它们的价格反应比收入基金要大得多。

行业基金　一些股权基金，被称为行业基金，它们专门投资于某个特定行业。例如，富达公司运作着数十个“选择基金”，每一个基金都投资于一个特定行业，如生物技术、公共事业、贵重金属或通信业。另外有一些基金专门投资于某些国家的证券。

债券基金　顾名思义，债券基金专门投资于固定收益债券。然而，这一市场还给进一步细分留有很大余地。例如，各种基金可以选择专门投资于公司债券、国库券、抵押证券或市政（免税）债券。当然，有些市政债券基金只投资于某个特定州（甚至于某个特定城市）的债券，目的是满足该州居民避免缴纳地方及联邦债券利息税的愿望。许多基金也按到期日进行分类，分为短期、中期、长期，也有根据发行者信用等级分类，分为很安全、高收入或垃圾债券。

国际基金　许多基金致力于国际市场。全球基金在全球范围内投资。相反，国际基金投资于美国之外公司的证券。区域性基金投资于世界某一特定区域。而新兴市场基金则投资于发展中国家的公司。

平衡型基金　一些基金被设计成备选对象，供个人投资者投资整个资产组合时选择使用。这些平衡型基金以相对稳定的比例持有权益和固定收益两类证券。生命周期基金属于平衡型基金，其资产组合涵盖了从激进型（主要面向年轻投资者）到保守型（主要针对年长的投资者）的各类证券。固定资产配置型生命周期基金的股票和债券比例稳定不变，而目标期限基金会随着投资者年龄的增长将投资逐渐转向保守型资产。

资产灵活配置型基金　资产灵活配置型基金与平衡型基金相似，都包含股票和债券。可是，资产灵活配置型基金可能会根据资产组合管理人对每一个板块相对业绩的预测而显著改变基金在每一个市场的配置比例。因此，这些基金强调市场时机的选择，不是低风险投资工具类。

指数基金　指数基金试图跟踪某个广泛市场指数的业绩。这种基金购买某个指数中的证券，所购的份额与该证券在指数中所占比例相一致。例如，先锋 500 指数共同基金，就复制了标准普尔 500 股票价格指数的构成。因为标准普尔 500 是一个市值加权指数，所以基金所购买的每一家标准普尔 500 指数样本公司的股票数量（市值加权指数）都与那家公司现有股权的市场价值成比例。投资于指数基金对于采用消极投资策略（不进行证券分析的投资策略）的投资者来说是一种低成本的方式。当然，指数基金也可以投资于非股权指数，例如，先锋公司就提供一种债券指数基金和一种不动产指数基金。

表 4-1 描述了不同投资方向共同基金的数量。有时，从基金的名字可以看出它的投资策略。例如，先锋公司的政府国民抵押协会基金投资于抵押支持证券；市政中期基金（MuInt）投资于中期市政债券；高收益公司债券基金（HYCor）大部分投资于投机性或“垃圾”债券等高收益证券。但是，普通股票基金的名字极少或不能反映出自身的投资策略。例如先锋公司的温莎基金和韦林顿基金。

表 4-1　美国共同基金的投资分类

	资产（10 亿美元）	总资产百分比（%）	基金数量
股权基金			
股权激增型	1 650.1	17.2	3 019
世界/国际型	866.6	9.0	1 062
收益总额型	1 187.8	12.4	749
股权基金合计	3 704.5	38.6	4 830
债券基金			
公司债券	246.1	2.6	281
垃圾债券	111.4	1.2	195
国际型债券	86.2	0.9	131
政府债券	235.2	2.4	294
战略收入债券	549.1	5.7	378
州市政债券	134.9	1.4	417
国家市政债券	202.9	2.1	220
债券基金总计	1 565.8	16.3	1 916
混合型（债券/股票）基金	498.7	5.2	492
货币市场基金			
应税型	3 340.8	34.8	536
免税型	491.5	5.1	248
货币市场基金总计	3 832.3	39.9	784
总计	9 601.3	100.0	8 022

注：由于四舍五入，各项数字相加可能与总计略有差别。

资料来源：Investment Company Institute，2009 *Mutual Fund Fact Book*.

4.3.2　如何出售基金

共同基金通常有两种公开发售方式：一是通过基金承销商直接交易；二是通过代表销售商的经纪人间接交易。直接交易基金的销售渠道有邮递、各个基金办事处、电话及日益增加的网站，投资者也可以直接联系基金公司来购买基金股份。

目前，约有一半的基金股份是通过销售人员售出的。经纪人或金融顾问向投资者销售基金股份并收取佣金（佣金最终会转嫁给投资者，此处不详述）。在某些情况下，基金使用“受控”销售法，即迫使销售人员只销售他们所代表的共同基金集团的基金股份。

根据经纪人的建议选择共同基金的投资者应该注意，经纪人在基金选择方面可能存在利益冲突。这是因为业界有一种叫做收入共享的机制：基金公司会优先向那些给投资者推荐其基金的经纪公司支付报酬。

如果收入共享制诱导经纪人按照价值准则而非其客户的利益来推荐共同基金，那么就会产生潜在的利益冲突。此外，共同基金可能会违背其对现有投资者的责任，为了维持新销售额的规模而用基金资产来支付经纪人费用。美国证券交易委员会规则要求经纪人公司详细披露其在销售和交易确认某基金时所收到的报酬或其他激励措施。

许多基金是通过“金融超市”销售的，“金融超市”会出售许多综合基金股份。经纪人与共同基金公司分享管理费用，不再另外向客户收取佣金。“金融超市”的另一优点是不论基金是否由同一个体提供，从超市中购买的所有基金有统一的交易记录。此外，有许多人坚持认为，共同基金把加入这些超市的成本转嫁到管理费用里，从而导致费率升高。

4.4 共同基金的投资成本

4.4.1 费用结构

个人投资者选择共同基金时不仅要考虑基金所宣称的投资策略和历史业绩，而且还应考虑基金的管理费用和其他费用。威森伯格投资服务公司的年度报告或晨星的《共同基金资料手册》对各种共同基金的几乎所有重要方面进行了比较，该报告与资料手册可以在许多学术性机构或公共图书馆中找到。我们应该注意四种常见的费用。

运营费用 运营费用是共同基金在管理资产组合时所发生的成本，包括支付给投资管理人的管理费用和咨询费用。这些费用通常表示成所管理总资产的百分比，为0.2%～2%。股份持有人不会收到运营费用的明细账单，但这种费用会定期从基金资产中扣除。股份持有人资产组合价值的减少证实确实支付了这些费用。

除了运营费用，许多基金评估并支付营销和发行费，这些费用主要支付给向公众出售基金的经纪人或金融顾问。投资者可以直接向基金发行人购买股票从而避免交纳这些费用，但是，为了可以从经纪人那里得到建议许多投资者愿意支付这些发行费用。

前端费用 前端费用是当你购买股份时需要支付的佣金或销售费用，这些费用主要用来支付给出售基金的经纪人，一般不超过8.5%，但在实际中很少高于6%。低费用基金的前端费用不超过基金投资额的3%。无费用基金无须支付销售的前端费用。前端费用明显地减少了投资额。例如，每1 000美元的基金，如按6%的前端费用计算，销售费用就是60美元，基金投资额就只剩940美元了。你需要获得6.4%的累积净投资收益（60/940＝0.064）才能实现盈亏平衡。

撤离费用 撤离费用是出售基金份额时的赎回或撤出费用。在大多数情况下，基金的期初撤离费用为5%或6%，在投资基金之后的各年中，每年减少1个百分点。这样期初撤离费用为6%的基金，在第三年年初时撤离费用就下降至4%。这些费用的正式名称为“或有递延销售费用”。

12b-1费用 美国证券交易委员会允许所谓的12b-1基金的管理人使用基金资产支付发行成本，比如广告费、宣传费（包括年度报告和募股说明书），以及支付向投资者销售基金的经纪人的佣金（这是最重要的一项）。这些**12b-1费用**（12b-1 fee）是根据批准实施这些计划的美国证券交易委员会的法规名称来命名的。基金可以使用12b-1费用代替前端费用（或者加上前端费用）来支付经纪人。与基金的运营费用一样，投资者不用直接交纳12b-1费用，费用是从基金资产中扣除的。因此，若要正确计算该基金的年度费用率，必须要将运营费用和12b-1费用（如果有的话）相加。当前，美国证券交易委员会要求所有基金在募股说明书中包括一个概括所有相关费用的合并费用表。每年的12b-1费用仅限于基金年平均资产净值的1%[⊖]。

许多基金分成几个等级，每一等级证券组合的所有权相同但是费用组合不同。例如，A级股票可能有前端费用，而B级股票则收取12b-1费用。

⊖ 基金销售的12b-1费用的最大比率是0.75%，但是，另外还要收取基金资产价值的0.25%作为服务费，提供个人服务或维持股份持有者账户。

【例4-2】 **不同等级基金的费用**

以下是德莱弗斯首要成长基金2009年各等级基金费用情况（见表4-2）。注意前端费用和12b-1费用之间的权衡。■

表 4-2 （%）

	A级	B级	C级		A级	B级	C级
前端费用	0~5.75①	0	0	12b-1费用③	0.25	1.0	1.0
撤离费用	0	0~4②	0~1②	费用比率	1.09	1.47	1.08

注：①取决于投资规模的大小。
②取决于持有期的长短。
③包括服务费。

每一个投资者要选择最佳的费用组合。很明显，直接由共同基金发行的纯粹的无佣金无费用的基金是最便宜的选择，老练的投资者对此常常是很敏感的。然而，正如我们已经提到的那样，许多投资者愿意付费获得金融方面的建议，而且给销售基金的顾问支付佣金是最常见的支付形式，或者，投资者可以选择雇佣一个只收取服务费而不收取佣金的财务管理人。这些顾问可以帮助投资者选择低费用或无费用支出的资产组合基金（自然也提供其他金融方面的建议）。近年来独立财务策划者已越来越成为重要的基金分配渠道了。

如果你的确是通过经纪人购买基金，是选择支付佣金还是选择支付12b-1费用主要取决于你预期持有基金的时间长度。只有在购买时才需要支付佣金，而12b-1费用需逐年支付。因此，如果你计划长时间持有基金，只支付一次的佣金可能要优于逐年发生的12b-1费用。

4.4.2 费用与共同基金的收益

共同基金投资收益率的测度方法为单位资产净值的增减加上股息或资本利得等收入分配再除以投资期期初的资产净值。如果我们分别将期初和期末的资产净值表示为NAV_0和NAV_1，那么

$$收益率=(NAV_1-NAV_0+收入和资本利得的分配)/NAV_0$$

例如，如果某只基金月初时的资产净值初始值为20美元，获得收入分配为0.15美元，资本利得为0.05美元，本月月末的资产净值为20.10美元，则本月的收益为

$$收益率=(20.10-20.00+0.15+0.05)/20.00=0.015=1.5\%$$

请注意，收益率的这种测度方法忽略了所有的佣金（如购买基金的前端费用）。

另一方面，基金收益率也受基金的费用及12b-1费用的影响。这是因为，这些费用定期从资产组合中扣除，减少了净资产价值。因此，基金的收益率等于标的资产组合的总收益率减去总费用率。

【例4-3】 **费用和净收益**

为了说明费用是如何影响收益率的，现考察一项年初资产为1亿美元、发行在外的股份为1000万股的基金。该基金投资于一种无任何收入但价值按10%增长的股票资产组合，费率（包括12b-1费用在内）为1%。那么，投资者在该项基金中的收益率为多少？

期初的资产净值等于1亿美元/0.1亿股=10美元/股。在不考虑费用的情况下，基金的资产将增长到1.1亿美元，资产净值将增至11美元/股。然而，该基金的费率为1%。因此需要从基金中扣除100万美元支付这些费用，剩余的资产组合的价值只有1.09亿美元了，并且，资产净值现在等于10.9美元/股。此时，该项基金的收益率只有9%，它等于资产组合的总收益率减去总费用率。

费用会对基金业绩产生很大影响。表4-3是一位投资者的投资情况，他期初持有1万美元，有三种投资机会，每只基金的费前年收益率均为12%但费率结构存在差异。表4-3显示了各只基金在不同时间跨度下的累积收

表4-3 成本对投资业绩的影响

（单位：美元）

	累积收益（所有股息均进行再投资）		
	基金A	基金B	基金C
初始投资①	10 000	10 000	9 200
5年	17 234	16 474	15 502
10年	29 699	27 141	26 123
15年	51 183	44 713	44 018
20年	88 206	73 662	74 173

注：①表示如果有前端费用，此为扣除该费用之后的投资收益。
说明：（1）基金A没有手续费，有0.5%的运营费用。
（2）基金B没有手续费，有1.5%的运营费用。
（3）基金C有8%的前端费用和1%的运营费用。
（4）所有基金费前年收益率均为12%。

益。基金A的总运营费用为0.5%，没有手续费，没有12b-1费用。这可以代表像先锋公司这样的低成本基金发起者。基金B没有手续费，但有1%的管理费用和0.5%的12b-1费用。这种费率水平在积极管理的股权基金中非常典型。最后，基金C有1%的管理费用，没有12b-1费用，但是购买的时候要支付8%的前端费用。

请注意，低成本的基金A具有高收益的优势，而且，投资期越长，这种优势越明显。■

尽管费用会对净投资业绩产生很大影响，但有时候共同基金的投资者很难准确计算出真实的费用。这是因为实践中往往会用**软货币酬金**（soft dollars）支付某些费用。投资组合管理人通过使基金和某个经纪人达成交易从而从该经纪公司获得软货币酬金信用。基于这些信用，该经纪人将支付共同基金的某些费用，例如数据库、计算机硬件或者股票报价系统费用等。软货币酬金安排意味着股票经纪人将部分交易佣金返还给了基金。用软货币酬金支付的购买费用不包括在基金费用中，所以有大量软货币酬金安排的基金可能会在公告中人为地压低费率。但是，为了获得软货币酬金“回扣”，基金可能向经纪人支付了不必要的高佣金。较高的交易佣金会影响净投资业绩，而非所报告的费率。

概念检查4-2

某股权基金出售的A类股份有4%的前端费用，出售的B类股份每年有0.5%的12b-1费用和撤离费用（起初费率为5%，投资者持有投资组合一整年费率下降1%，直到持满5年为止）。假设基金投资组合扣除运营费用之后的年收益率为10%。将1万美元分别投资于股份A和股份B，1年、4年、10年之后出售时的价值是多少？在投资期末，哪种费率结构具有较高的净收益？

4.4.3 延时交易和市场择时

共同基金在每个交易日末计算资产净值。所有当天达到的买卖指令都按照纽约时间下午4：00收市时的资产净值交易。很明显，允许某些受优待的投资者以低于资产净价的价格买入股份或以高于资产净值的价格赎回股份都会使这些投资者获利，使剩下的股份持有者遭受损失。但是，截止到2003年这些行为暴露之前，许多共同基金正是这样操作的。

延时交易是指收市且资产净价已经确定之后接受买入指令或卖出指令的行为。假设基于市场下午4：00的收盘价，基金的资产净价为100美元，但是4：30时，市场宣布了某个经济利好消息。尽管资产净值已经固定，很显然现在每份股份的公允价值超过了100美元。如果能提交延迟订单，投资者就可以以现在的资产净值买入股份，等次日价格和资产净值调整到能够反映利好消息之后赎回，因此延时交易可以以低于反映最新消息的资产净值的价格买入股份。这样就会将价值从其他股份持有者转移到拥有特权的交易者手中，降低共同基金的收益率。

市场择时也利用逾期价格。假设有一只“太平洋盆地共同基金”主要交易日本股票。因为时差，日本市场比纽约交易市场提前几个小时收市。资产净值是基于日本股票收盘价确定的。如果日本收市时美国市场正大幅上扬，不管怎样，次日日本开市时基金价格有可能上涨。市场择时者会于当天从美国市场以逾期资产净值价格购买太平洋盆地共同基金，并计划次日赎回这些股份以获得可能的利润。这种活动的特点通常是快进快出，但是更突出的问题是市场允许择时者以过期价格交易。

为什么有些基金会采取减少大多股份持有者收益率的行为呢？答案是管理费。市场择时者和延迟交易者实际上要为获得这种行为付费，他们向基金中投入大量资金，并向基金经理支付管理费。当然，交易者从他们的交易活动中获得的收益可能远远大于这些费用，但那些成本是由其他的股份持有者而不是基金发行者承担。

截止到2004年年中，为了应对不当交易的指控，共同基金发行者已经支付了16.5亿多美元的罚款，而且，为了消除这种非法行为，新的法规已经实施了。

4.5 共同基金所得税

在美国税收制度下，共同基金的投资收益被批准具有“转手性质”，这意味着税赋仅由共同基金的投资者而不是基金本身承担。只要基金满足几个要求，收入就被认为是转递给投资者，最明显的要求是几乎所有的收入都要分配给投资者。基金的短期资本利得、长期资本利得以及股息都会转手给投资者，就好像投资者直接获得投资收入一样。

对个人投资者来说，转手投资收入有一个明显的劣势。如果你亲自管理投资组合，对任何证券，你可以决定什么时候实现资本利得和损失，因此，你可以决定变现时间从而有效管理税赋。但是，当你通过共同基金投资时，投资组合中证券的销售时间不在你的控制之下，从而削弱了你的税赋管理能力。[⊖]

投资组合换手率高的基金，其“税收无效率”尤其明显。换手率是投资组合的交易量与其资产的比率。它度量了投资组合中资产每年被替换的比例。例如，一个1亿美元的投资组合，若出售了价值5 000万美元的某些证券并购买了等价值的其他证券，那么其换手率是50%。高换手率意味着资本利得和损失出现。因此，投资者无法确定变现时间，也无法统筹管理税赋。

近10年来，股权基金管理的加权平均资产的换手率一般在60%左右。相比较而言，像指数基金这样的低换手率基金，其换手率可能低至2%，这样既保证了税收效率又节约了交易成本。

概念检查4-3

某投资者持有的投资组合现值为100万美元。在一年当中，该投资者以每股80美元的价格出售了1 000股联邦快递公司的股份，以每股20美元的价格出售了4 000股思科公司的股份。全部收益购买了1 600股每股价格为100美元的IBM公司的股份。

a. 该投资组合的换手率是多少?

b. 如果联邦快递公司的股份是以每股70美元购入，思科公司的股份是以每股17.5美元购入，并且该投资者的资本利得税率是20%，基于以上交易该投资者今年应交税款是多少?

4.6 交易所交易基金

1993年引入的**交易所交易基金**（exchange-traded fund，ETFs）是共同基金的一个分支，它使投资者可以像交易股票一样运作指数投资组合。第一只交易所交易基金是绰号为“蜘蛛”的SPDR，即标准普尔存托凭证。这是一只单位投资信托，持有的投资组合与标准普尔500指数成分股相匹配。共同基金只在每个交易日末计算资产净值时进行交易，与此不同的是，投资者可以全天交易“蜘蛛”，就像交易股票一样。“蜘蛛”引发了许多相似产品的产生，例如“钻石”（基于道琼斯工业平均指数，DIA），“Cubes”（基于纳斯达克100指数，QQQQ），以及“WEBS”（世界股权基准股，即外国股票市场指数投资组合中的股份）。到2009年，大约有5 310亿美元投资于700多只美国交易所交易基金。在2010年，交易所交易基金在全球管理的资产达到1万亿美元。图4-2列示了自1998年以来交易所交易基金的增长情况。

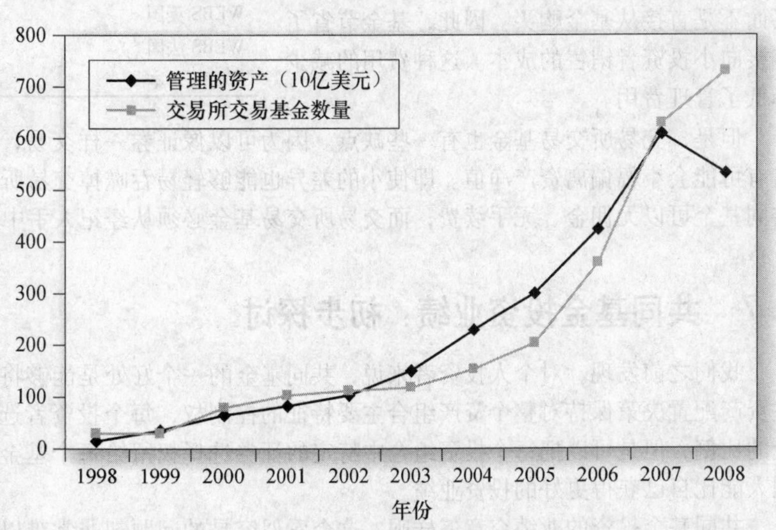

图4-2 美国交易所交易基金的发展状况

资料来源：Investment Company Institute，2009 *Investment Company Fact Book.*

截止到2008年，大多数交易所交易基金被要求追踪指定的指数，而且以指数为基础的交易所交易基金仍然控制着这个行业。但是现在，该产品也包括跟踪行业指数的基金。表4-4a列示了交易所交易基金某些主要发起人，表4-4b列示了一小部分ETF所能提供的基金的类型。

巴克莱国际投资很久以前就成为交易所交易基金市场的领头羊，其产品名称为i股。自从2009年巴克莱与BlackRock合并后，i股就开始在BlackRock名下运作。该公司发行的交易所交易基金包含几十种股票指数基金，包括许多主要的美国股权指数、国际基金或单一国家基金，以及美国和全球行业部门基金。黑石也提供几只债券交易所交易基金和几只商品交易所交易基金，如金和银的交易所交易基金。要获取更多关于这些基金的消息请登录www. iShares. com。

⊖ 通常每一年或每半年向股份持有者支付一次共同基金的资本利得和股息，这产生了一个投资者必须要注意的有趣问题，即刚刚购买共同基金股份的投资者可以获得他购买基金股份之前交易的资本利得分配（并且在此分配上纳税）。在年底进行分配时，这一问题尤其值得注意。

最近，以商品为基础的交易所交易基金（投资于商品或商品期货合约）已经公开发售，而且，现有少量积极管理的交易所交易基金，就像积极管理的共同基金一样，试图超越市场指数，但这些资产不及交易所交易基金行业所管理资产的1%。

交易所交易基金相对于传统的共同基金而言有几大优势：第一，正如我们刚才讲到的，共同基金的资产净值每天只能进行一次报价，因此，投资者在基金中的股份每天只能交易一次。相反，交易所交易基金可以持续交易，而且，与共同基金不同的是，交易所交易基金可以像股票一样卖空或用保证金买入。

交易所交易基金也有优于共同基金的潜在税收优势。当大量共同基金投资者赎回股份时，共同基金必须出售证券以满足这些赎回。这会产生资本利得税，并且会转嫁给剩下的股份持有者。相反，当小投资者想要赎回在交易所交易基金中的头寸时，他们仅需把股份出售给其他交易者，基金无须出售任何现有投资组合。大投资者可以将交易所交易基金的股份换成潜在投资组合中的股份，这种赎回形式也避免了税赋。

交易所交易基金也比共同基金成本更低。购买交易所交易基金的投资者从经纪人那里购买而不是直接从基金购买。因此，基金节省了直接向小投资者销售的成本。这种费用的减少降低了管理费用。

表 4-4 交易所交易基金发起人及其产品

a. 交易所交易基金发起人

发起人	产品名称
黑石全球投资者	i 股
美林	持有公司存托凭证（持有者，holders）
Statestreet/美林	标准普尔存托凭证（蜘蛛，spiders）
先锋	先锋交易所交易基金

b. 交易所交易基金产品示例

名称	简称	追踪指数
主要美国指数		
蜘蛛	SPY	标准普尔 500
钻石	DIA	道琼斯工业
Cubes	QQQQ	纳斯达克 100
i 股罗素 2000	IWM	罗素 2000
先锋（全部股票市场）	VTI	威尔希尔 5000
行业指数		
能源类蜘蛛	XLE	标准普尔 500 能源公司
能源 i 股	IYE	道琼斯能源公司
金融类蜘蛛	XLF	标准普尔 500 金融公司
金融 i 股	IYF	道琼斯金融公司
国际指数		
WEBS 英国	EWU	MCSI 英国指数
WEBS 法国	EWQ	MCSI 法国指数
WEBS 日本	EWJ	MCSI 日本指数

但是，交易所交易基金也有一些缺点。因为可以像证券一样交易，在套利活动使价格恢复均衡之前，它们的价格有可能会小幅偏离资产净值。即使小的差异也能够轻易吞噬掉交易所交易基金相对于共同基金的成本优势。此外，共同基金可以无佣金、无手续费，而交易所交易基金必须从经纪人手中购买且支付费用。

4.7 共同基金投资业绩：初步探讨

我们之前发现，对个人投资者来说，共同基金的一个好处是能够将投资组合委托给专业投资人管理。投资者通过资产配置决策保持对整个资产组合主要特征的控制权，每个投资者选择投资到债券基金、股权基金和货币市场基金的比例，但是可以把每个投资组合中特定的证券选择权留给每个基金的管理人。股份持有者希望这些投资组合管理人能比自己获得更好的投资业绩。

共同基金投资的业绩究竟怎样呢？这个看似容易的问题却非常难以回答，因为我们没有一个可以评价业绩的标准。例如，我们显然不想将股权基金的投资业绩与货币市场获得的收益率进行比较。这两个市场风险的巨大差异表明年投资业绩和平均业绩都会有很大差异。我们预期股权基金的平均业绩会超越货币市场基金，以作为对投资者在股权基金投资所承担额外风险的补偿。考虑到共同基金管理人所承担风险的水平，我们如何确定他们的业绩是否达到标准？也就是说，评价投资业绩合适的标准是什么？

恰当的测度投资组合风险并使用这种测度来选择一个合适的标准是一件极其困难的任务。本书的第二部分和第三部分的全部内容都是关于投资组合风险的合理测度和风险收益的权衡。因此，在本章中，我们会忽略不同基金间风险差异这些比较微妙的问题，使用非常简单的业绩衡量标准，先来看一下基金的业绩问题。我们会在第 11 章中重新讨论这个话题，到时，调整投资组合各种风险的风险敞口之后，我们会更深入地考察共同基金的业绩。

这里，我们将威尔希尔 5000 指数的收益率看做股权基金管理人业绩的标准。回顾一下第 2 章的内容，这一指数是几乎所有交易活跃的美国股票的价值加权指数。威尔希尔 5000 的表现是评价专业管理人的一个有用标准，因为它符合一个简单的被动投资策略：按照股票流通股的市场价值所占比例购买指数中的所有股票。此外，即使对小投资者来说，这也是一个可行的战略，因为先锋公司提供了一个复制威尔希尔5000指数业绩的指数基金（它全部的股票市场投资组合）。将威尔希尔5000指数作为评价标准，我们可以这样设置评价投资组合管理人业绩的问题：一个典型的积极管理股权共同基金的业绩如何与简单复制股票市场主要指数构成的消极管理投资组合的业绩进行比较？

将威尔希尔5000指数与专业管理的共同基金两者的业绩进行随机比较，其结果令积极的基金管理人失望。图4-3显示，1971～2009年的39年间，其中23年分散化投资股权基金的平均收益率逊色于威尔希尔5000指数收益。该指数的平均年收益率为11.9%，比共同基金高1%[一]。

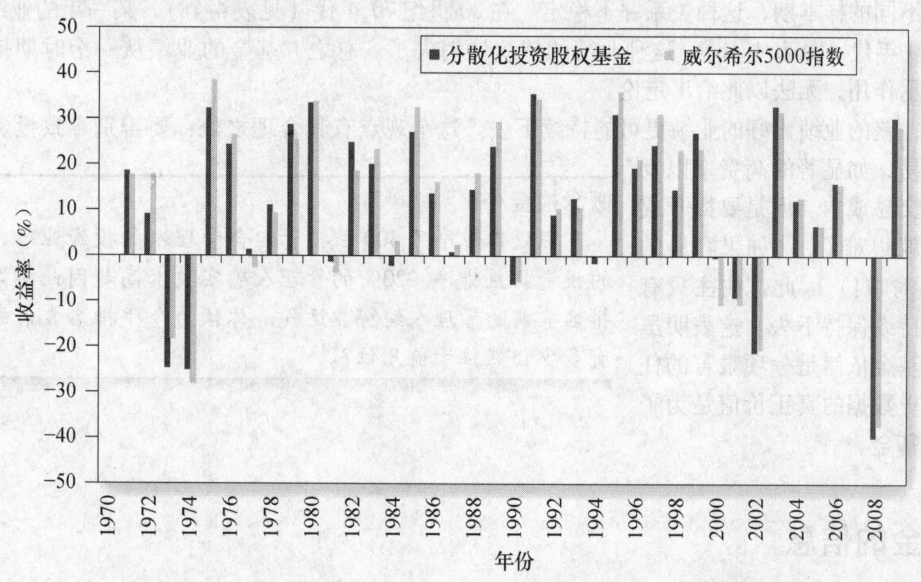

图4-3 分散化投资股权基金与威尔希尔5000指数收益率（1971～2009）

这个结果看起来让人吃惊。毕竟，期望专业货币管理人的业绩超过“持有指数化投资组合”这样一个非常简单的规则是非常合理的。但事实是，我们有充分的理由预料到这样一个结果。我们会在第11章有效市场假设中详细探讨这个问题。

当然，有人会认为管理人有好坏之分，并且好的管理人其业绩能够持续超越指数。为了检验这种想法，我们调查了某一年表现良好的管理人次年能否保持其业绩。某一年的突出业绩是完全取决于运气（因此是随机的）还是取决于技能（因此会一年年持续下去）？

为了回答这个问题，可以分析一下股权共同基金投资组合大样本的业绩，根据总投资收益将基金分成两组，并且考察前一期投资收益排名靠前的基金在后一期是否仍然会表现良好？

表4-5列示了马尔基尔[二]的一项研究分析结果。该表显示了每年“成功者”（例如排名靠前的管理人）次年成为成功者或者失败者的比例。如果业绩从一个时期到另一个时期的变化纯粹是随机的，那么表中每个单元应各占50%。因为，排名靠前或靠后的管理人其次年的业绩都有可能排在样本的前几位或后几位，且其概率是相等的。另一方面，如果业绩完全取决于技能，无随机性可言，那么可以预期，100%的样本都在斜对角线上，对角线以外没有样本：业绩靠前的管理人将永远保持在前几位，同时业绩靠后的管理人将永远保持在后几位。事实上，表4-5显示65.1%初始业绩排名前50%的管理人次年的业绩仍然保持在业绩排名的前50%，与此同时，64.5%初始业绩排名后50%的管理人次年的业绩仍然位于业绩排名的后50%。这个现象符合一种观点：至少部分基金的业绩是由技能而不是运气决定的，所以相关业绩往往会持续下去[三]。

㊀ 当然，真正的基金会产生交易成本，但是指数不会，所以要公平地比较积极管理的基金与被动投资的威尔希尔5000指数两者的收益，首先要估计相关成本减少指数收益。先锋公司的全部股票市场指数投资组合跟踪威尔希尔5000指数，收取0.19%的费率，并且，因为它几乎不参与交易，所以产生很低的交易成本。因此，将指数收益减少0.3%是合理的。这种收益的减少不会消除平均业绩的差异。

㊁ Burton G. Malkiel, “Returns from Investing in Equity Mutual Funds 1971-1991,” *Journal of Finance* 50 (June 1995), pp. 549-72.

㊂ 另一种可能性是不同的基金费率结构的变化导致了业绩的持续性。我们将在第11章讨论这种可能性。

表 4-5　投资业绩持续性

期初业绩	下一期业绩（%）业绩排名前50%	业绩排名后50%	期初业绩	下一期业绩（%）业绩排名前50%	业绩排名后50%
a. 马尔基尔研究，20 世纪 70 年代			b. 马尔基尔研究，20 世纪 80 年代		
业绩排名前 50%	65.1	34.9	业绩排名前 50%	51.7	48.3
业绩排名后 50%	35.5	64.5	业绩排名后 50%	47.5	52.5

另一方面，在不同的样本期，这种关系并不稳定。在 20 世纪 70 年代（见表 4-4a），某一年的业绩预期着次年业绩，而在 20 世纪 80 年代（见表 4-4b），这种业绩的持续性消失了。总之，基金的业绩从一个时期持续到另一个时期的迹象只具有提示作用，无法以此给出定论。

其他研究表明，差的业绩比好的业绩更可能持续下去。这个观点有其合理之处：要辨别导致投资业绩持续较差的基金的特征很容易，如显著的高费率以及高换手率所带来的交易成本。但是要揭开成功选择股票的秘密就很难了。（如果容易的话，我们都成为富翁啦！）因此，往往只有较差的基金业绩会持续保持下去。这表明虽然辨别未来的绩优基金依然是一项艰苦的任务，但考察业绩历史数据的真正价值是为了避免选择业绩差的基金。

概念检查 4-4

假设你观察了 400 位投资组合管理人的投资业绩，并根据某一年的投资收益排序。20% 的管理人确实技术高超因此排名靠前，但其他排名靠前的管理人纯粹靠运气。你认为今年排名靠前的管理人明年会有多少仍然位于前几位？

4.8　共同基金的信息

募股说明书是查找共同基金信息的首选。美国证券交易委员会要求募股说明书在“投资目标声明”中简单阐述基金的投资目的和政策，并详细描述投资策略和风险。同时也要介绍一下基金的投资顾问和投资组合管理人。募股说明书也在费率表中列示了购买基金份额的成本，前端费用、撤离费用等销售费用以及管理费用、12b-1 费用等年运营费用。

基金还有另外两种提供信息的渠道：补充信息表格（SAI），也称为募股说明书的 B 部分。该表包括会计年度末投资组合中的证券一览表，经审计后的财务报表，以及基金管理人和主管的情况。但是，与基金募股说明书不同，除非投资者特别要求否则他们不会收到补充信息表格；业内常笑言补充信息表格代表“一些常被忽略的事情”。基金的年报也包括投资组合的构成、财务报表，以及在上一个报告期间影响基金业绩的因素。

要从 8 000 多只共同基金中选择最适合某种特殊需要的基金是很困难的。有的出版社出版了共同基金信息“百科全书”为投资者的基金选择过程提供帮助。两个最著名的信息来源是韦森博格的《投资公司》和晨星公司的《共同基金资料手册》。晨星公司网站（www. morningstar. com）和雅虎网站（finance. yahoo. com/funds）是另一个优质的信息来源。

投资公司协会（www. ici. org）、全国共同基金联盟、封闭式基金协会、单位投资信托出版了一本年度《共同基金指导》，该书涵盖了费用以及联系基金的电话号码等信息。为了阐明可获得的基金信息范围，我们在图 4-4 中列示了晨星公司对麦哲伦基金的分析报告。

晨星公司有一些分析是定性的。分析报告左上方的框图简单描述了基金策略，尤其是基金经理想要投资的证券类型。左下方的框图（Moriningstar’s Take）较详细地描述了基金的收入策略。基金投资策略的简单陈述位于右上方：麦哲伦基金是一只“大盘股成长”基金，这意味着它往往会投资于大型公司，重点投资于增长型而不是价值型股票。

左边的“业绩”表报告了基金过去几年的季度收益，并估计了基金长达 15 年的收益情况。为将收益与相关指数进行比较，本例将标准普尔 500 指数、罗素 1000 指数作为评价基金业绩的标准。这些栏目下的值就是基金业绩与指数的比较。对外公布的基金收益要扣除运营费用、12b-1 费用，以及自动扣除的其他费用，但扣除的费用不包括前端费用和撤离费用。接下来的“Cat”一栏是该基金在所有与其有相同投资目标的基金中的百分比排名。排名第 1

位意味着基金的表现最佳。第 80 位表示对照组 80% 的基金的业绩超过了它。最后一栏表示将 10 000 美元投资于基金，3 个月到 15 年后的收益增长情况。

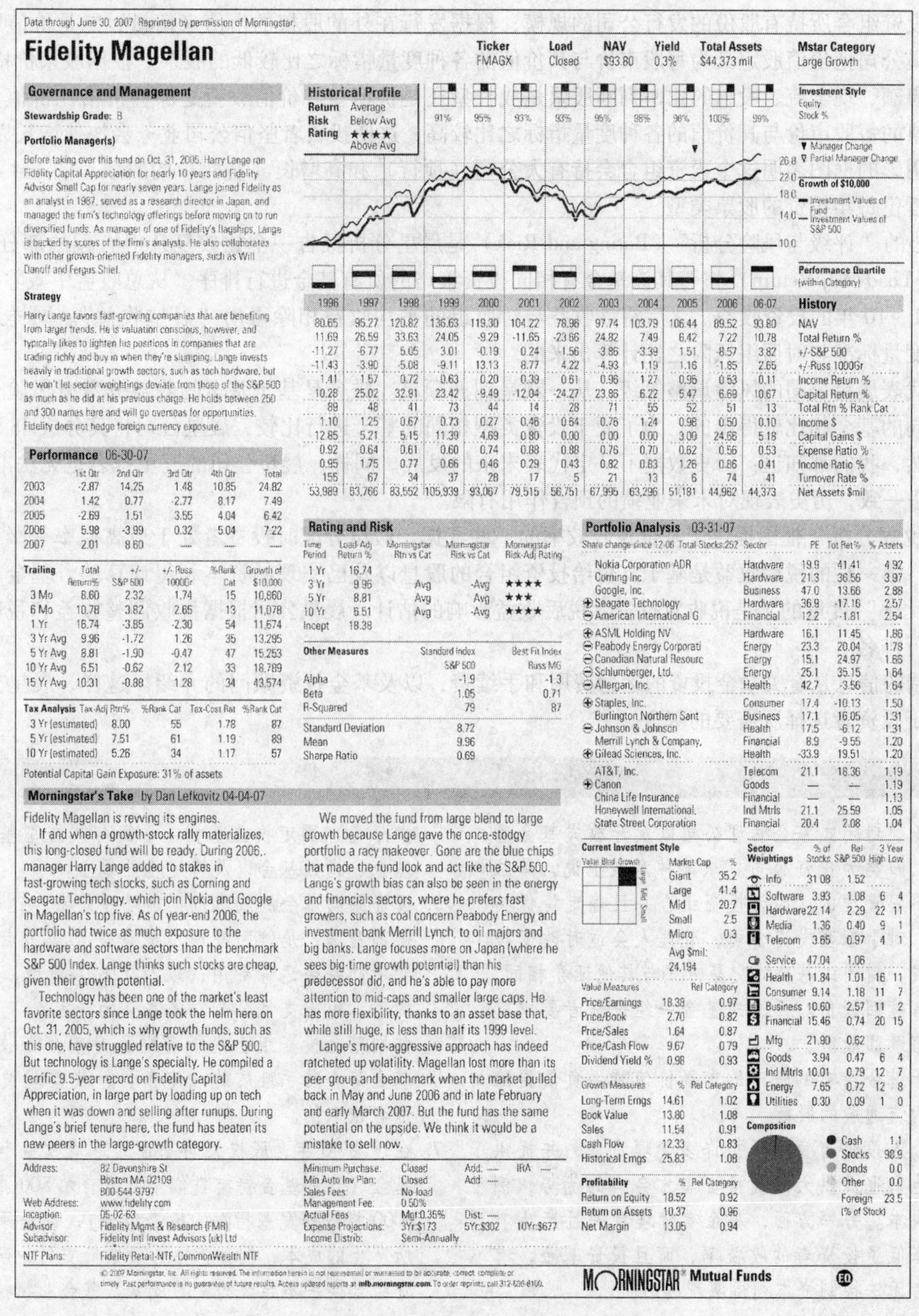

Data through June 30, 2007. Reprinted by permission of Morningstar.

Fidelity Magellan

Ticker	Load	NAV	Yield	Total Assets	Mstar Category
FMAGX	Closed	$93.80	0.3%	$44,373 mil	Large Growth

Governance and Management

Stewardship Grade: B

Portfolio Manager(s)

Before taking over this fund on Oct. 31, 2005, Harry Lange ran Fidelity Capital Appreciation for nearly 10 years and Fidelity Advisor Small Cap for nearly seven years. Lange joined Fidelity as an analyst in 1987, served as a research director in Japan, and managed the firm's technology offerings before moving on to run diversified funds. As manager of one of Fidelity's flagships, Lange is backed by scores of the firm's analysts. He also collaborates with other growth-oriented Fidelity managers, such as Will Danoff and Fergus Shiel.

Strategy

Harry Lange favors fast-growing companies that are benefiting from larger trends. He is valuation conscious, however, and typically likes to lighten his positions in companies that are trading richly and buy in when they're slumping. Lange invests heavily in traditional growth sectors, such as tech hardware, but he won't let sector weightings deviate from those of the S&P 500 as much as he did at his previous charge. He holds between 250 and 300 names here and will go overseas for opportunities. Fidelity does not hedge foreign currency exposure.

Historical Profile

Return: Average
Risk: Below Avg
Rating: ★★★★ Above Avg

Investment Style: Equity Stock %: 91% 95% 93% 93% 95% 98% 96% 100% 99%

▼ Manager Change
▽ Partial Manager Change

Growth of $10,000
— Investment Values of Fund
— Investment Values of S&P 500

Performance Quartile (within Category)

History	1996	1997	1998	1999	2000	2001	2002	2003	2004	2005	2006	06-07
NAV	80.65	95.27	120.82	136.63	119.30	104.22	78.98	97.74	103.79	106.44	89.52	93.80
Total Return %	11.69	26.59	33.63	24.05	-9.29	-11.65	-23.66	24.82	7.49	6.42	7.22	10.78
+/-S&P 500	-11.27	-6.77	5.05	3.01	-0.19	0.24	-1.56	3.86	-3.39	1.51	-8.57	3.82
+/-Russ 1000Gr	-11.43	-3.90	-5.08	-9.11	13.13	8.77	4.22	-4.93	1.19	1.16	-1.85	2.65
Income Return %	1.41	1.57	0.72	0.63	0.20	0.39	0.61	0.96	1.27	0.95	0.53	0.11
Capital Return %	10.28	25.02	32.91	23.42	-9.49	-12.04	-24.27	23.86	6.22	5.47	6.69	10.67
Total Rtn % Rank Cat	89	48	41	73	44	14	28	71	55	52	51	13
Income $	1.10	1.25	0.67	0.73	0.27	0.46	0.64	0.76	1.24	0.98	0.50	0.10
Capital Gains $	12.85	5.21	5.15	11.39	4.69	0.80	0.00	0.00	0.00	3.00	24.66	5.18
Expense Ratio %	0.92	0.64	0.61	0.60	0.74	0.88	0.88	0.76	0.70	0.62	0.56	0.53
Income Ratio %	0.95	1.75	0.77	0.66	0.46	0.29	0.43	0.82	0.83	1.26	0.86	0.41
Turnover Rate %	155	67	34	37	28	17	5	21	13	6	74	41
Net Assets $mil	53,989	63,766	83,552	105,939	93,067	79,515	56,751	67,995	63,296	51,181	44,962	44,373

Performance 06-30-07

	1st Qtr	2nd Qtr	3rd Qtr	4th Qtr	Total
2003	-2.87	14.25	1.48	10.85	24.82
2004	1.42	0.77	-2.77	8.17	7.49
2005	-2.69	1.51	3.55	4.04	6.42
2006	5.98	-3.99	0.32	5.04	7.22
2007	2.01	8.60	—	—	—

Trailing	Total Return%	+/- S&P 500	+/- Russ 1000Gr	%Rank Cat	Growth of $10,000
3 Mo	8.60	2.32	1.74	15	10,860
6 Mo	10.78	3.82	2.65	13	11,078
1 Yr	16.74	-3.85	-2.30	54	11,674
3 Yr Avg	9.96	-1.72	1.26	35	13,295
5 Yr Avg	8.81	-1.90	-0.47	47	15,253
10 Yr Avg	6.51	-0.62	2.12	33	18,789
15 Yr Avg	10.31	-0.88	1.28	34	43,574

Tax Analysis	Tax-Adj Rtn%	%Rank Cat	Tax-Cost Rat	%Rank Cat
3 Yr (estimated)	8.00	55	1.78	87
5 Yr (estimated)	7.51	61	1.19	89
10 Yr (estimated)	5.26	34	1.17	57

Potential Capital Gain Exposure: 31% of assets

Rating and Risk

Time Period	Load-Adj Return %	Morningstar Rtn vs Cat	Morningstar Risk vs Cat	Morningstar Risk-Adj Rating
1 Yr	16.74			
3 Yr	9.96	Avg	-Avg	★★★★
5 Yr	8.81	Avg	Avg	★★★
10 Yr	6.51	Avg	-Avg	★★★★
Incept	18.38			

Other Measures	Standard Index S&P 500	Best Fit Index Russ MG
Alpha	-1.9	-1.3
Beta	1.05	0.71
R-Squared	79	87
Standard Deviation	8.72	
Mean	9.96	
Sharpe Ratio	0.69	

Portfolio Analysis 03-31-07

Share change since 12-06 Total Stocks:252	Sector	PE	Tot Ret%	% Assets
Nokia Corporation ADR	Hardware	19.9	41.41	4.92
Corning Inc.	Hardware	21.3	36.56	3.97
Google, Inc.	Business	47.0	13.66	2.88
⊕ Seagate Technology	Hardware	36.9	-17.16	2.57
⊖ American International G	Financial	12.2	-1.81	2.54
⊕ ASML Holding NV	Hardware	16.1	11.45	1.86
⊖ Peabody Energy Corporati	Energy	23.3	20.04	1.78
⊖ Canadian Natural Resourc	Energy	15.1	24.97	1.66
⊖ Schlumberger, Ltd.	Energy	25.1	35.15	1.64
⊖ Allergan, Inc.	Health	42.7	-3.56	1.64
⊕ Staples, Inc.	Consumer	17.4	-10.13	1.50
Burlington Northern Sant	Business	17.1	16.05	1.31
⊖ Johnson & Johnson	Health	17.5	-6.12	1.31
Merrill Lynch & Company,	Financial	8.9	-9.55	1.20
⊕ Gilead Sciences, Inc.	Health	-33.9	19.51	1.20
AT&T, Inc.	Telecom	21.1	18.36	1.19
⊕ Canon	Goods	—	—	1.19
China Life Insurance	Financial	—	—	1.13
Honeywell International.	Ind Mtrls	21.1	25.59	1.05
State Street Corporation	Financial	20.4	2.08	1.04

Current Investment Style

Value Blnd Growth / Large Mid Small

Market Cap	%
Giant	35.2
Large	41.4
Mid	20.7
Small	2.5
Micro	0.3

Avg $mil: 24,194

Value Measures		Rel Category
Price/Earnings	18.38	0.97
Price/Book	2.70	0.82
Price/Sales	1.64	0.87
Price/Cash Flow	9.67	0.79
Dividend Yield %	0.98	0.93

Growth Measures	%	Rel Category
Long-Term Erngs	14.61	1.02
Book Value	13.80	1.08
Sales	11.54	0.91
Cash Flow	12.33	0.83
Historical Erngs	25.83	1.08

Profitability	%	Rel Category
Return on Equity	18.52	0.92
Return on Assets	10.37	0.96
Net Margin	13.05	0.94

Sector Weightings	% of Stocks	Rel S&P 500	3 Year High	Low
Info	31.08	1.52		
Software	3.93	1.08	6	4
Hardware	22.14	2.29	22	11
Media	1.36	0.40	9	1
Telecom	3.65	0.97	4	1
Service	47.04	1.06		
Health	11.84	1.01	16	11
Consumer	9.14	1.18	11	7
Business	10.60	2.57	11	2
Financial	15.46	0.74	20	15
Mfg	21.90	0.62		
Goods	3.94	0.47	6	4
Ind Mtrls	10.01	0.79	12	7
Energy	7.65	0.72	12	8
Utilities	0.30	0.09	1	0

Composition

Cash	1.1
Stocks	98.9
Bonds	0.0
Other	0.0
Foreign (% of Stock)	23.5

Morningstar's Take by Dan Lefkovitz 04-04-07

Fidelity Magellan is revving its engines.

If and when a growth-stock rally materializes, this long-closed fund will be ready. During 2006,. manager Harry Lange added to stakes in fast-growing tech stocks, such as Corning and Seagate Technology, which join Nokia and Google in Magellan's top five. As of year-end 2006, the portfolio had twice as much exposure to the hardware and software sectors than the benchmark S&P 500 Index. Lange thinks such stocks are cheap, given their growth potential.

Technology has been one of the market's least favorite sectors since Lange took the helm here on Oct. 31, 2005, which is why growth funds, such as this one, have struggled relative to the S&P 500. But technology is Lange's specialty. He compiled a terrific 9.5-year record on Fidelity Capital Appreciation, in large part by loading up on tech when it was down and selling after runups. During Lange's brief tenure here, the fund has beaten its new peers in the large-growth category.

We moved the fund from large blend to large growth because Lange gave the once-stodgy portfolio a racy makeover. Gone are the blue chips that made the fund look and act like the S&P 500. Lange's growth bias can also be seen in the energy and financials sectors, where he prefers fast growers, such as coal concern Peabody Energy and investment bank Merrill Lynch, to oil majors and big banks. Lange focuses more on Japan (where he sees big-time growth potential) than his predecessor did, and he's able to pay more attention to mid-caps and smaller large caps. He has more flexibility, thanks to an asset base that, while still huge, is less than half its 1999 level.

Lange's more-aggressive approach has indeed ratcheted up volatility. Magellan lost more than its peer group and benchmark when the market pulled back in May and June 2006 and in late February and early March 2007. But the fund has the same potential on the upside. We think it would be a mistake to sell now.

Address:	82 Devonshire St, Boston MA 02109, 800-544-9797	Minimum Purchase:	Closed	Add: —	IRA: —
Web Address:	www.fidelity.com	Min Auto Inv Plan:	Closed	Add: —	
Inception:	05-02-63	Sales Fees:	No-load		
Advisor:	Fidelity Mgmt & Research (FMR)	Management Fee:	0.50%		
Subadvisor:	Fidelity Intl Invest Advisors (uk) Ltd	Actual Fees	Mgt:0.35%	Dist: —	
		Expense Projections:	3Yr:$173	5Yr:$302	10Yr:$677
		Income Distrib:	Semi-Annually		
NTF Plans:	Fidelity Retail-NTF, CommonWealth NTF				

MORNINGSTAR® Mutual Funds

图 4-4　晨星公司分析报告

资料来源：Morningstar Mutual Funds，© 2007 Morningstar，Inc. All rights reserved. Used with permission.

有关基金业绩的更多数据请看报告最上方的图表。线状图比较了将 10 000 美元分别投资于基金和标准普尔 500 10 年后的收益增长情况。线形图下方的方格描绘了基金当年的业绩。方格的阴影部分显示了相对于有相同目标的其他基金来说，该基金的业绩所处于的四分位。如果阴影位于方格的上方，表示公司那个时期的业绩排在前 1/4，等等。方格下的表格表示基金特征（像收益、费用等）的历史数据。

右边的“投资组合分析”（Portfolio Analysis）代表了投资组合持有量最大的 20 种证券以及这些证券的市盈率和

到期收益率。由此，投资者可以快速判断出管理人持有的重仓证券有哪些。

“投资组合分析”下方是“当前投资类型”（Current Investment Style）。在这个框图中，晨星从两个标准评价基金类型：一是投资组合所持有股份的发行公司的规模，根据发行在外的股权的市值来衡量；二是价值股与成长股的持股比例。晨星公司把价值股定义为每股市价与其价值的各种度量指标之比较低的股票。根据股票价格与公司收益、账面价值、销售额、现金流、股息的比率判断股票是成长型还是价值型。价值股就是那些价格比价值低的股票。相反，增长型股票的每股市价与其价值的各种度量指标之比较高，这使投资者坚信公司业务会快速增长以支持高股价。麦哲伦基金带阴影的框图表明这个投资组合会持有大公司（顶行）和高增长（右栏）的股票。图4-4顶部的一系列框图列示了麦哲伦每年投资的股票类型。

图4-4中心的“评级与风险分析”（Rating and Risk）是晨星分析报告一个比较复杂但有趣的部分。“销售费用调整后收益”（Load-Adj Return）将与其该基金有相同投资策略的所有基金进行排序。从总收益中减除所有的手续费和撤离费得到1～10年的投资收益。之后将该收益与对照组的平均收益相除得出“晨星收益”。同样道理，下一栏是该基金风险度量标准与对照组风险之比计算出来的。

最后一栏代表晨星公司的风险调整等级，从一颗星到五颗星。排名是基于基金的收益分数减风险分数，再与其他投资类型相同的基金相比较得出的。为了便于投资类型相同的基金进行比较，晨星公司将其分成48种股票和债券基金类型。当然，我们都知道：历史数据不一定代表未来的发展。同样，晨星公司的五星排名也无法准确预测未来。表4-5上述说法一致，历史表现对未来业绩的预言作用有限。

左边的“税收分析”框图提供了基金税收效率的一些证据。假设分配时投资者处于最高税率等级，州税和地方税收忽略不计，第一栏的税后收益是基于支付给投资组合的股息以及已实现的资本利得计算的。基金的税收效率是由“税收成本比率”度量的，是税收对投资者税后收益影响的估计。晨星公司根据税收调整收益和税收成本比率将同类的基金进行排名。

图4-4底端的信息是有关基金投资的运营费用和手续费，以及基金投资顾问的介绍。这样，晨星公司提供了大量的信息以便于投资者选择所需要的基金。

小　结

1. 单位投资信托、封闭式基金管理公司以及开放式基金管理公司都可以归类为投资公司。从某种意义上说，单位投资信托是不用管理的。因为投资组合一旦确定将保持不变。相反，对于管理投资公司，管理人会适时改变投资组合的组成。封闭式基金的交易方式与其他证券相同，不会为投资者赎回股份。开放式基金一经投资者要求就会以资产净值赎回股份。
2. 资产净值等于基金持有的资产的市场价值减去负债再除以发行在外的流通股的股数。
3. 共同基金使个人投资者免于承担许多管理责任，并提供专业管理。他们也提供大规模投资者才会有的优势，例如节约交易成本。另一方面，基金有管理费并且产生其他费用，这降低了投资者的收益率，而且投资基金，有些个人投资者无法控制资本利得实现的时机。
4. 根据投资策略的不同共同基金可以分为货币市场基金、股权基金（根据对收益和增长重视程度的不同可以进一步分类）固定收益基金、平衡与收益型基金、资产分配基金、指数基金以及特定行业基金。
5. 投资共同基金的成本包括前端手续费，这属于销售费用；撤离费用，是赎回费用，或许更正式一点，是延期销售费用；基金运营费用；以及12b-1费用，这是二次支出费用，用来支付公开发售基金的费用。
6. 共同基金投资组合的所得税不对基金征收。相反，只要基金符合转手性质的一定条件，收益就被认为是基金投资者赚取的。
7. 在过去40年，股权共同基金的平均收益率低于消极指数基金（这些基金持有类似于标准普尔500指数和威尔希尔5000指数等宽基指数的投资组合），部分原因是基金管理所产生的成本，例如为挑选股票而支付的研究费用、高投资组合换手率导致的交易成本。基金业绩持续性的记录是复杂的。在一些样本期，表现良好的基金次年仍然表现良好；在另一些样本期，则不是这样。

习　题

基础题

1. 你认为一只典型的开放式固定收益基金比一只固定收益单位投资信托的运营费用是高还是低？为什么？
2. 下列投资工具的比较优势分别是什么？
   a. 单位投资信托
   b. 开放式基金

c. 个人自主选择的股票和债券

3. 开放式股权基金通常会将投资组合5%左右的资产投资于流动性较强的货币市场，而封闭式基金无须在现金等价物证券市场中保持这样一个头寸。开放式基金和封闭式基金的哪些差异导致了它们投资策略的不同？
4. 平衡型基金、生命周期基金以及资产分配基金都投资于股票和债券市场。这些基金的区别是什么？
5. 为什么封闭式基金的价格可以偏离资产净值但是开放式基金不会？
6. 交易所交易基金与共同基金相比，其优势和劣势分别是什么？

中级题

7. 某开放式基金的资产净值是10.70美元/单位，前端费用是6%，那么发行价格是多少？
8. 如果某开放式基金的发行价格是12.30美元/单位，前端费用是5%，那么它的资产净值是多少？
9. Fingroup基金投资组合的组成如表4-6所示。

表 4-6

股票	股数	价格（美元）
A	200 000	35
B	300 000	40
C	400 000	20
D	600 000	25

该基金没有借入资金，目前管理费用总共为30 000美元。发行在外总份额为400万股。基金的资产净值是多少？

10. 重新考虑第9题的Fingroup基金，如果当年投资组合管理人将D股票全部卖出，并以50美元/股的价格购买了200 000股E股票，并以25美元/股的价格购买了200 000股F股票。投资组合的换手率是多少？
11. Closed基金是一家封闭型基金投资公司，其投资组合现值为200万美元，负债是300万美元，发行在外总份额为500万股。
    a. 该基金的资产净值是多少？
    b. 如果基金每股售价36美元，则其折价或溢价百分比是多少？
12. Corporate基金年初资产净值为12.50美元/单位，年末资产净值为12.10美元/单位，该基金支付了1.50美元的年终收入分配和资本利得。投资者的税前收益率是多少？
13. 某封闭式基金年初资产净值是12.00美元/单位，年末资产净值为12.10美元/单位。年初时基金按资产净值的2%溢价销售。年末时基金按资产净值的7%折价销售。该基金支付了1.50美元的年终收入分配和资本利得。
    a. 基金投资者本年度的收益率是多少？
    b. 持有与投资管理人相同证券的投资者本年度的回报率是多少？
14. a. 去年某基金投资业绩表现良好，其投资回报率达到了同种投资政策的所有基金的前10%。你认为它明年的业绩仍然会位于前列吗？为什么？
    b. 假设该基金是比较组中业绩最差的基金之一。你认为未来几年它的相关业绩会持续下去吗？为什么？
15. 某共同基金年初资产为2亿美元，发行在外总份额为1 000万份。该基金投资的一个股票组合，年末的股息收入为200万美元。该基金投资组合股票的股价上升了8%，但是没有出售任何股票，没有资本利得分配。基金收取1%的12b-1费用，年末从投资组合资产中扣除。年初和年末的资产净值是多少？基金投资者的收益率是多少？
16. 上一年，New基金平均每天的资产为22亿美元。当年该基金出售了4亿美元的股票同时购入了5亿美元的股票。那么该基金的换手率是多少？
17. 如果New基金的费率为1.1%（见问题16），管理费用为0.7%。那么当年支付给基金投资管理人的费用总共为多少？其他的管理费用为多少？
18. 假设年初你以20美元/单位购买了1 000份New基金，前端费用为4%。当年，该基金投资的证券的价值增长了12%，费率为1.2%。如果年末卖掉股份，你的收益率是多少？
19. Loaded-Up基金收取1.0%的12b-1费用以及0.75%的运营费用。Economy基金收取2%的前端费用、0.25%的运营费用但是无12b-1费用。假设两只基金投资组合的费前年收益率为6%。1年、3年、10年之后每只基金的投资收益各是多少？
20. CityStreet基金持有一个投资组合，其资产为4 500万美元，负债为1 000亿美元。
    a. 如果发行在外总份额为440万份，资产净值为多少？
    b. 如果一个大投资者要赎回100万个单位，投资组合价值、流通股数以及资产净值会有哪些变化？
21. Investment基金既出售A类股份又出售B类股份，A类股份的前端费用为6%，B类股份每年的12b-1费用为0.5%且撤离费用的费率起点为5%，之后每年下降1%，直到投资者持有满5年。假设投资组合扣除运营费用后的年收益率为10%。如果打算4年后出售基金，A类股份还是B类股份是你比较好的选择？如果你打算15年之后出售呢？
22. 如果你考虑投资一个有4%手续费、0.5%运营费用的共同基金，或是一个有6%利率的银行大额定期存单。
    a. 若投资2年，要想使投资基金比投资大额定期存单更赚钱，基金投资组合的年回报率应是多少？假设以复利计算年收益率。

b. 若投资6年，情况会如何变化？为什么？

c. 现在假设基金每年收取0.75%的12b-1费用，不收取前端费用。要想使投资基金比投资大额定期存单更赚钱，基金投资组合的年回报率应该是多少？答案与投资期限有关吗？

23. 假设每次基金管理人交易股票的成本（如佣金和买卖价差）为交易额的0.4%。若投资组合的换手率为50%，则交易成本会使投资组合的总收益降低多少？

24. 如果某免税市政债券投资组合的收益率是4%，管理费为0.6%。那么费用占投资组合收入的百分之几？如果股权基金的管理费用也是0.6%，但是投资者预期投资组合收益率为12%，那么费用占投资组合收入的百分之几？以上结论能否解释无管理的单位投资信托倾向于固定收益市场的原因。

高级题

25. 假设观察350个投资组合管理人5年的投资业绩，并根据每年的投资收益将他们排列起来。5年后，发现样本中有11只基金的投资收益每年都能排在前50%，业绩持续性表明这些基金经理技能出众，有证据证明这一结论吗？

在线投资练习

选择基金

登录 finance. yahoo. com，点击投资选项卡下的共同基金。找到共同基金筛选项。使用下拉框找到你感兴趣的共同基金的标准。你最后找到几只基金？如果没有基金或很少有基金满足你的要求，试着放松标准。如果有太多基金，试着收紧标准。你可以点击结构列的任何字段选择排列这些标准。

概念检查答案

4-1 10.48美元

4-2 A类股份扣除4%的佣金后的净收益为9 600美元。如果基金的收益率为10%，n年之后投资收益会增至9 600美元×(1.10)n，B类股份没有前端费用，但是投资者扣除12b-1费用后的净收益仅为9.5%，而且，还存在撤离费用，这将使销售收入减少一定百分比，它等于（5－至出售的年份），直到第5年撤离费用期满，如表4-7所示。

表 4-7 （单位：美元）

期限	A类股份 9 600美元×(1.10)^n	B类股份 10 000美元×(1.095)^n×(1－退出费用百分比)
1年	10 560	10 000美元×(1.095)×(1－0.04)＝10 512
4年	14 055	10 000美元×(1.095)^4×(1－0.01)＝14 233
10年	24 900	10 000美元×(1.095)^{10} ＝24 782

对于特别短的投资期限例如1年，A类股份是比较好的选择。前端费用和撤离费用是相等的，但是A类股份无须支付12b-1费用。对于中期投资期限例如4年，B类股份占优势，因为A类股份的前端费用比12b-1费用高，并且撤离费用较小。对于较长的投资期限，例如10年或10年以上，A类股份再次占优势。在这种情况下，一次性的前端费用比每年都需支付的12b-1费用更便宜。

4-3 a. 换手率＝每100万美元的投资组合中交易160 000美元＝16%

b. 联邦快递实现的资本利得：10美元×1 000＝10 000美元。思科系统实现的资本利得：2.5美元×4 000＝10 000美元，因此，资本利得税是0.2×20 000美元＝4 000美元。

4-4 20%的管理人技术娴熟，占排名靠前的管理人的0.2×400＝80（人）。另外还有120位管理人排名靠前，320位管理人排名靠后，所以技术不娴熟的管理人有幸进入前几位的概率是120/320＝0.375。因此第一年这120位幸运的管理者会有0.375×120＝45（人）仍然排名靠前。因此，起初表现良好的管理人继续表现良好的有80＋45＝125（人），即62.5%。

PART 2 第二部分

资产组合理论与实践

CHAPTER5

第5章 风险与收益入门及历史回顾

随机观测和学术研究都表明投资风险与投资的期望收益同等重要。虽然关于风险与期望收益之间关系的一些理论在理性资本市场中确实流行，但是专注于市场中风险确切水平的相关理论却仍未面世，以至于目前我们只能通过历史分析来尽可能估算投资者可能面临的风险水平。

无法准确确定风险水平这样的境况并不出人意料，因为市场上投资资产的价格会随着关系企业财富水平和影响利率水平的宏观经济状况的新闻而不断波动变化，而学术界至今没有关于这类事件发生的频率及其影响力的理论，因此也就无法决定风险的一个“自然”水平。

期望收益与风险因难以直接观测从而使得这一问题更加复杂化。我们只能观测到事后实现了的收益率，所以，为了预测未来的期望收益和风险，我们必须首先了解如何从现有数据中“预测”期望收益和风险的历史水平，或者说投资者曾经预期的期望收益和风险水平。（有句谚语叫做预测未来比预测过去更难。）此外，在了解历史表现的过程中我们面临着“黑天鹅”问题[⊖]。即使选取再长的历史时期，我们都无法保证历史记录涵盖了未来可能发生的最坏（最好）情况，在考虑长期投资面临风险的时候，这个难题就显得更令人生畏了。为此本章讲述从历史表现中估算期望收益与风险所需要的基本工具，并思考历史记录（和黑天鹅问题）对未来投资活动的启示。

本章的开端首先讨论利率和安全资产，并且对过去80年美国无风险资产投资进行回顾。接着，本章介绍了风险资产，先论述了风险资产情境分析的方法和进行情境分析必要的数据支持，随后提出了研究资产组合历史收益时间序列必需的统计学工具。然后以全球视野窥探各国或地区股票债券市场的历史收益水平并对五种广义的资产类型组合的历史收益进行了分析。本章的最后讨论了历史表现对未来投资的

⊖ 黑天鹅是一种比喻，用来隐喻发生概率很小，一旦发生影响力却很大的事件。在澳大利亚被发现之前，欧洲人只见过白天鹅并认为黑天鹅是在合理概率区间之外的，或者用统计学行话来说，相对于他们的观察“样本”来说，黑天鹅是极端的“异常值”。

启示和各种业界风险度量的一般方法。

5.1　利率水平的决定因素

利率水平及未来利率的预测是做投资决策时诸多环节中非常重要的一环。例如，假定你的存款账户中有 10 000 美元，银行依据短期利率作为参照（比如 30 天短期国库券利率）向你支付浮动的利息，而你也可以选择将这部分钱转作以固定利率支付利息的长期存款凭证。

你的决策显然根据你对利率的未来预期而定。如果你认为利率未来会下降，你会希望通过购买期限较长的定期存单来把利率锁定在当前较高的水平上。相反，如果预期利率上升，你一定会选择推迟长期储蓄存单的购买计划。

众所周知，预测利率无疑是应用宏观经济学中最为困难的部分之一。然而即使如此，利率水平仍然由一些基本要素决定：

（1）来自于存款人（主要是家庭）的资金供给。

（2）来自于企业投资工厂车间、设备以及存货的融资需求。

（3）通过美联储运作调整后政府的净资金供给或资金需求。

在我们详尽解释这几个要素及其相互作用决定利率水平之前，我们必须首先区别实际利率与名义利率。

5.1.1　实际利率和名义利率

利率是指在一定期限内（1 个月、1 年、20 年甚或更长）因持有一定量某种计价单位（美元、欧元甚至购买力）而承诺的回报率。因此，当我们说到利率水平时，必须明确说明它的记账单位和期限。

假设不存在违约风险，我们便可以把以上承诺的利率看做该计价单位此特定期限的无风险利率。无风险利率必须对应一种计价单位和一个时间期限。举例来说，用美元计价时的无风险利率在使用购买力计量时就会因为通货膨胀的不确定性而存在风险。

考虑期限为一年的无风险利率，假设一年前你在银行存了 1 000 美元，期限为一年，利率为 10%，那么现在你可以得到 1 100 美元现金。但这笔投资的实际收益取决于现在的 1 100 美元以及一年前的 1 000 美元分别可以买多少东西，而消费者物价指数（CPI）衡量了城镇家庭一篮子商品服务消费的平均价格水平。

假定上一年的通货膨胀率（CPI 的变化百分率，计为 i）为 6%，也就是说你手中货币的购买力在这一年中下降了 6%，每一美元能购买的商品下降了 6%。利息收益的一部分将用于弥补由于 6% 的通货膨胀率导致的购买力下降。以 10% 的利率计，除掉 6% 的购买力损失，最终你只能得到 4% 的购买力增加，所以，我们必须区别**名义利率**（nominal interest rate）——资金量增长率和**实际利率**（real interest rate）——购买力增长率。设名义利率为 R，实际利率为 r，通货膨胀率为 i，则有下式近似成立：

$$r \approx R - i \tag{5-1}$$

或者说，实际利率等于名义利率减去通货膨胀率。

严格上讲，名义利率和实际利率之间有下式成立：

$$1 + r = \frac{1 + R}{1 + i} \tag{5-2}$$

购买力增长值 $1 + r$ 等于货币增长值 $1 + R$ 除以新的价格水平，即 $1 + i$，由式（5-2）推导得到：

$$r = \frac{R - i}{1 + i} \tag{5-3}$$

显然可以看出由式（5-1）得出的近似值高估了实际利率 $1 + i$ 倍。

【例 5-1】　近似的实际利率

如果一年期储蓄存单的利率为 8%，预期下一年的通货膨胀率为 5%，利用近似公式可以得到实际利率为 $r = 8\% - 5\% = 3\%$，利用精确公式可以计算出实际利率为 $r = \frac{0.08 - 0.05}{1 + 0.05} = 0.028\,6$，即 2.86%。由此可以看到，近似公式得出的实际利率高估了 14 个基点（0.14%），通货膨胀率较低并采用连续复利度量时，近似公式较为准确。针对这一问题，后面有更为详细的论述。■

在做出投资决策之前，投资者应当明白储蓄存单上所给出的是名义利率，因而投资者应当从中除去预期通货膨胀率才能得到投资项目的实际收益率。

寻找实际利率并非是不可能的事情，已发生的通货膨胀率通常刊登在劳动统计局的报告上。但是将来的实际利率我们往往不知道，人们不得不依赖预期。也就是说，由于未来有通货膨胀的风险，即使当名义利率是无风险时，实际收益率仍是不确定的。

5.1.2 实际利率均衡

三个基本因素：供给、需求和政府行为决定了实际利率，我们通常听到的名义利率是实际利率加上通货膨胀因素后的结果，所以影响实际利率的第四个因素就是通货膨胀率。

正如世界上有许多种证券一样，经济界中有许多利率，但是经济学家往往采用一个利率来代表所有这些利率。如果考虑到资金的供给与需求曲线，我们采用一个抽象的利率可以对实际利率的确定这一问题有更深的认识。

图5-1描绘了一条向下倾斜的需求曲线和一条向上倾斜的供给曲线，横轴代表资金的数量，纵轴代表实际利率。

供给曲线向上倾斜是因为实际利率越高，居民储蓄的需求也就越大。这个假设基于这样的原理：实际利率高，居民会推迟现时消费转为未来消费并进行现时投资。[⊖]

需求曲线向下倾斜是因为实际利率低，厂商会加大其资本投资的力度。假定厂商选择投资项目是基于项目日本身的投资收益率，那么实际利率越低，厂商会投资越多的项目，从而需要越多的融资。

供给曲线与需求曲线的交点形成图5-1中的均衡点 E。

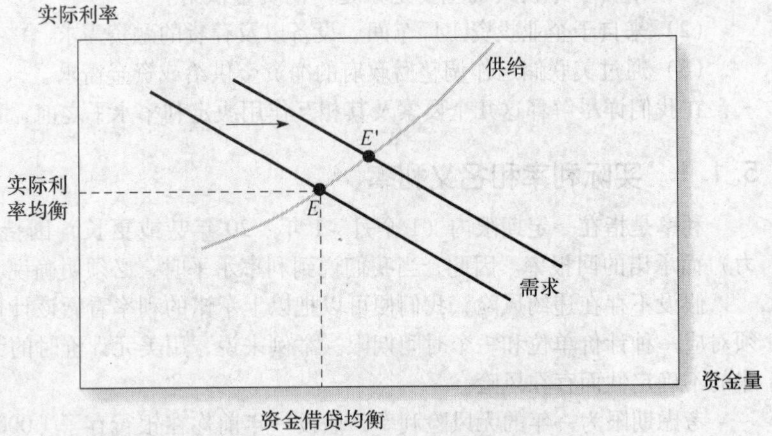

图5-1 实际利率均衡决定因素

政府和中央银行（美联储）可以通过财政政策或货币政策向左或向右移动供给曲线和需求曲线。例如，假定政府预算赤字增加，政府需要增加借款，推动需求曲线向右平移，均衡点从 E 点移至 E' 点。也就是说，预期政府借款的增加将会导致市场对未来利率的增加，导致市场对未来利率上升的预期。美联储也可以用扩张性货币政策来抵消这一预期，这将导致供给曲线发生相应的移动。

所以，尽管实际利率最为基本的决定因素是居民的财产储蓄和投资项目的预期生产率（或利润率），其同时也受到政府财政政策或货币政策的影响。

5.1.3 名义利率均衡

上文指出资产的实际收益率等于名义利率减去通货膨胀率，因为投资者最为关心的是他们的实际收益率（即购买力的增加值），我们可以认为，当通货膨胀率增加时，投资者会对其投资提出更高的名义利率要求，从而保证投资项目的实际利率不变。

费雪（Irving Fisher，1930）认为名义利率伴随着预期通货膨胀率的增加而增加。如果我们假设目前的预期通货膨胀率将持续到下一时期，记为 $E(i)$，那么所谓的费雪等式为

$$R = r + E(i) \tag{5-4}$$

式（5-4）表明如果实际利率是稳定的，名义利率的上涨意味着更高的通货膨胀率。根据不同的实证检验结果，这一关系是有争议的。尽管支持这一关系的经验数据并不是强有力的，人们仍然认为名义利率是预测通货膨胀率的一个可行的方法，部分原因是我们无法用其他方法来预测通货膨胀率。

实证研究很难证实费雪关于“名义利率上涨意味着有更高通货膨胀率”的假设，这是因为往往实际利率也在发

⊖ 家庭储蓄会不会随实际利率上升而增加，这个问题在专家中有着很大的争论。

生着无法预测的变化。名义利率可以被视为名义上无风险资产的必要收益率加上通胀“噪声”的预测值。

我们将在第四部分讨论长期利率与短期利率之间的关系。长期利率同长期通货膨胀率的预测并不一致，由于这个原因，不同到期期限的债券利率也有所不同。此外，长期债券价格的波动远比短期债券价格波动剧烈，这意味着长期债券的期望收益应当包括风险溢价，从而不同期限债券的预期实际收益率也是不同的。

概念检查 5-1

a. 假定每年的实际利率为 3%，预期通货膨胀率为 8%，那么名义利率是多少？

b. 假定预期通货膨胀率将上涨 10%，但实际利率不变，那么名义利率有什么变化？

5.1.4 税收与实际利率

税赋是基于名义收入的支出，税率则由投资者的税收累进等级决定。国会意识到了不断上涨的税收累进制度与通货膨胀率之间的关系（当名义利率随通货膨胀率上升时，将使纳税人面对更高的税收累进等级），便于 1986 年税制改革中建立了同价格指数挂钩的税收累进制。

同价格指数联系的税收累进制度并没有将个人收入的纳税完全同通货膨胀率分离开来，假设税率为 t，名义利率为 R，则税后名义利率为 $R(1-t)$。税后实际利率近似等于税后名义利率减去通货膨胀率，即：

$$R(1-t)-i=(r+i)(1-t)-i=r(1-t)-it \tag{5-5}$$

因此，税后实际利率随着通货膨胀率的上升而下降，投资者承受了相当于税率乘以通货膨胀率的通胀损失。例如，假定你的税负为 30%，投资收益为 12%，通货膨胀率为 8%，那么税前实际利率为 4%，在通胀保护税收体系下，税后利率为 $4\times(1-0.3)=2.8\%$，但是税法并没有认识到收益中的前 8% 并不足以补偿通胀（而不是实际收入）带来的损失，因此，税后收益减少了 $8\%\times0.3=2.4\%$。这样，你的税后实际利率就变成了 0.4%，几乎全部丧失了。

5.2 比较不同持有期的收益率

考虑一个寻求安全投资的投资者，比如投资美国国库券[1]。假设我们观察很多不同期限的零息票国库券。零息票债券会在第 14 章进行更深入的讨论，简单地说是以票面价值折价出售，收益来自于购买价和最终票面价值[2]的差价。假设国库券价格为 $P(T)$，面值为 100 美元，持有期为 T 年。我们把期限为 T 年的无风险收益率表示成投资价值增长的百分比。

$$r_f(T)=\frac{100}{P(T)}-1 \tag{5-6}$$

当 $T=1$ 时，式（5-6）提供了 1 年期的无风险收益率。

【例 5-2】 **年化收益率**

假定面值为 100 美元的零息国库券的价格和不同的年限如下所示。我们运用式（5-6）可以计算出每一种证券的总收益率。■

期限	价格 $P(T)$（美元）	$[100/P(T)]-1$	该期限的无风险收益率（%）
半年	97.36	$100/97.36-1=0.0271$	$r_f(0.5)=2.71$
1 年	95.52	$100/95.52-1=0.0469$	$r_f(1)=4.69$
25 年	23.30	$100/23.30-1=3.2918$	$r_f(25)=329.18$

不出意料的是，在例 5-2 中持有期越长，总收益率越高。我们应该怎样比较不同持有期的投资收益呢？这就需要我们将每一个总收益换算成某一常用期限的收益率。我们通常把所有的投资收益表达为**有效年利率**（effective annual rate，EAR），即一年期投资价值增长百分比。

对于一年期的投资来说，有效年利率等于总收益率 $r_f(1)$。总收入（$1+\text{EAR}$）是每一美元投资的最终价值。对于期限少于一年的投资，我们把每一阶段的收益按复利计算到一年。比如，对例 5-2 中 6 个月的投资，我们按

[1] 国库券收益和不同期限债券的收益率可以在网络上找到，比如雅虎财经、MSN 财经或者直接从美联储获取。

[2] 美国财政部发行的短期国库券为零息债券，期限最长为 1 年。而金融机构通过购买一般国库券进行本息分离来构造最长达 30 年的零息票国库券。此内容第 14 章有详细介绍。

2.71%的收益率复利计算得到一年后的投资终值 $1+\text{EAR}=1.0271^2=1.0549$，意味着 EAR=5.49%。

对于投资期长于一年的投资来说，通常把有效年利率作为年收益率。比如，例5-2中，持有期为25年的投资在25年里增长了4.2918（也就是1+3.2918）。所以有效年利率可以表达为：

$$(1+\text{EAR})^{25}=4.2918$$

$$1+\text{EAR}=4.2918^{1/25}=1.0600$$

总的来说，我们可以把有效年利率与总收益率 $r_f(T)$ 联系在一起，运用下面的公式计算持有期为 T 时的回报。

$$1+\text{EAR}=[1+r_f(T)]^{1/T} \tag{5-7}$$

我们可以用一个例子来说明。

【例5-3】 **有效年收益率与总收益率**

对于例5-2中的6个月的国债来说，$T=1/2$，$1/T=2$，因此

$$1+\text{EAR}=(1.0271)^2=1.0549，\text{EAR}=5.49\%$$

对于例5-2中25年的国债来说，$T=25$，因此

$$1+\text{EAR}=4.2918^{1/25}=1.060，\text{EAR}=6.0\%$$ ■

5.2.1 年化百分比利率

短期投资（通常情况下，$T<1$）的收益率是通过简单利率而不是复利来计算的。这被称为**年化百分比利率**（annual percentage rate，APR）。比如，当涉及月收益率时，年化百分比利率是通过12个月的月利相加来计算的。通常说来，如果把一年分成 n 个相等的期间，并且每一期间的利率是 $r_f(T)$，那么，$\text{APR}=n\times r_f(T)$。反之，你可以通过年化百分比利率得到每个期间的实际利率 $r_f(T)=T\times\text{APR}$。

通过这个过程，例5-2中6个月债券（6个月的利率为2.71%）的年化百分比利率为 $2\times2.71=5.42\%$。概括一下对一个期限为 T 的短期投资来说，每年有 $n=1/T$ 个复利计算期。因此，复利计算期、有效年利率和年化百分比利率的关系可以用下面的公式来表示：

$$1+\text{EAR}=[1+r_f(T)]^n=[1+r_f(T)]^{1/T}=[1+T\times\text{APR}]^{1/T} \tag{5-8}$$

即：

$$\text{APR}=\frac{(1+\text{EAR})^T-1}{T}$$

【例5-4】 **有效年利率与年化百分比利率**

我们运用式（5-8）可以得出有效年利率为5.8%的与不同复利计算期限时相对应的年化百分比利率。相反，我们同样可以得到年化百分比利率为5.8%时有效年利率的值。结果如表5-1所示。在第3列、第4列中，我们令有效年利率为5.8%，并求出相应的年化百分比利率。在第5列、第6列中，令年化百分比利率为5.8%，并求出相应的有效年利率。■

表5-1 年化百分比利率和有效年利率

期限	T	$\text{EAR}=[1+r_f(T)]^{1/T}-1=0.058$		$\text{APR}=r_f(T)\times(1/T)=0.058$	
		$r_f(T)$	APR=[(1+EAR)^T-1]/T	$r_f(T)$	EAR=(1+APR*T)^(1/T)-1
1年	1.0000	0.0580	0.05800	0.0580	0.05800
6个月	0.5000	0.0286	0.05718	0.0290	0.05884
3个月	0.2500	0.0142	0.05678	0.0145	0.05927
1个月	0.0833	0.0047	0.05651	0.0048	0.05957
1星期	0.0192	0.0011	0.05641	0.0011	0.05968
1天	0.0027	0.0002	0.05638	0.0002	0.05971
连续		$r_{cc}=\ln(1+\text{EAR})=0.05638$		$\text{EAR}=\exp(r_{cc})-1=0.05971$	

5.2.2 连续复利

从表5-1［和式（5-8）］中可以明显地看到年化百分比利率和有效年利率随复利计算频率变化而产生的差异。随之而来的问题是，随着计算利息的频率不断提高，年化百分比利率和有效年利率的差异可以达到多大？换句话说，

当 T 不断变小的时候，$[1+T\times APR]^{1/T}$ 的极限是多少？当 T 趋近于零，我们得到**连续复利**（continuous compounding），并且可以用下面的指数函数得到有效年利率与年化百分比利率（在连续复利时，用 r_{cc} 表示）的关系：

$$1+EAR=\exp(r_{cc})=e^{r_{cc}} \tag{5-9}$$

e 大约为 2.718 28。

为了从有效年利率得出 r_{cc} 的值，我们将式（5-9）化简，如下所示：

$$\ln(1+EAR)=r_{cc}$$

这里 ln(·) 是一个自然对数函数，是 exp(·) 的反函数。指数函数和对数函数都可以在 Excel 中进行计算，分别叫做 EXP(·) 和 LN(·)。

【例 5-5】

连续复利利率

当给定有效年利率为 5.8% 时，连续复利计算的年化百分比利率 r_{cc} 为 5.638%（见表 5-1），与按日复利计算的年化百分比利率差不多。但对复利频率较低的利率来说，比如半年，为了得到相同的有效年利率，年化百分比利率的值竟然高达 5.718%。也就是说当计算复利频率较低时，达到相同有效回报所需的年化百分比利率会更高。■

概念检查 5-2

一家银行提供给你两种三年定期存款 100 000 美元的利率选择：①月利率 1%；②年连续复利利率 12%，你选择哪一个？

尽管连续复利看起来是烦琐的数学，但在很多情况下运用这种利率会简化预期回报和风险的计算。举例来说，在连续复利情况下，对于任何期限 T，总收益 $r_{cc}(T)$ 就可以简单的表示为 $\exp(T\times r_{cc})$㊀。换言之，总收益与时间阶段 T 之间成正向关系。这比用指数按不同阶段的复利计算要简单得多。另一个例子是，回顾式（5-1），实际利率 r，名义利率 R 和通货膨胀率 i 之间的关系 $r\approx R-i$，只是一个近似值，式（5-3）已给予证明。但是当我们将所有的利率都看做连续复利的话，式（5-1）就是完全正确的㊁，也就是 r_{cc}(实际利率) = r_{cc}(名义利率) − i_{cc}。

5.3 国库券与通货膨胀

本章回顾历史时经常从 1926 年开始看起，我们有理由问一下为什么。其实原因很简单，因为是自 1926 年 1 月 1 日起美国才有精确可靠的收益率数据库。

表 5-2 总结了美国短期利率、通货膨胀率和相应的实际利率的历史数据。你可以在 www.mhhe.com/bkm 网站上找到 1926 年以来的数字。短期国库券的年利率是由 12 个 1 月期短期国库券利率按复利计算得来的。实际利率是由名义利率和通货膨胀率按费雪公式（5-2）计算得来的。

表 5-2 的前几列展示了不同时间段的平均年利率。可见，后半段（1968～2009）的平均年利率 5.75% 明显高于前半段的平均年利率 1.67%。其中的原因就在于通货膨胀，表中也可以看到，后半段的通货膨胀水平也显著高于前半段时期。最近一些年的实际利率仍然高于过去水平。

表 5-2 1926～2009 年短期国库券、通货膨胀率、实际利率的统计数据

	平均年收益率			标准差		
	短期国库券	通货膨胀率	实际值	短期国库券	通货膨胀率	实际值
全部年份 1926～2009（84）	3.71	3.10	0.70	3.09	4.19	3.90
后半段 1968～2009（42）	5.75	4.56	1.17	2.94	3.02	2.40
前半段 1926～1967（42）	1.67	1.64	0.24	1.45	4.69	4.96

资料来源：*Annual rates of return from rolling over 1-month T-bills*：Kenneth French；*annual inflation rates*：Bureau of Labor Statistics.

㊀ 推导自式（5-9）若 $1+EAR=e^{r_{cc}}$，则 $(1+EAR)^T=e^{r_{cc}T}$。

㊁ $1+r(\text{实际利率})=\dfrac{1+r(\text{名义利率})}{1+\text{通货膨胀率}}$

$$\Rightarrow \ln[1+r(\text{实际利率})]=\ln\left(\frac{1+r(\text{名义利率})}{1+\text{通货膨胀率}}\right)=\ln[1+r(\text{名义利率})]-\ln(1+\text{通货膨胀率})$$

$$\Rightarrow r_{cc}(\text{实际利率})=r_{cc}(\text{名义利率})-i_{cc}$$

历史经验告诉我们，即使温和的通货膨胀都会使这些低风险投资的实际回报偏离其名义值，在这个样本中，实际收益大约是名义收益的1/5。

财富指数可以用来表示一定期限内某一特定投资的累积收益。假设在期初投资了1美元，我们按年以复利计算投资的价值，期末的价值指数则表明投资期间每单位美元投资的财富总增长值。图5-2表明1967年年末投资于短期国库券的1美元在2009年年末会增长到惊人的10.29美元。然而，用实际值计算的期末财富值只有1.61美元。类似地，从1929年至今财富的名义值增长到了20.52美元，但是实际值只增长到了1.69美元。

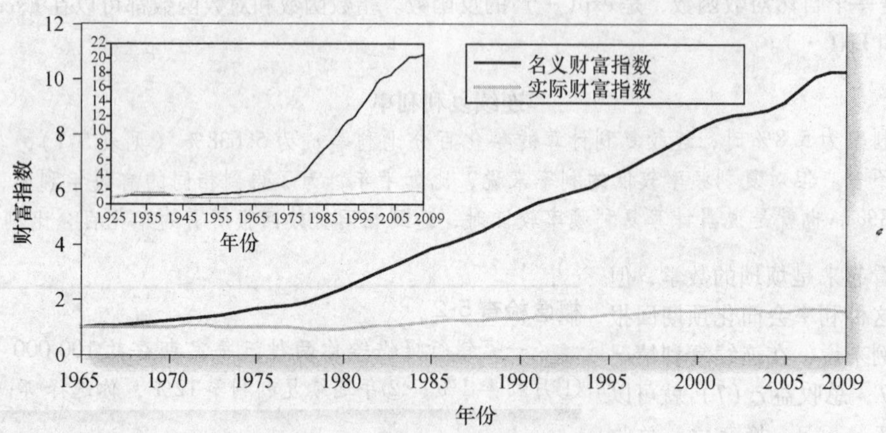

图5-2 1968~2009年投资国库券的财富指数名义与实际值（左上小图为1926~2009年）

从表5-2的标准差中可以看到在1926至今的后半段期间通货膨胀的标准差（3.02%）显著低于前半段（4.69%），这也使得后半段期间实际利率的标准差（2.40%）低于前半段（4.96%）。我们注意到名义利率的标准差后半段（2.94%）高于前半段（1.45%），说明已实现实际收益的波动归因于期间国库券利率和通货膨胀率更紧密的联动性。实际上，图5-3记录了后半段期间通货膨胀率的缓和与通货膨胀率和名义利率之间更紧密的联系。

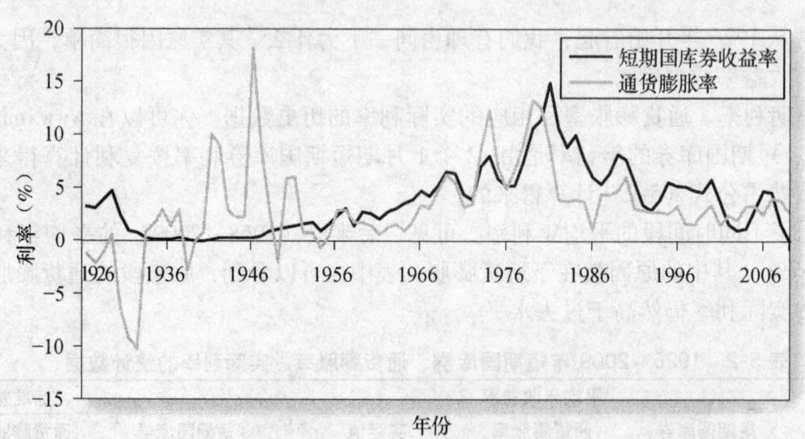

图5-3 1929~2006年利率和通货膨胀率

我们可以通过比较两个期间通货膨胀率分别和名义利率、实际利率的相关性来测度通货膨胀与短期国库券的联动性。通货膨胀率和国库券名义利率的相关性显著地从-0.17增加到0.64。更惊人的是通货膨胀与实际利率之间的负相关性显著地从-0.96减小到-0.44。如果短期国库券票面利率和未来通货膨胀是完全独立的，则通货膨胀率和实际利率会表现为完全负相关，就像1926~1967年表现的那样。从1968年以来，实际利率和通货膨胀率的相关性仍为负，但是相关性变小。持续的负相关性说明名义利率伴随着预期通货膨胀率的一对一变化趋势更加不显著，如表5-3所示。

表 5-3

	1926~1967	1968~2009
和名义利率的相关系数	-0.17	0.64
和实际利率的相关系数	-0.96	-0.44

5.4　风险与风险溢价

5.4.1　持有期收益率

假设你正在考虑投资于股票指数基金。每一份额的现价为 100 美元，持有期为 1 年。实现的投资收益率由每份额年末价格和这一年的现金股利决定。

假定每份额的期末价格为 110 美元，这一年的现金股利为 4 美元。实现的收益率，也叫做**持有期收益率**（HPR，holding-period return，在这种情况下，持有期为一年）可以表示如下：

$$\text{HPR} = \frac{\text{期末每份价格} - \text{期初价格} + \text{现金股利}}{\text{期初价格}} \tag{5-10}$$

本例中

$$\text{HPR} = \frac{110\text{ 美元} - 100\text{ 美元} + 4\text{ 美元}}{100\text{ 美元}} = 0.14 \text{ 即 } 14\%$$

持有期收益率的定义假设股利在持有期期末支付。如果股利支付提前，那么持有期收益率便忽略了股利支付点到期末这段时间的再投资收益。来自股利的收益百分比被称为**股息收益率**（dividend yield），所以股息收益率加上资本利得收益率等于持有期收益率。

5.4.2　期望收益率和标准差

一年以后的每份基金价格和股利收入具有很大的不确定性，所以无法确定最终的持有期收益率。我们将市场状况和股票指数市场进行情境分析，将其分为四种情况，如数据表 5-4A ~ E 栏所示。

表 5-4　股票指数基金持有期收益率的情境分析

	A	B	C	D	E	F	G	H	I
1									
2									
3	Purchase Price =		$100			T-bill Rate = 0.04			
4									
5							Squared		Squared
6	State of the		Year-end	Cash		Deviations	Deviations	Excess	Deviations
7	Market	Probability	Price	Dividends	HPR	from Mean	from Mean	Returns	from Mean
8	Excellent	0.25	126.50	4.50	0.3100	0.2124	0.0451	0.2700	0.0451
9	Good	0.45	110.00	4.00	0.1400	0.0424	0.0018	0.1000	0.0018
10	Poor	0.25	89.75	3.50	-0.0675	-0.1651	0.0273	-0.1075	0.0273
11	Crash	0.05	46.00	2.00	-0.5200	-0.6176	0.3815	-0.5600	0.3815
12	Expected Value (mean)	SUMPRODUCT(B8:B11, E8:E11) =			0.0976				
13	Variance of HPR			SUMPRODUCT(B8:B11, G8:G11) =			0.0380		
14	Standard Deviation of HPR					SQRT(G13) =	0.1949		
15	Risk Premium					SUMPRODUCT(B8:B11, H8:H11) =		0.0576	
16	Standard Deviation of Excess Return					SQRT(SUMPRODUCT(B8:B11, I8:I11)) =			0.1949

我们怎样来评价这种概率分布？通过本书，我们将会用期望收益率 $E(r)$ 和标准差 σ 来表示收益率的概率分布。期望收益值是在不同情境下收益率以发生概率为权重的加权平均值。假设 $P(s)$ 是各种情境的概率，$r(s)$ 是各种情境的持有期收益率，情境由 s 来标记，我们可以将期望收益写作：

$$E(r) = \sum_s p(s)r(s) \tag{5-11}$$

将表 5-4 中的数据运用到式（5-11）中，我们会得到该股票指数基金的期望收益率为：

$$E(r) = (0.25 \times 0.31) + (0.45 \times 0.14) + [0.25 \times (-0.0675)] + [0.05 \times (-0.52)] = 0.0976$$

数据表 5-4 表明这个和可以很简单地由 Excel 得出，运用 SUMPRODUCT 公式先计算出一系列数字对的乘积，然后将这些乘积相加。在此，数字对是每种情境出现的概率和收益率。

收益率的标准差（σ）是度量风险的一种方法。它是方差的平方根，方差是与期望收益偏差的平方的期望值。结果的波动性越强，这些方差的均值就越大。因此，方差和标准差提供了测量结果不确定性的一种方法，也就是：

$$\sigma^2 = \sum_s p(s)[r(s) - E(r)]^2 \tag{5-12}$$

因此，在本例中

$$\sigma^2 = 0.25(0.31 - 0.0976)^2 + 0.45(0.14 - 0.0976)^2 + 0.25(-0.0675 - 0.0976)^2 + 0.05(-0.52 - 0.0976)^2 = 0.0380$$

这个值已经运用 SUMPRODUCT 公式在表 5-4 的 G13 格计算出来。在 G14 格的标准差可以这样计算：

$$\sigma = \sqrt{0.0380} = 0.1949 = 19.49\%$$

显然，困扰该指数基金潜在投资者的是一个市场崩盘或市场变坏的下跌风险，而不是市场变好带来的上涨潜力。收益率的标准差并没有区分好的市场或是坏的市场。它在两种情况下都仅仅表达的是对平均值的偏离程度。只要概率分布大致是关于平均值对称的，标准差就是一个风险的适当测度。在特殊情况中我们可以假设概率分布为正态分布（即众所周知的钟形曲线），$E(r)$ 和 σ 就可以完美地刻画出分布。

5.4.3 超额收益和风险溢价

你应该投资多少到我们的指数基金中？首先，你必须知道承担股票投资风险可以期望的收益是多高。

我们把收益表示成股票指数基金的预期持有期收益率和**无风险收益率**（risk-free rate）的差值，无风险收益率是当你将钱投入无风险资产比如说短期国库券、货币市场基金或者银行时所获得的利率。我们将这种差值称为普通股的**风险溢价**（risk premium）。在我们的例子中无风险年利率为 4%，预期指数基金收益率为 9.76%，所以风险溢价为每年 5.76%。在任何一个特定的阶段，风险资产的实际收益率与实际无风险收益率的差值称为**超额收益**（excess return）。因此，风险溢价是超额收益的期望值，超额收益的标准差是其风险的测度。

投资者投资股票的意愿取决于其**风险厌恶**（risk aversion）水平。金融分析师通常假设投资者是风险厌恶的，当风险溢价为零时，人们不愿意对股票市场做任何投资。理论上说，必须有正的风险溢价来促使风险厌恶的投资者继续持有现有的股票而不是将他们的钱转移到其他无风险的资产中去。

虽然情境分析解释了量化的风险和收益背后的概念，你可能仍然想知道对于普通股票和其他证券来说怎样更加准确的估计 $E(r)$ 和 σ。历史给我们提供了敏锐的视角。历史上关于有价证券收益的记载运用了各种各样的概念和统计工具，所以首先让我们来做一个初步讨论。

概念检查 5-3

你投资 27 000 美元于一个公司债券，每 1 000 美元面值债券售价为 900 美元。在第二年，1 000 美元债券能够提供的利息是 75 美元。年末债券的价格取决于当时的利率水平。你依据以下情境分析：

（单位：美元）

利率	概率	年末债券价格
高	0.2	850
不变	0.5	915
低	0.3	985

你的另一种投资则是国库券，它能够提供的收益率为 5%。计算每种情况的持有期收益率、$E(r)$ 和风险溢价。你投资的年末期望价值是多少？

5.5 历史收益率的时间序列分析

5.5.1 时间序列与情境分析

在着眼未来的情境分析中，我们设定一组相关的情境和相应的投资回报，并对每个情境设定其发生的概率，最后计算该投资的风险溢价和标准差。相应地，资产和组合的历史收益率只是以时间序列形式存在，并没有明确给出这些收益率发生的概率，因为我们只观察到日期和持有期收益率。所以必须从有限的数据中推断收益率的概率分布，或者至少是分布的一些特征值，比如期望收益和标准差。

5.5.2 期望收益和算术平均值

我们使用历史数据时，我们认为每一个观测值等概率发生。所以如果有 n 个观测值，便将式（5-11）中的 $p(s)$

替换为 $1/n$，这时期望收益可表示为：

$$E(r) = \sum_{s=1}^{n} p(s)r(s) = \frac{1}{n}\sum_{s=1}^{n} r(s) = \text{收益率的算术平均值} \tag{5-13}$$

【例 5-6】

数据表 5-5 显示了一段（较短）时间的标准普尔 500 指数在 2001 ~2005 年间持有期收益率的时间序列。在样本期间中，将 $n=5$ 的观察期间每一个持有期收益率看做样本期间的年度收益，并等可能发生，概率为 1/5，表中的 B 列使用 0.2 作为概率值，C 列显示每年持有期收益。运用式（5-13），可以得到持有期收益的算术平均位。■

表 5-5　标准普尔 500 持有期收益的时间序列

	A	B	C	D	E	F
1						
2						
3					Gross HPR =	
4	时期	假设概率	持有期收益	SD	1 + HPR	财富指数
5	2001	0.2	-0.1189	0.0196	0.8811	0.8811
6	2002	0.2	-0.2210	0.0586	0.7790	0.6864
7	2003	0.2	0.2869	0.0707	1.2869	0.8833
8	2004	0.2	0.1088	0.0077	1.1088	0.9794
9	2005	0.2	0.0491	0.0008	1.0491	1.0275
10	Arithmetic average	AVERAGE(C5:C9) =	0.0210			
11	Expected HPR	SUMPRODUCT(B5:B9, C5:C9) =	0.0210			
12		Standard deviation	SUMPRODUCT(B5:B9, D5:D9)^0.5 =	0.1774		Check:
13			STDEV(C5:C9) =	0.1983		1.0054^5=
14			Geometric average return	GEOMEAN(E5:E9) - 1=	0.0054	1.0275
15	*The value of $1 invested at the beginning of the sample period (1/1/2001).					

例 5-6 举例说明了算术平均值在投资学中广泛应用的逻辑。如果每个历史收益的时间序列都真实代表了可能的概率分布，那么从历史数据中计算得到的算术平均值就是预期持有期收益的恰当估计。

5.5.3　几何（时间加权）平均收益

我们看到算术平均值是期望收益率的无偏估计，那么关于整个样本期间内的投资组合的实际表现，这些时间序列是如何体现的呢？

数据表 5-5 中 F 列显示了 2001 年年初投资 1 美元在标准普尔 500 指数上的财富指数。2005 年年末财富指数的数值为 1.027 5 美元。这是 1 美元的最终价值，意味着 5 年投资持有期收益率为 2.75%。

样本期间内的收益表现可以用某一年化持有期收益率来衡量，由时间序列中复利终值反推而得。定义该收益率为 g，则有

$$\text{终值} = (1+r_1)\times(1+r_2)\times\cdots\times(1+r_5) = 1.0275$$

$$(1+g)^n = \text{终值} = 1.0275 \quad \text{（数据表 5-5 中单元格 F9）} \tag{5-14}$$

$$g = \text{终值}^{1/n} - 1 = 1.0275^{1/5} - 1 = 0.0054 = 0.54\% \quad \text{（单元格 E14）}$$

式中，$1+g$ 是时间序列的总收益 $1+r$ 的几何平均数（可以使用 Excel 中 GEOMEAN 命令），g 是年化持有期收益率。

投资者称 g 为时间加权（区别于货币加权）的平均收益，它强调了在平均过程中每个历史收益为等权重的。两种平均方法的差别十分重要，因为投资经理作为投资者常常要经历基金数目显著变化的情况，可能需要购买或者赎回其投资份额，而规模大时比规模小时获得更多的投资回报（或损失），不能单纯看收益率。在业绩评估一章将更深入地讨论这种差异。

收益率波动越大，两种平均方法的差异越大。如果收益服从正态分布，预期差异为分布方差的 1/2，即

$$E[\text{几何平均值}] = E[\text{算术平均值}] - 1/2\sigma^2 \tag{5-15}$$

［**注意**：使用式（5-15）时，需要将收益率换成小数形式，而不是百分数形式。］当收益率服从正态分布时，式（5-15）的拟合效果较好。

【例 5-7】　　**几何平均值与算术平均值**

例 5-6 中的几何平均值 0.54% 显著小于算术平均值 2.1%。这种差异有时使人们困惑，主要是来自于投资收益

率的正负对组合终值的影响不同。

观察到2002年和2003年的收益分别为 -0.221 和 0.286 9，这两年的算术平均值是 0.032 95。然而，如果你在2002年年初投资100美元，2002年年末你也许只能得到77.90美元。要弥补这个亏损，2003年你需要赚21.1美元，这将得到一个相对巨大的收益率27.09%，为什么只是弥补亏损，这个数值会比2002年你损失的22.1%大这么多呢？这是由于你以2003年的数值为基准，这个基准明显小于100美元。较小的基准就意味着它将产生较大的收益率。即使投资组合在2003年的收益率达到28.69%，即收益为77.90×1.284 9=100.25（美元），这也只是高于100美元的数值。这揭示了两年的年化收益率（几何平均）只有0.12%，明显小于算术平均值3.295%。■

概念检查 5-4

2008年年初投资100万美元于标准普尔500指数基金。给定2008年收益率为 -38.6%，2009年需要收益率为多少才可以弥补2008年的损失？

5.5.4 方差和标准差

当人们考虑风险时，关注的是偏离期望收益的可能性。实际中，无法直接预期，所以通过偏离期望收益估计值的平方和来计算方差。改动式（5-12），按每个观测值等概率出现，样本平均值作为 $E(r)$：

$$\text{方差}=\text{离差平方的期望值}$$

$$\sigma^2=\sum p(s)\left[r(s)-E(r)\right]^2$$

使用历史数据，估计方差为：

$$\hat{\sigma}^2=\frac{1}{n}\sum_{s=1}^{n}\left[r(s)-\bar{r}\right]^2 \tag{5-16}$$

【例 5-8】 方差和标准差

数据表 5-5D 列显示了偏离算术平均值的平方，D12 单元格给出标准差为 0.177 4，为偏离平方与概率乘积和的平方根。■

由式（5-16）估计得到的方差是有偏的，这是由于采用的是对样本算术平均值 $\bar{r}$ 的偏差，而不是未知的真实期望 $E(r)$，故导致了一些估计误差。这又称为自由度偏差，可以通过方差算术平均值与因子 $n/(n-1)$ 的乘积来消除误差。方差和标准差变为：

$$\hat{\sigma}^2=\left(\frac{n}{n-1}\right)\times\frac{1}{n}\sum_{s=1}^{n}\left[r(s)-\bar{r}\right]^2=\frac{1}{n-1}\sum_{s=1}^{n}\left[r(s)-\bar{r}\right]^2$$

$$\hat{\sigma}=\sqrt{\frac{1}{n-1}\sum_{s=1}^{n}\left[r(s)-\bar{r}\right]^2} \tag{5-17}$$

D13 单元格显示了标准差的无偏估计值为 0.198 3，这略微大于 D12 中 0.177 4。

5.5.5 收益波动性（夏普）比率

最后，必须注意到，应该假定投资者关注的是他们购买投资组合相对于国库券获得的预期超额收益和相应的风险。尽管国库券的利率不固定，我们仍然知道购买债券并持有到期的收益。其他投资比安全的国库券收益率更高，也难免带来更多的风险。投资者为风险资产定价使得其风险溢价能够弥补预期超额收益带来的风险。这样利用溢价的标准差代替总收益标准差来衡量风险更好。

收益（风险溢价）和风险（通过标准差 SD 来衡量）之间的权衡意味着人们需要利用投资的风险溢价与标准差的比率来度量投资组合的吸引力。

$$\text{夏普比率}=\frac{\text{风险溢价}}{\text{超额收益率的标准差}} \tag{5-18}$$

这一比率广泛用于评估投资经理的业绩。

【例 5-9】 夏普比率

参见数据表5-4，投资股指基金的情境分析得到5.76%的风险溢价，超额收益的标准差为19.49%。这表明夏普比率等于 0.3，与历史股指基金的业绩一致。在下面的一些章节中将继续讨论这种重要的度量方法，证明它在度量分散化投资组合风险－收益的权衡时是一种合适的方法，但是将其运用在单个资产比如投资组合中的一只股票时是不合适的。■

概念检查 5-5

用数据表 5-5 中 2003～2005 年的年度收益。

a. 计算算术平均收益。　　b. 计算几何平均收益。

c. 计算收益的标准差。　　d. 计算夏普比率，假设无风险利率为 6%。

5.6　正态分布

正态分布在日常生活中频繁出现。例如，一个国家或地区全部人口的身高、体重情况都很好地符合正态分布。实际上，很多由一连串随机事件构成的变量都会呈现出正态分布的形态，例如在连续生产中用于向标准容器中灌 1 加仑（1 加仑 =3.78 立方米）液体的机器每次的灌装误差。同样的逻辑，如果投资者对收益的期望是理性预期，那么实际收益率应该是服从以此期望为均值的正态分布。

正态分布为什么是“正态”的呢？假设一个报社在生意好的一天赚 100 美元，生意不好则不赚不赔，且两种情况发生的概率各为 50%。因此，它平均每天的收益是 50 美元。我们可以据此画一个二叉树来描述所有可能发生的状况，下面的**事件树**（event tree）展示了两天生意可能发生的情况。

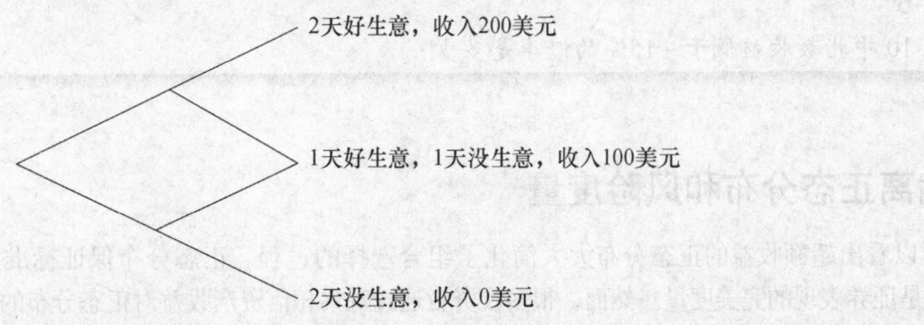

注意到，两天会产生 3 种不同的结果，而总的来说，n 天会产生 $n+1$ 种情况。在上图情况下，最有可能发生的是生意一天好、一天坏，概率为 0.5，两种极端情况发生的概率各为 0.25。

那么在很多天生意之后利润情况会是怎样呢？比如 200 天之后，可能性达到 201 种，但是最可能发生的还是位于正中间的结果，而且抵达这种结果的路径多了很多。比如，只有一条路径能形成连续 200 天惨淡生意的结果，然而 100 天生意兴隆、100 天生意惨淡的结果却有很多种排列的可能性。随着天数的增多，这样的概率分布最终会形成正态分布的形状，中间的结果发生的可能性较大，极端值发生的可能性很小[⊖]。

图 5-4 是一个均值为 10%、标准差为 20% 的正态分布。这个图形展示了在给定这些参数下各种收益水平发生的理论概率。较小的标准差意味着可能的收益表现更多聚集在均值附近，较大的标准差则意味着可能实现的收益水平更加分散。任何一个特定收益率实现的概率都由均值和标准差来决定，换句话说，一个正态分布的形态完全由其均值和标准差这两个参数来决定。

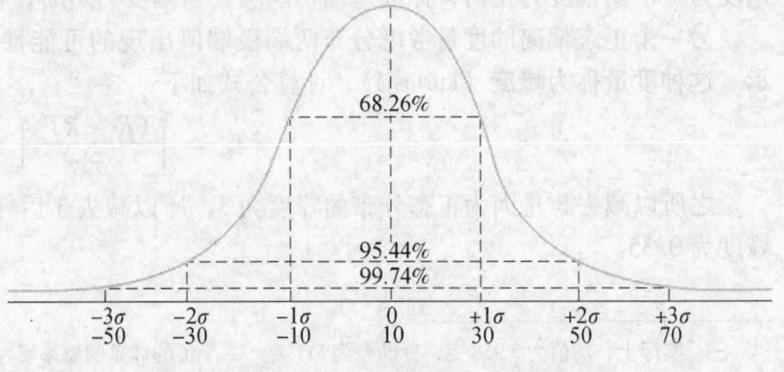

图 5-4　正态分布（均值 10%，标准差 20%）

如果收益率的分布可以用正态分布来近似拟合的话，投资管理将变得更加有理有据。第一，正态

⊖ 历史上，早期 18 世纪对正态分布的描述基于很多期“二叉树”的结果，如同我们之前分析的一样。这一表达在实际中多用于期权定价，第 21 章会具体介绍。

分布是左右对称的，也就是说，均值左右程度一样的偏离其发生的概率也一样。没有对称性的话，用收益的标准差来衡量风险显然是不合适的。第二，正态分布具有稳定性，意味着对于具有正态性的不同资产，其构成的组合的收益同样服从正态分布。第三，当资产或资产组合收益分布只有两个变量时，对其未来的情境分析因为需要考虑的变量很少而会变得简单许多。

实际的收益分布需要与正态分布相似到什么程度时我们才可以使用正态分布代替收益的实际分布呢？显而易见，收益的分布是无法用正态分布完美代替的。比如，与正态分布不同的是，实际收益率并不会低于 -100%，但这并不是说正态分布就一无是处。在其他环境中类似的问题同样存在。比如，一个新生儿的体重会去跟所有新生儿体重的分布作对比，而显然新生儿的体重并不存在零或负值。但是在这种情况下，仍然使用正态分布来表示新生儿群体的体重分布情况，因为体重的标准差和体重的均值相比起来较小，问题中出现负值的概率基本可以忽略不计㊀。所以，类似地，我们必须给出一定的标准来决定收益率的正态假设的合理性。

【例 5-10】 Excel 中的正态分布函数

假定标准普尔 500 的月收益率近似符合均值为 1%，标准差为 6% 的正态分布。那么在任何一个月指数收益为负的概率是多少？使用 Excel 建立一个函数能很快解决这个问题。在正态分布函数中观察的结果小于临界值的概率用 NORMDIST（临界值，均值，标准差，TRUE）得到。在这个例子中想得到小于零的概率，即计算 NORMDIST(0, 1, 6, TRUE) = 0.433 8，也可以在 Excel 中建立标准的正态函数来求均值低于 1/6 个标准差的概率：NORMDIST(-1/6) = 0.433 8。■

概念检查 5-6

在例 5-10 中指数收益低于 -15% 的概率是多少？

5.7 偏离正态分布和风险度量

前面可以看出超额收益的正态分布大大简化了组合选择的过程。正态分布保证标准差是衡量风险的完美度量，因此夏普比率是证券表现的完美度量。然而，很多投资者通过观察相信资产收益对正态分布的偏离已经很显著，不可忽视。

正态偏离可以通过计算收益分布的高阶矩来看到。超额收益 R 的 n 阶中心矩为 $(R-\bar{R})^n$，一阶矩为 0，二阶矩为方差的估计值 $\hat{\sigma}^2$。㊁

一个关于不对称性的度量，称为**偏度**（skew），计算公式如下：

$$\text{偏度} = \left[\frac{(R-\bar{R})^3}{\hat{\sigma}^3}\right] \text{的平均值} \tag{5-19}$$

偏差的立方有正有负。因此，如果分布是右偏，则如图 5-5a 中黑色的曲线，偏度为正。左偏如浅色曲线所示，偏度为负。当偏度为正时，标准差高估风险；当偏度为负时，标准差低估风险。

另一个正态偏离的度量考虑分布两端极端值出现的可能性，即从图像上来看有肥尾特征的情况，如图 5-5b 所示。这种度量称为**峰度**（kurtosis），计算公式如下：

$$\text{峰度} = \left[\frac{(R-\bar{R})^4}{\hat{\sigma}^4}\right] \text{的平均值} - 3 \tag{5-20}$$

之所以减去 3 是因为正态分布的峰度为 3，所以减去 3 后峰度为正则说明存在肥尾现象。图 5-5b 中的肥尾曲线峰度为 0.35。

㊀ 实际上，均值为 3 958 克，标准差为 511 克。一个负的体重的概率要在离均值 7.74 个标准差以外，在正态分布的假设下，这一情况发生的概率为 4.97×10^{-15}，于是负的出生体重在实际研究中可以不用考虑。

㊁ 对于一个关于均值对称的分布，比如正态分布而言，所有的奇数矩量（$n=1, 3, 5, \cdots$）的期望都为零，而所有的偶数矩量都仅仅是标准差的一个函数。比如，四阶矩为 $3\sigma^4$，六阶矩为 $15\sigma^6$。因此，对于服从正态分布的收益率而言，标准差 σ 提供了风险的全部信息，而资产组合的投资绩效可以通过夏普比率 $\frac{R}{\sigma}$ 来计算。然而对于其他非对称分布而言，奇数阶矩可能非零。一个比正态分布更大的偶数阶矩，加上一个负的奇数阶矩，意味着发生极端恶劣状况概率的增加。

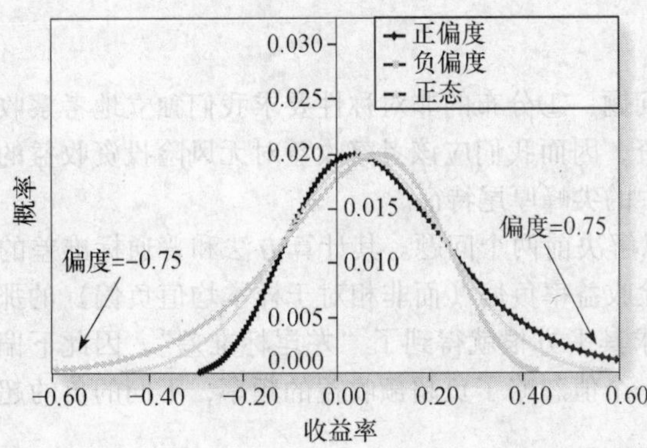

图 5-5a　正态和偏度分布（均值 6%，SD = 17%）

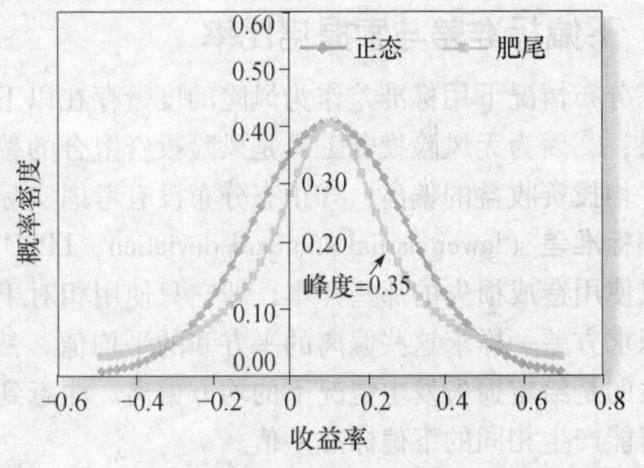

图 5-5b　正态和肥尾分布（均值 0.1，SD = 0.2）

极端负值可能由负偏度以及负峰度产生。因此，我们需要一个风险度量来衡量极端负收益率的发生情况。

概念检查 5-7

估计数据表 5-5 中五个概率的偏度和峰度。

5.7.1　在险价值

在险价值（value at risk，VaR）是度量一定概率下发生极端负收益所造成的损失。在险价值一般会写入银行的管理条例并由风险管理人员监控。在险价值的另一个名称是分位数。一个概率分布的 q 分位数是指小于这一分位数的样本点占总体的比例为 $q\%$。因此，当 $q=50$ 时的分位数就是中位数。从业者通常估计 5% 的 VaR，它表示有 95% 的收益率都将大于该值。因此，这一 VaR 实际上是 5% 的最坏的情况下最好的收益率。

当投资组合的收益率为正态分布时，VaR 可以从分布的均值和标准差中直接推导出来。标准正态分布（均值为 0，标准差为 1）的 5% 分位数为 −1.65，因此相应的 VaR 为：

$$\text{VaR}(0.05,\text{正态分布}) = \text{均值} + (-1.65) \times \text{标准差}$$

我们可以将观测值从高到低排列以获取 VaR 的估计值，VaR 就是样本分布的 5% 分位数。通常，受样本数量的影响，我们必须对分位数做插值处理。假设样本由 84 个年收益率组成（1926 ~ 2009），则 5% 的观测的序号为 4.2。我们必须在从下往上数的第 4 个观测和第 5 个观测之间进行插值运算。假设最低的五个收益率为

$$-25.03\%,\ -25.69\%,\ -33.49\%,\ -41.03\%,\ -45.64\%$$

则相应的 VaR 为

$$\text{VaR} = 0.2 \times (-25.03) + 0.8 \times (-25.69) = -25.56\%$$

5.7.2　预期尾部损失

当我们通过观测最坏的 5% 的情况来评估尾部风险时，VaR 是所有这些情况中收益率最高（损失最小）的。一个对损失敞口头寸更加现实的观点是：关注最坏情况发生条件下的预期损失。这样的一个值有两个名称：**预期损失**（expected shortfall，简称 ES）或**条件尾部期望**（conditional tail expectation，CTE），后者强调了其与左尾分布之间的密切关系。在本书中，我们使用预期损失这一名称。

我们对前一节 VaR 的例子进行拓展，我们假设每一个样本点发生的概率相同。因此，我们需要求最底部的 5% 的观测的平均值。和前面的插值过程一样，我们给最底部的 4 个值的权重为 4/4.2，而给第 5 个值的权重为 0.2/4.2，这样可以求得 ES = −35.94%，显著小于 VaR 的值 −25.56%。[⊖]

⊖ Jonathan Treussard 给出了正态分布下 ES 的一个公式（见 "The Nonmonotonicity of Value-at-Risk and the Validity of Risk Measures over Different Horizons", *IFCAI Journal of Financial Risk Management*, March 2007）。其公式为

$$\text{ES} = \frac{1}{0.05}\exp(\mu)N[-\sigma - F(0.95)]$$

其中 μ 为连续复利计算的收益率的均值，σ 是其标准差，$N(\cdot)$ 为标准正态分布的累计分布函数，F 是其逆函数。在上面的例子中，μ 和 σ 的估计值分别为 5.47% 和 19.54%。正态分布假设下，我们有 ES = −30.57%，这表明这一分布相比于正态分布有更大的左尾值。需要注意的是，虽然 VaR 和 ES 都是利用历史样本估计的无偏估计值，但是仍然可能包含很大的估计误差。

5.7.3 下偏标准差与索提诺比率

正态分布情况下用标准差作为风险的度量存在以下几个问题：①分布的非对称性要求我们独立地考察收益率为负的结果；②因为无风险投资工具是风险投资组合的替代投资，因而我们应该考察收益对无风险投资收益的偏离而不是对平均投资收益的偏离；③正态分布没有考虑实际分布中的尖峰厚尾特征。

下偏标准差（lower partial standard deviation，LPSD）可以解决前两个问题。其计算方法和普通标准差的计算相似，但只使用造成损失的那些样本，即它只使用相对于无风险收益率负偏（而非相对于样本均值负偏）的那些收益率，类似求方差一样求这些偏离的平方和的平均值，然后再求其平方根就得到了“左尾标准差”。因此下偏标准差实际代表的是给定损失发生情况下的均方偏离。注意到这样一个值忽略了负超额收益的频率，不同的负的超额收益的分布可能产生相同的下偏标准差值。

从业人员用下偏标准差来替代标准差，同样也用超额收益率对下偏标准差的比率来替代夏普比率（平均超额收益率对标准差的比率）。夏普比率的这一变形被称为**索提诺比率**（Sortino ratio）。

在第5.8节中，我们将通过对一些投资工具的分析来揭示为什么从业者要用这些统计量和绩效指标来分析风险投资。从下面的案例中，我们可以看到这些指标的普遍性以及尾部极端情况可能造成的影响。

5.8 风险组合的历史收益：股票与长期政府债券

我们可以将之前小节中的分析工具应用于5种风险投资组合，以便后续分析。

全球大公司股票组合 该投资组合是所有国家指数的组合。每个国家指数由该国的所有大公司股票的市价以其总资本（其所有股票的市值）的大小为权重加权计算而得。每个国家指数按照各个国家市场资本总额加权得到全球大公司股票组合。

美国大公司股票组合 这个投资组合由美国标准普尔500指数中的公司股票按照各个股票的总市值加权得到。这些上市公司总量占到所有可流通股票市值的75%左右，占美国GDP甚至更多。

美国小公司股票组合 这个指数度量以总资本额排序后1/5的公司的股票收益。

美国长期政府债券 长期国库券收益率由美国所有期限超过10年的政府债券构成的巴克莱资本（前雷曼兄弟）价值加权指数来衡量。

多元投资组合 多元投资组合由全球大公司股票、美国小公司股票、美国长期债券三种分别按50%、20%、30%的比例组合而成。对于大众投资者来说，最常见的资产分配方式往往是70%的股票和30%的债券，在此多元投资组合中70%的股票资金主要配置于全球大公司股票（其中一半属于美国大公司股票组合），20%配置于风险偏高的小公司股票。不管这个多元组合是不是最优投资组合，它都可以检验资产品种层面上的分散化投资是否更有利于风险收益决策。

专栏5-1描述了基金公司度量风险的指标。

专栏5-1

基金不再靠正态曲线度量风险

2008年，一个包含60%的股票和40%的债券的典型投资组合约损失1/5的价值。标准的投资组合理论认为这种情况111年才会发生一次。经典的投资组合理论认为收益率服从一个钟形分布，但数学家和投资者都知道市场运行并不像理论假设的一样完美。如果收益率真的是钟形分布，那么2008年那种下跌发生的概率只可能在概率极小的左尾附近发生，这意味着这种事件几乎是不可能发生的。

近期的历史数据表明，发生这种情况的可能性并非如预测的那么低。在过去20多年里，投资者们经受了1987年股市崩盘、长期资本管理公司的破产，高科技股泡沫的破裂等事件。

华尔街许多新的金融工具都假设市场收益服从肥尾分布，在这一假定下，2008年将近40%的股票下跌这种事情发生的概率就比之前要大多了。这些假设给出了对风险的另一种认识。考虑之前提到的60%的股票和40%的债券这样一种投资组合。在肥尾分布的假设下，投资组合下跌20%的事件每40年就可能发生一次，而不是之前钟形分布假设下的111年。（最近一次像2008年一样严重程度的危机发生于1931年。）

一个潜在的缺陷是：我们关于稀有事件的历史样本太少，以至于很难构建相应的模型。MSCI Barra 的首席分析师 Lisa Goldberg 说："数据稀缺是个内在的问题"。

新金融工具的发展同样限制了传统风险测度的作用。正如诺贝尔经济学奖得主哈里·马科维茨于 20 世纪 50 年代所指出的，标准差作为一种风险度量可以测量一个投资组合收益率在一段时间内的变化幅度。但是它受收益率向上变化和向下变化的影响相同，而许多投资者相比于获取利润而言更害怕损失。同时，标准差也没有考虑分布肥尾性的影响。

最近几十年，一个考虑了下行风险的新风险指标受到越来越多的关注。这一指标就是在险价值 VaR，它可以告诉你在一个特定交易日你有 5% 的概率损失 3% 以上的投资之类的事情，但它并没有考虑极端恶劣情况的影响。

为了考虑极端风险，许多公司开始使用预期损失或条件在险价值（conditional VaR）指标，它们代表了当损失超过在险价值时，投资组合的预期损失。条件在险价值估计了不利情况下的预期损失。如 J. P. 摩根和 MSCI Barra 等公司都在使用这一指标。

资料来源：Eleanor Laise, "Some Funds Stop Grading on the Curve," *The Wall Street Journal*, September 8, 2009, p. C1. Reprinted bypermission of *The Wall Street Journal*, © 2009.

图 5-6 给出了 1926～2009 年每种投资组合和短期国库券的收益分布形状。显然，从短期国库券到长期国库券再到大公司股票最后到小公司股票，面临大额损失的风险逐渐上升。有趣的是，我们在图中按各分布的均值和标准差作出的正态分布曲线基本拟合了实际的收益分布状况，超出正态分布的极端损失的概率在肉眼下基本可以忽略不计。

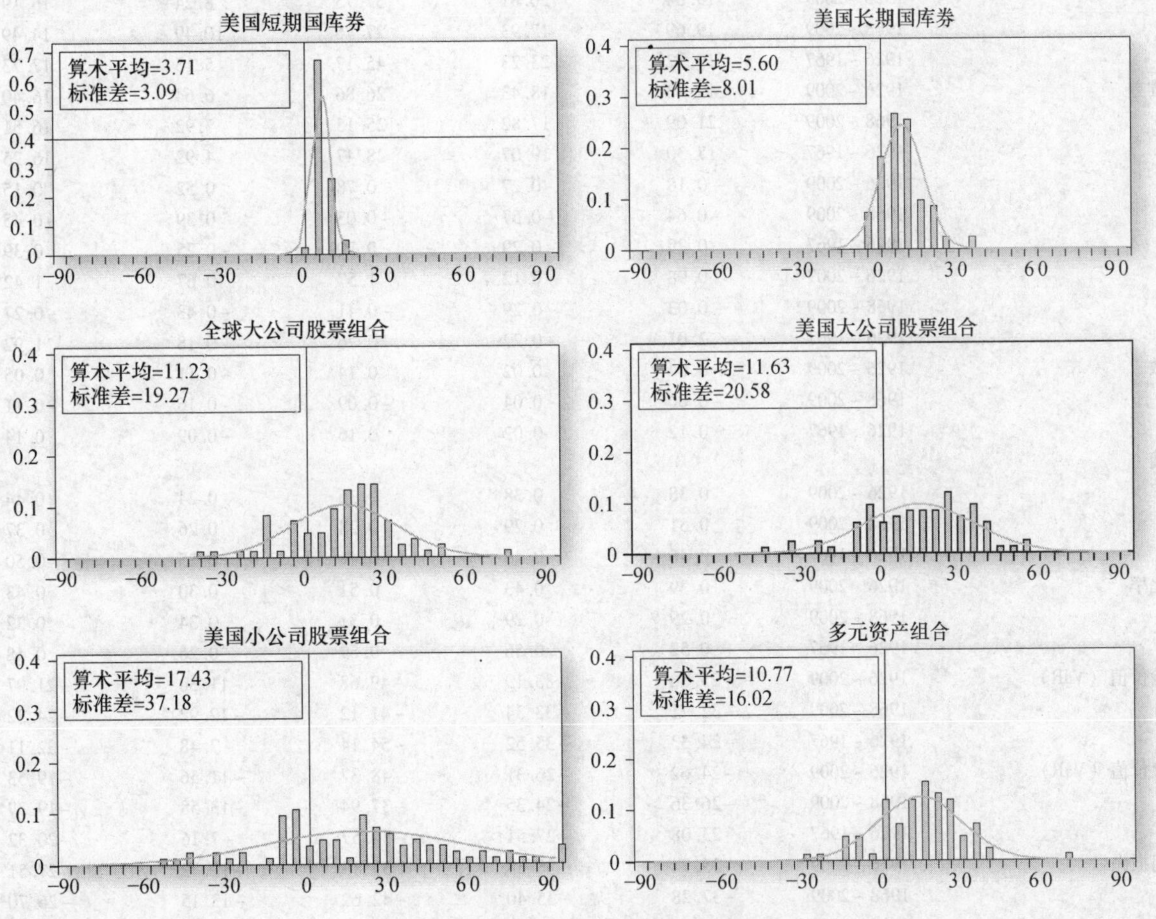

图 5-6　1926～2009 年收益率的频率分布

资料来源：数据来自表 5-6。

表 5-6 总结了 1926～2009 年间 5 种风险组合的相关统计数据。我们接下来将会逐一说明。这个表很庞大，我们会对重点含义逐一讲解。

表 5-6　组合历史收益的统计数据，1926 ~2009

统计数据	期限	全球大公司股票组合	美国大公司股票组合	美国小公司股票组合	美国长期国库券	多元化组合
总收益						
算术平均	1926 ~2009	11.23	11.63	17.43	5.69	10.81
	1968 ~2009	11.77	10.89	13.47	8.44	11.11
	1926 ~1967	10.69	12.38	21.39	2.95	10.51
标准差	1926 ~2009	19.27	20.56	37.18	8.45	15.79
	1968 ~2009	19.36	17.95	27.41	10.34	14.10
	1926 ~1967	19.41	23.07	44.89	4.70	17.49
几何平均	1926 ~2009	9.43	9.57	11.60	5.37	9.66
	1968 ~2009	9.90	9.32	10.00	7.96	10.18
	1926 ~1967	8.97	9.82	13.22	2.84	9.14
算术平均 -1/2 方差	1926 ~2009	9.37	9.52	10.52	5.34	9.56
	1968 ~2009	9.90	9.27	9.72	7.90	10.12
	1926 ~1967	8.81	9.71	11.31	2.84	8.98
超额收益						
平均	1926 ~2009	7.52	7.92	13.72	1.99	7.10
	1968 ~2009	6.02	5.14	7.73	2.69	5.36
	1926 ~1967	9.02	10.71	19.72	1.28	8.84
标准差	1926 ~2009	19.54	20.81	37.75	8.24	16.19
	1968 ~2009	19.69	17.93	27.76	10.49	14.49
	1926 ~1967	19.52	23.23	45.17	5.13	17.73
下偏标准差	1926 ~2009	19.43	18.43	26.86	6.64	16.40
	1968 ~2009	21.09	17.82	25.15	7.92	16.51
	1926 ~1967	17.30	19.07	28.47	4.92	16.25
偏度	1926 ~2009	-0.18	-0.27	0.78	0.52	0.15
	1968 ~2009	-0.64	-0.57	-0.03	0.39	-0.45
	1926 ~1967	0.29	-0.29	0.70	-0.25	0.39
峰度	1926 ~2009	0.98	-0.12	1.57	0.67	1.42
	1968 ~2009	-0.03	-0.29	-0.41	-0.43	-0.27
	1926 ~1967	2.01	-0.22	0.76	-0.18	1.92
相关系数	1926 ~2009	0.04	0.02	0.14	-0.11	0.05
	1968 ~2009	-0.06	-0.04	-0.09	-0.16	-0.11
	1926 ~1967	0.12	0.02	0.16	-0.09	0.14
投资业绩						
夏普比率	1926 ~2009	0.38	0.38	0.36	0.24	0.44
	1968 ~2009	0.31	0.29	0.28	0.26	0.37
	1926 ~1967	0.46	0.46	0.44	0.25	0.50
索提诺比率	1926 ~2009	0.39	0.43	0.51	0.30	0.43
	1968 ~2009	0.29	0.29	0.31	0.34	0.32
	1926 ~1967	0.52	0.56	0.69	0.26	0.48
实际在险价值（VaR）	1926 ~2009	-25.56	-33.19	-49.68	-11.30	-21.97
	1968 ~2009	-32.71	-33.34	-41.12	-12.92	-24.32
	1926 ~1967	-24.33	-35.52	-54.14	-7.48	-32.11
名义在险价值（VaR）	1926 ~2009	-24.62	-26.31	-48.37	-11.56	-19.53
	1968 ~2009	-26.36	-24.35	-37.94	-13.58	-19.37
	1926 ~1967	-23.08	-27.51	-54.57	-7.16	-20.32
实际预期损失	1926 ~2009	-35.94	-38.68	-53.19	-12.32	-27.51
	1968 ~2009	-37.28	-35.40	-42.62	-13.15	-26.70
	1926 ~1967	-30.13	-39.50	-54.58	-8.90	-25.40
名义预期损失	1926 ~2009	-30.57	-32.40	-49.60	-13.28	-25.44
	1968 ~2009	-33.19	-30.36	-43.25	-16.33	-25.69
	1926 ~1967	-27.95	-34.10	-54.64	-9.07	-25.29

资料来源：*World portfolio*：Datastream；*small stocks*：Fama & French 1st quantile；*large stocks*：S&P 500；*long-term government bonds*：Barclay Capital Long-term Treasury index.

5.8.1　总收益

在看总收益时非常需要关注的是算术平均与几何平均的差异。式（5-15）告诉我们当收益率服从正态分布曲线时，其几何平均值等于其算术平均值减去 $1/2\sigma^2$，除小公司股票投资组合外，其他投资组合都基本满足这一关系。虽然小公司股票的几何平均数和算术平均数减 $\frac{1}{2}\sigma^2$ 的差值在 0.29% ~ 1.91% 之间变化，但对其余的投资组合而言，这一变化不大于 0.17%。这从一方面解释了为何除了 2008 年的金融危机，一直没有其他明显证据表明正态分布并不适用于描述投资组合的收益分布状况。

5.8.2　超额收益

我们主要关注投资的超额收益。1968 ~ 2009 年，年均超额收益的表现与 1926 ~ 1967 年的差别较大。除了美国长期政府债券组合，其他投资组合在近 42 年样本期间的年均超额收益率都低于涵盖了大萧条时期 1926 ~ 1967 年的年均超额收益率。比如，世界大公司股票组合的年均超额收益率在样本前 42 年间是 9.02%，近 42 年间却只有 6.02%。这种下降在统计上显著吗？或者换种问法，这种差异是由统计误差产生的还是它真的反映了收益分布均值的变化？为此我们需要了解平均收益率与统计误差的差异。

回想统计课上你学过的知识，平均收益率估计值的标准差等于整个样本标准差除以样本个数的开方。所以粗略地，我们认为世界大公司股票组合的标准差为 19.6%，那么，42 年间其年平均超额收益的标准差只有 3%。因此，1926 ~ 2009 年的前 42 年和后 42 年的年均超额收益相差了正好 1 个标准差。这样的结果很有可能是偶然的，也就是这样的差异很有可能由统计误差造成。类似地，其他投资组合在两个期间的年均超额收益之差都是不显著的。

另一点值得注意的是小公司股票组合和长期政府债券组合在两个期间标准差的差异。对小公司股票组合来说，其标准差从 45.17% 降到 27.76%，这是因为近期的小公司股总市值比原来大了许多。小公司股票风险溢价的下降也说明了这一点，而长期债券组合的表现刚好相反。

然后考虑收益分布的一些非正态性，我们首先来比较传统的标准差和下偏标准差。一般来说，下偏标准差和标准差基本相等，肥尾性并未显现。在近 42 年间各投资组合收益分布的偏度（测度肥尾性）为负（接近于 0）。在 1926 年起的前 42 年中，大公司股票组合和小公司股票组合的偏度是正的[⊖]。在近 42 年间我们也确实观察到正的峰度，但水平仍然很低。总之，这些历史收益率并未反映出明显的非正态性。

其超额收益率在时间上的前后相关性意味着投资者可以通过过去的收益预测未来收益，并通过合理的资金配置获得收益。因此，我们预期在运作良好的资金市场上时间序列相关性几乎不存在，这样才能保证投资者无法通过历史数据来获得超额收益。

5.8.3　投资业绩

如果投资收益服从正态分布，投资者便可以用夏普比率来评估其投资业绩。夏普比率是平均超额收益与分布标准差的比值。通过计算我们发现，五种投资组合的夏普比率完全符合我们的预期：多元化投资组合的夏普比率最高。

债券投资组合是最不分散化的，因此尽管其风险最小，它的夏普比率还是最低的。小公司股票有最高的超额收益率但其标准差也非常大，故而由于不够分散化，其夏普比率也很低。

另一个问题在于其收益分布的非正态性是否会改变这一结论。因为下偏标准差通常会低于标准差，尤其是前 42 年。当用索提诺比率代替夏普比率时，股票组合的表现确实有所上升。这给我们带来一个难题：因为最近的金融危机一些人便声称，相对于正态分布的前提下，非正态性使得投资组合的风险更大表现不佳，但是，即使非正态存在，这里的结果显示出完全相反的情况。

不管怎样，通过使用风险度量的方法（分析极端情况、在险价值、预期损失），我们可以从表 5-7 和表 5-8 得出大公司股票组合表现出多于正态假设估计下的预期损失。因为下偏标准差和偏度都未显示出明显的非正态性，这样的结果一定来自于收益分布负的峰度。但因为我们的估计并不精确，这样的结论也只能属于推测。

⊖　将均值不同的时间序列放在一起观察得到的峰度会明显上升。这解释了债券在整个期间峰度为正，尽管两个子期间峰度为负。

表 5-7

	正态分布假设下预期 VaR 和历史 VaR 的差值				
	全球大公司股票组合	美国大公司股票组合	美国小公司股票组合	美国长期国库券	多元化组合
1926～2009	0.94	6.88	1.32	−0.26	2.45
1968～2009	6.35	8.99	3.18	−0.67	4.95
1926～1967	1.24	8.02	−0.43	0.33	1.06

表 5-8

	正态分布假设下预期损失和历史预期损失的差值				
	全球大公司股票组合	美国大公司股票组合	美国小公司股票组合	美国长期国库券	多元化组合
1926～2009	5.37	6.28	3.59	−0.95	2.07
1968～2009	4.09	5.04	−0.63	−3.18	1.01
1926～1967	2.18	5.40	−0.06	−0.17	0.11

我们的结论是，从历史收益数据来看，我们无法否定收益率服从正态分布的假设和建立在该假设上的投资组合管理方法。尽管如此，我们还是看到一些在正态分布下不该出现的极端异常损失，所以投资者应该适当减少其在风险资产上资金的配置。

5.8.4 全球视野下的历史数据

随着全球金融市场的发展，金融市场变得越来越透明化，美国投资者正在谋求通过国际化投资使投资组合更加多元化。一些国外投资者为了降低风险，还投资于可以看做避风港的美国市场作为其本国市场投资的额外补充。这就相应地提出了美国股市和全球股市相比表现到底怎样的问题。

图 5-7 列出了 16 个发达国家股票市场 1900～2000 年这 100 年间的平均名义收益率和实际收益率。我们发现从平均实际收益来看美国排在第四位，处于瑞典、澳大利亚和南非之后。图 5-8 列出了这 16 个国家股票和债券实际收益的标准差，发现股票标准差按照从低到高排列，美国与其他三个国家并列排在第三位。可见，美国的表现还不错，但是与这些国家相比并不突出。

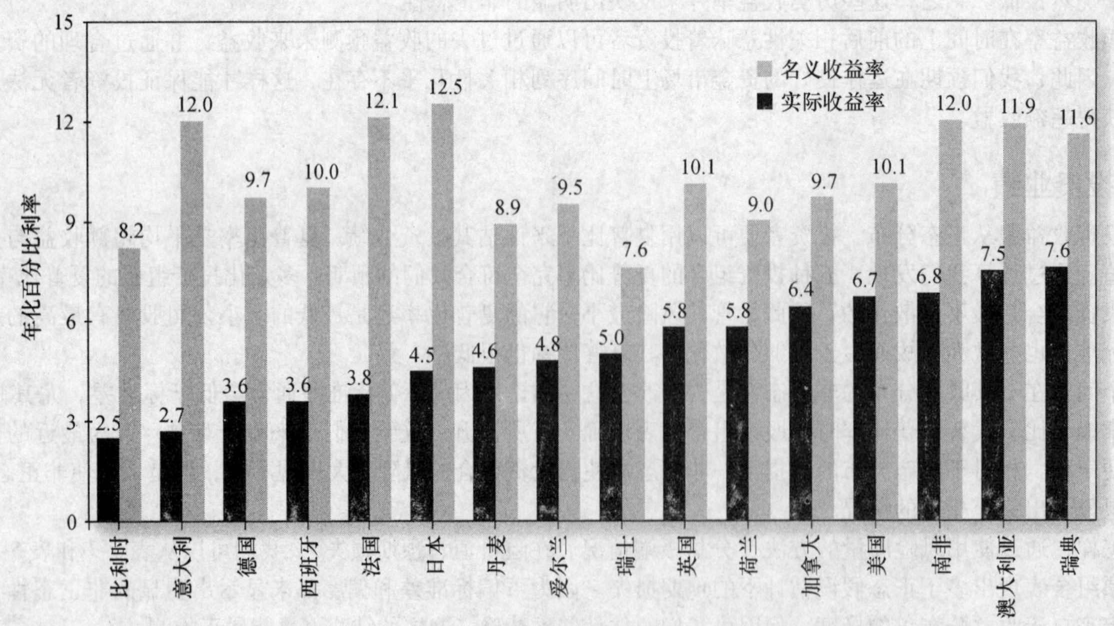

图 5-7 1900～2000 年各国股票的名义和实际收益率

资料来源：Elroy Dimson, Paul Marsh, and Mike Staunton, *Triumph of the Optimists*: 101 *Years of Global Investment Returns* (Princeton: Princeton University Press, 2002), p. 50. Reprinted by permission of the Princeton University Press.

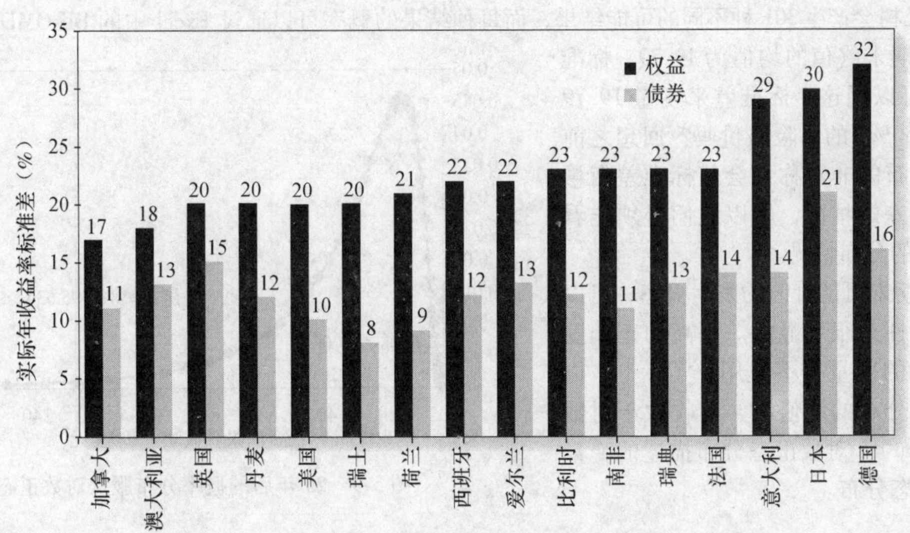

图 5-8 1900 ~ 2000 年各国股票和债券实际收益率的标准差

资料来源：Elroy Dimson, Paul Marsh, and Mike Staunton, *Triumph of the Optimists*: 101 *Years of Global Investment Returns* (Princeton: Princeton University Press, 2002), p. 61. Reprinted by permission of the Princeton University Press.

这些数据一个有趣的特点在于按照平均实际收益率与标准差的比值来计算，表现最差的是意大利、比利时、德国和日本——第二次世界大战中受创最严重的国家。表现最好的国家有澳大利亚、加拿大和美国，而这些国家恰恰是 20 世纪受战争影响最小的国家。此外 16 个国家的实际收益率差距非常小。平均实际收益率最高的国家（瑞典 7.6%）和 16 个国家的平均值（5.1%）差距只有 2.5%。同样，最低的国家（比利时 2.5%）和均值的差距只有 2.6%。取平均标准差 23%，观测样本 100 个，差距 2.6% 的 t 统计量为：

$$t\text{-统计量} = \frac{\text{均值之差}}{\text{标准差}/\sqrt{n}} = \frac{2.6}{23/\sqrt{100}} = 1.3$$

这个数值远小于常见的 t 统计量显著性水平，所以结论是美国的表现不应该作为特例而被排除，美国股票市场作为收益特征的评判标准是合理的。

最近，业内人士和学者正在争论：美国大盘股超过短期国库券 7.92% 的历史平均风险溢价是否可以作为长期合理的预测值。这个争议的焦点落在两个问题上：第一，历史上主导的经济因素是否充分代表了预测假设中主导的经济因素？第二，历史所得的算术平均值是否可以作为长期预测的有效基准？

5.9 长期投资

考虑一投资者为 25 年后的退休于今天储蓄了 1 美元，把这 1 美元投资于一个风险股票投资组合（获得的股利也进行再投资），这个股票组合的月收益率为 1%，那么退休后他的这笔退休"基金"会增长近 20 倍，其终值为 $(1+0.01)^{300}=19.79$（美元）（增长了 1 879%）。同时比较投资于一个 25 年无风险月平均收益率为 0.5% 的国债时，投资的终值只有 $1.005^{300}=4.46$（美元）。可以看出 0.5% 的月风险溢价会使投资的总收益比无风险国债多 3 倍多，这就是复利的作用。你可能会问既然如此为什么还会有人投资于国债，很明显这是一个风险的超额收益问题。那么风险与收益这种权衡关系的本质是什么呢？一个长期收益率波动的投资风险较难理解，因此对它的刻画十分重要。

仿照之前的例子，我们继续用二叉树来构造一个股票基金终值的概率分布。与之前不同的是，这次不采用月利润简单相加，而是根据分布确定一个收益率并以之按复利计算终值。例如，假设某个股票组合的月收益率可以近似看成如下分布：月收益率 50% 的可能性是 5.54%，50% 的可能性是 −3.54%。这种构造的月期望收益是 1%，其风险用月收益标准差来衡量是 $\sqrt{0.5\times(5.54-1)^2+0.5\times(-3.54-1)^2}=4.54\%$。2 个月后的事件树如下所示：

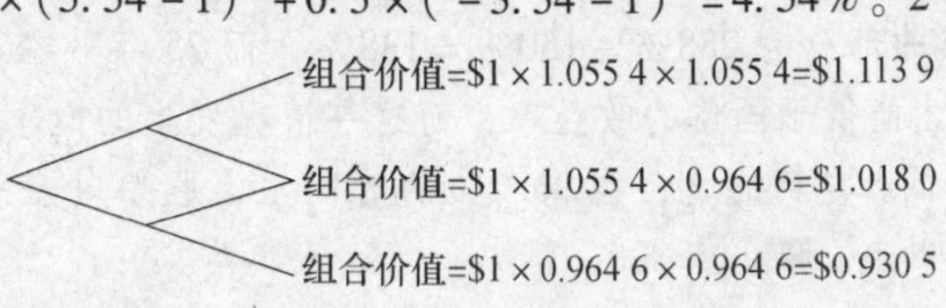

300个月后二叉树会产生301种不同的可能结果，而每种结果的概率可以通过Excel中的BINOMDIST函数来获得。由此我们计算得到期末终值的均值为19.79，标准差为18.09。我们可以用这个标准差来度量19.79 − 4.29 = 15.5（1 550%）的风险溢价吗？回想之前小节里讲的收益分布的非对称性会使标准差衡量的风险水平出现偏差的情况，所以我们必须先看看这个事件树最终的分布情况。

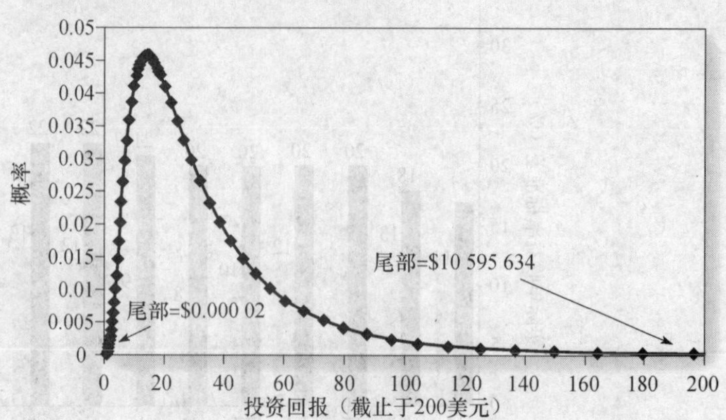

图5-9 25年后的概率分布服从对数正态分布

图5-9画出了期末可能价值的发生概率，可以看出分布的非对称性是很明显的。很高的正偏度表明标准差对风险的度量并不适用。实际上，以复利计算多期二项分布的终值时，其收敛于**对数正态分布**（lognormal）。对数正态分布描述的变量在取对数后服从正态分布。

5.9.1 长期投资的风险和对数正态分布

当一项资产每一期的复利都服从同一正态分布时，其有效收益率，即实际的持有期收益率，将服从对数正态分布。可以说在例如一个月这样的短期中，正态分布与对数正态分布的差异因为很小所以可以忽略不计。这是因为其持有期收益率较低时，有 $r_{cc} = \ln(1+r) \approx r$，即 r_{cc} 趋近于 r，但是当期限较长时，就必须考虑到连续复利服从正态分布，而持有期收益率服从对数正态分布。

假定连续的年度复利 r_{cc} 是服从几何均值为 g，标准差为 σ 的正态分布。注意几何均值就是计算期末终值使用的年利率。如果它是服从正态分布的，那么算术平均值所示的预期年收益，将等于几何平均值与0.5倍的方差之和。因此，连续复利的期望收益为：

$$m = g + 1/2\sigma^2 \tag{5-21}$$

因此可以得到预期的实际年收益公式

$$1 + E(r) = e^{g+1/2\sigma^2} \tag{5-22}$$

用连续复利的好处现在非常明显。一项预期年收益率为 $E(r)$ 的投资在 T 年后的终值将等于 $[1+E(r)]^T$。于是可以得到连续复利年均值为 m，标准差为 σ 情况下的终值：

$$[1 + E(r)]^T = [e^{g+1/2\sigma^2}]^T = e^{gT+1/2\sigma^2 T} \tag{5-23}$$

注意到连续复利的均值（mT）和方差（$\sigma^2 T$）都与投资期限同比例增长。标准差与$\sqrt{T}$成比例增长。随着时间的延长，投资风险将下降。这是因为随着投资期限的增长，期望收益的增速大于标准差的增速，这一结果也符合我们之前用二叉树分布构造的长期投资。

【例5-11】 **短期和长期收益损失**

假定我们想估计指数投资组合收益率低于无风险国债收益率的概率（这种情况有时被称为收益损失）。根据历史经验，假设投资的月度持有期收益率可以依据对数正态分布得到，这个分布的预期连续复利 r_{cc} = 0.96%，月标准差为 σ = 4.5%。月无风险收益率给定为0.5%，当指数的绩效低于这一值，也就是收益率低于均值(0.96 − 0.5)/4.5 = 0.102个标准差。若是正态分布的话这一概率为0.46。

现在来讨论25年期限的收益损失概率。25年的平均连续复利收益为0.96 × 300 = 2.88，标准差为0.045 × $\sqrt{300}$ = 0.779。而月无风险收益率为0.5%，其25年期的连续复利总收益为1.5，即150%。

因为25年的连续复利同样是正态分布，我们可以很容易求出风险资产终值低于无风险资产收益的概率分布。指数投资组合收益率超过国债收益率的部分为288% − 150% = 138%，而25年收益率的标准差为77.90%。因此股票下跌138/77.9 = 1.772个标准差，才能低于国债的收益率，而这一情况发生的概率仅为3.8%。这个概率值越低，长期来看投资于股票市场的风险就越低。总而言之，在96.2%的时间里，股票基金将比无风险投资获得更高的收益，且前者的期望终值将是后者的四倍以上。■

注意，损失的概率并不是一种完善的投资风险度量方法。这个概率不考虑潜在损失的大小，而一些可能损失虽然发生概率小，却意味着完全的破产。25 年投资的最坏情况远比 1 个月的最坏情况要差得多。图 5-10 和图 5-11 用图像展示了长期风险的累积。

一个更好的度量长期投资风险的方法是用可以抵御损失的保险的市场价格。这种保险溢价必须考虑到损失的可能性和损失的大小，在之后的章节中我们会用期权定价模型来估计这种保险的合理价格。

尽管一个投资组合的保险兑现赔偿的概率很低，但是可能损失的金额和时机[⊖]可能会使这样的保险拥有较高的保费。比如，用标准的期权定价模型计算得到一个 10 年期的投资损失的保险价格几乎达到期初投资金额的 20% 左右，而与期限越长损失风险越小的结论相反，在市场上期限越长的保险保费竟然更高，甚至达到 30%。

5.9.2　夏普比率回顾

夏普比率（收益风险比）是平均超额收益和标准差的比值。夏普比率是有时间维度的，一个投资组合的夏普比率随持有期系统性地发生变化。

我们知道当持有期增加时，平均连续复利收益将等比例地上升。而标准差却随时间的平方根等比例增长。因此夏普比率也会随着持有期以时间的平方根的速度增长。比较月收益和年收益的夏普比率时，必须先将月度的比率乘以$\sqrt{12}$。

【例 5-12】　　**夏普比率**

对于长期的风险投资组合（月期望收益率为 1%，标准差 5%），无风险收益为 0.5%，那么夏普比率为 0.1，预期年收益为 12%，年标准差为 $5\% \times \sqrt{12} = 16.6\%$。所以用年收益率得到的夏普比率是 0.36，和之前讨论的多元化投资组合的历史表现非常相近。■

5.9.3　长期未来收益的模拟

图 5-6 中的频率分布仅仅提供了收益分布性质的大体描述，很难用来反映长期投资。一个从过去了解未来长期收益分布的方法是从有效样本中模拟出未来的收益。实现这一任务的一个流行的方法叫做拔靴法。

拔靴法是一个可以避免各类收益分布假设的实验过程，直接简单假设历史样本中的收益结果发生的可能性相等。例如，可以从 84 年的样本中随机抽取 25 年的数据来模拟一个 25 年期投资的可能未来收益。将 25 个收益率按复利计算可以得到 1 种期末收益，这一过程重复千次便可以得到长期收益率的概率分布。

做这一模拟实验中的主要决策就是选取过去多长时间来获得未来收益率观测序列值。答案就是我们应该尽可能多地用全部可靠历史样本来包括低概率极值点。

这一实验一个重要的目标就是评估美国长期股票投资收益分布的非正态性带来的潜在影响。基于这个目的，分别对大盘股和小盘股 25 年年收益率分布进行模拟，并和用正态分布得到的类似样本进行比较。结果如图 5-10 所示。其中图 5-10a 显示了美国大盘股的历史收益和用正态收益分布构造的频率分布，图 5-10b 显示的是小盘股，并附有分布的相关统计量。

我们先看大盘股。可以看到历史数据模拟和正态收益分布分别构造的频率分布差异很小，但却是显著的，尽管 1 年期和 25 年期的年均收益，标准差只有很小的差别，但是偏度与峰度上微小的差别结合在一起就构成了显著的收益损失可能性的差异。对于小盘股，因为偏度的峰度的差异太小所以形成的分布图非常近似。

那么对于投资者其他期限长度的长期投资风险又是怎样的呢？图 5-11 又将 25 年和 10 年做了比较。为了有可比性，我们必须考虑给 10 年期投资期末再加上一个 15 年的国债作为补充。（为了完成这一比较，从 80 年国债历史中抽取 15 年的样本，并给每个样本加上从风险资产收益历史中抽取的 10 个风险收益率。）结果如图 5-11 所示。其概率分布揭示了终值组合的风险差异，从统计量中也可以明显地看出这些差异。

图 5-12 显示了 25 年期大盘股的财富指数和投资于国债的财富指数走势的比较。不同股票组合的收入范围从收入最低组合，到前 1% 低组合、前 5% 低组合、均值组合、中值组合。前 5% 低组合与国债投资相比还是有显著的收益损失。综上所述，这个分析清晰地说明投资股票的风险在长期中更小这一结论并不成立。

⊖ 这里的时机是说股票价格下降和惨淡的经济有关联性，而在这种情况下投资者非常需要额外的收入来弥补投资损失，所以能补偿这种损失的保险其市场价值是非常显而易见的。

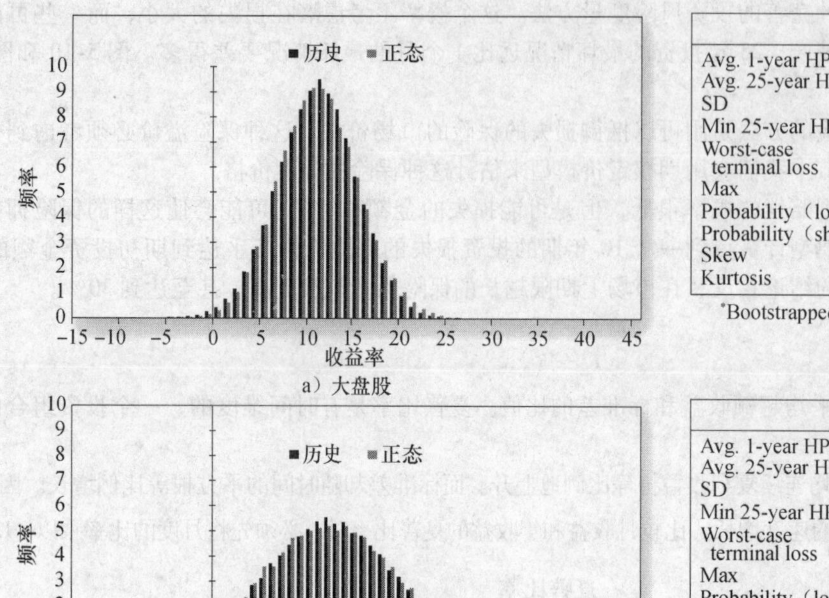

	Actual*	Normal
Avg. 1-year HPR	12.13	12.15
Avg. 25-year HPR	10.24	10.29
SD	4.27	4.32
Min 25-year HPR	−11.53	−6.67
Worst-case terminal loss（%）	95	82
Max	28.88	29.32
Probability（loss）	0.009 5	0.006 4
Probability（shortfall）	0.104 4	0.060 3
Skew	−0.085 4	0.113 5
Kurtosis	0.004 0	−0.012 1

*Bootstrapped history

	Actual*	Normal
Avg. 1-year HPR	17.97	17.95
Avg. 25-year HPR	12.28	12.21
SD	7.28	7.41
Min 25-year HPR	−17	−14.9
Worst-case terminal loss（%）	99	98
Max	47.03	48.34
Probability（loss）	0.041 5	0.042 8
Probability（shortfall）	0.117 8	0.123 2
Skew	0.136 2	0.200 0
Kurtosis	0.067 8	0.059 8

*Bootstrapped history

图 5-10　拔靴法和正态分布下 25 年持有期收益率（50 000 个样本），右侧为统计值

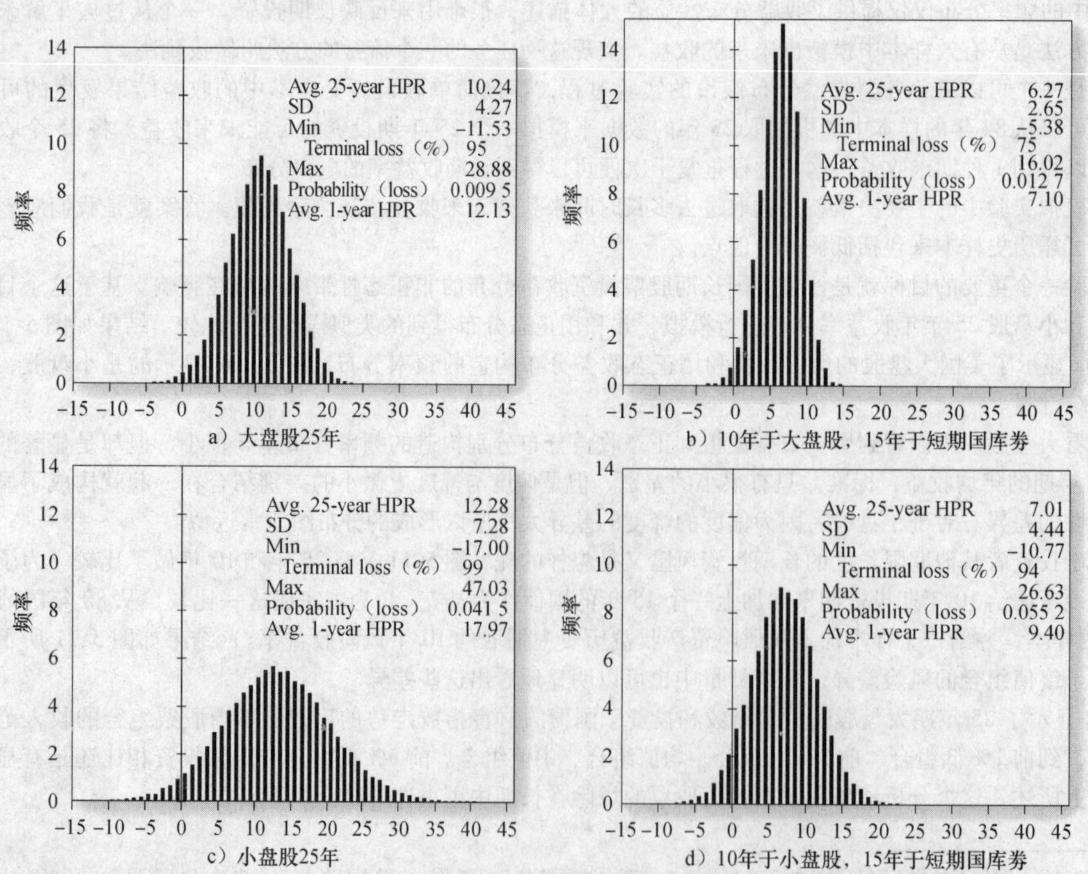

图 5-11　按年复利累计，拔靴法获得的 25 年持有期收益率（50 000 个样本）

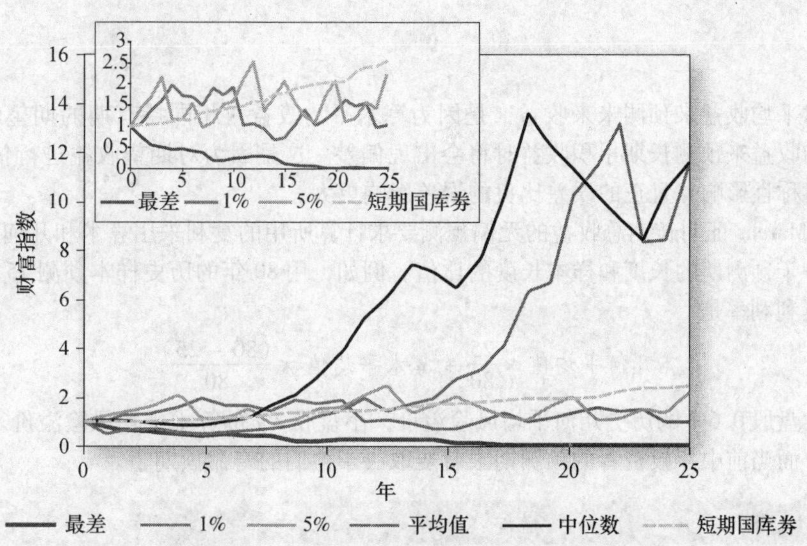

图 5-12　部分大盘股组合的财富指数和短期国库券组合

说明：注意最差组合、1%、5%和国库券的对比。

专栏 5-2 讲述了投资和风险。

专栏 5-2

时间和风险

许多投资新手对股票市场持怀疑态度。他们认为权益投资就像俄罗斯轮盘游戏一样，玩得越久赔得越多。实际上，历史数据告诉我们结果恰好相反。降低风险最容易的方法就是投资权益，而增加收入最容易的方法则是延长你持有投资组合的时间。

下图中的历史数据比较了 1950 ~ 2005 年不同持有期的小股票、大股票、长期和中期国债的收益率。

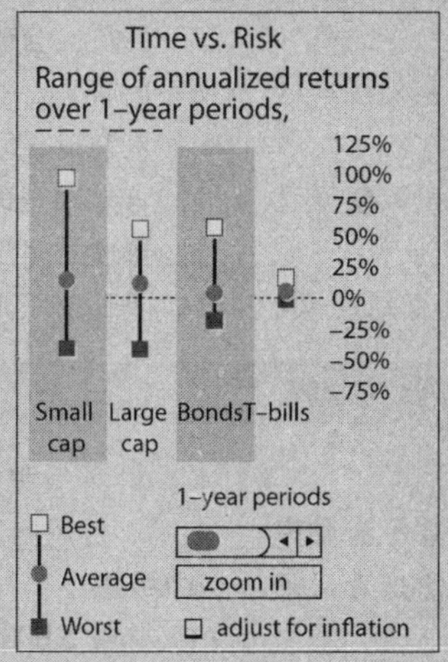

资料来源：CRSP，Federal Reserve.

图中显示，如果持有一年的话，那么在这样短的持有期内，小公司股票无疑是最好的选择。

如果投资年限大于一年呢？你可以顺着横轴向右看，即使投资期限只增加一年变为两年，权益的波动率也会迅速下降，这时你需要点击放大按钮（Zoom In）才能看清楚。当投资期限变为 10 年时，政府债券的下行风险要比小公司股票低很多。但点击调整通货膨胀（adjust for inflation）按钮后，你会看见债券的低风险完全是一种假象。通货膨胀将使投资回报率低的投资组合的实际回报率为负值。

现在让我们来看投资 20 年的收益率。调整通货膨胀后，20 年长期国债的最优收益率将明显低于小公司和大公司股票的收益率。与公众的预期相反，在最坏的 20 年里，债券投资在调整通货膨胀影响后实际上是赔钱的。同时，投资小公司股票在 20 年里能获取不错的回报，即使在市场最恶劣的情况下。

资料来源：Abridged from www. smartmoney. com/university/Investing101/RiskvsReward/index. cfm? story = timevsrisk，accessed October 15，2007.

5.9.4 长期预测

我们之所以用算术平均收益来预测未来收益，是因为算术平均收益对相同持有期的期望收益的估计是无偏的。但是用短期的算术平均收益来预测长期累积收益时将会出现偏差。这是因为对期望收益进行估计的样本误差会在长期复利计算中产生非对称性影响，且正的误差比负的误差影响更大。

Jacquier、Kane 和 Marcus 证明长期总收益的无偏预测要求计算所用的复利采用算术和几何平均收益率的加权值。几何平均的权重系数等于预测期的长度和样本长度的比值。例如，用 80 年的历史样本预测 25 年期的投资累积收益，其无偏估计应采用的复利利率是

$$\text{几何平均值} \times \frac{25}{80} + \text{算术平均值} \times \frac{(80-25)}{80}$$

这个改进剪掉了大盘股 0.6% 的历史几何平均风险溢价，小盘股 2% 的算术平均风险溢价。预测的投资持有期越长得到的比率就越小。而当前中年投资者的预测期限就要取决于他们的寿命预期了。

小 结

1. 经济学上实际利率的均衡水平取决于反映在资金供给曲线上的居民储蓄意愿，以及反映在需求曲线上的企业投资固定资产、厂房设备的期望利润率水平。它同样也取决于政府的财政政策和货币政策。
2. 名义利率等于均衡实际利率加上通货膨胀率。通常可以直接观察到名义利率，但是必须通过通货膨胀预期来推断预期实际利率。
3. 任何证券的均衡期望收益率是由均衡实际收益率、预期通货膨胀率和证券特有风险溢价三者相加得到的。
4. 投资者面临着风险和期望收益的权衡选择。历史数据告诉我们，低风险资产带来低收益，反之亦然。
5. 由于未来通货膨胀率的不确定性，保证获得名义利率的资产实际上存在着风险。
6. 在过去 20 世纪中，发达资本市场的历史收益率数据说明，美国的股票历史收益并不比其他国家突出。
7. 风险投资组合在长期来看并不是安全的。投资越持久，风险可能反而越大。这种看法的依据在于，虽然从长期来看由于股票短期下跌的可能性变小了，所以表面上看它似乎是安全的。但是，短期下跌的概率对于保证投资安全来说是次要的，它忽视了可能产生损失的主要因素。
8. 股票的历史收益比按照正态分布预测出的收益经常表现出较大的偏离均值的负偏差。实际分布的下偏标准差和偏度系数确定了实际分布偏离正态分布的数量。下偏标准差有时也被从业者用来替代标准差作为风险的度量。
9. 在险价值和尾部条件期望广泛用于风险度量。在险价值度量了在某一特定概率下，比如 5%，损失将会超过预期的程度。当收益呈现正态分布时在险价值并没有添加任何新的信息。当偏离均值的负偏差比正态分布大，且出现频率更高时，5% 的概率在险价值将出现在低于平均收益 1.65 倍标准差的地方。尾部条件期望度量了一个投资组合的期望收益率低于一定标准的程度。因此，1% 的尾部条件期望说明了期望收益率在分布底部 1% 的所有可能结果。

习 题

基础题

1. 费雪方程式说明实际利率约等于名义利率与通货膨胀率的差。假设通货膨胀率从 3% 涨到 5%，是否意味着实际利率的下降呢？
2. 假设有一组数据集使你可以计算美国股票的历史收益率，并可追溯到 1880 年。那么这些数据对于预测未来一年的股票收益率有哪些优缺点？
3. 你有两个 2 年期投资可以选择：①投资于有正风险溢价的风险资产，这两年的收益分布不变且不相关，②投资该风险资产一年，第二年投资无风险资产。以下陈述哪些是正确的？
   a. 第一种投资 2 年的风险溢价和第二种投资相同
   b. 两种投资两年收益的标准差相同
   c. 第一种投资年化标准差更低
   d. 第一种投资的夏普比率更高
   e. 对风险厌恶的投资者来说第一种投资更有吸引力

中级题

4. 你有 5 000 美元投资于下一年，有三种选择
   a. 货币市场基金，平均期限 30 天，年收益率 6%
   b. 1 年的储蓄存单，利率 7.5%
   c. 20 年国库券，到期收益率为 9%

   未来利率的预期在你的决策中起什么作用？
5. 用图 5-1 来分析以下情况对实际利率的影响
   a. 商业不景气，对未来产品需要越来越悲观，决定减少资本支出
   b. 家庭倾向于更多储蓄，因为未来社会保障不确定性增大
   c. 美联储在公开市场上购买国库券来增加货币供给
6. 现在考虑，你愿意将 50 000 美元投资于利率为 5% 的传

统一年期银行存单，还是投资于一年期与通货膨胀率挂钩的大额存单，年收益率为1.5%加上通货膨胀率。

a. 哪种投资更安全？

b. 哪一种投资期望收益率更高？

c. 如果投资者预期来年通货膨胀率为3%，哪一种投资更好？

d. 如果观察到无风险名义利率为5%，实际利率为1.5%，能推出市场预期通货膨胀率是3.5%吗？

7. 假设你对股价的预期如表5-9所示。

表 5-9

经济状况	概率	期末价格（美元）	持有期收益率（%）
繁荣	0.35	140	44.5
正常增长	0.30	110	14.0
衰退	0.35	80	-16.5

使用式（5-11）和式（5-12）来计算持有期收益率的均值和标准差。

8. 推导票面利率8%的30年国库券1年期持有期收益率的概率分布。现以面值出售，一年后到期收益率分布如表5-10所示。

表 5-10

经济情况	概率	到期收益率（%）
繁荣	0.20	11.0
正常增长	0.50	8.0
衰退	0.30	7.0

为了简化，认为利息为年末支付。

9. 随机变量q的标准差为多少，其概率分布如表5-11所示。

表 5-11

q	概率
0	0.25
1	0.25
2	0.50

10. 一个股票的连续复利收益是正态分布的，均值20%，标准差30%。在95.44%的置信水平下，预期其实际收益的范围是多少？参考图5-4。

11. 应用1926～2009年的历史风险溢价，你对标准普尔500指数的预期年持有期收益率为多少？无风险利率为3%

12. 你可以从网站（www.mhhe.com/bkm）找到各种分类资产的年持有期收益率；计算1980～2009近30年的大盘股和长期美国国库券的年持有期收益率的均值、标准差、偏度和峰度。统计结果与1926～1941有何异同？你认为对未来投资计划最有用的统计量是什么？

13. 在恶性通货膨胀期间，某债券的名义持有期收益率为每年80%，通货膨胀率为70%。

a. 该债券在一年里的实际持有期收益率是多少？

b. 比较实际持有期收益率和实际利率。

14. 假定不远的将来预期通货膨胀率为3%，根据本章提供的历史数据，你对下列各项的预期如何？

a. 短期国库券利率

b. 大盘股的期望收益率

c. 股票市场的风险溢价

15. 经济正在从严峻的衰退中快速复苏，商业前景预计资本投资的需求量很大。为何这一发展影响实际利率？

高级题

16. 你面临持有期收益率的概率分布如表5-4所示。假设一份指数基金的看跌期权价格为12美元，执行价格为110美元，期限1年。

a. 看跌期权持有期收益率的概率分布？

b. 一份基金和一份看跌期权构成的组合，其持有期收益率的概率分布

c. 购买看跌期权如何起到保险的作用

17. 继续前一问题，假设无风险利率为6%，你打算投资107.55美元于一年期银行存单，同时购买股票市场基金的看涨期权，执行价格为110美元，期限一年。你全部投资一年后收益的概率分布是多少？

CFA考题

1. 投资100 000美元，从表5-12中计算投资权益的期望风险溢价

表 5-12

投资	概率	期望收益（美元）
权益	0.6	50 000
	0.4	-30 000
无风险短期国库券	1.0	5 000

2. 基于以下情景，组合的期望收益如何？

	市场状况		
	熊市	正常	牛市
概率	0.2	0.3	0.5
收益率（%）	-25	10	24

基于以下股票X和Y的情境分析（见表5-13），回答3～6题

表 5-13

	熊市	正常	牛市
概率	0.2	0.5	0.3
股票X（%）	-20	18	50
股票Y（%）	-15	20	10

3. 股票X和Y的期望收益率？

4. 股票X和Y收益率的标准差？

5. 假设投资9 000美元于股票X，1 000美元于股票Y。组合的期望收益率是多少？

6. 三种经济状况的概率和特定股票收益的概率如表5-14所示

表 5-14

经济状况	概率	股票表现	给定经济状况下股票收益的概率
好	0.3	好	0.6
		正常	0.3
		差	0.1
正常	0.5	好	0.4
		正常	0.3
		差	0.3
差	0.2	好	0.2
		正常	0.3
		差	0.5

经济状况正常但是股票表现差的概率为多少？

7. 分析师估计某股票有以下收益分布（见表 5-15）

表 5-15

经济状况	概率	收益（%）
好	0.1	15
正常	0.6	13
差	0.3	7

股票的期望收益为多少？

概念检查答案

5-1 a. $1+R=(1+r)(1+i)=(1.03)(1.08)=1.1124$

$R=11.24\%$

b. $1+R=1.03\times1.10=1.133 \quad R=13.3\%$

5-2 a. $EAR=(1+0.01)^{12}-1=0.1268=12.68\%$

b. $EAR=e^{0.12}-1=0.1275=12.75\%$

5-3 债券购买数量为 27 000/900 = 30

利率	概率	年终债券价格（美元）	持有期收益率	年终价值（美元）
高	0.2	850	(75+850)/900 −1=0.0278	(75+850)30 =27 750
不变	0.5	915	0.1000	29 700
低	0.3	985	0.1778	31 800
期望收益率			0.1089	
期望年终价值				29 940
风险溢价			0.0589	

5-4 (1+要求收益率)(1−0.386)=1

要求收益率=0.6287 即 62.87%

5-5 a. 算术收益 $=1/3\times(0.2869)+1/3\times0.1088+1/3\times0.0491=0.1483=14.83\%$

b. 几何平均值 $=\sqrt[3]{1.2869\times1.1088\times1.0491}-1=0.1439=14.83\%$

c. 标准差=12.37%

d. 夏普比率=(14.83−6)/12.37=0.71

5-6 收益率低于−15%这样极端差的月份的概率是非常低的：NORMDIST（−15，1，6，TRUE）=0.003 83。从中选择，可以定义−15%就是 16/6 标准差低于平均收益，利用标准正态分布函数计算 NORMSDIST(−16/6) = 0.003 83。

5-7 如果表 5-5 中的概率代表真实收益分布，我们可以用式（5-19）和式（5-20）得到：偏度为 0.0931，峰度为−1.2081，然而表中的数据样本时期短，自由度偏差需要修正。SKEW（C5: C9）= 0.1387，KURT(C5: C9) = −0.2832。

CHAPTER6

第6章 风险厌恶与风险资产配置

构造一个投资组合的过程分为两步：①投资者确定组合中风险资产的构成如股票、债券等；②决定这个风险资产组合和无风险资产的配置比率。显然，在不知道风险资产和无风险资产的期望收益和风险水平时投资者是无法做出上述决策的，所以刻画资产组合收益风险的权衡就显得非常重要。

尽管构造最优风险资产组合的技术比较复杂，但投资者可以将其交给专业人士，因为这项工作需要高超的优化技巧。至于多少资金用于投资风险资产，多少用于无风险资产，取决于投资者自己对风险与期望收益的权衡。在本章涉及的部分行为金融内容中，读者会看到大部分投资者踉跄于这关键的一步，所以本章首先通过建立资本配置的框架开始探讨组合理论。

本章首先介绍组合理论中以风险为中心的两项主题。一是投资者一般会避免风险除非风险意味着更高的期望收益。二是关于衡量投资者个人对收益和风险的权衡取舍。所以我们介绍效用函数，它可以根据风险和期望收益把个人的福利量化为效用值，并选择效用最大的资产组合。在附录中我们展示了效用模型的历史数据和实证基础。

有了效用模型之后，我们可以解决投资者面对的最重要的投资决策问题——多少钱投入到风险资产中以期望更高的收益。在本章中我们假设用众多风险资产构造风险组合已经发生，在第7章讨论如何构建的问题。用效用模型中期望收益和风险参数可以得出风险组合和无风险资产之间的资本最优配置。

6.1 风险与风险厌恶

在第5章我们介绍了持有期收益率和超额收益率。我们同样讨论了估计风险溢价（预期超额收益）和作为风险度量的收益率标准差，并用对特定风险组合的情境分析展示了这些概念。为了强调高风险必须以高收益作为回报，我们在这里首先区分投机和赌博的差异。

6.1.1　风险、投机和赌博

投机的定义是承担一定的投资风险并获取相应的报酬，尽管听起来很容易，但要使定义可以利用，首先必须特别定义“一定的风险”和“相应的报酬”。

“一定的风险”是说风险水平足够影响投资决策。一个投资者也许会因为一项投资产品的潜在收益并不足以弥补它的风险而放弃投资。“相应的报酬”是指投资有正的风险溢价，即期望收益率高于无风险收益率。

赌博是“为了一个不确定的结果下注”。如果把赌博的定义和和投机相比较，会发现主要差别在于赌博并没有“相应的报酬”。从经济学上讲，赌博是为了享受冒险的乐趣而承担风险，而投机则指为了风险溢价而承担风险。把赌博变成投机需要有足够的风险溢价来补偿风险厌恶投资者。因此，风险厌恶和投机并不矛盾。风险溢价为零的风险投资也叫做**公平博弈**（fair game），比如一些赌博，风险厌恶的投资者不会进行这样的博弈。

在某些情况下赌博看起来像是投机。比如两个投资者对美元与英镑的远期汇率走势，他们就可以对赌。如果一年后 1 英镑价值超过 1.6 美元，则鲍尔付给玛丽 100 美元。相反则玛丽付给鲍尔 100 美元。这个赌局只有两种结果。如果两人对两种结果出现的概率有共同的认识，而两个人认为自己都不会输，则两种结果出现的概率只能为 0.5。在这种情况下，双方都把自己的行为看做投机而非赌博。

然而，更有可能的是，一个赌博源自鲍尔和玛丽对事件结果发生概率认识的不同。玛丽认为英镑汇率超过 1.6 美元的概率大于 0.5，鲍尔认为汇率低于 1.6 美元的概率小于 0.5，他们的主观预期并不相同。经济学家称这种现象为“异质预期”。在这种情况下，双方都把自己的行为看做投机，而非赌博。

鲍尔和玛丽都应该有这样的疑问，为什么对方会投资于其认为期望收益分明为负的投资。解决异质预期问题的理想方法是让鲍尔与玛丽充分交换信息，也就是使双方明确自己已经掌握了所有的相关信息并得当地处理了这些信息。当然，为了消除异质预期而获得信息与深入沟通是有成本的，因此一定程度上异质预期的存在并非不理性。然而，当类似协议经常发生时，双方就会认识到信息不对称问题确实存在：他们或是输赢参半，意识到自己不过是在赌博，或是输的一方意识到自己一直是在欠佳的预测基础上打赌。

概念检查 6-1

假设以美元标价的美国短期国债和以英镑标价的英国短期国债的到期收益率相等，两者均为短期资产，既无清偿风险，也无风险溢价。但是，一个拥有英国短期国债的美国人要承担汇率风险，因为他挣得的英镑要按汇率换回美元。美国投资者参与的是投机还是赌博？

6.1.2　风险厌恶和效用价值

第 5 章中展示了不同类型资产的收益率以及大量深入的实证研究，表明风险资产都需要风险溢价作为补偿，这说明大多数投资者都是风险厌恶的。

风险厌恶的投资者会放弃公平赌局和更差的投资。他们更愿意考虑无风险资产和有正风险溢价的投资品。泛泛而言，风险厌恶的投资者会“处罚”除去风险组合一定的收益率，以弥补其承担的风险。风险越大，处罚就越大。有人会疑问为什么一定假设投资者是风险厌恶的，但相信多数投资者都会同意这一观点，我们会在本章附录中进行详尽的讨论。

为了阐述在众多风险水平不同的投资组合中进行选择将会面临的问题，我们给出一个具体的例子。假设无风险利率是 5%，投资者面临以下三种不同的投资组合，如表6-1 所示。表中用风险溢价、风险水平（标准差 SD）来说明低风险债券（L）、高风险债券（M）和股票组合（H）的风险收益特征。投资者会如何选择呢？

表 6-1　可供选择的风险资产组合（无风险利率为 5%）

组合	风险溢价（%）	期望收益（%）	标准差（%）
低等风险	2	7	5
中等风险	4	9	10
高等风险	8	13	20

我们假设投资者会根据收益风险情况为每个资产组合给出一个效用值分数。分数越高说明这个资产组合越有吸引力。资产期望收益越高分数越高，波动性越大分数越低。业界存在很多的打分方法。金融学和注册金融分析师机构应用最多的一个效用函数是

$$U = E(r) - 1/2A\sigma^2 \tag{6-1}$$

U 是效用值，A 是投资者的风险厌恶系数。系数 1/2 只是一个约定俗成的数值。使用式（6-1）时，收益率必须

采用小数形式而不是百分数。

式（6-1）随之前效用随期望收益的增加和风险的减少而增加。注意，无风险资产的效用值就是其自身的收益率，因为其风险补偿为零。风险资产方差降低，资产效用值的程度由风险厌恶系数 A 决定。投资者对风险厌恶程度越高（A 越大），对风险要求的补偿就越高。投资者会在投资产品中选择其效用值最高的组合，之后会讨论财务顾问度量其客户的投资风险厌恶程度的一些方法。

【例6-1】 **通过效用评估投资**

考虑三个风险厌恶程度不同的投资者：$A_1=2$，$A_2=3.5$，$A_3=5$。他们三人都在评价表6-1中的三个投资组合。因为无风险利率为5%，用式（6-1）得到三个投资者对无风险资产的效用分数都是0.05。表6-2展示了他们对每个风险资产的打分情况。每个投资者最优的选择是用粗体显示的部分。■

表6-2 几种投资组合对不同风险厌恶水平投资者的效用值

风险厌恶系数（A）	资产组合 L 的效用分数 [$E(r)=0.07$；$\sigma=0.05$]	资产组合 M 的效用分数 [$E(r)=0.09$；$\sigma=0.10$]	资产组合 H 的效用分数 [$E(r)=0.13$；$\sigma=0.20$]
2.0	$0.07-1/2\times2\times0.05^2=0.0675$	$0.09-1/2\times2\times0.1^2=0.0800$	$\mathbf{0.13-1/2\times2\times0.2^2=0.09}$
3.5	$0.07-1/2\times3.5\times0.05^2=0.0656$	$\mathbf{0.09-1/2\times3.5\times0.1^2=0.0725}$	$0.13-1/2\times3.5\times0.2^2=0.06$
5.0	$0.07-1/2\times5\times0.05^2=0.0638$	$\mathbf{0.09-1/2\times5\times0.1^2=0.0650}$	$0.13-1/2\times5\times0.2^2=0.03$

可以把风险资产的效用值看做投资者的**确定等价收益率**（certainty equivalent rate），即无风险资产未达到与风险资产相同的效用所需要的收益率。这个比率是比较不同组合带来效用值最自然最直接的方法。

现在可以说，只有当一个投资组合的确定等价收益超过无风险收益率时，这个投资才是值得的。对于一个极度风险厌恶的投资者，任何风险组合甚至风险溢价为正的投资，其效用都有可能低于无风险资产，使得投资者拒绝风险资产组合。同时，风险厌恶程度较低的投资者可能从同样的风险资产组合获得的效用高于无风险资产从而愿意投资。如果风险溢价为零或负数，任何降低效用的调整都会使投资组合看起来更糟糕，所有风险厌恶投资者都会选择无风险资产。

概念检查6-2

一个资产组合期望收益率为20%，标准差30%，同时短期国债提供的无风险收益率为7%，一个风险厌恶系数 $A=4$ 的投资者会在二者中如何选择？$A=2$ 呢？

和风险厌恶者相对的，**风险中性**（risk neutral）的投资者（其 $A=0$）只根据风险资产的期望收益率来判断收益预期。风险的高低对风险中性投资者无关紧要，这意味着他们对风险要求的补偿为零。他们的确定等价收益率就是资产的期望收益率。

风险偏好者（risk lover）（其 $A<0$）更加愿意参加公平博弈或其他赌博，这种投资者将风险的乐趣考虑在内后上调了效用水平。风险偏好者总是参加公平博弈，因为公平博弈的确定等价收益率高于无风险收益率。

通过对投资者认为效用相同的投资组合风险收益特点描点我们可以得到投资者风险与收益的权衡。横轴是期望收益，纵轴是标准差。图6-1画出了资产组合 P 的情况。

资产组合 P，期望收益为 $E(P)$，标准差为 σ_P，与第Ⅳ象限相比期望收益更高，标准差更小，所以更受风险厌恶者的青睐。相反，第Ⅰ象限的所有组合都比 P 受欢迎，因为它们的期望收益大于等于 P，标准差小于等于 P。

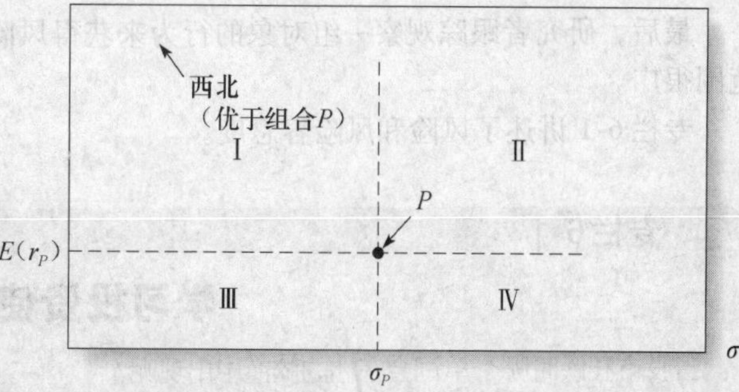

图6-1 某投资组合 P 的风险－收益权衡

这就是均值－标准差准则，或称**均值－方差准则**（mean-variance criterion）。这可以表示为：投资组合 A 优于投资组合 B，如果

$$E(r_A)\geqslant E(r_B)$$

与

$$\sigma_A\leqslant\sigma_B$$

至少有一个条件严格成立。

在图6-1中的期望收益标准差曲线中，最受欢迎的方向是左上方向，因为这个方向提高了期望收益同时降低了方差。这意味着所有P点西北方向的任何组合都优于组合P。

那么第Ⅱ象限和第Ⅲ象限的投资组合又如何呢？与组合P相比，这些组合的受青睐程度完全取决于投资者的风险厌恶程度。假设投资者确认了所有和P一样好的投资组合，从P点开始，效用随标准差的增加而减少，这必须以期望收益率的提高作为补偿。因此对于投资者而言，图6-2中的Q点和P具有相同的吸引力。高风险高期望收益的资产和低风险低收益的组合对投资者的吸引力相同。在均值-标准差图表中，用一条曲线将这些效用相同的所有资产组合连在一起，就构成了**无差异曲线**（indifference curve）。

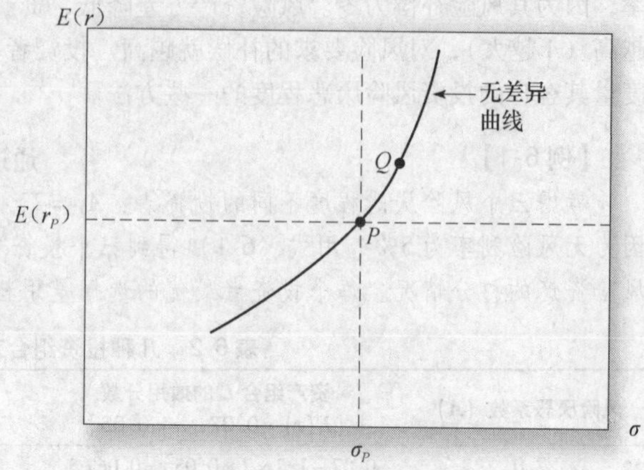

图6-2 无差异曲线

为了检验无差异曲线上的点，我们用表6-3中$A=4$的投资者对曲线上不同的投资组合的效用值进行计算。最终得到各资产组合的效用值相同，因为更高风险的资产组合有更高的期望收益。

概念检查6-3

a. 与图6-2的无差异曲线相比，一个风险厌恶程度更低的投资者的无差异曲线会如何变化？

b. 画出过P点的两条无差异曲线。

表6-3 风险厌恶系数$A=4$的投资者对示例投资组合的效用值

期望收益	标准差	效用 $U=E(r)-1/2A\sigma^2$	期望收益	标准差	效用 $U=E(r)-1/2A\sigma^2$
0.10	0.200	0.10-0.5×4×0.04=0.02	0.20	0.300	0.20-0.5×4×0.09=0.02
0.15	0.255	0.15-0.5×4×0.065=0.02	0.25	0.339	0.25-0.5×4×0.115=0.02

6.1.3 估计风险厌恶系数

如何量化实践中观测到的风险厌恶系数呢？有一些方法可供使用。下面的调查问卷就可以最终给出简单的区分：高、中、低。其他一些问卷通过提问投资者对不同的假想彩票的选择可以得到其具体的风险厌恶水平。

通过观察活跃投资者的投资账户可以得到其投资组合随时间的变化。结合这些信息和投资者这些头寸的风险收益搭配，可以从原理上计算投资者的风险厌恶系数。

最后，研究者跟踪观察一组对象的行为来获得风险厌恶系数的均值。这些研究的观察从保险选择到消费习惯，范围很广。

专栏6-1讲述了风险和风险容忍度。

专栏6-1

学习投资使用的四字母单词

当股市狂跌时哪个单词会在你的脑海中出现呢？

是的，当然是风险（R-I-S-K）。

风险是一种当你意识到只能得到很低的回报甚至损失金钱时的潜意识，它可能还会使你要实现的重要目标破灭，比如送子女上他们喜欢的大学或实现你退休后所渴望的生活方式。

许多财务顾问与其他专家都指出，当股市好的时候投资者对风险并没有予以应有的重视，他们总是对股票过于自信。因此，在股市下滑并持续低迷之前，你必须确定拟对风险的容忍度并使你的投资组合与之相匹配。

评估你对风险的容忍度并不容易。你不仅需要考虑你承担风险的最大限度，还要考虑你愿意承担多大的风险。

要确定你愿意承受多大的风险（你对风险的容忍度）更加困难，因为它很难被量化。

为此，许多财务顾问、经纪公司以及共同基金都设计了一系列风险测试来帮助投资者确定自己是保守、温和还是激进型的投资者。提供这种测试的公司包括：美林，巴尔的摩普莱斯联合公司、纽约的苏黎世集团公司下属的斯库德－坎贝尔投资公司以及宾夕法尼亚州的先锋集团。

一般地说，风险调查问卷包括7~10个问题，关于个人的投资经验、金融证券以及保守或冒险选择的倾向。

测试的好处在于人们可以通过这些入市资料，大致了解自己的风险容忍度，“一个人不可能独立评估自己的风险容忍度”，伯恩斯坦说，“可以说我不喜欢风险，虽然我比一般人更愿意冒险。”

许多专家警告说，问卷只能作为评估风险容忍度的第一步。“它们并不准确。”一个名叫罗恩·迈耶的注册会计师说。

许多专家认为第二步是询问自己一些有难度的问题，比如，长期来看你能承受多大损失。

“大多数人能够暂时承受很大的损失打击，”一个名叫沙特斯基的纽约财务顾问说，关键在于你能够在几个月甚至几年中所能承受的投资损失。

有几个顾问说，正如前文所示，大多数人都是温和的中等风险承受者。“大约只有10%~15%的客户是激进的。”罗格先生说。

你的风险容忍度是多少

1. 在你将资金投资60天后，其价格下跌了20%。假设其他基本情况都不变，你会怎么做？
   a. 卖掉，以避免更大的担忧，并再试试其他项目
   b. 什么也不做，等待投资收回
   c. 继续买入，正是投资的好机会，同时现在它也是便宜的投资
2. 现在换个角度看上面的问题。你的投资价格下跌了20%，但它是投资组合的一部分。用来在三个不同的时间段上达到投资目标。

2A. 如果投资目标是5年以后，你怎么做？
   a. 抛出　　b. 什么也不做　　c. 继续买入

2B. 如果投资目标是15年后，你怎么做？
   a. 抛出　　b. 什么也不做　　c. 继续买入

2C. 如果投资目标是30年后，你怎么做？
   a. 抛出　　b. 什么也不做　　c. 继续买入

3. 你的退休基金在买入一个月后，价格上涨25%，而且基本条件没有变化。在你心满意足之后，你会怎么做？
   a. 抛出，锁定收入　　b. 继续持有，期待更多收益　　c. 继续买入，可能还会涨
4. 拟投资了养老保险，期限在15年以上，你更愿意？
   a. 投资于货币市场基金或保证收益的投资合约，放弃可能得到的资本利得，重点保证资本金安全
   b. 一半债券，一半股票基金，希望在有些增长的同时，也能成为自己拥有固定收入的保障
   c. 投资于激进型的共同基金，它的价值在年内可能有大幅波动，但在5年或10年后有巨额收益的潜力
5. 你刚刚中了大奖，但具体哪一个由你来定。
   a. 2 000美元现金　　b. 50%的机会获得5 000美元　　c. 20%的机会获得15 000美元
6. 一个很好的投资机会来临，但你必须借款，你会贷款吗？
   a. 绝对不会　　b. 也许会　　c. 会的
7. 你所在的公司要把股票卖给员工，公司管理层计划在三年后使公司上市，在上市之前，你不能抛售手中的股票，也没有分红，但上市时，你的投资可能会翻10倍，你会投资多少钱？
   a. 一点也不　　b. 2个月工资　　c. 4个月工资

评分

a. 1分　　b. 2分　　c. 3分

9~14分　保守型投资者

15~21分　温和型投资者

22~27分　激进型投资者

资料来源：Reprinted with permission from *The Wall Street Journal*. ©1998 by Dow Jones & Company. All Rights Reserved Worldwide.

6.2 风险资产与无风险资产组合的资本配置

历史一方面告诉我们长期债券是比短期国债投资风险高的投资品种，而股票投资风险就更高了。从另一方面来看，更高风险的投资也确实提供更高的收益。投资者在这些各类的资产中当然不会全选或者全不选，更多的是选择

部分投资短期国债，部分投资更高风险资产的组合。

最直接的方法是通过分配短期国债及其他安全货币市场证券与风险资产之间的比例控制投资组合的风险。这种资本分配策略就是资产配置决策的一个例子——在大量投资资产种类中选择证券，而不仅仅是在每类资产中选择一些特殊证券。许多投资专家认为资金配置是投资组合构建中最重要的问题。思考下面约翰·博格的观点，这是他担任先锋集团投资公司总裁时发表的言论：

投资决策中最基本的决策在于如何分配你的资金。你愿意投入多少于股票，多少于债券？你应该持有多少现金准备……这个决策占到机构经营养老基金总收益差异的94%。同时没有理由不相信这种决策与资产配置关系同样成立[⊖]。

因此，为了讨论风险收益权衡，我们首先检查资产配置决策，决定投资组合多少投资于无风险货币市场，多少投资于其他风险资产。

把投资者的风险资产用 P 表示，无风险组合用 F 表示。为方便解释，假设投资组合中的风险资产部分由两种共同基金构成：一个投资于股票市场，一个投资于长期债券。现在，假设给定风险资产组合，只讨论风险资产组合和无风险资产之间的资产配置。在第7章我们再讨论风险资产的配置和证券选择。

当我们将资本由风险资产组合向无风险资产组合转移时，并不改变风险组合中各证券的相对比例。我们只是更偏好于无风险资产，从而降低风险组合的整体比例。

比如，假定初始投资组合的总市值为300 000美元，其中90 000美元投资于即期的货币市场基金，即无风险资产。剩余的210 000美元投资于风险证券——其中113 400美元投资于股权权益（E），96 600美元投资于长期债券（B）。权益和长期债券组成了风险投资组合，E 和 B 的份额分别为54%和46%：

$$E:w_E = \frac{113\,400}{210\,000} = 0.54$$

$$B:w_B = \frac{96\,600}{210\,000} = 0.46$$

风险投资组合在**完整资产组合**（complete portfolio）的比重为 P，包括无风险和风险投资，记为 y。

$$y = \frac{210\,000}{300\,000}0.7(\text{风险资产})$$

$$1 - y = \frac{90\,000}{300\,000} = 0.3(\text{无风险资产})$$

每个风险资产组合占完整资产组合的权重如下：

$$E: = \frac{113\,400\text{ 美元}}{300\,000\text{ 美元}} = 0.378$$

$$B:\frac{96\,000\text{ 美元}}{300\,000\text{ 美元}} = 0.322$$

$$\text{风险组合} = E + B = 0.700$$

风险组合占到完整资产组合的70%。

【例6-2】　　风险组合

假设该投资组合的所有者为降低总体风险，希望将持有的风险投资组合比重从0.7降为0.56。风险投资组合的总值降低为0.56×300 000美元=168 000美元，这需要卖出原来210 000美元风险组合中的42 000美元，用这个部分来购买即期资产（货币市场资金）。整个无风险资产增加到300 000美元×(1－0.56)=132 000美元。

关键点在于风险资产组合中的资产比例依旧不变。由于 E 和 B 在风险投资组合中的权重分别是0.54和0.46，卖出0.54×42 000美元=22 680美元的 E 和0.46×42 000美元=19 320美元的 B。在卖出后，每只股票在风险投资组合中的比例实际并无变化：

$$E:\ w_E = \frac{113\,400 - 22\,680}{210\,000 - 42\,000} = 0.54$$

⊖ John C. Bogle. *Bogle on Mutual Funds* (Burr Ridge, IL: Irwin Professional Publishing, 1994), p. 235.

$$B: w_B = \frac{96\,600 - 19\,320}{210\,000 - 42\,000} = 0.46 ■$$

与其分别考虑风险资产 E 和 B，不如认为持有单一基金，即以固定比例持有 E 和 B。从这个意义上讲，我们可以把风险资产组合看做单一的风险资产。

> **概念检查 6-4**
>
> 如果你决定将投资预算的50%以即期资产的形式持有，那么你投资股权（E）的价值和其在整个投资中的比重是多少？

给定这个简化方法，现在可以通过改变风险资产和无风险资产的组合来降低风险，即降低 y。只要风险资产中的资产权重不发生变化，那么风险资产的收益概率分布就不发生变化，改变的只是风险资产与无风险资产构成的完整资产组合收益率的概率分布。

6.3 无风险资产

凭借其税收和控制货币供给的能力，只有政府可以发行无违约风险的债券。事实上，即使政府担保无违约风险，债券在其持有期间也不是完全没有风险的。实际中唯一的无风险资产是一种理想的指数化债券。另外，无违约风险的理想指数化债券也只有在期限等于投资者愿意持有的期限时，才能对投资者的实际收益率进行担保。即使指数化债券因实际利率随时间变化难以预测，所以面临利率风险。未来实际利率不确定时，未来指数化债券的价格就不确定。

尽管如此，在实际中仍把短期国债看做无风险资产。它们的短期性使得它们的价值对利率变动不敏感。确实，投资者可以通过购买债券并持有到期来锁定短期的名义收益。另外，几个星期内或几个月内通货膨胀率的走势不确定性，与股票市场的不确定性相比基本可以忽略不计。

在实际操作中，大多数投资者应用更广的货币市场工具作为无风险资产。所有的货币市场工具实际上无利率风险，因为它们的期限短，并且从违约或信用风险来看基本是安全的。

多数货币市场基金大部分持有三种类型的证券：短期国债、银行可转换存单和商业票据，它们在违约风险上有细微不同。例如银行存单和商业票据的到期收益率总是高于同样期限的短期债券。图6-3展示了最近几十年90天银行存单收益率和短期国债的收益率价差。

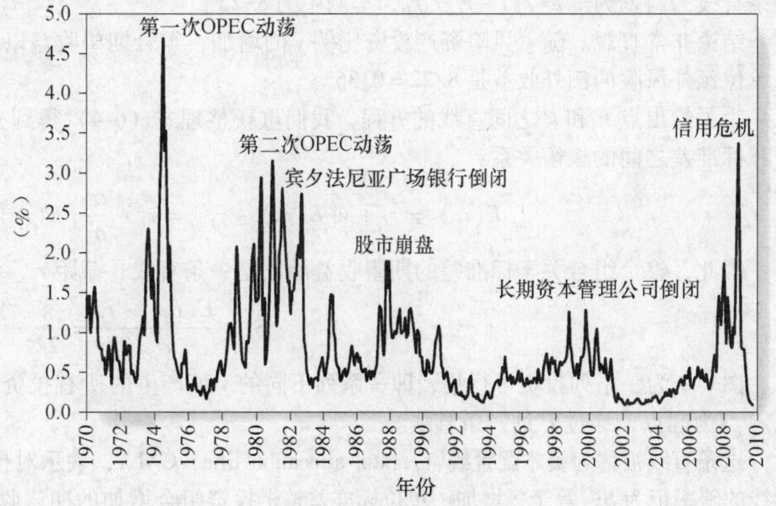

图6-3 3个月银行存单和短期国债收益率差价

货币市场基金随着时间推移改变了这些证券的相对持有量，但是，一般来说，短期国债只占到组合的15%左右。尽管如此，这些热门的短期投资工具如银行存单与商业票据的投资风险和大量其他资产如长期债券、股票或房地产相比简直微乎其微。因此，我们把货币市场基金看做大多数投资者最易接触到的无风险资产。

6.4 单一风险资产与单一无风险资产的投资组合

本节将研究可行的风险收益组合。这是资产配置中的“技术性”部分：它只涉及给定广阔资本市场中投资者可以投资的机会。在第6.5节会讨论资产配置中不同投资个性化的部分——风险收益可行集中个体的最优决策。

假设投资者已经确定了风险投资的组合构成，现在所要考虑的是在投资者投资预算中给风险投资组合 P 的比例 y，剩余部分 $1-y$ 分配给无风险资产 F。

定义风险组合 P 收益率为 r_P，期望收益为 $E(r_P)$，标准差为 σ_P。无风险资产收益率定义为 r_f。在下面的数字例子中，我们假设 $E(r_P)=15\%$，$\sigma_P=22\%$，无风险资产收益率 $r_f=7\%$。因此，风险资产的风险溢价为 $E(r_P)-r_f=8\%$。

风险投资组合的投资比例为 y，无风险投资组合比例为 $1-y$，整个组合 C 的收益率 r_C 为

$$r_C = yr_P + (1-y)r_f \tag{6-2}$$

取期望值，得

$$E(r_C) = yE(r_P) + (1-y)r_f = r_f + y[E(r_P) - r_f] = 7 + y(15-7) \tag{6-3}$$

这一结果很容易解释。任何一个投资组合的基本收益率都是无风险资产收益率。另外，投资组合总期望获得风险溢价，希望获取这一溢价的投资者为风险厌恶的，如果没有风险溢价，他们不会愿意持有风险资产。

当把一个风险资产和一个无风险资产放到一个资产组合中，整个组合的标准差就是风险资产的标准差乘以它在投资组合中的比例[⊖]。由于风险投资组合的标准差为 $\sigma_P=22\%$，所以

$$\sigma_C = y\sigma_P = 22y \tag{6-4}$$

这表明组合的标准差与风险资产的标准差和投资比例都是成比例的。总之，整个投资组合的期望收益率为 $E(r_C)=r_f+y[E(r_P)-r_f]=7+8y$，标准差为 $\sigma_C=22y$。

下一步是在期望收益－标准差平面坐标中标出给定某个 y 值投资组合的特征，如图6-4所示。无风险资产 F 在纵轴上，因为其标准差为零，风险资产 P 位于标准差为22%、期望收益为15%的坐标点上。如果投资者只选择风险资产，则 $y=1.0$，整个组合就是 P。如果选择 $y=0$，则 $1-y=1.0$，整个组合就是无风险资产 F。

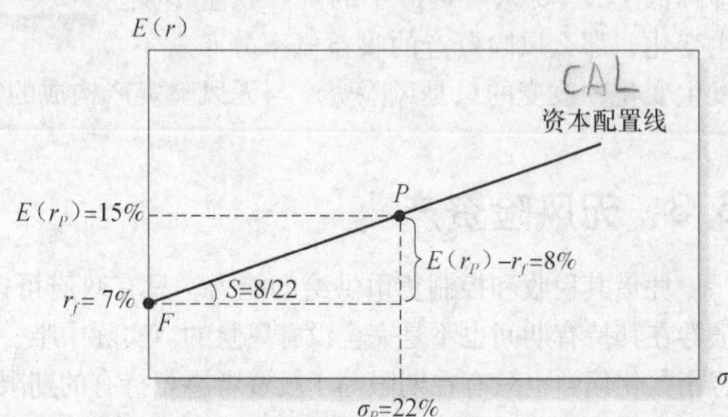

图6-4　单个无风险资产和单个风险资产的投资可行集

当 y 落在0与1之间时，更有趣的组合会是什么样子的呢？这些组合坐标点会落在连接 F 和 P 之间的直线上。这条直线的斜率为 $[E(r_P)-r_f]/\sigma_P$，本例中为8/22。

结论非常直观。随着风险资产投资比例 y 的增加，组合期望收益以8%的速率增长，标准差以22%的速率增长。每单位额外风险的额外收益是 $8/22=0.36$。

为了给出点 F 和 P 之间直线的方程，我们重新整理式（6-4）得到 $y=\sigma_C/\sigma_P$，替换到式（6-3）中来描述期望收益和标准差之间的权衡关系：

$$E(r_C) = r_f + y[E(r_P) - r_f] = r_f + \frac{\sigma_C}{\sigma_P}[E(r_P) - r_f] = 7 + \frac{8}{22}\sigma_C \tag{6-5}$$

因此，整个组合关于标准差的期望收益函数是一条直线，截距 r_f，斜率

$$S = \frac{E(r_P) - r_f}{\sigma_P} = \frac{8}{22} \tag{6-6}$$

图6-4为一系列投资可行集，即一系列不同的 y 值产生的所有投资组合期望收益与标准差的配对组合。图形是以 r_f 点为起点，穿过 P 的一条直线。

这条直线被称为**资本配置线**（capital allocation line，CAL），表示对投资者而言所有可能的风险收益组合。资本配置线的斜率记为 S，等于每增加一单位标准差整个投资组合增加的期望收益。因此，斜率也被称为**报酬－波动性比率**（reward-to-volatility ratio），或者夏普比率。

一个投资组合在风险资产和无风险资产之间等分，即 $y=0.5$，此时的期望收益 $E(r_C)=7+0.5\times8=11\%$，意味着风险溢价为4%，标准差 σ_C 为 $0.5\times22=11\%$，在直线上表示为 F 和 P 的中间点。报酬－波动性比率为 $S=4/11=0.36$，与 P 完全一致。

概念检查6-5

对任意风险资产与无风险资产组合的报酬－波动性比率（夏普比率），是否与单独风险资产的比率 $S=[E(r_C)-r_f]/\sigma_C$ 有所不同，本例中为0.36。

资本配置线上处于投资组合 P 右边的点是什么呢？如果投资者能够以无风险利率7%借入钱，就可以构造出 P 右边的点。

⊖ 这是一个统计学中基本原理的应用：如果一个随机变量乘以一个常数，那么新变量的标准差也应由原标准差乘以该常数。

【例6-3】 **杠杆**

假定投资预算为300 000美元，投资者额外借入了120 000美元，将所有可用资金投入风险资产中。这是一个通过借款杠杆获得的风险资产头寸。这样的话，

$$y=\frac{420\ 000}{300\ 000}=1.4$$

此时 $1-y=1-1.4=-0.4$，反映出无风险资产的空头头寸。投资者不以7%的利率借出，而是借入资金。组合的收益分布仍然呈现相同的报酬-波动性比率：

$$E(r_C)=7\%+(1.4\times 8\%)=18.2\%$$

$$\sigma_C=1.4\times 22\%=30.8\%$$

$$S=\frac{E(r_C)-r_f}{\sigma_C}=\frac{18.2-7}{30.8}=0.36$$

正如预计的，杠杆风险投资组合比无杠杆投资组合的标准差要高。■

当然，非政府投资者并不能以无风险利率借入资金。借款者的违约风险导致贷款者要求更高的贷款利率。因此，非政府投资者的借款成本超过 $r_f=7\%$，假设借入利率为 $r_f^B=9\%$，在这样的条件下报酬-波动性比率，也就是资本配置线的斜率将是 $[E(r_P)-r_f^B]/\sigma_P=6/22=0.27$。资本配置线在 P 点被扭曲，如图6-5所示。P 点的左边，投资者以7%借出资金；P 点的右边，投资者以9%借入资金。

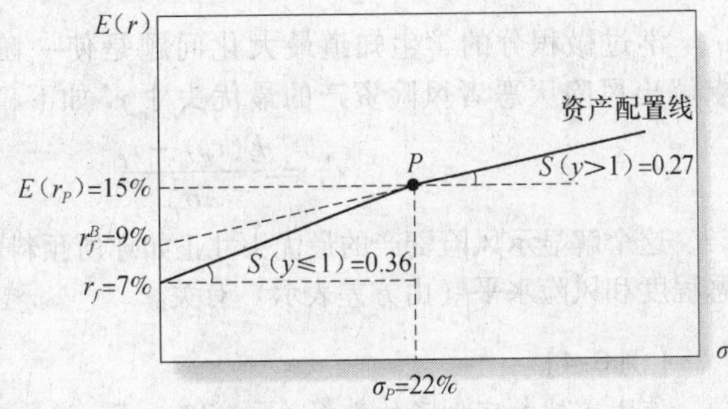

图6-5 借贷利率不相等时的可行集

在实际操作中，如果你在经纪人那里开立了保证金账户，借钱投资风险资产的方式将会非常容易且直接。你只需要告诉经纪人你要以“保证金”额度购买风险资产。保证金方式不能超过购买资产总价值的50%。因此，如果你的账户净值为300 000美元，你可以再借入300 000美元购买额外的股票[⊖]。这样你的风险资产头寸就达到600 000美元，负债为300 000美元，即 $y=2.0$。

概念检查6-6

假设风险资产收益率从15%增加至17%，如果所有其他参数保持不变，则资产配置曲线的斜率在 $y\leq 1$ 和 $y>1$ 时分别为多少？

6.5 风险容忍度与资产配置

前面已经说明如何建立资本配置线，即资产配置决策下所有可行的风险报酬组合构成的图形。投资者必须从可行集中选择最优的组合。这个决策包含了风险和收益的权衡选择。个人投资者风险厌恶程度不同，意味着给定相同的可行集（无风险利率和报酬-波动性比率相同），不同的投资者将选择不同的头寸。特别地，越是风险厌恶的投资者会选择更少的风险资产，更多地选择无风险资产。

一个面临无风险利率 r_f 和期望收益为 $E(r_P)$、标准差为 σ_P 的风险资产投资者会发现，对于任意 y，组合的期望收益由式（6-3）给出

$$E(r_C)=r_f+y[E(r_P)-r_f]$$

由式（6-4），整个组合的方差为

$$\sigma_C^2=y^2\sigma_P^2$$

投资者试图通过选择风险资产的最优配置 y 使效用最大化。效用函数由式（6-1）给出，即 $U=E(r)-1/2A\sigma^2$。当风险资产配置增加（y 增加），期望收益增加，但是收益波动性也增加，因此效用可能增加也可能减少。表6-4展示了效用水平随 y 值变化的数据。一开始，效用随 y 增加而增加，最终随 y 增加而降低。

⊖ 保证金交易要求投资者在经纪人处开立的保证金账户中存放证券。如果证券市值低于保证金维持水平值，追加保证金的指令会被发出，要求存款使账户净值达到合适的水平。如果追加不成，监管要求部分或全部证券由经纪人卖出，收益用于补偿要求的保证金。详见第3章第3.6节。在第22章会看到远期合约也提供杠杆交易。

表6-4 风险厌恶系数 $A=4$ 的投资者不同风险资产比例 y 带来的效用值

(1) y	(2) $E(r_C)$	(3) σ_C	(4) $U=E(r)-1/2A\sigma^2$	(1) y	(2) $E(r_C)$	(3) σ_C	(4) $U=E(r)-1/2A\sigma^2$
0	0.070	0	0.070 0	0.6	0.118	0.132	0.083 2
0.1	0.078	0.022	0.077 0	0.7	0.126	0.154	0.078 6
0.2	0.086	0.044	0.082 1	0.8	0.134	0.176	0.072 0
0.3	0.094	0.066	0.085 3	0.9	0.142	0.198	0.063 6
0.4	0.102	0.088	0.086 5	1.0	0.150	0.220	0.053 2
0.5	0.110	0.110	0.085 8				

图6-6给出了表6-4中效用函数的散点图。效用在 $y=0.41$ 时是最高的；当 $y<0.41$ 时，投资者愿意为更高的期望收益而增加投资风险；而当 $y>0.41$ 时，风险增加效用则会降低。

为了解决这一效用最大化的问题，我们把问题写作：

$$\operatorname*{Max}_{y} U = E(r_C) - \frac{1}{2}A\sigma_C^2 = r_f + y[E(r_P) - r_f] - \frac{1}{2}Ay^2\sigma_P^2$$

学过微积分的学生知道最大化问题是使一阶导数为零。这样求解出风险厌恶者风险资产的最优头寸 y^* 如下

$$y^* = \frac{E(r_P) - r_f}{A\sigma_P^2} \tag{6-7}$$

这个解显示风险资产的最优头寸正如你所预料的那样，与风险厌恶程度和风险水平（由方差表示）有关。

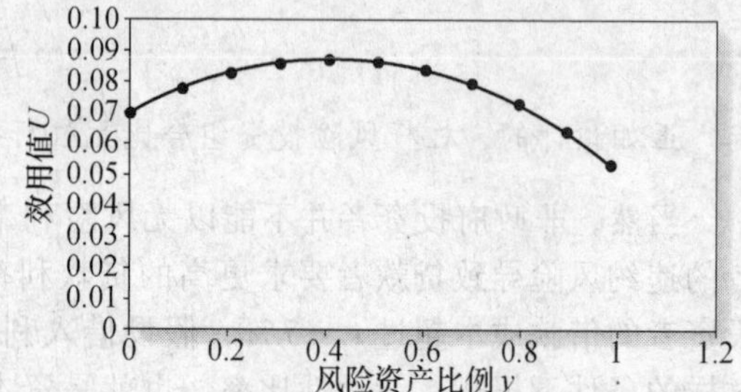

图6-6 效用值 U 关于风险资产比例 y 的函数

【例6-4】 **资产配置**

使用前述数字例子的数据 $[r_f=7\%,\ E(r_P)=15\%,\ \sigma_P=22\%]$，所有收益用小数表示，一个风险厌恶系数为 $A=4$ 的投资者的最优解为[⊖]

$$y^* = \frac{0.15-0.07}{4\times 0.22^2} = 0.41$$

换句话说，该投资者将会把投资预算的41%投资于风险资产，59%投资于无风险资产，如图6-6所示，此时效用达到最高水平。

当41%投资于风险资产，整个组合的期望收益和标准差为

$$E(r_C) = 7 + [0.41\times(15-7)] = 10.28\%$$

$$\sigma_C = 0.41\times 22 = 9.02\%$$

整个组合的风险溢价是 $E(r_C)-r_f=3.28\%$，标准差为9.2%，注意到3.28/9.02=0.36，这正是例子中所假设的报酬－波动性比率。■

这个决策的图解法是利用无差异曲线进行分析。为了理解如何构造无差异曲线，考虑风险厌恶系数 $A=4$ 的一个投资者，他目前全部投资于无风险组合，收益率 $r_f=5\%$。因为这个组合的方差为零，式（6-1）告诉我们它的效用为 $U=0.05$。当投资者投资于 $\sigma=1\%$ 的风险组合时，为了获得相同的效用，其期望收益必须上升，以弥补更高的 σ 值：

$$U = E(r) - 1/2\times A\times\sigma^2$$

$$0.05 = E(r) - 1/2\times 4\times 0.01^2$$

这说明必要的期望收益为

$$\text{必要的期望收益}\ E(r) = 0.05 + 1/2\times A\times\sigma^2 = 0.05\times 1/2\times 4\times 0.01^2 = 0.050\,2$$

对不同的 σ 重复这样的计算，可以得到保证效用值为0.05所需的 $E(r)$。这个过程将得到效用水平为0.05时所有期望收益和风险的组合。把这些组合描点在图上便得到无差异曲线。

可以使用Excel表格来生成投资者的无差异曲线。表6-5包含了效用值分别为0.05和0.09对于风险厌恶分别为 $A=2$ 和 $A=4$ 的两个投资者的风险和收益组合。图6-7描绘了 $A=2$ 对应的期望收益和标准差组合，截距分别为0.05和0.09，对应曲线的效用水平。

⊖ 对 y 的一阶导数等于 $E(r_P)-r_f-yA\sigma_P^2$，使该式为0，得到式（6-7）。

表6-5 无差异曲线的数字计算

σ	A=2 U=0.05	A=2 U=0.09	A=4 U=0.05	A=4 U=0.09	σ	A=2 U=0.05	A=2 U=0.09	A=4 U=0.05	A=4 U=0.09
0	0.050 0	0.090 0	0.050	0.090	0.30	0.140 0	0.180 0	0.230	0.270
0.05	0.052 5	0.092 5	0.055	0.095	0.35	0.172 5	0.212 5	0.295	0.335
0.10	0.060 0	0.100 0	0.070	0.110	0.40	0.210 0	0.250 0	0.370	0.410
0.15	0.072 5	0.112 5	0.095	0.135	0.45	0.252 5	0.292 5	0.455	0.495
0.20	0.090 0	0.130 0	0.130	0.170	0.50	0.300 0	0.340 0	0.550	0.590
0.25	0.112 5	0.152 5	0.175	0.215					

注：表中为需要达到相应效用值的期望收益。

假定任何投资者都愿意投资于更高无差异曲线上的组合，获得更高的效用。更高无差异曲线上的资本组合在给定风险水平上能够提供更高的期望收益。例如，$A=2$ 的两条无差异曲线形状相同，但是对于任意水平的风险，效用为0.09%那条曲线比0.05的那条曲线的期望收益高4%。

表6-5中的第4列和第5列对风险厌恶系数更高（$A=4$）的投资者重复了上述分析。图6-7反映出更高风险厌恶程度投资者的无差异曲线比低厌恶程度投资者的曲线更陡峭。更陡峭的曲线意味着投资者需要更多的期望收益来补偿同样的组合风险。

更高的无差异曲线意味着对应更高的效用水平，因此投资者更愿意在更高的无差异曲线上寻找投资组合。如图6-8，在表示可行集的资本配置线上加入无差异曲线，我们就可以得到与资本配置线相切的最高的无差异曲线，切点对应最优投资组合的标准差和期望收益。

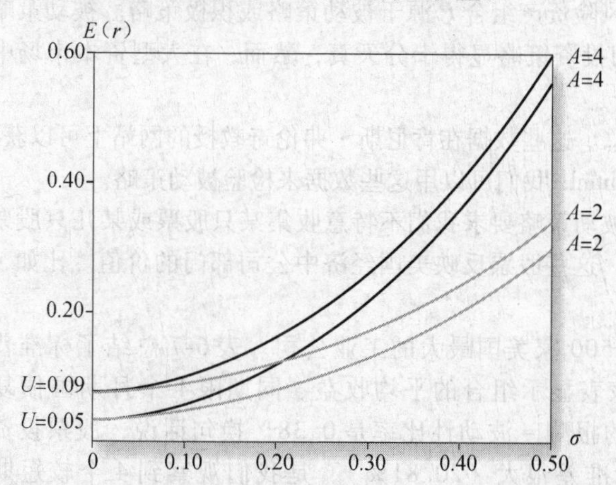

图6-7 $U=0.05$ 和 $U=0.09$，分别对 $A=2$ 和 $A=4$ 的无差异曲线

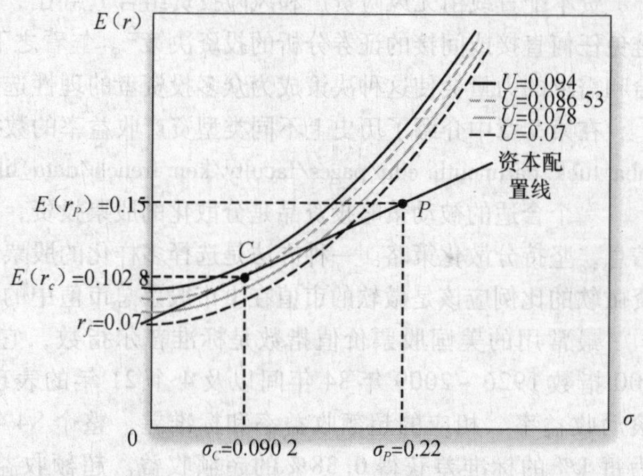

图6-8 用无差异曲线寻找最优组合

为了证明这一点，表6-6给出了投资者 $A=4$ 的4条无差异曲线（效用水平分别为0.07、0.078、0.086 53、0.094）的计算。第2~5列利用式（6-8）计算出了各曲线为了得到相应的效用值对不同标准差所必需的期望收益值。列6由式（6-5）计算出 $E(r_C)$ 的资本配置线上各 σ 值对应的期望收益。

$$E(r_C)=r_f+[E(r_P)-r_f]\frac{\sigma_C}{\sigma_P}=7+[15-7]\frac{\sigma_C}{22}$$

表6-6 四条无差异曲线和资本配置线对不同 σ 的期望收益，$A=4$

σ	U=0.07	U=0.078	U=0.086 53	U=0.094	资本配置线	σ	U=0.07	U=0.078	U=0.086 53	U=0.094	资本配置线
0	0.070 0	0.078 0	0.086 5	0.094 0	0.070 0	0.12	0.098 8	0.106 8	0.115 3	0.122 8	0.113 6
0.02	0.070 8	0.078 8	0.087 3	0.094 8	0.077 3	0.14	0.109 2	0.117 2	0.125 7	0.133 2	0.120 9
0.04	0.073 2	0.081 2	0.089 7	0.097 2	0.084 5	0.18	0.134 8	0.142 8	0.151 3	0.158 8	0.135 5
0.06	0.077 2	0.085 2	0.093 7	0.101 2	0.091 8	0.22	0.166 8	0.174 8	0.183 3	0.190 8	0.150 0
0.08	0.082 8	0.090 8	0.099 3	0.106 8	0.099 1	0.26	0.205 2	0.213 2	0.221 7	0.229 2	0.164 5
0.0902	0.086 3	0.094 3	0.102 8	0.110 3	0.102 8	0.30	0.250 0	0.258 0	0.266 5	0.274 0	0.179 1
0.10	0.090 0	0.098 0	0.106 5	0.114 0	0.106 4						

图6-8画出了4条无差异曲线和资本配置线，图形反映出效用 $U=0.086\ 53$ 的无差异曲线与资本配置线相切；切点

对应了最大效用值的资产组合。切点处 $E(r_C)=10.28\%$，$\sigma_C=9.02\%$。最优投资组合的风险－收益比例是 $y^*=0.41$，这个数值和用式（6-7）的算数解相同。

综上所述，y^* 的决策主要取决于投资者的风险厌恶程度。

非正态收益

在前面的分析中我们假设收益呈正态分布，并以标准差作为风险度量。如第 5 章所述，正态性的偏离会导致极端损失的可能性远大于正态分布的情况。这些风险敞口，一般由在险价值或预期损失来衡量。

因此，对我们之前分析的一种拓展是给投资者展示在险价值和预期损失的预测值。我们把基于正态假设下的资本配置作为分析的基础，面对肥尾分布的投资者也许会减少风险组合的资金配置，并增加无风险资产的配置。

概念检查 6-7

a. 如果投资者的风险厌恶系数为 $A=3$，最优投资组合将会如何变化？整个组合新的期望收益和标准差是多少？

b. 假定借入利率为 9%，高于贷出利率 7%，请用图形说明投资者的最优投资组合是如何受到更高借入利率的影响的？

6.6 被动策略：资本市场线

资本配置线由无风险资产和风险投资组合 P 导出，决定风险资产组合 P 源于被动策略或积极策略。被动策略指避免任何直接或间接的证券分析的投资决策[⊖]。乍看之下被动投资策略显得十分天真，然而，在大型资本市场中供给和需求的力量会使这种决策成为众多投资者的理性选择。

在第 5 章中介绍了历史上不同类型资产收益率的数据汇总。这些数据在肯尼斯・弗伦奇教授的网站上可以获得，mba. tuck. dartmouth. edu/pages/faculty/ken. french/data_library. html. 我们可以用这些数据来检验被动策略。

一个合适的被动策略投资品是分散化的股票投资，因为被动策略要求我们不特意收集某只股票或某几只股票的信息，坚持分散化策略。一种方法是选择多样化的股票组合，这些股票反映美国经济中公司部门的价值。比如，投资微软的比例应该是微软的市值在上市股票总市值中的比重。

最常用的美国股票价值指数是标准普尔指数，它包含 500 家美国最大的工业公司。表 6-7 总结了标准普尔 500 指数 1926～2009 年 84 年间以及 4 个 21 年的表现。该表显示组合的平均收益、同期限 1 个月期国债复利滚动收益率、相应的超额收益率和标准差。整个 84 年间的报酬－波动性比率是 0.38。换句话说，股票投资者为每 1% 的标准差获得 0.38% 的超额收益。超额收益的标准差很大（20.81%），是我们观察到 4 个较短期间平均超额收益和报酬－波动性比率（夏普比率）变动范围很大的原因之一。用两个组合夏普比率差异的统计分布，我们可以估计观察到某一子样本期（21 年）的夏普比率相对整个样本期存在偏离的概率，当然前提是假设整个样本期的比率能反映真实值。表 6-7 最后一列说明 4 个子样本期中找到差异较大的夏普比率的概率是较为显著的。

表 6-7　大盘股和 1 个月期短期国债的平均年收益率、标准差和报酬－波动性比率

时期	平均年收益		标准普尔 500			概率
	标准普尔 500 组合	1 个月期国库券	风险溢价	标准差	夏普比率（报酬－波动性比率）	
1926～2009	11.63	3.70	7.93	20.81	0.38	
1989～2009	10.86	4.02	6.83	19.37	0.35	0.92
1968～1988	10.91	7.48	3.44	16.71	0.21	0.53
1947～1967	15.35	2.28	13.08	17.66	0.74	0.22
1926～1946	9.40	1.04	8.36	27.95	0.30	0.75

我们称 1 月期国债和一般股票指数构成的资本配置线为**资本市场线**（capital market line，CML）。被动策略产生于由资本市场线代表的一个投资可行集。

⊖ 间接证券分析是指将证券分析的职责交给中介代表，如职业的理财师。

那么投资者采取被动策略投资是否合理呢？当然，在没有比较积极投资策略的成本和收益时我们是无法回答这一问题的。相关的观点如下。

首先，积极投资策略不是免费的。无论是你选择投入时间、资金来获取你所需的信息，以形成最优的风险资产投资决策，还是把这一任务交给职业人士，积极策略的形成都比被动策略更昂贵。被动策略成本只有短期国债所需少量的佣金和支付给共同基金等市场指数基金和证券交易所的管理费用。例如，先锋公司管理着跟踪标准普尔500指数组合。它购买标准普尔500中每个公司的股票，权重与公司股权在指数中的份额相同，因此便复制了市场指数的表现。这类基金的管理费用很低，因为它的管理成本很小。

投资者采取被动策略的第二个原因是"免费搭车"的好处。如果市场中有很多积极的具有专业知识的投资者，竞买被低估的股票，竞卖被高估的股票，那么我们可以得出结论：大多数时候股价是合理的。因此，充分分散化的股票组合应该是一个非常合理的投资，收益并不比积极投资者差。在专栏6-2中我们会指出在过去的几十年，被动指数基金实际上比积极策略的基金表现要好。

专栏6-2

对指数基金的指责并不符实

由于近年来股市低迷，评论家们将矛头重新指向了指数基金，但是这可能毫无意义。

当然，指数基金在许多时期并不受欢迎。渴望业绩的投资者不喜欢购买指数基金并放弃超过市场平均收益的机会。同时，多数的华尔街公司希望这种情况发生，因为它们没有足够的资金来经营指数基金。

最新的评论也反映出当今诡异的股票市场。来看下面关于指数基金的抱怨。

不够分散化　指责的意见认为大多数非常流行并基于标准普尔500的指数基金将重点放在少量股票和单一的高科技领域。

最近，标准普尔500基金将其25.3%的资产投在前十大的公司中，31.1%的资产投入到高科技企业。这种集中的投资组合使得该基金在市场波动时非常脆弱。

这种抱怨同样适用于积极管理的基金。根据芝加哥晨星公司的研究发现，分散型的美国股票基金36.2%投在前十大公司中，29.1%投在高科技产业。

头重脚轻　指责的意见认为标准普尔500基金在大公司股票的赌注过大。确实如此，我经常说大多数民众若持有威尔希尔5 000指数，收益会更好，这个指数包括了频繁交易的大盘股和小盘股。

指责也不能太过了，标准普尔500覆盖面并不窄，它毕竟代表了美国股市77.2%的市值。

无论是标准普尔500还是威尔希尔5 000，你所选择的基金应该是能够代表美国整个股市缩影的基金。这时如果你认为你的指数基金头重脚轻，那只能说明美国股市头重脚轻。

过于追求股票表现　在20世纪90年代，股市的收益总是被少数成功者操纵。当某些热门的股票价值上涨时，指数基金就大量增持，当其业绩表现黯淡时，就减持。

批评意见指出，这就是对明星股票的追涨杀跌。这是一针见血的指责吗？其实并非如此，因为所有投资者都是如此，当家得宝的股票上涨5%时，投资者投资于家得宝的价值一起上升5%。

你可以做得更好　当然，你可能有机会幸运跑赢大盘，但是不要过于相信这点。

作为一个整体，美国股票的投资者并不能比大盘表现更加出色。因为从整体来看，他们就是市场。实际上，一旦你将投资成本计算进来，积极投资者由于投入更多的成本，便注定要落后于威尔希尔5 000指数。

这不仅是逻辑上的问题，数据一样可以证明这一点。在过去的10年中，根据先锋公司的调查，只有28%的美国股票基金收益超过威尔希尔5 000指数。

问题在于，长期以来对指数基金的争论在遇到最新的热门基金潮流时都被抛到了脑后。在大多数年份指数策略都打败了大多数基金，但是任何一年都总会存在某个基金做得比指数基金好。这些成功个案的宣传迎合了投资者的胃口，并鼓励他们跑赢大盘。

资料来源：Jonathan Clements, "Criticisms of Indexing Don't Hold Up," *The Wall Street Journal*, April 25, 2000. Reprintesd by permission of *The Wall Street Jouranl*,

总之，被动策略包含两个被动的投资组合，即无风险的短期国债（或货币市场基金）和模仿公开市场指数的普通股基金。代表这样策略的资本配置线叫做资本市场线。从1926～2009年的历史数据上来看，被动策略提供的平均风险溢价为7.9%，标准差20.8%，报酬－波动性比率为0.38。

被动投资者根据其风险厌恶程度，将投资预算配置在各种投资工具中，可以利用分析来推导典型投资者的风险厌恶系数。从第1章的表1-1我们估计得到85%的家庭财富净值投资于广义的风险资产[⊖]。假定这个组合和1926年以来标准普尔500指数展现的风险收益特征相吻合，用式（6-7），我们得到

$$y^* = \frac{E(r_M) - r_f}{A\sigma_M^2} = \frac{0.079}{A \times 0.208^2} = 0.85$$

风险厌恶系数为

$$A = \frac{0.079}{0.85 \times 0.208^2} = 2.15$$

当然，这样的计算具有很强的主观性。我们假设一般投资者简单地认为历史平均收益和标准差是未来期望收益和标准差最佳估计。因为一般投资者会在简单的历史基础上使用当时的有用信息进行投资，所以 $A=2.15$ 的估计并非准确的推断。即使这样，很多针对各类投资性资产的研究表示，一般投资者的风险厌恶系数在2.0~4.0。

概念检查6-8

假设现在标准普尔500和短期国债收益率的期望值与2009年相同，但是你发现现在投资于国债的比例比2009年有所上升。你从2009年以来风险容忍度的变化中得出什么结论？

小 结

1. 投机是指为了获取风险溢价而进行有风险的投资。风险溢价必须足够大以补偿风险厌恶投资者的投资风险。
2. 公平博弈的风险溢价为零，风险厌恶投资者不会进行公平博弈。
3. 投资者对于期望收益和投资组合波动性的喜好程度可以用效用函数表示，它随着期望收益的增加而增加，随着组合方差的增加而降低。投资者的风险厌恶程度越高，对风险的补偿要求就越高。可以用无差异曲线来描述这些偏好。
4. 风险厌恶型投资者对风险投资组合的需求可以用投资组合的确定等价描述。确定等价投资组合收益率是一种能够确定且与风险组合等效用的值。
5. 把资金从风险投资组合移至无风险资产是降低风险最简单的方式，其他方法包括组合的多元化和套期保值。
6. 短期国债只是在名义上提供了一种完美的无风险资产，而且，短期国债实际收益率的标准差比其他资产如长期债券和普通股票都要小，所以，出于分析的需要，把短期国债视为无风险资产。除短期国债外，货币市场基金拥有相对安全的债权，比如商业票据和银行存单，它们只有一点违约风险，这一风险与绝大多数其他风险资产的风险相对而言很小。方便起见，也将货币市场基金看做无风险资产。
7. 一个投资者的风险组合，可以用它的报酬与风险比率 $S=[E(r_P)-r_f]/\sigma_P$ 表示。这个比率也是资本配置线的斜率，作图时，这条线是从无风险资产连接到风险资产，其所有的组合都在这条线上。当其他条件相同时，投资者偏好斜率陡峭的资本配置线，因为它对任一风险水平有更高的期望收益。如果借入利率高于贷出利率，资本配置线将在风险资产点处弯曲。
8. 投资者的风险厌恶程度可以用其相应的无差异曲线斜率表示。无差异曲线说明，在任意的期望收益和风险水平上，为弥补一个百分点的额外标准差所需要的风险溢价。风险厌恶程度较高的投资者无差异曲线更陡，即他们在面临更大的风险时要求有更高的风险溢价补偿。
9. 最优的风险资产头寸与风险溢价成正比，与风险厌恶程度和方差成反比，即 $y^*=\frac{E(r_P)-r_f}{A\sigma_P^2}$。用图形表示时，这个投资组合位于无差异曲线与资本配置线的切点。
10. 被动的投资策略不进行证券分析，把目标放在投资单一无风险资产与一个分散化的风险资产组合如标准普尔500股票组合上。如果2009年投资者用标准普尔500指数的平均历史收益和标准差代表他们的期望收益率和标准差，那么对于普通投资者而言持有资产的价值意味着他的风险厌恶程度为 $A=2.15$ 水平。这与其他研究的结论类似，这些研究估算的风险厌恶程度在2.0~4.0的水平。

习 题

基础题

1. 风险厌恶程度高的投资者会偏好哪种投资组合？

a. 更高风险溢价　　b. 风险更高

c. 夏普比率更低　　d. 夏普比率更高

⊖ 这里的风险资产中包含房地产、半数养老准备金、公司和非公司权益、半数共同基金。这个组合总值45.18万亿美元，占美国家庭财富的85%。

e. 以上各项均不是

2. 以下哪几个表述是正确的？

a. 风险组合的配置减少，夏普比率会降低

b. 借入利率越高，有杠杆时夏普比率越低

c. 无风险利率固定时，如果风险组合的期望收益率和标准差都翻倍，夏普比率也会翻倍

d. 风险组合风险溢价不变，无风险利率越高，夏普比率越高

3. 如果投资者预测股票市场波动性增大，股票期望收益如何变化？参考式（6-7）。

中级题

4. 考虑一个风险组合，年末现金流为 70 000 美元或 200 000 美元，两者概率相等。短期国债利率为 6%。

a. 如果追求风险溢价为 8%，你愿意投资多少钱？

b. 期望收益率是多少？

c. 追求风险溢价为 12%呢？

5. 考虑一个期望收益率为 12%、标准差为 18% 的组合。短期国债收益率为 7%。投资者仍然偏好风险资产所允许的最大风险厌恶系数是多少？

6. 画出 $A=3$ 的投资者效用水平 0.05 的无差异曲线。

7. $A=4$ 的投资者呢？回答第 6 题。

8. 画出风险中性投资者效用水平 0.05 的无差异曲线。

9. 风险喜好者的风险厌恶系数 A 是怎样的？用图形表示一个效用值为 0.05 的风险喜好型投资者的无差异曲线。

习题 10～12，考虑历史数据，过去 80 年标准普尔 500 的平均年收益约为 8%，标准差 20%，当前短期国债利率为 5%。

10. 计算组合期望收益和组合方差。投资比例如表 6-8 所示。

表　6-8

短期国债	标准普尔 500 指数	短期国债	标准普尔 500 指数
0	1.0	0.6	0.4
0.2	0.8	0.8	0.2
0.4	0.6	1.0	0

11. 计算效用水平，$A=2$，你得到什么结果？

12. $A=3$ 呢？

回答习题 13～19，你管理一个风险组合，期望收益率为 18%，标准差 28%，短期国债利率 8%。

13. 你的客户选择投资 70% 于你的基金，30% 于短期国债。他组合的期望收益率和方差是多少？

14. 假设你的风险组合投资如表 6-9 所示。

表　6-9

股票 A	25%
股票 B	32%
股票 C	43%

那么你的客户的投资头寸是怎样的？

15. 你的组合报酬－波动性比率是多少？你客户的呢？

16. 画出你的组合的资本配置线，斜率是多少？

17. 假设你的客户投资于你的组合权重为 y，期望收益率为 16%

a. y 是多少？

b. 你客户组合的收益标准差是多少？

18. 假设你的客户偏好在标准差不大于 18% 的情况下最大化期望收益率，那么他的投资组合是怎样的？

19. 你客户的风险厌恶系数为 $A=3.5$，他如何投资？

20. 参见表 6-7 中的关于标准普尔 500 超出无风险收益率的风险溢价以及风险溢价标准差数据。假设标准普尔 500 指数是你的风险投资组合。

a. 如果 $A=4$，并假设 1926～2009 年很好地代表了未来表现的预期，你将分配多少投资到短期国债，多少到股票？

b. 如果你认为 1968～1988 年才可以代表未来，你如何投资呢？

c. 比较以上 a 和 b 的答案，你得出什么结论？

21. 考虑以下关于你的风险组合的信息，$E(r_P)=11\%$，$\sigma_P=15\%$，$r_f=5\%$。

a. 你的客户想要投资一定比例于你的风险组合，以获得期望收益率 8%。他投资的比例是多少？

b. 他的组合标准差是多少？

c. 另一个客户在标准差不超过 12% 的情况下最大化收益水平，他投资的比例是多少？

22. 投资管理公司 IMI 使用资本市场线来提供资本配置建议。IMI 有以下预测：市场组合期望收益率 12%，标准差 20%，无风险收益率 5%。约翰逊寻求 IMI 的投资建议，他想要投资组合的标准差为市场组合的一半。IMI 可以为约翰逊提供怎样的期望收益率？

习题 23～26：假设借款利率为 9%，标准普尔 500 指数期望收益率为 13%，标准差为 25%，无风险利率为 5%，你的基金情况同习题 21 一样。

23. 考虑到更高的借款利率时画出你的客户的资本市场线，叠加两个无差异曲线，一是当客户借入资金时的；二是投资于市场指数基金和货币市场基金时的。

24. 在投资者选择既不借入资金也不贷出资金时其风险厌恶系数范围是什么，即当 $y=1$ 时？

25. 当投资者投资你的基金而不是市场指数基金时，回答习题 23 和习题 24。

26. 贷出资金（$y<1$）的投资者最多愿意支付多少管理费？借入资金（$y>1$）的呢？

高级题

回答挑战性习题 27～28：你估计一个跟踪标准普尔 500 指数的被动证券组合的期望收益率为 13%，标准差为 25%。你经营一个积极组合，期望收益率为 18%，标准差为 28%，无风险利率为 8%。

27. 在收益－标准差二维平面上画出资本市场线和你的组合的资本配置线。

a. 资本配置线的斜率是多少？

b. 用一段话描述你的组合较被动组合的优势？

28. 你的客户犹豫是否要将投资于你的组合的70%的资金转移到被动组合中。
 a. 你如何告诫他这种转换的坏处？
 b. 告诉他保证他获得和被动组合同等效用时的最高管理费（年末按一定投资比例收取）是多少？（提示：管理费将通过降低净期望收益从而减小资本配置线的斜率）。
29. 考虑问题19中$A=3.5$的情况：
 a. 如果他投资于被动组合，比例y是多少？
 b. 通过改变你客户的资本配置决策（即y的选取），当他觉得投资于你的组合和被动组合没有差异时，你所能征收的最高管理费用是多少？

CFA考题

用表6-10中的数据回答问题1~3。

表6-10 效用函数数据

投资	期望收益	标准差	投资	期望收益	标准差
1	0.12	0.30	3	0.21	0.16
2	0.15	0.50	4	0.24	0.21

$U=E(r)-1/2A\sigma^2$，$A=4$

1. 根据以上效用函数，当你的风险厌恶系数$A=4$时，你会选择哪个投资？
2. 如果你是风险中性投资者呢？
3. 效用函数中的参数A代表
 a. 投资者的收益回报要求
 b. 投资者的风险厌恶程度
 c. 确定性等价收益率
 d. 关于1个单位收益与4个单位风险交换的偏好

根据下图回答CFA考题4~5。

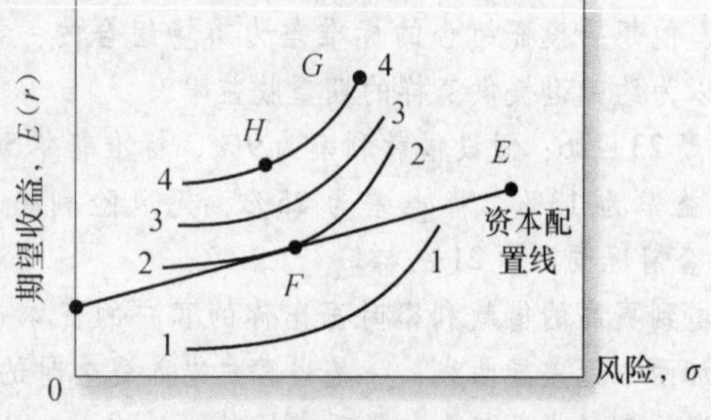

4. 哪条无差异曲线反映了投资者可以达到的最大效用水平？
5. 哪个点标出了最佳的风险投资组合？
6. 假设投资总额为100 000美元，表6-11中投资于股票和债券的预期风险溢价（以美元表示）是多少？

表 6-11

行动	概率	期望收益（美元）
投资股票	0.6	50 000
	0.4	−30 000
投资债券	1.0	5 000

7. 资本配置线由直线变成弯曲是因为：
 a. 报酬-波动性比率增长；
 b. 借入资金利率高于贷出资金利率；
 c. 投资者风险容忍度降低；
 d. 组合中无风险资产比重上升。
8. 你管理着一个股票基金，其预期风险溢价为12%，预期标准差为12%。短期国债利率为6%。你的客户决定向你的基金投资60 000美元，投资于短期国债40 000美元。你客户组合的期望收益和标准差为多少？
9. 考题8中股票基金的报酬-波动性比率是多少？

在线投资练习

风险厌恶

投资者愿意承受的风险和能够承受的风险是两个不同的概念。点击下列网站，接受测试并比较结果。如果结果差异很大，你将用哪一个来决定投资策略呢？

http://mutualfunds.about.com/library/personalitytests/bl-risktolerance.htm

http://mutualfunds.about.com/library/personalitytests/bl-riskcapacity.htm

概念检查答案

6-1 某投资者由于投资于英镑计价的资产而需要承担汇率风险。如果汇率向有利于投资者的方向变化，投资者将会获利，并从英国短期国债中获得比美国短期国债更多的收益。例如，如果美国与英国的利率都为5%，当期汇率为每英镑兑换2美元，即现在2美元可以转换成1英镑，并投资于英国短期国债。按确定的5%的利率，年终将获得1.05英镑。如果年终汇率为每英镑2.1美元，则1.05英镑可兑换成2.205美元。美元的收益率为$1+r=2.205/2=1.1025$，或$r=10.25\%$。这比投资于美国短期国债要高。因此，如果投资者预期到对自己有利的汇率变化，英国短期国债就是投机性投资。否则，就只是赌博。

6-2　应用公式，对 $A=4$ 的投资者，风险投资组合效用是 $U=0.02-(1/2\times4\times0.3^2)=0.02$，短期国债效用是 $U=0.07-(1/2\times4\times0)=0.07$。所以，相当于股票，投资者偏好于短期国债。对 $A=2$ 的投资者，风险组合的效用是 $U=0.02-(1/2\times2\times0.3^2)=0.11$，短期国债的效用依旧为 0.07，风险厌恶程度低的投资者偏好于风险组合。

6-3　风险厌恶程度越低的投资者无差异曲线越平坦。风险的增加需要较小的期望收益增加来保持效用不变。

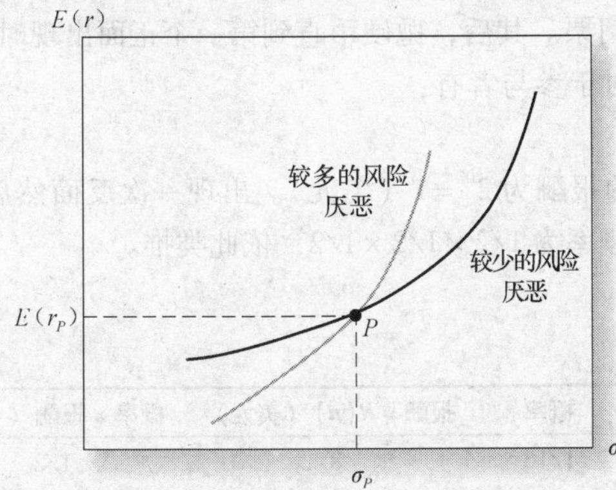

6-4　保持投资资金的 50% 于准备金，意味着你在风险组合的投资比例由 70% 降到 50%，你的风险投资组合的 54% 投资于 E 公司，46% 投资于 B 公司。这样在你的全部投资组合中对 E 公司的投资占 27%，持有的 E 公司股票比例的美元价值为 81 000 美元。

6-5　在期望收益 - 标准差图形上，所有具有相同风险的投资组合和无风险资产组成的投资组合（比例不同）都分布在无风险利率和风险基金之间的连线上。资本配置线的斜率处处相同，因此风险收益率对于所有这些投资组合都是相同的。严格地说，如果投资者以 y 比例投资于风险基金，其期望收益为 $E(r_P)$，标准差为 σ_P，剩余 $1-y$ 投资于收益率 r_f 的无风险资产。则投资组合的期望收益率与标准差为

$$E(r_C)=r_f+y[E(r_P)-r_f]$$

$$\sigma_C=y\sigma_P$$

投资组合的回报 - 波动性比率为

$$S_C=\frac{E(r_C)-r_f}{\sigma_C}=\frac{y[E(r_P)-r_f]}{y\sigma_P}=\frac{E(r_P)-r_f}{\sigma_P}$$

与权重 y 无关。

6-6　贷出资金利率与借入资金利率保持 7% 和 9%，风险投资组合的标准差仍为 22%，但期望收益率却从 15% 上升到 17%，则两段资本配置线的斜率为

贷款部分：$\dfrac{E(r_P)-r_f}{\sigma_P}$

借款部分：$\dfrac{E(r_P)-r_f^B}{\sigma_P}$

在两种情况下斜率都是增加的，贷出资金从 8/22 增到 10/22，借入资金从 6/22 增加到 8/22。

6-7　a. 参数为 $r_f=0.07$，$E(r_P)=0.15$，$\sigma_P=0.22$，一个风险厌恶程度为 A 的投资者以 y 比例投资于一个风险组合 $y=\dfrac{E(r_P)-r_f}{A\sigma_P^2}$。

由已知参数和 $A=3$，得 $y=\dfrac{0.15-0.07}{3\times0.048\,4}=0.55$，当风险厌恶系数由 4 降到 3，风险组合的投资额从 41% 增长到 55%，则最佳投资组合的期望收益率和标准差增长为

$E(r_C)=0.07+(0.55\times0.08)=0.114$（前为：0.102 8）

$\sigma_C=0.55\times0.22=0.121$（前为：0.090 2）

b. 所有投资者的风险厌恶程度都使得他们愿意以 100% 或更低的比率持有风险组合，倾向于贷出资金而非借入资金，因此他们不受借款利率的影响。投资者的风险厌恶系数最低者持有 100% 的风险组合。可以根据投资机会参数解出其风险厌恶系数

$$y=1=\frac{E(r_P)-r_f}{A\sigma_P^2}=\frac{0.08}{0.048\,4A}$$

$$A=\frac{0.08}{0.048\,4}=1.65$$

即 $A=1.65$。如果借款利率为 7%，有着更强风险容忍度的投资者会更愿意借款（即 $A<1.65$），因此有

$$y=\frac{E(r_P)-r_f^B}{A\sigma_P^2}$$

假设，例如一个投资者的风险厌恶系数 $A=1.1$，此时借入利率和无风险利率均为 7%，这个投资者将选择投资于风险组合的比例为 $y=\dfrac{0.08}{1.1\times0.048\,4}=1.5$，意味着将借入全部资金的 50%。若借入利率为 9%，此时 $y=\dfrac{0.06}{1.1\times0.048\,4}=1.13$，仅借入投资资金的 13%。

下面的图中画出了两种投资者的无差异曲线，较陡的无差异曲线反映的是风险厌恶程度较高的投资者的情况，他选择的投资组合为 C_0，意味着贷出资金。该投资者的决定不受借入资金利率的影响。斜率较小的无差异曲线反映了有着较高的风险容忍度投资者的情况。如果借贷利率都相等，该投资者就会选择资本配置线的延伸部分 C_1 点。当贷款利率上扬时，就选 C_2 点（在发生了弯曲的资本配置线借款区域内），这说明借款比以前要少，该投资者因借款利率上升而受损。

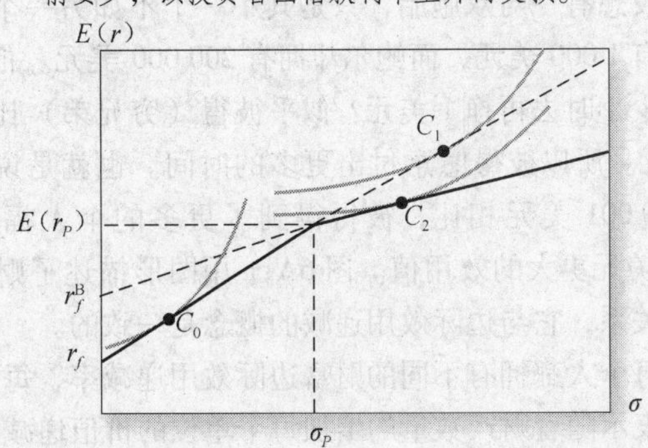

6-8 如果所有的投资参数都不变，投资者减小风险投资的唯一原因就只能是风险厌恶程度的提高。如果你认为不是这样，那就得重新考虑你对假设的信心。可能标准普尔500不是一个最优风险投资组合的代表，也可能投资者对国库券的实际利率有一个更高的预期。

附录6A 风险厌恶、期望效用与圣彼得堡悖论

我们在这里暂时偏离讨论的主题，考察投资者是风险厌恶这一观点背后的基本原理。风险厌恶作为投资决策中心观点的看法至少可以追溯到1738年。丹尼尔·伯努利作为出身于瑞士名门的著名数学家之一，他于1725～1733年在圣彼得堡研究了下面的投币游戏。首先，参加这个游戏要先付门票。其后，抛硬币直到第一个正面出现时为止。在此之前，反面出现的次数用 n 表示，用来计算参加者的报酬 R，对于参与者有：

$$R(n) = 2^n$$

在第一个正面出现之前反面一次也没出现的概率是1/2，相应的报酬为 $2^0=1$（美元）。出现一次反面然后正面的概率是1/4，报酬为 $2^1=2$（美元）。出现两次反面再出现正面的概率为1/2×1/2×1/2，依此类推。

表6A-1列出了各种结果的报酬与概率：

表 6A-1

反面	概率	报酬 $=R(n)$（美元）	概率×报酬（美元）	反面	概率	报酬 $=R(n)$（美元）	概率×报酬（美元）
0	1/2	1	1/2	3	1/16	8	1/2
1	1/4	2	1/2	⋮	⋮	⋮	⋮
2	1/2	4	1/2	n	$(1/2)^{n+1}$	2^n	1/2

所以，预期报酬为

$$E(R) = \sum_{n=0}^{\infty} \Pr(n)R(n) = 1/2 + 1/2 + \cdots = \infty$$

对该游戏的平均被称为“圣彼得堡悖论”：尽管期望报酬是无限的，但显然参加者是愿意用有限价格或适当的价格购买入门票来参与这个游戏的。

伯努利解决了悖论问题，他发现投资者对所有报酬的每份美元赋予的价值是不同的。特别是，他们的财富越多，对每额外增加的美元赋予的“评价价值”就越少。可以用数学方法精确地给拥有各种财富水平的投资者一个福利值或效用值，随着财富的增多效用函数数值也相应增大，但是财富每增加1美元所增加的效用逐渐减少（现代经济学家会说投资者每增加1美元的报酬“边际效用递减”）。一个特殊的效用函数 $\ln(R)$ 分配给报酬为 R 美元的投资者主观价值，报酬越多，每个美元的价值就越小。如果以这个函数衡量财富的效用，那么这个游戏的主观效用值确实是有限的，等于0.693. 获得该效用值所必需的财富为2美元，因为 $\ln(2)=0.693$。因此风险报酬的确定等价物是2美元，也是投资者愿意为游戏付出的最高价钱。

1964年冯·诺依曼与摩根斯坦以完全公理体系的方式将这种方法应用于投资理论领域。避开不必要的技术细节，在这里只讨论对风险厌恶基本原理的直觉。

设想有一对双胞胎，只是其中一个不如另一个幸运。彼得名下只有1 000美元，而鲍尔却拥有200 000美元。他们各自愿意工作多少小时去再挣1美元？似乎彼得（穷兄弟）比鲍尔更需要这1美元。所以彼得愿意付出更多的时间。也就是说，与鲍尔得到第200 001美元相比，彼得得到了更多的个人福利或赋予了第1001美元更大的效用值。图6A-1用图形描述了财富与财富效用值的关系，它与边际效用递减的概念是一致的。

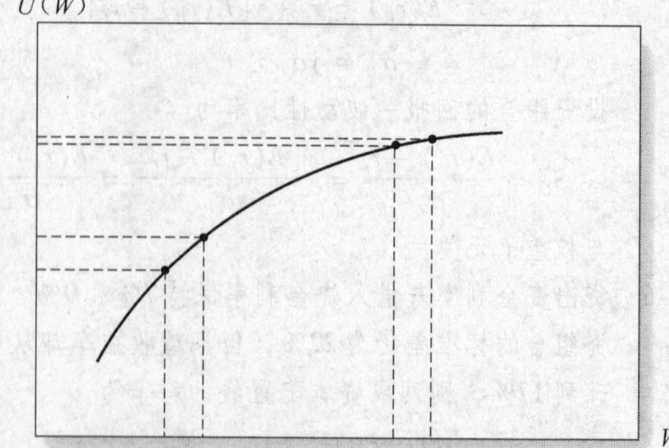

图6A-1 对数效用函数下的财富效用

每个人都拥有不同的财富边际效用递减率，每增加1美元，财富的效用增加值随之减少却是一个固定不变的规律。表示随着财产数量的增加每个单位的价值递减的函数称之为凹函数。一个简单的例子就是中学数学中的对数函

数。当然，对数函数并不适于所有的投资者，但与风险厌恶是一致的，前提假定所有的投资者都是风险厌恶型的。

现在考虑下面的简单情景：

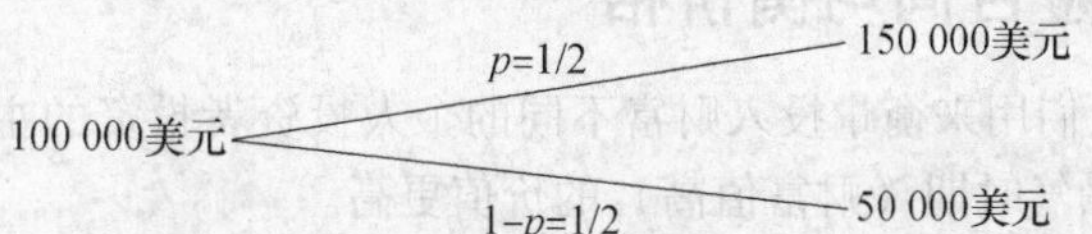

这是一个期望收益为零的公平博弈。假定图 6A-1 代表了投资者的财富效用值，且为对数效用函数。图 6A-2 显示了用数值标出的曲线。

图 6A-2 表明因损失 5 万美元造成的效用减少超过了赢利 5 万美元形成的效用增加。先考虑效用增加的情况，概率$p=0.5$时，财富从 100 000 美元增加到 150 000 美元。利用对数效用函数，效用从 ln(100 000) = 11.51 增加到 ln(150 000) = 11.92，即图上的距离 G。增加的部分 $G=11.92-11.51=0.41$。按期望效用计算，增加值 $=pG=0.5\times0.41=0.21$。

图 6A-2　公平博弈与期望效用

现在考虑另一端效用减少的情况，在这种情况下，财富从 100 000 美元降到 50 000 美元。图中的距离 L 是效用的损失，$\ln(100\,000)-\ln(50\,000)=11.51-10.82=0.69$。因而，期望效用的损失为 $(1-p)L=0.5\times0.69=0.35$。它大于期望效用的增加。

我们计算风险投资的期望效用为

$$E[U(W)]=pU(W_1)+(1-p)U(W_2)=1/2\ln(50\,000)+1/2\ln(150\,000)=11.37$$

而不投资的效用为 11.51，所以风险厌恶的投资者将拒绝参加公平博弈。

使用具体的投资者效用函数（如对数效用函数）使人们能够计算给定的风险投资对投资者的确定等额价值。如果该数值能肯定得到，他会认为与风险投资具有相同的吸引力。

如果对数效用描述了投资者对财富的偏好，那么图 6A-2 还告诉我们：对他来说该投资的美元价值是多少。人们要问：效用值为 11.37（等于投资的期望效用）所对应的财富水平是多少？在 11.37 的水平上画出的水平线与效用曲线在 W_{CE}点相交。这意味着：

$$\ln(W_{CE})=11.37$$

即

$$W_{CE}=e^{11.37}=86\,681.87\text{（美元）}$$

W_{CE}就是投资的确定等价值，图 6A-2 中的距离 Y 是由于风险对期望收益的惩罚或向下的调整。

$$Y=E(W)-W_{CE}=100\,000(\text{美元})-86\,681.87(\text{美元})=13\,318.13(\text{美元})$$

投资者认为稳拿的 86 681.87 美元与有风险的 100 000 美元的效用值相等。因此，对他来说二者没有什么区别。

概念检查 6A-1

假定效用函数为 $U(W)=\sqrt{W}$。

a. 财富为 5 万美元与 15 万美元时的效用水平各是多少？

b. 如果 $p=0.5$，期望效用是多少？

c. 风险投资的确定等价值是多少？

d. 该效用函数也表示出了风险厌恶吗？

e. 与对数效用函数比较，该效用函数表示出的风险厌恶是多还是少？

附录 6B　效用函数与保险合同均衡价格

个人投资者的效用函数允许人们用来衡量投入财富不同的个人投资者投资的主观价值。本质上说，经济萧条时期（财富值低）一美元要比经济景气时期（财富值高）的价值更高。

假设所有的投资者都持有标准普尔 500 指数风险资产组合。那么如果这个组合的价值在比预期还要糟的经济状况时下降了，虽然财富的水平不同，但是所有的投资者都处于一个“不宽裕”的境地。因此，在不宽裕时期一美元的均衡价格要比投资组合表现好于预期的时候高。这种观点有助于解释前面章节考虑长期投资时投资组合的保险成本更高的现象，也同样有助于解释为什么股票投资组合（和个股）投资的风险溢价更高，而出现猛跌的概率实际却比较小。尽管下跌风险的概率比较小，股票并不会比低收益无风险的债券更优，因为一旦投资下跌的消息泄露，随之所要求的美元收益的价值就会升高。

相关投资者的行为是否也证明了这种风险厌恶呢？回顾金融市场过去的价格和收益率，回答是肯定的。由于很强的连贯性，风险较大的债券比其他安全的具有类似性质的证券价格更低。在较长的一段时期风险更大的股票也能提供比其他风险较低的资产如国库券更高的收益。例如，在 1936 ~ 2005 年，标准普尔 500 投资组合的年平均收益率超过国库券 8% 左右。

从金融数据清楚地看出，投资者的行为表现出明显的风险厌恶特征。对于将金融资产视为以风险溢价的形式对风险的补偿，并同时对博弈强烈渴望的读者来说，我有一个建设性的建议：在金融市场上用你的这种赌博劲头推进你的投资。就像冯·诺依曼曾经说的，“股票市场就是充满机会的赌场”。一个很小的追求风险的投资只要提供一个正的期望收益率就可以给你带来兴奋！

附录习题

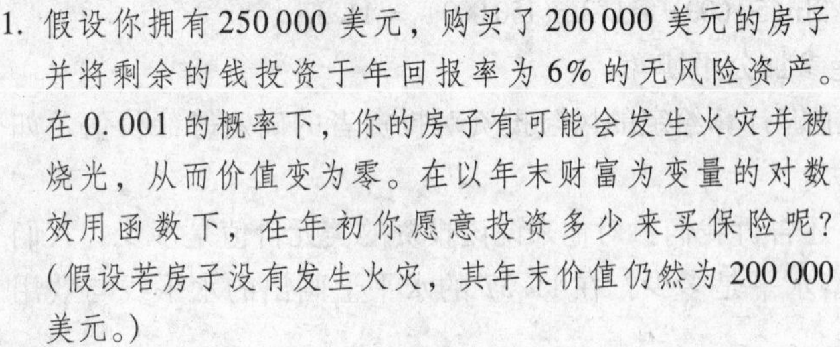

1. 假设你拥有 250 000 美元，购买了 200 000 美元的房子并将剩余的钱投资于年回报率为 6% 的无风险资产。在 0.001 的概率下，你的房子有可能会发生火灾并被烧光，从而价值变为零。在以年末财富为变量的对数效用函数下，在年初你愿意投资多少来买保险呢？（假设若房子没有发生火灾，其年末价值仍然为 200 000 美元。）

2. 如果保险的价格为 1 美元保费保险 1 000 美元的价值，则投保后年末财富的确定性等值为

   a. $\frac{1}{2}$的房屋的价值

   b. 全部价值

   c. $1\frac{1}{2}$倍的房屋价值的价值

CHAPTER7

第7章 最优风险资产组合

投资的决策可以看做自上而下的过程：①风险资产和无风险资产之间的资本配置；②各类资产（如美国股票、各国股票、长期债券）间的配置；③每类资产内部的证券选择。

资本配置，正如我们在第6章看到的，决定了投资者的风险敞口，而最优的资本配置取决于投资者的风险厌恶程度和风险资产风险收益的预期。从原理上讲，资产种类配置和具体证券选择技术上基本相同；均着眼于寻找最优的风险资产，即寻找提供最优风险收益权衡的风险资产组合。而在实际操作中，这却是分开的两步，投资者先确定各类资产的分配，再从各类中选择具体的资产。在展示如何建立最优风险组合之后，我们会讨论两步法的优点和缺点。

我们首先讨论简单资产分类的潜在好处，然后检验有效分散化的过程；先讨论两个风险资产的情况，再讨论加入一个无风险资产，最后讨论合并很多风险资产的情况。我们先学习分散化如何在不影响期望收益的条件下降低风险，然后，我们重新检验资本配置、资产类别配置、证券选择的层次。最后，我们通过类比分散化与保险行业的运作来深入探讨分散化的威力。

在本章和第8章我们讨论的组合基于一个短期的视野：即使整个投资期限很长，组合也可以通过调整各部分资产来重新平衡整个资产组合，这样持续下去。在短期中，描述长期复利收益的偏度并不存在，因此正态假设可以足够精确地描述持有期收益，我们只考虑均值和方差。

在附录7A中，我们展示最优风险组合的建立如何用Excel简单完成。附录7B回顾了组合的统计数据，重点是协方差和相关性度量。即使你有很好的数理功底，你还是可以大致看一下这部分。

7.1 分散化与组合风险

假设你的组合只有一只股票——戴尔电脑公司的股票，那么你的风险来自哪里呢？你可能会想到两种不确定性。第一种来自于经济状况，比如商业周期、通货膨胀、利率、汇率等，这些因素都无法准确地预测，并且都影响着戴尔股票的收益率。除了这些宏观的因素，第二种不确定性来自于公司的影响，比如研发有重大突破或者重大人员变动，这些因素会影响戴尔，但基本不会影响经济体中的其他企业。

现在考虑一个简单的分散化策略，你在组合中加入了更多的证券。例如，将你资金的一半投入埃克森-美孚，一半投入戴尔。这时组合的风险会怎样呢？因为戴尔公司层面的因素对两个公司的影响不同，分散化便会降低组合风险。比如，当石油价格下降时，冲击了埃克森-美孚的价格，但是电脑价格可能在上涨，有利于戴尔公司。这两股力量相互弥补并稳定了组合的收益。

分散化何必止于两家公司呢？如果我们加入更多证券，我们便会进一步分散掉公司因素，组合的波动也会继续下降。直到最终增加证券数量也无法再降低风险，因为实际上所有股票都受商业周期的影响，不管我们持有多少种证券都无法避免商业周期的风险敞口。

当所有风险都是公司层面上的，如同图7-1a，分散化可以将风险降低到低水平。这是因为风险来源是相互独立的，那么组合对任何一种风险的敞口降低到了可以忽视的水平。这有时被称为**保险原则**（insurance principle），因为保险公司对很多独立的风险源做保险业务从而分散降低风险。（其中的每个保单实际上构成了公司的整个组合。）

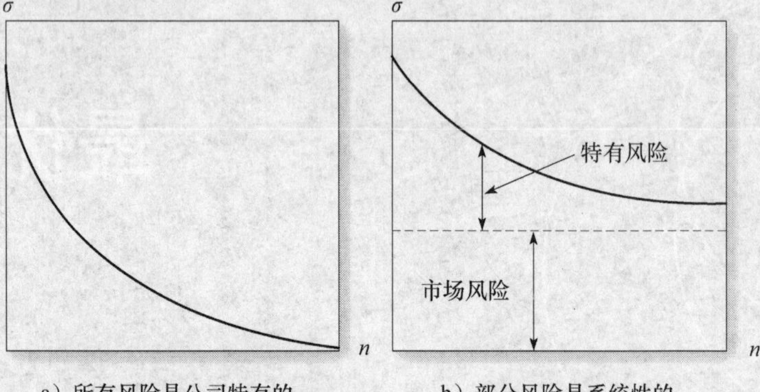

图7-1　组合风险关于股票数量的函数

然而，当普遍性的风险影响所有公司时，即使分散化也无法消除风险。在图7-1b中，组合的标准差随着证券数量的增多而下降，但无法下降到零。这个无法消除的风险叫做**市场风险**（market risk）、**系统性风险**（systematic risk）或**不可分散风险**（nondiversifiable risk）。相反，可以消除的风险叫做**独特风险**（unique risk）、**公司特有风险**（firm-specific risk）或**可分散风险**（diversifiable risk）。

这一分析来自于实证研究。应用纽约证券交易所股票数据[⊖]，图7-2显示了组合分散化的影响。该图显示随机抽取股票等权重构成组合的平均标准差关于股票数量的函数。总体来说，组合风险确实随着分散化而下降，但是分散化降低风险的能力受到系统性风险的限制。

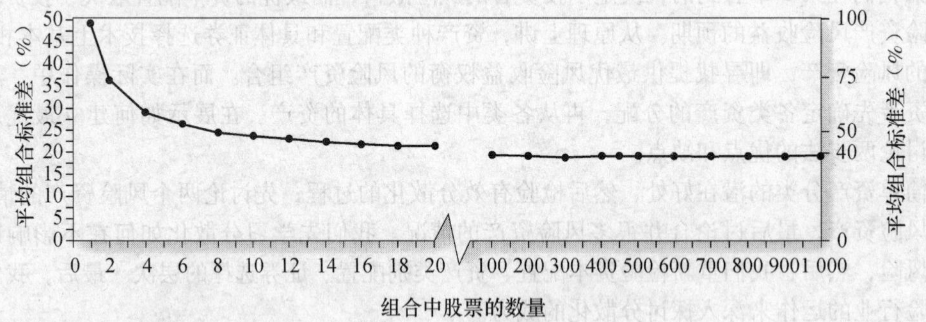

图7-2　组合分散化

注：组合收益平均标准差随着证券数量增多由49.2%最终降到19.2%。

资料来源：From Meir Statman "How Many Stocks Make a Diversified Portfolio?" *Journal of Financial and Quantitative Analysis* 22 (September 1987). Reprinted by permission.

7.2　两个风险资产的组合

在上一部分我们考查了多个证券等权重构造组合的分散化问题，现在是研究有效分散化的时候了，给定任何期

⊖ Meir Statman, "How Many Stocks Make a Diversified Portfolio?" *Journal of Financial and Quantitative Analysis* 22 (September 1987).

望收益我们构造最低风险的风险资产组合。

两个风险资产构成的组合相对容易分析，其原理也可应用于多个资产组合。所以我们讨论两个资产（一个专门投资长期债券的基金 D，一个专门投资股票的基金 E）构成的资产配置。表 7-1 列出了这两个基金的收益分布。

表 7-1　两个共同基金的描述性统计

	债券	权益
期望收益（%）	8	13
标准差（%）	12	20
协方差	72	
相关系数	0.30	

投资于债券基金的比例定义为 w_D，剩余的 $1-w_D$，定义为 w_E，投资于股票基金。这个组合的收益率 r_p 是[⊖]

$$r_p = w_D r_D + w_E r_E \tag{7-1}$$

r_D 和 r_E 分别是债券基金和股票基金的收益率。

组合的期望收益是两种证券期望收益的加权平均值，权重分别为其投资的比例

$$E(r_p) = w_D E(r_D) + w_E E(r_E) \tag{7-2}$$

方差是

$$\sigma_p^2 = w_D^2\sigma_D^2 + w_E^2\sigma_E^2 + 2w_D w_E \mathrm{Cov}(r_D, r_E) \tag{7-3}$$

可以看出组合的方差并不像期望收益率，并不是两个基金方差的加权平均。为了更好地理解组合方差，回想一个变量和它自己的协方差就是这个变量的方差

$$\mathrm{Cov}(r_D, r_D) = \sum_{\text{情境}} \Pr(\text{情境})[r_D - E(r_D)][r_D - E(r_D)] = \sum_{\text{情境}} \Pr(\text{情境})[r_D - E(r_D)]^2 = \sigma_D^2 \tag{7-4}$$

因此，组合方差的另一种表达方式为

$$\sigma_p^2 = w_D w_D \mathrm{Cov}(r_D, r_D) + w_E w_E \mathrm{Cov}(r_E, r_E) + 2w_D w_E \mathrm{Cov}(r_D, r_E) \tag{7-5}$$

组合方差就是协方差的加权值，权重为协方差内一对资产在组合中权重的乘积。

表 7-2 显示如何用数据表计算组合的方差。表 7-2a 给出了两个基金收益的协方差矩阵。根据表 7-2b 内的计算得到式（7-5）。这一过程之所以可行，因为协方差矩阵是关于对角线对称的，即 $\mathrm{Cov}(r_D, r_E) = \mathrm{Cov}(r_E, r_D)$，协方差矩阵方法也可应用于任意多个资产的组合。

表 7-2　组合方差的计算

a. 协方差矩阵		
组合权重	w_D	w_E
w_D	$\mathrm{Cov}(r_D, r_D)$	$\mathrm{Cov}(r_D, r_E)$
w_E	$\mathrm{Cov}(r_E, r_D)$	$\mathrm{Cov}(r_E, r_E)$
b. 协方差矩阵		
组合权重	w_D	w_E
w_D	$w_D w_D \mathrm{Cov}(r_D, r_D)$	$w_D w_E \mathrm{Cov}(r_D, r_E)$
w_E	$w_E w_D \mathrm{Cov}(r_E, r_D)$	$w_E w_E \mathrm{Cov}(r_E, r_E)$
$w_D + w_E = 1$	$w_D w_D \mathrm{Cov}(r_D, r_D) + w_E w_D \mathrm{Cov}(r_E, r_D)$	$w_D w_E \mathrm{Cov}(r_D, r_E) + w_E w_E \mathrm{Cov}(r_E, r_E)$
组合方差	$w_D w_D \mathrm{Cov}(r_D, r_D) + w_E w_D \mathrm{Cov}(r_E, r_D) +$	$w_D w_E \mathrm{Cov}(r_D, r_E) + w_E w_E \mathrm{Cov}(r_E, r_E)$

式（7-3）揭示了如果协方差为负，那么组合的方差会降低。但即使协方差为正，组合标准差仍然低于两个证券标准差的加权平均，除非两个证券是完全正相关的。

为了证明这一点，注意到协方差可由相关系数 ρ_{DE} 计算得到

$$\mathrm{Cov}(r_D, r_E) = \rho_{DE}\sigma_D\sigma_E \tag{7-6}$$

因此

$$\sigma_p^2 = w_D^2\sigma_D^2 + w_E^2\sigma_E^2 + 2w_D w_E \sigma_D\sigma_E\rho_{DE} \tag{7-7}$$

其他不变，当 ρ_{DE} 高时组合方差就高。当两个资产完全正相关 $\rho_{DE}=1$ 时，等号右边可化简为

概念检查 7-1

a. 验证上面协方差计算方法和式（7-3）是一致的。

b. 考虑三个基金 X、Y 和 Z，权重为 w_X、w_Y 和 w_Z。证明组合方差是

$$w_X^2\sigma_X^2 + w_Y^2\sigma_Y^2 + w_Z^2\sigma_Z^2 + 2w_X w_Y \mathrm{Cov}(r_X, r_Y) + 2w_X w_Z \mathrm{Cov}(r_X, r_Z) + 2w_Y w_Z \mathrm{Cov}(r_Y, r_Z)$$

⊖ 见附录 7B。

$$\sigma_p^2 = (w_D\sigma_D + w_E\sigma_E)^2 \tag{7-8}$$

或

$$\sigma_p = w_D\sigma_D + w_E\sigma_E \tag{7-9}$$

因此，组合标准差就是两个收益完全正相关资产标准差的加权平均。在其他情况下，相关系数小于1，使得组合标准差小于两个资产标准差的加权平均。

一个对冲资产和组合中的其他资产相关性为负。由式（7-7）可知这类资产在减少组合总风险上特别有效，而且，式（7-2）显示期望收益并不受相关性影响。因此，其他条件不变，我们总是愿意在组合中增加与组合相关性小甚至负相关的资产。

因为组合期望收益率是各个资产期望收益的加权值，而标准差小于各个资产标准差的加权平均，所以非完全正相关的资产组合在一起总是比单个资产提供更好的风险－收益机会。资产相关性越小，有效收益越大。

组合的标准差最低是多少呢？最低的相关系数是－1，代表完全负相关。在这种情况下，式（7-7）简化为

$$\sigma_p^2 = (w_D\sigma_D - w_E\sigma_E)^2 \tag{7-10}$$

组合标准差为

$$\sigma_p = (w_D\sigma_D - w_E\sigma_E)\text{ 的绝对值} \tag{7-11}$$

当$\rho = -1$时，通过解下式可以得到完全对冲的头寸

$$w_D\sigma_D - w_E\sigma_E = 0$$

解为

$$w_D = \frac{\sigma_E}{\sigma_D + \sigma_E}$$
$$w_E = \frac{\sigma_D}{\sigma_D + \sigma_E} = 1 - w_D \tag{7-12}$$

这一权重使得组合标准差变为零。

【例7-1】 组合的风险和收益

让我们把这一分析方法应用于表7-1中的债券和股票基金中去。用这些数据，组合期望收益、方差和标准差的方程为：

$$E(r_p) = 8w_D + 13w_E$$
$$\sigma_p^2 = 12^2w_D^2 + 20^2w_E^2 + 2\times12\times20\times0.3\times w_Dw_E = 144w_D^2 + 400w_E^2 + 144w_Dw_E$$
$$\sigma_p = \sqrt{\sigma_p^2}$$ ■

我们可以变化组合的成分比例来看整个组合期望收益和方差的变化。假设改变债券的比例，组合期望收益如表7-3和图7-3所示，当债券比例从0变到1时，组合期望收益从13%降到8%。

表7-3 期望收益和标准差

w_D	w_E	$E(r_P)$	给定相关性的标准差			
			$\rho=-1$	$\rho=0$	$\rho=0.30$	$\rho=1$
0.00	1.00	13.00	20.00	20.00	20.00	20.00
0.10	0.90	12.50	16.80	18.04	18.40	19.20
0.20	0.80	12.00	13.60	16.18	16.88	18.40
0.30	0.70	11.50	10.40	14.46	15.47	17.60
0.40	0.60	11.00	7.20	12.92	14.20	16.80
0.50	0.50	10.50	4.00	11.66	13.11	16.00
0.60	0.40	10.00	0.80	10.76	12.26	15.20
0.70	0.30	9.50	2.40	10.32	11.70	14.40
0.80	0.20	9.00	5.60	10.40	11.45	13.60
0.90	0.10	8.50	8.80	10.98	11.56	12.80
1.00	0.00	8.00	12.00	12.00	12.00	12.00
			最小方差组合			
		w_D	0.6250	0.7353	0.8200	—
		w_E	0.3750	0.2647	0.1800	—
		$E(r_P)$	9.8750	9.3235	8.9000	—
		σ_P	0.0000	10.2899	11.4473	—

当 $w_D > 0$，$w_E > 1$ 时情况如何呢？这种情况的组合策略是卖空股票基金并将资金投于债券基金。这将会继续降低组合的期望收益率。例如，当 $w_D = 2$，$w_E = -1$ 时，预期组合收益降到 $2 \times 8 + (-1) \times 13 = 3\%$，此时的债券基金规模是组合净值的两倍。

相反的情况是 $w_D < 0$，$w_E > 1$ 时，这种策略需要卖空债券基金来筹资购买股权基金。

当然，不同的投资比例对组合的标准差也有影响。表 7-3 展示了假设不同的相关系数根据式（7-7）计算的不同组合权重时的组合标准差。图 7-4 显示了组合标准差和两个基金权重的关系。先看 $\rho_{DE} = 0.3$，图像显示当股权投资比例从 0 到 1，组合的标准差先降后升。只要在相关性不是很高[㊀]的情况下都是如此。当两个基金的正相关性非常高时，组合的标准差随着组合由低风险向高风险资产转移而上升。

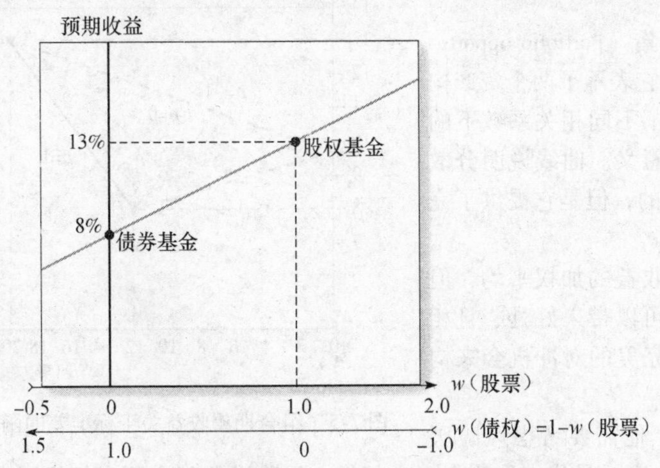

图 7-3 组合期望收益关于投资比例的函数

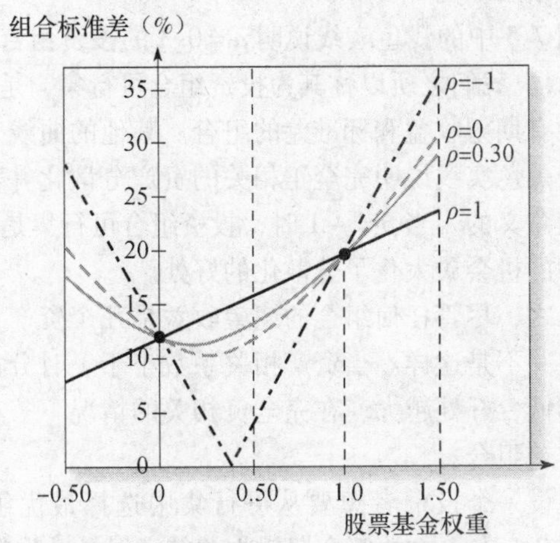

图 7-4 组合标准差关于投资比例的函数

那么组合标准差最低是多少呢？对于表 7-1 中的数据来说，这一最小化问题的解是[㊁]

$$w_{\text{Min}}(D) = 0.82$$

$$w_{\text{Min}}(E) = 1 - 0.82 = 0.18$$

组合标准差是

$$\sigma_{\text{Min}} = [(0.82^2 \times 12^2) + (0.18^2 \times 20^2) + (2 \times 0.82 \times 0.18 \times 72)]^{1/2} = 11.45\%$$

即表 7-3 中 $\rho = 0.30$ 一列的最后一行 σ_p 值。

图 7-4 中 $\rho = 0.3$ 的线经过两个未经分散化的点，$w_D = 1$ 和 $w_E = 1$。注意到**最小方差组合**（minimum-variance portfolio）的标准差小于这两个点的标准差。这显示了分散化的效果。

图 7-4 中另外三条曲线表示：保持每个资产方差不变时，组合的风险因两个资产收益相关系数变化而变化，这三条曲线对应着表 7-3 中的三列内容。

连接了 $W_D = 1$ 全债券组合和 $W_E = 1$ 全股票组合的黑色实线给出了 $\rho = 1$ 完全正相关资产构成组合的标准差，这种情况下分散化是没有意义的，组合标准差不过是两个标准差的加权平均。

浅色虚线给出了彼此不相关的资产（$\rho = 0$）构成的组合风险情况。资产相关性越小，分散化则更加有效，组合风险也越低（至少当两资产都是多头头寸时）。$\rho = 0$ 的最小组合标准差是 10.29%，低于任意一个资产的标准差。

㊀ 只要 $\rho < \frac{\sigma_D}{\sigma_E}$，当我们从全部投资与债券开始逐渐增加股权投资时，波动率将先下降。

㊁ 这一解法利用了微积分中求极小值的方法。运用式（7-3）写出资产组合方差的表达式，用 $1 - w_D$ 代替 w_E，并对 w_D 求微分，利用导数为零来求解 w_D 可以得到

$$w_{\text{Min}}(D) = \frac{\sigma_E^2 - \text{Cov}(r_D, r_E)}{\sigma_D^2 + \sigma_E^2 - 2\text{Cov}(r_D, r_E)}$$

同样，利用 Excel 软件中的表单程序 Solver 来求解方差极小化问题，你可以获得一个精确的解。附录 7A 给出了资产组合和优化的一个实例。

最后，折线说明了当两资产完全负相关（$\rho = -1$）时可以完全对冲的情况。这时最小方差组合的解由式（7-12）给出

$$w_{\text{Min}}(D;\rho=-1)=\frac{\sigma_E}{\sigma_D+\sigma_E}=\frac{20}{12+20}=0.625$$

$$w_{\text{Min}}(E;\rho=-1)=1-0.625=0.375$$

组合方差为0。

我们可以组合图7-3和图7-4来展示组合风险与期望收益的关系。对于任意一对投资比例 w_D，w_E，我们从图7-3中得到期望收益，从图7-4中得到标准差。表7-3中每对期望收益率和标准差的结果如图7-5所示。

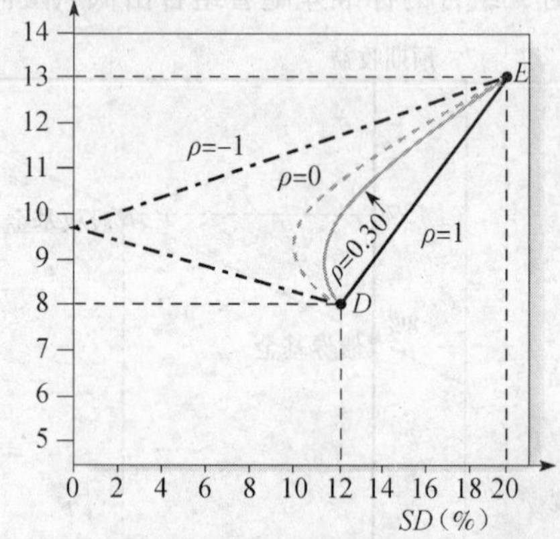

图7-5　组合期望收益关于标准差的函数

图7-5中的浅色实线说明 $\rho=0.3$ 的**投资组合可行集**（portfolio opportunity set）。我们之所以称其为投资组合可行集，是因为它表示了两个资产构造的所有期望收益和标准差的组合。其他的曲线表示了不同相关系数下的情况。黑色实线说明完全正相关的资产分散化并没有意义。曲线说明分散化是有意义的。当 $\rho=-1$ 时，投资组合可行集是线性的，但是它提供了完全对冲的机会最大化了分散化的好处。

总之，尽管任何组合的期望收益是几个资产期望收益的加权平均，但标准差并不是这样。当资产相关系数小于1时分散化可以带来好处，且相关性越低，好处越大。在完全负相关的情况下，存在完美的对冲机会来构造零方差组合。

假设一个投资者想要从可行集中选择最优组合，他需要考虑风险厌恶。图7-5右上方的组合期望收益较高但是风险敞口也高。最优点取决于个人偏好。风险厌恶程度更高的投资者偏好于左下角期望收益低但是风险也相对较低[⊖]的组合。

概念检查7-2

计算并画出当债券和股权相关性为0.25时的投资组合可行集。

7.3　股票、长期债券、短期债券的资产配置

在第6章我们检验了资本配置决策，关于风险资产和无风险资产的权重选择。现在我们进了一步，确定风险资产由一个股票基金和一个债券基金构成。我们还需要展示投资者如何决定风险资金在股权基金和债券基金间的分配。这是资产配置的决策问题。大多数专业投资人士所说的“真正关键的决定是如何在股票、债券和短期国库券间分摊投资资金”。

在上一部分，我们讨论了两个风险资产构成的组合。现在我们引入第三个资产——无风险资产。这让我们得以解决股票债券和无风险投资如短期国库券间资产配置的基本问题。当你理解了这部分之后，多风险资产的组合构造问题会变得非常容易。

两个风险资产和一个无风险资产的最优组合

我们的风险资产还是债券和股票基金，但是我们现在也可以投资无风险短期国库券，收益率为5%，这时情况

⊖ 给定风险厌恶水平，个人可以决定提供最高效用值的组合。在第6章我们可以用关于期望收益和标准差的效用公式来描述效用值。组合的期望收益和标准差由两个资产在组合中的权重决定。根据式（7-2）和式（7-3），得

$$w_D=\frac{E(r_D)-E(r_E)+A(\sigma_E^2-\sigma_D\sigma_E\rho_{DE})}{A(\sigma_D^2+\sigma_E^2-2\sigma_D\sigma_E\rho_{DE})}$$

$$w_E=1-w_D$$

同样，可以利用Excel的Solver程序，以式（7-2）、式（7-3）以及 $W_D+W_E=1$（即所有权重之和为1）为约束条件来最大化效用函数。

会怎样呢？我们先看图解，图7-6显示了表7-1中债券和股票基金构成的可行集。

两条资本配置线分别连接5%的无风险利率点和两个可行风险资产组合。第一条通过最小方差组合A，82%风险资金投资于债券，18%投资于股票（见表7-3）。组合A的期望收益为8.9%，标准差为11.45%。当短期国库券利率为5%时，其报酬－波动性（夏普）比率，即资产配置线的斜率，为

$$S_A = \frac{E(r_A) - r_f}{\sigma_A} = \frac{8.9 - 5}{11.45} = 0.34$$

现在考虑第二条通过B点的资本配置线。组合B投资70%于债券基金，投资30%于股票基金，期望收益为9.5%，标准差为11.7%，其报酬－波动性比率为

$$S_B = \frac{9.5 - 5}{11.7} = 0.38$$

比最小方差组合的比率要高，因此组合B比组合A好。

但是何必止于B呢？我们可以把资本配置线继续向上旋转直到最后和投资组合可行集相切，可得到最高报酬－波动性比率的资本配置线。因此，图7-7中那个切点组合P是最优风险组合。从图7-7中我们可以得到期望收益和标准差为

$$E(r_p) = 11\%$$

$$\sigma_p = 14.2\%$$

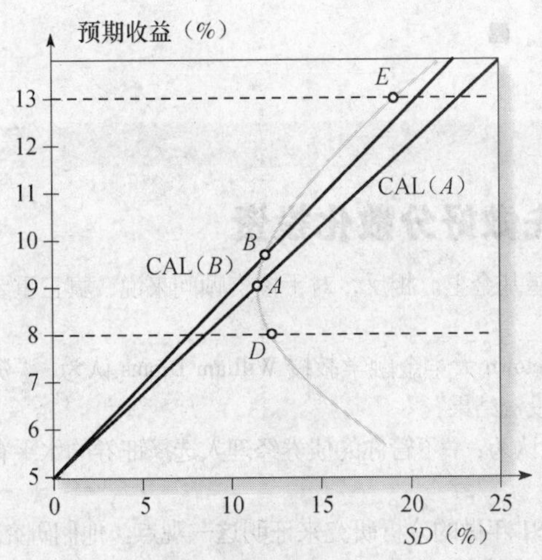

图7-6　债券和股权基金的投资可行集和两条资本配置线

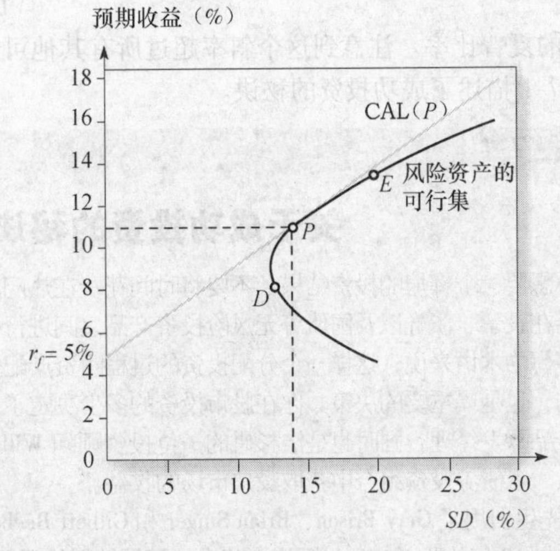

图7-7　债券和股权基金的投资可行集，最优资本配置线和最优风险组合

在实践中，当我们试图从更多的风险资产中构造最优风险组合时，我们需要依靠电子数据表或其他电脑程序。附录7A中的电子数据表可以用于构造多风险资产的有效组合。但是开始我们还是使用两个风险资产和一个无风险资产来构造，在这种更简单情形下，我们可以推导出各资产最优组合中的权重公式，并且更利于展示组合最优化的一些问题。

目标是确定使资本配置线斜率最高的权重w_D和w_E值。因此，问题转化为最大化组合资本配置线的斜率。因此，目标方程变为

$$S_p = \frac{E(r_p) - r_f}{\sigma_p}$$

对于两个风险资产的组合p，期望收益和标准差为

$$E(r_p) = w_D E(r_D) + w_E E(r_E) = 8w_D + 13w_E$$

$$\sigma_p = [w_D^2\sigma_D^2 + w_E^2\sigma_E^2 + 2w_D w_E \text{Cov}(r_D, r_E)]^{1/2} = [144w_D^2 + 400w_E^2 + (2 \times 72w_D w_E)]^{1/2}$$

当我们最大化目标函数S_p时，需要满足组合权重和为1的约束条件，即$w_D + w_E = 1$，因此，我们需解以下问题

$$\underset{w_i}{\text{Max}}\, S_p = \frac{E(r_p) - r_f}{\sigma_p}$$

约束条件$\sum w_i = 1$，此问题标准微积分计算即可求解。

在两个风险资产的情况下，最优风险组合的解由式（7-13）给出，注意式中使用的是超额收益率（R），而非总

收益率 (r)⊖。

$$w_D = \frac{E(R_D)\sigma_E^2 - E(R_E)\mathrm{Cov}(R_D,R_E)}{E(R_D)\sigma_E^2 + E(R_E)\sigma_D^2 - [E(R_D) + E(R_E)]\mathrm{Cov}(R_D,R_E)}$$

$$w_E = 1 - w_D \tag{7-13}$$

【例 7-2】　**最优风险组合**

使用我们的数据，解为

$$w_D = \frac{(8-5)\times 400 - (13-5)\times 72}{(8-5)\times 400 + (13-5)\times 144 - (8-5+13-5)\times 72} = 0.40$$

$$w_E = 1 - 0.40 = 0.60$$

计算得最优风险组合的期望收益和标准差为

$$E(r_P) = (0.4\times 8) + (0.6\times 13) = 11\%$$

$$\sigma_P = [(0.4^2\times 144) + (0.6^2\times 400) + (2\times 0.4\times 0.6\times 72)]^{1/2} = 14.2\%$$

最优组合资本配置线的斜率为

$$S_P = \frac{11-5}{14.2} = 0.42$$

这正是 P 的夏普比率。注意到这个斜率超过所有其他可行的组合。■

专栏 7-1 描述了成功投资的秘诀。

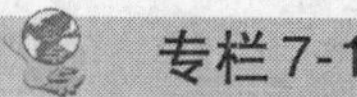

专栏 7-1

关于成功投资的秘诀：首先做好分散化投资

如果你想要一个辉煌的投资结果，不要将时间花费在热门股票和明星基金上。相反，对于投资顾问来说，真正重要的问题是如何将资金在股票、债券以及国债等无风险投资产品之间进行分配。

用华尔街的术语来说，这样一个分配投资的过程叫资产配置。Georgetown 大学金融学教授 William Droms 认为，“资产配置是首先要做的，也是最重要的决策。你在股市投资的多少决定了你最终的投资结果”。

金融产品开发经理，同时也是洛杉矶的一位投资顾问 William Mikus 认为：“不管你的债券经理人选择证券的水平有多高，你都不可能从一个债券投资组合中获取股票市场的收益。”

Mikus 先生引用了 Gary Brison、Brian Singer 和 Gilbert Beebower 于 1991 年做的分析研究来证明这一观点。他们研究了 82 只大型养老金计划 10 年的收益率，发现资产组合的配置情况解释了 91.5% 的收益率。

设计一个投资组合

正因为资产组合的选择如此重要，一些基金公司现在提供了免费的服务来帮助投资者构造他们自己的投资组合。

芝加哥的一个通信栏目 Mutual Fund Letter 的编辑 Gerald Perrit 说道：“你应该根据你的投资期限调整你的资产配置。你的投资期限越长，你就应该更多地进行股票投资。当你越接近你的投资期限时，你应该买入更多的债券和货币市场金融工具，比如中期国债。”债券和货币市场金融工具的收益可能低于股票，但对于近期需要用钱的投资者而言，保守的投资策略更有意义，因为这样可以避免在短期承受巨大的损失。

汇总你的资产

“人们可以做的最重要的一件事情是将他们所有的资产汇总在一张纸上并计算出他们的资产配置状况。”Pond 先生说。

Pond 先生还说道，一旦人们开始进行资产配置，那么他就要盯住其目标百分比水平。为了实现这一目标，他建议每六个月就计算一次资产配置水平。因为股票市场跳水，你会发现股票市场在资产组合中的比例下降了。在这一时刻，你需要抛售债券，买入股票。

当设计投资组合时，一些投资顾问在考虑传统的股票、债券和货币市场金融工具之外，还将考虑黄金和不动产投资。Droms 先生认为，黄金和不动产“给了你对冲恶性通货膨胀的能力”。

资料来源：Jonathan Clements, “Recipe for Successful Investing: First, Mix Assets Well,” *The Wall Street Journal*, October 6, 1993. Reprinted by permission of *The Wall Street Journal*,

⊖ 两风险资产的求解过程如下：用式 (7-2) 替换 $E(r_P)$，用式 (7-7) 替换 σ_P，用 $1-w_D$ 替换 w_E，对变换后的式子 S_P 求 w_D 的导数，令其为零，然后求出 w_D。

在第6章中我们发现给定最优风险组合和其资本配置线（即给定无风险短期国库券利率），可以得到整个最优投资组合。现在我们构造了最优风险组合 P，可以通过投资者的风险厌恶系数 A 来计算整个投资组合投资风险资产的最适比例。

【例7-3】 **最优投资组合**

风险厌恶系数 $A=4$ 的一个投资者，其投资风险组合 P 的头寸为[⊖]

$$y=\frac{E(r_P)-r_f}{A\sigma_P^2}=\frac{0.11-0.05}{4\times 0.142^2}=0.7439 \tag{7-14}$$

因此投资者会投资74.39%的资金于风险组合 P，25.61%的资金投于短期国库券。P 中债券投资40%，股票投资40%．图解如图7-8和图7-9所示。■

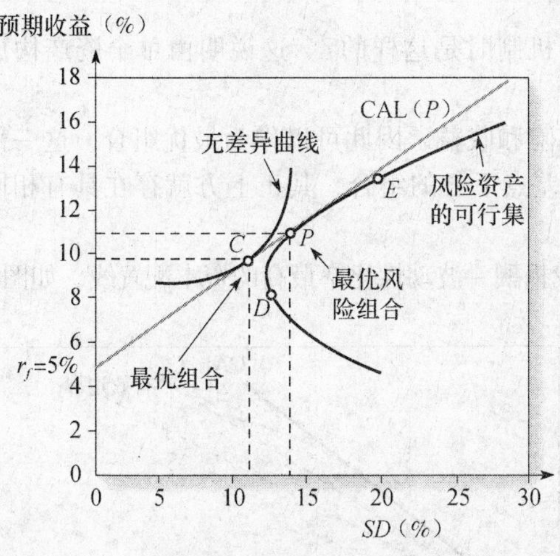

图7-8 决定最优组合

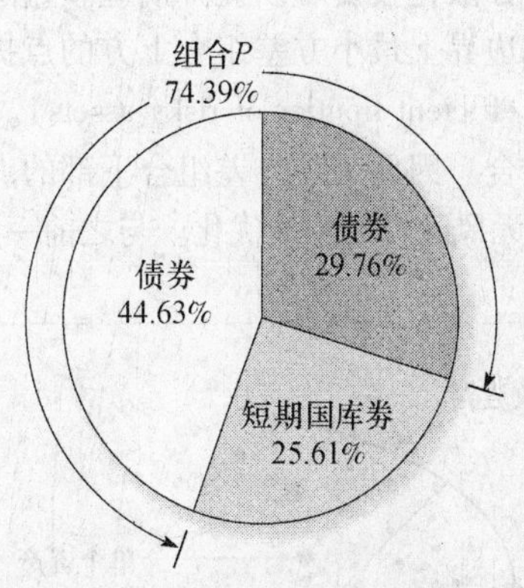

图7-9 最优组合的成分

现在，总结投资很多风险资产的情况就会较为便于理解。我们首先简要总结一下构造整个组合的步骤：

（1）确定所有证券的特征（期望收益率、方差、协方差）。

（2）建立风险资产组合：

a. 计算最优风险组合 P[式（7-13）]。

b. 由a. 计算组合 P 的期望收益和标准差［式（7-2），式（7-3）］。

（3）在风险资产和无风险资产之间配置资金：

a. 计算投资风险资产组合 P 的比例。

b. 计算整个组合中各资产的比例。

概念检查7-3

可行证券包括股票基金A、B和短期国库券，数据如下所示。

	期望收益（%）	标准差（%）
A	10	20
B	30	60
短期国库券	5	0

A和B的相关系数为 -0.2

a. 画出A和B构成的可行集。

b. 找出最优风险组合 P，计算期望收益和标准差。

c. 计算资本配置线斜率。

d. 投资者风险厌恶系数 $A=5$ 如何投资？

回忆我们两个风险资产——债券基金和股票基金都已经是分散化的组合。这个组合内部的分散化相比单只证券降低了风险。比如，一般股票收益率的标准差大约50%左右（见图7-2）。而股票指数基金只有20%左右，接近标准普尔500指数的历史水平。这是同类资产内部分散化好处的一个证明。股票基金和债券基金之间的最优化配置又促进了整个组合报酬-波动性比率的提升。最优资本配置线（见图7-8）显示投资者可以在标准差18%的风险水平下获得13%的期望收益率。

⊖ 注意到式（7-14）将收益用小数表示，这在使用风险厌恶系数 A 求解资产配置时是必要的。

7.4 马科维茨资产组合选择模型

7.4.1 证券选择

组合构造问题可以归纳为多个风险资产和一个无风险资产的情况。在两风险资产的例子中，该问题有三步。首先，确认可行集的风险收益权衡；然后，通过计算使资本配置线斜率最大的各资产权重确认最优风险组合。最后，确认最合适的投资组合，由无风险资产和最优风险组合构成。

第一步是决定投资者面临的风险收益机会，由风险资产的**最小方差边界**（minimum-variance frontier）给出。这条边界线是在给定组合期望收益下方差最低的组合点描成的曲线。给定期望收益、方差和协方差数据，所描成的曲线如图 7-10 所示。

注意到所有单个资产都在该边界的右方，至少当存在卖空机制时是这样的[⊖]。这说明由单个资产构成的风险组合不是最有效的。分散化投资可以提升期望收益降低风险。

所有最小方差边界上最小方差组合上方的点提供最优的风险和收益，因此可以作为最优组合，这一部分称为**风险资产有效边界**（efficient frontier of risky assets）。对于最小方差点下方的组合，其正上方就存在具有相同标准差但期望收益更高的组合。因此最小方差组合下部的点是非有效的。

第二步是包含无风险资产的最优化。与之前一样，我们寻找报酬 - 波动性比率最高的资本配置线，如图 7-11 所示。

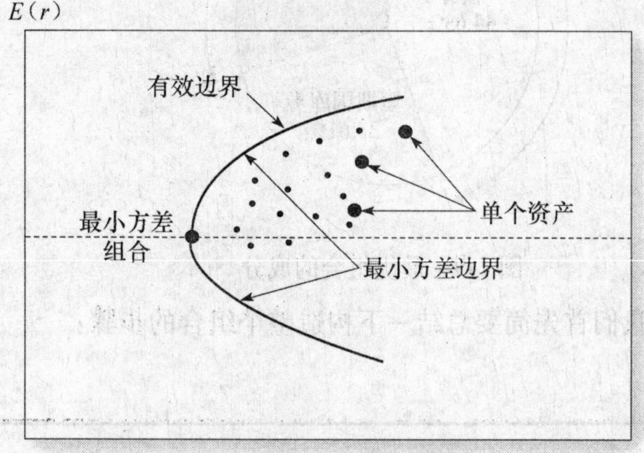

图 7-10 风险资产的最小方差边界

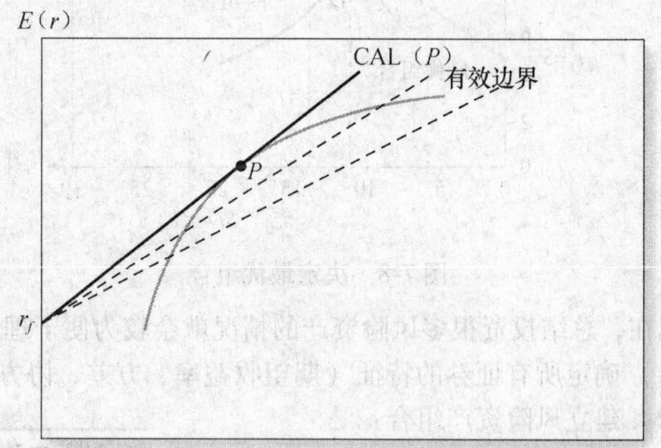

图 7-11 风险资产有效边界和最优资本配置线

这条资本配置线优于其他资本配置线，与有效边界相切，切点是最优风险组合 P。

最后一步是投资者在最优风险资产 P 和短期国库券之间选择合适的比例构成最终组合，如图 7-8 所示。

现在我们考虑构造组合每一步的细节。在第一步中，风险收益分析，投资经理需要每个证券的期望收益率和标准差、证券间协方差矩阵的估计值。投资经理现在有 $E(r_i)$ 和 $n \times n$ 的协方差矩阵，矩阵对角线上是 n 个 σ_i^2，其余是$n^2 - n = n(n-1)$ 个协方差值，且关于对角线对称，所以有 $n(n-1)/2$ 个数值需要估计。如果我们在 50 只证券中进行组合管理，则需要估计 50 个期望收益值，50 个标准差，$50 \times \frac{49}{2} = 1\ 225$ 个协方差。这一任务很艰巨。

一旦这些估计完成，任意风险组合（各资产权重为 w_i）的期望收益和方差都可以通过计算得到，公式如下：

$$E(r_p) = \sum_{i=1}^{n} w_i E(r_i) \tag{7-15}$$

$$\sigma_p^2 = \sum_{i=1}^{n} \sum_{j=1}^{n} w_i w_j \mathrm{Cov}(r_i, r_j) \tag{7-16}$$

之前我们提到分散化的理念有很长的历史了。“不要把鸡蛋放在一个篮子里”这句话早在现代金融理论出现之

⊖ 当存在卖空机制时，最高期望收益的证券会在有效边界上，因为该证券是获得该期望收益的唯一方式。当卖空机制存在时，这种收益可以通过卖空低收益、买进高收益的证券来获得这种最高收益，但是风险却较低。

前就已存在。直到1952年，哈里·马科维茨[⊖]正式发表了包含分散化原理的资产组合选择模型，为他赢得了1990年的诺贝尔经济学奖。他的模型就是组合管理的第一步：确认有效的组合集，即风险资产有效边界。

风险资产组合边界背后的核心原理是，对于任意风险水平，我们只关注期望收益率最高的组合，或者说，边界是给定期望收益风险最小的组合集。

确实，计算风险组合有效集的两种方法是等价的。可以考虑表示这一过程的图解，图7-12显示了最小方差边界。

图7-12所示是一个最小方差程序的算法，横向在每一个期望收益水平，我们寻找方差最小的组合，用方形标记该点，或者竖向每一个方差水平，我们寻找期望收益率最高的组合，用圆形标记该点，都可以得到图7-12所示的最小方差边界的基本形状，然后去掉下面虚线部分，因为它是非有效的。

这一步完成之后，我们就得到了一系列有效组合，因为最优程序的解包含组合的内部权重 w_i，期望收益率 $E(r_P)$ 和标准差 σ_P。这些数据随后进入最优化程序中。

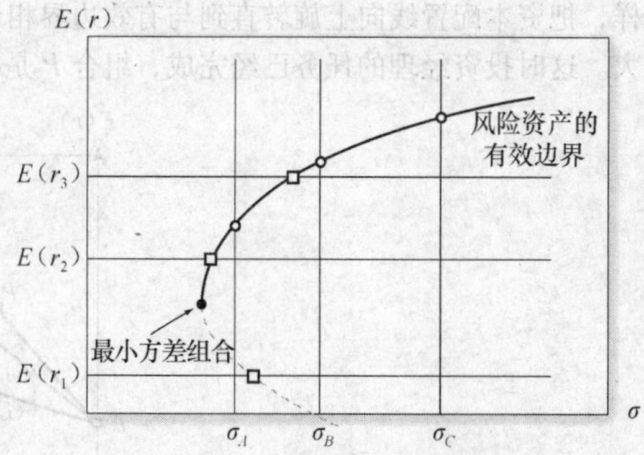

图7-12　有效投资组合集

现在我们回过头来看一下，到目前为止投资经理都做了什么。证券分析师分析得到的估计值转化为一列期望收益值和一个协方差矩阵，这些估计值被称为数据输入表，进入最优化程序中。

在进行第二步选择最优风险资产之前，先考虑一个实际问题。一些客户可能会受到约束，比如卖空限制。对于这类客户，投资经理需要在寻找有效组合的程序中排除资产头寸为负的情形。此时有效组合可能是单个证券，比如拥有最高期望收益率的证券也会是前沿边界组合之一，因为无法通过卖空机制用多个证券构造期望收益率相同风险却较低的组合。

约束条件不仅仅包含卖空的限制，客户还会要求最低的股利收益率，此时就需要各证券的股利收益率数据，并加一个约束语句来保证所有证券的预期股利收益率高于设想的某个值。

投资经理可以调整有效边界来满足客户不同的要求。当然，附加额外要求后的报酬-波动性比率只会次于无额外要求的情形。所以，客户在附加投资的额外要求时应该考虑到这些非法律要求的限制所带来的成本。

另一种约束条件是从政治上或道德上排除在某一特定产业或特定国家的投资。这种投资称为社会责任投资，必须承担降低报酬-波动性比率的成本，这一成本可以看做对隐含理由做的贡献了。

Excel应用：两证券模型

下列表单可以用来计算一个包含两风险资产的投资组合的收益率和风险。模型计算了在不同资产权重下投资组合的收益率和风险。相应的图像会自动生成。这个模型允许你设定一个目标收益率然后计算无风险资产和最优风险投资的一个最优组合。表单中所使用的两证券收益数据来源于表7-1。这张表单可以点击如下网址查看 www.mhhe.com/bkm。

	A	B	C	D	E	F
1	资产配置分析：风险和收益					
2						
3		期望收益	标准差	相关系数	协方差	
4	证券1	0.08	0.12	0.3	0.0072	
5	证券2	0.13	0.2			
6	短期国库券	0.05	0			
7						
8	权重	权重				报酬-波动
9	证券1	证券2		期望收益	标准差	性比率
10	1	0		0.08000	0.12000	0.25000
11	0.9	0.1		0.08500	0.11559	0.30281
12	0.8	0.2		0.09000	0.11454	0.34922
13	0.7	0.3		0.09500	0.11696	0.38474
14	0.6	0.4		0.10000	0.12264	0.40771

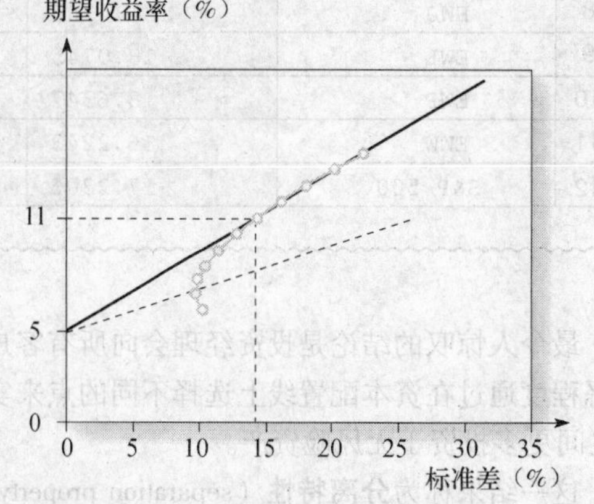

⊖ Harry Markowitz, "Portfolio Selection," *Journal of Finance*, March 1952.

7.4.2 资本配置和分离特性

已经有了有效边界，可以进行第二步引入无风险资产。图7-13显示了有效边界和三条资本配置线。和之前一样，把资本配置线向上旋转直到与有效边界相切，切点为最优风险组合 P，且该资本配置线的报酬 - 波动性比率最大。这时投资经理的任务已经完成，组合 P 是投资经理为客户找到的最优风险组合。

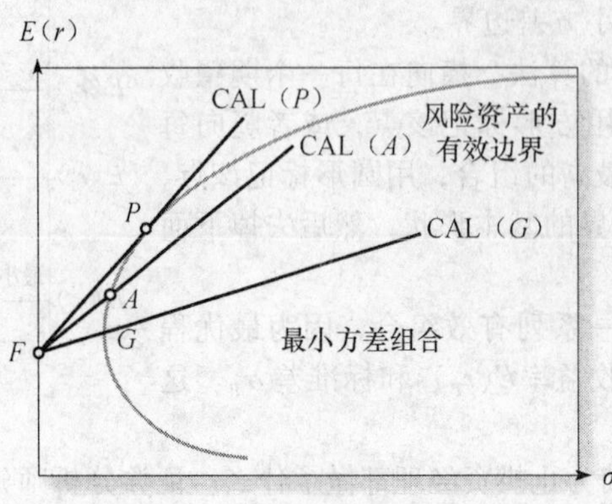

图7-13 有效集组合和资本配置线

Excel 应用： 最优资产组合

一个刻画最优资产组合的表单模型可以登录网站 www. mhhe. com/bkm 找到。它包含了一个和这一节内容类似的模板。这一模型可以用来计算在存在卖空和无卖空限制的情况下，给定目标收益水平下的最优证券组合。每一组输入都将生成相应的有效边界的图像。我们网站上的例子利用了这个模型和几个国家和地区的权益指数（称为 WEBS 证券）。

	A	B	C	D	E	F
1	WEBS（各国权益指数）的有效边界					
2						
3						
4	WEBS	平均收益	标准差	国家或地区		
5	EWD	15.5393	26.4868	瑞典		
6	EWH	6.3852	41.1475	中国香港		
7	EWI	26.5999	26.0514	意大利		
8	EWJ	1.4133	26.0709	日本		
9	EWL	18.0745	21.6916	瑞士		
10	EWP	18.6347	25.0779	西班牙		
11	EWW	16.2243	38.7686	墨西哥		
12	S&P 500	17.2306	17.1944	美国		

最令人惊叹的结论是投资经理会向所有客户提供风险组合 P，无论客户的风险厌恶程度如何[⊖]。客户不同的风险厌恶程度通过在资本配置线上选择不同的点来实现。相比之下更加厌恶风险的客户会在无风险资产和最优风险组合 P 之间更多投资于无风险资产。

这一结果称为**分离特性**（separation property），阐明组合决策问题可以分为两个独立的步骤[⊜]。第一步是决定最

⊖ 附加额外约束条件的客户，会得到另一个的最优组合，会次于无附加约束条件时得到的组合。

⊜ 由 James Tobin 首次发现，"Liquidity Preference as Behavior toward Risk"，*Review of Economic Statistics* 25（Feb 1958 pp. 65 – 86）

优风险组合，这是完全技术性的工作。给定投资经理所有证券的数据，最优风险组合对所有客户就是一样的。然而，第二步整个投资组合在无风险短期国库券和最有风险组合间的配置，取决于个人的偏好。在这里客户是决策者。

这里关键的问题是：投资经理为所有客户提供的最优风险组合都是组合 P，换句话说，不同风险厌恶程度的投资者会满足于由两个共同基金构成的市场：一个基金在货币市场进行无风险投资，一个持有资本配置线与有效边界切点上的最优风险组合 P，这一结果使得职业投资管理更有效率且成本也更低。一家投资管理公司服务于更多的客户而管理成本增加得很少。

但是在实际中，不同的投资经理对证券估计的数据是不一样的，因此得到不同的有效边界，提供不同的“最优”组合。这种偏差来自于证券分析的差异。值得一提的是通俗的 GIGO（garbage in-garbage out）原则也可以应用于证券分析。如果证券分析质量很差，那么被动的市场指数基金生成的资本配置线都会优于用低质量证券分析生成的资本配置线。

当一个数据输入表采用证券最近的收益率来表示其真实的期望收益率时，将会使得到的有效边界失去意义。

考虑一个年均标准差为 50% 的股票，如果用它 10 年平均来估计收益，估计的标准差将达到$\frac{50\%}{\sqrt{10}}=15.8\%$，这一平均基本无法代表来年的期望收益[㊀]。在第 25 章中，我们将给出一个例子，说明用历史平均的数据可能会得到更高的夏普比率，从而使有效边界更加乐观。

概念检查 7-4

假设有两个投资经理分别为两家投资管理公司工作。每家公司都雇用了一批证券分析师准备马科维茨算法的输入数据。所有工作完成后，经理 A 得到的有效边界优于经理 B，所谓优于是指 A 的最优风险投资组合位于 B 的左上方，这样所有投资者都愿意在经理 A 的资本配置线上进行投资。

a. 造成这一现象的原因有哪些？

b. 造成这一现象是因为 A 比 B 强吗？

c. 造成这一现象是因为 A 的计算机高级吗？

d. 如果你正为客户提出建议，你会建议他们把资金转移到位于左上方的投资组合吗？

正如我们看到的，不同客户的最优风险组合也因其各自的约束条件而不同，比如股利收益约束、税收因素和其他客户偏好。即使如此，这部分分析说明一定数量的组合就可以满足大量的投资者，这是共同基金行业的理论基础。

最优化技术是组合构造问题中最容易的部分，基金经理间真正的竞争在于证券分析精确性上的角逐。这种分析和合理的解释是组合构造的艺术。[㊁]

7.4.3 分散化的威力

第 7.1 节介绍了分散化的理念，但是由于系统风险的存在，分散化带来的益处存在限制。有了前面的工具，我们可以重新考虑这一问题，同时深入窥探分散化的威力。

回忆式（7-16），组合的方差为

$$\sigma_p^2 = \sum_{i=1}^{n}\sum_{j=1}^{n} w_i w_j \mathrm{Cov}(r_i, r_j) \tag{7-16}$$

考虑最简单的分散化策略，组合中每一资产都是等权重的，即 $w_i=1/n$，这时式（7-16）可写作（将 $i=j$ 的情况从连加符号中移出，$\mathrm{Cov}(r_i,\ r_i)=\sigma_i^2$）

$$\sigma_p^2 = \frac{1}{n}\sum_{i=1}^{n}\frac{1}{n}\sigma_i^2 + \sum_{\substack{j=1\\ j\neq i}}^{n}\sum_{i=1}^{n}\frac{1}{n^2}\mathrm{Cov}(r_i, r_j) \tag{7-17}$$

定义平均方差和平均协方差为

$$\overline{\sigma}^2 = \frac{1}{n}\sum_{i=1}^{n}\sigma_i^2 \tag{7-18}$$

㊀ 而且无法通过观察更高频的收益率来避免这一问题，在第 5 章中我们指出用样本平均估计期望收益的精确性取决于样本时期，而非样本期内观察频率。

㊁ 你可以在 Wealthcare Capital Management 白皮书中找到一些有意思的关于实际操作中有效分散化问题的讨论，网址：http://www.financeware.com/ruminations/WP Efficiency Deficiency.pdf. 或 www.mhhe.com/bkm 的在线学习中心上找到该内容。

$$\overline{\text{Cov}} = \frac{1}{n(n-1)} \sum_{\substack{j=1 \\ j \neq i}}^{n} \sum_{i=1}^{n} \text{Cov}(r_i, r_j) \tag{7-19}$$

得出组合的方差为

$$\sigma_p^2 = \frac{1}{n}\bar{\sigma}^2 + \frac{n-1}{n}\overline{\text{Cov}} \tag{7-20}$$

现在检验分散化的效果。当证券之间的平均协方差为零时，即所有风险都是公司特有的，由式（7-20）可知组合方差在 n 变大时趋近于零。因此，当证券间收益不相关时，分散化降低组合风险的威力是无穷的。

然而，更重要的是，经济层面的风险因素使股票收益有正相关性。在这种情况下，当组合高度分散化后，组合方差为正。当 n 变大时，尽管公司特有的风险最终被消除了，但是等号右边第二部分趋于$\overline{\text{Cov}}$。因此分散化组合不可消除的风险取决于不同证券间收益率的协方差，这反过来就是经济中系统性因素的显现。

为了进一步考察系统风险和各证券间相关性的关系，简单假设所有证券的标准差都为 σ，证券间相关系数都为 ρ，协方差为 $\rho\sigma^2$，此时式（7-20）化为

$$\sigma_p^2 = \frac{1}{n}\sigma^2 + \frac{n-1}{n}\rho\sigma^2 \tag{7-21}$$

证券间相关性的影响这时就很明显了。当 $\rho=0$ 时，我们得到保险原理，组合方差在 n 变大时趋于零。然而，当 $\rho>0$时，组合方差为正。实际上，当 $\rho=1$ 时，不论 n 如何，组合方差等于 σ^2，说明分散化没有意义。在完全相关的情况下，所有风险都是系统的。更一般的情况，当 n 增大，系统性风险保持为 $\rho\sigma^2$。

表 7-4 给出了证券数量扩大时 $\rho=0$，$\rho=0.4$ 两种情况下的组合标准差。其中令 $\sigma=50\%$。正如我们预想的，组合风险在 $\rho=0.4$ 时更大。更令人吃惊的是，相关系数为正时，组合风险随着证券数量上升而下降的速度相对慢很多，因为证券间的相关性限制了分散化的空间。

表 7-4　相关性和无相关性的证券等权重构造组合的风险减少

证券数量	组合权重 $w=1/n$(%)	$\rho=0$		$\rho=0.40$	
		SD（%）	标准差减少	**SD**（%）	标准差减少
1	100	50.00	14.64	50.00	8.17
2	50	35.36		41.83	
5	20	22.36	1.95	36.06	0.70
6	16.67	20.41		35.36	
10	10	15.81	0.73	33.91	0.20
11	9.09	15.08		33.71	
20	5	11.18	0.27	32.79	0.06
21	4.76	10.91		32.73	
100	1	5.00	0.02	31.86	0.00
101	0.99	4.98		31.86	

注意到对 100 个证券构成的组合，彼此不相关的情况下标准差为 5%，和零标准差还有一段距离。当 $\rho=0.40$，标准差很高，达到 31.86%，非常接近于不可分散的系统性风险，为 $\sqrt{\rho\sigma^2}=\sqrt{0.4\times50^2}=31.62\%$，说明进一步分散化也没什么意义了。

上面计算中最重要的一点是：当我们持有分散化组合时，某一证券对于整个组合风险的贡献取决于该证券和其他证券之间的协方差，并非该证券的方差。在第 9 章我们将会看到，这意味着风险溢价也取决于协方差而非收益的变动。

概念检查 7-5

假设风险证券包括很多股票，分布均为 $E(r)=15\%$，$\sigma=60\%$，相关系数统一为 0.5。

a. 25 只股票等权重构成的组合的收益分布是什么？

b. 要构造标准差不超过 43% 的组合，至少需要多少只股票？

c. 系统性风险是多少？

d. 如果短期国库券存在，收益率 10%，资本配置线的斜率是多少？

7.4.4　资产配置和证券选择

如同之前看到的，证券选择和资产配置理论是一样的。这两步都需要构造有效边界，并在有效边界上选择一个最优组合。既然这样，是否还有必要区分资产配置和证券选择呢？

有三个因素需要考虑。首先，出于储蓄的天性和对利益的追求，社会对专业投资管理的需求呈迅速上升态势。其次，金融市场和各类金融工具的繁荣使得专业投资管理的收益超过一般的业余投资者。最后，投资分析有巨大的规模效益。最终的结果是有竞争力的投资公司随着行业的发展扩大其规模，组织管理的效率也变得非常关键。

一个大型的投资公司很可能既投资于国内也投资于国际市场，其资产类范围更广，每种资产类都需要相应的专家。因此，每一资产类组合的管理不再集中，一步最优化所有证券也显得不太可能，即使理论上可以实现。

实践中总是独立地最优化每类资产中的证券选择，同时，高一级的管理会更新各资产类的最优情况并调整完整资产组合的投资权重。

7.4.5　最优组合和非正态收益

此前使用的组合最优化技术是建立在收益正态分布的假设下的。然而，收益率可能的非正态性要求我们关注诸如在险价值、预期损失这类强调最坏情况损失的风险度量方法。

在第6章中我们提到在肥尾分布下需要重新考虑资本配置，因为此时在险价值和预期损失值会很高。特别地，当预测到较高的在险价值和预期损失值时，我们应当适当减少风险组合的配置。当我们选择最优风险组合时，分散化对在险价值和预期损失也是有影响的，只不过，这种情况下分散化的效果很难用正态分布情形的方法来展现。

目前，估计在险价值和预期损失一个实用的方法是自举法（拔靴法）。此时我们可以比较最优风险组合和其他组合的在险价值与预期损失，如果某个组合的值比最优组合低的话，我们可能会倾向于这一组合。

7.5　风险集合、风险共享与长期投资风险

分散化意味着我们把投资预算分散到各类资产中以此降低整个投资组合的风险。有人提出时间上的分散化的想法，这样平均收益率反映了不同投资期限的收益，类比得出“时间分散化”的概念，长期投资比短期投资更安全。

这一对“分散化”的概念拓展有意义吗？当风险投资的期限可以类比为风险集合时，风险如何增长？保险行业就应用风险池原理将众多不相关风险聚集在一个池子里。然而，风险集合和风险共享（公司将固定组合的风险共享给众多投资者）对风险的影响被广泛误解，“保险原理”在长期投资中的一般应用也被错误理解。在这一部分，我们试图理清这些问题并探索这些概念在风险分析中的合理拓展。

7.5.1　风险集合和保险原理

风险集合（risk pooling）是指将互不相关的风险项目聚合在一起来降低风险。应用到保险行业，风险集合主要为销售风险不相关的保单，即众所周知的保险原理。传统理念认定风险集合降低风险，并成为保险行业风险管理的背后推动力。

但是短暂思考后你就会确信问题不止这么简单了，增加一个独立的赌局怎么会降低整个风险敞口呢。如同我们将要看到的，保险原理在长期投资中有时候被错用，把平均收益的性质拓展到总收益上。

7.5.2　风险集合

我们已经提示过，风险集合和风险共享是风险管理中不同却互补的两种工具。我们先看风险集合。

假设一个富有的投资者沃伦，他持有10亿美元的组合 P，其中投资风险组合 A 的比例为 y，剩余 $1-y$ 投资于无

风险资产。A 的风险溢价是 R，标准差 σ。由式（6-3）和式（6-4）得到 P 的风险溢价为 $R_P = yR$，标准差 $\sigma_P = y\sigma$，夏普比率 $S_P = R/\sigma$。现在沃伦发现另一个风险资产 B 和 A 有相同的风险溢价和标准差，且 A 与 B 相关系数为 0，于是他认为可以通过分散化来降低风险。

考虑到他预计分散化带来的益处，他决定持有资产 B，且与 A 的头寸相同，使得它的整个组合构成如下：A 资产比例 y，B 资产比例 y，无风险资产比例 $1-2y$。注意到这一策略是纯粹的风险集合；沃伦增加了额外的风险头寸，我们把他的投资组合记为 Z。

我们可以由式（7-2）计算组合 Z 的风险溢价，由式（7-3）计算方差，并得到夏普比率。记住大写 R 表示超额收益率。

$$R_Z = yR + yR + (1-2y)0 = 2yR \qquad (R_P \text{ 的 2 倍})$$

$$\sigma_Z^2 = y^2\sigma^2 + y^2\sigma^2 + 0 = 2y^2\sigma^2 \qquad (\text{组合 } P \text{ 方差的 2 倍})$$

$$\sigma_Z = \sqrt{\sigma_Z^2} = y\sigma\sqrt{2} \qquad (\sqrt{2} = 1.41 \text{ 乘以组合 } P \text{ 的标准差})$$

$$S_Z = R_Z/\sigma_Z = 2yR/y\sigma\sqrt{2} = \sqrt{2}R/\sigma \qquad (\sqrt{2} = 1.41 \text{ 乘以组合 } P \text{ 的夏普比率})$$

好消息是 Z 的夏普比率提升为$\sqrt{2}$倍。坏消息是风险资产的规模扩大后标准差也增长$\sqrt{2}$倍。

现在我们可以想象，不止两个风险资产，沃伦实际面临很多风险资产。重复我们的分析，我们会发现当有 n 个资产时，策略 Z 的夏普比率提升为原来的$\sqrt{n}$倍，变为$\sqrt{n}R/\sigma$ 但是此集合策略 Z 的总风险也同比例增长，变为 $\sigma/\sqrt{n}$。

这一分析说明单纯的风险集合带来了机会，但同时也有局限，因为风险集合增加了风险投资的规模。风险集合并不降低总体风险。

保险原理告诉我们只有风险增长速率低于不相关保单数量的增长速率，风险集合的获利能力（本例中的夏普比率）才能增长，但这并不足以降低风险。

这可能会限制大型保险公司持续增长的组合潜在的规模效益，可以把本分析中的资产看做保单。每一笔保单要求保险公司设置保证金弥补或有损失。保险公司投资这些资金直到有索赔发生。卖出更多的保险意味着增加风险投资的头寸，当投资于更多收益不相关的资产时，夏普比率升高，但是因为风险资产比例上升整体的风险也会上升。

保险分析师总是考虑损失的概率。他们对保险原理的解释"风险集合后损失的概率会降低"，从数学上看是正确的，因为夏普比率上升。但是把损失概率的降低和总风险的降低混为一谈却是错误的。当风险集合与风险共享组合在一起，情况就不单纯是这样了。

7.5.3 风险共享

现在考虑风险集合得到组合 Z 的一种变体：想象沃伦找到了几个不错的保单并想要进行投资。为了简化问题，我们考虑两个保单的情况，这样资产池与组合 Z 性质相同。我们看到如果沃伦投资于两个保单的资产池，他的风险是 $\sigma_Z = y\sigma\sqrt{2}$，但如果这一风险超过了他能承受的范围，那么他该怎么办?

他的办法是**风险共享**（risk sharing），卖掉一部分风险资产来限制风险的同时保持夏普比率。假设每次一个新的风险资产加到原组合中，沃伦都先卖出他风险头寸的一部分，保证风险投资比例不变，本例中，即 A 和 B 的比例均为 $y/2$，无风险资产比例仍为 $1-y$，我们把这个策略记作 V。

如果比较 V 和 Z，你会发现两个策略都投资于两风险资产，唯一的区别是风险共享策略会先卖掉一半的资产池以保证整体风险头寸固定不变。不同于策略 Z 风险池的头寸为 $2y$，风险共享策略的风险头寸只有一半。因此，我们可以在公式中把 y 替换成 $2y$，或者在表 7-5 中等价地把 $y/2$ 替换成 y。

表 7-5

风险集合组合 Z	风险共享组合 V	风险集合组合 Z	风险共享组合 V
$R_Z = 2yR$	$R_V = 2\ (y/2)\ R = yR$	$\sigma_Z = \sqrt{\sigma_Z^2} = y\sigma\sqrt{2}$	$\sigma_V = \sqrt{\sigma_V^2} = y\sigma/\sqrt{2}$
$\sigma_Z^2 = 2y^2\sigma^2$	$\sigma_V^2 = 2\ (y/2)^2\sigma^2 = y^2\sigma^2/2$	$S_Z = R_Z/\sigma_Z = 2yR/y\sigma\sqrt{2} = \sqrt{2}R/\sigma$	$S_V = R_V/\sigma_V = \sqrt{2}R/\sigma$

V 和 Z 的夏普比率相同，但是 V 的波动性低。风险共享和风险集合构成了保险行业的关键核心。投资于多种风

险资产，但是风险资产比例保持不变，这才是真正的分散化。

为了控制总风险，沃伦不得不卖掉资产池的一部分。这意味着那一部分资产必然被另一个人所持有。比如这里的资产是保单，那么其他投资者一定分享了该保单的风险，可能是通过购买保险公司股票的形式。或者，保险公司通过将保单的一部分卖给其他投资者抑或其他保险公司来分担风险。

我们可以容易地拓展到多风险资产的情况。假设风险资产有 n 个，那么风险共享组合的波动性为 $\sigma_V = y\sigma/\sqrt{n}$，夏普比率为$\frac{\sqrt{n}R}{\sigma}$。显然，这两个数值随 n 的增大而增大。回过头来考虑之前幸运转轮的那个赌徒，他认为"分散化就是赌 100 次比赌 1 次的风险要小"是错误的。事实上赌 100 次收益的 1/100 比赌 1 次的风险小。固定赌资的总额，而将赌资分散到众多独立的赌局上才是他降低风险的办法。

有了风险共享，任何人都可以创建任何规模的保险公司，在通过向股东售出股份以控制总风险的情况下分散化持有大量保单。当夏普比率随着保单数量增加而升高，而每一个股东的风险下降，可以赢利的保险公司规模是不受限制的。然而在现实中存在两个问题。一是，管理一个很大的公司所带来的压力会削减公司的毛利。更重要的是，"大而不许倒"的问题可能会出现。评估每个保单风险的误差或对保单损失相关性的错误评估可能导致保险公司倒闭。如同我们在第 1 章看到的，"大而不许倒"的问题是说该保险公司的倒闭可能会牵连其他商业伙伴，一倒全倒，就像 2008 年所发生的金融危机一样。但愿未来监管方面不会对分散化降低风险的能力过于乐观。

7.5.4 长期投资

现在我们可以转向风险集合与风险共享在长期投资中的意义。类比横向增加风险资产到资产池中，想象纵向把投资期限拓展到下一时期（增加该时期收益的不确定性）。

分析这种投资期限延长的效果需要明确其他的投资选择是什么。假设你考虑投资一个风险组合，期限为两年，看做"长期投资"。那么如何与"短期投资"来比较呢？我们必须在同一期限即 2 年内考虑风险组合，也就是说，短期投资一年后继续转为无风险投资 1 年。

当我们同意这种比较之后，假设第一年的风险收益和第二年无关，很明显，"长期"策略和组合 Z 是一回事。因为第二年持有风险组合（而不是撤出投资投向无风险资产）集聚风险，就像是卖出一分保险合约。换句话说，长期投资累积了投资风险。将一项分析投资期限拓展提升了夏普比率，同时也提升了风险。因此"时间分散化"并不是真正的分散化。

投资者可以通过长期投资来提升夏普比率，同时通过降低风险投资的比例来控制风险（类似于巴菲特卖出他的部分组合池）。因此，投资较小比例于风险资产组合并持有较长时间要优于将较大比例资金投资于短期风险资产，而后剩余期限将资金投资于无风险资产。这里想要强调的是，要控制好风险，应该降低长期风险资产投资的比例。

小　结

1. 投资组合的期望收益是投资组合中各项资产的期望收益按其投资比例为权重的加权平均值。
2. 投资组合的方差是协方差矩阵各元素与投资比例权重相乘的加权总值，因此，每一资产的方差以其投资比例的平方进行加权，任一对资产的协方差在协方差矩阵中出现两次。所以，投资组合方差中包含着协方差的二倍权重，这是由两项资产的每一项资产投资比例乘积的和构成的。
3. 即使协方差为正，只要资产不是完全正相关的，投资组合的标准差就仍小于组合中各项资产的标准差的加权平均值。因此，只要资产不是完全正相关的。分散化的组合就是有价值的。
4. 投资组合中一项资产相对于其他资产的协方差越大，它对投资组合方差的作用就越大。组合中完全负相关资产具有完全对冲的功能。完全对冲的资产可以使投资组合的方差降低为零。
5. 有效边界是利用图表来表示在某一特定风险水平上期望收益最大的投资组合集。理性投资者将在有效边界上选择投资组合。
6. 一个投资经理在确定有效边界时，首先要估计资产的期望收益与协方差矩阵。这个输入构成表被输入最优化程序中，得到在有效边界上最优组合中各项资产的比例、期望收益与标准差等。
7. 通常，投资经理会得到不同的效率投资组合，因为他们的证券分析方法与质量是不同的。管理人主要在证券分析质量而非管理费上展开竞争。

8. 如果无风险资产存在，输入构成表亦可以确定，所有投资者都将选择在有效边界上同样的投资组合，即与资本配置线相切的投资组合。具有相同输入构成表的所有投资者将持有相同的风险投资组合，不同的是在风险资产组合和无风险资产之间的资金分配。这一结果就是投资组合构造中的分离原则。

9. 分散化投资是基于固定组合预算在多个资产中进行配置，受限于任何单一风险来源。增加另一个风险资产到投资组合，实际只增加投资数目，即使对收益率有更精确的预测也不能减少总风险，因为这变成了在更大投资下的不确定性，并非投资期延长就能减少风险。增加投资期类似的投资到更多资产，这会增加总风险。类似地，保险行业的关键是风险分担，把风险分散到众多投资者身上，每个投资者分担总风险的一小部分。风险聚集是假设更多风险来源，能增加收益率的可预测性，但不能增加总资金收益的可预测性。

习　题

基础题

1. 以下哪些因素反映了单纯市场风险？
   a. 短期利率上升　　b. 公司仓库失火
   c. 保险成本增加　　d. 首席执行官死亡
   e. 劳动力成本上升
2. 当增加房地产到一个股票、债券和货币的资产组合中，房地产收益的哪些因素影响组合风险？
   a. 标准差　　b. 期望收益
   c. 和其他资产的相关性
3. 以下关于最小方差组合的陈述哪些是正确的？
   a. 它的方差小于其他证券或组合
   b. 它的期望收益比无风险利率低
   c. 它可能是最优风险组合
   d. 它包含所有证券

中级题

用以下数据回答习题4～10：一个养老金经理考虑3个共同基金。第一个是股票基金，第二个是长期政府和公司债基金，第三个是短期国债货币基金，收益率为8%。风险组合的概率分布如表7-6所示。

表　7-6

	期望收益（%）	标准差（%）
股票基金 S	20	30
债券基金 B	12	15

基金的收益率之间的相关系数为0.1。

4. 两种风险基金的最小方差投资组合的投资比例是多少？这种投资组合收益率的期望值与标准差各是多少？
5. 制表并画出这两种风险基金的投资可行集，股票基金的投资比率从0～100%按照20%的幅度增长。
6. 从无风险收益率到可行集曲线画一条切线，由此得到的最优投资组合的期望收益与标准差各是多少？
7. 计算出最优风险投资组合下每种资产的比例以及期望收益与标准差。
8. 最优配置线下的最优报酬－波动性比率是多少？
9. 投资者对他的投资组合的期望收益要求为14%，并是有效的，且在最优可行资本市场线上。
   a. 投资者投资组合的标准差是多少？
   b. 在短期国库券上的投资比例以及在其他两种风险基金上的投资比例是多少？
10. 如果投资者只用两种风险基金进行投资并且要求14%的收益率，那么他的组合投资比例是怎样的？
11. 股票提供的期望收益率为18%，标准差为22%。黄金提供的期望收益率为10%，标准差为30%。
    a. 根据黄金在平均收益和波动性上的明显劣势，有人会愿意持有它吗？如果有，用图形表示这样做的理由。
    b. 由上面的数据，再假设黄金与股票的相关系数为1，回答a，画图表示为什么有人会或不会在他的投资组合中持有黄金。这一系列有关期望收益率、标准差、相关性的假设代表了证券市场的均衡吗？
12. 假设证券市场中有许多股票，股票A和B如表7-7所示。

表　7-7

股票	期望收益（%）	标准差（%）
A	10	5
B	15	10

相关系数为－1。

假设可以以无风险利率借入资金，则无风险收益率是多少（由A和B构造）？

13. 假设所有证券的期望收益、标准差和无风险利率已知，这时所有投资者会持有同样的最优风险资产。判断正误。
14. 组合的标准差等于组合中资产的标准差的加权平均值。判断正误。
15. 假设有一个项目，有0.7的概率使你的投资翻倍，有0.3的概率使你的投资减半。这项投资收益的风险是多少？
16. 假设所有证券的期望收益、标准差和无风险利率已知，投资者的最优风险组合相同吗？
17. 组合标准差等于各资产标准差的加权平均值吗？
18. 假设你有100万美元，有以下两种资产来构造组合：
    ①无风险资产年收益率12%
    ②风险资产，期望收益率30%，标准差40%
    构造的组合标准差30%，则期望收益率是多少？

以下数据用于回答习题16~18：Corr(*A*，*B*)=0.85；Corr(*A*，*C*)=0.6；Corr(*A*，*D*)=0.45，每只股票期望收益率为8%，标准差20%。

19. 如果你整个组合就是股票A，你可以加入一只股票，你的选择是哪个？

20. 对风险厌恶程度不同的投资者来说上述问题的答案会变化吗？

21. 假设增加一种股票的同时还可以增加投资短期国债，利率为8%，你会改变上述问题的答案吗？

高级题

表7-8中的数据为复利年收益率，回答习题22和习题23。

表 7-8

	20世纪20年代[①]	20世纪30年代	20世纪40年代	20世纪50年代	20世纪60年代	20世纪70年代	20世纪80年代	20世纪90年代
小公司股票	-3.72	7.28	20.63	19.01	13.72	8.75	12.46	13.84
大公司股票	18.36	-1.25	9.11	19.41	7.84	5.90	17.60	18.20
长期政府债券	3.98	4.60	3.59	0.25	1.14	6.63	11.50	8.60
中期政府债券	3.77	3.91	1.70	1.11	3.41	6.11	12.01	7.74
短期政府债券	3.56	0.30	0.37	1.87	3.89	6.29	9.00	5.02
通货膨胀率	-1.00	-2.04	5.36	2.22	2.52	7.36	5.10	2.93

注：①基于1926~1929年。

22. 将表中的数据填入电子数据表，计算各类资产收益率和通货膨胀率的序列相关系数，以及各类资产之间的相关系数。

23. 将表中的收益率转化为实际收益率，重复上一问题。

CFA考题

下面的数据用于1~3题：H&A公司为W养老基金管理着3000万美元的股票投资组合。W基金的财务副主管琼斯注意到H&A在W基金的6个股票经理人中持续保持着最优的纪录。在过去的5年中有4年H&A公司管理的投资组合的表现明显优于标准普尔500指数。唯一业绩不佳的一年带来的损失也是微不足道的。

H&A公司是一个“特立独行”的管理者。该公司尽量避免在对市场的时机预测上做任何努力，它把精力主要放在对个股的选择而不是对行业好坏的评估上。

6位管理者之间没有明显一致的管理模式。除了H&A之外，其余的5位经理共计管理着由150种以上的个股组成的2.5亿美元的资产。

琼斯相信H&A可以在股票选择上表现出出众的能力，但是受投资高度分散化的限制，达不到高额的收益率。这几年来，H&A公司的投资组合一般包含40~50只股票，每只股票占基金的2%~3%。H&A公司之所以在大多数年份里表现还不错，原因在于它每年都可以找到10~20只获得高额收益率的股票。

基于以上情况，琼斯向W养老基金委员会提出以下计划：把H&A公司管理的投资组合限制在20只股票以内。H&A公司会对其真正感兴趣的股票投入加倍的精力，而取消其他股票的投资。如果没有这个新的限制，H&A公司就会像以前那样自由地管理投资组合。

基金委员会的大多数成员都同意琼斯的观点，他们认为H&A公司确实表现出了在股票选择上的卓越能力。但是该建议与以前的实际操作相背离，几个委员对此提出了质疑，请根据上述情况回答下列问题：

1. a. 20只股票的限制会增加还是减少投资组合的风险？请说明理由。
   b. H&A公司有没有办法使股票数由40只减少到20只，而同时又不会对风险造成很大的影响？请说明理由。
2. 一名委员在提及琼斯的建议时特别热心，他认为如果把股票数减少到10只，H&A公司的业绩将会更好。但是如果把股票减少到20只被认为是有利的，试说明为什么减少到10只反而不那么有利了（假设W养老基金把H&A公司的投资组合与基金的其他组合分开考虑）。
3. 另一名委员建议，与其把每种投资组合与其他的投资组合独立起来考虑，不如把H&A公司管理的投资组合的变动放到整个基金的角度上来考虑会更好。解释这一观点将对委员会把H&A公司的股票减至10只还是20只的讨论产生什么影响？
4. 下面哪一种投资组合不属于马科维茨描述的有效边界（见表7-9）？

表 7-9

	投资组合	期望收益（%）	标准差（%）
a.	*W*	15	36
b.	*X*	12	15
c.	*Z*	5	7
d.	*Y*	9	21

5. 下面对投资组合分散化的说法哪些是正确的？
   a. 适当的分散化可以减少或消除系统风险。
   b. 分散化减少投资组合的期望收益，因为它减少了投资组合的总体风险。

c. 当把越来越多的证券加入投资组合时，总体风险一般会以递减的速率下降。

d. 除非投资组合包含至少 30 只以上的个股，分散化降低风险的好处不会充分显现。

6. 测度分散化投资组合中的某一证券的风险用的是______。

a. 特有风险　　b. 收益的标准差

c. 再投资风险　　d. 协方差

7. 马科维茨描述的投资组合理论主要关注于______。

a. 系统风险的减少

b. 分散化对投资组合的风险影响

c. 非系统风险的确认

d. 积极的资产管理以扩大收益

8. 假设一名风险厌恶的投资者拥有 M 公司的股票，他决定在其投资组合中加入 Mac 公司或是 G 公司的股票。这三只股票的期望收益率和总体风险水平相当，M 公司股票与 Mac 公司股票的协方差为 -0.5，M 公司股票与 G 公司股票的协方差为 0.5。则投资组合______。

a. 买入 Mac 公司股票，风险会降低更多

b. 买入 G 公司股票，风险会降低更多

c. 买入 G 公司股票或 Mac 公司股票都会导致风险增加

d. 由其他因素决定风险的增加或降低

9. A、B、C 三只股票具有相同的期望收益率和方差，表 7-10为三只股票收益之间的相关系数。根据这些相关系数，风险水平最低的投资组合为______。

a. 平均投资于 A 和 B　　b. 平均投资于 A 和 C

c. 平均投资于 B 和 C　　d. 全部投资于 C

表 7-10

	股票 A	股票 B	股票 C
股票 A	+1.0		
股票 B	+0.9	+1.0	
股票 C	+0.1	-0.4	+1.0

10. A、B、C 三只股票的统计数据如表 7-11 所示：

表 7-11

收益标准差			
股票	A	B	C
收益标准差（%）	40	20	40
收益相关系数			
股票	A	B	C
A	1.00	0.90	0.50
B		1.00	0.10
C			1.00

仅从表中信息出发，在等权重 A 和 B 的投资组合和等权重 B 和 C 的组合中做选择，请说明理由。

11. 斯蒂文森目前有 200 万美元的投资组合，组合情况见表 7-12。

表 7-12

	价值（美元）	占总额的百分比（%）	期望年收益率（%）	年标准差（%）
短期债券	200 000	10	4.6	1.6
国内大盘证券	600 000	30	12.4	19.5
国内小盘证券	1 200 000	60	16.0	29.9
投资组合总和	2 000 000	100	13.8	23.1

斯蒂文森计划将很快就能到手的另外200 万美元全部投资于指数基金，这样就可以和现在的投资组合构成很好的互补关系。注册金融分析师库普，评估表 7-13 中的 4 种指数基金是否可以满足组合的两个标准，即维持或提高期望收益和维持或降低波动性。

每种基金投资于一类资产，这些类别在现在的证券组合中并没有充分表现出来。

表 7-13

指数基金	期望年收益率（%）	标准差（%）	与目前投资组合的相关性
基金 A	15	25	+0.80
基金 B	11	22	+0.60
基金 C	16	25	+0.90
基金 D	14	22	+0.65

请问库普应该向斯蒂文森推荐哪个基金？说说你选择的基金如何很好地满足了库普的两个标准，这不需要任何计算。

12. 格蕾丝有 90 万美元完全分散化的证券投资组合。随后她继承了价值 10 万美元的欧洲公司普通股。她的财务顾问提供了如下预测信息（见表 7-14）：

表 7-14

	期望月收益率（%）	月收益标准差（%）
原始证券组合	0.67	2.37
欧洲公司	1.25	2.95

欧洲公司股票与原始证券组合的收益相关系数为 0.4。

遗产继承改变了格蕾丝的全部证券投资组合，她正在考虑是否要继续持有欧洲公司股票。假定格蕾丝继续持有欧洲股票，请计算：

a. 包括欧洲公司股票在内的新证券投资组合的期望收益

b. 欧洲公司股票与原投资组合收益的协方差

c. 包括欧洲公司股票在内的新投资组合的标准差

如果格蕾丝卖掉欧洲股票，她将投资于无风险的月收益率为 0.42% 的政府证券，假定她卖掉欧洲股票并用此收入购买了政府证券，请计算：

a. 包括政府证券在内的信投资组合的期望收益

b. 政府证券收益与原证券投资组合收益的协方差

c. 包括政府证券在内的新投资组合的标准差

比较包括政府证券在内的新投资组合与原证券组合的系统风险，二者谁高谁低？

格蕾丝经过与丈夫商量后，考虑要卖出10万美元的欧洲公司股票，买入10万美元的XYZ公司普通股。这两种股票的期望收益和标准差都相等。她丈夫说，是否用XYZ公司股票替代欧洲公司股票并无区别。判断她丈夫的说法是否正确，并说明理由。

格蕾丝最近和她的财务顾问说："如果我的证券投资不亏本，我就满足了。我虽然希望得到更高的收益，但我更害怕亏本。"

a. 用收益标准差作为风险衡量的标准，指出格蕾丝的一个不合理之处。

b. 给出一个当前情况下一种更合适的风险衡量方法。

13. 注册金融分析师特鲁迪最近约见了一位客户。特鲁迪主要投资于来自几个产业的30多只公司股票。约见结束后，客户说："我相信你的股票选择能力，我认为你应将我的资金投资于你认为最好的5只股票，你明显偏爱其中几只股票，为何还要投资于30家公司？"特鲁迪准备运用现代证券组合理论给他做解释。

a. 试比较系统性风险与公司特有风险的概念，并各举一例。

b. 评论客户的建议。说说随着证券组合中证券数量的增加，系统性风险与公司特有风险各自将如何变化？

在线投资练习

分散化

去网站 www.investopedia.com/articles/basics/03/050203.asp 了解分散化，影响投资者风险偏好的因素和对应不同风险类别的投资种类。然后去网站 www.investopedia.com/articles/pf/05/061505.asp 查看从保守到激进的投资组合。你如何总结自己的风险偏好？你认为随着年龄的变化你对风险的态度会如何变化呢？你选的投资组合如何变化？

概念检查答案

7-1 a. 第一项为 $w_D \times w_D \times \sigma_D^2$，因为这是矩阵对角上的元素 σ_D^2，列上的项 w_D 和行上的项 w_D 的乘积，用这种方法对协方差矩阵的每一项进行运算，就得到 $w_D^2\sigma_D^2 + w_D w_E \text{Cov}(r_E, r_D) + w_E w_D \text{Cov}(r_D, r_E) + w_E^2\sigma_E^2$，和式（7-3）相同，因为 $\text{Cov}(r_E, r_D) = \text{Cov}(r_D, r_E)$。

b. 协方差矩阵如下

	w_X	w_Y	w_Z
w_X	σ_X^2	$\text{Cov}(r_X, r_Y)$	$\text{Cov}(r_X, r_Z)$
w_Y	$\text{Cov}(r_Y, r_X)$	σ_Y^2	$\text{Cov}(r_Y, r_Z)$
w_Z	$\text{Cov}(r_Z, r_X)$	$\text{Cov}(r_Z, r_Y)$	σ_Z^2

组合方差由这九项构成

$$\begin{aligned}\sigma_P^2 &= w_X^2\sigma_X^2 + w_Y^2\sigma_Y^2 + w_Z^2\sigma_Z^2 \\ &\quad + w_X w_Y \text{Cov}(r_X, r_Y) + w_Y w_X \text{Cov}(r_Y, r_X) \\ &\quad + w_X w_Z \text{Cov}(r_X, r_Z) + w_Z w_X \text{Cov}(r_Z, r_X) \\ &\quad + w_Y w_Z \text{Cov}(r_Y, r_Z) + w_Z w_Y \text{Cov}(r_Z, r_Y) \\ &= w_X^2\sigma_X^2 + w_Y^2\sigma_Y^2 + w_Z^2\sigma_Z^2 + 2w_X w_Y \text{Cov}(r_X, r_Y) \\ &\quad + 2w_X w_Z \text{Cov}(r_X, r_Z) + 2w_Y w_Z \text{Cov}(r_Y, r_Z)\end{aligned}$$

7-2 可行集的参数为 $E(r_D) = 8\%$，$E(r_E) = 13\%$，$\sigma_D = 12\%$，$\sigma_E = 20\%$，从标准差和相关系数我们得到协方差矩阵：

基金	*D*	*E*
D	144	60
E	60	400

总体最小方差组合为：

$$w_D = \frac{\sigma_E^2 - \text{Cov}(r_D, r_E)}{\sigma_D^2 + \sigma_E^2 - 2\text{Cov}(r_D, r_E)} = \frac{400 - 60}{(144 + 400) - (2 \times 60)} = 0.8019$$

$$w_E = 1 - w_D = 0.1981$$

期望收益和标准差分别为8.99%和11.29%。

对于其他投资组合，将从0.1增至0.9，相应的 w_E 从0.9降至0.1。将这些投资组合代入期望收益与标准差的计算中，注意在 w_D 或 w_E 为1时，就代表单独持有该股票，所得期望收益与标准差即为该股票自身的值，于是得到表7-15。

表 7-15

w_E	w_D	$E(r)$（%）	σ（%）
0.0	1.0	8.0	12.00
0.1	0.9	8.5	11.46
0.2	0.8	9.0	11.29
0.3	0.7	9.5	11.48
0.4	0.6	10.0	12.03
0.5	0.5	10.5	12.88
0.6	0.4	11.0	13.99
0.7	0.3	11.5	15.30
0.8	0.2	12.0	16.76
0.9	0.1	12.5	18.34
1.0	0.0	13.0	20.00
0.1981	0.8019	8.99	11.29 最小方差组合

这样就可以画出图形。

7-3 a. 股票和风险债券基金的期望收益与方差计算与题2相似，这里就不再表示。在给出A部分的图解时要注意这些计算。另外，基金之间的协方差为

$$\text{Cov}(r_A,r_B)=\rho(A,B)\times\sigma_A\times\sigma_B=-0.2\times20\times60=-240$$

b. 最优风险组合的权重为

$$w_A=\frac{(10-5)\times60^2-(30-5)\times(-240)}{(10-5)\times60^2+(30-5)\times20^2-30\times(-240)}=0.681\,8$$

$$w_B=1-w_A=0.318\,2$$

期望收益率为$E(r_P)=(0.681\,8\times10)+(0.318\,2\times30)=16.36\%$，标准差为$\sigma_P=\{(0.681\,8^2\times20^2)+(0.312\,8^2\times60^2)+[2\times0.681\,8\times0.318\,2(-240)]\}^{1/2}=21.13\%$。注意到，这里最优风险组合的标准差小于股票$A$，同时投资组合$P$并不是整体最小方差投资组合，整体最小方差投资组合的权重为

$$w_A=\frac{60^2-(-240)}{60^2+20^2-2\times(-240)}=0.857\,1$$

$$w_B=1-w_A=0.142\,9$$

标准差为17.57%。

c. 资本配置是无风险收益点与最优风险组合的连线，它代表短期国库券与最优风险投资组合之间的所有有效组合，资本配置线的斜率为

$$S=\frac{E(r_P)-r_f}{\sigma P}=\frac{16.36-5}{21.13}=0.537\,6$$

d. 在给定风险厌恶系数A的条件下投资者愿意投资到最优风险投资组合的比例为

$$y=\frac{E(r_P)-r_f}{A\sigma_P^2}=\frac{0.163\,6-0.05}{5\times0.211\,3^2}=0.508\,9$$

这意味着风险厌恶系数$A=5$的投资者愿意在这个最优风险投资组合中投入50.89%的财产，由于AB两种股票在投资组合中的比例分别为68.18%和31.82%，这个投资者分别投资于这两种股票的比例为34.7%和16.19%。

7-4 有效边界来源于投资经理对各种投资收益的预测和对风险即协方差矩阵的估计。预测本身并不能决定结果，选择乐观估计的经理人就意味着碰上好的形势时会得到更大的收益，而在情况恶劣时的损失也会更大。能准确预测的管理人能得到好的回报，投资者看到资产管理人做出的曲线（预测）时，所要做的应该是了解其预测准确性的记录，从而选择预测准确的管理者。这样进行投资组合的选择，从长远来看将会更加出色。

7-5 本题的有关参数为$E(r)=15\%$，$\sigma=60\%$，所有股票相关系数0.5

a. 投资组合的期望收益与投资组合规模无关，因为所有证券具有相同的期望收益。当$n=25$种股票时，投资组合的标准差为

$$\sigma_P=[\sigma^2/n+\rho\times\sigma^2(n-1)/n]^{1/2}$$
$$=[60^2/25+0.5\times60^2\times24/25]^{1/2}=43.27\%$$

b. 因为所有股票是同质的，因此有效投资组合是等权重的，要得到标准差为43%的投资组合，需要解出n：

$$43^2=\frac{60^2}{n}+0.5\times\frac{60^2(n-1)}{n}$$

$$1\,849n=3\,600+1\,800n-1\,800$$

$$n=\frac{1\,800}{49}=36.73$$

所以至少要37只股票的组合才能达到这一目标。

c. 当n变得非常大时，等权重有效投资组合的方差将减少，剩下的方差来自股票间的协方差：

$$\sigma_P=\sqrt{\rho\times\sigma^2}=\sqrt{0.5\times60^2}=42.43\%$$

$n=25$时，得到非系统风险为0.84%，即25只股票的投资组合的非系统风险为0.84%当$n=37$时，投资组合的标准差为43%，非系统统风险为0.57%。

d. 如果无风险利率为10%，那么不论投资组合规模为多大，风险溢价为15% -10% =5%，充分分散的投资组合的标准差为42.43%，资本配置的斜率为$S=5/42.43=0.117\,8$。

附录7A 电子表格模型

有很多软件包可以用来计算有效边界，现在了解使用微软Excel计算有效边界的方法。Excel远非最好的工具，它受到要处理的资产数量的限制，但它通过简单的投资组合优化工具能说明许多复杂软件包的机理，我们发现，运用Excel计算有效边界相当简单。

运用马科维茨投资组合优化程序来实际说明国际的分散化投资。假设投资经理为美国客户服务，他在2006年想要投资下一年度的风险资产组合，包括美国大公司股票和六个发达国家资本市场：日本、德国、英国、法国、加拿大和澳大利亚。首先描述一下输入项：风险溢价预测和协方差矩阵。接着，介绍Excel的Solver功能。最后展示经理解决这一问题的方法。

7A.1 协方差矩阵

为获得最近的风险参数，经理整理了2001～2005年最近60个月的月均收益率和同一时期的短期国库券利率。

超额收益率的标准差显示在表7A-1（C列）中，范围14.95%（美国大公司股票）~22.7%（德国）。为观察这些参数怎样随时间变化。1991~2000年的标准差显示在B列中。此外，计算出上述两个时期六个国外市场上的大公司股票与美国大公司股票的相关系数。这里可以看出，与全球化的趋势一致，近一时期来这种相关性越来越高。

表　7A-1

	A	B	C	D	E	F	G	H
1								
2								
3	7A.1　国家指数和风险溢价预测							
4		标准差		与美国的相关系数		平均超额收益		预测
5	国家	1991-2000	2001-2005	1991-2000	2001-2005	1991-2000	2001-2005	2006
6	美国	0.1295	0.1495	1	1	0.1108	-0.0148	0.0600
7	英国	0.1466	0.1493	0.64	0.83	0.0536	0.0094	0.0530
8	法国	0.1741	0.2008	0.54	0.83	0.0837	0.0247	0.0700
9	德国	0.1538	0.2270	0.53	0.85	0.0473	0.0209	0.0800
10	澳大利亚	0.1808	0.1617	0.52	0.81	0.0468	0.1225	0.0580
11	日本	0.2432	0.1878	0.41	0.43	-0.0177	0.0398	0.0450
12	加拿大	0.1687	0.1727	0.72	0.79	0.0727	0.1009	0.0590

协方差矩阵显示在表7A-2中，它是通过使用Excel中的“工具栏”菜单“Data Analysis”对话框中的COVARIANCE功能，来实现对7个国家的60种收益形成的排列。由于Excel软件的自由度偏差缺陷，协方差矩阵不能准确统计预测，因此，矩阵里的每个元素的都乘以60/59来消除偏差。

表　7A-2

	A	B	C	D	E	F	G	H	I
13									
14	7A.2　边界协方差矩阵								
15									
16	组合权重 →		1.0000	0.0000	0.0000	0.0000	0.0000	0.0000	0.0000
17	↓		美国	英国	法国	德国	澳大利亚	日本	加拿大
18	1.0000	美国	0.0224	0.0184	0.0250	0.0288	0.0195	0.0121	0.0205
19	0.0000	英国	0.0184	0.0223	0.0275	0.0299	0.0204	0.0124	0.0206
20	0.0000	法国	0.0250	0.0275	0.0403	0.0438	0.0259	0.0177	0.0273
21	0.0000	德国	0.0288	0.0299	0.0438	0.0515	0.0301	0.0183	0.0305
22	0.0000	澳大利亚	0.0195	0.0204	0.0259	0.0301	0.0261	0.0147	0.0234
23	0.0000	日本	0.0121	0.0124	0.0177	0.0183	0.0147	0.0353	0.0158
24	0.0000	加拿大	0.0205	0.0206	0.0273	0.0305	0.0234	0.0158	0.0298
25	1.0000		0.0224	0.0000	0.0000	0.0000	0.0000	0.0000	0.0000
26	0.0600	Mean							
27	0.1495	SD							
28	0.4013	Slope							
29									
30	Cell A18-A24		A18 is set arbitrarily to 1 while A19 to A24 are set to 0						
31	Formula in cell	C16	=A18	...	Formula in cell I16		=A24		
32	Formula in cell	A25	=SUM(A18:A24)						
33	Formula in cell	C25	=C16*SUMPRODUCT($A$18:$A$24,C18:C24)						
34	Formula in cell	D25-I25	Copied from C25(note the absolute addresses)						
35	Formula in cell	A26	=SUMPRODUCT($A18:$A$24,H6:H12)						
36	Formula in cell	A27	=SUM(C25:I25)^0.5						
37	Formula in cell	A28	=A26/A27						
38									

7A.2 期望收益率

由超额收益率估计风险参数（协方差矩阵）是一项简单的技术工作，而估计风险溢价（预期超额收益）则是一件麻烦的工作。在第5章讨论过，估计期望收益使用历史数据是不可靠的，例如，正如F列和G列显示的，2001～2005年（单元格G6）美国大公司股票平均期望收益为负，更一般地，1991～2000年与2001～2005年两个时期的平均收益差距很大。

在这一例子中，只将经理预测的未来收益描述在H列。在第8章中，将建立一个框架使预测过程更为清晰。

7A.3 边界协方差矩阵和组合方差

表7A-2的协方差矩阵的旁边是组合权重，如第7.2节和表7-2解释的那样。其值在协方差矩阵的左边，单元格A18～A24，由优化程序选出。现在，任意对美国输入1.0，对其他国家输入0。位于协方差矩阵上方的A16～I16单元格中的值必须等于左边列中的权重，以使它们随列权重的改变而改变，列权重的改变由Excel Solver来控制。单元格A25加上列权重并用来使优化程序控制组合权重和为1.0。

位于协方差矩阵下方的单元格C25～I25，用于计算任意设置的权重的组合方差。每一单元格累积同列上单元格的组合方差的贡献、可用SUMPRODUCT的功能完成这一任务。例如，33行显示了运用公式得到单元格C25中的值。

表7A-3的方框中是风险溢价的约束值。

表 7A-3

	A	B	C	D	E	F	G	H	I	J	K	L
39	7A.3 有效边界											
40												
41	单元格里是风险溢价的约束值				0.0400							
42												
43			Min Var					最优				
44	Mean		0.0383	0.0400	0.0450	0.0500	0.0550	0.0564	0.0575	0.0600	0.0700	0.0800
45	SD	0.1	0.1132	0.1135	0.1168	0.1238	0.1340	0.1374	0.1401	0.1466	0.1771	0.2119
46	Slope		0.3386	0.3525	0.3853	0.4037	0.4104	0.4107	0.4106	0.4092	0.3953	0.3774
47	美国		0.6112	0.6195	0.6446	0.6696	0.6947	0.7018	0.7073	0.7198	0.7699	0.8201
48	英国		0.8778	0.8083	0.5992	0.3900	0.1809	0.1214	0.0758	-0.0283	-0.4465	-0.8648
49	法国		-0.2140	-0.2029	-0.1693	-0.1357	-0.1021	-0.0926	-0.0852	-0.0685	-0.0014	0.0658
50	德国		-0.5097	-0.4610	-0.3144	-0.1679	-0.0213	0.0205	0.0524	0.1253	0.4185	0.7117
51	澳大利亚		0.0695	0.0748	0.0907	0.1067	0.1226	0.1271	0.1306	0.1385	0.1704	0.2023
52	日本		0.2055	0.1987	0.1781	0.1575	0.1369	0.1311	0.1266	0.1164	0.0752	0.0341
53	加拿大		-0.0402	-0.0374	-0.0288	-0.0203	-0.0118	-0.0093	-0.0075	-0.0032	0.0139	0.0309
54	CAL*	0.0411	0.0465	0.0466	0.0480	0.0509	0.0550	0.0564	0.0575	0.0602	0.0727	0.0871
55	*资本配置线上的风险溢价＝SD×最优风险资产组合的斜率											

最后，协方差矩阵下方的左边列A26～A28显示了从边界协方差矩阵计算得出的投资组合统计。A26是投资组合风险溢价，其公式在35行，为投资组合权重乘上表7A-1预测列（H6～H12）。下面的单元格A27为投资组合标准差。

方差由边界协方差矩阵下方的单元格C25～I25相加得出。A27由C25～I25之和开平方得出。最后一个统计值在A28中，为投资组合的夏普比率，也就是资本配置线的斜率，资本配置线穿过由列权重所组成的投资组合（A28的值等于A26/A27）。最优的风险组合会使夏普比率最大。

7A.4 运用Excel Solver

Excel的Solver是一个界面友好、功能强大的优化问题计算工具。它有三个部分：目标函数、决策变量和约束条件。图7A-4展示了Solver的三张图片。现在的讨论涉及图7A-1a。

上面的对话框中要求你选择目标函数的目标单元格，也就是你想要优化的变量。在图7A-1a中，目标单元格是A27——投资组合的标准差。目标单元格下面，你可以选择你的目标，最大化、最小化或设置你的目标函数等于特定的值。这里选择最小化投资组合的标准差。

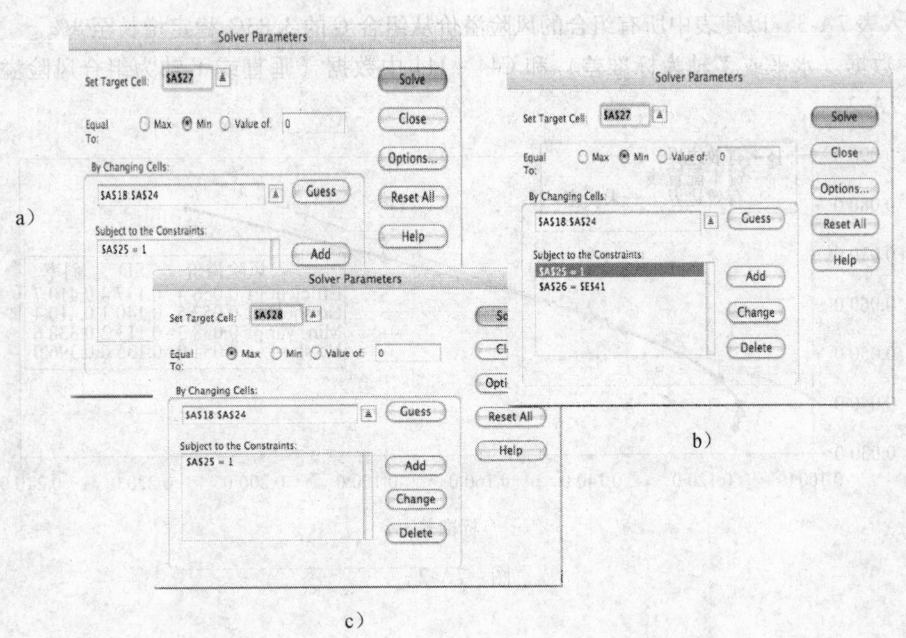

图7A-1　Solver对话框

接下来的对话框包含决策变量。Solver能改变这些单元以最优化目标单元格中的目标函数。在此，输入单元格A18～A24，人们选择投资组合的权重来使组合波动最小。

Solver底部的对话框包括一些约束条件。投资组合优化中必须满足的一条是“可行性约束”，即投资组合权重之和为1。进入约束条件框中，设定A25（权重之和）为1.0。

7A.5　找出最小方差组合

开始就确认全局最小方差组合（G）是有效的，这样就提供了部分有效边界的起点。一旦你如图7A-1a所示输入了目标单元格、决策变量单元格和可行性约束条件，你就可以点击“solve”，Solver就能得出组合G。复制组合统计数字和权重到输出表7A-3。表7A-3中的C列显示出由输入得出的最小标准差（SD）是11.32%。注意组合G的SD明显低于最低的单一指数的SD，通过组合G的风险溢价（3.83%），开始用更大的风险溢价建立有效边界。

7A.6　画出风险组合的有效边界

决定所需的风险溢价（指向有效边界），进而使用这一风险溢价来画出有效边界图形。在组合G的边界上多取些点是有益的，因为边界在这一区域曲率最大。从输入中选取值最大的点的风险溢价为有效（这里为8%德国）。通过以下方法你能找到所有有效边界。

（1）在Solver输入约束条件如下：A26（组合风险溢价）必须等于E41中的值，如图7A-1b所示。E41用于改变所需的风险溢价和产生不同的边界上不同的点。

（2）对于前沿上其余点，可通过在E41中输入不同的风险溢价来获得，要求Solver再次运算得到。

（3）复制Solver每次在（2）中给你的解答到表7A-3，表中集合了有效边界上的点。下一步，改变E41重复第二步。

7A.7　找出有效边界上的最优风险组合

有了有效边界之后，寻找边界上夏普比率（如报酬－波动性比率）最高的组合。这个组合是有效边界和资本配置线的切点。为了找到它，只需改变Solver中的两项。第一更改A27～A28目标单元格的值、组合的夏普比率，并使这一单元格中值最大。接着，解除上次你使用Solver设定的风险溢价的约束条件。这时，Solver操作如图7A-1c所示。

现在Solver得出了最优风险组合。复制最优风险组合的统计数据和它们的权重至表7A-3，为了得到一张清晰的图，将优化组合列入表 7A-3，以使表中所有组合的风险溢价从组合 G 的 3.83% 稳定增长至 8%。

以 C45 ~ I45 中数据（水平或 X 轴为标准差）和 C44 ~ I44 中数据（垂直或 Y 轴为组合风险溢价）做出有效边界。这一结果见图 7A-2。

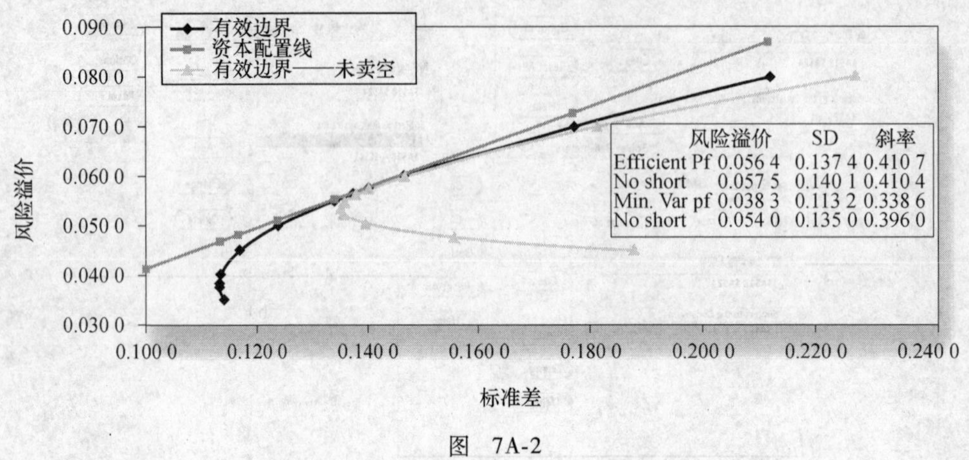

图 7A-2

7A.8 最优的资本配置线

在图 7A-2 有效边界图中添加已确认的最优风险组合的资本配置边界线是很有指导意义的。这一资本配置线的斜率与最优风险组合的夏普比率相等。因此，在表 7A-3 的下面加了一行，单元格内输入每一列的投资组合的标准差与单元格 H46 中的最优风险组合夏普比率的乘积，这就得到了沿着资本配置线有效边界的每一个投资组合的风险溢价。接着又在图中加入一组数据，以单元格中 B45 ~ I45 中的标准差为 X 轴，而 B54 ~ I54 中的元素作为 Y 轴。资本配置线如图 7A-2 所示。

7A.9 最优风险组合和卖空约束

借助于投资经理所使用的输入表，最优风险投资组合要求持有法国和加拿大股票的空头头寸（如表 7A-3 的 H 列所示）。在许多情况下，投资组合管理者被禁止持有空头头寸。如果是这样的话，需要修正投资计划。

为了完成这个任务，重复这个练习，但是做了一下改变。加入了下面的约束条件：在投资组合所有列中的元素，A18 ~ A24，必须大于或等于零。你可以在你的工作表中尝试找出有卖空约束的有效边界。限制边界曲线如图 7A-2 所示。

附录 7B 投资组合统计量回顾

本附录将基于由两个资产组成投资组合的情形进行分析。表示为资产 D 和资产 E(也可以认为是股票和债券)，但是在附录中所使用的风险和收益参数并不一定与 7.2 节中使用的一致。

7B.1 期望收益

我们使用的“期望值”和“平均值”概念之间没有差异。在这个分析中将存在 n 种状态，状态 i 的收益率是 $r(i)$，概率是 $P(i)$，期望收益是：

$$E(r) = \sum_{i=1}^{n} p(i)r(i) \tag{7B-1}$$

如果你想使每种状态的收益率增加 Δ，那么收益率的平均值将增加 Δ。如果你在每一种状态的收益率乘以 w，新的均值将是原来的 w 倍。

$$\sum_{i=1}^{n} p(i) \times [r(i) + \Delta] = \sum_{i=1}^{n} p(i) \times r(i) + \Delta \sum_{i=1}^{n} p(i) = E(r) + \Delta \tag{7B-2}$$

$$\sum_{i=1}^{n} p(i) \times [wr(i)] = w\sum_{i=1}^{n} p(i) \times r(i) = wE(r)$$

【例 7B-1】 **期望收益率**

表 7B-1 的 C 列列出了各种债券情形下的收益率。在 D 列给每一个状态收益率加上 3%，E 列将每一收益率乘以 0.4。这个表说明了知何计算 C、D 和 E 列的期望收益率。明显可以看出，D 列增加了 3%，E 列都乘以了 0.4。■

表 7B-1 债券的状态分析

	A	B	C	D	E	F	G
1							
2				状态收益率			
3	状态	概率	$r_D(i)$	$r_D(i)+0.03$	$0.4^*r_D(i)$		
4	1	0.14	-0.10	-0.07	-0.040		
5	2	0.36	0.00	0.03	0.000		
6	3	0.30	0.10	0.13	0.040		
7	4	0.20	0.32	0.35	0.128		
8		均值	0.080	0.110	0.032		
9		单元C8	=SUMPRODUCT($B$4:$B$7,C4:C7)				
10							
11							
12							

现在来构建一个投资组合，受一定的投资预算约束，$w(D)$ 为投资于债券的比例，$w(E)$ 为投资于股票的比例。每一种状态的投资组合收益率和它的期望收益率已由式（7B-3）确定：

$$r_P(i) = w_D r_D(i) + w_E r_E(i)$$
$$E(r_P) = \sum p(i)[w_D r_D(i) + w_E r_E(i)] = \sum p(i) w_D r_D(i) + \sum p(i) w_E r_E(i) = w_D E(r_D) + w_E E(r_E) \tag{7B-3}$$

在每种状态下的组合收益率是各构成部分收益率的加权平均值。权重是投资于这些资产的投资比例，即投资组合权重。投资组合的期望收益率是资产平均收益率的加权平均。

【例 7B-2】 **投资组合收益率**

表 7B-2 列出了股票和债券的收益率。假定权益部分的权重为 0.6，而债权的权重为 0.4，每种状态下投资组合的收益率如 L 列所示。使用 SUMPRODUCT 函数，即用每一种状态的收益率乘以每一种状态的概率，然后求和。即在单元格 L8 得出了投资组合的期望收益率 0.104。■

表 7B-2 债券和股票的状态分析

	H	I	J	K	L
1					
2			状态收益率		投资组合收益
3	状态	概率	$r_D(i)$	$r_E(i)$	$0.4^*r_D(i)+0.6^*r_E(i)$
4	1	0.14	-0.10	-0.35	-0.2500
5	2	0.36	0.00	0.20	0.1200
6	3	0.30	0.10	0.45	0.3100
7	4	0.20	0.32	-0.19	0.0140
8		均值	0.08	0.12	0.1040
9		单元L4	=0.4*J4+0.6*K4		
10		单元L8	=SUMPRODUCT($I$4:$I$7,L4:L7)		
11					
12					

7B.2 方差和标准差

假设在某种状态下资产的期望收益率的方差和标准差可以由下式给出[⊖]

$$\sigma^2(r)=\sum_{i=1}^{n}p(i)[r(i)-E(r)]^2 \tag{7B-4}$$

$$\sigma(r)=\sqrt{\sigma^2(r)}$$

注意到方差项是平方项，而标准差是方差开方后的值，与原来的收益相比有同样的单位，因此它作为衡量收益波动性的工具更简便有效。

给每种状态的收益率加上一个固定的值 Δ，相应的收益率均值也增加了 Δ。因此，每一种状态相对于收益率均值的偏差并不受影响，方差和标准差 SD 都没有受影响。相反，当你给每一种状态乘以 w，方差值则等于原来的方差乘以 w^2（即 w 乘以 SD）

$$\mathrm{Var}(wr)=\sum_{i=1}^{n}p(i)\times[wr(i)-E(wr)]^2=w^2\sum_{i=1}^{n}p(i)[r(i)-E(r)]^2=w^2\sigma^2 \tag{7B-5}$$

$$\mathrm{SD}(wr)=\sqrt{w^2\sigma^2}=w\sigma(r)$$

Excel 中并没有直接的方法可以算出情境分析的收益率方差和标准差。里面的 STDEV 和 VAR 函数是用于时间序列分析的。我们需要计算残差的加权平方值，而为了避免计算每个收益率偏离均值残差的平方列，可以通过用两项的差来计算方差，以简化问题。

$$\begin{aligned}\sigma^2(r)&=E[r-E(r)]^2=E\{r^2+[E(r)]^2-2rE(r)\}=E(r^2)+[E(r)]^2-2E(r)E(r)\\&=E(r^2)-[E(r)]^2=\sum_{i=1}^{n}p(i)r(i)^2-\left[\sum_{i=1}^{n}p(i)r(i)\right]^2\end{aligned} \tag{7B-6}$$

【例 7B-3】 **在 Excel 中计算风险资产的方差**

可以在式（7B-6）中用 SUMPRODUCT 函数计算第一个表达式 $E(r^2)$。例如，在表 7B-3 中，C21 单元格中 $E(r^2)$ 是通过使用该函数，用各状态的概率乘以资产收益率再乘以资产收益率。接着再减去 $[E(r)]$（注意到在单元格 C21 中减去 C20 的平方），即得到方差。■

表 7B-3 债券的状态分析

	A	B	C	D	E	F	G
13							
14				状态收益率			
15	状态	概率	$r_D(i)$	$r_D(i)$+0.03	0.4*$r_D(i)$		
16	1	0.14	-0.10	-0.07	-0.040		
17	2	0.36	0.00	0.03	0.000		
18	3	0.30	0.10	0.13	0.040		
19	4	0.20	0.32	0.35	0.128		
20		均值	0.0800	0.1100	0.0240		
21		方差	0.0185	0.0185	0.0034		
22		标准差	0.1359	0.1359	0.0584		
23	单元C21	=SUMPRODUCT($B$16:$B$19,C16:C19,C16:C19)-C20^2					
24	单元C22	=C21^0.5					

投资组合收益率的方差并不像计算均值那样简单。投资组合的方差不是资产方差的加权平均值。任何情形下，投资组合收益率相对于其收益率均值的偏差可由式（7B-7）得出：

$$r_P-E(r_P)=w_Dr_D(i)+w_Er_E(i)-[w_DE(r_D)+w_EE(r_E)]$$

⊖ 资产收益率方差并不是唯一用来衡量波动性特征值的统计量，绝对偏差常用来替代偏差的平方，所以有时绝对偏差值（MAD）也用来度量波动性。方差作为较好衡量波动性的特征值有几个原因，一是绝对值在数学上更加难处理；二是偏差平方给予较大偏差更大的权重；三是当资产收益服从正态分布时，均值和方差两个特征值能够完全描述收益分布。

$$= w_D[r_D(i) - E(r_D)] + w_E[r_E(i) - E(r_E)] = w_D d(i) + w_E e(i) \quad (7B\text{-}7)$$

其中小写 d 和 e 代表与预期值的偏差

$$d(i) = r_D(i) - E(r_D)$$
$$e(i) = r_E(i) - E(r_E)$$

于是组合的方差可以表示为

$$\sigma_P^2 = \sum_{i=1}^{n} p(i)[r_P - E(r_P)]^2 = \sum_{i=1}^{n} p(i)[w_D d(i) + w_E e(i)]^2 = \sum_{i=1}^{n} p(i)[w_D^2 d(i)^2 + w_E^2 e(i)^2 + 2w_D w_E d(i)e(i)]$$
$$= w_D^2 \sum_{i=1}^{n} p(i)d(i)^2 + w_E^2 \sum_{i=1}^{n} p(i)e(i)^2 + 2w_D w_E \sum_{i=1}^{n} p(i)d(i)e(i) = w_D^2\sigma_D^2 + w_E^2\sigma_E^2 + 2w_D w_E \sum_{i=1}^{n} p(i)d(i)e(i) \quad (7B\text{-}8)$$

式（7B-8）表示一个投资组合的方差是各种资产方差的加权和（注意权重是各种投资组合权重的平方）以及下面将要提到的协方差部分。

注意到 $d(i)e(i)$ 是两种资产收益在每种状态下相对于均值的偏差乘积，它的加权期望叫协方差，表示为 Cov（r_D，r_E），两个资产的协方差对投资组合的方差有很大影响。

7B.3　协方差

两个变量的协方差等于

$$\mathrm{Cov}(r_D, r_E) = E(d \times e) = E\{[r_D - E(r_D)][r_E - E(r_E)]\} = E(r_D r_E) - E(r_D)E(r_E) \quad (7B\text{-}9)$$

协方差是量化两个变量之间的方差的一种很好的方法。可以通过一个例子简单地知道它的运用。

假设对表7B-4中给出的股票和债券有三种状态。状态1：债券价格下跌（负的偏差）而股票价格上涨（正的偏差）。状态3：债券价格上升但是股票价格下降。当比率朝相反的方向变化时，如这个例子中，偏差的乘积为负。相反，如果比率朝相同的方向发展，乘积的符号则为正。乘积的大小表明某种状态中相反或同向的程度。加权平均值反映了变量在几种状态中协变的平均趋势。表格的最后一行，可以看到协方差是 -80（H6格）。

表7B-4　股票和债券的三种状态

	A	B	C	D	E	F	G	H
1		收益率			均偏差			Product of
2	概率	债券	股票		债券	股票		偏差
3	0.25	-2	30		-8	20		-160
4	0.50	6	10		0	0		0
5	0.25	14	-10		8	-20		-160
6	均值:	6	10		0	0		-80

假设在某状态中股票的运动方向与债券的方向相同。具体来说，转换第一种状态和第三种状态对股票收益的预测，使股票收益在第一状态中为 -10%，在第三状态中为30%。这样，在这两个状态中最终值仍然相等，但是符号为正，即协方差为正，为80。反映了两个资产回报趋势相继变化。如果状态收益的水平发生变化，协方差的强度也会变化，通过偏差的乘积大小反映出来。协方差大小的变化反映了偏差的变化和协方差的强度。

如果不存在同向运动，因为正的乘数刚好等于负的乘数，协方差为零。而且，其中一项资产是无风险的，它的协方差与任何风险资产的协方差都为零，因为它对于均值的偏差为零。

利用式（7B-9）最后一行的公式通过 Excel 来计算协方差会很简单。第一部分 $E(r_D \times r_E)$ 可以通过 Excel 的 SUMPRODUCT 函数来计算。注意，给每个收益率加 Δ 不会改变协方差，因为对均值的偏差仍然没有改变。但是如果对其中一个变量乘以一个固定的数，协方差将会随着这个数的变化而变化。两个变量都乘以一个数则等于协方差与这两个数的乘积：

$$\mathrm{Cov}(w_D r_D, w_E r_E) = E\{[w_D r_D - w_D E(r_D)][w_E r_E - w_E E(r_E)]\} = w_D w_E \mathrm{Cov}(r_D, r_E) \quad (7B\text{-}10)$$

式（7B-10）的两倍实际上加上式（7B-8）的最后一项，所以投资组合方差是每项资产方差的加权之和再加上协方差的两倍乘以 $w_D w_E$。

像方差一样，协方差单位也是平方项，但是开方时，因为协方差可能为负数，如表7B-4所示，在这种情况下，可以把协方差表示为两个变量的标准差乘以两个变量的相关系数。

7B.4　相关系数

相关系数定义如下

$$\mathrm{Corr}(r_D, r_E) = \frac{\mathrm{Cov}(r_D, r_E)}{\sigma_D \sigma_E} \tag{7B-11}$$

相关系数一定落在［-1，1］区间中。这个结论可以通过下面的论证得到。怎样的两个变量会有最大程度的同向运动？逻辑上来说，变量自己与自己有最大程度的共同运动，下面来证明。

$$\mathrm{Cov}(r_D, r_D) = E\{[r_D - E(r_D)] \times [r_D - E(r_D)]\} = E[r_D - E(r_D)]^2 = \sigma_D^2$$

$$\mathrm{Corr}(r_D, r_D) = \frac{\mathrm{Cov}(r_D, r_D)}{\sigma_D \sigma_D} = \frac{\sigma_D^2}{\sigma_D^2} = 1 \tag{7B-12}$$

相似地，相关系数的最小值为-1。(读者自己证明)。

相关系数一个最重要的特点是它不会因为变量增加和增倍而变化。假设债权的收益率为 r_D，将它乘以一个常数 w_D，然后加上一个固定值 Δ。它与权益的相关系数没有受到影响：

$$\mathrm{Corr}(\Delta + w_D r_D, r_E) = \frac{\mathrm{Cov}(\Delta + w_D r_D, r_E)}{\sqrt{\mathrm{Var}(\Delta + w_D r_D)} \times \sigma_E} = \frac{w_D \mathrm{Cov}(r_D, r_E)}{\sqrt{w_D^2 \sigma_D^2} \times \sigma_E} = \frac{w_D \mathrm{Cov}(r_D, r_E)}{w_D \sigma_E \times \sigma_E} = \mathrm{Corr}(r_D, r_E) \tag{7B-13}$$

因为相关系数对收益率之间的关系给人感觉更加直观，所以有时候把协方差表示为相关系数的形式：

$$\mathrm{Cov}(r_D, r_E) = \sigma_D \sigma_E \mathrm{Corr}(r_D, r_E) \tag{7B-14}$$

【例 7B-4】　　**计算协方差和相关系数**

表 7B-5 列示了股票和债券的协方差和相关系数，所用的是其他例子中相同的情境分析方法。协方差的计算运用式（7B-9），通过 SUMPRODUCT 函数得出，如单元格 J22 所示，从中提出 $E(r_D) \times E(r_E)$，相关系数的计算见单元格 J23，等于协方差除以各项资产标准差的乘积。■

表 7B-5　股票和债券的情境分析

	H	I	J	K	L	M
13						
14			状态收益率			
15	状态	概率	$r_D(i)$	$r_E(i)$		
16	1	0.14	-0.10	-0.35		
17	2	0.36	0.00	0.20		
18	3	0.30	0.10	0.45		
19	4	0.20	0.32	-0.19		
20		均值	0.08	0.12		
21		标准差	0.1359	0.2918		
22		协方差	-0.0034			
23		相关系数	-0.0847			
24	单元J22	=SUMPRODUCT(I16:I19,J16:J19,K16:K19)-J20*K20				
25	单元J23	=J22/(J21*K21)				

7B.5　投资组合方差

见式（7B-8）和式（7B-10），两项资产组成的投资组合方差是各项资产的方差乘以投资组合权重的平方之和，再加上两项资产收益率的相关系数和标准差以及投资组合权重的乘积的两倍：

$$\sigma_P^2 = w_D^2\sigma_D^2 + w_E^2\sigma_F^2 + 2w_D w_E \mathrm{Cov}(r_D, r_E) = w_D^2\sigma_D^2 + w_E^2\sigma_E^2 + 2w_D w_E \sigma_D \sigma_E \mathrm{Corr}(r_D, r_E) \tag{7B-15}$$

【例 7B-5】　　**计算投资组合方差**

投资组合方差的计算见表 7B-6。在此计算投资组合标准差有两种方法：第一种方法是通过投资组合的收益率情境分析（见单元格 E35）；第二种方法是使用式（7B-15）的第一行（见单元格 E36）。这两种方法得到的结果相同，也可以试着运用上式第二行相关系数来计算投资组合方差。■

表7B-6　股票和债券的情境分析

	A	B	C	D	E	F	G
25							
26							
27							
28			状态收益率		投资组合收益		
29	状态	概率	$r_D(i)$	$r_E(i)$	$0.4^*r_D(i)+0.6r_E(i)$		
30	1	0.14	-0.10	-0.35	-0.25		
31	2	0.36	0.00	0.20	0.12		
32	3	0.30	0.10	0.45	0.31		
33	4	0.20	0.32	-0.19	0.014		
34		均值	0.08	0.12	0.1040		
35		标准差	0.1359	0.2918	0.1788		
36		协方差	-0.0034		SD: 0.1788		
37		相关系数	-0.0847				
38	单元E35	=SUMPRODUCT(B30:B33,E30:E33,E30:E33)-E34^2)^0.5					
39	单元E36	=(0.4*C35)^2+(0.6*D35)^2+2*0.4*0.6*C36)^0.5					

假设其中一项资产E被一种货币市场工具——一种无风险资产所替代，则E的方差为零，同时E和D的协方差也为零。在那种情况下，如式（7B-15）所示，投资组合标准偏差等于$w_D\sigma_D$，换句话说，当把风险投资组合与无风险资产组合，投资组合的标准差就等于风险投资组合的标准差乘以其权重。上述结论在第6章中被广泛运用。

CHAPTER8

第8章 指数模型

第7章介绍的马科维茨过程模型有两个缺陷：第一，模型需要大量的估计数据来计算协方差矩阵。第二，模型无法提供证券风险溢价的预测方法，而这又是构造有效边界所必需的。因为预测未来收益率不能完全依赖历史收益率，所以这一缺陷是非常严重的。

在本章中我们引入指数模型，简化协方差矩阵的估计，强化证券风险溢价的估计。通过分解风险为系统性风险和公司特有风险，指数模型使读者了解分散化的威力和局限性，并且度量特定证券和组合的这些风险成分也可以实现。

本章首先描述单因素证券市场，提出证券收益的单指数模型。分析过其性质后，我们对单指数模型进行拓展，回顾这些估计值的统计数据，给出它们和投资经理面临的实际问题之间的联系。

除了简化，指数模型与有效边界和组合最优化的概念也保持一致。实证中，指数模型与收益正态分布假设一样有效。因为短期收益率用正态分布很好地近似，指数模型可以用来选择最优组合，并且和马科维茨算法几乎一样精确。最后，我们用指数模型估计最优风险组合。虽然原理与第7章相同，但组合的收益率、协方差等特性的推导和解释更容易。我们通过用各公司的一个小样本建立最优风险组合来展示如何使用指数模型，并与马科维茨理论建立的最优风险组合进行对比，并通过讨论指数模型遇到的实际问题来结束。

8.1 单因素证券市场

8.1.1 马科维茨模型的输入数据

组合选择的成功依赖于输入数据的质量，即证券期望收益率和协方差矩阵的估计。长期来看，有效组合会超过输入劣质数据得到的组合。

假设你的证券分析师要贯彻分析50只股票，这意味着输入数据如下：

$$n = 50 \text{ 个期望收益的估计值}$$

$$n = 50 \text{ 个方差的估计值}$$

$$(n^2 - n)/2 = \underline{1\,225 \text{ 个协方差的估计值}}$$

$$\text{总共 } 1\,325 \text{ 个估计值}$$

这一任务令人生畏，更别说50只证券构成的组合依然相对较小。$n=100$ 时，估计值增加到5 150。若 $n=3\,000$，约为纽约证券交易所股票的数量，我们需要估计450万个以上的值。

应用马科维茨模型进行组合最优化的另一难题在于相关系数的估计误差会导致无意义的结果，这是因为部分相关系数相互冲突，如表8-1所示[1]。

表 8-1

资产	SD（%）	相关系数矩阵		
		A	B	C
A	20	1.00	0.90	0.90
B	20	0.90	1.00	0.00
C	20	0.90	0.00	1.00

假设你构造的组合资产A、B、C的权重分别为－1、1、1，经过计算你会得到组合方差为－200%。而方差值必须是非负的，因此我们确信相关系数的估计值相互冲突。当然，真实的相关系数矩阵一定是相互一致的[2]，但是我们并不知道相关系数真实值，而估计值总是不准确的。不幸的是，相关系数矩阵的相互冲突与否并非一眼就能看出，所以亟待寻找更简单的模型。

引用一个简化描述证券风险来源方式的模型让我们可以使用更少且具有一致性的风险参数和风险溢价的估计值。因为受共同经济因素影响证券间协方差为正，这种简化才得以面世。一些常见的经济因素包括商业周期、利率、自然资源成本等。这些变量未预期的变化会导致整个股票市场收益率未预期的变动。通过将这种不确定性分解为系统性和公司层面的来源，我们大大简化了协方差和相关系数的估计。

8.1.2 收益的正态分布和系统性风险

我们总是可以将任何证券 i 的收益率分解为期望收益率和非期望部分之和

$$r_i = E(r_i) + e_i \tag{8-1}$$

e_i 的均值为0，标准差为 σ_i。它描述了证券收益的不确定性。

当相关的证券收益率可以用正态分布来很好地近似时，我们称其服从联合正态分布。这一假设意味着，任何时间证券收益受一个或多个变量共同决定，如果一个以上的变量导致证券服从正态分布，那么这种收益被称为服从多元正态分布。我们先从简单的单因素证券市场开始，扩展在后续章节会具体介绍。

假设引起所有公司的证券收益变化的因素是一些影响所有公司的宏观经济变量 m，那么可以将不确定性分解为经济整体的不确定性（用 m 表示）和特定公司的不确定性（用 e_i 表示）此时，我们将式（8-1）改写为：

$$r_i = E(r_i) + m + e_i \tag{8-2}$$

用宏观经济因素 m 度量未预期的宏观突发事件。因此，它的均值为0，标准差为 σ_m。相反，e_i 只衡量特定公司的突发事件。注意到 m 没有下标是因为 m 影响所有公司。最重要的是，m 和 e_i 是不相关的，因为 e_i 是公司层面的，和影响整个经济的宏观因素独立。于是 r_i 的方差来自于两个独立的部分，系统的和公司的。因此：

$$\sigma_i^2 = \sigma_m^2 + \sigma^2(e_i) \tag{8-3}$$

经济因素 m 产生证券间的相关性，因为所有证券都会对同一宏观经济新闻有所反应，但是公司层面的事件，假设中认为在公司之间是无相关性的。因为 m 与 e_i 不相关，所以两只证券 i 和 j 的协方差为：

$$\text{Cov}(r_i, r_j) = \text{Cov}(m + e_i, m + e_j) = \sigma_m^2 \tag{8-4}$$

---

[1] 感谢西北大学凯洛格管理学院 Andrew Kaplin，Ravi Jagannathan 提供本例。

[2] 数学上，一个相关矩阵不能产生负的投资组合方差的性质，被称为正定性。

最后，意识到一些证券对经济冲击比其他证券更为敏感。例如，汽车公司对经济条件的反应比制药公司要剧烈得多。所以可以加一个对宏观经济条件的敏感性系数。因此，如果定义希腊字母 β_i 为公司 i 的敏感性系数，那么改变式（8-2）得到**单因素模型**（single-factor model）：

$$r_i = E(r_i) + \beta_i m + e_i \tag{8-5}$$

式（8-5）表明证券 i 的系统性风险由其 β_i 系数决定。周期性公司对市场的敏感性更高，所以系统性风险就更大。证券 i 的系统性风险为 $\beta_i^2\sigma_m^2$，总风险为

$$\sigma_i^2 = \beta_i^2\sigma_m^2 + \sigma^2(e_i) \tag{8-6}$$

任意两证券间协方差为

$$\mathrm{Cov}(r_i, r_j) = \mathrm{Cov}(\beta_i m + e_i, \beta_j m + e_j) = \beta_i\beta_j\sigma_m^2 \tag{8-7}$$

就系统性风险和市场暴露而言，这一公式表示公司间存在近似替代关系，β 值相等的公司其市场风险也相同。

到目前为止，我们只使用了证券收益联合正态分布的统计意义。仅证券收益的正态性就保证了组合收益也是正态的，且证券收益和共同宏观因素之间存在线性关系。这大大简化了组合分析。然而，统计分析并未识别共同宏观因素，也未能确定该因素在长期投资中如何作用。尽管如此，共同因素、单个证券的方差以及证券间的协方差在长期中变化非常缓慢（通过实证可以证明）。现在我们需要寻找一个变量来代表共同因素，这一变量必须可以观察，易于估计其波动性和单个证券对其的敏感度。

8.2 单指数模型

使单因素模型具备可操作性的一个方法是将标准普尔500这类股票指数的收益率视为共同宏观经济因素的有效代理指标。这一方法推导出和单因素模型相似的等式，称为**单指数模型**（single-index model），因为它使用市场指数来代表共同经济因素。

8.2.1 单指数模型的回归方程

因为标准普尔500指数是一个股票组合，其价格和收益率易于观察。我们有足够的历史数据来估计系统性风险。用 M 表示市场指数，其超额收益率为 $R_M = r_M - r_f$，标准差为 σ_M。因为指数模型是线性的，我们可以用单变量线性回归来估计一个证券对市场指数的敏感性系数。我们让证券超额收益率 $R_i = r_i - r_f$ 对 R_M 回归，数据采用历史样本 $R_i(t)$ 和 $R_M(t)$ 配对，t 表示观察样本的日期（比如特定月的超额收益）。[⊖]**回归方程**（regression equation）是：

$$R_i(t) = \alpha_i + \beta_i R_M(t) + e_i(t) \tag{8-8}$$

这一方程的截距 α 是当市场指数超额收益为零时该证券的期望超额收益率，斜率 β_i 是证券对指数的敏感性，即每当市场指数上涨或下跌1%时证券 i 收益的涨跌幅。e_i 均值为0，是 t 时刻公司层面收益率的冲击，也称为**残值**（residual）。

8.2.2 期望收益与 β 的关系

因为 $E(e_i) = 0$，将式（8-8）中的收益率取期望值，得到单指数模型的收益 $-\beta$ 关系：

$$E(R_i) = \alpha_i + \beta_i E(R_M) \tag{8-9}$$

式（8-9）中的第二项说明证券的风险溢价来自于指数风险溢价，市场风险溢价成了证券的敏感系数。我们之所以称其为系统性风险溢价，是因为它源自整个市场的风险溢价，代表整个经济系统的状况。

风险溢价的剩余部分是 α，为非市场溢价。比如，如果你认为证券被低估，期望收益更高，则 α 更高。接着，我们会看到当证券价格处于均衡时，这类机会将在竞争中消失，α 也会趋于零。但是现在先假设每个证券分析师对 α 的估计都不同。如果投资经理认为可以比其他分析师做得更好，那么他们会自信能找到 α 非零的证券。

用指数模型分解单个证券风险溢价为市场和非市场两部分，极大地简化了投资公司宏观经济和证券分析工作。

8.2.3 单指数模型的风险和协方差

马科维茨模型的一个问题是所需估计参数的庞大数量，但是指数模型大大减少了需要估计的参数。式（8-8）分别

⊖ 实际操作中经常使用和式（8-8）相似的“修正”指数模型，使用总收益而非超额收益，尤其使用日数据时，因为短期国库券的日收益率为0.01%，所以超额收益和总收益几乎相等。

得到每个证券系统和公司层面的风险，以及任意一对证券间的协方差。方差和协方差都由证券的β和市场指数决定。

$$\text{总风险} = \text{系统性风险} + \text{公司特定风险}$$
$$\sigma_i^2 = \beta_i^2 \sigma_M^2 + \sigma^2(e_i)$$
$$\text{协方差} = \beta\text{的乘积} \times \text{市场指数风险}$$
$$\text{Cov}(r_i, r_j) = \beta_i \beta_j \sigma_M^2 \tag{8-10}$$
$$\text{相关系数} = \text{与市场之间的相关系数之积}$$
$$\text{Corr}(r_i, r_j) = \frac{\beta_i \beta_j \sigma_M^2}{\sigma_i \sigma_j} = \frac{\beta_i \sigma_M^2 \beta_j \sigma_M^2}{\sigma_i \sigma_M \sigma_j \sigma_M} = \text{Corr}(r_i, r_M) \times \text{Corr}(r_j, r_M)$$

式（8-9）和式（8-10）意味着单指数模型估计所需的参数只包含单个证券的α、β和$\sigma(e)$、市场指数的风险溢价和方差。

概念检查 8-1

以下数据描绘了一个由三只股票组成的金融市场，满足单指数模型。

股票	市值（美元）	β	平均超额收益率（%）	标准差（%）
A	3 000	1.0	10	40
B	1 940	0.2	2	30
C	1 360	1.7	17	50

市场指数组合的标准差为25%，请问：

a. 市场指数投资组合的平均超额收益率为多少？

b. 股票A与股票B间的协方差是多少？

c. 股票B与指数之间的协方差是多少？

d. 将股票B的方差分解为市场和公司两部分。

8.2.4 单因素模型的估计值

单因素模型的结果如表8-2所示。

表 8-2

	符号
1. 当市场为中性，即超额收益 $r_M - r_f$ 为零时的股票期望收益	α_i
2. 由于整体市场波动带来的收益部分；β_i 是证券对市场变化的敏感度	$\beta_i(r_M - r_f)$
3. 由于意外事件导致的仅与单个公司有关的未期望收益部分（公司特定）	e_i
4. 共同宏观因素不确定性引致的方差	$\beta_i^2 \sigma_M^2$
5. 公司特定因素不确定性带来的方差	$\sigma^2(e_i)$

该模型需要的变量包括：

n 个超额收益估计值，α_i

n 个敏感系数估计值，β_i

n 个公司特有方差的估计值，$\sigma^2(e_i)$

1 个市场溢价估计值，$E(R_M)$

1 个宏观经济因素方差的估计值，σ_M^2

这 $3n+2$ 个估计值便是单指数模型所需的数据。对于一个50只证券的组合，我们需要152个估计值而非马科维茨模型要求的1 325个估计值。对于纽约股票交易所的所有上市股票。约3 000只，我们需要9 002个估计值而不是450万个。

显而易见，指数模型为什么进行了如此有用的简化。在一个有成千上万证券的市场上，马科维茨模型需要天文数字的估计值，而指数模型只需要马科维茨模型估计值的一小部分。

指数模型的另一个常被忽略但同样重要的优势，指数模型的简化对证券分析专业化非常重要。如果每对证券间的协方差需要直接计算，那么分析师就无法实现专业化。比如，如果一组分析师专业分析电脑产业而另一组分析汽车制造业，那么谁拥有足够的专业背景来估计 IBM 和 GM 的协方差呢？然而，指数模型给出了计算协方差更容易的方法。证券间的协方差都来自于一个共同因素的影响，即市场指数收益，而且可以应用式（8-8）回归估计得到。

但是从指数模型假设条件得出的简化方法并不是没有成本的。指数模型的成本来自于其对资产不确定性结构上的限制。将风险简单地二分为宏观和微观两部分，过于简化了真实世界的不确定性并忽略了股票收益依赖性的重要来源。比如，二分法忽略了行业的事件，这些事件影响该行业中很多公司但是不对宏观经济造成影响。

最后也很重要的一点是，设想单指数模型是完全准确的，唯独两只股票——英国石油和壳牌的残差项是相关的。指数模型会忽略这一相关关系（假设它为零），但马科维茨算法会在组合方差最小化时自动考虑到该相关性（实际上包括每一对证券的相关性）。如果我们的证券总量较小，两种模型得到的最优组合会显著不同。马科维茨得到的组合英国石油和壳牌的权重会较小，得到的组合方差更低，因为两只股票相关性降低了分散化的价值。相反，当相关性为负时，指数模型会低估分散化潜在的价值。

因此，当残差项相关的股票有较大的 α 值，而且占整个投资组合较大的比例时，单指数模型推导出的最优组合可能会明显次优于马科维茨模型。如果很多股票残差项都有相关性，那么额外包含了捕捉证券间风险因素的多指数模型可能更适用于组合的分析和构造。本章中我们会介绍相关残差项的影响，多指数模型会在随后的章节中介绍。

概念检查 8-2

假设用指数模型估计的股票 A 和 B 的超额收益如下

$$R_A = 1.0\% + 0.9R_M + e_A$$

$$R_B = -2.0\% + 1.1R_M + e_B$$

$$\sigma_M = 20\%$$

$$\sigma(e_A) = 30\%$$

$$\sigma(e_B) = 10\%$$

求每只股票的标准差和它们之间的协方差。

8.2.5 指数模型和分散化

由夏普首次提出的指数模型[⊖]同样为投资组合分散化提供了新的视角。假设我们选择等权重 n 个证券构成的组合，每个证券的超额收益率为

$$R_i = \alpha_i + \beta_i R_M + e_i$$

类似地，组合的超额收益为

$$R_P = \alpha_P + \beta_P R_M + e_P \tag{8-11}$$

当组合中股票的数量增加时，非市场因素带来的组合风险越来越小，这部分风险通过分散化逐渐被消除。然而，无论公司数量如何上升，市场风险仍然存在。

为了理解这一结果，注意这一等权重组合的超额收益为

$$R_P = \sum_{i=1}^{n} w_i R_i = \frac{1}{n}\sum_{i=1}^{n} R_i = \frac{1}{n}\sum_{i=1}^{n}(\alpha_i + \beta_i R_M + e_i) = \frac{1}{n}\sum_{i=1}^{n}\alpha_i + \left(\frac{1}{n}\sum_{i=1}^{n}\beta_i\right)R_M + \frac{1}{n}\sum_{i=1}^{n}e_i \tag{8-12}$$

比较式（8-11）和式（8-12），我们看到组合对市场敏感度为

$$\beta_P = \frac{1}{n}\sum_{i=1}^{n}\beta_i \tag{8-13}$$

为 β_i 的平均值。组合的非市场收益为

$$\alpha_P = \frac{1}{n}\sum_{i=1}^{n}\alpha_i \tag{8-14}$$

为 α 的平均值，加上零均值变量

$$e_P = \frac{1}{n}\sum_{i=1}^{n}e_i \tag{8-15}$$

为公司部分的平均值。因此组合方差为

$$\sigma_P^2 = \beta_P^2\sigma_M^2 + \sigma^2(e_P) \tag{8-16}$$

⊖ William F. Sharpe, "A Simplified Model of Portfolio Analysis," *Management Science*, January 1963.

组合方差的系统性风险部分为$\beta_P^2\sigma_M^2$，取决于每个证券的敏感系数。这部分风险取决于组合β和σ_M^2，无论组合如何分散化，都保持不变。不论持有多少股票，它们对市场的风险敞口都会反映在组合的系统风险中。[⊖]

相对地，组合方差的非系统性风险为$\sigma^2(e_P)$，来自于公司层面的e_i。因为这些e_i是独立的，期望值为零，所以可以说当更多的股票被加到投资组合中，公司层面风险会被消除，降低了非市场风险。这类风险因此称为可分散的。为了更清晰地看这一问题，检验等权重组合的方差，其公司部分为

$$\sigma^2(e_P) = \sum_{i=1}^{n}\left(\frac{1}{n}\right)^2\sigma^2(e_i) = \frac{1}{n}\overline{\sigma}^2(e) \tag{8-17}$$

其中$\overline{\sigma}^2(e)$为公司的平均方差。因为该平均值独立于n，当n变大时，$\sigma^2(e_P)$趋于零。

总之，随着分散化程度增加，投资组合的总方差就会接近系统风险，定义为市场因素的方差乘以投资组合敏感性系数的平方β_P^2，图8-1说明了这一现象。

图8-1显示当组合中包含越来越多的证券时，组合方差因为公司风险的分散化而下降。然而，分散化的效果是有限的，即使n很大，由于共同或市场因素引起的风险仍然存在，无法被分散化。

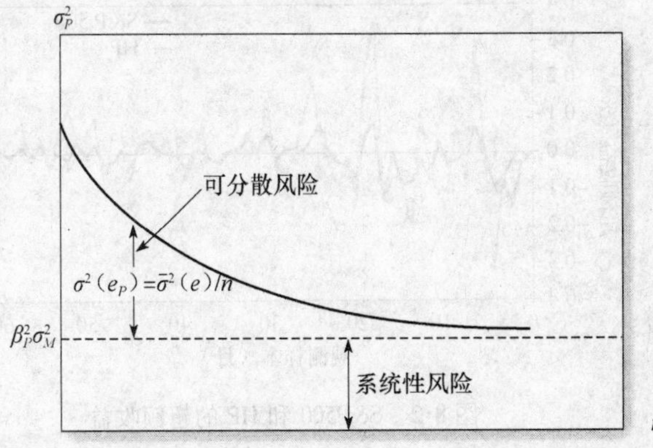

图8-1 单因素经济中β系数为β_P等权重组合方差

实证分析验证了这一分析。图7-2说明了组合分散化对投资组合标准差的影响，这些实证结果类似于图8-1现实的理论图形。

概念检查8-3

回到概念检查8-2，假如构建一个由题中的A、B股票组成的等权重投资组合，该组合的非系统标准差为多少？

8.3 估计单指数模型

以单因素模型理论为基础，我们这里提供一个综合性例子，首先估计回归方程（8-8），然后估计证券收益的协方差矩阵。

为了叙述方便，下面分析六大美国公司，标准普尔500指数中信息技术板块的惠普（HP）和戴尔（Dell），零售板块的塔吉特（Target）和沃尔玛（Walmart），能源板块的英国石油（BP）和皇家荷兰壳牌公司。

我们观察这六只股票、标准普尔500指数和短期国库券在5年中的月收益率（即60个观察值）。首先计算七个风险资产的超额收益，然后通过惠普的准备过程示范整个输入数据表。本章后面讲述如何建立最优风险组合。

8.3.1 惠普的证券特征线

将指数模型回归方程（8-8）运用于惠普公司即为

$$R_{\mathrm{HP}}(t) = \alpha_{\mathrm{HP}} + \beta_{\mathrm{HP}}R_{\mathrm{S\&P500}}(t) + e_{\mathrm{HP}}(t)$$

上式描述了惠普公司的超额收益率与用标准普尔500指数收益率来代表的经济状况变化之间的线性关系。回归估计结果描述的是一条截距为α_{HP}，斜率为β_{HP}的直线，称做惠普的**证券特征线**（security characteristic line，SCL）。

图8-2显示了惠普和标准普尔500指数60个月的超额收益率，图像显示惠普的收益与指数的收益一般是同向变动，但其波动幅度更大。事实上，标准普尔500指数年化超额收益的标准差为13.58%，而惠普为38.17%。惠普公司收益的波动幅度比指数大，这意味着其敏感度大于市场平均值，即β大于1.0。

图8-3的散点图更清楚地描述了惠普和标准普尔500指数收益率之间的关系。如图所示，回归线穿过散点，每个散点和回归线的垂直距离就是对应每个t值惠普收益率的残差$e_{\mathrm{HP}}(t)$。图8-2和图8-3中的收益率不是年化的，散点图显示，惠普的月收益率波动幅度超过±30%，而标准普尔500指数的收益只在-11%~8.5%之间波动。回归分析的结果如表8-3所示。

⊖ 当然，我们也可以构造零系统风险的组合。通过将$-\beta$和$+\beta$的资产混合。我们讨论的意义是，大部分证券β值为正，意味着由很多这些证券构成完全分散化的组合，其系统性风险也会为正。

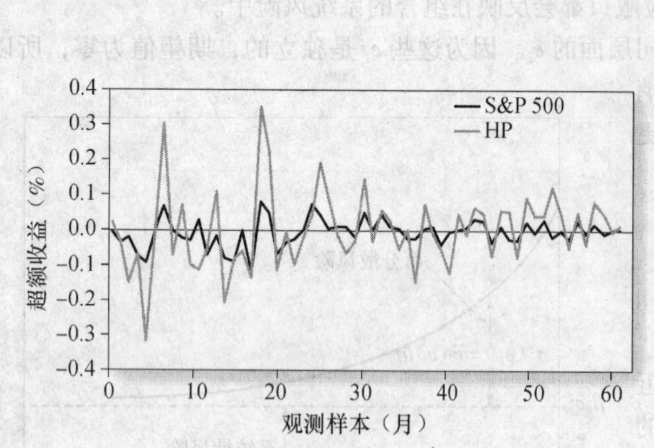

图 8-2　S&P500 和 HP 的超额收益

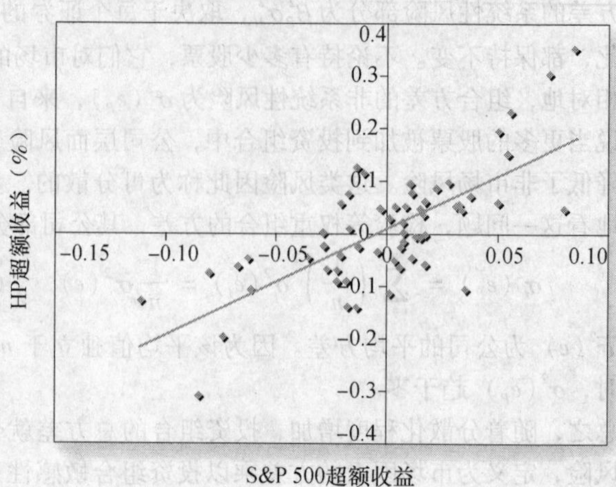

图 8-3　S&P500 和 HP 的超额收益

表 8-3　Excel 输出，HP 证券特征线的回归统计

回归统计数据				
乘数 R	0.723 8			
R^2	0.523 9			
调整后 R^2	0.515 7			
标准误差	0.076 7			
观测样本	60			
ANOVA 方差分析				
	df	SS	MS	
方程	1	0.375 2	0.375 2	
残差	58	0.341 0	0.005 9	
总计	59	0.716 2		
	系数	**标准误差**	***t* 值**	***p* 值**
截距	0.008 6	0.009 9	0.871 9	0.386 8
S&P 500	2.034 8	0.254 7	7.988 8	0.000 0

8.3.2　惠普证券特征线的解释力

先考虑表 8-3，我们看到惠普和标准普尔 500 指数的相关性很高，达到 0.723 8，说明惠普经常随着标准普尔 500 指数的波动而同向变动。R^2 为 0.523 9，说明标准普尔 500 指数的方差可以解释惠普方差的 52% 左右。调整后的 R^2 稍小于原来的 R^2，修正了因使用 α 和 β 估计值而非真实值所产生的偏差。㊀当有 60 个观测样本时，这一偏差很小，为残差的平方，对这一点我们要做更深入的讨论。这是一个衡量由公司特有因素引起的股票与指数平均关系变动的指标，且该指标基于样本内数据。另一个更严格的检验是分析样本各期限的收益率，并检验自变量（标准普尔 500 指数的收益）的预测能力。样本外数据的回归预测值与实际值之间的关系通常会大大低于样本内数据的相关性。

8.3.3　方差分析

表 8-3 的第二栏显示了证券特征线的方差分析结果。其中，回归平方和（*SS*，0.375 2）表示因变量（惠普收益率）方差中能够被自变量（标准普尔 500 收益率）解释的那一部分，该值等于 $\beta_{\mathrm{HP}}^2\sigma_{\mathrm{S\&P500}}^2$。MS 这一列为残差项（0.005 9），表示惠普收益率中无法被自变量解释的部分，即独立于市场指数的那一部分，该值的平方根就是第一栏中报告的回归方程的标准误差（*SE*，0.076 7）。如果将总的回归平方和（*SS*，0.716 2）除以 59，早就可以得出因变量方差的估计值，即每月 0.012，相当于 11% 的月标准差，如果换算成年度值，㊁就可得年标准差 38.17%。注意到，

㊀ 一般来说，调整后的 R^2 通过 $R_A^2 = 1-(1-R^2)\dfrac{n-1}{n-k-1}$ 推导，其中 k 为自变量的个数（此处为 1），因为截距项导致额外一个自由度的缺失。

㊁ 当月度数据转化成年化度量时，平均收益和方差均被乘以 12。如果方差是乘以 12，则标准差要乘以 $\sqrt{12}$。

R^2 等于被解释的 SS 除以总 SS。[一]

8.3.4 α估计

下面看移到表8-3最下方一栏，截距（0.008 6）是对惠普公司样本期 α 的估计。尽管从经济意义上来看这个值已经足够大（年化后达10.32%），但在统计上是不显著的。后面几个统计量可以验证这一点，第一个统计量是估计的标准误差（0.009 9），[二]这一统计量衡量了估计的误差，如果标准误差大，那么可能的估计误差也相应大。

该栏中的 t 统计量是回归系数与其标准误差之比，等于估计值大于零的标准误差值，因此可以用来评估真实值等于零而非估计值的概率。[三]直觉告诉我们，如果真实值为零，那么估计值就不会偏离太远，因此 t 值越大真实值等于零的概率越低。

就 α 而言，我们感兴趣的是对除去市场变化影响的惠普平均净收益。假如惠普收益的非市场成分被定义为特定时期内实际收益减去市场变化引起的收益，这也被称为公司特有收益，缩写为 R_{fs}，即

$$R_{\text{公司特定}} = R_{fs} = R_{\text{HP}} - \beta_{\text{HP}} R_{\text{S\&P500}}$$

如果 R_{fs} 服从均值为零的正态分布，其估计值与其标准误差之比服从 t 分布。从 t 分布表中可以查到在估计值和估计误差为正的条件下真实 α 值为零甚至更低的概率。这一概率被称为显著性水平，或如表8-3所示的概率 p 值。传统的统计显著性阀值为5%，一般要求 t 值高于2.0. 回归结果显示惠普 α 的 t 值为0.871 9，意味着该估值并不显著。也就是说，在某一置信水平下，不能拒绝真实 α 值等于零的原假设。P 值（0.386 8）表示如果真实 α 值为零，那么得到0.008 6的可能性为0.386 8，即存在一定的可能性。综上分析可以得到以下结论：R_{fs} 的样本平均值太低以至于不能拒绝真实值为零的原假设。

但是，即使 α 值在样本内的经济意义和统计意义上均显著，我们仍不确定将 α 值作为未来的预测值。大量的经验数据显示5年内 α 值不会维持不变，即某一样本期间的估计值与下一期的估计值之间没有实质的联系。换句话说，当市场处于稳定期时回归方程估计得到的 α 值所代表的证券平均收益率不能用来预测未来公司的业绩，即证券分析很难的原因。过去不一定预测未来。本书的第11章讲述市场有效性时将阐述这一问题。

8.3.5 β估计

表8-3的回归输出结果表明惠普的 β 估计为2.034 8，是标准普尔500指数的两倍多。这么高的敏感性对科技股票而言是正常的。估计的标准差为0.254 7。[四]

该 β 值和标准差产生一个很大的 t 值（7.988 8），p 值几乎为零。我们可以大胆地拒绝惠普真实 β 值为零的原假设。更有趣的是，t 统计量也可以检验惠普的 β 值比市场的平均 β 值大的原假设。这一 t 值会度量 β 的估计值偏离假设值1的误差，且足够大到产生统计显著性。

$$\frac{\text{预期值} - \text{假设值}}{\text{标准差}} = \frac{2.03 - 1}{0.254\,7} = 4.00$$

然而，有一点需要牢记，精确并不是我们所追求的目标。例如，如果要在95%的显著水平下构建一个包括真实 β 值的置信区间，就应该以估计值为中心，加减约2倍标准差，这样就形成了一个范围较大的区间

[一] $$R^2 = \frac{\beta_{\text{HP}}^2 \sigma_{\text{S\&P500}}^2}{\beta_{\text{HP}}^2 \sigma_{\text{S\&P500}}^2 + \sigma^2(e_{\text{HP}})} = \frac{0.375\,2}{0.716\,2} = 0.523\,9$$

等价地，R^2 等于1减方差中不能被市场收益解释的部分，即1减公司特定风险和总风险的比率，对于惠普公司而言，即

$$1 - \frac{\sigma^2(e_{\text{HP}})}{\beta_{\text{HP}}^2 \sigma_{\text{S\&P500}}^2 + \sigma^2(e_{\text{HP}})} = 1 - \frac{0.341\,0}{0.716\,2} = 0.523\,9$$

[二] 残差的标准误差和 α 估计值的标准误差关系为

$$\text{SE}(\alpha_{\text{HP}}) = s(e_{\text{HP}})\sqrt{\frac{1}{n} + \frac{(\text{Avg S\&P500})^2}{\text{Var(S\&P500)} \times (n-1)}}$$

[三] t 统计量建立在收益正态分布的假设上。总的来说，如果我们通过计算偏离假设值与标准误差比值来估计一个正态分布变量，得到的结果服从 t 分布。观测值很大时，t 分布近似正态分布。

[四] $\text{SE}(\beta) = \dfrac{\sigma(e_{\text{HP}})}{\sigma_{\text{HP}}\sqrt{n-1}}$。

（1.43 ~2.53）。

8.3.6　公司特有风险

惠普残差的月度标准差为 7.67%，年化后为 26.6%。这个数字很大，考虑到惠普本来就很高的系统性风险。系统性风险的标准差为 $\beta\times\sigma$(S&P500) = 2.03 × 13.58 = 27.57%，注意到惠普的公司特有风险和系统性风险一样大，而这对于单只股票来说非常常见。

8.3.7　相关性和协方差矩阵

图 8-4 描绘了选自标准普尔 500 指数各板块中一对规模相同的股票的超额收益率。我们看到 IT 行业是波动性最大的，其次是零售板块，最后是能源板块。

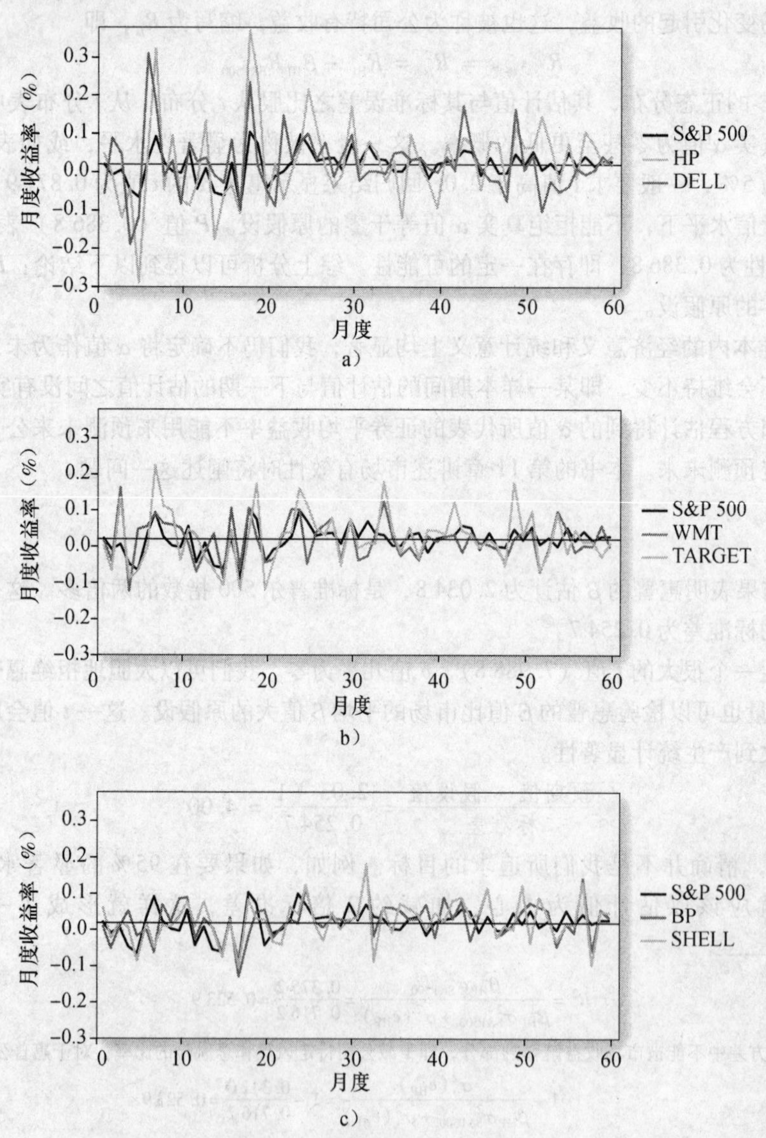

图 8-4　组合资产的超额收益

数据表 8-4 子表 1 显示了标准普尔 500 指数和六种证券风险参数的估计值，从残差的高标准差这一项就可以看出分散化的重要性。这些证券均具有很高的公司特有风险。集中于这些证券的投资组合具有过分高的波动性和较低的夏普比率。

表 8-4

	A	B	C	D	E	F	G	H	I	J
1	子表1：全球可投资风险参数（年度）									
2										
3		超额收益标准差SD	β	系统标准差	标准误差	与S&P 500的相关系数				
4	S&P 500	0.1358	1.00	0.1358	0	1				
5	惠普	0.3817	2.03	0.2762	0.2656	0.72				
6	戴尔	0.2901	1.23	0.1672	0.2392	0.58				
7	沃尔玛	0.1935	0.62	0.0841	0.1757	0.43				
8	塔吉特	0.2611	1.27	0.1720	0.1981	0.66				
9	英国石油	0.1822	0.47	0.0634	0.1722	0.35				
10	壳牌	0.1988	0.67	0.0914	0.1780	0.46				
11										
12	子表2：残值相关系数									
13										
14		惠普	戴尔	沃尔玛	塔吉特	英国石油				
15	惠普	1								
16	戴尔	0.08	1							
17	沃尔玛	-0.34	0.17	1						
18	塔吉特	-0.10	0.12	0.50	1					
19	英国石油	-0.20	-0.28	-0.19	-0.13	1				
20	壳牌	-0.06	-0.19	-0.24	-0.22	0.70				
21										
22	子表3：指数协方差矩阵									
23										
24			S&P 500	惠普	壳牌	沃尔玛	塔吉特	英国石油	壳牌	
25		β	1.00	2.03	1.23	0.62	1.27	0.47	0.67	
26	S&P 500	1.00	0.0184	0.0375	0.0227	0.0114	0.0234	0.0086	0.0124	
27	惠普	2.03	0.0375	0.1457	0.0462	0.0232	0.0475	0.0175	0.0253	
28	戴尔	1.23	0.0227	0.0462	0.0842	0.0141	0.0288	0.0106	0.0153	
29	沃尔玛	0.62	0.0114	0.0232	0.0141	0.0374	0.0145	0.0053	0.0077	
30	塔吉特	1.27	0.0234	0.0475	0.0288	0.0145	0.0682	0.0109	0.0157	
31	英国石油	0.47	0.0086	0.0175	0.0106	0.0053	0.0109	0.0332	0.0058	
32	壳牌	0.67	0.0124	0.0253	0.0153	0.0077	0.0157	0.0058	0.0395	
33										
34	标注阴影的对角线单元格等于方差									
35			C26单元格公式		=B4^2					
36	对角线单元格等于协方差									
37			C27单元格公式		=C$25*$B27*$B$4^2					
38			行和列的β乘积							
39										
40	子表4：宏观预测与α值预测									
41										
42										
43		S&P 500	惠普	戴尔	沃尔玛	塔吉特	英国石油	壳牌		
44	α	0	0.0150	-0.0100	-0.0050	0.0075	0.012	0.0025		
45	风险溢价	0.0600	0.1371	0.0639	0.0322	0.0835	0.0400	0.0429		
46										
47	子表5：最优风险资产组合计算									
48										
49		S&P 500	Active Pf A	惠普	戴尔	沃尔玛	塔吉特	英国石油	壳牌	Overall Pf
50	$\sigma^2(e)$			0.0705	0.0572	0.0309	0.0392	0.0297	0.0317	
51	$\alpha/\sigma^2(e)$		0.5505	0.2126	-0.1748	-0.1619	0.1911	0.4045	0.0789	
52	$w^0(i)$		1.0000	0.3863	-0.3176	-0.2941	0.3472	0.7349	0.1433	
53	$[w^0(i)]^2$			0.1492	0.1009	0.0865	0.1205	0.5400	0.0205	
54	α_A		0.0222							
55	$\sigma^2(e_A)$		0.0404							
56	w_A^0		0.1691							
57	w^*（风险组合）	0.8282	0.1718							
58	β	1	1.0922	2.0348	1.2315	0.6199	1.2672	0.4670	0.6736	1.0158
59	风险溢价	0.06	0.0878	0.1371	0.0639	0.0322	0.0835	0.0400	0.0429	0.0648
60	标准差	0.1358	0.2497							0.1422
61	夏普比率	0.44	0.35							0.46

子表 2 显示证券对标准普尔 500 指数的回归超额收益残差的相关性矩阵。阴影部分显示同一板块股票的相关性。两只石油股票之间相关性高达 0.7，这和指数模型所有残差不相关的假设相矛盾。当然，这么高的相关系数是因为所选的配对公司来自同一行业。跨行业的相关性一般会小很多。对行业指数残差相关性的实证估计值更符合指数模型。实际上，这一样本中部分股票残差间的相关性为负。当然，相关性也受统计样本误差的影响。

子表 3 给出了单指数模型由式（8-10）所得的协方差，标准普尔 500 指数和单个股票的方差位于矩阵对角线上。单个股票的方差估计为 $\beta_i^2\sigma_M^2+\sigma^2(e_i)$，非对角线上为协方差，值为 $\beta_i\beta_j\sigma_M^2$。

8.4　组合构造与单指数模型

在这一部分，我们考察指数模型在组合构造中的意义。我们会看到这一模型有很多优点，不仅在参数估计方面，而且能运用在简化分析和组织分散上。[⊖]

8.4.1　α 和证券分析

单指数模型最重要的优点或许是它为宏观和证券分析提供了框架，这对最优组合的效率至关重要。马科维茨模型要求估计每个证券的风险溢价。期望收益的估计取决于对宏观和公司的预测。但是如果不同的分析师对一个大型的机构（比如共同基金）证券进行分析，一个可能的结果是宏观预测上出现矛盾，而宏观预测影响证券的收益预期。此外，在证券分析中关于市场指数的收益和风险基本假设并不明显。

单指数模型的分析框架分离这两种收益波动的来源，减少不同分析师分析的差异。我们可以写出单指数模型框架输入数据的准备步骤。

（1）宏观经济分析，用于估计市场指数的风险和溢价。

（2）统计分析，用于估计 β 系数和残差的方差 $\sigma^2(e_i)$。

（3）投资经理用市场指数风险溢价和证券 β 系数的估计值来建立证券的期望收益，这不需要相关的证券分析。市场驱动的期望收益以证券都受影响的信息为条件，而不基于证券分析获取单个公司的信息。市场驱动的期望收益可以作为一个基准。

（4）准确的证券特有收益的预测（证券 α）从各种证券估值模型得到，因此，α 值反映了证券分析中发现的私人信息带来的增量风险溢价。

在式（8-9）中，单个证券的风险溢价中与证券分析无关的部分为 $\beta_iE(R_M)$。也就是说，风险溢价仅来自于证券追随市场指数的趋势。任何超过这一基准的期望收益（证券 α）都产生自非市场因素。

证券分析的最终结果为一列 α 值。估计 β 系数的统计方法是标准化的。因此，我们不希望不同分析师的输入数据有太大差别。相反，宏观和证券分析有更大的发挥空间，分析师在这方面彼此角逐。运用指数模型解决由市场因素导致的溢价，组合管理者便能确信宏观分析师针对市场指数风险溢价的估计值，证券分析师应用一致的市场分析来获得 α 值。

在组合构造中，α 并不只是期望收益的一部分这么简单。它是告知我们某一个证券是高估还是低估的核心变量。考虑一只股票，已经获得 α 值和 β 值，我们可以轻易地找到拥有相同 β 的其他证券。因此，真正决定一个证券是否有投资吸引力的是它的 α 值。事实上，一个由 $+\alpha$ 值的证券获得一个溢价，若该溢价高于跟踪市场指数波动趋势，则该证券是被低估的，一个被动投资者会在其投资组合中提高该证券的权重。相反，在其他条件一定时，$-\alpha$ 的证券则被高估，其投资权重要相应下调，如果允许的话，较理想的策略是卖空该证券。

8.4.2　指数组合作为投资资产

单指数模型的有效边界图与第 7 章马科维茨模型的程序非常相似。在这里，指数模型能够使输入列表更加简化，而且，组合最优化显示出单指数模型的另一优势，即简单、直观地显现出最优风险投资组合。在这种情形下，讨论最优化的机制之前，首先考虑指数组合在最优组合中的角色。

⊖　用指数模型来建立最优风险组合由 Jack Treynor 和 Fischer Black 提出，“How to Use Security Analysis to Improve Portfolio Selection,” *Journal of Business*, January 1973。

假设一个投资公司的章程限制其仅能投资标准普尔500指数中的股票。在这种情况下，标准普尔500涵盖了宏观经济对该投资公司持有的大公司股票的影响。假设公司的投资范围只涵盖可投资空间的一部分子集，如果组合仅限于这些可投资产品，投资经理可能要担心其投资的分散化程度有限了。

应对分散化不足的简单方法是直接把标准普尔500指数作为一个投资资产。从式（8-8）和式（8-9）来看，如果我们把标准普尔500指数看做市场指数，那么它的β值为1，没有公司特有风险，α值为零，即其期望收益中不包括非市场风险溢价部分。式（8-10）显示任一证券i和指数的协方差为$\beta_i\alpha_M^2$。为了区别标准普尔500与公司投资的n只股票，把标准普尔500命名为第$n+1$种资产。我们可以将标准普尔500看做当投资经理不进行证券分析时投资的一种消极资产组合。如果投资经理愿意进行证券研究，那么他可能会构造包含该指数的积极组合，得到更好的收益风险权衡。

8.4.3 单指数模型的输入数据

如果投资经理打算构造一个组合，包括n家积极研究的公司和一个消极的指数组合，则输入数据为

（1）标准普尔500的风险溢价

（2）标准普尔500的标准差估计值

（3）n套如下估计值：①β系数估计值；②个股残差的方差；③证券的α值（个股的α值估计值，连同标准普尔500的风险溢价，以及个股的β决定了个股的期望收益）。

8.4.4 单指数模型的最优风险组合

单指数模型让人们可以直接地求解最优风险组合并看出该解的属性。首先，我们肯定地说，沿着马科维茨模型的思路，很容易地构建最优化过程并画出在这一框架下的有效边界。

运用估计的α和β系数，加上指数组合的风险溢价，应用式（8-9）能得到$n+1$个期望收益值。运用β系数的估计值和残差方差以及指数组合的方差，应用式（8-10）则可以建立协方差矩阵。给定风险溢价和协方差矩阵，可以像第7章描述的一样实施最优程序。

我们可以在第8.2节的基础上进一步描述分散化是如何在单指数框架下发挥作用的。等权重组合的α、β和残差方差都是单个证券相应参数的简单平均值，而且，这个结论并不局限于等权重组合中，只需把简单平均方法改为加权平均方法即可。具体地

$$\alpha_P = \sum_{i=1}^{n+1} w_i\alpha_i, \quad \text{对指数而言，} \quad \alpha_{n+1} = \alpha_M = 0$$

$$\beta_P = \sum_{i=1}^{n+1} w_i\beta_i, \quad \text{对指数而言，} \quad \beta_{n+1} = \beta_M = 1 \tag{8-18}$$

$$\sigma^2(e_P) = \sum_{i=1}^{n+1} w_i^2\sigma^2(e_i), \quad \text{对指数而言，} \quad \sigma^2(e_{n+1}) = \sigma^2(e_M) = 0$$

目标是通过组合权重的选择来最大化组合的夏普比率。得到组合的夏普比率为

$$E(R_P) = \alpha_P + E(R_M)\beta_P = \sum_{i=1}^{n+1} w_i\alpha_i + E(R_M)\sum_{i=1}^{n+1} w_i\beta_i$$

$$\sigma_P = [\beta_P^2\sigma_M^2 + \sigma^2(e_P)]^{1/2} = \left[\sigma_M^2\left(\sum_{i=1}^{n+1} w_i\beta_i\right)^2 + \sum_{i=1}^{n+1} w_i^2\sigma^2(e_i)\right]^{1/2} \tag{8-19}$$

$$S_P = \frac{E(R_P)}{\sigma_P}$$

这时，和标准的马科维茨程序一样，我们可以采用Excel的最优化程序来最大化夏普比率。然而，这并不是必须的，因为最优组合能用指数模型得到。同时，最优组合的解让人们了解证券分析组合构建中证券分析的用处。我们并不会给出每个代数步骤，而是给出我们的结论以及优化步骤的解释。

在深入研究结果之前，首先解释该模型表达的基本风险收益权衡。如果只对分散化感兴趣，将只持有市场指数。证券分析给我们去寻找非零α值证券的机会并选择不同的持有头寸。这种不同头寸的成本是对分散化的背离，换句话说，承担了不必要的公司特有风险。这个模型显示最优化风险投资组合是在寻找α和偏离有效分散化之间的权衡。

最优风险组合被证明是由两个组合构成的：①积极组合，称之为 A，由 n 个分析过的证券组成（之所以称为积极组合，是因为通过积极的证券分析后构建的组合）；②市场指数组合，这是第 $n+1$ 种资产，目的是为了分散化，称之为消极组合并标记为组合 M。

首先假定积极组合的 β 值为1，在这种情况下，在积极组合中的最优权重相当于比率 $\frac{\alpha_A}{\sigma^2(e_A)}$。这个比率平衡了积极组合的贡献（$\alpha$ 值）以及它对组合方差（残差方差）的贡献。类似地，指数组合的权重相当于 $\frac{E(R_M)}{\sigma_M^2}$。因此，积极组合的初始头寸（如果 β 等于1）为

$$w_A^0 = \frac{\frac{\alpha_A}{\sigma_A^2}}{\frac{E(R_M)}{\sigma_M^2}} \tag{8-20}$$

接着，考虑积极组合真实 β 值情况对该头寸进行修正。对于任何水平的 σ_A^2，积极组合的 β 值越高，积极组合与消极组合之间的相关性越大。这意味着积极组合带来较少的分散化好处，在投资组合中的头寸也应该更小。相应地，积极组合的头寸应增加。积极组合头寸的准确调整如下：㊀

$$w_A^* = \frac{w_A^0}{1+(1-\beta_A)w_A^0} \tag{8-21}$$

注意到，当 $\beta_A = 1$ 时，$w_A^* = w_A^0$。

8.4.5　信息比率

式（8-20）和式（8-21）得到积极组合的最优头寸，投资于积极组合的权重为 w_A^*，投资于指数组合的权重为 $1-w_A^*$。我们可以计算其期望收益、标准差和夏普比率。最优化组合的夏普比率会超过指数组合。它们之间的精确关系为

$$S_P^2 = S_M^2 + \left[\frac{\alpha_A}{\sigma(e_A)}\right]^2 \tag{8-22}$$

式（8-22）表明积极组合（当持有最优权重时）对整个风险投资组合夏普比率的贡献取决于它的 α 值和残差标准差的比率。这个重要的比率称为**信息比率**（information ratio）。该比率度量当积极组合权重过高或过低时，通过证券分析可以获得的额外收益与公司特有风险的比值。因此式（8-22）表明要最大化夏普比率，必须最大化积极组合的信息比率。

如果投资于每个证券的相对比例为 $\alpha_i/\sigma^2(e_i)$，此时积极组合的信息比率将实现最大化。调整这个比率，使得所有积极组合中证券的头寸相加等于 w_A^*，即每个证券权重为

$$w_i^* = w_A^* \frac{\frac{\alpha_i}{\sigma^2(e_i)}}{\sum_{i=1}^{n}\frac{\alpha_i}{\sigma^2(e_i)}} \tag{8-23}$$

运用这组权重，可以得到每个证券对积极组合信息比率的贡献依赖于它们各自的信息比率，即

$$\left[\frac{\alpha_A}{\sigma(e_A)}\right]^2 = \sum_{i=1}^{n}\left[\frac{\alpha_i}{\sigma(e_i)}\right]^2 \tag{8-24}$$

这个模型揭示了在有效利用证券分析中信息比率的核心角色作用。某一证券的加入对组合的正面贡献是增加了非市场风险溢价，证券加入对组合的负面影响则是公司特有风险带来组合方差的增加。

与 α 不同，市场部分（系统性）的风险溢价为 $\beta_i E(R_M)$，被单个证券不可分散的（市场）风险 $\beta_i^2\sigma_M^2$ 拖累。两者都受相同的 β 值的影响。这对任何证券来说都一样，因为任何具有相同 β 值的证券对风险和收益两者都有相同的

㊀　经过代数计算，可以看出 β 等于指数模型和积极组合的相关系数与 SD（指数）/SD（积极组合）的乘积。如果 $\beta_A=1$，相关系数大于式（8-20）隐含的相关系数，所以指数的分散化价值更小，这就要求如式（8-21）的调整。

平衡贡献。换句话说，证券的β既不是罪臣也不是功臣。它是一个同时影响证券风险和风险溢价的因素。因此我们关注积极组合的整体β值，而不是关注单个证券的β值。

从式（8-23）可以看出，如果一个证券的α为负，则该证券在最优风险投资组合中应为空头头寸。如果禁止卖空，一个具有负α值的证券将从最优化程序中剔除掉，权重为零。随着α非零的证券数量的增加，积极组合本身更好地分散化，在整个风险组合中积极组合的权重也会增加，相应地，消极指数组合权重将降低。

最后注意，当且只当所有α值为零时，指数组合是一个有效的投资组合，这一点很直观。除非证券分析找到一个α值非零的证券，否则包含这个证券的积极组合将使得这个组合投资吸引力降低。除了其系统风险之外，虽然会获得市场风险溢价，但这个证券会通过公司特定风险增加组合的方差。然而，α值为零时，公司特有风险无法通过非市场风险溢价得到补偿。因此，如果所有证券有零α值，那么积极组合的最优权重为零，指数组合的权重为1。然而，当证券分析找到证券具有非市场风险溢价即α非零时，指数组合就不再有效了。

8.4.6 最优化过程总结

一旦证券分析完成，证券和市场指数参数的指数模型估计值确定，可以总结最优风险组合的构造程序如下。

（1）计算积极组合中每个证券的原始头寸 $w_i^0 = \dfrac{\alpha_i}{\sigma^2(e_i)}$。

（2）调整这些原始权重，使组合权重和为1，即 $w_i = \dfrac{w_i^0}{\sum_{i=1}^{n} w_i^0}$。

（3）计算积极组合的α值，$\alpha_A = \sum_{i=1}^{n} w_i\alpha_i$。

（4）计算积极组合的残差：$\sigma^2(e_A) = \sum_{i=1}^{n} w_i^2\sigma^2(e_i)$。

（5）计算积极组合的原始头寸：$w_A^0 = \left[\dfrac{\alpha_A/\sigma^2(e_A)}{E(R_M)/\sigma_M^2}\right]$。

（6）计算积极组合的β值：$\beta_A = \sum_{i=1}^{n} w_i\beta_i$。

（7）调整积极组合的原始头寸：$w_A^* = \dfrac{w_A^0}{1+(1-\beta_A)w_A^0}$。

（8）此时最优风险组合的权重：$w_M^* = 1 - w_A^*$；$w_i^* = w_A^* w_i$。

（9）计算最优风险组合的风险溢价。根据指数组合的风险溢价和积极组合的α值，得出最优风险组合的风险溢价 $E(R_P) = (w_M^* + w_A^*\beta_A)\ E(R_M) + w_A^*\alpha_A$。注意由于指数投资组合的$\beta$值为1，则风险组合的$\beta$值为 $w_M^* + w_A^*\beta_A$。

（10）运用指数组合的方差和积极组合的残差计算最优风险组合的方差。$\sigma_P^2 = (w_M^* + w_A^*\beta_A)^2\sigma_M^2 + [w_A^*\sigma(e_A)]^2$。

8.4.7 实例

可以通过用标准普尔500指数和在第8.3节讨论风险参数的六只股票来构建最优投资组合来演示指数模型的应用。

这个例子只包含了六只股票，从三个行业中选择三对公司的目的是能够产生相对高的残差相关性。这对该指数模型是个严格的检验，因为当进行协方差矩阵估计时，该模型忽略残差之间的相关性。因此，比较从指数模型得到的结果和具有所有特征的马科维茨模型得到结果之间的差异，有一定的研究意义。

风险溢价预测 数据表8-4中子表4包含每只股票的α和风险溢价的估计值。在实际投资过程中，这些α值本来是投资公司最重要的产品。但统计量在这里只扮演一个小角色，在这个领域，宏观分析和证券分析最重要。在这个例子中，只是用示范数值来演示组合构建的过程和可能产生的结果。你可能会奇怪为什么选择这么小的示范α估计值，理由是即使证券分析揭示定价明显错误的股票，即大的α值，这些预测在相当大程度上也受到估计误差的影响。在第27章会讨论调整实际预测值的重要过程。

最优风险组合 数据表8-4中子表5展示了最优风险投资组合的计算。遵循了第8.4节所示的基本程序。在这个例子中允许卖空。注意到积极组合中（25 行）每个证券都有和 α 值相同的标记。在允许卖空的情况下，积极组合中的头寸都相当大（如英国石油的头寸是 0.734 9）。这是一个激进型组合，组合的 α 值 2.22% 比其组合中任何单个证券的 α 估计值要大得多。然而这种激进型组合也会导致一个较大的残差平方和（0.040 4，相应的残差标准差为 20%）。因此，积极组合的配置权重降低了，最终到一个适度值（0.171 8，C57 单元格）。再次强调了在最优化投资组合时分散化观点是优先考虑的。

最优风险投资组合的风险溢价是 6.48%，标准差是 14.22%，夏普比率是 0.46（见 J58 ~ J61 单元格）。通过比较，指数组合的夏普比率是 0.44（见 B61 单元格），这个比率与最优风险投资组合的夏普比率非常接近。这一小的改善是运用适度的预测值的结果。在第 11 章市场有效性和第 12 章业绩评估中，用实例说明这些结果在共同基金公司中运用很普遍。当然，一些投资组合管理者能够也确实构建了业绩更好的投资组合。

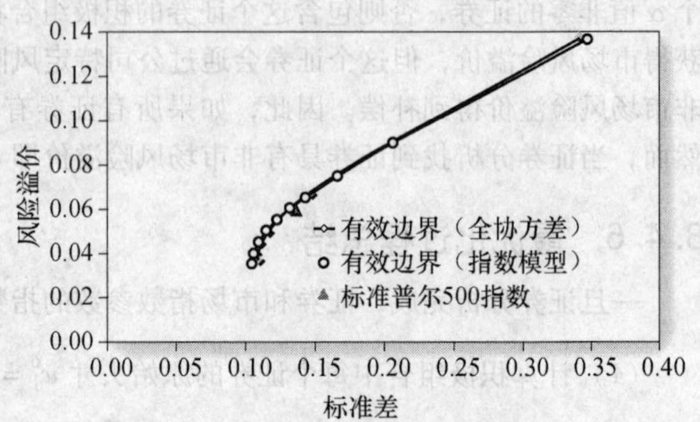

图 8-5 指数模型与全协方差模型的有效边界

在这里一个有趣的问题延伸是用指数模型得到的结论是否劣于用全协方差模型（马科维茨模型）得到的结论？图 8-5 展示了用样本数据采取两个模型得到的有效边界，发现它们之间的差别非常小。表 8-5 比较了整体最小方差组合 G 与用这两个模型得出的最优风险投资组合构成的组合的期望业绩。这两个组合明显不同的地方仅在于只考虑方差的最小方差组合。沿有效边界向上移动，要求的期望收益排除了协方差不同带来的影响，投资组合在业绩上变得越来越相似。

表 8-5 指数模型和全协方差模型对比

	全局最小方差组合		最优投资组合	
	全协方差模型	指数模型	全协方差模型	指数模型
均值	0.037 1	0.035 4	0.067 7	0.064 9
标准差	0.108 9	0.105 2	0.147 1	0.142 3
夏普比率	0.340 9	0.337 0	0.460 5	0.455 8
组合权重				
S&P 500	0.88	0.83	0.75	0.83
夏普	−0.11	−0.17	0.10	0.07
戴尔	−0.01	−0.05	−0.04	−0.06
沃尔玛	0.23	0.14	−0.03	−0.05
塔吉特	−0.18	−0.08	0.10	0.06
英国石油	0.22	0.20	0.25	0.13
壳牌	−0.02	−0.12	−0.12	0.03

8.5 指数模型在组合管理中的实际应用

本节讨论的基调表明在投资组合管理实际运用中指数模型是受欢迎的。从马科维茨模型转到指数模型是一个重要的决定，因而第一个问题就是指数模型比马科维茨全方差模型差吗？

8.5.1 指数模型比全协方差模型差吗

这个问题类似一般关于简约模型的价值问题。做一个类比，我们通过在回归方程中增加解释变量来考查这个问题。我们知道增加解释变量在大多数情况下会增加 R^2，不会使 R^2 下降。但是这不一定就意味着它是一个更好的回归方程[⊖]。一个更好的标准是看回归方程的预测能力。一个值得注意的问题是增加一个有利于对样本内解释能力的

⊖ 调整后的 R^2 可能会下降，增加的变量并没有足够的解释力量来弥补额外的自由度。

变量是否有利于样本外的预测精确性。增加变量，可能增加显著性但同时对预测精确性是不利的。换句话说，包含自变量不多的简约模型常常有优越性。预测因变量的值依赖两个因素，系数估计的精确性和自变量预测的精度。当我们增加变量时，这两个精确性都会受损。

用完全分散化的马科维茨模型或多指数模型来代替单指数模型时这个问题也会出现。增加一个指数需要预测该指数组合的风险溢价和各证券对新指数的β值。与单指数模型相比，马科维茨模型在资产协方差结构上更灵活。但如果不能在任何置信度下估计协方差，这个优势是不现实的。运用全协方差矩阵需要估计数以千计的风险值，即使在原理上马科维茨模型更好，但是太多的估计误差累计对投资组合的影响可能导致其实际上劣于单指数模型推导出来的投资组合。

相比全协方差模型潜在的优越性，单指数模型框架的实际好处非常明显。它的另一个决定性优点是分解了宏观分析和证券分析。

8.5.2 行业指数模型

无疑，指数模型吸引了行家的关注。因为它接近有效，为证券分析提供了一个方便的基准。

一个没有证券特别消息或内部信息的投资经理会认为证券的α值为零。按照式（8-9）将预测这个证券的风险溢价等于$\beta_i R_M$。如果就总收益预测重新表述，则

$$E(r_{HP}) = r_f + \beta_{HP}[E(r_M) - r_f] \tag{8-25}$$

一个预测市场指数收益$E(r_M)$并观测无风险短期国债收益率r_f的投资经理能运用这个模型决定任何证券的基准期望收益。β系数、市场风险σ_M^2、公司特有风险$\sigma^2(e)$都可以从历史证券特征线中估计得到，也就是说从证券超额收益对市场指数超额收益的回归中得到。

很多地方可以得到这些回归结果，或称“β指引”，表8-6是一个例子。它一般使用标准普尔500指数作为市场组合的代理，运用最近60个月的观测值去计算回归参数，并在回归中使用总收益而非超额收益。在这种方法下，他们的估计用一个变形的指数模型

$$r = a + br_M + e^* \tag{8-26}$$

而不是

$$r - r_f = \alpha + \beta(r_M - r_f) + e \tag{8-27}$$

为了理解这个变形的影响，把式（8-27）变为

$$r = r_f + \alpha + \beta r_M - \beta r_f + e = \alpha + r_f(1-\beta) + \beta r_M + e \tag{8-28}$$

比较式（8-26）和式（8-28），会看到如果在样本期r_f是一个常数，这两个公式有相同的自变量r_M和残差e，因此两个回归方程中的斜率系数是相同的。[⊖]

表8-6中的β刻画的截距项α实际上是$\alpha + r_f(1-\beta)$的估计量。如果要保证这一计算过程合理，则需要保证$r_f(1-\beta)$在以月度计算的基础上非常小，且相对于股票收益率的波动而言可以忽略不计。但注意到$\beta \neq 1$，当式（8-27）中使用超额收益率时，式（8-26）的回归截距并不等于指数模型的α。

表8-6 市场敏感度统计数据：2004～2008年60个月股票总收益对标准普尔500收益

代号	证券名称	*BETA*	*ALPHA*	*RSQ*	残差标准差	标准误差β	标准误差α	调整后β
AMZN	Amazon. com	2.25	0.006	0.238	0.120 8	0.525 4	0.015 6	1.84
F	Ford	1.64	−0.012	0.183	0.104 1	0.452 5	0.013 5	1.43
NEM	Newmont Mining Corp.	0.44	0.002	0.023	0.085 3	0.370 9	0.011 0	0.62
INTC	Intel Corporation	1.60	−0.010	0.369	0.062 7	0.272 8	0.008 1	1.40
MSFT	Microsoft Corporation	0.87	0.001	0.172	0.056 9	0.247 7	0.007 4	0.91
DELL	Dell Inc.	1.36	−0.014	0.241	0.072 3	0.314 3	0.009 4	1.24
BA	Boeing Co.	1.42	0.004	0.402	0.051 7	0.225 0	0.006 7	1.28
MCD	McDonald's Corp.	0.92	0.016	0.312	0.040 9	0.177 7	0.005 3	0.95

⊖ 实际上，r_f是随时间变化的，然而，r_f的变动和股票市场变动相比太小，对于β估计微不足道。

（续）

代号	证券名称	*BETA*	*ALPHA*	*RSQ*	残差标准差	标准误差 β	标准误差 α	调整后 β
PFE	Pfizer Inc.	0.65	-0.006	0.131	0.050 4	0.219 1	0.006 5	0.77
DD	DuPont	0.97	-0.002	0.311	0.043 4	0.188 7	0.005 6	0.98
DIS	Walt Disney Co.	0.91	0.005	0.278	0.044 0	0.191 3	0.005 7	0.94
XOM	ExxonMobil Corp.	0.87	0.011	0.216	0.049 7	0.215 9	0.006 4	0.91
IBM	IBM Corp.	0.88	0.004	0.248	0.045 9	0.199 7	0.005 9	0.92
WMT	Walmart	0.06	0.002	0.002	0.044 6	0.194 1	0.005 8	0.38
HNZ	HJ Heinz Co.	0.43	0.009	0.110	0.036 8	0.159 9	0.004 8	0.62
LTD	Limited Brands Inc.	1.30	0.001	0.216	0.074 1	0.322 3	0.009 6	1.20
ED	Consolidated Edison Inc.	0.15	0.004	0.101	0.034 7	0.150 9	0.004 5	0.43
GE	General Electric Co.	0.65	-0.002	0.173	0.042 5	0.185 0	0.005 5	0.77
	MEAN	0.97	0.001	0.207	0.058 9	0.256 3	0.007 6	0.98
	STD DEVIATION	0.56	0.008	0.109	0.023 9	0.103 9	0.003 1	0.37

资料来源：Compiled from CRSP(University of Chicago) database.

切记这些 α 值是事后的估计值，并不是说可以事前预测出这些 α 值。事实上，证券分析博弈本质上是在事前预测 α 值。一个好的组合做多未来 α 值为正的股票，做空未来 α 值为负的股票，这样才会打败市场。

概念检查 8-4

表 8-6 回归中 Intel 指数模型每月的 α 是多少？假定这一期间短期国债月均收益率为 0.2%。

表 8-6 的其他数据和讨论惠普时所用的表 8-3基本相同。回忆 R^2，这里看到对于大多数公司 R^2 低于 0.5，意味着股票的公司特有风险超过系统风险，也说明分散化的重要性。

残差标准差一列是回归残差的标准差，或称回归的标准误差，就像 Excel，“β 指引”也包含 α，β 估计的标准误差，便于评估估计的准确性。注意到 α 的标准误差偏大。

Intel 的残差标准差为 6.27%，R^2 为 0.369. 这说明 $\sigma^2_{\text{Intel}}(e)=6.27^2=39.31$，因为 $R^2=1-\sigma^2(e)/\sigma^2$，可以计算英特尔的总标准差为

$$\sigma_{\text{Intel}}=\left[\frac{\sigma^2_{\text{Intel}}(e)}{1-R^2}\right]^{1/2}=\left(\frac{39.31}{0.631}\right)^{1/2}=7.89\%\ 每月$$

这是英特尔样本期的月度标准差，所以年化后标准差为 $7.89\sqrt{12}=27.33\%$。

最后一列称做调整后 β，调整 β 值的动机是：在整个期间，平均而言股票的 β 值似乎有向 1 变动的趋势。对这种现象的一个解释来自直觉。企业通常生产特定产品提供特定服务。通过采用不同的方法，一个新的公司可能和老公司相比有很多不一样的地方，比如从技术到管理风格。然而随着公司的成长，一个公司通常会分散化经营，首先是扩大到其他相似产品，后来进行更多样化的经营。当公司变得越来越传统，它开始与经济中的其他成分越来越相似。因此 β 值有向 1 变动的趋势。

另一种统计解释是：我们知道所有证券的平均 β 值等于 1，因此在估计一个证券的 β 值之前，最好的预测就是其 β 值等于 1。当在一个特定样本期间估计 β 值时，保留了一些样本误差，β 值和 1 差距越大，存在估计误差的可能性越大，随后则更容易趋向于 1。

样本期间，β 系数的估计是我们最好的猜测。然而，给定 β 值向 1 的变化趋势，未来 β 系数的预测应当顺势调整。

表 8-6 简单地调整了 β 估值。[⊖]方法是取样本 β 估计值和 1 进行加权

⊖ 更复杂的方法见 Oldrich A. Vasicek，“A Note on Using Cross - Sectional Information in Bayesian Estimation of Security Betas,” *Journal of Finance* 28 (1973), pp 1233 - 39。

$$调整\beta = 2/3\,样本\beta + 1/3(1) \tag{8-29}$$

【例 8-1】 **调整 β**

表 8-6 中的 60 个月间，Intel 的 β 是 1.6，因此它的调整 β 是 1.4，向 1 前进了 1/3。

没有 Intel 的更多信息，如果我们估计市场指数收益为 10%，短期国债为 4%，从“β 指引”中我们得到：

$$E(r_{\text{Intel}}) = r_f\ 可调整\beta \times [E(r_M) - r_f] = 4 + 1.40(10 - 4) = 12.40\%$$

样本期回归 α 值为 -1%。因为 Intelβ 大于 1，所以指数模型估计的 α 更大一些。如同式（8-28），需要减去 $(1-\beta)r_f$ 才能得到指数模型的 α。在任何情况下，α 的标准差为 0.81%，α 的估值远小于标准差的 2 倍，所以无法拒绝 α 为零的原假设。■

8.5.3 预测 β

调整后的 β 可以用来理解历史数据估计的 β 值不是未来 β 的最好估计：β 有向 1 移动的趋势，这意味着我们可能要为 β 构建一个预测模型。

一个简单方法是收集在不同期 β 的数据，然后估计回归方程

$$当前的\beta = a + b(历史\beta) \tag{8-30}$$

得到 a 和 b 的估计值，就能运用该公式来预测未来的 β 值

$$预测的\beta = a + b(当前的\beta) \tag{8-31}$$

然而，何必限制用这么简单的方法去预测 β 值，而不研究其他财务变量在预测 β 值方面的有效性呢？比如，如果相信公司规模和负债比率是 β 值的两个决定因素，把式（8-30）扩充为

$$当前的\beta = a + b_1(历史\beta) + b_2(公司规模) + b_3(负债比率)$$

现在利用 a、b_1、b_2 和 b_3 的估计值来预测未来的 β 值。

该方法被罗森伯格和盖伊[⊖]使用，他们发现下列变量有助于预测 β。

（1）收入变量

（2）现金流变量

（3）每股收益增长率

（4）市值（公司规模）

（5）股息收益

（6）资产负债比率

罗森伯格和盖伊也发现通过控制一个公司的财务特征值，行业类型有助于预测 β。例如，他们发现金矿开采行业的平均 β 值比单独使用财务特征预测得到的估值低 0.827。这并不奇怪，对金矿开采行业 -0.827 的 β 值调整反映出金价和市场收益是相反变动的。

概念检查 8-5

比较表 8-7 中前 5 个和后 4 个行业，哪些特征决定了调整因素？

表 8-7 行业 β 和调整因素

行业	β	调整因素	行业	β	调整因素
农业	0.99	-0.140	建设	1.27	0.062
医药	1.14	-0.099	航空	1.80	0.348
电话	0.75	-0.288	运输	1.31	0.098
能源设施	0.60	-0.237	消费耐用品	1.44	0.132
金矿挖掘	0.36	-0.827			

⊖ Barr Rosenberg and J. Guy, "Prediction of Beta from Investment Fundamentals, Parts 1 and 2," *Financial Analysts Journal*, May-June and July-August 1976.

专栏 8-1 描述了有关 α 的赌局。

专栏 8-1

关于 α 的赌局

对于相信有效市场的人来说，最近交易所交易基金（ETF）数量的增长可以看做是个胜利。ETF 是追踪某一特定指数的证券组合，它通常要收取一定百分比的管理费。它们允许投资者以低成本的方式投资于一个涵盖国际权益市场、政府和公司债市场，以及商品市场等广泛的投资组合。

但随着 ETF 的资产和指数基金的增长，行业中的另一个部门却发展得更加迅猛。精算公司 Watson Wyatt 估计包含对冲基金和私募投资等的“另类投资”（alternative investment）在 2005 年增长了 20%，为 1.26 万亿美元。进行这项投资的人要支付更高额的管理费并期望获得一个更好的收益。一个增长最快的资产类别——对冲基金的基金，收取的管理费最高。

为什么人们要支付高昂的管理费呢？部分原因是投资者们已经可以区分市场收益率、β（系统性）风险和经理人绩效（以 α 来度量）。“为什么不对 β 和 α 分开定价呢？”Hendenrson 全球投资者（一个基金管理公司）的 Arno Kitts 问道。“β 是一种商品而 α 则是一种技术。”

没有一家公司擅长所有的投资领域。这导致了一种“核心和卫星”的模式，在这种模式下，资产的一部分投资于盯住某种指数的投资组合，而另一部分则交给某些领域的投资专家。但这样也会造成一些问题。独立经理人之间的关系相对简单，然而要研究和监督专业投资者的行为就很困难了。这将导致中间人的产生，即经理的经理（传统的机构业务中）和基金的基金（在对冲基金行业），从而提高管理费用。

管理费用的存在也许暗示着投资者能够预先识别老练的基金经理人。但是，研究表明这是非常困难的。而且，即便投资者能识别有能力的经理人，这些超额的业绩也将反映在管理费的提高中。“一个不成比例的 α 收益将给经理人而非客户。”Schroders 的资产经理人 Alan Brown 说道。

在任何情况下，投资者都很有可能去追寻 α 收益，即使存在如 ETF 和盯住基金等更便宜的另类投资。Watson Wyatt 的 Craig Baker 说道，虽然不是每个人都能找到超过市场收益的投资机会，但找到这些机会的那些人将具有先行优势。只要这样一种信条存在，经理人就能收取高额的管理费。

资料来源：*The Economist*，September 14，2006.

8.5.4　指数模型和跟踪证券组合

假设投资经理相信自己找到了低估的组合。他的证券分析团队估计了这一组合超额收益的指数模型方程（用标准普尔 500 指数）并得到以下估值

$$R_P = 0.04 + 1.4R_{S\&P500} + e_P \tag{8-32}$$

因此，组合的 α 值为 4%，β 值为 1.4。这个经理相信其证券分析的质量，但是担心近期大市的业绩。如果购买该组合而市场整体下滑的话，投资依然有可能亏损，即使组合的价值相对被低估。他想要一个可以利用其证券分析但又独立于市场的组合。

为了这个目的，可以建立一个**跟踪证券组合**（tracking portfolio，T），组合 P 的跟踪证券组合是为了配对组合 P 收益中的系统部分。核心理念是以这个组合去跟踪组合 P 收益中对市场敏感的部分。这意味着跟踪组合要有和 P 一样的 β 值，但是非系统风险越小越好。这一过程也称为 β 捕捉。

投资组合 P 的跟踪组合将有一个标准普尔 500 指数的杠杆头寸，目的是使得它的 β 值达到 1.4。因此，T 包含 1.4 权重的标准普尔 500 指数和 -0.4 权重的短期国库券。因为 T 由标准普尔 500 和短期国库券构建，因此其 α 值为 0。

现在考虑购买投资组合 P，但同时通过做空跟踪组合 T 来消除系统风险，组合 T 消除了投资组合 P 多头头寸的系统性风险敞口：整个组合头寸是市场中性的。因此，即使市场表现不好，这一组合也不会受影响。但是组合 P 的 α 值保持不变。最终组合 C，每美元的超额收益为

$$R_C = R_P - R_T = (0.04 + 1.4R_{S\&P500} + e_P) - 1.4R_{S\&P500} = 0.04 + e_P \tag{8-33}$$

这一组合仍然是有风险的（残差风险 e_P），但是系统性风险被消除了，而且如果 P 是合理分散化的，其系统性风险也会很小。从而实现了目标：投资经理锁定 4% 的 α，但消除了系统性风险敞口。这一分离寻求 α 和选择系统性风险敞口的过程称为 α 搬运。

这一“多头 - 空头策略”是很多对冲基金的行为特征。对冲基金经理找到被低估的证券并试图进行纯赌博。他

们对冲掉所有外在的风险，只是对察觉到的 α 下注。跟踪组合是对冲不需要的风险敞口时常用的方法。对冲基金经理使用指数回归的方法或其他更复杂的变形来创建跟踪组合，这是对冲策略的核心。

小结

1. 一个经济的单指数模型把不确定性分为系统性的（宏观的）因素和公司特定的（微观）因素。指数模型认为宏观因素可以用市场股票指数来代表。
2. 单指数模型大大减少了在马科维茨组合选择程序中所需要的数据输入，但指数模型同时有助于证券分析中的专业化分工。
3. 根据指数模型的详细内容，投资组合或资产的系统风险等于 $\beta^2\sigma_M^2$，而两项资产的协方差为 $\beta_i\beta_j\sigma_M^2$。
4. 指数模型通过运用超额收益率的回归分析来估计。回归曲线的斜率是资产的 β 值，而截距是样本期间的资产 α，回归线也称为证券特征线。
5. 由指数模型构造优化积极投资组合，包括根据股票的信息比率分析股票，整个风险投资组合是一个积极投资组合和消极市场指数组合的混合体，这个市场指数组合用来提高整个风险投资组合的分散化水平。
6. 业界人士习惯于用总收益而非超额收益来估计指数模型。这使他们的 $\alpha=\alpha+r_f(1-\beta)$。
7. β 显示了一个随时间趋向于1的趋势。β 的估计方法试图预言这一趋势。另外，其他的财务变量也可以用于帮助预测 β。

习题

基础题

1. 获得有效分散化组合，指数模型相对于马科维茨模型的优缺点？
2. 管理组合时从单纯跟踪指数到积极管理转变的优缺点是什么？
3. 公司特定风险达到什么样的程度会影响积极型投资者持有指数组合的意愿？
4. 我们为什么称 α 为非市场收益溢价？为何对于积极投资经理高 α 值的股票更有吸引力？其他参数不变，组合成分股的 α 值上升，组合的夏普比率如何变化？

中级题

5. 一个投资组合管理组织分析了60只股票并用这60只股票构造了均值-方差有效组合：
   a. 要构造最优组合，需要估计多少期望收益率、方差、协方差？
   b. 如果可以合理假设股票市场的收益结构与单指数模型非常相似，则估计量为多少？
6. 表8-8是两只股票的估计：

表 8-8

股票	期望收益（%）	β	公司特定标准差（%）
A	13	0.8	30
B	18	1.2	40

市场指数标准差为22%，无风险利率为8%

a. 股票A和B的标准差是多少？
b. 假设我们建立一个组合，股票A占30%，股票B占45%，短期国债占25%，计算组合的期望收益、标准差、β和非系统性标准差。

7. 考虑图8-6中股票A和B的回归线
   a. 哪只股票的公司特定风险更高？

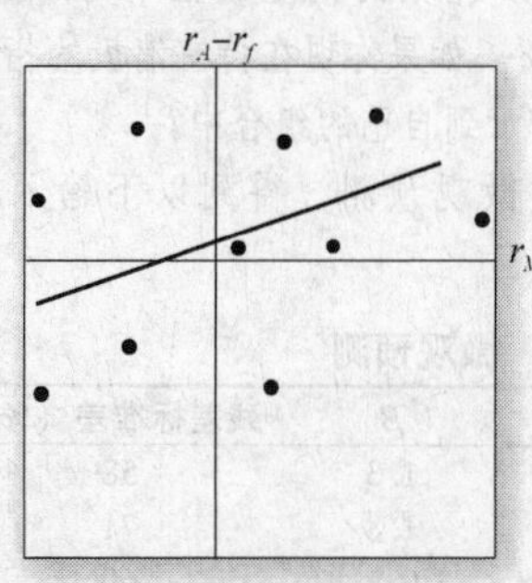

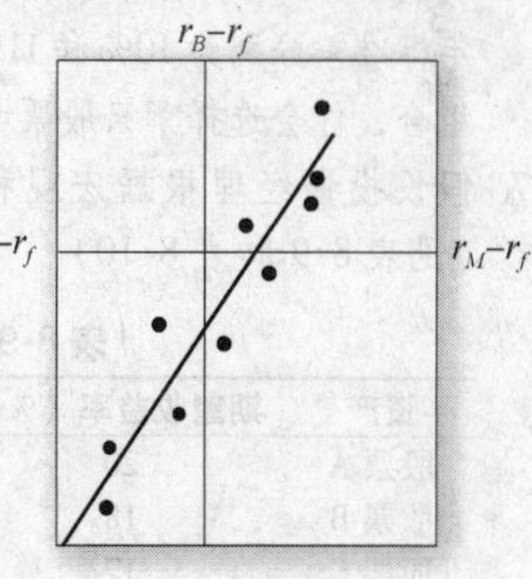

图 8-6

   b. 哪只股票的系统性风险更高？
   c. 哪只股票 R^2 更高？
   d. 哪只股票 α 值更高？
   e. 哪只股票和市场相关性更高？
8. 考虑A和B的（超额收益）指数模型回归结果：

$$R_A = 1\% + 1.2R_M$$
$$R^2 = 0.576$$
$$\text{残差标准差} = 10.3\%$$
$$R_B = -2\% + 0.8R_M$$
$$R^2 = 0.436$$
$$\text{残差标准差} = 9.1\%$$

   a. 哪只股票的公司特定风险更高？
   b. 哪只股票的市场风险更高？
   c. 哪只股票的收益波动性更好地由市场变动来解释？
   d. 如果无风险利率为6%，而回归使用的是总收益而非超额收益，那么股票A的回归截距是多少？

用以下数据解9~14题，假设指数模型回归使用的是超额收益。

$$R_A = 3\% + 0.7R_M + e_A$$
$$R_B = -2\% + 1.2R_M + e_B$$

$\sigma_M = 20\%$；$R\text{-square}_A = 0.20$；$R\text{-square}_B = 0.12$

9. 每只股票的标准差是多少？
10. 将每只股票的方差分解为系统性和公司特定的两个部分。
11. 两只股票之间的协方差和相关系数是多少？
12. 每只股票与市场指数的协方差是多少？
13. 组合 P 投资 60% 于 A，投资 40% 于 B，重新回答问题 9、10 和 12。
14. 组合 Q 投资 50% 于 P，投资 30% 于市场指数，投资 20% 于短期国库券，重新回答问题 13。
15. 一只股票 β 值估计为 1.24
    a. "β 指引" 如何计算该股票的调整 β 值
    b. 假设你估计如下回归来描述 β 随时间的变化趋势
    $$\beta_t = 0.3 + 0.7\beta_{t-1}$$
    你对明年 β 的预测是多少？
16. 根据当前的股息水平和预期增长率，股票 A 和 B 的期望收益分别为 11% 和 14%，β 值分别为 0.8 和 1.5，短期国债的利率为 6%，标准普尔 500 指数的期望收益率为 12%，年标准差分别为 10% 和 11%。如果你现在持有消极的指数组合，你会选择哪只股票增加到自己的组合中？
17. 假设投资经理根据宏观和微观预测，得到以下输入表（见表 8-9 和表 8-10）

表 8-9　微观预测

资产	期望收益率（%）	β	残差标准差（%）
股票 A	20	1.3	58
股票 B	18	1.8	71
股票 C	17	0.7	60
股票 D	12	1	55

表 8-10　宏观预测

资产	期望收益率（%）	标准差
短期国库券	8	0
被动权益组合	16	23

    a. 计算各股票的预期超额收益、α 和残差方差。
    b. 构建最优风险投资组合。
    c. 该最优风险投资组合的夏普比率是多少？积极投资组合对它的贡献是多少？
    d. 假设投资者的风险厌恶系数 $A = 2.8$，对短期国债和消极股票的投资比例是多少？
18. 当不允许卖空时，重新计算题 17
    a. 根据夏普比率，这个约束的成本是多少？
    b. 假设投资者的风险厌恶系数 $A = 2.8$，投资者的效用值损失多少？
19. 假设基于分析师过去的表现，你估计预测收益和真实 α 之间的关系为：
    $$\text{实际超额收益} = 0.3 \times \alpha \text{ 的估值}$$
    用题 17 中的 α，期望收益受到 α 估计不准确性的影响有多大？

高级题

20. 假设数据表 8-4 第 44 行的 α 预测变为原来的 2 倍，其他数据不变。重新计算最优风险组合。在你计算之前先用最优化过程估计信息率和夏普比率，然而再计算与估计值做个比较。

CFA考题

1. 将 ABC 与 XYZ 两只股票在 2006～2010 年 5 年间的年化月收益率数据与市场指数做回归，得到如下结果（见表 8-11）：

表　8-11

统计量	股票 ABC	股票 XYZ
α	−3.2%	7.3%
β	0.6	0.97
R^2	0.35	0.17
残差标准差	13.02%	21.45%

试说明这些回归结果告诉了分析师 5 年间两只股票风险收益关系的什么信息。假定两只股票包含在一个分散化组合中，结合下列取自两经纪商截至 2010 年 12 月两年间的周数据，评价上述回归结果对风险收益关系的意义（见表 8-12）。

表　8-12

经纪商	ABC 的 β	XYZ 的 β
A	0.62	1.45
B	0.71	1.25

2. 假设 Baker 基金和标准普尔 500 指数的相关系数为 0.7，那么其总风险中有多少是非系统性的？
3. Charlottesville 国际基金和 EAFE 市场指数的相关系数为 1，EAFE 的期望收益为 11%，Charlottesville 基金的期望收益为 9%，无风险收益率为 3%。基于这一分析，Charlottesville 基金的 β 是多少？
4. β 概念与下列哪个关系最紧密？________。
    a. 相关系数
    b. 均值 - 方差分析
    c. 非系统性风险
    d. 系统性风险
5. β 和标准差是不同的风险度量，原因在于 β 度量________。
    a. 非系统性风险，标准差度量总风险
    b. 系统性风险，标准差度量总风险
    c. 系统性和非系统性风险，标准差度量非系统性风险
    d. 系统性和非系统性风险，标准差度量系统性风险

概念检查答案

8-1 a. 总市场资本为6 300，所以指数组合的平均超额收益为

$$\frac{3\,000}{6\,300}\times 10+\frac{1\,940}{6\,300}\times 2+\frac{1\,360}{6\,300}\times 17=9.05\%=0.090\,5$$

b. 股票A与B间的协方差等于：

$$\mathrm{Cov}(R_A,R_B)=\beta_A\beta_B\sigma_M^2=1\times 0.2\times 0.25^2=0.012\,5$$

c. 股票B与指数组合间的协方差等于：

$$\mathrm{Cov}(R_B,R_M)=\beta_B\sigma_M^2=0.2\times 0.25^2=0.012\,5$$

d. B的方差为

$$\sigma_B^2=\mathrm{Var}(\beta_B R_M+e_B)=\beta_B^2\sigma_M^2+\sigma^2(e_B)$$

系统风险为0.002 5

企业特定风险=0.087 5

8-2 各种股票方差为：$\beta^2\sigma_M^2+\sigma^2(e)$

股票A方差0.122 4 标准差35%

$$\sigma_A^2=0.9^2(20)^2+30^2=1.224$$

$$\sigma_A=35\%$$

股票B方差0.058 4 标准差24%

$$\sigma_B^2=1.1^2\times(20^2)+10^2=584$$

$$\sigma_B=24\%$$

8-3 $\sigma^2(e_P)=(1/2)^2[\sigma^2(e_A)+\sigma^2(e_B)]=1/4\ (0.30^2+0.10^2)=0.025\,0$

标准差为 $\sigma(e_P)=0.158=15.8\%$

8-4 ALPHA和指数模型α关系为：

$$\mathrm{ALPHA}=\alpha_{\text{index model}}+(1-\beta)r_f$$

对于Intel而言，ALPHA = −1.0%，$\beta=1.60$，且r_f为0.2%，所以

$$\alpha_{\text{index model}}=-1.0\%-(1-1.60)\times 0.2\%=-0.88\%$$

Intel的收益并不理想，低于基准收益水平88%。

8-5 具有正的调整因子的行业总是对经济非常敏感。因为企业的商业风险高，所以它们的β期望较高。反之亦然。

PART 3 第三部分

资本市场均衡

CHAPTER9

第9章 资本资产定价模型

资本资产定价模型（CAPM）是现代金融经济学的奠基石。该模型对资产风险与其期望收益之间的关系给出了精准的预测。这一关系发挥着两个重要作用。首先，它为评估各项投资提供了一个基准收益率。举例来说，当我们分析证券时，会十分关注股票在给定的风险水平下其期望收益与其“合理”收益之间的差异。其次，该模型帮助我们对还没有上市交易资产的期望收益做出合理的估计。例如，如何对首次公开发行的股票定价？一个新的重大投资项目使投资者对公司股票的收益率产生怎样的影响？尽管资本资产定价模型与实际验证的结论并不完全一致，但其在诸多重要的实践应用中的精确度得到了普遍认同，并且具有较强的洞察力，使其得到了广泛应用。

9.1 资本资产定价模型概述

资本资产定价模型是基于风险资产期望收益均衡基础上的预测模型。哈里·马科维茨于1952年建立了现代投资组合选择理论。12年后，威廉·夏普[一]、约翰·林特纳[二]与简·莫森[三]将其发展为资本资产定价模型。从马科维茨的投资组合选择理论发展到资本资产定价模型经历了一个较长的过程，这说明资本资产定价模型并不是一朝一夕就可以一蹴而就的。

我们用“如果……那么”的逻辑思维方式来推导资本资产定价模型。其中，“如果”部分描绘了一个简化的世界。通过假设建立一个非现实的理想世界，将有助于我们容易地得到“那么”部分的结论。在

[一] William Sharpe, "Capital Asset Prices: A Theory of Market Equilibrium," *Journal of Finance*, September 1964.

[二] John Lintner, "The Valuation of Risk Assets and the Selection of Risky Investments in Stock Portfolios and Capital Budgets," *Review of Economics and Statistics*, February 1965.

[三] Jan Mossin, "Equilibrium in a Capital Asset Market," *Econometrica*, October 1966.

得到简单情形结论的基础上，我们逐步通过对模型的假设复杂化，来观察最后的结果如何从简单的形式逐渐衍化而来，从而使我们建立一个符合现实的、合理的并易于理解的模型。

下面给出的是基本的资本资产定价模型若干简单化的假设。这些假设的核心是使每个投资者尽可能同质化，尽管他们的初始财富和风险厌恶程度存在显著的差异。我们将看到投资者行为的一致性会大大简化我们的分析。

（1）市场上存在着大量的投资者，每个投资者的财富相对于所有投资者的财富总和而言是微不足道的。投资者是价格接受者，他们的交易行为对证券价格不产生影响。这与微观经济学中对完全竞争市场的假设是一致的。

（2）所有投资者只考虑一个相同的投资持有期。这种行为是短视的，因为它忽略了在持有期结束的时点上发生的任何事情的影响。短视行为通常不是最优行为。

（3）投资者的投资范围仅限于市场上公开交易的金融资产，比如股票、债券、无风险借入或贷出等。这一假设排除了不可交易资产如教育（人力资本）、私有企业和政府投资的资产如市政大楼、国际机场。此外，还假设投资者可以以相同的固定无风险利率借入或借出任意额度的资金。

（4）不存在证券交易费用（佣金和服务费用等）及税赋。当然，在现实中，我们都知道投资者处于不同的赋税级别，这将直接影响到投资者对投资资产的选择。例如，政府对利息收入、股利收入、资本利得制定了不同级别的税率。此外，实际交易也是存在交易费用的，交易费用依据交易额度的大小和投资者的信誉度而不同。

（5）所有投资者都是理性的，都追求资产组合的方差最小化，这意味着他们都运用马科维茨的资产选择模型。

（6）所有投资者采用相同的方法进行证券分析并对经济前景的看法一致，这使所有投资者关于有价证券未来收益率的期望分布具有一致性估计；也就是说，无论证券的价格如何，投资者都得到相同的马科维茨模型输入表。依据马科维茨模型，给定一系列证券的价格和无风险利率，所有投资者的期望收益率和协方差矩阵相同，从而产生了有效边界和唯一的最优风险资产组合，这一假定也被称为**同质期望**（homogeneous expectation）或信念。

这些假设代表着在“如果……那么……”的分析方法中“如果”部分的内容。显然这些假设忽略了现实世界中的诸多复杂现象。然而，利用这些假设我们可以洞察许多有关证券市场均衡的重要特性。

我们可以总结出一个由假设的有价证券和投资者组成普遍存在的均衡关系。本章接下来的部分将详尽地阐述这些关系的意义。

（1）所有投资者都依据包含所有可交易资产的**市场投资组合**（market portfolio，M）按比例复制自己的风险资产组合。为了简单起见，我们将风险资产定为股票，每只股票在市场投资组合中所占的比例等于这只股票的市场价值（每股价格乘以公司股票总股数）占所有股票市场价值的比例。

（2）市场投资组合不仅在有效边界上，而且市场投资组合也是相切于最优资本配置线的资产组合。因此，资本市场线，即从无风险利率出发通过市场投资组合M的延伸直线，也是可以达到的最优资本配置线。所有投资者都选择持有市场投资组合作为他们的最优风险资产组合，差别只在于投资者投资于最优风险资产组合的数量与投资于无风险资产的数量之比有所不同。

（3）市场投资组合的风险溢价与市场风险和投资者的风险厌恶程度成比例。数学表达式为：

$$E(r_M) - r_f = \bar{A}\sigma_M^2$$

式中，σ_M^2是市场投资组合的方差，$\bar{A}$为投资者的风险厌恶水平。注意由于市场投资组合是最优资产组合，这个资产组合通过股票的组合有效地分散风险，因此，也就是整个市场的系统性风险。

（4）单个资产的风险溢价与市场投资组合M的风险溢价成正比，市场投资组合与证券的β系数也成比例。β是用来衡量单个股票收益与市场收益的共同变化程度。β的表达式定义如下：

$$\beta_i = \frac{\mathrm{Cov}(r_i, r_M)}{\sigma_M^2}$$

单个证券的风险溢价为：

$$E(r_i) - r_f = \frac{\mathrm{Cov}(r_i, r_M)}{\sigma_M^2}[E(r_M) - r_f] = \beta_i[E(r_M) - r_f]$$

9.1.1 为什么所有投资者都持有市场组合

什么是市场投资组合？当我们把单个投资者的资产组合加总起来时，借与贷将会互相抵消（因为每一个借入者都有一个与之相对应的贷出者），其加总起来的风险资产组合的价值等于整个经济中的全部财富，这就是市场投资组合，用 M 表示。每只股票在这个资产组合中所占的比例等于股票的市值（每股价格乘以公司股票总股数）占股票总市值的比例。[⊖]资本资产定价模型表明每个投资者均试图优化个人资产组合，最终所有的个人资产组合将趋于一致，每种资产的权重等于其在市场投资组合中所占的比例。

根据前文所给定的假定条件，可以很容易地看出所有投资者均倾向于持有相同的风险资产组合。如果所有投资者都将马科维茨分析（假设5）运用于整个证券市场（假设3），在同一时间内进行投资（假设2），并且有相同的输入表的话（假设6），那么他们必将形成相同的风险资产组合。如图9-1所示，这一资产组合处在从无风险的短期国债收益率引出的与有效边界相切的射线（有效边界）的切点上。这意味着，如果通用电气公司的股票在每一个普通的风险资产组合中所占的比例为1%，那么该股票在整个市场投资组合中的所占的比例也是1%。这一结论对每一个投资者的风险资产组合中的任一股票都适用。结果，所有投资者的最优风险资产组合只是图9-1中市场投资组合的一部分而已。

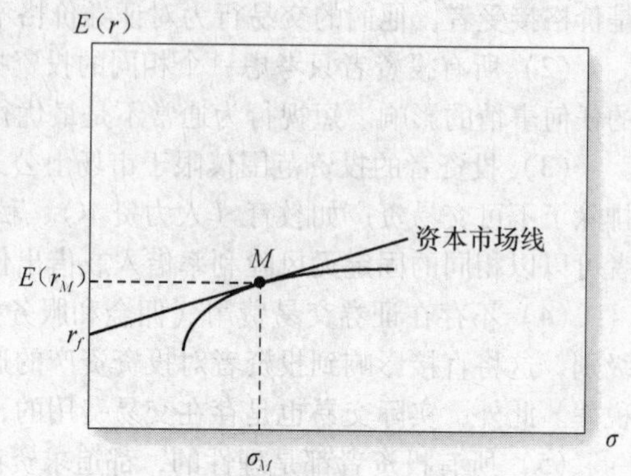

图9-1　有效边界和资本市场线

现在假定投资者的最优资产组合中不包含某些公司的股票，例如不包括德尔塔航空公司的股票，当所有投资者对德尔塔航空公司股票的需求为零时，该股票的价格将会相应下跌。当这一股价变得异乎寻常的低廉时，相比于其他股票，它会变得对投资者有吸引力。最终，德尔塔航空公司的股价会回升到这样一个水平，使德尔塔航空公司的股票完全可以被接受进入最优的股票资产组合。

这样的价格调整过程保证所有股票都被纳入最优资产组合当中，这说明了所有的资产都必须包括在市场投资组合之中。唯一的区别在于在怎样的价位上投资者才愿意将一只股票纳入其最优资产组合。

这看起来好像绕了一大圈才得到这样一个简单的结果：如果所有投资者均持有同样的风险资产组合，那么这一资产组合一定是市场投资组合 M。我们的上述分析旨在阐明本章论述的结果同其理论基础之间的联系，应当说，这一投资过程是证券市场运行的基本规律。

9.1.2　消极策略是有效的

在第6章，我们定义资本市场线为资本配置线，它是由货币市场账户（或短期国债）和市场投资组合构成的，现在你大概可以清楚地看出：为什么说资本市场线是资本配置线的一个有趣特例。在资本资产定价模型的简单形式中，市场投资组合 M 是有效边界与资本市场线的切点，如图9-1所示。

在这里，所有投资者持有的市场投资组合都建立在相同的输入表之上，因此它们能体现出证券市场中所有的相关信息。这意味着投资者无须进行复杂的证券分析而直接持有市场投资组合及可得到的有效资产组合（当然，如果每个人都采用这样的资产组合而没有人进行证券市场分析工作的活，以上情形也就不复存在了，关于这一点，我们将在第11章的市场有效性中再做详尽的讨论）。

因此，投资于市场指数组合这样一个消极策略是有效的，为此，我们有时把这一结论称为**共同基金原理**（mutual fund theorem）。共同基金原理就是曾在第7章讨论过的分散化投资的另一种形式。假定所有投资者均选择持有市场指数共同基金，我们可以将资产组合选择分为两部分：一方面是技术问题，如何由专业管理人员来创建基金；另一方面是个人问题，由于投资者有着不同的风险厌恶程度，面临着如何在共同基金和无风险资产中将整体资产组合进行配置的问题。

在现实中，不同的投资管理者确实创立了很多不同于市场指数的风险资产组合。我们认为这部分是由于在最优资产组合中不同的输入表造成的。尽管如此，共同基金原理的重要性在于它为投资者提

概念检查9-1

如果只有少数投资者进行证券分析，而其他人都选择持有市场投资组合 M，那么证券的资本市场线对于未进行证券分析的投资者而言还仍然是最有效的吗？为什么？

⊖　正如前面所提到的，为了方便我们使用“股票”作为整个经济中的代表；市场投资组合恰好包括经济中的所有资产。

供了一个消极投资的渠道，投资者可以将市场指数看做一个合理的、最有效的资产组合。

专栏9-1是一个关于指数化争论的寓言。如果消极策略是有效的，那么它们倾向于证明交易和研究费用没有减少收益，也没有产生不好的结果。

专栏9-1

货币市场基金经理的寓言

几年前，有个地方叫印地西亚，革命推翻了社会等级制度并引起了私人财产产权体系的重建，原有的政府企业以公司的形式重组，紧接着发行了股票和债券，这些证券通过某一特定中心机构发行，出售给个人、退休基金和其他类似的机构（市场上都流通新印的钞票）。

许多资产管理者立即开始帮助这些投资者。回想起一位退休老人在革命前的言论（“在印地西亚公司投资”）。他呼吁客户拿出资金来购买所有新上市的证券。投资者认为这是一个不错的主意，很快每个人都持有一些印地西亚公司的股票。

不久资本管理者开始感到厌烦，因为他们没有什么可做的，很快他们开始习惯于聚集在海滨的赌场里靠玩轮盘、掷骰子等来消磨时光，并用他们自己的钱赌上一把。

之后，赌场老板想出一个新主意，他想提供一系列令人印象深刻的房间专门作为基金经理俱乐部。这些会员以不同的公司、工厂、国民生产总值水平、外贸等来打赌，为了使赌博更刺激，赌场的老板建议他们用客户的资金作为赌资。

这一建议很快被采纳，基金经理饶有兴趣地来参加这种游戏。在每周末，一些基金经理发现他们为客户赢了钱，而其他人却输了钱，但损失却远远超过了盈利，因为其中一部分花费是赌博的场地费。

不久，一些印地西亚大学的教授指出投资者没有得到很好的服务，由于基金经理把钱用在俱乐部赌博：“为什么付钱给别人去赌博，为什么不自已持有印地西亚公司的份额呢?”

一些投资者认为这一观点有道理，并且对基金经理提出意见。一些基金经理接受了意见并声明他们从此将远离赌场，用客户的资金按适当的比例投资公司发行的股票和债券。

一开始那些继续频繁进出俱乐部的人只是避开转变为基金管理人，但是随后，拒绝接受变成了敌对。正如人们所预期的那样，清教徒式的改革浪潮没有实现，赌博仍然是合法的。许多管理者继续把赌场看做自己的圣地，只是他们比以前有了更多的节制，投入小一点的赌注，渐渐地与他们的责任相一致，甚至有些法律俱乐部的成员也发现很难反对赌博，这一活动仍在继续。

此后，除了赌场业主，每一个人都过得很开心。

资料来源：William F. Sharpe，“The Parable of the Money Managers，” *The Financial Analysts' Journal* 32（July/August 1976），p. 4.

9.1.3 市场组合的风险溢价

在第6章中，我们讨论了个体投资者如何确定投资于风险资产组合的资金金额这一问题。现在来研究投资于市场投资组合与无风险资产的比例问题，以及怎样确定市场投资组合M中的均衡风险溢价?

前面已提出，市场投资组合的均衡风险溢价与投资者群体的平均风险厌恶程度和市场投资组合的风险是成比例的。现在我们可以来解释这一结论。

假设每位投资者投资于最优资产组合M的资金比例为y，那么有：

$$y = \frac{E(r_M) - r_f}{A\sigma_M^2} \quad (9\text{-}1)$$

在简化形式的资本资产定价模型的经济中，无风险投资包括所有投资者之间的借入和贷出，任何借入头寸必须同时有债权人的贷出头寸来平衡。这意味着所有投资者之间的净借入与净贷出的总和为零，因此，这替代了代表性投资者的风险厌恶系数$\overline{A}$，对A而言，风险资产组合的平均比例为100%，或$\overline{y}=1$。设$y=1$，代入式(9-1)整理，我们发现市场投资组合的风险溢价与其方差和平均风险厌恶水平有关。

$$E(r_M) - r_f = \overline{A}\sigma_M^2 \quad (9\text{-}2)$$

概念检查9-2

从过去80年（见表5-3）标准普尔500指数数据得到如下数据：平均超额收益为7.99%，标准差为23.2%。

a. 如果这些平均数近似地反映投资者在这段时间的期望收益率，那么投资者的平均风险厌恶系数是多少?

b. 如果风险厌恶系数的实际值为3.5，那么符合市场历史标准差的风险溢价是多少?

9.1.4 单个证券的期望收益

资本资产定价模型认为，单个证券的合理风险溢价取决于单个资产对投资者的所有资产组合风险的贡献程度。资产组合风险对于投资者而言，其重要性在于投资者根据资产组合风险来确定他们要求的风险溢价。

由于所有投资者采用相同的输入表，这意味着他们的期望收益、方差和协方差都相同。在第7章中我们提到可以将这些协方差列入一个协方差矩阵之中，比如第5行第3列即为证券3和证券5收益率的协方差。协方差矩阵的对角线为证券及其自身收益率的协方差，也就是证券本身的方差。

例如，现在我们假定要测算通用电气公司股票的资产组合风险。我们通过通用电气公司股票与整个市场投资组合的协方差来测算其对全部资产组合风险的贡献程度。

为了解释其原因，我们先来回顾一下市场投资组合的方差是如何计算的。为此，我们按照第7章中讨论过的方法，利用市场投资组合权重构成的边界协方差矩阵来计算市场投资组合的方差。在描述市场投资组合中的N只股票时，我们着重关注通用电气公司的股票，如下所示。

投资组合比重	w_1	w_2	…	w_{GE}	…	w_n
w_1	$Cov(r_1, r_1)$	$Cov(r_1, r_2)$	…	$Cov(r_1, r_{GE})$	…	$Cov(r_1, r_n)$
w_2	$Cov(r_2, r_1)$	$Cov(r_2, r_2)$	…	$Cov(r_2, r_{GE})$	…	$Cov(r_2, r_n)$
⋮	⋮	⋮		⋮		⋮
w_{GE}	$Cov(r_{GE}, r_1)$	$Cov(r_{GE}, r_2)$	…	$Cov(r_{GE}, r_{GE})$	…	$Cov(r_{GE}, r_n)$
⋮	⋮	⋮		⋮		⋮
w_n	$Cov(r_n, r_1)$	$Cov(r_n, r_2)$	…	$Cov(r_n, r_{GE})$	…	$Cov(r_n, r_n)$

如前所述，我们通过将协方差矩阵的所有元素加总来计算资产组合的方差，首先要将行与列的所有资产组合权重相乘。因此，每只股票对资产组合方差的贡献率可以表示为股票所在行协方差的总和。这里每个协方差都要首先乘以每只股票所在行和列的权重。[⊖]

例如，通用电气公司股票对市场组合方差的贡献为：

$$w_{GE}[w_1 Cov(r_1, r_{GE}) + w_2 Cov(r_2, r_{GE}) + \cdots + w_{GE} Cov(r_{GE}, r_{GE}) + \cdots + w_n Cov(r_n, r_{GE})] \tag{9-3}$$

式（9-3）表明了方差和协方差各自在计算资产风险方面的重要作用。当经济中有许多只股票时，协方差项就会比方差项多很多。因此，某一特定股票与其他股票的协方差决定了这只股票对整个市场投资组合风险的贡献程度。

我们稍后便计算出式（9-3）中通用电气公司股票与市场投资组合的协方差总和。换句话说，单只股票对市场投资组合风险的贡献率取决于它与市场组合的协方差：

通用公司股票对市场投资组合方差的贡献程度 $= w_{GE} Cov(r_{GE}, r_M)$。

我们对这一结果并不感到惊讶。例如，如果通用公司股票与市场上其他股票的协方差为负，那么该股票对市场投资组合的贡献是“负的”：因为通用电气公司股票的收益率与市场上其他股票收益率的变动方向相反，所以与整个市场投资组合的收益率变动也相反。如果协方差是正的，那么通用电气公司股票对市场投资组合风险的贡献也是正的，其收益率的变动幅度与整个市场投资组合的收益率变动一致。

下面进行更严格的证明，市场投资组合的收益率表示如下：

$$r_M = \sum_{k=1}^{n} w_k r_k$$

因此，通用电气公司股票与市场投资组合的协方差为：

$$Cov(r_{GE}, r_M) = Cov\left(r_{GE}, \sum_{k=1}^{n} w_k r_k\right) = \sum_{k=1}^{n} w_k Cov(r_k, r_{GE}) \tag{9-4}$$

注意式（9-4）中的最后一项严格地讲同式（9-3）中括号里的内容完全相同。因此式（9-3），通用电气公司股

⊖ 另一个同样有效的计算通用电气公司对市场方差贡献的方法是求出通用电气公司所在行与列的元素总和。在本例中，通用电气公司的贡献是式（9-3）中的两倍。我们在书中所提及的方法，以一种便利的方式在证券中分配对投资组合风险的贡献。每一股贡献的总量与总的投资组合的方差相等，而这里所说的另一种方法是把投资组合的方差加倍。这一结果从双倍计量中得出，因为对每只股票，把行和列分别相加，将导致矩阵中各元素增加两倍。

票对整个市场投资组合方差的贡献程度，可以简化为 $w_{GE}\text{Cov}(r_{GE}, r_M)$。同时也可以看到，我们持有通用电气公司股票对整个市场投资组合的风险溢价的贡献为 $w_{GE}[E(r_{GE})-r_f]$。

因此，投资通用电气公司股票的回报-风险比率可以表达为：

$$\frac{\text{通用电气对风险溢价的贡献}}{\text{通用电气对方差的贡献}}=\frac{w_{GE}[E(r_{GE})-r_f]}{w_{GE}\text{Cov}(r_{GE},r_M)}=\frac{E(r_{GE})-r_f}{\text{Cov}(r_{GE},r_M)}$$

市场投资组合是切线（有效均值-方差）上的资产组合。投资于市场投资组合的回报-风险比率为

$$\frac{\text{市场风险溢价}}{\text{市场方差}}=\frac{E(r_M)-r_f}{\sigma_M^2} \tag{9-5}$$

式（9-5）中的比率通常也叫做**风险的市场价格**（market price of risk）。[㊀]因为它测度的是投资者承担投资风险时所要求的收益。注意有效组合的组成部分，比如通用电气公司的股票，我们用其对资产组合方差的贡献程度来测度风险（取决于与市场投资组合的协方差）。相反，对于有效组合本身来说，方差就是最合适的风险测度。

均衡的一个基本原则是所有投资者应该具有相同的回报-风险比率。如果某一投资的回报-风险比率大于其他投资，投资者将会调整他们的资产组合，倾向于卖掉或者选择不投资于这些股票。这样的行为会给证券价格带来压力直至这一比率相等。因此，我们可以得出通用电气公司股票的回报-风险比率应该与市场组合的相等

$$\frac{E(r_{GE})-r_f}{\text{Cov}(r_{GE},r_M)}=\frac{E(r_M)-r_f}{\sigma_M^2} \tag{9-6}$$

为了测算通用电气公司股票的合理风险溢价，我们将式（9-6）稍微变换一下得到

$$E(r_{GE})-r_f=\frac{\text{Cov}(r_{GE},r_M)}{\sigma_M^2}[E(r_M)-r_f] \tag{9-7}$$

这里 $\text{Cov}(r_{GE}, r_M)/\sigma_M^2$ 这一比率衡量了通用电气公司股票对市场投资组合方差的贡献程度，是市场投资组合方差的组成部分。这一比率也叫做贝塔，用 β 表示。这样，式（9-7）可以表示为

$$E(r_{GE})=r_f+\beta_{GE}[E(r_M)-r_f] \tag{9-8}$$

这个**期望收益-贝塔关系**（expected return-beta relationship）就是资本资产定价模型最为普通的一种表达方式。下面我们将更为详尽的讨论这一关系。

现在我们明白为什么市场上投资者的行为一致这一假设如此重要。如果投资者均持有相同的风险资产组合，那么人们会发现每项资产与市场投资组合的贝塔值等于这一资产同投资者手中持有的风险资产组合的贝塔值，因此所有人都认同每一资产合适的风险溢价。

现实中很少有人持有市场投资组合是不是意味着资本资产定价模型没有实际意义呢？并不能这样认为。回想第7章中提出合理的多元化投资能有效地消除公司特有的非系统风险，而仅剩下系统性风险或市场风险。即便是投资者没有非常精准地持有市场组合，一个充分分散的资产组合同市场组合仍具有非常好的一致性，那么一只股票相对于市场的贝塔值仍为一种有效的测度风险的方法。

实际上，即使我们认为不同的行为主体的差异会导致他们选择不同形式的资产组合，但许多学者已经证实了修正的资本资产定价模型是有效的。例如，布坎南[㊁]检验了投资者个税税率的不同对市场均衡的影响，麦耶斯[㊂]研究了如人力资本（挣钱能力）的非交易资产的影响。这些研究均表明，尽管市场投资组合并不是每个投资者的最优风险资产组合，但在资本资产定价修正模型下期望收益-贝塔关系仍然成立。

如果期望收益-贝塔关系对任何单独资产都成立，那么它对资产的任意组合都一定成立。假设资产组合 P 中股票 k 的权重为 w_k，k 值为1，2，…，n。对每只股票均引用式（9-8）的资本资产定价模型，并乘以它们各自在资产组合中所占的权重，每只股票可以得到以下等式：

$$w_1E(r_1)=w_1r_f+w_1\beta_1[E(r_M)-r_f]+w_2E(r_2)=w_2r_f+w_2\beta_2[E(r_M)-r_f]+\cdots=\cdots$$

㊀ 使用这一术语，就会使我们把自己带入含糊不清的境地，因为投资组合的报酬-波动性比率，有时被称为风险的市场价格。注意由于合理的计量通用电气公司风险的方法是用它对市场投资组合的协方差（它对市场投资组合方差的贡献），所以这个风险是以平方的百分比衡量的。相应地，风险的价格 $[E(r_M)-r_f]/\sigma_M$，被定义为每单位百分比方差平方的期望收益百分比。

㊁ Michael J. Brennan, "Taxes, Market Valuation, and Corporate Finance Policy," *National Tax Journal*, December 1973.

㊂ David Mayers, "Nonmarketable Assets and Capital Market Equilibrium under Uncertainty," *in Studies in the Theory of Capital Markets*, ed. M. C. Jensen (New York: Praeger, 1972). 我们将在后续章节中对此进行详尽讨论。

$$+w_n E(r_n) = w_n r_f + w_n \beta_n [E(r_M) - r_f]$$
$$E(r_P) = r_f + \beta_P [E(r_M) - r_f]$$

将上式每一行进行加总即得出所有资产组合的资本资产定价模型，因为这里 $E(r_P) = \sum_k w_k E(r_k)$ 是资产组合的期望收益，$\beta_P = \sum_k w_k \beta_k$ 是资产组合的贝塔值。另外，这一结果对市场组合本身也是有效的

$$E(r_M) = r_f + \beta_M [E(r_M) - r_f]$$

事实上由于 $\beta_M = 1$，这确实是一种重复，可以用下式来证明：

$$\beta_M = \frac{\text{Cov}(r_M, r_M)}{\sigma_M^2} = \frac{\sigma_M^2}{\sigma_M^2}$$

这也证实了所有资产贝塔的加权平均值为1。如果市场贝塔为1，并且市场投资组合是整个经济中所有资产的组合，那么所有资产的加权平均贝塔值必定为1。因此如果贝塔大于1，那么就意味着投资于高贝塔值的股票要承担高于市场平均波动水平的风险，贝塔值小于1就意味着投资趋于保守。

值得注意的是：我们已经习惯地说管理水平较高的企业会取得高的收益水平。这是由于测度公司收益水平高低是基于其厂房和设备等设施所得到的结果。然而资本资产定价模型预测的是公司证券投资的收益。

我们假定每个人都认为某个公司运营良好。相应地，该公司的股票价格将会上升，结果购买该股票股东的投资收益率会随着股价的不断上升而无法取得超额收益。换句话说，证券市场价格已经反映了有关公司市场前景的一切公开信息，因此只有公司的风险（正如资本资产定价模型中β值所反映的一样）会影响到期望收益率。在一个运作良好的市场中，投资者想要获取高的期望收益率必须要承担高的风险。

概念检查 9-3

假定市场投资组合风险溢价的期望值为8%，标准差为22%。假设一个资产组合的25%投资于丰田汽车公司股票，75%投资于福特汽车公司股票，它们各自的β值分别为1.10和1.25，那么该资产组合的风险溢价为多少？

当然，投资者不能直接看出或确定证券的期望收益。然而，他们可以观察证券价格并通过出价来影响证券价格的变化。相比于某些投资可累计现金流，期望收益率由投资者必须支付的价格来决定。

9.1.5　证券市场线

我们可以把期望收益 - 贝塔关系视为收益 - 风险等式。证券的贝塔值之所以是测度证券风险的适当指标，是因为贝塔与证券对最优风险组合风险的贡献度成正比。

风险厌恶型投资者通过方差来衡量最优风险资产组合的风险。我们认为，单项资产的期望收益或风险溢价取决于其对资产组合风险的贡献程度。股票的贝塔值测度的是它对市场组合方差的贡献程度。因此，我们预期，对于任何资产和资产组合而言，所要求的风险溢价是关于贝塔值的函数。资本资产定价模型论证了这一直觉，并进一步表明证券的风险溢价与贝塔值和市场投资组合的风险溢价成正比，即证券的风险溢价等于 $\beta[E(r_M) - r_f]$。

期望收益 - 贝塔关系就是**证券市场线**（security market line，SML），如图9-2所示。因为市场的贝塔值为1，其斜率就是市场投资组合的风险溢价，横轴为β值，纵轴为期望收益，当横轴的 $\beta=1$ 时，这一点就是市场投资组合的期望收益率。

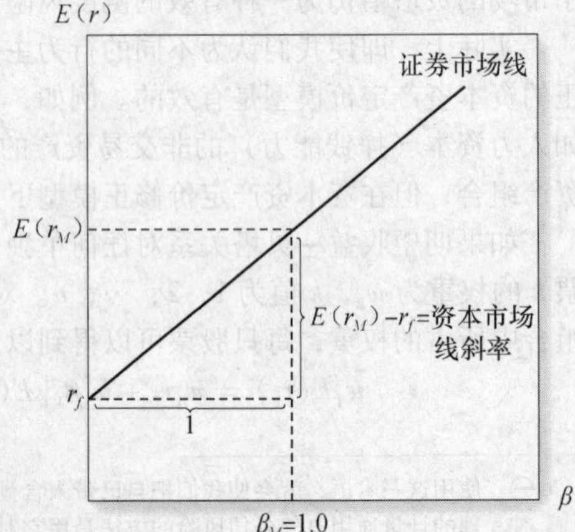

图9-2　证券市场线

有必要对证券市场线和资本市场线进行比较。资本市场线描绘了有效资产组合的风险溢价（有效资产组合是指由风险资产和无风险资产构成的资产组合）是资产组合的标准差函数。标准差可以用来衡量有效分散化的资产组合即投资者总的资产组合的风险。相比较而言，证券市场线刻画的是单个风险资产的风险溢价，它是该资产风险的一个函数。作为高度分散化资产组合一部分的单项资产的风险测度并不是资产的标准差或方差，而是该资产对资产组合方差的贡献程度，我们用贝塔值来测度这一贡献程度。证券市场线对有效资产组合和单

项资产均适用。

证券市场线为评估投资业绩提供了一个基准。给定一项投资的以β值来测度的风险，证券市场线就能得出投资者为了补偿风险所要求的期望收益和货币的时间价值。

由于证券市场线是期望收益-贝塔关系的几何表述，所以“公平定价”资产一定在资本市场线上；也就是说，它们的期望收益与其风险是相匹配的。根据前文所给出的假定，在均衡市场中所有证券都必须在证券市场线上。然而，我们在这里还想研究资本资产定价模型在货币资金管理行业上的应用。假定证券市场线是用来估计风险资产正常期望收益率的基准，证券分析旨在推算证券的实际期望收益率（注意我们现在脱离简单的资本资产定价模型，来讨论某些投资者依据自己的独特分析运作不同于其他竞争对手的一个“输入表”）。如果一只股票被认为是好股票或者被低估的股票，那么它将提供超过证券市场线给定的正常收益的超额期望收益。被低估的股票期望收益值将会高于证券市场线所给出的正常收益值：在给定贝塔值的情况下，其期望收益高于根据资本资产定价模型所得出的收益值。被高估的股票的期望收益低于证券市场线上所给出的正常收益值。

股票的实际期望收益与正常期望收益之间的差，我们称为股票的**阿尔法**（alpha），记作α。例如，如果市场收益率为14%，股票的贝塔值为1.2，短期国债利率为6%，通过证券市场线计算得出的股票期望收益率为$6\% + 1.2 \times (14 - 6)\% = 15.6\%$。如果某投资者认为这只股票的期望收益率为17%，那么其α值为1.4%（如图9-3所示）。

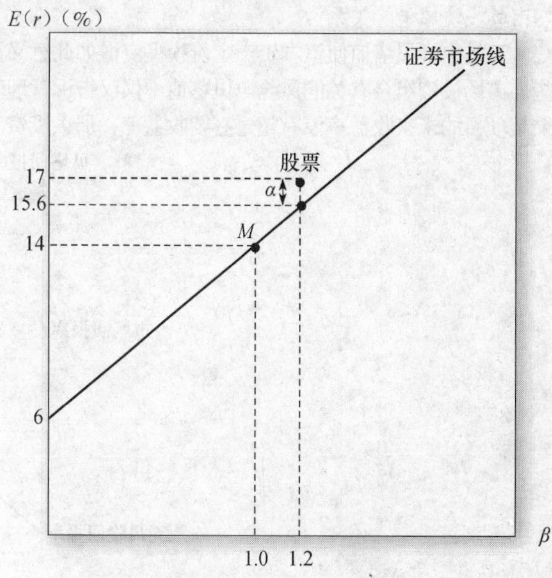

图9-3　证券市场线和一只α值为正的股票

有人认为证券分析（如第五部分所示）是找出α非零的证券。这一分析显示资产组合管理的起点是一个消极的市场指数资产组合。资产组合管理者将增加α大于零证券的比例，减小α小于零的证券的比例。我们在第8章中已经给出调整资产组合权重的方法。

资本资产定价模型同样适用于资本预算决策。一个企业如果打算投资新项目，资本资产定价模型给出了基于贝塔值的必要收益率，这一收益率是投资者可以接受的。管理者可以运用资本资产定价模型得到该项目的内部收益率（IRR）或“必要收益率”。

专栏9-2描述了资本资产定价模型是怎样运用在资本预算中的，同时也提出了一些与此结论相违背的异常现象，我们将会在第11~13章进行详细的讨论。本专栏还分析了在存在这些缺陷的条件下，资本资产定价模型是否还对资本预算决策适用。此外，本专栏认为尽管存在这些质疑，该模型对于希望增加企业基础价值的管理者而言还是有应用价值的。

专栏9-2

来自遥远的传说

金融市场风险定价决定了公司的投资方向。但是如果市场是无效的，那将会产生怎样的结果呢？

投资者很少因为自己的良好直觉而被予以肯定。但是在过去的20年中，越来越多的公司决策模型是基于“投资者是理性的”前提。如果投资者是非理性的，那么他们的决策都是错的吗？

一个被称为“资本资产定价”的模型被广泛应用于现代金融领域。几乎所有的投资者都希望守住自己的项目，如守住一个商标、一个工厂或一家公司的并购项目，这一切都必须部分地根据资本资产定价模型来判断自己的决策是否合理。因为该模型为投资者提供了计算必要收益率的方法。如果股东想获益，任何投资项目的收益率都必须超过其“必要收益率”。

尽管资本资产定价模型较为复杂，但可以简化为以下五个方面：

（1）投资者可以通过分行业分地区的分散投资方法来规避某些风险，比如工人罢工风险、老板辞职风险等。

（2）某些风险，例如全球性经济衰退，是不能通过分散投资的方式来消除的。所以，即使将所有股票纳入资产组合篮子，也仍然是有风险的。

（3）相比于投资诸如国债等安全性更高的资产，人们更倾向于投资于风险更高的资产组合。

（4）某项特定投资的收益仅仅取决于其影响市场投资组合风险的程度。

（5）一般来说，可以通过一种简单的方式来测度其影响市场投资组合风险程度——复制“贝塔”，贝塔表示该项投资的风险与市场投资风险的关系。

正是由于贝塔值使资本资产定价模型变得如此意义重大。尽管投资者面临着许多风险，进行分散投资的投资者只需要关注那些与市场投资组合有关的风险。贝塔值不仅仅告诉管理者如何测度这些风险，也告诉管理者如何将其直接转化为必要收益率。如果某项目的未来收益率没有超过必要收益率，那么投资者是不值得去投资的。

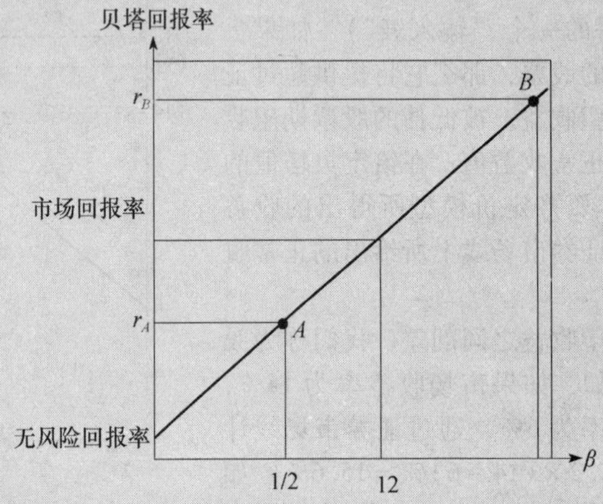

上图说明了资本资产定价模型是如何工作的。安全性的投资，如国债投资，其贝塔值为零。风险水平较高的投资项目比无风险资产要获得更高的回报，并且随贝塔值增加而增加。那些风险与市场风险大致相匹配的投资，其贝塔值为1，根据定义，这些投资应该达到市场收益水平。

因此假设一个公司正在考虑两个投资项目——*A* 和 *B*。项目 *A* 的贝塔值为0.5，即当市场收益上升或下降10%时，其收益也相应地上升或下降5%。因此，它的风险溢价仅为市场收益的一半。项目 *B* 的风险溢价是市场风险水平的两倍，因此通过调整资产组合可以获得一个更高的收益。

永远不要故意低估资产

资本资产定价模型仍存在一个小问题：金融学家研究表明贝塔值对于解释公司股票收益率并不是十分有效。更重要的是，还有更好的指标来解释这些收益问题。

这一指标就是公司的净资产（资产负债表上的价值）与市场价值之比。有些研究发现，一般来说，拥有高的净市率的公司长期收益率较高，即便在调整了风险的贝塔值之后仍然如此。

净市率效应的发现在金融经济学家之间引起了广泛的争论。所有人都认为有些风险应当获得更高的风险补偿。但是他们在如何测度风险这一问题上产生了严重的分歧。一些人认为由于投资者是理性的，净市率效应必然会引来额外的风险因素。他们因此总结出管理者应该把账面市场比率考虑进他们要求的必要收益率中去。他们还把这一可能出现的必要收益率称为“期望收益的新估计”，或 NEER。

然而，另一些金融学家对此提出了质疑。由于没有明显的额外风险与高净市率相关联，他们认为投资者会被这一概念误导。简而言之，他们低估了高净市率的股票，这使他们获得了超额收益。如果这个公司的管理者试图跃过这些被抬高了的必要收益率，他们就得放弃许多可获利的资产组合。经济学家的意见并不一致，那些尽职尽责的管理者会怎样呢？

来自麻省理工学院商学院的经济学家杰里米·斯坦给出了一个二者兼顾的答案。如果投资者是理性的，那么贝塔值并不是测度风险的唯一方法，所以管理者并不应该采用这种方法。相反，如果管理者是非理性的，贝塔值在许多情况下仍是有效的测度工具。斯坦先生认为如果贝塔测度的是市场基础风险，这个基础风险是指它对市场投资组合风险的贡献，那么管理者关注它是值得的，即使在某些情况下并未取得理想的结果。

通常，但并非总是如此，斯坦先生的理论中暗含着一个关键的区别，即提高公司的长期价值与提高公司股票价格之间的差别。如果投资者是理性的，那么两者是一致的：任何提高公司长期价值的决定都会迅速提高股票价值。但是如果投资者正在犯可预见的错误，那么管理者就必须做出决策了。

举例来说，如果他今天希望提高股价，可能的原因是他希望卖掉股票或者阻止公司被接管的企图，他通常需要使用期望收益的新估计量，来纠正投资者的错误观点。但是如果他想提高长期价值，他通常会继续使用贝塔。斯坦先生把这种与 NEER 不同的方法称为“市场基础风险”法，或 FAR 法。

斯坦先生的结论无疑会惹怒许多公司的老板，这些老板经常会怒斥投资者缺乏远见。他们之所以斥责资本资产定价模型的方法，是因为这一方法假定投资者的判断无误，而这个假定前提在决策时起到了关键性的作用。但现在如果他们是对的而投资者是错误的，则那些有远见的管理者将是资本资产定价模型最大的追随者了。

【例 9-1】 **资本资产定价模型的应用**

资本资产定价模型的另一个应用是关于效用率的确定。[⊖]这里是指在限制投资用途的前提下，确定投资工厂和设备所必要的投资收益。假设股东的初始投资是 1 亿美元，股票的贝塔值为 0.6，如果短期国债利率为 6%，市场风险溢价为 8%，那么股东投资 1 亿美元所要求的利润率为 $6+0.6\times8=10.8\%$，或要求的利润额为 1 080 万美元。企业应该根据这一利润水平来确定价格。■

概念检查 9-4

XYZ 股票的期望收益率为 12%，风险 $\beta=1$，而 ABC 股票的期望收益率为 13%，$\beta=1.5$。市场的期望收益率为 1%，$r_f=5\%$。

a. 根据资本资产定价模型，哪只股票更值得投资？

b. 每只股票的阿尔法各是多少？画出证券市场线并在图中标出每只股票风险回报点和 α 值。

概念检查 9-5

无风险利率为 8%，市场投资组合的期望收益率为 16%，某项投资项目的贝塔值为 1.3。

a. 这一项目的必要收益率是多少？

b. 如果该项目的期望 IRR = 19%，是否应该投资该项目？

9.2 资本资产定价模型和指数模型

9.2.1 实际收益与期望收益

资本资产定价模型是一个出色的模型。问题是在现实中它是否有价值，是否能经受事实的验证。第 13 章在这一点上提供了一系列实证证据，但现在我们主要关注一个更根本性的问题：资本资产定价模型甚至其基本前提是否经得起验证？

对于初学者来说，资本资产定价模型的一个核心预测是市场投资组合为均值 - 方差有效资产组合。资本资产定价模型中的资产是所有可交易的风险资产。为了验证资本资产定价模型的市场投资组合的有效性，我们需要构建一个大规模的价值加权的资产组合并测试其有效性。到目前为止，还没有合适的方法来进行检验。一个更为棘手的问题是，资本资产定价模型反映了期望收益率之间的关系，但是能观察到的是实际持有期收益，而这些并不等于事先的预期值。即便假定可以构建一个资产组合完全代替资本资产定价模型的市场组合，我们如何来检验均值 - 方差的有效性？我们需要证明市场组合的回报 - 波动性比率大于任何其他资产组合的回报 - 波动性比率。然而，这种回报 - 波动性比率是预期的，我们不能直接观察到这些期望值。

资本资产定价模型的第二个关键预测是期望收益 - 贝塔关系，关于预期的测度仍然困扰着我们。期望收益 - 贝塔关系也用期望回报 $E(r_i)$ 和 $E(r_M)$ 来定义：

⊖ 这一应用越来越少见了，因为许多州放宽了它们对公共事业的管制，很大程度上允许市场进行自由定价，然而，用它来确定收益率的情形还是很多。

$$E(r_i) = r_f + \beta_i[E(r_M) - r_f] \tag{9-9}$$

初步的结论是，资本资产定价模型简洁且具洞察力，但我们必须给出一些附加假设使该模型实用性更强并经得起检验。

9.2.2　指数模型和实现的收益

资本资产定价模型用于表示事先的或期望的收益，然而在现实生活中我们只能观察到事后或者已经实现的收益。为了使期望收益变成实际的收益，我们可以利用指数模型，其超额收益可以表示如下

$$R_i = \alpha_i + \beta_i R_M + e_i \tag{9-10}$$

在第8章中我们提到如何在某一样本期内用观察到的实现的收益进行标准的回归分析来估计式（9-10）。现在我们来看看这个统计分解股票实际收益率的框架是如何与资本资产定价模型相融合的。

我们从推导第 i 只股票的超额收益与市场指数的协方差开始。从定义来讲，这个公司层面或非系统层面的部分与市场总体或系统层面的组成部分互相独立，也就是说，$\text{Cov}(R_M, e_i)=0$。因此，证券 i 的超额收益率与市场指数的协方差为：

$$\text{Cov}(R_i, R_M) = \text{Cov}(\beta_i R_M + e_i, R_M) = \beta_i \text{Cov}(R_M, R_M) + \text{Cov}(e_i, R_M) = \beta_i \sigma_M^2$$

注意因为 α_i 为常数，我们可以从协方差中把 α_i 消掉，因此与所有变量的协方差都为零。

由于 $\text{Cov}(R_i, R_M)=\beta_i\sigma_M^2$，在式（9-10）中敏感系数为 β_i，它是指数模型的线性回归方程的斜率，等于

$$\beta_i = \frac{\text{Cov}(R_i, R_M)}{\sigma_M^2}$$

这个指数模型的 β 系数同资本资产定价模型期望收益－贝塔关系中的 β 一样，不同的是我们用更为特殊和直观的市场指数代替了资本资产定价模型里的市场投资组合。

9.2.3　指数模型与期望收益-贝塔关系

对于任何资产 i 和市场投资组合（理论上的）而言，资本资产定价模型的期望收益－贝塔关系为：

$$E(r_i) - r_f = \beta_i[E(r_M) - r_f]$$

其中 $\beta_i = \text{Cov}(R_i, R_M)/\sigma_M^2$。与（理论上的）市场平均超额收益不同，它表示的是资产平均或期望超额收益。

如果在式（9-10）中的指数 M 代表真正的市场组合，我们可以将等式两边取期望值来看看指数模型的独特之处：

$$E(r_i) - r_f = \alpha_i + \beta_i[E(r_M) - r_f]$$

比较指数模型关系和资本资产定价模型期望收益－贝塔关系［式（9-9）］可以看出资本资产定价模型预测中的所有资产的 α_i 全为零。一只股票的阿尔法是超过（或低于）通过资本资产定价模型测算出的公平期望收益的部分。如果股票公平定价，那么它的阿尔法必然为零。

我们再一次强调这是证券期望收益的一种表达方式。在这个事实的背后，当然我们也能看出一些证券的收益可能大于或小于期望收益值，可能会比资本资产定价模型所预测的收益率要高或低；也就是说，在同一样本时期内一些公司会出现正的或负的阿尔法，但是证券的好或坏的表现并不能事先预测到。

因此，如果我们利用式（9-10）作为回归模型来估计几家公司的指数模型，我们会发现事后或者实现的 α（回归的截距项）在零附近。如果 α 的初始期望值是零，那么在某个样本期内会有一些公司的 α 值为负，而另一些公司的为正。资本资产定价模型中所有证券的 α 的期望值都是零，然而以指数模型表示的资本资产定价模型发现对于某一特定历史观测时期的已实现的 α 均值为零。同样重要的是，样本的 α 是不可预测的，也就是说，每段样本期的 α 都是独立于下一期的。

伯顿·马尔基尔[⊖]通过对一个大的权益共同基金样本估计 α 值的研究为市场组合有效性提供了间接证据。结果

⊖ Burton G. Malkiel, "Returns from Investing in Equity Mutual Funds 1971 – 1991," *Journal of Finance* 50 (June 1995), pp. 549-72.

如图9-4中所示，α的分布大体上像钟形，其α为一个小的负值，但统计上不显著。总体上，共同基金收益并不比经风险调整后的市场指数的表现好。[㊀]

这一结果极具意义。尽管我们预计单个证券已实现的α值在零附近波动，专业管理的共同基金可以提供正的α值。拥有良好表现的基金（我们预计这个集合为非空集合）应该将样本的α均值推高到一个正值。拥有良好表现的基金对分布的影响较小说明消极策略是有效的，资本资产定价模型确实是最理想的选择。

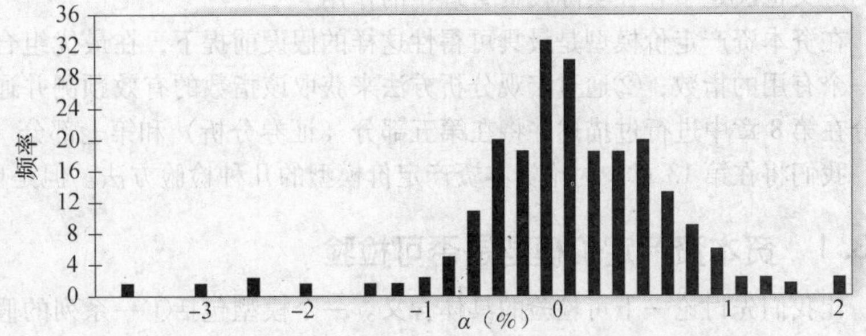

图9-4 单个共同基金α值的估计，1972～1991

注：这是连续记录的10年来所有权益共同基金α估计值的频率分布状况。

资料来源：Burton G. Malkiel, "Returns from Investing in Equity Mutual Funds 1971－1991," *Journal of Finance* 50 (June 1995), pp. 549-72. Reprinted by permission of the publisher, Blackwell Publishing, Inc.

另一个基于指数模型的可应用的变种是**市场模型**（market model）。更准确地讲，市场模型指出任何证券的超额收益部分都与对应的市场超额收益成比例，再加上一个公司层面的收益部分，即

$$r_i - E(r_i) = \beta_i[r_M - E(r_M)] + e_i$$

与指数模型不同的是，这一方程将收益划分为公司层面的收益和系统性部分的收益。如果资本资产定价模型是有效的，那么可以肯定的是，如果替代式（9-9）中的$E(r_i)$，市场模型将等同于指数模型。出于这个原因，"指数模型"和"市场模型"这两个术语经常可以互相转换。

概念检查9-6

你能指出下列模型的细微差别吗？

a. 资本资产定价模型　　b. 单因素模型

c. 单指数模型　　d. 市场模型

9.3 资本资产定价模型符合实际吗

为了讨论资本资产定价模型在实际中的应用，我们首先要回答两个问题。第一，尽管我们都认为资本资产定价模型是解释资产风险回报率的最佳理论模型，那么这对实际投资策略会带来怎样的影响？第二，我们如何确定资本资产定价模型真的就是解释风险资产收益率最有效的模型？

注意第一个问题的用词。我们并不是说："假定资本资产定价模型完美解释了风险资产收益"。所有的模型，无论在经济中还是在科学中，都是从简化的形式出发来让我们掌握复杂的事实，这也意味着完美是不合理且不实际的。在书中，我们一定要弄清"完美解释"的含义是什么。从前面的章节中我们知道如果资本资产定价模型是有效的，一个包含所有交易证券（如假设3中所提及的整个投资大环境中的所有风险证券）的单指数模型也是有效的。这样，"完美解释"意味着在证券风险溢价中所有的α值都等于零。

α值都等于零这一概念在理论上是可行的，但是在真实的市场上这一情况不可能出现。格鲁斯曼和斯蒂格利茨已经证实这样的均衡在一个经济体中可以实现，但是并不一定能达到这种均衡。[㊁]他们的基本思想是证券分析行为是推动证券价格达到α值等于零的"合理"价格的力量。但是如果所有的α都等于零，就可能没有动力去进行证券分析了。然而，市场均衡的性质是驱使价格接近合理的价格，使α几乎都等于零，但仍然会有很多波动情况促使证券分析师进行证券研究。

一个更合理的表述是资本资产定价模型是解释风险资产收益率的最可得的模型，这意味着没有证券分析的情况下，人们都应该购买α等于零的证券。当且仅当α不等于零时，证券定价出现误差（当α大于零时证券价格被低估，而当α小于零时证券价格被高估），α大于零或小于零只有通过良好的证券分析才能得出。如果不在这样的分析

㊀ 注意这一研究包括了所有公共基金至少10年的β，这说明该样本的平均α值偏大，因为10年之内失败的基金已经被忽略并且从该分布的左侧去除。这一生存偏差使基金的平均表现落后于指数的结果更有说服力。我们将在第11章中进一步讨论生存偏差问题。

㊁ Sanford J. Grossman and Joseph E. Stiglitz, "On the Impossibility of Informationally Efficient Markets," *American Economic Review* 70 (June 1981).

中投入资源的话，投资者在所有 α 都等于零的前提假设下获得最佳的资产组合。资本资产定价模型这一优于其他模型的定义也决定了它在实际投资管理中的作用。

在资本资产定价模型是最具可得性这样的假设前提下，在最优组合上愿意花费精力和资源的投资者必须：①发掘一个有用的指数；②通过宏观分析方法来获取该指数的有效预测并通过证券分析以找出定价不合理的证券。这一部分在第 8 章中进行过描述并将在第五部分（证券分析）和第七部分（资产组合管理应用）中进行进一步的讨论。

我们将在第 13 章中讨论资本资产定价模型的几种检验方法。但是更重要的是解释这些结果的原因及含义。

9.3.1 资本资产定价模型是否可检验

让我们先讨论一下可检验的具体含义。一个模型包括①一系列的假设；②运用这些假设对模型进行数学或逻辑上的推导；③一系列的预测。假设所有逻辑和数学推导都是无误的，我们可以用两种方法来对模型进行检验：规范方法和实证方法。规范方法检验模型的假设，而实证方法检验模型的预测部分。

如果一个模型的假设是合理的，并且它的推导也是无误的，那么模型的预测就一定是正确的。在这种情况下，检验模型的假设就等同于模型本身的检验。但是就算有的话，也很少有模型能通过规范性检验。在很多情况下，像资本资产定价模型，假设都是无效的。我们意识到这些假设确实简化了现实情况，因此我们都在一定程度上有赖于这些“不正确”的假设。使用这些不现实假设的动机意图很明确，那就是完全反映真实市场复杂性的模型无解。正如我们注意到的那样，不光是经济学需要使用简化假设，所有科学都面临同样的问题。

假设的选取最重要的就是使模型可解，但我们更希望所选取的假设能让模型更“稳健”。如果一个模型的预测对放松某一假设不是高度敏感的话，那么该模型关于该假设就是稳健的。若仅使用这确保模型稳健性的假设，虽然存在很多缺点，模型的预测的准确性是可以接受的。以上的讨论表明模型的检验几乎都是实证性的，即通过检验模型实证预测能力来判断它的有效性。这一规范为所有科学引入统计变量，并要求我们对可接受的显著性水平和程度设定标准[⊖]。由于规范性检验剔除了非现实的假设，实证检验就成了检验模型对假设的稳健性程度的一种检验。

资本资产定价模型中包含了两方面预测：①市场组合是有效的；②证券市场线（期望收益 - 贝塔关系）准确地描绘了风险收益的权衡，也就是 α 为零。实际上，第二个假设可以从第一个假设中引申出来。因为这两个假设都变成市场组合均值 - 方差的有效性检验。检验这一预测的关键问题在于假定的市场组合不可以观测到。“市场组合”包括投资者持有的所有风险资产。它远比股票指数广泛。它包括债券、房地产、外汇资产、私人公司和人力资本。这些资产不经常交易或者从不交易（如人力资本）。测度一项可观测到的资产组合的有效性是非常难的，更何况是不可观测的组合。所以单单这一问题就使模型的检验不可行。[⊜]更重要的是，即使对市场组合有效性很小的偏离都有可能导致证券市场线上期望收益 - 贝塔关系发生很大程度的偏离，这将会使该模型的实际可行性进一步下降。

9.3.2 实证检验不支持资本资产定价模型

由于市场投资组合不能被观察，资本资产定价模型的检验是以解决期望收益 - 贝塔关系的问题为中心。实证检验中用市场投资组合代理组合（如标准普尔 500 指数）来检验资本资产定价模型。因此这些检验实际上认定模型假设具有稳健性，即市场代理组合充分接近真实的、不可观测的市场组合。资本资产定价模型不能通过这些检验，也就是说，数据拒绝了假设：α 在可接受的显著性水平上都等于零。例如，我们发现，总体上来说低 β 证券会有正的

⊖ 为了证明显著性水平和重要性，我们来看看对一些新药的功效检测。检测药物可能会出现两个可能性错误。药物可能是无效的（甚至是有害的），药检部门可能认为其是有用的。这个被称为“第一类错误”。这个显著水平是犯第一类错误的可能性。典型办法就是给定一个显著性水平，例如 5%。在药物检验的例子中，比如第一个检验的目标是避免引进无效的或有害的药物。另一个可能是实际上这个药物是有效的，但检验的结果不是这样。这一类错误叫做“第二类错误”，它将会使人们放弃一些有用的药物。检验可以避免犯第二类错误的可能。也就是说，如果药物确实有效时接受药物的可能性。我们想在一个特定的显著性水平下测定这种可能性。因此，人们将以高的可能性接受有效的药物。在特定的社会科学中，有用的检验通常有比较低的可能性，在这个检验中，他们将会易于接受第二类错误，并将会有很高的可能性拒绝一个正确的模型；“这个药物是有效的”类似于资本资产定价模型的 α 等于零。当这个检验数据拒绝在特定显著水平下被观察的 α 等于零这种假说，资本资产定价模型将会是无效的。但是，如果检验的水平低，当模型是正确的时候我们接受这个模型的可能性将不会很高。

⊜ 关于检验资本资产定价模型最有名的争论就是所谓的“罗尔的批评”（Roll's critique）。参见 Richard Roll，“A Critique of the Asset Pricing Theory's Tests：Part I：On Past and Potential Testability of the Theory,” *Journal of Financial Economics*4（1977）. The issue is developed further in Richard Roll and Stephen A. Ross，“On the Cross-Sectional Relation between Expected Return and Betas,” *Journal of Finance* 50（1995）；and Schmuel Kandel and Robert F. Stambaugh，“Portfolio Inefficiency and the Cross-Section of Expected Returns,” *Journal of Finance* 50（1995）.

α值，而高β证券的α值为负。

导致失败的原因可能有数据、市场代理组合的有效性或统计方法上出现问题。如果这样，我们可以得到以下结论：根本没有更好的模型，但是我们的α和β的测度没有达到令人满意的精度。这一情况需要技术改进。但是如果导致模型无法通过的原因不是数据统计问题，那么我们必须寻找资本资产定价模型的扩展形式或替代模型。我们将在以后的章节中来讨论一些扩展模型。

9.3.3　经济状况与资本资产定价模型有效性

多少都有一些产业是受管制的，都有价格委员会制定和批准价格。会做出相应的调整。试想利率委员会正在考虑公益事业价格问题，价格委员会必须决定公司收取的价格能否让公司股东获得一个公平的投资收益率。关于这种价格确定或调整的规范性分析构架是：股东把资金投资于公司，就被赋予了在股权投资上获取公平收益的权利。因此公司就被允许收取一个价格，在该价格下，投资者获取收益的水平与合理回报率一致。

公司股东收益率的公平收益率问题不能与收益的风险水平相分离。资本资产定价模型为委员会提供了一个清晰的标准：如果现有的管制价格太低，投资者的收益率与风险不匹配，其α将会是负值。正如例9-1中的那种情况，委员会的问题现在就简化为风险和证券市场线估计方面的争论。

在法规制定方面也有类似的应用。例如，一个基于公平回报率的合同可以基于指数收益率和资产相应的贝塔值。许多包含损失的纠纷要求损失流折现成一个现值。其合适的贴现率取决于风险，而对于诉讼人的合理补偿的争议（通常情况下）可以基于证券市场线确定，用该公司的历史数据分离其系统性风险和公司特定风险。

尽管在实证方面存在缺陷，你会惊讶地发现资本资产定价模型在美国和其他一些发达国家是被普遍接受的。对这一现象可以提供两方面的解释：首先，分解系统性风险和非系统性风险的逻辑很有吸引力。在没有更好的模型来刻画风险溢价的非市场部分时，我们必须采用现行的最有效的方法。随着产生均衡证券的改进办法已经被证明在实证上有效，这些方法将在机构决策时逐渐得到使用。这些改进可能来自资本资产定价模型的拓展如套利定价理论（第10章进行讨论），或者来自一个尚待出现的新模型。

其次，一些印象深刻的非正式的证据表明资本资产定价模型的核心结论——市场投资组合的有效性也许并不那么离谱。成百上千的投资公司共同基金为投资者的资金竞争。这些共同基金雇用专业分析师和资产组合经理并投入相当规模的资源来构建优质的资产组合。但是持续打败消极市场指数组合这一简单策略的基金数量极少，也就是说α值为零的单指数模型可能是绝大多数投资者合理的模型。

9.3.4　投资行业与资本资产定价模型有效性

与其他行业不同，投资公司更倾向于支持资本资产定价模型的有效性，如果他们认为该模型是无效的，则需要寻求另外一个理论框架来指导他们构建合理的资产组合。

比如，资本资产定价模型提供了一种折现率，它帮助证券分析师评估公司的内在价值。如果分析师们相信某些实际价值不等于内在价值，那么这些证券有非零α值，也就有机会构建积极的具有更好风险－收益特征的资产组合。但是由于资本资产定价模型无效导致用于估计内在价值的折现率不正确，α的估值则可能出现偏差，那么第7章的马科维茨模型和第8章的指数模型都将导致产生次优资产组合。当投资者构建其最优的风险资产组合时，一定会对他们使用的消极指数满意，并且阿尔法－残差方差比率是证券吸引力的合理测度。如果资本资产定价模型完全无效，情况可能就不是如此。不管怎样，许多投资者使用指数模型来进行证券定价（虽然经常会附加其他指数）。CFA学院的课程体系也说明了对资本资产定价模型的普遍认可，至少是研究风险－收益关系的起点。先前我们提供的一个相似例子在这里也同样适用。

到目前为止我们的讨论得到的核心结论是：投资者会直接或者间接地使用资本资产定价模型。如果他们用单指数模型并从α值对残差方差比率来构造最优组合，那么表明他们的行为证明资本资产定价模型是有用的。[⊖]如果他们使用多指数模型，那么他们使用了资本资产定价模型的扩展形式或套利定价理论。因此，资本资产定价模型的理论和证据对所有老道的投资者都是有吸引力的。

⊖ 在此我们需要小心一点。表面上，资本资产定价模型认为在证券市场均衡中α等于零。但是，前面我们已经讨论过，与大多数发生的证券分析一致，一个更好的解释资本资产定价模型真正意味着，即使在没有证券分析时，α必须等于零的均衡。拥有私人信息或超前远见的人，可以辨别被市场错误定价从而α等于零的股票。

9.4 计量经济学与期望收益-贝塔关系

当通过实证来评价资本资产定价模型的成功之处时，必须用到计量经济学的方法。如果我们的检验设计得不够完善，我们可能会错误地拒绝该模型。类似地，我们在进行实证检验时也会相应地引进许多假设，这些假设并不是资本资产定价模型假设的一部分，举例来说，模型的许多参数（像贝塔或残差方差）不随时间的变化而改变。如果这些无关的附加条件过于严格的话，我们可能错误地拒绝了该模型。

首先，注意所有回归方程的系数都是同时被估计的，而且这些估计都不是独立的。特别地，一个单变量（自变量）回归估计的截距项（α）取决于其斜率系数的估计值。因此，如果贝塔值估计是无效的或者有偏的，截距的估计也是有偏的。不幸的是，经常会出现这样的数据偏差。

米勒和斯科尔斯[一]的早期论文中已经指出这种偏差的危害性，他们证明了计量问题可能会导致拒绝资本资产定价模型，即使该模型是非常有效的。他们考虑了在模型检查中可能出现的一系列问题来探究这些问题可能会对结果产生怎样潜在的影响。为了证明这一点，他们模拟出满足资本资产定价模型的收益率，并用标准统计方法和这些收益率去“检验”模型。尽管这些被模拟的数据满足资本资产定价模型，但是实证结果拒绝了资本资产定价模型，这一点与用实际数据得出的结论惊人的一致。因此米勒和斯科尔斯证明了计量经济方法是在现实检验中使模型被拒绝的原因。

在β系数的估计中可能存在一些问题。首先，当残差相关时（同一行业的公司会有其共同点），标准β的估计不是有效的。一个解决此问题的简单方法是用专门的统计技术来解决此类问题。例如，我们可以用广义的最小二乘估计法来代替普通最小二乘估计法，它解决了残差相关性问题。另一个问题，两个系数α与β以及残差，都随着时间的变化而变化。资本资产定价模型中没有排除这一时间变化的可能性，但是标准回归方法却把它排除在外，因此导致了会错误地拒绝模型。现在已经有一些知名的方法来处理时变参数问题。实际上，罗伯特·恩格尔因为他在运用计量经济学的方法处理时变波动性问题取得的突出成就而获得诺贝尔奖，这些研究已经有一部分运用到金融领域中。[二]此外，贝塔的变化可能不仅仅单纯地随时间变化而随机变化，它还受整个经济情况变化的影响。一个“条件”资本资产定价模型允许风险和时间随一系列“条件变量”的变化而变化。[三]

同样重要的是，Campbell 和 Vuolteenaho[四]证明了证券的β由两部分组成：一部分测度了对公司获利能力变化的敏感度，另一部分测量了市场折现率变化的敏感性。这些改变使结论与以前的大不相同。像本部分简单介绍的计量经济方法的改进，可以部分解决简化资本资产定价模型在实证中出现的问题。

9.5 资本资产定价模型的扩展形式

资本资产定价模型使用了一系列的简化假设。我们可以通过适当放宽模型的假设来增加模型的复杂程度，从而得到更准确的预测。在这一节中，我们将分析一些更重要的扩展形式，这些讨论并不意味着一定详尽，主要是介绍一些基本模型扩展形式以展示改进模型实证效果的各种尝试改进。

9.5.1 零β模型

默顿和罗尔[五]分别提出了有效边界资产组合的一系列有趣特点，其中三个是：

（1）两种有效边界上的投资结合而成的任何资产组合都在其本身的有效边界上。

[一] Merton H. Miller and Myron Scholes, “Rates of Return in Relations to Risk: A Re-examination of Some Recent Findings,” in *Studies in the Theory of Capital Markets*, Michael C. Jensen, ed. (New York: Praeger, 1972).

[二] 恩格尔的论文激发起了 ARCH 模型的广泛应用。ARCH 代表了异方差自回归性，一种表述波动随时间变化的方法，近来有许多波动性标准用于未来波动的最优估计。

[三] 现在关于条件证券市场均衡模型的文献有很多。其中大部分来自 Ravi Jagannathan and Zhenyu Wang, “The Conditional CAPM and the Cross-Section of Expected Returns,” *Journal of Finance* 51 (March 1996), pp. 3-53.

[四] John Campbell and Tuomo Vuolteenaho, “Bad Beta, Good Beta,” *American Economic Review* 94 (December 2004), pp. 1249-75.

[五] Robert C. Merton, “An Analytic Derivation of the Efficient Portfolio Frontier,” *Journal of Financial and Quantitative Analysis*, 1972. Roll, see footnote 14.

（2）任何资产的期望收益都可以表达为任何两个有效边界组合 P 和 Q 期望收益的线性函数，其方程如下所示：

$$E(r_i)-E(r_Q)=[E(r_P)-E(r_Q)]\frac{\mathrm{Cov}(r_i,r_P)-\mathrm{Cov}(r_P,r_Q)}{\sigma_P^2-\mathrm{Cov}(r_P,r_Q)} \tag{9-11}$$

（3）有效边界上的任一资产组合，除去其中的最小方差组合，都在有效边界下半部分存在一个与其不相关的"伴随"资产组合。由于这些"伴随"资产组合不相关，这些伴随资产组合叫做有效组合的**零 β 资产组合**（zero-beta portfolio）。如果我们选择市场投资组合 M 和它的零 β 伴随资产组合，那么式（9-11）可以简化为如资本资产定价模型式的公式：

$$E(r_i)-E(r_Z)=[E(R_M)-E(R_Z)]\frac{\mathrm{Cov}(r_i,r_M)}{\sigma_M^2}=\beta_i[E(r_M)-E(r_Z)] \tag{9-12}$$

除了无风险利率被零 β 市场指数伴随资产组合的期望收益率所取代外，式（9-12）与资本资产定价模型的证券市场线相似。

费雪·布莱克[㊀]用这种性质证明了式（9-12）就是当投资者面临借入或投资无风险资产限制时资本资产定价模型的形式。在这种情况下，至少某些投资者不必去选择市场指数而是选择有效边界上的组合。由于零 β 资产组合的平均收益率要远远高于观察的短期国债收益率，零 β 模型可以解释当证券 β 较小的情况下，α 的平均值是正的；而在证券 β 较大的情况下，α 的平均值是负的。这与资本资产定价模型的预测正好相反。尽管这样，该模型还是难以将资本资产定价模型从实证失败中拯救出来。

9.5.2　工资收入与非交易性资产

资本资产定价模型脱离现实最重要的一点是所有风险资产都是可交易的，但有两项重要的资产是不可交易的：人力资本和私营企业。未来劳动力收入的折现值要远远大于整个市场所有可交易资产的总值。私营企业的市场价值也有着同等重要的作用。人力资本和私营企业是两类不同的资产，同交易证券相比可能有着不同的意义。

私营企业可能是两类偏离资本资产定价模型的资产中偏离较少的一类。非交易性公司可以被合并或任意出售，或作为流动性资产储蓄。我们将在第10章中进行讨论。私营企业的拥有者也可以以其价值抵押借入资本，从而进一步减少私有公司与公有单位的区别。假设私营企业有着与交易资产相似的风险特征。在这种情况下，个人可以通过降低他们持有类似证券的资产组合需求来部分抵消其组合多样化不足的问题。因此，资本资产定价模型的期望收益－贝塔关系不会大幅因私人企业的存在而破坏。

从某种程度上来讲，私营企业与交易证券有着不同的风险特征。一个能对冲特定私营企业风险的可交易资产组合可能出现来自私营企业主的过度需求。这种组合的资产的价格相对于资本资产定价模型而言被抬高，这些证券的期望收益相对于其系统性风险可能较低。相反，与私营企业风险高度相关的证券拥有较高的均衡风险溢价，根据传统的证券市场线，其 α 为正值。事实上，Heaton 和 Lucas[㊁]已经证明将私营企业主收入引入标准资本资产定价模型能提升它的预测精度。

工资收入的总量以及它的特殊性质对资本资产定价模型的有效性有着重要影响。工资收入对均衡收益的影响可以从它对个人资产组合选择的重要影响中体现出来。即使个人可以以工资收入作抵押借入资金（房产抵押贷款），以及通过人寿保险来消除未来工资收入的不确定性，人力资本还是很少被"跨期"交易。运用可交易证券对冲风险要比不可交易的私人企业更困难。这一点可能会给证券价格带来压力，并导致与资本资产定价模型的期望收益－贝塔关系相背离。例如，人们为了分散化一定会避免投资于雇主的股票，并且不投资在本行业。因此，人力资本密集型公司的股票需求会减少，这些股票可能要求一个比资本资产定价模型预测的更高的期望收益。

在存在个人不同等级的工资收入（相对于非工资性收入）的情况下，迈耶斯[㊂]推导出均衡的期望收益－贝塔关系式，其证券市场线方程为

㊀ Fischer Black, "Capital Market Equilibrium with Restricted Borrowing," *Journal of Business*, July 1972.

㊁ John Heaton and Deborah Lucas, "Portfolio Choice and Asset Prices: The Importance of Entrepreneurial Risk, *Journal of Finance* 55 (June 2000). This paper offers evidence of the effect of entrepreneurial risk on both portfolio choice and the risk-return relationship.

㊂ David Mayers, "Nonmarketable Assets and Capital Market Equilibrium under Uncertainty," in *Studies in the Theory of Capital Markets*, ed. M. C. Jensen (New York: Praeger, 1972). 我们将在后续章节中对此进行详尽讨论。

$$E(R_i) = E(R_M)\frac{\mathrm{Cov}(R_i,R_M) + \dfrac{P_H}{P_M}\mathrm{Cov}(R_i,R_H)}{\sigma_M^2 + \dfrac{P_H}{P_M}\mathrm{Cov}(R_M,R_H)} \tag{9-13}$$

式中，P_H 为人力资本的价值，P_M 为交易性资产的市场价值；R_H 为总人力资本的超额回报率。

资本资产定价模型衡量系统性风险，在扩展模型中用调整后的 β 值来代替，这个 β 考虑到了总人力资本的资产组合的协方差。注意到人力资本与所有可交易资产的市值比例，$\frac{P_H}{P_M}$，可能大于 1，因此证券与工资收入的协方差 $\mathrm{Cov}(R_i,\ R_H)$ 相对于平均值 $\mathrm{Cov}(R_M,\ R_H)$ 而言，可能在经济意义上显著。如果 $\mathrm{Cov}(R_i,\ R_H)$ 为正值，当资本资产定价模型的 β 值小于 1 时，调整后的 β 值将更大，反之亦然。因为对于一般的证券我们期望 $\mathrm{Cov}(R_i,\ R_H)$ 为正，小于 1 时该模型的风险溢价将比资本资产定价模型预测的来得大；当证券的 β 大于 1 时该模型的风险溢价将比资本资产定价模型预测的小。因此这个模型给出的证券市场线不如标准的资本资产定价模型陡峭。这也许可以解释较高 β 值的证券的 α 平均为负，较低 β 值的证券的 α 平均为正，并导致资本资产定价模型实证上失效。第 13 章的实证证据将会沿着这条线索给出其他更多的结论。

9.5.3　多期模型与对冲组合

罗伯特·默顿[㊀]通过使用连续时间模型扩展了许多资本资产定价模型，给金融经济学带来一场革命。虽然他（诺贝尔奖获得者）对期权定价理论和金融工程（和费雪·布莱克、迈伦·斯科尔斯）的贡献对投资业有着更大的影响，但他对资产组合理论的贡献对于我们理解风险－收益关系也同等重要。

在他的基本模型中，默顿提出投资者短视这一假说，他假设所有个体都在优化自己的生命周期消费和投资计划，并且他们不断地根据自己的财富水平和退休年龄不断来调整自己的消费/投资决策。当资产组合收益的不确定性是唯一的风险来源并且投资机会保持不变时，也就是说，市场组合或单个证券的期望收益分布不变时，默顿所谓的跨期资本资产定价模型（ICAPM）与单期模型预测的期望收益－贝塔关系相同。[㊁]

但是把额外的风险来源考虑进来时，情形发生变化。这些额外的风险分为两大类：一类是关于描述投资机会的参数发生变化，如未来无风险利率、期望收益率或市场投资组合风险。例如，实际利率会随时间变化而变化。如果实际利率在未来一个时期下降，那么他的财富水平现在只能支撑一个低的实际消费水平。未来的消费计划，比如退休支出，可能会陷入窘境。根据一些证券的收益率随无风险利率变化而变化的程度，投资者将会选择资产组合来规避风险，从而会抬高这些具有对冲功能的资产价格（并降低收益率）。当其他参数值（本例中的无风险利率）发生不利方向变化时，如果投资者能找到更高收益的资产，他将会牺牲一些自己原计划的期望收益。

另一类风险的来源是可以用财富购买的消费品价格。来看一下通货膨胀风险的例子。除了名义财富的期望水平和波动性外，投资者必须关注在生活上的花费——这点钱能买到什么。因此，通货膨胀风险是一项市场上重要的风险来源，投资者可能愿意牺牲一些期望收益来购买证券，当生活费用增加时，证券的收益率会更高。这样，可以防止这种通货膨胀风险的证券需求会影响到资产组合的选择及其期望收益。我们可以通过此结论进一步得出，对冲需求可能来自消费者支出的子行业，比如投资者可能竞相购买能源公司股票价格来规避能源价格的不确定性。这是许多资产规避额外市场风险的特征。

一般来说，假设定义 K 为额外市场风险，并找到与 K 相关的对冲风险资产组合。因此，默顿的跨期资本资产定价模型期望收益－贝塔关系等式将产生多指数形式的证券市场线：

$$E(R_i) = \beta_{iM}E(R_M) + \sum_{k=1}^{K}\beta_{ik}E(R_k) \tag{9-14}$$

式中，β_{iM} 是常用的市场指数资产组合的 β，而 β_{ik} 是第 K 种对冲资产组合的 β_{ik}。

不受额外市场风险因素影响的其他多因素模型已经导出，并推出跨期资本资产定价模型形式相同的证券市场线。从广义上来讲，这些模型也是资本资产定价模型的扩展形式。我们将在第 10 章中讨论这些模型。

㊀ 默顿的经典的作品收集在 *Continuous-Time Finance*（Oxford，U. K.：Basil Blackwell，1992）.

㊁ Eugene F. Fama 也在“Multiperiod Consumption-Investment Decisions”上发表了相似的观点，*American Economic Review* 60（1970）.

9.5.4 基于消费的资本资产定价模型

资本资产定价模型的原理与上一节提出的对冲需求告诉我们将注意力集中在消费上可能有好处。这样的模型首先由马克·罗宾斯坦、罗伯特·卢卡斯和道格拉斯·布里顿提出。[㊀]

在一个终身消费计划中，投资者必须权衡各个阶段的用于当期消费和用于支撑未来消费的储蓄和投资。当达到最优时，每增加一美元当前消费所带来的效用值必须等于该一美元投资带来未来消费所产生的边际值。[㊁]未来财富随着劳动收入以及投资于该理想资产组合带来收益的增长而增长。

假设存在风险资产，你希望投资部分储蓄于风险资产组合来增加期望消费。我们如何来测度这些资产的风险？一般来说，一个单位的收入对投资者的价值在经济窘迫时（当消费机会匮乏时）要高于经济富裕时的（当消费机会富裕）。因此一项资产与消费的增长有着正的协方差，那么从消费的角度来讲它的风险就会更大。换句话说，当消费处在很高的水平，它的回报更大；当消费受抑制时，它的回报越低。因此，与消费的增长有着高协方差的资产拥有更高的均衡风险溢价。根据这一观点，我们可以将资产的风险溢价写作"消费风险"的函数：

$$E(R_i) = \beta_{iC}\mathrm{RP}_C \tag{9-15}$$

资产组合 C 可以被称为跟踪消费资产组合（也叫模拟消费资产组合），即与消费增长相关性最高的资产组合；β_{iC}表示资产 i 的超额收益 R_i 回归于模拟消费资产组合超额收益的回归系数；最后，RP_C 是与消费不确定性相关的风险溢价，它测度的是跟踪消费资产组合的期望超额回报，即

$$\mathrm{RP}_C = E(R_C) = E(r_C) - r_f \tag{9-16}$$

我们注意到这一结果与普通的资本资产定价模型高度相似。在基于消费的资本资产定价模型中跟踪消费资产组合起到普通资本资产定价模型中市场投资组合扮演的角色。这是由于该模型更关注消费机会的风险而不是资产组合中单位价值的风险和收益。跟踪消费资产组合的超额回报同市场投资组合 M 的超额回报起到同样的作用，两种方法都得出线性、单因素模型，差别在于模型中因素的性质不同。

与资本资产定价模型不同，市场投资组合的β在基于消费的资本资产定价模型中时不一定为1。事实证明β大大超过1。这也意味着，在市场指数风险溢价和消费资产组合风险溢价的线性关系中

$$E(R_M) = \alpha_M + \beta_{MC}E(R_C) + \varepsilon_M \tag{9-17}$$

式中 α_M 和 ε_M 表示与式（9-15）不符的经验偏差，β_{MC}不一定等于1。

由于基于消费的资本资产定价模型与资本资产定价模型高度相似，一些人会怀疑它的有用性。确实，正如并非所有资产都具有可交易性导致资本资产定价模型在实证上存在缺陷，基于消费的资本资产定价模型也同样如此。该模型的吸引力在于它将消费对冲以及可能的投资机会的变换结合起来，即在于单因素框架中的收益分布参数。当然紧密结合也要付出代价。同金融资产相比，消费增长数据发布的频率较低（最多每月一次），并且在测度上存在较大的误差。尽管如此，最近的研究表明[㊂]这一模型相比于资本资产定价模型更能成功地解释资产的收益，这也是为什么学习投资学的学生需要熟悉这一模型的原因。我们将在第13章中再回过头来讨论基于消费的资本资产定价模型及其经验证据。

9.6 流动性与资本资产定价模型

标准的资产定价模型（如资本资产定价模型）假设市场无摩擦，也就是说证券市场上不存在交易费用。但这些模型都没有涉及交易活动。例如，在均衡资本资产定价模型中，所有投资者拥有相同的信息和相同的风险资产组合。

㊀ Mark Rubinstein, "The Valuation of Uncertain Income Streams and the Pricing of Options," *Bell Journal of Economics and Management Science* 7 (1976), pp. 407-25; Robert Lucas, "Asset Prices in an Exchange Economy," *Econometrica* 46 (1978), pp. 1429-45; Douglas Breeden, "An Intertemporal Asset Pricing Model with Stochastic Consumption and Investment Opportunities," *Journal of Financial Economics* 7 (1979), pp. 265-96.

㊁ 每个时间点的财富等于资产负债表上资产的市场价值加上未来劳动收入。这些消费和投资决策的模型往往能够使用是基于假设投资者表现出持续的相关风险厌恶，或CRRA。CRRA表明在不考虑财富水平的情况下个体投资者最佳风险投资组合中固定比例的财富。你可以回想第6章我们在不考虑财富水平的情况下描述最优投资分配也叫做风险投资组合的最优投资分配。我们采用效用函数的方式来表现出CRRA。

㊂ Ravi Jagannathan and Yong Wang, "Lazy Investors, Discretionary Consumption, and the Cross-Section of Stock Returns," *Journal of Finance* 62 (August 2007), pp. 1633-61.

这一结果的含义是不存在交易动机。如果投资者持有相同的风险资产组合，当新信息出现时，价格会出现相应的变化，但每个投资者依然将继续持有一组市场投资组合，无须任何资产交易发生。这样的结果怎样与日常中的观测大相径庭。仅纽约证券交易所每天就会有上亿美元的交易发生。一个显而易见的答案就是异质信念，即没有整个市场所共享的信念。这些私人信息将会使投资者为获取更多的利益来根据不同的需求来调整自己的资产组合。实际上，交易（和交易费用）对投资者来说非常重要。

资产的**流动性**（liquidity）是指资产以公平的市场价值卖出的速度及难易程度。流动性的一部分是交易费用问题，特别是指买卖价差。另一部分是价格影响，即当投资者准备进行大额交易时，可能遇到价格反向变动。还有另一个组成部分是及时性——快速售出资产而不用大打折扣的能力。相反，非流动性可以通过一个公平市场的价值折扣部分来衡量，为了使资产尽快出售，人们必须接受这种折价。具有完美流动性的资产在交易时不需要支付这种非流动性折扣。

流动性（或缺乏流动性）一直被看做影响资产价格的一个重要因素。例如，在许多法院的判例中，法院经常对那些不可交易的公司资产大打折扣。可能是由于相对于大宗交易诸如房地产交易的费用来说，证券市场的交易费用微不足道，因此流动性在证券市场上通常不被认为是一个重要因素。Amihud 和 Mendelson 的论文[一]在这一方面有突破性影响。今天，流动性越来越被看做影响价格和期望收益的重要因素。在这里我们仅仅作一个概要性介绍，第13章中将给出实证证据。

早期的流动性模型关注证券交易商面临的存货管理问题。场外交易市场的交易商按照他们愿意支付的买方报价（买价）或卖方报价（卖价）来进行交易。证券交易商增加存货或出售其存货的意愿对整个市场的流动性起着关键性作用。他们通过流动性所获得的费用就是买卖价差。部分买卖价差被看做承担持有证券存货价格风险的补偿，以及使他们的存货水平吸纳所有证券需求的波动性的补偿。假设公平的股票价格是买价或卖价的平均值，投资者需要为购买股票支付一般价差而为出售股票支付另一半价差。站在交易另一方的交易商将赚取这部分价差。这种价差是流动性的一个重要组成部分——它是证券交易的成本。

电子交易的出现可能逐渐淡化了交易商的作用，但是交易者仍为买卖价差而竞争。例如，在电子交易市场，限价指令订单包括“内部价差”，即在投资者愿意卖出的最低价格与投资者愿意买入的最高价格之间存在的差距。有效的买卖价差也取决于期望交易的规模。大宗买卖将要求交易者更接近限价指令订单并接受不太具有吸引力的价格。电子交易市场的内部价差通常会很低，但有效价差可能会非常大。因为绝大多数限价指令只对小额交易起作用。

就算没有传统证券交易商所面临的存货问题，买卖价差依然存在。现在我们越来越强调由于信息不对称引起的价差部分。信息不对称是指交易者拥有某一证券价值的私人信息而他的交易对手不知道。为了理解信息不对称为什么影响证券市场，我们考虑一下买进一辆旧车所面临的问题。销售商比买家了解更多的信息，因此买家会自然考虑卖家是不是因为它是“柠檬”而出售这辆车。至少买家会担心是否支付了过高的价格而将价格调整到他愿意为这车质量的不确定而支付的价格。在信息不对称的极端情况下，交易可能完全中止。[二]

总体上来说，投资者交易证券的原因有两个。一些交易商出于“非信息”动机，例如，出售资产为了一笔大的购置提供资金，或仅仅为了重新调整资产组合。这些交易并不是出于证券价格私人信息而是由于可交易证券的价值驱动的，被称为噪声交易。证券交易商在与噪声交易者的交易中赚取买卖价差从中获利（他们也可以称为流动性交易者，因为他们的交易出于流动性的驱动，如现金）。

另一种交易是由买家或卖家私人信息驱动的。当交易者相信他们拥有一只股票被错误估价的信息时并希望从交易中获利，这种交易就会发生。如果信息交易者识别出一次有利的机会，那么对这个交易的对方来说一定是不利的。如果私人信息显示一只股票估价过高，交易者决定要卖掉它，给出买价的交易商或委托限价指令中给出卖价的交易者成为交易中的对手，他们将在事后发现他们买入的股票价格被高估。相反，如果私人信息导致的买入，证券成交价将在事后发觉低于公平的价格。

[一] Yakov Amihud and Haim Mendelson, "Asset Pricing and the Bid-Ask Spread," *Journal of Financial Economics* 17 (1986). A summary of the ensuing large body of literature on liquidity can be found in Yakov Amihud, Haim Mendelson, and Lasse Heje Pedersen, "Liquidity and Asset Prices," *Foundations and Trends in Finance* 1, no. 4 (2005).

[二] 2001 年的诺贝尔经济奖得主 George A. Akerlof 最早研究了市场中的信息不对称问题，自此之后被称为“柠檬”问题。对于 Akerlof 贡献的介绍可以在 George A. Akerlof 的主页中找到，*An Economic Theorist's Book of Tales*（Cambridge, U. K.: Cambridge University Press, 1984）。

信息交易者为证券交易商和下达限价指令的交易者增加了成本。尽管平均来说交易商在与流动性交易者交易时利用买卖价差获利，但他们在应对信息交易者时遭受损失。相似地，任何交易者的委托限价指令都会由于信息交易者存在而面临风险。这一结果抬高了委托买价的价格而降低了委托卖价的价格，换句话说，增大了买卖价差。信息交易者影响越大，要求的为弥补潜在损失的价差就越大。到头来流动性交易者支付了绝大部分信息交易的代价，因为信息不对称越严重，为他们的不知情交易支付的买卖价差越大。

由于非流动性引致的证券价格折扣可能是惊人的，远远大于买卖价差。假如某一证券的买卖价差为1%，在将来的3年里每年被转手一次，然后被另外一个交易者买入并永久性持有。在最后一次交易中，投资者将支付其公平价格的99.5%或0.995；当股票被卖出时，需要承担价差一半的费用从而导致价格下跌。第二个买入者，知道证券在一年后将以公平价格的0.995卖出，并且不得不承担另一半的买卖价差，需要支付0.995 - 0.005/1.05 = 0.990 2（即公平价为0.990 2）其中交易费率为5%。最终，当前的买方，当股票以公平价值的0.990 2出售时，他就知道明年的损失。他愿意为证券支付0.995 - 0.009 8/1.05 = 0.985 7。因此，这种折扣从0.5%折合到1.43%。换句话说，所有这种远期的交易费用（价差）将会被折现在当前的价格中。[㊀]拓展这一逻辑分析，如果证券都是一年交易一次，它当前非流动性交易费用等于当前的费用加上每年0.5%的永续年金，如果年折现率为5%，那么总共加起来等于0.005 + 0.005/0.05 = 0.105或10.5%！显然，流动性可能有非常大的价值，它在推导均衡资产价格时不容忽视。

交易成本较高，非流动性折价就越高。当然，如果投资者能以较低的价格买入股票，其期望收益率将会更高。因此，我们期望流动性较低的证券将提供较高的平均期望收益。但是非流动性溢价不需要与交易成本成正比。如果一项资产缺乏流动性，那么交易比较频繁的交易者应避开该项资产，取而代之的是由很少被高昂交易成本所影响的长期投资者所持有。因此在均衡中，持有期较长的投资者将会更多地持有非流动性证券，而短视的投资者将会偏向于选择流动性证券。这种“客户群效应”减轻了非流动性证券的买卖价差影响。最终的结果是流动性风险溢价以递减的速度随交易成本（如用买卖价差度量）增加而增加。图9-5证实了这一预测。

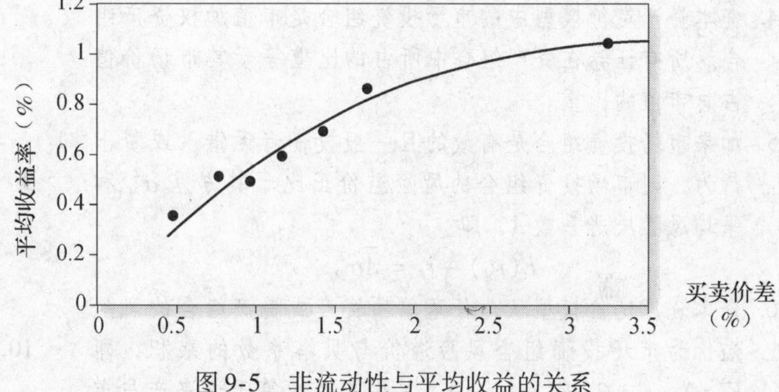

图9-5 非流动性与平均收益的关系

到目前为止，我们说明了预期流动性水平可以影响价格，进而影响期望收益率。那么流动性中非预测的变化又会怎样？在某些情况下，流动性会迅速枯竭。例如，在2008年的金融危机中，由于许多投资者试图减少杠杆和平仓头寸。一些资产都很难找到买家。许多抵押证券都停止了交易，流动性突然蒸发掉了。这也不是从未出现过的现象。从1987年的市场动荡以及1998年长期资本管理公司关闭，也可以看到大范围的市场流动性降低情况。

事实上，一些文献利用大的股票样本研究了多种流动性测度的变化情况，发现当一只股票的流动性下降时，其他股票的流动性也趋于降低；因此股票流动性呈明显的相关性。换句话说，流动性的变动是系统性的。毫不奇怪，投资者要求对他们的流动性风险敞口进行补偿。这种额外的对承担流动性风险补偿的期望收益改变了期望收益 - 贝塔的关系。

在上述思路的基础上，其他作者验证了流动性变化风险敞口较大的公司是否提供较高的期望收益。[㊁]例如，Amihud证明了流动性风险较大的公司有较高的平均收益。[㊂]后来研究关注以“流动性贝塔”来度量的市场流动性风险。与传统市场β类似，流动性β衡量的是公司收益率对市场流动性变动的敏感程度（传统贝塔衡量的是收益率的敏感

㊀ 我们将在第13章中看到关于这种交易费用资本化的另一个例子，在此章中对于封闭式基金的大幅折价的一个解释是每时段成本流的现值很可观。

㊁ 看一个例子，Tarun Chordia，Richard Roll，and Avanidhar Subrahmanyam，“Commonality in Liquidity,” *Journal of Financial Economics* 56 (2000), pp. 3-28, or J. Hasbrouck and D. H. Seppi, “Common Factors in Prices, Order Flows and Liquidity,” *Journal of Financial Economics* 59 (2001), pp. 383-411.

㊂ Yakov Amihud, “Illiquidity and Stock Returns: Cross-Section and Time-Series Effects,” *Journal of Financial Markets* 9 (2002), pp. 31-56.

程度）。在市场流动性下降时提高较高收益的公司则能提供对流动性风险的保护，那么它将被定价较高，因此期望收益率较低。相反，如果流动性与收益率同向变动，那么流动性风险将会被放大而定价会较低。事实上，正像这些理论所预测的那样，在第13章中我们将会看到高流动性贝塔的公司将会提供高的平均收益。[⊖]而且，这些研究表明流动性溢价与市场风险溢价大致具有相同的重要性，这说明流动性应该是证券定价考虑的第一因素。尽管流动性风险至今没有得到同收益率风险同等的关注程度，但2007~2008年金融危机突出了它的重要性，并且可以清晰地预见流动性在未来将会引起相当程度的重视。

小 结

1. 资本资产定价模型假定所有投资者均为单期决策者，他们在进行证券分析和寻求均值方差最优组合时都采用数据输入表。
2. 资本资产定价模型假定证券市场处在理想状态下的含义是
   a. 证券市场足够大，并且投资者都是价格接受者。
   b. 不存在税收或交易成本。
   c. 所有风险资产均可以公开交易。
   d. 投资者可以以无风险利率借入或贷出任意额度的资产。
3. 根据以上假设，投资和持有相同的风险资产组合。资本资产定价模型认为在市场均衡时市场投资组合是唯一相切的均值方差有效组合，因此消极投资策略是有效的。
4. 资本资产定价模型中的市场投资组合是市值加权资产组合。所有证券在资产组合中所占的比重等于其市场价值占总市值的比重。
5. 如果市场投资组合是有效的且一般投资者无借入或贷出行为，则市场投资组合的风险溢价正比于其方差 σ_M^2 和平均风险厌恶系数 A，即
$$E(r_M)-r_f=\bar{A}\sigma_M^2$$
6. 资本资产定价模型认为任意单项资产或资产组合的风险溢价为市场投资组合风险溢价与贝塔系数的乘积，即 $E(r_i)-r_f=\beta_i[E(r_M)-r_f]$。其中 β 系数等于该资产与市场投资组合的协方差与市场组合方差的比率，即 $\beta_i=\dfrac{\mathrm{Cov}(r_i,r_M)}{\sigma_M^2}$。
7. 在资本资产定价模型其他条件不变的情况下，但不允许无风险资产的借入或贷出，简单形式的资本资产定价模型为零 β 资本资产定价模型所代替。相应地，期望收益-贝塔关系里的无风险利率由零 β 资产组合的期望收益所代替，即
$$E(r_i)=E[r_{Z(M)}]+\beta_i E[r_M-r_{Z(M)}]$$
8. 简单形式资本资产定价模型假设所有投资者均是短视的。当投资者关注终身消费生命及遗产赠予时，并且投资者的偏好及股票收益率分布不变，市场投资组合仍然有效，简单形式资本资产定价模型的期望收益-贝塔关系仍然适用。但是如果这种分布突然发生变化，或者投资者寻求对冲他们消费中的非市场性风险敞口，简单形式的资本资产定价模型将被多因素的形式所取代，该模型中证券面临非市场性资源的风险敞口要求风险溢价来补偿。
9. 基于消费的资本资产定价模型是一个单因素模型，该模型中市场投资组合的超额收益被跟踪消费资产组合的超额收益所取代。由于直接与消费相关联，该模型自然包含了消费对冲的考虑以及投资机会的改变。
10. 资本资产定价模型的证券市场线必须修改到考虑工资收入以及其他重要的非交易性资产因素。
11. 资本资产定价模型中可以考虑流动性成本和流动性风险。投资者要求对与其非流动性的预期成本以及由此而产生的相关风险进行补偿。

习 题

基础题

1. 如果 $E(r_P)=18\%$，$r_f=6\%$，$E(r_M)=14\%$，那么该资产组合的 β 值等于多少？
2. 某证券的市场价格是50美元，期望收益率是14%。无风险利率为6%，市场风险溢价为8.5%。如果该证券与市场投资组合的相关系数加倍（其他保持不变），该证券的市场价格是多少？假设该股票永远支付固定数额的股利。
3. 下列选项是否正确？并给出解释
   a. β 为零的股票提供的期望收益率为零。
   b. 资本资产定价模型认为投资者对持有高波动性证券要求更高的收益率。
   c. 你可以通过将75%的资金投资于短期国债，其余的资金投资于市场投资组合的方式来构建一个 β 为0.75的资产组合。
4. 下表给出两个公司的数据。短期国债收益率为4%，市场风险溢价为6%。

⊖ L. Pástor and R. F. Stambaugh, "Liquidity Risk and Expected Stock Returns," *Journal of Political Economy* 111 (2003), pp. 642-685, or V. V. Acharya and L. H. Pedersen, "Asset Pricing with Liquidity Risk," *Journal of Financial Economics* 77 (2005), pp. 375-410.

公司	$1 Discount Store	Everything 5 $
预测收益率（%）	12	11
收益标准差（%）	8	10
贝塔	1.5	1.0

根据资本资产定价模型，各公司的公平收益率为多少？

5. 在以上问题中各公司的股票价格是被高估、低估还是合理估价了？
6. 如果一只股票的β为1.0，市场的期望收益率为15%，那么该股票的期望收益率为多少？
   a. 15%
   b. 大于15%
   c. 没有无风险利率不能得出。
7. Kaskin公司的股票β值为1.2，Quinn公司的β值为0.6。下列陈述中哪项最准确？
   a. Kaskin公司的股票比Quinn公司的股票有着更高的期望收益率。
   b. Kaskin公司的股票比Quinn公司的股票有着更高的风险。
   c. Quinn公司的股票比Kaskin公司的股票有着更高的系统性风险。

中级题

8. 假设你是一家大型制造公司的咨询顾问，该公司准备进行一项大的项目，改项目税后净现金流如下（单位为百万美元）：

从今往后年份	税后现金流
0	-40
1~10	15

该项目的贝塔为1.8，假设$r_f=8\%$，$E(r_M)=16\%$，该项目的净现值为多少？当NPV为负时，该项目估计最高的可能β为多少？

9. 下表给出了某证券分析师在两个给定市场收益情况下两只股票期望收益（%）。

（%）

市场收益	激进型股票	防守型股票
5	-2	6
25	38	12

   a. 两只股票的β值各是多少？
   b. 如果市场收益为5%与25%的可能性相同，两只股票的期望收益率为多少？
   c. 如果国债利率为6%，市场收益为5%与25%的可能性相同，画出整个经济体系的证券市场线。
   d. 在证券市场线图上标出这两只股票。每只股票的α为多少？
   e. 激进型企业的管理层在具有与防守型企业股票的风险特征的项目中使用的临界利率为多少？

10~16题：如果资本资产定价模型是有效的，下列哪些情形是有可能的？并给出解释。每种情况单独考虑。

10.

资产组合	期望收益	β
A	20	1.4
B	25	1.2

11.

资产组合	期望收益	标准差
A	30	35
B	40	25

12.

资产组合	期望收益	标准差
无风险资产	10	0
市场组合	18	24
A	16	12

13.

资产组合	期望收益	标准差
无风险资产	10	0
市场组合	18	24
A	20	22

14.

资产组合	期望收益	β
无风险资产	10	0
市场组合	18	1.0
A	16	1.5

15.

资产组合	期望收益	β
无风险资产	10	0
市场组合	18	1.0
A	16	0.9

16.

资产组合	期望收益	标准差
无风险资产	10	0
市场组合	18	24
A	16	22

17~19题：假设无风险利率为6%，市场的期望收益率为16%。

17. 一只股票今日的售价为50美元。每年年末将会支付每股股息6美元，β值为1.2。那么投资者预期年末该股票的售价为多少？
18. 我正准备买入一只股票，该股票预期的永久现金流为1 000美元，但风险不能确定。如果我认为该企业的β值为0.5，那么当β值实际为1时，我实际支付的比该股票的真实价值高出多少？

19. 一只股票的期望收益率为4%，那么β为多少？
20. 两个投资顾问在比较业绩。一个的平均收益率为19%，另一个为16%。然而前者的β为1.5，后者的β为1.0。
    a. 你能判断哪个投资者更善于选择个股（不考虑市场的总体趋势）？
    b. 如果短期国债利率为6%，而这一期间市场收益率为14%，那么哪个投资者选股更出色？
    c. 如果国债利率为3%，市场收益率为15%，情况又是怎样？
21. 假定短期政府债券的收益率为5%（被认为是无风险的）。假定一β值为1的资产组合市场要求的期望收益率为12%，根据资本资产定价模型：
    a. 市场组合的期望收益率为多少？
    b. β为零的股票的期望收益率为多少？
    c. 假设你正准备买入一只股票，价格为40美元。该股票预期在明年发放股息3美元，投资者预期以41美元的价格将股票卖出。股票风险$\beta=-0.5$，该股票是被高估了还是被低估了？
22. 假设借入行为受限制，零β资本资产定价模型成立。市场组合的期望收益为17%，而零β资产组合为8%。那么当β值为0.6时资产组合的期望收益率是多少？
23. a. 一个共同基金的β值为0.8，期望收益率为14%。如果$r_f=5\%$，市场组合的期望收益率为15%，你会选择投资该基金吗？基金的α值为多少？
    b. 一个包含市场指数资产组合和货币市场账户的消极资产组合与该基金的β值相同吗？证明消极资产组合期望收益率与基金期望收益率之差等于题a中α值。

高级题

24. 阐述你如何在基于消费的资本资产定价模型考虑：
    a. 流动性
    b. 非交易资产（你需要担心工资收入吗？）

CFA考题

1. a. 约翰·威尔森是奥斯丁公司的一名组合管理经理。对他所有的顾客，威尔森根据马科维茨的有效边界来进行管理。威尔森请奥斯丁的执行经理注册会计师玛丽·里根来评价他的两个客户的资产组合，其客户分别是鹰牌制造公司以及彩虹人生保险公司。两个资产组合的期望收益率有着很大差别。里根认为彩虹资产组合实质上是相似于市场组合的，并得到彩虹资产组合优于鹰牌公司资产组合的结论。你是否同意里根的彩虹资产组合优于鹰牌资产组合的结论？用资本市场线证明你的观点。
   b. 威尔森回应指出彩虹资产组合比鹰牌资产组合的期望收益高，因为其非系统风险要高于鹰牌资产组合。试定义非系统风险并解释你是否同意威尔森的观点。
2. 威尔森正评估两只普通股的期望收益，它们分别是福尔曼实验公司和戛坦测试公司。他收集了以下信息：
   a. 无风险利率为5%。
   b. 市场组合的期望收益率为11.5%。
   c. 福尔曼公司股票的β为1.5。
   d. 戛坦公司股票的β为0.8。

   根据你的分析，威尔森对两只股票收益率的预测分别是福尔曼股票13.25%，戛坦股票11.25%。计算威尔森公司和戛坦公司股票的必要收益率。并指出每只股票是被高估、公平定价还是低估。
3. 证券市场线描绘的是______。
   a. 证券的期望收益率与其系统风险的关系
   b. 市场投资组合是最佳风险证券组合
   c. 证券收益与指数收益的关系
   d. 由市场投资组合与无风险资产组成的完美资产组合
4. 根据资本资产定价模型，假定：
   （1）市场组合期望收益率=15%
   （2）无风险利率=8%
   （3）XYZ证券的期望收益率=17%
   （4）XYZ证券的$\beta=1.25$

   下列哪项是正确的？______。
   a. XYZ被高估　　b. XYZ公平定价
   c. XYZ的α为-0.25%　　d. XYZ的α为0.25%
5. 零贝塔证券的期望收益为多少？______。
   a. 市场收益率　　b. 零收益率
   c. 负收益率　　d. 无风险收益率
6. 资本资产定价理论认为资产组合收益可以用以下______提供最好的解释。
   a. 经济因素　　b. 特殊风险
   c. 系统性风险　　d. 多样化
7. 根据资本资产定价模型，$\beta=1.0$，$\alpha=0$的资产组合的期望收益率为：______。
   a. 在r_M与r_f之间
   b. 无风险收益率，即r_f
   c. $\beta(r_M-r_f)$。
   d. 市场组合期望收益率，即r_M。

下表给出了两个资产组合的风险以及收益率。

资产组合	平均年收益率（%）	标准差（%）	β
R	11	10	0.5
标准普尔500	14	12	1.0

8. 根据上表信息在证券市场线画出资产组合 *R* 的图形，*R* 位于：______。
   a. 证券市场线上　　b. 证券市场线的下方
   c. 证券市场线的上方　　d. 数据不足
9. 在资本市场线画出资产组合 *R* 的图形，*R* 位于：______。
   a. 资本市场线上　　b. 资本市场线的下方
   c. 资本市场线的上方　　d. 数据不足
10. 简要说明根据资本资产定价模型，投资者持有资产组合 *A* 是否会比持有资产组合 *B* 获得更高的收益率。假定两种资产组合都已经充分分散化。

	资产组合 *A*	资产组合 *B*
系统性风险（β）	1.0	1.0
单个证券特别风险	高	低

11. 约翰·麦凯是一个银行信托部门的组合经理。麦凯约见两个客户，凯文·穆雷和丽莎·约克，评价他们的投资目标。每个客户都表示有改变他们个人投资目标的兴趣。每个客户目前都持有分散性很好的风险资产组合。
    a. 穆雷想提高他的资产组合的期望收益。说出麦凯应该采取怎样的措施才能达到穆雷想达到的目标。根据前文的资本市场线说明你的建议。
    b. 约克想要降低资产组合的风险敞口，但不想有借入和借出行为。麦凯应该采取怎样的措施才能达到约克想达到的目标。根据前文的证券市场线说明你的建议。
12. 凯伦·凯伊，柯林斯资产管理公司的一名组合经理，正使用资本资产定价模型来为其客户提供建议。他们的研究部门提供如下信息：

	期望收益率，标准差，β		
	期望收益率（%）	标准差（%）	β
X 股票	14.0	36	0.8
Y 股票	17.0	25	1.5
市场指数	14.0	15	1.0
无风险利率	5.0		

    a. 计算每只股票的期望收益率与 α 值。
    b. 分辨和判断哪只股票更适合投资者，他们分别希望：
       i. 增加该股票到一个充分分散的股票组合。
       ii. 持有此股票作为单一股票组合。

在线投资练习

β 值与证券收益

www.fidelity.com 网站对基金的风险及回报提供了准确的数据。点击研究链接，从子菜单中选择共同基金选项。在基金计算一栏中，选择深入研究一项。下翻找到风险/波动性计算一栏表明你想浏览 β 值小于或等于 0.5 的基金。点击搜索基金观察结果。点击观察所有符合的富达基金。从结果菜单中选择五个基金并点击比较。根据 β 值和标准差对五个基金进行排序。按照这两个得到的结果是同样的顺序吗？你如何解释顺序排列的不同？列出其中一只基金一年的收益（如果可以，使用调整后的回报率）。重复这样的练习比较五只 β 值大于1或等于 1.5 的基金。

概念检查答案

9-1 我们用两个具有代表性的投资者代表所有人群。一类是“无信息”投资者，他们不对证券进行分析，而持有市场投资组合，而另一个则利用马科维茨理论进行证券分析来优化其资产组合。无信息的投资者不了解信息投资者用来做出投资购买决策的信息。然而，无信息投资者知道如果另外的投资者是有信息的，市场组合的比例总是最优的。因此，与这一比例不同就等于是无信息的赌博，平均来说，这将会降低多样化的效率，而又没有增加期望收益率作为补偿。

9-2 a. 将历史均值和标准差代入式（9-2）中，得到风险厌恶系数：

$$\bar{A} = \frac{E(r_M) - r_f}{\sigma_M^2} = \frac{0.079}{0.232^2} = 1.47$$

b. 这一关系也告诉我们：根据历史的标准差数据与风险厌恶系数等于 3.5，风险溢价为：

$$E(r_M) - r_f = \bar{A}\sigma_M^2 = 3.5 \times 0.232^2 = 0.188 = 18.8\%$$

9-3 给定投资比例 w_{Ford}，w_{Toyota} 资产组合 β 为：

$$\beta_P = w_{\text{Ford}}\beta_{\text{Ford}} + w_{\text{Toyota}}\beta_{\text{Toyota}}$$
$$= (0.75 \times 1.25) + (0.25 \times 1.10) = 1.2125$$

因为市场风险溢价，资产组合风险溢价为

$$E(r_P) - r_f = \beta_P[E(r_M) - r_f]$$
$$= 1.2125 \times 8 = 9.7\%$$

9-4 股票的 α 值是超过资本资产定价模型所要求的收益差额。

$$\alpha = E(r) - \{r_f + \beta[E(r_M) - r_f]\}$$
$$\alpha_{XYZ} = 12 - [5 + 1.0(11 - 5)] = 1\%$$
$$\alpha_{ABC} = 13 - [5 + 1.5(11 - 5)] = -1\%$$

ABC 的点在证券市场线下方，而 *XYZ* 的点在股票市场

线的上方，如图9-6所示：

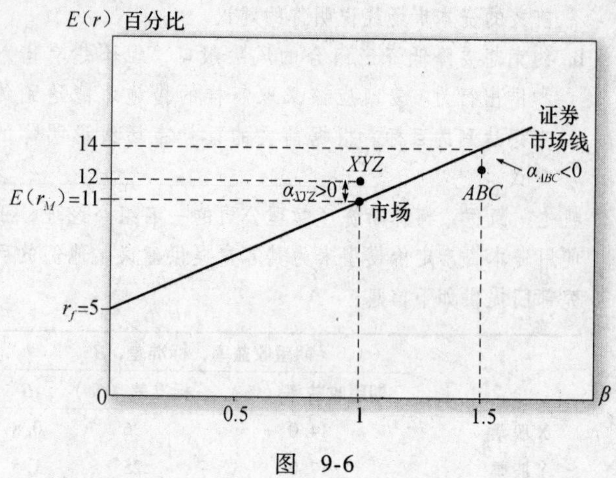

图　9-6

9-5　特定项目要求的收益率是由项目的β值、市场风险溢价以及无风险利率决定。资本资产定价模型告诉我们该项目可接受的期望收益率为：

$$r_f+\beta[E(r_M)-r_f]=8+1.3(16-8)=18.4\%$$

这是该项目收益率的下限。如果该项目的内部收益率为19%，则其可行。任何内部收益率小于或等于18.4%的项目都应该被拒绝。

9-6　资本资产定价模型是与期望收益率和风险有关的模型。这产生了期望收益－贝塔关系，在这个关系中任何资产的期望风险溢价与市场组合的期望风险溢价成比例，β就是比例系数。但该模型实用性不强的原因有两个：①期望是观测不到的；②包括每个风险资产的理论市场投资组合在实际中不可观测。接下来的三个模型包括了一些附加假设来解决这些问题。

单因素模型假定只有一个经济因素，定义为F，它在证券收益上产生了唯一共同影响。除了这个，证券收益被非独立的、公司特定的因素所影响。因此，对于任意证券i：

$$r_i=E(r_i)+\beta_iF+e_i$$

单因素模型假定在单因素模型中，因素F被广义证券指数所代替，它可以取代资本资产定价模型理论的市场投资组合。这个指数模型被定义为$R_i=\alpha_i+\beta_iR_M+e_i$。在这一点上指数模型与市场模型的意义是一致的。市场模型的概念是：股票的超额收益与相应的市场指数资产组合超额收益成正比，其比例为常量β。

第10章 套利定价理论与风险收益多因素模型

利用证券之间的错误定价来赚取无风险利润的行为称为套利。它需要同时买入和卖出等量的证券来赚取其中的价格差。在均衡市场价格的情况下没有套利机会也许是资本市场理论最基本的原理。如果实际证券价格中存在套利机会，则会有一个很强的压力使价格恢复到均衡状态。因此，证券市场必须满足“无套利条件”。在本章中，我们将介绍如何利用第 8 章中所介绍的无套利条件及因素模型来导出资本资产定价模型的证券市场线，进而更深入地了解风险与收益之间的关系。

前几章介绍了如何将风险分解为市场风险和公司特有风险，我们将拓展这一方法来处理系统性风险的多层面特征。证券收益的多因素模型可以用来测度和管理许多经济领域的风险，如经济周期风险、利率或通货膨胀风险、能源价格风险等。通过这些模型，我们可以得到多因素版本的证券市场线，其风险溢价来源于多种风险因素，而每一种都有各自的风险溢价。

我们将说明如何将因素模型与无套利条件相结合从而得到期望收益和风险之间的关系。这种风险收益之间的平衡方法叫做套利定价理论（APT）。我们将推导套利定价理论并解释它为什么隐含了一条多因素证券市场线。接下来我们将说明哪些因素最有可能是风险来源。这些因素会引起强烈的对冲需求从而引出第 9 章中所介绍的多因素资本资产定价模型。因此以套利定价理论和资本资产定价模型为基础，推导出多风险形式的证券市场线，可以加深我们对风险收益关系的理解。

10.1 多因素模型概述

第 8 章介绍的指数模型提供了一种分解股票风险的方法，即将风险分解为市场或系统性风险和公司特有风险。其中系统性风险主要受宏观经济影响，而公司特有风险或特质性风险则可以通过构造投资组合的办法进行分散。在指数模型中，市场投资组合收益反映了宏观因素的重要影响。然而有时候直接关注风险的根本来源比间接关注其相应的市场代理变量更有效，这使得我们在风险评估中，可以更好地测度相应的风险因素敞口。通过因子模型，我们可以描述和量化各种因素的影响，而这些因素随时随地都会影响证券的投资收益率。

10.1.1　证券收益的因素模型

我们首先将考察一个第8章介绍的单因素模型。第8章曾叙述过，资产收益的不确定性有两个来源：一是公共或宏观经济因素，二是公司特有因素。我们用公共因素来度量宏观经济中新信息的影响，并定义这些新信息的期望收益为零，因此公共因素的期望收益也应当为零。

如果用 F 表示公共因素偏离其期望值的离差，β_i 表示公司 i 对公共因素的敏感程度，e_i 为公司特有的扰动项，由因素模型可知，公司 i 的实际收益应等于它的初始期望收益加上一项反映未预期到的宏观经济事件影响的随机变量（零期望值），再加上另一项反映公司特有事件的随机变量（零期望值）。

单因素模型（single-factor model）可以用式（10-1）来表示：

$$r_i = E(r_i) + \beta_i F + e_i \tag{10-1}$$

其中 $E(r_i)$ 为股票 i 的期望收益。注意如果在任何时期宏观经济因素都为零（如宏观经济没有很大波动），证券收益等于它先前的期望收益值 $E(r_i)$ 加上公司特有事件引起的随机变量。我们进一步假定非系统因素 e_i 均不相关，且与因素 F 不相关。

【例 10-1】　　因素模型

为了使模型具体化，来分析以下例子。假定宏观经济因素 F 反映所处的经济周期，这一指标由未预期到的国内生产总值（GDP）变化的百分比来衡量，如果普遍认为今年的 GDP 将会增长 4%，而实际上 GDP 仅仅增加 3%，那么 F 值为 -1%，代表实际增长与预期增长有 -1% 的离差。给定股票的 β 值为 1.2，则预期的落空将造成股票收益率比之前预期的收益率低 1.2%。这一未预期到的宏观变化，和公司特有的扰动项 e_i 一起决定股票收益对初始期望收益的偏离。■

概念检查 10-1

假定在式（10-1）中当前股票的期望收益为 10%。许多宏观经济信息表明 GDP 增长为 5% 而不是 4%。你将如何修正该股票的期望收益率？

因素模型将收益分为系统和公司两个层面是很有说服力的，但将系统性风险限定为由单因素造成的就不那么有说服力了。实际上在第8章谈到指数模型时，我们注意到影响市场收益的系统性或宏观因素有许多风险来源，如经济周期的不确定性、利率或通货膨胀等。市场因素不仅反映了宏观因素，也能反映公司对这些因素的平均敏感程度。当我们进行单因素回归时，我们实际上（错误地）假定了每种股票对每一种风险因素都有相同的敏感性。如果股票相对于各宏观经济因素都有不同的 β 值，而我们将所有的风险因素都归结为一个变量，比如市场指数的收益，这样可以忽略一些细微的差别从而更好地解释单只股票的收益。

如果能找到系统性风险的显示表达，则有机会发现不同的股票对不同的风险来源敏感性的差异，这使得我们可以对单因素模型进行改进。不难看出包含多个因素的**多因素模型**（multifactor models）能更好地解释证券收益。

除用于建立均衡证券定价模型之外，多因素模型还可以应用于风险管理。这一模型创造了一种简化衡量宏观经济风险的方法，并构造投资组合来规避这些风险。

我们从分析两因素模型开始。假设两个最重要的宏观经济风险——经济周期的不确定性和利率的波动，我们用未预期到的 GDP 增长率来描述前者。利率的变化我们用 IR 来表示。任意股票的收益都受到宏观风险及其公司自身的风险所影响。因此我们可以用一个两因素模型来描述某一时间段内股票 i 的收益率：

$$r_i = E(r_i) + \beta_{i\text{GDP}}\text{GDP} + \beta_{i\text{IR}}\text{IR} + e_i \tag{10-2}$$

式（10-2）右边的两个宏观经济因素构成了经济中的系统因素。正如在单因素模型中，所有的宏观经济因素的期望值都为零：这代表这些变量的变化没有被预期到。式（10-2）中每个因素的系数度量了股票收益对该因素的敏感程度。因此，该系数有时被称为**因素敏感度**（factor sensitivity）、**因子载荷**（factor loading）或**因子贝塔**（factor beta）。对于大部分公司来说利率上升是坏消息，因此通常利率的 β 值为负。与前面一样，e_i 表示公司特定因素的影响。

为了说明多因素模型的优势，考虑两个公司，一个是服务大部分居民区的电力公司，另一个是航空公司。由于居民对电力的需求对经济周期的敏感程度不高，因此该项对 GDP 的 β 值较低，但是电力公司的股票价格可能对利率有着高敏感性。因为电力公司产生的现金流相对稳定，其现值类似于债券，与利率成反方向变化。相反，航空公司股票对经济活动的敏感程度较高但对利率不是很敏感。因此它对 GDP 的 β 值高而对利率的 β 值低。假设有一天传出经济将扩张的消息。预期 GDP 将会增长，而利率也会上升。那么这样的“宏观消息”是好还是坏？对于电力公司，这是一个坏消息：因为它对利率更敏感。但对航空公司来讲，由于对 GDP 的敏感度更高，这是一个好消息。很明显单因素模型或单指数模型不能捕捉这样宏观经济不确定性因素变化所反映的差异。

【例 10-2】　利用多因素模型进行风险评估

假设我们运用式（10-2）的两因素模型来对东北航空公司进行评估，得到如下结果：

$$r = 0.133 + 1.2(\mathrm{GDP}) - 0.3(\mathrm{IR}) + e$$

这告诉我们根据现有的信息，东北航空公司的期望收益率为 13.3%，但在当前预期的基础上 GDP 每增加一个百分点，东北航空公司股票的收益率平均增加 1.2%，而对非预期的利率增加一个百分点，其股票收益下降 0.3%。■

因素 β 可以为对冲策略提供一个框架。对于想要规避风险的投资者来说需要构建一个相反的因素来抵消特定风险的影响。通常，远期合约可以用来对冲这些特定风险因素。我们将在第 22 章中详细介绍这方面的内容。

10.1.2　多因素证券市场线

如上所述，多因素模型仅仅是对影响证券收益的因素进行描述。在模型的表达式中并不存在什么“理论”。很明显在式（10-2）中存在一个没有回答的问题是 $E(r)$ 的来源，换句话说，是什么决定证券的期望收益率。这里我们需要一个均衡证券收益的理论模型。

在前面的章节中我们给出了多因素模型的一个特例，即资本资产定价模型的证券市场线。资本资产定价模型认为证券均衡定价给投资者提供了一个期望收益，它由两部分组成：用以补偿货币时间价值的无风险利率和由基准风险溢价（如市场投资组合提供的风险溢价）乘以测度相对风险的 β 值，即

$$E(r) = r_f + \beta[E(r_M) - r_f] \tag{10-3}$$

如果以 RP_M 来表示市场投资组合的风险溢价，那么式（10-3）可以表示为：

$$E(r) = r_f + \beta \mathrm{RP}_M \tag{10-4}$$

我们在第 8 章中指出，可以把 β 看做测量一只股票或一个投资组合对市场或宏观经济风险敞口的变量。因此，证券市场线的解释之一就是投资者会因承担更多的宏观风险而获得更高的期望收益率，这个收益是对风险的敏感度（β）与对承担单位风险的补偿（即风险溢价，RP_M）的乘积，但没有对公司特有的风险进行补偿（式（10-1）中的 e_i）。

当我们知道系统性风险有多种风险来源，那我们应如何看待单因素模型的正确性呢？下一节我们将做出详细的讨论，为了避免给读者造成混乱，理不清头绪，我们将一步步推进给出结果。无须惊讶，每一个多因素指数模型都给出一条多因素证券市场线，其风险溢价取决于每一个系统因素的风险敞口，以及这些因素的风险溢价。

例如，在一个由式（10-2）所描述的两因素经济模型中，我们可以总结出证券的期望收益等于以下之和：

（1）无风险收益率；

（2）对 GDP 风险的敏感度（即 GDP 的 β）乘以 GDP 的风险溢价；

（3）对利率风险的敏感度（即利率 β）乘以利率的风险溢价。

以上可由式（10-5）来表示。在式中，β_{GDP} 表示证券收益对非预期的 GDP 增长的敏感程度，而 $\mathrm{RP}_{\mathrm{GDP}}$ 表示“单位”GDP 风险的风险溢价，此时 GDP 的 β 为 1。因此两因素的证券市场线为：

$$E(r) = r_f + \beta_{\mathrm{GDP}}\mathrm{RP}_{\mathrm{GDP}} + \beta_{\mathrm{IR}}\mathrm{RP}_{\mathrm{IR}} \tag{10-5}$$

回顾式（10-4），我们可以看出式（10-5）是简化的证券市场线的一般形式。在单因素证券市场线中，基准风险溢价由市场投资组合所决定，但一旦我们概括出多风险因素以及各自的风险溢价，我们就可以看出两者是高度相似的。

然而，单因素和多因素经济之间的区别在于风险溢价可能是负的。例如，当利率上升时，拥有正利率 β 的证券

的业绩会更好，这样可以对冲利率风险对投资组合价值造成的损失。投资者可以接受低的回报率，即一个负的风险溢价，这归功于对冲成本。相反，当利率上升时（一个负的利率β）时，典型的证券收益将会因为利率风险而降低，因此要求更高的收益率。式（10-5）说明利率风险对证券收益的贡献为正，这是由一个负的因素β乘以一个负的风险溢价导致的。[㊀]

我们仍然需要详细描述如何对每个因素的风险溢价来进行估计。与简单的资本资产定价模型相似，与每个因素相联系的风险溢价可以看做一个投资组合的风险溢价，该组合对某个因素的β为1.0，其他因素的β为0。换句话说，即只有该因素"起作用"的情况下预期能获得的风险溢价。接下来我们还会进一步进行讨论，但现在我们只把因素的风险溢价看做已知来介绍多因素的证券市场线如何运用。

【例 10-3】 **多因素证券市场线**

在例10-2航空公司的回归估计中，航空公司GDP的β等于1.2，利率β等于-0.3。假设GDP的单位风险溢价为6%，而利率的单位风险溢价为-7%。因此航空公司投资组合的总风险溢价等于用以补偿每一系统性风险来源的风险溢价之和。

GDP风险的风险溢价应该是股票所对应的GDP风险乘以第一个因素组合的风险溢价6%。因此用来补偿公司第一个因素的公司风险溢价所占比例为$1.2\times6\%=7.2\%$。同样，用来补偿利率风险的风险补偿为$-0.3\times(-7\%)=2.1\%$。总风险溢价等于$7.2\%+2.1\%=9.3\%$。因此，如果无风险利率为4%，航空公司的总回报率等于

4.0%	无风险利率
+ 7.2%	+ GDP 风险的风险溢价
+ 2.1%	+ 利率风险的风险溢价
13.3%	总期望收益

可以用式（10-5）简单说明

$$E(r)=4\%+1.2\times6\%+(-0.3)\times(-7\%)=13.3\%\ \blacksquare$$

显然，相对于单因素模型和资本资产定价模型，多因素模型给了我们一种更丰富的方法来处理风险补偿。现在让我们对一些争议问题进行探讨并更深入地研究多因素模型与多因素证券市场线的关系。

概念检查 10-2

假设式（10-3）中的风险溢价为$RP_{GDP}=4\%$，$RP_{IR}=12\%$，则航空公司的期望均衡收益值是多少？

10.2 套利定价理论

史蒂芬·罗斯[㊁]在1976年提出**套利定价理论**（arbitrage pricing theory，ATP）。如同资本资产定价模型，套利定价理论预测了与风险期望收益相关的证券市场线，但其得出证券市场线的方式与之不同。罗斯的套利定价理论基于三个基本假设：①因素模型能描述证券收益；②市场上有足够的证券来分散风险；③完善的证券市场不允许任何套利机会存在。我们从其模型的简单形式入手，假定只有一个系统因素影响证券收益。然而，通常套利定价理论的研究要涉及多个因素，所以我们也会延伸到一般情况。

10.2.1 套利、风险套利与均衡

当投资者不需要进行净投资就可以赚取无风险利润时，就存在**套利**（arbitrage）机会。一个典型的例子就是当同一只股票在两个不同的交易中以不同的价格交易。例如，假设IBM公司股票在纽约证券交易所卖95美元，而在

㊀ 注意：预测风险溢价的标志可能非常棘手。例如，单独来说，利率非预期的下降可能标志着GDP的下降。在此基础上，利率因素将代理一般经济活动并产生正的风险溢价。然而，因为国内生产总值不可预测的变化也包括在式（10-2）中，利率β对利率的敏感性测试控制着国内生产总值的变化。因此，我们期望利率因素有着负的风险溢价。然而，无法预期的利率下降可能是将来国内生产总值下降的信号，而不是被同一时期国内生产总值因素所捕捉。在这种情况下，正的风险溢价仍然是可能的。

㊁ Stephen A. Ross, "Return, Risk and Arbitrage," in I. Friend and J. Bicksler, eds., *Risk and Return in Finance* (Cambridge, MA: Ballinger, 1976).

纳斯达克仅仅卖 93 美元。然后你可以在买进纳斯达克股票的同时在纽约证券交易所卖出，在不动用任何资本的情况下每只股票可以赚取 2 美元的无风险利润。**一价定律**（Law of One Price）指出如果两项资产在所有的经济性方面均相同，那它们应该具有相同的市场价格。一价定律被套利者所利用：一旦发现违背了这一定律，他们将进行套利活动——在价格低的地方买进资产并同时在价格高的地方售出资产。在这一过程中，他们将促使低价市场价格上扬，而高价市场价格被压低，直到套利机会消失。

市场价格变动直到套利机会消除，这也许是资本市场理论中最基本的观点。违背这一原则是市场非理性的明显表现。

一个无风险套利投资组合最重要的性质是，不管其风险厌恶程度和财富水平如何，投资者都愿意持有一个无限的头寸。由于大量的头寸使价格上涨或下跌至套利机会完全消除，证券价格将满足"无套利条件"，也就是停留在一个不存在套利机会的价格水平上。

套利与风险 - 收益占优的观点相比较可以发现，二者在均衡价格的形成上存在着重要区别。风险 - 收益占优的观点认为，当均衡价格关系被打破时，投资者将在一定程度上改变他们的投资组合，这取决于他们的风险厌恶程度。这些有限的投资组合改变的加总将产生大量的买卖行为，从而重建均衡价格。相反，当套利机会存在，每个投资者都愿意尽可能多地持有头寸，因此不需要很多投资者就会给价格带来压力使价格恢复平衡。因此，由无套利论点得出的价格的意义要大于由风险 - 收益占优观点所得到的结论。

资本资产定价模型就是这种占优观点的一个典型例子，它意味着所有投资者都持有均值 - 方差有效投资组合。如果证券没有被正确定价，那么投资者在构建投资组合时更倾向于被低估的证券而不是被高估的证券。许多投资者改变自己的投资组合给均衡价格带来压力，尽管每个人都是相对较小数量的改变。存在大量均值 - 方差敏感的投资者对于资本资产模型来说至关重要。相反，无套利条件指的是少量投资者发现投资机会并大量动用自己的资金在短时间内使价格恢复均衡。

从业人员并不像此处的定义一样对"套利"和"套利者"进行严格的区分。"套利者"通常表示在专业领域如并购某目标股票中寻找没有被正确定价的行为，而不是寻找严格意义上（无风险）套利机会的人。这样的行为通常叫做**风险套利**（risk arbitrage）来与纯套利进行区别。

这里我们先提及一下，第四部分我们将讨论"衍生"证券例如期货期权，它们的市场价值完全由其他证券的价值确定。例如，股票看涨期权的价值由股票的价值。对于这些证券，严格套利是完全可能的，无套利条件将产生精确的定价。而对于股票以及价值不是严格地由其他一种或者多种资产所决定的"原始"证券，无套利条件一定要从分散化投资的角度得出。

10.2.2　充分分散的投资组合

下面我们来看一个股票投资组合的风险。我们首先说明如果一个投资组合是充分分散化的，它的公司特有风险或非因素（系统）风险将可以被分散，只剩下因素（系统）风险。如果我们构建一个 n 只股票的投资组合，其权重为 w_i，$\sum w_i = 1$，那么投资组合的收益率可以表示为：

$$r_P = E(r_P) + \beta_P F + e_P \tag{10-6}$$

式中，$\beta_P = \sum w_i \beta_i$ 是 n 个证券的 β_i 的加权平均值。该投资组合的非系统部分（与 F 无关）$e_P = \sum w_i e_i$ 是 n 种股票的加权平均值。

正如第 8 章所提及的，我们可以将投资组合的方差分为系统的与非系统的两方面。投资组合方差为：

$$\sigma_P^2 = \beta_P^2 \sigma_F^2 + \sigma^2(e_P)$$

其中 σ_F^2 是因素 F 的方差，而 $\sigma^2(e_P)$ 是投资组合的非系统性风险，可以表示为：

$$\sigma^2(e_P) = (\sum w_i e_i) \text{ 的方差} = \sum w_i^2 \sigma^2(e_i)$$

注意到在获得投资组合的非系统方差时，我们是基于公司特有风险 e_i 相互独立的假设，因此投资组合非系统部分 e_i 的方差是单个非系统方差与投资头寸的平方的加权之和。

如果投资组合是等权重的，即 $w_i = 1/n$，那么非系统方差应该等于：

$$\sigma^2(e_P) = (\sum w_i e_i) \text{ 的方差} = \sum \left(\frac{1}{n}\right)^2 \sigma^2(e_i) = \frac{1}{n} \sum \frac{\sigma^2(e_i)}{n} = \frac{1}{n} \bar{\sigma}^2(e_i)$$

式中最后一项是证券非系统方差的均值。换句话说，投资组合的非系统方差等于非系统方差的平均值除以 n。因此，当投资组合变大即 n 变大时，非系统方差趋近于零。这就是分散化的结果。

对于等权重的投资组合我们得出结论，当 n 变大时，非系统方差趋近于零。当权重不相等时，这一性质依然成立。任意投资组合都满足当 n 变大（准确地说，对于 w_i^2 随着 n 的增加趋近于零）w_i 都逐渐变小，投资组合的非系统性风险趋近于零。实际上，这一性质促使我们来定义**充分分散的投资组合**（well-diversified portfolio），即按照各自的比例 w_i 分散投资于数量足够大的证券，从而降低非系统方差 $\sigma^2(e_P)$ 从而使之忽略不计。

由于任何充分分散的投资组合的 e_P 的期望值为零，同时方差也趋近于零，我们可以得出 e_P 的值实际上也为零的结论。重写式（10-1），我们得到充分分散的投资组合，在实践中有：

$$r_P = E(r_P) + \beta_P F$$

大量投资者（多数是机构投资者）能持有成百上千的证券组成的投资组合，因此充分分散的投资组合的概念在当今的金融市场中很明显是有操作性意义的。

概念检查 10-3

a. 一个投资组合投资于多种股票（n 很大）。这些股票残余收益的标准差并不比其他的投资组合大。然而，将一半的投资组合投资于股票 1，其余的等量投资于 $n-1$ 只股票。请问这个投资组合是充分分散的吗？

b. 另一个投资组合投资于同样的 n 只股票，n 非常大。如果不是等权重的每只股票占的投资，而是一半股票占 $1.5/n$ 的权重而另一半股票占 $0.5/n$ 的权重，那么这个投资组合是充分分散的吗？

10.2.3 贝塔与期望收益

由于非因素风险可以被分散掉，只有因素风险在市场均衡中存在风险溢价。在充分分散的投资组合中各公司的非系统性风险互相抵消；如果风险可以通过分散来消除，则投资者承担这些风险但未必能获得风险溢价。相反，只有证券的投资组合的系统性风险才与其期望收益有关。

图 10-1a 中实线勾画出的在不同的系统性风险下，一个 $\beta_A = 1$ 的充分分散的投资组合 A 的收益情况。投资组合 A 的期望收益为 10%；即实线与纵轴相交的点。如果宏观因素是正的，投资组合的收益将超出期望值；如果是负的，投资组合的收益将低于平均值。因此投资组合的收益率为：

$$E(r_A) + \beta_A F = 10\% + 1.0 \times F$$

将图 10-1a 与图 10-1b 相比较，图 10-1b 是一个 $\beta_s = 1$ 的简单股票。它的非系统性风险不能被分散掉，呈现为分别分布在直线两侧的点。相反，对于充分分散的投资组合，其收益完全由系统因素所决定。

现在考虑图 10-2，虚线表示的是另一个充分分散的投资组合 B 的收益，其期望收益率为 8%，$\beta_B = 1$。那么投资组合 A 与 B 能一起在图中并存吗？显然不能：无论系统因素是多少，A 的收益高于 B，将存在套利机会。

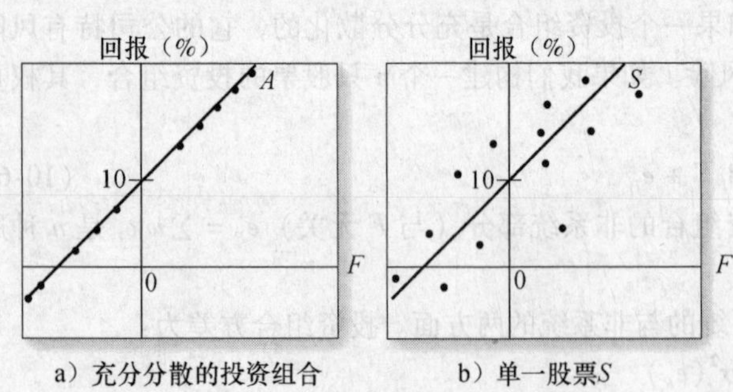

图 10-1 作为系统性风险函数的收益

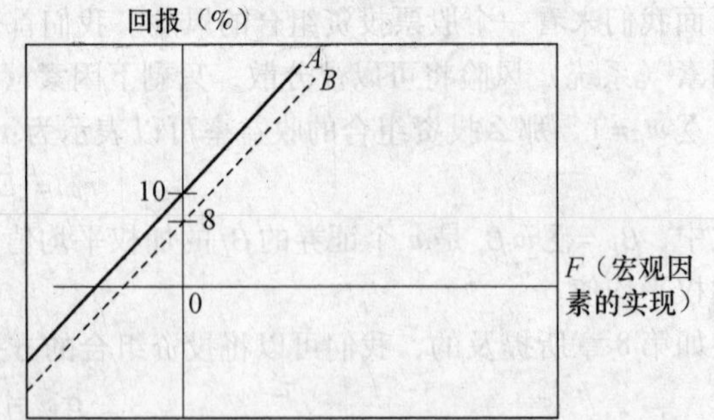

图 10-2 作为系统性风险函数的收益：出现了套利机会

如果以 100 万美元卖空 B 并同时买进 100 万美元的 A，一个净投资策略，你可以获取 2 万美元的无风险收益，如下：

$(0.10 + 1.0 \times F) \times$ 100 万	A 的多头
$-(0.08 + 1.0 \times F) \times$ 100 万	B 的空头
$0.02 \times$ 100 万 = 2 万	净收益

你获得的是无风险收益，因为因素风险在空头与多头头寸之间被抵消。进一步说，该投资要求零净投资。你可

以用无限大的投资规模直至两种组合的收益差消失。在市场均衡中，β 相等的充分分散的投资组合必须有相同的期望收益，否则存在套利机会。

那么 β 值不同的投资组合呢？现在来证明风险溢价必须与 β 成比例。想知道为什么，如图 10-3 所示。假设无风险利率为 4%，C 为一个充分分散的投资组合，β 等于 0.5，期望收益率为 6%。投资组合 C 在无风险资产以及投资组合 A 线的下方。因此，考虑一个新的投资组合 D，一半由投资组合 A 组成，另一半由无风险资产组成。投资组合 D 的 β 等于 $(0.5\times0+0.5\times1.0)=0.5$，期望收益率等于 $(0.5\times4+0.5\times10)=7\%$。现在投资组合 D 与投资组合 C 的 β 值相同，但有着更高的收益率。从我们前文的分析中可以看出这样存在套利机会。

我们可以得出结论：为了排除套利机会，所有充分分散的投资组合的期望收益必须在图 10-3 的无风险资产线上。这条线的方程给出了所有充分分散的投资组合的期望收益。

注意到图 10-3，风险溢价确实与资产 β 成比例。纵轴表示风险溢价，它由无风险利率与该投资组合期望收益之间的距离来表示。$\beta=0$ 时风险溢价为零，然后随着 β 的上升而上升。

10.2.4 单因素证券市场线

现在考虑一个市场指数投资组合 M，它是一个充分分散的投资组合，我们用组合的未预期收益来测量系统性风险因素。由于市场投资组合必须在图 10-4 上，并且指数投资组合的 β 为 1，我们可以由其来决定曲线的方程。

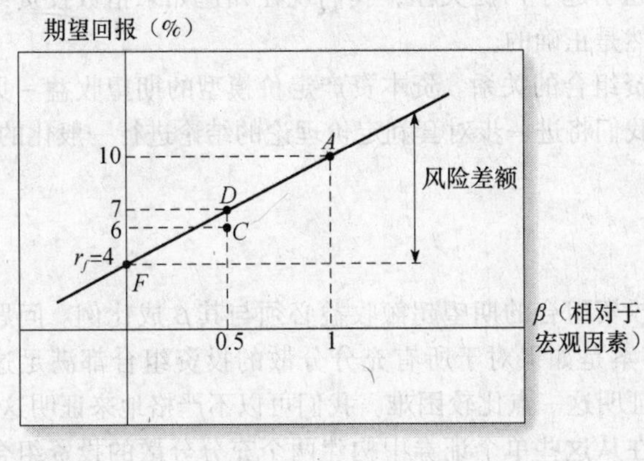

图 10-3 一个套利机会

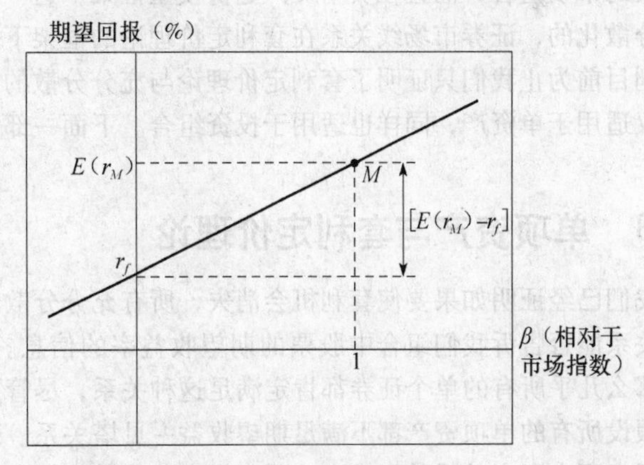

图 10-4 证券市场线

如图 10-4 所示，截距为 r_f，斜率为 $E(r_M)-r_f[\text{rise}=E(r_M)-r_f;\text{run}=1]$，该线可以表示为：

$$E(r_P)=r_f+[E(r_M)-r_f]\beta_P \quad (10\text{-}7)$$

因此，图 10-3 与图 10-4 表明证券市场线所描述的关系与资本资产定价模型所描述的关系相同。

概念检查 10-4

继续使用例 10-4 中数据。现在考虑充分分散的投资组合 G，其 β 为1/3，期望收益率为 5%。那么套利机会存在吗？如果存在，套利策略是什么？计算出这种策略在零净投资的情况下无风险收益的结果。

【例 10-4】 **套利与证券市场线**

假设市场指数是一个充分分散的投资组合，其期望收益率为 10%，收益偏离期望的离差（如 $r_M-10\%$）可以视为系统性风险因素。国库券利率为 4%。因此证券市场线［式 (10-7)］表明充分分散的投资组合 E，如其 β 为 $\frac{2}{3}$，则它的期望收益 E 为 $4\%+\frac{2}{3}\times(10-4)=8\%$。如果期望收益率为 9% 呢？这将存在套利机会。

买进 1 美元的股票并卖出 1 美元的投资组合，其中 1/3 投资于国库券，其他投资于市场。构建的这一投资组合与投资组合 E 具有相同的 β 值。该投资组合的收益为 $\frac{1}{3}r_f+\frac{2}{3}r_M=\frac{1}{3}\times4\%+\frac{2}{3}r_M$。净收益为：

$\$1 \times [0.09 \times 2/3(r_M - 0.10)]$	投资 1 美元于投资组合 E，期望收益为 9%，β 值为 $\frac{2}{3}$
$-\ \$1(1/3 \times 0.04 + 2/3 r_M)$	卖出 $\frac{1}{3}$ 投资于国库券，$\frac{2}{3}$ 的投资于市场指数的投资组合
$\$1 \times 0.01$	合计

每美元投资产生的收益是无风险的，并且精确地等于证券市场线上投资组合 E 的期望收益率的离差。■

前面我们已经利用无套利条件，在没有严格的资本资产定价模型假设的条件下，期望收益 - 贝塔关系是等同于资本资产定价模型中的关系的。如前所述，这种推导源于三个假设：单因素模型可以用来描述证券收益，存在大量的证券可以构造充分分散的投资组合，以及不存在套利机会。最后一条假设产生了套利定价理论这一方法名称。我们将进一步标明尽管需要严格的假设条件，资本资产定价模型的主要结论，即证券市场线的期望收益 - 贝塔关系，至少是基本有效的。

值得注意的是，与资本资产定价模型相对，套利定价理论不需要假设资本市场线关系的基准投资组合是真实的市场投资组合。在图 10-4 中，任意一个位于证券市场线上的充分分散的投资组合都可以作为基准投资组合。例如，基准投资组合可能被定义为与任意影响股票收益的系统因素都高度相关的充分分散的投资组合。因此，套利定价理论比资本资产定价模型更加灵活，因为那些与不可观测的市场投资组合相关的问题对其来说是不值得关注的。

另外，套利定价理论可以促进我们在证券市场线的关系中应用指数模型。尽管指数投资组合不一定能准确地代表真实的市场组合，而且在资本资产定价模型框架下这一问题引起了广泛关注，我们现在知道如果指数投资组合是充分分散化的，证券市场线关系在套利定价理论的框架下仍然是正确的。

到目前为止我们只证明了套利定价理论与充分分散的投资组合的关系。资本资产定价模型的期望收益 - 贝塔关系不仅适用于单资产，同样也适用于投资组合。下面一部分我们将进一步对套利定价理论的结论进行一般化的分析。

10.3 单项资产与套利定价理论

我们已经证明如果要使套利机会消失，所有充分分散的投资组合的期望超额收益必须与其 β 成比例。问题在于这种关系能否告诉我们组合中股票的期望收益率的信息。答案是如果对于所有充分分散的投资组合都满足这种关系，那么几乎所有的单个证券都肯定满足这种关系，尽管要证明这一点比较困难。我们可以不严格地来证明这一点。

假设所有的单项资产都不满足期望收益 - 贝塔关系。现在从这些单个证券中构建两个充分分散的投资组合。尽管对任意两个资产关系并不成立，那么对充分分散的投资组合这样的关系是否成立？这种机会是很小的，但也有可能由于单个证券间违背这种关系使两个充分分散的投资组合之间这种关系成立。

现在构建第三个充分分散的投资组合。当第三个投资组合也满足无套利的期望收益 - 贝塔关系时，对于单个证券违背这一关系的可能有多大？很明显，这种机会也是很小的，但是这种关系也是可能的。继续构造第四个充分分散的投资组合，依此类推。如果无套利的期望收益 - 贝塔关系对于无数不同的充分分散的投资组合都成立，那么这一关系必定对除一小部分之外的单个证券都成立。

我们这里采用了几乎确定的这种说法，因为我们必须把这一结论与所有证券都肯定满足这一关系区分开来。我们不能这样说的原因与充分分散化的投资组合的一条性质有关。

回顾一个投资组合必须满足在全部的证券上有很小的头寸才能达到充分分散化的要求。例如，如果只有一只证券违反了期望收益 - 贝塔关系，那么其对充分分散投资组合的影响是非常小的，以至于对任何实际情况都不产生重要的影响，也不会出现有意义的套利机会。但是如果许多证券违背期望收益 - 贝塔关系，那么充分分散的投资组合将不满足这一关系，套利机会将会出现。因此，我们得出结论，将无套利条件加在某一单因素证券市场上，其期望收益 - 贝塔关系对于充分分散的投资组合以及（除可能存在的小部分以外的）单个证券全部成立。

套利定价理论与资本资产定价模型

套利定价理论与资本资产定价模型具有很多相同的作用。它提供了一种可用于资本预算、证券估值以及投资业绩评价的收益率基准线。此外，套利定价理论强调了不可分散风险需要风险溢价来补偿，而可分散风险不需要这一重要区别。

套利定价理论是一个非常吸引人的模型。它依赖于“资本市场中的理性均衡会排除套利机会”的假设。即便是很少的投资者注意到市场的不平衡，违背套利定价理论关系将会产生巨大的压力使之恢复均衡。进一步说，套利定价理论利用一个由许多证券构成的充分分散的投资组合来得出期望收益－贝塔关系。

与之相比，资本资产定价模型建立在假设存在一个内生的不可观测的“市场”投资组合上。资本资产定价模型依赖均方差的有效性，也就是说，如果有证券违背了期望收益－贝塔关系，那么许多投资者（除相关的小部分）将调整自己的投资组合，使他们共同对价格造成压力迫使这种关系再次满足。

尽管存在着明显的优势，与资本资产定价模型相比，套利定价理论并没有完全占据优势。资本资产定价模型对所有证券的期望收益－贝塔关系做出了明确清晰的阐述，而套利定价理论表示只对除一小部分之外的所有证券适用。由于它着眼于无套利条件，不需要市场或指数模型的进一步假定，因此套利定价理论不能排除特殊的单个资产违背期望收益－贝塔关系。对于这些，我们需要资本资产定价模型的假设以及它的占优性观点。

10.4　多因素套利定价理论

到目前为止我们仍然假设只有一种因素影响股票收益。实际上这条假设过于简单，因为很容易想到许多受经济周期推动可以影响股票收益的因素，如利率波动、通货膨胀、石油价格等。可以推测，这些因素会影响股票的风险从而改变它的期望收益。因此我们可以推导出包含多种风险来源的多因素套利定价理论。

假定我们将式（10-1）中的单因素模型概括为两因素模型：

$$r_i = E(r_i) + \beta_{i1}F_1 + \beta_{i2}F_2 + e_i \tag{10-8}$$

在式（10-2）中，因素 1 是 GDP 实际增长率与期望增长率之差，因素 2 是未预期利率的变化。每个因素的期望值都为零，因为每个因素都是测度系统变量未预期到的变化而不是系统变量本身。相似地，公司特有因素引起的非期望收益 e_i 的期望值也为零。我们可以直接将这样的两因素模型发展成多因素模型。

构建一个多因素套利定价理论与构建单因素模型相似。但首先我们必须介绍**纯因子组合**（factor portfolio）的概念，即构建一个充分分散的投资组合其中一个因素的 β 为 1，另一个因素的 β 为零。我们可以将一个纯因子组合看做跟踪投资组合，即该投资组合的收益跟踪某些特殊的宏观经济风险来源的演变，而与其他的风险来源无关。构建这样的纯因子组合是非常简单的，因为相对于较少的风险因素而言，我们有大量的证券可供选择。纯因子组合可以作为推导多因素证券市场线的基准投资组合。

【例 10-5】　**多因素证券市场线**

假设有两个纯因子组合 1 和 2，期望收益率分别为 $E(r_1)=10\%$ 和 $E(r_2)=12\%$。进一步假设无风险利率为 4%。第一个纯因子组合的风险溢价为 $10\%-4\%=6\%$，而第二个纯因子组合的风险溢价为 $12\%-4\%=8\%$。

现在考虑一个充分分散的投资组合 A，第一个因素的 $\beta_{A1}=0.5$，第二个因素 $\beta_{A2}=0.75$。多因素的套利定价理论表明投资组合的总风险溢价必须等于对每一项系统性风险来源进行补偿所要求的风险溢价之和。由于风险因素 1 要求相应的风险溢价为对投资组合所产生的风险 β_{A1} 乘以投资组合中第一个因素所产生的风险溢价。因此，投资组合 A 的风险溢价由因素 1 产生的风险的补偿部分为 $\beta_{A1}[E(r_1)-r_f]=0.5\times(10\%-4\%)=3\%$，同样风险因素 2 的风险溢价为 $\beta_{A2}[E(r_2)-r_f]=0.75\times(12\%-4\%)=6\%$。投资组合总的风险溢价应该等于 $3\%+6\%=9\%$，投资组合的总收益为 $4\%+9\%=13\%$。■

把式（10-5）中的结论一般化，注意任何投资组合 P 所面临的风险因素都由 β_{P1} 和 β_{P2} 来表示。可以构建一个与投资组合 P 相匹配的投资组合 Q，该组合由权重为 β_{P1} 的第一个因素投资组合，权重为 β_{P2} 的第二个因素投资组合以及贝塔为 $1-\beta_{P1}-\beta_{P2}$ 的国库券组成。以这种方式构建的投资组合 Q 与投资组合 P 具有相同的贝塔，其期望收益为：

$$E(r_Q) = \beta_{P1}E(r_1) + \beta_{P2}E(r_2) + (1-\beta_{P1}-\beta_{P2})r_f = r_f + \beta_{P1}[E(r_1)-r_f] + \beta_{P2}[E(r_2)-r_f] \tag{10-9}$$

将式（10-5）中的数据代入，得：

$$E(r_Q) = 4 + 0.5\times(10-4) + 0.75\times(12-4) = 13\%$$

【例 10-6】 **错误定价与套利**

假设例 10-5 中投资组合 A 的期望收益为 12% 而不是 13%。这一收益将会产生套利机会。由纯因子组合构建一个与投资组合 A 具有相同 β 的投资组合。这要求第一个纯因子组合的权重为 0.5，第二个纯因子组合的权重为 0.75，无风险资产的权重为 -0.25。这一投资组合与投资组合 A 具有相同的因素 β：第一个因素 β 为 0.5，因为第一个因素投资组合的权重为 0.5，第二个因素的 β 为 0.75。(-0.25 权重的无风险国库券不会影响任何一个因素的敏感性)。

现在投资 1 美元于投资组合 Q 中，并同时卖出 1 美元投资组合 A。你的净投资为零，但你的期望收益为正并且等于

$$1 \times E(r_Q) - 1 \times E(r_A) = 1 \times 0.13 - 1 \times 0.12 = 0.01(\text{美元})$$

你的净收益也是无风险的。由于你买进 1 美元投资组合 Q 并卖出 1 美元投资组合 A，而且它们都是充分分散的投资组合并有着相同的风险贝塔，风险因素的风险会相互抵消掉。因此，如果投资组合 A 的期望收益与投资组合 Q 不同，那么你可以在净投资为零的情况下赚得无风险利润。这就是套利机会。■

由于投资组合 Q 与投资组合 A 的两个风险源完全相同，因此它们的期望收益也应该相等。所以投资组合 A 的收益率也应该为 13%。如果不是，将会出现套利机会。[㊀]

我们可以得出以下结论：如果不存在套利机会，贝塔值为 β_{P1} 和 β_{P2} 的充分分散的投资组合一定有式（10-9）给出的期望收益。比较式（10-3）和式（10-9），你可以发现式（10-9）其实是对单因素证券市场线的简单拓展。

最后，把式（10-9）的多因素证券市场线扩展到单项资产，这一过程与单因素套利定价理论完全相同。除非每一个证券都可以单独地满足条件，否则式（10-9）不可能使每一个充分分散的投资组合都满足条件。因此式（10-9）表示具有多种风险源的多因素证券市场线。

前面已经指出资本资产定价模型的一个应用就是为存在管制的公共事业提供“公平”收益率。多因素套利定价理论也有相同的作用。注意利率与通货膨胀的风险溢价的经验估计都为负，与例 10-2 中所分析的结果相一致。

概念检查 10-5

利用式（10-5）中的因素投资组合，计算 $\beta_1 = 0.2$，$\beta_2 = 1.4$ 的投资组合的均衡收益率为多少？

10.5 我们在哪里寻找风险因素

多因素套利定价理论的一个缺陷就是没有指明如何找出相关风险因素及其风险溢价。首先，我们在解释证券收益时将分析对象限制于少数系统性风险因素。如果模型需要上百个解释变量，那么对解释证券收益几乎没有意义。其次，我们希望找到最重要的风险因素，也就是说，投资者最关心的、忍受这类风险需要较高的风险溢价的因素。

Chen、Roll 和 Ross[㊁]的文章提供了多因素方法研究的一个例子，他们根据经济因素反映宏观经济的能力作出了如下选择。显然，他们的组合只是众多符合条件的组合之一。

IP——工业产量变化的百分比

EI——预期通货膨胀变化的百分比

UI——未预期通货膨胀变化的百分比

CG——长期公司债券相对于长期政府债券的超额收益

GB——长期政府债券相对于国库券的超额收益

由此可以得到以下五因素的证券收益模型，它是随宏观经济指标变化的函数：

$$r_{it} = \alpha_i + \beta_{iIP}\mathrm{IP}_t + \beta_{iEI}\mathrm{EI}_t + \beta_{iUI}\mathrm{UI}_t + \beta_{iCG}\mathrm{CG}_t + \beta_{iGB}\mathrm{GB}_t + e_{it} \tag{10-10}$$

㊀ 投资组合 A 的风险溢价为 9%（比标准普尔 500 指数的历史风险溢价要高），尽管该组合看似是防御型的，因为其两个 β 都小于 1。这清楚地说明了多因素与单因素模型之间的一个区别。虽然在单因素市场里，高于 1 的 β 应该属于进攻型，但这也并非可以预言其在一个多因素的经济体中属于防御型还是进攻型，因为在该经济体中，风险溢价依赖于所有风险因素的贡献之和。

㊁ N. Chen, R. Roll, and S. Ross, "Economic Forces and the Stock Market," *Journal of Business* 59 (1986), pp. 383-403.

式（10-10）是一个五因素多维市场线。如前所述，我们可以利用回归的方法来估计给定股票的 β。但是在这里由于因素不止一个，我们进行了每一周期的五个宏观经济因素股票收益的多元回归。用回归的剩余方差来估计公司特有的风险。我们将在第 13 章讨论这一模型的结果，这里集中讨论证券定价的实证证据。

专栏 10-1

利用套利定价理论确定资本成本

埃尔顿、格鲁伯和梅[①]利用套利定价理论推导出了电力公司的资本成本。他们假定相关风险由一些不可预测的因素构成，例如利率期限结构、利率水平、通货膨胀率、经济周期（用 GDP 衡量）、汇率水平以及他们设计的测量其他宏观风险因素的指标。

他们的第一步是估计每一风险来源的风险溢价。这一过程通过以下两步来完成（第 13 章我们将进一步探讨这一方法）：

1. 估计公司大样本的"因素负荷"（如 β）。计算随机抽取的 100 只股票对于系统性风险因素的回归收益。他们用时间序列回归（如 60 个月的数据），因此预测了 100 个回归，每只股票一个。

2. 估计每一风险因素的单位回报。将每只股票每月的收益与 5 个 β 进行回归分析。各个 β 系数是随 β 值增长而产生的额外平均收益，如以月数据为样本估计出的该风险因素的风险溢价。这些估计要受到样本误差的影响。因此，取每年中 12 个月估计得到的风险溢价的平均值，这样可以降低样本误差的影响。

下表顶部的中间一栏显示了风险溢价。

因素	因素风险溢价	Niagara Mohawk 因素	因素	因素风险溢价	Niagara Mohawk 因素
期限结构	0.425	1.061 5	经济周期	0.041	0.129 2
利率	-0.051	-2.416 7	通货膨胀	-0.069	-0.522 0
汇率	-0.049	1.323 5	其他宏观因素	0.530	0.304 6

注意一些风险溢价为负值。这一结果的原因在于你不希望受影响的风险因素的风险溢价是正的，而你希望承担的那些风险因素的风险溢价应该是负的。例如，当通货膨胀上升时，你希望证券收益上升，并且可以接受那些期望收益较低的证券，此时的风险溢价为负。

因此，任何证券的期望收益与其因素 β 之间都存在以下关系：

$$r_f + 0.425\beta_{\text{term struc}} - 0.051\beta_{\text{int rate}} - 0.049\beta_{\text{ex rate}} + 0.041\beta_{\text{bus cycle}} - 0.069\beta_{\text{inflation}} + 0.530\beta_{\text{other}}$$

最后，为了获取某特定公司的资本成本，作者预测每种风险来源的公司 β，每一因素 β 乘以上表中"因素风险的成本"，加总所有的风险来源得到总的风险溢价，并加上无风险利率。

例如，对 Niagra Mohawk 公司的 β 估计值位于上表中的最后一栏。因此，它的资本成本等于

$$\begin{aligned}\text{资本成本} &= r_f + 0.425 \times 1.0615 - 0.051 \times (-2.4167) - 0.049 \times 1.3235 + 0.041 \times 0.1292 \\ &\quad - 0.069 \times (-0.5220) + 0.530 \times 0.3046 \\ &= r_f + 0.72\end{aligned}$$

换句话说，Niagra Mohawk 公司每月的资本成本比每月无风险利率高 0.72%，因此它的年度风险溢价为 0.72% ×12 = 8.64%。

① Edwin J. Elton, Martin J. Gruber, and Jiaping Mei, "Cost of Capital Using Arbitrage Pricing Theory: A Case Study of Nine New York Utilities," Financial Markets, Institutions, and Instruments 3 (Auguse 1994), pp. 46-68.

法玛 - 弗伦奇三因素模型

另一个能说明宏观因素代表相关系统性风险来源的方法是用公司特征来代替系统性风险，这些特征在实证层面能作为风险因素的代理变量。也就是说选取作为变量的因素在过去的实证中可以较好地预测平均收益，因此能获得风险溢价。这种方法最好的例子就是法玛和弗伦奇的三因素模型[㊀]，它不论在实证研究方面还是业界都受到广泛关注。

$$r_{it} = \alpha_i + \beta_{iM}R_{Mt} + \beta_{i\text{SMB}}\text{SMB}_t + \beta_{i\text{HML}}\text{HML}_t + e_{it} \tag{10-11}$$

其中，SMB 代表小减大，即数量小的股票投资组合比数量大的股票投资组合多出的投资组合收益；HML 为高减低，即由高账面 - 市值比的股票组成的投资组合比低账面 - 市值比的股票的投资组合高出的收益。

㊀ Eugene F. Fama and Kenneth R. French, "Multifactor Explanations of Asset Pricing Anomalies," *Journal of Finance* 51 (1996), pp. 55-84.

注意这一模型中市场指数起着重要作用，它用于测量源于宏观经济因素的系统性风险。

选中这两个公司特征变量的原因是通过长期的观察发现，公司市值（公司规模）和账面 - 市值比可以用于预测平均股票收益，这与资本资产定价模型的估计相同。法玛和弗伦奇通过实证方法验证了这一模型：尽管 *SMB* 和 *HML* 这两个变量明显地不是相关风险因素的代理变量，但这些变量可以近似地代替未知的更基本的变量。例如，法玛和弗伦奇指出，高账面 - 市值比的公司更容易陷入财务危机，而小公司对商业条件变化更加敏感。因此，这些变量可以反映宏观经济风险因素的敏感度。第 13 章我们将进一步介绍更多法玛和弗伦奇模型的实证。

与法玛 - 弗伦奇模型相似的实证研究方法，都采用了一些代理变量来描述市场以外的风险来源，这样导致的一个问题是不能明确指出这些因素对冲的究竟是哪些不确定性。布莱克指出，当研究者为寻找解释变量而反复查阅收益的数据库时（这项活动被称为数据探测），他们最后可能发现这种“模式”纯属偶然。布莱克[⊖]发现诸如公司规模这类因素的风险溢价自从首次发现就一直是矛盾的，但法玛和弗伦奇指出公司规模和账面 - 市值比可以预测各时期的世界各地市场的平均收益，因此减轻了数据探测的潜在影响。

法玛 - 弗伦奇提出的以公司特征为基础的因素提出了这样一个问题，它们是否反映了一个套利定价模型，或反映了一个基于市场外对冲需求的多指数跨期资本资产定价模型。这对解释该模型来说是需要重点区分的，由于法玛 - 弗伦奇模型的有效性可能是由于与合理均衡的背离（由于这里没有合理的原因来从这些公司特征中选择）产生的，也可能是由于这些公司特征真的反映了一些与收益相关的风险因素。这一问题需要在第 13 章中进一步解决。

10.6　多因素资本资产定价模型与套利定价理论

区分多因素套利定价理论与多指数资本资产定价模型很重要。对后者来说，因素来源于对于多期消费流分配的考虑，以及随机变化的投资机会。因此，构造对冲的指数投资组合必须对消费的效用、非交易资产以及投资机会改变的影响进行综合考虑。

因此多指数资本资产定价模型的风险来源于大量投资者认为需要进行对冲的因素。如果对冲需求对许多投资者来说是普遍的，证券价格将被对冲需求抬高价格并降低期望收益率。这一过程要求多因素模型解释期望收益，在这里每一风险因素都产生特殊的对冲动机。在均衡市场中被定价的那些风险因素（即足够重要以至于可以产生风险溢价的那些因素）被假定为可以广泛影响投资者的风险来源。

相比之下，套利定价理论对于寻找价格风险来源并未做出说明，这是个问题，但同样，它对相关的风险因素搜索的结构化程度也较低。这些反映了包括养老机构或者养老基金在内的投资者可能会担心通过个人消费或者投资决策的检测，不能显著测出相关的风险。

概念检查 10-6

分析股票 X 的回归结果

$$r_X = 2\% + 1.2(\text{油价变动的百分比})$$

a. 如果我住在路易斯安那州，当地经济很大程度上依赖于石油行业的利润，股票 X 能否对我的总体经济福利进行有效的对冲？

b. 如果我住在马萨诸塞州，这里大部分的居民和公司都是能源消费者，情况又会怎样？

c. 如果能源消费者远远多于能源生产者，那么在均衡市场中，高石油 β 值的股票比低石油 β 值的股票的收益率是高还是低？

小　结

1. 多因素模型通过详尽地分析各种证券风险的组成，使之比单因素模型有更强的解释力。这些模型采用一些指标来描绘一系列宏观经济风险因素。
2. 我们一旦考虑多种系统性风险因素的存在，就可以得出证券市场线也是多维的结论，其中每种风险因素都对证券的总风险溢价有所贡献。
3. 当两种或更多的证券价格可以让投资者构造一个零投资就可以获得净利润的组合时，就出现了（无风险）套利机会。套利机会的出现将产生大规模的交易，因此会给证券价格造成压力。这种压力将会持续直到价格达到不存在套利机会的水平。
4. 当证券处在不存在无风险套利机会的定价时，就称为满足无套利条件。满足无套利机会的价格关系是非常重要的，因为我们希望在现实市场中也满足这种

⊖ Fischer Black, “Beta and Return,” *Journal of Portfolio Management* 20 (1993), pp. 8-18.

关系。

5. 如果一个投资组合包含了大量的证券，并且每一种证券所占的比例都充分小时，我们称其为“充分分散的投资组合”。在充分分散的投资组合中，每一种证券的比例都足够小以至于在实际中单个证券收益率的适当变化对整个投资组合收益率的影响可以忽略不计。
6. 在单因素证券市场中，所有充分分散的投资组合都必须满足资本资产定价模型的期望收益－贝塔关系，才能满足无套利条件。如果所有充分分散的投资组合都满足期望收益－贝塔关系，那么除少量证券外的所有证券也都必须满足这一关系。
7. 套利定价理论不需要资本资产定价模型一样的严格的假设及它（难以观测）的市场投资组合。这种价格的一般性在于套利定价理论不能保证所有证券在任何时候都满足这种关系。
8. 多因素的套利定价理论将单因素模型一般化使其适用于多种风险来源的情况。多维证券市场线预测的是证券每个风险因素的风险溢价，它等于风险因素β乘以因素投资组合中的风险溢价。
9. 单因素资本资产定价模型扩展到多期叫做跨期资本资产定价模型，这是一种风险收益平衡的模型，同套利定价理论一样也能预测出多维证券市场线。跨期资本资产定价模型认为被定价的风险因素是引起大量投资者产生对冲需求的风险来源。

习 题

基础题

1. 假定影响美国经济的两个因素被确定：工业生产增长率IP和通货膨胀率IR。预期IP为3%，IR为5%。某只股票的IP的β值为1，IR的β值为0.5，当前的期望收益率为12%。如果工业产值的实际增长率为5%，通货膨胀率为8%，那么修正后的股票期望收益率为多少？
2. 套利定价理论本身不决定风险溢价的因素。研究者如何决定研究哪些因素？例如为什么工业产值作为决定风险溢价的一个因素？
3. 如果套利定价理论是一个有用的理论，那么经济体中的系统性风险的数量一定很小。为什么？

中级题

4. 假设两个独立的经济因素，F_1和F_2。无风险利率为6%，所有股票都包含了独立于公司所特有的部分，标准差为45%。下面是充分分散的投资组合：

投资组合	F_1的β值	F_2的β值	期望收益（%）
A	1.5	2.0	31
B	2.2	-0.2	27

在该经济体中，期望收益－贝塔关系是怎样的？

5. 考虑以下单因素经济中的数据。所有的投资组合都是充分分散的。

投资组合	$E(r)$	β
A	12%	1.2
F	6%	0

假设存在另一个充分分散的投资组合E，β为0.6，期望收益为8%。套利机会是否存在？如果存在，那么套利策略是什么？

6. 假定投资组合A和B都是充分分散的，$E(r_A)=12\%$，$E(r_B)=9\%$。如果经济中只有一个因素，而且$\beta_A=1.2$，$\beta_B=0.8$。无风险利率等于多少？
7. 假定股市收益以市场指数作为共同因素，经济体中所有股票对市场价格指数的β均为1。公司特有的收益的标准差都为30%。假设证券分析师研究20只股票，并发现其中一半股票的α值为2%，另一半股票的α值为-2%。假定证券分析师买进了100万美元等权重的正α值的股票，并同时卖出100万美元的等权重的负α值的股票。
   a. 投资的期望收益（以美元表示）为多少？分析师收益的标准差为多少？
   b. 如果分析师检验了50只股票而不是20只，那么答案会是怎样的？100只呢？
8. 假定证券收益由单因素模型确定，即

$$R_i = \alpha_i + \beta_i R_M + e_i$$

R_i表示证券i的超额收益，R_M表示市场超额收益。无风险利率为2%。同样假设证券A、B和C，其数据如下表所示：

证券	β_i	$E(R_i)$（%）	$\sigma(e_i)$（%）
A	0.8	10	25
B	1.0	12	10
C	1.2	14	20

   a. 如果$\sigma_M=20\%$，计算证券A，B和C收益的方差。
   b. 现在假定资产的种类无限多，并且与证券A，B和C具有相同的收益特征。如果证券A是一个充分分散的投资组合，则该投资组合的超额收益方差的均值是多少？那么只有B或C组成的投资组合呢？
   c. 市场中是否存在套利机会？如何实现套利？用图表分析这一套利机会。
9. 证券市场线表明，在单因素模型中证券的期望风险溢价与该证券的β成比例。假定情况不是这样，例如，在图10-5中，假定期望收益大于β的增长比例。

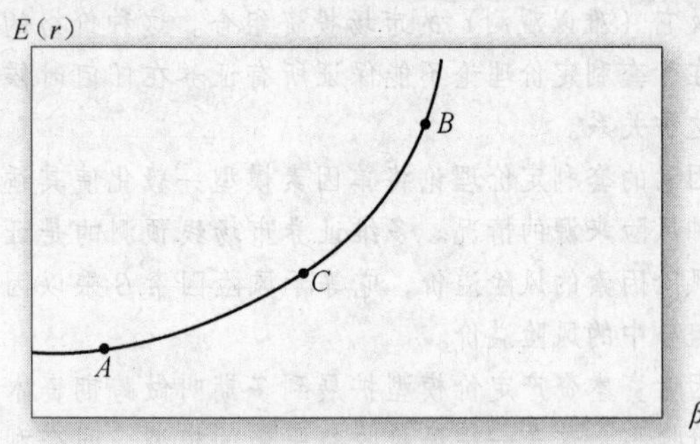

图　10-5

a. 如何构建套利机会？（提示：结合投资组合A和B，并与投资于C的结果进行比较）

b. 一些研究人员已经对分散的投资组合的平均收益与这些组合的β与β^2的相关性进行了分析。β^2对投资收益有何影响？

10. 考虑一下特定股票证券收益的多因素（套利定价理论）模型。

因素	因素β	因素风险溢价（%）
通货膨胀	1.2	6
工业生产	0.5	8
石油价格	0.3	3

a. 如果当前国库券收益率为6%，且视市场为公平定价，求出股票的期望收益率。

b. 假定下面第一列给出三种宏观因素的市场预测值，而实际值在第二栏给出。计算在这种情况下该股票修正后的期望收益率。

因素	预期变化率（%）	实际变化率（%）
通货膨胀	5	4
工业生产	3	6
石油价格	2	0

11. 假定市场可以用以下三种系统性风险以及溢价来描述：

因素	风险溢价（%）
工业生产	6
利率	2
消费者信心	4

某一特定股票的收益率可以由以下方程来确定：

$$r = 15\% + 1.0I + 0.5R + 0.75C + e$$

利用套利定价理论计算股票的均衡收益。国库券利率为6%。该股票的价格被高估还是低估？请解释。

12. 作为一名猪肉产品生产商的财务管理实习生，詹妮弗·温瑞特需要对公司的资本成本提出自己的观点。她把这看做检验她上学期学习有关套利定价理论的大好时机。她认为以下三个因素对她的工作至关重要：①类似标准普尔500这样的指数收益率；②利率水平，用10年期的国债来表示；③猪肉价格，这对她的农场非常重要。她计划采用多元回归的方法来计算猪肉产品的β值及每一因素对应的风险溢价。请评价她所选择的因素，哪一个因素可能对她的公司资本成本产生影响？你能对她的选择提出改进意见吗？

利用以下信息回答13～16题。

Orb Trust有史以来都对他的投资组合采取消极的管理方式。Orb在过去唯一的管理模型就是资本资产定价模型。现在Orb询问了他的特许金融分析师凯文·麦克拉肯来使用套利定价理论模型进行投资。

麦克拉肯相信套利定价理论是两因素的，这两个因素是GDP变动的敏感性以及通货膨胀。麦克拉肯得出实际GDP的风险溢价为8%，而通货膨胀的风险溢价为2%。他预计Orb高增长基金对两因素的敏感性分别为1.25和1.5。利用他的套利定价理论，他计算基金的期望收益。出于对比的目的，他也利用基本分析来计算Orb高增长基金的期望收益。麦克拉肯发现Orb高增长基金期望收益的两个估计是相等的。

麦克拉肯咨询另一个分析师苏权，让其利用基本分析对Orb的大型股基金的期望收益做出预计。苏权对基金进行管理，并得出其期望收益比无风险利率高出8.5%的结论。麦克拉肯然后对大型股基金运用套利定价理论模型。他发现对实际GDP和通货膨胀的敏感性分别为0.75和1.25。

麦克拉肯的Orb管理者杰·斯蒂尔斯要求麦克拉肯构建一个只含GDP增长而不受通货膨胀影响的投资组合。然后他计算第三个基金的敏感性，Orb实业基金，其敏感性分别为1.0和2.0。麦克拉肯将利用套利定价理论结果对这三个基金完成构建一个受实际GDP影响而不受通货膨胀影响的投资组合的任务。他把该基金称为“GDP”基金。斯蒂尔斯认为以获取稳定收入为目的进行投资的退休顾客更偏好这样的基金。麦克拉肯则认为，如果政府在未来供给面的宏观经济政策能成功的话，这样的基金将会是不错的选择。

13. 根据套利定价理论，无风险利率为4%，麦克拉肯的Orb高增长基金的期望收益率估计值为多少？

14. 根据苏权提供的Orb大型股基金的信息，对其采用麦克拉肯套利定价理论模型进行估计，存在套利机会吗？

15. 其他三因素组成的GDP基金在实业基金中所占的比重为①－2.2；②－3.2；③0.3。

16. 关于斯蒂尔斯和麦克拉肯对GDP基金的评论，下列哪些是合适的：______。

a. 麦克拉肯是正确的，斯蒂尔斯是错误的

b. 都是正确的

c. 斯蒂尔斯是正确的，麦克拉肯是错误的

CFA考题

1. 特许金融分析师杰弗里·布鲁勒利用资本资产定价模型来找出不合理定价的证券。一位财务顾问建议他用套利定价理论来代替。对比资本资产定价模型和套利定价理论，该顾问得出以下几点结论：
   a. 资本资产定价模型和套利定价理论都需要一个均值－方差有效的市场投资组合。
   b. 资本资产定价模型和套利定价理论都不需要假设证券收益是正态分布的。
   c. 资本资产定价模型假定一个特殊因素解释证券收益，而套利定价理论没有。

   判断该顾问的每个观点是否正确。如果不正确，给出理由。
2. 假设 X 和 Y 都是充分分散的投资组合，无风险利率为8%。

投资组合	期望收益（%）	β
X	16	1.00
Y	12	0.25

   根据这些内容判断投资组合 X 和 Y：______。
   a. 均处于均衡
   b. 存在套利机会
   c. 都被低估
   d. 都是公平定价的
3. 在什么条件下会产生正 α 值的零净投资组合？______。
   a. 投资组合的期望收益率为零
   b. 资本市场线是机会集的切线
   c. 不违背一价定律
   d. 存在无风险套利机会
4. 根据套利理论：______。
   a. 高 β 值的股票经常被高估
   b. 低 β 值的股票经常被高估
   c. 正 α 值投资机会将很快消失
   d. 理性投资者会从事与其风险承受度相符的套利活动
5. 套利定价理论与单因素资本资产定价模型不同，原因在于：______。
   a. 更注重市场风险
   b. 减小了分散的重要性
   c. 承认多种非系统性风险因素
   d. 承认多种系统性风险因素
6. 当均衡价格关系违背，投资者尽可能多地持有头寸。这是______的实例。
   a. 支配性观点
   b. 均方差的有效边界
   c. 套利活动
   d. 资本资产定价模型
7. 与简单的资本资产定价模型相比，套利定价理论更具有潜在的优势，其特征为：______。
   a. 把产量变化、通货膨胀以及利率期限结构作为解释风险收益关系的重要因素
   b. 按历史时间来测度无风险收益率
   c. 对给定的资产按时间变化来衡量套利定价理论因素的敏感性变化
   d. 利用多个因素而不是单因素市场指数来解释风险收益关系
8. 与资本资产定价模型相比，套利定价理论______。
   a. 要求市场均衡
   b. 利用基于微观变量的风险溢价
   c. 说明数量并确定那些能够决定期望收益率的特定因素
   d. 不需要关于市场投资组合的严格的假设

在线投资练习

非预期通胀

Chen、Roll 和 Ross 提出的套利定价理论中的一个因素就是非期望通货膨胀变化的百分比。当通货膨胀变化时，哪部分将增加，哪部分将减少？访问 http://hussmanfunds.com/rsi/infsurprises.htm 来观测通货膨胀变化指数表和经济学家的通胀预测。

概念检查答案

10-1 GDP 的 β 为 1.2，同时 GDP 增长超过预期 1%。因此你的股票期望收益增加 $1.2\times1\%=1.2\%$。修正后的收益率的预测值应该为 11.2%。

10-2 低风险溢价的股票，其期望收益也应该低：

$$E(r)=4\%+1.2\times4\%+(-0.3)\times(-2\%)=9.4\%$$

10-3 a. 这一投资组合不是充分分散的。第一个证券的权重不会随着 n 的增加而减少。不考虑余下这些投资组合的分散程度有多高，你不能规避证券收益的公司层面的风险。

b. 这一投资组合是充分分散的。尽管一些股票有着三倍的权重（$1.5/n$ 比 $0.5/n$），但该权重仍然随着 n 的增大而趋于零。该股票公司层面的风险也随着 n 的增大而趋于零。

10-4　证券市场线表明该投资组合的期望收益率为 $4\% + \frac{1}{3} \times (10\% - 4\%) = 6\%$。实际上期望收益率只为5%，表明证券价格被高估，存在套利机会。买进1美元的投资组合，其中2/3投资于国库券，1/3投资于市场。投资组合的收益为 $\frac{2}{3}r_f + \frac{1}{3}r_M = \frac{2}{3} \times 4\% + \frac{1}{3}r_M$。卖出1美元投资组合 G。该联合头寸的净收益为：

$\$1 \times [2/3 \times 0.04 + 1/3r_M]$	买进一个 $\frac{2}{3}$ 投资于国库券和 $\frac{1}{3}$ 投资于市场指数的投资组合。
$-\ \$1 \times [0.05 + 1/3(r_M - 0.10)]$	卖出一个期望收益为5%，市场收益变化 β 为 $\frac{1}{3}$ 的投资组合 G。
$\$1 \times 0.01$	合计

10-5　均衡收益为 $E(r) = r_f + \beta_{P1}[E(r_1) - r_f] + \beta_{P2}[E(r_2) - r_f]$。使用式(10-5)中的数据：

$$E(r) = 4 + 0.2 \times (10 - 4) + 1.4 \times (12 - 4) = 16.4\%$$

10-6　a. 对路易斯安那州居民，该股票不能套期保值。当他们的经济不景气时（低能源价格），股票也不景气，因此将加重他们的危机。

b. 对于马萨诸塞州居民，股票能够套期保值。当能源价格上升时，股票能够提供更多的财富来购买能源。

c. 如果能源消费者（为了套期保值而抬高价格）主导经济，正如简单的资本资产定价模型预测的那样，高油价 β 股票将有较低的期望收益率。

CHAPTER11

第 11 章 有效市场假说

20 世纪 50 年代计算机在经济学中的一个早期运用是分析时间序列数据。研究经济周期的学者认为跟踪某些经济变量的发展可以弄清并预测经济在繁荣与衰退期发展的特征。这样股票市场价格变化自然成为其分析的对象。假定股票价格反映了公司的前景，经济表现的峰谷交替将在股价中表现出来。

莫里斯·肯德尔[⊖]在 1953 年对这一命题进行了研究。他惊异地发现股价不存在任何可预测范式。股票价格的变化似乎是随机的。无论过去股票的表现如何，股票的价格都有可能上升或者下跌。这些历史数据并不能预测价格的变化趋势。

乍一看，肯德尔的结论可能让一些经济学家感到困惑。这些结果似乎暗示着股票市场是由无规律的市场心理所主导，或“动物精神”——没有任何逻辑可循。但通过进一步的研究，经济学家们推翻了肯德尔的研究结论。

这个问题很快就明朗起来，股票价格的随机变化暗示着市场的理性运行是有效的，而不是非理性的。本章我们将探讨那些看似令人感到意外的结论背后的推理过程。我们会揭示分析师之间的竞争如何自然地导致市场有效性，并研究有效市场假说对投资政策的意义。同时我们也会探讨那些支持和反对市场有效性观点的事实证据。

11.1 随机漫步与有效市场假说

假设肯德尔已经发现股票价格是可预测的，那么这对投资来说无疑是一个金矿！如果他们可以利用肯德尔方程来预测股票价格，投资者只需要简单地按照计算机模型显示的股价，在将要上涨时买入股票

⊖ Maurice Kendall, “The Analysis of Economic Time Series, Part I: Prices,” *Journal of the Royal Statistical Society* 96 (1953).

并在价格下跌时卖出股票，就可以获得无穷无尽的利润。

稍加考虑就会发现这种情况不会持续太久。例如，假设该模型很有把握地预测了 XYZ 股票的价格，目前为每股 100 美元，并将在未来的三天内大幅度上涨至 110 美元。那么所有的投资者通过模型预测到这一信息之后，将会做出怎样的反应？很明显，他们立即会把巨额现金投入到将要上升的股票。而持有 XYZ 股票的人没有人愿意将其出售。其净效应为股票价格瞬间地跳至 110 美元。预测未来价格上涨会导致价格的立即上涨。换言之，模型预测中的股票价格将很快反映这一“好消息”。

这个简单的例子说明了为什么肯德尔努力去找出股票价格运动周期性的企图注定要失败。对好的未来表现的预测将导致当前股票好的表现，因为所有市场的参与者都试着在价格上涨之前采取行动。

更一般地，我们可以说任何用于预测股票业绩的信息都已经反映在股票价格之中。一旦有信息指出某些股票的价位被低估，出现了获取利润的机会，投资者便会蜂拥购买该股票使得其股票价格立马上升到合理的水平，从而只能期望获得正常的收益。这里的“正常收益率”是指与股票风险相称的收益率。

然而，在给定所有已知信息之后，如果股票价格立马恢复到正常水平，那么必定只会对新信息做出上涨或下跌的反应。根据定义，新信息一定是不可预测的；如果能够预测，则可预测的信息必定是当天信息的一部分。因此，股票价格对新（不可预测）信息的变化必定是不可预测的。

这就是股票价格遵循**随机漫步**这一观点的本质，也就是说，价格的变化是随机不可预测的。[⊖] 股价的随机波动绝非市场非理性的证据，而是明智的投资者比市场中其他人更早地发现了相关信息并因此买入或卖出股票的必然结果。

不要把价格变化的随机性和价格水平的非理性相混淆。如果定价是理性的，则只有新信息能引起价格的变更。因此，随机漫步是反映当前信息价格的自然结果。事实上，如果股票价格变化是可测的，那么将成为支持市场无效的毁灭性证据，因为预测价格的能力将反映所有可得到的信息并不能反映股票价格。因此，股票价格反映了所有已知信息的这种观点被称为**有效市场假说**（efficient market hypothesis，EMH）。[⊜]

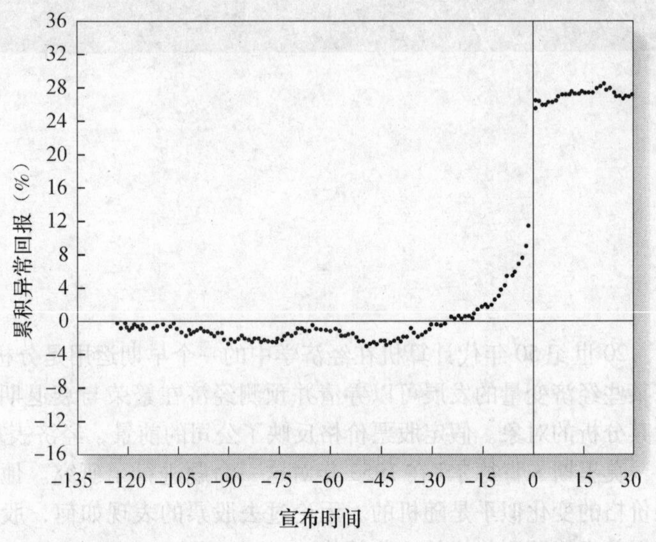

图 11-1 目标公司接管前累积的异常收益

资料来源：Arthur Keown and John Pinkerton, “Merger Announcements and Insider Trading Activity,” *Journal of Finance* 36 (September 1981). Reprinted by permission of the publisher, Blackwell Publishing, Inc.

图 11-1 说明了在一个有效市场内股票价格对新信息的反映。该图描绘了 194 个接受考察的公司样本对价格的反应，这些公司都是被收购的目标公司。大部分公司对当前市场价格支付了大量的溢价。因此宣布收购将会引起股价的上涨。该图也表明，消息公布当天股票价格将大幅上涨。然而，在随后宣布之日起直至交易日结束那天，股票价格并没有更大的波动，这说明价格反映了包括交易当日可能的收购溢价在内的新信息。

日内价格是提供价格对信息迅速反应的更有力的证据。例如，Patell 和 Wolfson[⊜] 表明，大部分股价对公司的股息以及收益公告的反应发生在公布公告的 10 分钟之内。Busse 和 Green 对 CNBC 的“早间”或者“午间”报道跟踪公

⊖ 实际上，在这里对这个词义的理解是有些宽泛的。严格地说，股票价格的变化特征是半鞅，即预期的价格变化应是正的、可预测的，以补偿货币的时间价值和系统风险。否则当风险因素发生变化时，期望收益也会随着时间的变化而变化。随机漫步要求股票价格的收益率是独立同分布的随机变量。然而一般情况下，随机漫步以较为宽泛的方式被予以运用，即认为价格变化基本上是不可预测的。本书对此问题的描述遵循后者。

⊜ 市场有效性不应与第 8 章提出的有效的投资组合相混淆，一个信息上有效的市场是一个能迅速反映与传播价格信息的市场；一个有效的投资组合是一个在给定的风险条件下有最高期望收益的投资组合。

⊜ J. M. Patell and M. A. Wolfson, “The Intraday Speed of Adjustment of Stock Prices to Earnings and Dividend Announcements,” *Journal of Financial Economics* 13 (June 1984), pp. 223-52.

司股票每分钟的数据的研究，是对上述价格迅速调整过程很好的例证。[㊀]图 11-2 中时刻 0 表示该股票午间报道中被提及的一刻。上面的横线是收到积极信息的股票平均收益率的变动情况，而底下的横线表示收到负面消息时股票收益率的变动情况。注意该图表示上面的横线调整后一直保持平稳，表示在 5 分钟之内市场完全消化了利好消息。而底下的横线在 12 分钟之后才保持平稳。

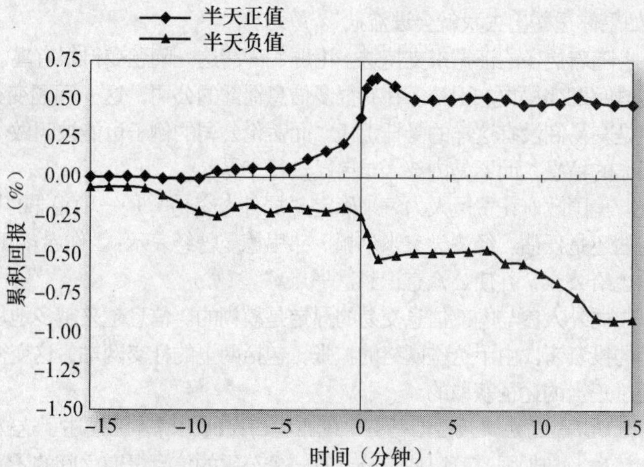

图 11-2　CNBC 报道反映的股票价格

注：该图反映了在 CNBC“午间报价”阶段股票价格实时报道的变化。图表绘制积累回报在股票报道的 15 分钟前开始。

资料来源：Reprinted from J. A. Busse and T. C. Green, "Market Efficiency in Real Time," *Journal of Financial Economics* 65 (2002), p. 422. Copyright 2002 with permission from Elsevier Science.

11.1.1　有效性来源于竞争

为什么我们期望股票价格反映“全部已知信息”呢？毕竟，如果你愿意花费时间和金钱来收集信息，你就能获得一些被其他投资者所忽略的东西，这似乎是合理的。当发现和分析信息的成本非常高时，人们便期望投资分析能通过高收益率来弥补这项花费。

格罗斯曼和斯蒂格利茨[㊁]强调了这一点。他们提出，如果分析和发现新信息真的能带来高的投资收益，那么投资者愿意花费时间去做。这样，在市场均衡中，有效信息收集行为应该是有用的。另外，在不同的市场中信息有效程度不同这也是正常的。例如，新兴市场不如美国市场受到的关注多，在这里账户披露的要求要比美国市场的要求宽松且缺乏效率。小股票得不到华尔街分析家的关注，它的价格与大股票相比也要远离有效价格。因此，尽管我们不能说完全找不到新信息，考虑和重视市场竞争也是非常有意义的。

【例 11-1】　**增长业绩的收益**

考虑一家管理着 50 亿美元投资组合的投资管理基金。假定投资管理人能设计一个研究方案来使投资组合的收益率每年增加 0.1 个百分点，这个数字看上去非常小。这个程序将使投资组合增加 50 亿美元 ×0.001 的美元收益，即 500 万美元。因此，基金将愿意每年多花 500 万美元来研究如何使股票收益率增长区区 0.1 个百分点。如此小的增长就可以换得如此多的回报，难怪专业投资组合管理者愿意花大量资金用于行业分析、计算机支持和有效性研究。因此，股票价格变化一般来说是很难预测的。

既然这么多的具有强大财力的分析家愿意花费如此多在研究上，市场中能够轻松获利的机会肯定不会多。此外，研究活动能获得的收益增长率也许非常小，只有拥有大规模的投资组合的管理者才会认为此事值得一做。■

尽管全部相关信息将会被披露中的“全部”从字面上理解不是十分精确，但几乎可以肯定许多投资者热衷于追随那些看似可以提高投资业绩的领头羊的踪迹。许多具有强大财力支持、薪酬高、有野心的分析家之间的竞争保证了（作为一个普遍的规律）股价应当处于适当的水平来反映已知的信息。

在华尔街，信息通常被看做最珍贵的商品，以致对它的竞争非常激烈。有时候激烈的竞争会转变为搜寻非法内部信息。专栏 11-1 中报道了最近对 Galleon 集团对冲基金的调查，同时指出明确划分合法和被禁止的信息非常困难。

专栏 11-1

“外部人交易”与信息泛滥

盖伦集团创始人拉吉·拉贾拉特南以及他的同事引诱在大公司的业内人士故意透露重大非公开消息。这样，这些执行官违背了他们对雇主的委托责任。

㊀ J. A. Busse and T. C. Green, "Market Efficiency in Real Time," *Journal of Financial Economics* 65 (2002), pp. 415-37. You can find an intraday movie version of this figure at www. bus. emory. edu/cgreen/docs/cnbc/cnbc. html.

㊁ Sanford J. Grossman and Joseph E. Stiglitz, "On the Impossibility of Informationally Efficient Markets," *American Economic Review* 70 (June 1980).

一些证据支持盖伦分析家们所获得的信息是采用非法手段取得的。这包括通过窃听获取的确凿的片段，如盖伦执行官说“如果你透露出去我就会进监狱”。

随着更多的证据来支持这一论题，弄清这一问题变得很有趣。在最近的几十年中，这些问题变得非常模糊，这使得如何研究这些问题变得更加困难。在有很多信息泄露的公司，这一问题变得更加突出。公司员工可能有明确的受托责任保护企业的机密，但是交易商没有这样的受托责任。而盖伦公司的例子可能被叫做“局外人交易”——局外人从内部人员那里获得有关公司业绩或操作的信息，而不是内部人员自己进行交易。

美国政府花费巨大力气来确定“局外人交易”是一项犯罪的目的，因为市场通过信息、分析和其他市场节点来确定价格是被高估还是低估。经济学家米尔顿·弗里德曼曾经表示：“你希望更多的内部交易，而不是更少。你需要将公司存在缺陷这个信息传达给公众，并使公众意识到这一点。”

局外人参与内部信息交易的界定是模糊的。信息越来越多地从网络上流出。有经验的投资者更关注他们所选取的网络，如他们的投资者。由于这些网络的扩张，包括网上的社交网站，这变得更难知道市场变化信息是通过非法的内幕交易者获取的，还是通过正当的途径获取的。

UCLA 的法律教授斯蒂芬·班布里奇在他的博客里描述了这样一种冲突，市场需要更多的信息使得市场更加有效同时价格更加精准，与加强监管以使得公众有一个公平的信息渠道之间的矛盾。他问道：“美国证券交易委员会能否证明不仅拉贾拉特南有比一般人获取信息更好的途径，而且他们作为市场的参与者获取信息并没有违背他们的委托责任。”

最近，比起市场运行，学术界越来越关注内部交易方法的研究。在当今信息迅速流动的时代，市场需要弄清信息是如何被收集和利用的。到目前为止，我们所知道的是：内部人员违反了他们的原则比知道局外人向市场提供内部信息更容易被察觉。

11.1.2 有效市场假说的形式

有效市场假说通常可以分为三种形式：弱有效形式、半强有效形式和强有效形式。这些形式通过对“全部可获得信息”的定义不同来区分。

弱有效市场假说（weak-form EMH）认为，股价已经反映了全部能从市场交易数据中获得的信息，这些信息包括历史股价、交易量、未平仓量等。该假定认为市场的价格趋势分析是徒劳的，过去的价格资料是公开且几乎毫不费力就可以获得的。弱有效市场假定认为如果这样的数据曾经传达了未来业绩的可靠信号，那所有投资者肯定已经学会如何利用这些信号了。随着这些信号变得广为人知，它们最终将失去价值。因为一个购买信号将会引起股票价格立刻上升。

半强有效市场假说（semistrong-form EMH）认为，与公司前景有关的全部公开的已知信息一定已经在股价中反映出来了。除过去的价格信息之外，这些信息还包括公司生产线的基本数据、管理质量、资产负债表构成、持有的专利、利润预测以及会计实务等。此外，如果投资者能从公开可得到的资源中获取这些信息，我们认为它会反映在股票价格中。

最后，**强有效市场假说**（strong-form EMH）认为，股价反映了全部与市场相关的信息，甚至包括仅公司内部人员知道的信息。这个假定是相当极端的。很少有人会争论这样一个命题，公司管理层可以在关键信息被公布出来之前就据此在市场进行买卖以获取利润。事实上，证券与交易委员会所从事的大部分活动都是为了阻止组织内部人员利用职务之便获取利益。1934 年通过的《证券交易法》的第 10b-5 条限制了公司管理层、董事和大股东的市场交易行为，要求他们向证券和交易委员会报告其交易情况。这些内幕人员、相关家属及其他相关人员若根据内部消息进行交易则被视为违反了此项法律。

尽管如此，定义内幕交易并不总是十分简单的。毕竟，股票分析家们也要发掘尚未广为人知的消息。正如第 3 章所述，私人信息与内部信息的区分有时候是很含糊的。

概念检查 11-1

a. 假定你发现某公司的高级经理投资于该公司的股票获得了高额的收益。这是否违背了弱有效市场的形式？是否违背了强有效市场的形式？

b. 如果弱有效市场假说成立，那么强有效市场假说也一定成立吗？强有效市场假说是否暗含了弱有效市场假说？

11.2　有效市场假说的含义

11.2.1　技术分析

技术分析（technical analysis）本质上是寻找股价的起伏周期和预测模式。尽管技术分析家承认关于公司未来前景信息的价值，但他们相信这样的信息对构造成功的交易策略而言是不必要的。因为假如股价的反应足够慢，不管股价变动的根本原因是什么，分析家都能确定一个能在调整期内被利用的方向。成功的技术分析关键是：股价对基本供求因素反应迟钝。当然这个前提条件与市场有效性的观点相违背。

技术分析家有时也被称为股市图表专家，因为他们研究记录和绘制过去股价信息的表格，希望能找出可用来构造盈利的投资组合的模式。作为技术分析的一个例子，现在考察相对强势的方法。股市图表专家用近期股票的业绩与市场或同行业其他股票的业绩进行比较。相对强势法的一个简单的例子就是股价与某一市场指数（比如标准普尔500）的比率。如果该比率在一段时间内上升，该股票显示了相对强势，因为其价格表现要比大部分市场股票要好。这样的强势大概会持续一段足够长的时间以提供获利机会。在技术分析中最常见的组成部分之一就是**阻力水平**（resistance level）和**支持水平**（support level）的概念。这些数值是指价格很难超越或不太可能低于的水平，一般认为它们是由市场心理所决定的。

【例 11-2】　　　　阻力水平

考虑股票 XYZ，它已经以 72 美元交易了几个月，然后跌至 65 美元。如果股票最终上涨，则 72 美元被称为一个阻力水平（根据这一定义），因为原先以 72 美元购买该股票的投资者将会急于抛出该股票。因此，当价格接近 72 美元时将会引起一股抛售的压力。这种活动把“记忆”传递给市场，使得过去的价格影响当前的股票前景。■

市场有效假说意味着技术分析完全无用。价格和交易量的历史数据是花费最少的历史信息。因此，从分析过去股票价格获得的信息已经在股价中得到反映。当投资者争相使用股票价格历史信息时，股价必然会被推向使期望收益率与风险恰好相抵的水平。在那个水平上没人能获得超额收益。

举例来说明这一过程，我们考虑在例 11-2 中如果市场相信 72 美元这个水平确实是股票 XYZ 的阻力水平，这一结果会怎样。没人愿意在 71.50 美元的价格上购买 XYZ 股票，那么 71.50 美元就成了阻力水平了。但是之后，采用相同的分析方法，没有人愿意在 71 美元、70 美元等水平上购买股票。阻力水平的概念成为一个逻辑回答。其简单的结果是假设承认股票以 71.50 美元的价格出售，则投资者必定以为股票会像轻易地上升一样，轻易地下跌。结果投资者愿意以 71.50 美元购买（甚至持有）该股票的事实就是他们对于这个价位上有信心获得相当的期望收益的证据。

有趣的是，技术分析规则一旦被广泛认可是否还继续适用。一个明智的分析家可能偶然发现一个获利交易原则，对有效市场的检验则变成一旦这一规则的价值被揭示出来，该规则的价值本身是否就已经被反映在股价中。一旦一条有效的技术规则（或价格模式）被发现，当大量投资者试着去利用它，它将会变得无效。在这个意义上，价格模式应该是自我消亡的。

市场动力来自于对盈利的交易规则的不断搜寻，之后又由于滥用这些曾经成功的规则而自我消亡，再之后就是对未知规律进行进一步的探寻。

概念检查 11-2

如果市场上每个人都相信阻力水平，为什么这些信念没有变成自我实现的前景？

11.2.2　基本面分析

基本面分析（fundamental analysis）是利用公司的盈利、股利前景、未来利率的预期以及公司的风险评估来决定适当的股票价格。最终，它表达了一种股东将获得的每股收益的贴现值的意图。如果该价值超过了股价，基本面分析家将推荐购买该股票。

基本面分析通常首先从对公司以往盈利进行研究和公司资产负债表的考察开始。他们为分析提供了更为详尽的经济分析，通常包括对公司管理素质、公司在行业内的地位以及该行业前景的整体评估。其希望是获得对尚未被市场其他人认识到的公司的未来的表现。第 17～19 章提供了详尽的基本面分析法。

有效市场假说将再次预测，大部分基本面分析也注定是要失败的。如果分析家依靠那些公开的利润和行业信息资料，那么其公司对于公司前景的评估不太可能比其他竞争者精确多少。许多消息灵通、财力雄厚的公司进行市场研究，在这样的竞争之下，发掘数据不像其他研究一样简单。只有那些独具慧眼的分析家才会得到回报。

基本面分析相比于简单地确定良好运行的公司的前景要难很多。当市场中其他人也知道哪些公司的前景好时，会发现这一点对于投资者来说本身是无意义的。如果信息已经被公开，投资者将要为购买该公司的股票付出高额的代价，因此无法获得较高的收益率。

秘密不在于确定公司是否运营良好，而在于找出相对于其他人预期来说要好的公司。类似地，经营惨淡的公司也可能成为抢手货，只要它不像其他公司股票所暗示的那么差就好了。

这就是为什么基本面分析很困难。仅仅分析公司的好坏是不够的，只有你的分析结果比你的竞争对手好才能赚取很多利润，因为市场价格已经反映了所有的公开信息。

11.2.3 积极与消极投资组合管理

到目前为止，随机挑选股票很明显不太可能得到回报。投资者之间的竞争保证了任意简单的股票评估方法都被广泛利用，以至于任何由此可以见到的都将在股票价格中得到反映。只有那些严肃的、耗时且昂贵的分析方法才能得到那些产生交易利润的独到见解。

从经济上来讲，这些方法只对大规模的投资组合可行。当你只有 10 万美元进行投资时，即使业绩每年增长 1%，也只能带来每年 1 000 美元的收益，这远远不值得投入大量精力。然而，对于那些拥有 10 亿美元的管理者来说，同样实现 1% 的增长将会带来每年 100 万美元的额外收入。

如果小投资者在投资组合的主动管理上不处于有利地位，那么他们该怎么办呢？小投资者们可以投资共同基金。通过这样的方式聚集资源，小投资者可以获得规模经济利益。

仍然还存在许多棘手的问题。投资者是否可以确定大型共同基金有能力或资源来找出定价不当的股票？进一步来讲，任何的错误定价是不是都足以补偿主动投资管理所产生的费用呢？

有效市场假说的支持者们相信，主动管理基本上是白费力气，这种花费未必值得。因此，他们提倡**消极投资策略**（passive investment strategy），该策略不试图打败市场。消极策略仅仅旨在不通过找出被低估或高估的股票来建立一个充分分散的证券投资组合。消极管理通常被描述为买入 - 持有策略。因为有效市场假说指出，当给定所有已知信息，股价水平是公平的，频繁地买入和卖出证券是无意义的，只会浪费大笔的经纪佣金而不能提高期望的业绩。

消极管理的通常策略是构建一个**指数基金**（index fund），即被设计为能够复制包含广泛的股票指数业绩的基金。例如，先锋 500 指数基金直接依据个股在标准普尔 500 股票价格指数中的权重来持有股票，因此该基金仅反映了标准普尔 500 指数的业绩。投资于该基金的投资者通过较少的管理费用就能获得广泛的多样化。管理费用可以降至最低，因为先锋指数不需要付钱给分析家来评估股票的前景，也不会因高的周转率而产生大量的交易费用。实际上，当一项主动管理基金的管理年费超过资产的 1% 时，先锋 500 指数基金只支付不足 0.18% 的费用。今天，先锋 500 指数基金已经是最大的股权共同基金，其拥有的资产在 2010 年 5 月为 1 000 亿美元，其中大约 10% ~15% 的股权基金都已经被指数化。

然而，指数化的跟踪对象也并不仅限于标准普尔 500 指数。例如，由先锋集团发起的一些基金跟踪威尔希尔 500 指数、所罗门兄弟投资级债券指数、小型资本公司的拉塞尔 2000 指数、欧洲权益市场和太平洋盆地权益市场。一些其他共同基金联合体也引入了指数化投资组合，但先锋仍然是领导指数化产品的零售市场。

封闭的开放式基金（ETFs）类似于指数化共同基金（通常价格更低）。正如第 4 章所提及的，这些充分分散的投资组合的份额也可以像单只股票的股权一样在二级市场中进行买卖。封闭的开放式基金通常与几大股票市场指数相匹配，如标准普尔 500 或威尔希尔 500 指数，对于那些想持有分散化而不想尝试主动的安全策略的投资者而言，还有很多国际和工业股票指数可供选择。

> **概念检查 11-3**
>
> 如果所有投资者都采取消极策略，那么对市场有效性将会产生什么影响？

有一种混合策略也经常使用，该基金包含一个消极核心，但用一个或更多的主动管理投资组合来扩大这一核心。

11.2.4　在有效市场中投资组合管理的作用

如果市场是有效的，为何不干脆在《华尔街日报上》随便挑取一些股票而非要通过理智分析来挑选一个投资组合呢？这是从“证券价格是公平定价的”这一命题中得出的一个吸引人的结论，但得出这一结论并非易事。即便在完全有效的市场中，理性的投资组合管理也是非常重要的。

投资组合选择的一条原则就是分散化。即使所有股票都是公平定价的，每只股票都面临着公司层面的风险，需要通过分散化来消除。因此，即便在有效市场中，理性证券选择也要求有一个充分分散化的投资组合，从而满足投资者对系统风险水平的要求。

理性投资政策同样要求在证券选择时考虑赋税。高税赋的投资者通常不愿意购买有利于低税赋投资者的股票。在一个明显的水平上，免税的市政债券税前利润比较低，对高税赋的投资者来说他们仍觉得购入此类证券有益，而对于低税赋的投资者来说则不具有吸引力。对于处在更高层的高税赋投资者来说，更微妙的是他们宁愿将他们的投资组合向资本利得方向倾斜，而不是立刻获得股息和股利收入，因为当前的税率越高，延期实现资本利得收入的期权就越有价值。因此这些投资者更倾向于股利较低但提供更大的资本利得收入的股票。他们也会受到吸引投资于收益对利润很敏感的投资机会，正如房地产投机。

理性投资组合管理的第三个争论与投资者特定风险范畴有关。例如，丰田汽车公司的一个管理者，其股利依公司的利润水平而定。通常他不在汽车股上进行投资。由于其薪水由丰田汽车公司而定，该经理已经在丰田汽车公司股票上进行了大量投资，不会出现缺乏分散性的情况。一个很好的例子是，在 2008 年 9 月雷曼兄弟雇用当时十分著名的投资者进入他们的公司，而这些投资者自已的公司早已倒闭。公司将近 30% 的股票被 24 000 名员工所有，而他们总共在股票上失去总共将近 100 亿美元。

对于不同年龄的投资者应当根据其风险承受能力而提供不同的投资组合策略。例如，对于依靠存款度日的老年投资者来说，往往回避那些市值会随利率大幅度变动的长期债券（在第四部分讨论）。由于这些投资者通过积蓄为生，他们需要保留本金。相反，较为年轻的投资者将更倾向于长期债券。因为对于将来生活还很漫长的年轻人来说，稳定的收益流比保留本金更重要。

我们可以得出结论，即使在有效市场，投资组合管理也是十分有用的。投资者资金的最佳头寸随年龄、税赋、风险厌恶程度以及职业因素而变化。有效市场中投资组合管理者的任务是确保投资组合满足这些需要，而不是冲击市场。

11.2.5　资源配置

到目前为止，我们的焦点主要放在有效市场假说的投资意义上。偏离有效性可能产生获利机会，不过要牺牲处于信息劣势的交易者的利益。

然而，偏离信息有效性也会导致所有市民承担无效资本配置成本。在资本主义经济中，投资于实物资产如工厂、设备和技术很大程度上是由相应的金融资产价格所引导的。例如，如果电信设备反映的股票市场价格超过安装此类设备的花销，那么管理者有理由得出电信投资会产生正的净现值的结论。这样，资本市场定价引导实物资源分配。

如果市场是无效的，并且证券通常被错误定价，那么资源自然被错误配置。证券被高估的公司将获得廉价的资本，而被低估的公司将放弃投资机会，因为发起的成本太高。因此，无效资本市场将减少市场经济最有力的优势。作为产生错误的例子，考虑 20 世纪 90 年代的网络泡沫，由于产生了对网络和电信公司前景过分乐观的估计，最终导致该行业过多的投资。

在写出市场作为引导资源分配的途径之前，我们需要弄清从市场预期中我们可以知道些什么。特别地，你应该把价格反映所有可得到的信息的有效市场与完美预期的市场区分开。即使是“所有可得到的信息”也与完整的信息相差甚远，因此一般来说理性市场分析有些时候是错误的；事实上，有些时候甚至是完全错误的。

11.3　事件研究

信息有效市场概念的提出引出了一种有力的研究方法。如果证券价格反映了当前所有可得到的信息，那么价格变化也必将反映新信息。因此，人们似乎可以利用在事件发生时衡量价格的变化来测度事件的重要性。

事件研究（event study）描绘了一种实证财务研究技术，运用这一技术，观察者可以评估某一事件对该公司股票价格的影响程度。例如，股市分析家可以通过研究股息的变化来研究事件的影响。事件研究可以量化股息变化和股票收益率之间的关系。

要分析一项已经公开的股息变化的影响要比看起来难很多。任何一天股价都会对广泛的最新经济信息诸如GDP、通货膨胀率、利率或公司赢利能力等做出反应。分离出由于特殊事件引起的那部分股价变化绝非易事。

一般的研究方法都是首先分析事件在没有发生的条件下股票收益的代理变量。事件所产生的**异常收益**（abnormal return）估计了股票的实际收益与基准收益之差。实践中一些方法用于估计该基准收益，例如，测度异常收益的一个最简单的方法就是用股票的收益减去它所在的市场的指数收益。另一个明显改进后的方法则是将股票收益与那些目标股票在企业规模、β系数、近期表现以及每股账面－市值比等标准相匹配的股票进行比较。另外，还有利用诸如资本资产定价模型或某种如法玛－弗伦奇三因素模型这样的资本资产定价模型来确定常规收益。

许多研究者利用“市场模型”来估计异常收益。这一研究是建立在第9章我们介绍的指数模型的基础上的。回顾第9章，指数模型认为股票收益是由一种因素和一种公司层面的因素所决定的。给定t时间内的股票收益率r_t，可以用以下数学表达式来表示：

$$r_t = a + br_{Mt} + e_t \tag{11-1}$$

其中r_{Mt}是该时间段内市场收益率，e_t是由公司层面因素引起的证券收益。系数b表示对市场收益的敏感程度，a表示股票在市场收益为零时所实现的平均收益率。[⊖]因此式11-1将r_t分解为市场和公司层面因素。公司成名或异常收益也可以由事件引起的非期望收益来解释。

确定在给定时间内公司的异常收益需要e_t的估计值。因此，式（11-1）可以变为：

$$e_t = r_t - (a + br_{Mt}) \tag{11-2}$$

式（11-2）有一个简单的解释：残差项e_t表示所研究的事件所引起的那部分收益，即在已知股票对市场敏感程度的前提下，超出人们基于常规市场收益变化所得的股票收益的那部分收益。

市场模型是一个具有高度灵活性的工具，因为它可以推广到包括更丰富基准收益模型，例如，式（11-1）中除右边市场收益之外，还包括行业收益，以及反映某一特征指数的收益。然而，需要特别注意的是，式（11-1）中的参数的估计必须是合理的（截距a和斜率b）。特别是估计参数所使用的数据必须在时间上与所观测的时间分离，以免受事件发生期内异常收益的影响。其中部分原因是市场模型本身所存在的缺陷，与公司特征相关的投资组合收益在近些年来被广泛采用作为基准收益。

【例11-3】　　异常收益

假定分析家估计$a=0.05\%$，$b=0.8$。某一天市场上涨1%，根据式（11-1）我们可以预测股票期望收益率将上涨$0.05\% + 0.8 \times 1\% = 0.85$。如果股价实际上涨2%，分析家推断出当天公司层面因素所引起的股价收益率上涨$2\% - 0.85\% = 1.15\%$。这就是当天的异常收益。■

我们通过分析股票（或一组股票）事件信息被市场所知而引起的收益率变动来估计该事件的异常收益。例如，在研究收购企图对目标公司股价的影响时，发布日期就是公众得知收购企图的那一天。最后，计算在发布日期前后每个公司的异常收益，并估计典型异常收益的统计显著性和幅度，以确定新消息的影响程度。

使事件研究变得复杂的一件事就是信息的泄露。泄露是指一些相关事件的有关信息在被官方公布之前就已经发布给一小部分投资者。在这种情况下，股票的价格会在官方宣布的几天或几周之内上涨（我们假设是个好消息）。这样官方发布日引起的任何异常收益就不能揭示信息发布的全部影响。更好的考察变量是**累积异常收益**（cumulative abnormal return），即该期所有异常收益的简单的加总。这样，当市场对新信息做出反应时，累积异常收益便包含了整个期间公司特有股票的全部变化。

图11-1显示了一个相当典型的事件研究结果。这一研究的作者着眼于在信息发布之前的信息泄露以及194家样

⊖ 从第9章可以知道，资本资产定价模型意味着式（11-1）中的截距a等于$r_f(1-\beta)$。然而，通常用这个式子对截距进行经验估计，而不是利用资本资产定价模型的值。实践表明，证券市场线似乎比资本资产定价模型预测的要平缓（参见第12章），这意味着利用资本资产定价模型所获得的截距过小。

本公司所采取的行动。在大多数收购中，被收购公司的持有人把他们的股份以高于股票市值的升水价格卖给收购者。收购企图的宣布对目标公司来讲是一个好消息，因此会引起股价上升。

图11-1证明了好消息发布的本质。在宣布日，我们假设它为第0天，目标样本中的目标公司的平均累积非正常收益大幅度上升，这表明公布日有大量正的异常收益。注意在公布日接下来的几天中，累积异常收益不再明显地上升或下降。这与有效市场假说一致。一旦新信息被公布，股价几乎立刻攀升来回应这一好消息。随着股价重新回到平衡状态，反映新信息的效应，即任意特定日的新发生的异常收益，可能为正也可能为负。事实上，对于许多样本公司来说，平均异常收益将趋于零，因此异常收益不再显示上升或下降的趋势，这恰好是图11-1所显示的模式。

从公布日前几天的收益模式可以看出一些关于有效市场和信息泄露的有趣的证据。如果内幕交易规则得到了很好的遵循和执行，股价的相关信息公布之前数日不会表现出异常收益。因为在告知前市场无法获得公司层面的特定信息。相反，在公告当日股价就会出现跳空上涨。而实际上，图11-1表示接管目标公司的股价在公告日30天之前就开始出现上涨的趋势。可能是一些市场参与者获得了泄露的信息，并在公开宣告之前购买了股票。这样的泄露经常发生在一些事件研究当中，表示至少一些内幕交易者对规则的滥用。

实际上，美国证券交易委员会对图11-1所表示的模式并不是非常担心。如果内幕交易规则被大幅度违反，我们可能更早地看到异常收益。例如，在收购案当中，当收购者一旦决定其目标，异常收益很快变为正值，因为内幕交易者将立刻开始交易。当消息被公开宣布时，内部人员已经把目标公司的股票价值提升到可以反映收购意图的水平，而真正公开宣布日时异常收益将趋于零。在公开日当天看到累积的异常收益的突然增加，表明公开宣布的大部分信息对市场来说确实是新信息，同时股价并未已经全部反映有关收购的信息。因此，我们可以看到虽然存在泄密情况，但美国证券交易委员会对限制内幕交易人员交易有着实质性的影响。

事件分析方法已经成为被广泛接受的测量大量事件经济影响的工具。例如，美国证券交易委员会定期运用事件研究的方法来找出违反内部人员交易原则和证券法规的交易商所获得的非法收入。[⊖]该方法也适用于诈骗案例，因为法庭必须判定由诈骗活动所引起的损失。

【例11-4】　　使用异常收益计算损失

假定一家市值为1亿美元的公司在会计丑闻出现当天遭受4%的异常收益的损失。然而，市场上的其他公司当天表现都很好。市场指数快速上升，基于股票和市场的正常关系，股票应该获得2%的收益。我们可以得出该丑闻给公司价值带来6%的下降，加上2%的收益以及实际观察到的4%的下跌。一些人可以推算出因丑闻蒙受的损失为600万美元，由于（在一般市场调整后）当投资者注意到该消息并对公司股票的价值重新估计时，公司的市值下跌了1亿美元的6%。■

概念检查 11-4

假设在一些数据被公布后异常收益变为负值（异常收益下降）。这违背有效市场假说了吗？

11.4 市场是有效的吗

11.4.1 争论点

有效市场假说并没有引起专业投资组合管理者十分大的热情，这一点并不惊讶。这意味着投资管理者们的活动——寻找被低估的证券只是在浪费精力，由于它浪费大量的金钱并可能产生不完美的分散投资组合，很可能对客户不利。有效市场假说在华尔街并没有被广泛地接受，并且证券分析能否提高投资业绩这一争论一直持续到今天。在讨论该假说的经验检验之前，我们必须提出可能会意味着问题永远不能解决的三个问题：规模问题、选择偏见问题以及幸运事件问题。

⊖ 关于美国证券与交易委员会运用这一技术的评论，参见 Mark Mitchell and Jeffry Netter，“The Role of Financial Economics in Securities Fraud Cases：Applications at the Securities and Exchange Commission，” *The Business Lawyer* 49（February 1994），pp. 545-90.

规模问题 假设某一投资经理负责管理50亿美元的投资组合，并每年只可以获得0.1%的投资增长，即0.001×50亿=0.05亿美元的年收益。这样的经理显然值得这份薪水！作为观察者，我们能统计他的贡献程度吗？可能不行，因为0.1个百分点的贡献将被市场年度波动性所掩盖。记住，充分分散的标准普尔500指数的年标准差已经在20%左右。相对于这些波动而言，业绩的小幅度提升是很难被察觉的。

大家都可能认可股价非常接近公平价值这一观点，只有大型投资组合的管理者赚取足够的交易利润，使其对少数定价不当的利用是值得的。根据这种观点，聪明的投资管理者的行为便是使市场价格向公平的水平发展。与其提出"市场是有效的吗"这样定性的问题，还不如提出更加定量的问题来替代，"市场多有效"。

选择偏见问题 假定你发现了一个确实能赚钱的投资计划。你有两种选择：要么在《华尔街日报》发表你的看法以提高自己的名誉，要么保留这个秘密以赚取一大笔钱。许多投资者都会选择后者，这给我们带来了一个疑问，是不是只有当投资者发现一个投资方案不能获得异常收益时才会将其公之于众？因此，许多有效市场观点的反对者总是把"许多技术分析不能提供投资回报"作为"这些方法的成功仅因为它没有被公之于众"的证明。这就是选择偏见中的一个问题。我们能够观察到的结果已经被预先选出来支持市场失效的观点。因此，我们无法公平地评价投资组合管理者提出成功的股市策略的真实能力。

幸运事件问题 似乎在任何一个月当中，我们都能读到关于投资者和投资公司在过去取得完美的投资业绩的报道。当然这些投资者的优异记录是对有效市场假说的驳斥。

然而，这一结论并不十分明显。作为对投资游戏的一个类比，考虑用一个均匀的硬币投掷50次，看谁抛出的正面最多。当然，对于每个人来说期望的结果是50%的正面和50%的反面。如果10 000人参加这项比赛，出现最少一两个人抛出75%的正面，对此结果并不感到奇怪。实际上，初级统计学的知识告诉我们能抛出75%以上正面的参赛者的期望人数是2。尽管如此，要给这些人冠以"世界抛硬币大赛冠军"的称号是愚蠢的。很明显，他们只不过是在事件发生的当天运气较好而已。

有效市场显然类似于此。在任何股票在全部信息给定的基础上是公平定价的假设下，对某一股票下注只不过是一个投币游戏而已。赌赢和赌输的可能是相等的。然而，从统计学的角度来看，如果有很多投资者利用各种方案来进行公平的赌注，一些投资者将会很幸运并赢得赌注。对于每个大赢家，会有许多大输家，但我们从未听说这些输家。然而，赢家将会成为最新的股市导师并出现在《华尔街日报》上，然后他们可以通过市场分析发大财（见专栏11-2）。

我们的观点是：上述故事的后面一定会有一个成功的投资方案。怀疑者将之称为运气，而成功者将其称为技巧。正确的检验应该能考察出成功者是否能将他们的业绩在另一时期上演，但很少进行类似的检验。

带着这一点怀疑，我们来看一些对有效市场假说的经验检验。

专栏11-2

如何保证一个成功的市场股评

假定你要向市场公布你的运气。首先要保证让杂志潜在的订阅者相信你的才华值得他们的付出。但如果你没有才华呢？答案很简单，开始写8篇股评。

在第一年，让你的4篇股评预测市场将上涨，另外4篇预测市场将下跌。在第二年，让你原来乐观的预测的一半继续预测市场将上升，而另一半预测下降。对原来悲观预测的部分同样这样做。继续用这样的方式来用下表表示预测市场的趋势。（U意味着预测市场上涨，D意味着预测市场下跌）。

	预测							
年	1	2	3	4	5	6	7	8
1	U	U	U	U	D	D	D	D
2	U	U	D	D	U	U	D	D
3	U	D	U	D	U	D	U	D

3 年之后，无论市场发生什么，总有一个股评会有一个完美的预测记录。这是由于在 3 年之后市场会出现 $2^3=8$ 种预测结果，我们的 8 个股评涵盖了所有的预测结果。现在，我们可以简单地抹去 7 篇失败的股评，市场的第 8 种预测与市场走势相吻合。如果我们要建立一个 4 年与市场走势完全吻合的预测，那么需要 $2^4=16$ 篇股评。可以依此类推，5 年需要 32 篇股评。

结果人们看到了你那些完全准确的股评会产生浓厚的兴趣，投入大笔的资金来迎合你的投资建议。你是幸运的，因为你从来没有研究过市场！

警告：这一方法是违法的！然而，由于存在成百上千的股评家，你可以找到一个没有任何技术、正好撞上了成功的预测的股评。结果，一些预测可以显示出他有好的预测技术。这个人就可以在《华尔街日报》上看到，其他人们已经忘记了。

概念检查 11-5

比尔·米勒管理着雷格·梅森的价值信托基金，到 2005 年为止表现都优于标准普尔 500 指数。米勒的表现是否足以劝阻你不相信有效市场假说？如果不能，那么业绩达到什么程度才能劝阻你？现考虑在将来的 3 年里，该基金的业绩戏剧性地下降，低于标准普尔 500 指数；截止到 2008 年，它 18 年的累计表现与指数模型完全不同。这些是否影响到你的观点？

11.4.2 弱有效检验：股票收益范式

短期收益 有效市场的早期检验是对弱有效市场的检验。投机者能找出让他们赚取异常收益的过去价格的走势吗？这在本质上是对技术分析的有效性的检验。

辨别股票价格趋势的一种方法就是通过测度股票市场收益率的序列相关性。序列相关表示股票收益与过去收益相关的趋势。正序列相关意味着正收益倾向于跟随过去的正收益（动量性）。负序列相关表示正收益倾向于被负收益跟随（反向和纠正性）。Conrad 和 Kaul[一]以及 Lo 和 Mackinlay[二]考察了纽约证券交易所股票的周收益并发现了短期内的正序列相关。然而，周收益的相关系数都相当小，至少对于那些价格数据最为可靠的、更新过的大型股票来说是这样的。因此，尽管这些研究证明了短期内有弱的价格趋势[三]，证据并没有清晰地表明有交易机会的存在。

当主要的市场指数显示只存在弱序列相关时，在业绩上就出现了更强的不同的市场动量势头，存在着最好和最坏的近期收益。通过对中期股票价格行为（采用 3～12 个月的持有区间）的调查，Jegadeesh 和 Lehmann[四]发现了它的**动量效应**（momentum effect），即最近无论业绩好坏都将继续下去。他们得出结论：尽管单个股票的业绩是难以预测的，但最好业绩股票的投资组合比其他存在获取利润机会的股票业绩要好。因此，有证据表明，在短期至中期范围内，价格动量既存在于整个市场中，也存在于跨部门的市场里（例如包括一些特定股票的市场）。

长期收益 尽管短期至中期收益的研究已经得出股票市场价格中存在动量效应，长期收益（如跨越数年）的检验[五]发现在整个市场中明显存在着负长期序列相关的情况。这一结果已经成为一种“流行的假说”，认为股票市场对相关信息反应过度。这样的反应过度将会导致短期内正序列相关（动量）。随后对过度反应的纠正又引起了坏业绩跟随好业绩的情况，反之亦然。纠正意味着在一段正收益之后跟随的是负收益，结果长期就出现负序列相关。在纠正之后发生的这种明显过度使股价呈现围绕着公平价值波动这一特点。

这些长期结果是戏剧性的，但研究所提供的绝不是有效市场的结论性的证据。首先，这些研究不需要解释为股

[一] Jennifer Conrad and Gautam Kaul, “Time-Variation in Expected Returns,” *Journal of Business* 61 (October 1988), pp. 409-25.

[二] Andrew W. Lo and A. Craig MacKinlay, “Stock Market Prices Do Not Follow Random Walks: Evidence from a Simple Specification Test,” *Review of Financial Studies* 1 (1988), pp. 41-66.

[三] 另一方面，有证据表明，个别证券（如与广义市场指数相反的）的股价更容易在极短的时间内反转。例如，B. Lehmann, “Fads, Martingales and Market Efficiency,” *Quarterly Journal of Economics* 105 (February 1990), pp. 1-28; and N. Jegadeesh, “Evidence of Predictable Behavior of Security Returns,” *Journal of Finance* 45 (September 1990), pp. 881-98. 然而，正如 Lehmann 所述，这最好可以解释为由于流动资金不足的问题，在大幅度的股价变动之后庄家调整他们自己的在股市中的位置。

[四] Narasimhan Jegadeesh and Sheridan Titman, “Returns to Buying Winners and Selling Losers: Implications for Stock Market Efficiency,” *Journal of Finance* 48 (March 1993), pp. 65-91.

[五] Eugene F. Fama and Kenneth R. French, “Permanent and Temporary Components of Stock Prices,” *Journal of Political Economy* 96 (April 1988), pp. 24-73; James Poterba and Lawrence Summers, “Mean Reversion in Stock Prices: Evidence and Implications,” *Journal of Financial Economics* 22 (October 1988), pp. 27-59.

票市场反复无常的证据。对这种结果的另一种解释为只有市场溢价是随着时间变化的。例如，当风险溢价和期望收益上升时，股票价格会下跌。当市场继续上升至（平均）更高的收益水平上时，数据传达了股票价格恢复的迹象。过度反应和纠正的印象实际上不过是股票价格折现率变化的理性回应。

除了显示整个股票市场长期收益过度反应之外，许多其他的研究表明，在长期一些特别的证券的极端表现呈现反向的趋势：在过去表现最好的股票在随后时期内的业绩要比其他证券的业绩差，而在过去业绩较差的股票也将在将来超出平均收益水平。DeBondt 和 Thaler㊀以及 Chopra、Lakonishok 和 Ritter㊁发现在某期间表现差的股票在随后一段时间内将会出现大幅度反向的势头，而在当期表现较好的股票将会在接下来的一段期间内有变差的业绩表现。

例如，DeBondt 和 Thaler 的研究表明，如果将股票在近五年的表现进行排序并根据投资表现将股票分组构成投资组合，则基期“输的”投资组合（定义为投资表现最差的35 只股票）表现要比“赢的”投资组合（投资表现最好的35 只股票）在未来比历年平均收益高出25%。这就是反向效应，即输者反弹、胜者失色，表明股票市场对相关信息过度反应。一旦过度反应被识别，极端投资表现就会出现反向。这一现象意味着反向投资策略——投资于近期表现较差而避免表现较好的股票的策略可以盈利，而且，这样的收益表明有利可图的获利机会。

因此，整个市场和部分市场在价格行为当中都存在短期动量和长期反向形式。这种形式的一种解释是短期过度反应（这引起价格动量）可能会导致长期反向（当市场识别过去的错误）。

11.4.3 主要市场收益的预测者

一些研究证明了易观测变量具有预测市场收益的能力。例如，法玛和弗伦奇㊂证明了当股权市价比即期股息收益率高时，总股票市场收益将会上升。坎贝尔和席勒㊃发现，盈利率能预测市场收益。Keim 和 Stambaugh㊄证明了诸如信用等级高与信用等级低的公司债券收益之间差幅可以帮助预测股票市场的收益。

然而，解释这一结果是非常困难的。一方面，它们可能意味着股票收益率是可以预测的，这与有效市场假说是相违背的。但更可能的是，这些变量是市场风险溢价变动的代理变量。例如，给定股息或收益水平，当风险溢价（进而是期望的市场收益）较高时，股票价格将变低，股息和收益率将变高。因此高股息和盈利率将与较高的市场收益相联系。这并不意味着与市场有效性相违背。市场收益的可预测性源于风险溢价的可预测性，而不是风险调整后的异常收益的可预测性。

法玛和弗伦奇㊅还说明：信用等级高与信用等级低的公司债券收益之间的差幅对低等级债券的预测能力比对高等级债券要强，认为收益的可预测性实际上是一种风险溢价而不是市场无效性的证据。类似地，股票股息收益帮助预测债券市场收益的事实表明，收入包含两个市场的共同风险溢价而不是股票市场中的错误定价。

11.4.4 半强式检验：市场异象

基本面分析比技术分析利用了更为广泛的信息来构建投资组合。基本面分析有效性的调查要求了解是否能够利用证券交易历史外的可得到的公开信息来提高投资业绩，因此来衡量半强式有效市场假说。令人惊奇的是，一些简单的容易获得的统计量，如股票市盈率或市场资本化比率似乎能够预测异常风险调整收益，这类发现（在后面的章节还会提及）很难符合市场有效假设，因此经常被称为有效市场**异象**（anomalies）。

解释这些的一个困难在于：评价一项投资策略的成功与否之前我们通常需要进行投资组合的风险调整。例如，许多研究利用资本资产定价模型来进行风险调整。然而，我们知道尽管β值是股票风险的一个相关描述符号，但由

㊀ Werner F. M. DeBondt and Richard Thaler, “Does the Stock Market Overreact?” *Journal of Finance* 40 (1985), pp. 793-805.

㊁ Navin Chopra, Josef Lakonishok, and Jay R. Ritter, “Measuring Abnormal Performance: Do Stocks Overreact?” *Journal of Financial Economics* 31 (1992), pp. 235-68.

㊂ Eugene F. Fama and Kenneth R. French, “Dividend Yields and Expected Stock Returns,” *Journal of Financial Economics* 22 (October 1988), pp. 3-25.

㊃ John Y. Campbell and Robert Shiller, “Stock Prices, Earnings and Expected Dividends,” *Journal of Finance* 43 (July 1988), pp. 661-76.

㊄ Donald B. Keim and Robert F. Stambaugh, “Predicting Returns in the Stock and Bond Markets,” *Journal of Financial Economics* 17 (1986), pp. 357-90.

㊅ Eugene F. Fama and Kenneth R. French, “Business Conditions and Expected Returns on Stocks and Bonds,” *Journal of Financial Economics* 25 (November 1989), pp. 3-22.

β 所描述的风险与期望收益之间的此消彼长关系的测量值与资本资产定价模型所预测的结果不同（将在第 13 章中提供证据）。如果利用资本资产定价模型来进行投资组合收益的风险调整，则不恰当的调整将导致多种投资组合策略都可以产生高额收益的结果，实际上这只是失效的风险调整过程。

另一种方法是，风险调整收益的检验是有效市场假定和风险调整过程的联合检验。如果一个投资组合策略能产生高额收益，那么必须确定是拒绝有效市场假定还是拒绝风险调整方法。通常，风险调整方法的前提比有效市场假说的前提更让人质疑；如果选择放弃风险调整过程，我们将无法得出关于市场有效性的结论了。

Basu[㊀]的发现就是该问题的一个例子。他发现低市盈率股票比高市盈率股票的投资组合的收益率更高。即使因投资组合的 β 值而调整收益，**市盈率效应**（P/E effect）仍然起作用。这是否证实市场会根据市盈率系统性地错误定价？这对投资者而言是一个意外地极具干扰性的结论，因为市盈率分析是一个简单的过程。尽管通过艰苦的工作和深刻的洞察可以获得超额收益，但运用如此简单的方法就能带来异常收益是不可能的。

对这一结果的另一种解释，即资本市场均衡模型错在没有对收益进行适当的调整。如果两家公司有相同的期望收益，风险高的股票将会以低价卖出并有低的市盈率。由于它的高风险，低市盈率也将会产生高的期望收益。因此，除非资本资产定价模型的 β 随风险充分调整，否则市盈率就可以作为风险的另外一个描述指标，如果资本资产定价模型用于估计基准业绩，市盈率将与异常收益相关。

小公司的 1 月效应 所谓的公司规模或**小公司效应**（small-firm effect），由 Banz[㊁]首先提出（见图 11-3）。该图描绘了纽约证券交易所股票按各年度公司规模（即流通股总值）划分为 10 个组合后各组合的历史业绩。小公司在 1926～2008 年的年平均收益持续上涨。第 10 个投资组合（最大公司投资组合）与第 1 个投资组合（最小公司投资组合）的平均年收益率之差为 8.57%。当然，小公司投资组合的风险更大。但即使运用资本资产定价模型进行风险调整之后，小规模公司的组合仍然存在一个持续的溢价。

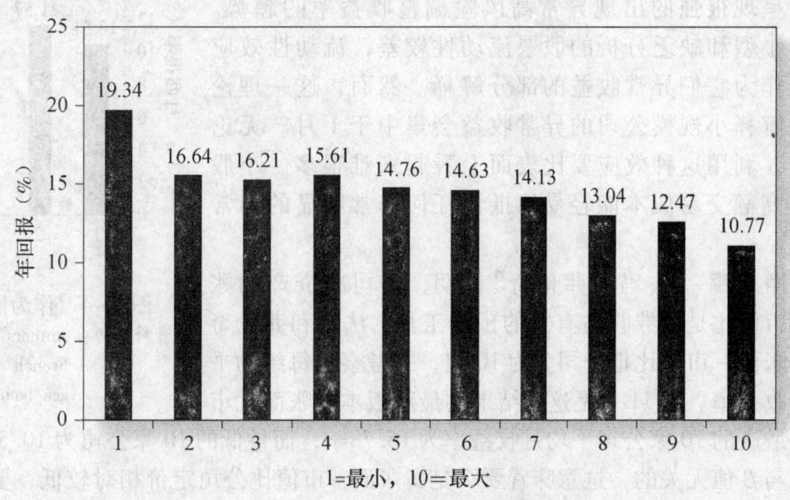

图 11-3 10 家不同规模组合的平均年收益，1926～2008

资料来源：Authors' calculations, using data obtained from Professor Ken French's data library at http://mba.tuck.dartmouth.edu/pages/faculty/ken.french/data_library.html.

想想投资于 100 亿美元的投资组合获得了以上规模的溢价。然而利用“投资于低资本股票”这样简单的规则仍然能赚取超额收益，这太神奇了。毕竟，任何投资者都可以不需要任何花费就能衡量公司的规模。谁都不会指望花费如此小的代价就能获得如此大规模的回报。

此后的研究（Keim[㊂]、Reinganum[㊃]、Blume 和 Stambaugh[㊄]）还证明了小公司效应几乎整个 1 月都会发生，实际上是 1 月的头两个星期。规模效应实际上是“小公司的 1 月效应”。

被忽略的公司效应和流动性效应 Arbel 和 Strebel[㊅]对小公司的 1 月效应做出了另一种诠释。由于小公司经常被

㊀ Sanjoy Basu, "The Investment Performance of Common Stocks in Relation to Their Price-Earnings Ratios: A Test of the Efficient Market Hypothesis," *Journal of Finance* 32 (June 1977), pp. 663-82; and "The Relationship between Earnings Yield, Market Value, and Return for NYSE Common Stocks: Further Evidence," *Journal of Financial Economics* 12 (June 1983).

㊁ Rolf Banz, "The Relationship between Return and Market Value of Common Stocks," *Journal of Financial Economics* 9 (March 1981).

㊂ Donald B. Keim, "Size Related Anomalies and Stock Return Seasonality: Further Empirical Evidence," *Journal of Financial Economics* 12 (June 1983).

㊃ Marc R. Reinganum, "The Anomalous Stock Market Behavior of Small Firms in January: Empirical Tests for Tax-Loss Effects," *Journal of Financial Economics* 12 (June 1983).

㊄ Marshall E. Blume and Robert F. Stambaugh, "Biases in Computed Returns: An Application to the Size Effect," *Journal of Financial Economics*, 1983.

㊅ Avner Arbel and Paul J. Strebel, "Pay Attention to Neglected Firms," *Journal of Portfolio Management*, Winter 1983.

大的机构交易者所忽略，小公司的信息经常很难获得。这种信息的缺乏导致小公司的风险较高，但能获得较高的收益率。毕竟"名牌"公司容易受到机构投资者的密切监督，这可以保证其信息是高质量的，并可以推测人们不会购买没有良好前景的"普通"股票。

作为**被忽略公司效应**（neglected-firm effect）的证据，Arbel㊀按照机构所持有的股票数把公司分为热门、中等和被忽略的公司。实际上1月效应对被忽略的公司最明显。默顿㊁的文章指出被忽略的公司拥有者需要高期望均衡收益作为其对因信息受限而引起的风险的补偿。从这种角度而言，被忽略公司溢价并非严格意义上的市场无效，而是一种风险溢价。

Amihud和Mendelson㊂对股票收益流动性效应的研究也许与小公司效应和被忽略的公司效应都有关。他们认为，正如我们在第9章所提出的，投资者将对投资于需要较高交易成本的低流动性股票要求一种收益溢价。正如假设所说的一样，Amihud和Mendelson证明，这些股票呈现很强的出现异常高风险调整收益率的趋势。由于小型和缺乏分析的股票流动性较差，流动性效应可以作为它们异常收益的部分解释。然而，这一理论不能解释小规模公司的异常收益会集中于1月。无论如何，利用这种效应要比表面上看起来难很多。小股票的高额交易成本能轻易地抵消任何非常明显的异常收益。

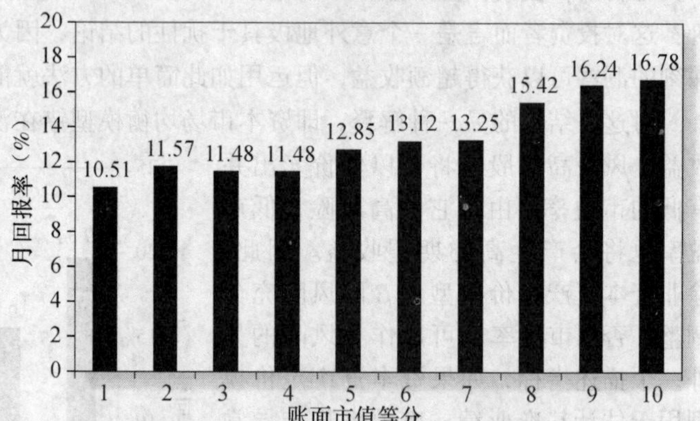

图11-4 作为账面市值比函数的平均收益率，1926～2008

资料来源：Authors' chlculations, using data obtained from Professor Ken French's data library at http://mba.tuck.dartmouth.edu/pages/faculty/ken.french/data_library.html.

净市率 法玛和弗伦奇㊃证明，公司净资产的账面－市值比是证券收益有力的预测工具。法玛和弗伦奇根据账面－市值比把公司分为10组，并考察了每组的平均月收益率。图11-4是这些结果的最新版本。账面－市值比最高的10家公司平均月收益率为16.78%，而最低的10家公司为10.51%。收益对账面－市值比如此强的依赖性是与β值无关的，这意味着要么是高账面－市值比公司定价相对较低，要么是账面－市值比充当着衡量影响均衡期望收益的风险因素的代理变量。

实际上，法玛和弗伦奇发现在控制了规模与**净市率效应**（book-to-market effect）之后，β值似乎不能解释平均证券收益㊄。这一发现对理性市场是个严重的挑战，因为这似乎暗示着可能影响收益的系统风险其实并不重要，然而账面-市值比这一似乎不重要的因素可能具有预测未来收益的能力。后面还会回头解释这一异常。

盈余公告后的价格漂移 有效市场的一个基本原则就是任何新信息都应该迅速地反映在股票价格上。例如，当好消息传出，股票价格会立马上涨。因此，正如Ball和Brown㊅所揭示的那样，实践中出现了令人费解的异象，股价对公司的收益公告的反应明显放缓。这一结果在许多文献中得到了认同和扩展。㊆

收益公告的"新闻含量"可以这样来评价，即比较公布的实际收益与此前市场参与者所预期的收益，二者之间的差额就是"意外收益"（市场预期的收益能通过华尔街分析家与其宣布的平均收益来大致测量，也可以通过运用

㊀ Avner Arbel, "Generic Stocks: An Old Product in a New Package," *Journal of Portfolio Management*, Summer 1985.

㊁ Robert C. Merton, "A Simple Model of Capital Market Equilibrium with Incomplete Information," *Journal of Finance* 42 (1987), pp. 483-510.

㊂ Yakov Amihud and Haim Mendelson, "Asset Pricing and the Bid-Ask Spread," *Journal of Financial Economics* 17 (December 1986), pp. 223-50; and "Liquidity, Asset Prices, and Financial Policy," *Financial Analysts Journal* 47 (November/December 1991), pp. 56-66.

㊃ Eugene F. Fama and Kenneth R. French, "The Cross Section of Expected Stock Returns," *Journal of Finance* 47 (1992), pp. 427-65.

㊄ 然而，S. P. Kothari, Jay Shanken, and Richard G. Sloan的研究"Another Look at the Cross-Section of Expected Stock Returns," *Journal of Finance* 50 (March 1995), pp. 185-224，发现用年收益而不是用月收益估计β值时，高β值的证券事实上有更高的平均收益。另外，上述作者还发现，账面－市值比与法玛和弗伦奇得出的结果相比较变小了，用不同的样本结果是不同的。因此，他们得出的结论是，账面－市值比重要性的经验案例与法玛和弗伦奇的研究结果相比可能多少弱些。

㊅ R. Ball and P. Brown, "An Empirical Evaluation of Accounting Income Numbers," *Journal of Accounting Research* 9 (1968), pp. 159-78.

㊆ 有大量的文献研究这一现象，大多涉及的是过去盈利公告后价格的变化，最近研究为什么可能会变化的文献，见V. Bernard and J. Thomas, "Evidence That Stock Prices Do Not Fully Reflect the Implications of Current Earnings for Future Earnings," *Journal of Accounting and Economics* 13 (1990), pp. 305-40, or R. H. Battalio and R. Mendenhall, "Earnings Expectation, Investor Trade Size, and Anomalous Returns Around Earnings Announcements," *Journal of Financial Economics* 77 (2005). pp. 289-319.

趋势分析家根据过去的盈利情况做出的预测)。Rendleman、Jones 和 Latané[一]对宣布收益后的股价缓慢反应做出了卓有成效的研究。他们计算了大量公司的意外收益，并根据意外收益对它们进行排序，并以此为依据将公司分为 10 级，然后计算出每一级股票的超额收益。图 11-5 画出了每一级累积异常收益的形状。

这一结果是戏剧性的。按意外收益排序和异常收益之间的相互关系如预期一样。在盈利公布日（时间为 0）出现了一个很大的异常收益（累积异常收益有一个大的增长）。如果公司的意外收益为正，那么异常收益也为正。反之亦然。

更值得注意的有趣的结果是，研究结果涉及公告日之后股票价格的运动。有正意外收益的股票的累积异常收益甚至在盈利信息公开之前会继续增长，也就是说，存在动量效应，而有负意外盈利的股票的累积异常收益会在收益公开之后继续下跌。市场对盈利信息的调整仅是逐渐的，导致异常收益的稳定期出现。

显然，一个人只要简单地等待收益公告，然后购买有正额外收益的公司股票，就可以获得异常收益。这是对未来持续趋势的一种精准预测，而这在有效市场中是不可能存在的。

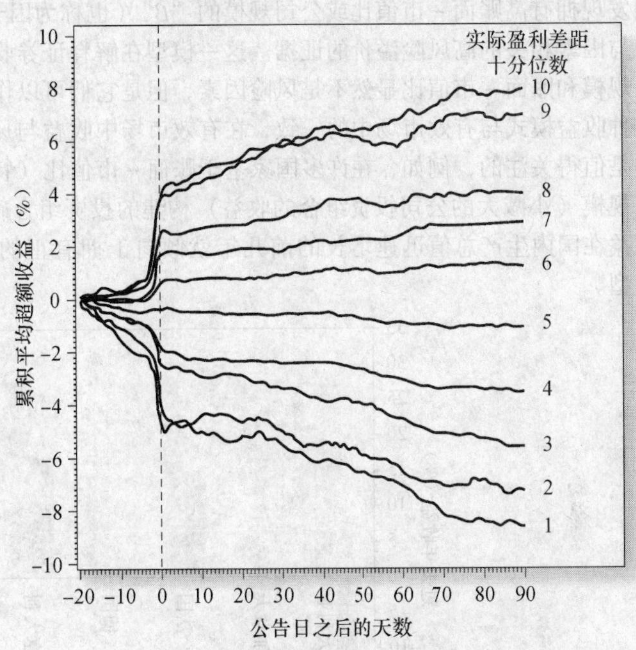

图 11-5　累积异常收益对盈利宣布的反应

资料来源：Reprinted from R. J. Rendeman Jr., C. P. Jones, and H. A. Latané, "Empirical Anomalies Based on Unexpected Earnings and the Importance of Risk Adjustments," *Journal of Financial Economics* 10 (1982), pp. 269-287. Copyright 1982 with permission from Elsevier Science.

11.4.5　强式有效检验：内幕消息

内部人员利用交易他们公司的股票获得异常收益，这并不奇怪，换句话说，我们不能期望市场是强式有效的；我们对于利用内部消息进行交易是受到监管和限制的，Jaffe[二]、Seyhun[三]、Givoly 和 Palmon[四]及其他人的研究已经证明内部人员能够通过交易本公司的股票来获利。Jaffe 是证实股票价格趋势在内部人员大量买进之后上升而内部人员大量卖出之后下跌的最早的研究者之一。

其他投资者追随内部人员交易是否能获利？美国证券交易委员会要求所有内部人员登记他们的交易活动并在《内部人员证券交易与持有情况官方汇总》（以下简称《官方汇总》）中公布。从 2002 年起，内部人员必须在两个交易日内向证券交易委员会报告所发生的大宗交易。一旦《官方汇总》发布，其交易信息就变成了公开信息。在这一点上，如果市场是有效的，完全和迅速地处理《官方汇总》所发布的交易信息，投资者会发现跟踪这些交易的形式是不能获取利润的。一些网站包含了内部交易的信息。查看我们的网上学习中心（www.mhhe.com/bkm）来获取建议。

Seyhun 的研究认真地追踪了《官方汇总》的日期，发现跟踪内部交易是徒劳的。尽管在《官方汇总》报告里说在购买内部信息之后价格呈上涨的趋势，而异常收益不足以弥补巨额的交易费用。

11.4.6　异象的解释

我们怎么来解释文献里越来越多提到的异象问题？这是否意味着整个市场是无效的，允许提供巨额获利机会的简单交易规则存在？或者还存在其他解释？

风险溢价还是无效性　市盈率、小公司、账面 - 市值比、动量和长期反向效应是当今经验金融学中最迷惑的现象。这些效应有多种解释。首先注意到，这些现象在某种程度上是相关的。小公司或低账面 - 市值比和最近的“失

[一] Richard J. Rendleman Jr., Charles P. Jones, and Henry A. Latané, "Empirical Anomalies Based on Unexpected Earnings and the Importance of Risk Adjustments," *Journal of Financial Economics* 10 (November 1982), pp. 269-87.

[二] Jeffrey F. Jaffe, "Special Information and Insider Trading," *Journal of Business* 47 (July 1974).

[三] H. Nejat Seyhun, "Insiders' Profits, Costs of Trading and Market Efficiency," *Journal of Financial Economics* 16 (1986).

[四] Dan Givoly and Dan Palmon, "Insider Trading and Exploitation of Inside Information: Some Empirical Evidence," *Journal of Business* 58 (1985).

败者”看起来有共同的特点，即最近的几个月或几年内股价有明显的下跌。的确，一个公司可能在经历价格很大变动的情况下变成小公司或低账面－市值比的公司。因此这一群体也可能包括相对高比例的经营困难的公司。

法玛和弗伦奇[㊀]认为这些效应可以解释为风险溢价的典型表现。利用前面章节所谈到的他们的三因素模型，他们发现拥有高账面－市值比或公司规模的“β”（也称为因子载荷）的股票平均收益率较高，他们将这样的收益解释为与因素相关的高风险溢价的证据。这一模型在解释证券收益上比单因素的资本资产定价模型更有解释力。尽管公司规模和账面－市值比显然不是风险因素，但是它们可以作为更为基本的风险因素的代理变量。法玛和弗伦奇认为这种收益模式与有效市场中的一致，在有效市场中收益与风险也是一致的。基于这种观点，“因素模型”对应的收益是值得关注的，例如，在许多国家基于账面－市值比（特殊地，法玛－弗伦奇最小账面－市值比投资组合）或公司规模（小减大的公司投资组合的收益）构建的投资组合确实可以预测经济周期。如图 11-6 所示，这些投资组合的收益在国内生产总值迅速增长的前几年就倾向于拥有正的收益率。我们将在第 13 章中进一步检验法玛－弗伦奇模型。

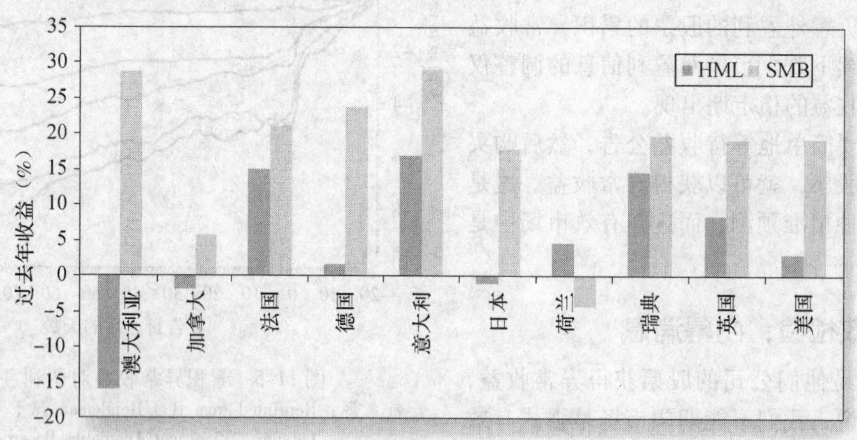

图 11-6　国内生产总值增长预测下的投资组合的收益。

注：好的国内生产总值与差的国内生产总值前几年的投资组合的平均差值。正值表示宏观经济景气的情况下投资组合在头几年表现较好。HML 表示高减低投资组合，根据账面－市值比来分类。SMB 表示小减大投资组合，根据公司规模分类。

资料来源：Reprinted from J. Liew and M. Vassalou, “Can Book-to-Market, Size, and Momentum Be Risk Factors That Predict Economic Growth?” *Journal of Financial Economics* 57 (2000), pp. 221-45. Copyright 2000 with permission from Elsevier Science.

Lakonishok、Shleifer 和 Vishny[㊁]提出了相反的解释。他们认为这些现象正是市场非理性的证据，更特殊的是股票分析师们在预测股票前景中出现的系统错误的证据。他们认为，分析师把历史业绩向未来延伸得太远了，因此过高定价的公司近期表现良好，而被低估的公司近期表现较差。当这两种极端被“更正”时，低期望增长的公司将比高期望增长的公司表现良好。

如果 Lakonishok、Shleifer 和 Vishny 是正确的，我们应该发现分析师在预测近期“盈利”与“亏损”的公司收益时发生系统错误。La Porta[㊂]的一项研究与这个模式是相一致的，他发现分析师们所预测的收益增长率低的公司股票的实际表现优于期望收益增长率高的公司股票。分析师们似乎对低成长性公司的前景过于悲观了，而对于高成长性公司的前景又过于乐观。当这些太极端的预期“正确”时，就会导致低于其成长性公司比高预期成长性公司的表现要好。

异象还是数据挖掘　前面的文章中已经提及许多文献中所提出的异象，而这些文献还有很多。一些人会怀疑这些异象是否真是金融市场中不能解释的难题，或者只不过是人为的数据挖掘。毕竟，如果反复地在计算机上运行过去收益的数据库并从多个角度检验股票的收益，在预测收益时总能出现一些指标。

㊀ Eugene F. Fama and Kenneth R. French, “Common Risk Factors in the Returns on Stocks and Bonds,” *Journal of Financial Economics* 33 (1993), pp. 3-56.

㊁ Josef Lakonishok, Andrei Shleifer, and Robert W. Vishny, “Contrarian Investment, Extrapolation, and Risk,” *Journal of Finance* 50 (1995), pp. 541-78.

㊂ Raphael La Porta, “Expectations and the Cross Section of Stock Returns,” *Journal of Finance* 51 (December 1996), pp. 1715-42.

在这方面，值得注意的是一些异常在学术文献中公布后没有太大的持续力，例如，在 20 世纪 80 年代初，小公司效应被公布后，再接下来的几年里立刻消失了。相同地，账面 - 市值策略，在 20 世纪 90 年代初同样引起关注，但在后面几年中就失去效应了。

即使认可了数据挖掘的能力，似乎仍然有一条贯穿所有提及的异象的线索，并且支持了确实存在难以解释的谜团的观点。股价股票，通常定义为低市盈率、高账面 - 市值比，或相对于历史水平相对压低的价格，似乎都已经提供了一个比“有魔力”或成长的股票要高的平均收益。

说明数据挖掘问题的一个方法就是找出一组尚未被研究的数据并检查其中的那些关系在这些新数据中是否存在。这些研究表明在世界其他证券市场确实存在规模、动量、账面 - 市值比效应。尽管这些现象被当做系统风险溢价的证据，但我们还没有充分理解这些风险的性质。

11.4.7　泡沫与市场有效性

每隔一段时间，资产价格（至少从回顾上来讲）都会与均衡价值发生背离。例如，17 世纪的郁金香热，郁金香价格最高达到了一个熟练的工人一年收入的几倍。这一现象已经成为价格超过其内在价值的投机“泡沫”的象征。当人们出现上升的预期时，价格就会持续上升，从而出现泡沫。随着越来越多的投资组合采取行动，价格也会越来越高。当然，不可避免地，最后上升将会停止，泡沫会破裂。

郁金香热之后不到 1 个世纪，英格兰的南海泡沫成为最著名的事件。在这个事件中，南海公司的股票价格从 128 英镑上涨到了 1 月的 1 720 英镑，再到 5 月的 550 英镑，在 8 月最高达到 1 000 英镑，而在 9 月泡沫破裂，价格下降到 150 英镑，导致大量通过贷款购买债券的人破产。实际上，投资者愿意购买（因此抬高价格）公司的股票。经历过网络经济的兴衰以及 1995 ~ 2002[⊖]年的经济繁荣的人听起来也许会很熟悉，最近的 2008 年的金融海啸，人们都认为是住房价格导致的泡沫产生。

证券价格很难做到理性地、无偏地估计其内在价值。实际上，许多经济学家，最著名的如海曼 · 明斯基表明泡沫的产生很自然。在稳定和物价上涨期，投资者推断未来价格稳定并愿意承担风险。风险溢价缩水，导致资产价格进一步上涨，在自我实现周期内期望变得更加乐观。但是在最后，价格和风险承担过度使泡沫破裂。具有讽刺意味的是，一开始培养的稳定最终导致不稳定。

但是不要着急下结论说资产的价格能进行套利，而且存在大量的交易机会。首先，泡沫只有在回顾的时候才发现是“明显的”。当时，价格的上升似乎会有一个稳定的理论。例如在网络经济繁荣时期，当时许多观察者认为股票会因为技术的进步导致一个新的可以盈利的经济发展从而使股价上升。即使在郁金香热的非理性在后续的引用中也可能被夸大了。[⊜]另外，安全性评估在本质上来说是困难的。由于内在价值的估计很不准确，预计有错误定价从而持有一个巨大头寸有时可能是由于过度自信造成的。

即使你怀疑价格实际上是被“错误”定价的，但利用它们是很困难的。我们将在下面的章节中进一步探索这一话题，但现在，我们简单地指出一些对资产做出很大赌博的一些障碍，其中，卖空过高股价证券的成本过高以及一些潜在问题的存在使证券很难被卖空，而且很可能即使你实际上是正确的，市场也不会同意你的观点，价格在短期内依然会戏剧性地变化，从而否定你的投资组合。

11.5　共同基金与分析业绩

我们已经说明了有效市场存在一定的问题。对投资者来说，市场有效性的问题归根结底是熟练的投资者是否能持续地获得超额利润的问题。最好的检验方法就是检验市场专业人员的业绩，来观察他们的业绩是否超过根据消极指数基金购买并持有的投资者的业绩。我们将观察两类专业者的业绩：推荐投资组合的股票市场分析家的业绩和实际管理投资组合的共同基金管理者的业绩。

⊖ 网络经济的兴衰产生了长期的非理性繁荣。在这方面，考虑一家公司考虑在 1720 年的投资热潮中描述自己只是作为“公司开展事业具有很大的优势，但没有人知道它是什么”。

⊜ 对于这一可能性的进一步探讨，见 Peter Garber，*Famous First Bubbles*：*The Fundamentals of Early Manias*（Cambridge：MIT Press，2000），and Anne Goldgar，*Tulipmania*：*Money*，*Honor*，*and Knowledge in the Dutch Golden Age*（Chicago：University of Chicago Press，2007）.

11.5.1　股票市场分析家

股票市场分析家从历史来看就为经纪公司工作，那么在分析他们建议的价值时就出现了一个必须迫切关注的问题：分析家往往过分地肯定其对公司前景的评价[一]。例如，对于1个从1（强买）到5（强卖）的推荐等级，1996年所涵盖的5 628家公司的平均推荐等级为2.04[二]。结果，我们不能从表面价值来做出正确的推荐。相反，我们必须既看到分析家所推荐股票的相对强度，又注意到其一致性的变化。

Womack[三]关注了分析家们推荐的变化，并发现正面的变化经常会带来股票价格5%的上升，而负面变化平均带来股价11%的下跌。你可能会怀疑这些价格的变化是否会反映市场对分析家们提供的关于公司的有利信息的认可，或只是简单地因推荐而买入或卖出压力的结果。Womack指出价格的冲击可能是永恒的，因此也符合分析家们揭示了新的信息这一假说。Jegadeesh、Krische、Kim和Lee[四]也发现，一致推荐的变化与价格变化相关，但是一致推荐的水平不能预测未来股票的前景。

Barber、Lehavy、McNichols和Trueman[五]研究了一致推荐水平并认为那些有着最优推荐的公司的表现会超过那些最差推荐的公司。尽管这些结果看起来让人印象深刻，但他们指出，基于分析家们一致推荐的投资组合策略将导致极端活跃的交易行为并产生大量的交易成本，这可能导致由策略引起的潜在利润的消失。

总之，有文献表明分析师们增加了一些价值，但同时也增加了不确定性。由分析师所引起的推荐级别提高的超额收益，是因为新信息的公开还是因为投资前景的变化改变了投资者的需求？如果要花费交易成本这些分析结果是否仍然可以被投资者所利用？

11.5.2　共同基金管理

正如我们在第4章指出，偶然的证据并不能支持专业管理的投资组合总是能胜过市场的主张。图4-2证明了1972～2009年消极的投资组合指数（典型的有威尔希尔5000指数）比平均权益基金有着更好的表现。另一方面，也有一些（被允许不一致）业绩支持性的证据，表明在一个阶段业绩较好的基金管理者有在下一段时间内仍然为好管理者的趋势。这样的模式可以认为好的管理者可以比其他竞争者表现更好，并且这违背了市场价格已经反映全部的市场信息的假说。

第4章的分析建立在总收益的基础之上，它们并不适用于系统风险因素调整后的收益的分析。这里我们将再次讨论共同基金业绩问题，而且更着重于用来评估业绩的基准。

首先，我们考察大样本共同基金的风险调整收益（即β，或基于β和每一段的市场指数收益所要求的那部分收益）。但是共同基金可能不是测量共同基金收益的合适基准。因为共同基金往往保持着相对小公司的股权控股，而市值加权指数由大公司所主导，共同基金作为一个整体，在小公司业绩比大公司好时其业绩比指数好，而当小公司表现不好时业绩较差。因此基金表现更好的基准应该是分别纳入合并了小公司股票市场业绩指数。

分析不同后续期的小股票收益可以说明基准的重要性[六]。1945～1964这20年间，小股票指数的年业绩劣于标准普尔500指数4%（即根据系统风险调整后的小股票指数的α为-4%）。在接下来1965～1984的20年间，小股票指数的业绩要优于标准普尔500指数10%。因此，如果要考察在前一期的共同基金业绩，它们通常表现较差。这并不是因为基金管理者挑选股票的能力较差，而仅仅因为共同基金作为一个整体比标准普尔500指数倾向于持有更多的

[一] 这个问题在未来可能不会很严重；如第3章所述，一项最近的改革会减轻有破产风险公司的利率限制，这些公司卖出股票也提供了一个区别于其他活跃的公司的投资机会。

[二] B. Barber, R. Lehavy, M. McNichols, and B. Trueman, "Can Investors Profit from the Prophets? Security Analyst Recommendations and Stock Returns," *Journal of Finance* 56 (April 2001), pp. 531-63.

[三] K. L. Womack, "Do Brokerage Analysts' Recommendations Have Investment Value?" *Journal of Finance* 51 (March 1996), pp. 137-67.

[四] N. Jegadeesh, J. Kim, S. D. Krische, and C. M. Lee, "Analyzing the Analysts: When Do Recommendations Add Value?" *Journal of Finance* 59 (June 2004), pp. 1083-124.

[五] B. Barber, R. Lehavy, M. McNichols, and B. Trueman, "Can Investors Profit from the Prophets? Security Analyst Recommendations and Stock Returns," *Journal of Finance* 56 (April 2001), pp. 531-63.

[六] 这些说明和数据引用于E. J. Elton, M. J. Gruber, S. Das, and M. Hlavka, "Efficiency with Costly Information: A Reinterpretation of Evidence from Managed Portfolios," *Review of Financial Studies* 6 (1993), pp. 1-22, which is discussed shortly.

小股票。要考察后一期的业绩，在风险调整的基础上，基金相对于标准普尔 500 指数看起来要好一些，因为小基金的业绩会更好。尽管这与管理者挑选股票的能力无关，但"风格选择"，即小股票所面临的风险将主导业绩评价（也叫做资产配置决策）。[㊀]

Elton、Gruber、Das 和 Hlavka 想要控制非标准普尔 500 资产对共同基金业绩的影响。他们利用多因素证券收益指数模型并利用回归方法计算了基金的 α 值，回归方程的解释变量包括三个基准投资组合的超额收益，而不仅仅是市场投资组合的代理变量。这三个因素分别是标准普尔 500 指数的超额收益、非标准普尔的低资本化公司（即小公司）股票指数的超额收益与关于债券市场指数的超额收益。他们结果的一部分在表 11-1 中表示。其中对于每种类型的权益资产平均的 α 都是负的，尽管一些统计并不是十分显著。他们得出结论，控制了这三类资产——大公司股票、小公司股票和债券的相对业绩后，共同基金的管理者作为一个群体并没有能力来击败消极指数战略，也就是将几种类型的指数基金简单地混合的战略。他们还发现共同基金业绩劣于拥有高支出比率和换手率的公司，因此这说明拥有高费用的基金不能获得足够的总收益增长来抵消其费用。

表 11-1　基于三因素模型的共同基金业绩

基因类型	基金数量	Alpha（%）	Alpha 的 T 统计量	基因类型	基金数量	Alpha（%）	Alpha 的 T 统计量
自有资金				增长量与收入	40	−0.68	−1.65
最大资产收益	12	−4.59	−1.87	平衡资产	31	−1.27	−2.73
增长量	33	−1.55	−1.23				

注：通过三因素模型计算所得的每个基金的 α 根据以下回归计算所得：

$$r - r_f = \alpha + \beta_M(r_M - r_f) + \beta_s(r_s - r_f) + \beta_D(r_D - r_f) + e$$

其中 r 表示基金的收益，r_f 表示无风险利率，r_M 表示标准普尔 500 指数的收益率，r_s 表示非标准普尔小股票指数的收益率，r_D 表示债券指数收益，e 表示基金回归收益，而 β 表示基金收益对不同指数的敏感性。

资料来源：E. J. Elton，M. J. Gruber，S. Das，and M. Hlavka，"Efficiency with Costly Information：A Reinterpretation of Evidence from Managed Portfolios，" *Review of Financial Studies* 6（1993），pp. 1-22.

现在通常用的基准模型是一个四因素模型，即法玛 - 弗伦奇三因素（市场指数收益、基于规模的投资组合收益和账面 - 市值比）加上一个动量因素（基于前一年股票收益率构建的投资组合）。α 由利用四因素构建的一个扩展模型构成，利用这些因素可以控制一个相当大范围的共同基金模式选择，可能会影响平均收益率。例如，增长与价值或小与大市值股票的倾向。图 11-7 展示了美国国内股票型基金的四因素 α 的经常波动。[㊁]结果表示 α 的波动大致呈钟形，均值大概为负。从平均水平来看，并没有出现这些基金比他们风格调整后基准的表现要好。

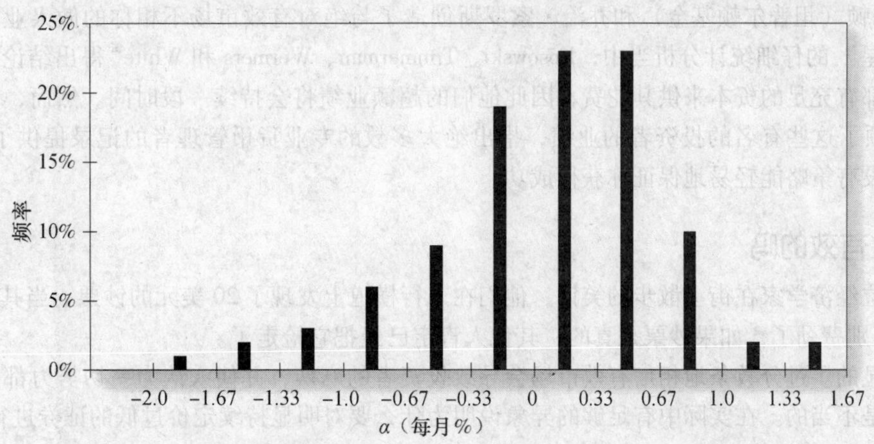

图 11-7　利用期望收益的四因素模型计算所得的共同基金 α，1993 ~ 2007

注：表现最好与最差的 2.5% 的观测值被排除在分布之内。

资料来源：Professor Richard Evans，University of Virginia，Darden School of Business.

㊀ 记住资产配置决策通常在单个投资者手中。投资者分配他们的投资组合于他们愿意持有的资产类的资金，并且他们可以合理地期望共同基金投资组合经理会根据他们的资产利得选择股票。

㊁ 我们衷心感谢 Richard Evans 教授的这些数据。

Carhart[一]利用相同的四因素模型重新检验了共同基金业绩一致性这一问题——有时也成为“烫手”现象。他发现在控制这些因素之后，只有一个较小的持续性在管理者之间的相对表现之间，而且，这种持续性很大程度上由于投资的费用和成本大于总投资收益。

然而，Bollen 和 Busse[二]发现了业绩持续性的证据，最起码是在短期时间内。他们利用四因素模型在一个季度内对它们的业绩做出排名，根据基期 α 把基金分为 10 个组，并观察在下一季度内基金的表现。图 11-8 说明了这一结果。实线表示在基期每组基金的平均 α（在一个季度内）。该曲线的陡度体现了在排名期间业绩表现的分散。虚线表示在下一季度每组基金的平均业绩。曲线变浅表示原来的业绩大部分都不同程度上地消失了。然而，曲线经过一个季度后仍然明显地下降，表明一些业绩的一致性还是显而易见的。但是，这一持续性可能太小，小部分原来的业绩与共同基金客户所追求的公平业绩表现存在差异。

这一模型实际上与 Berk 和 Green[三]一个具有影响力的文件的预测相一致。他们认为拥有异常收益熟练的共同基金管理者将会吸引新的基金直至附加费用和这些增加的基金管理的复杂性使 α 降为零。因此，技术不仅展现在超额收益中，而且表现为管理下的基金数量。因此，即使管理者是熟练的，α 也只能短暂存在，正如我们在图 11-8 中所看到的。

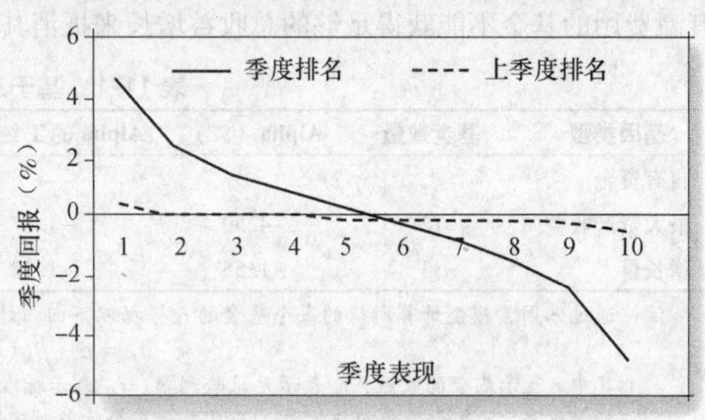

图 11-8　根据季度和下季度风险调整后的表现排名

与权益基金管理者的广泛研究相反，债券共同基金的业绩很少有人研究。Blake、Elton 和 Gruber[四]检验了固定收益共同基金的业绩。他们发现，债券基金的业绩平均来讲比消极的固定收入指数低很多，其数额与费用大致相当，并且没有证据表明过去的业绩可以预测将来的业绩。他们的证据与以下假设相一致，即债券管理者在一个有效市场操作，费用支出之前其业绩与消极的指数相当。

因此专业管理者风险调整后的业绩的证据充其量是混杂的。我们得出结论，专业管理者大致符合市场有效性的假设。专业管理者作为一个群体打败或被市场打败的数额在统计不确定性的边界内缩小。但是，有一点可以清楚的是，专业管理者的业绩优于消极策略的情况并不多见。研究表明绝大多数管理者的业绩都无法超过消极策略，就算超过消极策略，那也是很小的差距。

另一方面，一小部分投资巨星彼得·林奇（前富达公司麦哲伦基金经理）、沃伦·巴菲特（伯克希尔－哈撒韦）、约翰·坦普尔顿（坦普尔顿基金）和乔治·索罗斯创造了与绝对有效市场不相称的傲人业绩的职业纪录。在一个共同基金“明星”的仔细统计分析当中，Kosowski、Timmerman、Wermers 和 White[五]得出结论，大部分拥有选取股票能力的管理者都有充足的资本来供其花费，因此他们的超额业绩将会持续一段时间。然而，诺贝尔奖获得者保罗·萨缪尔森[六]回顾了这些有名的投资者的业绩，指出绝大多数的专业货币管理者的记录提供了有说服力的证据，证明在证券市场中没有策略能轻易地保证你获得成功。

11.5.3　市场是有效的吗

有一个关于两位经济学家在街上散步的笑话：他们在人行横道上发现了 20 美元的钞票。当其中一位正要去捡它时，另一个人说：“别费劲了，如果钞票是真的，其他人肯定已经把它捡走了。”

这个教训是明显的。过分教条地相信有效市场会导致投资者的麻痹，并使人认为一切努力都是不必要的。这种极端的观点很可能是不当的。在实际中有足够的异象说明为什么要对明显持续定价过低的证券进行搜寻。

㊀ Mark M. Carhart, “On Persistence in Mutual Fund Performance,” *Journal of Finance* 52 (1997), pp. 57-82.

㊁ Nicolas P. B. Bollen and Jeffrey A. Busse, “Short-Term Persistence in Mutual Fund Performance,” *Review of Financial Studies* 19 (2004), pp. 569-97.

㊂ J. B. Berk and R. C. Green, “Mutual Fund Flows and Performance in Rational Markets,” *Journal of Political Economy* 112 (2004), pp. 1269-95.

㊃ Christopher R. Blake, Edwin J. Elton, and Martin J. Gruber, “The Performance of Bond Mutual Funds,” *Journal of Business* 66 (July 1993), pp. 371-404.

㊄ R. Kosowski, A. Timmerman, R. Wermers, and H. White. “Can Mutual Fund ‘Stars’ Really Pick Stocks? New Evidence from a Bootstrap Analysis,” *Journal of Finance* 61 (December 2006), pp. 2551-95.

㊅ Paul Samuelson, “The Judgment of Economic Science on Rational Portfolio Management,” *Journal of Portfolio Management* 16 (Fall 1989), pp. 4-12.

然而，大量证据也显示，任何想象的优势投资策略都是让人怀疑的。市场具有足够的竞争性，只有当信息和看法与众不同时，有优势的一方才会获得胜利，好摘的果子早就被人摘了。最后任何专业管理者都可以填补的优势差距非常小，是统计学家都无法轻易察觉的。

我们得出结论市场是十分有效的，但是特别勤奋、聪明或具有创造力的人实际上都可以期待得到应有的回报。

小结

1. 统计研究表明，股票价格似乎遵循随机漫步的变化方式，不存在可以让投资者利用的可预期模式。这些发现目前被当做市场有效性的证据，也就是说，市场价格反映市场可得到的信息。只有新的信息能让价格移动，并且这些信息是好消息或坏消息的可能是对等的。
2. 市场参与者区别有效市场假说的三种形式，弱有效假定认为，从过去的交易记录得到的所有信息都已经反映在股票价格上了。半强有效假定认为所有公开信息已经在股价中得到了反映，强有效市场假定（通常被人们认为是极端的）认为包括内部消息的所有信息全部在股票价格中得到了反映。
3. 技术分析关注与股价模式和市场中买卖压力有关的代表物分析。基本面分析关于公司基本价值的决定因素，如当前赢利能力和发展前景等。由于这两种类型的分析都是建立在公共信息的基础之上，当市场有效运作时，两者都不会产生超额利润。
4. 有效市场假定的支持者们经常提倡消极投资策略而不是积极投资策略。消极投资策略就是投资者买入并持有一个包含广泛的市场指数的样本股，他们不在市场研究与经常买卖股票方面消耗资源。消极策略可能被裁减以适应个体投资者的要求。
5. 事件研究通过利用股票异常收益可用于评价特定事件的经济影响。这些研究通常显示，在公开宣布之前存在着一些内部消息向市场参与者泄露的情况。因此，内部人员似乎确实能在一定程度上利用这种获取的信息的便利来赢利。
6. 技术分析的经验研究并没有为其能够产生较好的交易利润这一假设提供证据。这个结论一个显著的特例是，建立在短期势头极差上的策略比中期策略显然更成功。
7. 一些关于基本面分析的研究的异象并没有被揭示出来。包括市盈率效应、小公司 1 月效应、被忽略公司效应、盈利宣布后价格趋势、反向效应以及账面 - 市值比效应。这些异象代表了市场的无效还是代表了难以理解的风险溢价，这一切仍在争论当中。
8. 总之专业经营的基金业绩记录对“专业人员可以一直击败市场”这一观点的可信度几乎不起作用。

习题

基础题

1. 如果市场是有效的，那么不同时期的股票收益的相关系数将是怎样的？
2. 一个成功的公司（像微软）长期获得巨额利润，这与有效市场假说相违背吗？
3. “如果所有证券都被公平定价，所有证券都将提供相等的期望收益。”请对这句话进行评价。
4. 稳定增值型行业在其 94 年内从未漏发股息。对投资者的投资组合而言，它是否更具有吸引力？
5. 在一个鸡尾酒会上，你的伙伴告诉你在过去的三年里他都在市场上获得了超额收益。假设你相信了他。你对有效市场假说是否产生动摇？
6. “变动性较强的股票表明市场不知如何进行定价。”请对这句话进行评价。
7. 为什么下列现象被称为有效市场异象？这些效应的理性解释是什么？
   a. 市盈率效应
   b. 账面 - 市值比效应
   c. 动量效应
   d. 小公司效应
8. 如果价格像下跌一样上升，为什么投资者能从市场上获得平均正收益？

中级题

9. 下列哪一项与“股票市场是弱有效的”命题相抵触？请给出解释。
   a. 超过 25% 的共同基金优于市场平均水平
   b. 内部人员取得超额交易利润
   c. 每年 1 月，股票市场获得异常收益
10. 下列市场无效性来源哪个最容易被利用？
    a. 由于机构卖出一大股股票致使股票价格下跌
    b. 由于交易商被严格限制只能进行短期交易，股票价格被高估
    c. 由于投资者对经济中产品的投资多样化，股票价格被高估
11. 假定通过对股票过去价格的分析，投资者得到以下的结论。哪一个与有效市场假说的弱有效性形式相违背？并给出解释。
    a. 平均收益率远远大于零
    b. 在给定的一周的收益率与下一周收益率的协方差为零
    c. 在股票价格上涨 10% 之后买进，然后在股票价格下

跌10%以后卖出，能够获得超额收益

d. 持有其收益率较低的股票能够取得超过平均水平的资本利得

12. 根据有效市场假说，下列哪些陈述是正确的？
    a. 未来事件能够被精准预测
    b. 价格能够反映所有可得到的信息
    c. 证券价格由于不可辨别的原因而变化
    d. 价格不波动
13. 对下列进行评论。
    a. 如果股票价格服从随机漫步，资本市场就像赌场一样
    b. 公司前景好的部分可以被预测。根据这一方面，股票价格不可能服从随机漫步
    c. 如果市场是有效的，你也可能根据《华尔街日报》上的股票名单来选择自己的投资组合。
14. 如果市场是半强势有效市场，下列方式哪个是能赚取异常高交易利润的合理方式？
    a. 买进低市盈率的股票
    b. 买进高于近期平均价格变化的股票
    c. 买进低于近期平均价格变化的股票
    d. 买进管理团队有着先进知识的股票
15. 假设你发现在分红之前股票价格上涨，并获得持续的正异常收益。这是否违背了有效市场假说？
16. 如果经济周期可以预测，股票的β为正，那么股票的收益率也可以被预测。请对其做出评论。
17. 下列现象哪些支持或违背了有效市场假说？并简要解释。
    a. 在某一年，有将近一半的由专家管理的共同基金表现优于标准普尔500指数
    b. 投资经理在某一年有超过市场平均水平的业绩（在风险调整的基础上），很可能在紧接着下一年其业绩又超过市场平均水平
    c. 1月股票价格波动比其他月份更加反复无常
    d. 在月份公布收益要增加的公司的股票，其价格在2月超过市场平均收益水平
    e. 在某一周表现良好的股票，在紧接着下一周将表现不佳
18. 以往月份福特汽车公司股票收益率的指数模型回归分析有以下结论，这一估计在长期内固定不变：

$$r_F = 0.10\% + 1.1r_M$$

如果市场指数上涨了8%，而福特汽车公司股票价格上涨了7%，福特汽车公司股票价格的异常变化是多少？

19. 国库券的月收益率为1%，该月市场上升1.5%。此外，AmbChaser公司的β值为2，在过去一周令人吃惊赢得了诉讼案件，并立刻获得了100万美元的回报。
    a. 如果AmbChaser公司的原始价值为1亿美元，那么该股票在本月的收益率为多少？
    b. 如果AmbChaser公司获得200万美元的回报，那么a问的答案会是多少？
20. 在最近的一场官司中，Apex公司控告Bpex公司侵犯了它的专利权。陪审团今天做出裁决。Apex公司的收益率=3.1%，Bpex公司的收益率=2.5%。市场今天对有关失业率的消息做出反应，市场收益率=3%。从线性回归模型的估计得出这两只股票的收益率与市场投资组合的关系如下

Apex公司：$r_A = 0.2\% + 1.4r_M$

Bpex公司：$r_B = -0.1\% + 0.6r_M$

基于这些数据，投资者认为哪家公司赢得了这场官司？

21. 投资者预测下一年的市场收益率为12%，国库券收益率为4%。CFI公司股票的β值为0.5在外流通股的市价总值为1亿美元。
    a. 假定该股票被合理定价，投资者估计期望收益率为多少？
    b. 如果下一年的市场收益率的确为10%，投资者估计股票的收益率会为多少？
    c. 假定该公司在这一年里赢得了一场官司，判给它500万美元，公司在这一年的收益率为10%。投资者原先预期的市场获得了怎么样的结果？（继续假定一年中的市场收益率为10%）官司的规模是唯一不确定的因素。
22. 平均美元成本意味着你在每一期都买一个股票相等美元的数量，如每个月500美元。这种策略的基本思路是：在股价比较低的月份，你可以买进更多的股数，高的时候则买得少。平均来看，在末期当股价便宜时你将买到更多的股数，股价贵的时候买入的少。因此你可以通过设计来展示最佳的购买时间。请评估这一策略。
23. 我们知道市场会对好消息以及好消息事件做出积极的回应，如根据某些精准的预测得到经济衰退的结束。那么为什么我们不能预测出当经济恢复时市场将会上升？
24. 假设XYZ公司运行较差。在10:1的好坏比率上，它的得分为3。市场评估的一致结论只有2。你会买卖该只股票吗？
25. 假设某一周美联储公布了一项新的货币增长政策，国会通过了法律来限制外国汽车的进口，然后福特公司新推出一款汽车，并认为能从实质上增加公司的利润。那么关于市场对福特新车型的评估，投资者应该怎样评价？
26. 好消息公司刚刚宣布了它的年收益的增加，而股票价格有所下跌。你能给出这一现象的理性解释吗？

高级题

27. 很少交易的小公司股票倾向于拥有正的资本资产定价模型α。这是否违背了有效市场假说？
28. 考察图11-9，该图表示内幕人员买卖公司股票的日期前

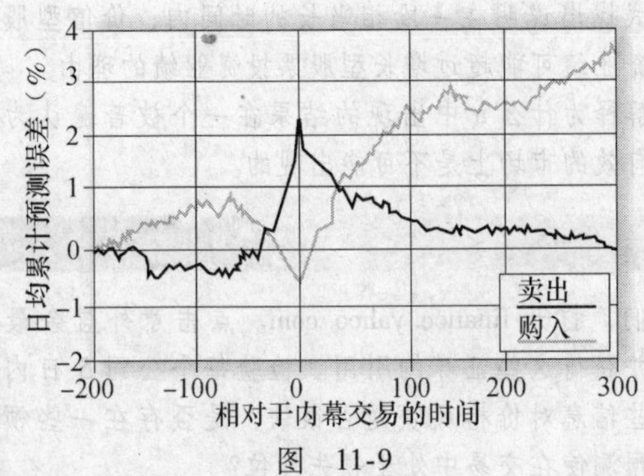

图 11-9

后获得累计超额收益。投资者应该怎样解释这一图形？怎样得到此类事件发生前后的累计异常收益？

29. 假设经济随着商业周期变动，风险溢价同样变化。例如，当处在萧条时期，人们更关注他们的工作，风险承受能力自然会降低，风险溢价会上升。在经济繁荣时期，风险承受能力上升，风险溢价降低。
    a. 这里所描述的风险溢价预测的改变是否与有效市场假说相违背？
    b. 上升或者下降的风险溢价怎样使股票价格出现“过度反应”，先极度变化然后再恢复正常？

CFA考题

1. 半强式有效市场假定认为股票价格______。
   a. 反映了以往全部价格信息
   b. 反映了全部公开可得到的信息
   c. 反映了包括内幕消息在内的全部相关信息
   d. 是可预测的
2. 假定某公司宣布给持股人发放未预测的大量现金分红。在一个有效市场中，假设没有信息泄露，我们可以预测：______。
   a. 在宣布时异常价格变动
   b. 在宣布前异常价格增加
   c. 在宣布后异常价格降低
   d. 在宣布前后没有异常价格变动
3. 下列哪一个为半强式有效市场理论提出了反对观点？______。
   a. 将近一半的退休金基金表现高于市场平均水平
   b. 所有投资者学会搜寻有关未来表现的信息
   c. 在确定股票价格方面交易分析是无用的
   d. 低市盈率股票在长期内倾向于获得正异常收益
4. 根据有效市场假说理论
   a. 高 β 股票经常被高估
   b. 低 β 股票经常被高估
   c. 正 α 股票很快会消失
   d. 负 α 股票对套利者来说经常获得较低收益
5. 当下列哪种情况发生会出现“随机漫步”？______。
   a. 股票价格随机变化但可以预测
   b. 股票价格对新旧信息均反应迟缓
   c. 未来价格辩护与以往价格变化无关
   d. 以往信息对预测未来价格是有用的
6. 技术分析的两个基本假定是证券价格能够：______。
   a. 根据新的信息逐步做出调整，研究经济环境能够预测未来市场的走向
   b. 根据新的信息迅速做出调整，研究经济环境能够预测未来市场的走向
   c. 根据新的信息迅速做出调整，市场价格由供求关系决定
   d. 根据新的信息逐步做出调整，市场价格由供求关系决定
7. 技术分析表示一只股票“相对强势”，这意味着：______。
   a. 股票价格与市场或产业指数比例倾向于上升
   b. 近期股票的交易量超过了正常的股票交易量
   c. 股票的总收益超过了国库券总收益
   d. 股票近期表现超过了过去表现
8. 你的投资客户向你咨询关于投资组合管理的信息。他特别热衷于积极基金管理人是否可以在资本市场上持续地找到市场失效，从而创造出高于平均水平的利润又无须承担更高的风险。

   有效市场假说中的半强势有效认为所有公共可得的信息都会迅速而且准确地在证券价格上反映出来。这表明投资者在信息公布出来之后不可能从购买证券中获得超额利润，因为证券价格已经完全反映了信息的全部效应。

   a. 试找出两个现实中的例子以支持上述有效市场假说并给出说明。
   b. 试找出两个现实中的例子以驳斥上述有效市场假说并给出说明。
   c. 试论述投资者在半强式有效市场上仍然不能进行指数化投资的原因。
9. a. 简要说明有效市场假说的概念以及三种形式——弱式、半强式与强式，试论述现实中不同程度上支持三种形式的有效市场假说的例子。
   b. 简述有效市场假说对投资策略的影响。
      ⅰ. 用图表进行技术分析；
      ⅱ. 基本面分析。
   c. 简要说明投资组合经理在有效市场环境中的责任与作用。
10. 成长型与价值型可以用很多方式来定义。“成长型”通常是指侧重于或包含确信在未来具有高于平均每股收益率增长率的股票的投资组合。较低的当前收益、较高价

格－账面市值比和高价格－盈利比是这些公司的特征。“价值型”通常是指侧重于或包含当期具有较低的价格－账面比、低价格－盈利比、高于平均水平的股息收益和市场价格低于公司的内在价值的股票的资产组合。

a. 试找出说明在一段相当长的时间内，价值型股票投资业绩可能超过增长型股票投资业绩的理由。

b. 解释为什么 a 中出现的结果在一个被普遍认为高度有效的市场上是不可能出现的。

在线投资练习

意外盈余

一些网站列举了意外盈余的信息。这些信息大部分来自 Zacks. com。每天都会公布最大的正负盈余。访问 www. zacks. com/research/earnings/today_eps. php 并找出每天最高的正负意外盈余。表中将会列出宣布的时间和日期。你能注意到将要做出的正的宣布与负的宣布之间的次数区别吗？

找出正意外盈余最大的前三只股票的代码。一旦你找到了它们，打开 finance. yahoo. com。点击意外盈余最大的证券，并获得这些证券的引用。检验每个公司 5 日内的信息。这些信息对价格反映是否很快？是否存在一些领先的知识或预测使在交易中处于领先地位？

选择表中的一只股票并点击查看进一步的信息。点击在图标下的关联表格。你可以通过移动光标来观察图形的每一部分并调查每只股票每天的价格和交易量的信息。你能发现其他的模式吗？

概念检查答案

11-1 a. 高层管理人员可能获得公司的机密信息。根据这些信息，他们有能力获得对自己有益的交易，这并不奇怪。这种能力并不违背弱有效市场形式：超额收益并不是来自对过去的价格与交易数据的分析。如果这些异常收益是来自对过去价格和交易数据的分析，则说明从这种分析中可以收集到有用的信息。这违背了强式有效市场假说，很明显一些机密信息并没有反映在股票价格当中。

b. 弱式、半强式和强式有效市场假说的信息可以用图 11-10 来表示：

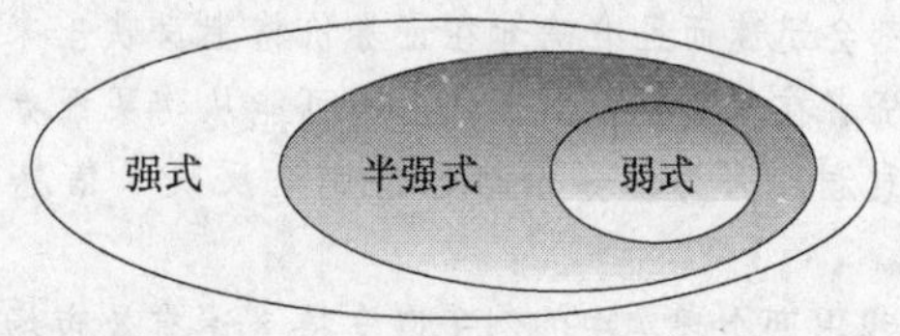

图 11-10

弱有效市场假说的信息仅仅包括价格与交易量的历史信息。半强式除了弱式还包括所有公开得到的信息。同样，强式除了包括半强式还包括内幕信息。内幕交易是违法的，正确的推导方向是

强有效市场假说→半强式有效市场假说→弱有效市场假说

相反的推导是错误的。例如，股票价格可能反映全部的历史数据（弱有效形式），但可以不反映相关的基础性数据（半强有效形式）。

11-2 在前面的讨论中要讨论的要点是：实际上我们在观察股价趋于被称为阻力水平的价格时，可以认为股价可以由阻力水平所决定。如果一只股票可以以任意价格被出售，那么投资者必须相信如果股票以该价格买入，那么就可以获得一个公平的收益率。对于一只股票来说，既存在阻力水平，又可以在低于阻力水平的价格上获得公平的收益率，这在逻辑上是不可能出现的。如果认为价格是合理的，就一定要放弃有关阻力水平的假定。

11-3 如果每人都采取消极投资策略，股价将不能再反映新的信息。这时就存在通过发现定价不当的证券来积极投资从而获得获利的机会。当投资者买卖此类资产时，价格又将趋于公平的水平。

11-4 预计累积的异常收益递减与有效市场假说不符。如果可以预测到这一现象，那么获利机会就可以出现：在价格预计下跌之前就卖空在事件发生日将受到影响的股票。

11-5 答案取决于投资者对市场有效性是否相信，米勒 2005 年的业绩记录非常惊人。另一方面，由于存在许多基金，有些基金持续表现出超额收益并不为奇。一小部分管理者过去优良的业绩在有效市场上是可能存在的。“持续研究”提供了一种更好的检验方法。在一段时间的良好业绩是否更像是上一阶段好业绩的重复？米勒 2005 年之后业绩记录的下跌使该记录没有延续下去并对这一持续标准进行了否定。

CHAPTER12

第12章 行为金融与技术分析

有效市场假说有两个重要含义：第一，证券价格能完全反映投资者可获得的所有信息；第二，积极型投资策略很难战胜消极型投资策略（例如持有市场指数等），因为要想获得更佳的投资业绩，投资者必须得有独特的洞察力，然而在高度竞争的市场中，这几乎是不可能实现的。

不幸的是，我们很难确定证券的真实价值或内在价值，同样，要想检验价格是否与价值相匹配也非常困难。因此，大多数市场有效性检验倾向于关注积极型投资策略的表现。这些检验分为两类：一类有关异象的文献发现一些投资策略可以使投资者获得超额风险调整收益（例如，投资于动量型股票和价值型股票而非热门股），另一类检验通过研究专业经理能否战胜市场来观察实际的投资结果。

这两类文献都还没有完全的定论。有关异象的文献发现有些投资策略能提供超额报酬，但不能确定这些异象是反映了简单风险－报酬模型没有考虑在内的风险溢价，还是仅反映了数据挖掘下的风险溢价。此外，很显然基金经理并不能通过这些异象获得超额收益，其可实现性受到质疑。

行为金融，作为一个新兴学派，认为目前大多数关于投资策略的文献研究都忽略了有效市场的第一层含义——正确反映证券价格。这应该是更为重要的一个含义，因为市场经济是通过价格来实现资源的有效配置。行为学派认为即使证券价格是错误的，投资者也很难利用这一点来获利。因此，没有发现明显成功的交易策略或交易者并不能说明市场就是有效的。

传统理论认为投资者是理性的，然而行为金融却以投资者的非理性为前提。心理学家发现了很多非理性的信息处理过程和行为，我们将对其中一些进行分析，并揭示这些非理性行为如何导致前几章提到的金融市场异象。有些投资者试图通过这种由行为导致的错误定价来获利，我们还将讨论这些策略具有哪些局限性。如果这种套利行为的限制很严格，即使理性投资者试图利用它，错误定价也不会完全消除。之后，我们将讨论技术分析并且揭示行为模型如何为这些在有效市场中明显无用的技术分析提供支持。本章结尾将简要介绍一下这些技术分析。

12.1 来自行为学派的批评

行为金融（behavioral finance）认为传统的金融理论忽略了现实人决策的过程，以及个体间的差异性[㊀]。越来越多的经济学家认为资本市场的异象是由一些非理性行为导致的，而且这些非理性行为就体现在个人投资者进行复杂决策的过程中。这些非理性行为可以分为两大类：第一，投资者通常不能正确处理信息，从而不能正确推断未来收益率的概率分布；第二，即使给定未来收益的概率分布，投资者做出的决策通常是前后矛盾的或次优的。

当然，非理性投资者的存在本身并不能导致资本市场无效。如果非理性行为能够影响证券价格，敏锐的套利者就会利用这些套利机会，使价格回归真实价值。因此，行为评论的第二个立足点就是，在实际中套利者的行为受到限制，因此不能有效促使价格回归真实价值。

第二个立足点非常重要。几乎所有人都认为如果证券价格是正确的（即价格 = 真实价值），那么就很难获得赢利机会。但是反过来说，假如套利活动的确受到限制，那么无套利的市场也不一定就是有效的。我们发现大多关于市场有效假说的检验都针对资金经理的获利机会是否存在进行分析，并发现基金经理不能系统性地战胜消极的投资者，但这不一定就意味着市场就是有效的。

本节首先讨论投资者行为的第一个立足点，分析一些曾被其他领域心理学家揭露过的信息处理错误。紧接着考察一些决策者的非理性行为。最后将讨论套利限制，并初步评价行为金融的争论。

12.1.1 信息处理

信息处理的错误将导致投资者对可能发生的事件的概率以及相关收益率做出错误估计，学者们已经发现许多这样的偏差，在此，我们将列举最重要的四个偏差。

预测错误 Kahneman 和 Tversky[㊁]的一系列试验表明，当做预测时，人们经常会过于依赖近期经验而非先验信念（也被称为记忆偏差），在信息存在很大不确定性的时候做出极端预测。De Bondt 和 Thaler[㊂]认为市盈率效应（P/E）可以通过过于极端的期望收益来解释。这种观点认为，当预测公司未来收益高时（可能因为近期表现良好），那么相对于公司的客观前景而言，预测值会过高。基于这一因素的存在，股票在首次公开发行时都会有较高的市盈率（因为有很多极端乐观的投资者参与股票的询价），以及长期弱势（因为投资者意识到自己的预测错误）。因此，高市盈率公司往往是比较差的投资选择。

过度自信 人们往往会高估自己信念和预测的准确性，并高估自己的能力。一个著名的调查显示，瑞典有将近90%的司机认为自己的驾驶技术超过了平均水平。学者们发现，这种过度自信也许可以解释为什么积极的投资管理比消极的投资管理更为普遍——这本身就是违反有效市场假说的异常现象。尽管市场指数越来越多受到追捧，但在共同基金的股票账户中，只有10% ~15%是指数基金账户。即使积极投资管理表现不佳（如第4章和前面章节，积极的共同基金经理业绩表现令人失望），但仍占主导地位的这种现象就是投资者对自身投资能力过度自信的一种表现。

Barber 和 Odean[㊃]将经纪账户中男性和女性的交易活动、平均收益进行比较，发现了一个由过度自信导致的有趣现象。他们发现男性（尤其是单身男性）一般比女性的交易更为活跃，这与一些心理学文献中提到的男性更加过度自信的现象相一致。他们还发现，频繁的交易活动预示着较低的投资业绩。根据投资组合的换手率进行排序，位于前20%的高换手率资产要比位于后20%的低换手率资产的收益低7个百分点。正如他们所说："交易（隐含之意是过度自信下的交易行为）有损财富"。

㊀ 本节所讨论的问题来源于文献：Nicholas Barberis and Richard Thaler, "A Survey of Behavioral Finance," in the *Handbook of the Economics of Finance*, eds. G. M. Constantinides, M. Harris, and R. Stulz (Amsterdam: Elsevier, 2003).

㊁ D. Kahneman and A. Tversky, "On the Psychology of Prediction," *Psychology Review* 80 (1973), pp. 237-51, 和"Subjective Probability: A Judgment of Representativeness," *Cognitive Psychology* 3 (1972), pp. 430-54.

㊂ W. F. M. De Bondt and R. H. Thaler, "Do Security Analysts Overreact?" *American Economic Review* 80 (1990), pp. 52-57.

㊃ Brad Barber and Terrance Odean, "Boys Will Be Boys: Gender, Overconfidence, and Common Stock Investment," *Quarterly Journal of Economics* 16 (2001), pp. 262-92, and "Trading Is Hazardous to Your Wealth: The Common Stock Investment Performance of Individual Investors," *Journal of Finance* 55 (2000), pp. 773-806.

保守主义 保守主义（conservatism）偏差意味着投资者对最近出现的事件反应太慢（太保守）。这也意味着投资者对公司新发布的消息反应不足，以至于证券价格只能逐渐充分反映出新信息。这种偏差会导致股市市场收益的动量效应。

忽视样本规模和代表性 代表性（representativeness）是指人们通常不考虑样本规模，理所当然地认为小样本可以像大样本一样代表总体。因而基于小样本过快地推出一种模式，并推断出未来的趋势。显而易见，这种模式会导致过度反应或反应不足的异象。有利的短期盈利报告或较高的短期股票收益会使投资者对证券的长期表现充满信心，从而形成买方压力加速证券价格的上升。最终，证券价格与其真实价值的偏离越发明显，市场开始纠正其初始错误。有趣的是，近期表现良好的股票在盈余公告前后几天会出现反转，这说明当投资者知道其初始判断过于极端时开始纠正[㊀]。

概念检查 12-1

在第 11 章中，我们发现股票好像表现出一种短期和中期势头，且伴随着长期逆转。那么保守主义偏差和代表性偏差之间的相互作用是如何导致这种现象的呢?

12.1.2 行为偏差

即使信息处理过程非常完美，人们也不能利用这些信息进行完全理性的决策。这种行为偏差极大地影响了投资者对风险 - 报酬模型的构建，从而影响其对风险 - 报酬的权衡。

框定偏差 投资选择的构建似乎会影响投资者的决策。例如，面临有风险的可能收益时，人们可能会拒绝这种赌博；但是如果面临有风险的可能损失时，人们可能就会接受。换言之，面对收益时，人们往往规避风险；面对损失时，往往寻求冒险。但在很多情况下，投资者在盈利或者亏损时确定的有风险的投资框架是很随意的。

【例 12-1】 **框定偏差**

分析抛硬币游戏，出现反面获得 50 美元的报酬，出现正面则损失 50 美元但获得 50 美元的礼物。在两种情况下，出现正面将获得 0 美元，出现反面将获得 50 美元。但前者将投币游戏框定为风险收益，而后者则框定为风险损失。框定的差异会导致人们对打赌游戏的态度不同。■

心理账户 心理账户（mental accounting）是框定偏差的一种具体形式，是指人们会将投资决策分成不同部分。例如，投资者可能会对一个账户进行高风险投资，但是在子女的教育账户中却相当保守。理性地说，将这两个账户视为投资者整个资产组合的一部分，并在统一的风险 - 报酬框架下投资可能会更好。Statman[㊁]认为心理账户与投资者偏好高股利股票的非理性偏好一致，（他们觉得可以自由消费股利收入，但是不愿出售具有相同收益的其他股票而“动用原有资本”），而且投资者倾向于长时间地持有亏损的股票（因为“行为投资者”不太愿意将损失变成现实）。事实上，投资者更倾向于出售那些获得收益的股票而不是出现损失的股票，这一点与节约税收的策略恰好相反[㊂]。

心理账户效应也有助于揭示股票价格的动量效应。“赌场资金效应”是指赢钱的赌徒更乐意参与新的赌博。他们认为（框定）自己是在用“赢钱账户”，即从赌场赢来的钱而不是自己的钱来赌博，因此变得更愿意冒险了。类似地，股市上涨后，人们会认为其是用“资本利得账户”中的资金来进行投资的，因此风险容忍度更高，并用更低的利率折现未来的现金流，因此进一步推升了股价。

后悔规避 心理学家发现当人们不依惯例进行决策并出现不利结果时则会更加后悔（更加自责）。例如，相对于购买蓝筹股，购买一个不知名的新成立的公司的股票并遭受相同的损失时投资者会更后悔。人们往往将投资蓝筹股造成的损失归咎于坏运气，而非糟糕的投资决策，因此不会太后悔。De Bondt 和 Thaler[㊃]认为这种后悔规避与规

㊀ N. Chopra, J. Lakonishok, and J. Ritter, “Measuring Abnormal Performance: Do Stocks Overreact?” *Journal of Financial Economics* 31 (1992), pp. 235-68.

㊁ Meir Statman, “Behavioral Finance,” *Contemporary Finance Digest* 1 (Winter 1997), pp. 5-22.

㊂ H. Shefrin and M. Statman, “The Disposition to Sell Winners Too Early and Ride Losers Too Long: Theory and Evidence,” *Journal of Finance* 40 (July 1985), pp. 777-90; and T. Odean, “Are Investors Reluctant to Realize Their Losses?” *Journal of Finance* 53 (1998), pp. 1775-98.

㊃ W. F. M. De Bondt and R. H. Thaler, “Further Evidence on Investor Overreaction and Stock Market Seasonality,” *Journal of Finance* 42 (1987), pp. 557-81.

模效应和净市率效应一致。净市率较高的公司，其股价较低。这些“失宠”的公司其财务处于不稳定的状态。同样，较小的不知名的公司属于非传统的投资选择，需要投资者有更大的勇气，从而要求更高的必要投资报酬率。心理账户会进一步强化这种效应，假如投资者关注个股而不是整个资产组合的收益和损失，他们可能对近期表现不佳的股票表现出更大的风险厌恶，并要求更高的贴现率，从而产生了价值－股票风险溢价。

概念检查 12-2

为什么市盈率效应（之前章节提到的）可以被认为是后悔规避的一种结果？

前景理论　**前景理论**（prospect theory）修正了传统金融理论中理性的风险厌恶型投资者的分析描述[1]。图 12-1a 是对风险厌恶者的传统描述。财富越多满意度（或效用）越高，但是增加速度递减（随着个人财富的不断增加，曲线变得越来越平坦）。那么，1 000 美元报酬给投资者带来的效用的增加要小于 1 000 美元损失给投资者带来的效用的减少。因此，投资者会拒绝不提供风险溢价的风险期望收入。

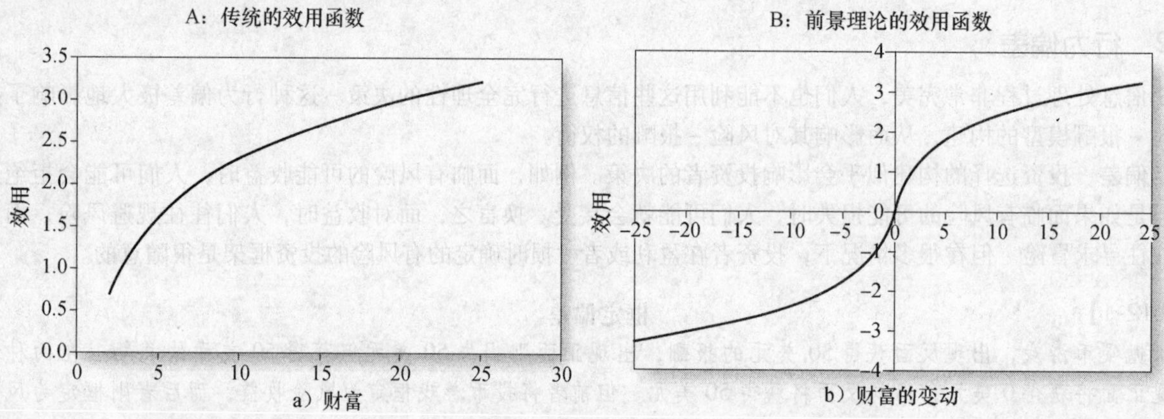

图 12-1　前景理论

注：图 12-1a 是基于财富的传统效用函数，曲线是凸形的，描述的是风险厌恶型投资者；图 12-1b 描述的是对损失厌恶的投资者，财富的损失会引起财富怎样的变化，原点的左侧是凸形的，意味着投资者在面临损失时是风险追求者。

图 12-1b 是对“损失厌恶”的描述。在图 12-1b 中，与图 12-1a 不同，效用取决于财富水平的变化量。在 0（当前财富没有变化）的左边，曲线呈凸性而非凹性，这点有许多含义。但是许多传统效用函数认为随着财富增加，投资者的风险厌恶程度会降低。图所代表的函数通常会回归到现期财富这一中心点，因此排除了这种风险厌恶程度的递减，这可能有助于解释高的平均权益风险溢价。再者，在图 12-1b 中，原点左侧曲线的凸性说明当面临损失时，投资者是风险追求者而不是风险厌恶者。与“损失厌恶”一致，人们发现在短期国库券期货合约交易中，如果上午的交易出现损失，投资者会在下午的交易承担更高的投资风险[2]。

这里只讲述了几种行为偏差，许多投资者行为都有一定的含义，专栏 12-1 列出了几个例子。

专栏 12-1

为什么对资产组合进行调整会如此困难

如果资产组合表现异常，你可以向投资顾问求助，然而咨询你的治疗师可能运气会更好。

这是一个进退两难的局面：你可能意识到自己的资产组合并不那么完美，但是你却不会做出任何调整。为什么调整会如此困难？三种心理认知偏差可以解释这种现象。

[1] Prospect theory originated with a highly influential paper about decision making under uncertainty by D. Kahneman and A. Tversky, “Prospect Theory: An Analysis of Decision under Risk,” *Econometrica* 47 (1979), pp. 263-91.

[2] J. D. Coval and T. Shumway, “Do Behavioral Biases Affect Prices?” *Journal of Finance* 60 (February 2005), pp. 1-34.

追逐赢家

我们考察由债券市场进入股票市场的投资者。显然，我们知道股票属于长期投资，也知道在股价低的时候入手最为合适。

然而，在股市实现盈利时更容易触发投资者购买股票的行为。正如圣克拉拉大学金融教授梅尔·斯特曼所言："人们经常会受最近经历事情的影响，并基于这些经历进行推断，但却在错误的时间以乐观或悲观的行为结束。"

瑞士联合银行和盖洛普咨询公司每月都会做一个调查，询问投资者在接下来的12个月里预期能获得多大报酬，并估算出投资者的乐观情绪指数。他们发现投资者情绪指数会随着股市波动而变化。

例如，在激烈的熊市中，投资者会变得非常悲观，当市场探底时，投资者只期望能获得市场中值，即5%的收益。不出所料，上一年股市重整使得投资者情绪高涨，在1月时，他们预期能获得10%的收益。

打成平手

今年股市的波动不仅吓退了债券投资者，还会加大股票投资者进行资产组合调整的难度。

我们可以把这种现象归咎于"打成平手，然后离开"的行为。当股票出现跳水的时候，很多投资者都不太愿意出售股票，因为他们希望通过继续投资弥补熊市带来的亏损。的确，在峰顶附近购入股票的投资者无论卖出股票与否都属于投资不佳，但是售出股票带来的损失更让投资者苦恼，因为售出股票就意味着其承认了自己做出了错误的投资决策。

斯特曼曾说："如果你是理性的，投资出现亏损时你会卖出股票，接受税收损失并继续投资，但是如果你是正常人的话，卖出股票会使你的心滴血。"

鼓起勇气

无论是买股票还是债券，都需要足够的信心。然而，投资者一般都不够自信，华盛顿州立大学的金融学教授约翰·诺夫辛格教授说："因为有这种维持现状的偏差，我们害怕做任何事情，因为我们担心自己会后悔。"

再次强调，投资者信心也受近来市场行为的影响。当市场上涨时，人们将资产收益归功于自己的才能。这使投资者更有信心频繁交易，承担更多风险，并对市场的短期表现反应过度，当然，很有可能会使投资者损失大笔财富。如果能有幸认识到这点，也许你就可以避免这种行为了。

或许我们太过乐观了。"如果你告诉某人，投资者都有此类行为偏见，"加利福尼亚大学伯克利分校的特伦斯·奥迪恩（Terrance Odean）说："会发生什么呢？我认为很多人会说'这听起来像我丈夫'，但不会说'这听起来像我自己'。"

资料来源：Jonathan Clements, *The Wall Street Journal Online*, June 23, 2004.

12.1.3 套利限制

如果理性套利者能够充分利用行为投资者的失误，那么行为偏差并不会对股票的定价产生影响。追逐利润的套利者之间的交易将会纠正股票的错误定价。然而，行为学派认为在实际交易中，试图从错误定价的股票中获得利润的投资行为将受到一些因素的限制⊖。

基本面风险 假设IBM公司的股票被低估，购买该股票将会有一个获利的机会，但是这种获利机会并不是无风险的，因为这种市场抑价的情况有可能会继续恶化。尽管股票价格最终将回归其真实价值，但这可能在跌破投资者底线之后才出现。例如，对于一个共同基金经理来说，如果其管理的资产短期效益不佳，他就有可能失去客户（甚至是工作）。再如，对于一个交易者来说，如果市场走势不利（即使是短期不利），他就有可能耗光自己的资金。著名的经济学家约翰·梅纳德·凯恩斯曾提出，"市场非理性维持的时间可能会长到你失去偿付能力"。这种**基本面风险**（fundamental risk）将会限制交易者追逐明显的盈利机会。

【例12-2】 **基本面风险**

2010年年初，纳斯达克指数在2 300点附近波动，从这个角度看，指数在2000年曾达到5 000点左右似乎很疯狂。那些经历过20世纪90年代末期网络泡沫的投资者必然会判定指数被严重高估并认为这是一个极好的卖出机会，然而任何套利活动都不是无风险的。当1999年纳斯达克指数首次突破3 500点（比2000年年初的值高出50%）时，也被认为是高估。当年坚信（事实证明确实被高估）纳斯达克指数被高估并卖空该指数的投资者损失惨重，因为之后指数又上升了1 500点达到5 000点的顶峰。虽然投资者股指高估的判断被证实后给其带来了莫大的满足感，但如

⊖ Some of the more influential references on limits to arbitrage are J. B. DeLong, A. Schleifer, L. Summers, and R. Waldmann, "Noise Trader Risk in Financial Markets," *Journal of Political Economy* 98 (August 1990), pp. 704-38; and A. Schleifer and R. Vishny, "The Limits of Arbitrage," *Journal of Finance* 52 (March 1997), pp. 35-55.

果投资者是在市场恢复正轨前一年介入的话，就会承受巨大的损失。■

执行成本　利用被高估的股价来获利非常困难。首先，卖空证券要承担一定的成本；其次，卖空者可能在没有收到事先通知的情况下，不得不归还借入的证券，造成了卖空期限的不确定性；再次，退休基金和共同基金经理等投资者不允许卖空。这些都会对套利活动形成限制，阻碍股价回归其内在价值。

模型风险　人们通常不得不担心的是，实际上，那些明显的盈利机会并没有估算的那样显著，因为投资者在估价时可能使用了错误的模型，而实际上的股票价格可能是正确的。错误定价使持有头寸成为一个很好的赌局，但却是一个很危险的赌局，这又降低了其受欢迎程度。

12.1.4　套利限制和一价定律

当人们为行为异象的某些含义发生争论时，可以肯定的是，理性的市场必定满足一价定律（相同的资产具有相同的价格）。然而在资本市场中，我们却发现了一些违反一价定律的例子，这些例子也能很好地解释套利活动面临的限制。

“连体双婴”公司[㊀]　1907 年，皇家荷兰石油和壳牌运输合并成立了一家新公司，原来的两家公司在合并业务之后仍然独立经营，并约定以 60/40 的比例进行利润分配，其中皇家荷兰获得 60% 的现金流，壳牌运输获得 40%。正常说来，皇家荷兰的股份售价应该是壳牌运输的 1.5 倍（=60/40），但实际并非如此。图 12-2 列出了两家公司股票的相对价值，从图中我们可以看出，其相对价值在很长一段时间内都偏离了这个比例。

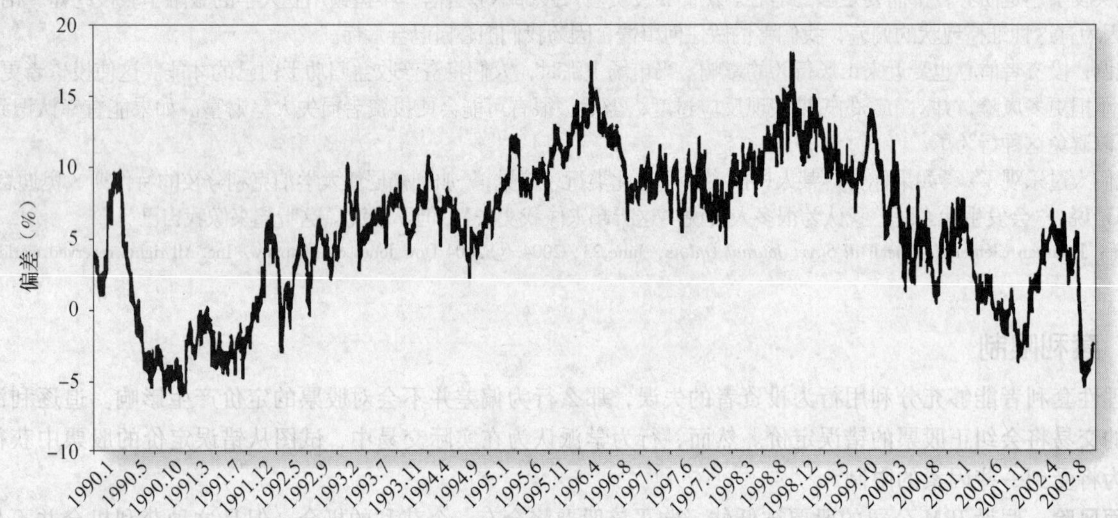

图 12-2　皇家荷兰与壳牌运输的价格比值（与平价比率的偏离）

资料来源：O. A. Lamont and R. H. Thaler, “Anomalies: The Law of One Price in Financial Markets,” *Journal of Economic Perspectives* 17 (Fall 2003), pp. 191-202.

那么这种错误定价是否会引起套利活动呢？当皇家荷兰与壳牌运输的股价比值大于 1.5 时，投资者为什么不购买被低估的壳牌运输，卖出被高估的皇家荷兰呢？虽然这看起来是一个非常可行的投资策略，但是如果在 1993 年 2 月当皇家荷兰售价高出平价 10% 时，你进行了这样的投资，从图 12-2 中我们可以看出你将会遭受巨大的损失，因为在 1999 年皇家荷兰最终下跌之前，其溢价扩大到 17%。正如例 12-2 所示，这种机会会带来基本面风险。

股权分拆上市　股权分拆也违反了一价定律[㊁]。为了进一步说明这一点，我们以 3Com 公司为例，1999 年 3Com 打算将子公司 Palm 分拆。首先，它在首次公开发行时卖出了 5% 的 Palm 的股份，并宣布将在接下来的 6 个月内将余下的 95% 的股权通过拆分的方式出售给 3Com 的股东。每一个 3Com 的股东将在分拆过程中获得 1.5 股 Palm 的股权。

正常来说，在 Palm 股份开始进行交易之后，拆分之前，3Com 的股价至少是 Palm 的 1.5 倍。毕竟，持有一股 3Com 可以获得 1.5 股 Palm 外加对赢利公司 3Com 的所有权。然而，Palm 的发行价却高于 3Com 的价格。3Com 股票

㊀ This discussion is based on K. A. Froot and E. M. Dabora, “How Are Stock Prices Affected by the Location of Trade?” *Journal of Financial Economics* 53 (1999), pp. 189-216.

㊁ O. A. Lamont and R. H. Thaler, “Can the Market Add and Subtract? Mispricing in Tech Carve-outs,” *Journal of Political Economy* 111 (2003), pp. 227-68

的自有价值（stub value）（即每股3Com所有权的价值减去其所对应的Palm的权益的价值）等于3Com的股价扣除1.5倍的Palm股价。尽管3Com是一个每股现金资产超过10美元的赢利公司，但根据这种方法计算出来的3Com的自有价值却为负值。

此外，这种情况下存在的套利机会也很明显。为什么不买进3Com同时卖出Palm的股份？本例的套利限制是投资者已经无法卖空Palm了。事实上，Palm所有可流通的股份都已被借入并卖空了，这种负的自有价值也持续了两个多月。

封闭式基金　第4章提到封闭式基金经常在资产净值的基础上折价或溢价出售。这也几乎违背了一价定律，因为基金的价格应该等于所持有股份的价格。我们之所以说“几乎违反”，是因为封闭式基金与其标的资产的价值之间本身也存在着一定差别。一个是费用，基金发生的费用最终由投资者来支付，这些费用将降低基金的价格。另一方面，如果基金经理能够投资基金资产以产生正的风险调整收益，基金的价格可能会超过其资产净值。

Lee、Shleifer和Thaler[㊀]认为封闭式基金的溢价和折价方式是由投资者情绪变化导致的。他们发现不同基金的折价同向变化并都与小公司股票收益相关，这表明所有基金的折价都受到投资者情绪变化的影响。投资者都想买入折价基金，卖出溢价基金，但是折价和溢价的程度有可能继续加大，这就意味着投资者面临着很大的基本面风险。Pontiff[㊁]认为对于很难进行套利的封闭式基金来说，其价格对净资产价值的偏离程度会更高，例如那些具有特殊波动性特征的基金。

封闭式基金折价的这种异象也有其理性的解释。罗斯认为即使费用和基金的异常报酬都不高，封闭式基金折价也可能不会与理性投资者相冲突[㊂]。他提出如果基金的股利收益率为δ，风险调整的超额报酬为α，费用比例为ε，利用增长率不变的股利贴现模型（见第18章），基金的溢价比例将为：

$$\frac{\text{价格} - \text{NAV}}{\text{NAV}} = \frac{\alpha - \varepsilon}{\delta + \varepsilon - \alpha}$$

假如基金经理的业绩足够补偿费用（即$\alpha > \varepsilon$），基金将溢价出售；反之，则折价出售。例如，假设$\alpha = 0.015$，费用比例$\varepsilon = 0.0125$，股利收益率$\delta = 0.2$，那么溢价率为14%。但是如果市场走势对基金经理不利，假定将α调整低到0.005，那么溢价将很快转变成27%的折价率。

这种分析也许能解释为什么封闭式基金经常溢价发行，因为如果当投资者认为α不足以补偿ε时，他们就不会购买这种基金。实际上，很多溢价基金最后都变成了折价基金，这也说明基金经理很难实现他们的期望[㊃]。

概念检查12-3

基本风险可能受底线限制，即迫使价格和内在价值之间合并。如果某基金将在6个月内清算，你认为相对于封闭式基金将发生什么情况，在什么情况下你会给股东资产净值？

12.1.5　泡沫与行为经济学

在例12-2中，20世纪90年代末股市疯涨，更出乎意料的是，回顾技术股比例很重的纳斯达克市场的高涨，其似乎是存在着明显的泡沫。在1995年之后的6年时间里，纳斯达克指数的增长超过了6倍。美联储前主席格林斯潘曾指出互联网经济出现了非理性繁荣，后来的发展也的确如其所言：2002年10月，指数下跌到峰值的1/4，而峰值出现的时间据此不过2.5年。这个插曲描绘了一个非理性投资者驱动的市场，似乎正切合行为学派的观点。此外，与行为学派一致，随着互联网的繁荣，投资者越来越相信自身的投资能力（过度自信偏差）并把这种短期模式推向了长远的未来（代表性偏差），使得这种繁荣似乎能自行发展。

仅仅5年时间，又出现了另外一个泡沫，这一次发生在房地产。互联网泡沫导致了人们对未来高房价的预期，从而导致了买房的大量需求。不久之后，房价出现停滞并下跌，泡沫的破裂导致后来的金融危机。

㊀ C. M. Lee, A. Shleifer, and R. H. Thaler, “Investor Sentiment and the Closed-End Fund Puzzle,” *Journal of Finance* 46 (March 1991), pp. 75-109.

㊁ Jeffrey Pontiff, “Costly Arbitrage: Evidence from Closed-End Funds,” *Quarterly Journal of Economics* 111 (November 1996), pp. 1135-51.

㊂ S. A. Ross, “Neoclassical Finance, Alternative Finance and the Closed End Fund Puzzle,” *European Financial Management* 8 (2002), pp. 129-37, http://ssrn.com/abstract=313444.

㊃ 开放式基金也承担相似的费用比率，可为什么折价和溢价的逻辑理论不能用于开放式基金呢？因为这些基金中的投资者能以净资产的价格赎回股份，所以股份不能低于净资产折价卖出。开放式基金的费用导致了收益的减少，而不是被证券化从而导致了折价。

泡沫足够大的时候很容易辨别，但是在其增长过程中，很难判断价格是否是非理性的繁荣，事实上，在互联网泡沫时期，很多金融评论家认为互联网繁荣意味着新一轮的经济增长。接下来的一个例子将说明估计股票真实价值的难度[⊖]。

【例 12-3】 **股市出现了泡沫吗**

2000 年，标准普尔 500 指数的成分股支付的股利总计 15.46 千万美元，假如指数的贴现率为 9.2%，股利的期望增长率为 8%，根据增长率不变的股利贴现模型（详见第 18 章），我们能得到：

$$\text{指数的价值} = \frac{\text{股利}}{\text{贴现率} - \text{增长率}} = \frac{15.46}{0.092 - 0.08} = 1\,288.3(\text{千万美元})$$

这个值非常接近届时成分股的价值之和，然而估算得到的价值对输入值非常敏感，输入值极小的变化就能引起估值发生非常大的变化。假如我们预期股利增长率下降到 7.4%，指数的估值为：

$$\text{指数的价值} = \frac{\text{股利}}{\text{贴现率} - \text{增长率}} = \frac{15.46}{0.092 - 0.74} = 858.9(\text{千万美元})$$

这正是 2002 年 10 月市场下跌之后的价值。在这个例子中，20 世纪 90 年代末的这种上涨与下跌似乎更符合理性行为。■

然而，有证据表明互联网泡沫是由非理性行为导致的。例如，研究调查表明名字后面为“.com”的公司在这段时期的股价都出现了大幅上涨[⊜]，这听起来并不像理性估值。

12.1.6 对行为学派批评的评论

投资者关心是否存在获利机会，而市场异象的行为解释却没有指导我们怎样去利用非理性现象来获利。投资者关心的问题还是是否能从错误定价中获得收益，行为学派也没有对此进行讨论。

就像我们之前强调的那样，有效市场假说的第一个含义是资本能通过证券价格进行有效配置。假如价格扭曲了，资本市场就会对资源的有效配置发出错误信号（驱动力）。在这个重要方面，无论投资策略的意义如何，对行为学派的批判都很重要。

金融学家就行为批评的影响力展开了激烈的争论。许多学者认为行为方法太过松散，缺乏理论体系，结果导致任何异象都可以通过从一系列行为偏差中选择出来的非理性组合来解释。由于很容易对任何异象做出“逆转设计”，这些评论家更希望能有个统一的行为理论来解释一系列市场异象。

更根本的是，一些评论家认为不能仅靠市场异象就否定有效市场假说。法玛[⊜]指出，一种异象的非理性与另一种异象的非理性是不相容的。例如，有些文献发现了长期纠正行为（与反应过度一致），但有些学者却发现了长期持续的异常收益（与反应不足一致）。此外，许多研究结果的统计显著性还不够，且用以比较的基准收益出现极小的偏差就会导致显著的长期超额收益。

虽然行为金融还处于探索阶段，但它对投资者决策的完全理性提出的质疑却被广泛接受，只是非理性对资产价格的影响程度还存在争议。无论投资者的非理性行为是否影响资产价格，行为金融都为资产组合管理提出了几点值得考虑的地方。如果投资者能意识到信息处理和决策制定的潜在陷阱，他就能更好地避免这些错误了。有讽刺意味的是，根据行为金融的观点提出的政策建议却为许多有效市场倡导者所接受。例如，避免行为偏差的一个简单方法就是消极地投资指数等资产组合，不论对手是行为偏差的还是理性的，似乎都只有少数投资者能持续战胜消极的投资策略。

12.2 技术分析与行为金融

技术分析示图通过发掘股票价格的波动周期和可预测的股价走势以获得优异的投资业绩。技术分析员并不否认基本面信息的价值，但是他们相信价格只会逐渐接近真实价值。如果股票的基本面发生了变化，敏锐的交易者就会利用这种调整从而达到一个新的均衡状态。

⊖ 接下来的例子来自 R. A. Brealey, S. C. Myers, and F. Allen, *Principles of Corporate Finance*, 8th ed. (New York: McGraw-Hill Irwin, 2006).

⊜ P. R. Rau, O. Dimitrov, and M. Cooper, "A Rose. com by Any Other Name," *Journal of Finance*56 (2001), pp. 2371-88.

⊜ E. F. Fama, "Market Efficiency, Long-Term Returns, and Behavioral Finance," *Journal of Financial Economics*49 (September 1998), pp. 283-306.

例如，得到很好例证的行为趋势之一就是**处置效应**（disposition effect），即投资者倾向于持有已亏损的投资组合，不愿意将损失变成现实。即使股票的基本价值服从随机漫步，这种处置效应也会导致股票价格的动量效应[㊀]。"处置效应投资者"对公司股票的需求取决于股票的历史价格，这也意味着价格随着时间的推移接近其基本价值，这与技术分析的核心目标一致。

行为偏差与技术分析对交易量数据的使用一致。前面我们介绍的一个重要的行为特征是过度自信，即高估个人能力的系统性趋势。当交易者过度自信时，其交易可能较为频繁，从而导致了成交量与市场收益之间的相关关系[㊁]。因此，技术分析通过历史价格和成交量来指导投资策略。

最后，技术分析员认为市场的基本面会被非理性或有行为因素所扰乱，有时候也会受投资者情绪波动影响。价格波动或多或少都会伴随着一个隐藏的价格趋势，从而发现盈利机会直至价格波动得到平息。专栏12-2描述了技术分析与行为金融的联系。

专栏12-2

失败的技术分析

讲求实际的交易者自信能免受任何智者的影响，却常常沦为一些已故数学家的奴隶。这是凯恩斯在考察了一些投资人对比萨·里奥纳多（Leonardo）作品的忠诚度之后所说的，而生活在12到13世纪的比萨·里奥纳多是位数字大师。

里奥纳多将数列——1，1，2，3，5，8中相邻的数字相加，产生了一个序列，该序列以斐波纳契数列之名广为人知。这个数列中的数字常常不经意地在自然界中浮现，而数字间的比率关系接近1.618，是建筑和设计上的黄金比率数字。

如果黄金比率对自然有效（也出现在《达·芬奇密码》中），那它为什么对金融市场没有作用？有些交易者相信市场在达到前一个高位的61.8%，或者超越低谷61.8%时，将会改变走势。

斐波纳契数列的拥护者是技术分析员或图表分析师的一员，他们相信资产价格未来的走势冥冥之中是由过去的数据决定的。但令这些数字学家失望的是，卡斯商学院的Roy Batchelor和Richard Ramyar教授，在一个新研究[①]中发现没有数据能证明斐波纳契数列对美国股市有作用。

这项研究可能建立在坚实的基础之上，然而经验却表明图表分析师对数字领域的捍卫已经近乎宗教崇拜般的热忱，只是他们的辩辞通常非常可笑："如果技术分析不奏效，身家过百万的富翁又是如何产生的呢？"但这种"幸存者偏见"忽略了许多因使用图表分析遭受损失并最终退市的投资者，而且，技术分析师的推荐如此含糊，几乎可以印证所有市场结果。

假如有效市场假说是正确的，技术分析应该起不到任何作用，因为市场价格能正确反映所有的信息，包括历史价格。然而，学术上已开始支持行为金融，即认为投资者不是完全理性的，且其心理偏差会导致价格偏离正确的水平。技术分析员也提出非常完美公允的论调：那些根据基本面（比如经济统计量或者企业利润）来分析市场的人不会比我们更成功。

所有有关长线波动的论调都非常神秘，似乎是采纳了注定论的观点，即认为人类活动取决于一些事先规定的模式。图表分析师却陷入自身行为的漏洞：他们四处寻找对模式的"证实"，就好像他们从所持的咖啡期货中看出了花样。

此外，技术分析员倾向于提高交易的活跃度，产生了额外的交易成本。对冲基金的回报率可能超过成本，但小型投资者却不能。就像魔术师经常声明的那样：不要在家里尝试这样的举动。

①"No Magic in the Dow—Debunking Fibonacci's Code," working paper, Cass Business School, September 2006.

资料来源：*The Economist*, September 21, 2006.

12.2.1 趋势与修正

许多技术分析员都希望能揭露市场价格的走势，即找寻价格的动量效应。动量可以是绝对的，如寻找价格的上升趋势；也可以是相对的，如寻找优于其他部门的投资机会（或维持两个部门的多头空头头寸）。相对强度指标（详见前面的章节）旨在发现潜在的赢利机会。

道氏理论 趋势分析的鼻祖是**道氏理论**（Dow theory），以开创者查尔斯·道（《华尔街日报》的创始人）命名，

㊀ Mark Grinblatt and Bing Han, "Prospect Theory, Mental Accounting, and Momentum," *Journal of Financial Economics* 78 (November 2005), pp. 311-39.

㊁ S. Gervais and T. Odean, "Learning to Be Overconfident," *Review of Financial Studies* 14 (2001), pp. 1-27.

现今许多技术分析的方法都是从道氏方法演变而来的。

道氏理论提出了三大同时影响股票价格的因素：

（1）基本趋势或主要趋势。指的是股价的长期趋势，持续时间从几个月到几年不等。

（2）二级趋势或中间趋势。描述的是价格对目标趋势线的短期偏离，当价格回归到趋势值时，这些偏离就会消失。

（3）三级趋势或次要趋势。指的是几乎不重要的日波动。

图 12-3 描述了股价变动的三个组成部分。在该图中，基本趋势是上涨的，二级趋势则表现为持续几周的市场短暂下滑，日间小型趋势对价格的长期走势没有任何影响。

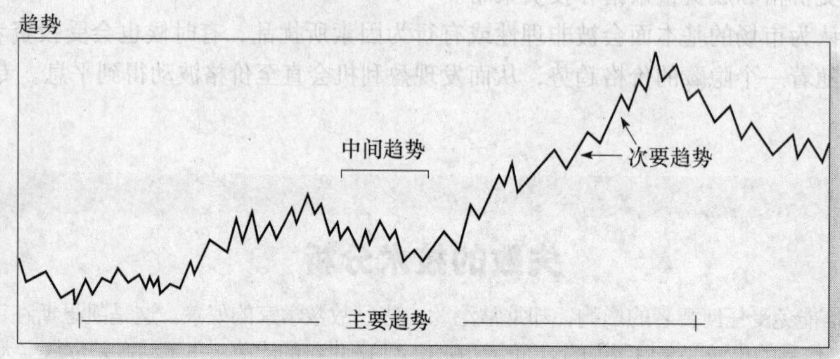

图 12-3　道氏理论趋势

资料来源："Dow Theory" by Melanie Bowman and Thom Hartle, *Technical Analysis of Stocks & Commodities*, Vol. 8, No. 9 (Sept. 1990). Copyright © 1990, Technical Analysis, Inc. Used with permission.

图 12-4 描述的是 1988 年道琼斯工业平均指数（DJIA）的变化。从图中可以看出，基本趋势是上升的，每一个市场峰值都要高于前一个峰值（$F>D>B$），类似地，每一个市场谷值都要高于前一个谷值（$E>C>A$）。这种"峰值"和"谷值"都上升的状况是判断基本趋势的关键方法之一。注意到在图 12-4 中，尽管基本趋势是上升的，中间趋势仍然能够导致短期的价格下滑（从 B 到 C，从 D 到 E）。

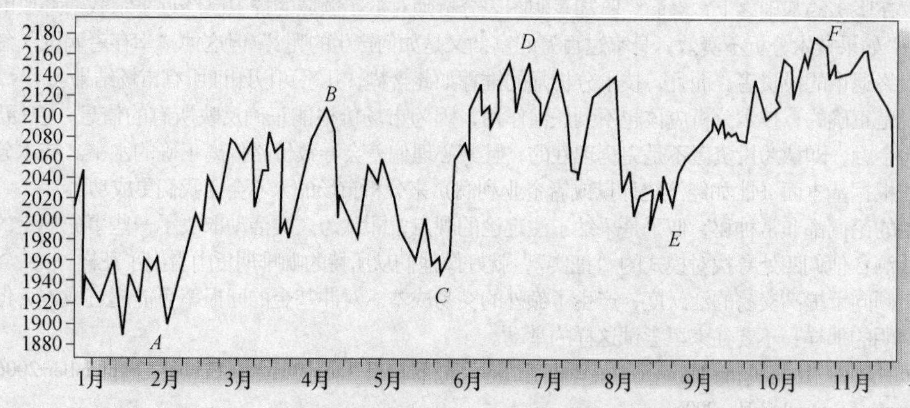

图 12-4　道琼斯工业平均指数（1988）

资料来源："Dow Theory" by Melanie Bowman and Thom Hartle, *Technical Analysis of Stocks & Commodities*, Vol. 8, No. 9 (Sept. 1990). Copyright © 1990, Technical Analysis, Inc. Used with permission.

评价道氏理论时，应当参考有效市场假说的观点。道氏理论是基于可预测的重复出现的价格走势，然而有效市场假说认为如果存在可利用机会，投资者就会试图从价格走势的可预测性中获利，最终导致股价的移动并引起投资策略的自我毁灭。图 12-3 描述的是一个经典的上升的基本趋势，那么我们是否只能在事实发生后才能看见这样的趋势呢？在价格趋势刚出现时就判断出其类型还是非常困难的。

从道氏理论最新演变出的理论是艾略特波浪理论和康德拉季耶夫波浪理论。与道氏理论类似，艾略特波浪理论背后的理念是股价变化能描述成一系列的波形。长、短期的波周期会相互叠加，形成一个复杂的价格移动模式，但是投资者能根据这个理论解释波形周期并预测股价的大体走势。类似地，康德拉季耶夫波浪是以俄国经济学家康德拉季耶夫命名，他断定宏观经济（以及股票市场）的波浪周期大概在 48～60 年。尽管康德拉季耶夫波浪理论推断出的波浪周期的持续时间很长，但总体上说，它与道氏理论的基本趋势类似。然而康德拉季耶夫的断言却很难通过事实来证实，因为持续 50 年左右的波浪周期一个世纪才出现两次，我们很难收集足够的数据来证实该理论的预测能力。

移动平均 股票指数的移动平均是指在一定期间内指数的平均水平。例如，52 周的移动平均线描述的是最近 52 周内股票指数的平均值。在每一周重新计算移动平均时，都需要去除旧的并添加新的观测值。图 12-5 描述的是惠普公司的移动平均线（灰色线条），它是一条连接原始价格数据（黑线）的平滑曲线。

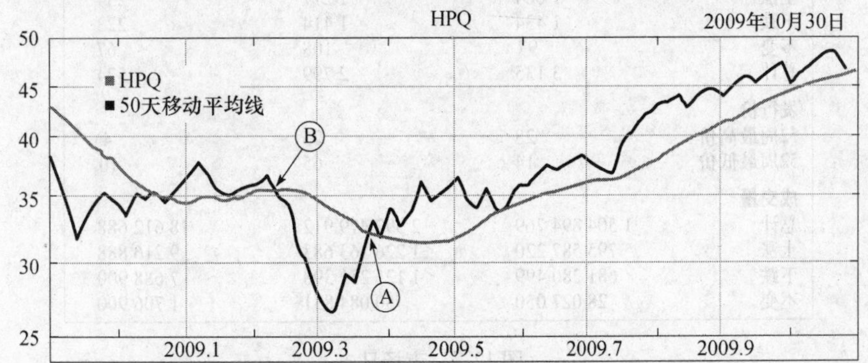

图 12-5 移动平均线（惠普公司）

资料来源：Yahoo! Finance, November 1, 2009 (finance.yahoo.com). Reproduced with permission of Yahoo! Inc. © 2009 by Yahoo! Inc. Yahoo! and the Yahoo! logo are trademarks of Yahoo! Inc.

当股价处于下跌趋势时，移动平均线将位于价格线之上（因为计算移动平均值时包含了过去的较高价格）。相反，当股价处于上升趋势时，移动平均线将会位于价格线之下。

当股票的市场价格从低位上穿突破移动平均线时，如图 12-5 中的点 A，意味着价格由下降趋势（价格线在移动平均线之下）转为上升趋势（价格线在移动平均线之上），可以认为是一个牛市信号。相反，当价格从高位下穿移动平均线时（如点 B），则建议投资者出售股票。

不同时间长度的移动平均线对市场走势的预测能力也不尽相同，常用的指标有两种：200 天移动平均线和 53 周移动平均线。

【例 12-4】 **移动平均**

观察以下价格数据，DJIA 是每周最后一个交易日道琼斯工业平均指数的收盘价。5 周的移动平均是前 5 周 DJIA 的平均值。例如，5 周移动平均的第一个值是第 1~5 周的指数平均，即 10 290、10 380、10 399、10 379 和 10 450 的平均；第二个值是第 2~6 周的指数平均，依次下去。■

周	DJIA	5 周移动平均	周	DJIA	5 周移动平均	周	DJIA	5 周移动平均
1	10 290		8	10 565	10 481	15	10 699	10 645
2	10 380		9	10 524	10 510	16	10 647	10 656
3	10 399		10	10 597	10 540	17	10 610	10 648
4	10 379		11	10 590	10 555	18	10 595	10 642
5	10 450	10 380	12	10 652	10 586	19	10 499	10 610
6	10 513	10 424	13	10 625	10 598	20	10 466	10 563
7	10 500	10 448	14	10 657	10 624			

图 12-6 描述的是以上 DJIA 和 5 周移动平均线的值，值得注意的是，尽管 DJIA 线上升和下降的幅度很大，但由于移动平均线经过了前期指数价格的平均，相对比较平滑。根据移动平均规则，第 16 周市场将转向熊市，价格线由移动平均线的上方下穿，股票价格出现下降趋势。

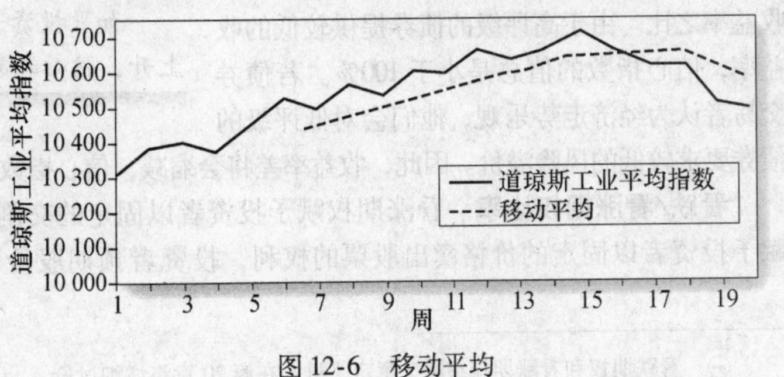

图 12-6 移动平均

宽度 市场的**宽度**（breadth）是指市场指数（反映所有股票的价格运动）的波动程度。最常用的测量方法是计算价格出现上涨的股票数量和出现下跌的股票数量之差。假如价格上涨的股票数量远远超过下跌的股票数量（《华尔街日报》会刊登这些数据，如图12-7所示），意味着上涨情况很普遍，市场就被认为是强势的。

交易记录：成交量、价格上涨股票、价格下跌股票			
Markets Diary			4.02 p.m. EST 11/02/09
股票	NYSE	Nasdaq	Amex
上涨	1 604	1 277	234
下跌	1 434	1 414	223
不变	97	108	67
总计	3 135	2 799	524
发行价			
52周最高价	28	25	4
52周最低价	14	65	10
成交量			
总计	1 504 894 769	2 397 479 912	18 612 688
上涨	795 587 220	1 226 163 683	9 216 888
下跌	681 280 499	1 121 231 398	7 688 900
不变	28 027 050	50 084 831	1 706 900

图12-7　市场日志

资料来源：*The Wall Street Journal Online*, November 2, 2009. Reprinted by permission of Dow Jones & Company, Inc. via Copyright Clearance Center, Inc. © 2009 Dow Jones & Company, Inc. All Rights Reserved Worldwide.

12.2.2　情绪指标

Trin 统计量　市场的成交量也能用来衡量市场上涨或下跌的程度，上涨或下跌市场中投资者数量的增加被视为衡量市场走势的一个重要指标。技术分析员认为当市场上涨且成交量增加时，价格会持续上升；反之，当市场下跌且成交量较高时，价格会持续下降（见表12-1）。

$$\text{Trin} = \frac{\text{下跌股票的成交量/下跌的股票数}}{\text{上涨股票的成交量/上涨的股票数}}$$

表12-1　宽度

交易日	上涨	下跌	净增长	累计宽度	交易日	上涨	下跌	净增长	累计宽度
1	1 302	1 248	54	54	4	1 012	1 622	−610	−348
2	1 417	1 140	277	331	5	1 133	1 504	−371	−719
3	1 203	1 272	−69	262					

注：由于一些股票价格没有改变，所以股价上涨和下跌的股票数之和随交易日不断变动。

因此，Trin是指下跌股票的平均成交量与上涨股票的平均成交量之比。若市场的Trin统计量大于1，则被认为是熊市，因为下跌股票比上升股票成交量更高，即净卖压。由图12-7中的数据，NYSE的Trin统计量为：

$$\frac{681\,280\,499/1\,434}{795\,587\,220/1\,604}=0.96$$

然而，每个买方必定有一个对应的卖方，那么在上升的市场中，成交量的增加（牛市）不一定意味着买方与卖方势力之间存在不平衡。例如，Trin统计量大于1的市场被视为熊市，它也解释为下跌股票有较强的买方势力。

信心指数　巴隆利用债券市场的数据构造了一个信心指数，其前提假设是债券交易者的行为能预测股票市场的走势。

信心指数（confidence index）是高评级的10家公司债与中评级的10家公司债的平均收益率之比。由于高评级的债券提供较低的收益率，信心指数的值总是小于100%。若债券交易者认为经济走势乐观，他们会对低评级的债券要求较低的风险溢价。因此，收益率差将会缩减，信心指数趋近100%。所以，高信心指数是一个牛市信号。

概念检查 12-4

如果投资者对经济的悲观情绪不断蔓延，低评级债券的收益率将会上升，信心指数下降，那么股票市场预期会下跌还是已经出现下跌？

看跌/看涨期权比率　看涨期权赋予投资者以固定的交割价格买入股票的权利，投资者预期股价上升。看跌期权赋予投资者以固定的价格卖出股票的权利，投资者预期股价下跌[⊖]。未平仓的看跌期权与看涨期权合约的比值称为

⊖　看跌期权和看涨期权在第2章定义过，在第20章将详细讨论。

看跌/看涨期权比率（put/call ration）。该比率一般在 65% 左右。看跌期权在下跌市场中表现较好，而看涨期权在上升市场中表现较好，所以若该比率偏离其历史标准，可被视为市场情绪的信号，能预测市场走势。

该比率的改变可被视为牛市或熊市信号，许多技术分析员将该比率的增加视为熊市信号，因为这意味着有更多的看跌期权用于规避市场下跌风险。因此该比率增加是投资者悲观情绪和市场下跌的信号。然而，反向投资者却认为市场处于熊市时，股票存在高度抑价，是一个较好的买入时机，因此他们将看跌/看涨期权比率的上升视为牛市信号。

12.2.3 警告

对股市价格运动的研究有很多，人们识别价格波动形式的能力也显著提高。不幸的是，人们也可能会观察出实际不存在的波动形式。图 12-8 摘自哈利·罗伯茨的一个著名研究[⊖]，其描述的是 1956 年道琼斯工业平均指数的模拟价格和实际价格。在图 12-8b 中，市场呈现出典型的头肩顶形状，即中间的拱（头）由两肩托起。当价格指数“突破右肩”时（技术触发点），价格开始低头，是售出股票的时机。图 12-8a 看起来也像一种典型的股票走势图形。

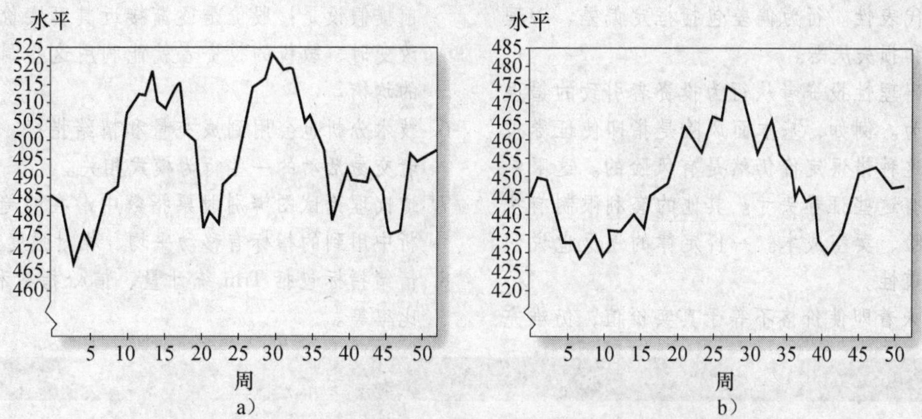

图 12-8 52 周真实股价和模拟价格

资料来源：Harry Roberts, “Stock Market ‘Patterns’ and Financial Analysis: Methodological Suggestions,” *Journal of Finance* 14 (March 1959), pp. 11-25. Reprinted by permission of the publisher, Blackwell Publishing, Inc.

那么哪一个图描述的是实际数据？哪一个描述的是模拟数据？图 12-8a 是基于实际数据，图 12-8b 描述的是利用任意数字算出的股票收益。这些构建成的收益的走势是没有任何规律的，但是看起来却与图 12-8a 的走势类似。

图 12-9 描述的是图 12-8 对应的每周股价变化。如图所示，股价和仿真序列的随机性均很明显。

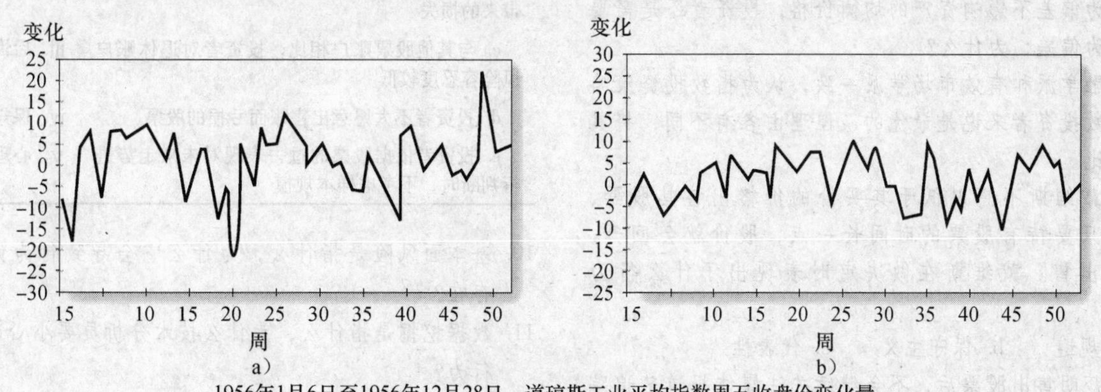

图 12-9 52 周真实股价和模拟价格波动

资料来源：Harry Roberts, “Stock Market ‘Patterns’ and Financial Analysis: Methodological Suggestions,” *Journal of Finance* 14 (March1959), pp. 11-25. Reprinted by permission of the publisher, Blackwell Publishing, Inc.

⊖ H. Roberts, “Stock Market ‘Patterns’ and Financial Analysis: Methodological Suggestions,” *Journal of Finance* 14 (March 1959), pp. 11-25.

数据挖掘会促使人们发现实际上并不存在的股票走势模型。数据挖掘之后，人们总能发现一定的模式和可以获利的交易规则。如果对这些交易规则进行检验，人们会发现其对过去的交易可能有作用，但不幸的是，事后创造的理论并不能保证未来的成功。

评价交易规则时，应该在检验数据之前判断这些规则是否合理，如果不这样的话，就很可能会根据仅对过去数据有效的规则进行交易。最困难也是最关键的问题是你是否有足够的理由相信对过去有用的理论对将来仍然成立。

小 结

1. 行为金融关注的是投资者进行决策时所表现出的系统性非理性行为，这些"行为缺陷"与有效市场的某些异象一致。
2. 心理学文献揭露的信息处理偏差包括记忆偏差、过度自信、保守主义和代表性。行为偏差包括框定偏差、心理账户、后悔规避和损失厌恶。
3. 套利限制是指阻碍理性投资者从行为投资者引致的错误定价中获利的行为。例如，基本面风险是指即使证券被错误定价，利用这种错误定价仍然是有风险的。这限制了理性套利者持有这些证券头寸。其他的套利限制有执行成本、模型风险、卖空成本。一价定律的违反也说明了套现限制的严重性。
4. 诸多套利限制意味着即使价格不等于真实价值，仍难充分利用这些错误定价。因此，交易者不能战胜市场不足以证明市场就是有效的（价格等于真实价值）。
5. 技术分析研究股票中重复出现且可预测的价格走势，其前提假设是：股价是逐渐接近其真实价值的。当基本面改变时，敏锐的投资者就能利用这些调整使股价达到新的均衡。
6. 技术分析也会用到成交量和情绪指标，这些指标与投资者交易活动的一些行为模式相关。
7. 道氏理论试图辨别股票指数中潜在的趋势，趋势策略分析中用到的指标有移动平均、相对强度和宽度。
8. 情绪指标包括 Trin 统计量、信心指数和看跌/看涨期权比率等。

习 题

基础题

1. 试解释如何利用本章介绍的行为偏差促使技术交易规则的成功？
2. 为什么有效市场假说的倡导者认为即使许多投资者存在行为偏差，证券价格仍可能是有效的。
3. 列举可能限制理性投资者利用非理性投资者导致的错误定价的因素。
4. 即使行为偏差不影响资产的均衡价格，投资者还是需要关注行为偏差，为什么？
5. 行为金融学派和有效市场学派一致，认为指数投资策略对大多数投资者来说是最优的，但理由各有不同，将其进行对比。
6. 吉尔·戴维斯不想以低于其买价的价格出售其股票，她认为只要持有股票的时间长一点，股价就会回升，到时再出售。戴维斯在做决定时表现出了什么行为特点？

   a. 损失规避　b. 保守主义　c. 代表性
7. 柏莉·莎朗售出股票后，不会继续关注媒体报道来追踪该股票，她担心随后股票的价格会上升。莎朗表现出了什么行为特点？

   a. 后悔规避　b. 代表性　c. 心理账户
8. 下列选项与后悔规避不一致的是______。

   a. 尽快售出亏损股票

   b. 雇用一位全面服务经纪人

   c. 较长持有亏损股票
9. 将表 12-2 右列的行为特点与左列的例子相匹配：

表 12-2

例子	行为特点
a. 当出现新证据时，投资者更新其理念的速度较慢	ⅰ. 处置效应
b. 投资者不太愿意承受由非传统的投资策略带来的损失	ⅱ. 代表性偏差
c. 与其他股票账户相比，投资者对退休账户风险容忍度较低	ⅲ. 后悔规避
d. 投资者不太愿意出售账面亏损的股票	ⅳ. 保守主义
e. 投资者依据股票的过去表现对未来走势进行判断时，不考虑样本规模	ⅴ. 心理账户

10. 基本面风险是指什么，为什么它会导致行为偏差继续存在？
11. 数据挖掘是指什么，为什么技术分析员要小心避免这种行为？
12. 即使价格服从随机漫步，也有可能不是信息有效的。解释为什么这句话是正确的以及为什么其对资本有效配置非常重要？

中级题

13. 使用图 12-7 的数据，证实纽约证券交易所的 Trin 统计量，其是牛市信号还是熊市信号？

14. 使用图 12-7 的数据计算纽约证券交易所的市场宽度，其是牛市信号还是熊市信号？
15. 搜集几个月的道琼斯平均工业指数，辨别出其基本趋势，并判断市场是处于上升状态还是下跌状态。
16. 假设评级为 Baa 债券的收益率为 6%，评级为 Aa 债券的收益率为 5%。由于通货膨胀的影响，两者的收益率都会增加 1%，这会导致信心指数如何变化？技术分析员会将其视为牛市信号还是熊市信号？你又是如何认为的？
17. 表 12-3 列出了电脑公司的股价和电脑行业指数，电脑公司是否显示出了相对强势？
18. 用表 12-3 的数据计算电脑公司的 5 天移动平均，由此你能判断出买入或卖出信号吗？

表 12-3　电脑公司历史股票价格

		今年	去年		
高评级公司债的收益率		8%	8.5%		
中评级公司债的收益率		10.5%	10%		

交易日	电脑公司	行业指数	交易日	电脑公司	行业指数
1	19.63	50.0	21	19.63	54.1
2	20	50.1	22	21.50	54.0
3	20.50	50.5	23	22	53.9
4	22	50.4	24	23.13	53.7
5	21.13	51.0	25	24	54.8
6	22	50.7	26	25.25	54.5
7	21.88	50.5	27	26.25	54.6
8	22.50	51.1	28	27	54.1
9	23.13	51.5	29	27.50	54.2
10	23.88	51.7	30	28	54.8
11	24.50	51.4	31	28.50	54.2
12	23.25	51.7	32	28	54.8
13	22.13	52.2	33	27.50	54.9
14	22	52.0	34	29	55.2
15	20.63	53.1	35	29.25	55.7
16	20.25	53.5	36	29.50	56.1
17	19.75	53.9	37	30	56.7
18	18.75	53.6	38	28.50	56.7
19	17.50	52.9	39	27.75	56.5
20	19	53.4	40	28	56.1

19. 假设昨天道琼斯工业指数上升了 54 点，有 1 704 只价格下跌的股票，1 367 只价格上涨的股票。为什么即使指数上升了，技术分析员还是会担心市场走势。
20. 表 12-4 列出了价格上涨和下跌的股票数量，计算累计宽度并判断其是牛市信号还是熊市信号。

表 12-4　市场上涨和下跌数据

交易日	上涨	下跌	交易日	上涨	下跌
1	906	704	6	970	702
2	653	986	7	1 002	609
3	721	789	8	903	722
4	503	968	9	850	748
5	497	1 095	10	766	766

21. 如果在 20 题中，第一天价格上涨股票的成交量是 330 000 000股，价格下跌股票的成交量是 240 000 000股，这一天的 Trin 统计量为多少？其是牛市信号还是熊市信号？
22. 给定以下数据，信心指数是上升还是下降？如何解释债券收益率的变化？
23. 登录 www. mhhe. com/bkm 并点击第 12 章的链接，找出标准普尔 500 指数 5 年的周收益率：
    a. 制表并计算该指数的 26 周移动平均，假设指数的初始值为 100，每周指数等于上一周指数乘以（1 + 上周收益率）
    b. 标出所有指数与移动平均的交叉点，并判断交叉点之后有多少周指数上涨，有多少周下跌？
    c. 标出所有指数从上下穿移动平均的点，并判断下穿之后有多少周指数上涨，有多少周指数下跌？
    d. 利用移动平均规则辨别买卖机会的效果如何？
24. 登录 www. mhhe. com/bkm 并点击第 12 章的链接，找出标准普尔 500 指数 5 年的周收益率和富达银行基金（FSRBX）5 年的周收益率
    a. 制表并计算银行业与市场整体的相对强势。提示：与上一题一致，将银行业指数和标准普尔 500 指数的初始值设为 100，并用同一方法更新每周指数。
    b. 标出所有相对强度指标相对 5 周前增长超过 5% 的时点，并判断在这些时点之后有多少周银行业的表现优于标准普尔 500 指数？有多周银行业的表现会差于标准普尔 500 指数？
    c. 标出所有相对强度指标相对 5 周前下降超过 5% 的时点，并判断在这些时点之后有多少周银行业的表现差于标准普尔500 指数？有多少周银行业的表现优于标准普尔 500 指数？
    d. 利用相对强度指标辨别买卖机会的效果如何？

高级题

25. 封闭式基金的价格大多会偏离其资产净值，看似违反了一价定律。你认为是过于分散化的基金还是分散不足的基金会有更大的偏离呢？为什么？

CFA考题

1. 丹·桑普森对其金融咨询师提出了以下投资理念：

序号	投资理念
1	投资要有较高的收益潜力和有限的风险，我倾向于比较保守的投资策略，想最小化损失，即使这样我会错过很好的增长机会
2	所有非政府类投资，只能选择处于行业主导地位且资金雄厚的公司
3	只能通过利息和现金股利来满足所有的收入需求，只能持有支付现金股利的股权证券
4	仅当对整体经济形势和公司自身增长的预期一致时才能做出投资决定
5	如果证券的价格下跌到买价之下，证券应该继续持有至其价格恢复到初始买入成本。相反，如果投资成功，我更希望能较快实现收益
6	我会定期指导投资的购买，包括衍生证券。这些激进的投资是根据我个人的研究，也许与我的投资策略不一致。我没有记录下类似这些投资的表现，但是我也曾有过一些“巨大的成功”

以上哪些陈述能较好地描述下述行为金融概念，并对你的选择进行说明。

a. 心理账户

b. 过度自信（控制错觉）

c. 参照依赖（框定偏差）

2. 蒙蒂·弗罗斯特将所有递延所得税退休账户都投资在股票上，因其资产组合的国际投资部分历史表现很差，他将国际股权证券减持至2%，弗罗斯特的投资咨询师曾建议其增持，他做出以下回应：

a. 由于历史表现较差，一旦这些国际股权证券的价格恢复到其初始价格，就全部售出。

b. 大多数分散化的国际资产组合在过去5年的表现都很让人失望。然而这段时间，XYZ国市场的表现超过了包括本国在内的其他所有市场。如果要增加国际股权头寸的话，我也更倾向于增加XYZ国证券的头寸。

c. 国际投资本身存在着很高的风险。因此，我倾向于在我的“投机”账户（能使我成为富翁的最好机会）中购买这些证券，而不想在我的退休账户中购买，以免养老的时候一贫如洗。

咨询师虽然对行为金融的概念非常熟悉，但仍偏好于传统或标准的金融投资策略（现代资产组合理论）。

指出以上三个陈述表现出的行为金融概念并解释应如何用传统金融来反驳每一个陈述。

3. 路易斯和克里斯托弗·麦克林居住在英国伦敦，他们最近想租一个靠近都市的公寓。在对麦克林的投资计划进行初始讨论时，麦克林对她的投资咨询师格兰特·韦伯做出如下陈述：

a. “过去5年我利用网络资源对住房市场进行了研究，我认为现在正是买房的最佳时期。”

b. “我不想以低于买价的价格出售我的资产组合中的任何债券。”

c. “我不会出售我公司的股票，因为我对它非常了解而且对其未来表现非常乐观。”

判断行为金融中哪些概念可以描述以上三个陈述，并解释每一个行为金融概念是如何影响麦克林的投资决策的。

4. 一个已退休的投资者在与其投资咨询师会谈时说到以下问题

a. “我非常高兴过去两年能在皮特里股票的投资上获利，我确信其未来也会有优越表现”

b. “我很满意皮特里股票的投资收益，因为这些钱我有特殊的用途，也正是因为这个原因，我想在我的退休基金账户中购买该股票”

判断行为金融中哪些概念可以描述以上陈述。

5. 克莱尔·皮尔斯对她的生活状况和投资前景做出如下评论：

我必须供养居住在普格岛（Pogo）的父母，普格岛在过去两年出现飞速的经济增长和较低的通货膨胀，专家们一致预期这些良好的趋势会在未来延续下去。经济增长是由于新技术开发的自然资源的出口所导致。

我想投资10%购买普格岛政府长期债券，因为我的父母可能还会在岛上居住10年。专家们预期未来不会出现通货膨胀，所以我确信这些债券产生的收益可以足够支付我父母的生活费用，而且这些债券是以当地货币为计价单位，没有汇率风险。我想购买普格岛的证券，但不想扭曲长期资产的配置来达到这个目的。整体的股票、债券和其他投资也都不能改变。因此，我打算从所持有的美国债券基金中选一个出售来筹资购买普格岛债券。选择之一是高收益债券基金，其价值到目前为止已经下跌了5%，前景预期并不乐观，事实上，我认为其在未来可能会下跌更多，但是也有可能会很快恢复，所以我决定出售今年升值了5%的核心债券基金，我预期这项投资带来的收益能持续下去，但是也有可能会很快消失。

如果投资完成的话，我的投资状况将处于良好状态。唯一例外的是表现较差的小公司基金，我计划一旦该基金的价格恢复到其初始成本就出售。

从以上表述中辨别出三个行为金融概念并对每一个概念进行描述。讨论遵守标准或传统金融理论的投资者如何质疑这三个行为金融概念。

在线投资练习

图表与技术分析

雅虎金融（finance. yahoo. com）提供了很多图表和技术分析指标，根据这些图表，可以用技术分析方法对不同的公司进行比较。此外，公司的年报中有卖空比率。搜集GE和SWY两家公司的移动平均图、卖空比率、50天和200天平均价格的1年期图表以及标准普尔500指数。判断哪一个公司的价格超过了50天和200天平均价格？你认为这些图表是牛市信号还是熊市信号？为什么？两家公司的卖空比率分别是多少？这些卖空比率有显著的趋势吗？

概念检查答案

12-1 保守主义是指投资者对新信息反应太慢，导致一定的价格趋势，而代表性偏差会使得这种趋势在未来得以延续。逐渐地，当定价错误得到纠正时，就会出现价格反转。

12-2 失宠股票的价格与其真实价值替代变量（如盈利）的比值往往比较低，加之后悔规避的存在，这些股票会提供更具吸引力的收益率来促使投资者购买。因此，市盈率低的股票一般会提供更高的收益率。

12-3 在清算的时候，价格会等于资产净值，这会限制基本面风险。投资者只需多持有几个月就能从折价消除中获利。再者，当清算日临近时，折价会逐渐消失。这样就限制了折价程度加大的风险。在公告清算计划时，折价会立刻消失，或者至少折价幅度会大幅降低。

12-4 当经济衰退的信息影响债券收益率的时候，也会影响股票价格，所以股市在信心指数预示出售时机之前就已经出现了下跌。

CHAPTER13

第13章 证券收益的实证依据

本章我们将讨论 CAPM 模型和 APT 模型的实证证据。值得注意的是，这些模型的许多含义早已得到广泛应用，例如：

（1）许多专业的资产组合管理者都会利用证券收益的期望收益 - 贝塔关系。此外，许多公司会根据报酬 - 波动性比率及相对于资本市场线和证券市场线的平均收益率来评价资产管理者的业绩。

（2）监管当局利用期望收益 - 贝塔关系和预期市场指数收益来推断被监管公司的资本成本。

（3）法院处理侵权案件时，有时会用收益 - 贝塔关系得出折现率，以评估其未来收入的损失。

（4）许多公司在进行资本预算决策时会使用 SML 来获得基准收益率。

以上事例表明，金融界已经把 CAPM 模型和 APT 模型作为一种默认的判断标准。

本章将沿着更清晰严谨的思路来讨论这些依据。13.1 节介绍了检验单因素 CAPM 模型和 APT 模型的方法；13.2 节综述了检验多因素 CAPM 模型和 APT 模型的现阶段成果；13.3 节讨论了近期文献中关于证券收益异象的描述以及对这些谜团的解释；最后介绍了关于股票收益的有趣研究——股票风险溢价的大小。人们一直认为股票的历史收益令人困惑不解，最新的研究解开了这个谜团。

为什么要一起分析 CAPM 模型和 APT 模型的实证研究？CAPM 模型是一个理论构想，预测了资产相对于市场投资组合的期望收益率。我们很难对这些预测进行实证检验，因为期望收益率、方差和精确的市场投资组合是难以观测的（详见第 9 章）。为了克服这个困难，我们假定了单因素或多因素资本市场，在这些市场中，整体市场指数（如标准普尔 500 指数）代表了该种因素或多个因素中的一个；此外，为了获得更可靠的统计数据，大多数实证都是基于高度分散化的资产组合的收益率而不是单一证券的收益率。基于这两个理由，应用于 CAPM 模型的实证事实上更适合检验 APT 模型的有效性。后文将阐明，区别检验所用的因素结构是基于假设还是估计比区别是对 CAPM 模型还是 APT 模型的检验更加重要。

13.1 指数模型与单因素套利定价模型

13.1.1 期望收益-贝塔关系

回顾之前章节，如果对一个可观测的预期有效指数 M，期望收益-贝塔关系存在，则任何证券 i 的期望收益都可以用式（13-1）表述：

$$E(r_i) = r_f + \beta_i[E(r_M) - r_f] \tag{13-1}$$

式中，$\beta_i = \dfrac{\mathrm{Cov}(r_i, r_M)}{\sigma_M^2}$

式（13-1）是最常被检验的CAPM模型。早期的样本检验遵循三个基本步骤：建立样本数据、估计证券特征线（SCL）、估计证券市场线（SML）。

1. 建立样本数据

确定一个样本期间，例如60个月（5年）。在每一个样本期间，收集100种股票、能代表市场的投资组合（如标准普尔500指数）和1个月短期国库券（无风险）的收益率，数据包括：

r_{it} = 样本期间内100种股票的收益率，$i=1$，…，100；$t=1$，…，60

r_{Mt} = 样本期间内标准普尔500指数的收益率

r_{ft} = 每月无风险利率

共有 $102 \times 60 = 6\,120$ 个收益率数据。

2. 估计证券特征线

与第8章相同，我们将式（13-1）称为证券特征线（SCL）。对于每一种股票 i，将**一阶回归**（first-pass regression）方程的斜率作为贝塔值的估计值（称为"一阶回归"是因为估计系数将作为**二阶回归**（Second-pass regression）的输入值）。

$$r_{it} - r_{ft} = a_i + b_i(r_{Mt} - r_{ft}) + e_{it}$$

使用如下统计量进行分析：

$\overline{r_i - r_f}$ = 每种股票超额收益的样本均值（60个观测值）

b_i = 每种股票贝塔系数的样本估计

$\overline{r_M - r_f}$ = 市场指数超额收益的样本均值

$\sigma^2(e_i)$ = 每种股票残值项方差的估计

每种股票超额收益的样本均值和市场指数超额收益的样本均值用来估计预期超额收益，b_i 作为每种股票真实贝塔系数的估计值，$\sigma^2(e_i)$ 用于估计每种股票的非系统性风险。

概念检查 13-1

a. 从样本中要做多少次SCL的回归估计？

b. 在每次回归中有多少个观测值？

c. 根据CAPM模型，回归的截距项有什么含义？

3. 估计证券市场线

现在将式（13-1）视为上述样本股票100个观测值的证券市场线（SML），根据如下二阶回归方程估计出 γ_0 和 γ_1，其中一阶回归的估计值 b_i 作为自变量：

$$\overline{r_i - r_f} = \gamma_0 + \gamma_1 b_i \quad i = 1, \cdots, 100 \tag{13-2}$$

比较式（13-1）和式（13-2）；如果CAPM有效的话，那么 γ_0 和 γ_1 应该满足：

$$\gamma_0 = 0 \text{ 且 } \gamma_1 = \overline{r_M - r_f}$$

然而，进一步分析，我们发现，证券市场线描述的期望收益-贝塔关系的一个主要特征是证券的超额收益率仅与系统风险（用贝塔值衡量）有关，而与非系统风险无关（用一阶回归中 $\sigma^2(e_i)$ 的估计值衡量）。这些估计值加入到式（13-2）中，作为扩展的证券市场线中的变量，如下式：

$$\overline{r_i - r_f} = \gamma_0 + \gamma_1 b_i + \gamma_2 \sigma^2(\mathrm{e}_i) \tag{13-3}$$

二阶回归方程假设检验如下：

$$\gamma_0 = 0;\quad \gamma_1 = \overline{r_M - r_f};\quad \gamma_2 = 0$$

$\gamma_2 = 0$ 这一假设意味着非系统风险没有被定价，即非系统风险没有带来风险溢价。总的来说，根据 CAPM 模型，风险溢价只与贝塔值有关。因此，式（13-3）右边的量，除贝塔外其他变量的系数都应该为 0。

13.1.2 资本资产定价模型的检验

资本资产定价模型（CAPM）的早期检验由约翰·林特纳[㊀]提出，并被默顿·米勒和麦伦·斯科尔斯[㊁]引用，该检验用 1954～1963 年 10 年间纳斯达克市场中 631 种股票的年度数据作为样本，并得出了如下估计结果（收益率使用小数而不是百分数表示）：

系数：	$\gamma_0 = 0.127$	$\gamma_1 = 0.042$	$\gamma_2 = 0.310$
标准误差：	0.006	0.006	0.026
样本均值：		$\overline{r_M - r_f} = 0.165$	

这个结果与 CAPM 模型并不一致。首先，估计的证券市场线太过平缓，即 γ_1 系数值太小。斜率应该为 $\overline{r_M - r_f} =$ 0.165（16.5% 每年），但是其估计值仅为 0.042，两者相差 0.122，大约是标准误差 0.006 的 20 倍，意味着在一定的显著性水平下，证券市场线斜率的估计值小于其应有值。与此同时，原本假设证券市场线的截距项 γ_0 的估计值为 0，但实际上等于 0.127，是其标准误 0.006 的 20 多倍。

概念检查 13-2

a. 估计的证券市场线“太平缓”意味着什么？

b. 贝塔值偏高或偏低的股票的业绩会比 CAPM 模型预测的业绩更好吗？

c. 估计值 γ_2 代表什么？

学者们采用的两阶段回归方法（如，首先使用时间序列数据回归估计证券的贝塔值，再用这些贝塔值检验 SML 中风险与平均收益率之间的关系）看似简单，其结果是不支持 CAPM 模型的，很不理想。而且，这种方法也存在着一定的问题。首先，股票收益率波动较大，降低了所有关于平均收益率检验的准确性。例如，标准普尔 500 指数年收益率的平均标准差为 40%；这些检验中，股票年收益率的平均标准差可能会更高。

此外，检验的有效性也令人担忧。首先，检验中使用的市场指数并不是 CAPM 模型中所指的“市场投资组合”。其次，鉴于资产的波动性，一阶回归得到的证券贝塔值有较大的抽样误差，因此不能直接作为二阶回归中的输入值。最后，投资者并不能以无风险利率融资，与简单 CAPM 模型假设不一致。后文将详细分析这些问题。

13.1.3 市场指数

以下是著名的罗尔批评（Roll's critique）[㊂]：

（1）CAPM 模型中有一可检验的假设：市场投资组合是均值－方差有效的。

（2）该模型的所有其他含义中，最著名的就是期望收益－贝塔之间的线性关系，其是从市场投资组合的有效性中得出的，因此不能独立检验。期望收益－贝塔关系和市场投资组合有效性之间存在着“当且仅当”的关系。

（3）若使用样本期间的收益和方差（与事前期望收益和方差对立），单个资产收益的观测样本中有无穷的事后均值－方差有效组合。单个资产和这些有效组合的贝塔都将会与资产的平均收益率线性相关。换言之，如果基于这些投资组合计算贝塔值，那么无论真实的市场投资组合在事前是否是均值－方差有效的，贝塔都会与 SML 线所表示的关系相吻合。

（4）除非能知道真实的市场投资组合，并将其用于检验，否则 CAPM 模型是不可检验的。即除非样本包含所有单个资产，否则就无法检验这个理论。

（5）将标准普尔 500 指数作为市场投资组合的代理变量有两方面的问题。首先，即使真实的市场投资组合是非

㊀ John Lintner, "Security Prices, Risk and Maximal Gains from Diversification," *Journal of Finance* 20 (December 1965).

㊁ Merton H. Miller and Myron Scholes, "Rate of Return in Relation to Risk: A Reexamination of Some Recent Findings," in *Studies in the Theory of Capital Markets*, ed. Michael C. Jensen (New York: Praeger, 1972).

㊂ Richard Roll, "A Critique of the Asset Pricing Theory' Tests: Part I: On Past and Potential Testability of the Theory," *Journal of Financial Economics* 4 (1977).

有效的，该代理变量也有可能是均值－方差有效的。反之，代理变量也可能是无效的。但就这一点显然不能说明真实市场投资组合的有效性。此外，无论代理变量是否均值－方差有效，大多合理的代理变量互相之间以及与真实市场投资组合之间都可能存在着高度相关性。这种高度的相关性会使市场投资组合的确切构成显得不那么重要，但是不同的代理变量导致的结论却大不相同。这个问题被称为**基准误差**（benchmark error），是指理论检验中使用了错误的基准（市场代理变量）。

罗尔和罗斯[㊀]以及康德尔和斯坦博[㊁]对罗尔批评进行了扩展。他们认为有些检验拒绝了平均收益率与贝塔之间的正相关关系，说明了检验中市场代理变量的非有效性，而并非推翻了理论上的期望收益－贝塔关系。他们还强调，如果 CAPM 模型是正确的，即使是高度分散化的资产组合（如所有样本股票的价值加权或等加权组合），也不一定会有显著的均值收益－贝塔关系。

康德尔和斯坦博还分析了存在买空限制、零贝塔 CAPM 模型下，CAPM 模型普通两阶回归检验的特性。在这种情况下，期望收益－贝塔关系描述了股票的期望收益、有效边界上的组合 E 的期望收益以及零贝塔组合 Z，见式（9-12）：

$$E(r_i) - E(r_Z) = \beta_i[E(r_E) - E(r_Z)] \tag{13-4}$$

式中，β_i 代表了有效投资组合 E 中证券 i 的贝塔值。

由于无法构建或者观察有效投资组合 E（因为不知道所有资产的期望收益和方差），因此我们也无法直接估计式（13-4）。康德尔和斯坦博用代理市场的投资组合 M 代替 E，并使用更有效的最小方差回归对零贝塔的 CAPM 模型进行二阶回归估计，即：

$$r_i - r_Z = \gamma_0 + \gamma_1 \times (\beta_i \text{ 估计值})$$

结果显示 γ_0 和 γ_1 的估计值将会受到市场代理变量相对有限性的影响。如果回归中使用的市场指数有效，那么检验非常明确；但如果代理市场投资组合无效，对 CAPM 模型的检验效果也将非常糟糕。因此，缺乏合理的有效市场代理变量，我们将无法对模型进行有效检验。不幸的是，我们很难判断代理组合相对于真实市场投资组合的有效性，所以也无法辨别检验的好坏。

13.1.4 贝塔的测量误差

罗尔批评认为 CAPM 模型的检验从一开始就有问题。假设我们能获得真实市场组合的收益数据来解决这些问题，仍要面临一阶回归中贝塔估计值的测量误差所带来的统计问题。

众所周知，假如回归等式右边变量的测量存在误差（在此，贝塔测量有误差且位于二阶回归等式的右边），那么回归等式斜率的系数将会向下偏差，截距项向上偏差。这也与以上的实证结果（估计的 γ_0 比 CAPM 模型的预测值要高，估计的 γ_1 则偏低）一致。

米勒和斯科尔斯[㊂]曾对一个模拟检验进行很好的控制，并证实了上述评论。该检验利用随机数生成器来模拟与观测样本有相似方差的收益率，其平均收益率与 CAPM 模型的期望收益－贝塔关系一致。紧接着，米勒和斯科尔斯在检验中使用这些随机生成的收益率，把这些收益率当成是真实股票的收益率。尽管构建的收益率服从 SML 线，即真实的 γ 系数的值为：$\gamma_0 = 0$，$\gamma_1 = \overline{r_M - r_f}$，和 $r_2 = 0$，但模拟检验的结果却与使用真实数据得到的结果几乎一致。

对早期的事后检验又使我们回到了起点，我们能够解释这些不太令人满意的检验结果，但是却没有正面的检验结果来支持 CAPM－APT 模型。

检验的下一步是要设计出能克服导致 SML 估计产生偏差的度量误差的方法。布莱克、杰森和斯科尔斯[㊃]最先提出了这些检验，其创新之处在于使用了资产组合而不是单个资产。通过证券组合分散并消除了大部分公司效应，从而提高了贝塔估计和资产组合期望收益的精确性。这样也就减轻了由于贝塔估计的测量误差而导致的统计问题。

㊀ Richard Roll and Stephen A. Ross, "On the Cross-Sectional Relation between Expected Return and Betas," *Journal of Finance* 50（1995）, pp. 185-224.

㊁ Schmuel Kandel and Robert F. Stambaugh, "Portfolio Inefficiency and the Cross-Section of Expected Returns," *Journal of Finance* 50（1995）, pp. 185-224; "A Mean-Variance Framework for Tests of Asset Pricing Models," *Review of Financial Studies* 2（1989）, pp. 125-56; "On Correlations and Inferences about Mean-Variance Efficiency," *Journal of Financial Economics* 18（1987）, pp. 61-90.

㊂ Miller and Scholes, "Rate of Return in Relation to Risk."

㊃ Fischer Black, Michael C. Jensen, and Myron Scholes, "The Capital Asset Pricing Model: Some Empirical Tests," in *Studies in the Theory of Capital Markets*, ed. Michael C. Jensen（New York: Praeger, 1972）.

然而，将股票进行组合会减少二阶回归中观测值的数量。例如，假设要用100种股票构造5个资产组合，每个组合20种股票。如果单因素市场假设是正确的，那么事实上，每个资产组合的残差是不相关的，且组合残差的方差大约是单个资产残差方差均值的5%。因此，一阶回归中股票组合的贝塔估计将会更准确。但是，在考虑二阶回归时，用单个股票回归将有100个观测值来估计二阶回归系数。但若使用包含20种股票的资产组合，二阶回归只有5个观测值。

为了更好地平衡这两方面，我们须构造一个使贝塔系数尽可能分散的资产组合。解释变量观测值的变化范围越广，回归估计也会越准确。考虑估计SCL线（即单个资产超额收益与市场超额收益的关系）的一阶回归，如果有市场收益率高度分散的样本数据，就能更准确地估计市场收益率的变化对单个资产收益的影响。然而，该例没有控制市场收益的变化范围，但却能控制二阶回归中解释变量（贝塔）的范围。我们将股票根据贝塔进行排序并分到组合中，组合1包含20只贝塔值最高的股票，且组合5包含20只贝塔值最低的股票。因此，资产组合的非系统风险 e_P 将非常小，且贝塔值广泛分布的投资组合也将使得SML的检验更有说服力。

法玛和麦克贝思[⊖]用这种方法证实了超额收益率与贝塔确实是线性关系，且非系统风险不能带来任何超额收益。他们按照布莱克、杰森和斯科尔斯提出的方法构造了20个资产组合，在SML等式中加入贝塔系数的平方（为了检验收益与贝塔之间的线性关系）和残差估计的标准差（为了检验非系统风险的解释能力）。在一系列的子区间内，对每个子区间进行如下估计：

$$r_i = \gamma_0 + \gamma_1\beta_i + \gamma_2\beta_i^2 + \gamma_3\sigma(e_i) \tag{13-5}$$

γ_2 测量收益潜在的非线性关系，γ_3 测量非系统风险 $\sigma(e_i)$ 的解释能力。根据CAPM模型，γ_2 和 γ_3 在二阶回归中的系数都将显著为0。

法玛和麦克贝思用1935年1月～1968年6月每月的数据估计了式（13-5），得到的结果如表13-1所示，其还列出了三个子区间内的系数和 t 统计量。法玛和麦克贝思观察到残差标准差（非系统风险）的系数 γ_3 波动范围很大且并不显著，与非系统风险无法解释任何超额收益的假设一致。同样，贝塔方差的系数 γ_2 也不显著，与期望收益－贝塔关系的线性假设一致。

表13-1　法玛和麦克贝思（1973）实证结果（所有比率均为百分比）

区间	1935.6～1968	1935～1945	1946～1955	1956.6～1968
Av. r_f	13	2	9	26
Av. $\gamma_0 - r_f$	8	10	8	5
Av. $t(\gamma_0 - r_f)$	0.20	0.11	0.20	0.10
Av. $r_M - r_f$	130	195	103	95
Av. γ_1	114	118	209	34
Av. $t(\gamma_1)$	1.85	0.94	2.39	0.34
Av. γ_2	−26	−9	−76	0
Av. $t(\gamma_2)$	−0.86	−0.14	−2.16	0
Av. γ_3	516	817	−378	960
Av. $t(\gamma_3)$	1.11	0.94	−0.67	1.11
Av. *R-SQR*	0.31	0.31	0.32	0.29

然而，对于期望收益－贝塔关系，图形却很混淆。与之前的研究一致，估计的SML线太过平缓。$\gamma_0 - r_f$ 是正的，且 γ_1 的平均数小于 $r_M - r_f$。从肯定方面来看，这些差别并不显著，所以并不能推翻CAPM模型。

概念检查13-3

根据CAPM模型和表13-1中的数据，1946～1955年间法玛－麦克贝思数据回归中 γ_0，γ_1，γ_2 和 γ_3 的估计值分别为多少？

总之，对CAPM模型有效性的检验提供的证据是混杂的，总结如下：

⊖ Eugene Fama and James MacBeth, "Risk, Return, and Equilibrium: Empirical Tests," *Journal of Political Economy* 81 (March 1973).

（1）支持单因子 CAPM 模型和 APT 模型的结论有：

a. 期望收益是线性的，且与贝塔（系统风险）正相关。

b. 期望收益不受非系统风险的影响。

（2）然而，由无风险利率或零贝塔的 CAPM 模型预测的单因子期望收益 - 贝塔关系与实证数据并不完全一致。

因此，尽管定性来说，β 对额外收益起作用，而 $\sigma(e_i)$ 不起作用是支持 CAPM 模型的，但实证检验却不能证明它的定量预测是有效的。

概念检查 13-4

如果法玛和麦克贝思检验发现 β^2 和 $\sigma(e)$ 的系数为正，该如何解释这种现象？

13.1.5 有效市场假说和资本资产定价模型

罗尔批评也为分析 CAPM 模型和 APT 模型的实证结果提供了积极的方法。正如罗尔所言，CAPM 模型和期望收益 - 贝塔关系直接源于市场投资组合的有效性。这意味着如果我们能建立起有效的市场投资组合，就不必进一步检验期望收益 - 贝塔关系。

正如第 11 章对有效市场假说的讨论，专业投资者很难战胜市场投资组合的代理变量（如标准普尔 500 指数和纳斯达克市场指数）。这也许能成为 CAPM 模型和 APT 理论实证内容中最强有力的证据。

13.1.6 对人力资本和资产贝塔周期变化的考虑

单一指数模型检验存在两大缺陷：

（1）美国资产中只有一部分在资本市场中交易，其中最重要的非交易资产大概是人力资本。

（2）我们能充分证明资产贝塔是周期性的，在模型中考虑这种周期性能提高 CAPM 模型的预测能力。

CAPM 模型的一个假设是所有资产都可交易且对所有投资者来说都是可获得的。梅耶斯[㊀]放松了该假设并提出了 CAPM 模型的变形，并在期望收益 - 贝塔关系中加入别的变量。

人力资本可以说明市场代理变量（如标准普尔 500 指数）存在代理缺陷。未来的工资以及对技能服务的补偿的价值是投资者财富的重要组成部分，因此他们希望能在退休之前多工作几年。此外，有理由相信，人力资本的变化与资产收益率之间存在较小的相关性，因此能分散投资者资产组合的风险。

杰加纳森和王[㊁]将劳动总收入的变化率作为人力资本变化的代理变量。除了估计资产相对于价值加权股票市场指数的标准贝塔 β^{vw} 之外，杰加纳森和王还估计了资产相对于劳动力收入增长的贝塔 β^{labor}。最后，他们还考察了商业周期对资产贝塔影响的可能性（许多其他的研究也探讨过这个问题[㊂]）。这些贝塔也被称做条件贝塔，因为它们随着经济状态而变化。杰加纳森和王将低信用等级公司债和高信用等级公司债的收益率之差作为商业周期的替代变量，并估计了资产相对于商业周期变量的贝塔 β^{prem}。估计出每个资产组合的这三个贝塔值之后，杰加纳森和王按照式 (13-6) 进行二阶回归，模型中包含了公司规模（股权的市场价值 ME）：

$$E(R_i) = c_0 + c_{size}\log(\mathrm{ME}) + c_{vw}\beta^{vw} + c_{prem}\beta^{prem} + c_{labor}\beta^{labor} \tag{13-6}$$

杰加纳森和王根据证券的规模和贝塔构造了 100 个资产组合，并将这些组合作为检验样本。首先根据股票的规模排序并将其分成 10 个组合，再将每个组合根据贝塔的大小排序并分成 10 个子组合，这样就有 100 个资产组合。表 13-2 列出了不同二阶回归的部分结果。表中前两行是根据法玛和麦克贝思的 CAPM 检验模型得出的系数和 t 统计量，显示的结果是拒绝 CAPM 模型，因为贝塔的系数值为负，虽然其并不显著。

㊀ David Mayers, "Nonmarketable Assets and Capital Market Equilibrium under Uncertainty," *in Studies in the Theory of Capital Markets*, ed. Michael C. Jensen (New York: Praeger, 1972), pp. 223-48.

㊁ Ravi Jagannathan and Zhenyu Wang, "The Conditional CAPM and the Cross-Section of Expected Returns," *Journal of Finance* 51 (March 1996), pp. 3-54.

㊂ For example, Campbell Harvey, "Time-Varying Conditional Covariances in Tests of Asset Pricing Models," *Journal of Financial Economics* 24 (October 1989), pp. 289-317; Wayne Ferson and Campbell Harvey, "The Variation of Economic Risk Premiums," *Journal of Political Economy* 99 (April 1991), pp. 385-415; and Wayne Ferson and Robert Korajczyk, "Do Arbitrage Pricing Models Explain the Predictability of Stock Returns?" *Journal of Business* 68 (July 1995), pp. 309-49.

接下来的两行结果说明规模因子的加入并没有起到任何作用。R^2 的大幅增加（从 1.35% 到 57%）说明规模能很好地解释平均收益率的变化而贝塔却不能。若考虑周期变量和劳动力收入变量而去掉规模变量（表 13-2B 栏），则模型的解释力会有所提高（R^2 为 55%），但此时，CAPM 模型的期望收益－贝塔关系并没有得到改善，周期变量和劳动力总收入的系数都显著。再次加入规模因子（后两行），我们发现其并不显著，仅在边际上提高了模型的解释能力。

表 13-2 评价不同类型资本资产定价模型

系数	c_0	c_{vw}	c_{prem}	c_{labor}	c_{size}	R^2
A. 不考虑人力资本的静态 CAPM 模型						
估计	1.24	-0.10				1.35
t-值	5.16	-0.28				
估计	2.08	-0.32			-0.11	57.56
t-值	5.77	-0.94			-2.30	
B. 考虑人力资本的条件 CAPM 模型						
估计	1.24	-0.40	0.34	0.22		55.21
t-值	4.10	-0.88	1.73	2.31		
估计	1.70	-0.40	0.20	0.10	-0.07	64.73
t-值	4.14	-1.06	2.72	2.09	-1.30	

注：该表是如下模型的面板回归估计（使用了部分或全部解释变量）：

$$E(R_{it}) = c_0 + c_{size}\log(\mathrm{ME}_i) + c_{vw}\beta_i^{vw} + c_{prem}\beta_i^{prem} + c_{labor}\beta_i^{labor}$$

式中，R_{it} 是资产组合 $i(i=1, 2, \ldots, 100)$ 在 t 月（1963.07～1990.12）的收益率；R_t^{vw} 是股票价值加权指数的收益率；R_{t-1}^{prem} 是低信用等级和高信用等级公司债的收益率之差；R_t^{labor} 是劳动总收入的增长率。β_i^{vw} 是 R_{it} 关于 R_t^{vw} 最小二乘回归的效率系数；其他贝塔也采用相似的方法估计。资产组合规模 $\log(\mathrm{ME}_i)$ 是组合 i 中单个资产市场价值对数的加权平均值。回归模型用法玛－麦克贝思方法来估计。"修正的 t 值"考虑了贝塔估计的样本误差。R^2 为百分数。

尽管结果明显拒绝了 CAPM 模型，我们却能从表 13-2 中得到两个重要结论。首先，证券贝塔有条件的一阶回归估计存在很大缺陷，因为其没有完全考虑股票收益的周期性，因此不能准确地衡量股票的系统风险。事实上，这对于 CAPM 模型是好消息，因为我们可用更好的系统风险估计量代替简单的贝塔值，并将工具变量如规模和经济周期的解释能力转移到指数收益率上。其次，与杰加纳森和王的研究相关的是，任何 CAPM 模型中人力资本都很重要且能更好地解释证券的系统风险。

13.1.7 对非交易性业务的考虑

杰加纳森和王考虑了劳动力收入，希顿和卢卡斯[⊖]分析了私营业务的重要性。我们预期私有企业主会减少那些与他们特定企业收入正相关的交易性证券。如果这种效应足够重要，对交易性证券的总需求将受到这些证券与非公司商业总收入的协方差的影响。那些与非公司业务收入协方差高的证券，其风险溢价也会更高。

与该理论一致，希顿和卢卡斯发现在私营业务上具有更高投资的家庭会减少对股权资产的投资比例。表 13-3 节选自其回归分析，其中整体资产组合中股票的投资比例是被解释变量。私营业务在总财富中所占比例（记为"相对业务"）的回归系数显著为负。风险态度（基于自我评估的风险厌恶度）的系数也显著为负。

表 13-3 股票持有比例的影响因素

	股票持有比例		
	相对流动资产	相对金融资产	相对总资产
截距项	0.71	0.53	0.24
	(14.8)	(21.28)	(10.54)
总收入 $\times 10^{-10}$	-1.80	-0.416	-1.72
	(-0.435)	(-0.19)	(-0.85)
资产净值 $\times 10^{-10}$	2.75	5.04	7.37
	(0.895)	(3.156)	(5.02)
相对业务	-0.14	-0.50	-0.32
	(-4.34)	(-29.31)	(-20.62)

⊖ John Heaton and Debora Lucas, "Portfolio Choice and Asset Prices: The Importance of Entrepreneurial Risk," *Journal of Finance* 55, no. 3 (June 2000), pp. 1163-98.

（续）

	股票持有比例		
	相对流动资产	相对金融资产	相对总资产
投资者年龄	-7.94×10^{-4}	-6.99×10^{-5}	2.44×10^{-3}
	(−1.26)	(−0.21)	(−4.23)
风险态度	−0.05	−0.02	−0.02
	(−4.74)	(−3.82)	(−4.23)
相对抵押贷款	0.05	0.43	0.30
	(1.31)	(20.90)	(16.19)
相对养老金	0.07	−0.41	−0.31
	(1.10)	(−11.67)	(−9.60)
相对房地产	−0.04	−0.44	−0.31
	(−1.41)	(−27.00)	(−20.37)
调整的 R^2	0.03	0.48	0.40

注：标圆括号的数据是 t 统计量

资料来源：John Heaton and Debora Lucas, "Portfolio Choice and Asset Prices: The Importance of Entrepreneurial Risk," *Journal of Finance* 55, no. 3 (June 2000), pp. 1163-98. Reprinted by permission of the publisher, Blackwell Publishing, Inc.

最后，希顿和卢卡斯还扩展了杰加纳森和王的模型，加入了私营业务收入的变化率。他们发现该变量系数显著且改善了回归的解释能力。此时，市场收益率同样不能解释个别证券的收益率，因此 CAPM 模型的含义仍被拒绝。

13.2　多因素资本资产定价模型与无套利理论的检验

多因素 CAPM 模型和 APT 理论阐述了系统风险敞口如何影响期望收益，但是却没有为选择导致风险溢价的因素提供参考。多因素模型的检验包括三个步骤：

（1）风险因素的详细说明；

（2）辨别规避这些基本风险因素的资产组合；

（3）对解释能力和套期投资组合风险溢价的检验。

宏观因素模型

陈、罗尔和罗斯[⊖]提出了一些能代理系统因素的可能变量：

IP——行业生产的增长率；

EI——通货膨胀的预期变化，由短期国库券利率的变化测量；

UI——非预期的通货膨胀，为实际通货膨胀和预期通货膨胀之差；

CG——风险溢价的非预期变化，由 Baa 级公司债和长期政府债券的收益率之差测量；

GB——期限溢价的非预期变化，由长期和短期政府债券的收益率之差测量。

由于辨别了这些潜在的经济因素，陈、罗尔和罗斯省略了辨别纯因子组合（与因素相关性最高的资产组合）的步骤，将因素本身作为替代，此时他们隐含地假设纯因子组合能作为因素的替代存在。他们仿照法玛－麦克贝思方法对这些因素进行检验。

这种检验方法的一个重要过程就是如何将股票组成资产组合。回顾单因素检验，通过构造贝塔值分散化的资产组合来加强检验能力。在多因素的框架下，有效组合的标准并没有那么明显。陈、罗尔和罗斯根据规模（流通在外的股票的市场价值，与股票的平均收益率相关）将样本股组成了 20 个资产组合。

他们先在一阶回归中用 5 年的月数据来估计 20 个资产组合的因素贝塔值，具体估计是对每个资产组合使用如下的回归：

$$r = a + \beta_M t_M + \beta_{IP}\mathrm{IP} + \beta_{EI}\mathrm{EI} + \beta_{UI}\mathrm{UI} + \beta_{CG}\mathrm{CG} + \beta_{GB}\mathrm{GB} + e \tag{13-7a}$$

式中，M 是指股票市场指数。陈、罗尔和罗斯在此使用了两个代理变量：价值加权的纽约证券交易所指数（VMNY）和等权重的纽约证券交易所指数（EWNY）。

⊖ Nai-Fu Chen, Richard Roll, and Stephen Ross, "Economic Forces and the Stock Market," *Journal of Business* 59 (1986).

将20组一阶回归估计的因素贝塔作为二阶回归的解释变量（总共有20个观测样本，对应每个资产组合）：

$$r = \gamma_0 + \gamma_M\beta_M + \gamma_{IP}\beta_{IP} + \gamma_{EI}\beta_{EI} + \gamma_{UI}\beta_{UI} + \gamma_{CG}\beta_{CG} + \gamma_{GB}\beta_{GB} + e \tag{13-7b}$$

式中，γ 是对因素风险溢价的估计。

陈、罗尔和罗斯对样本期的每月数据进行二阶回归，且每过12个月就对一阶回归因素贝塔值重新估计一次。将所有二阶回归中估计的因素风险溢价（参数 γ 的值）进行平均。

表13-4列出了一阶回归的结果，从表中我们可以看出，EWNY和VWNY统计都不显著（t 统计量分别为1.218和-0.633，都小于2），此外，VWNY因素的符号出现错误，似乎意味着出现了负的市场风险溢价。行业生产（IP）、公司债券风险溢价（CG）以及未预期到的通货膨胀（UI）都有着显著的解释能力。

表13-4 经济变量与定价（每月百分比×10）多因素方法

A	EWNY	IP	EI	UI	CG	GB	截距项
	5.021	14.009	-0.128	-0.848	0.130	-5.017	6.409
	(1.218)	(3.774)	(-1.666)	(-2.541)	(2.855)	(-1.576)	(1.848)
B	**VWNY**	**IP**	**EI**	**UI**	**CG**	**GB**	**截距项**
	-2.403	11.756	-0.123	-0.795	8.274	-5.905	10.713
	(-0.633)	(3.054)	(-1.600)	(-2.376)	(2.972)	(-1.879)	(2.755)

注：VWNY——价值加权的纽约证券交易所指数；EWNY——等值加权的纽约证券交易所指数；IP——行业生产的月增长率；EI——通货膨胀的预期变化；UI——通货膨胀的未预期变化；CG——风险溢价的未预期变化（Baa级及以下债券利率减去长期政府债券利率）；GB——期限结构的未预期变化（长期政府债券利率减去短期国库券利率）；圆括号标出的是 t 统计量。

资料来源：Modified from Nai-Fu Chen，Richard Roll，and Stephen Ross，"Economic Forces and the Stock Market，" *Journal of Business* 59（1986）. Reprinted by permission of the publisher，The University of Chicago Press.

13.3 法玛-弗伦奇三因素模型

如今占主流地位的多因素模型是法玛和弗伦奇[㊀]提出的三因素模型。法玛-弗伦奇模型中的系统风险因素有公司规模、账面-市值比以及市场指数。这些额外因素的加入是基于经验观察的（见第11章），小公司股票和具有较高股权账面-市值比的股票的历史平均收益率一般要高于CAPM模型预测的，这些观测数据说明规模或账面—市值比能代理一部分没有为CAPM贝塔所考虑的系统风险敞口，从而导致与这些因素相关的风险溢价。

如何使法玛-弗伦奇模型具有可操作性呢？法玛和弗伦奇提出将小公司与大公司收益率之差作为每期的规模因素，记为SMB（"小减大"）。类似地，另一个因素由高账面-市值比公司与低账面-市值比公司的收益率之差测量，记为HML（"高减低"）。因此，法玛-弗伦奇三因素定价模型[㊁]如下：

$$E(r_i) - r_f = a_i + b_i[E(r_M) - r_f] + s_iE[\text{SMB}] + h_iE[\text{HML}] \tag{13-8}$$

式中，系数 b_i，s_i，和 h_i 分别是三个因素的股票贝塔，也被称为因子载荷。根据套利定价模型，如果这些因素是相关的，那么这些因子载荷导致的风险溢价能够完全解释超额收益率。换言之，如果这些因素能完全解释资产超额收益率，那么方程中截距项将为0。

为了构造能追踪规模和账面-市值比因素的资产组合，戴维斯、法玛和弗伦奇[㊂]将工业企业按照规模（市场价值）和账面-市值比（B/M）进行排序并分组。规模溢价SMB是规模最低和最高的1/3的公司的收益之差。每期的HML也用类似的方法估计。市场指数是根据纽约证券交易所、美国股票交易所和纳斯达克市场中所有股票的价值加权收益率，将其减去1个月国库券利率就得到了市场投资组合相对于无风险利率的超额收益。

为了检验三因素模型，戴维斯、法玛和弗伦奇根据每个因素的大小将股票分成九个资产组合。首先将公司根据规

㊀ Eugene F. Fama and Kenneth R. French，"Common Risk Factors in the Returns on Stocks and Bonds，" *Journal of Financial Economics* 33（1993），pp. 3-56.

㊁ 我们用市场投资组合的收益率而不是SMB和HML减无风险利率，原因在于SMB和HML因素已经是两种资产的收益率之差，是一种资产相对于另一种资产的收益率溢价（"小减大"或"高减低"），就好似市场风险溢价是指数相对于无风险资产的超额收益。

㊂ James L. Davis，Eugene F. Fama，and Kenneth R. French，"Characteristics，Covariances，and Average Returns，1929 to 1997，" *Journal of Finance* 55，no. 1（2000），pp. 389-406.

模大小分成三组（小、中和大；S、M、B），另根据账面－市值比高低将公司分成三组（高、中和低；H、M、L），交叉得到九个资产组合。如下列矩阵，S/M 组合包含了规模最小的 1/3 的公司和账面－市值比中等的 1/3 的公司。

账面－市值比	规模		
	小	中	大
高	S/H	M/H	B/H
中	S/M	M/M	B/M
低	S/L	M/L	B/L

对以上每一个资产组合，戴维斯、法玛和弗伦奇用 1929～1997 年 816 个月的数据对如下模型进行一阶回归：

$$r_i - r_f = a_i + b_i(r_M - r_f) + s_i\text{SMB} + h_i\text{HML} + e_i \tag{13-9}$$

表 13-5 摘选了他们的实证结果，回归的截距项（每一资产组合的 a_i 的估计值）非常小且整体上（除了 S/L 组合）统计不显著，t 值小于 2。R^2 统计量的值大于 0.91，意味着三因素模型对超额收益具有很强的解释能力；规模和价值的因子载荷都有较高的 t 值，说明这些因素对模型的解释能力显著。

表 13-5　根据公司规模和 B/M 进行排序分类形成的组合的三因素回归结果

	B/M	公司规模	超额收益	a	b	s	h	$t(a)$	$t(b)$	$t(s)$	$t(h)$	R^2
S/L	0.55	22.39	0.61	-0.42	1.06	1.39	0.09	-4.34	30.78	19.23	1.73	0.91
S/M	1.11	22.15	1.05	-0.01	0.97	1.16	0.37	-0.18	53.55	19.49	9.96	0.96
S/H	2.83	19.05	1.24	-0.03	1.03	1.12	0.77	-0.73	67.32	39.21	26.97	0.98
M/L	0.53	55.85	0.70	-0.06	1.04	0.59	-0.12	-1.29	55.83	18.01	-4.30	0.96
M/M	1.07	55.06	0.95	-0.01	1.05	0.47	0.34	-0.15	32.98	17.50	9.50	0.96
M/H	2.18	53.21	1.13	-0.04	1.08	0.53	0.73	-0.90	47.85	8.99	11.12	0.97
B/L	0.43	94.65	0.58	0.02	1.02	-0.10	-0.23	0.88	148.09	-6.88	-13.52	0.98
B/M	1.04	92.06	0.72	-0.09	1.01	-0.14	0.34	-1.76	61.61	-4.96	13.66	0.95
B/H	1.87	89.53	1.00	-0.09	1.06	-0.07	0.84	-1.40	52.12	-0.86	21.02	0.93

资料来源：James L. Davis, Eugene F. Fama, and Kenneth R. French, "Characteristics, Covariances, and Average Returns, 1929 to 1997," *Journal of Finance* 55, no. 1 (2000), p. 396. Reprinted by the permission of the publisher, Blackwell Publishing, Inc.

我们应该如何解释三因素模型的检验结果呢？更一般地，如何解释法玛－弗伦奇因素与平均收益率的关系呢？一个可行的解释是，规模和相对价值（由 B/M 比率测量）能代理未被 CAPM 贝塔完全解释的风险。这种解释与套利定价理论一致，认为规模和价值是被定价了的风险因素。另一个解释将这些溢价归于投资者的非理性和行为偏差。

13.3.1　基于风险的解释

列维和瓦萨罗㊀发现不同风格的组合（HML 和 SMB）的收益率看似能预测 GDP 的增长，因此也可能涵盖了一些商业周期风险。图 13-1 中每个条柱都是 HML 或 SMB 组合在 GDP 增长率较高的年份和 GDP 增长率较低的年份收益率之差的平均值。正值意味着组合在宏观经济形势好的年份表现更好。占绝大部分的正值也意味着 HML 和 SMB 组合的收益与宏观经济的未来走势正相关，从而可作为商业周期风险的代理变量。因此，规模和价值溢价中至少有部分可以反映成是对更高风险敞口的合理补偿。

佩特科瓦和张㊁尝试着将价值型组合的平均收益补偿与风险溢价联系起来，并使用条件 CAPM 模型进行检验。在传统的 CAPM 模型中，我们将市场风险溢价和公司的贝塔视为给定的参数。相比而言，正如我们在前面章节提到的，条件 CAPM 模型允许这些变量随时间变化，或随同一因素变化。如果市场风险溢价高时，股票的贝塔值也高，那么这种正向联系会导致股票风险溢价中的"协同效应"（股票贝塔和市场风险溢价的共同作用）。

㊀ J. Liew and M. Vassalou, "Can Book-to-Market, Size and Momentum Be Risk Factors That Predict Economic Growth?" *Journal of Financial Economics* 57 (2000), pp. 221-45.

㊁ Ralitsa Petkova and Lu Zhang, "Is Value Riskier than Growth?" *Journal of Financial Economics* 78 (2005), pp. 187-202.

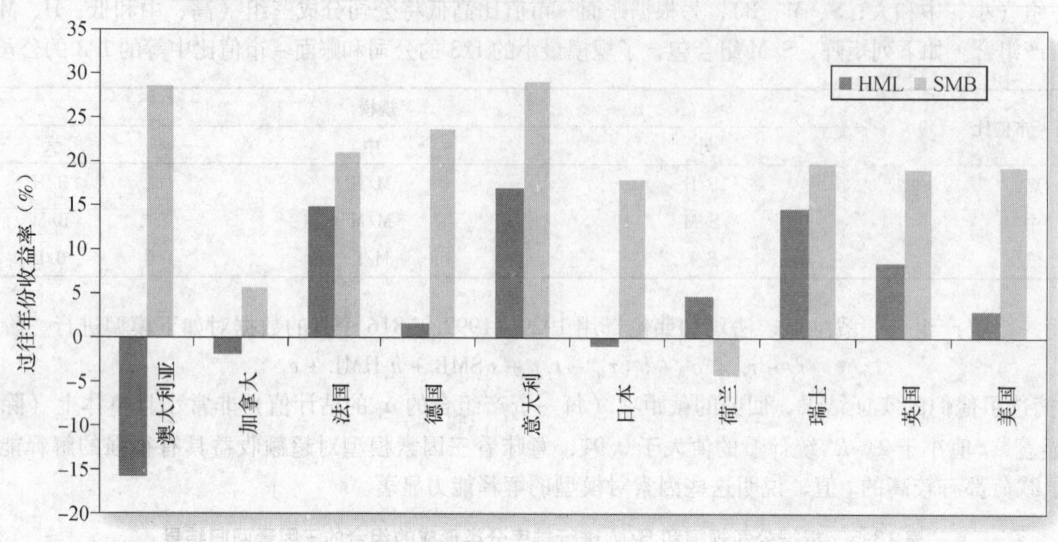

图 13-1　因素资产组合在 GDP 增长高于平均年份和 GDP 增长低于平均年份之前的收益率之差

注：在未来有更高 GDP 增长的年份，SMB 和 HML 组合的收益率一般都更高。

资料来源：J. Liew and M. Vassalou, "Can Book-to-Market, Size and Momentum Be Risk Factors That Predict Economic Growth?" *Journal of Financial Economics* 57（2000）, pp. 221-45. © 2000 with permission from Elsevier Science.

那么是什么导致贝塔和市场风险溢价之间的联系呢？张[⊖]关注不可撤回的投资，发现价值型公司（具有高账面-市值比）平均会有更多的有形资产。这些不可撤销的投资会使得这些公司在经济形势低迷时面临更大的风险，因为在严重的经济衰退时，已存在的这些资产会有较大的产能过剩（相比而言，增长型公司能通过将投资计划延后以更好地面对经济衰退）。高账面-市值比的公司在经济衰退时面临的更高的风险敞口会导致其在衰退市场中有着较高的贝塔。此外，有证据表明，在跌市中投资者会因经济压力更高并变得更加不安，此时市场风险溢价会更高。这两方面结合起来可能导致了高 B/M 公司的贝塔和市场风险溢价的正向联系。

为了量化这些概念，佩特科瓦和张将贝塔和市场风险溢价都设置为一组"状态变量"，即能反映经济状态的变量：

DIV——市场股利收益率

DEFLT——公司债的违约利差（Baa ~ Aaa 级利率）

TERM——期限结构利差（10 年 ~ 1 年期国库券利率）

TB——1 个月国库券利率

在进行一阶回归时，将这些状态变量替代贝塔，具体形式如下：

$$r_{\mathrm{HML}} = \alpha + \beta r_{Mt} + e_i = \alpha + \underbrace{[b_0 + b_1\mathrm{DIV}_t + b_2\mathrm{DEFLT}_t + b_3\mathrm{TERM}_t + b_4\mathrm{TB}_t]}_{=\beta_t \leftarrow \text{随时间变化的贝塔}} r_{Mt} + e_i$$

首先估计出参数 $b_0 \sim b_4$，再将这些参数和每期四个状态变量的值拟合出贝塔值，从而估计出每期的贝塔值。

类似地，能用相同的状态变量估计出随时间变化的市场风险溢价：

$$r_{\mathrm{MKt},t} - r_{ft} = c_0 + c_1\mathrm{DIV}_t + c_2\mathrm{DEFLT}_t + c_3\mathrm{TERM}_t + c_4\mathrm{TB}_t + e_t$$

我们能使用回归参数和每期的状态变量值估计出每期的市场风险溢价，回归的拟合值就是市场风险溢价的估计值。

最后，佩特科瓦和张检验了贝塔和市场风险溢价的关系，他们用溢价的大小来定义经济状态，经济顶峰时期被定义为具有最低 1/10 的风险溢价的时期，经济低谷时期是具有最高 1/10 的风险溢价的时期。结果如图 13-2 所示，支持了反周期贝塔的概念：HML 组合的贝塔在经济形势好时为负，意味着价值型股票（高账面-市值比）的贝塔要小于增长型股票（低账面-市值比）的贝塔，当在经济衰退时会出现相反的情况。虽然 HML 的贝塔和市场风险溢

⊖ Lu Zhang, "The Value Premium," *Journal of Finance* 60（2005）, pp. 67-103.

价的协方差本身还不足以解释价值型组合的平均收益溢价，但至少有一部分风险溢价是理性的。

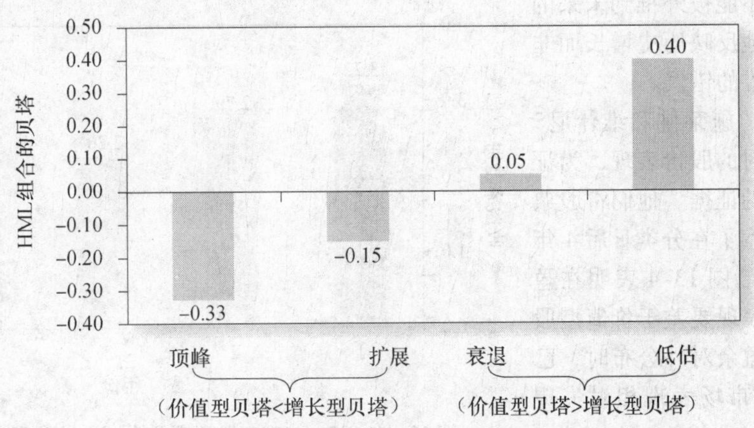

图 13-2　不同经济状态下 HML 组合贝塔

注：当市场风险溢价越高时，HML 组合的贝塔也越高。

资料来源：Ralitsa Petkova and Lu Zhang, "Is Value Riskier than Growth?" *Journal of Financial Economics* 78 (2005), pp. 187-202. © 2005 with permission from Elsevier Science.

13.3.2 基于行为的解释

在争论的另一方，学者认为价值型溢价说明了市场的非理性。争论的本质在于分析员倾向于将近期表现延伸到未来，从而夸大了具有较好近期表现的公司的价值。当市场意识到这个错误时，这些公司股票的价格就会出现下跌。因此，平均来说，"绩优股"，即近期表现良好、价格高且账面 - 市值比低的股票的表现一般差于"价值股"，因为对账面 - 市值比低的公司来说，高价格意味着投资者的过度乐观。

图 13-3 摘自陈、卡西斯基和兰考尼肖科[⊖]，其描述了投资者的过度反应。根据公司在过去 5 年的收入增长率将其从低到高排序并分成 10 组。在 5 年末，每一组账面 - 市值比能够很好地追踪股票近期表现（虚线）。期末 B/M 随着过去 5 年增长率的增加而平稳下降，意味着历史表现被外推并反映在价格中。较高的历史增长率会导致更高的价格和较低的账面 - 市值比。

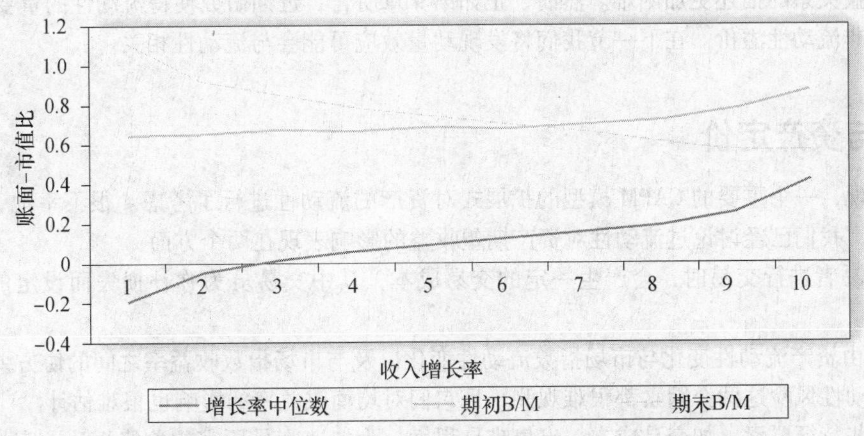

图 13-3　账面 - 市值比反映了历史增长而非未来增长预期

注：5 年末的 B/M 会随着历史收入增长率的增加而减少，但会随着未来收入增长率的增加而出现轻微增加。

资料来源：L. K. C. Chan, J. Karceski, and J. Lakonishok, "The Level and Persistence of Growth Rates," *Journal of Finance* 58 (April 2003), pp. 643-84. Reprinted by permission of the publisher, Blackwell Publishing, Inc.

但是对于 5 年期初的 B/M（实线），其与历史增长率没有关系或有正向相关，意味着现今的市值与接下来的增

⊖ L. K. C. Chan, J. Karceski, and J. Lakonishok, "The Level and Persistence of Growth Rates," *Journal of Finance* 58 (April 2003), pp. 643-84.

长不相关或反向相关。换言之，具有较低账面－市值比的公司（绩优股）的收入增长不会比其他公司的更快，也意味着市场忽略了历史增长不能被外推到未来的证据。账面－市值比更好地反映历史增长而非未来增长，从而导致了外推的错误。

拉波塔、兰考尼肖科、施莱佛和维什尼[㊀]考察了实际盈余对外公布时的股价表现，为证明外推的错误提供了更多的证据。他们将股票分成价值型和增长型，考察了在分类日后4年的盈余宣布后的股价表现。图13-4表明在盈余宣布后，增长型股票的表现要差于价值型股票。从而推断出，在实际盈余对外公布时，已经被归为增长型的股票的市场表现相对失望一些。

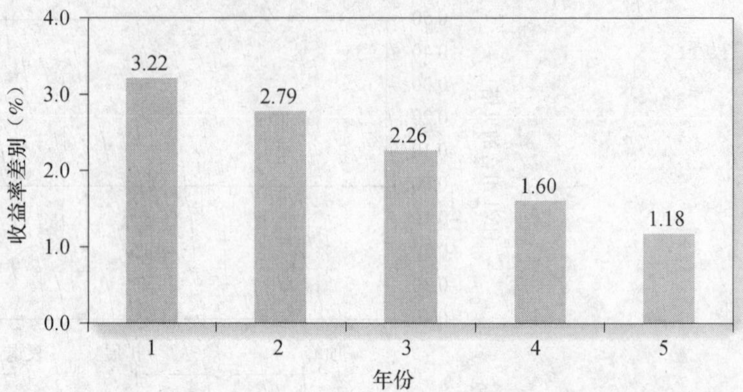

图13-4 1971～1992年盈余公布时，价值股和绩优股的表现差别

注：公布效应每4年在股票被划分为价值股或绩优股之后测量一次。

资料来源：R. La Porta, J. Lakonishok, A. Shleifer, and R. W. Vishny, "Good News for Value Stocks," *Journal of Finance* 51 (1997), pp. 1715-42. Reprinted by permission of the publisher, Blackwell Publishing, Inc.

虽然争论至今还未解决，但法玛－弗伦奇模型无疑方便了人们将股票表现与一系列基准相比较。这些风险因素的收益补偿是完全反映了理性风险溢价或完全非理性还是两者兼有仍存在很大的争议。

13.3.3 第四个因素：动量

自从法玛－弗伦奇三因素模型提出后，第四个因素也被加入模型中控制股票的收益行为，即动量因素。如第11章所介绍的，杰加迪西和逖特曼发现股票较好或较坏的表现会持续几个月，类似于动量的特性。[㊁]卡哈特将这种动量效应加入到三因素模型中，并以该模型来评估共同基金的业绩。[㊂]他发现事实上许多共同基金的阿尔法值都可以通过因子载荷和对市场动量的敏感性来解释。原始的法玛－弗伦奇三因素模型增加一个动量因素就是常用的四因素模型，该模型常被用来评估股票组合的异常表现。

当然，这个额外的因素也带来了更多的难题。用原始的法玛－弗伦奇因素来反映风险来源已经有些许挑战，动量因素使得风险—收益关系的描述更加困难。然而，正如第9章所言，近期研究使得流动性的重要性受到高度关注，特别是资产定价中的非流动性溢价。在下一节我们将发现动量效应可能会与流动性相关。

13.4 流动性与资产定价

在第9章我们发现，一个重要的CAPM模型的扩展式对资产的流动性进行了考虑。很不幸地，流动性的测量却并不简单。在第9章，我们已经讨论过流动性对资产期望收益的影响表现在两个方面：

（1）当与知情交易者进行交易时，会产生一定的交易成本，其中交易员为弥补损失而设定的买卖价差占主导地位。

（2）流动性风险由资产流动性变化与市场指数流动性变化以及与市场指数收益率之间的协方差所导致。

流动性成本和流动性风险这两个因素都很难观测，且它们对均衡收益率的影响也很难估计。

流动性包含了一些特征要素，如交易成本、出售难易程度、为快速交易所需的价格折让、市场深度以及价格的可预测性。如此说来，流动性就很难用单一的统计量来测量。比较受欢迎的测量流动性的方法（更准确地说是测量非流动性的方法）主要关注价格影响的大小：出售方为了完成一笔高额交易需要做出多大的价格让步，或者相反

㊀ R. La Porta, J. Lakonishok, A. Shleifer, and R. W. Vishny, "Good News for Value Stocks," *Journal of Finance* 51 (1997), pp. 1715-42.

㊁ Narasimhan Jegadeesh and Sheridan Titman, "Returns to Buying Winners and Selling Losers: Implications for Stock Market Efficiency," *Journal of Finance* 48 (March 1993), pp. 65-91.

㊂ Mark M. Carhart, "On Persistence in Mutual Fund Performance," *Journal of Finance* 52 (March 1997), pp. 57-82.

地，购买方为了大量买入资产需要提供多大的溢价。

帕斯特和斯坦博[一]采用一个常用的方法来测量非流动性，即寻找价格出现逆转的证据，尤其大宗交易时。他们认为如果股价在交易日出现部分逆转，就可以推断出初始价格变化中有一部分不是由股票的内在价值的改变导致的（如果是，价格不会出现逆转），而与初始交易有关。逆转意味着一部分初始价格变化是由于交易发起者为了在一定时间范围内完成交易而做出的价格让步（提高买价或降低售价）。帕斯特和斯坦博通过回归分析发现，成交量越高，价格逆转的程度越大——如果部分的价格变化是流动性现象，那么出现这种结果就符合人们的预期。他们对滞后的收益和成交量进行一阶回归，成交量的系数测量了高成交量的股票价格出现较高逆转的倾向。

另一个非流动性的测量方法由阿米胡德[二]提出，同样是关注于大宗交易和价格运动的联系。具体表述如下：

$$\text{非流动性测量(ILLIQ)} = \left[\frac{\text{日收益绝对值}}{\text{月成交金额}}\right]\text{的月均值}$$

该测量方法是基于单位美元交易对股价的影响，可用来估计流动性成本和流动性风险。

最后，萨德卡[三]使用每笔交易（trade-by-trade）数据设计出了第三个流动性测量方法。他起初观察到部分的价格冲击（非流动性成本的主要组成部分）是由信息不对称导致的（回顾第 9 章从信息不对称和买卖价差的角度对流动性的讨论），然后，萨德卡通过回归分析证实了信息因素导致了部分的价格冲击。公司的流动性会随着信息激励交易的普遍性的变化而变化，导致了流动性风险。

任何一种流动性的测量方法都可以对股票进行平均得到市场整体的非流动性。给定市场的非流动性，就能测量任一股票的"流动性贝塔"（股票收益率对市场流动性变化的敏感度），并估计流动性风险对期望收益的影响。如果具有流动性贝塔高的股票具有较高的平均收益率，则流动性是"被定价的因素"，即流动性暴露能提供更高的期望收益率以补偿风险。

帕斯特和斯坦博认为流动性风险实际上是一个被定价的因素，且与之相关的风险溢价在数量上是显著的。他们根据流动性贝塔将资产组合排序并分成 10 组，然后使用两个忽略流动性的模型（CAPM 模型和法玛 - 弗伦奇三因素模型）来计算每组股票的平均阿尔法值。图 13-5 描述了每个模型计算的阿尔法值，其随着 10 个组合的流动性贝塔的增大而显著增加，说明在控制了其他因素时，平均收益率会随着流动性风险的增加而增加。不出意料地，用法玛 - 弗伦奇模型计算的阿尔法与流动性风险的关系更为明显，因为该模型控制了影响平均收益率的其他因素。

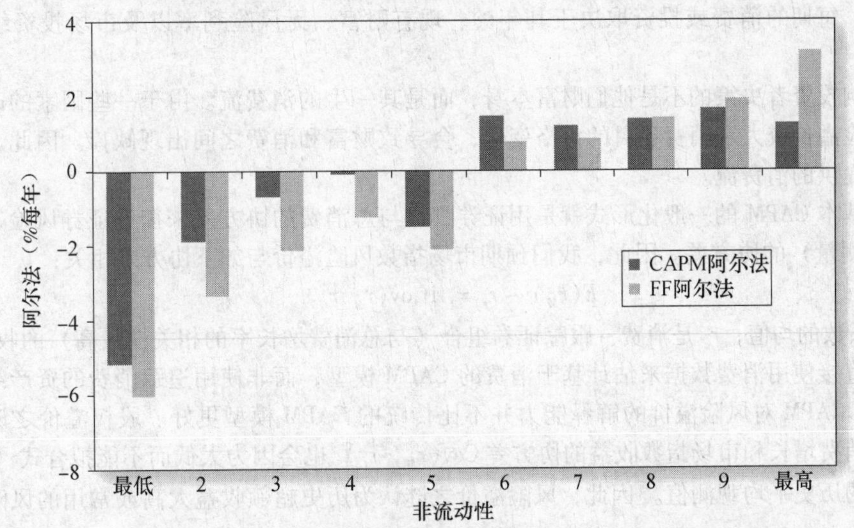

图 13-5 根据流动性贝塔排序的价值加权资产组合的阿尔法

资料来源：L. Pástor and R. F. Stambaugh, "Liquidity Risk and Expected Stock Returns," *Journal of Political Economy* 111 (2003), pp. 642-85, Table 4.

[一] L. Pástor and R. F. Stambaugh, "Liquidity Risk and Expected Stock Returns," *Journal of Political Economy* 111 (2003), pp. 642-85.

[二] Yakov Amihud, "Illiquidity and Stock Returns: Cross-Section and Time-Series Effects," *Journal of Financial Markets* 5 (2002), pp. 31-56.

[三] Ronnie Sadka, "Momentum and Post-earnings Announcement Drift Anomalies: The Role of Liquidity Risk," *Journal of Financial Economics* 80 (2006), pp. 309-49.

阿卡亚和彼得森[一]采用阿米胡德的测量方法对与平均非流动性和流动性风险溢价相关的价格影响进行了检验。他们发现股票的期望收益率取决于平均非流动性（回顾第9章图9-5，阿米胡德发现了相似的结果）。然而，阿卡亚和彼得森强调股票的收益率还取决于一些其他流动性贝塔：股票的非流动性相对于市场非流动性的敏感程度；股票收益率相对于市场非流动性的敏感程度，以及股票非流动性相对于市场收益率的敏感程度。他们发现在传统的CAPM模型中加入这些流动性效应能提高模型对资产期望收益率的解释能力。

流动性和有效市场异象

帕斯特和斯坦博还检验了流动性贝塔对阿尔法（用控制了动量的四因素模型计算）的影响，结果与图9-5非常相似。事实上，他们认为动量投资策略的显著获利能力，部分也与流动性风险有关。

萨德卡进一步考察了流动性风险和动量效应以及另一市场异象的联系。即盈余公告后价格漂移，股票收益率在盈余信息公布后持续上升或坏消息公布后持续下跌（详见第9章对该现象的讨论）。他还注意到这两个异象都对信息特别敏感：动量效应可视为股价对一般信息的缓慢反应；盈余公告后价格漂移可视为股价对盈余信息的缓慢反应。如果这些异象都和信息有关，那么股票的收益率也对冲击市场流动性的信息敏感。实际上，他描述了动量投资策略和根据盈余公告后价格漂移的投资策略对市场流动性都有较高的贝塔，流动性风险能解释40%～80%的超额收益。

13.5　基于消费的资产定价与股权溢价之谜

在一篇经典的文献中，梅赫拉和普莱斯考特发现在美国风险资产的超额收益率太高以致其超出了经济理论和合理的风险厌恶系数所能解释的范围。[二]这种现象也被称为“股权溢价之谜”。关于股权溢价之谜的争论表明对市场风险溢价的预期要低于其历史平均水平。历史收益是否能为未来的收益提供预测的问题非常重要，能为延伸资本市场均衡的讨论范围提供依据。

13.5.1　消费增长和市场收益率

正如第9章所讨论的，ICAPM模型衍生于代表性消费者或投资者一生的消费或投资计划。每个人的计划是要使其一生的消费最大化，每期的消费或投资取决于其年龄、现有财富、无风险利率以及市场投资组合的风险和风险溢价。

消费模型认为影响投资者决策的不是他们财富本身，而是其一生的消费流。由于一些因素的改变，如无风险利率、市场投资组合风险溢价或大宗消费项目的价格变化，会导致财富和消费之间出现缺口。因此，比财富更好的福利的测度是财富所能提供的消费流。

给定这个框架，基本CAPM的一般化形式就是用证券收益与总消费的协方差来衡量证券风险，而非证券收益与市场收益率（财富的测量）的协方差。因此，我们预期市场指数风险溢价与如下协方差相关：

$$E(r_M) - r_f = A\mathrm{Cov}(r_M, r_C) \tag{13-10}$$

式中，A是风险厌恶系数的均值；r_c是消费－跟踪证券组合（与总消费增长率的相关性最高）的收益率。[三]

最初的研究试图直接使用消费数据来估计基于消费的CAPM模型，而非使用追踪消费的资产组合的收益。大体来说，这些检验发现CCAPM对风险溢价的解释能力并不比传统的CAPM模型更好。股权溢价之谜的存在说明即使使用合理的A估计，消费增长和市场指数收益的协方差$\mathrm{Cov}(r_M, r_C)$也会因为太低而不能拟合式（13-10）左边的市场指数组合超额收益的历史平均观测值。[四]因此，风险溢价之谜认为历史超额收益太高或常用的风险厌恶系数的估计量太低。

[一] V. V. Acharya and L. H. Pedersen, “Asset Pricing with Liquidity Risk,” *Journal of Financial Economics* 77 (2005), pp. 375-410.

[二] Jarnish Mehra and Edward Prescott, “The Equity Premium: A Puzzle,” *Journal of Monetary Economics*, March 1985.

[三] 该式与传统CAPM模型中风险溢价的等式$E(r_M) - r_f = A\mathrm{Cov}(r_M, r_M) = A\mathrm{Var}(r_M)$类似，然而，在多因素的ICPM模型中，市场不再是均值方差有效的，所以市场指数的风险溢价不再与其方差成比例。APT理论也认为风险溢价与相关因素的协方差呈线性关系，但是因为它忽略了效用假设，并没对这种关系的斜率进行说明。

[四] 传统CAPM模型没有类似的问题，在CAPM中，$E(r_M) - r_f = A\mathrm{Var}(r_M)$，0.085的风险溢价和0.20的标准差（方差0.04）意味着风险厌恶系数为0.085/0.04＝2.125，在合理的范围内。

近期研究在几个方面改善了估计方法。首先，使用消费－跟踪证券组合而非消费增长本身。总消费数据（低频）仅被用来构建消费－跟踪证券组合，这些组合的高频和精确的收益数据被用于资产定价模型的估计（在另一方面，构建追踪消费的资产组合的任何错误都有可能扰乱资产收益和消费风险的关系）。例如，杰加纳森和王[㊀]用每年第四季度的消费构造了消费－跟踪证券组合。表 13-6 摘自他们的研究，该表描述了法玛－弗伦奇因素以及消费贝塔和超额收益率的相关关系。表中上半部分的结果非常熟悉：观察每一行数据，我们发现账面－市值比越高的公司其平均收益率越高。相似地，观察每一列数据，我们发现规模越大的公司其平均收益率越低。表中下半部分的结果却比较新奇：账面－市值比较高的公司其消费贝塔越高，规模较高的公司其消费贝塔越低。这意味着法玛－弗伦奇因素对平均收益的解释能力事实上能反映资产组合的消费风险。图 13-6 显示了 25 个法玛－弗伦奇组合的平均收益与他们的消费贝塔高度相关。杰加纳森和王报告的其他检验显示，法玛－弗伦奇三因素模型对收益的解释能力好于单因素 CAPM 模型但差于 CCAPM 模型。

表 13-6　年超额收益与消费贝塔

规模	账面－市值比		
	低	中	高
年均超额收益率[①]（%）			
小	6.19	12.24	17.19
中	6.93	10.43	13.94
大	7.08	8.52	9.5
消费贝塔[①]			
小	3.46	4.26	5.94
中	2.88	4.35	5.71
大	3.39	2.83	4.41

注：①25 个法玛－弗伦奇资产组合在 1954~2003 年的平均年超额收益消费贝塔由下列时间序列回归估计：$R_{i,t}=\alpha_i+\beta_{i,c}g_{ct}+\varepsilon_{i,t}$。式中，$R_{i,t}$是相对无风险利率的超额收益；$g_{ct}$是用第四季度消费数据计算的年消费增长率。

资料来源：Ravi Jagannathan and Yong Wang, "Lazy Investors, Discretionary Consumption, and the Cross-Section of Stock Returns," *Journal of Finance* 62 (August 2006), pp. 1623-61.

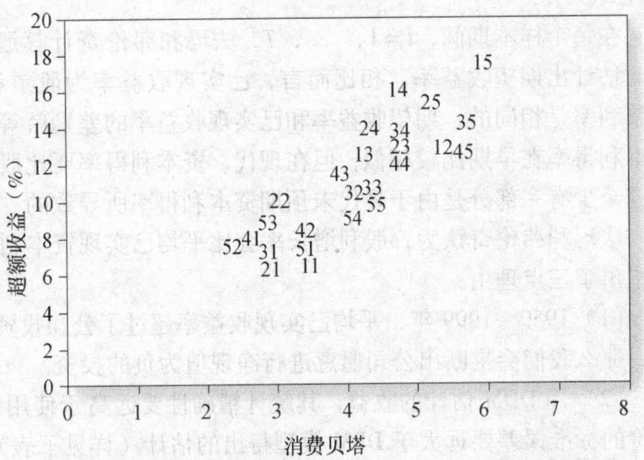

图 13-6　股票收益率的横截面：25 个法玛－弗伦奇资产组合（1954~2003 年）

注：年超额收益和消费贝塔。该图描出了 25 个法玛－弗伦奇资产组合和消费贝塔对应的点。每两个数结合就代表一种资产组合，第一个数表示规模大小（1——最小，5——最大），第二个数表示账面－市值比大小（1——最低，5——最高）

再者，标准的 CCAPM 模型考察的是代表性消费者或投资者，忽略了投资者拥有不同财富和消费习惯的异质信息。为了提高模型的解释能力，较新的研究考察了几类拥有不同财富和消费行为的投资者。例如，对持有金融证券的家庭来说，市场收益与消费将会有更大的协方差。[㊁]这一发现就减轻了股权溢价之谜，其他的解释也相继提出，在此我们也对一些解释进行了讨论。

13.5.2　期望收益率与已实现收益率

法玛和弗伦奇[㊂]对股权溢价之谜提出了另一解释。他们使用 1872~1999 年的股票指数收益率，报告了无风险利率均值、股市收益率均值（标准普尔 500 指数）以及整体区间和子区间的综合风险溢价：

期间	无风险利率	标准普尔 500 指数收益率	股权溢价
1872~1999	4.87	10.97	6.10
1872~1949	4.05	8.67	4.62
1950~1999	6.15	14.56	8.41

㊀ Ravi Jagannathan and Yong Wang, "Lazy Investors, Discretionary Consumption, and the Cross-Section of Stock Returns," *Journal of Finance* 62 (August 2006), pp. 1623-61.

㊁ C. J. Malloy, T. Moskowitz, and A. Vissing-Jorgensen, "Long-Run Stockholder Consumption Risk and Asset Returns," *Journal of Finance* 64 (December 2009), pp. 2427-80.

㊂ Eugene Fama and Kenneth French, "The Equity Premium," *Journal of Finance* 57, no. 2 (2002).

由上表，1949 年后股权溢价均值显著增加，说明股权溢价之谜是一个现代的产物。

法玛和弗伦奇认为用已实现收益率的均值估计风险溢价存在着一些问题。他们采用增长率不变的股利贴现模型（详见第 18 章或有关财务方面的入门教材）来估计期望收益率，并发现在 1872 ~ 1949 年间，股利贴现模型（DDM）估计的预期风险溢价与已实现超额收益非常相似。但在 1950 ~ 1999 年间，DDM 估计的预期风险溢价偏小，说明在该区间内，已实现的超额收益均值超过了投资者的预期。

在增长率不变的 DDM 模型中，股票的预期资本利得率等于股利增长率。因此，股票的预期总收益为股票利率与预期股利增长率 g 之和：

$$E(r) = \frac{D_1}{P_0} + g \tag{13-11}$$

式中，D_1 是年末股利；P_0 是股票的现行价格。法玛和弗伦奇将标准普尔 500 指数作为公司的代表，并用式（13-11）估计 $E(r)$。

在每个样本期间，$t=1, \ldots, T$，法玛和弗伦奇计算股票利率（D_t/P_{t-1}）和股利增长率（$D_t/D_{t-1}-1$）之和，从而估计出期望收益率。相比而言，已实现收益率为股票利率与资本利得率（$P_t/P_{t-1}-1$）之和。两个计算式中，股票利率是相同的，期望收益率和已实现收益率的差别就等于股利增长率和资本利得率之差。虽然，股利增长率和资本利得率在早期比较相似，但在现代，资本利得率要比股利增长率大得多。因此，法玛和弗伦奇推断，股权溢价之谜至少有一部分是由于现代未预期资本利得率所导致的。

法玛和弗伦奇认为，股利增长率会比平均已实现资本利得率对投资者的预期资本利得率提供更可靠的估计，他们指出了三点理由：

（1）1950 ~ 1999 年，平均已实现收益率超过了公司投资的内部收益率，如果这些平均收益率代表了收益的期望值，那么我们会推断出公司愿意进行净现值为负的投资。

（2）用 DDM 估计的收益，其统计精确性要远高于使用平均历史收益得出的估计。由已实现收益率计算的风险溢价的标准误差要远大于 DDM 模型得出的估计（详见下表）。

（3）由 DDM 模型中导出的报酬 - 波动性比率（夏普比率）要比从已实现收益率中得出的平稳得多。如果风险厌恶在一定区间内保持不变，我们就有理由预期夏普比率保持平稳状态。

第 2 点和第 3 点理由的证据在下表列示，股利模型（DDM）得出的估计和已实现收益率得出的估计分别列出。

期间	平均收益率		标准误差		t 统计量		夏普比率	
	DDM	已实现的	DDM	已实现的	DDM	已实现的	DDM	已实现的
1872 ~ 1999	4.03	6.10	1.14	1.65	3.52	3.70	0.22	0.34
1872 ~ 1949	4.35	4.62	1.76	2.20	2.47	2.10	0.23	0.24
1950 ~ 1999	3.54	8.41	1.03	2.45	3.42	3.43	0.21	0.51

法玛和弗伦奇的研究为股权溢价之谜提供了很好的解释，即近半个世纪观察到的收益率比预期的要高。这也意味着对未来超额收益率的预期会低于历史平均水平。（碰巧的是，他们的文章在 1999 年出版，随后出现的低平均收益率表明了该项研究的预见性。）

高特兹曼和伊博森[㊀]也支持法玛和弗伦奇的观点，他们将股票收益率和长期公司债券利率的数据延伸到 1792 年。这些变量在 1792 - 1925 年的描述性统计如下：

（%）

	算术平均值	几何平均值	标准差
纽约证券交易所总收益率	7.93	6.99	14.64
美国债券收益率	4.17	4.16	4.17

这些统计量描述的风险溢价要低于 1926 ~ 2009 年（特别是 1950 ~ 1999 年）这一产生股权溢价之谜的期间的历

㊀ William N. Goetzmann and Roger G. Ibbotson, "History and the Equity Risk Premium," working paper, Yale University, October 18, 2005.

史平均水平。[一]因此，法玛和弗伦奇认为未预期到的已实现收益率在历史上出现的时间范围实际上相对较短。

13.5.3　生存偏差

股权溢价之谜源于美国股票的平均长期收益。当美国成为世界上最成功的资本市场时（几十年前人们还未曾预见到），有很多原因揭示，对风险溢价的估计会受到生存偏差的影响。朱里昂和高特兹曼[二]收集了 1921 ~ 1996 年间 39 个国家的股票市场的资本增长指数，图 13-7 显示美国股市的已实现收益率最高，每年高达 4.3%，而其他国家收益率的中位数仅 0.8%。此外，与美国不同，许多其他国家的资本市场实际上要么是永久关闭的，要么就是长时间关闭的。

这些结果意味着使用美国股市的平均数据来估计期望收益率受生存偏差的制约，因为与许多其他国家不同，美国股市从未遭过关闭这种严重的问题。用最成功的资本市场的经验估计风险溢价，而忽视资本市场可能在样本期间关闭的事实，无疑会导致估计的期望收益率偏高。从美国股市中获得的偏高的已实现股权溢价或许无法表现出必要收益率。

与此类似，在共同基金行业中也存着生存偏差。一些公司会周期性地关闭那些表现最糟糕的共同基金，如果对业绩的研究仅考察在全部样本期间内都存在的基金，那么估计出的平均收益率也只能反映长期存活下来的基金的业绩表现。若将失败的基金排除在样本之外，共同基金经理的平均业绩表现无疑会比那些考虑所有基金的经理的表现更好。回顾第 11 章专栏 11-2，如果一个人得到很多关于未来一段时期的股评，并继续追踪那些被证实了的股评，由于上述生存偏差的影响，其会发现股评平均来说有一定的预测能力。

13.5.4　CAPM 模型的扩展也许能解开股权溢价之谜

康斯坦丁尼德斯[三]认为可以通过放松一些假设来扩展标准的 CAPM 模型，并将观察到的超额收益考虑进去，特别是当消费者面临不能确保的特质收入冲击时，如失业。这种事情在经济低迷时出现的概率较大，我们需要花很长一段时间去研究资产的收益和方差以及它们随商业周期的变动。

此外，对生命周期的考察也很重要，这同时也是经常被忽视的一点。生命周期模型中借贷限制的考虑很重要。持有所有股票和债券市场财富的代表性消费者不会面临借贷限制的问题，但实际上，年轻的消费者的确面临着这样的情况。康斯坦丁尼德斯考察了借贷限制对股权溢价、债券的需求以及消费者对资本市场的有限参与的影响。最后，他还将消费者的习惯信息加入到传统的效用函数，并发现这样能解释的风险溢价比通过股票收益和总消费增长的协方差估计的风险溢价更高。他认为将习惯信息、不完全市场、生命周期、借贷限制和其他限制参与股票市场的因素综合考虑的话，对理性资产定价模型关于资产价格和资产收益的理论和实证研究都非常有益。

13.5.5　流动性和股权溢价之谜

我们已经了解到流动性风险对解释股票的横截面收益非常重要，非流动性溢价与市场风险溢价可能属于同一数量级。因此，将市场指数的平均超额收益作为风险溢价自身的估计未免太过简单。平均超额收益中有一部分是对流动性风险的补偿而不仅仅是对收益率波动性的补偿。如果认识到这点的话，股权溢价之谜也不会像最初那么难解了。

13.5.6　股权溢价之谜的行为解释

巴博里斯和黄[四]认为股权溢价之谜是由非理性的投资者行为导致的。他们考虑的关键要素是窄框架和损失厌恶，这也是实验环境中风险决策问题的两个著名特征。窄框架是指投资者将他们面临的风险孤立地分析，因此，投资者忽视了股票组合风险和其他财富风险的弱相关性，从而要求的风险溢价也会比理性模型预期的要高。再加之对损失厌恶的考虑，尽管传统理论认为损失厌恶程度较低，但投资者的行为偏差的确会导致较高的风险溢价（详见第 12 章关于行为偏差的讨论）。

即使当消费增长率平滑移动，并与股票市场弱相关时，将这些因素综合考虑也能产生一个较大的均衡的股权风险溢价和一个低且平稳的无风险利率。此外，这样做的话也能得到与独立货币政策态度的可行预测相关的参数。对

[一] 短期无风险利率很难评估，因为在这段期间内，短期债券有较大风险且其平均收益率超过了长期公司债券的收益率。

[二] Philippe Jurion and William N. Goetzmann, "Global Stock Markets in the Twentieth Century," *Journal of Finance* 54, no. 3 (June 1999).

[三] George M. Constantinides, "Understanding the Equity Risk Premium Puzzle," in *Handbooks in Finance*: *Handbook of the Equity Risk Premium*, ed. Rajnish Mehra (Amsterdam: Elsevier, 2008), pp. 331-59.

[四] Nicholas Barberis and Ming Huang, "The Loss Aversion/Narrow Framing Approach to the Equity Premium Puzzle," in *Handbooks in Finance*: *Handbook of the Equity Risk Premium* ed. Rajnish Mehra (Amsterdam: Elsevier, 2008), pp. 199-229.

股权溢价之谜的这些分析还能揭示与之紧密相关的资产组合之谜和股票市场的参与之谜。它们还对未来的研究指明了一些可行的方向。

当考虑偏好的异质性时，巴博里斯和黄的方法能解释为什么有一部分人希望参与股市却还避免参与。窄框架还解释了消费增长和市场收益率之间的分离，单独分析股票市场的收益率会忽视平滑化和其他对冲策略对消费的有限影响，且损失厌恶会加大相对于基准点的损失带来的效用减少，进而扩大这种效应。关于这些理论的实证研究的发展能决定股权溢价之谜的有效性和含义。

小　结

1. 尽管单因素期望收益－贝塔关系还未被科学界普遍认可，却已被广泛地应用于经济生活中。
2. 单因素 CAPM 模型的早期检验发现非系统风险也与证券平均收益率相关，拒绝了证券市场线。
3. 接下来的检验控制了贝塔的测量误差，并发现非系统风险不能解释资产组合的收益率，但估计的证券市场线与 CAPM 模型预测的结果相比太过平缓。
4. 罗尔批评认为，通常的 CAPM 模型检验仅是对一个预先指定的市场代理变量的均值－方差有效性的检验，因此，它对期望收益－贝塔关系的线性检验并不能支持 CAPM 模型的有效性。
5. 与预定市场指数的基准不同，对专业管理的资产组合的均值－方差有效性的检验肯定了罗尔批评，同时提供了预定市场指数有效性的证据。
6. 实证表明许多专业管理的资产组合的表现不如市场指数的表现，这有利于证明指数和 CAPM 模型的有效性。
7. 对经济因素的研究表明，一些诸如未预期到的通货膨胀等的经济因素确实会影响证券的期望收益－贝塔关系。
8. 对考虑人力资本和资产贝塔周期变化的单因素模型的检验结果与单因素的 CAPM 和 APT 的结果高度一致。这些检验表明，宏观经济变量对解释期望收益来说不是必需的。然而，一旦考虑这些宏观经济变量，规模效应和账面－市值比效应异象就会消失。
9. 股权溢价之谜源于对股权收益的观测结果：股权收益相对于无风险利率的溢价远远超过了合理的风险厌恶系数所能解释的范围——至少当以平均实现收益率来代表期望收益率时是如此。法玛和弗伦奇发现这种溢价之谜主要是来自于过去 50 年的超额收益。通过用股利增长模型而非已实现收益率来对期望收益进行估计，学者们发现股票之所以出现较高的超额收益是因为较高的未预期资本利得率。这项研究也表明对未来超额收益率的预测会低于近几十年来的已实现收益率。
10. 对基于消费的 CAPM 模型的早期研究的结果不是很理想，但是近期研究的结果却令人振奋。一些研究发现，消费贝塔和法玛－弗伦奇三因素模型一样能解释资产组合的平均收益率。这些研究结果也证实了法玛和弗伦奇的推断——他们的三因素代理的风险大部分是基本面风险。

习　题

基础题

1. 如果你在研究中发现，当对 CCAPM 模型进行横截面回归时，法玛－弗伦奇三因素模型中因子载荷的系数能显著预测平均收益因素（除了消费贝塔），如何解释这种现象？
2. 在网上搜索近期股市的波动图表，你能从这些历史数据中判断出有关消费增长的一些历史信息吗？

中级题

表 13-7 列出了 9 种股票和市场指数的年超额收益率：

表　13-7

年	市场指数	股票超额收益率								
		A	*B*	*C*	*D*	*E*	*F*	*G*	*H*	*I*
1	29.65	33.88	−25.20	36.48	42.89	−39.89	39.67	74.57	40.22	90.19
2	−11.91	−49.87	24.70	−25.11	−54.39	44.92	−54.33	−79.76	−71.58	−26.64
3	14.73	65.14	−25.04	18.91	−39.86	−3.91	−5.69	26.73	14.49	18.14
4	27.68	14.46	−38.64	−23.31	−0.72	−3.21	92.39	−3.82	13.74	0.09
5	5.18	15.67	61.93	63.95	−32.82	44.26	−42.96	101.67	24.24	8.98
6	25.97	−32.17	44.94	−19.56	69.42	90.43	76.72	1.72	77.22	72.38
7	10.64	−31.55	−74.65	50.18	74.52	15.38	21.95	−43.95	−13.40	28.95
8	1.02	−23.79	47.02	−42.28	28.61	−17.64	28.83	98.01	28.12	39.41
9	18.82	−4.59	28.69	−0.54	2.32	42.36	18.93	−2.45	37.65	94.67
10	23.92	−8.03	48.61	23.65	26.26	−3.65	23.31	15.36	80.59	52.51
11	−41.61	78.22	−85.02	−0.79	−68.70	−85.71	−45.64	2.27	−72.47	−80.26
12	−6.64	4.75	42.95	−48.60	26.27	13.24	−34.34	−54.47	−1.50	−24.46

3. 对上表数据进行一阶回归并列表显示统计结果。
4. 对证券市场线进行二阶回归时，其检验假设是什么？
5. 将资产的平均超额收益率对其贝塔值进行二阶回归，检验证券市场线。
6. 总结你的检验结果，并将其与文中报告的结果相比较。
7. 将9种股票分成3个资产组合，使组合的贝塔值尽可能分散。对组合进行相同的检验并解释检验结果有何不同。
8. 试说明如何将罗尔批评应用于第3题至第7题中。
9. 在平均收益率 - 标准差的图形中，描出资本市场线、9种股票和3个资产组合，比较3个资产组合和市场指数的均值 - 方差有效性，比较结果支持CAPM模型吗？

如果，除了第3题至第9题中考虑的市场因素之外，再加入另外一个因素，该因素在第1~12年的值如表13-8所示。

表 13-8

年	因素值的变化率（%）	年	因素值的变化率（%）
1	-9.84	7	-3.52
2	6.46	8	8.43
3	16.12	9	8.23
4	-16.51	10	7.06
5	17.82	11	-15.74
6	-13.31	12	2.03

10. 按照陈、罗尔和罗斯的方法对上述数据进行一阶回归，并列表显示相关的统计结果。（提示：在一张标准化电子表格上使用多元回归，用两因素估计12种股票的贝塔值。）
11. 对两因素证券市场线进行二阶回归时，其假设检验是什么？
12. 数据结果是否说明了一个两因素经济体？
13. 你能找出第二个因素的因素资产组合吗？

高级题

14. 如果你有自己的私人业务，其占到你现有财富的一半。根据你在本章所学到的，你如何构造你的金融资产组合？

CFA考题

1. 试找出对资本资产定价模型中使用的贝塔值的三种批判并简述之。
2. 理查德·罗尔在一篇关于用CAPM模型来评估资产组合表现的文章中指出，如果存在基准误差，就不能评价资产组合的管理能力。
   a. 简述对资产组合的表现进行评价的过程，注意强调所用的基准。
   b. 解释罗尔提出的基准误差的含义，并描述基准所存在的特有问题。
   c. 画图说明一个用“基准”证券市场线来测度显示优良的投资，当使用“真实”证券市场线来测度时就可能变成低劣的。
   d. 假如你被告知某资产组合投资经理的表现要好于道琼斯工业平均指数、标准普尔500指数以及纽约证券交易所综合指数，试说明这种一致信息是否会使你对该资产组合投资经理的真实能力更有信心？
   e. 即使考虑罗尔提出的基准误差可能带来的问题，一些人仍认为这并不能说明CAPM模型就是无效，而只能说是在应用该理论时存在着测度标准方面的错误。另一些人则认为由于基准错误的存在，整个方法都应该被取缔。选择其中的一个观点并证明。
3. 特许金融分析师巴特·甘贝尔是资产管理经理，最近他与他未来的客户简·布莱克进行会面。布莱克在使用道琼斯工业平均指数作为市场的替代变量，研究她投资组合的证券市场线之后，说她资产组合的表现不错。甘贝尔用资本资产定价模型作为分析工具，发现布莱克的资产组合位于证券市场线下方，于是认为布莱克的资产组合表面上表现良好是因为使用了错误的市场代理变量，而不是因为较强的投资管理能力。分析不适合的市场代理变量对贝塔和证券市场线斜率的影响，并通过该分析为甘贝尔的观点辩护。

在线投资练习

登录 www.morningstar.com，点击基金标签，页面打开后下拉界面找到基金板块。制定一个满足所有选择条件的基金名单，并从名单中选择3个不同风格的基金（例如，小盘股基金、全球基金、贵金属基金以及新兴市场基金）。

点击基金的名字，找到每个基金的报表快照，并在左边菜单中点击“*Risk Measures*”，得到每个基金的贝塔、阿尔法和R^2系数。比较标准指数和最适合指数，给定基金的风险水平，在什么情况下它们会战胜市场？哪一个基金的风险调整的业绩最好？

概念检查答案

13-1 SCL是根据每种股票估计的，因此我们需要估计100个等式。我们的样本包含100种股票和市场指数的60个月度收益率，每个回归估计的等式有60个观测数据。文中式（13-1）表明，如果使用超额收益率的形式，那么证券特征线将经过原点，截距项为零。

13-2 如果证券市场线的截距项为正，且斜率小于市场资产组合的平均超额收益时，SML比CAPM模型预测的要平缓。贝塔值低的股票的平均收益率要高于基于其贝塔值应有的收益率。相反地，贝塔值高的股票的收益率要低于基于其贝塔值应有的收益率。正系数 γ_2 表明公司特有风险的价值越高，其收益也越高。这种情况显然不符合资本资产定价模型的估计。

13-3 根据式（13-5），γ_0 是贝塔和公司特有风险都为 0 的股票的平均收益率。据 CAPM 模型，其应该与无风险利率相等，在 1946～1955 年这 9 年间，无风险利率为 0.09%（见表 13-1）。据 CAPM 模型，γ_1 等于市场风险溢价，在 1946～1955 年这 9 年间，风险溢价是每月 1.03%。最后，CAPM 模型预期 γ_3 是公司特有风险的系数，其值应该为 0。

13-4 贝塔的平方的正系数表明风险和收益之间的关系是非线性的。贝塔值高的证券提供的期望收益率应比与预期风险成比例的值要高。$\sigma(e)$ 的正系数说明公司特有风险会影响期望收益率，与 CAPM 模型和 APT 理论直接矛盾。

PART 4 第四部分

固定收益证券

CHAPTER14

第14章 债券的价格与收益

本书之前的各章节从一个高度抽象的角度论述了风险和收益的关系。我们隐含的假定已经对各类证券做出了预先的、详细的分析，并评估了它们的风险与收益特征。

现在本书将对具体类别的证券市场进行专门分析，包括考察定价原则、风险与收益的决定因素以及应用于同一市场以及跨市场的组合投资策略。

首先要分析的是**债务证券**（debt securities）。债务证券是对特定时期收入流的索取权。债务证券通常被称为固定收益证券，因为债务证券代表了固定的收入流或者是根据特定公式计算出的收入流的承诺。由于支付方式已预先约定，这类证券相对而言更容易被理解。只要发行人的信誉有保障，债务证券的风险就是最小的。这些特征使得债务证券成为我们分析全部可能投资工具的便捷起点。

债券是基础的债务工具，本章将从债券市场全部类别的概述开始，包括国债、公司债以及国际债券。接下来是债券定价，将介绍债券怎样根据市场利率定价以及债券价格随各类利率变动的原因。在此基础上，我们可以比较债券收益的多种度量方法，如到期收益率、赎回收益率、持有期收益率、实现复利收益率等。我们还将讨论债券价格如何随时间变动，以及运用到债务证券的一些税收政策以及如何计算税后收益。最后，考察违约或是信用风险对于债券定价的影响、信用风险的决定因素以及债券收益率中包含的违约溢价。信用风险是担保债务凭证（collateralized debt obligations）和信用违约掉期（credit default swaps）的核心，本章也将介绍这类新型工具。

14.1 债券的特征

债券（bond）是关于借贷安排的协议。借款人为一定数量的现金向出借人发行债券，债券即是借款人的“借据”。这种约定使发行人有义务在既定日期向债券持有者支付指定数额款项。典型的附息债券的发行人在债券存续期内有义务每半年向债券持有者支付一次利息。在计算机出现之前，大多数的债券都有息票，投资者剪下息票并拿到发行人处索取利息收益，故被称为息票支付。当债券到期时，发行人会支付债券的**面值**（par value，or face value）来清偿债务。债券的**票面利率**（coupon rate）决定了所需支付的利息：年支付额等于债券的票面利率乘以债券面值。票面利率、到期日以及债券面值均是**债券契约**（bond indenture）的组成部分，债券契约则是发行人与债权人之间的合约。

举例说明，有一面值为 1 000 美元，票面利率为 8% 的债券以 1 000 美元的价格售出。债券持有人则有权在债券的存续期内（假设为 30 年）每年获得 1 000 美元的 8% 的收益，即每年 80 美元。这 80 美元一般每半年支付一次，每次 40 美元。在债券 30 年存续期满的时候，发行人将 1 000 美元的面值支付给债权人。

债券发行的票面利率通常要设定在能够诱使投资者支付面值购买债券。然而，有些时候，无票息报酬的**零息票债券**（zero-coupon bond）也会发行。在这种情况下，投资者在到期日获得面值而不会在此之前获得任何利息收益，即债券的票面利率为零。这些债券以低于面值较多的价格发行，投资者的收益仅来源于发行价与到期日所支付的面值之间的价差。我们稍后再来关注这些债券。

14.1.1 中长期国债

图 14-1 摘自国债行情表。中期国债的发行期限在 1 ~ 10 年之间，而长期国债则在 10 ~ 30 年之间。中期及长期国债均可直接从财政部以 100 美元的面值购买，但是 1 000 美元为面值更为普遍，两者均每半年付息一次。

U.S. Treasury Quotes

TREASURY NOTES & BONDS

GO TO: Bills

Friday , October 30, 2009 Find Historical Data WHAT'S THIS?

Treasury note and bond data are representative over-the-counter quotations as of 3pm Eastern time. Figures after colons in bid and ask quotes represent 32nds; 101:26 means 101 26/32, or 101.8125% of face value; 99:01means 99 1/32, or 99.03125% of face value. For notes and bonds callable prior to maturity, yields are computed to the earliest call date for issues quoted above par and to the maturity date for issues below par.

MA TURITY MO/YR	COU PON	BID	ASKED	CHG	ASK YLD	MA TURITY MO/YR	COU PON	BID	ASKED	CHG	ASK YLD
Oct 10	1.500	101:03	101:03	+1	0.39	Oct 16	3.125	100:28	100:28	+43	2.99
Nov 10	4.500	104:07	104:08	unch.	0.37	Feb 17	4.625	110:17	110:18	+26	3.00
Apr 11	0.875	100:13	100:14	+3	0.58	May 17	4.500	109:17	109:19	+26	3.06
Oct 11	1.000	100:06	100:06	+5	0.90	Feb 18	3.500	101:29	101:30	+28	3.23
Feb 12	1.375	100:21	100:22	+7	1.07	Aug 20	8.750	145:27	145:31	+40	3.57
Jun 12	4.875	109:17	109:18	+7	1.21	Nov 22	7.625	138:06	138:11	+46	3.85
Nov 12	4.000	107:24	107:25	+10	1.37	Aug 25	6.875	132:18	132:22	+51	4.05
Dec 13	1.500	98:03	98:04	+15	1.97	Nov 27	6.125	124:23	124:29	+53	4.15
Jan 14	1.750	98:30	98:30	+17	2.01	Feb 36	4.500	104:13	104:19	+58	4.21
Oct 14	2.375	100:08	100:09	+18	2.32	May 39	4.250	100:07	100:09	+58	4.23
Sep 16	3.000	100:08	100:09	+23	2.95	Aug 39	4.500	104:14	104:15	+59	4.23

图 14-1 国债行情表

资料来源：*The Wall Street Journal Online*，October 30，2009. Reprinted by permission of Dow Jones & Company，Inc. via Copyright Clearance Center，Inc. © 2009 Dow Jones & Company. All Rights Reserved Worldwide.

图 14-1 中加黑的债券到期日为 2014 年 10 月，其票面利率为 2.375%，面值为 1 000 美元，因此该债券每年支付 23.75 美元的利息，每半年支付 11.875 美元，支付时间为每年的 10 月和 4 月份。所报的买入与卖出价为点数加一点的 1/32 倍（冒号后的数值为 1 点的 1/32 倍）。尽管债券以 1 000 美元的面值出售，但其所报价格通常只是面值的某一百分数。因此，卖出价格[⊖]为面值的 100：08 = 100 + 8/32 = 100.25，即 1 002.50 美元。买入价为面值的 100%，即 1 002.81 美元。

最后一栏“卖价收益”是基于卖出价的到期收益率。到期收益率是对以卖出价买入债券并持有至到期的投资者

⊖ 买入价是投资者能够将之前的债券出售给交易商的价格，卖出价比买入价稍高，是投资者能够从交易商手中买到债券的价格。

的平均收益的衡量。接下来我们将会详细介绍到期收益率。

应计利息及债券报价　金融媒体版面上所报的债券价格并不是投资者实际支付的债券价格。这是因为这一价格并不包含两个息票支付日期间应计的利息。

如果在息票支付日期间购买债券，买方必须向卖方支付应计利息，其数额为未来半年期利息的应摊份额。例如，如果半年息票支付期的间隔为182天，上一次付息日已过了30天，卖方有权要求获得半年息票的30/182的应计利息收益。债券的交易价格，或全价（invoice price）等于报价加上应计利息。

通常，两个付息日期间的应计利息的公式为

$$\text{应计利息} = \frac{\text{年度利息}}{2} \times \frac{\text{距上次利息支付的天数}}{\text{两次利息支付间的间隔天数}}$$

【例14-1】　**应计利息**

假设票面利息为8%，那么年息是80美元，半年票面利息收入是40美元。因为上一期利息支付日距今已过去30天，债券的应计利息为40×(30/182)=6.59美元。如果债券的报价是990美元，则发票价格就是990+6.59=996.59美元。■

扣除应计利息的债券报价实例解释了为什么到期债券的价格为1 000美元，而不是1 000美元加上一期票面利息。在债券到期日前一天购买票面利率为8%的债券可以在第二天获得1 040美元（面值加上半年利息），因此买方愿意为该债券支付1 040美元的总价。金融媒体的债券报价为扣除债券应计利息的报价，因而显示为1 000美元。[㊀]

14.1.2　公司债券

与政府类似，公司也通过发行债券筹集资金。图14-2为一些交易活跃的公司债券行情信息。尽管有一些债券是在纽约证券交易所债券平台上电子化交易的，大多数债券都是通过由电脑报价系统连接的债券交易商在场外市场交易的。实际上，债券市场可能很“狭窄”，仅有极少数投资者在一特定时间对某一特定债券交易感兴趣。

ISSUER NAME	SYMBOL	COUPON	MATURITY	RATING MOODY'S/S&P/FITCH	HIGH	LOW	LAST	CHANGE	YIELD %
General Electric Capital	GE.HGW	3.000%	Dec 2011	Aaa/AAA/–	104.038	103.369	103.730	0.031	1.219
Citigroup Funding	C.HRU	1.375%	May 2011	Aaa/AAA/AAA	101.123	100.770	100.770	0.272	0.869
JPMorgan Chase & Co	JPM.LVC	6.300%	Apr 2019	Aa3/A+/AA–	111.753	109.459	111.045	1.600	4.836
Citigroup	C.GOS	5.500%	Oct 2014	A3/A/A+	103.497	101.580	101.792	0.425	5.086
Goldman Sachs Gp	GS.HRH	1.700%	Mar 2011	Aaa/AAA/AAA	101.412	101.412	101.412	0.112	0.685
Citigroup	C.HFV	8.125%	Jul 2039	A3/A/A+	117.308	113.188	116.961	1.711	6.789
General Electric Capital	GE.HJL	6.000%	Aug 2019	Aa2/AA+/–	107.390	103.161	105.010	1.415	5.335
Citigroup	C.HFF	6.000%	Aug 2017	A3/A/A+	102.250	99.784	100.107	0.536	5.981

图14-2　公司债券列表

资料来源：*The Wall Street Journal Online*，October 21，2009. Reprinted by permission of Dow Jones & Company，Inc. via Copyright Clearance Center，Inc. © 2007 Dow Jones & Company，Inc. All Rights Reserved Worldwide.

图14-2的债券列表包含了每只债券的票面利率、期限、价格和到期收益率。评级栏是由三大主要债券评级机构（穆迪、标准普尔和惠誉）给出的对债券安全程度的估计。评级为A的债券比评级为B及以下的债券更为

㊀ 与债券相反，股票的交易价格并不需要进行“应计股利”调整。持有者不管是否在“除权”日拥有股票都能得到全部股息支付，因为股票价格反映了未来股利的价值。因此，股票价格在“除权日”一般会下跌，其跌幅约为股利的金额。所以，没有必要区分股票的全价与净价。

安全。总体而言，高评级低风险债券的到期收益率要低于相同期限的低评级债券。在本章结尾我们将再讨论这一问题。

公司债券的赎回条款 一些带有赎回条款的公司债券使发行人有权在到期日之前以特定的赎回价格回购债券。例如，一家公司在市场收益率较高时发行了一只票面利率较高的债券，随后利率下跌，公司为减少利息支出，很可能希望回购目前的高票息债务，并发行低票面利率的债券。可赎回债券通常带有赎回保护期，即初始时期内不可赎回。这一类债券指的是递延赎回债券。

赎回债券的选择权可使公司回购债券并在市场利率下跌时以较低利率再融资，因而对公司而言非常重要。当然，公司的收益也就是债券持有人的负担。赎回债券的持有者需以赎回价格出售债券，丧失了在初始投资时具有吸引力的票面利息收益。为补偿投资者的风险，可赎回债券发行时比不可赎回债券具有较高的票面利率和到期收益率。

概念检查 14-1

假定 Verizon 发行了两种票面利率和到期日相同的债券，一种可赎回，另一种不可赎回，哪一种售价更高？

可转换债券 可转换债券为债权人提供了一种期权，使债权人有权将所持债券转换为一定数量的公司普通股。转换比例为每张债券可转换的股票数量。假设某只可转换债券以 1 000 美元的面值发行并可转换为 40 股公司普通股。当前的股价为每股 20 美元，则行使转换期权并不能获利。假设随后股价上升至每股 30 美元，每份债券可转换为价值 1 200 美元的股票，这时进行转换显然是有利可图的。转换价值（market conversion value）为债券转换后的当前股票价值。例如，在股价为 20 美元时，债券的转换价值为 800 美元。转股溢价为债券价值超过其转换价值的部分。如果债券当前的卖价为 950 美元，则溢价为 150 美元。

可转换债券债权人可从公司股票增值中获益。同样，这种获利来源于某一价格：可转换债券的票面利率或承诺的到期收益率低于不可转换债券。然而，如果行使转换期权盈利，可转换债券的实际收益可能超过约定的到期收益率。

我们将在第 20 章深入讨论可转换和可赎回债券。

可回卖债券 可赎回债券为发行人提供了在赎回期展期或终止债券的期权，而**可回卖债券**（extendable or put bond）则将这种期权赋予了债券持有人。例如，若债券的票面利率高于了现时市场利率，债权人将选择继续持有债券；若债券的票面利率过低，则最好不要继续持有，债权人将会收回本金，以当期收益率进行再投资。

浮动利率债券 **浮动利率债券**（floating-rate bond）的利息收益与当前的某些市场利率相联系。比如，该利率可能会根据当前国库券利率上浮 2% 每年调整。如果 1 年期国库券利率在调整日是 4%，则明年该债券的票面利率将会是 6%。这种设计意味着该债券总是近似按照当前市场利率支付收益。

浮动利率的主要风险是公司财务状况的变化。息差在债券存续的很多年内都是固定的。如果公司的财务状况恶化，投资者会要求更大的收益溢价。这种情况下，债券价格将会下跌。尽管浮动利率债券的票面会跟随市场利率总体水平的变化进行调整，但并不能根据公司的财务状况变化进行调整。

14.1.3 优先股

尽管优先股严格而言属于权益类，但通常被纳入固定收益范畴。这是因为与债券类似，优先股承诺支付既定的股息。然而，与债券不同的是，不支付优先股股息并不会导致公司破产，仅仅是应付的优先股股利继续累积，普通股股东需在优先股股东得到全部优先股股利之后才能获得股息。在破产的情况下，优先股股东对公司资产的索取权在债权人之后，但先于普通股股东。

优先股股东通常获得固定的股息。因而实际上是一种永续年金，提供一定水平的、无期限的现金流。然而在最近 20 年，可调整的或者是浮动利率优先股开始普及。浮动利率优先股与浮动利率债券非常相似，股息率与现行市场利率指标相联系并不时地进行调整。

与债券的利息收益不同，优先股的股息不能享受税收减免。这一特点降低了优先股作为公司筹资手段的吸引力。但另一方面，优先股却有冲抵税收的优势。当一家公司购买了另一家公司的优先股，它仅仅需要为所得的全部股息的30%纳税。例如，一家公司的税级为35%，所获得的优先股股利为10 000美元，这家公司仅需要为其中的3 000美元纳税：则总纳税额为0.35×3 000=1 050美元。公司在优先股股利上的实际税率仅为0.30×35%=10.5%。考虑到这一税收规则，大多数优先股都是被公司持有的情况也就可以理解了。

优先股股东很少拥有公司的完全投票权。然而，如果优先股股利丧失，优先股股东就可获得某些投票权。

14.1.4　其他发行人

当然，除财政部和一些私人公司外，也会有其他的债券发行人。例如，州政府和地方政府会发行市政债券。这类发行人的突出特点是其利息收益免税。在第2章中，我们已经讨论过市政债券及其税收豁免的价值。

联邦住房贷款银行委员会、农业信贷机构以及抵押贷款二级机构（吉利美、房利美、房地美）这一类的政府机构也会发行数量可观的债券。这些在第2章已经讨论过。

14.1.5　国际债券

国际债券通常被分为两大类，外国债券和欧洲债券。外国债券的借款人在本国之外的其他国家发行债券，并以发行市场所在国的货币为面值单位。例如，一家德国公司在美国市场销售以美元为面值单位的债券，该债券可认为是外国债券。这类债券因为发行市场所在国的不同而有了各种各样的名字。美国市场上销售的外国债券被称为扬基债券，此类债券也要在美国证券交易委员会注册。非日本发行人在日本销售的以日元为面值单位的债券被称为武士债券。在英国出售的以英镑为面值单位的外国债券被称为猛犬债券。

与外国债券不同，欧洲债券是以发行人所在国的货币为面值单位，但是在他国市场销售。举例说明，欧洲美元指的是以美元为计价单位但是在除美国之外的其他市场销售，尽管伦敦是欧洲美元的最大市场，但其销售市场并不仅限于欧洲。由于欧洲美元市场在美国的管辖范围之外，这类债券不受美国联邦机构的监管。与此类似，欧洲日元是在日本以外的其他国家发行的以日元为计价单位的债券，欧洲英镑是在英国之外的其他国家发行的以英镑为计价单位的欧洲债券，等等。

14.1.6　债券市场的创新

发行人不断开发出具有新型特征的创新债券。这也说明了债券的设计极具灵活性。以下列举了一些非常新颖的债券，便于我们了解证券设计的潜在多样性。

逆向浮动利率债券　与之前提到过的浮动利率债券相似，但是这类债券的票息会随着利率平均水平的上升而下降。当利率上升时，这类债券的投资者要承担双倍的损失。随着贴现率上升，不但债券产生的每一单位现金流的现值下降，而且现金流本身也在下降。当然，当利率下降时，投资者也将获得双倍的回报。

资产支持债券　迪士尼公司发行了票息与公司几部电影的收益相挂钩的债券。类似地，“David Bowie债券”的收益与其某些专辑的版税相关联。这些都是资产支持证券的实例。某种特定资产的收益用于支付债务。如我们在第2章中讨论过的，更为常见的资产支持证券有按揭证券以及汽车和信用卡贷款支持证券。

巨灾债券　管理东京迪士尼的东方乐园株式会社（Oriental Land）在1999年发行过一只债券，这只债券的最终支付额取决于在迪士尼附近是否发生过地震。一家名为Winterthur的瑞士保险公司发行了一只债券，如果在瑞典发生了严重的冰雹灾害导致公司过度赔付，则该债券的收益会被削减。这类债券是将公司承担的“巨灾风险”向资本市场转移的一种手段。债券投资者由于承担了风险而获得了高票息的补偿。但是在灾难事件中，债权人会放弃全部或部分投资。“灾难”可以用全部保险损失或者是飓风的风速和地震的里氏震级之类的指标表示。随着投保人寻求将自身的风险转移到更广阔的资本市场中去，巨灾保险在近些年发展十分迅猛。

指数债券　指数债券的收益与一般价格指数或者是某类大宗商品的价格相联系。例如，墨西哥发行了一只收益取决于石油价格的债券。某些债券与一般物价水平相联系。美国财政部从1997年11月开始发行名为通货膨胀保值债券（TIPS）的通货膨胀指数债券。通过将债券面值与一般价格水平相联系，债券的票息收益和最终的面值偿还会直接依据消费者价格指数升高而提高。因而，这类债券的利率是无风险的实际利率。

为了描述通货膨胀保值债券的原理，假设有一只 3 年期的新发债券，面值为 1 000 美元，票面利率为 4%。为了简化，我们假设该债券的利息按年度支付。假如接下来三年的通货膨胀率分别是 2%、3% 和 1%。表 14-1 显示了如何计算债券的现金流。第一年年底支付第一期收益，即 $t=1$。由于该年度的通货膨胀率是 2%，债券的面值从 1 000 美元上升至 1 020 美元，同时票面利率是 4%，利息收入则是面值的 4%，即 40.80 美元。注意到面值随通货膨胀率上升，同时由于利息是票面的 4%，也会随着一般价格水平成比例上升。因此，债券按既定的实际利率提供现金流。当债券到期时，投资者收到最后的利息收入 42.44 美元以及 1 061.11 美元的本金偿还。[⊖]

表 14-1　不受通货膨胀率影响的国债本金和利息支付

时间	上一年末通货膨胀率	面值（美元）	利息支付（美元）	本金返还（美元）	总支付（美元）
0		1 000.00			
1	2	1 020.00	40.80	0	40.80
2	3	1 050.60	42.02	0	42.02
3	1	1 061.11	42.44	1 061.11	1 103.55

该债券第一年的名义收益率为

$$\text{名义收益率} = \frac{\text{利息} + \text{价格增加}}{\text{初始价格}} = \frac{40.80 + 20}{1\,000} = 6.08\%$$

而该债券的实际收益率恰好是实际回报的 4%

$$\text{实际收益率} = \frac{1 + \text{名义收益率}}{1 + \text{通货膨胀率}} - 1 = \frac{1.060\,8}{1.02} - 1 = 0.04,\text{或}\ 4\%$$

用类似的方法（见本章后面的习题 18）也可以证明只要债券的真实收益不变，则 3 年内每年的收益率都是 4%。如果真实收益变了则债券将会出现资本利得或资本损失。在 2010 年年初，TIPS 的真实收益大约为 1.5%。

14.2　债券定价

由于债券的面值和本金偿还都发生在未来的数月或者数年后，投资者愿意为这些收益权支付的价格取决于未来获得的货币价值和现在所持有的现金价值的比较。这种现值计算取决于市场利率。正如第 5 章中所看到的，名义无风险利率等于（1）实际无风险利率和（2）补偿预期通胀的超出实际利率的溢价。此外，由于大多数债券并不是无风险的，贴现率将会包含诸如违约风险、流动性、税收属性、赎回风险等债券具体特征的溢价。

为简化问题，假设只有一种利率适用于任意期限的现金流贴现，但可以放宽该假设。实际上，不同时期的现金流会有不同的贴现率，我们暂时忽略这一限制。

为了给证券定价，先用适当的贴现率对预期现金流贴现。债券的现金流包括到期日之前的利息收益和到期面值偿还。因此，

$$\text{债券价值} = \text{利息现值} + \text{面值现值}$$

如果我们称到期日为 T，利率为 r，债券价值可表示为

$$\text{债券价值} = \sum_{t=1}^{T} \frac{\text{利息}}{(1+r)^t} + \frac{\text{面值}}{(1+r)^T} \tag{14-1}$$

从式（14-1）中的累积求和公式可知，需把每期利息收益的现值相加，每次利息的贴现都是基于其支付的时间。式（14-1）等式右边第一项是一个年金的现值；第二项是债券到期日支付面值的现值。

⊖ 附带说明，每年的总名义收入（即利息假设该年本金增加值）属于应税收入。

回顾金融学入门课程的内容，当利率为 r 时，存续期为 T 的 1 美元年金的现值是$\frac{1}{r}\left[1-\frac{1}{(1+r)^T}\right]$。该式被称为利率为 r[⊖] 的 T 期年金因子。类似地，则可被称为折现因子，即在 T 期时 1 美元的收益的现值。因此，债券的价格可表示为

$$\begin{aligned}价格 &= 利息 \times \frac{1}{r}\left[1-\frac{1}{(1+r)^T}\right] + 面值 \times \frac{1}{(1+r)^T} \\ &= 利息 \times 年金因子(r,T) + 面值 \times 折现因子(r,T)\end{aligned} \tag{14-2}$$

【例 14-2】　**债券定价**

前面我们讨论过这样一只债券，票面利率为 8%，30 年到期，面值为 1 000 美元，每半年付息一次，每次 40 美元。假设年利率为 8%，或每半年的利率为 4%。债券的价值为：

$$\begin{aligned}价格 &= \sum_{t=1}^{60}\frac{\$40}{(1.04)^t} + \frac{\$1\,000}{(1.04)^{60}} \\ &= \$40 年金因子(4\%,60) + \$1\,000 \times 折现因子(4\%,60)\end{aligned} \tag{14-3}$$

很容易得出该债券 60 次支付每次半年利息 40 美元的现值为 904.94 美元，以及最终支付的 1 000 美元面值的现值 95.06 美元，债券的总价值为 1 000 美元。该值可以通过式（14-2）直接计算，也可以使用财务计算器[⊜]、电子数据表（见 Excel 应用）或一套现值计算表计算获得。

在此例中，票面利率等于市场利率，债券的价格等于面值。如果市场利率不等于债券票面利率，则债券不会以面值出售。例如，如果市场利率提高到 10%（半年为 5%），债券价格将下降 189.29 美元至 810.71 美元，计算如下：

$$40 \times 年金因子(5\%,60) + 1\,000 \times 折现因子(5\%,60) = 757.17 + 53.54 = 810.71(美元) ■$$

利率越高，债权人所获收益的现值越低。因而，债券价格随着市场利率的上升而下降。这是债券定价中一个极其重要的普遍规律。

图 14-3 中反映了 30 年期、年利率为 8% 的债券价格与一定范围内的利率水平之间的关系。其中，当利率为 8% 时，债券以面值出售；当利率为 10% 时，售价则为 810.70 美元。负斜率说明了债券价格与收益率之间的负相关关系。从图 14-3 中曲线的形状可以观察到利率的上升导致的价格下跌的幅度要小于相同程度的利率下降导致的价格上升幅度。债券价格的这一特性被称为凸性（convexity），因为债券价格曲线的凸型形状。凸性反映了随着利率的逐渐上升，所引起的债券价格的下降幅度是逐步减小的。[⊜]因此，价格曲线在较高利率时会变得平缓。我们将在第 16 章中再讨论凸性问题。

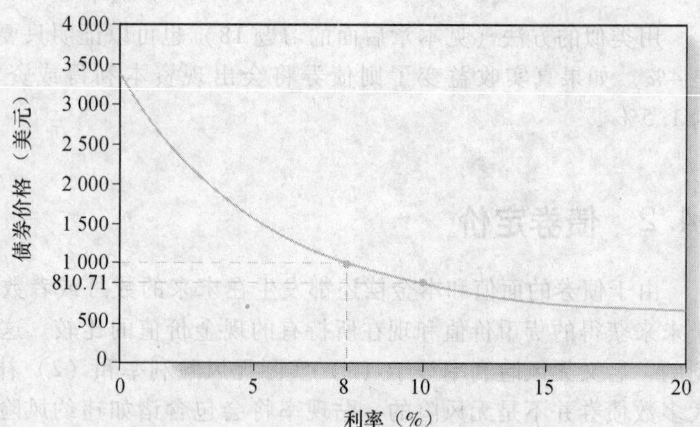

图 14-3　债券价格与收益率的反向关系

注：债券为 30 年期，利率为 8%，半年付息一次。

⊖ 以下是年金现值公式的简便推导：期限为 T 的年金可视为等价于首次支付出现在当期末的永久年金减去首次支付出现在 $T+1$ 期末的另一永久年金。当期永久年金与延期永久年金的差值正好为 T 期支付。由于每期支付为 1 美元的年金的价值是$\frac{1}{r}$，因此，延期永久年金的现值为$\frac{1}{r}$对其余 T 期的贴现，即$\frac{1}{r}\times\frac{1}{(1+r)^T}$。因此该年金的现值等于当其支付的永久年金减去延期永久年金的现值，即为$\frac{1}{r}\left[1-\frac{1}{(1+r)^T}\right]$。

⊜ 在财务计算器中，应该进行如下输入：n（期数）= 60；FV（终值或者面值）= 1 000，PMT（每期支付额）= 40，i（每期利率）= 4%，之后就能计算出债券的价格（COMP PV 或 CPT PV）。你将得出发行价格是 1 000 美元。实际上，大多数计算器显示的结果为 −1 000 美元。这是因为大多数计算器（不是全部）将债券的初始购买价格视为现金流出。我们将在后面的内容里对计算器和电子数据表进行详细讨论。

⊜ 利率越高，债券价值越低的事实，引起利率增加对价格影响逐渐减少。因此，在初始基数较小的基础上，利率增加导致价格减少得很小。

公司债券一般以面值发行。这意味着公司债券发行的承销商（即为发行人向公众销售债券的公司）必须选择与市场收益率极为接近的票面利率。在债券发行的一级市场上，承销商试图将新发行债券直接销售给客户。如果票面利率不够高，投资者将不会按面值购买债券。

概念检查 14-2

计算 30 年期限，票面利率为 8% 的债券在市场利率每半年为 3% 时的价格。比较利率下降时的资本利得和当利率上升 5% 时的资本损失。

债券发行之后，债权人将在二级市场买卖债券。在各类市场中，债券价格与市场利率呈反向变动。

收益率与价格的负相关关系是固定收益证券的核心特征。在 16 章中我们将深入讨论债券价格对市场收益率的敏感性。现在则集中讨论决定这种敏感性的关键因素，即债券的期限。

一般规则是：在假设其他因素相同的情况下，债券的期限越长，债券价格对于利率波动的敏感度越高。如表 14-2给出了票面利率为 8% 的债券在不同市场收益率和不同期限下的价格。对于任何偏离 8% 的利率（债券以面值出售的利率），期限越长，价格波动越大。

表 14-2 不同市场利率下的债券价格

到期时间	给定市场利率下的债券价格（美元）				
	2%	4%	6%	8%	10%
1 年	1 059.11	1 038.83	1 029.13	1 000.00	981.41
10 年	1 541.37	1 327.03	1 148.77	1 000.00	875.35
20 年	1 985.04	1 547.11	1 231.15	1 000.00	828.41
30 年	2 348.65	1 695.22	1276.76	1 000.00	810.71

这一点是有价值的。如果投资者在 8% 的票面利率购买了债券，而市场利率随后上升，则投资者将承担损失：在其他投资能获得更高收益的情况下，投资者的资金仅能获得 8% 的固定收益。这可以从债券的资本损失，及债券价格下跌中得到反映。资金被套牢的时间越长，损失越大，相应的债券价格的下跌幅度越大。表 14-2 中，1 年期债券的价格敏感度很小，也就是说，风险收益的期限仅为 1 年时，利率的变化并未构成太大的威胁。但是，对于 30 年期的债券，利率的波动对于债券的价格就会产生很大的冲击。期限最长的债券，折现的作用最强。

这就是为什么短期国债如国库券被认为是最安全证券的原因。它们不仅没有违约风险，而且很大程度上也没有因利率波动引起的价格风险。

付息日之间的债券定价

债券定价式（14-2）假设下一次票息支付恰好为一个付息期。年度付息债券，间隔为一年，半年支付债券，间隔为半年。但如果想在一年 365 天，而不只是其中的一个或两个付息日上对债券定价，该如何定价呢？

原则上，债券处于付息日之间并不会影响定价。定价的程序仍然相同：计算出待支付的收益的现值并加总。但如果是在付息日期间，在支付前将存在一个剩余时间，这会使计算复杂化。

幸运的是，Excel 及其他电子数据表程序中都包含债券定价功能。输入今天的日期以及债券的到期日，电子数据表就可以提供任何时间的债券价格。

如我们之前指出的，债券的报价通常不包含应计利息。在财经版面出现的报价被称为净价。投资者购买债券支付的包含应计利息的价格被称为全价。因而，

$$全价 = 净价 + 利息$$

当一只债券付息时，净价等于全价，此时应计利息为零。然而这并不是定律，也有例外。

Excel 的定价功能能够计算债券的净价。全价则需要用净价加上支付利息才可获得。幸运的是，Excel 也提供了函数来计算最后付息日的天数，因此能用于计算应计利息。下面的 Excel 应用显示了如何使用这些函数，且提供了操作实例，实例包括刚刚支付过利息因而应计利息为零的债券，以及在付息日之间的债券。

Excel 应用

Excel 和大多数其他电子数据表程序都提供了用于计算债券价格和收益的内置函数。它们一般要求输入购买债券的日期（称为清算日）和债券的到期日。债券价格的 Excel 函数为：

=PRICE（清算日，到期日，年利率，到期收益率，赎回价值与票面价值的百分比，年付息次数）

对图 14-1 中显示的票面利率为 2.375%、2014 年到期的债券，在下列电子数据表中输入这些数据。也可以在 Excel 中简单地输入函数：

= PRICE(DATE(2009,10,31),DATE(2014,10,31,),0.02375,0.0232,100,2)

Excel 中用来计算结算和到期日的 DATE 函数的格式为 DATA（年，月，日）。第一个日期（2009 年 10 月 31 日）为债券购买日期。第二个日期（2014 年 10 月 31 日）为债券到期日。大多数债券在 15 日或者最后一个工作日付息。

注意到票面利率和到期收益率都是用小数而非百分比的形式表示。在大多数情况下，赎回价值为 100（即面值的 100%），其价格也类似的使用面值百分比来表示。偶尔也会遇到以面值的溢价或折价来进行债券偿付的例子。可赎回债券就是一个例子，在此简短讨论。

由定价函数所得的债券价值为 100.258 美元（单元格 B12），该值与表 14-1 中列出的价格 1/32 点相符合。该债券正好付息。换言之，付息日恰好是计息期的开始。因此，没有必要进行应计利息调整。

为了举例说明处理利息支付日之间债券价格的计算过程，考虑图 14-1 中所示的票面利率 3.5%、2018 年 2 月到期的债券。利用电子数据表中的 D 列的记载条目，发现单元格 D12 的债券净价为 101.946 美元，该值与表中的价格仅有几美分的差别。

如何计算债券的全价？Excel 表中的第 13 行到第 16 行进行了必要的调整。单元格 C13 中所列出的函数用来计算距上次付息日的天数。该天数的计算是基于债券的结算日、到期日、付息周期（1 代表年度，2 代表半年），以及计息天数（选择 1 代表实际天数）计算得出。单元格 C14 中所列函数用于计算每一付息周期中的总天数。因此，第 15 行中的应计利息条目为半年期利息乘以据上次利息支付的付息周期比例。最后，第 16 列中的全价为净价加应计利息。

最后的例子是关于如何获得例 14-2 中 30 年期、票面利率为 8%（每半年付息一次）的债券的价格。该例子中给出的市场利率为 10%。然而，没有给出具体的结算日和到期日。此时，仍能利用 PRICE 函数来对债券定价。简单的方法是选取任意一个结算日（为方便，选取 2000 年 1 月 1 日），因此设定到期日为 30 年。电子数据表的 F 列显示了合适的结果，结果产生的价格为面值的 81.071%，在 F16 单元格中。

	A	B	C	D	E	F	G
1		2.375%		息票率3.5%		息票率8%	
2		2014年10月31日到期息票率	B列中的公式	2018年2月15日到期		30年到期	
3							
4	结算日	10/31/2009	= DATE(2009, 10, 31)	10/31/2009		1/1/2000	
5	到期日	10/31/2014	= DATE(2014, 10, 31)	2/15/2018		1/1/2030	
6	年度利息	0.02375		0.035		0.08	
7	到期收益率	0.0232		0.0323		0.1	
8	赎回价格（面值的百分比）	100		100		100	
9	每年的息票支付	2		2		2	
10							
11							
12	统一价格（面值的百分比）	100.258	=PRICE(B4,B5,B6,B7,B8,B9)	101.946		81.071	
13	距上次付息的天数	0	=COUPDAYBS(B4,B5,2,1)	77		0	
14	付息周期内的天数	181	=COUPDAYS(B4,B5,2,1)	184		182	
15	利息生息	0	=(B13/B14)*B6*100/2	0.732		0	
16	发票价格	100.258	=B12+B15	102.679		81.071	

14.3 债券收益率

债券的当前收益仅度量债券所提供的现金收入（它是债券价格的某一百分比），而不考虑任何预期资本损益。我们希望有一种指标，既可以解释当前收入，又可以说明债券在整个存续期内的价格涨跌。到期收益率是总收益率的标准度量。当然，它并非完美，下面将讨论该度量指标的几种变化形式。

14.3.1 到期收益率

现实中，考虑购买债券的投资者并不是根据承诺回报率来考虑是否购买债券。相反，是通过债券价格、到期日、票息来推断债券在其存续期内的收益。**到期收益率**（yield to maturity，YTM）被定义为债券的支付现值与其价格相等的利率。该利率通常被视为在购买日至到期日之间持有债券所获得的平均收益率的测量。为了计算到期收益率，在给定债券价格的条件下，求解关于利率的债券价格方程。

【例 14-3】 **到期收益率**

假设一个票面利率为8%、期限为30年的债券的卖价为1 276.76美元。在此价格上购买该债券的投资者获得的平均回报率是多少？为回答这一问题，需找出使持有60期半年支付的现值与债券价格相等时的利率，是与被考察的债券价格相一致的利率。因此，在以下方程中求解利率 r：

$$1\,276.76 = \sum_{t=1}^{60} \frac{40}{(1+r)^t} + \frac{1\,000}{(1+r)^{60}}$$

或等价于

$$1\,276.76 = 40 \times \text{年金因子}(r,60) + 1\,000 \times \text{面值因子}(r,60)$$

上述方程中仅有利率 r 一个未知变量。可以使用财务计算器或电子数据表来求得半年期利率 $r=0.03$ 或3%，即该债券的到期收益率。[㊀]

财经版面报道的收益率是年化收益率，用简单的单利方法即可将半年收益率转化为年化收益率，得到年利率，即APR。用单利方法计算的收益率也被称为“债券等值收益率”。因此，对半年收益率加倍，即可被报道为等值收益率为6%。然而，债券的实际年化收益率要考虑复利。如果一种债券每6个月的收益率为3%。那么，12个月后，1美元投资加利息的增长为 $1\times(1.03)^2=1.0609$ 美元。债券的实际年利率是6.09%。■

Excel也提供了到期收益率的函数，该函数对介于利息支付日之间的债券的计算很有用。该函数为：

= YIELD(结算日,到期日,年票面利率,债券价格,赎回价值相对面值的百分比,年付息次数)

在函数中使用的债券价格为净价，不包含应计利息。例如，为获得例14-3中债券的到期收益率，可以利用数据表14-3中的B列。如果利息是按年支付的，需要将记载条目中的年支付改为1（见单元格D8），收益率略微下降至5.99%。

债券的到期收益率为债券投资的内部收益率。如果假设所有债券都能以此收益率投资，则到期收益率可以视为整个债券存续期内的复合收益率。[㊁]到期收益率被广泛认为是平均收益的替代指标。

表 14-3 在 Excel 中求到期收益率

	A	B	C	D	E
1		半年期息票		年息票	
2					
3	结算日	1/1/2000		1/1/2000	
4	到期日	1/1/2030		1/1/2030	
5	年息票率	0.08		0.08	
6	债券价格	127.676		127.676	
7	赎回价格（面值的百分比）	100		100	
8	每年息票支付次数	2		1	
9					
10	到期收益率（小数形式）	0.0600		0.0599	
11					
12		在此输入公式：=YIELD(B3,B4,B5,B6,B7,B8)			

债券的到期收益率有别于**当期收益率**（current yield），当期收益率为债券的年利息支付除以债券价格。例如，

㊀ 在你的财务计算器中，进行如下输入：$n=60$ 期，PV = −1 276.76，FV = 1 000，PMT = 40，就能计算出利率（COMP i 或 CPT i）。注意到所输入的债券现值，或PV为−1 000美元，这是因为大多数计算器将债券的初始购买价格视为现金流出。如果没有财务计算器或者电子数据表程序，要求解该方程，则需要采用试错法。

㊁ 如果再投资利率不等于债券的到期收益率，则复合收益率将不同于到期收益率，如例14-5和例14-6中所示。

票面利率为8%，30 年期债券的当前售价是 1 276.76 美元，则当期收益率为每年 80/1 276.76 = 0.062 7 或 6.27%。相比较，债券的实际年到期收益率为6.09%。对超出面值溢价出售的债券而言（1 276 美元而不是 1 000 美元），票面利率 8% 超过了当期收益率 6.27%，当期收益率超过了到期收益率 6.09%。票面利率之所以超过当期收益率，是因为票面利率等于利息支付除以面值（1 000 美元），而非债券价格 1 276 美元。当期收益率超过到期收益率的原因则在于到期收益率包含了债券的潜在资本损失。现在以 1 276 美元购买债券，到期日其价格将最终跌至 1 000 美元。

例 14-3 说明了这样一条规律：对**溢价债券**（premium bond）而言（债券以高于面值的价格出售），票面利率高于当期收益率，当期收益率高于到期收益率；对**折价债券**（discount bond）而言（债券以低于面值的价格出售），上述概念正好相反（参见概念检查14-3）。

> **概念检查 14-3**
>
> 当债券以低于面值的折扣价出售时，票面利率、当前收益率、到期收益率三者是什么关系？请用票面利率为 8%（每半年支付一次），当前销售该债券的到期收益率为 10% 为例说明。

通常会听到人们谈论债券收益。在这些情况下，大多指的是到期收益率。

14.3.2 赎回收益率

到期收益率假设债券是在持有至到期的情况下计算。然而，如果债券是可赎回的，或者在到期日之前终止，该如何度量赎回条款下债券的平均回报率呢？

图 14-4 说明了可赎回债券持有者的风险。图中浅色线表示面值 1 000 美元，票面利率 8%，期限 30 年的“普通”债券（即不可赎回债券）在不同市场利率条件下的现值。如果利率下降，与承诺支付的现值相等的债券价格就会随之上升。

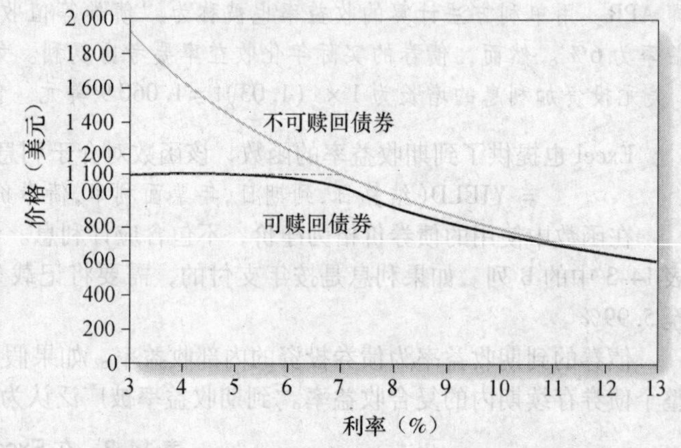

图 14-4 债券价格：可赎回与不可赎回的债券

注：利率 8%，30 年期，半年付息一次。

现在考虑一种具有相同票面利率和到期日，但发行方可以按面值的 110%，即 1 100 美元赎回的债券。当利率下降时，发行方预定支付的现值将会上升。但由于赎回条款允许发行方以赎回价格赎回债券，因此若赎回价格低于预定支付的现值，发行方便可能会从债券持有者手中赎回债券。

图 14-4 中的实线表示可赎回债券的价值，当利率较高时，因为预定支付的现值低于赎回价格，故赎回风险可忽略不计。因此，不可赎回债券与可赎回债券价值相互收敛。然而，在低利率条件下，两种债券价格开始发散，其差异反映了能以赎回价格回购公司债券的期权价值。在利率很低的情况下，预定支付的现值超过了赎回价格，债券被赎回，该点的值就是赎回价格，即 1 100 美元。

这一分析表明，如果债券极有可能被赎回，相对于到期收益率而言，债券市场分析师们可能对赎回收益率更感兴趣。赎回收益率的计算与到期收益率的计算基本相同，只是要以赎回日代替到期日，以赎回价格代替面值。这种计算方法有时被称为“首次赎回收益率”，因为假设赎回发生在债券首次可赎回的时间。

【例 14-4】 **赎回收益率**

假设票面利率为8%、30 年期的债券售价为 1 150 美元，并且该债券可在 10 年后以 1 100 美元赎回。使用下列输入值可计算到期收益率和赎回收益率：

	赎回收益率	到期收益率		赎回收益率	到期收益率
息票支付	40 美元	40 美元	最终支付	1 100 美元	1 000 美元
半年周期数	20 期	60 期	价格	1 150 美元	1 150 美元

赎回收益率为 6.64%（为了在计算器上验证该结果，输入 $n = 20$，PV =（－）1150，FV = 1 100，PMT = 40，计算出收益率 i 为 3.41%，或者 6.82% 的债券等价收益率）。在 Excel 中，可以用以下命令计算赎回收益

率：= YIELD(DATE(2000, 01, 01), DATE(2010, 01, 01), 0.08, 115, 110, 2)。值得注意的是，赎回价值输入为 110，即面值的 110%。■

我们注意到大多数可赎回债券在发行时都有一个最初的赎回保护期。此外，还存在隐含形式的赎回保护，即债券以赎回价为基础进行高折价销售。即使利率下降了一点，高折价的债券仍以低于赎回价格的价格出售，这样也就不需要赎回了。

概念检查 14-4

两种 10 年期债券的到期收益率目前均为 7%，各自的赎回价格都是 1 100 美元。其中一个票面利率为 6%，另一个是 8%。为简便起见，假定在债券的剩余支付现值超过赎回价格时立即赎回。如果市场利率突然降至 6%，每种债券的资本利得分别是多少？

概念检查 14-5

20 年期、票面利率 9% 的半年付息债券，5 年后可赎回，赎回价格为 1 050美元，如果现在以 8% 的到期收益率卖出，则债券的赎回收益率是多少？

如果利率进一步降低，以接近赎回价格出售的溢价债券很容易被赎回。如果利率下降，一种可赎回的溢价债券所提供的收益率可能低于折价债券的收益率，因为后者潜在的价格上升不会受到赎回可能性的限制。相对于到期收益率而言，溢价债券的投资者通常对债券的赎回收益率更感兴趣，因为债券在赎回日可能会被赎回。

14.3.3　已实现的复合收益率和到期收益率

如果所有债券都以与到期收益率相等的利率再投资，则到期收益率就将等于在整个存续期内所实现的收益率。例如，某两年期债券以面值出售，每年付息一次，票面利率为 10%。如果 100 美元的利息支付以 10% 的利率再投资，那么投资于债券的 1 000 美元两年后将增长为 1 210 美元，如图 14-5A 所示。如果将第一年所支付的利息再投资，则第二年加上利息为 110 美元，再加上第二年利息支付以及面值偿还，总额共计 1 210 美元。

总而言之，投资的初值 $V_0 = 1\,000$ 美元，两年后的终值 $V_2 = 1\,210$美元。因此，复合收益率可由以下方程计算：

$$V_0(1+r)^2 = V_2$$

$$1\,000(1+r)^2 = 1\,210 \text{ 美元}$$

$$r = 0.10 = 10\%$$

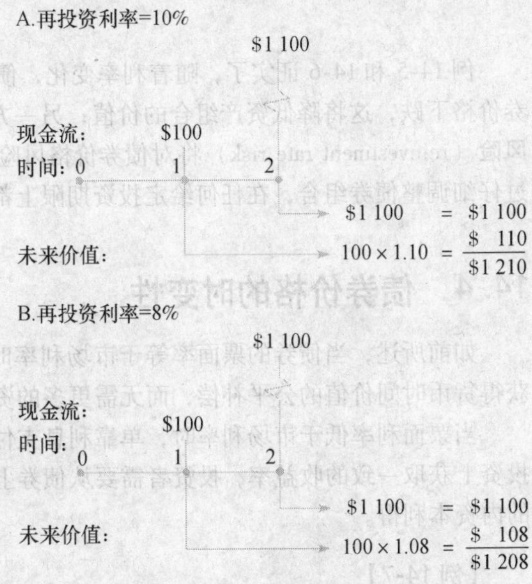

图 14-5　投资资金的增长

再投资利率等于到期收益率 10%，已实现的复合收益率等于到期收益率。如再投资利率不等于 10%，会出现怎样的情况呢？如果债券能以高于 10% 的利率再投资，资金增长将超过 1 210 美元，同时实现的复合收益率也将超过 10%。如果再投资利率低于 10%，则实现复合收益率也会降低。考虑下面这个例子。

【例 14-5】　　实现的复合收益率

如果首次利息支付再投资收益率不足 10%，那么该投资的终值将低于 1 210 美元，同时实现的复合收益率也将低于 10%。举例说明，假设债券的投资利率等于 8%。计算见图 14-5B。

首次利息支付及其利息的未来价值为：100 × 1.08 = 108。

+ 两年后的现金支付（第二年利息加面值）为：1 100 美元

= 投资及利息再投资的总价值为：1 208 美元

假设所有利息支付都再投资，实现的复合收益率为全部投资金额的复合增长率。投资者以 1 000 美元面值购入债券，该投资将增长至 1 208 美元。

$$V_0(1+r)^2 = V_2$$

$$1\,000(1+r)^2 = 1\,208 \text{ 美元}$$

$$r = 0.099\,1 = 9.91\% \blacksquare$$

例 14-5 解决了当再投资利率随时间变化时，常规到期收益率存在的问题。常规到期收益率将不再等于实现的复合收益率。然而，在未来利率不确定的情况下，期间利息再投资的利率也是未知的。因此，尽管在投资期结束后能够推算出实现的复合收益率，但在无法预测未来再投资利率的情况下，并不能事先计算出来，这大大降低了实现的复合收益率的吸引力。

在各种持有期或投资水平下，预测实现的复合收益率被称为**水平分析**（horizon analysis）。对总收益的预测，既依赖于持有期结束时卖出债券的价格，又依赖于利息再投资所能获得的收益率。债券的卖出价格又依赖于持有期到期收益率。对于较长的投资期限，利息再投资占了最终收益的较大部分。

【例 14-6】　**水平分析**

假设以 980 美元的价格购买一只 30 年期、票面利率为 7.5%（按年度支付）的债券（其到期收益率为 7.67%），并计划持有 20 年。当出售该债券时，预计到期收益率为 8%，利息再投资收益率为 6%。在投资期限结束时，该债券剩余期限为 10 年，因此该债券的预计卖价为 966.45 美元（按照 8% 的到期收益率）。20 年利息支付由于复利涨至 2 758.92 美元（20 年期利率为 6% 的 75 美元年金的终值）。

基于以上预测，980 美元的投资在 20 年内将涨至：966.45 + 2 758.92 = 3 725.37 美元，对应于 6.90% 的年复合收益率：

$$V_0(1+r)^{20} = V_{20}$$

$$980(1+r)^{20} = 3\,725.37 \text{ 美元}$$

$$r = 0.069\,0 = 6.90\%$$ ■

例 14-5 和 14-6 证实了，随着利率变化，债券投资者实际上受到两类风险的影响。一方面，当利率上升时，债券价格下跌，这将降低资产组合的价值；另一方面，再投资利息收入在高利率下能取得更高的复利。而**再投资利率风险**（reinvestment rate risk）将对债券价格风险产生影响。在第 16 章中，将更详细地探讨折中问题，并且投资者通过仔细调整债券组合，在任何给定投资期限上都能精确地平衡这两种影响。

14.4　债券价格的时变性

如前所述，当债券的票面率等于市场利率时，债券依面值出售。在此情况下，投资者需借助利息支付的方式，获得货币时间价值的公平补偿，而无需更多的资本利得来提供公平补偿。

当票面利率低于市场利率时，单靠利息支付不能够给投资者提供投资市场其他项目相同的收益率。为了在这一投资上获取一致的收益率，投资者需要从债券上获得价值增值。因此，债券必须以低于面值出售，以提供该项投资的内资本利得。

【例 14-7】　**公平的持有期收益率**

为了说明该问题，假设有一支多年前按照 7% 的票面利率发行的债券，当时的利率为 7%。该债券的年票面利率为 7%（为简单起见，假设该债券按年付息）。现在，离到期还有三年，年利率为 8%。这样，债券的市场价格应该是剩余利息支付加面值的现值[⊖]：

$$70 \times \text{年金因子}(8\%,3) + 1\,000 \times \text{现值因子}(8\%,3) = 974.23(\text{美元})$$

该值低于面值。

一年后，在下期利息支付后，该债券的售价为：

$$70 \times \text{年金因子}(8\%,2) + 1\,000 \times \text{现值因子}(8\%,2) = 982.17(\text{美元})$$

该年的资本利得是 7.94 美元。如果某一投资者以 974.23 美元的价格购买了该债券，那么一年后的总收入等于利息支付额加上资本利得，即 70 + 7.94 = 77.94（美元），收益率为 77.94/974.23 = 8%，刚好等于当前市场上可获得的收益率。■

⊖ 使用计算器，输入 $n=3$，$i=8$，PMT = 70，FV = 1 000，即可计算 PV。

当债券价格根据现值公式来确定，面值的任何折价都会提供一个预期资本利得，一个低于市场的票面利率即可提供合理的总收益。相反地，若票面利率高于市场利率，其自身的利息收入就会超过市场其他项目。投资者将会以高于面值的价格购买。随着债券到期临近，其价值就会下降，这是因为难以再获得高于市场利率的剩余利息支付。产生的资本损失抵消了高利息支付，持有者仅获得公平的收益率。

概念检查 14-6

例 14-7 中所示债券在剩余期限为一年时，下一年的卖出价格是多少？以 982.17 美元买入该债券并且一年之后卖出的收益率是多少？

本章末的习题 14 为研究高票息债券提供了案例。图 14-6 刻画了在市场利率不变的情况下，高、低两种票面利率债券价格（不包括利息生息的净值）随到期日剩余时间变化的曲线。低息债券享有资本利得，而高息债券遭受了资本损失。[㊀]

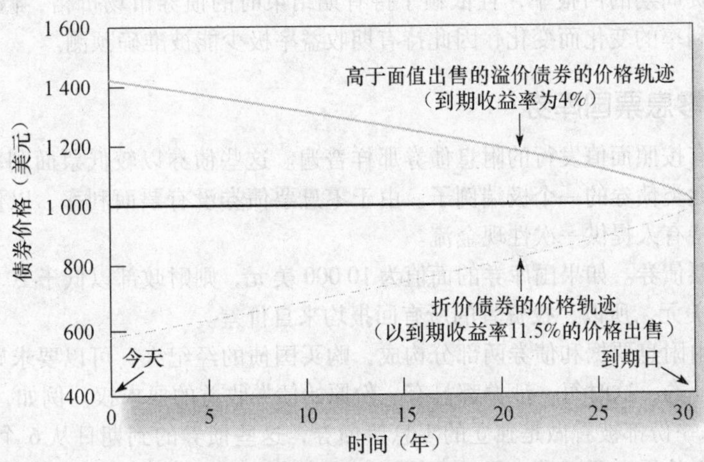

图 14-6　30 年期、息票利率为 6.5 的债券的价格轨迹

注：距到期日越近，债券价格越接近面值。

这些例子说明每种债券提供给投资者相同的总收益率。正如在功能完善的资本市场中期望的那样，尽管资本利得较收入的成分不同，每一债券的价格都被设计成能够提供类似的收益率。在税后风险调整的基础上，所有证券的收益率都应该是类似的。如果不是这样，投资者可以抛售低收益债券，拉低价格，直至该债券在目前更低的价格下其总收益率与其他证券的总收益率相当。债券价格会不断调整，直至在给定风险和税收调整的条件下，所有证券都公平定价，具有可比的期望收益率。

14.4.1　到期收益率和持有期收益率

在例 14-7 中，持有期收益率和到期收益率是相等的。债券收益率年初和年末都是 8%，并且债券持有期收益率也等于 8%。这是一个普遍性结果。当到期收益率在持有期不发生变化时，债券的收益率等于到期收益率。这并非一个不可思议的结果，因为债券必须提供一个与其他证券相当的收益率。

然而，当债券收益率波动时，其收益率也会如此。无法预料的市场利率的变化将导致债券收益率随机变化。债券的持有期收益率较最初出售所获得的收益来说，可能更好，也可能更差。债券收益增加将导致其价格降低，这就意味着持有期收益率将低于初始收益。[㊁]反之，债券收益降低将使持有期收益率高于初始收益。

【例 14-8】　**到期收益率和持有期收益率**

例如，如果一只 30 年期、年利息收入为 80 美元的债券，以 1 000 美元的面值出售，该债券的到期收益率为 8%。如果整年内收益率保持 8% 不变，则债券价格将维持在面值水平，而持有期收益率也将为 8%。但是如果收益率低于

㊀ 如果利率是波动的，则价格轨迹也会是“跳跃”的，即沿图 14-6 中的价格轨迹震荡，同时反映利率波动会造成的资本损益。在到期日债券价格最终一定会达到面值。所以，随着到期日的临近，溢价债券的价格将下跌，折价债券的价格将上升。

㊁ 我们在这里需要谨慎。当收益率上升，利息收入将在更高的水平再投资，抵消了初始价格下降的影响。如果持有期够长，再投资收益率增加的正面影响会抵消初始价格下降。但是通常对投资经理的业绩评级期限都不超过一年，在此期间，短期的价格影响总是对再投资收益率起绝对影响。我们将在 16 章中更详细地讨论价格风险和再投资利率风险之间的平衡。

8%，则债券价格将上升。假设收益率下降，价格增加到1 050美元，那么持有期收益率将高于8%：

$$持有期收益率=\frac{80+(1\,050-1\,000)}{1\,000}=0.13或13\%$$ ■

概念检查 14-7

如果到期收益率增加，则持有期收益率将低于初始收益率。例如，在例14-8中，若到第一年末，债券的到期收益率是8.5%，请求出第一年的持有期收益率，并与8%的初始收益率进行比较。

用另一种方式来思考到期收益率和持有期收益率之间的差异。到期收益率仅依赖于债券的利息、当前价格和到期面值。所有这些值现在都是已知的，因此很容易计算出到期收益率。如果债券能持有至到期日，则到期收益率能被解释为平均回报率。相反，持有期收益率则是整个特定投资周期的回报率，且依赖于持有期结束时的债券市场价格，但市场价格现在是未知的。持有期的债券价格无法依据利率的变化而变化，因此持有期收益率极少能被准确预测。

14.4.2　零息票债券和零息票国库券

最初发行的折扣债券没有按照面值发行的附息债券那样普遍。这些债券以较低票面利率发行，债券以面值的折扣价格出售。零息票债券是此类债券的一个极端例子。由于零息票债券没有票面利率，以价差的方式来提供全部收益，并且仅在到期日为债券持有人提供一次性现金流。

美国国库券是短期零息票债券。如果国库券的面值为10 000美元，则财政部以低于10 000美元的价格发行或出售，承诺到期后支付10 000美元。所以，投资者的所有回报均来自价差。

长期零息票债券通常是由附息票据和债券两部分构成。购买国债的经纪人，可以要求财政部分解债券支付的现金流，使其成为一系列独立证券，这时每一证券都具有一份原始债券收益的要求权。例如，一张10年期债券被“剥离”为20份半年期债券，每一份都被看做是独立的零息票债券，这些债券的到期日从6个月到10个月不等，最后本金的偿付被视为另一种独立的零息票证券。每一支付都按独立的证券对待，并都分配有自己的CUSIP号码（由统一证券标志委员会颁布）。具有该标志的证券，可以连接联邦储备银行及其分支机构的网络，通过Fedwire系统进行电子交易。财政部仍有支付义务。实施了息票剥离的国库券程序被称为本息剥离（STRIPS），而这些零息证券被称为国库券剥离。

随着时间的推移，零息票债券价格会发生怎样的变化呢？在到期日，零息票债券将以面值出售。而到期之前，由于货币的时间价值，债券以面值的折扣价格出售。随着时间的推移，价格越来越接近面值。实际上，如果利率固定不变，零息票债券的价格将完全按照利率同比上升。

为了说明这一性质，假设有一只30年期的零息票债券，市场年利率为10%，当前的债券价格为1 000美元/$(1.10)^{30}$＝57.31美元。1年后，剩余期限为29年，如果收益率仍然是10%，此时债券价格为1 000美元/$(1.10)^{29}$＝63.04美元，其价格比前一年增长了10%。这是因为，现在的面值少贴现了1年，所以价格就要增加1年的贴现因子。

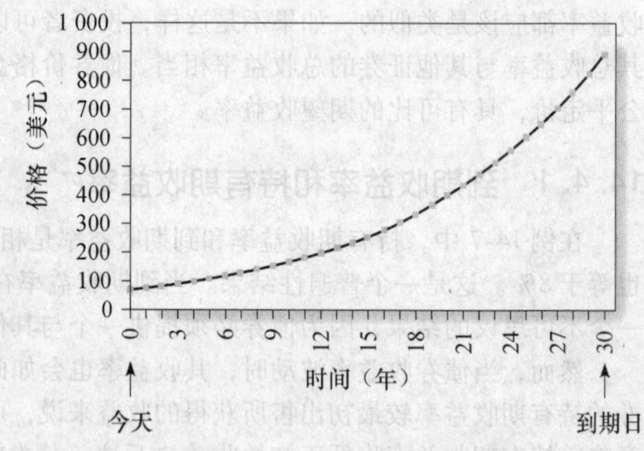

图14-7　30年期零息票债券价格随时间变化的曲线

图14-7刻画出了年市场利率为10%的情况下，30年期的零息票债券在到期日之前的价格轨迹。在到期日前，债券价格的增长将以指数而非线性形式增长。

14.4.3　税后收益

税务部门认为，最初发行折扣债券（OID），如零息票债券的“内在”价格升值，对债券持有人来说，代表一种隐含的利息支付。因此，美国国内税务署（IRS）专门设计了一个价格增值表，用于计算一个税收年度中应税的利息收入，即便是未出售或者未到期的资产也适用于此表。如果最初发行折扣债券在一个税收年度中出售，因市场利率变化而导致的损益，都被视为资本损益。

【例 14-9】 **最初发行折扣债券的税收**

如果初始利率是 10%，则一只 30 年期的零息票债券的发行价格是 $1\,000/(1.10)^{30}=57.31$ 美元。第二年，如果利率仍然是 10% 的话，国内税务署计算出的债券价格应该是 $1\,000/(1.10)^{29}=63.04$ 美元。因此，国内税务署得出的应税的利息收入为 63.04 - 57.31 美元。需注意的是，得出的应税利息收入是基于"固定收益法"，忽略了市场利率的变化。

如果利率下跌，假设跌至 9.9%，那么债券价格降为 $1\,000/(1.099)^{29}=64.72$ 美元。如果出售债券，那么 64.72 美元与 63.04 美元之间的价差被视为是资本利得，并按照资本利得税率征税。如果债券未出售，那么该价差就是未实行的资本利得，当年不征税。无论在哪种情况下，投资者都要按普通收入税率对 5.73 美元的应税利息缴税。■

例 14-9 中的分析过程适用于其他最初发行折扣债券的课税，包括附息债券。以一票面利率为 4%，到期收益率为 8%，30 年期限的债券为例。为简单起见，假定债券按年付息。因为票面利率较低，该债券将以远低于面值的价格发行，具体发行价格为 549.69 美元。如果债券的到期收益率一直保持在 8%，一年后其价格将上升至 553.66 美元（请自行验证）。这恰好能提供 8% 的税前持有期收益率：

$$\text{持有期收益率}=\frac{40+(553.66-549.69)}{549.69}=0.08$$

基于固定收益率的债券价格增长被视为利息收入，因此投资者需要对估算的利息收入 553.66 - 549.69 = 3.97 美元缴税。如果这一年中债券的实际收益发生了变化，债券在市场上出售，那么债券价格与固定收益价值 553.66 美元之间的差值将被当做资本利得收入。

概念检查 14-8

假设票面利率为 4%，30 年期的债券，实际上在第一年末的到期收益率降至 7%，投资者一年后出售债券。如果投资者按利息收入的 36%、资本利得的 20% 纳税，投资者的税后回报率是多少？

14.5 违约风险与债券定价

尽管债券通常会对投资者承诺固定的收入流，但该收入流并非没有风险，除非投资者可确认发行者不会违约。尽管可将美国政府债券视为无违约风险债券，但对于公司债券却不尽如此。由于支付一定程度上取决于公司的最终财务状况，因此此类债券的实际支付存在不确定性。

债券的违约风险，通常称为**信用风险**（credit risk），由穆迪、标准普尔和惠普进行测定。这些机构提供商业公司的财务信息，并对大型企业和市政债券进行质量评级。国际上主权国家的债券也存在违约风险，在新兴市场国家更是如此。所以，也会对这些债券的违约风险进行评级。评级机构使用字母来表示公司和市政债券的等级，以反映对所发行债券安全性的评价。最高信用等级是 AAA 或者 Aaa。穆迪公司为每种信用等级再设定 1、2 或者 3 的后缀（如 Aaa1、Aaa2、Aaa3）以便做出更精确的等级划分。其他机构则使用 + 或者 - 的符号来做进一步的划分。

信用等级为 BBB 或者更高的债券（标准普尔、惠普），或者等级为 Baa 以及更高的债券（穆迪公司）都被认为是**投资级债券**（investment-grade bond）。反之，信用等级较低的债券则被称为**投机级债券**（speculative-grade bond）或**垃圾债券**（junk bond）。低信用等级债券的违约很常见。例如，被标准普尔公司评为 CCC 级的债券，几乎半数在 10 年内有过违约。尽管高信用等级的债券鲜有违约，但并非没有风险。例如，2001 年 5 月，世通（WorldCom）公司出售了 118 亿美元的投资级债券。但仅在一年后，该公司申请破产，债券持有者的投资损失超过了 80%。某些机构投资者，如保险公司，通常不允许购买投机级债券。图 14-8 提供了各种债券信用等级的定义。

14.5.1 垃圾债券

垃圾债券，也称为高收益债券（high-yield bonds），它与投机级（低信用等级或没有信用等级）债券基本无异。在 1977 年以前，几乎所有的垃圾债券都是"堕落天使"，即公司在发行这些债券时曾一度享有投资级的信用等级，但之后被降级。1977 年，公司开始发行"初始发行垃圾债券"。

这一创造大部分归功于Drexel Burnham Lambert和他的交易伙伴Michael Milken。Drexel一直津津乐道于垃圾债券的交易，并且建立了一个由潜在垃圾债券投资者组成的网络。不具备投资信用等级的公司乐于让Drexel（和其他投资银行）直接向公众销售它们的债券，从而开启了新的融资渠道。发行垃圾债券比从银行贷款的融资成本更低。

20世纪80年代，由于被用做杠杆收购和恶意收购的融资工具，高收益债券声名狼藉。此后不久，垃圾债券市场受挫。20世纪80年代末，Drexel、Michael与华尔街内部交易丑闻导致的司法诉讼损害了垃圾债券市场。

在Drexel处于麻烦时，高收益债券市场几乎全线崩溃。此后，市场剧烈反弹。如果说，今天发行的高收益债券平均信用等级要高于20世纪80年代其繁荣时期的平均信用等级，这是毋庸置疑的。当然，在经济危机时期，垃圾债券比投资级债券更加脆弱。在2008年的危机中，垃圾债券的价格剧烈下降，到期收益率也相应地大幅度上升。到2009年年初，垃圾债与国债之间的利差从2007年初期的3%扩大到令人震惊的18%。

	债券等级							
	极高信用		高信用		投机性		极低信用	
标准普尔	AAA	AA	A	BBB	BB	B	CCC	D
穆迪	Aaa	Aa	A	Baa	Ba	B	Caa	C

穆迪和标准普尔公司不时对这些信用等级进行调整。标准普尔使用加减符号：A+和A-分别是A级信用中的最高级和最低级。穆迪使用1、2、3标记：1代表信用等级中的最高级

穆迪	标准普尔	
Aaa	AAA	Aaa和AAA级债券具有最高信用等级，还本付息能力最强
Aa	AA	Aa和AA级债券有很强的还本付息能力，和最高信用等级一起构成高信用等级债券
A	A	A级债券有很强的还本付息能力，尽管与最高信用等级债券相比，对经济和环境的不利影响更为敏感
Baa	BBB	Baa和BBB级债券有充分的还本付息能力。和信用等级最高的债券相比，不利的经济条件或变化更有可能削弱此信用等级债券的还本付息能力。属于中等信用级别债券
Ba B Caa Ca	BB B CCC CC	从还本付息能力和承担的义务来看，此类债券被认为具有明显的投机性。Ba和BB表示投机程度最低，CC和Ca则表示投机程度最高。虽然这些债券也可能有质量和安全性特征，但是一旦处于不利条件中，将具有更大的不确定性和风险。部分债券可能会出现违约
C	C	此等级债券作为收入债券保留，没有利息支付
D	D	D级别债务处于违约之中，利息支付和/或本金偿还仍在拖欠

图14-8　债券等级定义

资料来源：Stephen A. Ross and Randolph W. Westfield, *Corporate Finance*, Copyright 1988 (St. Louis: Times Mirror/Cosby College Publishing, Reproduced with permission from the McGraw-Hill Companies, Inc.). Data from various editions of *Standard & Poor's Bond Guide* and *Moody's Bond Guide*.

14.5.2　债券安全性的决定因素

债券评级机构主要依据发行公司的一些财务比率水平和趋势的分析，对其所发行的债券信用状况进行评级。评价安全性所用的关键财务比率有以下几个方面。

（1）偿债能力比率（coverage ratios）：公司收入与固定成本之间的比率。例如，获利额对利息的倍数比率（times-interest-earned ratio）是息税前收入与应付利息的比率。固定费用偿付比率（fixed-charge coverage ratio）是收益对所有固定现金债务的比率。其中，所有固定现金债务包括租赁和偿债基金的支付（偿债基金在下面讨论）。低水平或下降的偿债能力比率意味着可能会有现金流困难。

（2）杠杆比率（leverage ratio）：债务与资本总额的比率。过高的杠杆比率表明负债过多，标志着公司将无力获取足够的收益以保证债券的安全性。

（3）流动性比率（liquidity ratio）：最常见的两种流动性比率是流动比率（流动资产和流动负债的比值），以及速动比率（剔除存货后的流动资产与流动负债的比值）。这些比率反映了公司最具流动性的资产对负债进行偿还的能力。

（4）盈利比率（profitability ratio）：有关资产或者权益回报率的度量指标。盈利比率是一个公司整体财务指标的指示器。资产收益率（息税前收入与总资产的比值）是最常见的比率。具有较高资产回报率的公司，能对它们的投资提供更高的期望收益，因此在资本市场上能够更好地提升价值，

（5）现金流负债比率（cash flow debt ratio）：总现金流与未偿付债务的比值。

表 14-4 是标准普尔为划分公司的信用等级定期计算出来的某些比率的中值。当然，比率必须遵照行业标准进行评价，分析家们的侧重点也不尽相同。不过，表 14-4 表明比率随着公司信用等级一起改善的趋势。表 14-4 中的最后一行，给出了 1987～2002 年，不同初始等级债券的累计违约比率。不同信用等级之间的信用风险显著不同。

表 14-4　长期债券的财务比率和违约风险等级

	3 年期（2002～2004 年）中值						
	AAA	AA	A	BBB	BB	B	CCC
EBIT 利息保障倍数	23.8	19.5	8.0	4.7	2.5	1.2	0.4
EBITDA 利息保障倍数	25.5	24.6	10.2	6.5	3.5	1.9	0.9
营运资金/总负债	203.3	79.9	48.0	35.9	22.4	11.5	5.0
自由营运现金流/总负债（%）	127.6	44.5	25.0	17.3	8.3	2.8	(2.1)
总负债/EBITDA 倍数	0.4	0.9	1.6	2.2	3.5	5.3	7.9
资本收益率（%）	27.6	27.0	17.5	13.4	11.3	8.7	3.2
总负债/（总负债＋权益）	12.4	28.3	37.5	42.5	53.7	75.9	113.5
历史违约率（%）	0.5	1.3	2.3	6.6	19.5	35.8	54.4

注：表中的 EBITDA 是利息支付、税收支付、折旧和摊销前的利润。

资料来源：*Corporate Rating Criteria*, Standard & Poor', 2006.

大量研究检验了财务比率是否能用于预测违约风险。其中最著名的是爱德华·奥尔特曼（Edward Altman）用于预测破产的判别分析。该方法根据公司的财务特征进行打分。分值超过临界点则认为该公司具有良好信用；低于临界点则表明未来有重大破产风险。

为了举例说明这种方法，假设收集了各样本公司的净资产收益率（ROE）以及偿债能力比率，同时记录了各公司破产情况。图 14-9 标出了各样本公司上述两指标的情况，使用 X 表示最终破产的公司，O 表示一直有偿付能力的公司。显然，X 和 O 公司显示了两个指标的不同数值组合，有偿付能力的公司名下具有高股本收益率和偿债能力比率。

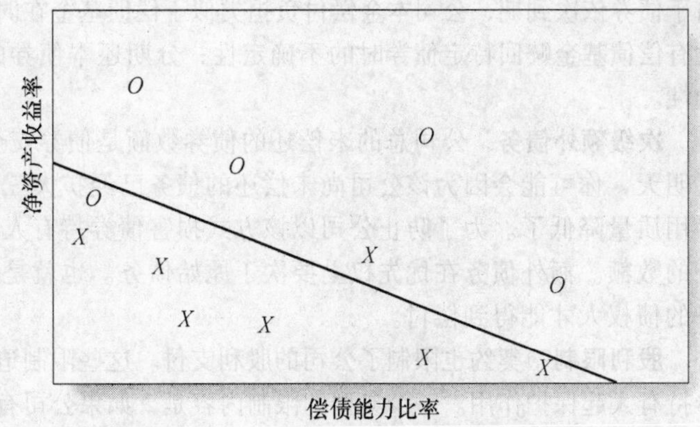

图 14-9　差异分析

差异分析确定了最佳区分 X 和 O 区域的直线方程。假设直线方程为 $0.75 = 0.9 \times \text{ROE} + 0.4 \times$ 偿债能力。那么，基于各公司自身的财务比率，能得到相应的 Z 值：$Z = 0.9 \times \text{ROE} + 0.4 \times$ 偿债能力。如果 Z 值超过 0.75，公司位于直线上方，被认为是安全的；反之，Z 值低于 0.75，预示着公司将面临财务困境。

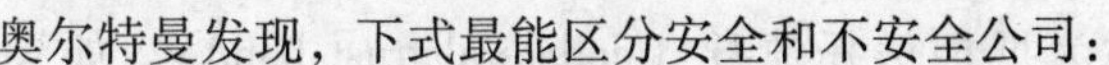

奥尔特曼发现，下式最能区分安全和不安全公司：

$$Z = 3.1\,\frac{\text{EBIT}}{\text{资产总额}} + 1.0\,\frac{\text{销售额}}{\text{资产总额}} + 0.42\,\frac{\text{股东权益}}{\text{负债总额}} + 0.85\,\frac{\text{留存收益}}{\text{资产总额}} + 0.72\,\frac{\text{营运资本}}{\text{资产总额}}$$

式中，EBIT＝息税前利润。㊀

㊀ 奥尔特曼最初的研究成果是 "Financial Ratios, Discrimination Analysis, and the Prediction of Corporate Bankruptcy," *Journal of Finance* 23 (September 1968). 现在这一等式源于他更新后的研究，*Corporate Financial Distress and Bankruptcy*, 2nd ed. (New York: Wiley, 1993), p.29.

Z 值在 1.23 以下表明破产风险较大，在 1.2 到 2.90 之间是灰色区域，2.90 以上的公司被认为是安全的。

14.5.3 债券契约

债券是以契约形式发行的，联结债券发行人和持有人之间的协议。债券的部分内容是为保护债券持有者的权利而对发行人设置的一系列限制，包括与担保、偿债基金、股息政策和后续借贷相关的条款。发行人为了将债券卖给关心其安全性的投资者，需认可这些保护性契约条款。

概念检查 14-9

假设将一等于流动负债/流动资产的新变量添加至奥尔特曼等式，该变量会带来一个正的或者负的系数么？

偿债基金 债券到期时需按面值予以偿付，而该偿付将造成发行者庞大的现金支付。为确保该支付不会导致现金流危机，公司需要建立**偿债基金**（sinking fund）将债务负担分散至若干年内。偿债基金可以按照以下两种方式中的一种运行：

（1）公司可每年在公开市场上回购部分未偿付的债券。

（2）公司可根据偿债基金的相关条款，以特定赎回价格购买部分未偿付的债券。无论哪种价格更低，公司都有权选择以市场价或者是偿债基金来购买债券。为了在债券持有者之间公平地分摊偿债基金赎回负担，采用随机产生序列号的方法来选择被赎回债券。[⊖]

债券基金与常规债券的赎回在两个方面存在差别。首先，公司仅能以偿债基金赎回价格回购有限的债券。最好的情况下，某些契约允许公司使用双倍期权，即允许公司以偿债基金赎回价格回购规定债券数量的两倍。其次，偿债基金赎回价格一般设定为债券面值，而可赎回债券的赎回价格通常高于面值。

虽然从表面上看来，偿债基金更有可能偿付本金，从而保护了债券持有者的利益，但是实际上，它也可能损害投资者的利益。公司选择以市场价格购回折价（低于面值出售）债券，同时行权以面值购回溢价（高于面值出售）债券。因此，如果利率下降，债券价格上涨，公司就可以按照偿债基金的规定以低于市场价格的价格回购债券，从中受益。在此情况下，公司的收益就是持有人的损失。

不要求偿债基金的债券发行称为分期还本债券发行。在分期还本债券发行中，所出售的债券的到期日是交错的。由于债券依次到期，公司本金偿付负担类似于偿债基金在时间上分散。与偿债基金相比，分期还本债券的优势在于没有偿债基金赎回特定债券时的不确定性；分期还本债券的劣势是不同到期日的债券不能互换，降低了债券的流动性。

次级额外债务 公司总的未偿还的债券数额是债券安全性的决定性因素之一。如果今天购买了一只债券，到了明天，你可能会因为该公司尚未偿还的债务已经扩大三倍而忧虑。因为这意味着所持有的债券较刚刚购买时，信用质量降低了。为了防止公司以该方式损害债券持有人的利益，**次级条款**（subordination clause）限制了额外借贷的数额。额外债务在优先权上要次于原始债务。也就是说，如果公司遭遇破产，在优先债务清偿之后，次级债务的债权人才能得到偿付。

股利限制 契约也限制了公司的股利支付。这些限制迫使公司留存资产而不是将其全部支付给股东，故能对债券持有人起保护作用。一个典型的限制内容是，如果公司有史以来的股利支付超过了累计净收益与股票销售利润之和，就不得再支付股利。

抵押品 某些债券的发行以特定的抵押为基础。**抵押品**（collateral）可以有多种形式，但都代表公司如果出现违约，债券持有者可以得到的公司的某一特定资产。如果抵押品是公司财产，则该债券称为抵押债券。如果抵押品以公司其他有价证券的形式出现，该债券被称为抵押信托债券（collateral trust bond）。如果是设备，则被称为设备合约债券（equipment obligation bond），这种形式的抵押品，最常见于设备高度标准化的公司，如铁路公司等，如果公司违约，债券持有者追讨抵押品时，很容易将这些设备出售给其他公司。

抵押债券通常被认为比**信用债券**（debenture bonds）安全，信用债券无需提供特定抵押品，其信用风险完全取

⊖ 偿债基金也可能要求对受托人进行分期支付，尽管这种方式不常见到。利用这些投入的资金，当到期的时候，累计起来的数目就能用于支付全部的发行量。

决于公司的获利能力。如果公司违约，信用债券的持有者则成为普通债权人。由于抵押债券的安全性更高，所以其提供的收益率较一般信用债券低。

图 14-10 为《穆迪行业手册》上所给出的美孚石油公司（Mobil）所发行的债券条款。这些债券已在纽约证券交易所注册上市，1991 年发行，直到 2002 年才能赎回。赎回价格最先等于面值的 105.007%，之后逐步下跌，在 2020 年后达到面值。债券的大多数条款都具有代表性，并且很多契约条款在上面已经讨论过。然而，近年来，却出现不使用赎回条款的明显趋势。

& Mobil Corp. debenture 8s, due 2032:
Rating — Aa2

AUTH----$250 000 000.
OUTSTG----Dec. 31, 1993, $ 250 000 000.
DATED----Oct. 30, 1991.
INTEREST----F&A 12.
TRUSTEE----Chemical Bank.
DENOMINATION----Fully registered, $1,000 and integral multiplies thereof. Transferable and exchangeable without service charge.
CALLABLE----As a whole or in part, at any time, on or after Aug. 12, 2002, at the option of Co. on at least 30 but not more than the 60 days' notice to each Aug. 11 as follows:

2003	105.007	2004	104.756	2005	104.506
2006	104.256	2007	104.005	2008	103.755
2009	103.505	2010	103.254	2011	103.004
2012	102.754	2013	102.503	2014	102.253
2015	102.003	2016	101.752	2017	101.502
2018	101.252	2019	101.001	2020	100.751
2021	100.501	2022	100.250		

and thereafter at 100 plus accrued interest.
SECURITY----Not secured. Ranks equally with all other unsecured and unsubordinated indebtedness of Co. Co. nor any Affiliate will not incur any indebtedness; provided that Co. will not create as security for any indebtedness for borrowed money, any mortgage, pledge, security interest or lien on any stock or indebtedness is directly owned by Co. without effectively providing that the debt securities shall be secured equally and ratably with such indebtedness. so long as such indebtedness shall be so secured.
INDENTURE MODIFICATION----Indenture may be modified, except as provided with, consent of 66 2/3% of debs. outstg.
RIGHTS ON DEFAULT----Trustee, or 25% of debs. outstg., may declare principal due and payable (30 days' grace for payment of interest).

LISTED----On New York Stock Exchange.
PURPOSE----Proceeds used for general corporate purposes.
OFFERED----($250 000 000) at 99.51 plus accrued interest (proceeds to Co., 99.11) on Aug. 5, 1992 thru Merrill Lynch & Co., Donaldson, Lufkin & Jenerette Securities Corp., PaineWebber Inc., Prudential Securities Inc., Smith Barney, Harris Upham & Co. Inc. and associates.

图 14-10 美孚石油发行的可赎回债券

资料来源：*Mergent's Industrial Manual*, Mergent's Investor Service, 1994. Reprinted with permission. All rights reserved.

14.5.4 到期收益率与违约风险

由于公司债券存在违约风险，所以必须分清债券承诺的到期收益率与期望收益率。承诺的或者规定的收益率，只有在公司履行债券发行责任时才能兑现。因此，规定的收益率是债券的最大可能到期收益率。而期望到期收益率必须要考虑公司违约的可能性。

例如，在 2009 年 11 月中旬，银行持股公司 CIT 集团面临着一波贷款违约危机，这些贷款都是其向小微企业投放的，这导致 CIT 集团面临着破产危机。其票面利率为 6.5%，2014 年到期的 CC 级别债券售价为面值的 62%，到期收益率为 18%，投资者并不相信这些债券的期望收益率为 18%，他们认识到债券持有人几乎不可能获得债券契约上所承诺的全部支付，并且给予期望现金流的收益率远低于承诺现金流所提供的收益率。

【例 14-10】 期望到期收益率与到期收益率

假设某公司 20 年前发行了票面利率为 9% 的债券，还有 10 年到期，公司正面临财务困境，但投资者相信公司有能力偿还未付利息。然而，到期日时公司被迫破产，债券持有人只能收回面值的 70%，债券以 750 美元出售。

到期收益率（YTM）可以使用以下输入变量计算：

	期望到期收益率	承诺到期收益率		期望到期收益率	承诺到期收益率
利息支付	45 美元	45 美元	最终偿付	700 美元	1 000 美元
半年期期数	20 期	20 期	价格	750 美元	750 美元

基于承诺支付的到期收益率为 13.7%。然而，基于到期日 700 美元的期望支付所计算的到期收益率仅为 11.6%。承诺的到期收益率高于投资者的实际期望所得。■

例 14-10 表明，当债券存在更大的违约风险时，其价格将降低，其承诺的到期收益率将上升。类似地，违约溢价，即规定的到期收益率与可比的国库券收益率之差，将上升。因为期望的到期收益率最终取决于债券的系统性风险，所受影响很小。下面继续讨论例 14-10。

【例 14-11】 违约风险和违约溢价

假设例 14-10 中所示的公司情况继续恶化，投资者现在认为在债券到期时，仅可获得其面值的 55% 的偿付。现在投资者要求有 12% 的期望到期收益率（即每半年 6%），比例 14-10 中高 0.4%。但债券价格将从 750 美元跌至 688 美元［$n=20$；$i=6$；$FV=550$；$PMT=\$45$］。但该价格下，基于承诺现金流规定的到期收益率为 15.2%。当到期收益率增加 0.4% 时，债券价格下跌所导致的承诺到期收益率（违约溢价）上升 1.5%。■

为了补偿违约发生的可能性，公司债券必须提供**违约溢价**（default premium）。违约溢价是公司债券的承诺收益率与类似的无违约风险公司债券收益率之差。如果公司有偿付能力且实际上支付给了投资者所有承诺的现金流，投资者可以获得比政府债券更高的到期收益率。但是，如果公司破产，公司债券的收益率就有可能比政府债券更低。公司债券与无违约风险的长期国债相比，可能有更高或者更低的收益率。换言之，公司债券更具有风险性。

概念检查 14-10

如果公司的状况进一步恶化，例 14-11 中的期望到期收益率将如何变化？投资者期望的最终偿付仅为 500 美元，债券价格跌至 650 美元。

风险债券的违约溢价模式有时候被称为利率的风险结构。违约风险越大，违约溢价越高。图 14-11 为不同风险等级债券的到期收益率的差值，可以明显看到承诺收益率的信用风险溢价，比如可以注意到在 2008 年金融危机期间信用利差不可思议地跳升。

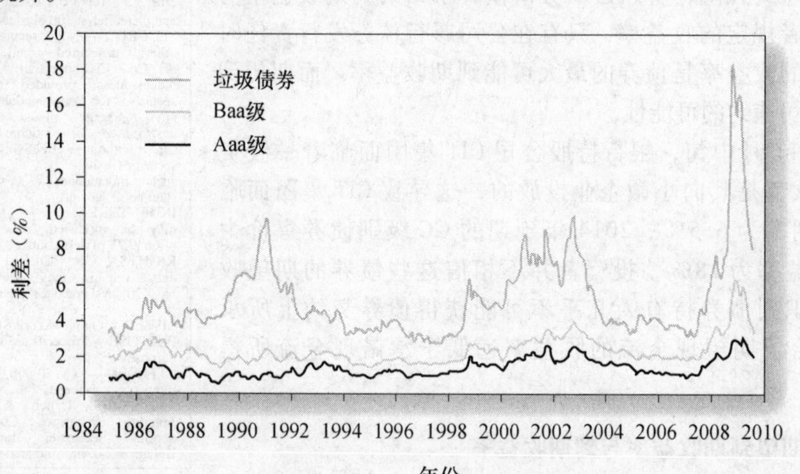

图 14-11 长期债券收益率（1984～2010 年）

14.5.5 信用违约掉期

信用违约掉期（credit default，swap，CDS）实际上是对公司债券或者是贷款违约风险的保险政策。举例说明，2009 年 9 月，5 年期的花旗集团 CDS 的年保险费是 1.5%，也就是说，CDS 的购买者每购买 100 美元的债券面值需要支付给卖方 1.5 美元的保险费。卖方依据合约获得这些年支付额，但是在债券违约时需赔偿买方。㊀赔偿有两种形式。CDS 的持有者将违约债券以面值交割给 CDS 发行人，这被称为实物结算（physical settlement）。相反地，发行人支付给互换持有者债券面值和市场价格（即使是违约，由于债权人能从破产清算中重新获得一些价值，债券仍然能够以一个正的价格出售）之间的差价，这被称为现金结算。

信用违约掉期设计的初衷是为了让债权人为违约风险购买保护。CDS 的天然购买者是大规模债券的持有者或者是为了增加未偿还贷款信誉的银行。即使借款公司的信誉不可靠，"被保险"的债务依然与 CDS 的发行人一样安全。持有 BB 级债券的投资者实际上可以通过购买 CDS 将债券的评级提高到 AAA。

这种解读也表明了 CDS 合约的定价机制。如果一只 BB 级的债券通过 CDS 保险后等同于 AAA 级债券，互换的溢价也应该大致等于 AAA 级债券与 BB 级债券的利差。㊁利率的风险结构与 CDS 价格应该紧密结合。

图 14-12 显示了 2008 年雷曼兄弟破产之后的几个月里几家金融类公司的 5 年期 CDS 的价格出现了大幅度上升。由于市场普遍认为这些公司的信用风险上升，其 CDS 的价格也随之上升。

㊀ 实际上，信用违约掉期在每一实际违约的时候也可能要兑现。合约注明了特殊的"信用事件"将会引发兑付。例如，条款调整（改变公司未偿还债务的期限以代替正式的破产程序）可以被认为是引发了信用事件。

㊁ 这大约是因为高评级债券和 CDS 债券有些差异。例如，互换的期限与债券的期限不匹配。利息支付与互换支付的税收待遇由于债券的流动性也可能有差异。最后，一些信用违约掉期会在最开始进行一次性的支付和年度的保险费。

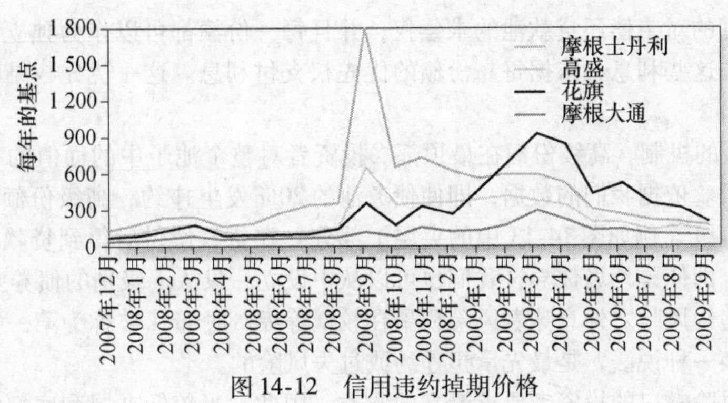

图 14-12 信用违约掉期价格

虽然 CDS 被认为是债券保险的一种形式，不久之前投资者意识到可以用它来投机特定公司的财务状况。图 14-12清楚地显示，若是有人想要在 2008 年 8 月份做空金融业，那么他可以购买相关公司的 CDS，随着 9 月份 CDS 价格急升，就可以获利。

原则上，虽然一些交易员购买 CDS 合约只是单纯为了投机一些公司，更多的未偿还合约都是为了对实物债券保险。随着雷曼兄弟破产，有大约 4 000 亿美元的 CDS 合约还未偿还，虽然实际上雷曼的总债务只有大约 1 550 亿美元。然而，尽管这种明显的差异在当时被广泛关注，但实际上的错配却是被过分夸大了。这是因为很多交易员为了对冲 CDS 头寸，在不同日期建立了正反两方的头寸。被广泛引用的 4 000 亿美元的数据是未偿还合约的总价值，并没有剔除对冲仓位。最后，看上去仅有 70 亿美元的 CDS 合约需要易手解决。

不管怎样，本章揭示了公司 CDS 十分缺乏透明度。这种对对手方信用风险敞口的不确定性引起了对自身财务状况稳定性的怀疑。专栏 14-1 表明了缺乏透明度是 2008 年金融危机的贡献因素。

专栏 14-1

信用违约掉期、系统性风险以及 2008 年金融危机

当银行与金融机构之间的借贷失灵，2008 年的金融危机在很大程度上是透明度的危机。最大的问题是对交易对手的财务状况普遍缺乏信心。如果一家机构对对方的偿付能力没有信心，那可以理解其不愿意借贷给对手方。当对客户和交易伙伴风险敞口的怀疑升到了自大萧条之后的最高水平，借贷市场枯竭了。

信用违约掉期特别助长了对对手方可靠度的怀疑。到 2008 年 8 月为止，据报道有 63 万亿美元的这类互换未偿付（通过比较，美国 2008 年的国内生产总值为 14 万亿美元）。随着次级债市场崩溃，经济看上去毫无疑问将陷入衰退，这些合约的潜在约定激增至之前被认为不可想象的地步，CDS 的卖方遵守承诺的能力也开始变得可疑。例如，仅大型保险公司 AIG 一家就卖出了 4 000 亿美元的次按揭贷款和其他贷款的 CDS 合约，AIG 离无法偿付的日子不远。但是 AIG 同时还导致那些依赖于其规避贷款违约风险承诺的公司不可偿付。这些又导致了更多的违约。最后，政府被迫出手拯救 AIG，以避免违约的连锁反应。

对手方风险和松散的信息披露要求使得梳理公司的信用风险敞口在实践中变得不可能。有一个问题是 CDS 头寸并不一定需要计入资产负债表。有一个违约引起一连串的其他违约的概率意味着债权人有可能面临的违约机构并不是他直接交易的对手方。这种连锁反应制造了系统性风险，这将导致整个金融体系陷入冰封期。随着坏账的涟漪作用扩展到越来越大的范围，借贷给任何对手都是一种不谨慎的行为。

2008 年金融危机的后续影响是不可避免地带来改革和新的监管规定。一个建议是呼吁建立信用衍生品（如 CDS 合约）的中央对手方。这种体系将促进持仓的透明度，用集中清算的净头寸代替交易员互相抵消的正反两方头寸，这要求每日识别保证金账户或者担保账户的头寸损益。如果损失将会上升，持仓将会在上升至不可承受的水平之前放松。允许交易员准确评估交易对手风险，并通过保证金账户和中央对手方的额外支持限制风险，限制系统性风险可以走得更远。

14.5.6 信用风险与担保债务凭证

担保债务凭证（Collateralized debt obligations，CDO）出现在最近 10 年，是固定收益市场重置信用风险的主要机制。创建一个担保债务凭证，一家金融机构（通常是一家银行），通常首先建立一个合法的独特主体来购买，并在随后卖出一组债券和其他贷款的组合资产。为这一目的而建的载体就是所谓的结构投资载体（SIV）。结构投资载体融资通常是通过发行短期融资券，并用于购买公司债券及其他债务（包括按揭贷款或信用卡债务）。这些贷款首先被聚集在一起，并被分割成一系列的载体，也就是我们所知的“份额”。

每一份额都拥有不同程度的对未偿还贷款池的求偿权，并且每一份额都可以作为独立证券单独出售。当未偿还贷款池中的贷款支付利息时，这些利息会依据每一份额的优先权支付利息。这一优先权结构表明每一份额都有不同的信用风险敞口。

图 14-13 展示了一个典型的机制。高级份额在最顶部。投资者对整个池子中的面值的 80% 负有责任，但是它对债务的全部条款有第一求偿权。依据我们的数据，即使债务池的 20% 发生违约，高级份额仍然会被全部偿还。一旦最高级份额得到偿付，较低等级（例如图 14-13 中的夹层 1 部分）在贷款偿付后得到贷款池的资金。运用低等级将高等级隔离于信用风险之外，即使是垃圾债券，我们也可以从中设立一只 Aaa 级别的债券。

当然，使高等级隔离于违约风险之外意味着风险积聚在较低等级。底部（被称为第一损失或者是残值部分）最后享有贷款池的偿付，或者换一种说法，是最先承担违约或过失风险的。

并不奇怪，投资于最大风险敞口的投资者要求最高的收益。因此，当较低夹层和底部承担了最多风险，当信用经历有利可图时，它们也会提供最高的收益。

		优先-次级部分结构	典型条款
		高级部分	70%~90%的名义本金，票面利率接近于Aa-Aaa级别债券
		夹层1	5%~15%的本金，投资级别
银行	结构投资载体		
		夹层2	5%~15%的本金，高质量的垃圾债
		第一损失/残值	<2%的本金，无评级，票面利率有20%的信用利差

图 14-13 担保债务凭证

按揭支持担保债务凭证在 2007 年和 2008 年是一个投资灾难。这类 CDO 是通过聚集起来发放给个人的（这些人通常是信用条件不足以申请常规贷款）次级贷款衍生的。当住房价格在 2007 年下跌，而这种典型的可调整利率的贷款重置至市场水平，贷款逾期和房屋没收拍卖猛增，这类债券的投资者损失了数十亿美元。由于违约率远远高于预期，所以即使是高等级份额也遭受了极端损失。

理所当然地，将这些份额评为投资级的评级机构成为了众矢之的。一个有关利益纠葛的问题被提出来了：因为是债券发行人向评级机构付费，这些机构被指控迫于压力放松了评级标准。

小 结

1. 固定收益证券的特征是向投资者承诺支付一笔固定收入或特定的收入流。附息债券是典型的固定收益证券。
2. 中长期国债的期限超过一年。它们按照或接近于面值发行，其报价扣除了应计利息。
3. 可赎回证券应提供更高的承诺到期收益率，以补偿投资者在利率下降和债券以规定的赎回价赎回时所遭受的资本利得损失。债券发行时，通常有一个赎回保护期。此外，折价债券以远低于赎回价的价格销售，提供隐含的赎回保护。
4. 可卖回债券赋予债券持有人而不是发行人以终止或延长债券期限的期权。
5. 可转换债券的持有人可自行决定是否要将手中的债券换成一定数量的股票，可转换债券持有人以较低的票面利率来获得这一期权。
6. 浮动利率债券支付的票面利率高出短期参考利率某一固定溢价。因为票面利率与当前市场条件紧密相连，所以风险是有限的。
7. 到期收益率是使债券现金流的现值与其价格相等的单利。债券价格与收益率负相关。对于溢价债券而言，票面利率高于现行收益率，而现行收益率则高于到期收益率。对于折价债券而言，顺序正好相反。
8. 到期收益率常常被解释为投资者购买并持有一种债券直至到期的平均回报率的估计，但这个解释不够精确。与此相关的测度有赎回收益率、实现的复合收益率和期望（或承诺）到期收益率。
9. 零息票债券的价格随时间变化呈指数型上升，它提供了一个与利率相等的增值率。美国国内税务署将该内在价格升值视为投资者的应税利息收入。
10. 当债券存在违约可能性时，声明的到期收益率就是债券持有者所可能获得的最高到期收益率。但当违约发生时，这一承诺的收益率便无法实现，因此债券必须提供违约溢价来补偿投资者所承担的违约风险，违约溢价为超出无违约风险的政府债券的承诺收益率部分。如果公司经营良好，公司债券的收益率便会高于政府债券的收益率，否则，将低于政府债券的收益率。
11. 通常使用财务比率来分析债券的安全性。债券契约是另一种保护持有人权利的措施。通常的契约，对于偿债基金的数额规定、贷款抵押、股利限制以及次级额外债务等都做出了规定。

12. 信用违约掉期为债券和贷款的违约提供了保险。互换的购买者向出售者支付年度的保险费，但是如果随后贷款违约，购买者将会获得与损失相等的赔付。

13. 担保债务凭证用于重新配置贷款池的信用风险。贷款池被分割成不同的份额，每一份额由于对未偿还贷款的现金流的求偿权不同而被分成了不同份额。高等级份额通常很安全，信用风险积聚在较低等级。每一份额都可以作为独立债券出售。

习 题

基础题

1. 定义下列类型的债券。
   a. 巨灾债券　b. 欧洲债券
   c. 零息票债券　d. 武士债券
   e. 垃圾债券　f. 可转换债券
   g. 分期还本债券　h. 设备契约债券
   i. 最初发行的折扣债券　j. 指数化债券
   k. 可赎回债券　l. 可卖回债券
2. 两种债券有相同的期限和票面利率，一只价格为105，可赎回，另一只价格为110，不可赎回。问哪一只债券到期收益率更高？为什么？

中级题

3. （无违约风险的）零息票债券的承诺到期收益率和已实现的复合到期收益率永远相等。为什么？
4. 为什么债券价格下降而利率升高？难道债权人不喜欢高利率么？
5. 一只债券的年票面利率是4.8%，卖价为970美元，债券的当期收益率是多少？
6. 哪只债券有较高的实际年利率？
   a. 面值为100 000美元，售价为97 645美元的3个月短期国库券。
   b. 以面值出售，半年付息一次，票面利率为10%的债券。
7. 按面值出售，票面利率为8%，半年付息一次的长期国债，如果一年付息一次，而且仍按面值出售，则票面利率应为多少？（提示：实际年收益率为多少？）
8. 假设一只债券的票面利率为10%，到期收益率为8%。如果到期收益率保持稳定，那么在一年内，债券的价格是会升高、降低还是不变？为什么？
9. 假设一只债券，票面利率为8%、剩余期限3年、每年付息一次，卖价为953.10美元。接下来的3年的利率确定是：$r_1=8\%$，$r_2=10\%$，$r_3=12\%$。计算到期收益率和实现的复合收益率。
10. 假设投资者有一年的投资期限，试图在三种债券之间进行选择。三种债券都有相同的违约风险，剩余期限都是10年。第一种是零息票债券，到期支付1 000美元；第二种是票面利率为8%，每年支付80美元利息的债券；第三种是票面利率为10%，每年支付100美元利息的债券。
    a. 如果三种债券都是8%的到期收益率，它们的价格分别是多少？
    b. 如果投资者预期在下年初到期收益率为8%，则那时的价格各为多少？每只债券税前持有期收益率是多少？如果投资者的税收等级为：普通收入税率30%，资本利得税率为20%，则每一种债券的税后收益率各为多少？
    c. 假设投资者预计下年初每种债券的到期收益率为7%，重新回答问题b。
11. 一只20年期面值为1 000美元的债券，每半年付息一次，票面利率为8%，如果债券价格如下，则其等价年收益率和实际到期收益率为______美元。
    a. 950　b. 1 000　c. 1 050
12. 使用相同的数据，只是假定每半年付息改为每年付息，重新回答11题。并回答为什么这种情况获得的收益率低。
13. 以下为面值1 000美元的零息票债券，填写此表。

价格（美元）	期限（年）	债券等价到期收益率（%）
400	20	—
500	20	—
500	10	—
—	10	10
—	10	8
400	—	8

14. 一只债券，年票面利率为10%，半年付息一次，市场利率为每半年4%，债券剩余期限为3年。
    a. 计算目前的债券价格，及下一次付息后距现在6个月的债券价格。
    b. 该债券（6个月中）的总回报率是多少？
15. 票面利率为7%，每年付息两次（1月15日和7月15日付息），1月30日《华尔街日报》刊登了此债券的买方报价是100：02。则此债券的全价是多少？付息周期为182天。
16. 一只债券的当期收益是9%，到期收益率是10%。问此债券的售价是以高于还是低于面值出售？并说明理由。
17. 上题中的债券的票面利率是高于还是低于9%？
18. 回到表14-1，计算通胀保值债券在第二年和第三年的名义及实际收益率。
19. 一种新发行的20年期的零息票债券，到期收益率为

8%，面值为1 000美元，计算存续期的第一年、第二年与最后一年的利息收入。

20. 一种新发行的10期债券，票面利率为4%，每年付息一次，公开发售价格为800美元，投资者下一年的应税收入是多少？此债券在年末不出售，并按照初始发行折价债券对待。

21. 一30年期，票面利率为8%，半年付息一次的债券5年后可按照1 000美元的价格赎回。此债券现在以7%的到期收益率出售（每半年3.5%）。
 a. 赎回收益率是多少？
 b. 如果赎回价格仅为1 050美元，则赎回收益率是多少？
 c. 如果赎回价格仍为1 100美元，但是债券可以在2年后而不是5年后赎回，则赎回收益率是多少？

22. 一个有严重财务危机的企业发行的10年期债券，票面利率为14%，售价为900欧元，此企业正在与债权人协商，债权人有望同意企业的利息支付减至原合同金额的一半。这样企业可以降低利息支付。问此债券规定的和预期的到期收益率各是多少？此债券每年付息一次。

23. 一支两年期债券，面值为1 000美元，每年的利息支付为100美元，售价为1 000美元。债券的到期收益率是多少？在明年的一年期利率分别为a. 8%；b. 10%；c. 12%三种情况下，实现的复合收益率将分别是多少？

24. 假定今天是4月15日，现有一票面利率为10%的债券，每半年分别在1月15日和7月15日各付息一次。《华尔街日报》上面的卖方报价时101：04。如果投资者今天从交易商处购得此种股票，购买价格将是多少？

25. 假定两公司发行的债券有如下特征，且以面值发行。

	ABC债券	XYZ债券
发行量	12亿美元	1.5亿美元
期限	10年[①]	20年
票面利率	9%	10%
抵押品	一级担保	普通债券
赎回条款	不可赎回	10年后可赎回
赎回价格	无	110
偿债基金	无	5年后开始

注：①债券持有人可自行选择另外延长10年有效期。

不考虑信用水平，找出4个能说明ABC债券的低票面利率的原因，并说明理由。

26. 一位投资者相信某债券的信用风险可能暂时有所提高。下面哪一条是利用这一点最容易获得现金的方法？
 a. 购买信用违约掉期
 b. 卖出信用违约掉期
 c. 卖空债券

27. 以下哪一点最准确地描述了信用违约掉期的性质？
 a. 当信用风险上升，互换溢价上升
 b. 当信用和利率风险上升，互换溢价上升
 c. 当信用风险上升，互换溢价上升，但是当利率风险上升，互换溢价下降

28. 对债券到期收益率的影响最有可能来源于：
 a. 发行公司的获利额对利息的倍数比率上升
 b. 发行公司的负债与股东权益比率上升
 c. 发行公司的流动比率上升

29. 一家大公司5年前同时发行了固定利率和浮动利率的两种商业票据，其数据如下：

	票面利率为9%的票据	浮动利率票据
发行量	2.5亿美元	2.8亿美元
初始期限	20年	10年
现价（面值的%）	93	98
当期票面利率	9%	8%
票面利率调整	固定利率	每年调整
票面利率调整规则	—	一年期国库券利率上浮2%
赎回条款	发行后10年	发行后10年
赎回价格	106	102.5
偿债基金	无	无
到期收益率	9.9%	—
发行后价格变化范围	85~112美元	97~102美元

 a. 为什么票面利率为9%的商业票据的价格波动幅度大于浮动利率的商业票据？
 b. 解释浮动利率商业票据为什么不按面值出售？
 c. 对投资者而言，为什么说赎回价格对浮动利率商业票据并不重要？
 d. 对于固定利率商业票据而言，提前赎回的可能性是高还是低？
 e. 如果公司发行期限15年的固定利率商业票据，以面值发行，则票面利率是多少？
 f. 对于浮动利率商业票据而言，为什么用一种确定的方法计算到期收益率是不合适的？

30. Masters公司发行两种20年期债券，赎回价格均为1 050美元。第一种债券的票面利率是4%，以较大的折扣出售，售价580美元。第2种债券按照面值平价出售，票面利率为8.75%。
 a. 平价债券的到期收益率是多少？为什么会高于折价债券？
 b. 如果预期利率在此后的两年中大幅度下跌，投资者会选择哪种债券？
 c. 为什么折价债券提供了某种意义上的“隐形赎

回保护”？

高级题

31. 一只新发行债券每年付息一次，票面利率为5%，期限为20年，到期收益率为9%。
  a. 一个一年期的投资，如果债券在年底时以到期收益率为7%的价格出售，则持有期收益率是多少？
  b. 如果债券在一年后出售，利息收入的税率是40%，资本利得税率是30%，那投资人应缴税多少？债券享有原始发行折价税收政策。
  c. 债券的税后持有期收益是多少？
  d. 持有期为两年，计算实现的复合收益率（税前），假设：
  (1) 两年后卖出债券，(2) 第二年末债券的收益率为7%，并且 (3) 利息可以以3%的利率再投资一年
  e. 用b中的税率计算两年后税后实现的复合收益率，记得考虑原始发行折价税收规定。

CFA考题

1. Leaf Product发行了一只10年期的固定收益证券，可能包含偿债基金条款和赎回保护或者重新注资。
  a. 描述偿债基金条款。
  b. 解释偿债基金对以下两方面的影响：
  i. 该证券的预期平均期限。
  ii. 该证券在存续期内总的面值和利息收益。
  c. 从投资者的角度，解释偿债基金存在的合理性。
2. Zello公司的债券，面值为1 000美元，以960美元出售，5年后到期，年票面利率为7%，半年付息一次。
  a. 计算：
  (1) 当期收益率
  (2) 到期收益率（四舍五入到最小整百分数，如3%，4%，5%等）
  (3) 持有期为3年，再投资收益率为6%，投资者的实现的复合收益率为多少？第3年末，还差2年到期，7%的利息支付的债券将以7%的收益率出售。
  b. 指出以下每种固定收益率测度指标的主要缺陷：
  (1) 当期收益率
  (2) 到期收益率
  (3) 实现的复合收益率
3. 2008年5月30日，Janice Kerr正在考察新发行的AAA级公司的10年期债券，具体情况如下：

债券情况	票面利率	价格	赎回条款	赎回价格
Sentinal2018年5月30日到期	6.00%	100	不可赎回	无
Colina2018年5月30日到期	6.20%	100	当前可赎回	102

  a. 假设市场利率下降100个基点（即1%），比较该利率下降对每一债券价格的影响。
  b. 如果Kerr选择债券Colina而不是Sentinal，预期利率是上升还是下降的？
  c. 如果利率波动加剧，那么对每种债券的价格将产生什么影响？
4. 一可转换债券具有以下特性：

票面利率	5.25%
期限	2027年6月15日
债券市场价格	77.50美元
普通股股价	28美元
年股利	1.2美元
转换率	20.83股

试计算该债券的转换溢价。

5. a. 试说明在发行一只债券时，附加提前赎回条款对债券的收益率会产生什么影响。
  b. 试说明在发行一种债券时，附加提前赎回条款对债券的预期期限会有什么影响。
  c. 试说明一个资产组合中若包含可赎回债券，会有何利弊。
6. a. 要使付息债券能够提供给投资者的收益率等于购买时的到期收益率，则：
  (1) 该债券不得以高于面值的价格提前赎回
  (2) 该债券的存续期内，所有偿债基金的款项必须立即及时地支付
  (3) 在债券持有直至到期期间，再投资利率等于债券的到期收益率
  (4) 以上均是
  b. 具有赎回特征的债券：
  (1) 很有吸引力，因为可以立即得到本金加上溢价，从而获得高收益
  (2) 当利率较高时更倾向于执行赎回条款，因为可以节省更多的利息支出
  (3) 相对于不可赎回的类似债券而言，通常有一个更高的收益率
  (4) 以上均不对
  c. 下面哪一种情况债券以折价方式卖出
  (1) 票面利率大于当期收益率，也大于到期收益率
  (2) 票面利率、当期收益率和到期收益率相等
  (3) 票面利率小于当期收益率，也小于到期收益率
  (4) 票面利率小于当期收益率，但大于到期收益率
  d. 考虑一个5年期债券，票面利率为10%，目前的到期收益率为8%，如果利率保持不变，一年后此债券的价格会：
  (1) 更高 (2) 更低 (3) 不变 (4) 等于面值

在线投资练习

可以在网址 www. bondsonline. com 查看不同信用等级的行业利差（点击左侧菜单的链接，可进入今日行情、公司债券利差）。这些利差都高于可比期限的美国国债收益率。哪些因素能够解释这些利差？经济萧条和经济繁荣时期的利差可能有什么不同？

从主页的左侧菜单上选择今日行情，然后选择综合债券收益率的链接。比较国债、机构债券、公司债券和市政债券的收益率曲线。

概念检查答案

14-1　可赎回债券将以较低的价格出售。因为如果投资者知道公司保留了在市场利率下降时赎回债券的有价期权，他们就不愿意仍以与原来价格相同的价格购买该债券。

14-2　在半年期利率为3%的情况下，债券价值等于40×年金因子（3%，60）+1 000×现值因子（3%，60），资本利得为276.75美元，超过了当利率增长到5%时的资本损失189.29美元（1 000－810.71＝189.29）。

14-3　到期收益率高于当期收益率，又高于票面利率时。以一票面利率为8%、到期收益率为10%（半年为5%）的付息债券为例。其价格为810.71美元，因此当期收益率为80/810.71＝0.098 7，即9.87%，高于票面利率，但低于到期收益率。

14-4　票面利率为6%的债券，现价为30×年金因子（3.5%，20）+1 000×现值因子（3.5%，20）＝928.94美元。如果利息率立刻降至6%（半年3%），则债券价格将涨至1 000美元。资本利得为71.06美元，即7.65%。票面利率为8%的债券现价为1 071.06美元，如果利率降至6%，则原定支付的资金的现值变为1 148.77美元，然而，该债券将会以1 100美元的价格赎回，资本利得仅为28.94美元，或2.70%。

14-5　债券的现价可以由到期收益率推导出来。使用计算器，设定：$n=40$（每半年付息一次），利息＝45美元每期，终值＝1 000美元，利率＝4%（每半年期）。计算现值为1 098.96美元。现在可以计算赎回收益率。赎回期为5年，或10个半年期，债券的赎回价格为1 050美元。为了算出赎回时的收益率，设定：$n=10$（每半年为一期），每次应付利息＝45美元（每期），终值＝1 050美元，现值＝1 098.96美元。赎回收益率为3.72%。

14-6　价格＝70×年金因子（8%，1）+1 000×现值因子（8%，1）＝990.74美元

$$投资者的收益率=\frac{70+(990.74-982.17)}{982.17}=0.080=8\%$$

14-7　到年末，剩余期限为29年。如果到期收益率仍为8%，债券仍将以面值出售，其持有期收益率仍为8%，收益率较高时，债券价格和回报率将降低。例如，假设到期收益率增加到8.5%，年利息支付额为80美元，面值为1 000美元的情况下，债券价格将等于946.70美元（$n=29$，$i=8.5\%$，PMT＝80美元；FV＝1 000美元）。该债券在年初开始出售时，其价格为1 000美元，则持有期收益率为

$$HPR=\frac{80+(946.70-1\,000)}{1\,000}=0.026\,7=2.67\%$$

该收益率低于8%的初始到期收益率

14-8　在低收益条件下，债券价格为631.67美元（$n=29$，$i=7\%$，PMT＝40美元；FV＝1 000美元），因此，总税后收入为：

利息	40	＝24.80美元
累计利息	（553.66－549.69）	＝2.46美元
资本利得	（631.67－553.66）	＝62.41美元
税后总收入		＝89.67美元
收益率	＝89.67/549.69＝0.163＝16.3%	

14-9　系数为负。高资产负债率对公司来说不是一个好的征兆，通常会降低公司的信用等级。

14-10　每次利息支付为45美元，有20个半年期。假定最后一笔支付为500美元。期望现金流的现值为650美元，期望的到期收益率为每半年6.317%，或每年12.63（等价收益率）。

第15章 利率的期限结构

CHAPTER15

为简便起见，第14章中我们假定贴现率是固定的。但在现实中，这种情况极少出现。例如，2009年短期国债和中期国债的到期收益率均低于1%，而此时长期债券的收益率大约为4.2%。当这些债券报价时，通常都是期限越长，收益率越高。实际上，这是一种典型的模式，正如我们接下来将看到的，债券剩余期限和到期收益率之间的关系在不同时期会有截然不同的表现。本章将探讨不同期限资产的利率模型，我们力图找出影响该模型的各种因素，并从所谓的**利率期限结构**（term structure of interest rate，即不同期限债券贴现现金流的利率结构）中挖掘出起关键性作用的因素。

本章还展示了国库券的价格是如何从零息债券的价格和收益率中推导而来，并检验了期限结构揭示未来利率的市场一致性预期的程度以及利率风险的存在如何影响这些推断。最后将揭示交易员如何利用期限结构计算远期或延期贷款的远期利率（也就是它们的利率），并关注远期利率和未来利率之间的关系。

15.1 收益率曲线

图14-1表明不同期限的债券通常以不同的到期收益率卖出。债券价格与收益率之间的关系可阐述为：长期限债券将比短期限债券以更高收益率出售。从业者通常将收益率和期限之间的关系用**收益率曲线**（yield curve）来表示，这是一个以时间和期限为要素的函数平面图。收益率曲线是固定收益投资者最为关心的问题之一。我们将会在本章中发现收益率曲线是债券估值的核心，并为投资者提供判断未来利率期望值的依据。这种比较通常是一个固定收益投资组合策略形成的起点。

2009年后期，收益率曲线在上升，长期限债券的收益率要高于短期性债券。但收益率与期限之间的关系却不尽相同。图15-1揭示了几种不同形态的收益率曲线。图15-1a中2006年早期的曲线近乎平坦。

图 15-1b是2009 年的曲线，这是一种较为典型的向上倾斜的曲线。图 15-1c 是向下倾斜的或者说是倒置的曲线。图 15-1d是先升后降的峰状曲线。

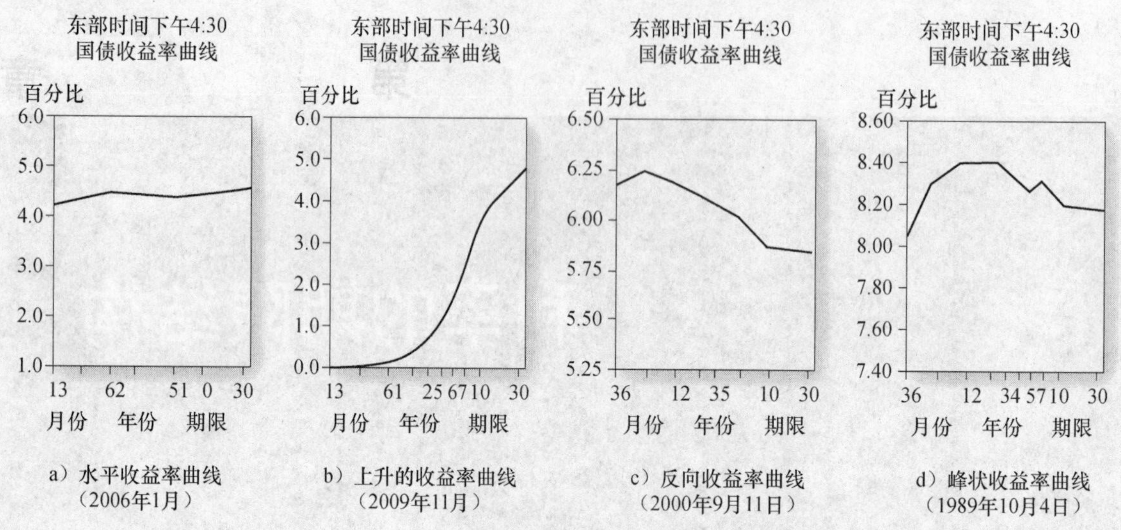

图 15-1 国债收益率曲线

资料来源：Various editions of *The Wall Street Journal*. Reprinted by permission of *The Wall Street Journal*, © 1989, 2000, 2006, and 2009 Dow Jones & Company, Inc. All Rights Reserved Worldwide.

债券定价

如果不同期限债券的收益率不相同，我们如何对不同时期付息的债券估值呢？例如，假设已给定期限不同的零息国库券收益率，如表 15-1 所示。该表显示 1 年期零息债券的到期收益率是 $y_1=5\%$，2 年期零息债券的到期收益率是 $y_2=6\%$，3 年期零息债券的到期收益率为 $y_3=7\%$。这其中的哪些利率可以用来折现债券现金流？回答是：所有。最好的办法是将每一期债券现金流（无论是利息还是本金）视为独立销售的零息债券。

表 15-1 零息债券的价格和到期收益率（面值 1 000 美元）

期限（年）	到期收益率（%）	价格
1	5	$1\,000/1.05=952.38$ 美元
2	6	$1\,000/1.06^2=890.00$ 美元
3	7	$1\,000/1.07^3=816.30$ 美元
4	8	$1\,000/1.08^4=735.03$ 美元

回顾上一章的国债剥离计划（见 14.4 节）。剥离国债是指将每一次利息和本金支付从债券整体中剥离，作为独立现金流分别销售的零息债券。例如，1 年期国库券半年的利息可分离为 6 个月期限（通过将首次利息支付作为单独的证券出售）和 12 个月（对应末次利息和本金）零息债券。债券分离暗示了附息债券的估值方法。如果现金流作为单独证券卖出，那么整个债券的价值就等于在剥离市场中分别购买的现金流的价值。

若不是又该怎么办？那就很容易获取收益。例如，如果投资银行家注意到一支债券整体出售的价格低于不同部分分别出售的价格总和，他们可以将这些债券剥离为不附息票债券，售出剥离部分现金流并通过价差获利。如果债券的售价大于单独部分现金流总和的价格，他们会反其道而行之：在剥离市场中买入独立的零息债券，将现金流重组为一支附息债券，以高于各部分总和的价格整体出售债券。**债券剥离**（bond stripping）和**债券重组**（bond reconstitution）都为套利提供了机会——通过对两个或更多证券的错误定价的运用来获得一个无风险经济利润。任何违背一价定律的行为都会引起套利机会，相同的现金流组合必须以相同的价格出售。

现在，我们知道如何给剥离的现金流定价。我们只需要在《华尔街日报》中找到合适的折现率。因为利息收入的支付时间不同，通过用特定期限的收益率贴现，即国库券到期现金流的收益率。我们可以用一个例子加以解释。

【例 15-1】 **附息债券的估值**

假定不附息票债券的收益已经给定，如表 15-1 所示，我们希望计算 3 年期、票面利率为 10% 的附息债券的价值。第一笔现金流为第一年年末支付的 100 美元利息，以 5% 的折现率折现；第二笔现金流为第二年年末支付的 100 美元利息，以 6% 的折现率折现；最后一笔现金流包含最后一笔利息和面值（1 100 美元），以 7% 的折现率折现。因此附息债券的最终价值是：

$$\frac{100}{1.05}+\frac{100}{1.06^2}+\frac{1\,100}{1.07^3}=95.238+89.000+897.928=1\,082.17 \text{ 美元}$$ ■

你可能会为例 15-1 中的附息债券到期收益率结果感到吃惊。它的到期收益率是 6.88%；与表 15-1 中的 3 年期零息债券的期限相匹配，但是到期收益率较低。[㊀]这反映了 3 年期附息债券被认为是暗含三个零息债券的资产组合，一一对应于每一期现金流。零息债券收益是三个部分的收益组合。想一想这意味着什么：如果它们的票面利率有差异，同样期限的债券将不会有相同的到期收益率。

那么收益率曲线意味着什么？实际上，在实践过程中，交易员有好几种收益率曲线。**纯收益曲线**（pure yield curve）指零息债券。相反，**当期债券收益率曲线**（on-the-run yield curve）指的是近期发行的以面值或近似面值价格出售的附息债券的函数，该函数以期限作为自变量。正如我们看到的，这两条曲线有明显的不同。金融杂志上所画的收益率曲线（如图 15-1 中的曲线）是典型的当期曲线。由于当期国债流动性极好，交易员对它的收益率曲线有很高的兴趣。

概念检查 15-1

计算 3 年期、票面利率为 4% 且每年付息一次的债券的价格和到期收益率。这个收益率是否与 3 年期零息债券或例 15-1 中的利率为 10% 的附息债券的利率相等？为什么利率为 4% 的附息债券与零息债券之间的息差小于 10% 利率的附息债券和零息债券之间的息差？

15.2　收益曲线与远期利率

我们已经说明什么是收益率曲线，但是没有详细说明它的来源。例如，为什么收益率曲线有时向上倾斜，有时向下倾斜？利率期望值的发展怎样影响今天的收益率曲线的形状？

这些问题的答案并不简单，所以我们将从一个已经公认的理想化的框架开始，然后再展开更符合实际情况的讨论。首先，我们考虑一个确定性的场景，尤其是在一个所有的投资者都已经知道未来利率轨迹的情况下。

15.2.1　确定的收益率曲线

如果利率是确定的，我们怎么看待表 15-1 中 2 年期零息债券的收益率要大于 1 年期零息债券收益率？期望一支债券能提供更高的收益率是不可能的。在一个确定的没有风险的世界中这是不可能发生的事情，所有的债券（实际上是所有的证券）必须提供相同的收益，否则投资者会竞相购买那些高收益的债券直至它们的收益不再高于其他债券。

相反，上升收益率曲线显示短期利率明年将会比现在更高。为了了解原因，来看看两个 2 年期债券的投资策略。第一个策略是购买 2 年期到期收益率为 6% 的零息债券，持有至到期日。零息债券票面为 1 000 美元，折算到今天的购买价为 $1\,000/1.06^2=890$ 美元，到期价格为 1 000 美元。因此两年的投资增长率为 $1\,000/890=1.06^2=1.123\,6$。

现在来看看另一个 2 年期策略，投资相同的 890 美元在 1 年期零息债券，其到期收益率为 5%。当债券到

㊀ 记住，附息债券的收益率是单利，其现金流的当期价值等于市场价格。在计算器或电子数据表上计算该债券的到期收益率时，设 $n=3$；价格 = 1 082.17；终值 = 1 000；利息 = 100。然后计算利率。

期时，重新进行另一次 1 年期债券投资。图 15-2 列出了这两种策略的情况。明年 1 年期债券的利率用 r_2 表示。

记住，在两者都不包含风险的情况下，两个策略必须提供相同的收益。因此，2 年后两策略的收益必须相等：

购买和持有 2 年期零息债券 = 循环投资 1 年期零息债券

即

$$890 \times 1.06^2 = 890 \times 1.05 \times (1 + r_2)$$

通过计算 $1 + r_2 = 1.06^2/1.05 = 1.0701$，或者 $r_2 = 7.01\%$ 来得出明年的利率。所以当1 年期债券提供的到期收益率低于 2 年期债券时（5% 相对于 6%），我们将看到它具有补偿优势：它允许你下一年重新将你的资金投入到另一种也许会有更高收益率的短期国库券中。相比于今年滚动购买 1 年期债券与一次性购买 2 年期债券吸引力相同的情形，明年的收益率将会更高。

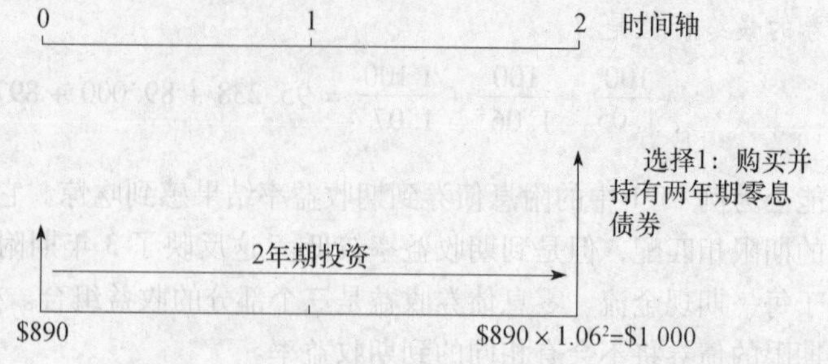

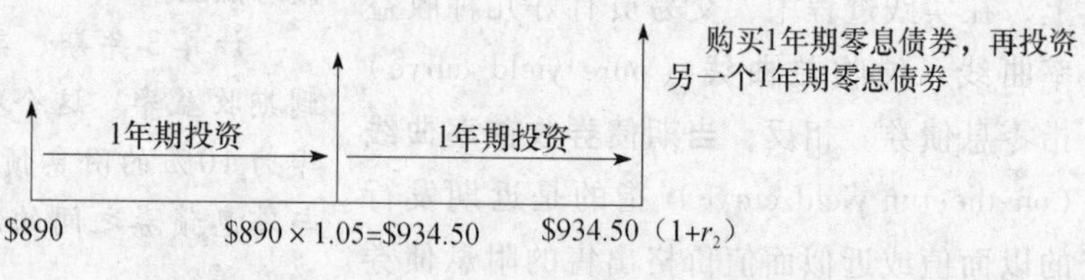

图 15-2　两个 2 年期投资计划

为了辨别将来可能会用到的长期债券的收益率和短期利率的区别，从业人员将会使用以下术语。他们把零息债券到期收益率叫做**即期利率**（spot rate），意思是，对应于零息债券在今天持续了一段时间的利率。相反，既定区间内（例如一年）的**短期利率**（short rate）是在那一区间内的不同时间点均适用的利率。在我们的例子中，今天的短期利率是 5%，下一年的短期利率是 7.01%。

毫不奇怪，2 年即期利率是今年的短期利率和下一年短期利率的平均值。[⊖]但是因为复利的影响，平均是一个几何学问题。我们再次通过使得这两种两年期策略总收益相等的等式来了解这个问题：

$$(1 + y_2)^2 = (1 + r_1) \times (1 + r_2)$$

$$1 + y_2 = [(1 + r_1) \times (1 + r_2)]^{1/2} \tag{15-1}$$

式（15-1）告诉我们为什么收益曲线在不同时期内有不同的形状。当下一年的短期利率 r_2 时大于这一年的短期利率 r_1 时，两个利率的平均值将会大于今天的利率，所以 $y_2 > y_1$，收益率曲线向上倾斜。如果下一年的短期利率比今年 r_1 要低，收益曲线是向下倾斜的。因此，收益曲线至少部分地反映了对未来市场利率的预计。下面的例子用类似的分析方法得出了第三年的短期利率。

【例 15-2】　　**找出未来短期利率**

现在来比较两个 3 年期策略。一种是购买 3 年期零息债券，到期收益率如表 15-1 所示为 7%，持有至到期。另一种是购买两年期零息债券，到期收益率为 6%，在第三年的时候购买 1 年期零息债券，短期利率为 r_3，那么投资基金在每种投资策略下的增长率将是：

购买并持有 3 年期零息债券 = 购买 2 年期零息债券，然后再购买 1 年期债券

即

$$(1 + y_3)^3 = (1 + y_2)^2 \times (1 + r_3)$$

$$1.07^3 = 1.06^2 \times (1 + r_3)$$

这就意味着 $r_3 = 1.07^3/1.06^2 - 1 = 0.09025 = 9.025\%$。另外，注意到 3 年期的债券反映了接下来 3 年折现因子的几何平均：

$$1 + y_3 = [(1 + r_1) \times (1 + r_2) \times (1 + r_3)]^{1/3}$$

$$1.07 = [1.05 \times 1.0701 \times 1.09025]^{1/3}$$

我们得出结论：长期债券的收益率或即期利率反映了在存续期内受市场预期影响的短期债券利率的轨迹。

⊖　在算术平均根上，加上 n 个数被 n 整除。在几何平均上，将 n 个数相乘，再开 n 次方。

图15-3总结了我们分析的结果并强调短期利率与即期利率之间的区别。最顶端的线代表了每年的短期收益率。下面的线代表了从现在到每个相关到期日的即期收益率（或等同地，不同持有期限的零息债券的到期收益率）。■

概念检查15-2

用表15-1找出第四年的短期利率。证明4年期零息债券的折现因子是1加上接下来四年的短期利率的几何平均数。

15.2.2　持有期收益率

我们曾经讨论过我们所对比的债券的多年累积收益率应相等。在短期如1年的期限，持有期收益率又是怎样呢？你可能认为债券以更高的到期收益率售出将会获得更高的年化收益率，但是事实并不是这样。实际上，一旦你不再这样想，你将会很清楚这不可能是真的。在确定性的世界里，所有的债券都必须提供相同的收益，否则投资者将会竞相购买收益率更高的证券，推高价格，减少收益。这一过程可以用表15-1来解释。

【例15-3】　**持有期收益和零息债券**

如表15-1所示的1年期债券可以在今天以1 000/1.05 = 952.38美元的价格买到，在1年内将达到面值。它不支付利息，所以总投资收益是价格升水，其收益率为(1 000 - 952.38)/952.38 = 0.05。2年期的债券的买价可以是$1\,000/1.06^2 = 890$美元。第二年债券的剩余期限为1年，且1年的收益率为7.01%。因此，它下一年的价格为1 000/1.070 1 = 934.49美元，一年期持有期收益率为（934.49 - 890.00）/890.00 = 0.05，与5%的收益率相同。■

概念检查15-3

证明例15-1中的3年期零息债券收益率也是5%。提示：下一年，债券的剩余期限是2年。使用图15-3中的短期收益率计算从现在起下一年的2年期即期利率。

15.2.3　远期利率

下面的等式概括了从零息债券收益率曲线中推算出未来的短期收益率的方法。使得两种n年期投资策略的总收益相等：买入并持有一支n年期零息债券相等于买入$(n-1)$年零息债券再将收益投入一支一年期债券。

$$(1+y_n)^n = (1+y_{n-1})^{n-1} \times (1+r_n) \qquad (15\text{-}2)$$

式中，n指的是期数，y_n为n期零息债券在第n期的到期收益率。根据观察到的收益率曲线，用式（15-2）可以解出最后期的短期利率：

$$(1+r_n) = \frac{(1+y_n)^n}{(1+y_{n-1})^{n-1}} \qquad (15\text{-}3)$$

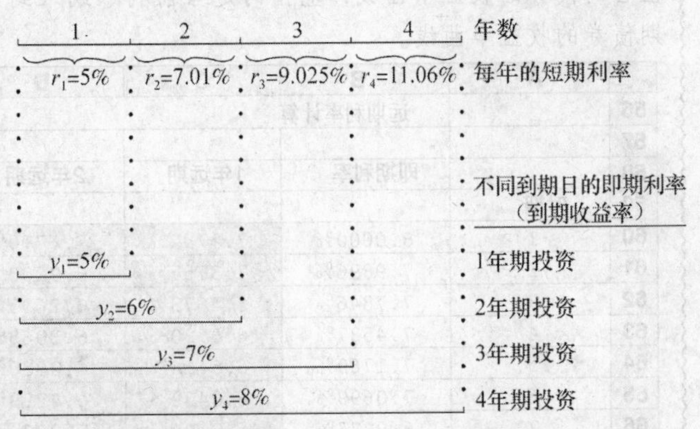

图15-3　与即期利率相比的短期利率

式（15-3）有一个简单的解释。等式右边分子的含义是n期零息债券持有至到期的投资总增长系数，同理，分母的含义是$n-1$期投资的总增长。由于前者比后者的投资期限多一年，其增长量的差别一定是将$n-1$年的回报再投资一年。

当然，当未来利率不确定时，如现实中的那样，无法推断未来“确定”的短期利率。今天无人得知将来的利率是什么，最多就是能推测预期值并考虑到不确定性。但是人们仍然普遍通过式（15-3）来推断未来利率收益率曲线的隐含意义。由于认识到未来利率的不确定性，我们将以这种方式推断出来的利率称为远期利率而不是未来短期利率，因为它不必是未来某一期间内的实际利率。

如果n期的远期利率为f_n，我们可用下式定义f_n：

$$(1+f_n) = \frac{(1+y_n)^n}{(1+y_{n-1})^{n-1}} \qquad (15\text{-}4)$$

经整理有：

$$(1+y_n)^n = (1+y_{n-1})^{n-1}(1+f_n) \qquad (15\text{-}5)$$

在这里，远期利率被定义为“损益平衡”的利率，它相当于一个 n 期零息债券的收益率等于（$n-1$）期零息债券在第 n 期再投资所得到的总收益率。如果第 n 期的短期利率等于 f_n，两种 n 年期投资策略的总收益将会是相等的。

【例 15-4】　　远期利率

假定债券交易员使用表 15-1 中的数据。4 年期远期利率可以由下式计算：

$$1+f_4=\frac{(1+y_4)^4}{(1+y_3)^3}=\frac{1.08^4}{1.07^3}=1.1106$$

因此，远期利率是 $f_4=0.1106$ 或者 11.06%。■

我们再次强调未来的实际利率并不一定与从今天的数据计算得出的远期利率相等。实际上，预期的未来短期利率在实际中也不一定与远期利率相等。这个问题我们会在下一章中强调。现在，我们将要指出远期利率与未来短期利率在特殊的利率确定的情况下是相等的。

概念检查 15-4

你已经在前面的内容中知道了许多种“利率”。解释即期利率、短期利率与远期利率之间的差别。

Excel 应用：即期和远期收益

下面的电子数据表（www. mhhe. com/bkm）的数据可用于预测价格和附息债券的收益率，以此来计算一年期和多年期的远期利率。即期收益来源于以面值出售的债券的收益率曲线，也指的是当前利息或未到期债券的收益率曲线。

每个期限的即期利率用于计算每一时期现金流的现值。这些现金流的总额是这些债券的价格。根据这一价格，就可以计算出债券的到期收益率。如果错误使用了未到期债券的到期收益率来为债券的利息收益折现，就会得出一个完全不同的价格。差异在数据表中计算出来了。

	A	B	C	D	E	F	G	H
56		远期利率计算						
57								
58		即期利率	1年远期	2年远期	3年远期	4年远期	5年远期	6年远期
59	时期							
60	1	8.0000%	7.9792%	7.6770%	7.2723%	6.9709%	6.8849%	6.7441%
61	2	7.9896%	7.3757%	6.9205%	6.6369%	6.6131%	6.4988%	6.5520%
62	3	7.7846%	6.4673%	6.2695%	6.3600%	6.2807%	6.3880%	6.1505%
63	4	7.4537%	6.0720%	6.3065%	6.2186%	6.3682%	6.0872%	6.0442%
64	5	7.1760%	6.5414%	6.2920%	6.4671%	6.0910%	6.0387%	5.8579%
65	6	7.0699%	6.0432%	6.4299%	5.9413%	5.9134%	5.7217%	5.6224%
66	7	6.9227%	6.8181%	5.8904%	5.8701%	5.6414%	5.5384%	5.3969%
67	8	6.9096%	4.9707%	5.3993%	5.2521%	5.2209%	5.1149%	5.1988%

15.3　利率的不确定性与远期利率

现在开始讨论更为复杂的在远期利率不确定条件下的期限结构问题。目前为止，我们认为，在一个确定性的情景中，有相同到期日的不同投资策略一定会有相同的收益率。例如，两个连续的一年期零息债券投资获得的收益，应该与一个等额的两年零息债券投资的收益率相等。因此，在确定的条件下，有：

$$(1+r_1)(1+r_2)=(1+y_2)^2 \tag{15-6}$$

当 r_2 未知时，情况又是如何呢？

例如，假设今天的利率是 $r_1=5\%$，下一年的期望短期收益率是 $E(r_2)=6\%$。如果投资者只关心利率的期望值，那么两年零息债券的到期收益率可以用期望短期收益来计算，如式（15-6）所示：

$$(1+y_2)^2=(1+r_1)\times[1+E(r_2)]=1.05\times1.06$$

两年期零息债券的价格是 $1\,000/(1+y_2)^2=1\,000/(1.05\times1.06)=898.47$ 美元。

现在来看看只希望投资一年的短期投资者。她能够以 $1\,000/1.05=952.38$ 美元的价格购买 1 年期的零息债券，并且由于她知道在年底债券的到期价值为 1 000 美元，因而无风险收益锁定在 5%。她也可以购买两年期零息债券。期望收益率为 5%：明年，债券剩余期限为 1 年，我们希望这一年的年利率为 6%，即价格为 943.40 美元且持有期收益为 5%。

但是两年期债券的收益率是无风险的。如果下一年的利率大于期望值，即大于 6%，债券的价格低于 943.40 美元；相反，如果 r_2 结果小于 6%，债券价格将会超过 943.40 美元。为什么短期投资者购买两年期利率为 5% 的风险债券并不比购买 1 年期无风险债券高明呢？很明显，投资者不应该持有两年期债券，除非它能提供一个更高的期望收益。这要求当不考虑风险时两年期债券的售价应该低于我们得出的 898.47 美元。

【例 15-5】 债券价格和有利率风险的远期利率

假定很多投资者短视，仅在价格低于 881.83 美元时，他们才愿意持有 2 年期债券。在这一价格水平上，2 年期债券的持有期收益为 7%（因为 $943.40/881.83=1.07$）。2 年期债券的风险溢价是 2%；相比于 1 年期债券的 5% 的无风险利率，它提供了 7% 的期望收益率。在这个风险溢价水平上，投资者将由于愿意承担由于利率不确定性而导致的价格风险。

当债券价格反映了风险溢价，但是远期利率 f_2 不再等于短期期望利率 $E(r_2)$。尽管我们假定 $E(r_2)=6\%$，很容易得出 $f_2=8\%$。卖价为 881.83 美元的 2 年期零息债券到期收益率为 6.49%，且 $1+f_2=\frac{(1+y_2)^2}{1+y_1}=\frac{1.064\,92}{1.05}=1.08$。■

例 15-5 的结果（远期利率超过期望短期利率）并不使我们吃惊。我们将远期利率定义为在忽略风险的前提下，使得第二年的长期投资和短期投资具有同样吸引力的利率。当我们解释风险时，很明显短期投资者将会回避长期债券，除非它能比 1 年期债券提供更高的收益率。另一种说法是持有长期债券的投资者将会要求更高的风险溢价。风险厌恶的投资者仅当短期利率期望值低于均衡值 f_2 时才会愿意持有长期债券，因为 r_2 的期望值越低，投资长期债券的期望收益越高。

因此，如果大多数人是短期投资者，债券的价格必须使得 f_2 大于 $E(r_2)$。远期利率相比期望的未来短期利率将会包含溢价。这种流动性溢价补偿了短期投资者在年底出售持有的长期债券的价格的不确定性[⊖]。

也许令人吃惊的是，投资者认为长期债券可能比短期债券更安全的情景。为了了解这是为什么，来看一个想进行 2 年期投资的长期投资者。假定投资者可以以 890 美元的价格购买面值为 1 000 美元的 2 年期的零息债券，锁定到期收益率为 $y_2=6\%$。另一种选择是，投资者可以进行两次 1 年期投资。在这个例子中，890 美元的投资可以在两年内增长 $890\times1.05\times(1+r_2)$，由于 r_2 是未知的，结果仍然是个未知数。这种均衡的 2 年期利率，同样是远期利率，7.01%，因为远期利率可以定义为使两个投资策略的期末价格相等时的利率。

这种循环策略的期望回报价值是 $890\times1.05\times[1+E(r_2)]$。如果 $E(r_2)$ 等于远期利率 f_2，那么从这种循环策略中的期望收益与一致的两年期到期债券投资策略的收益相等。

这种假定是否合理？再强调一次，只有当投资者不关注循环策略的期末价值的不确定性时，以上假定才是合理的。无论如何，投资风险都是很重要的，否则，长期投资者将不会参与到循环投资策略中来，除非他的期望收益超过了 2 年期债券。这个例子中投资者要求：

$$(1.05)\times[1+E(r_2)]>(1.06)^2=(1.05)\times(1+f_2)$$

这就意味着 $E(r_2)$ 大于 f_2。投资者要求下一年的短期期望利率大于远期利率。

因此，如果投资者是长期投资者，没有人愿意持有短期债券，除非债券提供了一个承担利率风险的回报。在这种情况下，债券价格应该设定在循环持有短期债券的期望收益大于持有长期债券的水平上。这会引起远期利率小于未来即期期望利率。

例如，假定事实上 $E(r_2)=8\%$。这种流动性溢价将会是负的：$f_2-E(r_2)=7.01\%-8\%=-0.99\%$。这肯定与我们从第一个例子中由短期投资者得出的结论相反。很明显，远期利率是否等于短期期望利率取决于投资者是否愿意承担利率风险，同时是否愿意持有与他们的投资观点不一样的债券。

概念检查 15-5

假设短期投资者要求的流动性溢价为 1%。如果 f_2 等于 7%，那么 $E(r_2)$ 是多少？

⊖ 流动性指的是在预期的价格上很容易售出一种资产。因为长期债券有价格风险，他们认为长期债券流动性差，必须提供风险溢价。

15.4　期限结构理论

15.4.1　期望假说

期限结构理论的简单版本即**期望假说**（expectations hypothesis）。关于假说的共同看法是远期利率等于未来短期利率的期望值，即$f_2 = E(r_2)$，并且流动性溢价为0。如果$f_2 = E(r_2)$ 则长期收益等于未来期望收益率。另外，可以用从收益率曲线中得到的远期利率推断未来短期利率的市场预期。例如，式（15-5）中$(1+y_2)^2=(1+r_1)(1+f_2)$，如果期望假说是正确的，可以写成$(1+y_2)^2=(1+r_1)[1+E(r_2)]$。到期收益率也可以仅由当期和预期的未来单期利率决定。一个向上的收益率曲线是投资者期望利率上升的最好证据。

同时，当运用期望假说的时候，并不需要局限于名义债券。专栏15-1指出，我们可以将这一理论运用到实际利率的期限结构中，并顺便学习一些有关通货膨胀率的市场预期的知识。

专栏15-1

期望假说与远期通货膨胀率

普通债券的远期利率是名义利率。但是通过价格水平指数债券，例如通货膨胀保护债券，我们可以计算远期实际利率。回顾到名义利率和实际利率之间的差异近似等于预期通货膨胀率。因此，比较名义和实际的远期利率能让我们对市场预期的未来通货膨胀率有大致的概念。名义和实际之间的差值是一种远期的通货膨胀率。

作为货币政策的一部分，美联储委员为刺激经济，会定期降低其联邦基金利率。下面这张图是在美联储宣布这一政策的当天，从彭博截屏的5年期远期名义利率和远期实际利率的实时每分钟利差。在宣布当时，利差立即扩大，表明市场预期更加扩张性的货币政策最终会导致更高的通货膨胀率。此图中显示的通货膨胀率的上升非常温和，从2.53%到2.58%，仅有0.05%，但是这项声明的影响非常明显，对于声明市场调整的速度也令人惊叹。

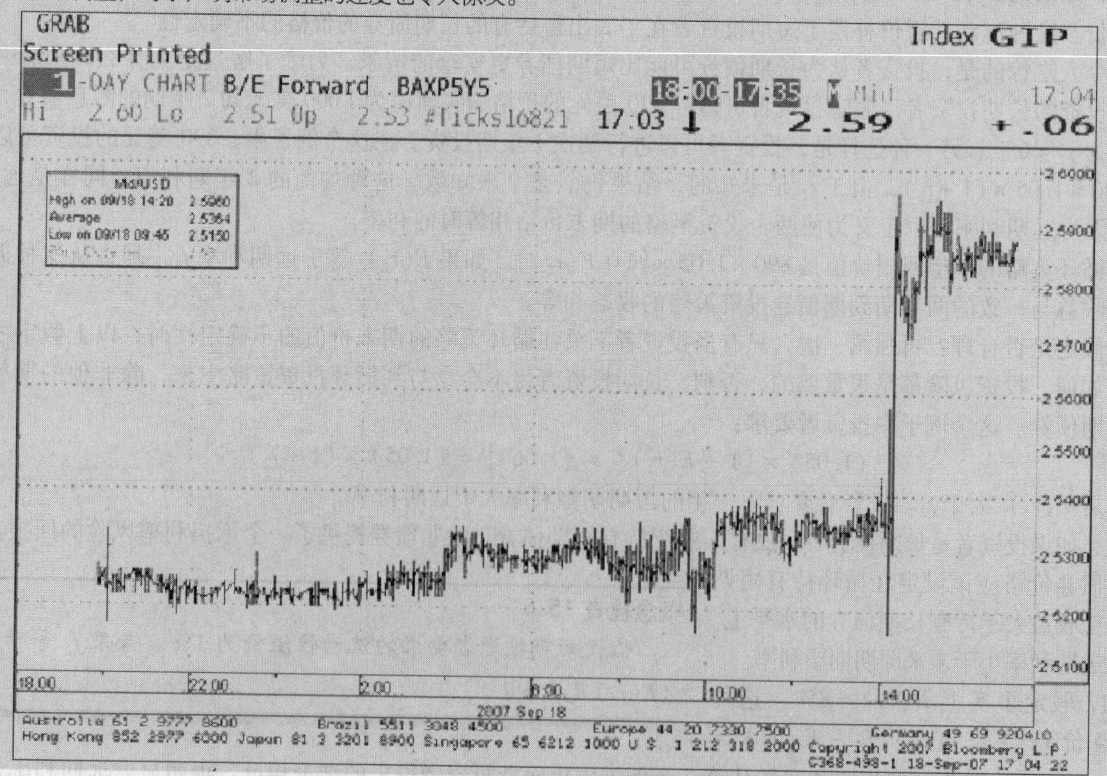

概念检查15-6

如果期望假说是有效的，投资者持有与其投资观点不同的期限的债券，我们可以得出哪些必要的溢价条件？

偏好

投资者和短期投资者的讨论中曾经提到，除非远期利率超过预期短期利率，即$f_2 > E(r_2)$，短期券。而长期投资者除非$E(r_2) > f_2$，否则也不会愿意持有短期债券。换句话说，需要有溢价存持有不同于他们投资理念的期限的债券。期限结构的流动性偏好理论的倡导者相信短期投资所以远期利率将会超过短期期望利率。f_2大于$E(r_2)$的部分（即流动性溢价）为正。

种理论的不同内涵对利率期限结构的解释，假定短期利率不变的情景。假定$r_1 = 5\%$，$E(r_2) =$期望假说理论下，2年期到期收益率假说可以从下式得出：

$$(1+y_2)^2 = (1+r_1)[1+E(r_2)] = 1.05 \times 1.05$$

有期限债券的收益率均为5%。

下，$f_2 > E(r_2)$。为了解释这一点，假定流动性溢价为1%，因此$f_2 = 6\%$。那么，2年期债券：

$$(1+y_2)^2 = (1+r_1)(1+f_2) = 1.05 \times 1.06 = 1.113$$

相似地，如果$f_3 = 6\%$，那么3年期债券的收益率可以由以下式子计算得出：$) = 1.05 \times 1.06 \times 1.06 = 1.179\,78$。

种情形的收益率曲线如图15-4a所示。这类上升的曲线在实际中非常普遍。

流动性溢远期利期远期

> **概念检查15-7**
>
> 流动性溢价假说也认为债券持有人偏好发行长期债券来锁定借款费用。这种偏好将会对一个正的流动性溢价产生怎样的影响？

性可以15-4d。

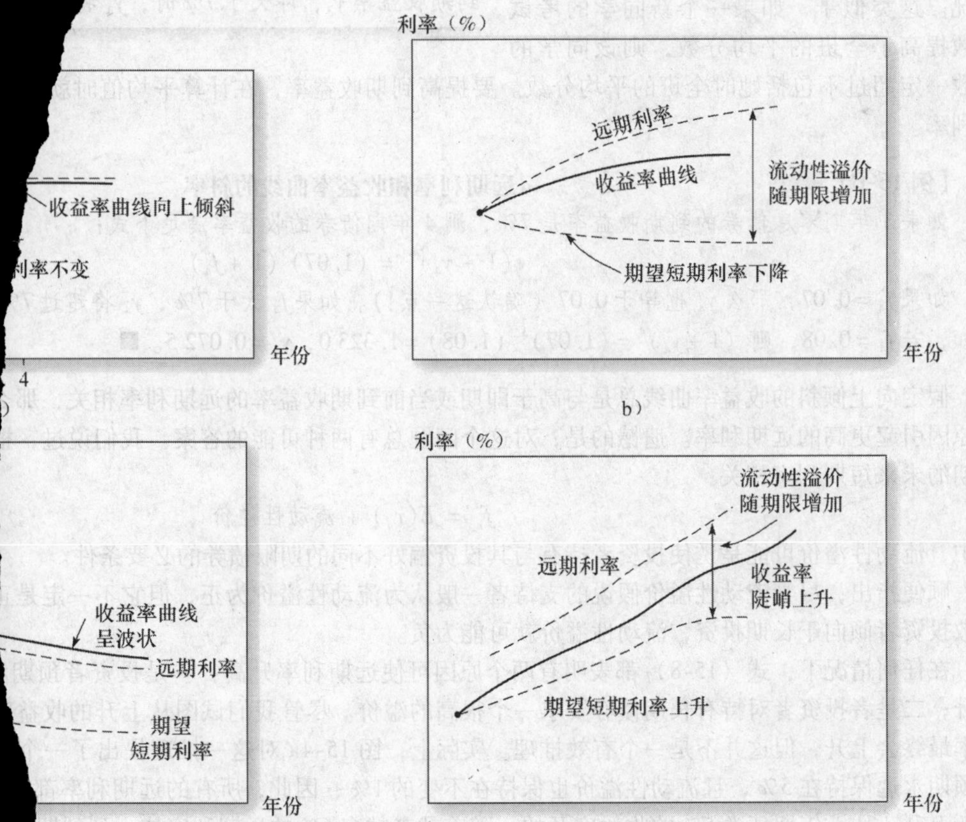

图15-4　收益率曲线

15.5　期限结构的解释

如果收益率曲线反映未来短期利率的期望值，则它为固定收益投资者提供了一个潜在的
用期限结构推导出经济体中其他投资者的利率期望，就可以把那些期望值作为分析的基准。
将要下降的看法比其他投资者相对乐观一些，我们将更愿意在投资组合中加入长期债券。因
深入研究通过详细分析期限结构可获得的信息。遗憾的是，当收益率曲线确实能够反映未来
反映其他一些因素，如流动性溢价。而且，利率变化预测可能具有不同的投资含义，这取决
货膨胀率的变化引起的还是由预期真实利率的变化引起的，而这又为合理地说明期限结构

我们已经知道，在确定性条件下，1 加上零息债券的到期收益率简单等同于1 加上
率的几何平均值。这就是式（15-1）的含义，这里给出它的一般形式：

$$1 + y_n = [(1 + r_1)(1 + r_2)\cdots(1 + r_n)]^{1/n}$$

当未来利率不确定时，用远期利率替代式（15-1）中的未来短期利率，得到：

$$1 + y_n = [(1 + r_1)(1 + f_2)(1 + f_3)\cdots(1 + f_n)]^{1/n}$$

因此，不同期限债券的收益率与远期利率之间存在直接关系。

首先，我们要弄明白什么因素能够解释一条上升的收益率曲线。从数学上看，
定高于 y_n。也就是说，在任一到期日 n，由于下一期的远期利率比到期收益率高
这一规律是根据到期收益率是远期利率的平均值（尽管是几何平均值）得出的。

概念检查 15-8

参见表 15-1，证明当且仅当
到期收益率 y_3，即大于7%时，y_4 将

如果收益率曲线随着期限增加而上升，就必然会出现到期日越长，“新的”远期利率高于此前观测到的远期利率平均值的情况。这类似于，如果一个新同学的考试分数提高了全班的平均分数，则该同学的分数一定超过不包括她时全班的平均分数。要提高到期收益率，在计算平均值时就
期利率。

【例 15-6】　**远期利率和收益率曲线的斜率**

如果3 年期零息债券的到期收益率是7%，则4 年期债券的收益率满足下式：

$$(1 + y_4)^4 = (1.07)^3(1 + f_4)$$

如果 $f_4 = 0.07$，那么 y_4 也等于0.07（确认这一点！）。如果 f_4 大于7%，y_4 将超过7
例如，若 $f_4 = 0.08$，则 $(1 + y_4)^4 = (1.07)^3\ (1.08) = 1.3230$，$y_4 = 0.0725$。■

假定向上倾斜的收益率曲线总是与高于即期或当前到期收益率的远期利率相关，那么
么原因引起更高的远期利率。遗憾的是，对这个问题总有两种可能的答案。我们说过，
预期的未来短期利率相关：

$$f_n = E(r_n) + \text{流动性溢价}$$

式中，流动性溢价可能是诱使投资者持有与其投资偏好不同的期限债券的必要条件。

顺便指出，尽管流动性溢价假说的支持者一般认为流动性溢价为正，但它不一定是正
多数投资者倾向于长期投资，流动性溢价就可能为负。

在任何情况下，式（15-8）都表明有两个原因可使远期利率升高：一是投资者预期
上升；二是者投资者对持有长期债券要求一个很高的溢价。尽管我们试图从上升的收益
利率最终会上升，但这并不是一个有效推理。实际上，图 15-4a 对这一推理提出了一个
被预期永远保持在5%，且流动性溢价也保持在不变的1%，因此，所有的远期利率都
不断上升，从一年期债券5%的收益率开始，随着越来越多6%的远期利率加入到到期
到期收益率最终也将接近6%的平均水平。

因此，虽然未来利率将会上升的预期确实会导致收益率曲线上升，但反过来并不

15.4.2 流动性偏

我们在有关长期投

投资者不会持有长期债

在使两种类型的投资者

者占据市场统治地位，later

为了更好地说明这些

5%，$E(r_3)=5\%$等。在期

所以 $y_2=5\%$，相似地，所有

相反，在流动性偏好理论

这意味着 $1+y_2=1.055$。

$(1+y_3)^2=(1+r_1)(1+f_2)(1+f_3$

这意味着 $1+y_3=1.0567$。这

如果利率随着时间变化，那么

价可能会阻碍由期望即期利率得出

率。那么每一期限的到期收益率是单

利率的平均值。

关于利率上升或下降的多种可能

在图 15-4 中见到，如图 15-4b ~ 图 1

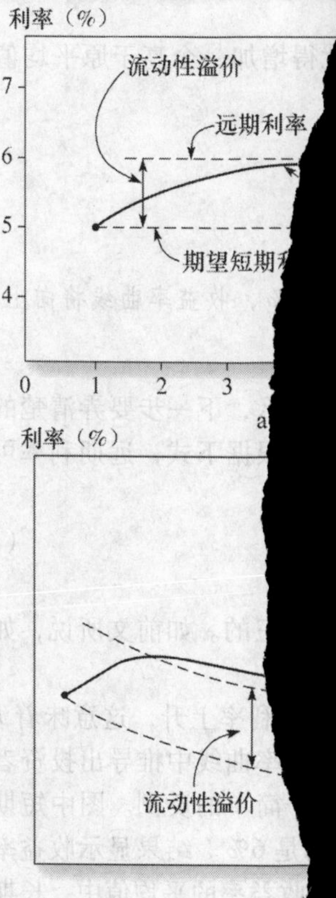

有力分析工具。一旦利
例如，假设我们对利率
此，在这一节，我们将
利率的期望时，它也会
决于这些变化是由预期通
增加了新的复杂性。
债券存续期内实际的短期利

(15-7)

如果收益率曲线是上升的，f_{n+1}一
高，因此收益率曲线是向上倾斜的。
。

第四期的远期利率大于3年期债券的
将超过y_3。

就得增加一个高于原平均值的远

%，收益率曲线将向上倾斜。

么，下一步要弄清楚的是什
根据下式，远期利率可能与

(15-8)

正的。如前文所说，如果大

利率上升，这意味着$E(r_n)$
率曲线中推导出投资者相信
简单的反例。图中短期利率
是6%。结果显示收益率曲线
收益率的平均值中，长期债券

成立：上升的收益率曲线本身

并不意味着更高的未来收益率预期。这正是从收益率曲线推导结论的最困难之处。可能存在的流动性溢价所产生的影响使得任何试图简单地从期限结构中抽象出预期值的尝试无法实行。但预计市场预期是一项重要工作，因为只有把自己的预期与市场价格所反映的预期相对比，我们才能知道自己对利率的看法是相对乐观还是相对悲观。

一个得出未来预期即期利率的办法是假定流动性溢价不变。从远期利率中减去这一溢价估值就得到市场预期利率。例如，再利用图 15-4 中的例子，研究者从历史数据估算出该经济体中典型的流动性溢价为 1%。从收益率曲线计算出远期利率为 6%，则未来即期利率的期望值是 5%。

有两个原因使得这一方法难以推广。第一，几乎不可能获得准确的流动性溢价估计值。通常的估计方法是将远期利率与最终实现的未来短期利率进行比较，计算两者的平均差。然而，这两个值的偏差有可能太大，而且由于影响实际短期利率的经济事件难以预测，这种偏差也难以预测。因此，数据包含太多的噪声，以至于不能得到期望溢价的可靠估计。第二，没有理由相信流动性溢价是不变的。图 15-5 显示了自 1971 年以来长期国债价格收益率的波动情况。在此期间，利率风险波动剧烈，所以，我们可以预期不同期限债券的风险溢价是波动的，而且经验证据表明，流动性溢价事实上是随时间波动的。

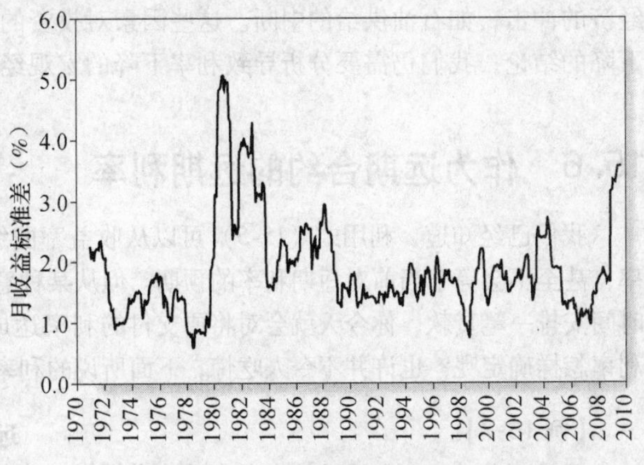

图 15-5　长期国债的价格波动

非常陡的收益率曲线被许多专家解释为利率即将上升的警示信号。实际上，收益率曲线是整个经济周期的一个很好的指示器，因为当存在经济扩张预期时，长期利率趋于上升。如果曲线很陡，下一年度经济衰退的可能性远远低于曲线形状相反或下降的情况。由于这一原因，收益率曲线属于领先指标。

我们通常观察到的向上倾斜的收益率曲线是流动性溢价学说的经验基础，特别是在期限较短时更是如此，这一学说认为长期债券产生正的流动性溢价。根据这一经验，也许下面这个说法可以成立，即向下倾斜的收益率曲线意味着预期利率下降。如果**期限溢价**（term premiums），即长短期债券之间的利差通常为正，那么，向下倾斜的收益率曲线可以表明预期利率下降，也许还意味着经济衰退即将来临。

图 15-6 描述了 90 天短期国库券和 10 年期国债的历史收益率。长期债券的收益率通常超过短期债券的收益率，这意味着收益率曲线一般会向上倾斜。而且，该规则的例外似乎确实发生在短期利率下降之前，如果这个下降可以预知，将会导致收益率曲线向下倾斜。例如，图 15-6 中 1980～1981 年，90 天的收益率超过了长期收益率。这两年就位于利率总水平猛烈下降和经济急剧衰退之前。

图 15-6　10 年期和 90 天短期国库券收益率：期限利差

为什么利率会下降呢？这要考虑两个因素：实际利率与通货膨胀溢价。回想一下，名义利率是由实际利率与通货膨胀补偿因素构成的：

$$1 + 名义利率 = (1 + 实际利率)(1 + 通货膨胀率)$$

近似于：

$$名义利率 \approx 实际利率 + 通货膨胀率$$

因此预期通货膨胀率和实际利率的变化都会引起预期利率的变化。通常，区分这两种可能原因是很重要的，因为与它们相联系的经济环境会有本质的不同。高实际利率可能意味着经济的快速扩张、高政府预算赤字和紧缩的货币政策。尽管高通货膨胀率可能源于经济的快速扩张，但通货膨胀也可能产生于货币供给的快速增长或供给方面对经济的冲击，如石油供给的中断。这些因素对投资的意义有很大区别。即使已经通过分析收益率曲线得出利率将要下降的结论，我们仍需要分析导致利率下降的宏观经济因素。

15.6 作为远期合约的远期利率

我们已经知道，利用式（15-5）可以从收益率曲线推导出远期利率。通常，远期利率不会等于最终实现的短期利率，甚至不会等于当前对短期利率的预期。但从某种意义上说，远期利率是一种市场利率。假设你想现在为未来的某个时间安排一笔贷款，你今天就会对将要支付的利率达成协议，但贷款要到将来的某个时间才执行。这种"远期贷款"利率怎样确定呢？也许并不令人吃惊，下面所说的利率就是贷款期间内的远期利率。我们举例来说明这一点。

【例 15-7】 **远期利率合约**

假设面值为 1 000 美元的 1 年期零息债券的价格是 952.38 美元，面值为 1 000 美元的 2 年期零息债券的价格是 890 美元。可见，1 年期债券的到期收益率是 5%，2 年期债券的到期收益率是 6%。第二年的远期利率如下：

$$f_2 = \frac{(1+y_2)^2}{(1+y_1)} - 1 = \frac{1.06^2}{1.05} - 1 = 0.0701 \text{ 或 } 7.01\%$$

现在考虑下表中列出的策略。第一栏列出了本例的数据，第二栏推广到一般情况。我们用 $B_0(T)$ 表示 T 时刻到期的零息债券的当期价格。

	初始现金流	一般情况
购买 1 年期零息债券	−952.38	$-B_0(1)$
卖出 1.070 1 份 2 年期零息债券	+890 × 1.070 1 = 952.38	$+B_0(2) \times (1+f_2)$
	0	0

初始现金流（0 时刻）为零。你买入 1 年期零息债券支付 852.38 美元，即一般情况下的 $B_0(1)$，同时卖出每份 2 年期零息债券获得 890 美元，即一般情况下的 $B_0(2)$。若卖出 1.070 1 份这样的债券，初始现金流为 0。[⊖]

在时刻 1，1 年期债券到期，你获得 1 000 美元。在时刻 2，你卖出的 2 年期零息债券到期，必须支付 1.070 1 × 1 000 = 1 070.1 美元。你的现金流如图 15-7a 所示。注意，你已经构建了一个"组合"远期贷款：相当于 1 年后借入 1 000 美元，过了一年后偿还 1 070.10 美元。因此这一远期贷款利率为 7.01%，恰好等于第二年的远期利率。■

通常，要构造这个组合远期贷款，每买入一份 1 年期零息债券就要卖出（$1+f_2$）份 2 年期零息债券。这使得你的初始现金流为零，因为 1 年期和 2 年期零息债券的价格相差一个系数（$1+f_2$）。注意到：

$$B_0(1) = \frac{1\,000 \text{ 美元}}{(1+y_1)}$$

同时

$$B_0(2) = \frac{1\,000 \text{ 美元}}{(1+y_2)^2} = \frac{1\,000 \text{ 美元}}{(1+y_1)(1+f_2)}$$

⊖ 当然，现实中不可能卖出非整数份债券，但可以这样考虑此部分交易。如果你卖出一份这种债券，相当于借入 890 美元，期限为 2 年。卖出 1.070 1 份这种债券意味着借入 890 × 1.070 1 = 952.38 美元。

所以，当你卖出（$1+f_2$）份 2 年期零息债券后，你正好获得买入 1 份 1 年期零息债券的足额现金。两种零息债券到期时的面值都是 1 000 美元，因此，时刻 1 的与时刻 2 的现金流相差同样一个系数，$1+f_2$，如图 15-7b 所示。可见，f_2 就是远期贷款的利率。

显然，还可以构造到期时间超过两年的远期贷款，也可以构造不同时期的贷款。本章末习题中的第 18 和 19 题可以引导你了解这些不同情况。

概念检查 15-9

假设 3 年期零息债券的价格是 816.30 美元。第三年的远期利率是多少？怎样构造一个组合的 1 年期远期贷款，使得在 $t=2$ 时执行，$t=3$ 时到期？

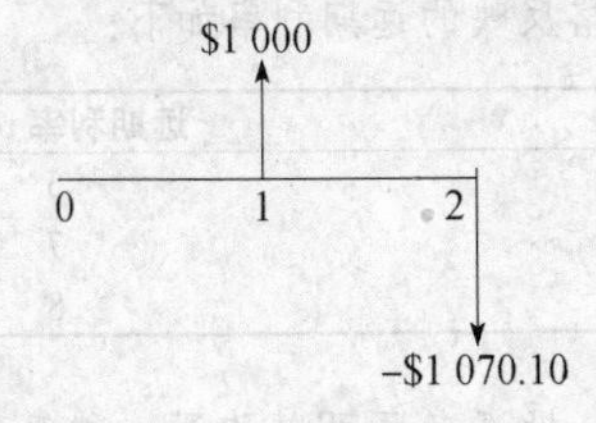

a）远期利率

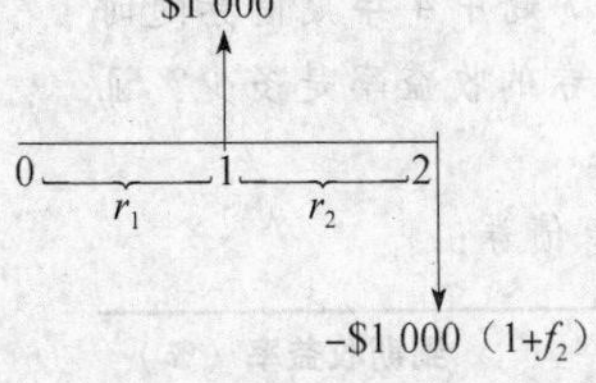

b）一般情况下的远期利率，两个时期的短期利率分别是r_1（当前可知的）和r_2（当前不可知的）。下一时期的贷款利率可被锁定为f_2

图 15-7 构建一个远期贷款组合

小 结

1. 利率期限结构涉及不同期限的利率，这些利率体现在无违约风险的零息债券价格中。
2. 在确定性环境下，所有投资者对任一投资期限的投资要求相等的收益率。在一个无风险的经济环境中，各种债券的短期持有收益应该相等，且都等于可在市场实现的短期债券利率。类似地，短期债券在长期内再投资的所得收益应该等于长期债券的总收益。
3. 远期利率是使得盈亏平衡的未来利率，它使零息债券的再投资策略总收益与长期债券的总收益相等。它可由以下公式定义：
$$(1+y_n)^n(1+f_{n+1})=(1+y_{n+1})^{n+1}$$
式中，n 是从今天算起的期数。这一公式能够证明到期收益率与远期利率之间存在如下关系：
$$(1+y_n)^n=(1+r_1)(1+f_2)(1+f_3)\cdots(1+f_n)$$
4. 通常预期假设利率认为远期利率是预期的未来利率的无偏估计。然而，有充分理由相信远期利率不同于预期的短期利率，这是因为存在被称为流动性溢价的风险溢价。即使短期利率没有上升的预期时，正的流动性溢价也可能导致收益率曲线向上倾斜。
5. 流动性溢价的存在使得从收益率曲线中推导预期未来利率变得极其困难。如果我们能够假设流动性溢价在一定时期内保持相对稳定，这一推导会相对容易。然而，实践和理论两方面都对流动性溢价的稳定不变存在怀疑。
6. 远期的借款和贷款合约可能按远期利率达成协议，从这一重要意义上讲，远期利率就是市场利率。

习 题

基础题

1. 远期利率与未来短期利率的市场预期之间的关系是什么？解释利率期限结构的预期和流动性偏好理论。
2. 根据预期假说，如果收益率曲线是向上倾斜的，市场预计短期利率必然会上升。这句话是对、错还是不确定？为什么？
3. 根据流动性偏好理论，如果预期通货膨胀在以后几年将会下降，长期利率将高于短期利率。这句话是对、错还是不确定？为什么？
4. 如果流动性偏好假设是真的，当一段时期内的利率保持稳定，期限结构曲线的形状将是怎样的？
   a. 向上倾斜　b. 向下倾斜　c. 持平
5. 根据纯预期理论，下面有关远期利率的哪一项是正确的？
   a. 仅代表预期的未来短期利率
   b. 对视市场预期的无偏估计
   c. 总是夸大未来短期利率
6. 假设纯预期利率是正确的，向上倾斜的收益率曲线表示：
   a. 利率在未来会上升
   b. 长期债券比短期债券风险大
   c. 利率在未来预期会下降

中级题

7. 下表列出了不同期限的零息债券价格。计算每种债券的到期收益率并推导远期利率。

期限	债券价格（美元）
1	943.40
2	898.47
3	847.62
4	792.16

8. 假定预期假说是正确的，计算第7题中4年期债券随时间推移的预期价格路径，每年债券的收益率是多少？证明期望收益等于各年的远期利率。

9. 考虑下列面值为1 000美元的零息债券：

债券名称	期限	到期收益率（%）
A	1	5
B	2	6
C	3	6.5
D	4	7

根据期望假说，预计从现在开始3年后的1年期利率是多少？

10. 当前零息债券的期限结构是：

期限	到期收益率（%）
1	4
2	5
3	6

明年这个时候，你预期它是：

期限	到期收益率（%）
1	5
2	6
3	7

a. 你预期下一年3年期的零息债券的收益率是多少？

b. 根据预期理论，下一年市场预期的1年期和2年期零息债券的到期收益率是多少？市场预期的3年期债券收益率是高于还是低于你的预期？

11. 当前，1年期零息债券的到期收益率为7%，2年期零息债券的到期收益率为8%。政府计划发行两年期债券，每年付息，票面利率为9%。债券面值为100美元。

a. 该债券售价多少？

b. 该债券的到期收益率是多少？

c. 如果收益率曲线的预期理论是正确的，则市场预期明年该债券的售价为多少？

d. 如果你认为流动性偏好理论是证券的，且流动性溢价为1%，重新计算c。

12. 下面列出了期限不同的零息债券价格：

期限	1 000美元面值的债券价格（零息债券）
1	943.40
2	873.52
3	816.37

a. 面值1 000美元的债券，票面利率为8.5%，每年付息，3年后到期，该债券的到期收益率是多少？

b. 如果第一年年底收益率曲线在8%处变成水平的，则持有该附息债券1年的持有期收益率是多少？

13. 零息债券的价格反映的远期利率如下：

年份	远期利率（%）
1	5
2	7
3	8

除零息债券外，投资者还可以购买一种每年付息60美元的3年期债券，面值为1 000美元。

a. 该付息债券的价格是多少？

b. 该附息债券的到期收益率是多少？

c. 根据预期假说，该附息债券的预期可实现的复合收益率是多少？

d. 如果你预测一年后收益率曲线将在7%处变成水平状，请预测持有该附息债券1年的期望收益率是多少。

14. 观察下列期限结构：

	实际年到期收益率（%）
1年期零息债券	6.1
2年期零息债券	6.2
3年期零息债券	6.3
4年期零息债券	6.4

a. 如果你相信明年的期限结构与现在相同，那么，1年期零息债券和4年期零息债券哪个预期1年期收益率更高？

b. 如果你相信期望假说，又会如何？

15. 1年期零息债券的到期收益率为5%，2年期的是6%。票面利率是12%（每年付息）的2年期附息债券的到期收益率是5.8%。对投资银行而言存在什么套利机会？该套利行为的利润是多少？

16. 假设面值100美元的1年期零息债券现在售价为94.34美元，而2年期的零息债券的售价为84.99美元。你正在考虑购买2年期的每年付息债券，面值100美元，年票面利率为12%。

a. 2年期零息债券的到期收益率是多少？2年期附息债券呢？

b. 第二年的远期利率是多少？

c. 如果期望假说可接受，第一年年底附息债券的期望价格是多少？附息债券第一年的预期持有期收益率是多少？

d. 如果你接受流动性偏好假说，期望收益率是更高还是更低？

高级题

17. 无违约风险的零息债券当前的收益率曲线如下表所示。

期限（年）	到期收益率（%）
1	10
2	11
3	12

a. 隐含的一年期远期利率是多少？

b. 假定期限结构的纯预期假说是正确的。如果市场预期准确，明年的纯收益曲线（即 1 年期与 2 年期零息债券的到期收益率）是多少？

c. 如果你现在购买 2 年期零息债券，明年的总期望收益率是多少？如果你购买的是 3 年期零息债券呢？（提示：计算当期价格和预期未来价格）不考虑税收。

d. 票面利率为 12% 且每年付息的 3 年期债券的当前价格应为多少？如果你以此价格买入，明年的总期望收益率是多少（利息加价格变动）？不考虑税收。

18. 假设不同期限的零息债券的价格如下表所示。债券面值为 1 000 美元。

期限（年）	价格（美元）
1	925.93
2	853.39
3	782.92
4	715.00
5	650.00

a. 计算每年的远期利率

b. 怎样构建一个第 3 年开始执行的 1 年期远期贷款？证实贷款利率等于远期利率。

c. 若远期贷款从第 4 年开始执行，再次回答 b 中的问题。

19. 继续利用上题中的数据。假设你想构建一个三年后开始执行的 2 年期远期贷款。

a. 假设你于今日买入一份 3 年期零息债券。你需要卖出多少 5 年期零息债券才能使你的初始现金流为零？

b. 这一策略中每年的现金流是多少？

c. 对这笔 3 年后执行的 2 年期远期贷款，实际的 2 年期利率是多少？

d. 证实 2 年期贷款的实际利率是 $(1+f_4)\times(1+f_5)-1$。这样，可以说明该 2 年期贷款利率就是这两年中的远期利率。或者，证明实际的 2 年期远期利率等于 $\frac{(1+y_5)^5}{(1+y_3)^3}-1$

CFA考题

1. 根据预期和流动性偏好理论，简要说明为什么不同到期日的债券收益率不同。简述当收益率曲线向上倾斜和向下倾斜时每种假说的含义。

2. 以下关于利率期限结构的说法哪个是正确的？

a. 预期假说表明，如果预期未来短期利率高于当期短期利率，则收益率曲线是趋于平坦。

b. 预期假说认为长期利率等于预期短期利率。

c. 流动性溢价理论指出，其他都相等时，期限越长，收益率越低。

d. 流动性偏好利率认为，债权人倾向于购买收益率曲线短期部分的证券。

3. 下表是零息国债的到期收益率：

期限（年）	到期收益率（%）
1	3.50
2	4.50
3	5.00
4	5.50
5	6.00
10	6.60

a. 计算第三年的一年期远期利率。

b. 说明在什么条件下计算出的远期利率是该年度一年期即期利率的无偏估计。

c. 假设数月之前，该年的一年期远期利率明显高于现在的远期利率。什么因素可以解释远期利率的下降趋势？

4. 6 个月期限的国库券即期利率为 4%，1 年期的即期利率为 5%。从现在起 6 个月后的隐含 6 个月远期利率是多少？

5. 下表列出了同一公司发行的两种每年付息债券的特性，它们具有相同的优先偿债权和即期利率，债券价格均与即期利率无关。利用表中信息，推荐购买债券 A 还是债券 B。

债券特征

	债券 A	债券 B
利息	每年支付	每年支付
期限	3 年	3 年
票面利率	10%	6%
到期收益率	10.65%	10.75%
价格	98.40	88.34

即期利率

期限（年）	即期利率（零息债券,%）
1	5
2	8
3	11

6. 凯普尔是一个固定收益组合投资经理，与一些大的机构客户合作。范赫森是明星医院养老金计划的顾问。两人一起讨论基金约1亿美元国债的管理。目前美国国债收益率曲线如下表所示。范赫森认为："考虑到2年期和10年期的国债收益率差别很大，那么在10年投资期内，买入10年期国债将会比买入2年期国债并在每次到期后再买入2年期国债的策略获得更高的回报。"

期限（年）	收益率（%）	期限（年）	收益率（%）
1	2.00	6	4.15
2	2.90	7	4.30
3	3.50	8	4.45
4	3.80	9	4.60
5	4.00	10	4.70

a. 根据纯预期假说，说明范赫森的结论是否正确。

b. 范赫森与凯普尔讨论利率期限结构的另一种理论，并向她提供了如下关于美国国债市场的信息：

期限（年）	2	3	4	5	6	7	8	9	10
流动性溢价	0.55	0.55	0.65	0.75	0.90	1.10	1.20	1.50	1.60

利用此附加信息和流动性偏好理论，判断收益率曲线斜率对未来预期短期利率的变化方向意味着什么。

7. 超级信托公司的资产组合经理正在构建一个固定收益资产组合来满足一位客户的目标。该经理将美国附息国债和零息的美国国债进行比较，发现零息的美国国债的收益率具有明显优势：

期限	美国附息国债	零息的美国国债
3	5.50	5.80
7	6.75	7.25
10	7.25	7.60
30	7.75	8.20

简述为什么零息的美国国债比同期限的附息国债收益率高？

8. 美国国债收益率曲线的形状反映了两次美联储下调联邦基金利率的预期。当前的短期利率是5%，第一次预期6个月后降低约50个基点，第二次预期1年后大约降低50个基点。当前美国国债期限溢价在未来3年中为每年10个基点（只考虑3年的情况）。

然而，市场也认为2年半后，美联储会改变降息的做法，转而将联邦基金利率提高100个基点。你预期未来在3年中流动性溢价为每年10个基点（只考虑3年内情况）。

但是，市场同时认为2年半后，美联储会对联邦基金利率上调100个基点，扭转之前的下调。你预期在今后3年中，每年有10个基点的期限溢价（只考虑3年内情况）。

描述或画出3年内国债收益率曲线的形状。你是根据哪种期限结构理论推断出你所描绘的美国国债收益率曲线的形状的？

9. 美国财政部持有大量养老金资产组合。你决定分析美国国债的收益率曲线。

a. 根据下表数据，计算5年期即期利率与远期利率，假定按照复利计算，写明计算过程。

美国中期国债收益率曲线数据

期限（年）	票面到期收益率（%）	计算出的即期利率	计算出的远期利率（%）
1	5.00	5.00	5.00
2	5.20	5.21	5.42
3	6.00	6.05	7.75
4	7.00	7.16	10.56
5	7.00	?	?

b. 解释下列三个概念：短期利率、即期利率、远期利率。说明这三个概念之间的关系。

c. 你正考虑购买期限4年的零息美国中期国债。根据以上收益率曲线，计算该债券的预期到期收益率和价格，并写明计算过程。

10. 下表列出了5种美国国债的即期利率。假设所有债券每年付息。

即期利率

期限（年）	即期利率（%）
1	13.00
2	12.00
3	11.00
4	10.00
5	9.00

a. 为3年后执行的延期贷款计算其隐含的2年期远期利率。

b. 利用表中数据计算5年期每年付息债券的价格，票面利率9%。

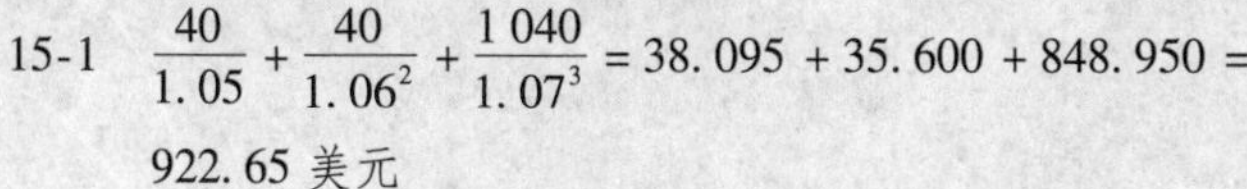

收益率曲线

登录 www. smartmoney. com。链接到 Living Yield Curve（查找 Economy and Bonds 栏目），这是收益率曲线的移动图形。收益率曲线通常是向上或者向下倾斜的吗？今天的收益率曲线是怎样的？曲线的斜率有多大的差异？哪种差别更大（短期还是长期利率）？你能够解释为什么是这样的吗？

概念检查答案

15-1 $\frac{40}{1.05}+\frac{40}{1.06^2}+\frac{1\,040}{1.07^3}=38.095+35.600+848.950=$ 922.65 美元

在这一价格水平上，到期收益率为 6.945%（$n=3$；PV =（−）922.65；FV = 1 000；PMT = 40）。该债券的到期收益率更接近 3 年期零息债券收益率而不是例 15-1 中票面利率为 10% 的附息债券的到期收益率。这种情况的意义在于：该债券票面利率低于例 15-1 中的债券，它的主要价值在第 3 年最后一次支付时才实现，所以它的收益率更接近 3 年期零息债券。

15-2 我们用类似例 15-2 中的方法比较两种投资策略：

买入并持有 4 年期零息债券 = 买入 3 年期零息债券，再投资于 1 年期债券

$$(1+y_4)^4=(1+y_3)^3\times(1+r_4)$$

$$1.08^4=1.07^3\times(1+r_4)$$

这意味着 $r_4=1.08^4/1.07^3-1=0.110\,56=11.056\%$。现在我们验证 4 年期零息债券的收益率是后三年折现因子的几何平均：

$$1+y_4=[(1+r_1)\times(1+r_2)\times(1+r_3)\times(1+r_4)]^{1/4}$$

$$1.08=[1.05\times1.070\,1\times1.090\,25\times1.110\,56]^{1/4}$$

15-3 现在，3 年期债券可以 $1\,000/1.07^3=816.30$ 美元的价格买入。明年，债券剩余期限为 2 年。第 2 年短期利率为 7.01%，第 3 年短期利率为 9.025%。因此，根据下式，该债券明年的到期收益率与这些短期利率有关：

$$(1+y_2)^2=1.070\,1\times1.090\,25=1.166\,7$$

则它明年的价格为 $1\,000/(1+y_2)^2=1\,000/1.166\,7=857.12$ 美元。所以，1 年期持有期收益率是 $(857.12-816.30)/816.30=0.05$ 或者 5%。

15-4 n 年期即期利率是指剩余期限为 n 年的零息债券的到期收益率。第 n 年的短期利率是指第 n 年将实行的 1 年期利率。最后，第 n 年的远期利率是指能满足"盈亏平衡条件"，使得两种 n 年期的投资策略总收益相等的短期利率。第一种策略是投资 n 年期的零息债券，第二种策略是先投资 $n-1$ 年期的零息债券，再投资 1 年期零息债券。即期利率和远期利率当前可以得出，但由于利率的不确定性，未来短期利率不可预测。在未来利率确定的特殊情况下，从收益率曲线计算出的远期利率应等于未来的实际短期利率。

15-5 7% − 1% = 6%

15-6 风险溢价为零。

15-7 如果发行人更愿意发行长期债券，则他们会愿意接受比短期债券更高的预期利息成本。这种意愿与投资者对长期债券的高利率要求相结合，形成了正的流动性溢价。

15-8 通常根据式（15-5），$(1+y_n)^n=(1+y_{n-1})^{n-1}\times(1+f_n)$。这里，$(1+y_4)^4=(1.07)^3\times(1+f_4)$。如果，$f_4=0.07$，则 $(1+y_4)^4=(1.07)^4$，且 $y_4=0.07$，如果 f_4 大于 0.07，则 y_4 也变大，相反，如果 f_4 小于 0.07，则 y_4 也变小。

15-9 3 年期到期收益率是 $\left(\frac{1\,000}{816.30}\right)^{1/3}-1=0.07=7\%$

因此，第三年的远期利率是：

$$f_3=\frac{(1+y_3)^3}{(1+y_2)^2}-1=\frac{1.07^3}{1.06^2}-1=0.090\,3=9.03\%$$

（此外，注意 2 年期零息债券的价格与 3 年期零息债券的价格之比为 $1+f_3=1.090\,3$。）要构建一个组合贷款，买入一份 2 年期零息债券，同时卖出 1.090 3 份 3 年期零息债券。初始现金流为零，在时刻 2 现金流为 +1 000 美元，在时刻 3 现金流为 −1 090.30美元，这相当于在时刻 2 以 9.03% 的利率执行 1 年期远期贷款的现金流。

CHAPTER16

第16章 债券资产组合管理

本章将讨论各种债券资产组合管理策略，并详细说明消极策略与积极策略的区别。消极投资策略是将证券的市场价格当做公平的价格。消极管理者更倾向于在既定的市场机遇条件下保持一种适度的风险-收益平衡，而不试图利用内部信息或者观察力跑赢市场。消极管理者中一个特别的实例是免疫策略，其试图隔离或免除资产组合的利率风险。相比之下，积极投资策略试图获得更多收益，而不考虑相伴而来的风险。在债券管理中，积极管理者可采用两种形式：一是利用利率预测来预计整个债券市场的动向；二是利用某些形式的内部市场分析来识别部分特定市场或者错误估值的特定券种。

因为利率风险对积极策略和消极策略的选择至关重要，所以我们首先讨论债券价格对利率波动的敏感性。敏感性是由债券久期来测度的，我们对债券久期的决定因素将给予特别关注。我们要讨论几种消极投资策略，并介绍久期匹配技术怎样使资产组合的持有期收益率免疫于利率风险。在讨论久期测度的广泛运用后，我们重点围绕债券凸性的概念，具体考虑改进测度利率敏感性的方式。久期对积极投资策略也十分重要，并且我们在本章最后讨论积极投资策略。这些策略通过利率预测和市场内部分析探寻债券市场中更具吸引力的证券。

16.1 利率风险

我们知道债券价格与其收益之间存在反向关系，并且我们也知道利率会有大幅波动。随着利率的涨跌，债券持有人会有资本利得和损失。这些利得和损失使得固定收益投资具有风险性，即便是利息和本金支付能够保障，例如国债。

为什么债券价格会对利率波动做出反应？需要记住的是，在竞争市场中所有证券给投资者的期望收益率应该是相当的。当债券发行的票面利率是 8%，而市场的竞争性收益率也是 8%，债券将以面值出售。但是，如果市场利率升至 9%，那么还有谁会以面值来购买利率为 8% 的债券呢？这时债券价格一定会下跌，直到它的期望收益率上升至具有竞争力水平 9% 为止。相反，如果市场利率下跌至 7%，相对于其他投资的收益而言，这种票面利率为 8% 的债券会更具吸引力。于是，渴望得到这种收益的投资者会以高出面值的价格来购买债券直到其总收益率下降至市场利率为止。

16.1.1　利率敏感性

债券价格对市场利率变化的敏感性对投资者而言显然十分重要。为深入了解利率风险的决定因素，可以参见图 16-1。该图表示了票面利率、初始到期收益率和期限互不相同的四种债券，当到期收益率变化时，债券价格相应的百分比变动。所有这四种债券都表明，当收益率增加时，债券价格下降，并且价格曲线是凸的，这意味着收益下降对价格的影响远远大于相同程度收益增加对价格的影响。我们将这些性质归结为以下两点：

（1）债券价格与收益成反比：当收益升高时，债券价格下跌；当收益下降时，债券价格上升。

（2）债券的到期收益率升高导致其价格变化幅度小于等规模的收益下降导致其价格变化的幅度。

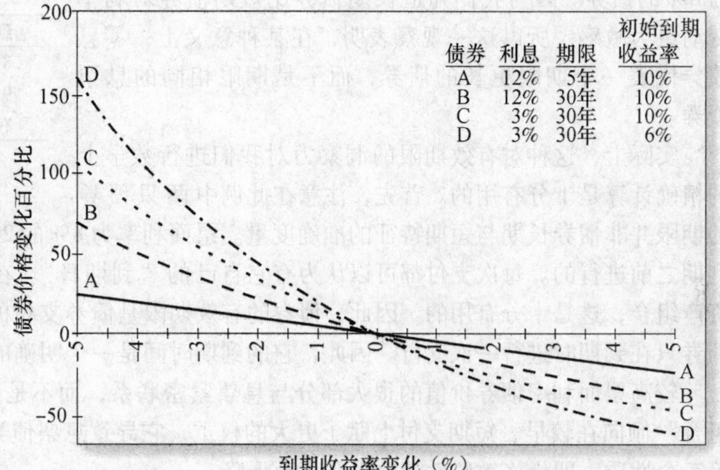

图 16-1　作为到期收益率变化的函数的债券价格变化

现在，比较债券 A 和 B 的利率敏感性，除到期时间外，其他参数均相同。图 16-1 表明债券 B 比 A 期限更长，对利率更敏感。这体现出另一基本性质：

（3）长期债券价格对利率变化的敏感性比短期债券更高。

这不足为奇。例如，如果利率上涨，由于现金流以更高的利率水平贴现，则债券的价值会有所降低。越是远期的现金流，提高贴现率的影响会越大。

值得注意的是，当债券 B 的期限是债券 A 的期限 6 倍时，它的利率敏感性却比债券 A 大不了 6 倍。尽管利率敏感性随到期时间延长而增加，但却不是按到期日延长的比例增加。因此，我们有了第四条性质：

（4）当债券期限增加时，债券价格对收益率变化的敏感性增加，但增速递减。换句话说，利率风险变动小于债券期限变动。

债券 B 和 C，除票面利率之外，其他参数均相同，这时表现出另一特征。票面利率较低的债券对市场利率变化更敏感。这体现出债券价格的一个普遍性质：

（5）利率风险与债券票面利率成反比。低票面利率债券的价格比高票面利率债券的价格对利率变化更敏感。

最后，债券 C 和 D，除债券的到期收益率之外，其他参数均相同。债券 C 具有更高的到期收益，对收益变化的敏感性更低一些。这样，可以得到最后一个性质：

（6）债券价格对其收益变化的敏感性与当期出售债券的到期收益率成反比。

前 5 条性质曾被马尔基尔[⊖]所论证，有时被称为马尔基尔债券定价关系。第 6 个性质被霍默和利博维茨[⊜]论证。

期限是利率风险的主要决定因素。但是，期限本身不足以测度利率的敏感性。例如，债券 B 和 C（见图 16-1）的期限相同，但是较高票面利率的债券对利率变化有着较低的价格敏感性。显而易见，我们不能仅靠债券期限来量化其利率风险。

⊖ Burton G. Malkiel, "Expectations, Bond Price, and the Term Structure of Interest Rates," *Quarterly Journal of Economics* 76 (May 1962), pp. 197-218.

⊜ Sidney Homer and Martin L. Liebowitz, *Inside the Yield Book: New Tools for Bond Market Strategy* (Englewood Cliff, NJ: Prentice Hall, 1972).

为理解票面利率或到期收益率等债券特征为什么会影响利率敏感性，我们从一个简单的数字实例开始讨论。表16-1提供了不同到期收益率和期限为 T 的半年票面利率为8%的债券价格。其中，利率表示为年百分率（APR），即将半年收益率翻倍，以获得约定的年化收益率。当利率从8%上升至9%时，最短期限债券的价值下跌小于1%。10年期债券下跌6.5%，而20年期债券下跌9%以上。

表16-1　票面利率为8%的债券价格（半年付息一次）

到期收益率（APR）	$T=1$ 年	$T=10$ 年	$T=20$ 年
8%	100 000	100 000	100 000
9%	990.64	934.96	907.99
价格下降（%）①	0.94%	6.50%	9.20%

注：①到期收益率为9%的等值债券除以（初始）收益率为8%的债券，再减去1。

让我们现在来看看类似的例子，不过这次不是票面利率为8%的债券，而是零息债券，结果见表16-2。请注意，对于每种期限，零息债券价格的下降比例大于票面利率为8%的债券。因为我们知道长期债券比短期债券对利率变动更为敏感，所以这一观察表明，在某种意义上，零息债券代表一个期限更长的债券，而不是期限相同的息票债券。

表16-2　零息债券价格（半年计一次复利）

到期收益率（APR）	$T=1$ 年	$T=10$ 年	$T=20$ 年
8%	924.56	456.39	208.29
9%	915.73	414.64	171.93
价格下降（%）①	0.96%	9.15%	17.46%

注：①到期收益率为9%的等值债券除以（初始）收益率为8%的债券，再减去1。

实际上，这种对有效期限的洞察力对我们进行数学上的精确计算是十分有用的。首先，注意在此例中两只债券的期限并非债券长期与短期特征的准确度量。票面利率为8%的20年期债券有多次利息支付，其中大部分是在债券到期之前进行的。每次支付都可以认为有它自己的"到期日"。在前面章节中，我们曾把息票债券看做息票支付的资产组合，这是十分有用的。因此，债券的有效期限是债券支付的所有现金流的某种平均到期时间。相比较，零息债券只在到期时进行一次支付。因此，它的到期时间是一个明确的概念。

较高票面利率债券价值的很大部分与息票紧密联系，而不是与最终支付的票面价值相联系。所以，"息票资产组合"倾向在较早、短期支付上赋予更大的权重，它导致息票债券的"有效期限"较短。这解释了马尔基尔提出的第5个性质，即价格敏感性随票面利率而下降。

相似的逻辑可以解释第6个性质，价格敏感性随到期收益率而下降。较高的收益降低了所有债券偿付的现值，对较远期偿付而言，情况更是如此。因此，在收益较高的情况下，债券价值的较大部分来自其较早的支付。较早的支付具有较低的有效期限和利率敏感性。于是，债券价格对收益变化的整体敏感性就较低。

16.1.2　久期

为了解决债券多次支付的"期限"含糊不清的问题，我们需要一种测度债券发生现金流的平均期限的方法。我们也可以使用此方法来测量债券对利率变化的敏感性，因为我们知道价格敏感性会随到期期限的增加而增大。

弗雷德里克·麦考利[⊖]把有效期限概念定义为债券久期。**麦考利久期**（Macaulay's duration）等于债券每次息票或债券本金支付时间的加权平均。每次支付时间相关的权重应当与该次支付对债券价值的"重要性"相联系。实际上，每次支付时间的权重应该是这次支付在债券总价值中所占的比例。这个比例正好等于支付的现值除以债券价格。

权重 w_t 与在时间 t 所发生的现金流（标注为 CF_t）有关，表示为：

$$w_t = \frac{CF_t/(1+y)^t}{\text{债券价格}}$$

式中，y 代表债券到期收益率。公式右边的分子代表在时间 t 所发生现金流的现值，分母代表债券所有支付的值。这些权重的和为1.0，因为以到期收益率贴现的现金流总额等于债券价格。

用这些值来计算所有债券支付时间的加权平均，就可以得到麦考利久期公式，表示为：

$$D = \sum_{t=1}^{T} t \times w_t \tag{16-1}$$

作为公式（16-1）的应用，在数据表16-3中可以得到票面利率为8%和零息债券的久期，两种债券都是2年期。假设到期收益率均为10%，或半年5%。B栏中显示周期（半年）的每次支付的贴现率为5%。每次支付期限（F栏）的权重等于该时点的支付现值（E栏）除以债券价格（E栏中的现值总额）。

⊖ Frederick Macaulay, *Some theoretical Problems Suggested by the movements of interest Rates, Bond Yields, and Stock Prices in the United States since 1856* (New York: National Bureau of Economic Research, 1938).

表 16-3 计算两种债券的久期（栏中的总额遵从化整误差）

	A	B	C	D	E	F	G
1			到支付时		现金流的现值		列（C）
2			的期限		贴现率＝		乘以
3		周期	（年）	现金流	每1周期5%	权重	列（F）
4	A. 8% 的付息债券	1	0.5	40	38.095	0.0395	0.0197
5		2	1.0	40	36.281	0.0376	0.0376
6		3	1.5	40	34.554	0.0358	0.0537
7		4	2.0	1 040	855.611	0.8871	1.7741
8	总额				964.540	1.0000	1.8852
9							
10	B. 零息	1	0.5	0	0.000	0.0000	0.0000
11		2	1.0	0	0.000	0.0000	0.0000
12		3	1.5	0	0.000	0.0000	0.0000
13		4	2.0	1 000	822.702	1.0000	2.0000
14	总额				822.702	1.0000	2.0000
15							
16	半年利率	0.05					
17							
18	权重＝每一次支付（E列）的现值除以债券价格。						

G 栏的数字是支付期限和支付权重的乘积。每个乘积都是式（16-1）中相应的一项。根据公式，我们可以把 G 栏的数字相加计算出每一债券的久期。

零息债券的久期正好等于到期时间，即 2 年。这很好理解，因为仅有一次支付，而支付的平均期限必须是债券的期限。相比较，2 年期债券的久期稍短一些，为 1.885 2 年。

数据表 16-4 用来说明生成数据表 16-3 中所有内容的公式。数据表的输入（详细说明债券支付的现金流）在 B ~ D栏中给出。在 E 栏中，我们用假设的到期收益率来计算每次现金流的现值。在 F 栏中，我们求出式（16-1）中的权重。在 G 栏，我们计算支付期限和支付权重的乘积。所有这些数据都对应式（16-1）的计算中所需的数据。在单元格 G8 和 G14 中所计算得到的总额就是每个债券的久期。利用数据表可以轻松回答诸如“如果……将会……”的问题，如概念检查 16-1 中的问题。

概念检查 16-1

假设年利率（APR）下降至 9%。那么在数据表 16-3 中的两种债券的价格和久期将会发生什么变化？

表 16-4 计算久期的电子数据表公式

	A	B	C	D	E	F	G
1			到支付时		现金流的现值		列(C)
2			的期限		（贴现率＝		乘以
3		周期	（年）	现金流	每1周期5%）	权重	列(F)
4	A. 8%的付息债券	1	0.5	40	=D4/(1+$B$16)^B4	=E4/E$8	=F4*C4
5		2	1	40	=D5/(1+$B$16)^B5	=E5/E$8	=F5*C5
6		3	1.5	40	=D6/(1+$B$16)^B6	=E6/E$8	=F6*C6
7		4	2	1 040	=D7/(1+$B$16)^B7	=E7/E$8	=F7*C7
8	总额				=SUM(E4:E7)	=SUM(F4:F7)	=SUM(G4:G7)
9							
10	B. 零息	1	0.5	0	=D10/(1+$B$16)^B10	=E10/E$14	=F10*C10
11		2	1	0	=D11/(1+$B$16)^B11	=E11/E$14	=F11*C11
12		3	1.5	0	=D12/(1+$B$16)^B12	=E12/E$14	=F12*C12
13		4	2	1 000	=D13/(1+$B$16)^B13	=E13/E$14	=F13*C13
14	总额				=SUM(E10:E13)	=SUM(F10:F13)	=SUM(G10:G13)
15							
16	半年利率	0.05					

久期之所以是固定收益投资组合的关键概念至少有三个原因：首先，它是资产组合的有效平均期限的简单归纳统计；其次，它已经被证明是资产组合规避利率风险的一种基本工具，这些将在 16.3 节中探讨；再次，久期是资产组合利率敏感性的一种测度，这是需要在此探讨的内容。

我们已经知道长期债券比短期债券对利率的变动更为敏感。久期的测度能够量化这种关系。具体而言，当利率变化时，债券价格的变化率与其到期收益率的变化是相关的，可用公式表达如下：

$$\frac{\Delta P}{P} = -D \times \left[\frac{\Delta(1+y)}{1+y}\right] \tag{16-2}$$

债券价格的变化率等于债券久期乘以（1+债券收益率）的变化率。

实践者运用式（16-2）时，在形式上略有不同。**修正久期**（modified duration）定义为 $D^* = D/(1+y)$，这里 $\Delta(1+y) = \Delta y$，于是（16-2）改写为：

$$\frac{\Delta P}{P} = -D^* \Delta y \tag{16-3}$$

债券价格的变化率正好是修正久期和债券到期收益率变化的乘积。因为债券价格的变化率与修正久期成比例，所以修正久期可以用来测度债券在利率变化时的风险敞口。实际上，下面可以看到，式（16-2）或与等效的式（16-3），对于债券收益率的大幅度变化仅仅是近似有效。只在考虑较小或局部的收益率变化时，这种近似才变得准确。[⊖]

【例16-1】 **久期**

数据表16-1中，考虑2年期、票面利率为8%且半年支付一次的债券，其出售价格为964.54美元，到期收益率为10%。该债券的久期是1.885 2年。为进行比较，考虑以下零息债券，其期限和久期都是1.885 2年。正如在数据表16-3中看到的，因为债券利息是每半年偿付一次，最好把半年定为一个周期。于是，每一债券的久期是1.885 2×2=3.770 4个（半年）周期，且每一周期的利率是5%。因此，每一债券的修正久期是3.770 4/1.05 = 3.591个周期。

假定半年利率从5%上涨至5.01%。根据式（16-3），债券价格应该下降：

$$\frac{\Delta P}{P} = -D^* \Delta y = -3.591 \times 0.01\% = -0.035\,91\%$$

现在直接计算每一债券的价格变化。息票债券的初始销售价格是964.540美元。当收益涨至5.01%时，价格下降到964.194 2美元，下降了0.035 9%。零息债券的初始卖价是 $1\,000/1.05^{3.7704} = 831.970\,4$ 美元。收益率更高时，它的卖价为 $1\,000/1.0501^{3.7704} = 831.671\,7$ 美元。价格下降了0.035 9%。

结论是：相同久期的债券实际上利率敏感性相同，并且价格变化百分比（至少对于收益变化小的债券而言）等于修正久期乘以收益变化。■

16.1.3 什么决定修正久期

我们在前面列出的马尔基尔债券价格关系，给出了利率敏感性的决定因素。久期使我们能够量化敏感性，这大大提高了我们的投资决策能力。例如，如果我们在利率上投机，久期将告诉我们这个赌注有多大。反之，如果我们想对利率保持“中性”，且仅与所选债券市场指数的利率敏感性相匹配，则通过久期我们可以测量这一敏感性，并在组合中进行模拟。正因为如此，了解久期的决定性因素至关重要。因此，在这一小节里我们总结出几项有关久期最重要特性的“法则”。债券价格对市场利率变化的敏感性受到三个方面因素的影响：到期时间、票面利率和到期收益率。

概念检查16-2

a. 在概念检查16-1中，当市场利率为9%时，你计算了2年期、票面利率为8%且半年付息一次的债券的价格和久期。现在假定利率上升至9.05%，计算债券的新价值和价格的变化百分比。

b. 根据式（16-2）或者式（16-3）中的久期公式预测的债券价格，计算债券价格的百分比变化。将这个值与a中的答案进行比较。

久期法则1：零息债券的久期等于它的到期时间。

我们已经看到息票债券比相同期限的零息债券的久期短，因为最后支付前的一切息票利息支付都将减少债券的加权平均时间。这说明了久期的另一个一般性质。

⊖ 对于债券收益变化，学习微积分的人会认识到修正久期和所得的债券价格成比例。对于收益的较小变化，式（16-3）可以重写成：

$$D^* = -\frac{1}{P}\frac{dP}{dy}$$

这样，在现价的相邻位置，它给出了的债券价格曲线的斜率测度。实际上，式（16-3）可以根据 y 演化出以下的债券定价公式：

$$P = \sum_{t=1}^{T} \frac{CF_t}{(1+y)^t}$$

式中，CF_t 是在日期 t 支付给债券持有人的现金流。CF_t 代表到期日之前的利息支付或者是到期日的最后利息加上面值。

久期法则2：到期时间不变时，当息票率较高时，债券久期较短。

这一性质与马尔基尔的第5条关系相对应，它可归因于早期息票支付对债券支付平均期限的影响。票面利率越高，早期支付权重也越高，且加权支付平均期限就越短。换言之，债券总值的较高部分与较早的利息支付密切相关，这种较早的利息支付对于收益率不太敏感。在图16-2中，比较票面利率为3%和15%的债券久期图，它们的收益相同且都是15%。票面利率为15%的债券久期曲线位于票面利率为3%的债券相对应的久期曲线之下。

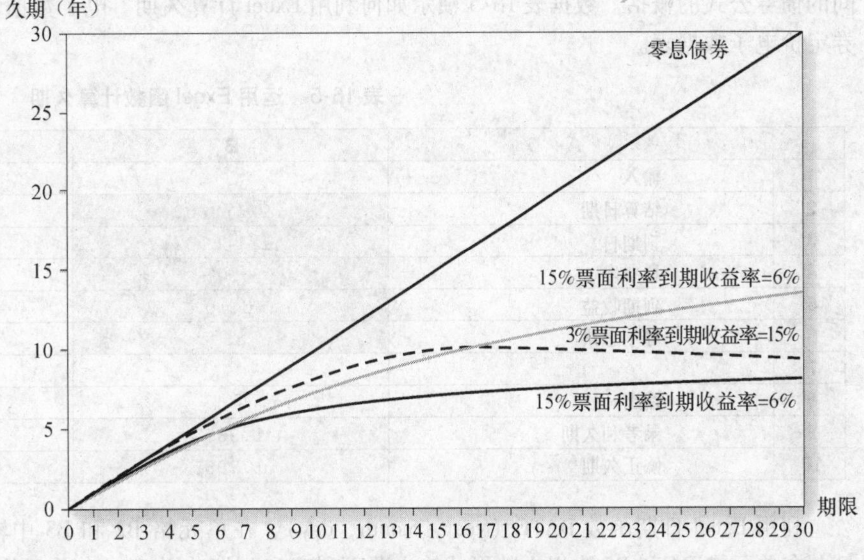

图16-2 债券久期与债券期限

久期法则3：如果票面利率不变，债券久期通常会随着期限增加而增加。债券以面值或者超出面值销售，久期总是随期限增加而增加。

久期的这一性质与马尔凯的第三条关系相对应，非常直观。奇怪的是久期不会总是随期限增加而增加。对于贴现率很高的债券，随着期限增加，久期会下降。然而，事实上所有可以交易的债券都可以安全地假定久期随到期时间的增加而增加。

注意在图16-2中，零息债券的期限和久期是相同的。但是对于息票债券，到期时间增加一年时，它的久期增加却少于一年。在图中久期的斜率小于1.0。

虽然到期时间长的债券通常是长久期债券，但是久期可以更好地说明债券长期的性质，因为它还考虑了债券的支付情况。只有在债券不支付利息时，到期时间才是一个准确的数据；这时，期限和久期是相等的。

同时注意在图16-2中，当它们以不同的到期收益率出售时，两种利率为15%的债券有不同的久期。较低收益率的债券，久期更长。这是可以理解的，因为收益较低时，债券支付期越远，其现值就越大，而且它在债券总值中占的比例也越大。

于是，在加权平均计算久期的过程中，远期支付的权重更大，导致测量出来的久期更高。这就确立了第四法则。

久期法则4：保持其他因素都不变，当债券到期收益率较低时，息票债券的久期会较长。

我们上面已经提到，这个性质给人的直观感受是，较高的收益率降低所有债券支付的现值，同时会较大幅度地降低远期支付的价值。因此，在收益率较高时，债券总值的更多部分依赖于它的早期支付，这样就降低了有限期限。法则4就是上述债券定价关系中的第6条，适用于息票债券。当然，对于零息债券，久期等于到期时间，与到期收益率无关。

最后，我们给出永久期限债券的久期公式。该公式源于式（16-1）给出的久期公式并与其一致，但是对于无数的现存债券而言，这一公式使用更为便捷。

久期法则5：终身年金的久期是：

$$\text{终身年金的久期是} = \frac{1+y}{y} \qquad (16\text{-}4)$$

例如，当收益率为10%时，每年支付100美元的终身年金的久期为1.10/0.10 = 11年；但是当收益率为8%时，久期为1.08/0.08 = 13.5年。

概念检查16-3

利用法则4证明当利率降低时，终身年金债券的久期会增加。

式（16-4）表明，期限和久期的差别可以非常显著。终身年金债券的到期时间是无限的，然而当收益为10%时，它的久期只有11年。年金早期现金流的现值加权对于久期的计算起决定作用。

注意在图16-2中，当到期时间变长时，收益率为15%的两种息票的久期将收敛于有相同收益率的终身年金的久期，即7.67年。

息票债券的久期公式有点乏味，且像数据表 16-3 那样的电子数据表用来修正不同期限和票面利率时会很麻烦。此外，它们假定债券处于利息支付周期开始的阶段。幸运的是，电子数据表程序，如 Excel，给出了处于利息支付期间的债券公式的概括。数据表 16-5 演示如何利用 Excel 计算久期。电子数据表使用很多惯例，如第 14 章中描述的债券定价电子数据表。

表 16-5　运用 Excel 函数计算久期

	A	B	C
1	输入		B列公式
2	结算日期	1/1/2000	=DATE(2000,1,1)
3	到期日	1/1/2002	=DATE(2002,1,1)
4	息票率	0.08	0.08
5	到期收益	0.10	0.10
6	每年息票	2	2
7			
8	输出		
9	录考利久期	1.8852	=DURATION(B2,B3,B4,B5,B6)
10	修正久期	1.7955	=MDURATION(B2,B3,B4,B5,B6)

利用 Excel 日期函数 DATE（year，month，day)，在单元格 B2 和 B3 中输入支付日期，例如今天的日期和到期日。在单元格 B4 和 B5 中以小数形式输入票面利率和到期收益率。在单元格 B6 中，输入每年的支付周期。单元格 B9 和 B10 中显示麦考利久期和修正久期。该电子数据表表明，在电子数据 16-3 中的债券久期确实是 1.885 2 年。这支两年期债券并没有确定的支付日期。我们将支付日任意定为 2000 年 1 月 1 日，到期日正好是两年后。

可交易债券的久期变化范围很大。假定几种债券为半年支付的息票债券且半年收益率为 4%，表 16-6 给出了数据表 16-5 计算出的久期。注意久期随着票面利率增加而变短，并一般随到期时间增加而增大。根据表 16-6 和式 (16-2)，如果利率从 8% 上升至 8.1%，票面利率为 6% 的 20 年期债券的价值会下降约 10.922 × 0.1%/1.04 = 1.05%，然而票面利率为 10% 的 1 年期债券的价值仅仅下降 0.976 × 0.1%/1.04 = 0.094%。[⊖] 同时注意表 16-6 中，对于无期限债券而言，久期与票面利率无关。

表 16-6　债券久期（到期收益率 = 8% APR；半年票面利率）

到期年份	票面利率（每年）			
	6%	8%	10%	12%
1	0.985	0.981	0.976	0.972
5	4.361	4.218	4.095	3.990
10	7.454	7.067	6.772	6.541
20	10.922	10.292	9.870	9.568
无期限（永久债券）	13.000	13.000	13.000	13.000

概念检查 16-4

利用数据表 16-5 来检查前面陈述的一些久期法则。如果改变债券票面利率，久期会如何变化？同样，如果改变到期收益率，久期会如何变化？如果改变期限，久期会如何变化？如果债券由每半年付息一次改为每年付息一次，久期将如何变化？为什么凭直觉半年支付的债券久期更短？

16.2 凸性

作为利率敏感性的度量方式，久期显然是固定收益资产组合管理的重要工具。然而关于利率对债券价格的影响，久期法则仅仅是一种近似表达。我们重复一下，式 (16-2) 和与其类似的式 (16-3)，说明债券价值变化的百分比

⊖ 注意债券每半年付息一次，我们使用的是名义上的半年期到期收益率（即 4%）来计算修正久期。

近似等于修正久期和债券收益率变化的乘积，表达如下：

$$\frac{\Delta P}{P} = -D^* \Delta y$$

该式表明价格变化百分比与债券收益率变化直接成比例。如果确实是这样，债券价格变化的百分比作为它的收益变化的函数的图形将是一条直线，其斜率等于 $-D^*$。然而，图 16-1 清楚地表明，债券价格和收益率之间不是线性关系。对于债券收益率发生的较小变化，久期法则可以给出良好近似的值。但是，对于较大的变化，它给出的数值就不太精确。

图 16-3 表明了这一点。像图 16-1 那样，此图表明债券价格变化的百分比是对债券到期收益率变化的反应。曲线代表的是 30 年期，票面利率为 8%，最初以 8% 的到期收益率出售的债券价格价格变化的百分比。直线代表的是根据久期法则预测的债券价格变化的百分比。直线的斜率是债券在初始到期收益率时的修正久期。在此收益率时，其修正久期为 11.26 年，所以直线是 $-D^*\Delta y = -11.26 \times \Delta y$ 的图形。注意这两条线在初始收益率时相切。于是，对于债券到期收益率较小的变化，久期法则的度量相当精准。但是对于较大变化，在两条线之间有一不断扩大的“间隔”，这表明久期法则越来越不准确。

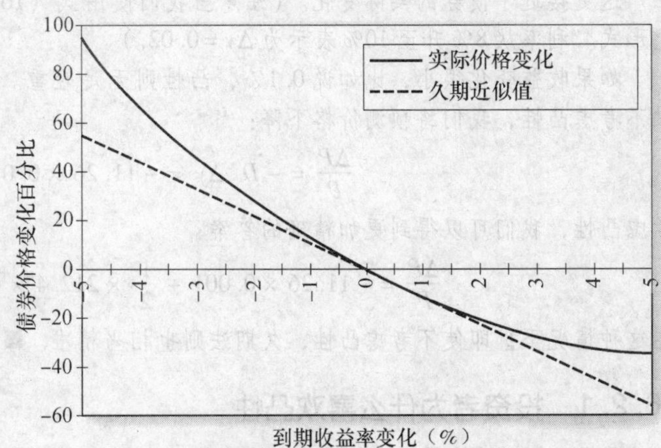

图 16-3　债券价格的凸性：30 年期、票面利率 8% 的债券，初始到期收益率为 8%

注意图 16-3 中，久期近似值（直线）总是低于债券的价值；当收益率下降时，它低估了债券价格的上升程度，并且当收益率上升时，它高估了债券价格的下降程度。这是因为真实价格 - 收益关系的曲率。曲线的形状，比如价格 - 收益关系的形状是凸的。价格 - 收益曲线的曲率被称为债券的**凸性**（convexity）。

我们可以将凸性量化为价格 - 收益曲线斜率的变化率，并将其表示为债券价格的一部分。[㊀] 作为一个实用法则，大家可以将债券具有较高凸性视为在价格 - 收益关系中曲率较高。如在图 16-3 中，不可赎回的债券的凸性是正的：收益率增加时，斜率变大（即这个负数的绝对值变小）。

凸性有助于我们在债券价格变化时提高久期的近似性。考虑凸性时，式（16-3）可以修正为：[㊁]

$$\frac{\Delta P}{P} = -D^*\Delta y + 1/2 \times 凸性 \times (\Delta y)^2 \tag{16-5}$$

等式右边的第一项与久期法则相同，参见式（16-3）。第二项是对凸性的修正。注意，如果债券的凸性是正的，不管收益率是涨还是跌，第二项都是正的。这种观察与前面看到的事实一致，即当收益率变化时，久期法则总是会低估债券的新价值。把凸性考虑进来的式（16-8）更精确，它预测的债券价值总是比式（16-2）预测的值更高。当然，如果收益变化很小，式（16-5）中凸性这一项乘以 $(\Delta y)^2$，得出的积极其小，使久期的近似值不会有什么增加。在这种情况下，久期法则给出的线性近似将是足够精确的。因此，凸性在利率有一个很大的潜在变动时才会作为一个更重要的实际因素。

【例 16-2】　凸性

在图 16-3 中，债券是 30 年期，票面利率是 8%，出售时初始到期收益率为 8%。因为票面利率等于到期收益率，债券以面值或 1 000 美元出售。在初始收益时债券修正久期为 11.26 年，凸性为 212.4。（在在线学习中心 www.mhhe.com/

㊀ 我们在注释 4 中指出，表示修正久期的式（16-3）可以改写为：$dP/P = -D^* dy$。于是，$D^* = 1/P \times dP/dy$ 就是价格 - 收益曲线的斜率，即债券价格的微分。同理，债券凸性等于价格 - 收益曲线的二阶倒数（斜率的变化率）除以债券价格：凸性 $= 1/P \times d^2P/dy^2$。期限为 T 年且每年付息一次的债券凸性公式为：

$$凸性 = \frac{1}{P \times (1+y)^2} \sum_{t=1}^{T} \left[\frac{CF_t}{(1+y)^t}(t^2+t) \right]$$

式中，CF_t 是在日期 t 支付给债券持有人的现金流；CF_t 代表到期前的利息支付或是在到期日最后利息加上面值。

㊁ 为使用凸性法则，必须以小数而不是百分比来表达利率。

bkm，可以找到电子数据表来计算30年期债券的凸性。）如果债券收益率从8%上升至10%，债券价格将降至811.46美元，下降18.85%。根据久期法则，即式（16-2），价格会下降：

$$\frac{\Delta P}{P}=-D^*\Delta y=-11.26\times 0.02=-0.2252 \text{ 或 } -22.52\%$$

这比债券价格实际下降的幅度更大。带凸性的久期法则，即式（16-4）更为准确：

$$\frac{\Delta P}{P}=-D^*\Delta y+\frac{1}{2}\times \text{凸性}\times(\Delta y)^2=-11.26\times 0.02+\frac{1}{2}\times 212.4\times(0.02)^2$$
$$=-0.1827\text{，即 }-18.27\%$$

这更接近于债券的实际变化。（注意当我们使用式（16-5）时，我们必须把利率表示为小数形式，而不是百分比形式。利率从8%升至10%表示为$\Delta y=0.02$。）

如果收益变化很小，比如说0.1%，凸性则无足轻重。债券价格实际下降至988.85美元，降幅为1.115%。如果不考虑凸性，我们将预测价格下降：

$$\frac{\Delta P}{P}=-D^*\Delta y=-11.26\times 0.01=-0.01126 \text{ 或 } -1.126\%$$

考虑凸性，我们可以得到更加精确的答案：

$$\frac{\Delta P}{P}=-11.26\times 0.001+\frac{1}{2}\times 212.4\times(0.001)^2=-0.01115 \text{ 或 } -1.115\%$$

在这种情况下，即使不考虑凸性，久期法则也相当精准。■

16.2.1　投资者为什么喜欢凸性

凸性一般被认为是一个备受欢迎的特性。曲率大的债券价格在收益下降时的价格上升大于在收益上涨时的价格下跌。例如，在图16-4中，债券A和B在初始收益率时久期相同。令价格变化率为利率变化的函数，则这两个函数的曲线是相切的，这表示它们对收益率变化的敏感性在该切点处相同。但是，债券A比B更凸一些。当利率波动较大时，债券A的价格上涨幅度更大而价格下降幅度更小。如果利率不稳定，这是一种有吸引力的不对称，可以增加债券的期望收益，因为债券A从利率下降中得到更多的好处，而从利率上升中损失较少。当然，如果凸性是我们希望得到的，那它肯定也不是免费的午餐。对凸性较大的债券而言，投资者必须付出更高的价格，并接受更低的到期收益。

16.2.2　可赎回债券的久期和凸性

图16-5描述了可赎回债券的价格－收益曲线。当利率高时，曲线是凸的，对于不可赎回的债券也是如此。例如，当利率是10%时，价格－收益曲线位于切线之上。但是当利率下降时，可能的价格会有一个上限：债券价格不会超过其赎回价格。所以当利率下降时，我们有时候说，债券受制于价格限制——它的价值被“压”低到赎回价格。在这一区域，例如，当利率为5%时，价格－收益曲线位于切线之下，此时称曲线具有负凸性。[⊖]

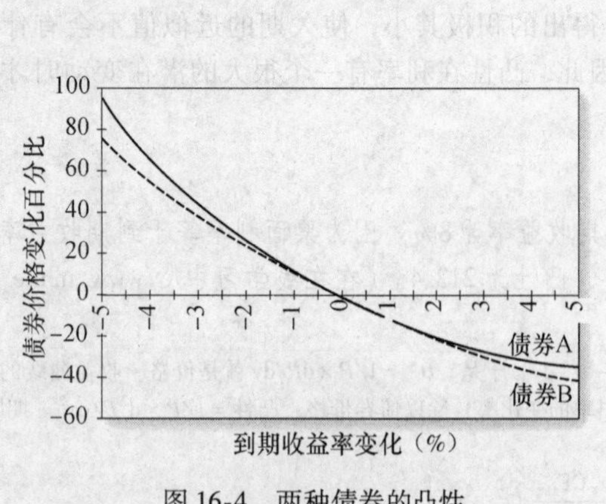

图16-4　两种债券的凸性

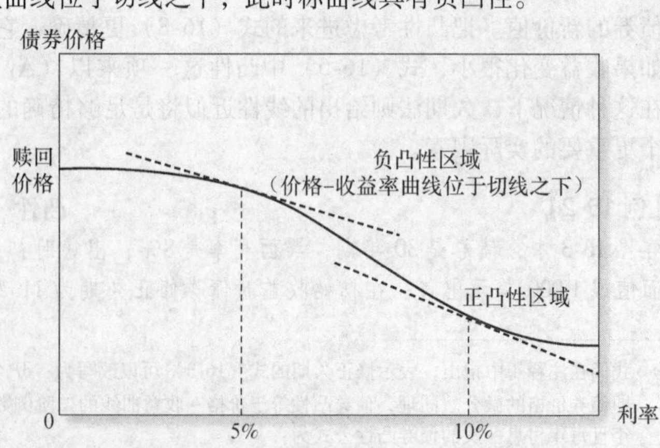

图16-5　可赎回债券的价格－收益率曲线

⊖ 上过微积分课程的人会发现这一区域的曲线是凹的。但是，债券交易员不说这些债券显示出凹性，更喜欢用的术语是“负凸性”。

注意在负凸性区域，价格 - 收益曲线表现出不具吸引力的非对称性。对于同样的变化幅度，利率上升引起的价格下跌幅度大于利率下降引起的价格上涨幅度。这种非对称性来源于这样一个事实，债券发行人保留赎回债券的选择权。如果利率上升，债券持有人会有损失，这与不可赎回债券是一样的。但是，当利率下降时，投资者不但没有获取资本利得，还会被赎回拥有的债券。这样一来，债券持有人就好像处于抛硬币时“正面输，反面也没赢”的境地。当然，投资者在购买这种债券时已经为这种局面得到了补偿。可赎回债券在出售时的初始价格低于其他类似的不可赎回的债券（也就是初始收益率较高）。

式（16-5）强调了负凸性效用。当凸性为负时，右边的第二项必然为负，这意味着债券价格的实际表现不及久期近似值的预测。但是，可赎回债券，或是更普遍地说，有“嵌入期权”的债券，用麦考利久期是很难进行分析的。因为这类期权的存在，债券提供的未来现金流变成不可知的。例如，如果债券被赎回，它的现金流量终止且它的本金偿还比开始预测的时间要早。因为现金流是任意的，我们无法对未来现金流支付的时间做加权平均，而这对于计算麦考利久期是必要的。

华尔街的惯例是计算有嵌入期权债券的**有效久期**（effective duration）。有效久期不能用需要现金流的简单公式（16-1）来计算。他们使用考虑了嵌入期权的更复杂的债券估值方法，而且有效久期被定义为债券价格变化率与市场利率变化量之比：

$$有效久期 = -\frac{\Delta P/P}{\Delta r} \tag{16-6}$$

这一公式似乎仅仅对表示修正久期的式（16-3）做出了一些修正。但是，还是有重要区别的。第一，注意到我们不用债券自身的到期收益率变化来计算有效久期（分母是 Δr 而不是 Δy）。这是因为有嵌入期权的债券可能会被提前赎回，到期收益率通常是无关量。实际上，我们计算了利率期限结构变化引起的价格变化。第二，有效久期公式依赖于一种嵌入期权的定价方法。这意味着有效久期将成为某些变量的函数，而这些变量与传统久期无关，例如利率的波动。相反，修正的或者麦考利久期可以从确定的债券现金流和到期收益率直接求出。

【例 16-3】 **有效久期**

假设可赎回债券的赎回价格为 1 050 美元，今天的售价是 980 美元。如果收益率曲线上移 0.5%，债券价格将下降至 930 美元。如果收益率曲线下移 0.5%，债券价格将上升至 1 010 美元。为了计算有效久期，我们计算：

$$\Delta r = 假定的利率增加 - 假定的利率减少 = 0.5\% - (-0.5\%) = 1\% = 0.01$$

$$\Delta P = 利率增加 0.5\% 时的价格 - 利率下降 0.5\% 时的价格 = 930 美元 - 1\,010 美元 = -80 美元$$

那么，债券有效久期为：

$$有效久期 = -\frac{\Delta P/P}{\Delta r} = -\frac{-80/980}{0.01} = 8.16 年$$

换言之，在现值左右利率波动 1%，债券价格变化 8.16%。■

16.2.3 久期和抵押贷款支持证券

概念检查 16-5

麦考利久期、修正久期和有效久期之间有何不同？

实际上，抵押贷款支持证券市场是赎回规定发挥重要性的最大市场。近年来，公司很少会发行有赎回规定的债券，并且可赎回公司债券的新发行数量已经在稳步减少。相反，抵押贷款支持证券市场在近 20 年正在快速扩大。在 2009 年，抵押贷款支持证券市场的规模包括 5.1 万亿美元的代理转递证券和 2.4 万亿美元的自有转递证券，比整个公司债券市场（4.0 万亿美元）大得多。

如第 1 章所述，发起抵押贷款的贷方通常把贷款卖给联邦代理，如房利美或是房地美。原始的借方（房主）继续按月支付给贷方，但是贷方把付款转手给购买贷款的代理。代理可能一次把很多抵押贷款汇合在一起变成抵押贷款支持证券，然后在固定收益市场中进行销售。这些证券被称为转递证券，因为从借方得到的现金流，先流向代理（房地美或房利美），然后又流向抵押贷款支持证券的最终购买者。私营公司也有很大的一块市场——非常规抵押贷款。这些贷款通常是借款人的信誉无法满足机构标准的次级贷款或者是规模太大而不符合代理机构的证券化标准的垃圾债。

例如，假定 10 个 30 年期抵押贷款，每一个的本金值为 100 000 美元，组合成 100 万美元的资金池。如果抵押利率为 8%，那么每一贷款的月付为 733.76 美元。（首付的利息份额是 0.08 × 1/12 × 100 000 美元 = 666.67 美元；剩下的 67.09 美元是分期偿还，或是本金的按期预缴。在后期，本金余额较低，月付较少的部分用于利息，而更多的用于分期偿还。）抵押贷款支持证券的持有人会收到 7 337.60 美元，即资金池中 10 个抵押的全部支付。㊀

但是，现在记得房主有权随时预缴贷款。例如，如果抵押贷款利率下降，房主可能决定以较低利率重新贷款，用收益来付清原始的贷款。当然，预缴贷款权利恰好与偿还可赎回债券的权利相似。赎回价格就是贷款的剩余本金余额。因此，抵押贷款支持证券最好看做可提前赎回的分期付款贷款的资产组合。

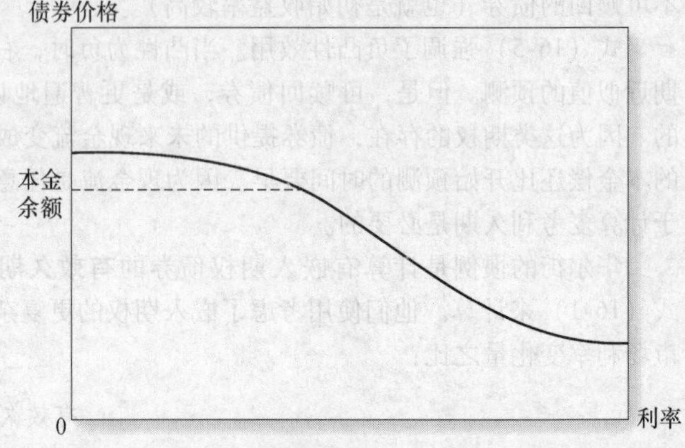

图 16-6　抵押贷款支持证券的价格 - 收益曲线

与其他可赎回证券类似，抵押贷款支持证券受负凸性的约束。当利率降低且房主预缴抵押贷款时，本金偿还传递给投资者。投资者不是得到投资的资本利得，而是贷款未付的本金余额。因此，抵押贷款支持证券的价值作为利率的函数，如图 16-6 所示，与可赎回债券的图形看起来很像。

然而，抵押贷款支持证券和可赎回公司债券有一些不同。例如，通常发现抵押贷款支持证券售价高出本金余额。这是因为房主不会在利率降低时马上再融资。一些房主也不想承担再融资的费用和麻烦，除非收益足够大。如果另一些房主计划近期搬家，他们可能决定不进行再融资。也有一些房主再未考虑过再融资的决定。因此，尽管抵押贷款支持证券在低利率时表现出负凸性，但它隐含的赎回价格（贷款本金余额）不是一个在其价值不可突破的上限。

简单的抵押贷款支持证券引发了大量的抵押担保衍生品。例如，抵押担保债券（CMO）进一步把抵押贷款支持证券的现金流重新转向几种衍生证券，称为 MBS 的"拆分"。这些拆分可能用来向愿意承担该风险的投资者分配利率风险。㊁

下表是一个简单的抵押担保债券结构的示范。底层的抵押资金池被分为三个部分：每一个都有各自不同的有效期限以及所产生的利率风险敞口。假设原始的资金池为 1 000 万美元的 15 年期抵押贷款，每一部分的利率为 10.5%，且被分为如下的三个部分：

拆分部分 A = 400 万美元本金	"短期支付"部分
拆分部分 B = 300 万美元本金	"中期支付"部分
拆分部分 C = 300 万美元本金	"长期支付"部分

进一步假定资金池中贷款余额的 8% 会提前预缴。于是，每年整个抵押资金池的现金流就如图 16-7a 中所示。每年总支付缩小 8%，因为原始资金池的贷款的这一比例部分被付清。每个条形的浅色部分代表利息支付，深色部分代表本金支付，包括贷款分期付款和预缴。

在每个周期，每一贷款拆分部分在承诺的利率和支付本金余额的基础上收到应有的利息。但是，刚开始时，所有本金支付、预缴和分期付款都流向贷款拆分部分 A（图 16-7b）。从图 16-7c 和图 16-7d 观察到：当贷款部分 A 结束前，B 和 C 只收到利息。一旦贷款拆分部分 A 全部付清后，所有本金支付流向贷款拆分部分 B。最后，当贷款拆分部分 B 终止时，所有本金支付流向贷款拆分部分 C。于是，贷款拆分部分 A 就成了"短期支付"，其有效久期最短，而贷款拆分部分 C 成了期限最长的贷款划分部分。因此，这是在贷款拆分部分中一种相对简单的利率风险分配。

在实践中，这一主题有可能有多种变化及应用。不同的贷款划分部分可能收到不同的利息。根据抵押贷款预缴速度的不确定性，有些贷款拆分部分有可能被区别对待。复杂的公式可能用来规定每一贷款拆分部分应分配的现金

㊀ 实际上，继续为贷款提供服务的原始贷方和担保贷款的转递代理各自保留每月支付的一部分作为服务收费。于是，投资者每月收到的支付比借方支付的数量略少。

㊁ 第 14 章中，我们了解了抵押债务或担保债务凭证如何运用部分结构重新在不同层级中重置信用风险。机构抵押贷款支持证券的信用风险并不是个问题，因为按揭支付是由机构，现在是有联邦政府保障的；在抵押担保债券市场，部分结构通常是用于重置不同部分的利率风险而不是信用风险。

流。实际上，抵押资金池被看做现金流的来源，并根据投资者的偏好重新分配给不同的投资者。

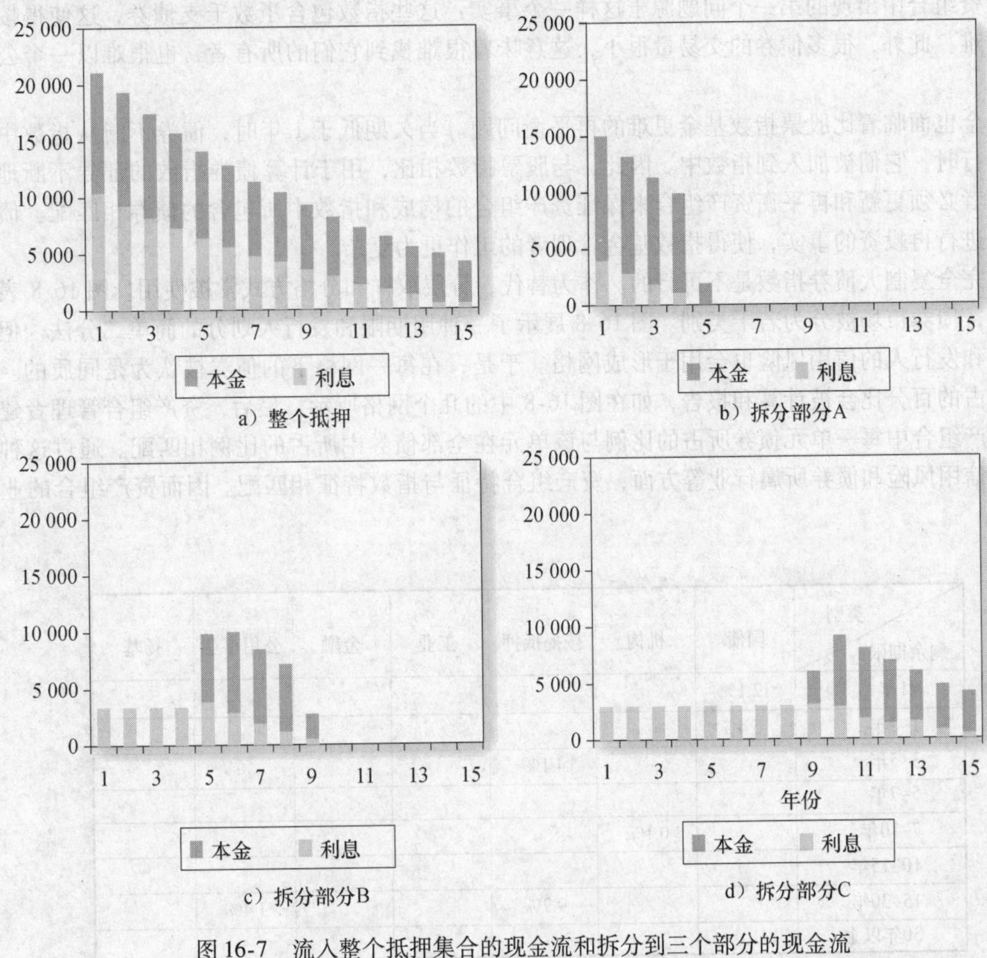

图 16-7 流入整个抵押集合的现金流和拆分到三个部分的现金流

16.3 消极债券管理

消极债券管理者认为债券定价是合理的，并且仅试图控制他们持有的固定收益资产组合的风险。在固定收益市场中，投资者经常使用两种消极管理的策略。第一种是指数策略，试图复制既定债券指数的业绩。第二种是我们熟悉的免疫策略，广泛应用于金融机构，例如保险公司和养老基金，它们被机构用来规避金融头寸的利率波动风险。

尽管指数策略和免疫策略在接受市场价格是合理的这一点上是相似的，但是在处理风险敞口方面，它们则非常不同。一个债券指数资产组合的风险 - 回报将与之相联系的债券市场指数的风险 - 回报状况相当。相比较，免疫策略寻求建立一种几乎是零风险的资产组合，其中利率变动对公司的价值没有任何影响。在这一节，我们将讨论这两种策略。

16.3.1 债券指数基金

理论上，债券市场指数与股票市场指数相似。这一想法是创建一个能代表指数结构的资产组合，而该指数能够反映大市。例如，在美国股票市场，标准普尔 500 指数是股票指数基金最常使用的指数。这些基金完全按标准普尔 500 指数的成分股名单来选择购买股票，而且每种股票购买的数量与这些公司在当前市值在指数中的权重成比例。债券指数基金也使用类似的策略，但是正如我们马上将看到的，由于债券市场及其指数的一些技术难题，我们需要做一些修正。

债券市场有三个主要指数：巴克莱资本美国综合债券指数（之前为雷曼综合债券指数）、所罗门大市投资分级指数和美林国内标准指数。这三个指数都是总收益的市值加权平均指数。这三种指数包括政府债券、公司债券、抵押支持债券和扬基债券（扬基债券是以美元面值发行的，在美国销售的由国外发行人发行的证券交易委员会注册债券）。

指数债券投资组合中出现的第一个问题源于这样一个事实：这些指数包含了数千支债券，这使得按它们的市值比重购买十分困难。此外，很多债券的交易量很小，这意味着很难找到它们的所有者，也很难以一个公平的市场价格购买它们。

债券指数基金也面临着比股票指数基金更难的再平衡问题。当久期低于 1 年时，债券不断从指数中被剔除。此外，当新债券发行时，它们被加入到指数中。因此，与股票指数相比，用于计算债券指数的证券不断地变化。当它们变化时，管理者必须更新和再平衡资产组合来保证资产组合的构成和指数中所包含的债券相匹配。债券产生的大量利息收入必须进行再投资的事实，使得指数基金管理者的工作更为复杂。

在实践中，完全复制大债券指数是不可行的。作为替代，分层取样和分格方式常被使用。图 16-8 表明了分格方式的思想。首先，债券市场被分为若干类别。图 16-8 展示了一种用期限和发行人划分的简单二分法。但实际上，诸如债券票面利率和发行人的信用风险也会用于形成网格。于是，在每一网格下的债券被认为是同质的。其次，每个网格在全集中所占的百分比会被计算和报告，如在图 16-8 中的几个网格所示。最后，资产组合管理者建立一种债券资产组合，该资产组合中每一单元债券所占的比例与该单元在全部债券中所占的比例相匹配。通过这种方法，在期限、票面利率、信用风险和债券所属行业等方面，资产组合特征与指数特征相匹配。因而资产组合的业绩将与指数业绩相匹配。

类别 / 剩余期限	国债	机构	按揭抵押	工业	金融	公用事业	扬基
<1年	12.1%						
1~3年	5.4%						
3~5年			4.1%				
5~7年							
7~10年		0.1%					
10~15年							
15~30年			9.2%			3.4%	
30年以上							

图 16-8 债券分层网格

个人投资者可以购买共同基金或者是追踪大市的 ETF。例如，Vanguard's Total Bond Market Index Fund 和 Barclays Aggregate Bond Fund iShare 均是追踪巴克莱指数。

16.3.2 免疫

与指数策略不同，很多机构投资者试图使他们的资产组合免于受到整个利率风险的影响。一般而言，对这种风险有两种观点。像银行这类的机构，致力于保护净现值或公司的净现值不受利率波动的影响。像养老基金之类的投资者在一定的期限后可能会面临支付的义务。这些投资者更关心保护其资产组合的未来价值。

但是，银行和养老基金面临的共同问题是利率风险。公司的净值和未来兑现的能力都会随着利率波动。**免疫**（immunization）技术是指这类投资者用来使整个金融资产免受利率波动影响的策略。

很多银行和储蓄机构在资产和负债的期限结构上存在天然的不匹配。银行负债主要是客户存款，大多数期限都很短，因此久期很短。相反，银行资产主要由未偿还的商业和个人贷款或按揭构成。这些资产的久期长于存款，因此它们的价值对利率波动更加敏感。当利率意外上升时，银行的净值会下跌——它们的资产价值下跌得比负债多。

同样，养老基金也可能发生错误匹配，如基金所持有的利率敏感性资产与其债务——对养老退休人员的支付之间存在不匹配。专栏 16-1 显示出，当忽视资产和负债的利率波动风险敞口时，养老基金面临的危险。例如，最近几年，尽管投资收益颇丰，但是养老基金的市场份额却在下降。当利率下降时，负债价值比资产价值上涨得更快。我们应该得到的教训是，基金应该匹配资产和负债的利率风险敞口，这样不管利率涨跌，资产价值会与负债价值同步。

换言之，财务管理者希望让基金免于利率波动的影响。

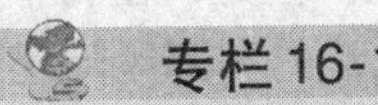 专栏 16-1

尽管大市繁荣但是养老基金表现欠佳

2003 年是股市兴旺的一年，标准普尔 500 指数提供的年化收益率超过 25%。顺理成章地，美国养老基金的资产负债表上显示了这样的业绩：基金的资产上涨了 1 000 亿美元。尽管如此，2003 年养老基金却表现欠佳，资产和负债之间的差距涨到约 450 亿美元。

这是如何发生的呢？2003 年的股市繁荣很大程度上是由利率下跌推动的。由于 2003 年的利率降低，养老基金负债的现值比资产价值上涨得更快。结果是养老基金负债的价值比那些基金中的资产价值对利率变动更加敏感。因此，即使利率降低使得资产收益猛升，但是负债上升得更快。换言之，基金投资的久期比债务久期短。这种久期不匹配使得基金对利率下降更加脆弱。

为什么基金不能更好地匹配资产和负债久期呢？原因之一是基金经常根据标准债券市场的业绩来评估基金管理者的相对业绩。这些指数比养老基金负债的久期短很多。所以，在某种意义上，管理者看错了地方，忽视了利率敏感性。

在这一方面，养老基金并不是唯一的。任何有未来固定债务的机构都可能认为免疫是合理的风险管理政策。例如，保险公司也会使用免疫策略。实际上，人寿保险公司的精算师 F. M. Redington[㊀] 提出了免疫的概念。免疫背后的思想是久期匹配的资产和负债可以使得资产组合免受利率波动的影响。

例如，保险公司推出担保投资证书 1 万美元。（基本上，投资担保证书是保险公司向客户发行的零息债券，个人退休储蓄账户很欢迎这一品种）。如果投资担保证书的期限为 5 年且担保利率为 8%，那么保险公司在 5 年后要支付 $10\,000\times(1.08)^5=14\,693.28$ 美元。

假定保险公司为了未来的支付，将 10 000 美元投资于以面值出售，期限为 6 年，年息为 8% 的附息债券。只要市场利率维持在 8%，公司就可以完成兑现义务，因为负债的现值正好等于债券价值。

表 16-7a 表明，如果利率维持在 8%，债券累计的基金会上涨至与负债相等的 14 693.28 美元。在 5 年期间，年底的利息收入是 800 美元，以当前的 8% 的市场利率再投资。期限到期时，债券可以以 10 000 美元卖出。它们将以面值出售，因为票面利率等于市场利率。5 年之后，再投资的利息和债券出售的收益加在一起的总收入正好是 14 693.28 美元。

表 16-7　债券组合 5 年后的终值（所有收益都进行再投资）

支付次数	剩余期限	收益再投资的累计价值		
		a. 利率维持在 8%		
1	4	$800\times(1.08)^4$	=	1 088.39
2	3	$800\times(1.08)^3$	=	1 007.77
3	2	$800\times(1.08)^2$	=	933.12
4	1	$800\times(1.08)^1$	=	864.00
5	0	$800\times(1.08)^0$	=	800.00
债券销售	0	10 800/1.08	=	10 000.00
				14 693.28
		b. 利率下降至 7%		
1	4	$800\times(1.07)^4$	=	1 048.64
2	3	$800\times(1.07)^3$	=	980.03
3	2	$800\times(1.07)^2$	=	915.92
4	1	$800\times(1.07)^1$	=	856.00
5	0	$800\times(1.07)^0$	=	800.00
债券销售	0	10 800/1.07	=	10 093.46
				14 694.05
		c. 利率上升至 9%		
1	4	$800\times(1.09)^4$	=	1 129.27
2	3	$800\times(1.09)^3$	=	1 036.02
3	2	$800\times(1.09)^2$	=	950.48
4	1	$800\times(1.09)^1$	=	872.00
5	0	$800\times(1.09)^0$	=	800.00
债券销售	0	10 800/1.09	=	9 908.26
			=	14 696.02

注：债券资产组合的卖出价格等于资产组合的最后支付（10 800 美元）除以 $1+r$，因为债券的剩余期限在债券销售时是 1 年。

㊀ F. M. Redington, "Review of the Principle of Life-Office Valuations," *Journal of the Institute of Actuaries* 78 (1952).

但是，如果利率变化，资产和负债的变化会相互抵消，从而影响基金升至目标值 14 693.28 美元的能力。如果利率上升，基金会有资本损失，影响其偿还债务的能力。债券到期的价值将比利率保持 8% 时的价值要低些。但是，在利率较高时，再投资利息会以更快的速度上升，抵消资本损失。换言之，固定收益投资者面临两种相互抵消的利率风险类型：价格风险和再投资利率风险。利率提高会导致资本损失，但同时再投资收入会增加。如果资产组合的久期选择合适，这两种影响正好相互抵消。当这一资产组合的久期恰好与投资者的水平日期相等时，在水平日期投资基金的累计价值将不会受到利率波动的影响。因为水平日期等于资产组合的久期，所以价格风险和再投资风险正好相互抵消。

在我们讨论的例子中，用于投资担保证书的 6 年期的债券的久期是 5 年。因为债券收入能够支付债务时，资产和负债的久期相同，保险公司将免受利率波动的影响。为了证明这种情况，我们考察一下债券是否能够产生足够的收入来付清未来 5 年的债务，不管利率是否变动。

表 16-7b 和表 16-7c 考虑两种可能的利率情况：利率降至 7% 或利率涨至 9%。在两种情况中，债券的年利息以新的利率再投资。利率在首次利息支付前假设会变化，且债券在 5 年后卖出，偿还投资担保证书的负债。

表 16-7b 表明如果利率降至 7%，全部基金将会累计到 14 694.05 美元，有 0.77 美元的小额盈余。表 16-7c 表明如果利率涨至 9%，全部基金将会累计到 14 696.02 美元，有 2.74 美元的小额盈余。

这里强调几点。第一，久期匹配平衡了利息支付累计值（再投资利率风险）和债券销售价值（价格风险）之间的差异。也就是说，当利率降低时，利息的再投资受益低于利率不变时的情况，但是出售债券的收益增加抵消了损失。当利率上涨时，债券卖出价格下跌，但是，利息收入增加能够弥补这一损失，因为它们以更高的利率进行再投资。图 16-9 描述了这一情况。图中实线代表利率保持 8% 时债券的累计价值。虚线表明利率上升时的情况，最初的效应是资本损失，但是这种损失最终被较快速度增长的再投资收益所抵消。在 5 年到期时，这两种效应正好相互抵消，公司可以用债券价值上升的累积收益来确保债务兑付。

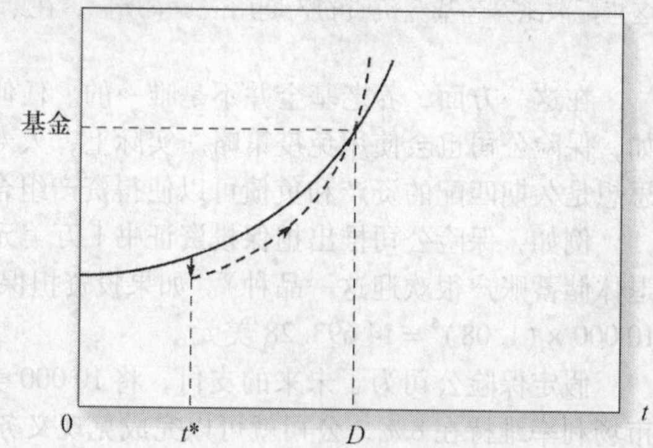

图 16-9　投资基金增长

注：有色的实线代表在初始利率时资产组合价值的增长。在时间 t^*，如果利率上涨，组合的价值开始会下降，但是此后以虚线代表的组合价值会以更快的速度上涨。在时间 D（久期）时，两曲线相交。

Excel 应用：持有期免疫

在线学习中心（www.mhhe.com/bkm）包含有助于对持有期免疫的概念理解的电子数据表。电子数据表计算久期和任何期限债券的持有期收益。电子数据表显示：如果债券以其久期出售，价格风险和再投资风险如何相互抵消。

	A	B	C	D	E	F	G	H
1								
2								
3	到期收益	11.580%						
4	息票率	14.000%						
5	到期年数	7.0						
6	面值	$1000.00						
7	持有周期	5.0						
8	久期	5.000251		5.000251				
9	市场价格	$1111.929		$1111.929				
10								
11	如果到期收益增加200个基点			2.00%		如果到期收益增加200个基点		
12	到期收益	13.580%				到期收益	12.580%	
13	息票将来值	$917.739		$917.739		息票将来值	$899.705	
14	债券销售	$1006.954		1006.954		债券销售	$1023.817	
15	累计值	$1924.693				累计值	$1923.522	
16	内部收益率	11.5981%				内部收益率	11.584 5%	
17								

我们也可以根据现值而不是未来价值来分析免疫。表 16-8a 表明了保险公司的投资担保证书账户的初始负债余额表。资产和负债的市场价值为 1 万美元，所以这个方案正好平衡。表 16-8b、表 16-8c 表明不管利率涨跌，投资担保证书的债券价值和公司负债的现值几乎以同样的量在变化。不管利率如何变化，投资恰好可以满足支付，在表 16-8b、表 16-8c 中余额正好大约为零。久期匹配策略确保资产和负债对利率浮动做出同样的反应。

表 16-8　市场价值平衡表

资产		负债	
	a. 利率 =8%		
债券	10 000 美元	负债	10 000 美元
	b. 利率 =7%		
债券	10 476.65 美元	负债	10 476.11 美元
	c. 利率 =9%		
债券	9 551.41 美元	负债	9 549.62 美元

注：市场价值 = 800 × 年金因子（r，6）+ 10 000 × 现值因子（r，6）

$$负债价值 = \frac{14\,693.28}{(1+r)^5} = 14\,693.28 \times 现值因子（r，5）$$

图 16-10 是债券现值和一次性支付债务与利率的函数关系。在当前利率为 8% 时，价值相等，债务可以全部由债券来偿付，而且这两个价值曲线在 $y=8\%$ 处相切。当利率变动时，资产与债务两者的价值变化相等，所以债务仍可由债券的收入偿还。但是利率变化越大，现值曲线会偏离。这反映了一个事实，即当市场利率不是 8% 时，基金有少量的盈余，如表 16-4 所示。

如果债务有了免疫，为什么基金里还会有剩余？答案是凸性。图 16-10 表明债券的凸性大于负债。于是，当利率变动很大时，债券价值大大超过了债务的现值。

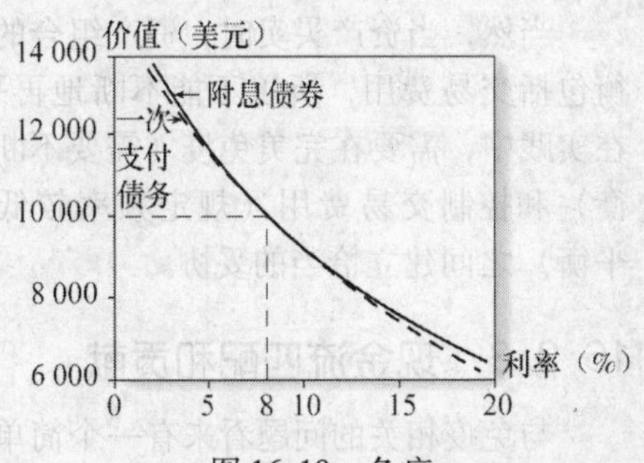

图 16-10　免疫

注：在利率为 8% 时，附息债券可以全部偿还债务。此外，在 8% 时，现值曲线相切，所以即使利率稍有变动，债务也可以被全部偿还。

这个例子强调了**再平衡**（rebalancing）免疫资产组合的重要性。当利率和资产久期变化时，管理者必须不断地再平衡固定收益资产组合使得资产和债务的久期一致。此外，即使利率不变化，仅仅因为时间推移，资产久期也会发生变化。回忆图 16-2 中久期的降低比到期期限减少慢一些。这样，即使在开始时负债是有免疫的，随着时间的推移，在不同的利率时，资产和负债的久期会以不同的比率下降。如果没有资产组合的再平衡，久期会不再匹配。显然，免疫是一种消极策略，这只是从不包括尝试识别低估证券的意义上说的。免疫策略管理者还是积极地更新和监控他们的头寸。

【例 16-4】　构建免疫的资产组合

一家保险公司在 7 年后需要支付 19 487 美元。市场利率是 10%，所以债务的现值是 10 000 美元。公司的资产组合经理想用 3 年期零息债券和年付息一次的终身年金来兑现负债（我们用零息债券和终身年金来使计算简便）。经理如何使债务免疫呢？

免疫要求资产组合的久期等于债务的久期。我们执行四个步骤：

（1）计算债务久期。这种情况下，负债久期计算很简单，是一个一次性支付的 7 年期负债。

（2）计算资产组合的久期。资产组合的久期是每一部分资产的久期加权平均，权重与每一资产的资金成比例。零息债券的久期就是其期限，3 年。终身年金的久期是 1.10/0.10 = 11 年。因此，如果投资零息债券的资产组合部分称为 w，投资终身年金的部分为 $(1-w)$，资产组合的久期是：

$$资产久期 = w \times 3 年 + (1-w) \times 11 年$$

（3）使得资产久期等于负债久期，即 7 年。这要求我们在以下的方程式中求出 w：

$$w \times 3 年 + (1-w) \times 11 年 = 7 年$$

这意味着 $w=1/2$。管理者应该把一半的资产投资零息债券并把另一半资产投资终身年金。这将使得资产久期为 7 年。

（4）筹集足够资金偿还债务。既然负债的现值是 10 000 美元，且基金平均投资到零息债券和终身年金，即管理者购买了 5 000 美元的零息债券和 5 000 美元的终身年金。（注意零息债券的面值将是 $5\,000 \times (1.10)^3 = 6\,655$ 美元。）■

但是，即使头寸获得了免疫，资产组合管理者仍然不能放松。这是因为随着利率变动需要进行再平衡。此外，即使利率不变，时间的流逝也会影响久期，并需要再平衡。我们继续例16-4的工作，来观察资产组合管理者如何维持免疫的头寸。

【例16-5】　　再平衡

假定过了一年，并且利率维持在10%。例16-4的管理者需要重新考察她的头寸。该头寸是否完全被偿还？这个头寸还是免疫的吗？如果不是，要采取什么行动。

首先，考察资金。债务的现值上涨至11 000美元，到期期限又少了一年。管理者的基金也涨至11 000美元：随着时间推移，零息债券的价值从5 000美元上涨至5 500美元，然而终身年金已经支付了每年500美元的利息，且价值仍为5 000美元。因此，负债还是可以被全部偿还。

但是，资产组合的权重变化了。现在的零息债券的久期只有2年，而终身年金仍然是11年。债务现在是6年到期，权重需要满足下式：

$$w \times 2 + (1 - w) \times 11 = 6$$

这意味着$w=5/9$。为了再平衡资产组合和维持久期匹配，管理者现在必须投资$11000 \times 5/9 = 6111.11$美元到零息债券。这需要将全部500美元的利息支付投资到零息债券，加上额外出售111.11美元的终身年金并投资于零息债券。■

当然，当资产买卖时，资产组合的再平衡包括交易费用，所以不能不断地再平衡。在实践中，需要在完美免疫（需要不断再平衡）和控制交易费用（规定频率较低的再平衡）之间建立恰当的妥协。

概念检查16-6

再次考察例16-5。如果利率降至8%，第二年的免疫权重是怎样的？

16.3.3　现金流匹配和贡献

与免疫相关的问题看来有一个简单的解决办法。为什么不购买与现金支出等量的零息债券？如果我们遵循**现金流匹配**（cash flow matching）的原则，我们就能自动地使资产组合免受利率波动的影响，因为债券得到的现金流和负债的支出正好抵消。

在多周期基础上的现金流匹配即是**贡献策略**（dedication strategy）。在这种情况下，管理者选择零息债券或者附息债券以使每一期提供的总现金流可以与一系列负债相匹配。贡献策略的长处在于它是一个一劳永逸的消除利率风险的办法。一旦现金流达到匹配，就不需要再平衡。贡献化的资产组合可以提供必要的现金来支付公司的负债，不管利率变化的最终路径。

现金流匹配的使用并不广泛，可能的原因是它对债券选择的严格要求。免疫或者现金流匹配策略吸引那些不愿意对利率一般变动下赌注的公司，但是这些公司可能会利用它们认为价值被低估的债券来免疫。然而，现金流匹配给债券选择过程增加了过多的限制条件，仅仅使用估值偏低的债券不可能执行贡献策略。为了获取更好的收益，这些公司放弃了准确、易行贡献策略，而是选择被低估价值的债券进行资产组合。

有时，现金流匹配是不可能的。养老基金有义务向当前和将来的退休人员不断支付现金流，为了使养老基金的现金流匹配，它们就必须购买期限达上百年的固定收益债券。此类债券并不存在，因此也就难以实现准确的贡献策略了。

概念检查16-7

交易费用的增加如何影响贡献策略与免疫的吸引力？

16.3.4　传统免疫的其他问题

如果回顾一下式（16-1）中久期的定义，你会注意到它使用债券到期收益率来计算每次利息支付时间的权重。根据这一定义和恰当运用到期收益率的限定条件，不难得出结论，只有当收益率曲线是平坦的，所有支付均以同一利率折现时，久期的概念才是严格有效的。

如果收益率曲线不是平的，那么久期定义必须修正，用CF_t的现值取代$CF_t/(1+y)^t$，这里每一现金流的现值都是根据从收益曲线得出的与这一特定现金流相应的适当利率来折现的，而不是根据债券的到期收益率来折现。此外，即使做了上述修正，久期匹配也只有当收益率曲线平行移动时实现资产组合的利率免疫。显然，这种限制条件是不切实际的。结果，为了使久期概念一般化，做了许多工作。多因素久期模型已经被发展出来，它允许收益率曲线的形状出现倾斜和其他变形，不仅仅是水平位移。但是，这些增加了复杂性的模型并没有明显地表现出更好的效力。[⊖]

最后，在通胀环境下，免疫可能不适合。基本上，免疫是一个名义上的概念，仅对名义上的负债有意义。用名义资产，譬如债券，来对一个会随价格水平一起增长的负债进行利率免疫是没有意义的。例如，如果你的孩子15年后读大学，那时的学费预计一年为4万美元，锁定4万美元的最终价值，通过资产组合进行免疫，这并不是一个合适地降低风险的策略。学费的负债会随着现实通货膨胀率发生变化，但是资产组合的最终值却不会。最终，学费债务与资产组合价值不一定匹配。

16.4　积极债券管理

16.4.1　潜在利润来源

一般而言，积极债券管理中有两种潜在价值来源。第一种是利率预测，试图预计固定收益市场范围的利率动向。如果预计利率下降，管理者将增加投资组合的久期（反之亦然）。第二种潜在利润的来源是在固定收益市场内识别错误的估值。例如，分析师认为某一特定债券的违约溢价没必要很大，所以债券价值被低估了。

只有分析师的信息或洞察力超越市场，这些方法才产生超额收益。如果价格已经反映了这个信息，利率将要下降的信息不会使你获得利润。从我们对市场效率的讨论中可以知道这一点。有价值的信息是差异信息。值得注意的是，利率预测有着声名狼藉的糟糕记录。考虑到这一点，你在投身债券市场之前就应认真思量思量。

霍默和利博维茨创造了一种流行的积极债券资产组合策略的分类法。他们把资产组合再平衡活动归类为四种类型的债券互换之一。在前两类方式中，投资者一般认为在债券或部门之间的收益率关系有一暂时的错乱。当错乱消除后，低估债券就可以实现盈利。这段重新调整的时期称为市场疲软期。

（1）**替代互换**（substitution swap）是一种债券与几乎相同的替代品的交换。被替代的债券应该基本上是相等的票面利率、期限、质量、赎回条款、偿债基金条款等。如果人们相信市场中这两种债券价格有一暂时失衡，而债券价格的这种不一致能带来获利的机会，那么这种互换方式就会出现。

替代互换的一个范例是销售的20年期的8%票面利率的丰田公司债券，标价是提供8.05%的到期收益率。与之相配的是购买8%票面利率的本田公司债券，而到期收益率为8.15%。如果两种债券有同样的信用等级，本田公司债券没有理由提供更高的收益率。因此，实际上在市场中可得的更高收益似乎使本田债券有更大的吸引力。当然，信用风险相同是一个重要条件。如果本田债券实际的风险更大，那么较高的收益率并不意味着在市场中更受欢迎。

（2）**市场间价差互换**（intermarket spread swap）是投资者认为在债券市场两个部门之间的利差暂时异常时出现的行为。例如，如果公司和政府之间的利差太大并预计会收窄，投资者将从购买政府债券转向购买公司债券。如果利差确实缩窄，公司债券的表现将比政府债券要好。例如，如果现在10年期国债和10年期Baa级公司债券之间的利差是3%，历史上的利差是2%，投资者可能考虑卖掉国债，去购买公司债券。如果利差最终收窄，Baa级公司债券的表现超过国债。

当然，投资者必须仔细考虑利差的异常是否有恰当的理由。例如，公司债券的违约风险溢价可能会增加，因为预期市场将大衰退。在这种情况下，较大的利差不代表相对于国债来说公司债券的定价更有吸引力，仅仅是信用风险上升的调整而已。

（3）**利率预期互换**（rate anticipation swap）是盯住利率的预测。在这种情况下，如果投资者认为利率会下降，他们会互换成久期更长的债券。反之，当预计利率上升，他们会互换成久期更短的债券。例如，投资者可能出售5年期的国债，买入25年期的国债。新债券和原来的债券一样没有信用风险，但是久期更长。

⊖ G. O. Bierwag, G. C. Kaufman, and A. Toevs, eds., *Innovations in bond Portfolio Management: Duration Analysis and Immunization* (Greenwich, CT: JAI Press, 1983).

(4) **纯收益获得互换**（pure yield pickup swap）的使用不是由于觉察的错误估值，而是通过持有高收益债券增加回报的一种方式。当收益率曲线向上倾斜，收益获得互换是指买入长期债券。这种行为被看做在高收益债券中尝试获得期限风险溢价。投资者愿意承受这种策略带来的利率风险。只要持有期收益率曲线不发生上移，投资者把把短期债券换成长期债券就会获得更高的收益率。当然，如果收益率曲线上移，长期债券会遭受较大的资本损失。

我们可以再加上第五种互换，称为**税收互换**（tax swap）。简单地说，它是一种利用税收优势的互换。例如，投资者可能把价格下降的债券换成另一种债券，只要持有这种债券可以通过资本损失变现而获得纳税方面的好处就行。

16.4.2　水平分析

利率预测的一种形式是**水平分析**（horizon analysis），如我们在第 14 章中遇到的。分析师使用这种方法选择特定的持有期并预测该期末的收益率曲线。给定持有到期时债券的到期时间，它的收益可以从预测的收益率曲线和计算的期末价格中得出。然后，分析师把利息收入和预期的债券收益加起来得到持有期间债券的总收益。

【例 16-6】　　**水平分析**

票面利率为 10% 的 20 年期债券（每年支付），现在以到期收益率 9% 出售。一位 2 年投资计划的资产组合管理者需要预测在未来 2 年的债券总收益。2 年后，债券的剩余期限是 18 年。分析师预测从现在起 2 年，18 年期债券将以到期收益率 8% 出售。获得的利息可以在 2 年内再投资到利率为 7% 的短期证券。

为了计算债券的 2 年收益，分析师将进行以下计算：

(1) 现价 = 100 美元 × 年金因子（9%，20 年）+ 1 000 美元 × 现值因子（9%，20 年）= 1 091.29 美元

(2) 预测价格 = 100 美元 × 年金因子（8%，18 年）+ 1 000 美元 × 现值因子（8%，18）= 1 187.44 美元

(3) 利息再投资的未来价值是：$(100 \times 1.07) + 100 = 207$ 美元

(4) 2 年的收益为 $\dfrac{207 + (1\,187.44 - 1\,091.29)}{1\,091.29} = 0.278$ 或 27.8%

2 年内的年化收益率将是 $(1.278)^{1/2} - 1 = 0.13$ 或 13%。■

概念检查 16-8

如果管理者预测 2 年后 18 年期债券的收益是 10%，且利息再投资利率是 8%，那么例 16.6 中的收益率将是多少？

小　结

1. 即使是没有违约风险的债券，比如财政部发行的国债，仍然有利率风险。一般而言，长期债券比短期债券对利率变动更加敏感。债券平均寿命的指标是麦考利久期，它被定义为债券每次支付时间的加权平均，其权重与支付的现值成比例。
2. 久期是债券价格对收益率变化敏感度的直接测度。债券价格的变化比例等于久期的负值乘以 $(1+y)$ 的变化比例。
3. 债券的价格 - 收益关系的曲率被称为凸性。考虑凸性可以大幅度改进久期近似值的准确性，而久期近似值反映了债券价格对债券收益率变化的敏感程度。
4. 免疫策略是消极固定收益资产组合管理的特征。这种策略试图使个人或公司免于受到利率波动的影响。可能采用的形式有免疫净值，或者免疫固定收益资产组合的未来累计值。
5. 计划对全部资金的免疫是通过匹配资产与负债的久期来完成的。随着时间的推移和利率变化，为保持净头寸的免疫，组合必须定期进行再平衡。传统的免疫必须依赖于平坦的收益率曲线的平行移动。考虑到这一假设是不现实的，免疫通常也不能完全实现。为了减轻这一问题的严重程度，可以运用多因素久期模型，它允许收益率曲线的形状可以有所变化。
6. 一种更为直接的免疫形式是现金流匹配。如果资产组合的现金流能够与相关负债的现金流完全匹配，那么再平衡就不再必要。
7. 积极债券管理包括利率预测技术和市场间利差分析。一种常见的分类方法把积极债券管理策略分为替代互换、市场间价差互换、利率预期互换和纯收益获得互换。
8. 水平分析是利率预测的一种类型。在这一分析中，分析师预测在某一持有期结束时收益率曲线的位置，再根据收益率曲线预测有关债券的价格。因此，可以根据整个持有期的预期总收益（利息加上资本利得）对债券排序。

习 题

基础题

1. 长期债券的价格较短期债券波动更大。但是，短期债券的到期收益率比长期债券波动大。如何调和这两种经验观察？
2. 一种无限期的年金，其久期会短至10年或是20年吗？

中级题

3. 9年期债券，收益率为10%，久期是7.194年。如果市场收益率变动50个基点，债券价格变动百分比是多少？
4. 某债券的剩余期限是3年，到期收益率为6%，每年付息一次，票面利率是6%，其久期是多少？如果到期收益率变为10%，久期又是多少？
5. 如果第4题中的利息每半年支付一次，债券的久期是多少？
6. 2008年，AAA级债券和国债之间的历史利差大幅度扩大。如果你相信利差将会回归到历史正常水平，你将会采取什么行动？这是哪种形式的债券互换？
7. 你预测利率即将下跌。哪种债券将会为你带来最高的资本利得？
   a. 低票面利率，长期限
   b. 高票面利率，短期限
   c. 高票面利率，长期限
   d. 零息，长期限
8. 给下列两组债券的久期或有效久期排序。
   a. 债券A的票面利率为8%，20年期，以面值出售。债券B票面利率是8%，20年期，以低于面值的价格出售。
   b. 债券A是20年期的票面利率为8%的不可赎回附息债券，以面值出售。债券B是20年期的票面利率为9%的可赎回附息债券，以面值出售。
9. 一家保险公司必须在1年内向客户支付1000万美元，并在5年内支付400万美元。收益率曲线在10%时是平的。
   a. 如果公司想通过单一的一种零息债券来充分融资以免疫对该客户的债务，则它购买的债券的期限应为多久？
   b. 该零息债券的面值和市场价值各是多少？
10. 长期国债当前出售的到期收益率接近8%。你预计利率会下降。市场上的其他人认为在未来一年内利率会保持不变。假定你是正确的，对以下每种情况，选择能带来较高持有期收益的债券。简述理由。
    a. ⅰ. Baa级债券，票面利率为8%，到期期限20年。
       ⅱ. Aaa级债券，票面利率8%，到期期限20年。
    b. ⅰ. A级债券，票面利率4%，剩余期限20年，105时可赎回。
       ⅱ. A级债券，票面利率8%，剩余期限20年，105时可赎回。
    c. ⅰ. 票面利率为6%的不可赎回国债，20年期限，到期收益率为8%。
       ⅱ. 票面利率为9%的不可赎回国债，20年期限，到期收益率为8%。
11. 当前，期限结构如下：1年期债券收益率为7%，2年期债券收益率为8%，3年期债券和更长期限债券的收益率都是9%。投资者选择1年期、2年期和3年期债券，所有债券均是每年一次支付8%的利息。如果你确信年底时收益率曲线会在9%处持平，你将购买哪种债券？
12. 在未来两年年底，你要支付10000美元的学费，且债券当期的收益率为8%。
    a. 你的债务的现值和久期各是多少？
    b. 什么样期限的零息债券可以使你的债务免疫？
    c. 假设你购买一种零息债券，其价值和久期与你的债务的相同。现在假设利率立即上升至9%。你的净头寸将会发生什么变化？换句话说，你的学费债务和债券价值之间的差异会有什么变化？如果利率降低7%，又会如何？
13. 养老金向受益人支付终身年金。如果一家公司永久地参与这项业务，养老金债务则类似于终身年金。因此假定，你来管理这一年金，每年向受益人支付2亿美元，永不终止。所有债券的到期收益率都是16%。
    a. 如果5年期债券票面利率为12%（每年支付）的债券的久期是4年，而且20年期且票面利率为6%（每年支付）的债券久期是11年。要使你的债务完全融资并免疫，则每种债券持有量为多少？（以市价计算。）
    b. 你持有的20年期附息债券的面值是多少？
14. 你正在管理100万美元的资产组合。你的目标久期是10年，你可以从以下两种债券中选择：5年期的零息债券和终身年金，当期收益率都均为5%。
    a. 在你的资产组合中，你将持有两种债券各多少？
    b. 如果你现在的目标久期是9年，明年持有比例会发生什么变化？
15. 我的养老基金计划将在10年期间每年支付我10000美元。第一笔支付将在5年后。养老基金想将其头寸免疫。
    a. 养老基金对于我的债务的久期是多少？当期利率为每年10%。
    b. 如果养老基金计划使用5年和20年零息债券来构建免疫头寸，每一支债券要投入多少资金？每一支零息债券的面值是多少？

16. 30年期的债券，每年支付一次，票面利率12%，久期是11.54年，凸性为192.4。该债券在8%的到期收益率水平出售。如果债券的到期收益率下跌至7%或上涨至9%，使用财务计算器或电子数据表计算债券价格。按照新的收益率，根据久期法则和凸性久期法则，债券价格是多少？每种方法的误差百分比是多少？对于这两种方法的准确性，你有何结论？

17. 特许金融分析师梅耶斯是一个大型养老金的固定收益投资经理。投资委员会的成员斯派西对学习固定收益组合管理非常感兴趣。斯派西向梅耶斯提出了几个问题。尤其是斯派西非常想知道固定收益投资经理如何配置投资组合，以从对未来利率的预期中获利。

梅耶斯觉得使用一只固定利率债券和票据向斯派西说明固定收益交易策略。两支债券都是半年的付息期。除非特别说明，所有的利率变化都是同步的。两种证券的特征如表16-9所示。他还考虑一只9年期的浮动利率债券，每半年支付一次浮动利率，当前的收益率是5%。

表16-9 固定利率债券和固定利率票据的特征

	固定利率债券	固定利率票据
价格	107.18	100.00
到期收益率	5.00%	5.00%
到期期数	18	8
修正久期	6.984 8	3.585 1

斯派西问梅耶斯当预期利率上升时，固定收益投资经理如何进行资产配置。以下哪种是最合适的策略？

a. 降低组合的久期

b. 买入固定利率债券

c. 拉长组合的久期

18. 斯派西问梅耶斯（见上题）从利率变化中确定价格变化量。为了说明，梅耶斯计算了表中固定利率票据的价值变化。特别地，他假定利率水平上升了100个基点。运用上表中的信息，预计固定利率票据的价格变化多少？

19. 某30年期限的债券，票面利率为7%，每年付息一次。今天的出售价格为867.42美元。某20年期限的债券，票面利率是6.5%，也是每年付息一次。今天的出售价格是879.50美元。债券市场分析师预测5年后，25年期债券将以到期收益率8%的价格出售，而且15年期债券将以到期收益率7.5%的价格出售。因为收益率曲线向上倾斜，分析师认为利息将投资于利率为6%的短期证券。5年后哪一种债券可以提供较高的期望收益率？

20. a. 如果年利率上升至12%，运用数据表计算数据表16-3中两只债券的久期。为什么附息债券的久期下降而零息债券的久期不变？（提示：考察F栏中计算的权重发生了什么变化。）

 b. 如果票面利率是12%而不是8%，且半年的利率还是5%，使用同样的电子数据表计算附息债券的久期。解释为什么久期比数据表16-3中的久期低（再次查看F栏。）

21. a. 构建一张电子数据表计算5年期，票面利率8%，每年支付一次，初始到期收益率为10%的债券的凸性。

 b. 5年期零息债券的凸性是多少？

高级题

22. 某零息债券的期限是12.75年，在到期收益率8%的水平出售（有效年收益率），凸性为150.3，修正久期为11.81年。30年期，票面利率为6%，每年付息一次的附息债券同样在到期收益率为8%的水平卖出，与零息债券的久期相同——11.79年，但是凸性显著高于零息债券，为231.2。

 a. 假设两种债券的到期收益率都上升至9%。每种债券资本损失的百分比是多少？根据久期凸性法则预测出来的资本损失百分比是多少？

 b. 重复问题a，但此次假设到期收益率下降至7%。

 c. 比较两种场景下两支债券的表现：一种是利率上升，一种是利率下降。根据不同投资表现，解释久期的吸引力。

 d. 根据你对c中的回答，如同此例，如果两种债券的收益率等量上升或下降，你认为有可能使两种久期相同而凸性不同的债券在初始时以同样的到期收益率来定价吗？在这种情况下，有人愿意购买较小凸性的债券吗？

23. 新发行的10年期债券，票面利率为7%（每年付息一次），债券以面值出售。

 a. 债券的久期和凸性是多少？计算凸性。

 b. 假设到期收益率即刻从7%上涨至8%（期限仍然是10年），计算债券的实际价格。

 c. 根据式（16-3）得到的价格是多少？公式的误差百分比有多大？

 d. 根据式（16-5）得到的价格是多少？公式的误差百分比有多大？

CFA考题

1. a. 解释债券发行增加赎回特征对卖出收益的影响。

 b. 解释债券发行增加赎回特征对有效债券久期和凸性的影响。

2. a. 票面利率为6%的附息债券，每年付息一次，修正久期是10年，以800美元的价格出售，并且以8%的到期收益率定价。如果到期收益率上升至9%，运用久期概念预测价格的变化是多少？

b. 票面利率为6%的附息债券，每半年付息一次，凸性为120，以面值的80%出售，并且以8%的到期收益率定价。如果到期收益率上升至9.5%，价格变动的百分比中凸性贡献有多大?

c. 票面利率为8%的附息债券，每年付息一次，到期收益率10%，麦考利久期是9年。债券的修正久期是多少?

d. 当利率下降，溢价发行的30年期债券的久期：

i. 上升　　ii. 下降

iii. 持平　　iv. 先上升，再下降

e. 如果债券投资经理将一支债券互换成另一支具有相同期限、相同票面利率和信用等级但是到期收益率更高的债券，这种互换称为：

1）替代互换

2）利率预期互换

3）税收互换

4）市场间价差互换

f. 以下哪种债券的久期最长?

ⅰ. 期限8年，6%票面利率

ⅱ. 期限8年，11%票面利率

ⅲ. 期限15年，6%票面利率

ⅳ. 期限15年，11%票面利率

3. 一只新发行的债券，具有以下特征（见表16-10）：

表 16-10

票面利率	到期收益率	期限	麦考利久期
8%	8%	15年	10年

a. 运用上面的信息计算修正久期。

b. 解释在计算债券价格对利率变动敏感性时，为什么修正久期比期限更好。

c. 识别修正久期的变化方向，如果：

ⅰ. 债券的票面利率是4%，而不是8%。

ⅱ. 债券的期限是7年，而不是15年

d. 定义凸性，并说明修正久期和凸性如何在给定的利率变化时，大致估计债券价格变化百分比。

4. Zello公司面值1 000美元的债券以960美元的价格出售，5年后到期，每半年付息一次，票面利率7%。

a. 计算以下的收益率：

ⅰ. 当期收益率

ⅱ. 到期收益率（近似等于整数百分比，如3%、4%、5%等）

ⅲ. 水平收益率（也称为总复合回报率）：该投资者持有期为3年，并且在此期间的再投资收益率为6%。3年年末票面利率为7%，剩余期限为2年的该债券以7%的收益率出售。

b. 描述下列固定收益收益率指标的一个主要缺点：

ⅰ. 当期利率

ⅱ. 到期收益率

ⅲ. 水平收益率（总复合回报率）

5. 凯普尔向范赫森在表16-11中对明星医院养老金持有的债券投资组合进行了详细描述。组合中所有的证券都是不可赎回的美国国债。

表 16-11　收益率变化时的价格

面值（美元）	国债	市场价值（美元）	现价	上涨100基点	下跌100基点	有效久期
48 000 000	2.375%，2011年到期	48 667 680	101.391	99.245	103.595	2.15
50 000 000	4.75%，2036年到期	50 000 000	100.000	86.372	116.887	—
98 000 000	全部债券组合	98 667 680	—	—	—	—

a. 计算以下的有效久期：

ⅰ. 利率为4.75%的美国国债，2036年到期

ⅱ. 总债券投资组合

b. 范赫森对凯普尔说，“如果你改变债券资产组合的期限结构使得组合的久期为5.25，那么组合的价格敏感度将会与单一的久期为5.25年的不可赎回国债相同。”在什么情况下，范赫森的说法是正确的?

6. 固定收益投资经理的一个共同目标是通过公司债券获得比具有可比久期的政府证券更高的增量收益。一些公司债券投资组合经理采取的做法是识别并购买那些与可比久期政府债券之间有巨大初始利差的公司债券。HFS固定收益经理艾默斯认为要想获得最大化增量收益，则需要一种更严格的方法。

表16-12显示了在某特定日期，市场中一组公司/政府利差关系的数据：

表 16-12

债券评级	初始与政府债券利差	预期水平利差	初始久期	1年后预期久期
Aaa	31bp	31bp	4年	3.1年
Aa	40bp	50bp	4年	3.1年

注：1bp代表1个基点，或者0.01%。

a. 为获得最大增量收益，以1年为投资周期，推荐购买Aaa还是Aa债券?

b. 艾默斯的选择不仅仅依赖于初始利差关系。他的分析框架考虑了一系列影响增量收益的其他关键变量，包括赎回条款和利率的潜在变化。除以上提到的变量，描述艾默斯在分析中需要考虑的其他变量，并解释这些变量在实现增量收益方面，与最初的利差关系有何

不同。

7. 瓦尔正在考虑购买表16-13中所列两种债券中的一种。瓦尔意识到他的决定主要取决于有效久期，并且他相信在未来6个月所有期限债券的利率都将下降50个基点。

表 16-13

特征	CIC	PTR
市场价格	101.75	101.75
到期日期	2022年6月1日	2022年6月1日
赎回日期	不可赎回	2017年6月1日
年票面利率	5.25%	6.35%
利息支付	半年	半年
有效久期	7.35	5.40
到期收益率	5.02%	6.10%
信用评级	A	A

a. 如果利率在未来6个月下降50个基点，根据有效久期计算CIC和PTR价格变化的百分比。

b. 如果在6个月末CIC实际的债券价格是105.55美元，PTR的实际债券价格是104.15美元，计算每种债券的6个月水平收益（以百分比形式）。

c. 瓦尔对这样的事实感到很奇怪。尽管利率下降了50个基点，CIC实际的价格变化比根据有效久期预测的价格变化要大，而PTR的实际价格变化比根据有效久期预测的价格变化要小。解释为什么CIC实际价格的变化较大，而PTR实际价格的变化较小。

8. 你是养老基金的债券投资组合经理。基金政策允许管理债券资产组合使用积极策略。看来经济周期正进入成熟期，通货膨胀率预计会增加。为了抑制经济扩张，中央银行政策在收紧。阐述在以下每种情况下，你会选择两种债券的哪一种。每种情况下，简要证明你的答案。

a. ⅰ. 加拿大政府债券（加元支付），2014年到期，票面利率4%，价格为98.75，到期收益率4.5%。

ⅱ. 加拿大政府债券（加元支付），2024年到期，票面利率4%，价格为91.75，到期收益率5.19%。

b. ⅰ. 得克萨斯电力和照明公司债券，2019年到期，票面利率5.5%，AAA级，价格为90，到期收益率7.02%。

ⅱ. 亚利桑那公共服务公司债券，2019年到期，票面利率5.45%，A-级，价格85，到期收益率8.05%。

c. ⅰ. 联邦爱迪生公司债券，2018年到期，票面利率2.75%，Baa级，价格81，到期收益率7.2%。

ⅱ. 联邦爱迪生公司债券，2018年到期，票面利率9.375%，Baa级，价格114.40，到期收益率7.2%。

d. ⅰ. 壳牌石油公司偿债基金，2023年到期，票面利率6.5%，AAA级（偿债基金以面值于2010年9月开始），价格89，到期收益率7.1%。

ⅱ. 兰伯特公司偿债基金，2023年到期，票面利率6.875%，AAA级（偿债基金以面值于2017年4月开始），价格89，到期收益率7.1%。

e. ⅰ. 蒙特利尔银行（加元支付）5%利率的存款单，2012年到期，AAA级，价格100，到期收益率5%。

ⅱ. 蒙特利尔银行（加元支付）浮动利率票据，2016年到期，AAA级。当前票面利率是3.7%，价格为100（利息每半年根据加拿大政府3个月短期国债利率加0.5%进行调整）。

9. 一名公司投资委员会的成员对固定收益投资组合非常感兴趣。他想知道固定收益投资经理怎样处置头寸，根据影响利率的三个因素将其预期资本化。这三个因素是：

a. 利率水平变化

b. 不同类型债券的利差变化

c. 某一特定工具的利差变化

为每一个因素制定一个固定收益投资组合策略，这个策略可以利用投资经理对这些因素的预期，并用公式表示和详细说明。（注意：至少三个策略，为以上所列每个因素制定一个策略。）

10. 哈罗德是负责1亿美元养老金的投资官。资产组合中的固定收益投资部分采用积极管理策略，并且投资于美国股票的大部分基金采取的是指数化投资，由韦伯街顾问公司管理。哈罗德对于韦伯街顾问公司的股票指数策略的投资结果印象深刻，并在考虑要求韦伯街顾问公司对一部分积极管理的固定收益资产进行指数化管理。

a. 描述与积极债券管理相比，指数化债券管理的优势和劣势。

b. 韦伯街顾问公司管理指数化的债券组合。讨论如何通过分层取样（或分格）法，构建指数化的债券资产组合。

c. 描述分格法跟踪误差的主要来源。

11. 米尔是固定收益投资组合经理。注意到当前的收益率曲线是平的，她考虑购买票面利率为7%，10年期，无期权的，以面值新发行的公司债券。该债券有如下特征（见表16-14）：

表 16-14

	收益率变化	
	升10个基点	降10个基点
价格	99.29	100.71
凸性测度	35.00	
凸性调整	0.0035	

a. 计算债券的修正久期。

b. 米尔同时也在考虑购买另一支票面利率为7.25%，12年期限，无期权，新发行的公司债券。她想评估这只债券在收益率曲线即刻向下平行移动200个基点时的价格敏感度。基于以下数据（见表16-15），在这种收益率曲线情形下，价格如何变化？

表　16-15

初始发行价格	面值，收益率 7.25%
修正久期（原始价格时）	7.90
凸性测度	41.55
凸性调整（收益率变化 200 个基点）	1.66

c. 米尔要求她的助手分析几只可赎回债券，假定收益率曲线预期向下平行移动。米尔的助手认为，如果利率下行到一定程度，可赎回债券的凸性会转为负的。助手的想法正确吗？

12. 克莱默，一位萨维斯塔的固定收益投资经理，正在考虑购买萨维斯塔政府债券。克莱默决定评估两种投资萨维斯塔政府债券的策略。表 16-16 给出了两种策略的细节，表 16-17 包含了实施两种策略的假设。

表 16-16　投资策略（数量为投资的市场价值）

策略	5 年期限（修正久期 =4.83）	15 年期限（修正久期 =14.35）	25 年期限（修正久期 =23.81）
Ⅰ	500 万美元	0	500 万美元
Ⅱ	0	1 000 万美元	0

表 16-17　投资策略假设

债券的市场价值	1 000 万美元
债券期限	5 年、25 年或者 15 年
债券票面利率	0.00%（零息债券）
目标修正久期	15 年

在选择任一种债券投资策略之前，克莱默想知道如果在他投资之后利率立即发生了变化，那么债券价值将会如何变化。利率变化的细节见表 16-18。针对表 16-18 中利率立刻发生的变化，计算每种策略下债券市场价值变化的百分比。

表 16-18　投资后利率的即刻变化

期限	利率变化
5 年	降 75 个基点
15 年	升 25 个基点
25 年	升 50 个基点

13. 作为分析蒙蒂塞洛公司发行的债券分析的一部分，你被要求评估其发行的两只债券，如表 16-19 所示。

表　16-19

	债券 A（可赎回）	债券 B（不可赎回）
期限	2020	2020
票面利率	11.50%	7.25%
当期价格	125.75	100.00
到期收益率	7.70%	7.25%
到期修正久期	6.20	6.80
赎回日期	2014	—
赎回价格	105	—
赎回收益率	5.10%	—
赎回修正久期	3.10	—

a. 利用上表提供的久期和收益率信息，比较两只债券在以下两种情景下价格和收益率情况。

i. 经济强劲反弹，通货膨胀预期上升。

ii. 经济衰退，通货膨胀预期下降。

b. 利用表中的信息，计算到期收益率下降 75 个基点时，债券 B 的价格变化。

c. 描述严格按照赎回或者期限分析债券 A 的缺陷。

在线投资练习

久期和凸性计算器

登录 www.investingbonds.com/story.asp?id=207。选择一般用途债券计算器的链接。计算器提供到期收益率、修正久期、债券凸性和债券价格变化的计算。实验几种不同的输入。当票面利率上涨时，久期和凸性如何变化？当期限增加时呢？当价格上升时呢（保持票面利率固定）？

概念检查答案

16-1　使用数据表 16-3，每半年付息一次，贴现率 4.5%。

	时期	到支付时期限（年）	现金流	现金流的现值（贴现率 =4.5% 每期）	权重	权重 × 时间
A. 8% 票面利率的债券	1	0.5	40	38.278	0.039 0	0.019 5
	2	1.0	40	36.629	0.037 3	0.037 3
	3	1.5	40	35.052	0.035 7	0.053 5
	4	2.0	1 040	872.104	0.888 0	1.776 1
总额				982.062	1.000 0	1.886 4
B. 零息债券	1	0.5	0	0.000	0.000 0	0.000 0
	2	1.0	0	0.000	0.000 0	0.000 0
	3	1.5	0	0.000	0.000 0	0.000 0
	4	2.0	1 000	838.561	1.000 0	2.000 0
总额				838.561	1.000 0	2.000 0

8%票面利率债券的久期增加到1.886 4 年。价格上涨至982.062 美元。到2年时，零息债券的久期不变，尽管当利率降低时，价格会上升（至838.561 美元）。

16-2 a. 如果利率从9%上升至9.05%，那么债券价格从982.062 美元下跌至981.177 美元。价格变化百分比是-0.090 1%。

b. 使用初始半年利率4.5%，久期为1.886 4 年（参见概念检查1），所以久期公式预测的价格变化为：

$$-\frac{1.886\,4}{1.045}\times 0.005 = -0.000\,903 = -0.090\,3\%$$

这与a中直接计算得到的答案几乎相同。

16-3 终身年金的久期为 $(1+y)/y$ 或者是 $1+1/y$，当 y 增加时，显然会下降。把久期作为 y 的函数，我们得到：

y	D
0.01	101年
0.02	51
0.05	21
0.10	11
0.20	6
0.25	5
0.40	3.5

16-4 根据本章所述的久期法则，当票面利率和到期收益率较高时，你应该发现久期较短。对大多数债券而言，久期随着到期期限增加而增加。当票面利率是半年支付一次而不是一年一次时，久期下降，因为平均而言，支付发生较早。不是等到年底才收到年利息，投资者在半年的时候就收到了一半利息。

16-5 麦考利久期定义为债券全部现金流发生时间的加权平均。修正久期定义为麦考利久期除以 $1+y$（其中 y 为每次支付时的收益率，例如，如果债券每半年支付一次利息，y 就是半年的收益率）。这表明对普通债券而言，修正久期等于债券价格变化率比上收益率变化量。有效久期抓住了修正久期的这一最后特征。它被定义为债券价格变化率与市场利率变化量之比。关于嵌入期权债券的有效久期，在计算价格变化时，需要一种考虑这些期权的定价方法。此时计算有效久期不能用对现金流的发生时间进行加权平均的方法，因为这些现金流是随机的。

16-6 终身年金的久期现在为1.08/0.08 = 13.5。我们需要解下列关于 w 的方程：

$$w\times 2+(1-w)\times 13.5 = 6$$

因此，有 $w=0.652\,2$。

16-7 贡献策略更具有吸引力。现金流匹配免除了再平衡的需要，于是就节约了交易费用。

16-8 当前价格 = 1 091.29 美元

预测价格 = 100 × 年金因子（10%，18 年） + 1 000 × 现值因子（10%，18 年） = 1 000 美元

再投资利息的终值是：(100 × 1.08) + 100 = 208 美元

2 年的收益是 $\frac{208+(1\,000-1\,091.29)}{1\,091.29}=0.107$ 或10.7%

那么，2年期间的年化收益率将是 $(1.107)^{1/2}-1=0.052$ 或5.2%

PART 5 第五部分

证券分析

CHAPTER17

第17章 宏观经济分析与行业分析

要为公司确定合理股价，证券分析师必须预测出公司的股息和盈利。**基本面分析**（fundamental analysis）的核心是对盈利预测等价值决定因素进行分析。从根本上说，公司经营业绩决定了它能够给股份持有人支付多少股息以及它在股票市场的股价。然而，由于公司前景与宏观经济状况息息相关，所以基本面分析必须考虑公司所在的商业环境。对某些公司来说，在众多影响公司利润的因素当中，宏观环境与行业形势比其在行业内的业绩影响更大。换句话说，投资者要谨记宏观环境的重要性。

因此，在分析公司前景时，从宏观经济环境开始，考察一国总体经济状况，甚至国际经济状况是很重要的。投资者可以据此确定外部环境对公司所在行业的影响。最后考察公司在行业内的地位。

本章将讲述基本面分析中的宏观问题——宏观经济分析与行业分析。接下来的两章将对公司具体情况进行分析。首先讨论与公司业绩相关的国际性因素，接下来概述常用来描述宏观经济状态的几个主要变量的含义。之后讨论政府的宏观经济政策。然后，讨论经济周期并对宏观经济分析进行总结。最后，进行行业分析，讨论公司对经济周期的敏感性、行业生命周期以及影响行业业绩的战略性问题等。

17.1 全球经济

对公司前景“由上至下”进行分析必须从全球经济入手。全球经济状况可能会影响公司的出口前景、来自竞争者的价格竞争或者公司对外投资的利润。表17-1显示了全球经济对公司前景影响的重要作用。2008年金融危机造成全球经济萧条给人们带来恐慌，随着这种恐慌感逐渐减弱，全球股票市场一致回暖，一般来说，年化收益率高于30%。

表 17-1　经济表现：2009 年股票市场收益（%）

	以当地货币计	以美元计	2010 年国内生产总值预期增长率（%）		以当地货币计	以美元计	2010 年国内生产总值预期增长率（%）
巴西	81.9	142.6	3.8	墨西哥	45.8	59.1	3.0
英国	2.6	39.9	1.3	俄罗斯	126.4	128.7	2.5
加拿大	30.2	51.8	2.4	新加坡	62.9	68.3	3.8
中国	76.2	76.1	8.6	韩国	48.7	60.8	2.8
法国	23.1	29.1	1.3	泰国	64.9	72.8	3.3
德国	25.0	31.1	1.6	美国	24.7	24.7	2.7
印度	80.4	88.3	6.3	委内瑞拉	57.0	69.0	-3.4
日本	20.1	21.5	1.5				

资料来源：*The Economist*, December 30, 2009.

尽管全球经济因素的影响相当明显，但是各个国家的经济状况仍然相差很大。例如，2010 年年初预计中国经济当年增长 8.6%，委内瑞拉经济下降 3.4%。股市收益也迥然不同。2009 年俄罗斯股市增长 128.7%（以美元计），据推测这与油价猛涨密切相关，而日本股市仅上升 21.5%。

这些数据表明国内经济环境是行业表现的重要决定因素。对企业来说，在经济紧缩情况下比在经济扩张情况下更难成功。这种说法强调要将宏观经济分析作为投资过程分析的一个基本部分。

另外，相对于以美国为基础进行投资所遭遇的风险来说，全球环境所包含的政治风险更大。过去十年发生的几个事例表明，政治变化会对经济前景产生重要影响。例如，1997 年和 1998 年最重大的国际经济事件是发生在泰国、印度尼西亚和韩国等国的亚洲金融危机。政治和经济之间的密切关系由此可见一斑。货币和股票价值随着形势的发展动荡不定，国际货币基金组织的援助在其中发挥了巨大作用。1998 年 8 月，俄罗斯卢布贬值以及债务问题冲击世界证券市场，给其造成巨大破坏。最终，为避免危机蔓延，要求对对冲基金巨头长期资本管理公司进行救助。21 世纪前十年，股价对伊拉克局势变化和能源供给安全相当敏感。2010 年的欧元危机再次表明政治和经济之间紧密相关，出于政治考虑，欧洲几个比较强大的国家计划援助希腊和其他几个步履艰难的国家。

其他的政治问题影响较小，但仍然对经济增长和投资收益极为重要。这些问题包括贸易保护主义和贸易政策、资本的自由流动和一国劳动力资源状况。

影响某国国际竞争力的一个显著因素是国家间货币的兑换比率。**汇率**（exchange rate）是本国货币转换成他国货币的比率。例如，2010 年中期，92 日元可以购买 1 美元。那么汇率是每美元兑 92 日元，或者每日元兑 0.010 9 美元。

以外币标价的货物的美元价值会随着汇率的波动而波动。例如，1980 年，美元与日元的汇率大约为 0.004 5 美元兑 1 日元。因为 2010 年的汇率是 0.010 9 美元兑 1 日元，所以要购买 10 000 日元的产品，2010 年需要支付的美元是 1980 年需要支付的两倍多。如果日本厂商要维持产品的日元标价不变，那么以美元表示的价格就是 1980 年时的两倍多。对美国消费者来说，日本产品更昂贵，于是销量下降。显然，日元升值给日本厂商带来了一个问题，就是必须与美国厂商竞争。

专栏 17-1 讨论了 2008 年日元大幅升值给本国的出口导向型经济带来的严重问题。随着日元不断升值，在金融危机的影响还未来得及全部反映在全球股票价格之前，日经股票市场指数就下降了 50%。

专栏 17-1

在日本，强劲的日元削弱了市场

暴跌的股票市场和不断贬值的货币引起全球关注，而日元的快速升值令人忧心忡忡。上周，日元对美元的汇率上升了 10%。上个月，让人吃惊的是，日元对欧元的汇率增长了 34%。

周一，日元升值让原本令人烦恼的股票市场受到重挫。股价创 26 年来新低，一年来下降 50 个百分点。在欧洲和北美经济衰退期间，日元强劲使日本产品更加昂贵，损害了日本出口商的利益。

日元升值的部分原因是，它在动荡时期是一个天堂。日本是仅次于美国的第二大经济体，尽管其经济也处于衰退当中，但银行体系受次贷影响有限，所以投资者将其他货币兑换成日元。

在日本，日元强劲使本国的出口导向型经济进一步恶化，损害了丰田和索尼等公司。到目前为止，日元升值以及美国等主要海外市场经济衰退预期促使日经 225 指数下降了 50 个百分点。

资料来源：Martin Fackler, "In Japan, a Robust Yen Undermines the Markets," *The Wall Street Journal*, October 28, 2008. Reprinted by permission of *The Wall Street Journal* © 2008.

图 17-1 显示了 1999 ~ 2009 年美元相对于几个主要工业国货币购买力的变化情况。购买力比率被称为“实际”汇率，即通货膨胀调整后的汇率。由于实际汇率考虑了汇率波动和各个国家通货膨胀差异，所以它的变化反映了外国货物对美国公民来说便宜或贵了多少。图 17-1 中正数表示美元相对于对其他国家货币来说，其实际购买力增加；负数表明美元贬值。例如，该图显示，对美国顾客来说，以加拿大元标价的产品变得更加昂贵，但是以日元标价的产品变得更加便宜。相反，以美元标价的货物对加拿大消费者来说变得便宜，对日本消费者来说变得昂贵了。

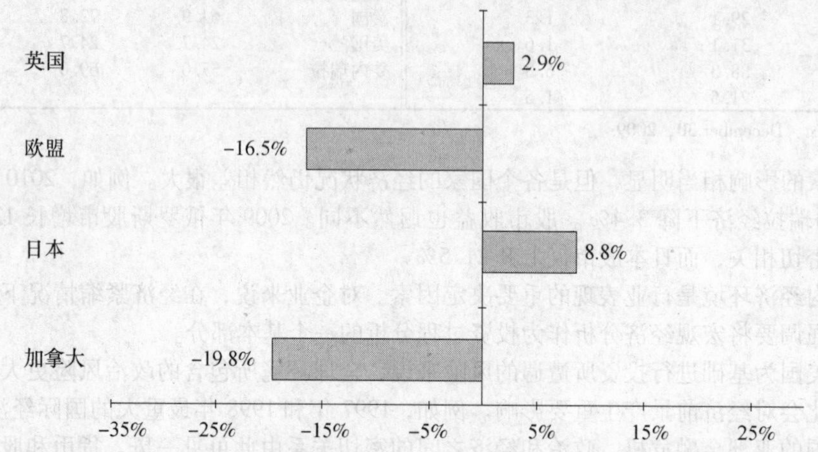

图 17-1 实际汇率变化：美元对主要货币，1999 ~ 2009 年

资料来源：Computed from data in the *Economic Report of the President*.

17.2 国内宏观经济

宏观经济环境是所有公司共同运行的经济环境。图 17-2 阐明了宏观经济在决定投资业绩中的重要作用。该图对标准普尔 500 股票价格指数水平与标准普尔各个公司每股收益（EPS）的预期水平进行比较。曲线显示股价往往随着每股收益的增加而增加。尽管股价对每股收益的比率随着利率、风险、通货膨胀率和其他变量的变化而变化，但是该图表明，一般来说，比率往往处于 12 ~ 25 区间。如果市盈率正常，标准普尔 500 指数也会落在这个范围内。尽管，很显然，市盈利乘数方法并不完美，注意 20 世纪 90 年代后期互联网泡沫期间市盈率乘数大幅增加，宏观市场和累积收益变化趋势一致。因此，要预测宏观市场表现，第一步是评价总体经济状态。

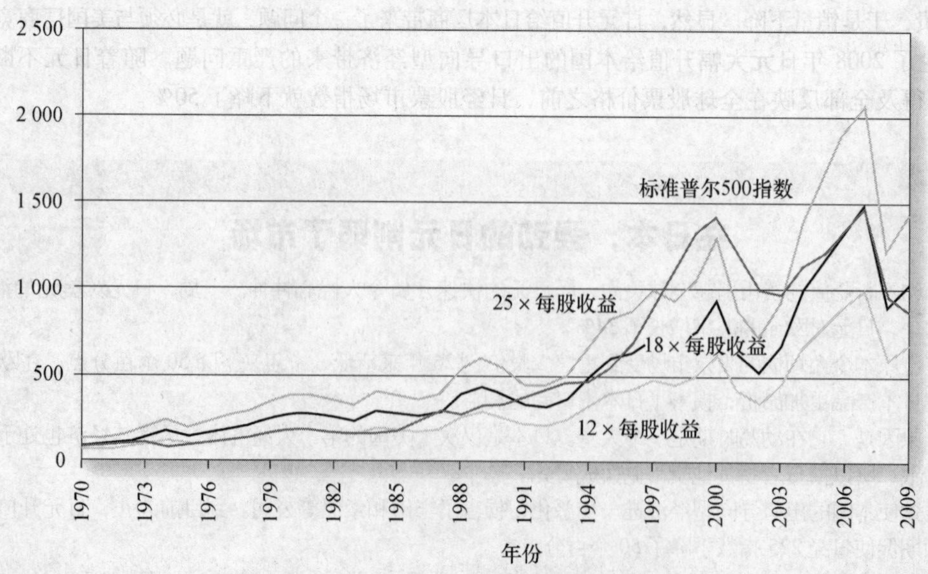

图 17-2 标准普尔 500 指数与每股收益

资料来源：Author's calculations using data from the *Economic Report of the President*.

预测宏观经济的非凡能力能带来引人注目的投资业绩。但是，仅能很好地预测宏观经济形势是不够的。为获得超额利润，投资者必须比竞争者预测得更准确一些。在这一节中，我们将阐述一些描述宏观经济形势的主要经济统计量。

17.2.1　国内生产总值

国内生产总值（gross domestic product，GDP）是该经济生产的产品和服务的总和。GDP 快速增长表明经济正在扩张，公司有大量机会增加销售额。工业总产量是度量经济产出水平的另一种常用方法，该统计量主要反映制造业方面的经济活动。

17.2.2　就业

失业率（unemployment rate）是正在寻找工作的劳动力占总劳动力（即正在工作和积极寻找工作的劳动力）的百分比。失业率度量了经济运行中生产能力极限的运用程度。失业率只与劳动力有关，但是从失业率中可以得到其他生产要素的信息，从而进一步了解经济运行状况。分析师也会关注工厂的产能利用率，这是工厂的实际产出与潜在产出间的比值。

17.2.3　通货膨胀

物价普遍上升的比率被称为**通货膨胀**（inflation）。高通货膨胀率通常与“经济过热”联系在一起，也就是说，对货物和服务的需求超过生产能力，这导致价格上升。大多数政府的经济政策都很微妙。它们希望刺激经济以保证接近完全就业，但不会引发通货膨胀。通货膨胀和就业之间的权衡问题一直是许多宏观经济政策争论的焦点。一直以来，在这些政策的相对成本以及经济对这些压力的脆弱性问题上，存在很大的争议。

17.2.4　利率

高利率降低未来现金流现值，因此会降低投资机会的吸引力。所以，实际利率是企业投资成本的关键决定因素。对住房和汽车等高价耐用消费品的需求通常通过融资得到满足，由于利率会影响利息支付，因而它们对利率高度敏感。（可参见第 5 章 5.1 节，那里介绍了利率的决定因素。）

17.2.5　预算赤字

联邦政府**预算赤字**（budget deficit）是指政府支出和收入的差额。任何预算差额都将通过政府借贷来弥补。大量的政府借贷会增加经济中的信贷需求从而提高利率。经济学家普遍认为过度的政府借贷会提高利率，阻碍企业投资从而对私人借贷和投资产生“挤出”作用。

17.2.6　心理因素

经济发展水平的另一个重要决定因素是消费者和生产者的心理问题，即他们对经济采取的是积极的态度还是消极的态度。比方说，如果消费者对未来收入水平有信心，他们愿意进行大量的现期消费。同样，如果商家预期其产品需求会升高，就会增加生产和库存。这样，公众信心会影响消费和投资数量，影响对产品和服务的总需求。

概念检查 17-1

某经济体，其主导产业是汽车生产，用于国内消费和出口。现在假设，人们延长了汽车使用时间，严重损害了汽车市场。请描述一下该变化对国内生产总值、失业率、政府预算赤字和利率可能产生的影响。

17.3　需求与供给波动

对可能影响宏观经济的因素进行整体分析的有效方法是将所有影响按照供给和需求波动进行分类。**需求波动**（demand shock）是指影响经济中产品和服务需求的事件。正向的需求波动包括税率降低、货币供给增加、政府支出增加和出口需求增加。**供给波动**（supply shock）是指影响产能和成本的事件。供给波动包括进口石油价格变化；霜冻、洪水或干旱等对农作物造成巨大破坏的自然灾害；一国劳动力教育水平的变化；劳动力愿意参加工作的最低工资率的变化。

一般来说，需求波动的特征是总产出与利率和通货膨胀同向变动。例如，政府支出大幅增加往往会刺激经济并增加国内生产总值。政府借贷需求或者企业借贷进行风险投资的需求增加也可能使利率升高。最后，如果对产品和服务的需求水平达到经济总产能或超过总产能，就会使通货膨胀率升高。

供给波动的特征通常表现为总产出与通货膨胀和利率反向变动。例如，进口石油价格大幅增加会引起通货膨胀，因为产品成本增加，最终会导致产成品价格上升。短期内，通货膨胀率上升会导致名义利率升高。此时，总产出会下降。因为原材料价格上升，经济体产能下降，个人对高价格产品的购买力也会下降。因此，GDP 会下降。

如何将这个框架应用于投资分析呢？在任何一种宏观经济形势下，都需要辨别出哪些行业将处于有利地位，哪些将处于不利地位。例如，假设据预测货币供应量会减少，你可能就不会投资汽车产业，因为利率可能会上升，此产业或许会处于不利地位。我们再次提醒投资者，要做诸如此类的预测绝非易事。宏观经济预测的不可靠性已经路人皆知。而且，要注意投资者的预测将建立在公开发布的信息的基础上。任何投资优势都源于投资者卓越的分析能力而非掌握优越的信息。

17.4 联邦政府的政策

正如前一部分所述，政府主要有两大类宏观经济调控工具：一类影响产品和服务需求，另一类影响其供给。第二次世界大战后，影响需求的政策成为主流。该政策主要关注政府支出、税率水平和货币政策。但是，自 20 世纪 80 年代以来，人们越来越开始关注影响供给的政策。从广义上说，供给学派关注提高经济生产能力，而不是刺激经济可以生产的产品和服务的需求。在实践中，供给学派经济学家着眼于提高工作积极性和创新性，并致力于消除源于税收系统的风险。但是，供给学派宏观经济政策也包括国家的教育政策、基础设施（如通信和交通设施）政策和研发等。

17.4.1 财政政策

财政政策（fiscal policy）是指政府的支出和税收行为，是“需求管理”的一部分。财政政策可以说是刺激或减缓经济的最直接方法。政府支出下降会直接减少对产品和服务的需求。同样，税率增加将立即转移消费者的部分收入，导致消费迅速下降。

有讽刺意味的是，尽管财政政策对经济产生的影响最为直接，但该政策的制定和实施通常缓慢而复杂。这是因为财政政策需要行政机构和司法部门之间的协调。税收和支出政策起草之后，由议会投票表决，这需要大量的政治协商，并且任何一项法令的通过必须由总统签名后方可生效，这需要更多的协商与谈判。因此，尽管财政政策的影响相对直接，但它的制定过程过于繁琐，因此在实践中难以用来对经济进行微调。

而且，规定诸如医疗、社会保险等政府支出是有条件的，也就是说，这不是一项政策而是一项法令，不能随着经济状况的变化而变化。这又使得财政政策的制定缺乏灵活性。

总结财政政策净影响的一般方法是考察政府预算赤字或盈余，即收入和支出的差额。巨额赤字表明政府支出比以税收形式获得的收入大。净影响是产品需求的增加（通过支出）大于产品需求的减少（通过税收），因此会刺激经济。

17.4.2 货币政策

货币政策（monetary policy）是指通过控制货币供给影响宏观经济，是另一个影响需求的主要方法。货币政策主要通过影响利率发挥作用。货币供应增加降级短期利率，最终鼓励投资和消费需求。但是从长期来看，大多数经济学家认为货币供给增加只会导致物价升高，不会对经济活动产生长远影响。因此，货币管理当局面临两难抉择。宽松的货币政策可能会降低利率，从而在短期内刺激投资和消费需求，但最终都会导致物价升高。刺激经济与通货膨胀的权衡是争论货币政策正确性的内涵所在。

财政政策实施过程极为繁琐但是可以对经济产生直接影响，货币政策制定和实施过程较为容易但是难以对经济产生直接影响。货币政策由联邦储备委员会决定。委员由总统任命，每 14 年一任，因此政策压力较小。委员会规模较小，主席能够对其进行有效控制，政策的制定和调整相对容易。

货币政策的实施也比较直接。应用最为广泛的工具是公开市场运作，即联邦政府通过自己的账户买卖债券。当政府买入证券时，只需签发一张支票，因此会增加货币供给。（不像我们，政府支付证券不需要从银行账户中提取资金。）相反，当政府出售证券时，就会发生支付，减少货币供给。公开市场运作每天都在运行，因此美联储能够对货币政策进行微调。

货币政策工具还包括折现率和准备金要求率，前者是对银行短期贷款所收取的利率，后者是银行必须持有的现金或在美联储的那部分存款占银行总存款的比例。折现率减少意味着货币政策较为宽松。准备金要求率较低，银行每单位存款的借贷能力增加，有效货币供给增加从而刺激经济增长。

尽管折现率在联储的直接控制之下，但它的变化相对较少。到目前为止，联邦基金利率对美联储政策起到较好的指导作用。联邦基金利率是银行进行短期（通常是隔夜）借贷的利率。这些贷款的发生是因为一些银行需要借入资金满足准备金要求率，其他银行有额外资金。与折现率不同，联邦基金利率是市场利率，即它是由供给和需求决定而不是由行政制定。但是，联邦储蓄委员会以联邦基金利率为目标，通过在公开市场运作增加或减少货币供给，推动联邦基金利率达到目标价值。联邦基金利率是美国短期利率标准，对美国和其他国家利率产生相当大的影响。

与财政政策相比，货币政策对经济的影响较为迂回曲折。财政政策直接刺激或抑制经济，货币政策通过影响利率发挥作用。货币供给增加降低利率，刺激投资需求。当经济体中货币数量增加，投资者会发现他们的资产投资组合中现金过剩。他们会买入债券等证券资产使组合重新平衡，从而使债券价格上升，利率下降。从长期来看，个人也会增加股票持有，最后购买不动产，这会直接刺激消费需求，但是，货币政策对投资和消费需求的影响比财政政策要缓慢得多。

概念检查 17-2

假设政府想刺激经济，但不提高利率。要完成这个目标，应采取何种货币政策和财政政策？

专栏 17-2 描述了 2009 年年初经济政策制定者试图避免或减轻经济严重衰退时所面临的选择。其中涉及多方面经济政策、思考，例如，当短期利率接近零时，货币政策的作用发挥到极值，此时政府将使用财政政策。的确，当时仅美国政府就考虑削减 3 000 亿美元税收，政府支出大量增加至 3 750 亿美元左右。评论指出，财政赤字大幅增加会导致利率增加，挤出私人投资，并且随着经济复苏，为避免通货膨胀重现的风险，需要削减赤字。

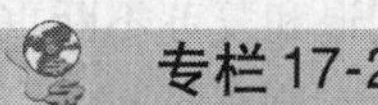

专栏 17-2

经济学中全新的老故事：凯恩斯

美国和许多其他国家又重新把政府大量支出作为对击退衰退的方法。从全球来看，利率迅速下降，几万亿美元紧急救市。但是，全球危机不断恶化，所以政策制定者决定求助于英国经济学家凯恩斯的思想。他在 20 世纪 30 年代表示，要战胜大萧条，应该增加政府支出。他说，消费者和企业支出太少，政府必须直接增加支出。

20 世纪 70 年代，凯恩斯政策开始不受欢迎，因为有人谴责政府支出会刺激全球通货膨胀。但是，由于本次危机与 20 世纪 30 年代的全球经济动荡颇为相似，增加政府支出再次被提上议题。

评论家认为政府赤字会提高利率，减少私人部门的投资，而私人部门在资本配置方面更有效率。但是，因为美国经济面临的威胁与 20 世纪 30 年代相似，奥巴马政府于是回顾大萧条以寻求帮助。富兰克林・罗斯福总统所执行的政策给几百万美国人提供了工作机会。

直到 20 世纪 60 年代，尤其在第二次世界大战后欧洲和日本重建时，凯恩斯财政刺激政策在全球广泛流行。但是，随后几十年该刺激政策的局限性也随之而现。许多国家不合时宜地进行支出，将资金大量注入经济体中，导致经济过热。许多国家也在浪费金钱：日本政府投资建设几乎得不到利用的机场和通向人口稀少的岛屿的桥梁。随着罗纳德・里根和英国玛格丽特・撒切尔的上任，对刺激政策的批评达到了顶峰。目标成了缩减政府支出。

当时，中央银行为降低通货膨胀提高利率，货币政策也开始起到越来越大的作用。经济衰退似乎越来越远，对人们的伤害也越来越小。从 20 世纪 80 年代早期到经济危机之间的这段时间被称为"大稳健"，当时，经济活动和通货膨胀相对稳定，但是，在财政动荡的这一段时间，货币政策变得不合时宜。上个月，美联储的利率目标接近于零，但是经济仍然不断下滑。

所以，各国再次求助于政府刺激性支出政策，想使经济重新回到正常轨道上。经济学家说，如果政府能够把钱快速注入经济体，建设影响力最大的项目，同时确保支出的暂时性，就可以避免通货膨胀和支出浪费。

为确保货币支出，美国和其他国家重点关注基础设施建设投资，创造就业机会。总统当选人贝拉克・奥巴马计划使用刺激性资金修建学校，扩大网络连接范围，并且将能源有效性技术应用到公共建筑中去。

作为全球关注重点的通货膨胀很快消失。一旦增长开始，通货膨胀可能再次出现。这对财政刺激政策的复出是一个大的考验：凯恩斯警告说，一旦经济复苏，就必须减少支出，削减赤字。这是各国难以做到的事情。

资料来源：Sudeep Reddy, "The New Old big Thing in Economics: J. M. Keynes," *The Wall Street Journal*, January 8, 2009. Reprinted by permission of *The Wall Street Journal* © 2009.

17.4.3 供给方政策

财政和货币政策是以需求方为导向的政策工具，通过刺激产品和服务总需求影响经济。其内涵是，经济自身很难达到全部就业，宏观经济政策可以推动经济达到这个目标。相反，供给方政策解决经济产能问题，目标是创造一个良好环境，使工人和资本所有者具有最大动机和能力去生产和开发产品。

供给方经济学家也相当关注税收政策。但是需求方政策关注税收对消费需求的影响，供给方政策关注激励机制和边际税率。他们认为降低税率会促进投资，提高工作积极性，因此会促进经济增长。某些学者甚至认为税率减少会导致税收减少，因为税率降低会使经济和所得税基础的增长幅度大于税率减少的幅度。

> **概念检查 17-3**
>
> 2001 年大幅削减税赋之后，GDP 快速增长。需求方和供给方经济学家对这一现象的解释有什么不同？

17.5 经济周期

我们已经介绍了政府用来微调经济、维持低失业率和低通货膨胀的工具。尽管已经付出了这些努力，经济仍不断波动。许多分析师认为资产配置决策的决定因素是预测宏观经济走强还是衰退。如果预测结果与市场看法不一致，就会对投资策略产生重大影响。

17.5.1 经济周期

经济通常会反复经历扩张期和收缩期，不过这些周期的长度和影响程度可能各不相同。这种衰退和复苏不断重复出现的模式被称为**经济周期**（business cycle）。图 17-3 的曲线描述了几种测量生产和产出的指标。所有时间序列的产量虽然都表现为上升趋势，但周期变化相当明显。位于下方的产能利用率曲线也呈现出明显的周期性趋势（尽管很不规范）。

经济周期曲线的拐点被称为高峰和谷底，用图 17-3 阴影部分的左边界或右边界表示。**高峰**（peak）是指从扩张期结束到收缩期开始的这个转折点。**谷底**（trough）位于经济衰退结束，进入复苏期的转折点。因此，图 17-3 的阴影部分都处于衰退期。

处于经济周期不同阶段的行业，其业绩可能各不相同。例如，在谷底时，因为经济就要从衰退走向复苏，投资者可以预期**周期性行业**（cyclical industries），即那些对经济状态的敏感性超出一般水平的行业，其业绩就会超过其他行业。周期性行业的典型代表是汽车等耐用品生产商。因为经济衰退时消费者可以延迟购买此类产品，因此其销售额对宏观经济状况特别敏感。其他周期性行业包括资本货物生产商，即其他厂商用来生产自己产品的产品。当需求疲软时，大多数公司难以扩张并购买资本货物。因此，资本货物行业在经济衰退时遭受的打击最大，但在经济扩张时表现最为出色。

与周期性行业相反，**防御性行业**（defensive industries）对经济周期不太敏感。这些行业生产的产品的销售额和利润对经济发展状况不太敏感。防御性行业包括食品生产商和加工商、药品加工厂以及公共事业单位。当经济进入衰退期时，这些产业的业绩会超过其他产业。

投资组合理论介绍了系统风险和市场风险，周期性行业与防御性行业的分类非常符合上述概念。例如，当人们对经济发展状况比较乐观时，大多数股票价格会随着期望收益率的增加而上涨。因为周期性企业对经济发展最为敏感，所以它们的股票价格涨幅也最大。因此，属于周期性行业的公司，其贝塔值比较高。总的来说，当经济信息利好时，周期性行业股票表现最好；当消息不令人满意时，其股票变现能力最差。相反，防御性公司贝塔值较低，相对来说，其业绩不受整体市场状况影响。

如果你对经济周期状况的评估比其他投资者更准确，那么当你对经济发展较为乐观时，可以选择周期性行业，当对经济发展较为悲观时，可以选择防御性行业。不幸的是，要准确估计经济达到高峰和谷底的时间并非易事。如果能够准确估计，那么区分周期性行业和防御性行业并做出选择就比较容易。但是，从对有效市场的讨论中可以看出，有吸引力的投资机会不会明显到一目了然。通常人们要在几个月后才意识到衰退期或扩张期已经开始或者结束。事后来看，从扩张到衰退再到扩张的整个转换过程一般比较明显，但当时很难确定经济是在加速发展还是在逐步衰退。

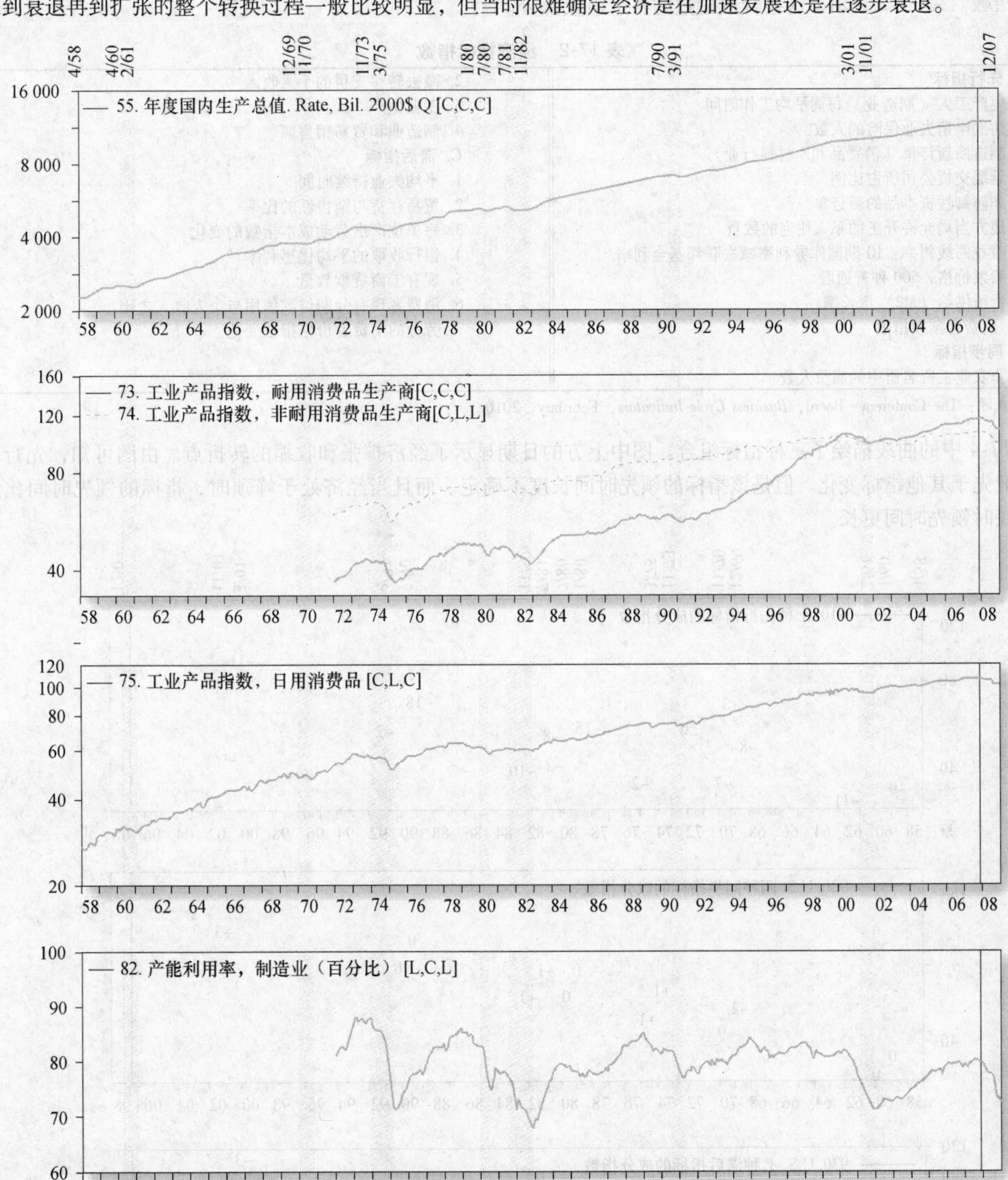

图 17-3　经济周期指标

资料来源：The Conference Board, *Business Cycle Indicator*, December 2008.

17.5.2　经济指标

考虑到经济周期具有周期性，所以从某种程度上说周期是可以预测的。国会委员会编制的一系列周期性指标可以用来预期、度量和解释经济活动的短期波动。**先行经济指标**（leading economic indicators）往往先于其他经济指标变动。同步和滞后指标，正如它们的名字一样，与总体经济同时变化或稍微滞后于总体经济。

一个广泛采用的先行经济指标合成指数由十种指标组合构成。同样，四种同步指标和七种滞后指标组成了各自的合成指数。表 17-2 显示了这些合成指数的各个组成部分。

表 17-2　经济指标指数

A. 先行指标	2. 减去转移支付的个人收入
1. 生产工人（制造业）每周平均工作时间	3. 工业生产
2. 初次申请失业保险的人数	4. 制造业和贸易销售额
3. 制造商新订单（消费品和原材料行业）	C. 滞后指标
4. 延缓交货公司所占比例	1. 平均失业持续时间
5. 非防御性资本品的新订单	2. 贸易存货与销售额的比率
6. 地方当局允许开工的私人住宅的数量	3. 每单位产出劳动成本指数的变化
7. 收益曲线斜率：10 期国库券利率减去联邦基金利率	4. 银行收取的平均优惠利率
8. 股票价格，500 种普通股	5. 现有工商贷款数量
9. 货币供给（M2）增长率	6. 消费者现有分期付款信用与个人收入之比
10. 消费者预期指数	7. 劳务的消费者价格指数变化
B. 同步指标	
1. 非农业工资名册中的雇员人数	

资料来源：The Conference Board，*Business Cycle Indicators*，February，2010.

图 17-4 中的曲线描绘了三种指标组合。图中上方的日期显示了经济扩张和收缩的转折点。由图可知，先行经济指标一般先于其他指标变化。但是该指标的领先时间长度不确定。而且当经济处于峰顶时，指标的领先时间比经济处于谷底时领先时间更长。

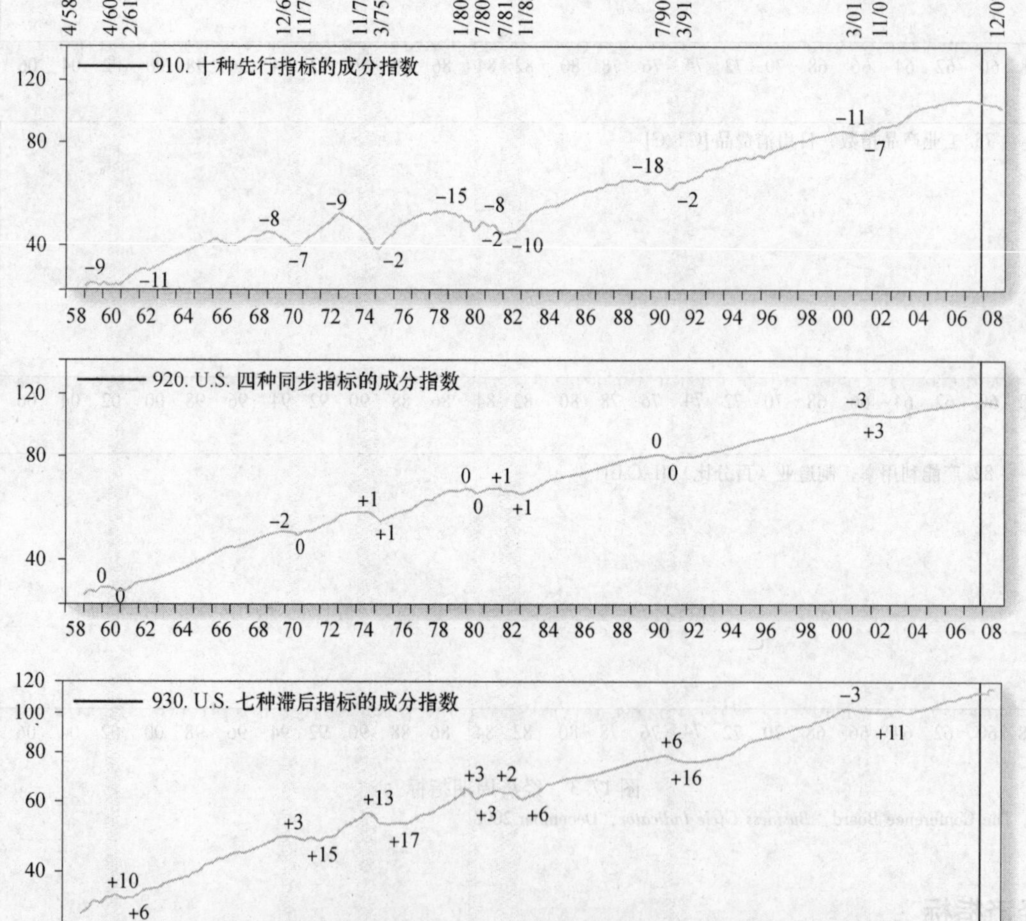

图 17-4　先行、同步和滞后经济指标

注：阴影部分代表经济衰退。

资料来源：The Conference Board，*Business Cycle Indicators*，December 2008.

股票市场价格指数是一个先行经济指标。道理很简单，因为股价就是公司未来赢利能力的预报器。但是，这削弱了先行经济指标组合对投资政策的作用——当指标组合预期经济上扬时，股票市场已经先行一步。尽管经济周期可以预测，但预测股票市场却不容易。这是对有效市场假设的进一步证明。

货币供给也是一种先行经济指标。根据之前的讨论我们知道，货币政策对经济有滞后作用。正因为这个原因，投资者能够迅速觉察扩张性货币政策，但是该政策几个月之后才会影响经济。因此，现在的货币政策可以很好地预测未来经济活动。

其他先行经济指标主要包括能够影响未来产量的当今经济决策。例如，生产商产品新订单，厂房、设备的合同和订单，房地产业的兴起，这些都暗示经济扩张即将到来。

很多经济指标按照一个有规律的“经济日历表”向公众公布，表 17-3 就是一张“经济日历表”，该表列示了大约 20 种人们感兴趣的统计量的公布日期和资料来源。这些信息会在《华尔街日报》等金融期刊上公布，也可以在雅虎金融网等各大网站中找到。图 17-5 是从雅虎经济日历表页面上下载的。该页面每周发表一个公告表（此页面是 2010 年 1 月 4 日那一周的情况）。值得注意的是，近来对每个变量的预测都附带了该统计量的真实值。这是有意义的，因为在有效市场中，证券价格可以反映市场预期，公告中的新消息将决定市场反应。

表 17-3　经济日历表

数据	发表日期[①]	来源	网址
汽车和卡车销售量	每月的 2 日	商业部	commerce. gov
商品存货	每月的 15 日	商业部	commerce. gov
建筑消费	每月的第一个营业日	商业部	commerce. gov
消费者信心	每月的最后一个周二	美国谘商会	conference-board. org
消费者信用	每月的第五个营业日	美联储	federalreserve. gov
消费者物价指数	每月的 13 日	劳动统计局	bls. gov
耐用品订单	每月的 26 日	商业部	commerce. gov
就业成本指数	每个季度的第一个月末	劳动统计局	bls. gov
就业记录 （失业、平均每周工作时间、非农业收入）	每月的第一个星期五	劳动统计局	bls. gov
二手房销量	每月的 25 日	国家房地产经纪人协会	realtor. org
工厂订单	每月的第一个营业日	商业部	commerce. gov
国内生产总值	每月的第三到第四周	商业部	commerce. gov
新增房屋供给	每月的 16 日	商业部	commerce. gov
工业产品	每月的 15 日	美联储	federalreserve. gov
初次申请失业救济人数	周四	劳动部	dol. gov
国际贸易余额	每月的 20 日	商业部	commerce. gov
先行经济指标	每月月初	美国谘商会	conference-board. org
货币供给	周四	美联储	federalreserve. gov
新增房屋销量	每月的最后一个营业日	商业部	commerce. gov
生产者价格指数	每月的 11 日	劳动统计局	bls. gov
生产率和成本	每季度的第二个月 （大约为该月的 7 日）	劳动统计局	bls. gov
零售额	每月的 13 日	商业部	commerce. gov
采购经理调查	每月的第一个工作日	供给管理协会	ism. ws

注：①发布日期多为大概时间。

经济日历表　　2010年1月4日至1月7日

上周

日期	时间（东部时间）	统计指标	时间	真实值	简报预测	市场预测	先前
1月4日	早10:00	建筑消费	11月	-0.6%	0.1%	-0.5%	-0.5%
1月4日	早10:00	供给管理协会指数	12月	55.9	55.3	54.3	53.6
1月5日	早10:00	工厂订单	11月	1.1%	0.1%	0.5%	0.8%
1月5日	早10:00	在建房屋销售量	11月	-16.0%	2.0%	-2.0%	3.9%
1月6日	早8:15	ADP就业报告	12月	-84K	-125K	-75K	-145K
1月7日	早8:30	初次申请失业保险人数	1月2日	434K	455K	439K	433K

图 17-5　雅虎经济日历表，2010 年 1 月 4 日

17.5.3　其他指标

除了官方发布的经济日历表和经济周期指标，投资者可以从其他资料中找到关于经济发展状况的许多重要信息。表 17-4 是从 *Inc.* 杂志[⊖]引用来的一些投资建议，该表包含了一些经济指标。

表 17-4　有用经济指标

总裁投票 www. businessroundtabel. org	企业界圆桌会议对总裁的计划资本支出进行调查，这测度了他们对经济的乐观程度
临时工作（搜索“Temporary Help Services”）www. bls. gov	这是一个重要的先行经济指标。经济最初上扬到该趋势持续稳定期间，企业常常会雇用临时工。该数据可以在劳动统计局网站找到
沃尔玛销售额 www. walmartstores. com	沃尔玛销售额是零售业部门的良好指标。它每周公布一次店面销售额
工商业贷款 www. federalreserve. gov	这种贷款通常由中小型企业借贷。美联储每周都会发布该信息
半导体 www. semi. org	订单出货比（例如，新销售额与真实出货之比）表明科技行业的需求量上升（比率大于 1）还是下降。该比率由国际半导体设备材料产业协会发布
商业结构 http://bea. doc. gov	结构投资表明企业对本身产品未来需求的预期。该数据由经济分析局编制并成为国内生产总值序列的一部分

17.6　行业分析

与宏观经济分析出于同样的原因，行业分析必不可少。因为当宏观经济状况不佳时，行业很难表现良好，处于一个危机重重的行业，公司通常也举步维艰。我们发现不同国家间宏观经济状况千差万别，各个行业的业绩也各不相同。图 17-6 列示了各个行业的不同业绩。该图列示了 2009 年主要行业的净资产收益率。由图可知，净资产收益率波动很大，油气公司为 7.6%，而计算机系统行业为 34.9%。

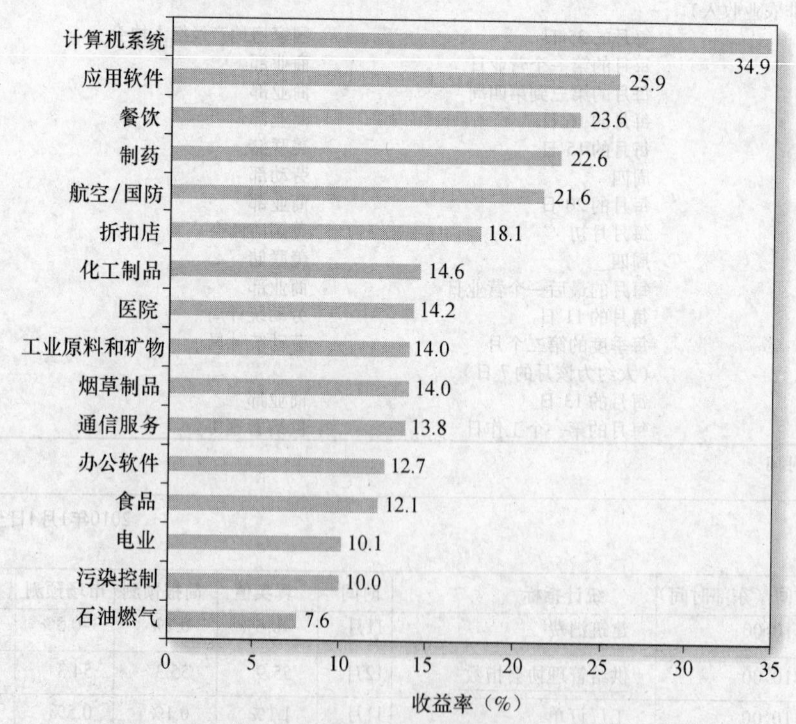

图 17-6　2009 年行业净资产收益率

资料来源：Yahoo! Fiannce, January 8, 2010. finance. yahoo. com. Reproduced with permission of Yahoo! Inc. © 2010 by Yahoo! Inc. Yahoo! and the Yahoo! logo are trademarks of Yahoo! Inc.

⊖ Gene Sperling, “The Insider's Guide to Economic Forecasting,” *Inc.*, August 2003, p. 96.

考虑到各行业收益率各不相同，它们在股票市场的表现各异也就理所应当了。图 17-7 列示了 2009 年期间不同行业的股市表现。随着对经济衰退的恐惧感不断减弱，2009 年的股票收益尤为突出。但是，各个行业的业绩差异很大，旅游业的收益率高达 209.8%，而可再生能源亏损 14.9%。

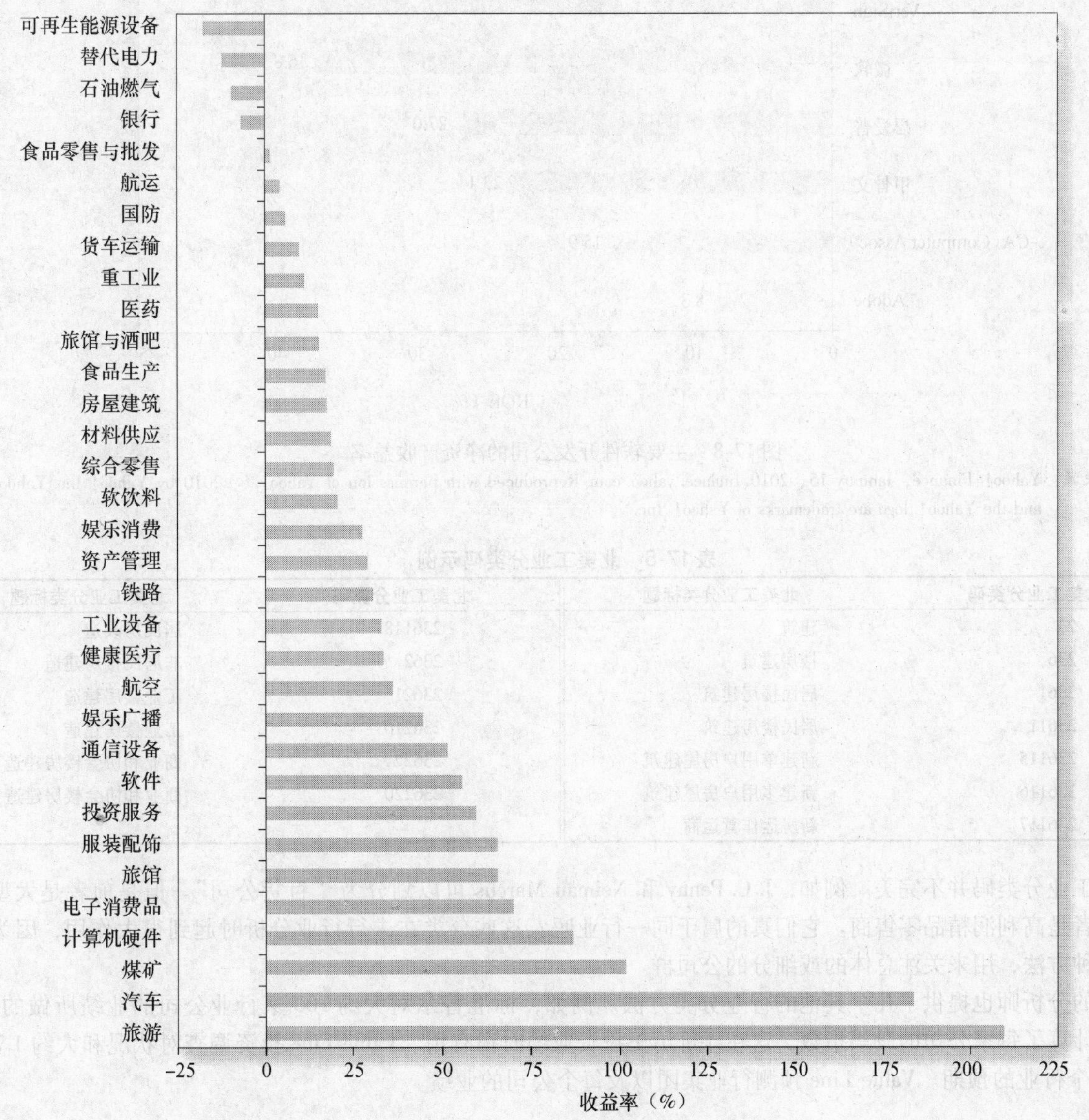

图 17-7　2009 年行业股票价格表现

17.6.1　行业的定义

尽管我们知道“行业”的意思，但是在实际应用中，很难将一个行业与其他行业划分清楚。例如，图 17-6 中的应用软件行业，2009 年该行业的净资产收益率是 25.9%。但是这个行业有许多变化，可以进一步将这些企业划分成不同的子产业。它们的差异可能会导致财务表现的巨大差异。图 17-8 列出了本行业几家公司的净资产收益率，数据显示 2009 年不同公司的业绩差别很大：Adobe 仅为 8.3%，而 VeriSign 高达 41.6%。

实践中，定义产业的一个有用的方法是**北美工业分类码**（NAICS codes）[⊖]提供的方法。这些为公司设计的编码用来进行数据分析。北美工业分类码的前两位数表示总体工业分类。例如，表 17-5 显示所有建筑公司的编码开始于

⊖　这些编码对公司在北美自由贸易区运作，该区域包括美国、墨西哥和加拿大。北美工业分类码代替了之前在美国使用的标准行业分类。

23。接下来的数字更清晰地定义了工业。例如，从236开始的编码表示建筑，2361表示住房建筑，236115表示单亲家庭建设。有四个相同数字的北美工业分类码的公司一般属于同一个行业。

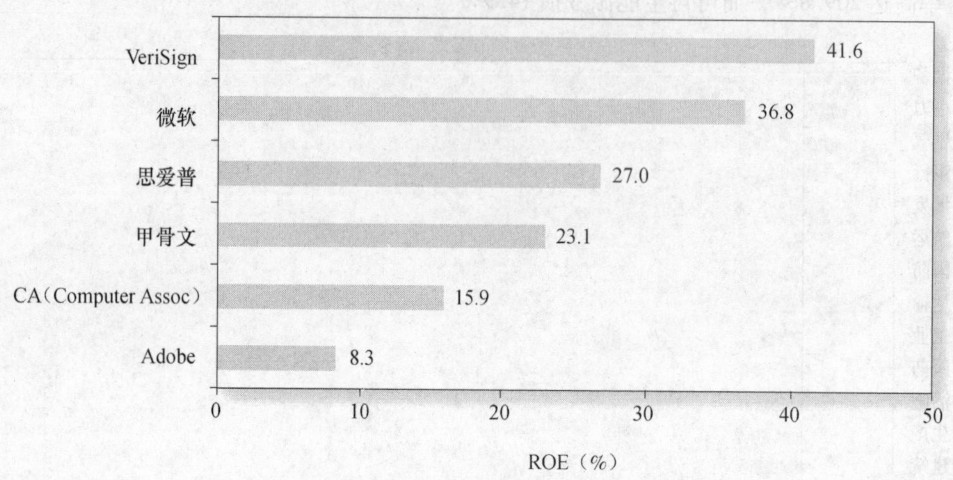

图17-8　主要软件开发公司的净资产收益率

资料来源：Yahoo! Finance，January 15，2010. finance. yahoo. com. Reproduced with permisssion of Yahoo! © 2010 by Yahoo! Inc. Yahoo! and the Yahoo! logo are trademarks of Yahoo! Inc.

表17-5　北美工业分类码示例

北美工业分类码	北美工业分类标题	北美工业分类码	北美工业分类标题
23	建筑	236118	居民房改造
236	楼房建筑	2362	非居民楼房建造
2361	居民楼房建筑	23621	工业楼房建造
23611	居民楼房建筑	236210	工业楼房建造
236115	新建单用户房屋建筑	23622	商业和协会楼房建造
236116	新建多用户房屋建筑	236220	商业和协会楼房建造
236117	新房运作营运商		

北美工业分类码并不完美。例如，J. C. Penny和Neiman Marcus可以划分为“百货公司”。但是前者是大型低价商店，后者是高利润精品零售商。它们真的属于同一行业吗？这些分类在进行行业分析时起到很大作用，因为它们提供了一种方法，用来关注总体的或细分的公司群。

其他的分析师也提供了几个其他的行业分类方法。例如，标准普尔对大约100家行业公司的业绩所做的报告。标准普尔计算了每家公司的股票指数，这在评价历史投资业绩时很有用。Value Line投资调查对状况和大约1 700家公司，90个行业的预期。Value Line预测行业集团以及每个公司的业绩。

17.6.2　对经济周期的敏感性

分析师一旦预测出宏观经济状态，确定其对特定行业的影响是必要的，因为并不是所有行业都对经济周期敏感。

例如，图17-9将零售销售额（较去年同期）的变化划分为两个行业：珠宝和食品杂货商店。显然，珠宝（奢侈品）的销售额比食品杂货的波动更大。2001年和2008年经济衰退时，珠宝销售明显下降，这是有目共睹的。相反，食品杂货行业的销售额增长相对稳定。这种模式反映了珠宝是较有弹性的奢侈品而食品杂货是生活必需品，即使在困难的时候后者的需求量也不会大幅下降。

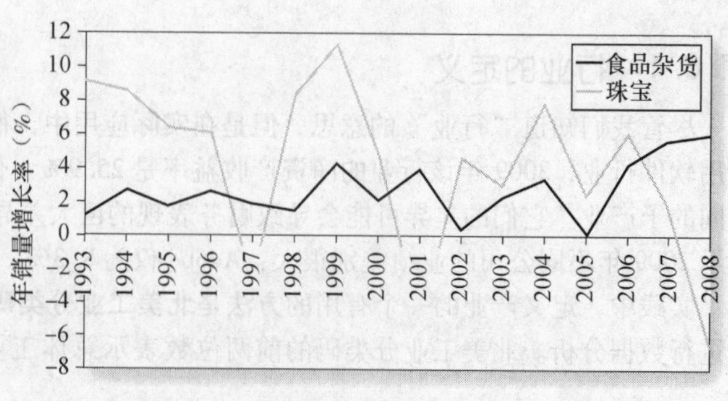

图17-9　行业周期性

三个因素将决定公司收益对经济周期的敏感性。第一是销售额的敏感性。必需品对商业状况敏感性较低。本组中行业包括食品、药物和医疗服务。其他敏感性较低的行业，收入不是需求的主要决定性因素。烟草产品是这种行业的典型。本组的另一个行业是电影，因为当收入下降时，人们会用电影代替更昂贵的娱乐方式。相反，机械工具、钢铁、汽车和运输对经济状态高度敏感。

决定经济周期敏感性的第二个因素是经营杠杆，指的是固定成本和可变成本的差异（固定成本是不管生产多少都会发生的成本；可变成本是随着公司的产量而变化的成本）。可变成本相对较高的企业对经济环境的敏感性比较低。这是因为，当经济衰退时，这些公司的产量会随着销售量的下降而减少，从而成本下降了。而固定成本较高的公司，它的利润额对销售的敏感度比较大，因为它的成本是固定的，不能抵消收入的变动。因此，固定成本高的公司，经营杠杆高，经济形势任何的轻微变动都会对其赢利能力产生巨大影响。

【例 17-1】　**经营杠杆**

假设同一行业有两家公司，在经济周期的各个阶段，两者的销售收入相同。公司 A 的大部分设备是短期租赁而来，当产量下降时，租赁费用相应下降。假设其固定费用是 500 万美元，可变成本为每件 1 美元。公司 B 的大部分设备是长期租赁而来，不管经济状况如何，它都要付出大量的租赁费用。所以，公司 B 的固定成本很高，为 800 万美元，但每件产品的可变成本只有 0.5 美元。表 17-6 说明，当经济衰退时，公司 A 的盈利情况高于公司 B，但经济扩张时，盈利情况恰好相反。公司 A 的总成本会随着营业收入的变动而大幅变动，这使其在经济衰退时能保持一定的盈利，但在经济扩张时，这种成本特性却阻碍了它的进一步发展。■

表 17-6　公司 A 和公司 B 在经济周期中的经营杠杆

	衰退		正常		扩张	
	A	B	A	B	A	B
销售（100 万单位）	5	5	6	6	7	7
单位价格（美元）	2	2	2	2	2	2
销售收入（100 万美元）	10	10	12	12	14	14
固定成本（100 万美元）	5	8	5	8	5	8
可变成本（100 万美元）	5	2.5	6	3	7	3.5
总成本（100 万美元）	10	10.5	11	11	12	11.5
利润	0	(0.5)	1	1	2	2.5

我们可以通过计算利润对销售额的敏感度量化经营杠杆。**经营杠杆系数**（degree of operating leverage，DOL）定义为：

$$经营杠杆系数 = 利润变动百分比 / 销售额变动百分比$$

如果经营杠杆系数大于 1，则公司具有经营杠杆性质。例如，经营杠杆系数 =2，那么无论销售额上升还是下降，其 1% 的变动都会引起利润同向变动 2%。

我们看到，当公司固定成本上升时，其经营杠杆系数也会上升，实际上，取决于固定成本的经营杠杆系数还可以表示为：㊀

$$经营杠杆系数 = 1 + 固定成本/利润$$

【例 17-2】　**经营杠杆系数**

我们继续研究一下上述两家公司的经营杠杆系数。并比较一下公司 A 和公司 B 在各个经济周期的利润和销售额变化。当公司 A 的销售额下降 16.7%（从 600 万美元下降到 500 万美元）时，公司的利润下降了 100%（从 100 万美元下降到 0）。所以公司的经营杠杆系数（DOL）为：

$$经营杠杆系数(公司\ A) = 利润变动百分比 / 销售额变动百分比 = -100\% / -16.7\% = 6$$

我们也可以通过固定成本证实公司 A 的经营杠杆系数数值：

$$经营杠杆系数(公司\ A) = 1 + 固定成本 / 利润 = 1 + 500/100 = 6$$

㊀ 大多数公司财务教材都有关于经营杠杆与经营杠杆系数的更加详细的介绍。

公司B的固定成本较高，其经营杠杆系数也较高。同样，从经济正常到经济萧条，其利润从100万美元下降到负50万美元，下降了150%。

$$经营杠杆系数(公司B) = 利润变动百分比 / 销售额变动百分比 = -150\% / -16.7\% = 9$$

这也反映出公司B具有较高的固定成本：

$$经营杠杆系数(公司B) = 1 + 固定成本 / 利润 = 1 + 800/100 = 9$$ ■

财务杠杆是影响经济周期敏感性的第三个因素，是债务使用情况的反映。债务的利息支付情况与销售额无关，所以可以视为能够提高敏感度的固定成本（我们将在第19章对财务杠杆进行详细阐述）。

投资者并不总是青睐于对经济周期敏感性较低的行业。处于敏感性行业的公司，其股票的贝塔值较高，风险较大，当经济萧条时其销售额下降很快，经济繁荣时销售额上升很快。我们关键要弄清该投资的期望收益能否补偿其风险。

概念检查 17-4

假设公司C的固定成本是200万美元，其产品的可变成本为每件1.5美元，那么它在经济周期的三个阶段的利润分别是多少？你认为经营杠杆和风险之间存在什么关系？

17.6.3 部门转换

很多学者在分析行业和经济周期之间关系时用到**部门转换**（sector rotation）这个概念。部门转换是指根据商业周期的状况预期业绩卓越的行业或部门，并使投资组合向这些行业或部门投资倾斜。

图17-10是对经济周期的描述，接近波峰的位置，经济过热，通货膨胀率和利率比较高，基本消费品上升压力较大。此时是投资于自然资源开采及加工（如采矿业或石油公司）的有利时机。

波峰过后，经济进入收缩期或衰退期，像药物、食品及其他生活必需品对周期敏感性较小，可能创造出较好业绩。当经济收缩严重时，金融公司贷款规模收缩，违约率升高，遭受亏损的可能性加大。但是，当衰退结束时，由于经济收缩降低了通货膨胀率及利率，金融公司就会借机快速发展。

在衰退期时，为了维持经济平衡，为经济的复苏和繁荣做好准备。公司可能需要购买新设备来满足预期需求增长，此时，可以投资机械、运输或建筑业等投资资本行业。

最后，当进入繁荣期时，经济快速发展。耐用消费品和奢侈品等周期型行业将是这一时期获利最高的行业。当经济快速增长时，银行的信贷规模加大，违约率升高，业绩也会相应上升。

图17-11阐释了部门转换。当投资者对经济相对悲观时，就会转而投资日常消费品或卫生保健等非周期性行业。当投资者预期经济会扩张时，比较倾向于投资医疗、科技等周期性行业。

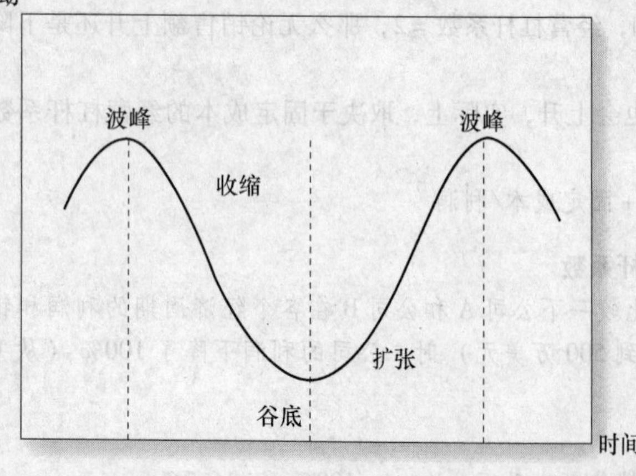

图17-10 典型经济周期变化示意图

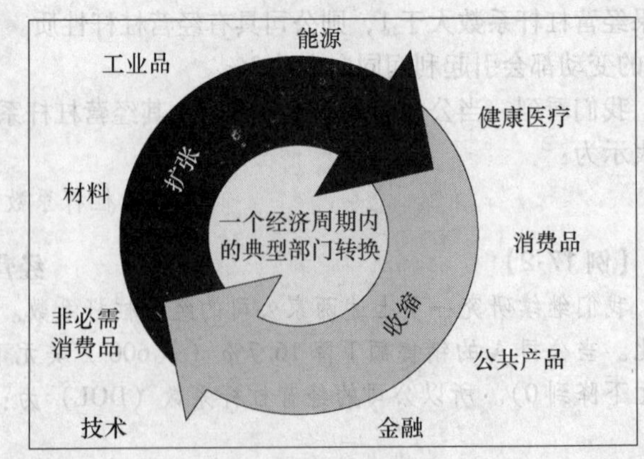

图17-11 部门转换

资料来源：Sam Stovall, *BusinessWeek Online*, "A Cyclical Take on Performance." Reprinted with special permission from the July 8, 2004, issue of *Business Week*. © 2004 McGraw-Hill Companies, Inc.

这里我们再次强调，和其他任何经济周期指标一样，如果投资者对经济周期的预测比他人更准确，部门转换就会相当成功。图 17-10 中的经济周期是高度程序化的，在现实生活中，我们很难清楚地知道每个阶段能持续多长时间，也不知道这一阶段能发展到什么程度。分析师就以预期这部分内容作为自己的工作。

17. 6. 4 行业生命周期

对生物技术行业进行研究，你可能会发现许多公司具有较高的投资率、投资收益，较低的股利发放率；但是公共事业行业正好与之相反，它们的投资率、收益率较低，股利发放率较高。为什么会有这么大的差别呢？

概念检查 17-5

你预计下列行业在经济周期的哪个阶段的业绩比较出色？

A. 报纸　B. 机械工具　C. 饮料　D. 木材

目前，生物技术行业是一个全新的行业。许多可行的技术正在创造高获利的投资机会。新产品会得到专利权的保护，边际利润相当高。在投资机会如此诱人的情况下，众多厂家会把所有利润都投入到这个行业中。于是该行业的规模急剧扩张。

但是，行业的发展速度最终总会慢下来。较高的利润率驱使众多新公司进入该行业。随着竞争日益增强，价格不断下降，边际利润也不断下降。当新技术被证实后，其发展前景开始明朗，风险水平随之下降，这消除了新公司进入该行业的后顾之忧。随着投资机会逐渐失去吸引力，公司利润中用于内部投资的比例也不断减小。现金股利随之增加。

最后，当行业步入成熟，就会成为具有固定现金流、固定股利发放、风险相对较低的“现金牛”。它们的增长率与整体经济的发展同步。所以处于生命周期早期的行业的投资机会为高风险高潜在回报率，而处于成熟行业的投资机会则是“低风险低收益”。

上述分析表明，一个典型的**行业生命周期**（industry life cycle）分为四个阶段：创业阶段，具有较高的发展速度；成长阶段，发展速度降低，但是仍然高于经济整体速度；成熟阶段，发展速度与整体经济一致；衰退阶段，发展速度低于经济中其他行业，或者已经慢慢萎缩。图 17-12 列示了行业生命周期。接下来，将对每一个阶段进行详细阐述。

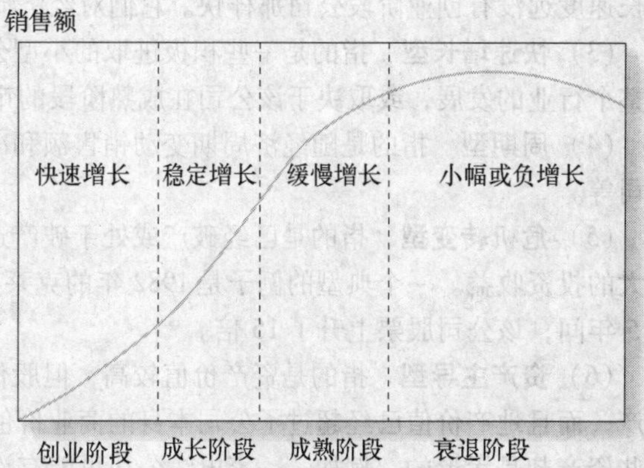

图 17-12 行业生命周期

（1）**创业阶段** 任意一项产业都起源于一项新技术或一种新产品。如 20 世纪 80 年代的录像机或个人电脑；90 年代的生物工程技术。在这个阶段中，我们往往很难预料出哪家公司最终能够成为行业的领导者。一些公司非常成功，另一些却退出市场。因此，此时选择特定行业的公司进行投资存在风险。

但是，这个阶段，它们的销售额和净利润会急剧扩张，因为此时市场中的新产品远远未达到市场饱和。比方说，1980 年，一般家庭几乎没有录像机，因此，该产品的潜在用户就是所有观看电视的家庭。与此相反，像电冰箱这样的成熟产品，它们的市场相当狭窄。几乎所有的家庭都有电冰箱，于是市场就只能由那些正考虑购置新冰箱的家庭组成。显然，该市场的发展速度远远落后。

（2）**成长阶段** 当某个产品建立了较稳定的市场，就会出现行业领导者。从创业期中存活下来的公司一般比较稳定，其市场份额比较容易预测。因此，这些公司的业绩就会和整个行业的业绩紧密相关。尽管现在产品已经进入市场并广泛使用，该行业仍具有比其他行业更高的发展速度。

（3）**成熟阶段** 在这一阶段，该产品的普及程度已经达到消费市场潜力的顶点。只有当经济整体发展时，行业才会进一步发展。这时，产品会变得越来越标准化，厂商在基本价格水平上将面临激烈的竞争。这会导致边际利润降低，从而对净利润造成压力。该阶段的公司被称为“现金牛”，有稳定的现金流，几乎不可能继续成长。此时，公司会从该行业榨取现金流，不会对其进行再投资。

例如，录像机在 20 世纪 80 年代处于创业阶段，但现在已经成为一个成熟甚至衰退的行业，市场占有率高，价格竞争性强，边际利润率低，销售增长缓慢甚至出现负增长。2001 年 9 月，DVD（创业期产品，可能取代录像机）的月销售量首次超过了录像机。

（4）**衰退阶段**　当行业步入衰退阶段，它的发展速度就低于经济发展速度，甚至呈现"萎缩"的迹象。这可能是由产品过时引起的，当然也可能是因为新产品入侵或低成本供应商的竞争。

那么，生命周期的哪个阶段对投资最有吸引力呢？传统观点认为，投资者应该选取高成长率的行业。但是这一方法似乎过于简单。如果证券价格已经反映了高成长的可能性，那么这种赚钱方法就失去效应。而且，高成长和巨额利润会驱使其他厂商进入该行业，形成竞争力。获利机会带来了新的供给，并使价格、利润和投资收益率下降，最后就会减缓行业发展速度。这就是存在于行业生命周期各阶段过渡过程背后的动态机制。著名的投资组合管理经理彼得·林奇在《彼得·林奇的成功投资》中写道：

> 许多人愿意向高成长率的行业投资，那里看上去热闹非凡。但我不会，我更愿意向成长率较低的行业投资……在成长率低的行业中，尤其是那些使人们厌烦或懊恼的行业（如葬礼公司或修补油桶的公司），投资者根本不用考虑竞争对手的问题。你不必总是提防对手从侧翼向你进攻，这为你提供了持续增长的空间。[⊖]

事实上，林奇使用的行业分析系统与我们已经介绍的生命周期有相同之处。他把公司分成了以下六种：

（1）**缓慢成长型**　历史悠久的大公司的成长速度往往仅比整体经济稍快。这些公司已经由最初的快速发展步入到成熟阶段。它们往往有稳定的现金流，并且发放大量股利。此时，公司所产生的现金已经大于公司再投资所需求的资金。

（2）**强壮型**　可口可乐、好时和高露洁等许多著名的大型公司的发展情况都明显好于上述缓慢成长型公司，但增长速度远没有创业阶段公司那样快。它们对经济周期不敏感，在经济衰退时，所受影响相对较小。

（3）**快速增长型**　指的是一些积极进取的小型公司，它们的年收益率一般为 20% ~25%。公司的高度发展取决于整个行业的发展，或取决于该公司在成熟阶段的市场份额不断扩大。

（4）**周期型**　指的是随经济周期变动销售额和净利润不断扩张或收缩的行业。例如汽车行业、钢铁行业和建筑公司等。

（5）**危机转变型**　指的是已经破产或处于破产边缘的公司。如果这些公司能够从不幸中恢复过来，就可以提供巨大的投资收益。一个典型的例子是 1982 年的克莱斯勒，在其就要申请破产时，政府为其债务进行了担保。接下来的 5 年间，该公司股票上升了 15 倍。

（6）**资产主导型**　指的是资产价值较高，但股价没能正确反映的公司价值。例如，一家公司拥有一块高价区的地产，而且地产价值已经超过了公司本身的商业价值。这时，这部分隐藏的资产可以用来递延以减轻税负，但有时这些资产却是无形的。例如，一家电缆公司可能有许多电缆的订购商，而这些顾客对厂商来说极具价值。这些资产一般不会产生直接的现金流，因此在对公司进行股价时，许多分析者往往会把这些资产忽略掉。

17.6.5　行业结构和业绩

一个行业的成熟过程还包括公司竞争环境的变化。作为讨论的最后一问题，我们考察行业结构竞争策略和赢利能力之间的关系。迈克尔·波特[⊜]着重强调了五个决定性因素：新进入者威胁、现有竞争者威胁、替代品压力、买方议价能力以及供给方议价能力。

（1）**进入者威胁**　行业的新进入者会对价格和利润产生巨大压力。甚至当其他公司还未真正进入该行业时就会对价格产生压力，因为较高的价格和利润率会促使新的竞争者进入这个行业。因此，进入壁垒成为行业获利能力的重要决定因素。进入壁垒有多种形式，例如，通过长期的商业往来，现有公司和消费者已经建立了牢固的分销渠道，这对于一个新进入者来说成本很大。商标、版权使市场进入者很难在新市场立足，因为这使得新企业面临严重的价格歧视。在为市场服务时，知识和专利保护让某些公司具有了一定优势。最后，市场中现有企业的奋斗经历也可能为其提供了优势，因为这些经验是通过长期经营获得的。

（2）**现有竞争者威胁**　当某一行业存在一些竞争者时，由于它们试图不断扩大各自市场份额，从而导致价格

⊖ Peter Lynch with John Rothchild, *One Up on Wall Street*（New York：Penquin，p. 131）.

⊜ Michael Porter, *Competitive Advantage*：*Creating and Sustaining Superior Performance*（New York：Free Press，1985）.

战，降低了边际利润。如果行业本身增长缓慢，这些竞争就会更加激烈，因为此时的扩张意味着掠夺竞争对手的市场份额。固定成本较高也会对降价产生压力，因为固定成本将使公司利用其完全生产能力进行生产。如果每个企业生产的产品相同，它们的价格竞争压力就会增加，因为此时，公司很难在区分产品的基础上进行竞争。

（3）**替代品压力** 如果一个行业的产品存在替代品，那么就意味着，该产品面临相关行业的竞争压力。例如，糖业将面临玉米糖浆制造业的竞争，毛纺厂将面临合成纤维厂商的竞争。替代品的存在对厂商向消费者索取高价形成了无形限制。

（4）**买方议价能力** 如果某采购者购买了某一行业的大部分产品，那么它就能掌握很大的谈判主动权，进而可以压低价格。例如，汽车厂商可以对汽车零部件的生产者施加压力，从而就会降低汽车零部件行业的赢利能力。

（5）**供给方议价能力** 如果重要投入品的供给方厂商处于垄断地位，就可以索取较高价格，从需求方行业赚取较高利润。一个特殊的例子就是工会——生产的关键投入品的工人组织。工会这个统一的组织致力于提高工人工资的各种谈判。当工人市场具有了高度的组织性和统一性，行业中大部分的潜在利润就会被工人占有。

需求方能否得到相关的替代品是决定供给方议价能力的关键因素。如果存在替代品，而且需求者可以获得该产品，供给方就失去了议价资本，因此，也就难以向需求方索取高价了。

小 结

1. 宏观经济政策目的是维持经济处于接近完全就业状态而没有通货膨胀压力。这两个目标之间的权衡是争论的核心。
2. 宏观经济政策的传统工具包括财政政策和货币政策，前者包括政府支出和税收，后者包括控制货币供给。扩张性财政政策可以刺激经济，增加 GDP，但是往往会增加利率。扩张性货币政策通过降低利率起作用。
3. 经济周期是经济扩张和衰退不断重复出现的模式。先行经济指标用来预测经济周期的发展，因为在其他主要经济变量价值变化之前，它们的价值就会发生变化。
4. 行业对经济周期的敏感性不同。比较敏感的行业是那些生产高价耐用品的行业，例如珠宝、汽车等，因为消费者会慎重考虑购买时机。其他的敏感性产业包括为其他公司生产资本设备的企业。经营杠杆和财务杠杆也会增加经济周期的敏感性。

习 题

基础题

1. 经济急剧衰退时，应该采取什么样的货币政策和财政政策？
2. 如果你比其他投资者更相信美元会大幅贬值，那么你对美国汽车产业有何投资建议？
3. 选择一个行业，列举决定其未来 3 年业绩的因素并预期其未来业绩。
4. 证券评估“自下而上”和“自上而下”方法的差异是什么？“自上而下”方法的优势在哪里？
5. 公司的哪些特征会使其对经济周期更敏感？

中级题

6. 与其他投资者不同，你认为美联储将实施宽松的货币政策。那么你对下列行业有何投资建议？
   a. 金矿开采
   b. 建筑业
7. 在供给方经济学家看来，所得税税率降低将会对价格产生怎样的长期影响？
8. 下列哪些政策与垂直倾斜的收入曲线相一致？
   a. 宽松的货币政策和宽松的财政政策
   b. 宽松的货币政策和紧缩的财政政策
   c. 紧缩的财政政策和宽松的货币政策
9. 在供给方经济学家看来，下列哪项政策不是能够促进经济长期增长的政府性结构政策？
   a. 再分配的税收体系
   b. 促进竞争
   c. 政府对经济干涉最小化
10. 有两家电话生产厂商。一家使用高度自动化的机器生产，另一家人工生产，当生产需求增加时，需要支付加班费。
    a. 在经济萧条和经济繁荣的时候，哪家公司的利润较高？
    b. 那家公司的 β 值更高？
11. 表 17-7 是四种行业以及对宏观经济的四种预测。将行业与最佳情景相配对。

表 17-7

行业	经济预测
a. 房屋建造	（Ⅰ）严重经济衰退：通货膨胀减少，利率下降，国内生产总值减少
b. 健康保健	（Ⅱ）经济过热：国内生产总值迅速上升，通货膨胀和利率上升
c. 采金	（Ⅲ）健康扩张：国内生产总值增加，温和的通货膨胀，低失业率
d. 钢铁生产	（Ⅳ）滞胀：国内生产总值减少，高通货膨胀

12. 你会将下列产业放在行业生命周期的哪个阶段？（注：本题的答案较为灵活。）
   a. 油井设备
   b. 计算机硬件
   c. 计算机软件
   d. 基因工程
   e. 铁路建设
13. 从下列每对公司中选择你认为对经济周期比较敏感的公司。
   a. 大众汽车和大众制药
   b. 友谊航空公司和幸福照相机生产商
14. 为什么消费者期望指数是有用的现行宏观经济指标（见表 17-2）？
15. 为什么每单位产出的劳动成本指数是有用的滞后宏观经济指标（见表 17-2）？
16. 大众除草剂公司以其获得专利的除草产品控制着化学除草市场。但是，该专利将要到期。你预期该行业将会发生什么变化？尤其是大众除草剂公司所生产的产品价格、销售量和期望利润，及其竞争对手的期望利润将会发生什么变化？你认为该市场处于行业生命周期的什么阶段？
17. 你计划建立的公司第一年的收入是 120 000 美元，固定成本是 3 000 美元，可变成本是收入的 1/3。
   a. 公司的期望利润是多少？
   b. 基于固定成本和期望利润，经营杠杆系数是多少？
   c. 如果销售额比预期低 10%，利润下降多少？
   d. 证明利润下降百分比等于经营杠杆系数乘以销售额下降 10%
   e. 根据经营杠杆系数，公司最初预测的销售额下降多少时利润将变为负数？该点的保本销售额是多少？
   f. 为了证明你的 e 题的答案是正确的，计算保本销售额的利润。

根据下面的案例回答第 18～21 题。

IAAI 是一家咨询公司，主要为基金、捐赠、养老基金和保险公司等各种机构提供建议，也为部分大额投资的个人投资者提供建议。IAAI 在宣传中承诺将致力于搜集大量信息以预测长期趋势，然后使用普遍接受的投资模型确定这些趋势将如何影响不同投资的业绩。IAAI 研究部成员得出了一些重要的近期宏观经济趋势。例如，他们发现工作岗位和消费者信心都明显增加，他们预期这种趋势将会持续几年。IAAI 研究部考虑的其他国内现行经济指标包括工业产量、制造业平均每周工作时间、标准普尔 500 指数、M2 货币供给以及消费者预期指数。

IAAI 的投资顾问希望根据对就业岗位和消费者信心的预期为客户提供建议。他们运用一套将工作岗位、消费者信心与通货膨胀、利率结合起来的理论，将通货膨胀和利率的预期动向融合到所建立的模型中，用来解释资产定价。他们的主要工作是预测工作岗位和消费者信心趋势将如何影响债券价格，以及这些趋势将如何影响股票价格。

IAAI 研发部的成员也注意到在过去几年中，股价开始上涨，且他们在预测总体经济形势时已运用了这一信息。研究者认为上行趋势的股票市场本身就是一个积极的经济指标。但是，他们对引起这种情况的原因未达成一致。

18. 根据 IAAI 研究成员的预期，岗位数量和消费者信心将呈上升趋势，这两个因素中哪一个因素的上升趋势会对股票价格产生积极影响？
19. 股价作为一种有用的领先经济指标，下列哪项可以准确解释这一现象？
   a. 股价预测未来利率，反映其他指标的趋势。
   b. 无法预测未来利率，与其他领先经济指标无关；股价作为领先经济指标的有用性是一个谜。
   c. 仅仅反映了其他领先经济指标的趋势，本身没有预测能力。
20. 下列 IAAI 研究部列示的国内指标中，哪些作为领先指标是最不合适的？
   a. 工业产量
   b. 制造业平均每周的工作时间
   c. M2 货币供给
21. IAAI 在计算和预测过程中主要使用了历史数据。下列有关 IAAI 的行为中，哪些是最准确的？
   a. 信用风险溢价对 IAAI 有用，因为它们基于正确的市场预期。
   b. 时机不好时，IAAI 应该使用最近股票收益的动态平均，因为这会导致较高的预期股票风险溢价。
   c. 应该使用较长的时间窗口，这样制度改变就会成为影响预期的因素。

根据下列案例回答第 22～25 题。

史密斯女士是一位二级注册金融分析师候选人，最近受雇成为爱尔兰银行的一名分析师。她的第一项任务是接受法国酿酒厂的雇用以助其考察竞争战略。

史密斯的报告涵盖了法国白酒业的四家主要酿酒厂。酿酒厂的特征引用在表 17-8 中。在史密斯报告的正文中，她阐述了法国白酒业的竞争结构。并且发现在过去 5 年，法国白酒业没有迎合消费者已经变化了的口味。白酒行业的利润率持续下降，行业的代表性企业也从 10 家下降到 4 家。这说明为了生存法国白酒企业必须进行合并。

表 17-8 法国四大主要酿酒厂的特征

	South Winery	North Winery	East Winery	West Winery
创建日期	1750	1903	1812	1947
一般竞争策略	?	成本领先	成本领先	成本领先
主要消费者市场（80% 集中于）	法国	法国	英国	美国
产地	法国	法国	法国	法国

史密斯的报告说明消费者的议价能力比行业的议价能力高。她在“购买方议价能力”标题下用五点来支持这一结论：

- 许多消费者在用餐和社交时，喝的啤酒比白酒多。
- 随着网上销售的增加，消费者更容易查到白酒的相关信息，以及其他消费者的想法，从而辨别哪些生产商的价格最佳。
- 法国白酒企业在不断合并，五年前存在 10 家代表企业，现在只剩 4 家。
- 法国白酒业 65% 以上的业务与饭店购买有关。饭店通常会成批购买，一次性购买四五箱白酒。
- 在法国，能够种植葡萄进行白酒生产的肥沃土地非常稀有。

完成了报告的草稿后，史密斯将其交给老板范德莱森进行评价。范德莱森告诉她，他自己也是一名白酒鉴定家，经常从 South Winery 那里购买白酒。史密斯对范德莱森说：“在报告中，我将 South Winery 作为一家进退两难型的公司。它既想成为成本领先者，销售价格比其他公司更低，又想与其他竞争者产生差异，将白酒装在有脖颈弯曲的瓶子中，但这增加了成本。最后导致 South Winery 的利润率不断降低。”范德莱森回答道：“我在白酒大会上见过 South Winery 的管理层成员几次。我认为如果它分成几个不同的经营单位，就可以同时实现成本领先和差异化战略。史密斯决定在发表报告的最终稿件之前，对一般竞争战略做更多研究，以改变范德莱森的想法。

22. 如果法国国内货币相对于英国货币大幅贬值，那么对 East Winery 的竞争性地位将产生什么影响？
    a. 使其在英国市场竞争力减弱
    b. 没有影响，因为 East Winery 的主要市场是英国而不是法国。
    c. 使公司在英国的竞争力更强。
23. 在史密斯的观点中，哪一点支持了消费者有比其他行业更强的议价能力的结论？
24. 史密斯在她的报告中提出，West Winery 可能会使消费者看重的白酒特性进行差异化。下面哪种特性是 West Winery 进行产品差异化时最需要关注的问题？
    a. 产品运输方式
    b. 产品价格
    c. 关注 30～45 岁的消费人群
25. 史密斯知道公司的战略计划是一般战略的核心。在对研究资料和文件进行编写的基础上，史密斯总结了关于 North Winery 的三项发现以及它的战略计划过程：
    a. North Winery 的价格和成本预测代表法国白酒行业的未来结构变化。
    b. North Winery 把每个业务单位分为建设、持有或者收获中的一种。
    c. North Winery 将市场份额作为竞争地位的主要测度方法。

    以上哪种发现最不支持 North Winery 的战略计划过程遵循一般竞争战略的结论？

CFA考题

1. 简单讨论一下美联储在实行扩张性货币政策时，会分别使用下列三种货币工具采取什么措施？
   a. 准备金要求
   b. 公开市场业务
   c. 折现率
2. 已经实施了非预期扩张性货币政策。指出这一政策对下列四个可变要素的作用。
   a. 通货膨胀率
   b. 实际产量和就业
   c. 实际利率
   d. 名义利率
3. Universal Auto 是一家大型跨国企业，总部在美国。出于部分报告的需要，公司从事两种业务：汽车生产和信息处理服务。

   汽车业务是到目前为止 Universal Auto 较大的一项业务。它包括大多数美国国内客车的生产，但也包括在美国小型卡车的生产，以及在其他国家客车的生产。Universal Auto的这部分业务过去几年中运作结构不是很好，2009 年达到亏损。尽管公司没有报告国内客车业务的运作结果，但这正是导致汽车业绩较差的主要原因。

   Idata 是 Universal Auto 的信息处理服务业务部分，于15 年前成立。这项业务在国内增长稳定处于强势地位；没有并购事项发生。

   CFA 候选人亚当斯为 Universal Auto 准备了一项调查报告，报告称：“我们假设 Universal Auto 将于 2010 年大幅增加美国客车的价格，根据这项假设我们预计利润将增加数十亿美元。”
   a. 描述行业生命周期的四个阶段。
   b. 辨别 Universal Auto 的两项主要业务（汽车和信息处理）位于哪个阶段。
   c. 讨论产品定价在两项业务中如何不同，基于每项所处的生命周期的阶段。
4. 亚当斯的调查报告（见前一问题）接下来是：“经济复苏正在进行中，期望利润增长应该会使 Universal Auto 的股票价格上升。我们强烈建议买入。”
   a. 讨论投资择时的生命周期法。你的回答应该描述在典型商业周期的不同时段该如何操作股票和债券。
   b. 假设亚当斯的断言是正确的（经济已经在复苏过程中），基于市场择时的生命周期，该评论对购买 Universal Auto 这只周期性股票的实时性在哪里？
5. Ludlow 在准备美国电动牙刷制造业的报告，搜集的信息见表 17-9 和表 17-10。Ludlow 在报告中总结说，电动牙刷也正处于行业生命周期的成熟阶段。

a. 从表17-9中选择和论证三种要素支持Ludlow的观点。

b. 从表17-10中选择和论证三种要素反驳Ludlow的观点。

表17-9 电动牙刷行业指数和主要股票市场指数

	2004	2005	2006	2007	2008	2009
股权回报						
电动牙刷行业指数	12.5%	12.0%	15.4%	19.6%	21.6%	21.6%
市场指数	10.2	12.4	14.6	19.9	20.4	21.2
平均市盈率						
电动牙刷行业指数	28.5×	23.2×	19.6×	18.7×	18.5×	16.2×
市场指数	10.2	12.4	14.6	19.9	18.1	19.1
派息率						
电动牙刷行业指数	8.8%	8.0%	12.1%	12.1%	14.3%	17.1%
市场指数	39.2	40.1	38.6	43.7	41.8	39.1
平均股息收益率						
电动牙刷行业指数	0.3%	0.3%	0.6%	0.7%	0.8%	1.0%
市场指数	3.8	3.2	2.6	2.2	2.3	2.1

表17-10 电动牙刷制造行业特征

- **行业销售增长**。最近每年的行业销售额增长率为15%~20%，预期接下来的三年每年的增长率为10%~15%
- **非美国市场**。有些美国制造商想要进入快速增长的非美国市场，这些市场还没有开发
- **函购销售量**。一些制造商直接通过函购方式向顾客销售电动牙刷从而开创了一个新的用户群。该行业细分市场的销售额每年增长了40%
- **美国市场渗透**。制造商在价格的基础上激烈竞争，行业内的价格战很常见
- **利基市场**。有些制造商能够在美国基于公司名誉、质量和服务开发新的未开发的利基市场
- **行业兼并**。最近几家制造商进行合并，预期该行业兼并将会增加
- **新进入者**。新制造商继续进入市场

6. 作为一名证券分析师，你被要求重新评价一家股权集中度很高的WAH公司的价值，该报告由RRG提供。你要对评价给出自己的看法，并且通过分析评价的每一部分支持你的观点。WAH的唯一业务是汽车零部件零售。RRG所做的报告“汽车零部件零售业分析”完全基于表17-11中的数据和接下来的信息。

- WAH和它的主要竞争者在2009年年底各经营150多家店。
- 每家公司在汽车零部件行业经营店铺的数量为5.3个。
- 零售店销售的汽车零部件的主要顾客群是旧汽车的新主人。这些人处于经济考虑自己做汽车维护。

a. RRG的一个结论是汽车零部件零售业整体处于行业生命周期成熟阶段。讨论表17-11中支持这一结论的三组相关数据。

b. 另一个RRG结论是WAH和它的主要竞争者都处于生命周期的兼并阶段。

ⅰ. 引用表17-11中的三组数据来支持这一结论。

ⅱ. 解释一下行业总体处于成熟阶段时，WAH和它的主要竞争者如何处于兼并阶段。

表17-11 挑选出来的汽车零部件行业零售数据

	2009	2008	2007	2006	2005	2004	2003	2000	1999	1998
18~29岁人口（比例变化）	-1.8%	-2.0%	-2.1%	-1.4%	-0.8%	-0.9%	-1.1%	-0.9%	-0.7%	-0.3%
收入大于35 000美元的家庭的数量（比例变化）	6.0%	4.0%	8.0%	4.5%	2.7%	3.1%	1.6%	3.6%	4.2%	2.2%
收入小于35 000美元的家庭的数量（比例变化）	3.0%	-1.0%	4.9%	2.3%	-1.4%	2.5%	1.4%	-1.3%	0.6%	0.1%
汽车使用年限在5~15年之间的数量（比例变化）	0.9%	-1.3%	-6.0%	1.9%	3.3%	2.4%	-2.3%	-2.2%	-8.0%	1.6%
汽车贩卖修理用零件的市场产业零售额（比例变化）	5.7%	1.9%	3.1%	3.7%	4.3%	2.6%	1.3%	0.2%	3.7%	2.4%
消费者在汽车零件和消费者支出（比例变化）	2.4%	1.8%	2.1%	6.5%	3.6%	9.2%	1.3%	6.2%	6.7%	6.5%
店面达到100家及以上的汽车零部件零售公司的销售增长	17.0%	16.0%	16.5%	14.0%	15.5%	16.8%	12.0%	15.7%	19.0%	16.0%
店面达到100家及以上的汽车零部件零售公司的市场份额	19.0%	18.5%	18.3%	18.1%	17.0%	17.2%	17.0%	16.9%	15.0%	14.0%
店面达到100家及以上的汽车零部件零售公司的平均经营利润率	12.0%	11.8%	11.2%	11.5%	10.6%	10.6%	10.0%	10.4%	9.8%	9.0%
所有汽车零部件零售公司的平均经营利润率	5.5%	5.7%	5.6%	5.8%	6.0%	6.5%	7.0%	7.2%	7.1%	7.2%

7. a. 基于历史数据，假设未完全就业，货币供给增长率快速增长时期与下列哪些项有关？
   i. 经济衰退期
   ii. 货币流动速度增加
   iii. 国内生产总值快速增长
   iv. 真实国内生产总值减少
   b. 如果英镑的汇率价值从1.75美元每英镑变动到1.55美元每英镑，那么：
   i. 英镑升值，英国人发现美国货物变便宜了
   ii. 英镑升值，英国人发现美国货物变贵了
   iii. 英镑贬值，英国人发现美国货物变贵了
   iv. 英镑贬值，英国人发现美国货物变便宜了
   c. 下列哪些变化可能影响利率？
   i. 通货膨胀预期
   ii. 联邦赤字规模
   iii. 货币供给
   d. 根据财政政策的供给方观点，如果总体税收收入的影响相同，减少边际税率与增加个人豁免额这两种减税方式有差别吗？
   i. 没有，两种削减税收的方法对总体供给的影响相同。
   ii. 没有，两种情况下，人们都会增加收入，预期未来税收增加，因此会抵消目前较低的税收的刺激影响。
   iii. 是的，边际税率较低本身会增加刺激，获得边际收入，因此会刺激总体供给。
   iv. 是的，如果边际税率下降，利率会上升，但是如果个人豁免额上升，利率往往会下降。

在线投资练习

经济指标

1. 查询美国谘商会（www.conference-board.org/economics/bci）最近一个月发布的美国领先指标。该链接位于“Latest Releases”下方或“Bussiness Cycle Indicators”左边的菜单中。观察最新报告，美国谘商会在领先指标序列中使用了哪十大经济和财务数据？哪些因素对领先指标起到促进作用？哪些起到反作用？在试图预测未来经济活动时，这些指标为什么有用？基于同步指标和滞后指标的相关因素回答上述问题。

2. 美国经济是否处于衰退？查看全国经济研究局（NBER），网址为www.nber.org/data。链接官方商业周期数据。NBER如何选择经济衰退的期初时间和期末时间（按照该话题寻找相关链接）？在美国经济史上，哪个时期是扩张期或收缩期最长的时期？请看页面下方的公告日期。波峰或波谷发生到宣布其发生之间有几个时滞？这对投资者来说有什么含义？

概念检查答案

17-1 汽车行业进入低迷期，经济体会减少对该产品的需求。至少在短期内，该经济体会进入萧条期。这表明：
   a. 国内生产总值下降
   b. 失业率上升
   c. 政府赤字上升。所得税收入下降，政府在社会福利项目的支出可能上升。
   d. 利率会下降。经济萎缩会减少信贷需求。而且，通货膨胀率降低也会使名义利率降低。

17-2 扩张性财政政策与扩张性货币政策同时实施会刺激经济，宽松的货币政策会抑制利率上扬。

17-3 传统的需求学派对税收削减的解释是税后收入增加刺激消费需求和经济。供给学派的解释是边际税率下降使企业投资意愿和个人工作意愿增强，从而增加了经济产出。

17-4 公司C固定成本最低、可变成本最高，对经济周期最不敏感。事实上，当经济衰退时，它的利润是三家公司中最高的；当经济繁荣时，它的利润则是最低的。

（单位：美元）

	衰退	一般	扩张
收入	10	12	14
固定成本	2	2	2
可变成本	7.5	9	10.5
利润	0.5	1	1.5

17-5 a. 经济扩张时，广告量增加，报纸此时业绩最好。
   b. 经济衰退时，机械工具是一项好的投资选择。因为当经济要进入扩张期，公司可能需要提高产能。
   c. 饮料是防御性投资，其需求对经济周期相对不敏感。因此，如果未来经济萧条，它们是较有吸引力的投资选择。
   d. 当经济达到顶峰时，木材是较好的投资选择，因为此时自然资源价格高，经济满负荷运作。

CHAPTER18

第18章 权益估值模型

正如我们讨论市场有效性时所发现的一样，寻找价值被低估的证券是十分困难的。同时，市场有效假说存在的漏洞又使我们必须找出这些价值被低估的证券。而且，正是由于对误定价证券的不断寻找才维持了市场的近似有效性。即使极小的误定价也会使股票分析师从中获利。

本章描述了股票分析师用来发现误定价证券的估值模型。本章给出的模型都是基本面分析师所使用的模型，这些分析师主要根据公司当前和未来赢利能力信息来评估公司真实的市场价值。本章首先讨论了衡量公司价值的不同标准，然后介绍了股利贴现模型这种定量工具，该模型通常被证券分析师用来衡量基于持续经营假设的公司的价值。接下来介绍了市盈率，解释了分析师为何对它如此青睐，同时也指出了它的一些缺点，此外还解释了如何把市盈率用于股利估值模型和公司前景分析。

接下来，本章对自由现金流模型进行了讨论和延伸，该模型是证券分析师基于对公司未来经营所产生现金流的预测来对公司进行估值的工具。最后，本章还利用不同的估值模型对一家真实公司进行了估值，发现结论存在一些差异，这也是证券分析师面临的一大难题，本章给出了造成这些差异的可能原因。

18.1 比较估值

基本面分析的目的是发现被误定价的股票，股票的真实价值可以从一些可观察到的财务数据中得出。这些数据可以从多种途径方便地获得。例如，对于美国公司而言，证券交易委员会在其 EDGAR 网站（www. sec. gov/edgar. shtml）中提供了相关信息。美国证券交易委员会要求所有上市公司（除外国公司和资产低于1 000 万美元或股东少于500 人的公司外）通过 EDGAR 提交注册报表、定期财务报告和其他信息，任何人都可以访问并下载这些信息。

许多网站提供各种数据分析信息，如标准普尔公司的市场观察服务（Market Insight Service），它包括

COMPUSTAT。表 18-1 列出了 COMPUSTAT 在 2010 年 1 月 13 日报告的微软公司关键财务数据选录。

表 18-1 微软公司关键财务数据，2010 年 1 月 13 日

当前季度末：2009 年 9 月	当前年末：2009 年 6 月		
综合信息			
当前股价（美元）	30.070 000	实际普通股股东（人）	142 468
发行在外股份数（100 万）	8 900.000	实际雇员（人）	93 000
资本市值（100 万美元）	267 623.000	标准普尔评级	AAA
最近 12 个月	**公司**		**年度变化（%）**
销售收入（100 万美元）	56 296.000		-8.8
息税折旧前利润（100 万美元）	21 799.000		-16.5
净收入（100 万美元）	13 770.000		-22.5
经营活动产生的每股收益（美元）	1.58		-18.6
每股股利（美元）	0.520 00		18.2
估值	**公司**		**行业平均**
股价/经营活动产生的每股收益	19.0		20.4
股价/账面价值	6.5		4.6
股价/销售收入	4.8		3.9
股价/现金流	16.3		20.9
盈利（%）	**公司**		**行业平均**
股权收益率	33.4		14.4
资产收益率	16.9		7.1
营业利润率	34.1		31.6
净利润率	24.5		12.4
财务风险	**公司**		**行业平均**
负债/权益	14.5		29.6
现金流/股数	1.8		27.6

资料来源：COMPUSTAT Company Profiles, January 13, 2010.

根据表 18-1 显示，微软当天的普通股股价是 30.07 美元，发行在外的普通股股数是 89 亿股，总市值为 2 676.23 亿美元。表中的“估值”栏还列出了微软股价与财务报表中的经营活动产生的每股收益、账面价值、销售收入和现金流这四个项目（首先将每一项目的数值除以发行在外的股份数）的比值，其中股价/每股收益（市盈率）为 19.0，股价/账面价值为 6.5，股价/销售收入为 4.8。这些比较估值比率通常用于评估一家公司相对于同行业其他公司的价值。表中“估值”栏的最右边是在个人电脑软件行业中这些比率的行业平均值。

例如，分析师可能会把微软的股价/现金流比率 16.3 与行业平均水平 20.9 作比较。通过比较发现，微软的股价可能被低估了。但是另一方面，微软的股价/账面价值是 6.5，**账面价值**（book value）是指资产负债表中所列公司净值，而行业平均值为 4.6，通过比较这一比率发现，微软的股价似乎又被高估了。此外，微软的股价/销售收入的值也高于行业平均水平，这一比率对评估处于起步阶段的公司和行业非常有用。由于处于起步阶段的公司的经营利润通常为负值，而且不会对外报告，因此分析师把关注点从每股收益转到了每股销售收入上面。

账面价值的局限性

公司股东有时被称为“剩余追索者”，这意味着股东的利益是公司资产扣除负债后的剩余价值，股东权益即为公司净值。然而，财务报表中的资产和负债是基于历史价值而非当前价值来确认的，例如，资产的账面价值等于最初取得成本减去一些折旧调整，即使该资产的市场价格已发生变化。而且，折旧是用来对资产的最初取得成本进行摊销的，它并不能反映资产的实际价值损失。

账面价值衡量的是资产和负债的历史成本，而市场价值衡量的是资产和负债的当前价值。股东权益的市场价值

等于所有资产和负债的市场价值之差。（股价等于股东权益的市场价值除以发行在外的股份数量。）我们已强调过，当前价值通常不等于历史价值。更重要的是，许多资产（如知名品牌的价值和特定专业知识的价值）根本不包括在资产负债表中。市场价值是基于持续经营假设来衡量公司价值的，一般情况下，股票的市场价值不可能等于其账面价值。

账面价值是否代表了股票价格的“底线”，市场价值是否永远不可能低于账面价值？尽管2010年微软的每股账面价值低于其市场价格，但是其他证据还是证明了上述观点（账面价值代表股价的“底线”）是错的。尽管这种情况不是很常见，但总有一些公司的股价低于其账面价值。例如，2010年年初，Sprint/Nextel、花旗、Mitsubishi、E*trade和美国在线的股价均低于其账面价值。

每股**清算价值**（liquidation value）更好地衡量了股票的价格底线。清算价值是指公司破产后，变卖资产、偿还债务以后余下的可向股东分配的价值。这样定义的理由是若一家公司的市场价值低于其清算价值，公司将成为被并购的目标，因为并购者发现买入足够多的股票获得公司控制权是有利可图的，因为清算价值将超过其购买股票所花费的成本。

评估公司价值的另一个方法是评估公司资产扣除负债后的**重置成本**（replacement cost）。一些分析师相信公司的市场价值不会长期高于其重置成本，因为如果市场价值长期高于重置成本，竞争者会试图复制这家公司，随着越来越多的相似公司进入这个行业，竞争压力将迫使所有公司的市值下跌，直至与重置成本相等。

这个观点在经济学家中非常流行。市值与重置成本的比值被称为**托宾q值**（Tobin's q），因诺贝尔经济学奖获得者詹姆斯·托宾而得名。根据上述观点，从长期来看，市值与重置成本的比值将趋向于1，但证据却表明该比值可在长期内显著不等于1。

尽管只关注资产负债表可以得到清算价值或重置成本等有用信息，但为了更好地估计公司价值，分析师通常会把重点转向预期未来现金流（在持续经营的假设前提下）。接下来本章将考察分析师用来对普通股进行估值的定量模型。

18.2　内在价值与市场价格

在持续经营假设前提下，用来评估公司价值的最常用模型产生于人们的观察：股票投资者期望获得包括现金股利和资本利得或损失在内的收益。假设持有期为1年，股票ABC的预期每股股利$E(D_1)$为4美元，其当前市场价格P_0为48美元，年末预期价格$E(P_1)$为52美元。在这里我们并不考虑下一年的价格是如何得出的，只考虑在已知下一年的价格时，当前的股票价格是否具有吸引力。

持有期的期望收益率等于$E(D_1)$加上预期的价格增长$E(P_1)-P_0$，再除以当前市场价格P_0，即：

$$\text{期望收益率}=E(r)=\frac{E(D_1)+[E(P_1)-P_0]}{P_0}=\frac{4+(52-48)}{48}=0.167=16.7\%$$

因此，持有期间的股票期望收益率等于预期股利收益率$E(D_1)/P_0$与价格增长率即资本利得收益率$[E(P_1)-P_0]/P_0$之和。

但是，股票ABC的必要收益率又是多少呢？根据资本资产定价模型我们知道，当股票的市场价格处于均衡水平时，投资者的期望收益率为$r_f+\beta[E(R_M)-r_f]$。因此，用β来测度风险，资本资产定价模型可以用来估计投资者的期望收益率，该收益率是投资者对所有具有相同风险的投资所要求的收益率。我们通常用k来表示必要收益率。若股票定价是正确的，那么其期望收益率将等于必要收益率。证券分析师的目标是发现被误定价的股票，例如，定价被低估的股票的期望收益率将高于必要收益率。

假设$r_f=6\%$，$E(R_M)-r_f=5\%$，股票ABC的β值等于1.2，则k等于：

$$k=6\%+1.2\times5\%=12\%$$

因此，股票ABC的投资者在持有期间的期望收益率16.7%比其必要收益率高出4.7%。很自然，投资者会希望在其投资组合中持有更多的ABC，而不是采取消极投资策略。

判断股票价值是否被低估的另一种方法是比较股票的内在价值和市场价格。股票的**内在价值**（intrinsic value）通常用V_0表示，是指股票能为投资者带来的所有现金回报的现值，是把股利和最终出售股票的所得用适当的风险调整利率k进行贴现得到的。若股票的内在价值，或者说投资者对股票真实价值的估计，超过了其市场价格说明该股票的价格被低估了，值得进行投资。在股票ABC的例子中，根据一年的投资期和一年后 $P_1 = 52$ 美元的价格预测，ABC的内在价值为：

$$V_0 = \frac{E(D_1) + E(P_1)}{1+k} = \frac{4+52}{1.12} = 50 \text{ 美元}$$

这意味着，当ABC的股价等于每股50美元时，投资者的收益率为12%，恰好等于必要收益率。但是，当前的股价为每股48美元，相对于内在价值而言股价被低估了。在这种价格水平下，股票ABC所提供的收益率相对于其风险而言偏高。换句话说，根据资本资产定价模型，这是一只正 α 的股票。投资者会希望在其投资组合中持有更多的ABC，而不是采取消极的投资策略。

若ABC的内在价值低于其当前的市场价格，投资者会购买比采取被动投资策略更少的股票。甚至像我们在第3章中所讨论的那样，投资者会卖空ABC。

当市场均衡时，股票的市场价格反映了所有市场参与者对其内在价值的估计。这意味着对 V_0 的估计与市场价格 P_0 不同的投资者，必定在 $E(D_1)$、$E(P_1)$ 和 k 的估计上全部或部分与市场共识不同。市场对必要收益率所达成的共识叫做**市场资本化率**（market capitalization rate），本章会经常用到它。

概念检查 18-1

你预期一年后股票IBX的股价为每股59.77美元，其当前市场价格为每股50美元，且你预期公司会派发每股2.15美元的股利。

a. 该股票的预期股利收益率、股价增长率和持有期收益率各是多少？

b. 若该股票的 β 值为1.15，无风险收益率为6%，市场投资组合的期望收益率为14%，则股票IBX的必要收益率为多少？

c. 股票IBX的内在价值是多少？其与市场价格相比是高还是低？

18.3 股利贴现模型

假设某投资者买入一股Steady State公司的股票，计划持有一年。该股票的内在价值是年末公司派发的股利 D_1 与预期售价 P_1 的现值。为避免麻烦，从此以后我们用符号 P_1 代替 $E(P_1)$。但是，预期售价和股利是未知的，因此我们计算的是期望的内在价值，而非确定的内在价值。已知：

$$V_0 = \frac{D_1 + P_1}{1+k} \tag{18-1}$$

尽管根据公司的历史情况可以预测年末派发的股利，但是我们应该怎样估计年末的股价 P_1 呢？根据式（18-1），V_1（第一年末的内在价值）等于：

$$V_1 = \frac{D_2 + P_2}{1+k}$$

若假设下一年股票将会以内在价值被销售，即 $V_1 = P_1$，将其带入式（18-1）可得：

$$V_0 = \frac{D_1}{1+k} + \frac{D_2 + P_2}{(1+k)^2}$$

该式可以解释为持有期为两年时的股利现值与售价现值之和。当然，现在需要给出 P_2 的预测值。根据上述内容类推，我们可以用 $(D_3 + P_3)/(1+k)$ 来代替 P_2，从而将 P_0 与持有期为三年时的股利现值与售价现值之和联系起来。

更为一般的情况，当持有期为 H 年时，我们可将股票价值表示为持有期为 H 年时的股利现值与售价现值之和，即：

$$V_0 = \frac{D_1}{1+k} + \frac{D_2}{(1+k)^2} + \cdots + \frac{D_H + P_H}{(1+k)^H} \tag{18-2}$$

请注意该式与第14章中债券估值公式的相似之处，两者中的价格都是一系列收入（债券的利息和股票的股利）的现值与最终收入（债券的面值和股票的售价）的现值之和。主要差别在于股票的股利不确定，没有固定的到期日，且最终售价也不确定。事实上，我们可以继续将上式中的价格无限地替代下去，得：

$$V_0 = \frac{D_1}{1+k} + \frac{D_2}{(1+k)^2} + \frac{D_3}{(1+k)^3} + \cdots \tag{18-3}$$

式（18-3）说明股票的价格等于无限期内所有预期股利的现值之和。该式被称为**股利贴现模型**（dividend discount model，DDM）。

式（18-3）很容易让人认为股利贴现模型只注重股利，而忽略了资本利得也是投资者投资股票的一个动机，这种观点是不正确的。事实上，式（18-1）已明确说明资本利得（反映在预期售价 P_1 中）是股票价值的一部分。股利贴现模型说明股票的未来售价取决于投资者现在对股利的预期。

式（18-3）中仅出现股利并不说明投资者忽略了资本利得，而是因为资本利得是由股票出售时人们对股利的预期决定的。这就是为什么式（18-2）中的股票价格可以写成股利现值与任何销售日期售价的现值之和。P_H 是在时间 H 上对所有 H 时期后预期股利的贴现值之和，然后将该值贴现至现在，即时间0。股利贴现模型说明股票价格最终取决于股票持有者不断取得的现金流，即股利。[⊖]

18.3.1 固定增长的股利贴现模型

式（18-3）对股票进行估价时的作用并不大，因为它要求对未来无限期内的股利进行预测。为使股利贴现模型更具实用性，我们须引入一些简化的假设。在这个问题上，一个通常而有用的假设是股利增长率 g 是固定的。假设 $g=0.05$，最近支付的股利是 $D_0=3.81$，那么预期未来的股利为：

$$D_1 = D_0(1+g) = 3.81\times1.05 = 4.00$$

$$D_2 = D_0(1+g)^2 = 3.81\times(1.05)^2 = 4.20$$

$$D_3 = D_0(1+g)^3 = 3.81\times(1.05)^3 = 4.41$$

$$\vdots$$

把这些股利的预测值代入式（18.3），可得出内在价值为：

$$V_0 = \frac{D_0(1+g)}{1+k} + \frac{D_0(1+g)^2}{(1+k)^2} + \frac{D_0(1+g)^3}{(1+k)^3} + \cdots$$

该式可化简为：[⊜]

$$V_0 = \frac{D_0(1+g)}{k-g} = \frac{D_1}{k-g} \tag{18-4}$$

注意，式（18-4）中是用 D_1 而非 D_0 除以 $k-g$ 来计算内在价值的。若 Steady State Electronics 公司的市场资本化率为12%，我们可以根据式（18-4）计算一股 Steady State Electronics 公司股票的内在价值，为：

$$\frac{3.81(1+0.05)}{0.12-0.05} = \frac{4.00}{0.12-0.05} = 57.14(\text{美元})$$

式（18-4）被称为**固定增长的股利贴现模型**（constant-growth DDM，简称固定增长模型），或被称为戈登模型，以迈伦·戈登的名字命名，他使该模型普遍传播开来。该模型或许会让你回想起永续年金的计算公式。若股利不增长，

⊖ 若投资者从未预期可以获得股息收入，那么该模型将意味着股票没有任何价值。但实际中不发放股息的股票仍有市场价值，为使股息贴现模型与这一现实相协调，必须假设投资者在未来某天会获得一些现金支付，即使仅是清算的股息。

⊜ 证明过程如下。根据

$$V_0 = \frac{D_1}{1+k} + \frac{D_1(1+g)}{(1+k)^2} + \frac{D_1(1+g)^2}{(1+k)^3} + \cdots$$

两边同乘以 $(1+k)/(1+g)$，得：

$$\frac{(1+k)}{(1+g)}V_0 = \frac{D_1}{(1+g)} + \frac{D_1}{(1+k)} + \frac{D_1(1+g)}{(1+k)^2} + \cdots$$

两式相减，得：

$$\frac{(1+k)}{(1+g)}V_0 - V_0 = \frac{D_1}{(1+g)}$$

化简得：

$$\frac{(k-g)}{(1+g)}v_0 = \frac{D_1}{(1+g)}$$

$$V_0 = \frac{D_1}{k-g}$$

那么股利流就是简单的永续年金，此时，估值公式变为[注] $V_0 = D_1/k$。式（18-4）是永续年金计算公式的一般形式，它包含了年金增长的情况。随着 g 的增长（D_1 确定）股价也在增长。

【例18-1】 优先股和股利贴现模型

优先股支付固定的股利，可使用固定增长的股利贴现模型对优先股进行估值，只是股利的固定增长率为0。例如，假设某种优先股的固定股利为每股2美元，贴现率为8%，则该优先股的价值为：

$$V_0 = \frac{2}{0.08 - 0} = 25(\text{美元})$$ ■

【例18-2】 固定增长的股利贴现模型

High Flyer Industries 公司刚刚派发了每股3美元的年度股利，预期股利将以8%的固定增长率增长，该公司股票的 β 值为1.0，无风险利率为6%，市场风险溢价为8%，该股票的内在价值是多少？若你认为该公司股票的风险更高，β 值应为1.25，那么你估计该股票的内在价值是多少？

因为刚刚派发了每股3美元的股利且股利增长率为8%，那么可以预测年末将派发的股利为 $3 \times 1.08 = 3.24$ 美元。市场资本化率等于 $6\% + 1.0 \times 8\% = 14\%$，因此，该股票的内在价值为：

$$V_0 = \frac{D_1}{k - g} = \frac{3.24}{0.14 - 0.08} = 54(\text{美元})$$

若该股票被认为风险应该更高，则其价值应该更低。当其 β 值为1.25时，市场资本化率为 $6\% \times 1.25 \times 8\% = 16\%$，那么股票的内在价值仅为：

$$\frac{3.24}{0.16 - 0.08} = 40.50(\text{美元})$$ ■

只有当 g 小于 k 时固定增长的股利贴现模型才可以使用，若预期股利的增长率将超过 k，股票的价值将会是无限大。若分析师经分析认为 g 大于 k，该增长率 g 是无法长期保持的。适用于这种情况的估值模型是多阶段股利贴现模型，下面将对这种模型进行讨论。

固定增长的股利贴现模型被股票市场分析师广泛应用，因此有必要探索其含义和本身存在的局限性。在下列情形下固定增长的股利贴现模型意味着股票价值将会越大：

- 预期的每股股利越高。
- 市场资本化率 k 越小。
- 预期的股利增长率越高。

固定增长模型的另一个含义是股价与股利将按同样的增长率增长。为了说明这一点，假设 Steady State Electronics 公司的股票按内在价值每股57.14美元销售，即 $V_0 = P_0$，则有：

$$P_0 = \frac{D_1}{k - g}$$

从上式中可以发现，股价与股利是成比例的。因此，当预期第二年的股利将增长 $g = 5\%$ 时，股价也会增长5%。下面将证明这一点：

$$D_2 = 4 \times 1.05 = 4.20(\text{美元})$$

$$P_1 = \frac{D_2}{k - g} = \frac{4.20}{0.12 - 0.05} = 60.00(\text{美元})$$

该股价比当前股价57.14美元高了5%。总结得出：

$$P_1 = \frac{D_2}{k - g} = \frac{D_1(1 + g)}{k - g} = \frac{D_1}{k - g}(1 + g) = P_0(1 + g)$$

因此，固定增长的股利贴现模型说明每年的股价增长都等于股利的固定增长率 g。注意，若股票的市场价格等于其内在价值（即 $V_0 = P_0$），则持有期的收益率等于：

[注] 回顾金融简介，每年1美元的永续年金的现值等于 $1/k$。例如，若 $k = 10\%$，永续年金的现值等于 $1/0.10 = 10$ 美元。若式（18-4）中的 $g = 0$，那么固定增长股息贴现模型的公式与永续年金的计算公式相同。

$$E(r) = \text{股息收益率} + \text{资本利得收益率}$$

$$= \frac{D_1}{P_0} + \frac{P_1 - P_0}{P_0} = \frac{D_1}{P_0} + g \tag{18-5}$$

该式提供了一种推断股票市场资本化率的方法。因为如果股票按内在价值销售，则有 $E(r) = k$，即 $k = D_1/P_0 + g$。通过计算股利收益率 D_1/P_0 个估计股利增长率 g，我们可以得出 k。该式也被称为现金流贴现公式。

这种方法通常用于管制公共事业的定价问题中。负责审批公共设施定价决策的监管机构被授权允许公共事业公司在成本基础上加上“公平”的利润来确定价格，也就是说，允许公司在生产能力投资上获得竞争性收益。反过来，这个收益率是投资者投资该公司股票的必要收益率。公式 $D_1/P_0 + g$ 提供了一种推测必要收益率的方法。

【例 18-3】 **固定增长模型**

假设 Steady State Electronics 公司为其计算机芯片赢得了一份主要合同，该合同非常有利可图，可在不降低当前每股 4 美元股利的前提下，使股利增长率由 5% 上升到 6%。该公司的股价将如何变化？

作为对赢得合同这一利好消息的反映，股价应该会上涨。事实上股价确实上涨了，从最初每股 57.14 美元涨到了：

$$\frac{D_1}{k - g} = \frac{4.00}{0.12 - 0.06} = 66.67(\text{美元})$$

宣布利好消息时持有该股票的投资者将会获得实质性的暴利。

另一方面，宣告利好消息后股票的期望收益率仍为 12%，与宣告利好消息前一样。

$$E(r) = \frac{D_1}{P_0} + g = \frac{4.00}{66.67} + 0.06 = 0.12 \text{ 或 } 12\%$$

这一结果是说得通的。赢得合同这一利好消息将被反映在股价中，股票的期望收益率与股票的风险水平一致，股票的风险水平并没有改变，因此期望收益率也不会改变。■

概念检查 18-2

a. 预期年底 IBX 公司将派发每股 2.15 美元的股利，且预期股利年增长率为 11.2%，若 IBX 公司股票的必要收益率为 15.2%，该股票的内在价值是多少？

b. 若 IBX 股票的当前市价等于其内在价值，则预期第二年的股价为多少？

c. 若某投资者现在购入 IBX 公司的股票，并于一年后收到每股 2.15 美元的股利后将股票售出，则预期资本利得（即价格上涨）率是多少？股利收益率和持有期收益率又分别是多少？

18.3.2 价格收敛于内在价值

假设股票 ABC 的当前市价仅为每股 48 美元，因此股价被低估了 2 美元。在这种情况下，预期价格增长率取决于另外一个假设，即内在价值与市场价格之间的差异是否会消失，如果会，将何时消失？

最普遍的假设是该差异永远不会消失，且市场价格将永远以接近 g 的增长率增长下去。如果这样，内在价值与市场价格之间的差异也将以相同的增长率增长。在本例中：

当前	下一年
$V_0 = 50$ 美元	$V_1 = 50 \times 1.04 = 52$ 美元
$P_0 = 48$ 美元	$P_1 = 48 \times 1.04 = 49.92$ 美元
$V_0 - P_0 = 2$ 美元	$V_1 - P_1 = 2 \times 1.04 = 2.08$ 美元

在这一假设条件下，持有期收益率将超过必要收益率，因为若 $P_0 = V_0$，股利收益率将会更高。在本例中股利收益率为 8.33%，而不是 8%，因此预期的持有期收益率为 12.33%，而非 12%，即：

$$E(r) = \frac{D_1}{P_0} + g = \frac{4}{48} + 0.04 = 0.0833 + 0.04 = 12.33\%$$

若投资者识别出该价值被低估的股票，那么他获得的持有期收益率将超过必要收益率 33 个基点。这种超额回报每年都可获得，股票的市场价格将永远不可能等于其内在价值。

另一假设是内在价值与市场价格之间的差异将在年末消失。在本例中将有 $P_1 = V_1 = 52$ 美元，且：

$$E(r) = \frac{D_1}{P_0} + \frac{P_1 - P_0}{P_0} = \frac{4}{48} + \frac{52 - 48}{48} = 0.0833 + 0.0833 = 16.67\%$$

在内在价值与市场价格将变得一致的假设下，一年期的持有期收益率更高。但在未来的年份里，股票投资者将只能获得公平收益率。

许多股票分析师都假设随时间的推移，如经过 5 年后，股票价格将趋于内在价值。在这种假设条件下，一年期的持有期收益率为 12.33% ~16.67% 。

18.3.3 股价和投资机会

假设 Cash Cow 和 Growth Prospects 两家公司未来一年的每股盈利均为 5 美元。原则上，两家公司应把全部收益以股利的形式发放给股东，以维持持续的每股 5 美元的股利流。若市场资本化率 $k = 12.5\%$，则对两家公司股票的估值均为 $D_1/k = 5/0.125 = 40$ 美元/股。两家公司的价值均不会增加，因为所有的盈利都已股利的形式发放出去了，没有其他的盈利可以用来进行再投资。两家公司的资本存量和赢利能力也均不会发生变化，盈利[㊀]和股利也不会增加。

现假设其中的一家公司，Growth Prospects 公司投资了一个项目，其投资回报率为 15%，高于必要回报率 $k = 12.5\%$。对于这样的公司而言，把所有的盈利以股利的形式发放出去是不明智的。若 Growth Prospects 公司保留部分盈利再投资到该有利可图的项目中，可为股东赚取 15% 的收益率。但若其不考虑该项目，把所有的盈利以股利的形式发放出去，股东把获得的股利再投资于其他投资机会，只能获得 12.5% 的公平市场利率。因此，若 Growth Prospects 公司选择较低的**股利支付率**（dividend payout ratio，指公司派发的股利占公司盈利的百分比），将股利支付率从 100% 降低到 40%，此时便可将**盈余再投资率**（plowback ratio，指将公司盈利用于再投资的比例）维持在 60%。盈余再投资率也称为**收益留存率**（earnings retention ratio）。

因此，公司派发的股利是每股 2 美元（每股收益 5 美元的 40%）而非每股 5 美元。股价会下跌吗？不，股价会上涨。尽管公司的盈余留存政策使股利减少了，但由于再投资产生的利润将使公司资产增加，进而使未来的股利增加，这些都将反映在当前的股价中。

图 18-1 说明了在两种股利政策下 Growth Prospects 公司派发的股利流情况。较低的再投资率政策可以使公司派发较高的初始股利，但股利增长率低。最终，较高的再投资率政策将提供更高的股利。若在高再投资率政策下股利增长得足够快，股票的价值会高于低再投资率政策下股票的价值。

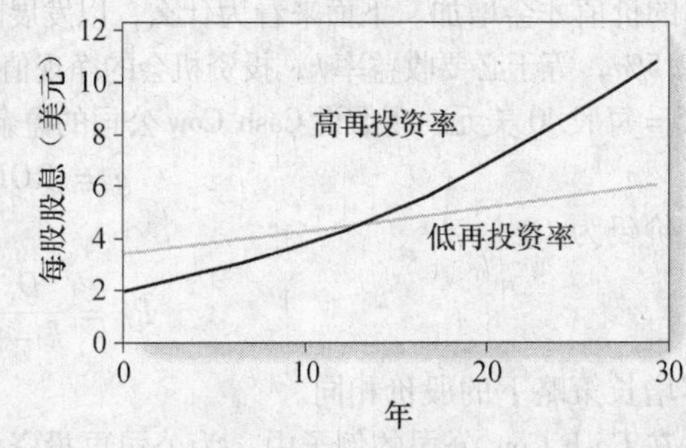

图 18-1　两种盈余再投资政策下的股利增长情况

股利将会增长多少？假设 Growth Prospects 公司初创时厂房和设备投资共 1 亿美元，全部为权益融资。该公司的投资回报率或者说净资产收益率（ROE）为 15%，总收益等于净资产收益率乘以 1 亿美元 = 0.15 × 1 = 1 500 万美元。发行在外的股票数量为 300 万股，因此每股收益为 5 美元。若当年 1 500 万美元的总收益中有 60% 用来再投资，那么公司资产的价值将增加 0.60 × 1 500 = 900 万美元，或者说增加 9%。资产增加的百分比等于净资产收益率乘以盈余再投资率，通常用 b 来表示盈余再投资率。

由于资产增加 9%，公司的收益将增加 9%，发放的股利也会随之增加 9%，因此，股利增长率等于：[㊁]

$$g = \text{ROE} \times b = 0.15 \times 0.60 = 0.09$$

若股票价格等于其内在价值，则股票价格等于：

㊀ 事实上，此处的盈利是指用来维持公司资本生产力所必需的资金，即“经济折旧”的净收益。换句话说，此处的盈利是指公司在不影响其生产能力的情况下可持续每年支付的最大金额。因此，此处的净收益可能与公司在其财务报表中所报告的会计利润大为不同。我们将在下一章详细讨论这一问题。

㊁ 这种关系可以通过以下推导过程得出：当净资产收益率不变时，收益（ROE × 账面价值）的增加比例等于公司账面价值的增加比例，不考虑新增发行的股票，可以发现账面价值增加的比例等于用于再投资的收益除以账面价值，因此有：

$$g = \frac{\text{用于再投资的收益}}{\text{账面价值}} = \frac{\text{用于再投资的收益}}{\text{总收益}} \times \frac{\text{总收益}}{\text{账面价值}} = b \times \text{ROE}$$

$$P_0 = \frac{D_1}{k-g} = \frac{2}{0.125 - 0.09} = 57.14(\text{美元})$$

当 Growth Prospects 公司执行零增长政策，把所有的收益都以股利的形式发放给股东时，股价仅为每股 40 美元，因此，我们可以把 40 美元当成公司每股现有资产的价值。

当 Growth Prospects 公司决定减少当前股利发放用于再投资时，其股价将上涨。股价的上涨反映了再投资的期望收益率高于必要收益率这一事实。换句话说，该投资机会的净现值为正值。公司价值的增加等于投资机会的净现值，该净现值也被称为**增长机会价值**（present value of growth opportunities，PVGO）。

因此，我们可以把公司价值当成公司现有资产的价值之和，或者是零增长公司的价值，加上公司所有未来投资的净现值（即增长机会价值）。对 Growth Prospects 公司而言，增长机会价值等于每股 17.14 美元：

$$\text{股价} = \text{零增长公司的股价} + \text{增长机会价值}$$

$$P_0 = \frac{E_1}{k} + \text{PVGO} \tag{18-6}$$

$$57.14 = 40 + 17.14$$

我们知道，现实中股利减少总是伴随着股价下跌，这是否与我们的分析相违背？其实并不违背：股利减少通常被看做关于公司前景的坏消息，但股利收益率的降低并不是引起股价下跌的原因，关于公司的新信息才是引起股价下跌的真正原因。

为人们众所周知的例子是佛罗里达电力照明公司，该公司宣告减少股利发放并不是迫于财务压力，而是其希望在放松管制的一段时间内取得更有利的竞争地位。起初，股市并不认同这种解释，消息宣告日当天股价下跌了 14%。但在一个月内，市场开始相信公司确实做出了一项有利于其发展前景的战略性决策，于是股价超过了宣告减少股利之前的水平。在消息公布后的一年里，即使包括最初的股价下跌，该公司股票的市场表现依然超过了标准普尔 500 指数和标准普尔公共事业指数的市场表现。

认识到投资者真正想要的并不是公司价值增长这一点很重要。只有当公司有高利润的投资项目（即 $\text{ROE} > k$）时，公司的价值才会增加。下面来看为什么，以发展前景不尽如人意的 Cash Cow 公司为例。Cash Cow 公司的净资产收益率仅为 12.5%，等于必要收益率 k，投资机会的净现值为 0。在 $b=0$、$g=0$ 的零增长策略下，Cash Cow 股票的价值为 $E_1/k = 5/0.125 =$ 每股 40 美元。现假设 Cash Cow 公司的盈余再投资率 b 与 Growth Prospects 公司相同，均为 0.60，那么 g 将增加到：

$$g = \text{ROE} \times b = 0.125 \times 0.60 = 0.075$$

但股价仍为：

$$P_0 = \frac{D_1}{k-g} = \frac{2}{0.125 - 0.075} = 40(\text{美元})$$

与零增长策略下的股价相同。

在 Cash Cow 公司的例子中，为公司再投资而采取的股利减少策略只能使股价维持在当前水平，事实也应该是这样的。若公司所投资项目的收益率仅与股东自己可以赚到的相等，即使在高再投资政策下，股东也不能得到更多好处。这说明“增长”与增长机会不同。只有项目的期望收益率高于股东其他投资的收益率时，公司进行再投资才是合理的。注意 Cash Cow 公司的增长机会价值也为零，即 $= P_0 - E_1/k = 40 - 40 = 0$。当 $\text{ROE} = k$ 时，将资金再投入公司并不能带来什么好处，PVGO = 0 时，情况也是一样的。事实上，这也是拥有大量现金流但投资前景有限的公司被称为“现金牛”的原因，这些公司产生的现金最好被取出。

【例 18-4】　**增长机会**

尽管公司的市场资本化率 $k = 15\%$，Takeover Target 公司的管理层坚持把盈利的 60% 再投资于净投资收益率仅为 10% 的投资项目。该公司年末派发的股利为每股 2 美元，公司的每股盈利为 5 美元。股票的价格应为多少？增长机会价值又为多少？为什么这样的公司会成为其他公司的收购目标？

按照公司当前管理者的投资策略，股利增长率为：

$$g = \text{ROE} \times b = 10\% \times 0.60 = 6\%$$

股价为：

$$P_0 = \frac{2}{0.15 - 0.06} = 22.22(\text{美元})$$

增长机会价值为：

$$\text{PVGO} = \text{股价} - \text{零增长时的每股价值}$$
$$= 22.22 - E_1/k = 22.22 - 5/0.15 = -11.11(\text{美元})$$

增长机会价值为负数，这是因为该公司投资项目的净现值为负，其资产的收益率小于资本的机会成本。

这种公司往往成为收购的目标，因为其他公司能够以每股22.22美元的价格购买该公司的股票，进而收购该公司，然后通过改变其投资策略来提高公司价值。例如，如果新管理层所有盈利都以股利的形式发放给股东，公司价值便能增加到零增长策略时的水平，$E_1/k=5/0.15=33.33$ 美元。■

概念检查 18-3

a. 假设某公司的盈余再投资率为60%，净资产收益率为20%，当前的每股收益 E_1 为5美元，$k=12.5\%$，计算该公司的股价。

b. 若该公司的净资产收益率小于市场资本化率，为10%，股价应为多少？将该公司股价与有相同ROE和 E_1 但盈余再投资率 b 为0的公司的股价相比。

18.3.4 生命周期与多阶段增长模型

固定增长的股利贴现模型基于一个简化的假设，即股利增长率是固定不变的，记住这一点与记住模型本身一样重要。事实上，公司处于不同的生命周期阶段股利政策大相径庭。早期，公司有大量有利可图的投资机会，股利支付率低，增长机会较快。后来，公司成熟后，生产能力已足够满足市场需求，竞争者进入市场，难以再发现好的投资机会。在成熟阶段，公司会提高股利支付率，而不是保留盈利。虽然股利发放水平提高，但由于缺少增长机会，公司今后的增长将非常缓慢。

表18-2说明了这一点。表中列出了价值线公司给出的计算机软件行业和东海岸电力设施行业一些样本公司的资产收益率、股利支付率和三年期每股收益的预计增长率。（在此比较的是资产收益率而非净资产收益率，原因是后者受杠杆影响较大，而电力设施行业的杠杆比率一般远远高于计算机软件行业。资产收益率衡量的是一美元资产的经营利润为多少，而不管资本来源是债务融资还是权益融资。本书第19章将继续讨论这一问题。）

表18-2 两个行业的财务比率

	资产收益率（%）	股息支付率（%）	增长率，2010~2013年		资产收益率（%）	股息支付率（%）	增长率，2010~2013年
计算机软件行业				**电力设施行业**			
Adobe Systems	12.5%	0.0%	17.0%	Central Hudson G&E	5.5%	73.0%	6.3%
Cognizant	16.5	0.0	14.5	Central Vermont	5.0	51.0	3.9
Compuware	11.5	0.0	10.9	Consolidated Edison	6.0	63.0	6.4
Intuit	17.0	0.0	9.8	Duke Energy	5.5	78.0	5.3
Microsoft	35.5	30.0	15.9	Northeast Utilities	5.5	53.0	4.9
Oracle	29.5	14.0	12.0	NStar	9.5	61.0	8.4
Red Hat	12.0	0.0	23.6	Pennsylvania Power（PPL）	10.5	50.0	5.4
Parametric Tech	14.0	0.0	39.2	Public Services Enter	10.5	44.0	4.9
SAP	20.0	28.0	9.7	United Illuminating	6.5	76.0	4.0
中值	16.5%	0.0%	14.5%	中值	6.0%	61.0%	5.3%

资料来源：*Value Line Investment Survey*, November, 2009. Reprinted with permission of Value Line Investment Survey. © 2009 Value Line Publishing, Inc. All rights reserved.

总的来说，软件公司具有非常吸引人的投资机会，这些公司资产收益率的中值为16.5%，相应地，它们的盈余再投资率也很高，大多数公司根本不派发股利。高资产收益率和高再投资率的结果是高增长率，这些公司每股收益预期增长率的中值为14.5%。

相比而言，电力设施公司更加具有成熟公司的特点，其资产收益率的中值较低，为6%；股利支付率的中值较高，为61%；增长率的中值较低，为5.3%。

电力设施行业的高股利支付率说明其可获得高收益率的投资机会较少。例如，2004年微软宣告将大幅增加股利发放，并将回购数十亿美元的本公司股票，这被普遍认为是微软进入低增长期的信号。微软经营中产生的现金远远超出了其进行投资所需的现金，只能以股利的形式发放给股东。

为了评估暂时具有高增长率的公司，分析师通常使用多阶段股利贴现模型。首先，预测早先高增长时期的股利并计算其现值。然后，一旦预计公司进入稳定增长阶段，便使用固定增长的股利贴现模型对剩下的股利流进行贴现。

下面我们用一个现实中的例子进行说明。图18-2是价值线投资调查公司对本田汽车公司的调查报告，该图概括了2009年年末的相关信息。

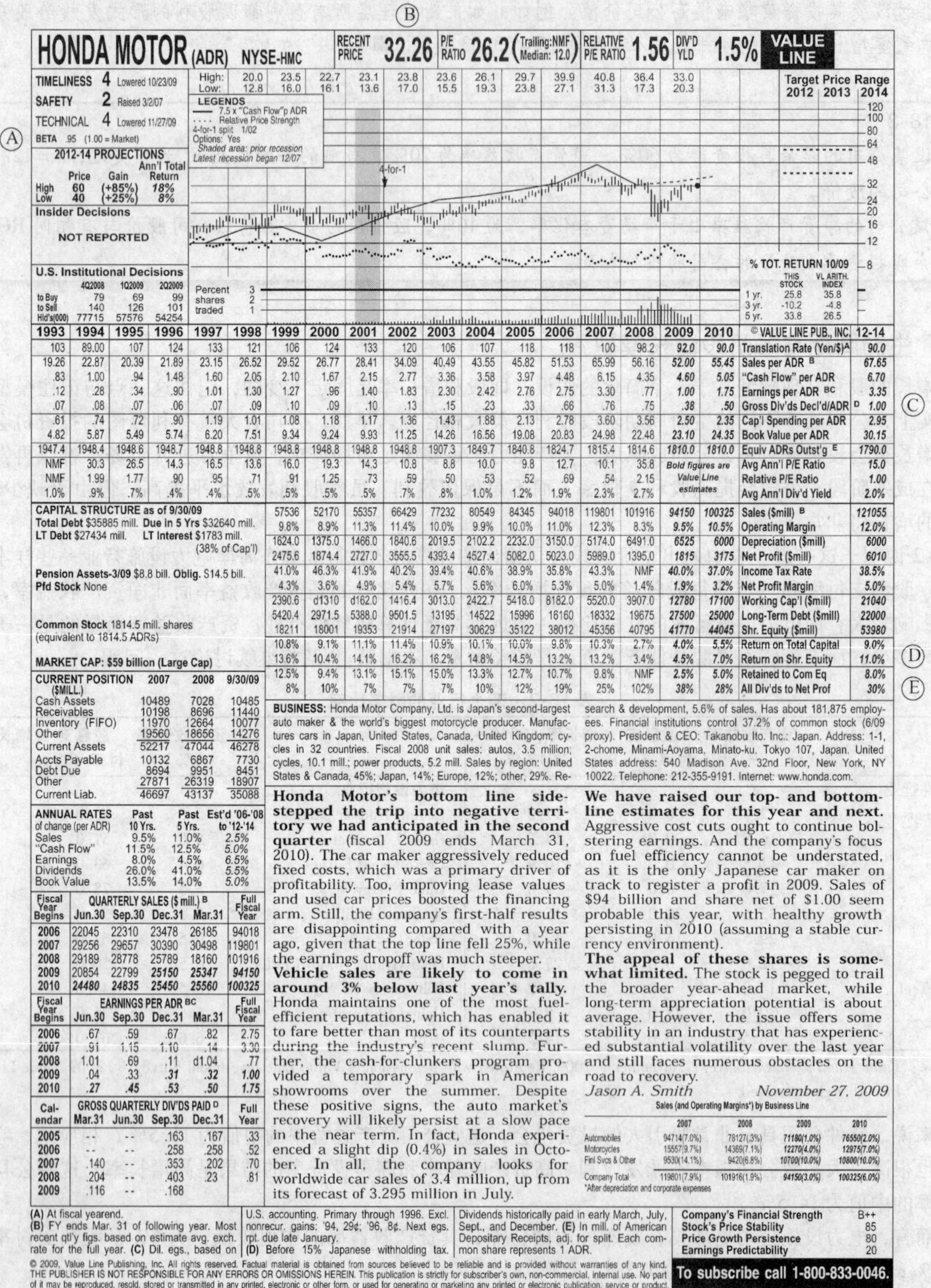

HONDA MOTOR (ADR) NYSE-HMC | RECENT PRICE 32.26 | P/E RATIO 26.2 (Trailing: NMF; Median: 12.0) | RELATIVE P/E RATIO 1.56 | DIV'D YLD 1.5% | VALUE LINE

TIMELINESS 4 Lowered 10/23/09
SAFETY 2 Raised 3/2/07
TECHNICAL 4 Lowered 11/27/09
BETA .95 (1.00 = Market)

	1999	2000	2001	2002	2003	2004	2005	2006	2007	2008	2009
High:	20.0	23.5	22.7	23.1	23.8	23.6	26.1	29.7	39.9	40.8	36.4	33.0
Low:	12.8	16.0	16.1	13.6	17.0	15.5	19.3	23.8	27.1	31.3	17.3	20.3

LEGENDS
— 7.5 x "Cash Flow"p ADR
.... Relative Price Strength
4-for-1 split 1/02
Options: Yes
Shaded area: prior recession
Latest recession began 12/07

Target Price Range 2012 | 2013 | 2014

2012-14 PROJECTIONS

	Price	Gain	Ann'l Total Return
High	60	(+85%)	18%
Low	40	(+25%)	8%

Insider Decisions

NOT REPORTED

U.S. Institutional Decisions

	4Q2008	1Q2009	2Q2009
to Buy	79	69	99
to Sell	140	126	101
Hld's(000)	77715	57576	54254

% TOT. RETURN 10/09

	THIS STOCK	VL ARITH. INDEX
1 yr.	25.8	35.8
3 yr.	-10.2	-4.8
5 yr.	33.8	26.5

1993	1994	1995	1996	1997	1998	1999	2000	2001	2002	2003	2004	2005	2006	2007	2008	2009	2010	© VALUE LINE PUB., INC.	12-14
103	89.00	107	124	133	121	106	124	133	120	106	107	118	118	100	98.2	*92.0*	*90.0*	Translation Rate (Yen/$)[A]	*90.0*
19.26	22.87	20.39	21.89	23.15	26.52	29.52	26.77	28.41	34.09	40.49	43.55	45.82	51.53	65.99	56.16	*52.00*	*55.45*	Sales per ADR [B]	*67.65*
.83	1.00	.94	1.48	1.60	2.05	2.10	1.67	2.15	2.77	3.36	3.58	3.97	4.48	6.15	4.35	*4.60*	*5.05*	"Cash Flow" per ADR	*6.70*
.12	.28	.34	.90	1.01	1.30	1.27	.96	1.40	1.83	2.30	2.42	2.76	2.75	3.30	.77	*1.00*	*1.75*	Earnings per ADR [BC]	*3.35*
.07	.08	.07	.06	.07	.09	.10	.09	.10	.13	.15	.23	.33	.66	.76	.75	*.38*	*.50*	Gross Div'ds Decl'd/ADR [D]	*1.00*
.61	.74	.72	.90	1.19	1.01	1.08	1.18	1.17	1.36	1.43	1.88	2.13	2.78	3.60	3.56	*2.50*	*2.35*	Cap'l Spending per ADR	*2.95*
4.82	5.87	5.49	5.74	6.20	7.51	9.34	9.24	9.93	11.25	14.26	16.56	19.08	20.83	24.98	22.48	*23.10*	*24.35*	Book Value per ADR	*30.15*
1947.4	1948.4	1948.6	1948.7	1948.8	1948.8	1948.8	1948.8	1948.8	1948.8	1907.3	1849.7	1840.8	1824.7	1815.4	1814.6	*1810.0*	*1810.0*	Equiv ADRs Outst'g [E]	*1790.0*
NMF	30.3	26.5	14.3	16.5	13.6	16.0	19.3	14.3	10.8	8.8	10.0	9.8	12.7	10.1	35.8	*Bold figures are*		Avg Ann'l P/E Ratio	*15.0*
NMF	1.99	1.77	.90	.95	.71	.91	1.25	.73	.59	.50	.53	.52	.69	.54	2.15	*Value Line*		Relative P/E Ratio	*1.00*
1.0%	.9%	.7%	.4%	.4%	.5%	.5%	.5%	.5%	.7%	.8%	1.0%	1.2%	1.9%	2.3%	2.7%	*estimates*		Avg Ann'l Div'd Yield	*2.0%*
						57536	52170	55357	66429	77232	80549	84345	94018	119801	101916	*94150*	*100325*	Sales ($mill) [B]	*121055*
						9.8%	8.9%	11.3%	11.4%	10.0%	9.9%	10.0%	11.0%	12.3%	8.3%	*9.5%*	*10.5%*	Operating Margin	*12.0%*
						1624.0	1375.0	1466.0	1840.6	2019.5	2102.2	2232.0	3150.0	5174.0	6491.0	*6525*	*6000*	Depreciation ($mill)	*6000*
						2475.6	1874.4	2727.0	3555.5	4393.4	4527.4	5082.0	5023.0	5989.0	1395.0	*1815*	*3175*	Net Profit ($mill)	*6010*
						41.0%	46.3%	41.9%	40.2%	39.4%	40.6%	38.9%	35.8%	43.3%	NMF	*40.0%*	*37.0%*	Income Tax Rate	*38.5%*
						4.3%	3.6%	4.9%	5.4%	5.7%	5.6%	6.0%	5.3%	5.0%	1.4%	*1.9%*	*3.2%*	Net Profit Margin	*5.0%*
						2390.6	d1310	d162.0	1416.4	3013.0	2422.7	5418.0	8182.0	5520.0	3907.0	*12780*	*17100*	Working Cap'l ($mill)	*21040*
						5420.4	2971.5	5388.0	9501.5	13195	14522	15996	16160	18332	19675	*27500*	*25000*	Long-Term Debt ($mill)	*22000*
						18211	18001	19353	21914	27197	30629	35122	38012	45356	40795	*41770*	*44045*	Shr. Equity ($mill)	*53980*
						10.8%	9.1%	11.1%	11.4%	10.9%	10.1%	10.0%	9.8%	10.3%	2.7%	*4.0%*	*5.5%*	Return on Total Capital	*9.0%*
						13.6%	10.4%	14.1%	16.2%	16.2%	14.8%	14.5%	13.2%	13.2%	3.4%	*4.5%*	*7.0%*	Return on Shr. Equity	*11.0%*
						12.5%	9.4%	13.1%	15.1%	15.0%	13.3%	12.7%	10.7%	9.8%	NMF	*2.5%*	*5.0%*	Retained to Com Eq	*8.0%*
						8%	10%	7%	7%	7%	10%	12%	19%	25%	102%	*38%*	*28%*	All Div'ds to Net Prof	*30%*

CAPITAL STRUCTURE as of 9/30/09
Total Debt $35885 mill. **Due in 5 Yrs** $32640 mill.
LT Debt $27434 mill. **LT Interest** $1783 mill.
(38% of Cap'l)

Pension Assets-3/09 $8.8 bill. **Oblig.** $14.5 bill.
Pfd Stock None

Common Stock 1814.5 mill. shares
(equivalent to 1814.5 ADRs)

MARKET CAP: $59 billion (Large Cap)

CURRENT POSITION ($MILL.)	2007	2008	9/30/09
Cash Assets	10489	7028	10485
Receivables	10198	8696	11440
Inventory (FIFO)	11970	12664	10077
Other	19560	18656	14276
Current Assets	52217	47044	46278
Accts Payable	10132	6867	7730
Debt Due	8694	9951	8451
Other	27871	26319	18907
Current Liab.	46697	43137	35088

ANNUAL RATES of change (per ADR)	Past 10 Yrs.	Past 5 Yrs.	Est'd '06-'08 to '12-'14
Sales	9.5%	11.0%	2.5%
"Cash Flow"	11.5%	12.5%	5.0%
Earnings	8.0%	4.5%	6.5%
Dividends	26.0%	41.0%	5.5%
Book Value	13.5%	14.0%	5.0%

Fiscal Year Begins	QUARTERLY SALES ($ mill.) [B] Jun.30	Sep.30	Dec.31	Mar.31	Full Fiscal Year
2006	22045	22310	23478	26185	94018
2007	29256	29657	30390	30498	119801
2008	29189	28778	25789	18160	101916
2009	20854	22799	*25150*	*25347*	*94150*
2010	*24480*	*24835*	*25450*	*25560*	*100325*

Fiscal Year Begins	EARNINGS PER ADR [BC] Jun.30	Sep.30	Dec.31	Mar.31	Full Fiscal Year
2006	.67	.59	.67	.82	2.75
2007	.91	1.15	1.10	.14	3.30
2008	1.01	.69	.11	d1.04	.77
2009	.04	.33	*.31*	*.32*	*1.00*
2010	*.27*	*.45*	*.53*	*.50*	*1.75*

Cal-endar	GROSS QUARTERLY DIV'DS PAID [D] Mar.31	Jun.30	Sep.30	Dec.31	Full Year
2005	--	--	.163	.167	.33
2006	--	--	.258	.258	.52
2007	.140	--	.353	.202	.70
2008	.204	--	.403	.23	.81
2009	.116	--	.168		

BUSINESS: Honda Motor Company, Ltd. is Japan's second-largest auto maker & the world's biggest motorcycle producer. Manufactures cars in Japan, United States, Canada, United Kingdom; cycles in 32 countries. Fiscal 2008 unit sales: autos, 3.5 million; cycles, 10.1 mill.; power products, 5.2 mill. Sales by region: United States & Canada, 45%; Japan, 14%; Europe, 12%; other, 29%. Research & development, 5.6% of sales. Has about 181,875 employees. Financial institutions control 37.2% of common stock (6/09 proxy). President & CEO: Takanobu Ito. Inc.: Japan. Address: 1-1, 2-chome, Minami-Aoyama, Minato-ku. Tokyo 107, Japan. United States address: 540 Madison Ave. 32nd Floor, New York, NY 10022. Telephone: 212-355-9191. Internet: www.honda.com.

Honda Motor's bottom line sidestepped the trip into negative territory we had anticipated in the second quarter (fiscal 2009 ends March 31, 2010). The car maker aggressively reduced fixed costs, which was a primary driver of profitability. Too, improving lease values and used car prices boosted the financing arm. Still, the company's first-half results are disappointing compared with a year ago, given that the top line fell 25%, while the earnings dropoff was much steeper.

Vehicle sales are likely to come in around 3% below last year's tally. Honda maintains one of the most fuel-efficient reputations, which has enabled it to fare better than most of its counterparts during the industry's recent slump. Further, the cash-for-clunkers program provided a temporary spark in American showrooms over the summer. Despite these positive signs, the auto market's recovery will likely persist at a slow pace in the near term. In fact, Honda experienced a slight dip (0.4%) in sales in October. In all, the company looks for worldwide car sales of 3.4 million, up from its forecast of 3.295 million in July.

We have raised our top- and bottom-line estimates for this year and next. Aggressive cost cuts ought to continue bolstering earnings. And the company's focus on fuel efficiency cannot be understated, as it is the only Japanese car maker on track to register a profit in 2009. Sales of $94 billion and share net of $1.00 seem probable this year, with healthy growth persisting in 2010 (assuming a stable currency environment).

The appeal of these shares is somewhat limited. The stock is pegged to trail the broader year-ahead market, while long-term appreciation potential is about average. However, the issue offers some stability in an industry that has experienced substantial volatility over the last year and still faces numerous obstacles on the road to recovery.

Jason A. Smith *November 27, 2009*

Sales (and Operating Margins*) by Business Line

	2007	2008	2009	2010
Automobiles	94714(7.0%)	78127(.3%)	*71180(1.0%)*	*76550(2.0%)*
Motorcycles	15557(9.7%)	14369(7.1%)	*12270(4.0%)*	*12975(7.0%)*
Finl Svcs & Other	9530(14.1%)	9420(6.8%)	*10700(10.0%)*	*10800(10.0%)*
Company Total	119801(7.9%)	101916(1.9%)	*94150(3.0%)*	*100325(6.0%)*

*After depreciation and corporate expenses

(A) At fiscal yearend. (B) FY ends Mar. 31 of following year. Most recent qtl'y figs. based on estimate avg. exch. rate for the full year. (C) Dil. egs., based on U.S. accounting. Primary through 1996. Excl. nonrecur. gains: '94, 29¢; '96, 8¢. Next egs. rpt. due late January. (D) Before 15% Japanese withholding tax. Dividends historically paid in early March, July, Sept., and December. (E) In mill. of American Depositary Receipts, adj. for split. Each common share represents 1 ADR.

Company's Financial Strength	B++
Stock's Price Stability	85
Price Growth Persistence	80
Earnings Predictability	20

图18-2 价值线投资调查公司对本田汽车公司的调查报告

资料来源：Jason A. Smith, Value Line Investment Survey, November 27, 2009. Reprinted with permission of Value Line Investment Survey. © 2009 Value Line Publishing, Inc. All rights reserved.

其中，Ⓐ部分是本田汽车公司的β值，Ⓑ部分是近期股价，Ⓒ部分是每股股利，Ⓓ部分是净资产收益率（图中用“股权收益率”表示），Ⓔ部分是股利支付率（图中用“股利占净利润的百分比”表示）。[⊖] Ⓒ、Ⓓ、Ⓔ旁边的几行记录了一些历史时间序列，“2010”下面的斜体加粗数据是该年的估计数据。类似地，最右边一栏（标着“12-14”）是对2012～2014年某一时间的估计值，我们假设为2013年。

价值线公司预测本田公司在接下来的时间将快速增长，股利将从2010年的每股0.50美元上升到2013年的每股1.00美元。但这种高增长率不可能无限期地持续下去。如果我们在2010～2013年采用线性插值法，便可以得到如下的股利预测值：

2010年	0.50美元	2012年	0.83美元
2011年	0.66美元	2013年	1.00美元

现假设自2013年起股利增长率持平，这时固定增长率应为多少？价值线公司预测本田的股利支付率为0.30，净资产增长率为11%，那么长期增长率应为：

$$g = \text{ROE} \times b = 11.0\% \times (1 - 0.30) = 7.70\%$$

此处，我们采用的投资期间截至2013年，因此可以套用公式（18-2）估计本田公司股票的内在价值，在此重复一遍：

$$V_{2009} = \frac{D_{2010}}{1+k} + \frac{D_{2011}}{(1+k)^2} + \frac{D_{2012}}{(1+k)^3} + \frac{D_{2013} + P_{2013}}{(1+k)^4} = \frac{0.50}{1+k} + \frac{0.66}{(1+k)^2} + \frac{0.83}{(1+k)^3} + \frac{1.00 + P_{2013}}{(1+k)^4}$$

上式中，P_{2003}是对2013年年末本田公司股票的价格预测。自2013年起，股利进入固定增长阶段，根据固定增长的股利贴现模型，可计算出该价格为：

$$P_{2013} = \frac{D_{2014}}{k-g} = \frac{D_{2013}(1+g)}{k-g} = \frac{1.00 \times 1.077}{k - 0.077}$$

现在，要计算内在价值剩下唯一要确定的变量是市场资本化率k。

确定k的一种方法是使用资本资产定价模型。从价值线公司的报告中我们可以知道本田公司的β值为0.95，2009年年末短期国库券的无风险利率约为3.5%。假设预期市场风险溢价与历史平均水平一致，为8%。因此，市场收益率的预测值等于：

$$\text{无风险利率} + \text{市场风险溢价} = 3.5\% + 8\% = 11.5\%$$

因此，可以得出本田公司的市场资本化率为：

$$k = r_f + \beta[E(r_M) - r_f] = 3.5\% + 0.95(11.5 - 3.5) = 11.1\%$$

于是，2009年股价的预测值为：

$$P_{2013} = \frac{1.00 \times 1.077}{0.111 - 0.077} = 31.68(\text{美元})$$

因此，当前内在价值的估计值为：

$$V_{2009} = \frac{0.50}{1.111} + \frac{0.66}{(1.111)^2} + \frac{0.83}{(1.111)^3} + \frac{1.00 + 31.68}{(1.111)^4} = 23.04(\text{美元})$$

从价值线公司的报告中我们知道本田公司的实际股价为32.26美元（在Ⓑ旁边），对内在价值的分析说明本田公司的股价被高估了。那么，我们是否应该增持本田公司的股票呢？

或许应该增持。但是在下注之前，应该首先考虑一下我们估计的准确性。未来的股利、股利增长率以及合适的贴现率都是我们猜测的，而且我们假设本田公司只有相对简单的两阶段增长过程。但事实上，股利的增长方式可能更为复杂。这些估计值中只要有一点小错误就可能推翻结论。

例如，假设我们低估了本田公司的增长前景，2013年后本田公司的实际净资产收益率为13%而非11%。若在股利贴现模型中使用这个较高净资产收益率，我们将得到2009年年末本田公司股票的内在价值为38.05美元，高于实

⊖ 由于本田是一家日本公司，美国投资者一般通过美国存托凭证来持有其股票。美国存托凭证并不是公司股票，但代表了对在美国证券市场交易的外国股票的求索权。在本例中，一份本田公司的美国存托凭证代表一股该公司普通股，但在其他例子中，一份美国存托凭证可能代表多股股票，也可能代表不到一股股票。

际股票价格。这样，我们得出的结论与之前完全相反。

这个例子强调了对股票进行估值时做敏感性分析的重要性。我们对股票价值的估计与我们的假设是一致的，敏感性分析将帮助我们找出那些需要重点检验的数据。例如在前面的例子中，尽管对2013年后净资产增长率的估计只发生了很小的变化，但却导致内在价值发生很大变化。同样，市场资本化率的微小变化也会造成内在价值的重大变化。但另一方面，2010～2013年股利预测的合理变化只对内在价值产生很小的影响。

概念检查 18-4

证明当 ROE = 13% 时，本田公司股票的内在价值为 38.05 美元。（提示：首先计算2013 年的股价，然后计算所有股利的现值与2013 年股价的现值。）

18.3.5　多阶段增长模型

本田公司的两阶段增长模型是一个靠近现实的良好开端，很明显，若估值模型可以适用于更灵活的增长模式，估值将会更准确。多阶段增长模型允许在公司成熟期股利按不同的增长率增长。许多分析师采用三阶段增长模型，他们假设在公司成熟早期股利快速增长（或者逐年对股利进行预测），在成熟末期股利稳定增长，在初期和末期之间有一个过渡时期，在此期间股利增长率由最初的高速增长转变为最终的稳定增长。从理论上讲这些模型的运用并不比两阶段模型难，但这些模型需要更多计算，用人工来解非常繁琐。然而，若为这种模型建立 Excel 电子表格，计算过程将变得非常简单。

数据表 18-3 是一个关于此类模型的例子。B 列为输入的关于本田公司的数据，E 列是预期的股利。单元格 E2 到 E5 是价值线公司对未来四年股利的预测，在此期间股利增长迅速，平均年增长率约为 26%。在此没有假设在 2013 年股利将进入稳定增长阶段，而是假设 2013 年股利增长率仍为 26%，且此后将持续下降，直至 2024 年达到 7.7%（见 F 列）。过渡期内每年的股利等于前一年的股利乘以当年的股利增长率。公司进入稳定增长阶段的最终价值（单元格 G17）根据固定增长的股利贴现模型计算得出。最后，投资者各个时期的现金流（H 列）等于每年的股利加上 2024 年的最终价值。这些现金流的现值的计算结果显示在单元格 H19 中，为 49.44 美元，约为两阶段增长模型的两倍。本例中，我们计算得出的内在价值更大，这是因为最初 26% 的股利增长率太高，逐渐才降低到了稳定增长阶段的水平。

表 18-3　本田汽车公司的三阶段增长模型

	A	B	C	D	E	F	G	H	I
1	Inputs			Year	Dividend	Div growth	Term value	Investor CF	
2	beta	0.95		2009	0.50			0.50	
3	mkt_prem	0.08		2010	0.67			0.67	
4	rf	0.035		2011	0.83			0.83	
5	k_equity	0.111		2012	1.00			1.00	
6	plowback	0.7		2013	1.26	0.2599		1.26	
7	roe	0.11		2014	1.56	0.2416		1.56	
8	term_gwth	0.077		2015	1.91	0.2233		1.91	
9				2016	2.31	0.2050		2.31	
10				2017	2.74	0.1868		2.74	
11				2018	3.20	0.1685		3.20	
12	Value line			2019	3.68	0.1502		3.68	
13	forecasts of			2020	4.16	0.1319		4.16	
14	annual dividends			2021	4.64	0.1136		4.64	
15				2022	5.08	0.0953		5.08	
16				2023	5.47	0.0770		5.47	
17	Transitional period			2024	5.89	0.0770	186.57	192.46	
18	with slowing dividend								
19	growth							49.44 = PV of CF	
20		Beginning of constant			E17*(1+F17)/(B5-F17)				
21		growth period						NPV(B5,H2:H17)	

18.4　市盈率

18.4.1　市盈率与增长机会

现实中对股票市场估值的讨论主要集中于公司的**价格收益乘数**（price-earnings multiple）上，该值等于每股价格与每股收益之比，通常被称为市盈率。对增长机会的讨论将告诉我们为什么股票市场分析师如此关注市盈率。Cash Cow 和 Growth Prospects 两家公司的每股收益均为 5 美元，但 Growth Prospects 公司的再投资率为60%，预期的 ROE 为15%，而 Cash Cow 公司的再投资率为零，所有盈利都将以股利的形式发放给股东。Cash Cow 的股价为每股 40 美元，市盈率为 40/5 = 8，Growth Prospects 的股价为每股 57.14 美元，市盈率为 57.14/5 = 11.4。这个例子说明市盈率是预测增长机会的一个有用指标。

将式（18-6）变形，我们可以看到增长机会是如何反映在市盈率中的：

$$\frac{P_0}{E_1} = \frac{1}{k}\left(1 + \frac{\text{PVGO}}{E/k}\right) \tag{18-7}$$

当 PVGO = 0 时，由式（18-7）可得 $P_0 = E_1/k$，即用 E_1 的零增长年金来对股票进行估值，市盈率恰好等于 $1/k$。但是，当 PVGO 成为决定价格的主导因素时，市盈率会迅速上升。

PVGO 与 E/k 的比率有一个简单的解释，即公司价值中增长机会贡献的部分与现有资产贡献的部分（即零增长模型中公司的价值 E/k）之比。当未来增长机会主导总估值时，对公司的估值将相对于当前收益较高。这样，高市盈率看上去表示公司拥有大量增长机会。

下面让我们看一下市盈率是否随着增长前景的变化而变化。例如，1992 ~ 2009 年，麦当劳的市盈率平均约为 19.0，而联合爱迪生公司（一家电力设施公司）的市盈率只有它的 2/3。这些数字并不能说明麦当劳相对于联合爱迪生公司而言被高估了。若投资者相信麦当劳的增长速度将高于联合爱迪生公司，那么有较高的市盈率是合理的。也就是说，如果投资者期望收益将快速增长，那么他们愿意为现在每一美元的收益支付更高的价格。事实上，麦当劳的增长速度与它的市盈率是一致的。在这一时期，麦当劳的每股收益每年约以 11.0% 的速度增长，而联合爱迪生公司的增长速度仅为 1.2%。后文中的图 18-4 说明了两家公司在这段时期的每股收益。

很明显，是增长机会的差别使两家公司的市盈率大不相同。市盈率实际上是市场对公司增长前景的乐观态度的反映。分析师在使用市盈率时，必须清楚自己是比市场更乐观还是更悲观，若更乐观，他们会建议买入股票。

有一种方法会使这些观点更明确。让我们重新回顾一下固定增长的股利贴现模型公式，$P_0 = D_1/(k-g)$，股利等于公司未用于再投资的盈利，即 $D_1 = E_1(1-b)$，又有 $g = \text{ROE} \times b$。因此代换 D_1 和 g 可得：

$$P_0 = \frac{E_1(1-b)}{k - \text{ROE} \times b}$$

这说明市盈率等于：

$$\frac{P_0}{E_1} = \frac{1-b}{k - \text{ROE} \times b} \tag{18-8}$$

通过上市容易证明市盈率随 ROE 的增加而增加，这是说得通的，因为 ROE 高的项目会为公司带来增长机会。[⊖]而且还容易证明，只要 ROE 超过 k，市盈率随再投资率 b 的增加而增加。这也是说得通的，当公司有好的投资机会时，若公司可以更大胆地利用这些机会将更多的盈利用于再投资，市场将回报给它更高的市盈率。

但是切记，增长本身并不是人们所希望的好事。表 18-4 是用不同的 ROE 与 b 组合计算出的增长率和市盈率。虽然增长率随再投资率的增加而增加（见表 18-4a），但市盈率却不是这样（见表 18-4b）。在表 18-4b 的第一行中，市盈率随再投资率的增

表 18-4　ROE 和再投资率对增长率和市盈率的影响

	再投资率（b）			
	0	0.25	0.50	0.75
ROE（%）	**a. 增长率 g（%）**			
10	0	2.5	5.0	7.5
12	0	3.0	6.0	9.0
14	0	3.5	7.0	10.5
	b. 市盈率			
10	8.33	7.89	7.14	5.56
12	8.33	8.33	8.33	8.33
14	8.33	8.82	10.00	16.67

注：假设每年 $k = 12\%$。

⊖ 注意，式（18-8）只是根据 $\text{ROE} \times b = g$ 对股息贴现模型进行了简单变形，因为模型要求 $g < k$，因此式（18-8）只在 $\text{ROE} \times b = g$ 时有意义。

加而降低；在中间一行中，市盈率不受再投资率的影响；在第三行，市盈率随之而增加。

对这种变动有一个简单的解释。当预期 ROE 小于必要收益率 k 时，投资者更希望公司把盈利以股利的形式发放下来，而不是再投资于低收益率的项目。也就是说由于 ROE 小于 k，公司价值随再投资率的增加而降低。相反，当 ROE 大于 k 时，公司提供了有吸引力的投资机会，因此公司价值会随再投资率的提高而增加。

最后，当 ROE 恰好等于 k 时，公司提供了拥有公平收益率的“盈亏平衡”的投资机会。在这种情况下，对投资者而言，将公司盈利进行再投资还是投资于其他具有相同市场资本化率的项目并无差别，因为在两种情况下，收益率均为 12%。因此，股价不受再投资率影响。

综上所述，再投资率越高，增长率越高；但再投资率越高并不意味着市盈率越高。只有当公司提供的期望收益率大于市场资本化率时，高再投资率才会增加市盈率。否则，高再投资率只会损害投资者的利益，因为高再投资率意味着更多的钱将被投入到低收益率项目中。

尽管这些想法不错，人们通常把市盈率当做股利或盈利增长率。事实上，华尔街的经验之谈是增长率应大致等于市盈率。换句话说，市盈率与 g 的比值，通常被称为 PEG 比率，应约等于 1.0。著名的投资组合经理人彼得 · 林奇在他的《彼得 · 林奇的成功投资》[⊖]一书中这样写道：

> 对于任何一家公平定价的公司而言，市盈率都应等于增长率。在这里我所说的是收益增长率……若可口可乐公司的市盈率为 15，那么你会预期公司将以每年 15% 的速度增长，等等。但若市盈率低于增长率，你可能发现了一个很好的投资机会。

【例 18-5】 **市盈率与增长率**

让我们检验一下林奇的经验法则。假设：

$$r_f = 8\% \quad \text{（大约是林奇写书时的值）}$$

$$r_M - r_f = 8\% \quad \text{（约是市场风险溢价的历史平均值）}$$

$$b = 0.4 \quad \text{（美国再投资率的典型代表）}$$

因此，$r_M = r_f +$ 市场风险溢价 $= 8\% + 8\% = 16\%$，且一般公司（$\beta = 1$）的 $k = 16\%$。若我们认为 ROE = 16%（与股票的期望收益率相等）是合理的，那么：

$$g = \text{ROE} \times b = 16\% \times 0.4 = 6.4\%$$

且

$$\frac{P}{E} = \frac{1 - 0.4}{0.16 - 0.064} = 6.26$$

因此，在这些假设条件下，市盈率与 g 大约相等，与经验法则一致。

但是注意，与所有其他方法一样，这种经验法则并不适用于所有情形。例如，当前的 r_f 值约为 3.5%，因此对当前 r_M 的估计值应为：

$$r_f + \text{市场风险溢价} = 3.5\% + 8\% = 11.5\%$$

若我们仍然考虑 $\beta = 1$ 的公司，且 ROE 仍约等于 k，那么有：

$$g = 11.5\% \times 0.4 = 4.6\%$$

而

$$\frac{P}{E} = \frac{1 - 0.4}{0.115 - 0.046} = 8.70$$

此时 P/E 与 g 显著不同，且 PEG 比率为 1.9。但是，低于平均水平的 PEG 比率仍被普遍认为是价格低估的信号。■

增长机会的重要性在对初创公司的估值中最为明显。例如，在 20 世纪 90 年代末网络公司繁荣发展时期，尽管许多公司仍未盈

概念检查 18-5

股票 ABC 的预期年净资产收益率为 12%，预期每股收益为 2 美元，预期每股股利为 1.5 美元，年市场资本化率为 10%。

a. 其预期增长率、价格和市盈率分别为多少？

b. 若盈余再投资率为 0.4，预期每股股利、增长率和市盈率分别为多少？

⊖ 本书中文版机械工业出版社已出版。

利，但市场却认为其市值高达数十亿美元。例如，1998 年网络拍卖公司 eBay 的盈利为 240 万美元，远远低于传统拍卖公司 Sotheby 高达 4 500 万美元的盈利，但 eBay 的市值却高出 Sotheby 十倍之多，分别为 220 亿美元和 19 亿美元。（事实证明，市场对 eBay 的估值高出 Sotheby 如此之多是完全正确的。到 2006 年，eBay 的净利润超过 10 亿美元，超过 Sotheby 十倍，尽管此后 eBay 的利润有所下降，但 2009 年仍为 Sotheby 的数倍。）

当然，若对公司的估值主要取决于其增长机会，那么对公司前景的重新估计就会对估值产生影响。20 世纪 90 年代末，当市场对大多数网络零售公司的商业前景产生怀疑时，也就是说市场对其增长机会的预期下降时，这些公司的股价急剧下降。

随着对公司发展前景预期的改变，股价也会巨幅波动。增长前景难以被控制，但从本质上说，正是这些增长前景使经济中富有活力的公司的价值不断上升。

专栏 18-1 是一个基于市盈率的估值分析案例。文中指出，2010 年年初新兴市场的市盈率高于发达市场，这使新兴市场的股票相对而言更具吸引力。文中还指出，在盈利高增长的市场中，市盈率非常具有吸引力。

专栏 18-1

如何挑选海外投资标的

根据摩根士丹利资本国际提供的数据，发达国家市场（如西欧、加拿大和澳大利亚）的股票约以 2010 年期望收益的 14.4 倍交易，仅略低于标准普尔 500 指数，该指数约以 2010 年期望收益的 15 倍交易。

新兴市场在 2009 年产生了一部分最有活力的收益，但是这些市场的市盈率一般较低，只有 10.02。尽管小型市场的市盈率相对较低，但在很多情况下它们的市盈率已经达到危机时最低点的两倍还多。因此，“大多数新兴市场股票都是我们要售出的目标，却很少可以成为我们希望买入的目标，”英国牛津大学坦普利顿学院的 Sweeting 女士这样说道。

总的来说，今天全球范围内的大部分市盈率与 2010 年强劲的盈利增长率相比是较低的，其中，预期发达市场的盈利增长率约 28%，新兴市场约 26%，美国为 27%。当然，当第一季度的结果出来以后，公司管理者可以对剩下的三个季度有更好的认识，分析师也可以调整自己的预期。

资料来源：Jeff D. Opdyke, “Picking Your Shots Overseas,” *The Wall Street Journal*, January 5, 2010. Reprinted by permission of *The Wall Street Journal* © 2010.

18.4.2　市盈率与股票风险

所有的股票估值模型都包含一个重要含义：（其他条件相同）股票的风险越高，市盈率就越低。从固定增长的股利贴现模型可以清楚地看到这一点：

$$\frac{P}{E}=\frac{1-b}{k-g}$$

公司风险越高，必要收益率就越高，即 k 越大，因此，市盈率会越低。即使不考虑固定增长的股利贴现模型这也是正确的。对于任何期望收益和股利流，当人们认为风险越大时，其现值就越小，因此股价和市盈率也越低。

当然，你会发现许多刚起步的、高风险的小型公司都有很高的市盈率，但这与我们市盈率随风险下降的说法并不矛盾，相反，这正说明市场预期这些公司会有高增长率。这就是为什么我们强调在其他条件相同时，风险越高，市盈率越低。若对增长率的预期不变，对风险预期越高，市盈率就越低。

18.4.3　市盈率分析中的陷阱

若不对市盈率分析中的陷阱进行说明，那么对市盈率的分析就不完整。首先，市盈率的分母是会计利润，它在某种程度上会受会计准则的影响，如在计提折旧和进行存货估值时要使用历史成本。在高通货膨胀时期，用历史成本计算的折旧和存货估值会低估真实的经济价值，因为货物和设备的重置成本都将随一般物价水平上升。如图 18-3 所示，市盈率在 20 世纪 70 年代高通货膨

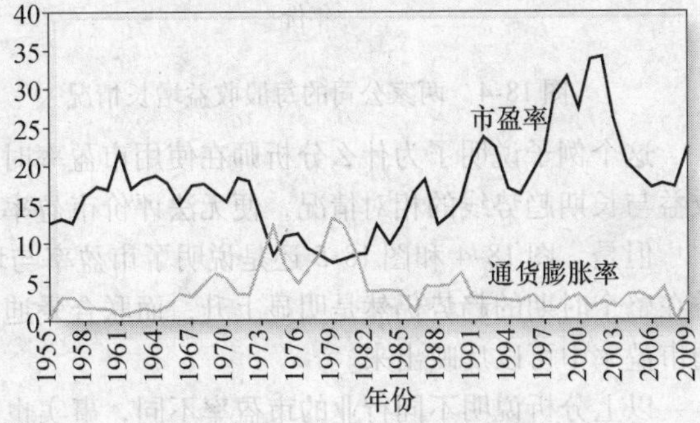

图 18-3　标准普尔 500 指数的市盈率和通货膨胀率

胀时显著下降，这反映了市场对盈利“低质量”的评估，因为这些时期的盈利均被通货膨胀歪曲，因此市盈率较低。

盈余管理（earnings management）是指利用会计准则的灵活性来改善公司表面的盈利状况。这一话题会在下一章财务报表分析中详细阐述。“预计盈余”是20世纪90年代开始普及的盈余管理版本。

计算预计盈余时忽略了部分费用，如重组费用、股票期权费用和持续经营中的资产减值。公司认为忽略这些费用会使公司的潜在盈利状况更加一目了然，与早期的数据比较会更有意义。

但当有太多余地选择什么费用被排除在外时，对投资者和分析师而言，要解释这些数字或在公司之间做出比较变得非常困难。由于缺少标准，公司在盈余管理方面有相当大的回旋余地。

甚至公认会计准则也在管理盈余方面给了公司相当大的自由裁量权。例如，20世纪90年代末，凯洛格公司将重组费用连续记录了九个月，而重组通常被认为是一次性事件。重组真的是一次性事件吗？或者说将重组费用看做普通费用是不是更合理？考虑到盈余管理有一定的回旋余地，估计市盈率变得非常困难。

使用市盈率时另一个易混淆的点与商业周期有关。在推导股利贴现模型时我们把盈利定义为扣除经济折旧的净值，即在不削弱生产能力的情况下公司可以分派的最大股利。但是报表中的利润是根据通用会计准则计算的，无须与经济利润一致。除此之外，式（18-7）和式（18-8）中，正常或者合理市盈率的概念隐含地假设了盈利是固定增长的，或者说沿光滑的趋势线上升。但是，报表中的利润随商业周期曲线的变化上下波动。

这里从另一个角度证实这一点，根据式（18-8）预测的“正常”市盈率是当前股价与未来盈利趋势值 E_1 的比率。但是报纸的财务专栏中报告的市盈率是股价与最近期会计利润的比值，而当前的会计利润可能与未来的经济利润相差甚远。股权既包括对当前盈利的权利，也包括对未来盈利的权利，股价与近期盈利的比率可能随商业周期而剧烈波动，而且会计利润与经济利润的趋势值可能或多或少地发生分离。

下面举一个例子，图18-4描绘了自1992年来麦当劳和联合爱迪生公司的每股收益。从图中可以看到，麦当劳的每股收益变化非常大。因为市场对公司未来的股利流进行了估价，当盈利暂时减少时，市盈率会变高。也就说，市盈率的分母比分子对商业周期更敏感。这在图中得到了证实。

图18-5描绘了两家公司的市盈率。麦当劳的每股收益和市盈率的波动都较大，它的高增长率清楚地体现在高市盈率中。2003～2005年联合爱迪生的市盈率超过了麦当劳，在这一时期，联合爱迪生的盈利暂时下降到了趋势线之下，而麦当劳的盈利超过了趋势线。市场似乎意识到这只是一种暂时情况，股价并没有因为盈利的这种变化明显波动，因此联合爱迪生的市盈率上升了，而麦当劳的市盈率下降了。

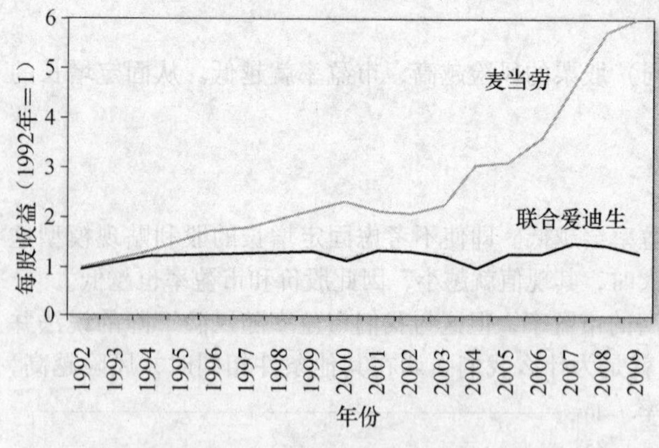

图18-4 两家公司的每股收益增长情况

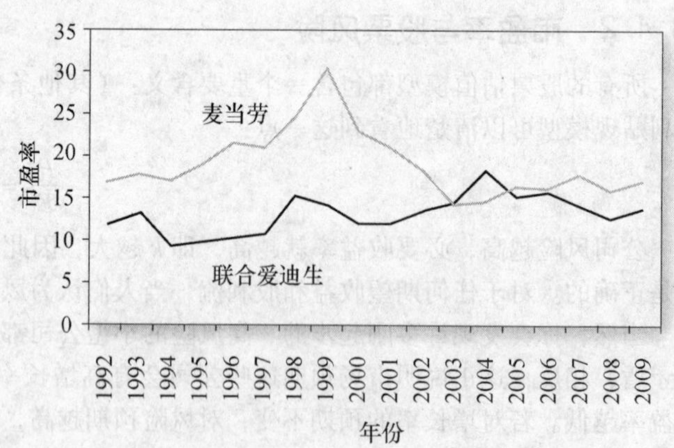

图18-5 两家公司的市盈率

这个例子说明了为什么分析师在使用市盈率时必须加倍小心。若不考虑公司的长期增长前景，不考虑当前每股收益与长期趋势线的相对情况，便无法评价市盈率是高了还是低了。

但是，图18-4和图18-5还是说明了市盈率与增长率之间的明确关系。尽管短期波动很大，但麦当劳的每股收益在整个时期的趋势仍然是明显上升，而联合爱迪生的每股收益变化则相当平缓。麦当劳的增长前景从其一贯较高的市盈率中可以反映出来。

以上分析说明不同行业的市盈率不同，事实也是如此。图18-6是2010年年初部分行业的市盈率情况。从图中我们可以发现，高市盈率的行业，如商业软件行业和污染控制行业，都有吸引人的投资机会和相对较高的增长率；

而低市盈率的行业，如烟草行业和计算机制造业，都是一些发展前景有限的成熟行业。通过说明市盈率分析中的陷阱可以发现，市盈率与增长率之间的关系并不完美，这并不奇怪，但是作为一条基本规律，市盈率确实是随增长机会的变化而变化的。

18.4.4 市盈率分析与股利贴现模型的结合

一些分析师利用市盈率和盈利预测来估计某一日期的股价。图18-2中价值线公司对本田公司的分析表明，本田2013年的预期市盈率为15，每股收益为3.35美元，这暗示了2013年的股价将为15×3.35=50.25美元。若已知2013年估计售价为50.25美元，便可以计算2009年股票的内在价值：

$$V_{2009}=\frac{0.50}{1.111}+\frac{0.66}{(1.111)^2}+\frac{0.83}{(1.111)^3}+\frac{1.00+50.25}{(1.111)^4}=35.23(\text{美元})$$

18.4.5 其他的比较估值比率

市盈率是一种比较估值比率，这种比率以一种基本指标（如盈利）为基础来比较公司之间的价值。例如，分析师可以比较同一行业中两家公司的市盈率来测试市场是否认为其中一家公司“更具有进取精神”。此外还经常用到一些其他的比较估值比率。

市净率 此比率使用每股价格除以每股账面价值。正如我们在本章前面介绍的一样，一些分析师认为账面价值可以有效衡量市场价值，因此把市净率（或股价账面价值比率）当做衡量公司进取性的指标。

股价现金流比率 损益表[⊖]中的利润会受不同会计方法的影响，因此不精确，甚至可以人为操纵。而现金流记录的是实际流入和流出企业的现金，受会计决策的影响较小。因此与市盈率相比，一些分析师更倾向于用股价现金流比率。在计算此比率时，有些分析师喜欢用经营现金流，还有些分析师喜欢用自由现金流，即扣除新增投资的经营现金流。

股价销售额比率 许多刚起步的公司都没有盈利，因此市盈率对这些公司而言没有意义。近来股价销售额比率（股价与每股年销售额的比率）成为衡量这些公司的一个常用指标。当然，不同行业间的股价销售额比率会大不相同，因为不同行业的利润率相差很大。

创造力 有时标准的估值比率是无法获得的，我们必须自己设计。20世纪90年代，一些分析师根据网站点击次数对网络零售公司进行估值，最后，他们开始用“股价点击比率”来对这些公司估值。在新的投资环境中，分析师总会使用可获得的信息来设计最好的估值工具。

图18-7是自1955年来整个市场各种指标的走势。尽管这些指标差别较大，但大多数时候其走势非常相近，同时上升或下降。

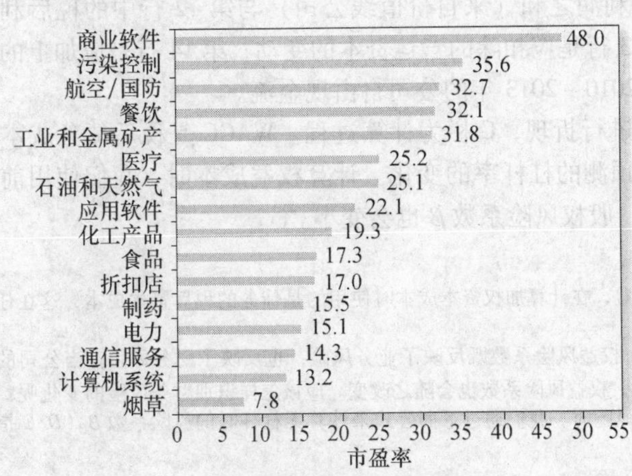

图18-6 不同行业的市盈率

资料来源：Data collected from Yahoo! Finance, January 5, 2010.

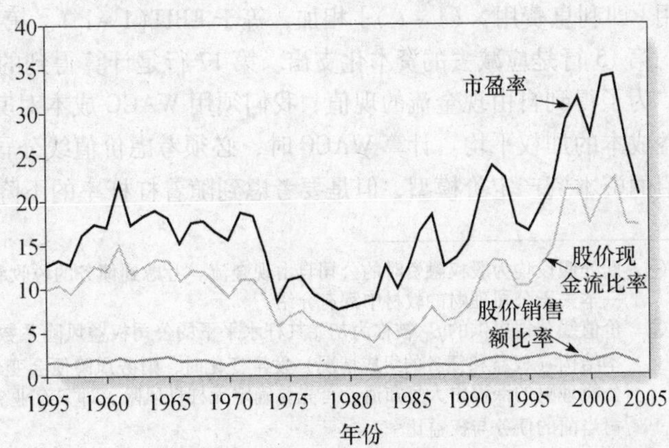

图18-7 市场估值统计

⊖ income statement，一般在会计中译为会计表，在此还是延用损益表的译法。——译者注

18.5 自由现金流估值方法

可以代替股利贴现模型对公司进行估值的另一种模型是自由现金流模型，自由现金流是指扣除资本性支出后可由公司或股东支配的现金流。这种方法特别适用于那些不派发股利的公司，因为无法使用股利贴现模型对这些公司估值。但是自由现金流模型适用于任何公司，并且可以提供一些股利贴现模型无法提供的有用信息。

一种方法是用加权平均资本成本对公司自由现金流（free cash flow for the firm，FCFF）进行贴现来估计公司价值，然后扣除已有的债务价值来得到权益价值。另一种方法是直接用权益资本成本对股东自由现金流（free cash flow to the equity holders，FCFE）贴现来估计权益的市场价值。

公司自由现金流是公司经营活动产生的税后现金流扣除资本投资和净营运资本后的净现金流，既包括支付给债权人的现金流，也包括支付给股东的现金流，[1]其计算公式如下：

$$\text{FCFF} = \text{EBIT}(1-t_c) + \text{折旧} - \text{资本化支出} - \text{NWC 的增加} \tag{18-9}$$

其中，EBIT 为息税前利润；t_c 为公司税率；NWC 为净营运资本。

另一种方法是使用股东自由现金流来估算公司价值。股东自由现金流与公司自由现金流的不同之处在于它的计算涉及税后利息费用以及新发行或重购债务的现金流（即偿还本金的现金流出减去发行新债获得的现金流入）。

$$\text{FCFE} = \text{FCFF} - \text{利息费用} \times (1-t_c) + \text{净负债的增加} \tag{18-10}$$

公司自由现金流贴现模型是把每一年的现金流进行贴现，然后与估计的最终价值 V_T 的贴现值相加。在式（18-11）中，我们用固定增长模型来估计最终价值，贴现率为加权平均资本成本。

$$\text{公司价值} = \sum_{t=1}^{T}\frac{\text{FCFF}_t}{(1+\text{WACC})^t} + \frac{V_T}{(1+\text{WACC})^T}\text{，其中 } V_T = \frac{\text{FCFF}_{T+1}}{\text{WACC}-g} \tag{18-11}$$

要得到权益价值，可用推导出来的公司价值减去现有负债的市场价值。

另外，可以用权益资本成本 k_E 对股东自由现金流进行贴现：

$$\text{权益价值} = \sum_{t=1}^{T}\frac{\text{FCFE}_t}{(1+k_E)^t} + \frac{V_T}{(1+k_E)^T}\text{，其中 } V_T = \frac{\text{FCFE}_{T+1}}{k_E-g} \tag{18-12}$$

与股利贴现模型一样，自由现金流模型也用一个最终价值来避免把无限期的现金流贴现并相加。最终价值可能是固定增长永续现金流的现值（如上式），也可能是 EBIT、账面价值、利润或自由现金流的某一倍数。一般情况下，内在价值的估计都得依靠最终价值得到。

数据表 18-5 是根据图 18-2 中价值线公司提供的数据对本田公司估值的情况。首先根据式（18-9）计算公司自由现金流。电子数据表的 A 栏列出了价值线公司提供的一些数据，中间年份的数值根据第一年和最后一年的数值插值得到。B 栏是计算自由现金流的过程。将第 11 行中的税后利润之和（来自价值线公司）与第 12 行中的税后利息费用［即利息费用 $\times(1-t_c)$］相加，等于 $\text{EBIT}(1-t_c)$。第 13 行是应扣除的营运资本的变动，第 14 行是应加上的折旧，第 15 行是应减去的资本化支出。第 17 行是计算得到的 2010～2013 年的公司自由现金流。

为了得到自由现金流的现值，我们须用 WACC 成本对其进行折现，C 栏为计算过程。WACC 是税后债务成本和权益成本的加权平均。计算 WACC 时，必须考虑价值线公司预测的杠杆率的变化。计算权益成本时，我们使用前面介绍的资本资产定价模型，但是要考虑到随着杠杆率的下降，股权风险系数 β 也会变小。[2]

---

[1] 此处假设均为股权融资时的公司自由现金流。考虑到债务的税收利益，在计算加权资本成本时使用的是债务的税后资本成本，这在任何一本关于公司理财的教材中都有介绍。

[2] 价值线公司提供的 β_L 被称为初始杠杆水平下的公司权益风险系数。权益风险系数既反映了业务风险，也反映了财务风险。当公司的资本结构（权益和债务的组成情况）发生变化时，财务风险便会变化，权益风险系数也会随之改变。应该怎样识别财务风险的变化呢？从公司理财的课程中大家知道，首先要确定无杠杆风险，即只有业务风险时。我们通过下面公式来计算无杠杆时的风险系数 β_U（D/E 指公司当前的债务与权益比率）：

$$\beta_U = \frac{\beta_L}{1+\left(\frac{D}{E}\right)(1-t_c)}$$

那么，任意一年的杠杆风险系数都可以根据当年的资本结构计算出来（重新引入与资本结构相联系的财务风险）：

$$\beta_L = \beta_U\left[1+\left(\frac{D}{E}\right)(1-t_c)\right]$$

表 18-5　本田公司的自由现金流估值

	A	B	C	D	E	F	G	H	I	J	K	L	M
1			2009	2010	2011	2012	2013						
2	A. Input data												
3	PE/		30.00	26.25	22.50	18.75	15.00						
4	Cap spending/shr		2.50	2.35	2.55	2.75	2.95						
5	LT Debt		27500	25000	24000	23000	22000						
6	Shares		1810	1810	1803	1 797	1 790						
7	ESP		1.00	1.75	2.28	2.82	3.35						
8	Working Capital		12780	17100	18413	19727	21040						
9													
10	B. Cash flow calculations												
11	Profits(after tax)		1815.0	3 175.0	4120.0	5065.0	6010.0						
12	Interest(after tax)		761.1	691.9	664.2	636.5	608.9			= (1-tax_rate)×r_debt×LT Debt			
13	Chg Working Cap			4320.0	1313.3	1313.3	1313.3						
14	Depreciation			6000.0	6000.0	6000.0	6000.0						
15	Cap Spending			4253.5	4595.8	4938.2	5280.5						
16								Terminal value					
17	FCFF			1293.4	4875.0	5450.0	6025.0	108545.5					
18	FCFE			-1898.5	3210.8	3813.5	4416.2	87296.9		assumes fixed debt ratio after 2013			
19													
20	C. Discount rate calculations												
21	Current beta	0.95								from Value Line			
22	Unlevered beta	0.725								current beta/[1+(1-tax)*debt/equity)]			
23	terminal growth	0.03											
24	tax rate	0.385								from Value Line			
25	r_debt	0.045								YTM in 2010 on A+rated LT debt			
26	risk-free rate	0.035											
27	market risk prem	0.08											
28	MV equity		54450				90150			Row 3×Row 11			
29	Debt/Value		0.34	0.30	0.27	0.23	0.20			linear trend from initial to final value			
30	Levered beta		0.950	0.917	0.886	0.859	0.834			unlevered beta×[1+(1-tax)*debt/equity]			
31	k_equity		0.111	0.108	0.106	0.104	0.102	0.102		from CAPM and levered beta			
32	WACC		0.083	0.084	0.085	0.086	0.087	0.087		(1-t)*r_debt*D/V+k_equity*(1-D/V)			
33	PV factor for FCFF		1.000	0.922	0.850	0.783	0.720	0.720		Discount each year at WACC			
34	PV factor for FCFE		1.000	0.902	0.816	0.739	0.671	0.671		Discount each year at k equity			
35													
36	D. Present values									Intrinsic val	Equity val	Intrin/share	
37	PV(FCFF)			1193	4144	4266	4338	78145		92085	64585	35.68	
38	PV(FCFE)			-1713	2620	2819	2963	58574		65262	65262	36.06	

为了确定本田公司的债务成本，我们注意到 2010 年其长期债券的评级为 A+，且当时此级别的债券的到期收益率为 4.5%。2009 年本田公司的资产负债率为 0.34（第 29 行），根据价值线公司的预测，2013 年将下降到 0.20，中间年份的资产负债率以插值的方法得出。WACC 在第 32 行计算得到，2009~2013 年，WACC 随资产负债率的下降略有上升。每年现金流的现值系数等于上一年的现值系数除以（1+WACC），每一现金流的现值（第 37 行）等于自由现金流乘以累积贴现系数。

公司的最终价值（单元格 H17）是根据固定增长模型 $FCFF_{2013} \times (1+g)/(WACC_{2013}-g)$ 计算得出的，其中 g（单元格 B23）为假设的固定增长率。在此表中我们假设 $g=0.03$，约等于经济总体的长期增长率。[⊖] 最终价值也要贴现到 2009 年（单元格 H37），因此公司的内在价值等于 2010~2013 年所有现金流的贴现值之和加上最终价值的贴现值。最后，将 2009 年的债务价值从公司价值中扣除便可以得到 2009 年权益的内在价值（单元格 K37），再用权益价值除以 2009 年的股份数量便可以得到每股价值（单元格 L37）。

⊖ 长期来看，公司的增长速度不可能永远高于经济总体的增长速度，因此在稳定增长阶段，公司的增长水平本可能明显高于总体经济的水平（若公司处于衰退行业，其增长率也可能低于总体经济）。

用股东自由现金流方法可以得到相近的股票内在价值。[⊖] FCFE（第 18 行）是由 FCFF 扣除税后利息费用和净债务重构得到的，然后将 FCFE 用权益资本成本贴现。像加权平均资本成本一样，权益资本成本也会随每期杠杆率的变化而变化。FCFE 的现值系数见第 34 行，权益价值见单元格 J38，每股价值见单元格 L38。

估值模型的比较

原则上，若一家公司的股利从某一时期开始固定增长，那么自由现金流模型和股利贴现模型是一致的，计算出的内在价值也应是相同的。这一结论在莫迪利亚尼和米勒的两篇著名论文中证明过。[⊜]但在实务中，你会发现根据这些模型得出的估值可能会不同，有时甚至相差甚远。这是因为在实务中分析师总是不得不简化一些假设。例如，公司多久才会进入固定增长时期？如何计提折旧最好？ROE 的最佳估计是多少？诸如此类问题的答案会对估值产生很大影响，而且使用模型时完全坚持模型的假设是很困难的。

前面我们已经用几种方法对本田公司进行了估值，估计的内在价值结果如表 18-6 所示：

表　18-6

模型	内在价值（美元）	模型	内在价值（美元）
两阶段股利贴现模型	23.04	公司自由现金流	35.68
收益加上最终价值的股利贴现模型	35.23	股东自由现金流	36.06
三阶段股利贴现模型	49.44	市场价格（来自价值线公司）	32.26

我们应如何理解这些不同？除两阶段股利贴现模型外，其他模型得出的结果都高于本田公司的实际股价，可能说明这些模型所使用的固定增长率过高。例如，价值线公司预测本田公司自 2013 年后的固定增长率为 7.7%，但从长期来看，本田公司不可能增长如此迅速。两阶段股利贴现模型是最保守的估计，主要因为它假设本田公司的股利增长率仅在三年后便下降到最终价值。相反，三阶段股利贴现模型假设增长率将在更长的时间内逐渐降低。三阶段股利贴现模型的估值结果高出其他模型甚多，说明股利增长率的下降速度将远远高于数据表 18-3 中设想的速度。考虑最终价值的股利贴现模型对内在价值的估值结果最接近本田公司的实际股价。另一方面，考虑到这些模型的估值结果基本全都超出市场价格，或许股票价格与内在价值相比确实被低估了。

这个估值练习说明要发现被低估的股票并没有看上去那么简单。尽管这些模型的应用都比较简单，但是确定合适的输入数据却非常具有挑战性，这并不奇怪。即使在一个适度有效的市场中，发现获利机会都要比分析价值线公司提供的数据（这也需要几个小时）投入更多。但这些模型对分析师而言仍非常有用，因为它们提供了内在价值的大概估计结果。而且，它们要求分析师必须对潜在假设考虑严谨，并强调了不同变量对估值结果的影响以及对进一步分析的重大贡献。

18.6　整体股票市场

18.6.1　解释过去的行为

事实已证明，股票市场是一个重要的先行经济指标。这意味着股市在经济衰退之前会下跌，在经济恢复之前会上涨。然而，这种关系并不完全可靠。

大多数学者和严谨的分析师都认为经济事件或对此类事件的预期确实会对股价产生实质性的影响，尽管有时股市看上去有自己充实的生活，需要不停地对大规模的兴奋或恐慌做出反应。利率与公司利润应该是对股市影响最大的两个因素。

图 18-8 是自 1955 年以来标准普尔 500 股票指数的盈余价格比率（即收益率）和长期国债的到期收益率走势。很明显，两条曲线的变动趋势非常接近，这是意料之中的，影响公司价值的两个变量是收益（暗含公司能够支付的

⊖ 价值线公司预测本田公司在 2010 ~ 2013 年将偿还相当大一部分未偿还的债务，这种隐含的债务回购将耗用现金流，从而使股东可获得的现金流减少。但是这种回购不能无限期地持续下去，未偿还的债务很快就会减少为零。因此估计权益的最终价值时，首先假设自 2013 年起本田公司将发行足够的债务来维持资产负债率，然后再计算最后的现金流。这种方法与固定增长和 2013 年以后贴现率不变的假设是一致的。

⊜ Franco Modigliani and M. Miller, "The Cost of Capital, Corporation Finance, and the Theory of Investment," *American Economic Review*, June 1958, and "Dividend Policy, Growth, and the Valuation of Shares," *Journal of Business*, October 1961.

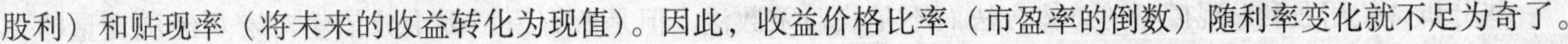

股利）和贴现率（将未来的收益转化为现值）。因此，收益价格比率（市盈率的倒数）随利率变化就不足为奇了。

图 18-8 标准普尔500指数盈余价格比率与10年期国债收益率

18.6.2 预测股票市场

预测整个股市整体水平的最常用方法是收益倍数法。步骤是首先预测下一期的公司盈利，然后根据对长期利率的预测估计收益乘数，即总体市盈率，最后根据以上预测结果估计期末的市场水平。

有时，可以从类似于图18-8的图形中得出对市场市盈率的预测，图18-8是标准普尔500指数的收益率（每股收益除以股价，市盈率的倒数）与10年期国债的到期收益率走势，从图中可以看出20世纪70年代两个收益率均大幅增长。长期国债收益率的增加是由于预期通货膨胀率的增加导致利率增加，而标准普尔500指数收益率的增加可能是由于对通货膨胀的扭曲人为地抬高了账面收益。我们已经知道，当通货膨胀率上升时市盈率将下降。20世纪80年代当通货膨胀缓和时，标准普尔500指数和长期国债的收益率都开始下降。在最近30年的大部分时间内，两个收益率一直相差1%左右，但是2008年由于国债利率下降，两者差距增大。

可以根据这种关系和10年期国债的收益率来预测标准普尔500指数的收益率。给定标准普尔500指数的收益率，便可以预测未来某一段时期的标准普尔500指数。下面用一个简单的例子来加以说明。

【例18-6】 **预测整体股票市场**

2010年年初，标准普尔500指数投资组合的每股年收益约为70美元，10年期国债的收益率约为3.7%。首先需要确定指数收益率与国债收益率的差，2010年年初约为2.0%，我们假定到年末将一直维持在这个水平。给定国债的收益率为3.7%，这意味着指数的收益率为5.7%，市盈率为1/0.057=17.54。那么可以预测标准普尔500指数将为17.54×70=1 228。已知标准普尔500指数当前为1 147，因此年资本利得率为81/1 147=7.1%。

当然，分析中使用的三个已知变量标准普尔500指数的实际收益、10年期国债年末的收益率以及国债收益率与指数收益率之间的差，均存在不确定性。可以通过敏感性分析或情境分析来检验这三个变量的影响。此处用表18-7加以说明，这是一个简单的情境分析表格，说明了国债收益率发生变化可能带来的影响。通过情境分析发现，股市对利率变化非常敏感，两者呈反向变化。■

表18-7 不同情境下对标准普尔500指数的预测

	最可能的情境	最悲观的情境	最乐观的情境
国债收益率	3.70%	4.70%	2.70%
指数盈利率	5.70%	6.70%	4.70%
市盈率	17.54	14.93	21.28
每股收益的预测值（美元）	70	70	70
标准普尔500指数的预测值	1 228	1 045	1 489

注：对标准普尔500指数收益率的预测等于10年期国债的收益率加上2%，市盈率为收益率预测值的倒数。

一些分析师使用股利贴现模型的总体方法而不是收益乘数法。但是所有模型都十分依赖对宏观经济变量的预测，如国内生产总值、利率和通货膨胀率等，而要对这些变量作出准确预测并非易事。

由于股价反映了对未来股利的预测，而股利与公司的经济财富密切相关，因此像标准普尔500指数这种覆盖面广的股指作为先行经济指标，即整个经济的预警器便不足为奇了。股价被认为是人们对经济预期所达成的共识，且可以随经济的变化而上下波动。近期的股市业绩是政府先行经济指标指数的构成部分，该指数用来预测经济周期的发展。但是，对市场的预测并非尽善尽美，一个出自保罗·萨缪尔森的著名笑话是：在过去的五次经济衰退中，市场预测出了八次。

小结

1. 对公司进行估值的一种方法是使用公司的账面价值，既可以是列示在资产负债表中的价值，也可以是调整后反映当前资产的重置成本或清算价值。另一种方法是计算预期未来股利的现值。
2. 股利贴现模型主张股价等于所有未来股利的现值，贴现率与股票风险一致。
3. 股利贴现模型给出了股票内在价值的估计值。若股价不等于内在价值，收益率将不等于基于股票风险的均衡收益率。实际收益率取决于股价恢复到内在价值时的收益率。
4. 固定增长的股利贴现模型认为，若预计股利总以固定的速度增长，那么股票的内在价值由下式决定：

$$V_0 = \frac{D_1}{k-g}$$

固定增长的股利贴现模型是最简单的股利贴现模型，因为它假定增长率 g 固定不变。在更复杂的环境中，有更加复杂的多阶段模型。当固定增长的假设成立且股价等于内在价值时，上式可以转化成推到股票市场资本化率的公式：

$$k = \frac{D_1}{P_0} + g$$

5. 固定增长的股利贴现模型最适用于那些在可预见的未来有稳定增长率的公司，但在现实中公司会经历不同的生命周期。早期，公司拥有大量有吸引力的投资机会，此时公司的再投资率和股利增长率都很高。但最终增长率会下降到一个可持续的水平。三阶段增长模型非常适合这种模式。这种模型适用于最初快速增长、最后稳定增长、中间的过渡期由高增长率下降到固定增长率的股利增长模式。
6. 股票市场分析师非常关注公司的市盈率，市盈率是市场评估公司增长机会的有用衡量指标。若公司没有增长机会，那么其市盈率将恰好等于市场资本化率 k 的倒数。当增长机会成为公司价值越来越重要的构成部分时，市盈率将上升。
7. 预期增长率既与公司的赢利能力有关，又与股利政策有关，具体关系如下：

$$g = \text{新投资的 ROE} \times (1 - \text{股息支付率})$$

8. 通过比较未来投资的 ROE 与市场资本化率 k，你可以把任何股利贴现模型与简单的资本收益模型联系起来。若 ROE $=k$，那么股票的内在价值将降低至预期每股收益除以 k。
9. 许多分析师用预测的下一年每股收益乘以市盈率来得出股票价值的估计值。一些分析师把市盈率法与股利贴现模型结合起来，利用收益乘数来预测未来某一日期股票的最终价值，然后把最终价值的现值与期间所有股利的现值相加便得到股票价值的估计值。
10. 自由现金流方法是公司财务中运用最多的方法。分析师首先用预期公司未来现金流的现值估计整个公司的价值，然后减去债务价值。股东自由现金流的贴现率要与股票风险相一致。
11. 本章中的模型可以用来解释和预测股票市场的总体走势，决定总体股价水平的关键宏观经济变量是利率和公司利润。

习题

基础题

1. 在什么情形下你会选择股利贴现模型而非自由现金流模型对公司进行估值？
2. 在什么情形下使用多阶段股利贴现模型比固定增长模型更重要？
3. 若一家公司的价值被低估了（即内在价值 > 股票价格），那么其市场资本化率与期望收益率之间的关系是什么？
4. Deployment Specialist 公司现在每年的股利为每股1.00美元，预期两年内将增长20%，然后将以4%的增长率增长。若 Deployment Specialist 的必要收益率为8.5%，那么其股票的内在价值是多少？
5. Jand 公司目前支付了每股1.22美元的股利，且预期无限期内将以5%的增长率增长。若根据固定增长的股利贴现模型计算的股票当前价值为每股32.03美元，那么必要收益率是多少？
6. 一家公司目前支付了每股1.00美元的股利，且预期无限期内将以5%的增长率增长。若股票的当前价值为每股35美元，那么根据固定增长的股利贴现模型计算的投资必要收益率是多少？

7. Tri-coat Paints 的当前市值是每股 41 美元，每股收益为 3.64 美元，若必要收益率为 9%，那么增长机会价值的现值是多少？

中级题

8. a. 计算机类股票目前的期望收益率为 16%。MBI 是一家大型计算机公司，年末将支付每股 2 美元的股利，若其股票的当期市价为每股 50 美元那么市场对 MBI 股利增长率的预期是多少？
   b. 若 MBI 的股利增长率下降到 5%，那么 MBI 的股价将如何变化？公司的市盈率将如何变化（定性的）？
9. a. MF 公司的 ROE 为 16%，再投资率为 50%，若预期未来一年的每股收益为每股 2 美元，那么股价将为多少？市场资本化率为 12%。
   b. 你预期三年后 MF 的股价将为多少？
10. 市场认为 Analog Electronic 公司的 ROE =9%，β 值为 1.25，公司计划在无限期内保持 2/3 的再投资率，今年的每股收益为 3 美元，刚刚派发了年度股利。预期未来一年的市场收益率是 14%，国库券的当前提供的收益率是 6%。
    a. 计算 Analog Electronic 公司的股价。
    b. 计算市盈率。
    c. 计算增长机会价值。
    d. 假设根据你的调研，你相信 Analog Electronic 公司随时有可能把再投资率降低至 1/3，计算股票的内在价值。假设市场仍为意识到这一决策，分析为什么 V_0 与 P_0 不再相等？是 V_0 大还是 P_0 大？
11. 预期 FI 公司的每股股利无限期内将以 5% 的增长率增长。
    a. 若今年的年末股利为每股 8 美元，市场资本化率为 10%，那么根据股利贴现模型计算的当前股价应为多少？
    b. 若预期每股收益为 12 美元，那么暗含未来投资机会的 ROE 是多少？
    c. 市场须为每股增长机会支付多少美元（即未来投资的 ROE 超过市场资本化率时）？
12. Nogro 公司的当前股价为每股 10 美元，预期未来一年的每股收益为 2 美元，公司的股利支付率为 50%，剩下的盈利将被再投资于年收益率为 20% 的项目中，预期这种情形将无限期的持续下去。
    a. 假设股票的当前市场价格等于根据固定增长模型计算的内在价值，那么 Nogro 的投资者要求的必要收益率是多少？
    b. 此时的内在价值比所有盈利都作为股利派发时的内在价值高多少？
    c. 若 Nogro 将把股利支付率降低至 25%，股价将如何变化？若 Nogro 不派发股利，股价又将如何变化？
13. 无风险收益率为 8%，预期市场投资组合的收益率为 15%，Xyrong 公司股票的风险系数为 1.2。Xyrong 公司的股利支付率为 40%，最近公布的每股收益为 10 美元。刚刚派发了股利，且预期每年都将派发。预期 Xyrong 所有再投资 ROE 将永远为 20%。
    a. Xyrong 股票的内在价值是多少？
    b. 若股票的当前市价为每股 100 美元，预期股票的市场价格从现在起一年后将等于其内在价值，那么你预期持有 Xyrong 股票一年的收益率为多少？
14. DEQS 公司目前不派发现金股利，且预期未来五年内都不会派发，其最近的每股收益为 10 美元，全部用于再投资。预期未来五年里的年 ROE 等于 20%，且在这五年内全部盈利也都将用于再投资。从第六年开始，预期公司的 ROE 将下降至 15%，公司将把盈利的 40% 作为股利发放，这种状态将一直持续下去。DEQS 公司的市场资本化率为 15%。
    a. 你估计 DEQS 股票的每股内在价值是多少？
    b. 假设当期的股价等于内在价值，你预期明年的股价将如何变化？后年的股价又将如何变化？
    c. 若从第六年开始，DEQS 公司的股利支付率仅为 20%，你估计 DEQS 股票的内在价值将如何变化？
15. 使用数据表 18-3（可在 www.mhhe.com/bkm 上获得）中的三阶段增长模型，重新计算下列每一种情形下本田公司股票的内在价值。每种情形相互独立。
    a. 固定增长阶段的 ROE 等于 10%。
    b. 本田公司的实际 β 值为 1.0。
    c. 市场风险溢价为 8.5%。
16. 使用数据表 18-5（可在 www.mhhe.com/bkm 上获得）中的自由现金流模型，重新计算下列每一种情形下本田公司股票的内在价值。每种情形相互独立。
    a. 自 2013 年起本田公司的市盈率将为 16。
    b. 本田公司的无杠杆风险系数为 0.8。
    c. 市场风险溢价为 9%。
17. Duo Growth 公司刚支付了每股 1 美元的股利，预期未来三年内的股利年增长率为 25%，之后将下降到 5%，并将一直持续下去。你认为合适的市场资本化率为 20%。
    a. 你估计股票的内在价值是多少？
    b. 若股票的市场价格等于内在价值，那么预期股利收益率为多少？
    c. 你预期现在起一年后股价将如何变化？资本利得率与你预期的股利收益率和市场资本化率一致吗？
18. GG 公司目前不派发现金股利，且预期未来四年内都不会派发，其最近的每股收益为 5 美元，全部用于再投资。预期未来四年里的年 ROE 等于 20%，且在这五年内全部盈利也都将用于再投资。从第五年开始，预期公司的 ROE 将下降至 15%，GG 公司的市场资本化率为 15%。
    a. 你估计 GG 股票的每股内在价值是多少？

b. 假设当期的股价等于内在价值，你预期明年的股价将如何变化？

19. MoMi 公司去年经营活动产生的息税前现金流为 200 万美元，预期今后将以 5% 的增长率持续增长下去。为了实现这一目标，公司每年必须将税前现金流的 20% 用于投资，公司税率为 35%。去年的折旧为 20 万美元，并预期将与经营现金流保持相同的增长率。无杠杆现金流的合理资本化率为 12%，公司目前的负债为 400 万美元。使用自由现金流模型估计公司的权益价值。

高级题

20. Chiptech 是一家知名的计算机芯片公司，拥有几种盈利产品和正在研发的产品。去年的每股收益为 1 美元，刚刚派发了每股 0.50 美元的股利。投资者相信公司将维持 50% 的股利支付率，ROE 等于 20%，市场预期这种状态将无限期持续下去。

a. Chiptech 公司股票的市场价格是多少？计算机芯片行业的必要收益率是 15%，公司刚刚支付了股利（即下一次发放股利将发生在一年后，$t=1$）。

b. 假设你发现 Chiptech 的竞争者刚刚研发出了一种新型芯片，这将使 Chiptech 公司目前的技术优势不复存在。新型芯片将在两年后上市，为了维持竞争力 Chiptech 不得不降价，ROE 将降至 15%，而且由于产品需求的减少，公司将把再投资率降至 0.40，再投资率的降低将从第二年开始，即 $t=2$ 时。第二年的年末股利（$t=2$ 时支付）支付率为 60%。你预计 Chiptech 公司股票的内在价值是多少？（提示：仔细列出 Chiptech 公司未来三年内每年的盈利和股利，特别注意 $t=2$ 时股利支付率的变化。）

c. 市场中其他人都没有意识到对 Chiptech 的市场威胁，事实上，你相信直至第二年年末竞争公司公布其新产品为止，不会有其他人意识到 Chiptech 公司竞争地位的改变。第一年（即 $t=0$ 到 $t=1$ 之间）Chiptech 公司股票的收益率将是多少？第二年（$t=1$ 到 $t=2$ 之间）、第三年（$t=2$ 到 $t=3$ 之间）呢？（提示：注意市场意识到新竞争状况的时间，可以列出各期的股利和股价。）

CFA考题

1. Litchfield Chemical 公司的一位董事认为股利贴现模型证明了股利越高股价就越高。

a. 以固定增长的股利贴现模型作为参考基础，评价这位董事的观点。

b. 说明股利支付率的增加将对下列项目产生何种影响（其他条件不变）：

ⅰ. 可持续增长率

ⅱ. 账面价值的增长

2. 海伦是一位注册金融分析师，她被要求使用股利贴现模型对 Sundanci 公司进行估值，海伦预期 Sundanci 公司的收益和股利未来两年将增长 32%，然后按 13% 的固定增长率增长。使用两阶段股利贴现模型和表 18-8 与表 18-9 中的数据计算当前 Sundanci 公司股票的每股价值。

表 18-8 Sundanci 公司 2007 和 2008 财务年度（以 5 月 31 日为最后一天）的财务报表

（除每股收益和每股股利外，单位为 100 万美元）

损益表信息	2007	2008	资产负债表信息	2007	2008
收入	$474	$598	目前资产	$201	326
折旧	20	23	财产、厂房和设备净额	474	489
其他运营成本	368	460	资产总额	675	815
税前利润	86	115	目前负债	57	141
所得税	26	35	长期债券	0	0
净利润	60	80	负债总额	57	141
股利	18	24	所有者权益	618	674
每股收益	$0.714	$0.952	负债与权益总额	675	815
每股股利	0.214	$0.286	资本化支出	34	38
发行在外的普通股（100 万股）	84.0	84.0			

表 18-9 部分财务信息

权益必要报酬率	14%
行业增长率	13%
行业市盈率	26

3. Naylor 是一位注册金融分析师，她被要求使用股东自由现金（FCFE）流模型对 Sundanci 公司的股票进行估值，Naylor 预期 Sundanci 公司的 FCFE 未来两年将增长 27%，然后按 13% 的固定增长率增长。预期资本化支出、折旧和营运资本与 FCFE 的增长率相同。

a. 使用表 18-8 中的数据，计算 2008 年的每股 FCFE。

b. 根据两阶段 FCFE 模型，计算目前 Sundanci 公司股票的每股价值。

c. ⅰ. 通过运用两阶段 FCFE 模型，说明两阶段 DDM 模型的局限性。

ⅱ. 不运用两阶段 FCFE 模型，说明两阶段 DDM 模型的局限性。

4. Johnson 是一位注册金融分析师，他被要求使用固定增长的市盈率模型对 Sundanci 公司进行估值，Johnson 假定 Sundanci 公司的收益和股利将按 13% 的固定增长率增长。

a. 根据 Johnson 对 Sundanci 公司的假设和表 18-8 与表 18-9 中的数据计算市盈率。

b. 根据固定增长模型的相关内容，判断下列每一项目如何影响市盈率。

- Sundanci 公司股票的风险系数 β
- 估计的收益和股利增长率
- 市场风险溢价

5. Dynamic Communication 是一家拥有多家电子事业部的美国工业公司，该公司刚刚公布了 2010 年的年报。表 18-10 和表 18-11 是对 Dynamic 公司 2009 年和 2010 年财务报表的总结，表 18-12 是 2006 ~ 2008 年的部分财务报表数据。

a. Dynamic 的部分股东表达了对过去四年股利零增长的关心，他们希望知道关于公司增长情况的相关信息。计算 2007 年和 2010 年的可持续增长率。你的计算应使用年初资产负债表数据。

b. 说明收益留存率和财务杠杆的变化是如何影响 Dynamic 的可持续增长率（2010 年与 2007 年相比）的。（注意：你的计算应使用年初资产负债表数据。）

表 18-10　Dynamic Communication 公司的资产负债表　（100 万美元）

	2010 年	2009 年
现金和现金等价物	$149	$83
应收账款	295	265
存货	275	285
流动资产总额	$719	$633
固定资产总额	9 350	8 900
累计折旧	(6 160)	(5 677)
固定资产净额	$3 190	$3 223
资产总额	$3 909	$3 856
应付账款	$228	$220
应付票据	0	0
应计税费	0	0
流动负债总额	$228	$220
长期负债	$1 650	$1 800
普通股	50	50
资本公积	0	0
留存收益	1 981	1 786
股东权益总额	$2 031	$1 836
负债和权益总额	$3 909	$3 856

表 18-11　Dynamic Communication 公司的损益表（除每股收益和每股股利外，单位为 100 万美元）

	2010 年	2009 年
总收入	$3 425	$3 330
经营成本和费用	2 379	2 319
息税折旧摊销前利润	$1 046	$981
折旧和摊销	483	454
经营利润	$563	$527
利息费用	104	107
税前利润	$459	$420
税收（40%）	184	168
净利润	$275	$252
股利	$80	$80
留存收益变动	$195	$172
每股收益	$2. 75	$2. 52
每股股利	$0. 80	$0. 80
发行在外的股份数（100 万股）	100	100

表 18-12　Dynamic Communication 公司财务报表的部分数据（除每股收益和每股股利外，单位为 100 万美元）

	2008 年	2007 年	2006 年
总收入	$3 175	$3 075	$3 000
经营利润	495	448	433
利息费用	104	101	99
净利润	$235	$208	$200
每股股利	$0. 80	$0. 80	$0. 80
资产总额	$3 625	$3 414	$3 230
长期负债	$1 750	$1 700	$1 650
股东权益总额	$1 664	$1 509	$1 380
发行在外的股份数（100 万股）	100	100	100

6. Brandreth 是一位专注于电子行业的分析师，正在编写一份关于 Dynamic Communication 公司的调研报告。一位同事建议 Brandreth 使用固定增长的股利贴现模型来根据 Dynamic 的目前普通股股价来估计 Dynamic 的股利增长率。Brandreth 认为 Dynamic 的权益必要报酬率为 8%。

a. 假设公司的当前股价为每股 58. 49 美元，等于内在价值那么 2010 年 12 月的可持续股利增长率是多少？使用固定增长的股利贴现模型。

b. Dynamic 的管理层向 Brandreth 及其他分析师表示公司不会改变当前的股利政策，那么使用固定增长的股利贴现模型对 Dynamic 的普通股估值合适吗？根据固定增长的股利贴现模型的假设证明你的观点。

7. Peninsular 研究机构正在进行一项覆盖成熟制造行业的调查。注册金融分析师 Jones 是这家研究机构的主席，他收集了下列基础的行业和市场数据来进行分析：（见表 18-13）

表 18-13

行业收益留存率的预测值	40%
行业权益收益率的预测值	25%
行业风险系数	1.2
政府债券收益率	6%
权益风险溢价	5%

a. 根据这些基础数据计算行业的市盈率（P_0/E_1）。

b. Jones 想知道为什么不同国家间的行业市盈率不同，他为此收集了经济和市场数据（见表 18-14）。

表 18-14

基本因素	国家 A	国家 B
实际 GDP 的预期增长率	5%	2%
政府债券收益率	10%	6%
权益风险溢价	5%	4%

分析上述每一个基本因素将导致国家 A 的市盈率高还是国家 B 的市盈率高。

8. Ludlow 所在的公司要求所有分析师采用两阶段股利贴现模型和资本资产定价模型对股票进行估值。Ludlow 刚对 QuickBrush 公司进行了估值，估值结果是每股 63 美元。她现在要对 SmileWhite 公司进行估值。

a. 根据下面的信息计算 SmileWhite 公司必要收益率（见表 18-15）：

表 18-15

	QuickBrush	SmileWhite
风险系数 β	1.35	1.15
市场价格	\$45.00	\$30.00
内在价值	\$63.00	?

注：无风险利率为 4.50%；预期市场收益率为 14.50%。

b. Ludlow 估计 Smile White 公司的每股收益和股利的增长情况如下：

前三年	12%
此后	9%

根据两阶段股利贴现模型和上表中的数据估计 SmileWhite 公司股票的内在价值。上一年的每股股利是 1.72 美元。

c. 通过将 QuickBrush 和 SmileWhite 两家公司股票的内在价值与市场价格进行比较，你建议应购买哪一家公司的股票？

d. 与固定增长的股利贴现模型相比，说出两阶段股利贴现模型的一个优点。说出所有股利贴现模型共有的一个缺点。

9. Rio National 公司是一家美国公司，它是其所在行业中最大的竞争者。表 18-16 ~ 表 18-19 是该公司的财务报表和相关信息，表 18-20 是相关的行业和市场数据。

表 18-16 Rio National 公司年末资产负债表（单位：100 万美元）

	2010 年	2009 年
现金	\$13.00	\$5.87
应收账款	30.00	27.00
存货	209.06	189.06
流动资产总额	\$252.06	\$221.93
固定资产总额	474.47	409.47
累计折旧	(154.17)	(90.00)
固定资产净额	320.30	319.47
资产总额	\$572.36	\$541.40
应收账款	\$25.05	\$26.05
应收票据	0.00	0.00
一年内到期的长期负债	0.00	0.00
流动负债	\$25.05	\$26.05
长期负债	240.00	245.00
负债总额	\$265.05	\$271.05
普通股	160.00	150.00
留存收益	147.31	120.35
所有者权益总额	\$307.31	\$270.35
负债与所有者权益总额	\$572.36	\$541.40

表 18-17 Rio National 公司 2010 年的损益表（单位：100 万美元）

收入	\$300.80
经营费用总额	(173.74)
经营利润	127.06
销售利得	4.00
息税折旧摊销前利润	131.06
折旧和摊销	(71.17)
息税前利润	59.89
利息	(16.80)
所得税	(12.93)
净利润	\$30.16

表 18-18 Rio National 公司 2010 年的补充信息

A. Rio National 公司 2010 年的资本化支出为 7 500 万美元

B. 年末以 700 万美元出售了一台设备，出售时该设备的账面价值为 300 万美元，最初购买价格为 1 000 万美元

C. 产期负债的减少表示计划外的本金偿还；2010 年没有新增借款

D. 2010 年 1 月 1 日公司收到发行普通股的现金，共 400 000 股，每股 25 美元

E. 一项新的评估认为公司持有的投资性土地的市场价值增加了 200 万美元，在 2010 年的损益表中并没有确认这一事项

表 18-19 Rio National 公司 2010 年的普通股数据

股利支付（100 万美元）	\$3.20
2010 年加权平均发行在外的股份数	16 000 000
每股股利	\$0.20
每股收益	\$1.89
风险系数 β	1.80

表18-20 2010年12月31日的行业和市场数据

无风险利率	4.00%
市场指数的期望收益率	9.00%
行业市盈率的中值	19.90
预期行业收益的增长率	12.00%

一位大型共同基金的投资组合经理对基金分析师Katrina Shaar说："我们正在考虑购买Rio National公司的股票，因此我想让你分析一下该公司的价值。根据该公司过去的表现，你可以假设公司的增长率与行业增长率相同。"

a. 利用戈登固定增长模型和资本增长定价模型，计算2010年12月31日Rio National公司股票的内在价值。

b. 使用2010年年初的资产负债表数据，计算Rio National公司在2010年12月31日的可持续增长率。

10. 对Rio National公司的股票估值时，Katrina Shaar在考虑是使用经营活动现金流（CFO）还是使用股东自由现金流（FCFE）。

a. 说出将经营活动现金流转换为股东自由现金流时，Shaar需要做的两点调整。

b. Katrina Shaar决定计算Rio National公司2010年的FCFE，首先需要计算净利润。根据表18-18中给出的五条补充信息，判断为了得出FCFE，是否需要调整净利润。若需要，应调整多少？

c. 计算Rio National公司2010年的FCFE。

11. Katrina Shaar略微调整了对Rio National公司收益增长率的估计，且她希望根据调整的增长率，利用标准化（潜在的）每股收益将Rio National公司权益的当前价值与行业价值加以比较。表18-21是关于Rio National公司与其所在行业的部分信息。

根据标准化（潜在的）每股收益，在市盈率－增长比率（PEG）的基础上，Rio National公司的权益价值与行业相比是被高估还是低估了？假设Rio National的风险与行业风险相近？

表18-21 Rio National公司与其所在行业的部分信息

Rio National公司	
盈利增长率的估计值	11.00%
当前股价（美元）	25.00
2008年的标准化（潜在的）每股收益(美元)	1.71
2008年加权平均发行在外的股份数	16 000 000
行业	
盈利增长率的估计值	12.00%
市盈率的中值	19.90

在线投资练习

权益估值

访问MoneyCentral Investor的网页，moneycentral.msn.com/investor/home.asp，使用《*Guided Research*》模块下面的《*Research Wizard*》功能查找沃尔玛公司（WMT）的基本资料、历史股价、价格目标、影响因素以及对比数据。关于对比数据，使用Target（TGT）公司、BJ's Wholesale Club（BJ）公司和所在行业的数据。

1. 沃尔玛的年销售收入和利润增长率是多少？

2. 沃尔玛在过去五年的利润总额是多少？与另外两家公司和行业相比如何？

3. 在过去的3个月、6个月和12个月中，沃尔玛股价变动的百分比是多少？与另外两家公司和行业相比如何？

4. 根据沃尔玛公司当前的市盈率，估计公司明年的最高股价和最低股价。

5. 将沃尔玛的估计与另外两家公司相比，根据当前盈利来说哪一家公司的股票最贵？哪一家最便宜？

6. 公司的《*Stock Scouter Ratings*》是什么？如何解释它们？

概念检查答案

18-1 a. 股利收益率 = 2.15/50 = 4.3%

资本利得收益率 = (59.77 − 50) /50 = 19.54%

总收益率 = 4.3% + 19.54% = 23.84%

b. $k = 6\% + 1.15(14\% - 6\%) = 15.2\%$

c. $V_0 = (2.15 + 59.77)/1.152 = 53.75$（美元），超过了市场价格，意味着应该买入该股票

18-2 a. $D_1/(k-g) = 2.15/(0.152 - 0.112) = 53.75$（美元）

b. $P_1 = P_0(1+g) = 53.75 \times 1.112 = 59.77$（美元）

c. 预期的资本利得等于59.77 − 53.75 = 6.02（美元），资本利得率等于11.2%。股利收益率 $D_1/P_0 = 2.15/53.75 = 4\%$，持有期收益率等于4% + 11.2% = 15.2%

18-3 a. $g = ROE \times b = 20\% \times 0.60 = 12\%$

$D_1 = 0.4 \times E_1 = 0.4 \times 5 = 2$（美元）

$P_0 = 2/(0.125 - 0.12) = 400$

b. 当公司投资ROE低于k的项目时股价会下跌。若$b = 0.60$，那么$g = 10\% \times 0.60 = 6\%$，$P_0 = 2/(0.125 - 0.06) = 30.77$（美元）。而若$b = 0$，

则$P_0 = 5/0.125 = 40$（美元）。

18-4　$V_{2009} = \frac{0.50}{(1.111)} + \frac{0.66}{(1.111)^2} + \frac{0.83}{(1.111)^3} + \frac{1.00 + P_{2013}}{(1.111)^4}$

现根据固定增长的股利贴现模型计算2013年的股价，增长率$g = ROE \times b = 13\% \times 0.70 = 9.10\%$。

$$P_{2013} = \frac{1.00 \times (1+g)}{k-g} = \frac{1.00 \times 1.091}{0.111 - 0.091} = 54.55(\text{美元})$$

因此，$V_{2009} = 38.05$（美元）。

18-5　a. $ROE = 12\%$

$b = 0.50/2.00 = 0.25$

$g = ROE \times b = 12\% \times 0.25 = 3\%$

$P_0 = D_1/(k-g) = 1.50/(0.10 - 0.03)$

$= 21.43$（美元）

$P_0/E_1 = 21.43/2.00 = 10.71$

b. 若$b = 0.4$，那么每股收益中的$0.4 \times 2 = 0.80$美元将被用于再投资，剩下的1.20美元将作为股利发放。

$g = 12\% \times 0.4 = 4.8\%$

$P_0 = D_1/(k-g) = 1.20/(0.10 - 0.048)$

$= 23.08$（美元）

$P_0/E_1 = 23.08/2.00 = 11.54$

CHAPTER19

第 19 章 财务报表分析

在上一章中，我们探讨了权益估值的方法，这些方法把对公司股息和收益的预期作为输入量。尽管估值分析师感兴趣的是经济利润流，但他们容易获得的却只有财务会计数据。那么从公司的会计数据中，我们可以获得什么信息来帮助我们估计公司普通股的内在价值呢？本章我们将介绍投资者如何把财务数据作为股票估值分析的输入量。首先我们介绍的是这些数据的基本来源，包括损益表、资产负债表和现金流量表，然后讨论经济利润和会计利润的不同。尽管在估值中经济利润更为重要，但许多证据表明无论会计数据有何缺点，它们在评估公司的经济前景中仍然具有重要作用。本章展示了分析师如何利用财务比率来分析公司的赢利能力，以及如何用系统的方式来评估公司盈利的“质量”。同时本章还检测了债务政策对各种财务比率的影响。最后，通过讨论我们总结出了运用财务报表分析这种工具来发现证券误定价的过程中会遇到的问题，一些问题的原因是公司会计程序的不同，另一些问题是由通货膨胀导致的会计数据失真而引起的。

19.1 主要的财务报表

19.1.1 损益表

损益表（income statement）是对公司在某一期间内（如一年内）盈利情况的总结。它列出了在运营期内公司创造的收入、产生的费用和公司的净收益或净利润，即收入与费用之间的差额。

正确区分四类费用是有必要的：销货成本，是指归属于产品生产中的直接成本；一般管理性费用，包括管理费、工资支出、广告费以及与生产间接相关的其他运营成本；公司债务的利息费用；向联邦政府和州政府缴纳的所得税。

表19-1是惠普公司2009年的损益表，表的最顶端是公司的营业收入，接下来是营业费用，即在产生这些收入的过程中发生的成本，包括折旧。营业收入与营业成本之间的差额叫做营业利润。然后加上或减去其他收益或费用（主要为一次性的）便得到息税前利润，息税前利润是公司向债权人和税务机构履行责任前的所得，用来衡量不考虑由债务融资造成的利息负担时公司营运的赢利能力。在损益表中，用息税前利润扣除净利息费用便得到应纳税所得额。最后，扣除应向政府缴纳的所得税后得到净利润，显示在损益表的最后一行。

表19-1 惠普公司2009年合并损益表

	100万美元	占销售收入的百分比		100万美元	占销售收入的百分比
营业收入			**息税前利润**	$10 136	8.8%
销售净收入	$114 552	100.0%	利息费用	721	0.6
营业费用			**应纳税所得额**	$9 415	8.2%
销货成本	82 751	72.2	所得税	1 755	1.5
销售及一般管理性费用	11 613	10.1	**净利润**	$7 660	6.7%
研发费用	2 819	2.5	净利润分配		
折旧	4 773	4.2	股息	766	0.7
营业利润	12 596	11.0	增加留存收益	6 894	6.0
其他收益（费用）	(2 460)	-2.1			

注：由于四舍五入，各项之和与总计略有差异。

资料来源：Hewlett-Packard *Annual Report*, year ending October 2009. © 2009 Hewlett-Packard Development Company, L.P.

分析师通常还会准备一份同比损益表，在该表中，损益表中的所有项目都被表示为占总收入的百分比。这使得不同规模公司之间的比较更为容易，表19-1的最右边一栏为惠普公司的同比损益表。

19.1.2 资产负债表

损益表衡量的是公司某一时期内的赢利能力，而**资产负债表**（balance sheet）则提供了公司在某一特定时点的财务状况，它列出了公司在那一时点的资产和负债。资产与负债之间的差额是公司净值，被称为所有者权益或股东权益。像损益表一样，资产负债表也具有标准格式。表19-2是惠普公司2009年的资产负债表。

表19-2 惠普公司2009年合并资产负债表

资产	100万美元	占总资产的百分比	负债和股东权益	100万美元	占总资产的百分比
流动资产					
现金和有价证券	$13 334	11.6%	流动负债	$1 850	1.6%
应收账款	19 212	16.7	应偿还债务	33 862	29.5
存货	6 128	5.3	应付账款	7 291	6.4
其他流动资产	13 865	12.1	流动负债合计	$43 003	37.5%
流动资产合计	$52 539	45.8%	长期债务	13 980	12.2
固定资产			其他长期负债	17 299	15.1
有形固定资产			负债合计	74 282	64.7
不动产、厂房和设备	$11 262	9.8%			
长期投资	11 289	9.8			
有形固定资产合计	$22 551	19.6%	股东权益		
无形固定资产			普通股和资本公积	10 581	9.2
商誉	$33 109	28.8%	留存收益	29 936	26.1
其他无形资产	6 600	5.7	股东权益合计	$40 517	35.3%
无形固定资产合计	$39 709	34.6%			
固定资产合计	62 260	54.2			
资产总计	$114 799	100.0%	负债和股东权益总计	$114 799	100.0%

注：由于四舍五入，各项之和与总计略有差异。

资料来源：Hewlett-Packard *Annual Report*, year ending October 2009. © 2009 Hewlett-Packard Development Company, L.P.

资产负债表的第一部分是对公司资产的列示，首先是流动资产，包括现金和其他项目，如可在一年内变现的应收账款和存货。接下来是长期或固定资产，有形固定资产包括建筑物、设备和车辆等。惠普还拥有许多无形资产，如受人尊敬的品牌和专业技术，但会计人员通常不情愿把这些项目包括在资产负债表中，因为它们实在难以估值。但是，当一家公司溢价收购另一家公司时，收购价格超过被收购公司账面价值的部分叫做“商誉”，在资产负债表作为无形固定资产列示。惠普公司有很高的商誉，因为几年前它收购了康柏电脑公司。[⊖]流动资产与固定资产之和是总资产，列示在资产负债表中资产部分的最后一行。

负债和所有者权益（又称为股东权益）的安排也一样，首先是短期或流动负债，如应付账款、应计税费及一年内到期的负债。接下来是长期债务和一年后到期的其他负债。资产总额与负债总额之间的差额是所有者权益，即为公司净值或账面价值。所有者权益分为股票面值（股本）、资本公积和留存收益，尽管这种分类并不重要。简言之，股本加上资本公积代表向公众出售股票募集的资金，留存收益代表将收益再投资于公司所带来的权益的累积。因此，即使公司没有发行新的权益，账面价值每年仍会随再投资的增加而增加。

表 19-2 中第一列数字表示每项资产以美元计的价值。就像同比损益表一样，为了便于比较不同规模的公司，分析师们也会编制同比资产负债表，即把资产负债表中的每一项目表示为占总资产的比例，表 19-2 的最右边一栏列出了相关数据。

19.1.3　现金流量表

损益表和资产负债表均建立在权责发生制的基础上，这意味着收入和费用应在发生时进行确认，不论款项是否收到或付出。而**现金流量表**（statement of cash flows）记录的是交易的现金变化。例如，现销售一批货物，60 天后付款，损益表在销售发生时确认收入，资产负债表也立即增加了一项应收账款，而现金流量表只有当账单被支付并收到现金时才会增加现金流入。

表 19-3 是惠普公司 2009 年的现金流量表。“经营活动产生的现金流”下面首先列示的是净收益，接下来是对已确认但未产生现金变动的项目的调整，例如，2009 年惠普公司增加了 54 900 万美元的应收账款，这部分销售收入已在现金流量表中确认，但仍未收到现金。应收账款的增加实际上意味着营运资本投资的增加，因此减少了经营活动产生的现金流。类似地，应付账款的增加意味着费用已确认，但现金仍未流出公司，任何延后支付都会增加公司当期的净现金流。

表 19-3　惠普公司 2009 年现金流量表

（100 万美元）

经营活动产生的现金流	
净收益	$7 660
调整净收益	
折旧	4 773
营运资本的变化	
应收账款的减少（增加）	(549)
存货的减少（增加）	1 532
其他流动负债的增加（减少）	580
其他经营活动产生的现金流变化	(617)
调整总计	$5 719
经营活动产生的现金净流量	13 379
投资活动产生的现金流	
对有形固定资产的总投资	(3 695)
对其他固定资产的投资	104
对其他资产的投资	11
投资活动产生的现金净流量	$(3 580)
筹资活动产生的现金流	
长期债务的增加（减少）	(2 766)
股票的净发行（回购）	(3 303)
股息	(766)
其他	162
筹资活动产生的净现金流	$(6 673)
现金的净增加	3 126

资料来源：Hewlett-Packard *Annual Report*, year ending October 2009. © 2009 Hewlett-Packard Development Company, L. P.

损益表与现金流量表的另一主要区别在于折旧，表 19-3 中对净收益的调整部分，折旧是一个主要的增加项。损益表试图随着时间平滑巨额的资本性支出，因此确认的折旧费用是将资本性支出在多年内进行分摊后的结果，而不是购买时便确认。相反，现金流量表在资本性支出发生时便进行确认。因此，编制现金流量表时，要把折旧费用再加回到净收益中，因为发生资本性支出时便已确认为现金流出。这也是现金流量表把经营活动、投资活动和筹资活动产生的现金流分开报告的原因，这样一来，所有大额现金流（如大型投资所需的现金流）都可以在不影响经营活动现金流的情况下进行确认。

现金流量表的第二部分是投资活动产生的现金流。例如，惠普公司将 369 500 万美元投资于有形固定资产，这

⊖ 按规定，公司每年都要测试商誉的减值情况。若被收购公司的价值明显超过收购价格，超过的部分必须作为费用转销。时尚华纳与美国在线在 2001 年 1 月合并后，2002 年美国在线时代华纳确认了 990 亿美元的减值。

些是公司保持或提高生产能力所必需的资产投资。

现金流量表的最后一部分是筹资活动产生的现金流。发行证券会产生现金流入，回购或赎回证券会产生现金流出。例如，2009 年惠普公司花费 330 300 万美元现金用于回购股票，这是最主要的现金流出之一。此外，还花费 76 600万美元现金用于支付股息。2009 年惠普公司筹资活动产生的现金共 667 300 美元。

总结一下，2009 年惠普公司经营活动产生了 1 337 900 万美元的现金流入，其中 358 000 万美元用于支付新投资，667 300 万美元用于支付股息和回购发行在外的证券。因此，2009 年惠普公司持有的现金增加了 1 337 900 - 358 000 - 667 300 = 312 600（万美元），如表 19-3 最后一行所示。

现金流量表向人们提供了一家公司是否运转良好的重要证据。例如，若一家公司无法支付股息和用经营活动产生的现金流维持生产力，那么它必须依靠借款来满足这些现金需求，这便给人们一个重要警示：这家公司不能在长期内保持现在的股息支付水平。当现金流量表显示经营活动产生的现金不足，公司靠举债来维持一个无法持续的股息水平时，那么公司的发展问题便会暴露出来。

19.2　会计利润与经济利润

前面我们已经说过，股票估值模型须要度量**经济利润**（economic earnings），经济利润指可以支付给股东的、不会影响公司生产能力的可持续现金流。而**会计利润**（accounting earnings）会受一些与资产估价有关的会计方法的影响，如存货计价时是使用先进先出法还是后进先出法，还受某些支出确认方式的影响，如怎样把资本性投资逐期确认为折旧费用。本章稍后将详细讨论与这些会计方法有关的问题。除了这些会计问题，在不同的经济周期，公司的利润会沿趋势线上下波动，这或许更准确地反映了可持续的经济利润，这为解释净收益增加了难度。一个人可能想知道会计利润与经济利润有多接近，投资者在对公司估值时会计数据到底有多大用处。

事实上，公司损益表中的净利润确实向人们传递了有关公司前景的重要信息。这种现象在实际中也得到了体现，当公司宣告盈利超出市场分析或投资者预期时，股价会倾于上涨。

19.3　赢利能力度量

度量赢利能力时的主要关注点是公司收益。为了便于公司间的横向比较，总收益被表示成一美元投资所创造的收益。所以净资产收益率（ROE）被定义为（税后）利润与权益账面价值的比率，用来衡量权益资本的赢利能力。类似地，资产收益率（ROA）被定义为息税前利润与总资产的比率，用来衡量全部资本的赢利能力。因此，毫不奇怪，ROE 与 ROA 是相互联系的，但是正如我们将要介绍的，两者之间的关系受公司财务政策的影响。

19.3.1　历史净资产收益率与未来净资产收益率

第 18 章中我们已经说过，**净资产收益率**（return on equity，ROE）是影响公司收益增长率的两个主要因素之一。有时假设未来净资产收益率与过去值相等是有其合理性的，但是过去很高的净资产收益率并不一定意味着未来的净资产收益率也会很高。另一方面，净资产收益率下降表明公司新投资的净资产收益率低于以往投资的净资产收益率。对证券分析师来说至关重要的一点是不要把历史价值作为对未来价值的预测。近期数据或许提供了与未来业绩相关的信息，但分析师应一直关注未来。对未来股息和收益的预测决定了公司股票的内在价值。

19.3.2　财务杠杆与净资产收益率

所有分析师在解释公司净资产收益率的过去表现或预测其未来值时，都必须注意公司债务和权益的组合以及债务的利息率。下面举一个例子，假设 Nodett 公司是一家全股权融资公司，总资产为 10 000 万美元，其所得税率为 40%。

表 19-4 列出了在经济周期的三个不同阶段期间，销售收入、息税前利润和净利润的表现。此外，它还包括了两个最常使用的衡量赢利能力的指标，即**资产收益率**（return on assets，ROA；等于 EBIT/资产总额）和净资产收益率（等于净利润/权益总额）。

表 19-4　在经济周期不同时期 Nodett 公司的赢利能力

情境	销售收入（100 万美元）	EBIT（100 万美元）	ROA（%每年）	净利润（100 万美元）	ROE（%每年）
坏年份	80	5	5	3	3
正常年份	100	10	10	6	6
好年份	120	15	15	9	9

Somdett 是另一家与 Nodett 相似的公司，但是 10 000 万美元的资产中有 4 000 万美元是债务融资，利率为 8%，因此每年的利息费用为 320 万美元。表 19-5 列出了 Somdett 与 Nodett 的不同。

表 19-5　财务杠杆对 ROE 的影响

情境	EBIT（100 万美元）	Nodett		Somdett	
		净利润（100 万美元）	ROE（%每年）	净利润[①]（100 万美元）	ROE[②]（%每年）
坏年份	5	3	3	1.08	1.8
正常年份	10	6	6	4.08	6.8
好年份	15	9	9	7.08	11.8

注：①Somdett 公司的税后利润等于 0.6 ×（EBIT－320 万）。

②ROE＝净利润/权益总额，Somdett 公司的权益只有 6 000 万美元。

我们可以发现，在三种不同的情境中，两家公司的销售收入、EBIT 和 ROA 都是相同的，也就是说两家公司的经营风险相同。但它们的财务风险不同。尽管两家公司在三种不同情形中的 ROA 均相同，但是 Somdett 的 ROE 在正常年份和好年份高于 Nodett，而在坏年份却低于 Nodett。

因此，ROE、ROA 和杠杆之间的关系可以总结为下式：[⊖]

$$ROE = (1 - 税率)\left[ROA + (ROA - 利率)\frac{债务}{权益}\right] \tag{19-1}$$

这种关系包含着以下含义：若公司没有债务或若公司的 ROA 等于债务的利率，那么其 ROE 将等于（1－税率）× ROA。若 ROE 超过了利率，则 ROE 超过（1－税率）× ROA 的程度将高于较高的负债权益比率。

这一结果是讲得通的：若 ROA 超过借款利率，那么公司赚到的收益将超过支付给债权人的利息，剩余的收益归公司所有者或者说股东所有。另一方面，若 ROA 低于借款利率，那么 ROE 将会下降，下降程度取决于债务权益比率。

【例 19-1】　杠杆和 ROE

这里我们使用表 19-5 中的数据来说明如何应用式（19-1）。在正常年份，Nodett 公司的 ROE 是 6%，ROA 是 10%，是 ROA 的 0.6 倍（即 1－税率）。Somdett 公司的借款利率为 8%，债务权益比率为 2/3，ROE 为 6.8%，利用式（19-1）计算得：

$$ROE = 0.6\left[10\% + (10\% - 8\%)\frac{2}{3}\right] = 0.6\left[10\% + \frac{4}{3}\%\right] = 6.8\%$$

重点是只有当公司 ROA 超过债务利率时，增加债务才会对公司 ROE 有正的贡献。

注意，财务杠杆也会增加权益所有者收益的风险。从表 19-5 可以看出，在坏年份里，Somdett 公司的 ROE 低于 Nodett 公司。相反，在好年份里，Somdett 公司的表现优于 Nodett 公司，因为 ROA 超过 ROE 为股东带来了额外的资金。债务使 Somdett 公司的 ROE 比 Nodett 公司的 ROE 对经济周期更敏感。尽管两家公司的经营风险相同（三种情境下它们的 EBIT 完全相同），但是 Somdett 公司的股东比 Nodett 公司的股东承受更大的财务风险，因为 Somdett 公司的所有经营风险要由更少的权益投资者来承担。

尽管与 Nodett 公司相比，财务杠杆增加了对 Somdett 公司 ROE 的预期，但这并不意味着 Somdett 的股价将会更

⊖ 式（19-1）的推导过程如下：

$$ROE = \frac{净利润}{权益} = \frac{EBIT - 利息 - 所得税}{权益} = \frac{(1-税率)(EBIT - 利息)}{权益} = (1-税率)\left[\frac{(ROA \times 资产) - (利率 \times 债务)}{权益}\right]$$

$$= (1-税率)\left[ROA \times \frac{权益 + 债务}{权益} - 利率 \times \frac{债务}{权益}\right] = (1-税率)\left[ROA + (ROA - 利率)\frac{债务}{权益}\right]$$

高。财务杠杆确实可以提高预期 ROE，但它也增加了公司权益的风险，高贴现率抵消了对收益的高预期。■

概念检查 19-1

Mordett 是一家与 Nodett 和 Somdett 具有相同资产的公司，但是其债务权益比率为 1.0，利率是 9%。那么在坏年份、正常年份和好年份里，它的净利润和 ROE 分别是多少？

19.4 比率分析

19.4.1 对净资产收益率的分解

为了理解对公司净资产收益率的影响因素，尤其是它的趋势和相对于竞争对手的表现，分析师通常会把净资产收益率“分解”成一系列的比率。每一个组成比率都有其自身含义，这一过程可以帮助分析师把注意力集中于影响业绩的相互独立的因素上来。这种对 ROE 的分解通常被称为**杜邦体系**（DuPont system）。

对 ROE 进行分解的一种有效方法是：

$$ROE = \frac{\text{净利润}}{\text{税前利润}} \times \frac{\text{税前利润}}{EBIT} \times \frac{EBIT}{\text{销售收入}} \times \frac{\text{销售收入}}{\text{资产}} \times \frac{\text{资产}}{\text{权益}} \qquad (19\text{-}2)$$

$$(1) \times (2) \times (3) \times (4) \times (5)$$

表 19-6 是三种不同经济状况下，Nodett 和 Somdett 两家公司所有这些比率的比较。首先看因子 3 与因子 4 及其乘积——EBIT/资产，即公司的资产收益率。

表 19-6 对 Nodett 和 Somdett 两家公司的比率分解分析

	ROE	(1) 净利润/税前利润	(2) 税前利润/EBIT	(3) EBIT/销售收入（利润率）	(4) 销售收入/资产（总资产周转率）	(5) 资产/权益	(6) 复合杠杆因子(2)×(5)
坏年份							
Nodett	0.030	0.6	1.000	0.062 5	0.800	1.000	1.000
Somdett	0.018	0.6	0.360	0.062 5	0.800	1.667	0.600
正常年份							
Nodett	0.060	0.6	1.000	0.100 0	1.000	1.000	1.000
Somdett	0.068	0.6	0.680	0.100 0	1.000	1.667	1.134
好年份							
Nodett	0.090	0.6	1.000	0.125 0	1.200	1.000	1.000
Somdett	0.118	0.6	0.787	0.125 0	1.200	1.667	1.311

因子 3 通常被称为公司的**利润率**（profit margin）或**销售收益率**（return on sales，ROS），表示每一美元销售收入可获得的经营利润。在正常年份利润率是 0.10，或 10%；在坏年份是 0.625，或 6.25%；在好年份是 0.125，或 12.5%。

因子 4 是销售收入与总资产的比率，通常被称为**总资产周转率**（total asset turnover，ATO），它表示公司使用资产的效率，代表每一美元资产每年可以产生多少销售收入。正常年份里，两家公司的总资产周转率均为 1.0，意味着一美元资产每年可产生 1 美元销售收入。在坏年份，该比率为 0.8，在好年份，该比率为 1.2。

比较 Nodett 和 Somdett 两家公司我们可以发现因子 3 和因子 4 不依赖于公司的财务杠杆。在三种不同的情境下，两家公司的这两个比率均相等。

类似地，因子 1 是税后净利润与税前利润的比率，我们称之为税收负担比率，两家公司的值相同。税收负担比率既反映了政府的税收状况，也反映了公司为尽量减少税收负担而实行的政策。在本例中，它不随经济周期改变，一直为 0.6。

因子 1、因子 2 和因子 3 不受公司资本结构的影响，而因子 2 和因子 5 受影响。因子 2 是税前利润与 EBIT 的比率。当公司不用向债权人支付利息时，税前利润会达到最大。事实上，这个比率可用另一种方式表示：

$$\frac{\text{税前利润}}{EBIT} = \frac{EBIT - \text{利息费用}}{EBIT}$$

我们也可以把因子2称为利息负担比率。Nodett公司没有财务杠杆，因此该比率达到了最大值1。财务杠杆的水平越高，利息负担比率便越低。Nodett公司的该比率不随经济周期变化，一直为常数1.0，说明完全不存在利息支付。然而对Somdett公司而言，利息费用是固定的，而息税前利润却在变化，因此利息负担比率在坏年份里为0.36，在好年份里为0.787。

与利息负担比率紧密相关的一个比率是**利息覆盖倍数**（interest coverage ratio），或者称为**利息保障倍数**（times interest earned），被定义为：

$$\text{利息保障倍数} = \frac{\text{EBIT}}{\text{利息费用}}$$

高利息保障倍数说明公司破产的可能性很小，因为年收益远高于年利息支付。它被贷款者和借款者广泛用于判断公司的举债能力，是公司债评级的主要决定因素。

因子5是资产与权益的比率，用来度量公司的财务杠杆水平，被称为**杠杆比率**（leverage ratio），等于1加上债务权益比率。[㊀]在表19-6中，Nodett公司的杠杆比率是1，而Somdett公司是1.667。

根据19.2节的讨论我们知道，只有当总资产收益率大于公司的债务利率时，财务杠杆才能帮助提高净资产收益率。这一事实是如何在表19-6的比率中反映出来的呢？

答案是为了测度杠杆在整个框架中的影响，分析师必须计算利息负担比率与杠杆比率的乘积（即因子2和因子5，列示在表19-6的第六列中）。因子6被称为复合杠杆因数，对Nodett公司而言，该值在三种情境下一直为常数1.0。但对Somdett公司，在正常年份和好年份里，复合杠杆因数大于1，分别为1.134和1.311，说明财务杠杆对ROE具有正的促进作用；在坏年份里，该值小于1，说明当ROA小于利率时，ROE随债务的增加而下降。

这些关系可归纳如下，根据式（19-2）：

$$\text{ROE} = \text{税收负担比率} \times \text{利息负担比率} \times \text{利润率} \times \text{总资产周转率} \times \text{杠杆比率}$$

因为

$$\text{ROA} = \text{利润率} \times \text{总资产周转率} \tag{19-3}$$

且

$$\text{复合杠杆因数} = \text{利息负担比率} \times \text{杠杆比率}$$

我们可以把净资产收益率分解如下：

$$\text{ROE} = \text{税收负担比率} \times \text{ROA} \times \text{复合杠杆因数} \tag{19-4}$$

式（19-3）说明总资产收益率是利润率和总资产周转率的产物，其中一个比率较高通常伴随着另一比率较低。因此，只有评估同一行业内的公司时，单独比较这些比率才有意义，跨行业比较可能会产生误导。

【例19-2】　利润率与资产周转率

假设有两家公司具有相同的总资产收益率，均为每年10%，一家是超市连锁店，另一家是电气设备公司。

如表19-7所示，超市连锁店的利润率较低，为2%，但它通过每年使资产周转五次获得了10%的总资产收益率。另一方面，资本密集型的电气设备公司的总资产周转率较低，仅为每年0.5次，但它拥有20%的利润率，同样也实现了10%的总资产收益率。这里我们要强调的是较低的利润率或资产周转率并不意味着公司很糟糕，每一比率都应按照不同的行业标准来理解。■

表19-7　不同行业间利润率和总资产周转率的不同

	利润率	×周转率	=ROA		利润率	×周转率	=ROA
超市连锁	2%	5.0	10%	电气公司	20%	0.5	10%

即使处于同一行业，当公司追求不同的市场战略时，它们的利润率和市场周转率有时也会显著不同。例如在零售行业，Neiman Marcus追求高利润率、低周转率的政策，而沃尔玛公司追求低利润率、高周转率的政策。

㊀ $\frac{\text{资产}}{\text{权益}} = \frac{\text{权益} + \text{债务}}{\text{权益}} = 1 + \frac{\text{债务}}{\text{权益}}$

概念检查 19-2

准备一张与表 19-6 相似的表，为概念检查 19-1 中的 Mordett 公司做一个比率分解分析。

19.4.2　总资产周转率与其他资产利用比率

计算利用效率、周转率和资产子类的比率对于理解公司销售收入与资产的比率通常很有帮助。例如，我们考虑固定资产周转率而不是总资产周转率：

$$\text{固定资产周转率} = \frac{\text{销售收入}}{\text{固定资产}}$$

这一比率表示每一美元的固定资产可以带来多少销售收入。

我们以 GI 公司为例来说明如何利用公司财务报表来计算这一比率以及其他比率。表 19-8 是 GI 公司 2007～2010 年的损益表和资产负债表。

表 19-8　GI 公司 2007～2010 年的财务报表　（单位：1 000 美元）

	2007	2008	2009	2010
损益表				
销售收入		100 000	120 000	144 000
销货成本（包括折旧）		55 000	66 000	79 200
折旧		15 000	18 000	21 600
销售和管理费用		15 000	18 000	21 600
营业利润		30 000	36 000	43 200
利息费用		10 500	19 095	34 391
应纳税所得额		19 500	16 905	8 809
所得税（税率 40%）		7 800	6 762	3 524
净利润		11 700	10 143	5 285
资产负债表（年末）				
现金和有价证券	50 000	60 000	72 000	86 400
应收账款	25 000	30 000	36 000	43 200
存货	75 000	90 000	108 000	129 600
厂房和设备净额	150 000	180 000	216 000	259 200
资产总计	300 000	360 000	432 000	518 400
应付账款	30 000	36 000	43 200	51 840
短期债务	45 000	87 300	141 957	214 432
长期债务（2025 年到期、利率 8% 的债券）	75 000	75 000	75 000	75 000
负债总计	150 000	198 300	260 157	341 272
股东权益（发行在外 100 万股）	150 000	161 700	171 843	177 128
其他数据				
年末每股普通股市价		93.60	61.00	21.00

2010 年 GI 公司的总资产周转率是 0.303，低于行业平均水平 0.4。为了更好地理解 GI 公司表现不佳的原因，我们计算固定资产、存货和应收账款的资产利用率。

2010 年 GI 的销售收入是 1.44 亿美元。它仅有的固定资产是厂房和设备，年初为 2.16 亿美元，年末为 2.592 亿美元，那么 2010 年的平均固定资产为 (2.16 + 2.592)/2 = 2.376 亿美元。因此 GI 公司 2010 年的固定资产周转率等于 1.44/2.376 = 0.606。换句话说，在 2010 年每美元的固定资产带来了 0.606 美元的销售收入。

2008 年、2009 年和 2010 年的固定资产周转率以及 2010 年的行业平均值如下所示：

2008 年	2009 年	2010 年	2010 年的行业平均
0.606	0.606	0.606	0.700

从中可以看出，GI 公司的固定资产周转率一直是不变的，且低于行业平均水平。

注意，当一个财务比率既包含损益表中的项目（涵盖某一期间），又包含资产负债表中的项目时（反映某一时点的数值），那么资产负债表中的项目应取期初和期末的平均值。因此，计算固定资产周转率时，使用销售收入（来自损益表）除以平均固定资产（来自资产负债表）。

另一广泛使用的周转率指标是**存货周转率**（inventory turnover ratio），它是销货成本与平均存货的比率。（我们用销货成本而非销售收入作为分子，目的保持与存货的一致性，都是用成本来衡量。）该比率测度了存货的周转速度。

2008 年，GI 的销货成本是 4 000 万美元，平均存货是 $(7\,500+9\,000)/2=8\,250$ 万美元，其存货周转率为 $4\,000/8\,250=0.485$。2009 年和 2010 年，存货周转率没有发生变化，均低于行业平均值 0.5。换句话说，GI 公司每美元的销售收入比其竞争者要承担更高的存货水平。营运资本投资越高，反而导致每美元销售收入或利润承担更高的资产水平，而且使总资产收益率低于竞争对手。

衡量效率的另一种方法是测度管理应收账款的效率，通常用应收账款周转天数来表示，它是把平均应收账款表示成日销售收入的某一倍数，计算公式为平均应收账款/销售收入 ×365，可以理解为应收账款相当于多少天的销售额。你也可以把它理解成销售日期与受到付款日期之间的平均间隔，因此也被称为**应收账款平均收款期**（average collection period）。

GI 公司 2010 年的平均收款期为 100.4 天：

$$\frac{(3\,600+4\,320)/2}{14\,400}\times 365 = 100.4 \text{ 天}$$

而行业平均只有 60 天，意味着 GI 公司平均每美元销售收入所造成的应收账款高于其竞争对手。这再一次说明营运资本的投资越高，ROA 越低。

总之，这些比率说明 GI 公司相对于行业而言有较差的总资产周转率，部分是由于低于行业平均的固定资产周转率和存货周转率以及高于行业平均的应收账款周转天数引起的。这暗示 GI 公司存在过剩的生产能力，且对存货和应收账款的管理能力较差。

19.4.3 流动性比率

流动性和利息覆盖倍数在评估公司证券风险方面起着重要作用，主要用来评估公司的财务能力。流动性比率包括流动比率、速动比率和利息覆盖倍数等。

（1）**流动比率**（current ratio）＝流动资产/流动负债。这一比率用来衡量公司通过变现流动资产（即把流动资产转换为现金）来偿还流动负债的能力，它反映了公司在短期内避免破产的能力。例如，2008 年 GI 公司的流动比率是 $(60+30+90)/(36+87.3)=1.46$，其他年份分别为：

2008 年	2009 年	2010 年	2010 年的行业平均
1.46	1.17	0.97	2.0

上表说明 GI 公司流动比率随时间变化的不利趋势以及落后于行业平均的不利局面。

（2）**速动比率**（quick ratio）＝（现金＋有价证券＋应收账款）/流动负债，这一比率也被称为**酸性测验比率**（acid test ratio），其分母与流动比率的分母相同，但分子只包括现金、现金等价物和应收账款。对于那些不能迅速把存货变现的公司而言，速动比率比流动比率能更好地反映公司的流动性。GI 公司的速动比率与其流动比率具有相同的趋势：

2008 年	2009 年	2010 年	2010 年的行业平均
0.73	0.58	0.49	1.0

（3）与现金和有价证券相比，公司应收账款的流动性相对较差，因此，除速动比率外，分析师还会计算公司的**现金比率**（cash ratio），定义如下：

$$\text{现金比率} = \frac{\text{现金}+\text{有价证券}}{\text{流动负债}}$$

GI 公司的现金比率如下表所示：

2008 年	2009 年	2010 年	2010 年的行业平均
0.487	0.389	0.324	0.70

GI 公司的流动性比率连续三年大幅下降，到 2010 年为止显著低于行业平均值。流动比率和利息覆盖倍数（这段时间利息保障倍数也在下降）的共同下降说明公司的信用等级在下滑，毫无疑问，GI 公司在 2010 年具有较高的信用风险。

19.4.4 市净率：增长与价值

市场价值与账面价值比率（market-book-value ratio，P/B，也称市净率）等于公司普通股的每股市价除以其账面价值，即每股股东权益。一些分析师认为公司股票的市净率越低，则投资风险越小，他们把账面价值看做支撑市场价格的"底线"。这些分析师假定市场价格不可能降至账面价值以下，因为公司总是可以选择按账面价值来变现或出售其资产。然而，这种观点是有问题的。事实上，一些公司的股票确实是在账面价值以下进行交易的，例如，上一章中提到的关于 2010 年年初美国银行和花旗银行的例子。但是，一些分析师把较低的市净率看做一种"安全边际"，而且部分分析师在挑选股票的过程中会剔出或拒绝高市净率的股票。

事实上，对市净率的更好解释是它是一种测度公司增长机会的工具。上一章中我们提到，公司价值的两个组成部分是现有资产和增长机会。正如下面的例子所说，公司的增长机会越好，市净率会越高。

【例 19-3】 **市净率和增长期权**

假设有两家公司，其股票的账面价值均为每股 10 美元，市场资本化率均为 15%，且盈余再投资率均为 0.60。

其中，Bright Prospects 公司的净资产收益率为 20%，远远高于其市场资本化率，高净资产收益率说明公司拥有大量增长机会。在 ROE = 0.20 的情况下，Bright Prospects 公司今年的每股收益将等于 2 美元。且再投资率等于 0.60 时，其派发的股息为 $D_1 = (1-0.6) \times 2 = 0.80$（美元/股），增长率为 $g = b \times \text{ROE} = 0.60 \times 0.20 = 0.12$，股价为 $D_1/(k-g) = 0.80/(0.15-0.12) = 26.67$（美元/股），市净率等于 26.67/10 = 2.667。

但是，Past Glory 公司的净资产增长率仅为 15%，恰好等于市场资本化率。因此，其今年的每股收益将为 1.50 美元，股息 $D_1 = 0.4 \times 1.50 = 0.60$（美元/股），增长率 $g = b \times \text{ROE} = 0.60 \times 0.15 = 0.09$，股价 $D_1/(k-g) = \$0.60/(0.15-0.09) = 10$（美元/股），市净率等于 10/10 = 1.0。毫无疑问，出售投资收益率恰好等于其必要收益率的公司，只能获得账面价值，不可能比账面价值更高。

总结得出，市净率很大程度上由增长前景决定。■

另一种把公司增长与价值联系起来的衡量指标是**市盈率**（price-earnings ratio，P/E）。事实上，正如我们在上一章中所看到的，增长机会价值与现有资产价值的比率很大程度上决定了市盈率。尽管低市盈率股票允许你为其每美元的现有收益支付较低的价格，但高市盈率股票仍更值得投资，只要预期其收益增长率可以足够快。[⊖]

但是，许多分析师相信低市盈率的股票比高市盈率的股票更具吸引力。事实上，使用资本资产定价模型作为衡量收益率的标杆时，低市盈率的股票通常具有正的投资 α 值。但是有效市场的追随者会质疑这种观点，他们认为这种过分简单的法则根本无法带来异常收益，在这种情况下资本资产定价模型或许根本不是测度收益率的一个好标准。

在任何情况下都要切记，股票向其所有者既传递了对当前收益的所有权，也传递了对未来收益的所有权，因此，对高市盈率的最好解释或许是表明公司拥有高增长机会的一种信号。

在结束有关市净率（P/B）以及市盈率（P/E）的讨论之前，有必要指出它们之间的重要关系：

$$\text{ROE} = \frac{\text{收益}}{\text{账面价值}} = \frac{\text{市场价格}}{\text{账面价值}} \div \frac{\text{市场价格}}{\text{收益}} = \frac{\text{P/B}}{\text{P/E}} \tag{19-5}$$

通过变形可以得到市盈率等于市净率除以净资产收益率：

$$\frac{\text{P}}{\text{E}} = \frac{\text{P/B}}{\text{ROE}}$$

因此，即使一家公司的 P/B 比率较高，但是只要其净资产收益率足够高，它的市盈率也可以相对较低。

⊖ 但是切记，财经报纸中所报道市盈率是根据过去收益计算的，而价格却由根据公司未来的收益前景决定的，因此报道中的市盈率反映的是当前收益随趋势线的变动情况。

华尔街会经常区分“好公司”和“好投资”。一家好公司的盈利性或许会很好，净资产收益率通常也很高，但若其股价水平与其 ROE 相适应同样很高的话，那么其 P/B 比率也将很高进而市盈率也会很高，从而降低了该公司股票的吸引力。因此，一家公司的 ROE 很高并不能说明其股票是一项好的投资。相反，只要低 ROE 公司的股价足够低，其股票也会成为一项好投资。

表 19-9 是对本节内容所涉及比率的总结。

表 19-9 对主要财务比率的总结

杠杆		速动比率	$\frac{现金+有价证券+应收账款}{流动负债}$
利息负担比率	$\frac{EBIT-利息费用}{EBIT}$	现金比率	$\frac{现金+有价证券}{流动负债}$
利息覆盖倍数(利息保障倍数)	$\frac{EBIT}{利息费用}$	**盈利性**	
杠杆比率	$\frac{资产}{权益}=1+\frac{债务}{权益}$	总资产收益率	$\frac{EBIT}{平均总资产}$
复合杠杆因数	利息负担比率 × 杠杆比率	净资产收益率	$\frac{净利润}{平均所有者权益}$
资产利用		销售收益率（利润率）	$\frac{EBIT}{销售收入}$
总资产周转率	$\frac{销售收入}{平均总资产}$	**市场价格**	
固定资产周转率	$\frac{销售收入}{平均固定资产}$	市净率	$\frac{每股价格}{每股账面价值}$
存货周转率	$\frac{销货成本}{平均存货}$	市盈率	$\frac{每股价格}{每股收益}$
应收账款周转天数	$\frac{平均应收账款}{年销售收入}\times 365$	收益价格比率	$\frac{每股收益}{每股价格}$
流动性			
流动比率	$\frac{流动资产}{流动负债}$		

概念检查 19-3

GI 公司 2010 年的净资产收益率、市盈率和市净率分别是多少？与行业平均值相比如何（行业平均值分别为：ROE＝8.64%，P/E＝8，P/B＝0.69）？GI 公司 2010 年的收益价格比率与行业平均值相比如何？

19.4.5 选择基准

前面已经讨论了如何计算基本的财务比率，但是在对给定公司进行行业绩评估时，仍然需要选择一个基准来比较分析该公司的比率。很显然，可以选择公司前几年的比率作为基准。例如，图 19-1 展示了惠普公司前几年的总资产收益率、利润率和总资产周转率。从图中可以看出，惠普公司总资产收益率的变动主要是由总资产周转率的变动引起的。相反，公司的利润率相对比较稳定。

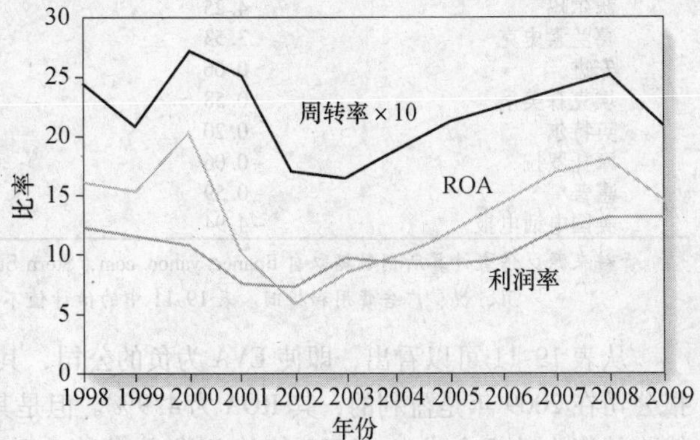

图 19-1 对惠普公司的杜邦分解情况

把公司的财务比率与同行业其他公司的财务比率作比较也是有帮助的。美国商务部（见表 19-10）、Dun & Bradstreet 公司（行业标准与关键经营比率）和风险管理协会（年度财务报表研究）等机构会公布各行业的财务比率。许多财务比率也可以在网上查到。

表 19-10 列出了几个主要行业的财务比率，该表可以使你对不同行业间的差别有一个直观印象。有一些财务比率（如总资产周转率和资产负债率）随时间变化相对稳定，而有些比率（如总资产或净资产收益率）则对经济状况非常敏感，例如 2009 年汽车行业的赢利能力指标均为负值。

表 19-10 主要行业的财务指标

	资产负债率	利息覆盖倍数	流动比率	速动比率	总资产周转率	利润率（%）	总资产收益率（%）	净资产收益率（%）
所有制造业	0.22	2.51	1.36	0.96	0.74	6.10	4.54	9.15
食品	0.24	3.74	1.39	0.86	1.11	7.57	8.44	14.10
服装	0.22	5.29	1.28	0.43	1.73	4.43	7.65	10.93
印刷	0.41	1.71	1.23	0.96	1.27	5.40	6.83	7.22
化工	0.27	3.89	1.36	1.05	0.50	13.97	7.04	19.00
医药	0.27	5.49	1.52	1.25	0.40	20.03	8.07	22.90
机械	0.18	3.62	1.25	0.81	0.77	7.28	5.60	9.96
电气	0.13	5.43	1.14	0.70	0.60	9.77	5.88	9.76
汽车	0.26	-0.92	0.75	0.56	0.79	-6.03	-4.78	无有效值①
计算机和电子	0.16	1.35	1.73	1.44	0.57	2.16	1.22	5.27

注：①无有效值的原因是所有者权益为负值。

资料来源：U. S. Department of Commerce, *Quarterly Financial Report for Manufacturing, Mining and Trade Corporations*, second quarter 2009.

19.5 经济增加值

财务比率的最主要用途是评估公司业绩。尽管赢利能力经常被用来衡量公司业绩，但仅有赢利能力是远远不够的。只有当公司项目的收益率高于投资者在资本市场中的期望收益（在风险调整的基础上）时，公司才可以被认为是成功的。只有当公司再投资资金的收益率高于资本的机会成本，即市场资本化率时，将收益再投资于公司才会增加股价。为了解释机会成本，我们可以用总资产收益率（ROA）与资本机会成本（k）之差来衡量公司的成功。**经济增加值**（economic value added, EVA）等于 ROA 与 k 之间的差额乘以投资到公司中的资本，因此它衡量了公司收益超过机会成本的那部分价值。经济增加值（由 Stern Stewart 咨询公司提出并推广使用）也被称为**剩余收入**（residual income）。

【例 19-4】 **经济增加值**

2009 年，沃尔玛的加权平均资本成本为 5.9%（根据其债务成本、资本结构、权益 β 系数和由资本资产定价模型估计的权益成本计算得到）。它的总资产收益率为 9.6%，比其投资在厂房、设备和专有技术上的资本的机会成本高 3.7%。换句话说，投资者投资于沃尔玛公司的每一美元所获得收益，都要比投资于其他相同风险股票的期望收益高 3.7 美分。沃尔玛的资本总额为 1 150 亿美元，因此它的经济增加值，即超过机会成本的收益，为 (0.096 - 0.059) × 1 150 = 42.5 亿美元。■

表 19-11 列出了部分公司的经济增加值，最高的是沃尔玛公司。从表中可以看到，尽管沃尔玛公司的 ROA 与资本成本之差较小，但它的 EVA 远远高于葛兰素史克公司。这是因为沃尔玛资本总额要大很多。表中 EVA 最低的是美国电话电报公司，尽管它的资本总额很大，但获得的收益却低于资本的机会成本，导致其 EVA 为绝对值非常大的负值。

表 19-11 2009 年部分公司的经济增加值

	EVA（10 亿美元）	资本（10 亿美元）	ROA（%）	资本成本（%）
沃尔玛	4.25	115.03	9.6%	5.9%
葛兰素史克	3.53	41.94	15.5	7.1
安进	0.66	34.28	9.1	7.2
埃克森美孚	0.58	115.97	7.2	6.7
英特尔	0.20	42.04	10.4	9.9
摩托罗拉	-0.06	13.53	7.8	8.2
惠普	-0.59	54.79	6.0	7.1
美国电话电报	-4.94	171.21	4.9	7.8

资料来源：作者计算所用数据取自 finance.yahoo.com，Stern Stewart 报告的实际 EVA 估计值与表 19-11 有所不同，因为会计数据包括研发费用、税、广告费用和折旧。表 19-11 中的估计值不一定精确，只表明了 EVA 后面的逻辑关系。

从表 19-11 可以看出，即使 EVA 为负的公司，其会计利润仍有可能为正。例如，从传统标准来看，美国电话电报公司在 2009 年是盈利的，其 ROA 为 4.9%。但是其资本成本却为 7.8%，从这一标准考虑，美国电话电报公司不能弥补资本的机会成本，2009 年的 EVA 为负值。EVA 把资本的机会成本当做一种真实成本，就像其他成本一样，都应从收入中扣除，从而得到一条更有意义的“底线”。正在获利但利润不足以弥补机会成本的公司可以重新调配资本使其得到更好的利用。因此，现在越来越多的公司开始计算 EVA，并使管理层的薪水与之挂钩。

19.6 财务报表分析示范

在向股东递交的2010年度报告中，Growth Industries公司的董事长写道："2010年对Growth Industries公司来说又是成功的一年，就像2009年一样，销售收入、资产和营业利润都继续保持了20%的增长率。"

她说得对吗？

我们可以通过对Growth Industries公司进行全面比率分析来评价她的报告。我们的目的是评价GI公司近年来的业绩，评估它的未来前景，并确定市场价格是否真实反映了其内在价值。

表19-12列出了通过GI公司财务报表计算出的主要财务比率，公司董事长关于销售收入、资产和营业利润增长评价确实是正确的。然而，仔细观察GI公司的主要财务比率我们便会发现她的第一句话，2010年对Growth Industries公司来说又是成功的一年，是完全错误的，2010年对Growth Industries公司来说是悲惨的一年。

表 19-12

年份	ROE（%）	（1）净利润/税前利润	（2）税前利润/EBIT	（3）EBIT/销售收入（利润率，%）	（4）销售收入/资产（总资产周转率）	（5）资产/权益	（6）复合杠杆因子（2）×（5）	（7）ROA（3）×（4）	P/E	P/B
2008	7.51	0.6	0.650	30	0.303	2.117	1.376	9.09	8	0.58
2009	6.08	0.6	0.470	30	0.303	2.375	1.116	9.09	6	0.35
2010	3.03	0.6	0.204	30	0.303	2.723	0.556	9.09	4	0.12
行业平均	8.64	0.6	0.800	30	0.400	1.500	1.200	12.00	8	0.69

ROE从2008年的7.51%下降到了2010年的3.03%。通过将GI公司2010年的净资产收益与当年的行业平均值比较，我们会发现GI公司的状况越来越糟。不断下降的市净率以及不断下降的市盈率说明投资者对公司未来的赢利能力越来越不乐观。

但是，总资产收益率却没有下降，说明GI公司ROE随时间下滑的状况与财务杠杆有关。可以看到，随着GI公司的杠杆比率由2008年的2.117增加到2010年的2.723，它的利息负担比率（第二列）从0.650下降到了0.204，这导致复合杠杆因数从1.376下降到了0.556。

年复一年快速增长的短期债务和利息费用（见表19-8）说明，为了筹资来维持销售收入20%的增长率，GI公司借入了大量高利率的短期债务。公司支付了比总资产收益率更高的利率来筹集资金进行投资，当公司扩张后，状况变得更加危险。

例如2010年，GI公司短期债务的平均利率为20%，而ROA仅为9.09%。（你可以使用表19-8中的数据计算GI公司短期债务的利率。从资产负债表中我们可以知道其长期债务的利率为8%，长期债务总额为7 500万美元，因此长期债务利息为0.08×7 500=600万美元。2010年公司支付的利息总额为34 391 000美元，因此短期债务的利息为34 391 000－6 000 000=28 391 000美元，这相当于GI公司2010年初短期债务的20%。）

当我们考察如表19-13所示的现金流量表后，GI公司的问题变得更加明显，该表可以由表19-8中的损益表和资产负债表得出。GI公司的经营现金流持续下降，由2008年的12 700 000美元下降到2010年的6 725 000美元。相反，公司的厂房和设备投资却不断增加，厂房和设备净额由2007年的150 000 000美元增加到了2010年的259 200 000美元（见表19-8）。令人担忧的是，资本资产几乎翻番的状况使经营活动产生的现金流大幅减少。

表19-13 Growth Industries公司的现金流量表 （单位：1 000美元）

	2008	2009	2010
经营活动产生的现金流			
净利润	\$11 700	\$10 143	\$5 285
+折旧	15 000	18 000	21 600
+应收账款的减少（增加）	（5 000）	（6 000）	（7 200）
+存货的减少（增加）	（15 000）	（18 000）	（21 600）
+应付账款的增加	6 000	7 200	8 640
经营活动产生的现金流	\$12 700	\$11 343	\$6 725
投资活动产生的现金流			
对厂房和设备的投资[①]	\$（45 000）	\$（54 000）	\$（64 800）
筹资活动产生的现金流			
支付股息[②]	\$0	\$0	\$0

（续）

	2008	2009	2010
发行短期债务	42 300	54 657	72 475
现金与有价证券的变动③	$10 000	$12 000	$14 400

注：①投资总额等于厂房和设备的净增加额加上折旧。

②由于每年的股东权益增加额都等于净利润，说明收益再投资率为1.0，即公司没有支付股息。

③等于经营活动产生的现金流加投资活动产生的现金流加筹资活动产生的现金流，等于资产负债表中现金和有价证券每年的变化。

GI公司的困难产生于其巨额的短期债务。在某种意义上，GI公司的运营就像一种“金字塔计划”，每年都借入越来越多的债务来维持资产和收益20%的增长率。但经营现金流不断下降的情况表明，新资产并没有产生足够的现金流来支持由债务产生的额外利息。最终，当公司失去继续举债的能力时，它的增长也就到头了。

从这一点来说GI公司的股票也许是一项具有吸引力的投资，其市价仅为账面价值的12%，市盈率为4，年收益价格比率为25%。GI公司很可能成为另一家公司的并购对象，并购公司可以取代GI公司的管理层并通过激进的政策改革来创造股东价值。

概念检查19-4

下面是关于IBX公司2010年和2012年的一些信息（单位均为100万美元）：

	2010	2012
净利润	$253.7	$239.0
税前利润	411.9	375.6
EBIT	517.6	403.1
平均资产	4 857.9	3 459.7
销售收入	6 679.3	4 537.0
所有者权益	2 233.3	2 347.3

IBX公司的ROE趋势是怎样的？从税收负担比率、利润率、周转率和财务杠杆率方面作出解释。

19.7 可比性问题

财务报表分析向我们提供了大量评价公司业绩和未来前景的工具，但比较不同公司的财务结果不是那么简单。根据公认会计原则，可以用几种不同的方式来表示收入和费用的各个项目，这意味着两家有着相同经济利润的公司可能会有截然不同的会计利润。

而且，当通货膨胀使美元这一测量价值的标准扭曲时，要说明同一家公司在不同时期的业绩也会变得复杂。在这种情况下，可比性问题变得尤为突出，因为通货膨胀对报告结果产生的影响通常取决于公司所采用的计算存货和折旧的特定方法。在比较不同公司同一时期和同一公司不同时期的财务结果时，证券分析师首先必须调整收益和财务比率数值，以使它们达到同一标准。

可比性问题可能产生于公认会计原则计算存货和折旧以及调整通货膨胀影响的灵活性，其他不可比性的重要潜在根源是租赁和其他费用的资本化、养老金成本的处理以及计提准备等。

19.7.1 存货估值

常用的存货计价方法有两种：**后进先出法**（last-in first-out，LIFO）和**先进先出法**（first-in first-out，FIFO）。下面使用一个算例来解释两者间的不同。

假设Generic Products公司有一批经常性存货，为100万单位的产品。存货每年周转一次，即销货成本与存货之比为1。

后进先出法要求按当前生产成本对在一年内用完的100万单位存货进行估价，这样，最后生产的货物被认为首先售出，它们按当前成本进行计价。

先进先出法是假设先入库的存货先被使用或出售，售出的货物按原始成本计价。

若产品的价格保持每单位1美元不变，那么在两种体系下，存货的账面价值与销货成本将相等，均为100万美元。但是接下来假设今年由于通货膨胀，产品的价格每单位上涨了10美分。

若按后进先出法，销货成本为110万美元，但年末资产负债表中100万单位存货的价值仍为100万美元。资产负债表中的存货价值按货物成本计价。在后进先出法下，假设最后生产的产品按当前成本即1.10美元进行销售，剩下的产品是以前生产的产品，成本仅为每单位1美元。可以看出，尽管后进先出法精确测度了当前货物的销货成本，但它低估了在通货膨胀环境下剩余存货的当前价值。

相反，在后进先出法下，销货成本为100万美元，但年末资产负债表中存货的价值将为110万美元。结果是使用后进先出法的公司的报告利润和资产负债表中的存货价值均低于使用先进先出法的公司。

计算经济利润（即可持续现金流）时后进先出法优于先进先出法，因为它使用当前价格来计算销货成本。但后进先出法会扭曲资产负债表，因为他按原始成本来确定存货投资的成本，这会导致ROE偏高，因为投资基础被低估了。

19.7.2　折旧

问题的另一个来源是对折旧的衡量，在计算真实利润时它是一个关键因素。会计中折旧的衡量方法与经济中折旧的衡量方法明显不同。根据经济中的定义，折旧是指公司为使实际生产能力维持在当前水平，必须将经营现金流再投资于公司的金额。

而会计衡量方法有很大不同。会计折旧是指把资产的原始取得成本分配到资产使用寿命中每一会计期间的金额，这一数值是财务报表中所列示的折旧值。

例如，假设某公司购买了一台经济寿命为20年、价格为10万美元的机器。但在财务报表中，公司使用直线法按10年对这台机器计提折旧，每年的折旧额为1万美元。这样在10年后，机器的账面价值将会折旧完，即使它可以继续生产10年。

计算会计利润时，在机器经济寿命的前10年里公司会高估折旧，而在后10年里会低估折旧。这会导致会计利润与经济利润相比在最初的10年被低估了，而在后来的10年又被高估了。

折旧的可比性问题还会导致另一个问题的出现，除了报告目的，公司还可能会为了避税目的而采用不同的折旧方法。大多数公司在避税目的下会使用加速折旧法，而在报告目的下会使用直线折旧法。不同公司对厂房、设备和其他应折旧资产折旧寿命的估计也存在差异。

与折旧有关的另一问题产生于通货膨胀，因为按照惯例，折旧是根据历史成本而非重置成本进行计提的，因此相对于重置成本而言，通货膨胀期间的折旧被低估了，相应地，真实经济利润（可持续现金流）便被高估了。

例如，假设Generic Products公司有一台使用寿命为三年的机器，原始成本为300万美元。公司根据直线法每年计提折旧100万美元，而不考虑重置成本如何变化。假设第一年的通货膨胀率为10%，那么实际年折旧费用应为110万美元，但按惯例计提的折旧仍为每年100万美元，因此会计利润把真实经济利润夸大了10万美元。

19.7.3　通货膨胀和利息费用

通货膨胀不仅会扭曲公司的存货计量和折旧成本，而且它对实际利息费用的影响更大。名义利率包括通货膨胀溢价，通货膨胀会使本金真实价值受到侵蚀，通胀溢价是对这种侵蚀的补偿。因此，从借贷双方的角度考虑，支付的部分利息费用更适合被看成对本金的偿还。

【例19-5】　通货膨胀和实际利润

假设Generic Products公司未偿还债务的账面余额为1 000万美元，年利率为10%，因此按惯例每年的利息费用为100万美元。但若假设今年的通货膨胀率为6%，那么实际利率为4%，因此损益表所列示的利息费用中，有60万美元是通货膨胀溢价，或者说是对1 000万美元本金实际价值预期减少的补偿，只有40万美元是实际利息费用。未偿还本金的购买力下降了60万美元。因此，Generic Products公司支付的100万美元中，有60万美元应被看成对本金的偿还，而不是利息费用，公司的实际收入因此被低估了60万美元。■

对实际利息的错误衡量意味着通货膨胀降低了实际利润，但通货膨胀对报表中存货与折旧的影响恰好相反。

概念检查19-5

在高通胀时期，ABC公司和XYZ公司有相同的会计利润。ABC公司采用后进先出法对存货进行计价，而XYZ公司采用先进先出法。与XYZ公司相比，ABC公司有相对较少的应折旧资产和较多的债务。哪一家公司的实际利润较高？为什么？

19.7.4　公允价值会计

有许多资产和负债不在金融市场交易，且其价值也不容易被观测到。例如，我们无法轻易获得员工股票期权、退休员工的医疗保健福利、建筑物或其他不动产的价值。这些资产的价值波动很大，但公司的真实财务状况很可能主要依赖它们，实际中常用的方法是按历史成本对其股价。**公允价值会计**（fair value accounting）或者称为**盯市**

（marking to market）会计的支持者认为，若财务报表可以更好地反映所有资产和负债的当前市场价值，那么它们将更加真实地反映公司财务状况和经营成果。

美国财务会计准则委员会公布的关于公允价值会计的第157号公告把资产分为三类。一级资产是指在活跃市场交易的资产，因此应按市场价格对其进行计价；二级资产是指交易不活跃，但仍可根据可观察市场中类似资产进行估价的资产；三级资产是指只能根据难以观察到的输入项目进行估价的资产。可使用定价模型对二级资产和三级资产估价，例如根据计算机模型计算出的理论价格。与其说这些价值为盯市价值，不如说它们为“盯模价值”，但它们有时也被称为“编造价值”，因为通过滥用模型输入项可以非常容易地操纵估值结果。

公允价值会计的反对者认为公允价值太过依赖于估计了，这使公司财务报表包含了大量潜在噪音，而且对资产估值的波动会引起利润的巨幅波动。更糟的是，主观性估值为管理者提供了一种在恰当时机操纵利润和粉饰财务状况的工具。例如，Bergstresser、Desai 和 Rauth[⊖]发现当管理人员积极行使他们的股票期权时，公司往往对养老金计划的收益做出更激进的假设（这样会降低养老金义务的现值）。

2008年，由于某些金融工具的流动性逐渐枯竭，次级抵押贷款资产池以及由这些资产池支持的衍生产品合约等金融证券的价值都出现了问题，关于公允价值会计应用扰乱金融机构的争论愈演愈烈。没有一个运作良好的市场，估计（无法直接观察到）市场价值也只能是一项缺乏安全感的练习。

一些人认为公允价值会计迫使银行过度减记资产，从而加剧了金融危机的程度；其他人认为不盯市就相当于故意躲避现实，或放弃解决即将陷入或已经陷入破产银行问题的责任。专栏19-1讨论了这些争论。

专栏19-1

盯市会计：良药还是毒药

2008年，持有抵押担保证券的银行和金融机构对其投资组合重新估值，它们的净值随这些证券价值的下跌而大幅下跌。不仅这些证券所造成的损失是惨重的，而且其所带来的连锁反应更是增加了银行的灾难。例如，银行被要求保持与资产规模相对应的充足资金，当准备金不足时，银行会被迫缩减资产规模直至与剩余的准备金相匹配为止。但缩减规模的方式可能是要求银行减少贷款，这会限制其客户获得信贷的来源。也可能是要求银行出售资产，当多家银行一起缩减投资组合规模时会给价格造成继续下跌的压力，结果是银行不得不继续减记资产，从而形成死循环。因此，盯市会计的反对者认为盯市会计进一步加剧了已衰退经济的问题。

然而，支持者认为反对者把信息与信使混淆了，他们认为盯市会计只是使已发生的损失变得透明化，而不是造成这些损失的原因。反对者反驳说当市场出现问题时，市场价格是不可靠的。他们认为当交易活动大量减少时，资产不得不被减价出售，这些价格根本无法反映基本价值。如果市场都无法正常运转那肯定谈不上有效。违约的担保贷款降低了银行投资组合的价值，在围绕它们的动荡中，时任美国财政部部长亨利·鲍尔森提出了早期提议之一，他支持政府以“持有至到期”价格买入不良资产，该“持有至到期”价格是根据正常运转市场对内在价值的估计而得出的。基于这一提议，美国财务会计准则委员会在2009年通过了一项新的指南，允许根据有序市场中的盛行价格而不是根据强制清算价格进行估值。

取消计提减值准备的规定是一种毫不掩藏的放松监管的行为。监管者知道损失已经发生了，资本也已经受损了。但若允许公司在账面上以模型价格而非市场价格记录资产，资本充足的真实内含便变得毫无意义了。即使这样，若监管的目标是避免在不景气市场上的被迫出售行为，那么提高透明度应该是最好的政策。与其忽略损失，不如承认损失并修改资本监管规定来帮助机构恢复其基本立足点。毕竟，既然财务报表被允许掩盖公司的真实情况，为何还要归咎于它们?

在摒弃公允价值会计之前，明智的做法是先找到可以替代它的方法。传统的历史成本会计允许公司按历史成本在账面上记录资产，越来越多的人已不再推崇这种方法，因为它会使投资者无法清楚了解已摇摇欲坠的公司的真实情况，同样也减轻了问题公司解决自身问题的压力。要处理损失首先必须承认它们。

19.7.5 盈余质量

许多公司都会选择一些会计方法以使其财务报表看上去更好，公司不同的选择便产生了前面我们所讨论的可比性问题。因此，不同公司的报表收益总是或多或少地夸大了真实经济利润，经济利润指在不降低公司生产能力的情况下可以支付给股东的持续现金流。分析师通常会评估公司的**盈余质量**（quality of earnings），盈余质量是指收益数

⊖ D. Bergstresser, M. Desai, and J. Rauth, “Earnings Manipulation, Pension Assumptions, and Managerial Investment Decisions,” *Quarterly Journal of Economics* 121 (2006), pp. 157-95.

值的真实性和稳健性，即在多大程度上我们可以相信所报告收益的可持续性。

影响盈余质量的因素主要有以下几类：

- 坏账准备。大多数公司都利用商业信用进行销售，因此必须计提坏账准备，过低的坏账准备金会降低报告收益的品质。
- 非经常性项目。某些影响收益的项目一般不会经常性出现，这些项目包括出售资产、会计方法变更、汇率变化和非正常的投资收益等。例如，在股票市场收益较高的年份，一些公司会获得丰厚的资本利得收益，这对公司当年的盈利大有好处，但我们不能认为这种情况会反复出现，因此资本利得应被认为收益中“低质量”的部分。类似地，公司养老金计划产生的投资收益虽然对公司盈利作出了很大贡献，但也只是一次性的。
- 收益平滑。2003 年房地美陷入会计丑闻中，为了降低当年盈利，它不恰当地把投资组合中持有的抵押贷款进行重分类。类似地，在 20 世纪 90 年代，W. R. Grace 以保留额外储备的方式抵消了其一家子公司的大量收益。为什么公司会采取这种行为？因为若后来其收益下降，它们可以通过逆向处理这些交易从而“释放”以前的收益，从而制造出收益稳定增长的假象。事实上，几乎直到 2008 年房地美倒闭，它在华尔街的绰号一直是“稳定的房地美”。华尔街喜欢健康、稳定的收益，因此这些公司试图通过盈余管理来美化其收益情况。
- 收入确认。根据公认会计原则，公司可以在收到款项前确认收入，这就是公司会有应收账款的原因。但有时很难确定何时确认收入。例如，假设一家计算机公司签署了一份五年期的提供产品与服务的合同，那么这笔预期收入应立即确认还是在未来五年内逐步确认？关于这个问题的一种极端情况被称为“通道堵塞”，指公司向顾客出售大量货物时授予他们拒收或退货的权利。在这种情况下，公司在销售时便已将收入入账，但可能发生的退货只有在实际发生时才被确认（在未来的会计期间）。根据美国证券交易委员会的调查，Sunbeam 公司在 1999 年利用这种方法使账面利润虚增了 6 000 万美元，这家公司已在 2001 年申请破产。若某公司的应收账款增长远远超出销售收入增长或应收账款在总资产中所占比重过大，当心公司很可能使用了这种方法。鉴于很多公司都可以操纵收入，而操纵现金流要难得多，因此许多分析师更关注现金流量表。
- 表外增资产和负债。假设某家公司为另一家公司的未偿还债务提供担保，担保公司可能拥有欠债公司的部分股权。既然该债务或许需要未来偿付，那么担保公司就应把它作为一项或有负债进行披露，但这项债务不会在担保公司报表里作为应付债务列示。同样，租赁也可以用来管理表外资产和负债。例如，航空公司的资产负债表中可能没有飞机这一项，但却有长期租赁这一项，这实际上等价于债务融资所有权。但是若这项租赁是经营租赁而非融资租赁，便只需在财务报表附注中披露。

19.7.6 国际会计惯例

分析师在试图解释财务数据时，可能会遇到上述例子中的问题。在解释国外公司的财务报表时，有可能会遇到更大的问题。这是因为这些公司并不遵循公认会计原则，不同国家的会计方法不同，与美国的标准存在或大或小的差异。以下是分析国外公司财务报表时需要注意的一些主要问题。

- 与美国相比，许多国家允许公司拥有更大的权限预留准备金以应对未来的偶发事件。由于附加准备金的提取会影响收益，所以这些国家的公司有更大的管理权限来影响报告收益。
- 折旧。在美国，公司通常会保留几套独立账本分别用于税收目的和报告目的。例如，加速折旧法通常被用于税收目的，而直线折旧法通常被用于报告目的。但是大多数其他国家不允许公司保留两套账本，国外的大多数公司也会采用加速折旧法来降低所得税，但它们不会考虑报告收益会因此变得较低的事实。这使得国外公司的报告收益低于它们采用美国准则时所得到的值。
- 无形资产。对商誉等无形资产的处理有很大不同，应把它们摊销还是计入费用？若是摊销，摊销期应为多长？这样的问题对报告利润有很大影响。

不同会计方法产生的结果可能会大不相同，图 19-2 比较了不同国家的报告市盈率和按美国会计准则重新计算的市盈率。自从这项研究发表以后，市盈率已发生了很大改变，研究结果表明会计准则会对这些比率产生非常大的影响。

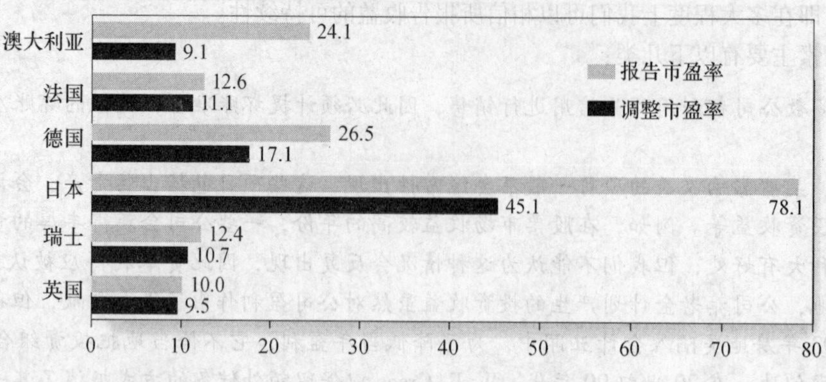

图 19-2 调整市盈率与报告市盈率

资料来源：Lawrence S. Speidell and Vinod Bavishi，"GAAP Arbitrage：Valuation Opportunities in International Accounting standards，" *Financial Analysts Journal*，November-December 1992，pp. 58-66. Copyright 1992，CFA Institute. Reproduced from the *Financial Analysts Journa/* with permission from the CFA Institute. All rights reserved.

随着全球资本市场一体化进程的不断推进，这种国际间不同会计准则的问题显得更为突出。例如，许多国外公司为了更容易地进入美国股市，它们希望在纽约证券交易所挂牌上市，同时纽约证券交易所也欢迎那些国外公司前来上市。但是这些公司必须按照美国公认会计原则编制财务报表，否则美国证券交易委员会将不允许其在美国挂牌上市，这极大地限制了非美公司在美国的上市交易。不过最近这种情况已有所改进。

欧盟已开始在所有欧盟国家间推行通用的**国际财务报告准则**（international financial reporting standards，IFRS）。即使在欧盟之外，国际财务报告准则也得到了广泛应用，它似乎正在成为一种国际通用准则。到2008年为止，已有100多个国家在使用国际财务报告准则，甚至在美国开始有这种趋势。2007年11月，美国证券交易委员会开始允许按国际财务报告准则编制财务报表的国外公司在美国上市。美国证券交易委员会的目标是鼓励国际财务报告准则发展成为国际通用准则，从而提高不同国家之间财务报表的一致性和可比性。自2010年起，美国证券交易委员会、开始允许美国的大型跨国公司按国际财务报告准则编制财务报表，自2014年开始所有美国公司都将按国际财务报告准则编制财务报表。

国际财务报告准则与美国公认会计原则之前的主要区别是"原则"与"规则"之间的区别。美国的规定非常详细、清楚，但也非常冗长。而欧盟的规定更加灵活，但公司必须准备好证明它们遵守了一般原则，保证财务报表真实公允地反映了公司的实际情况。

19.8 价值投资：格雷厄姆技术

若不提本杰明·格雷厄姆这位最伟大的投资"大师"的思想，关于基本面证券分析的内容就不完善。在20世纪后半叶现代投资组合理论提出之前，格雷厄姆是唯一在投资分析领域中最重要的思想家、作家和导师。他对投资领域的影响至今仍非常深远。

格雷厄姆的代表作是与哥伦比亚大学的戴维·多德教授在1934年合著的《证券分析》，本章阐述了该书的主要思想。格雷厄姆相信通过认真分析公司财务报表便能发现有投资价值的股票。通过多年研究，他发展了多种不同的规则来确定最重要的财务比率，并提出了判断股票价值是否被低估的关键因素。他的著作多次再版，在投资领域产生了深远影响并取得了巨大成功，格雷厄姆技术被广泛使用。

在1976年的一次研讨会上，格雷厄姆说：㊀

我不再主张运用那些复杂的证券分析技术来发现投资良机。40年前我们的书《证券分析》首次出版时，通过仔细分析我们可以发现价值被低估的股票，但自此以后，情况已发生了很大变化。过去，任何一位训练有素的证券分析师都能通过仔细研究发现价值被低估的股票。但在目前已有大量研究的情况下，我怀疑这种努力能否产生价值来

㊀ 如John Train在其著作*Money Master*中所引用的（New York：Harper & Row，1987）。

抵消成本。只有在非常有限的范围内，我赞成现已被学者广泛接受的“有效市场”理论。

但是在这次研讨会上，格雷厄姆建议使用一种简单的方法来识别价值被低估的股票：

我首选的更简单的技术是购买那些低于营运资本或流动资产净值的普通股，流动资产净值是指不包括厂房和其他固定资产，并扣除所有负债后的流动资产价值。在管理投资基金时，我们广泛运用了这种方法，在30多年的时间里，获得的年平均收益率约为20%。我认为这是一种非常简单的系统投资方法，而且这不是建立在个别结果上，而是根据可预期的群体收益。

对于那些有兴趣尝试格雷厄姆技术的人来说，有两个便利的信息来源：《标准普尔手册》和《价值线投资调查》，它们都列出了售价低于营运资本净值的股票。

小结

1. 证券分析师应主要关注公司实际的经济利润而不是报告利润。财务报表中报告的会计利润可能是对实际经济利润的一个有偏估计，但是实证研究表明，报告利润可以传递关于公司前景的大量信息。
2. 公司的净资产收益率是收益增长率的一个关键决定因素，公司的财务杠杆水平对净资产收益率有巨大影响。仅当公司的债务利率小于总资产收益率时，债务权益比率的增加会提高净资产收益率和收益增长率。
3. 把净资产收益率分解成几个会计比率，然后比较不同时间各个会计比率的变化情况以及同行业间不同公司的会计比率，这种方法对分析师而言非常有用。常用的分解公式是：

$$\text{ROE}=\frac{\text{净利润}}{\text{税前利润}}\times\frac{\text{税前利润}}{\text{EBIT}}\times\frac{\text{EBIT}}{\text{销售收入}}\times\frac{\text{销售收入}}{\text{资产}}\times\frac{\text{资产}}{\text{权益}}$$

4. 与公司赢利能力或风险水平相关的其他会计比率有固定资产周转率、存货周转率、流动比率、速动比率和利息覆盖倍数。
5. 除财务报表比率外，另外两个利用公司普通股市场价格的比率是市净率和市盈率。这两个比率较低时，分析师会将之看成一种安全边际或股票价值被低估的标志。
6. 好公司并不一定是好投资，成功公司股票的市价与其成功程度相比或许过高了，若是这样，那么这些公司的股票相对于其期望收益而言或许不是一项好的投资。
7. 使用公司财务报表数据的主要问题是可比性问题，公司在选择采用什么方法计算各项收入和费用方面有很大的空间。因此在比较不同公司的财务指标之前，分析师必须按统一标准调整会计利润和财务比率。
8. 在通货膨胀时期，可比性问题会变得十分突出，通货膨胀会扭曲存货、折旧和利息费用在会计上的计量。
9. 公允价值会计和盯市会计要求大多数资产应按当前市价而非历史成本进行计量，这一政策已引起广泛争议，因为在很多情况下确定市场价值是非常困难的，因此反对者认为公允价值会计会使财务报表过度波动。但支持者认为财务报表应反映对当前资产价值的最佳估计。
10. 国际财务报告准则已被包括美国在内的各国普遍接受，它们与传统的美国公认会计原则最大的区别在于它们是以“原则”为基础而非以“规则”为基础。

习题

基础题

1. 国际财务报告准则与美国公认会计原则的主要区别是什么？两者的优缺点分别是什么？
2. 若市场是有效的，那么公司进行盈余管理还有关系吗？另一方面，若公司进行盈余管理，那么管理层对有效市场的观点是如何的呢？
3. 穆迪和标准普尔等评级机构最感兴趣的财务比率是什么？股票市场分析师在决定是否购买某一股票以使投资组合更加多样化时，他最感兴趣的比率是什么？

中级题

4. Crusty Pie公司是一家专门从事苹果贸易的公司，其销售收益率高于行业平均值但是总资产收益率与行业平均值相同，如何解释这一现象？
5. ABC公司的销售收益率低于行业平均值，但是总资产收益率高于行业平均值，这说明它的资产周转情况如何？
6. 公司A和公司B的总资产收益率相同，但公司A的净资产收益率更高，如何解释这一现象？
7. 使用杜邦体系和下列数据计算净资产收益率。

杠杆比率（资产/权益）	2.2
总资产周转率	2.0
净利润率	5.5%
股息支付率	31.8%

8. 最近Galaxy公司将坏账费用从销售收入的2%降到了1%，从而大大减少了计提的坏账准备。不考虑所得税，这一情况对营业利润和经营活动产生的现金流产生的即时影响是什么？

根据下列材料回答第9~11题。Hatfield是一家美国的大型制造公司，年销售额超过3亿美元。Hatfield公司由于违规甚至是违法编制财务报表正接受美国证券交易委员会的调查。为进一步评估情况，美国证券交易委员会已派出一支专家队伍前去 Hatfield 公司位于费城的总部对该公司进行全面审计。

在调查过程中，美国证券交易委员会派出的专家队伍发现了 Hatfield 公司的一些特殊情况：

- 公司管理层最近一直在与当地的工会组织进行谈判，且该公司 40% 的全职员工为工会成员，工会代表要求增加工资和养老金福利，但管理层坚持当前不可能满足这一要求，因为公司的赢利能力一直在下降，而且现金流也非常紧张。工会代表指控管理层为了不在谈判中处于被动曾操纵财务报表。
- 公司过去几年取得的新设备在账面上均被确认为经营租赁，但之前取得的类似资产几乎一直被确认为融资租赁，同行业其他公司的财务报表表明此类设备应被确认为融资租赁。美国证券交易委员会要求管理层解释为何公司的做法与“正常”会计实务不同。
- 与销售增长率相比，Hatfield 公司的账面存货在过去几年一直在稳定增长，管理层的解释是生产方法的改进使生产效率提高，从而增加了总产量。美国证券交易委员会正在寻找 Hatfield 公司操纵存货的证据。

美国证券交易委员会派出的专家队伍并不是为了寻找舞弊的证据，而是为了寻找公司为了误导股东和其他利益相关方而违反会计准则的证据。乍看 Hatfield 公司的财务报表并不能发现收益低质量的原因。

9. 工会代表认为 Hatfield 公司的管理层试图通过低估净利润来避免在谈判中作出妥协，管理层的下列哪种行为最可能造成收益低质量？
   a. 延长应折旧资产的寿命以降低折旧费用。
   b. 对公司养老金义务进行估值时使用较低的贴现率。
   c. 交货时而非收到货款时确认收入。
10. Hatfield 公司最近把所有租赁的新设备均确认为经营租赁，这与之前确认为融资租赁的做法有很大不同，在融资租赁中应付租赁款的现值应被确认为一项负债。Hatfield 公司更换会计方法的动机是什么？Hatfield 公司试图：
   a. 改善杠杆比率，降低杠杆。
   b. 减少销货成本，增强赢利能力。
   c. 与同行业其他公司相比增加营业利润。
11. 美国证券交易委员会派出的专家队伍正在调查 Hatfield 公司销量增长存货却在增加的原因，确定 Hatfield 公司操纵财务指标的一种方法是调查：
   a. 存货周转率的下降。
   b. 应收账款的增长速度高于销售收入。
   c. 延期确认费用。
12. 某公司的净资产收益率为 3%，债务权益比率为 0.5，税率为 35%，债务利率为 6%，那么该公司的总资产收益率是多少？
13. 某公司的税收负担比率为 0.75，杠杆比率为 1.25，利息负担比率为 0.6，销售收益率为 10%，该公司每美元资产可以创造 2.40 美元的销售收入，那么该公司的净资产收益率是多少？
14. 根据下列关于 Rocket Transport 公司的现金流量数据计算该公司的：
   a. 投资活动提供或使用的净现金。
   b. 融资活动提供或使用的净现金。
   c. 年度现金的净增加或减少。

现金股利	\$80 000
购买汽车	\$33 000
支付债务利息	\$25 000
销售旧设备	\$72 000
回购股票	\$55 000
支付供应商的现金	\$95 000
向顾客收取的现金	\$300 000

CFA考题

1. 以下是关于 QuickBrush 公司和 SmileWhite 公司财务报表的信息（见表 19-14）：

表 19-14

	QuickBrush	SmileWhite
商誉	公司将商誉在 20 年内进行摊销	公司将商誉在 5 年内进行摊销
财产、厂房和设备	公司在资产的经济寿命内按直线法计提折旧，建筑物的寿命 5 ~ 20 年不等	公司在资产的经济寿命内按加速法计提折旧，建筑物的寿命 5 ~ 20年不等
应收账款	公司按应收账款的 2% 计提坏账准备	公司按应收账款的 5% 计提坏账准备

根据以上信息，哪一家公司的盈余质量更高？

2. 为了估计 MasterToy 公司的可持续增长率，Scott Kelly 正在阅读该公司的财务报表，根据表 19-15 中所列示的信息回答问题。

表 19-15　MasterToy 公司 2008 年实际和 2009 年预期的财务报表（财务年度截至 12 月 31 日；除每股数据外，单位均为 100 万美元）

	2008	2009	变动（%）
损益表			
收入	$4 750	$5 140	7.6
销货成本	2 400	2 540	
销售及一般性管理费用	1 400	1 550	
折旧	180	210	
商誉摊销	10	10	
营业利润	$760	$830	8.4
利息费用	20	25	
税前利润	$740	$805	
所得税	265	295	
净利润	$475	$510	
每股收益	$1.79	$1.96	8.6
发行在外的平均股份数（100 万）	265	260	
资产负债表			
现金	$400	$400	
应收账款	680	700	
存货	570	600	
财产、厂房和设备净额	800	870	
无形资产	500	530	
资产总计	$2 950	$3 100	
流动负债	550	600	
长期债务	300	300	
负债总计	$850	$900	
所有者权益	2 100	2 200	
负债和所有者权益总计	$2 950	$3 100	
每股账面价值	$7.92	$8.46	
年度每股股息	$0.55	$0.60	

a. 识别并计算杜邦公式的组成部分。

b. 根据杜邦公式的组成部分计算 2009 年净资产收益率。

c. 根据净资产收益率和收益再投资率计算 2009 年的可持续增长率。

3. 根据以下数据回答下列问题：

（单位：美元）

支付利息的现金	(12)
回购普通股	(32)
支付供应商的现金	(85)
购买土地	(8)
销售设备	30
支付股利	(37)
支付工资的现金	(35)
向顾客收取的现金	260
购买设备	(40)

a. 哪些属于经营活动产生的现金流？

b. 根据以上数据，计算投资活动产生的现金流。

c. 根据以上数据，计算投资活动产生的现金流。

4. Ludlow 刚被聘任为分析师，在了解电动牙刷行业以后，她的第一份报告是关于 QuickBrush 和 SmileWhite 两家公司的，她总结得到的信息如下："QuickBrush 公司的赢利能力高于 SmileWhite 公司，在过去几年里 QuickBrush 公司的销售增长率为 40%，且利润率一直高于 SmileWhite 公司。SmileWhite 公司的销售和利润增长率为 10%，且利润率也较低。我们认为今后 SmileWhite 公司的增长率不可能超过 10%，但 QuickBrush 公司可以长期维持 30% 的增长率。

a. Ludlow 根据净资产收益率认为 QuickBrush 公司的赢利能力高于 SmileWhite 公司，且 QuickBrush 公司有较高的可持续增长率，使用表 19-16 和表 19-17 中的信息，评价 Ludlow 的分析和结论。你可以通过分析计算下列项目来支持你的观点：

- 决定 ROE 的五个组成部分。
- 决定可持续增长率的两个比率：ROE 和收益再投资率。

b. 解释为什么 QuickBrush 公司过去两年的净资产收益率一直在下降，但是平均每年的每股收益却保持 40% 的增长率？只使用表 19-16 提供的数据进行分析。

表 19-16 QuickBrush 公司的财务报表：年度数据（除每股数据外单位均为 1 000 美元）

	2008 年 12 月	2009 年 12 月	2010 年 12 月	三年平均
损益表				
收入	$3 480	$5 400	$7 760	
销货成本	2 700	4 270	6 050	
销售及一般性管理费用	500	690	1 000	
折旧及摊销	30	40	50	
营业利润（EBIT）	$250	$400	$660	
利息费用	0	0	0	
税前利润	$250	$400	$660	
所得税	60	110	215	
税后利润	$190	$290	$445	
稀释每股收益	$0.60	$0.84	$1.18	
发行在外的平均股份数（1 000 股）	317	346	376	
财务数据				
销货成本占销售收入的百分比	77.59%	79.07%	77.96%	78.24%
销售管理费用占销售收入的百分比	14.37	12.78	12.89	13.16
营业利润率	7.18	7.41	8.51	
税前利润/EBIT	100.00	100.00	100.00	
税率	24.00	27.50	32.58	
资产负债表				
现金和现金等价物	$460	$50	$480	
应收账款	540	720	950	
存货	300	430	590	
财产、厂房和设备净值	760	1 830	3 450	
资产总计	$2 060	$3 030	$5 470	
流动负债	$860	$1 110	$1 750	
负债总计	$860	$1 110	$1 750	
所有者权益	1 200	1 920	3 720	
负债和所有者权益总计	$2 060	$3 030	$5 470	
每股市价	$21.00	$30.00	$45.00	
每股账面价值	$3.79	$5.55	$9.89	
年度每股股息	$0.00	$0.00	$0.00	

表 19-17 SmileWhite 公司的财务报表：年度数据（除每股数据外单位均为 1 000 美元）

	2008 年 12 月	2009 年 12 月	2010 年 12 月	三年平均
损益表				
收入	$104 000	$110 400	$119 200	
销货成本	72 800	75 100	79 300	
销售及一般性管理费用	20 300	22 800	23 900	
折旧及摊销	4 200	5 600	8 300	
营业利润（EBIT）	$6 700	$6 900	$7 700	

（续）

	2008年12月	2009年12月	2010年12月	三年平均
利息费用	600	350	350	
税前利润	$6 100	$6 550	$7 350	
所得税	2 100	2 200	2 500	
税后利润	$4 000	$4 350	$4 850	
稀释每股收益	$2.16	$2.35	$2.62	
发行在外的平均股份数（1 000股）	1 850	1 850	1 850	
财务数据				
销货成本占销售收入的百分比	70.00%	68.00%	66.53%	68.10%
销售管理费用占销售收入的百分比	19.52	20.64	20.05	20.08
营业利润率	6.44	6.25	6.46	
税前利润/EBIT	91.04	94.93	95.45	
税率	34.43	33.59	34.01	
资产负债表				
现金和现金等价物	$7 900	$3 300	$1 700	
应收账款	7 500	8 000	9 000	
存货	6 300	6 300	5 900	
财产、厂房和设备净值	12 000	14 500	17 000	
资产总计	$33 700	$32 100	$33 600	
流动负债	$6 200	$7 800	$6 600	
长期债务	9 000	4 300	4 300	
负债总计	$15 200	$12 100	$10 900	
所有者权益	18 500	20 000	20 700	
负债和所有者权益总计	$33 700	$32 100	$33 600	
每股市价	$23.00	$26.00	$30.00	
每股账面价值	$10.00	$10.81	$12.27	
年度每股股息	$1.42	$1.53	$1.72	

根据下列材料回答第5～8题。Eastover公司是一家大型的多元化林业司，约75%的销售收入来自造纸和森林产品，剩余收入来自金融服务和林木产品。该公司拥有560万英亩林地，历史成本非常低。

Mulroney是Centurion投资公司的一名投资咨询分析师，她的任务是对Eastover公司的发展前景进行投资前评估，并将之与Centurion投资公司投资组合中的另一家林业公司即Southampton公司进行比较。Southampton公司在美国是生产木材制品的主要厂商，其销售收入的89%来自建筑材料（主要是木材和胶合板），剩余收入来自于纸浆。Southampton公司拥有140万英亩林地，历史成本也很低，但是不像Eastover公司那样远远低于当前市价。

Mulroney开始通过分析净资产收益率的五个组成部分来比较研究两家公司。在分析过程中，Mulroney把权益定义为所有者权益的总额，包括优先股，而且她所使用的是资产负债表年末数据而非平均数据。

5. a. 根据表19-18和表19-19中的数据计算2010年Eastover和Southampton两家公司净资产收益率的五个组成部分。并根据这五个部分，计算两家公司2010年的净资产收益率。

表19-18 Eastover公司（除发行在外的股份数外，单位均为100万美元）

	2006	2007	2008	2009	2010
损益表概要					
销售收入	$5 652	$6 990	$7 863	$8 281	$7 406
息税前利润	$568	$901	$1 037	$708	$795
利息费用净额	(147)	(188)	(186)	(194)	(195)
税前利润	$421	$713	$851	$514	$600

（续）

	2006	2007	2008	2009	2010
所得税	(144)	(266)	(286)	(173)	(206)
税率	34%	37%	33%	34%	34%
净利润	$277	$447	$565	$341	$394
优先股股息	(28)	(17)	(17)	(17)	(0)
普通股净利润	$249	$430	$548	$324	$394
发行在外的普通股股数（100 万股）	196	204	204	205	201
资产负债表概要					
流动资产	$1 235	$1 491	$1 702	$1 585	$1 367
林地资产	649	625	621	612	615
财产、厂房和设备	4 370	4 571	5 056	5 430	5 854
其他资产	360	555	473	472	429
资产总计	$6 614	$7 242	$7 852	$8 099	$8 265
流动负债	$1 226	$1 186	$1 206	$1 606	$1 816
长期债务	1 120	1 340	1 585	1 346	1 585
递延所得税	1 000	1 000	1 016	1 000	1 000
优先股	364	350	350	400	0
普通股	2 904	3 366	3 695	3 747	3 864
负债和所有者权益总计	$6 614	$7 242	$7 852	$8 099	$8 265

表 19-19 Southampton 公司（除发行在外的股份数外，单位均为 100 万美元）

	2006	2007	2008	2009	2010
损益表概要					
销售收入	$1 306	$1 654	$1 799	$2 010	$1 793
息税前利润	$ 120	$ 230	$221	$304	$ 145
利息费用净额	(13)	(36)	(7)	(12)	(8)
税前利润	$ 107	$ 194	$ 214	$ 292	$ 137
所得税	(44)	(75)	(79)	(99)	(46)
税率	41%	39%	37%	34%	34%
净利润	$ 63	$ 119	$ 135	$ 193	$ 91
发行在外的普通股股数（100 万股）	38	38	38	38	38
资产负债表概要					
流动资产	$487	$504	$536	$654	$509
林地资产	512	513	508	513	518
财产、厂房和设备	648	681	718	827	1 037
其他资产	141	151	34	38	40
资产总计	$1 788	$1 849	$1 796	$2 032	$2 104
流动负债	$185	$176	$162	$180	$195
长期债务	536	493	370	530	589
递延所得税	123	136	127	146	153
所有者权益	944	1 044	1 137	1 176	1 167
负债和所有者权益总计	$1 788	$1 849	$1 796	$2 032	$2 104

b. 根据问题 a 的计算结果，解释两家公司净资产收益率的差异。

c. 根据 2010 年的数据，计算两家公司 2010 年的可持续增长率，并说明以这些数据为基础来预测未来增长的合理性。

6. a. Mulroney 想起她在注册金融分析师的学习中曾学过，固定增长股息贴现模型是评估公司普通股价值的方法之一，她收集到了关于 Eastover 和 Southampton 两家公司当前股息和股价的数据，见表 19-20。假设必要回报率（即贴现率）为 11%，预期增长率为 8%，利用固定增长的股息贴现模型计算 Eastover 公司的股票价值，并将其与表 19-21 中 Eastover 公司的股价比较。

表 19-20 Eastover 公司、Southampton 公司与标准普尔 500 指数的价值比较

	2006	2007	2008	2009	2010	2011	五年平均（2007~2011）
Eastover 公司							
每股收益	$1.27	$2.12	$2.68	$1.56	$1.87	$0.90	
每股股息	0.87	0.90	1.15	1.20	1.20	1.20	
每股账面价值	14.82	16.54	18.14	18.55	19.21	17.21	
股价							
最高价	28	40	30	33	28	30	
最低价	20	20	23	25	18	20	
收盘价	25	26	25	28	22	27	
平均市盈率	18.9	14.2	9.9	18.6	12.3	27.8	
平均市净率	1.6	1.8	1.5	1.6	1.2	1.5	
Southampton 公司							
每股收益	$1.66	$3.13	$3.55	$5.08	$2.46	$1.75	
每股股息	0.77	0.79	0.89	0.98	1.04	1.08	
每股账面价值	24.84	27.47	29.92	30.95	31.54	32.21	
股价							
最高价	34	40	38	43	45	46	
最低价	21	22	26	28	20	26	
收盘价	31	27	28	39	27	44	
平均 P/E	16.6	9.9	9.0	7.0	13.2	20.6	
平均 P/B	1.1	1.1	1.1	1.2	1.0	1.1	
标准普尔 500 指数							
平均 P/E	15.8	16.0	11.1	13.9	15.6	19.2	15.2
平均 P/B	1.8	2.1	1.9	2.2	2.1	2.3	2.1

表 19-21 当前信息

	当前股价	当前每股股息	预期 2012 年的每股收益	当期每股账面价值
Eastover 公司	$28	$1.20	$1.60	$17.32
Southampton 公司	48	1.08	3.00	32.21
标准普尔 500 指数	1 660	48.00	82.16	639.32

b. Mulroney 的上司指出两阶段股息贴现模型可能更适合 Eastover 和 Southampton 两家公司，Mulroney 相信两家公司在今后三年的增长将更加迅速，然后再 2014 年将以稍低的增长率稳定下来。她的预测如表 19-22 所示。用 11% 作为必要回报率根据两阶段股息贴现模型计算 Eastover 公司的股票价值，并将其与表 19-21 中 Eastover 公司的股价比较。

表 19-22 2011 年年末的计划增长率

	未来三年（2012~2014）	2014 年以后
Eastover 公司	12%	8%
Southampton 公司	13%	7%

c. 讨论固定增长股息贴现模型的优缺点，并简要说明两阶段股息贴现模型如何改进了固定增长模型。

7. 除股息贴现模型方法外，Mulroney 计算两家公司的市盈率和市净率，并将其与标准普尔 500 指数相比较。Mulroney 决定使用 2007~2011 年以及当前的数据进行分析。
   a. 用表 19-20 和表 19-21 中的数据计算两家公司现在的和五年（2007~2011 年）的平均相对市盈率和相对市净率（即两家公司的比率相对于标准普尔 500 指数的值）。并将每家公司的当前相对市盈率与五年平均市盈率相比较，当前相对市净率与五年平均值相比较。
   b. 简要说明相对市盈率与相对市净率在估价上的缺陷。
8. Mulroney 分别使用固定增长股息贴现模型和两阶段股息贴现模型为 Southampton 公司进行了股价，结果如下：

固定增长模型	29 美元
两阶段模型	35.50 美元

根据所提供的信息和第 5～7 题的答案，选出 Mulroney 会推荐购买的股票（EO 公司或 SHC 公司），并说明原因。

9. 你在查看 Graceland Rock 公司的财务报表时发现，从 2010 年到 2011 年，该公司的净利润增加了，但经营活动产生的现金流却减少了。
   a. 举例说明在什么情况下，Graceland Rock 公司净利润增加的同时经营活动产生的现金流减少。
   b. 为什么说经营活动产生的现金流是衡量“收益品质”的一个良好指标？
10. 某公司的销售净额为 3 000 美元，现金费用（包括所得税）为 1 400 美元，折旧为 500 美元，若本期的应收账款增加了 400 美元，那么经营活动产生的现金流是多少？
11. 某公司的流动比率为 2.0，假设该公司用现金回购将于一年内到期的应付票据，这会对流动比率和总资产周转率产生什么影响？
12. 尽管 Jones Group 公司的营业利润一直在下降，但其税后净资产收益率却一直保持不变，说明该公司是如何保持税后净资产收益率不变的。
13. 杜邦公式把净资产收益率分解为下列五个组成部分：
   - 营业利润率
   - 总资产周转率
   - 利息负担比率
   - 财务杠杆
   - 所得税税率

   使用表 19-23 中的数据：
   a. 计算 2007 年和 2011 年以上五个组成部分的值，并根据计算出的结果计算 2007 年和 2011 年的净资产收益率。
   b. 简要说明从 2007 年到 2011 年总资产周转率和财务杠杆的变化对净资产收益率的影响。

表 19-23 损益表和资产负债表

	2007	2011		2007	2011
损益表数据			税后净利润	19	30
收入	$542	$979	资产负债表数据		
营业利润	38	76	固定资产	$41	$70
折旧和摊销	3	9	资产总额	245	291
利息费用	3	0	营运资本	123	157
税前利润	32	67	负债总额	16	0
所得税	13	37	所有者权益总额	159	220

在线投资练习

业绩评估

本章介绍了利用经济增加值（EVA）评估公司业绩的思想，与之相关的是市场增加值（MVA），它是指公司的市场价值与账面价值的差额。www.evadimensions.com 上列出了根据 EVA 评估业绩的公司，你会发现 EVA 高的公司并不一定资本回报率也高，为什么？EVA 高的公司 MVA 也一定高吗？为什么？

概念检查答案

19-1 债务权益比率为 1 说明 Mordett 公司拥有 500 万美元的债务和 500 万美元的权益，每年的利息费用为 0.09×500 万 = 45 万美元。Mordett 公司的净利润和净资产收益率根据经济周期不同如下所示：

状况	EBIT（100 万美元）	Nodett 净利润（100 万美元）	Nodett ROE（%）	Mordett 净利润（100 万美元）①	Mordett ROE②（%）
坏年份	$5	$3	3	$0.3	0.6
正常年份	10	6	6	3.3	6.6
好年份	15	9	9	6.3	12.6

注：①Mordett 公司的税后利润等于 0.6（EBIT－45 万美元）。
②Mordett 公司权益只有 500 万美元。

19-2 对 Mordett 公司的比率分解分析如下：

	ROE	(1) 净利润/税前利润	(2) 税前利润/EBIT	(3) EBIT/销售收入(利润率)	(4) 销售收入/资产(总资产周转率)	(5) 资产/权益	(6) 复合杠杆因子 (2) × (5)
坏年份							
Nodett	0.030	0.6	1.000	0.062 5	0.800	1.000	1.000
Somdett	0.018	0.6	0.360	0.062 5	0.800	1.667	0.600
Mordett	0.006	0.6	0.100	0.062 5	0.800	2.000	0.200
正常年份							
Nodett	0.060	0.6	1.000	0.100	1.000	1.000	1.000
Somdett	0.068	0.6	0.680	0.100	1.000	1.667	1.134
Mordett	0.066	0.6	0.550	0.100	1.000	2.000	1.100
好年份							
Nodett	0.090	0.6	1.000	0.125	1.200	1.000	1.000
Somdett	0.118	0.6	0.787	0.125	1.200	1.667	1.311
Mordett	0.126	0.6	0.700	0.125	1.200	2.000	1.400

19-3 GI公司2010年的ROE为3.03%，计算过程如下：

$$\begin{aligned}ROE &= \frac{5\,285}{0.5(171\,843 + 177\,128)}\\ &= 0.030\,3\\ &= 3.03\%\end{aligned}$$

市盈率 =21/5.285 =4，市净率 =21/177 =0.12，收益价格比率为25%，行业平均收益价格比率为12.5%。

注意，计算的收益价格比率并不等于市盈率/ROE。因为（通常情况下）我们计算净资产收益率时是以股东权益平均值为分母，而计算市盈率是以年末股东权益为分母。

19-4 对IBX公司的比率分析如下：

年份	ROE	(1) 净利润/税前利润	(2) 税前利润/EBIT	(3) EBIT/销售收入(利润率)	(4) 销售收入/资产(总资产周转率)	(5) 资产/权益	(6) 复合杠杆因子 (2) × (5)	(7) ROA (3) × (4)
2012	11.4%	0.616	0.796	7.75%	1.375	2.175	1.731	10.65%
2010	10.2%	0.636	0.932	8.88%	1.311	1.474	1.374	11.65%

尽管营业利润率和税收负担比率都下降了，但净资产收益率仍然增加了，因为杠杆比率和周转率增加了。注意，总资产收益率从2010年的11.65%下降到了2012年的10.65%。

19-5 使用后进先出法时的报告收益低于使用先进先出法时的报告收益。较少的折旧资产使报告收益较低，因为利率中的通货膨胀溢价被视为利息费用的一部分而非对本金的偿付。若ABC公司报告收益与XYZ公司一样，尽管ABC公司收益的三个来源有下降的趋势，但其真实收益一定更高一些。

PART 6 第六部分

期权、期货与其他衍生证券

CHAPTER20

第20章 期权市场介绍

衍生证券，或更简单的衍生工具，在金融市场发挥越来越重要的作用。这些衍生证券的价格取决于或者衍生于其他证券的价格。因为衍生证券的收益依赖于其他证券的价格，所以它们又称为或有权益。期权与期货合约都是衍生证券，我们会发现它们的收益取决于其他证券的价值。我们在第23章中讨论的互换也是衍生证券。因为衍生工具的价值取决于其他证券的价值，所以它们是非常有用的套期保值与投机工具。从本章的期权开始，我们将在下面的四章中研究它们的应用。

全美范围内标准化的期权合约交易是从1973年芝加哥期权交易所的看涨期权交易开始的。这种合约一开始就很受欢迎，排挤了原先股票期权的场外交易。现在期权合约在多个交易所交易，标的资产有普通股票、股票指数、外汇、农产品、贵金属和利率期货。此外，随着近年来客户量身定制期权交易的膨胀，场外交易市场也正在以惊人的速度复苏。作为改变资产组合特性的通行的有力方法，期权已经成为资产组合经理人必不可少的工具。

本章我们主要介绍期权市场，解释看涨期权与看跌期权的原理及投资特征，接着讲述常见的期权策略。最后，我们介绍具有期权特征的证券，如可赎回证券与可转换债券等。我们也要看一下所谓的奇异期权。

20.1 期权合约

看涨期权（call option）赋予期权持有者在到期日或之前以特定的价格，称为**执行价格**（exercise or strike price），购买某项资产的权利。例如，执行价格为130美元的IBM股票2月看涨期权就赋予其持有者在到期日或之前的任何时候以130美元的价格购买IBM股票的权利。期权持有者没有被要求一定要行使期权。只有标的资产的市值超过执行价格时，持有者才愿意行权。在这种情况下，期权持有者能够以执行价格获得标的资产。否则，当市值低于执行价格，期权持有者放弃期权。如果期权在到期日之前没有执行，就会自然失效，不再有价值。因此，在到期日，如果股票价格高于执行价格，看涨期权价值等于股票价格与执行价格之差；但若股票价格低于执行价格，看涨期权就一文不值。看涨期权的净利润等于期权价值减去初始购买期权时支付的价格。

期权的购买价格称为**期权费**（premium，也译为权利金），它表示如果执行期权有利可图，期权购买者为获得执行期权的权利而付出的代价。

看涨期权的卖方，出售期权获得权利金收入，来弥补日后当执行价格低于资产市值时他仍需履约时的损失。如果看涨期权在到期日时一文不值，那么卖方通过出售看涨期权净得一笔权利金。但是如果看涨期权被执行，期权出售者所得利润就是最初所获得权利金减去股票价值与执行价格的差额所余的部分。如果市场股票价值与期权执行价格的差额大于出售者最初获得的权利金，期权出售者就会发生亏损。

【例 20-1】　　看涨期权的利润与损失

假定有一个 2010 年 1 月到期的 IBM 股票看涨期权，执行价格为每股 130 美元，于 2009 年 12 月 2 日出售，权利金为 2.18 美元。交易所交易的期权在到期月的第三个周五到期，在本例中，是 2010 年 1 月 15 日。在这以前，期权买方有权以 130 美元/股购得 IBM 股票。12 月 2 日，IBM 股票的价格为 127.21 美元/股，因为现在股票价格低于 130 美元/股，此时以 130 美元/股价格行权显然是无意义的。的确，如果 IBM 股票价格在到期日之前一直低于 130 美元/股，那么看涨期权直到到期日也没有任何价值。反之，如果 IBM 股票在到期日价格高于 130 美元/股，则期权持有者就会执行期权。例如，1 月 15 日 IBM 股票价格为 132 美元/股，持有者就会行权，因为他花费了 130 美元购买了价值 132 美元的股票。到期日看涨期权的价值为：

$$到期日价值 = 股票价格 - 执行价格 = 132 - 130 = 2 \text{ 美元}$$

尽管到期日期权持有者获得了 2 美元的报酬，期权持有者还是损失了 0.18 美元，因为他购买期权时花费了 2.18 美元：

$$利润 = 最终价值 - 初始投资 = 2.00 - 2.18 = -0.18 \text{ 美元}$$

但无论如何，只要到期日股票价格高于执行价格，那么行权就是最优选择，因为执行期权带来的收益至少会抵偿部分初始投资。如果到期日 IBM 股票价格高于 132.18 美元/股，期权持有者就会获得净利润。在这一股价上，执行期权的收益恰好等于期权的初始投资。■

看跌期权（put option）赋予期权购买者在到期日或之前以确定的执行价格出售某项资产的权利。一个执行价格为 130 美元的 IBM 股票 1 月份看跌期权赋予其持有者在到期日前以 130 美元的价格卖给期权卖方的权利，即使 IBM 股票价格低于 130 美元。看涨期权是随着资产市值升高而增值，而看跌期权是随资产市值降低而增值。只有在执行价格高于标的资产价格时，看跌期权才会被行权，也就是说，在资产市值低于执行价格时，看跌期权持有者能够以执行价格出售资产。（需要注意的是，投资者不需要持有 IBM 股票来执行看跌期权，只需到期日由经纪人按市场价格购买得到所需的 IBM 股票，然后出售给期权卖方，从中可净赚执行价格与市场价格的价差。）

【例 20-2】　　看跌期权的利润与损失

假定一个执行价格为 130 美元 2010 年 1 月到期的 IBM 股票看跌期权，于 2009 年 12 月 2 日出售，权利金为 4.79 美元。它赋予期权持有者在 1 月 15 日到期日之前以 130 美元/股的价格出售 IBM 股票的权利。如果看跌期权的持有者以 127.21 美元/股价格购买 IBM 股票并立即以 130 美元/股的价格行权，收入为 130 - 127.21 = 2.79 美元。显然，一个支付了 4.79 美元权利金购买看跌期权的投资者不会立即行权。当然，如果到期日 IBM 股票价格为 123 美元/股，购买看跌期权就是一笔盈利的投资。到期日看跌期权的价值为：

$$到期日价值 = 执行价格 - 股票价格 = 130 - 123 = 7 \text{ 美元}$$

投资者的净利润是 7 - 4.79 = 2.21 美元。持有期的收益率为 2.21/4.79 = 0.461 或 46.1%，仅仅 44 天！显然，期权卖方（交易的另外一方）在 12 月 2 日不大可能考虑到了这个结果。■

当期权持有者执行期权能获得利润，称此期权为**实值期权**（in the money），当执行期权无利可图，称此期权为**虚值期权**（out of the money）。当执行价格低于资产价值时，看涨期权为实值期权。当执行价格高于资产价值时，看涨期权为虚值期权；没有人会行权，以执行价格购买价值低于执行价格的资产。相反，当执行价格高于资产价值时，看跌期权是实值期权，因为期权持有者以更高的执行价格出售低值资产。当执行价格等于资产价格时，期权称为平**价期权**（at the money）。

20.1.1 期权交易

有些期权在场外市场交易。场外市场的优势在于期权合约的条款（执行价格、到期时间和标的股份数量）可以根据交易者需求量身定制。当然，建立场外交易的期权合约的成本要比场内交易高很多。

场内交易的期权合约的到期日、执行价格都是标准化的。每份股票期权合约提供买入或卖出100股的权利（如果在合约有效期内发生股票分拆，合约会对此进行调整）。

期权合约条款的标准化意味着所有市场参与者只是交易一组有限的标准证券，这样增加了任何特定期权的交易深度，从而降低了交易成本，导致更激烈的市场竞争。交易所主要提供两种便利，一是简化交易，使买卖双方及其代理都可以自由进出交易中心；二是流动的二级市场，期权买卖双方可以迅速地、低成本地进行交易。

一直以来，大多数美国期权交易都在芝加哥期权交易所进行。然而，2003年国际证券交易所（位于纽约的电子交易系统）取代了芝加哥期权交易所，成为最大的期权交易所。欧洲的期权交易统一采用电子交易系统。

图20-1是IBM股票期权的行情。纽约证券交易所最后记录的IBM股票价格为127.21美元/股。[⊖]IBM股票期权执行价格从120美元到135美元不等。

执行价格将股票价格分为几个类别。执行价格的设置一般以5个点为间隔，股价高于100美元的间隔大些，而对于较低价格的股票，执行价格的间隔一般为2.5美元。如果股票价格超出了现行股票期权执行价格的范围，那么就会提供新的合适的期权执行价格。因此，任何时候都有实值或虚值期权，如IBM股票期权的例子。

图20-1给出了所有看涨期权与看跌期权的到期日、执行价格。对于每份合约来说，从左至右的三列分别是期权的收盘价、交易量和持仓量（尚未履约的合约数量）。比较图20-1中具有相同到期日但执行价格不同的看涨期权的价格，你就会发现执行价格越高，看涨期权的价格越低。这容易理解，因为以较低的执行价格购买一份股票比以较高的执行价格购买股票获利更多。这样执行价格为130美元的1月IBM股票看涨期权卖价为2.18美元，而执行价格为135美元的1月IBM股票看涨期权卖价仅是0.84美元。相反，对看跌期权来说，执行价格越高看跌期权的期权价格就越高：同样对IBM股票，你肯定愿意以135美元而不是130美元卖出，这一点也反映在看跌期权价格上。执行价格为135美元的1月份IBM股票看跌期权卖价为7.75美元，而执行价格为130美元的1月看跌期权卖价仅为4.79美元。

PRICES AT CLOSE DECEMBER 02, 2009

IBM (IBM) Underlying Stock Price: 127.21

		Call			Put		
Expiration	Strike	Last	Volume	Open Interest	Last	Volume	Open Interest
Dec 2009	120	7.75	197	2370	0.26	644	8 806
Jan 2010	120	8.63	130	21 884	1.18	1267	8 871
Apr 2010	120	11.25	43	1705	4.20	33	1 903
Jul 2010	120	13.30	34	108	6.70	1	34
Dec 2009	125	3.25	416	14 419	1.02	1872	9 203
Jan 2010	125	4.75	278	14 180	2.44	1060	9 094
Apr 2010	125	7.90	69	3652	6.05	82	1 122
Jul 2010	125	10.05	7	150	8.85	15	215
Dec 2009	130	0.77	2 108	11 033	3.55	844	4 233
Jan 2010	130	2.18	3 489	19 278	4.79	198	3 273
Apr 2010	130	5.49	29	2 773	8.50	66	1 312
Jul 2010	130	7.75	31	111	11.30	85	228
Dec 2009	135	0.11	214	8955	7.65	86	631
Jan 2010	135	0.84	176	24 556	7.75	24	776
Apr 2010	135	3.45	126	3 798	11.50	45	433
Jul 2010	135	5.67	6	140	13.80	1	113

图20-1 2009年12月2日IBM股票期权收盘价

资料来源：The *Wall Street Journal Online*, December 3, 2009.

许多期权合约在某一整天都没有交易，以交易量与收盘价栏上的三个点来表示。因为期权交易不频繁，经常发现期权价格与其他价格不一致。例如，你会发现两份不同执行价格的看涨期权的价格是相同的。这种矛盾是由于这些期权的最后交易发生在同一天的不同时刻。在任何时候，执行价格较低的看涨期权的价格一定比其他条件都相同而更高执行价格的看涨期权的价格要高。

大多数场内交易的期权的有效期都相当短，最多几个月。对于大公司股票和一些股票指数，有效期较长，可长

⊖ 偶尔，这个价格会与股票市场显示板所列的收盘价不符。这是因为有些纽约证券交易所的股票在收市之后也在其他的交易所进行交易，并且股票板可能反映的是最近的收盘价。期权交易与纽约证券交易所一起收盘，所以纽约证券交易所股票收盘价与期权收盘价进行比较是比较合适的。

达几年。这些期权称为**长期股票期权证券**（LEAPS）。

概念检查 20-1

a. 一位投资者购买了 1 月到期的 IBM 股票看涨期权，执行价格为 125 美元。如果到期日当天股票价格为 135 美元，那么其收入和净利润各是多少？如果到期日股票价格为 115 美元呢？

b. 如果投资者购买的是 1 月到期的 IBM 股票看跌期权，执行价格为 125 美元。回答上述问题。

21. 1. 2 美式期权与欧式期权

美式期权（American option）允许持有人在期权到期日或之前任何时点行使买入（如果是看涨期权）或卖出（如果是看跌期权）标的资产的权利。**欧式期权**（European option）规定持有者只能在到期日当天行权。美式期权比欧式期权的余地多，所以一般来说价值更高。实际上，美国国内交易的所有期权都是美式期权，但是外汇期权和股票指数期权除外。

21. 1. 3 期权合约条款的调整

因为期权是以设定价格买卖股票的权利，所以如果期权合约对股票分拆不做调整，那么股票分拆就会改变期权的价值。例如，图 20-1 所列的 IBM 股票看涨期权，如果 IBM 宣布将它的股票按 1∶2 的比例分割，那它的股价会从 127 美元降至 63. 5 美元。这样，执行价格为 130 美元的看涨期权会变得毫无价值，因为在期权有效期内基本没有以高于 130 美元卖出股票的可能性。

为了解决股票分拆问题，要按分拆比降低执行价格，合约的数量也按同比增加。例如，原来 IBM 股票看涨期权的执行价格为 130 美元，按照 1∶2 的比例分拆为两份期权，每份新期权的执行价格为 65 美元。对超过 10% 的股票股利也要做同样的调整，期权标的股票数量应随股票股利同比增长，而执行价格则应同比降低。

与股票股利不同，现金股利则不影响期权合约的条款。因为现金股利降低股票价格而不会在期权合约中增加调整内容，所以期权价值受股利政策的调整。在其他情况都相同时，高股利股票的看涨期权价值较低，因为高股利减缓了股票的增值速度；相反，高股利股票的看跌期权价值较高。（当然，期权价值不会在股利支付日或公告日当天突然上升或下降。股利支付是可以预期的，因此初始的期权价格已包含了股利的因素。）

概念检查 20-2

假如在执行日 IBM 股票价格为 140 美元，而看涨期权的执行价格为 130 美元，一份期权合约的收益是多少？当股票以 1∶2 比例分割后，股价为 70 美元，执行价格为 65 美元，期权持有者可以购买 200 股。请说明股票分割并未影响该期权的收益。

20. 1. 4 期权清算公司

期权清算公司，即期权交易的清算所，附属于期权交易所在的交易所。期权买卖双方在价格达成一致后，就会成交。这时，清算公司就要介入，在交易者中充当中间人，对期权卖方来说它是买方，对期权买方来说它是卖方。因此所有的交易者都只与清算公司打交道，由清算公司保证合约的履行。

当期权持有者执行期权合约时，清算公司就会通知出售期权有履约义务的客户所在的会员公司。会员公司选择出售期权合约的客户让其履约。卖出一份看涨期权，客户必须以执行价格交割 100 股股票；卖出一份看跌期权，则必须以执行价格买入 100 股股票。

由于清算公司保证合约履行，所以要求期权卖方交纳保证金来确保其能够履行合约。所需保证金部分由期权的实值金额决定，因为这个金额代表了期权卖方的潜在义务。当所需保证金高于保证金账户余额时，卖方会收到补交保证金通知。相反，买方就不需要交纳保证金，因为他只会在有利可图时执行期权。在购买了期权合约之后，持有人的其他资金不会有风险。

保证金要求部分取决于投资者手中持有的其他证券。例如，看涨期权的卖方持有标的股票，只要把这些股票记入经纪人账户，就可以满足保证金要求。这些股票可以在期权执行时用来交割。如果期权的卖方没有标的证券，那么保证金要求就由标的资产价值和实值或虚值金额来决定。虚值期权需要的保证金要少一些，因为预期损失较低。

20.1.5 其他期权

除了股票，以其他资产为标的物的期权也被广泛交易。常见的标的物有市场指数、行业指数、外汇、农产品期货、黄金、白银、固定收益证券和股票指数。下面我们逐一进行讨论。

指数期权 指数期权是以股票市场指数为标的物的看涨或看跌期权，比如标注普尔 500 指数或纳斯达克 100 指数。指数期权不仅有几个广泛的指数，也有某些行业指数甚至商品价格指数。我们已经在第 2 章介绍过这些指数。

对不同合约或不同交易所，指数的构造也不同。例如，标准普尔 100 指数是指标准普尔公司编制的 100 种股票的市值加权平均值，权重与各股票的市值成正比。道·琼斯工业指数是 30 种股票的价格加权平均。

国外股票指数期权合约也在交易。例如，日经 225 股指期权就在芝加哥商品交易所交易。Eurotop100 指数期权和日本指数期权也在美国股票交易所内交易。芝加哥期权交易所内还有生物技术和金融业的行业指数期权。

与股票期权不同，指数期权不需要看涨期权的卖方在执行日交割“指数”，也不需要看跌期权的买方购买“指数”，而采用现金交割的方式。在到期日计算期权的增值额，卖方将此额支付给买方即可。期权增值额即期权执行价格与指数价值之间的差额。例如，执行价格为 1 090 点的标准普尔指数看涨期权在到期日为 1 100 点，买方会收到（1 100 − 1 090）乘以合约乘数 100 或 1 000 美元每份合约的现金支付。

标准普尔 100 指数（因股票代码常被称为 OEX）、标准普尔 500 指数（SPX）、纳斯达克 100 指数（NDX）和道·琼斯工业指数（DJX）等主要指数的期权，是芝加哥期权交易所最活跃的交易合约。这些期权占据了大部分的交易量。

期货期权 期货期权赋予它们的持有者以执行价格购买或卖出特定期货合约的权利，并把某一期货价格作为期权的执行价格。尽管交割过程稍微有点复杂，期货期权合约的条款设计使得卖方能以期货价格来出售期权。在到期日，期权持有者会收到一笔净支付，该支付等于特定标的资产的目前期货价格与期权执行价格的差额。例如，如果期货价格为 37 美元，看涨期权的执行价格为 35 美元，期权持有者通过行权可以获得 2 美元的收益。

外汇期权 外汇期权赋予持有者以特定数额本国货币买入或卖出一定数额外币的权利。外汇期权合约要求以特定数额美元买入或卖出外币。合约的报价单位为每单位外币的美分数。

外汇期权与外汇期货期权之间有很大的区别。外汇期权提供的收益取决于执行价格与到期日汇率的差额。外汇期货期权提供的收益取决于执行价格与到期日汇率期货价格的差额。因为汇率与汇率期货价格一般不等，所以期权与期货期权的价值也会不同，即便二者的到期日和执行价格都相同。外汇期货期权交易量占了外汇期权交易量的绝大部分。

利率期权 利率期权的标的物包括美国中长期国债、短期国债、大额存单、政府国民抵押协会转手证券以及各种期限国债与欧洲美元证券的收益率。还有一些利率期货期权，其标的物包括中长期国债期货、市政债券期货、LIBOR 期货、欧元同业拆借利率期货[⊖]和欧洲美元期货。

20.2 到期日期权价值

20.2.1 看涨期权

看涨期权给予以执行价格买入证券的权利。假定你持有执行价格为 100 美元的 FinCrop 股票，股票现在价格为 110 美元，那么你就可以行使期权以 100 美元买入股票，并同时以 110 美元的价格卖出，结算得 10 美元/股。但是如果股票价格低于 100 美元，你可以观望，什么也不做，既不亏也不赚。于是，到期时看涨期权的价值为：

⊖ 欧元同业拆借利率市场与伦敦银行间同业拆借利率市场相似（见第 2 章），但在欧元同业拆借利率市场中，利率的支付是以欧元为单位的银行间存款的利率。

$$\text{看涨期权买方的收益} = \begin{cases} S_T - X & \text{如果 } S_T > X \\ 0 & \text{如果 } S_T \leqslant X \end{cases}$$

式中，S_T 为到期日的股票价格，X 为执行价格。该公式着重强调了期权收益非负的特点，也就是说只有 S_T 大于 X 时，期权才会被执行。如果 S_T 小于 X，期权就不会被执行，期权到期价值为零，此时买方的净损失等于当初购买期权而支付的金额。一般地，期权买方的净利润等于到期时期权价值减去初始购买价格。

一个执行价格为 100 美元的看涨期权到期时的价值如下所示（美元）：

股票价格	\$90	\$100	\$110	\$120	\$130
期权价值	0	0	10	20	30

股价低于 100 美元时，期权价值为零。股价高于 100 美元时，期权价值为股价超出 100 美元的部分，股价每提高 1 美元，期权价值就增加 1 美元。这种关系如图 20-2 所示。

图 20-2 中，实线表示到期时看涨期权的价值。期权持有者的净利润等于毛收益减去购买期权的初始投资。假定看涨期权的成本为 14 美元，那么持有者的利润如图 20-2 虚线所示。在期权到期日，若股价小于等于 100 美元，持有者的亏损为 14 美元。

只有在到期时股价超过 114 美元，利润才开始为正，盈亏平衡点为 114 美元，因为只有在此价格下，期权的收益（$S_T - X = 114 - 100 = 14$ 美元）才等于看涨期权的初始成本。

相反，如果股价高了，看涨期权卖方就会有损失。因为在此情况下，卖方会接到通知，并需要以 X 美元的价格卖出价值 S_T 的股票。

$$\text{看涨期权卖方的收益} = \begin{cases} -(S_T - X) & \text{如果 } S_T > X \\ 0 & \text{如果 } S_T \leqslant X \end{cases}$$

如果股票价格上升，看涨期权的卖方会承担损失，但他们愿意承担此风险，因为能够获得权利金。

图 20-3 是看涨期权卖方的收益与利润，与期权买方的收益与利润互为镜像。看涨期权卖方的盈亏平衡点也是 114 美元。在这个点上，期权卖方的（负的）收益正好与当初收到的权利金相等。

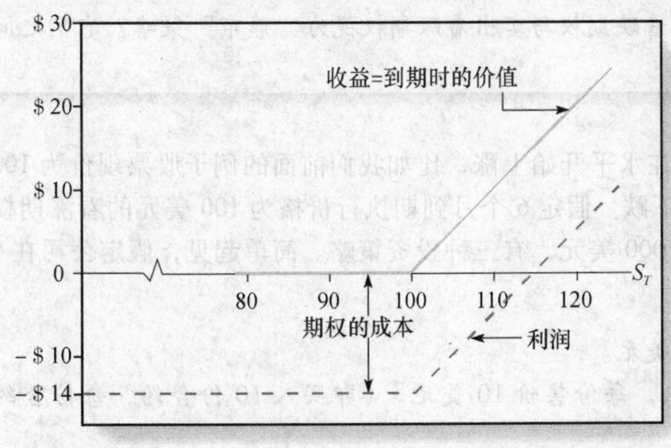

图 20-2　到期时看涨期权买方的收益与利润

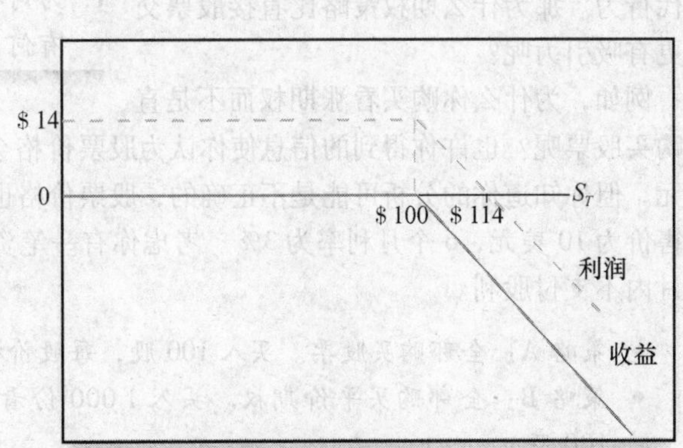

图 20-3　到期时看涨期权卖方的收益与利润

20.2.2　看跌期权

看跌期权赋予以执行价格卖出资产的权利。既然这样，看跌期权买方只有在价格低于执行价格时，才会执行期权。例如，如果 FinCrop 公司股票跌至 90 美元，看跌期权的执行价格为 100 美元，买方行权结算获得 10 美元。买方以 90 美元的价格买入股票，同时以 100 美元交割给看跌期权的卖方。

到期时看跌期权的价值为：

$$\text{看跌期权买方的收益} = \begin{cases} 0 & \text{如果 } S_T \geqslant X \\ X - S_T & \text{如果 } S_T < X \end{cases}$$

图 20-4 中的实线表示到期时执行价格为 100 美元的 FinCrop 股票看跌期权买方的收益。如果到期时股票价格高于 100 美元，则期权就没有价值，即以 100 美元卖出股票的权利不会被行使。如果到期时股票价格低于 100 美元，则股票价格每降低 1 美元期权价值就增加 1 美元。图 20-4 中虚线表示到期时看跌期权买方扣除原始期权购买成本后的净利润。

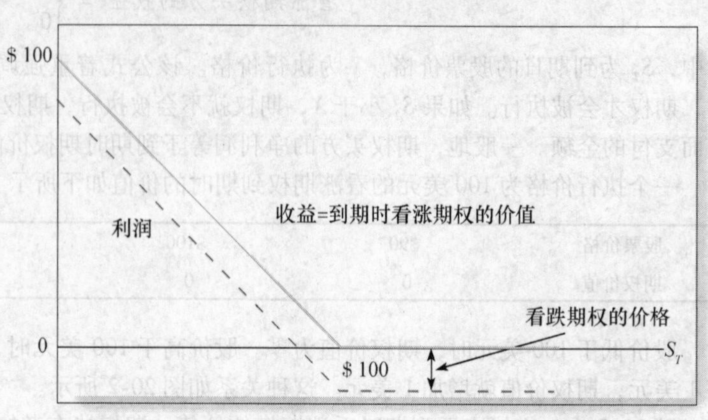

图 20-4　到期时看跌期权的收益与利润

对裸看跌期权（例如，卖出一个看跌期权，但在股票市场上没有可对冲的股票空头）的卖方来说，如果股票价格下跌，就要承担损失。以前，人们一直认为卖出虚值的裸看跌期权是一种产生收入的很有吸引力的方式，以为只要到期前市场不出现大幅下跌，卖方就可以获得权利金收入，因为买方不愿意执行期权。只有市场剧烈下跌才会导致看跌期权卖方出现损失，因而这种策略被认为不会有过多风险。但是，1987 年 10 月的市场崩盘使许多看跌期权卖方蒙受了巨大损失，于是现在市场参与者开始认为这种策略风险很大。

20.2.3　期权与股票投资

买入看涨期权是牛市策略，那就是说当股票价格上涨时，看涨期权提供利润。而买入看跌期权是熊市策略。对应地，卖出看涨期权是熊市策略，卖出看跌期权是牛市策略。因为期权价值取决于标的股票的价格，所以购买期权可视为直接买入或卖出股票的替代行为。那为什么期权策略比直接股票交易更有吸引力呢？

概念检查 20-3

考虑四种期权策略：买入看涨期权、卖出看涨期权、买入看跌期权和卖出看跌期权。

a. 对于每一种策略，用图形描述收益与利润，表示出它们与股价的函数关系。

b. 为何将买入看涨期权与卖出看跌期权视为“牛市”策略？它们之间有何区别？

c. 为何将买入看跌期权与卖出看涨期权视为“熊市”策略？它们之间有何区别？

例如，为什么你购买看涨期权而不是直接购买股票呢？也许你得到的信息使你认为股票价格会从现在水平开始上涨，比如我们前面的例子股票现价为 100 美元。但你知道你的分析可能是不正确的，股票价格也可能下跌。假定 6 个月到期执行价格为 100 美元的看涨期权的售价为 10 美元，6 个月利率为 3%。考虑你有一笔资金 10 000 美元，有三种投资策略。简单起见，假定公司在 6 个月内不支付股利。

- 策略 A：全部购买股票。买入 100 股，每股价格 100 美元。
- 策略 B：全部购买平价期权。买入 1 000 份看涨期权，每份售价 10 美元。（即买入 10 份合约，每份合约 100 股）
- 策略 C：用 1 000 美元购买 100 份看涨期权，把剩余的 9 000 美元买入 6 个月到期的国债，赚取 3% 的利息收入。国债的价值会从 9 000 美元增加到 9 000 × 1.03 = 9 270 美元。

现在以 6 个月到期时的股票价格为变量，来分析三种投资组合在到期时可能的价值。

资产组合	股票价格（美元）					
	95	100	105	110	115	120
资产组合 A：全部买股票	9 500	10 000	10 500	11 000	11 500	12 000
资产组合 B：全部买期权	0	0	5 000	10 000	15 000	20 000
资产组合 C：看涨期权加国债	9 270	9 270	9 770	10 270	10 770	11 270

资产组合 A 的价值为每股价格的 100 倍。资产组合 B 只有在股票价格高于执行价格时才会有价值。一旦超过临界点，资产组合 B 的价值就是股票价格超过执行价格部分的 1 000 倍。最后，资产组合 C 的价值为投资国债获得的 9 270美元加上 100 份看涨期权获得的利润。三种资产组合的初始投资都是 10 000 美元。三种组合的收益率表示如下：

资产组合	股票价格（美元）					
	95	100	105	110	115	120
资产组合 A：全部买股票	-5.0%	0.0%	5.0%	10.0%	15.0%	20.0%
资产组合 B：全部买期权	-100.0%	-100.0%	-50.0%	0.0%	50.0%	100.0%
资产组合 C：看涨期权加国债	-7.3%	-7.3%	-2.3%	2.7%	7.7%	12.7%

它们的收益率如图 20-5 所示。

将资产组合 B 和 C 的收益率与资产组合 A 购买股票简单投资作比较，我们发现期权有两种有趣的特性。第一，期权具有杠杆作用。比较资产组合 B 与 A 的收益率，除非股票价格高于 100 美元，否则资产组合 B 的价值将为零，收益率为 -100%。相反，股票收益率稍微增长，期权的收益率就会急剧增长。例如，股票价格上涨 4.3% 从 115 美元涨至 120 美元，看涨期权的收益率从 50% 增加至 100%。在这种情况下，看涨期权是一种杠杆投资，其价值的变化幅度高于股票价值变化幅度。

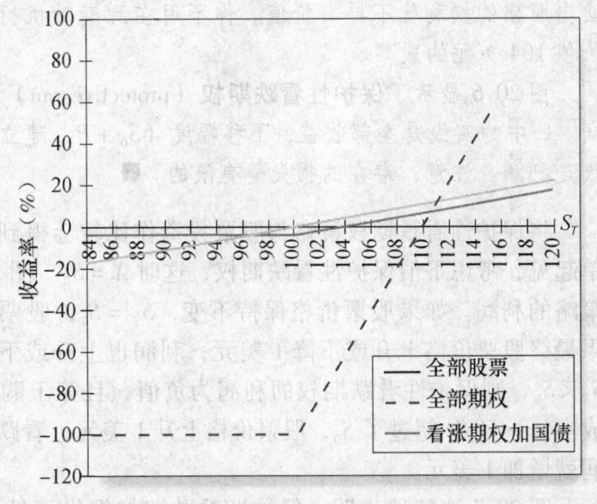

图 20-5 三种资产组合的收益率

图 20-5 生动地说明了这一点。全部买入期权资产组合的斜率曲线比全部买入股票资产组合陡得多，反映了它对标的证券价值变动的巨大敏感度。正是因为这种杠杆作用，那些能获得内幕信息（非法地）的投资者通常采用期权作为投资工具。

第二个有趣特征是期权有潜在的保险功能，正如资产组合 C 所示。因为期权到期时最低价值为零，所以 6 个月国债加期权的资产组合的价值不可能低于 9 270 美元。资产组合 C 最差的收益率是 -7.3%，而理论上当公司破产时投资股票的最差收益率为 -100%。当然，这种保险是有代价的，当股票价格上涨，国债加期权的资产组合 C 的表现不如资产组合 A。

这个简单的例子说明了重要的一点。尽管期权常常被投机者用做有效杠杆化的股票头寸，如资产组合 B，它们也常被创造性地用来降低风险敞口程度，如资产组合 C。例如，国债加期权策略的资产组合 C 的收益率与只买股票有很大不同。这个策略风险底线有绝对的限制并且很有吸引力。下面我们继续讨论几种期权策略，其新颖的风险结构也许会吸引套期保值者和其他投资者。

20.3 期权策略

将具有不同执行价格的看涨期权与看跌期权进行组合会得到无数种收益结构。下面我们选择几种常见的组合，讨论其动因及结构。

20.3.1 保护性看跌期权

假想你想投资某只股票，却不愿承担超过一定水平的潜在风险。仅仅是购买股票对你来说是有风险的，因为理论上你可能损失所投资的钱。你可以考虑购买股票，并购买一份股票的看跌期权。表 20-1 给出了你的资产组合的总价值：不管股票价格如何变化，你肯定能够在到期时得到一笔至少等于期权执行价格的收益，因为看跌期权赋予你以执行价格卖出股票的权利。

表 20-1 到期时保护性看跌期权资产组合的价值

	$S_T \leq X$	$S_T > X$
股票	S_T	S_T
+看跌期权	$X-S_T$	0
=总计	X	S_T

【例 20-3】 **保护性看跌期权**

假定执行价格 $X=100$ 美元，期权到期时股票售价为 97 美元。你的投资组合的总价值为 100 美元。股票价值 97 美元，看跌期权到期时的价值为：

$$X-S_T=100-97=3\text{ 美元}$$

换种角度看，你既持有股票，又持有它的看跌期权，该期权赋予你以 100 美元卖出股票的权利。资产组合的最小价值锁定为 100 美元。另一方面，如果股票价格超过 100 美元，比如说 104 美元，于是以 100 美元卖出股票的权利就不再有价值。你不用在到期时执行期权，继续持有价值 104 美元的股票。

图 20-6 显示了**保护性看跌期权**（protective put）策略的收益与利润。C 中的实线是全部收益，下移幅度（S_0+P，建立头寸成本）的虚线是利润。注意，潜在的损失是有限的。■

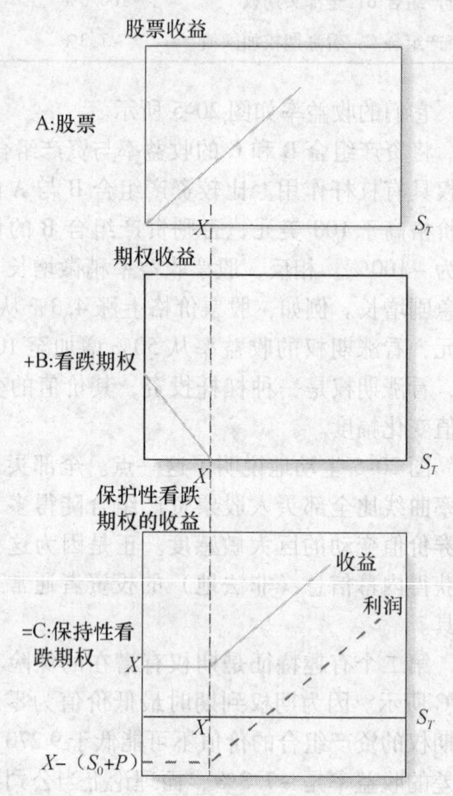

图 20-6 到期日保护性看跌期权的价值

将保护性看跌期权策略与股票投资作比较会得到很多启发。为简单起见，考虑平值保护性看跌期权，这时 $X=S_0$。图 20-7 比较了两种策略的利润。如果股票价格保持不变，$S_T=S_0$，股票的利润为零。如果最终股票价格上升或下降 1 美元，利润也上升或下降 1 美元。如果 $S_T<S_0$，则保护性看跌期权的利润为负值，且等于购买期权而付出的成本。一旦 S_T 超过了 S_0，股票价格上升 1 美元，看跌性保护期权的利润就增加 1 美元。

图 20-7 清楚地表明，保护性看跌期权提供了针对股价下跌的保险，限制了损失。因此，保护性看跌期权是一种资产组合保险。保护的成本是，一旦股价上升，购买期权成本会带来利润的减少，因为这时是不需要购买期权的。

这个例子也说明，尽管人们普遍认为衍生证券意味着风险，但它也可被用来进行有效的风险管理。实际上，这种风险管理正在成为财务经理受托责任的一部分。确实，在一个常被提及的诉讼案例中某公司的董事长布兰斯·罗斯因为利用衍生证券对存货的价格风险进行套期保值失败而被起诉。本来这种套期保值可以使用保护性看跌期权来实现。

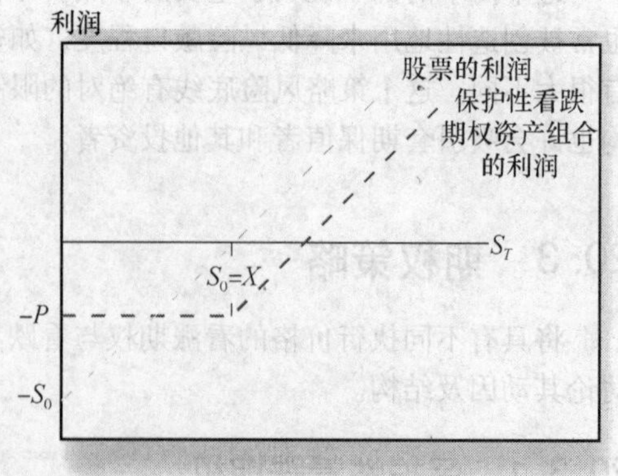

图 20-7 保护性看跌期权与股票投资（平价期权）

鉴于近几年的信贷危机，声称衍生工具是最佳的风险管理工具是很奇怪的。大量金融机构在信贷衍生工具建立的高风险头寸在 2007～2008 年间不断膨胀，由此促发了次贷危机，并导致了大量损失与政府救助。尽管衍生工具具备一些产生巨大风险的特征，它们也可被用来进行有效的风险管理，至少在被恰当使用时如此。衍生工具与电动工具类似：在技术熟练的人手中很有用，但对于不熟练的人就非常危险了。专栏 20-1 阐明了衍生工具对风险管理的重要价值。

专栏 20-1

衍生工具案例

他们把衍生工具称为大规模杀伤性金融武器，导致金融动荡席卷全美，将之认定为拖垮全球经济的罪魁祸首。然而，少数几个主流华尔街人士确实认为衍生工具仅是价值衍生于标的资产的供买卖双方交易的金融合约，这些标的资产有按揭贷款或股票等。一个基本的共识是衍生工具是巨大风险的来源之一。

耶鲁经济学家罗伯特·席勒则持相反的观点。作为金融创新的斗士和风险管理专家，席勒坚定认为衍生工具不是一个问题，而是问题的解决办法。席勒认为衍生工具与保险一样，仅仅是一个风险管理工具。他说："你支付权利金，如果事件发生了，你可以获得一个回报"。这个工具可以被很好地使用，或者就像最近发生的，被不正确地使用。席勒警告说摒弃衍生工具将使我们裹足不前。

对于大量的衍生品交易来说，交易者数量都比较少。少数几个华尔街机构负责打包几乎所有次级抵押贷款，转成衍生工具，卖给少量的大型机构买家。这是一个缺乏流动性并且不透明的巨大市场。

与此同时，这个系统建立在世界个人业主和债券持有者的众多决策之上。但是，他们都不能像大型机构那样对冲自己的决策。如果市场下跌，那些在迈阿密购置独栋公寓的人无法保护他们自己。

据席勒说，业主乃至债券持有者都可以利用衍生工具对冲价格下跌的风险。席勒的意思是，你可以通过你的经纪人购买一种新型的金融工具，或许是与区域房价值数反向变动的衍生工具。如果你所在区域的房价下跌，金融工具的价值将增加，弥补了你的损失。债券持有者可以做类似的事情，帮助他们对冲房屋止赎的风险。这种想法是让房屋市场更具流动性。更多的买者和卖者意味着在市场承受压力时依然具有较高的流动性并运行正常。

一些批评家驳斥席勒的基本前提假设，即更多衍生工具会使得房屋市场更具流动性并且更加稳定。他们指出期货合约并没有让权益市场或商品市场免受大幅涨跌的影响。他们进一步认为一个充斥房屋衍生工具的泡沫化市场不会带来对业务的保险，却给投机者提供了一个新的乐园。

本质上，席勒正在为下一次金融革命铺设知识基石。现在我们正在经历知识经济时代的第一个主要金融危机。席勒的答案也许与直觉相反，但是几个世纪以前医生和科学家们认识到治愈传染性疾病的办法不是迁徙或隔离，而是有意识地对更多人进行接种疫苗。席勒说："我们只是遇到了一个衍生工具和证券化的小事故，虽然一个世纪以前泰坦尼克沉没了，我们并没有停止跨越大西洋的航行。"

当然，人们在重新起航前会三思，至少一段时间内是这样。但是如果我们仅听任我们的恐惧，我们就会失去推动我们不断前进的动力。这是席勒对大部分衍生工具和更多创新的核心主张。衍生工具造就了如此大的浩劫，此时席勒的呼吁显得不合时宜。但是这提醒我们带领我们走到这个地步的衍生工具不应该被谴责，因为它们可以被不恰当地使用，也可以被正确地运用。试图抵挡人类创造力的潮水是愚蠢的举动。

资料来源：Zachary Karabell，"The Case for Derivates，" *Newsweek*，February 2，2009.

20.3.2　抛补看涨期权

抛补看涨期权（covered call）头寸就是买入股票的同时卖出它的看涨期权。这种头寸称为"抛补的"是因为将来交割股票的潜在义务正好被资产组合中的股票所抵消。相反，如果没有股票头寸而卖出看涨期权称为卖裸期权。在看涨期权到期时，抛补看涨期权的价值等于股票价值减去看涨期权的价值，如表 20-2 所示。期权价值被减掉是因为抛补看涨期权头寸涉及出售了一份看涨期权给其他投资者，如果其他投资者执行该期权，他的利润就是你的损失。

表 20-2　到期日抛补看涨期权价值

	$S_T \leq X$	$S_T > X$
股票损益	S_T	S_T
+卖出看涨期权损益	-0	$-(S_T - X)$
=总计	S_T	X

图 20-8C 中的实线描述了其收益类型。你可以看到在 T 时，如果股票价格低于 X 时，总头寸价值为 S_T，当 S_T 超过 X 时，总价值达到最大值 X。本质上，卖出看涨期权意味着卖出了股价超过 X 的部分的要求权，而获得了初始的权利金（看涨期权价格）收入。因此，在到期时，抛补看涨期权的总价值最大为 X。图 20-8C 中虚线是其净利润。

卖出抛补看涨期权是机构投资者的常用策略。比如大量投资于股票的基金管理人，他们很乐意通过卖出部分或全部股票的看涨期权获取权利金来提高收入。尽管在股票价格高于执行价格时他们会丧失潜在的资本利得，但是如果他们认为 X 就是他们计划卖出股票的价格，那么抛补看涨期权可以为看做一种"卖出规则"。这种策略能够保证以计划的价格卖出股票。

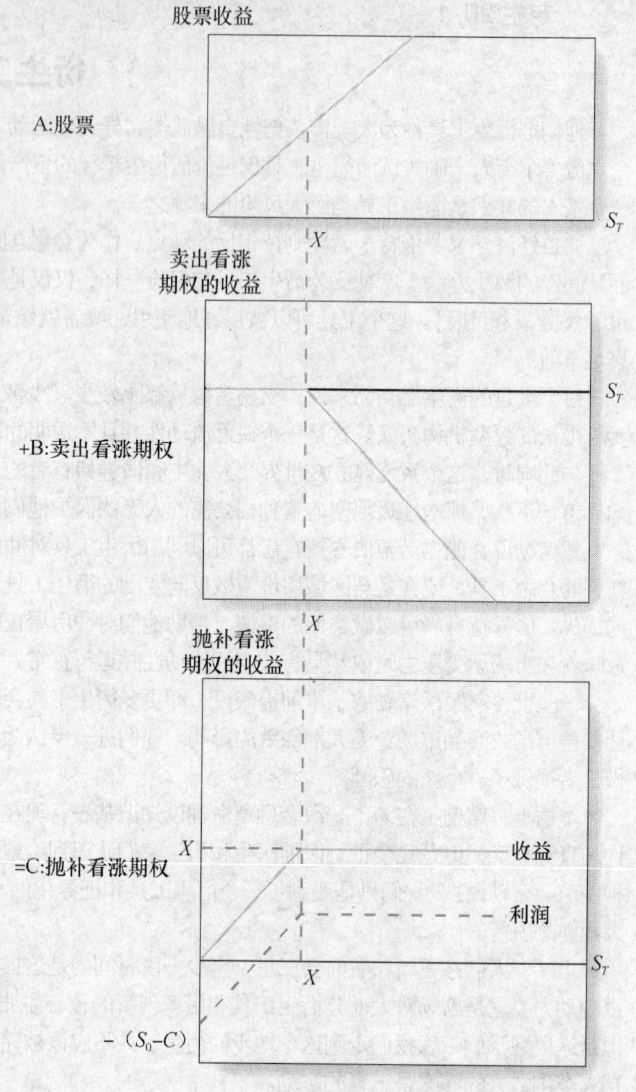

图 20-8　到期时抛补看涨期权的价值

【例 20-4】　　抛补看涨期权

假设某养老金拥有 1 000 股股票，现在的股票价格为每股 100 美元。如果股价升至 110 美元，基金管理人愿意卖出所有的股票，并且 60 天到期执行价格为 110 美元看涨期权价格为 5 美元。卖出 10 份股票看涨期权合约（每份合约 100 股），就可以获得 5 000 美元的额外收入。当然，如果股票价格超过 110 美元，基金管理人就会损失超过 110 美元的那部分利润，但是既然愿意在 110 美元卖出股票，那么损失的那部分利润本来就没有可能实现。■

20.3.3　跨式期权

买入跨式期权（straddle）就是同时买进执行价格相同（X）到期日相同（T）的同一股票的看涨期权与看跌期权。对于那些相信价格要大幅波动，但是不知价格运行方向的投资者来说，买入跨式期权是很有用的策略。例如，假设你认为一场影响公司命运的官司即将了结，而市场对这一情况尚不了解。如果案子的判决对公司有利，股价将翻倍，如果不利，股价将跌为原来的一半。不管结果如何，买入跨式期权都是很好的策略，因为股价以 X 为中心向上或向下急剧变动都使跨式期权头寸的价值大幅增加。

对买入跨式期权来说，最糟糕的情形就是股票价格没有变化。如果 S_T 等于 X，那么到期时看涨期权和看跌期权都没有价值，这样投资者就损失了购买期权的支出额。因此，买入跨式期权赌的是价格的波动性。买入跨式期权认为股价的波动高于市场的波动。相反，卖出跨式期权，也就是卖出看涨期权与看跌期权的投资者认为股票价格缺乏波动性。他们现在收到权利金，希望在到期日前股票价格不发生太大变化。

买入跨式期权的损益如表 20-3 所示。图 20-9C 中的实线也描述了买入跨式期权的损益。注意，该组合的收益除了在 $S_T=X$ 时为零外，总是正值。你也许会奇怪为什么不是所有的投资者都来采取这种似乎不会亏损的策略，原因是买入跨式期权要求必须同时购买看涨期权与看跌期权。在到期日买入跨式期权头寸的价值，虽不会为负，但是只有其价值超过当初支付的权利金时才能获得利润。

表 20-3　到期时买入跨式期权头寸的价值

	$S_T<X$	$S_T\geqslant X$
看涨期权的损益	0	S_T-X
+看跌期权的损益	$X-S_T$	0
=总计	$X-S_T$	S_T-X

图 20-9C 中的虚线是买入跨式期权的利润。利润曲线在收益曲线的下方，二者之间的距离为购买买入跨式期权头寸的成本 $P+C$。从图中可以清晰地看出，除非股票价格显著偏离 X，否则买入跨式期权的头寸就会产生损失。只有股价与 X 的偏离大于购买看涨期权与看跌期权的全部支出时，投资者才会获得利润。

底部条式组合（strips）和底部带式组合（straps）是跨式套利的变形。具有相同执行价格和到期日的同一证券的两份看跌期权与一份看涨期权组成一个底部条式组合期权，而两份看涨期权与一份看跌期权组成一个底部带式组合期权。

概念检查 20-4

画出底部条式组合期权与底部带式组合期权的损益与利润图。

20.3.4 价差套利

期权**价差套利**（spread）是不同执行价格或者不同到期日的同一股票的两个或多个看涨期权（或两个或多个看跌期权）的组合。有些期权是多头，而其他期权是空头。货币价差套利是同时买入与卖出具有不同执行价格的期权。时间价差套利是卖出与买入不同到期日的期权。

考虑一种货币价差套利，具体是买入一份执行价格为 X_1 的看涨期权，卖出一份到期日相同执行价格更高为 X_2 的看涨期权。如表 20-4 所示，该头寸的收益是所买期权价值与所卖期权价值的差额。

这时需要区别三种而不是两种情况：低价区，即到期时 S_T 比两个期权的执行价格都低；中价区，即 S_T 在两个执行价格之间；高价区，即 S_T 超过了所有的执行价格。图 20-10 描述了这种策略的收益与利润，这种策略也称为牛市价差套利，因为在股票价格上涨时收益要么增加要么不受影响。牛市价差套利头寸的持有者从股价升高中获利。

表 20-4 到期时牛市价差套利的价值

	$S_T \le X_1$	$X_1 < S_T \le X_1$	$S_T \ge X_2$
买入执行价格为 X_1 的看涨期权的损益	0	$S_T - X_1$	$S_T - X_1$
+卖出执行价格为 X_2 的看涨期权的损益	-0	-0	$-(S_T - X_2)$
=总计	0	$S_T - X_1$	$X_2 - X_1$

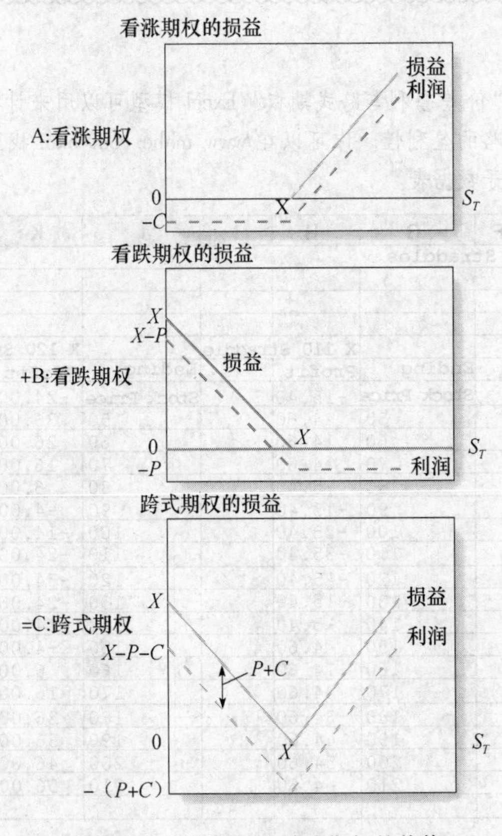

图 20-9 到期日买入跨式期权的价值

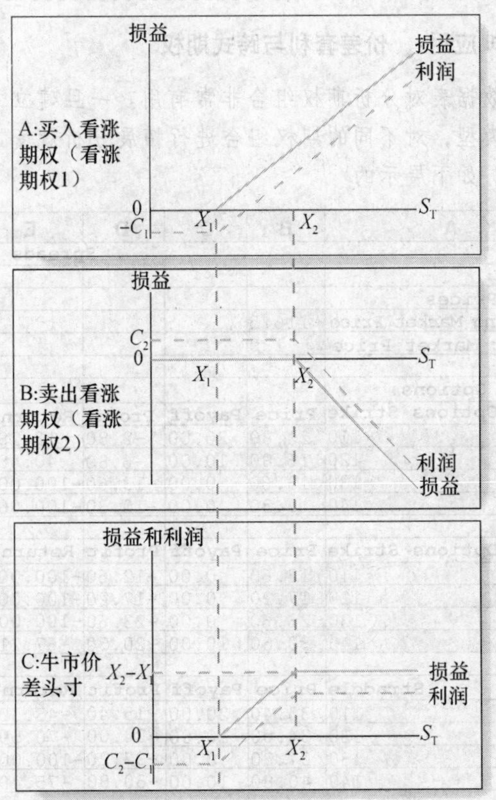

图 20-10 到期日牛市价差头寸的价值

牛市价差套利产生的一个原因是投资者认为某一期权的价值相对于另一期权来说被高估了。例如，一个投资者认为执行价格 $X=100$ 美元的看涨期权要比执行价格 $X=110$ 美元的看涨期权便宜，就可以进行价差套利，即便他并不看好这只股票。

20.3.5　双限期权

双限期权（collar）是一种期权策略，即把资产组合的价值限定在上下两个界限内。假设某投资者现在持有大量的 FinCorp 股票，现在股票价格为每股 100 美元。通过购买执行价格为 90 美元的保护性看跌期权就可以设定下限为 90 美元，但这需要投资者支付看跌期权的权利金。为了获得资金支付权利金，投资者可以卖出一个看涨期权，比如执行价格为 110 美元。看涨期权的价格可能与看跌期权的价格基本相等，这意味着这两种期权头寸的净支出基本为零。卖出看涨期权限定了资产组合的上限。即便是股票价格超过了 110 美元，投资者也不会获得超过 110 美元的那部分收益，因为价格高于 110 美元时看涨期权将被执行。这样投资者通过看跌期权的执行价格得到下限保护，同时卖出超过看涨期权执行价格的那部分利润的要求权来获得支付买入看跌期权的权利金。

【例 20-5】　**双限期权**

双限期权适合于有一定财富目标但不愿意承担超过一定水平风险的投资者。例如，如果你正在考虑购买价值 220 000 美元的房子，你将把这个数字当成你的目标。你现在的财富是 200 000 美元，并且你不愿意承担超过 20 000 美元的风险。你可以通过以下步骤建立双限期权：①以每股 100 美元的价格购买 2 000 股股票；②购买 2 000 份看跌期权（20 份期权合约），执行价格为 90 美元；③卖出 2 000 份看涨期权，执行价格为 110 美元。这样，你不必承担大于 20 000 美元损失的风险，却得到了 20 000 美元资本利得的机会。■

概念检查 20-5

画出例 20-5 中双限期权的损益图。

Excel 应用：价差套利与跨式期权

电子数据表对分析期权组合非常有用。一旦建立了基本的模型，对不同的期权组合进行拓展分析就变得很容易。如下展示的"价差套利与跨式期权"Excel 模型可以用来计算不同策略的盈利性。你可以在 www.mhhe.com/bkm 找到这个电子数据表。

	A	B	C	D	E	F	G	H	I	J	K	L
1					Spreads and Straddles							
2												
3	Stock Prices											
4	Beginning Market Price	116.5										
5	Ending Market Price	130						X 110 Straddle			X 120 Straddle	
6							Ending	Profit		Ending	Profit	
7	Buying Options:						Stock Price	-15.40		Stock Price	-24.00	
8	Call Options Strike	Price	Payoff	Profit	Return%		50	24.60		50	36.00	
9	110	22.80	20.00	-2.80	-12.28%		60	14.60		60	26.00	
10	120	16.80	10.00	-6.80	-40.48%		70	4.60		70	16.00	
11	130	13.60	0.00	-13.60	-100.00%		80	-5.40		80	6.00	
12	140	10.30	0.00	-10.30	-100.00%		90	-15.40		90	-4.00	
13							100	-25.40		100	-14.00	
14	Put Options Strike	Price	Payoff	Profit	Return%		110	-35.40		110	-24.00	
15	110	12.60	0.00	-12.60	-100.00%		120	-25.40		120	-34.00	
16	120	17.20	0.00	-17.20	-100.00%		130	-15.40		130	-24.00	
17	130	23.60	0.00	-23.60	-100.00%		140	-5.40		140	-14.00	
18	140	30.50	10.00	-20.50	-67.21%		150	4.60		150	-4.00	
19							160	14.60		160	6.00	
20	Straddle	Price	Payoff	Profit	Return%		170	24.60		170	16.00	
21	110	35.40	20.00	-15.40	-43.50%		180	34.60		180	26.00	
22	120	34.00	10.00	-24.00	-70.59%		190	44.60		190	36.00	
23	130	37.20	0.00	-37.20	-100.00%		200	54.60		200	46.00	
24	140	40.80	10.00	-30.80	-75.49%		210	64.60		210	56.00	
25												

20.4 看跌-看涨期权平价关系

从前面的内容可知，一个保护性看跌期权组合，包括股票头寸和与该头寸对应的看跌期权，能保证最低收益，但没有限定收益上限。它并不是获得这种保护的唯一方式，看涨期权加国债的组合也能锁定风险下限，但不限定收益上限。

考虑这样的策略，购买看涨期权，同时购买面值等于看涨期权执行价格的国债，两者到期日相同。例如，如果看涨期权执行价格为100美元，则每份期权合约（每份合约100股股票）执行时需要支付10 000美元，因此你所购买的国债的到期价值也应为10 000美元。更一般地，对你所有持有的执行价格为X的期权，你需购买面值为X的无风险零息债券。

T时刻，当期权与零息债券到期时，组合的价值为：

	$S_T \leqslant X$	$S_T > X$
看涨期权的价值	0	$S_T - X$
无风险利率债券的价值	X	X
总计	X	S_T

如果股票价格低于执行价格，则看涨期权价值为零，但是无风险债券到期时等于其面值X，于是债券的价值是该组合价值的下限。如果股票价格超过X，则看涨期权的收益是$S_T - X$，与债券面值相加得S_T。该组合的收益与表20-1中保护性看跌期权的收益是完全相同的。

如果两种资产组合的价值总是相等的，则其成本也必须相等。因此，看涨期权加债券的成本等于股票加看跌期权的成本。每份看涨期权的成本为C，无风险零息债券的成本为$X/(1+r_f)^T$，因此，看涨期权加债券资产组合的成本为$C + X/(1+r_f)^T$。零时刻股票成本，即现在的股票价格为S_0，看跌期权的成本为P，于是有：

$$C + \frac{X}{(1+r_f)^T} = S_0 + P \tag{20-1}$$

式（20-1）称为**看跌-看涨期权平价定理**（put-call parity theorem），因为它代表看涨期权与看跌期权价格之间恰当的关系。如果这个关系被违背，就会出现套利机会。例如，你搜集了某个股票的如下数据：

股票价格	110美元	看涨期权的价格（1年期，执行价格X为105美元）	17美元
看跌期权的价格（1年期，执行价格X为105美元）	5美元	无风险利率	每年5%

我们可以利用式（20-1）来验证是否违背了平价关系：

$$C + \frac{X}{(1+r_f)^T} \overset{?}{=} = S_0 + P \quad 17 + \frac{105}{1.05} \overset{?}{=} 110 + 5 \quad 117 \neq 115$$

结果是违背了平价关系，117不等于115，这说明存在价格错估。为了利用这个价格错估，你买入相对便宜的资产组合（股票加看跌期权组合，等式右边）并卖出相对昂贵的资产组合（看涨期权加债券组合，等式左边）。因此，如果你买入股票，买入看跌期权，卖出看涨期权并借入100美元1年（因为借入资金是购买债券的相反行为），就可以获得套利利润。

来看一下这个策略的收益。1年后，股票价格价值为S_T，100美元的借款要还付本息，即现金流出105美元。如果S_T超过105美元，卖出看涨期权会导致现金流出$S_T - 105$美元。如果股票价格低于105美元，买入看跌期权的收益为105美元$-S_T$。

表20-5是对结果的总结。现在的现金流为2美元，1年后，各个头寸的现金流互相抵消了，也就是说实现了2美元的现金流入但是没有相应的现金流出。投机者都会追求这种套利利润，直到买卖的压力使式（20-1）表达的平价关系满足为止。

表20-5 套利策略

头寸	即期现金流	1年后的现金流	
		$S_T < 105$	$S_T \geqslant 105$
买入股票	−110	S_T	S_T
借入105美元/1.05 = 100美元	+100	−105	−105
卖出看涨期权	+17	0	$-(S_T - 105)$
买入看跌期权	−5	$105 - S_T$	0
总计	2	0	0

式（20-1）实际上只适用于在期权到期日前股票不分发股利的情况，但可以很直接地将其推广到股票支付股利的欧式期权情况。看跌期权与看涨期权平价关系更一般的公式是：

$$P = C - S_0 + \mathrm{PV}(X) + \mathrm{PV}(\text{股利}) \tag{20-2}$$

其中，PV(股利）表示在期权有效期内收到股利的现值。如果股票不支付股利，则式（20-2）就变成式（20-1）。

注意这个一般公式也适用于除了股票外其他资产为标的物的欧式期权。我们只需让该资产在期权有效期内的收益代替式（20-2）中股利的位置。例如，债券的看跌期权与看涨期权就满足同样的平价关系，只是债券的息票收入代替了公式中股票的股利。

但是这个一般化公式只适用于欧式期权，并且只有在每个头寸都持有到到期时，式（20-2）两边代表的两种资产组合的现金流会相等。如果看涨期权和看跌期权在到期日前的不同时间被执行，则不能保证两边的收益是相等的，甚至也不能保证期望收益相等，这样两种资产组合会有不同的价值。

【例 20-6】　　看跌期权与看涨期权平价

利用图 20-1 中 IBM 期权的真实数据，我们看一下平价关系是否成立。1 月到期的看涨期权执行价格为 130 美元，距离到期日 44 天，价值为 2.10 美元，相应的看跌期权价值为 4.79 美元。IBM 股票价格为 127.21 美元，短期年化利率为 0.2%。在 12 月 2 日期权到期日前，无股利支付。根据平价关系，我们发现有

$$P = C + \mathrm{PV}(X) - S_0 + \mathrm{PV}(\text{股利})$$

$$4.79 = 2.18 + \frac{130}{(1.002)^{44/365}} - 127.21 + 0$$

$$4.79 = 2.18 + 129.97 - 127.21$$

$$4.79 = 4.94$$

平价关系不满足，并且每股 0.02 美元的偏差。这个偏差大到可以利用的程度了吗？可能没有。你必须权衡潜在的利润能否弥补看涨期权、看跌期权与股票的交易成本。更重要的是，在期权交易并不频繁的事实情况下，与平价的偏差可能并不是“真的”，可能仅是由于“陈旧”的报价造成的，而你已不可能在此价格上进行交易了。■

20.5　类似期权的证券

假如你从未直接做过期权交易。你为什么需要在制定一个投资计划时鉴别期权的特性？许多金融工具和协议都具有明显或隐含将选择权给予一方或多方的特征。如果你想评价并正确运用这些债券，你必须理解这些嵌入期权的性质。

20.5.1　可赎回债券

从第 14 章中知道，大部分公司发行债券时都带有赎回条款，即发行方在将来某个时间可以以约定的赎回价格将债券从持有人手中买回。赎回条款实际上是给发行人的看涨期权，执行价格等于约定的赎回价格。可赎回债券实质上是出售给投资者的普通债券（没有可赎回、可转换等期权特征）与投资者同时出售给发行者的看涨期权的组合。

当然，公司必须为它所拥有的这种隐式看涨期权付出代价。如果可赎回债券与普通债券的息票利率相同，那么可赎回债券的价格要低于普通债券：两者之差等于看涨期权的价值。如果可赎回债券是平价发行，那么其息票利率必须高于普通债券。高息票利率是对投资者的补偿，因为发行公司获得看涨期权。息票利率通常需要认真选择，以保证债券能够以平价发行。

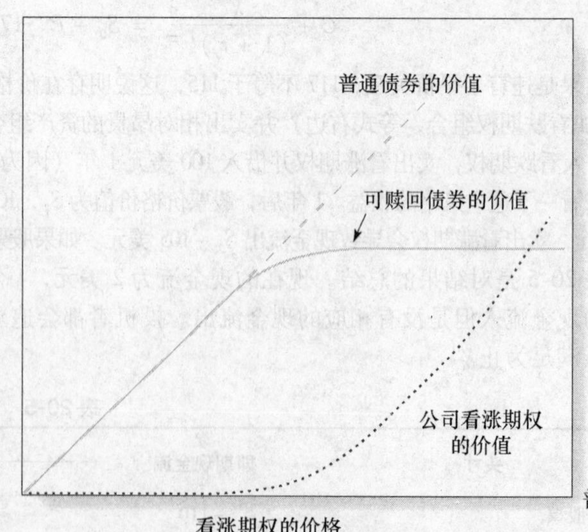

图 20-11　可赎回债券与普通债券价值的比较

图 20-11 描述了这种类似期权的特征。横轴表示与可赎回债券其他条款相同的普通债券的价值，45 度虚线表示

普通债券的价值，实线表示可赎回债券的价值，点线表示公司拥有的看涨期权的价值。可赎回债券的潜在资本利得被公司拥有的以赎回价格购买债券的选择权所限制。

实际上，隐含在可赎回债券里的期权比普通的看涨期权复杂得多，因为通常它只有经过初始赎回保护期后才能被执行。债券的赎回价格也可能随时间发生变化。于交易所内交易的期权不同，可赎回债券的这些特征被定义在最初的债券契约中，并且也取决于发行公司的自身需要与对市场的把握。

概念检查 20-6

可赎回债券与普通债券的抛补看涨期权有何相似性？

20.5.2 可转换证券

可转换债券与可转换优先股都是持有者拥有期权，而不是发行公司。不管证券的市场价格如何，可转换债券的持有者有权将债券或优先股按照约定比例换为普通股。

例如，一个转换比率为10的债券持有人可以将面值为1 000美元的债券换为10股普通股。也可以说，这种情况下可转换价格为100美元：为了得到10股股票，投资者牺牲了面值为1 000美元的债券，或者说每股的面值是100美元。如果债券定期支付的现值低于股票价格的10倍，投资者就会转换；即这个转换期权是实值期权。转换比率为10且价值为950美元的债券，在股价高于95美元时会被转换，因为此时从债券转换的10股股票的价值高于债券950美元的价值。大部分可转换债券发行时都是深度虚值的，因为发行者在设定转换比率时就使转换是不盈利的，除非发行后股票价格大幅上涨或债券价格大幅下跌。

概念检查 20-7

假设赎回保护期延长。为了使债券平价发行，发行公司提供的息票利率应如何变化？

债券的转换价值等于转换时刻所获得股票的价值。很明显，债券的售价至少等于转换价值，否则你就可以购买债券，立刻转换，获得净利润。这种情况不会持续，因为所有投资者都会这样做，最终债券价格会上升。

概念检查 20-8

平价发行的可转换债券与平价发行的不可转换相比，其息票利率是高还是低？

普通债券的价值，也称为“债券地板”（bond floor)，是不能转换为股票的债券的价值。可转换债券的售价高于普通债券的售价，因为可转换这一特征是有价值的。实际上，可转换债券是一个普通债券与一个看涨期权的组合。因此，可转换债券具有两个市场价格的底价限制，转换价值与普通债券价值。

图20-12描述了可转换债券的期权特征。图20-12a表明了普通债券价值是发行公司股票价格的函数。对于一个健康运转的公司来说，普通债券价值与股票的价值几乎是独立的，因为违约风险很低。但是，如果公司濒临倒闭（股票价格很低)，违约风险增加，普通债券的价值下跌。图20-12b表明了债券的转换价值。图20-12c比较了可转换债券的价值和它的两个底价限制。

当股票价格较低时，普通债券价值是有效下限，而转换期权几乎不相关。可转换债券就像普通债券一样交易。当股票价格较高时，债券的价格就取决于它的转换价值。由于转换总是有保证的，债券实际上已与股票权益无异。

我们可以通过下面两个例子来说明：

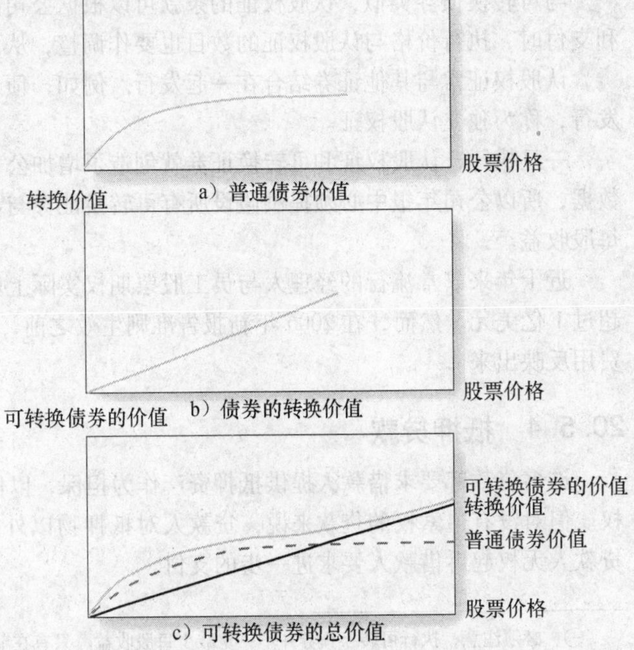

图20-12 可转换债券价值与股票价格之间的函数关系

	债券 A	债券 B		债券 A	债券 B
息票年利率	80 美元	80 美元	转换价值	600 美元	1250 美元
期限	10 年	10 年	10 年期 Baa 级职权的市场收益率	8.5%	8.5%
评级	Baa	Baa	对应的普通债券的价值	967 美元	967 美元
转换比率	20	25	债券的实际价格	972 美元	1255 美元
股票价格	30 美元	50 美元	到期收益率	8.42%	4.76%

债券 A 的转换价值仅为 600 美元，而对应的普通债券的价值为 967 美元，这是普通债券将来的息票与本金按照 8.5% 的利率折现的现值。债券的实际价格为 972 美元，与普通债券价值相比升水 5 美元，这反映出转换的可能性很低。根据实际价格 972 美元和定期支付的利息计算，它的到期收益率为 8.42%，与普通债券的收益率接近。

债券 B 的转换期券处于实值。转换价值是 1 250 美元，债券价格是 1 255 美元，反映了它作为权益的价值（5 美元是为债券对股票价格下跌的提供保护的价格）。到期收益率为 4.76%，远低于对应的普通债券的收益率。巨大的收益率降低是由转换期权价值较高造成的。

理论上，我们可以把可转换债券当做普通债券加上看涨期权来定价。但是在实践中，出于以下原因这种方法的可行性较差：

- 代表期权执行价格的转换价格经常随时间变动。
- 在债券的有效期内，股票会支付一些股利，使得期权定价分析更加复杂。
- 大部分可转换债券可由公司自行决定赎回，这本质上投资者与发行方都拥有对方的期权。如果发行者执行看涨期权，赎回债券，债券持有者一般在一个月内仍可以转换。当发行者知道债券持有者会选择转换的情况下，它选择执行期权，我们就说发行者是强制转换。这些情况说明了债券的实际期限是不确定的。

20.5.3　认股权证

认股权证（warrants）实质上是公司发行的看涨期权。它与看涨期权的一个重要区别在于认股权证的执行需要公司发行新股，这就增加了公司的股票数。看涨期权的执行只需要卖方交割已经发行的股票，公司的总股数不变。与看涨期权的另一个区别在于，当认证股权的持有者以执行价格购买股票时会为公司带来现金流。这些不同点使得具有相同条款的认股权证与看涨期权具有不同的价值。

与可转换债券类似，认股权证的条款可以根据公司的需求而定。同样与可转换债券相似，当发生股票分拆与股利支付时，执行价格与认股权证的数目也要作调整，从而使认股权证免受影响。

认股权证常与其他证券结合在一起发行。例如，债券可能附带认股权证一起发行。当然，认股权证也常常单独发行，称为独立认股权证。

一旦执行，认股权证和可转换证券就创造了增加公司股票总数的机会。这显然会影响公司以每股计得财务统计数据，所以公司年报中必须提供假设所有可转换证券与认股权证都被执行时的每股收益。这个数字称为完全稀释的每股收益。[⊖]

近十年来非常流行的经理人与员工股票期权实际上就是认股权证。有时这种权益是很巨大的，公司高层的收益超过 1 亿美元。然而，在 2006 年新报告准则生效之前，公司一般都选择不把这种权益的授予在它们的损益表中作为费用反映出来。

20.5.4　抵押贷款

许多贷款都要求借款人提供抵押资产作为担保，以保证贷款能够归还。一旦违约，贷款人就获得抵押物的所有权。但对没有追索权的贷款来说，贷款人对抵押物以外的财产没有追索权。也就是说，当抵押物不能抵偿贷款时，贷款人无权起诉借款人要求进一步的支付。

⊖ 必须注意，执行可转换债券并不一定减少每股收益。只有在节省的可转换债券的利息（每股）少于之前的每股收益时，稀释的每股收益才会小于未经稀释的每股收益。

这种协议就给了借款人一个隐含的看涨期权。假如借款人在贷款到期日需要偿还 L 美元，抵押物价值 S_T 美元，而抵押物现在的价值为 S_0 美元。借款人拥有这样的选择权，在贷款到期时，如果 $S_T > L$，则借款人归还贷款，如果 $S_T < L$，借款人可以违约，放弃仅值 S_T 美元的抵押物，卸去清偿义务。[⊖]

另一种描述抵押贷款的方法是，借款人将抵押物移交给贷款人，在贷款到期时，通过偿还贷款将抵押物赎回。期初将具有赎回权的抵押物交出去，实际上等于支付了 S_0 美元，同时获得了一个执行价格为 L 美元的看涨期权。实际上，借款人移交抵押物，并且在贷款到期时，如果 $L < S_T$，就可以 L 美元的购回抵押物。这是一个看涨期权。

第三种看待抵押贷款的方法是，假定借款人肯定会归还贷款 L 美元，但是仍有将抵押物以 L 美元卖给贷款人的权利，即便是 $S_T < L$。在这种情况下，抵押物出售可以产生足够的现金流来偿还贷款。以 L 美元的价格卖出抵押物就是一个看跌期权，保证借款人通过移交抵押物得到足够的现金来偿还贷款。

这看起来很奇怪，描述同一个抵押贷款，我们既涉及看涨期权，又涉及看跌期权，而二者的收益却是如此截然不同。实际上，两者等价只是反映了看涨期权与看跌期权的平价关系。用看涨期权描述贷款时，借款人的负债为 $S_0 - C$：借款人移交了价值 S_0 抵押物，持有价值为 C 的看涨期权。用看跌期权描述贷款时，借款人有义务偿还贷款 L 美元，持有价值为 P 的看跌期权：其净负债的现值为 $L/(1+r_f)^T - P$。因为这两种描述对同一抵押贷款来说是等价的，则其负债的值应该相等：

$$S_0 - C = \frac{L}{(1+r_f)^T} - P \qquad (20\text{-}3)$$

将 L 视为期权的执行价格，式（20-3）就是看跌期权与看涨期权平价关系。

当 S_T 超过 L 时，偿还贷款，赎回抵押物。否则，放弃抵押物，总偿还的贷款仅值 S_T。

图 20-13 说明了这个事实。图 20-13a 是贷款人收到还款的价值，等于 S_T 与 L 的最小者。图 20-13b 将其表示为 S_T 与隐含的看涨期权（贷款人出售，借款人持有）收益的差额。图 20-13c 将其视为 L 美元与看跌期权收益的差额。

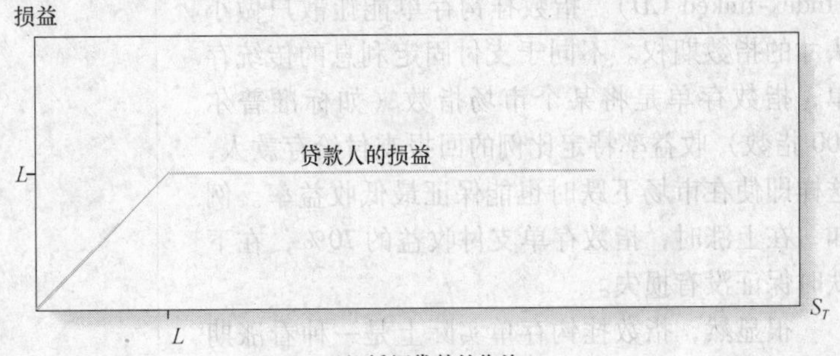

a）抵押贷款的收益

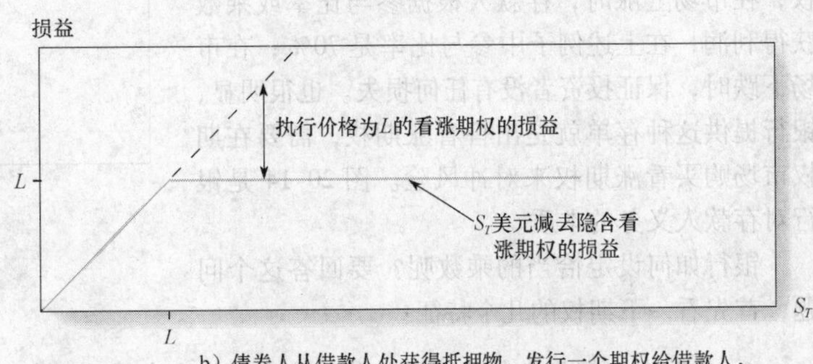

b）债券人从借款人处获得抵押物，发行一个期权给借款人，这样借款人能够以贷款面值来赎回抵押物

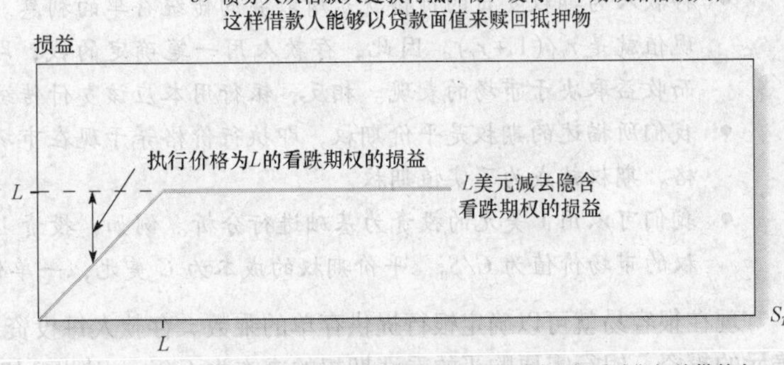

c）贷款人从借款回收无风险的贷款，并发行看跌期权给借款人，这样借款人能够以贷款面值卖出抵押物

图 20-13　抵押贷款

20.5.5　杠杆权益与风险债务

持有公司股票的投资者受到“有限责任”的保护，意味着如果公司无法偿还债务，公司的债权人仅能扣押公司的资产，而不能对公司股东做进一步的追索。实际上，公司在任何时候借款，最大可能的抵押就是公司的全部资产。如果公司宣告破产，我们就可以解释为公司资不抵债。公司把公司资产的所有权转移给债权人，以履行清偿义务。

如同没有追索权的抵押贷款一样，债权人要求的支付额是隐式期权的执行价格，而公司价值是标的资产。股东们持有看跌期权，可将公司资产的所有权以公司债务的面值转让给债权人。

当然，我们也可以认为股东持有看涨期权，他们已将公司所有权转让给债主，但他们有权通过还债将公司赎回。

⊖ 当然，在实践中，贷款的违约并不这么简单。除了道德之外，还涉及违约方的声誉。一个纯粹的无追索权贷款的含义是：双方从一开始就约定，即使抵押物不足以偿还贷款，违约也不被当做信誉受损害的标志。

既然他们拥有以既定价格买回公司的选择，那么他们就是拥有看涨期权。

认识到这一点的重要意义在于分析师可以利用期权定价技术来对公司债券估价。原则上风险债券的违约溢价能用期权定价模型来估计。我们将在下一章讨论这些模型。

20.6 金融工程

期权的魅力在于它能创造出不同的投资头寸，其收益取决于其他证券的价值。20.4 节中的各种期权策略就是我们所见的证据。期权也可用来设计风险模式与标的证券价格具有某种关系的，且符合特定要求的新证券或资产组合。这样，期权（与将在第22、23 章讨论的期货）促进了金融工程的发展，创造了特定收益模式的资产组合。

一个简单运用期权的产品是指数挂钩存单（Index-linked CD）。指数挂钩存单能让散户做小头寸的指数期权。不同于支付固定利息的传统存单，指数存单是将某个市场指数（如标准普尔500 指数）收益率特定比例的回报支付给存款人，这样即使在市场下跌时也能保证最低收益率。例如，在上涨时，指数存单支付收益的70%，在下跌时保证没有损失。

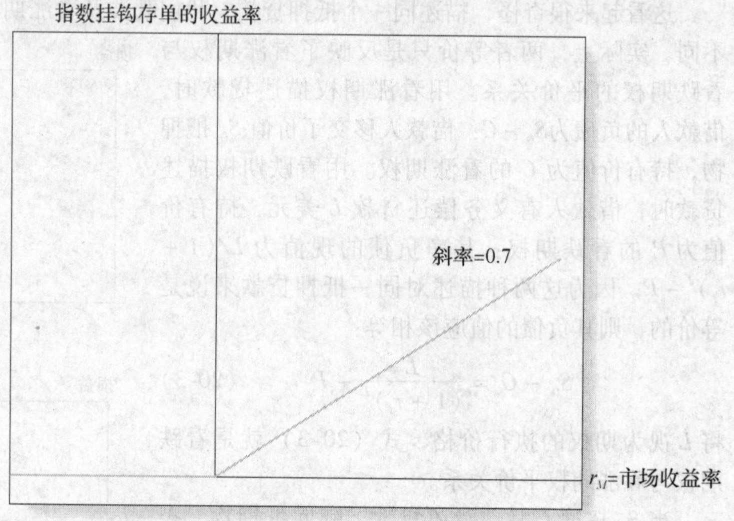

图 20-14 指数挂钩存单的回报

很显然，指数挂钩存单实际上是一种看涨期权，在市场上涨时，存款人根据参与比率或乘数获得利润，在上述例子中参与比率是70%；在市场下跌时，保证投资者没有任何损失。也很明显，银行提供这种存单就是出售看涨期权，需要在期权市场购买看涨期权来对冲风险。图 20-14 是银行对存款人义务的本质。

银行如何设定恰当的乘数呢？要回答这个问题，首先看一下期权的几个特征：

- 存款人为期权支付的价格就是所放弃的传统存单的利息。因为利息总是在期末收到，所以投资1美元利息的现值就是 $r_f/(1+r_f)$。因此，存款人用一笔确定的钱，即1美元利息的现值 $r_f/(1+r_f)$ 去投资来获取收益，而收益取决于市场的表现。相反，银行用本应该支付传统存单的利息来保证履行义务。
- 我们所描述的期权是平价期权，即执行价格等于现在市场指数的价格。一旦市场指数超过了合约签订时的价格，期权就成为了实值期权。
- 我们可以用1美元的投资为基础进行分析。例如，投资1美元于指数挂钩存单的期权成本为 $r_f/(1+r_f)$，期权的市场价值为 C/S_0：平价期权的成本为 C 美元，一单位市场指数价值为 S_0。

现在很容易就可以确定银行提供存单的乘数。存款人每投资1美元，银行得到 $r_f/(1+r_f)$ 的收益。对市场指数1美元的投资，银行需要购买的看涨期权的成本为 C/S_0。因此，如果 $r_f/(1+r_f)$ 是 C/S_0 的70%，那么对于1美元的投资，银行至多能够购买0.7份看涨期权，于是乘数就是0.7。一般情况下，存单的均衡乘数为 $r_f/(1+r_f)$ 除以 C/S_0。

【例 20-7】 **指数挂钩存单**

假设 $r_f=6\%$ 每年，6个月的市场指数的平值看涨期权的价值50美元，市场指数为1 000点，于是每1美元市场价值的期权成本为50/1 000 = 0.5美元。六个月存单的利率为3%，这意味着 $r_f/(1+r_f)=0.03/1.03=0.029\,1$。因此，乘数为0.029 1/0.05 = 0.582 5。■

指数挂钩存单有几种变体。投资者可以购买类似的存单来保证得到正的最低收益，如果他们愿意接受较小的存单乘数。在这种情况下，存款人购买期权的成本为每1美元投资 $(r_f-r_{min})/(1+r_f)$ 美元，其中 r_{min} 是保证得到的最低收益率。因为买价低了，买到的期权数量减少，所以乘数就变小了。另一个变体是熊市存单（bear CD），投资者

也会得到市场指数一定比例的跌幅。例如，熊市存单将标准普尔500指数任何百分比跌幅的60%提供给存款人。■

概念检查 20-9

仍假设半年期利率 $r_f=3\%$，平值看涨期权卖价为50美元，市场指数为1 000点。保证最低收益率为0.5%的6个月牛市股权挂钩存单的乘数是多少？

20.7 奇异期权

期权市场获得了巨大的成功。期权使得种种投资组合成为可能，投资者对此有清楚的估价：这也反映在期权市场巨大成交量上。成功诱发模仿，近些年我们目睹了期权工具领域的巨大创新。部分创新发生在定制期权市场，并主要活跃在场外市场。在几年前很多期权看起来很不可思议，因此被称为“奇异期权”。在本节中，我们将从中挑选一些有趣的期权来介绍。

20.7.1 亚式期权

你已经知道了美式期权和欧式期权。亚式期权（Asian Options）的收益取决于标的资产在至少部分有效期内的平均价格。例如，一个亚式看涨期权的损益等于过去三个月股票平均价格减去执行价格，如果这个值为正，则损益就为此值，否则期权损益等于零。有些公司会对这种期权感兴趣，如公司对其利润流进行套期保值，而利润又取决于某段时间的商品平均价格。

20.7.2 障碍期权

障碍期权的损益不仅取决于期权到期时标的资产的价格，还取决于资产价格是否超过了一些“障碍”。例如，触及失效期权（down-and-out option）就是一种障碍期权，当股票价格跌至障碍价格之后期权就变得毫无价值。类似地，触及生效期权就是有效期内股票价格至少有一次跌破障碍价格，才能获得收益。这种期权也被称为敲出（knock-out）期权与敲进（knock-in）期权。

20.7.3 回顾期权

回顾期权的收益部分取决于有效期内标的资产价格的最大值与最小值。例如，一种回顾看涨期权的收益等于有效期内股票价格的最大值减去执行价格，而不是最终的股票价格。这种期权实际上是种完美的市场计时器，回顾看涨期权持有者的收益等于以 X 美元买入资产，然后以有效期内的最高价卖出资产的收益。

20.7.4 外汇转换期权

外汇转换期权的标的资产与执行价格以外币计价。quanto 就是一个典型的例子，投资者可以按照事先确定的汇率将投资的外汇转换为美元。这种以给定汇率将一定数量外币兑换成美元的权利是一种简单的外汇期权。qauanto 更有趣之处在于，能够兑换成美元的外币数量取决于外国证券的投资业绩。因此 quanto 实际上提供的期权数量是随机的。

20.7.5 数值期权

数值期权（digital options），也称为两值期权，或赌注期权，其损益是固定的，取决于标的资产价格是否满足一个条件。例如，如果到期时股票价格超过执行价格，数值看涨期权能够获得固定的100美元收益。

小 结

1. 看涨期权是以协商的执行价格购买某项资产的权利。看跌期权是以规定的执行价格出售某项资产的权利。
2. 美式期权允许早于或在到期日当天行权。欧式期权只能在到期日当天行权。绝大部分交易的期权在本质上都是美式期权。

3. 期权的标的物有股票、股票指数、外汇、固定收益证券和一些期货合约。
4. 期权可以用来改变投资者的资产价格风险敞口，或对资产价格波动提供保险。常用的期权策略有抛补看涨期权、保护性看跌期权、跨式期权、价差套利和双限期权。
5. 看跌期权与看涨期权平价定理将看跌期权与看涨期权的价格联系在一起。如果平价关系被违背，就会出现套利机会。具体地，平价关系为：

$$P = C - S_0 + \text{PV}(X) + \text{PV}(\text{股利})$$

其中，X 是看涨期权与看跌期权的执行价格，PV(X) 是期权到期日 X 美元的现值，PV(股利) 是到期日前股票支付股利的现值。

6. 许多经常交易的证券具有期权特征。例如，可赎回债券、可转换债券和认股权证。其他的一些协议，如抵押贷款和有限责任借款也可用一方或多方拥有的隐含期权来分析。
7. 奇异期权具有活跃的场外交易市场。

习题

基础题

1. 我们说期权可以被用来扩大或减少整个资产组合的风险。风险增加和风险减少的例子各有哪些？逐一解释。
2. 一个考虑卖出已有资产组合的看涨期权的投资者，他需要权衡什么？
3. 一个考虑卖出已有资产组合的看跌期权的投资者，他需要权衡什么？
4. 你为什么认为绝大多数交易活跃的期权接近于平值？

中级题

5. 回到图 20-1，它列出了各种 IBM 期权的价格。根据图中的数据计算投资于 1 月到期的下列期权的收益与利润。假定到期日股票价格为 125 美元。
   a. 看涨期权，$X = 120$ 美元
   b. 看跌期权，$X = 120$ 美元
   c. 看涨期权，$X = 125$ 美元
   d. 看跌期权，$X = 125$ 美元
   e. 看涨期权，$X = 130$ 美元
   f. 看跌期权，$X = 130$ 美元
6. 假设你认为沃尔玛公司的股票在今后 6 个月将大幅升值，股票现在价格为 $S_0 = 100$ 美元，6 个月到期的看涨期权的执行价格为 $X = 100$ 美元，期权价格为 $C = 10$ 美元。用 10 000 美元投资，你可以考虑以下三种策略。
   a. 投资 10 000 美元于股票，购买 100 股。
   b. 投资 10 000 美元于 1 000 个期权（10 份合约）
   c. 用 1 000 美元购买 100 个期权（1 份合约），用余下的 9 000 美元投资于货币基金，该基金 6 个月付息 4%（年利率 8%）。

   对于 6 个月后所列的四种股票价格，你每种策略的收益率各是多少？把结果总结在下表中，并作图。

	6 个月后股票价格（美元）			
	80	100	110	120
a. 全股票（100 股）				
b. 全期权（1 000 个）				
c. 票据 +100 期权				

7. PUTT 公司的普通股最近一个月来交易价格变动很小，你确信 3 个月后其价格将远远突破这一个价格范围，但你并不知道它是上涨还是下跌。股票现在的价格为每股 100 美元，执行价格为 100 美元的 3 个月看涨期权价格为 10 美元。
   a. 如果无风险利率为每年 10%，执行价格为 100 美元的 PUTT 公司股票的 3 个月看跌期权的价格是多少？（股票不分红）
   b. 在对股票价格未来变动预期前提下，你会构建一个什么样的简单的期权策略？价格往什么方向变动多少，你最初的投资才能获得利润？
8. CALL 公司的普通股数月来一直在每股 50 美元左右的狭窄价格区间内进行交易，并且你认为未来三个月内股价仍待在这个区间内。执行价格为 50 美元的 3 个月看跌期权的价格是 4 美元。
   a. 如果无风险利率是每年 10%，执行价格为 50 美元的 CALL 公司股票的 3 个月看涨期权价格是多少，该期权是平价的？（股票不分红）
   b. 在对股票价格未来变动预期下，该用看跌期权与看涨期权构建什么样的简单的期权策略？你这个策略最多能赚多少钱？在股价往什么方向变动多少，你才会开始出现损失？
   c. 你怎么利用一个看跌期权、一个看涨期权和无风险借贷来构造一个头寸，使得到期时其与到期股票的收益结构相同？构建这一头寸的净成本是多少？

9. 你是一个使用期权头寸为你的客户定制风险敞口的资产组合管理人。下面每种情况，给定你客户的目标，最佳的策略是什么？
   a. 迄今业绩表现：增加16%
   客户目标：盈利不少于15%
   你的情景：从现在到年底，有大幅盈利或大幅亏损的较大可能
   ⅰ. 买入跨式期权
   ⅱ. 多头牛市价差套利
   ⅲ. 卖出跨式期权
   b. 迄今业绩表现：增加16%
   客户目标：盈利不少于15%
   你的情景：从现在到年底，有大幅亏损的可能性
   ⅰ. 买入看跌期权
   ⅱ. 卖出看涨期权
   ⅲ. 买入看涨期权
10. 一个投资者购买股票的价格为38美元，购买执行价格为35美元的看跌期权的价格为0.50美元。投资者卖出执行价格为40美元的看涨期权的价格为0.50美元。这个头寸的最大利润和损失各是多少？画出这个策略的利润与损失图，把它们当做到期日股票价格的函数。
11. 设想你持有5 000股股票，现在售价是每股40美元。你准备卖出股份但是出于税收原因更愿意把交易推迟到下一年。如果你一直持有股票至1月，你将面临年底前股票价格下跌的风险。你决定使用一个双限期权来限制下跌风险，且不用花费大笔额外的现金。执行价格为35美元的1月看涨期权售价是2美元，执行价格为45美元的1月看跌期权售价是3美元。如果最终股票价格为①30美元、②40美元或③50美元，1月你的资产组合的价值（期权的净收益）各是多少？把以上各种情况下的收益与你简单持有股票时的收益进行对比。
12. 在本题中，我们推导欧式期权的看跌期权与看涨期权平价关系，在到期日前支付股利。简单起见，假定在期权到期日股票一次性支付股利每股D美元。
   a. 在期权到期日，股票加看跌期权头寸的价值是多少？
   b. 现在考虑一个资产组合，由一个看涨期权、一个零息票债券组成，两者到期日相同，债券面值（$X+D$）。在期权到期日，该组合的价值是多少？你会发现，不管股票价格是多少，这个价值等于股票加看跌期权头寸的价值。
   c. 在a和b两个部分中，建立两种资产组合的成本各是多少？使这两个成本相等，你就可以得到如式（20-2）所示的看跌期权与看涨期权的平价关系。
13. a. 蝶式价差套利是按执行价格X_1买入一份看涨期权，按执行价格X_2卖出两份看涨期权以及按执行价格X_3卖出一份看涨期权。X_1小于X_2，X_2小于X_3，三者成等差。所有看涨期权的到期日相同。画出此策略的收益图。
   b. 垂直组合是按执行价格X_2买入一份看涨期权，以执行价格X_1买入一份看跌期权，X_2大于X_1。画出此策略的收益图。
14. 熊市价差套利是按执行价格X_2买入一份看涨期权，以执行价格X_1卖出一份看涨期权，X_2大于X_1。画出此策略的收益图，并与图20-10相比较。
15. Joseph是CSI公司的经理，他获得了1 000股股票作为其退休金的一部分。股票现价是每股40美元。Joseph想在下一年出售股票。但是，1月份他需要将其持有的全部股票售出以支付其新居费用。Joseph担心继续持有这些股份的价格风险。按现价，他可以获得40 000美元。但如果他的股票价值跌至35 000美元以下，他就面临无法支付住宅款项的困境。另一方面，如果股票价值上升至45 000美元，他就可以在付清房款后仍结余一小笔现金。Joseph考虑以下三种投资策略：
   a. 策略A是按执行价格45美元卖出CSI公司股票的1月看涨期权。这种看涨期权的售价为3美元。
   b. 策略B是按执行价格35美元购买CSI公司股票的1月看跌期权。这种期权的售价也是3美元。
   c. 策略C是构建一个零成本的双限期权组合，即卖出一个1月看涨期权并买入一个1月看跌期权。
   根据Joseph的投资目标，评价以上三种策略。各自的利弊是什么？你推荐哪种策略？
16. 运用“Excel应用”中的“价差套利与跨式期权”的电子数据表（可以从www.mhhe.com/bkm下载；链接第20章材料）回答以下问题：
   a. 依据“Excel应用”给出的期权价格，画出执行价格为130美元时跨式期权的收益与利润图。
   b. 依据“Excel应用”给出的期权价格，画出执行价格为120美元与130美元时牛市价差套利头寸的收益与利润图。
17. 农业价格支持系统保证农场主的产品价格有一个最低保障价格。试将该计划描述为一份期权。标的资产是什么？执行价格是什么？
18. 拥有一家公司的债权如何类似于卖出一份看跌期权？如果是看涨期权呢？
19. 经理补偿金方案规定公司股价超过一定水平之后，股价每上升1美元，经理就获得1 000美元的奖金。在什么方面，该协定等同于经理人获得看涨期权？
20. 考虑以下期权组合。你卖出执行价格130美元的1月IBM股票看涨期权。你卖出执行价格125美元的1月IBM股票看跌期权。
   a. 画出期权到期时该资产组合的收益与股票价格的函数关系。

b. 如果期权到期时 IBM 股票价格为 128 美元，该资产组合的利润/损失是多少？如果 IBM 股票价格为 135 美元呢？利用图 20-1 中《华尔街日报》上的数据来回答这个问题。

c. 在哪两个价格上，该资产组合达到盈亏平衡？

d. 投资者在打何种“赌”？也就是说投资者之所以这样做，他对 IBM 股票价格变动有何种判断？

21. 考虑以下的资产组合。你卖出执行价格为 90 美元的看跌期权，并买入到期日相同、标的股票相同的、执行价格为 95 美元的看跌期权。

a. 画出期权到期时资产组合的价值。

b. 在同一图上，画出资产组合的利润。哪一个期权费用更高？

22. 执行价格为 60 美元的福特股票看跌期权在 Acme 期权交易所的售价为 2 美元。令你惊奇的是，具有同样到期日的执行价格为 62 美元的福特股票看跌期权在 Apex 期权交易所的售价也是 2 美元。如果你计划持有期权头寸至到期，设计一种净投资为零的套利策略来捕捉这种价格异常带来的机会。画出到期时你的头寸的净利润。

23. 假定一个股票价值为 100 美元，预期年底股票分红为每股 2 美元。1 年期平值欧式看跌期权的售价为 7 美元。如果年利率为 5%，那么该股票的 1 年期平值欧式看涨期权的价格必定是多少？

24. 你买入一股股票，并卖出一年期看涨期权，$X=10$ 美元，买入 1 年期看跌期权，$X=10$ 美元。建立整个资产组合的净支出为 9.50 美元。无风险利率为多少？股票不分红。

25. 你按执行价格 $X=100$ 美元卖出看跌期权，并按执行价格 $X=110$ 美元买入看跌期权。标的股票和到期日都相同。

a. 画出此策略的收益图。

b. 画出此策略的利润图。

c. 如果标的股票的贝塔值为正，该资产组合的贝塔值是正值还是负值？

26. 乔伊刚刚买入一种股票指数基金，当前售价为每股 400 美元。为避免损失，乔伊以 20 美元买入该基金的平值欧式看跌期权，执行价格为 400 美元，3 个月到期。萨利是乔伊的财务顾问，指出乔伊花了太多的钱在看跌期权上。他注意到执行价格为 390 美元的 3 个月看跌期权售价仅为 15 美元，并建议乔伊使用更便宜的看跌期权。

a. 对 3 个月后不同股票指数基金的价值，画出期权到期时股票加看跌期权头寸的利润图，分析乔伊与萨利的策略。

b. 什么时候萨利的策略更好，什么时候更糟？

c. 哪种策略承担更大的系统性风险？

27. 你卖出一个看涨期权，$X=50$ 美元并买入一个看涨期权，$X=60$ 美元。两种期权基于同一股票，且到期日相同。一看涨期权的售价为 3 美元；另一看涨期权的售价为 6 美元。

a. 画出到期时此策略的收益图。

b. 画出此策略的利润图。

c. 此策略的盈亏平衡点是多少？投资者是看涨开始看跌股票？

28. 仅利用看涨期权与股票来设计一个资产组合，到期时该资产组合的价值（收益）如下图。如果现在股票价格为 53 美元，投资者在作何赌注？

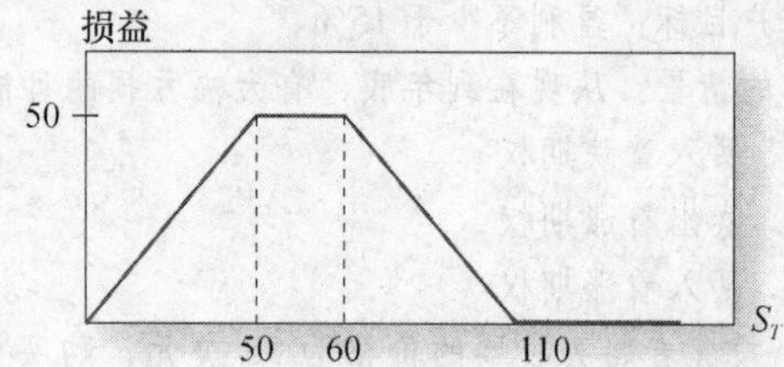

高级题

29. 你打算构建一种投资策略。一方面，你认为股票市场的上涨潜力很大，如果上涨，你愿意参与这波上涨。但是，你无法承担大量的股市损失，不愿承担股市崩盘的危险，因为你认为存在崩盘的可能。你的投资顾问建议了一种保护性看跌期权策略：同时买入市场指数基金和该基金的执行价格为 780 美元的 3 个月看跌期权。股票指数基金现在售价为 900 美元。但是，你的叔叔却建议你购买该指数基金的执行价格为 840 美元的 3 个月看涨期权并买入面值为 840 美元的 3 个月短期国债。

a. 在同一幅图上，画出每种策略的收益图，把收益当做 3 个月后股票基金价值的函数。（提示：将期权视为股票指数基金的“每一股”的期权。每一股股票基金的当前价格是 900 美元。）

b. 哪种资产组合需要更大的初始投入？（提示：是否一个资产组合的最终收益总是不小于另一种投资组合？）

c. 假定证券的市场价格如下：

股票基金	900 美元
短期国债（面值 840 美元）	810 美元
看涨期权（执行价格 840 美元）	120 美元
看跌期权（执行价格 780 美元）	6 美元

列出 3 个月后股票价格 $S_T=700$、840、900 和 960 美元时，每种资产组合实现的利润。

在一张图上画出每种资产组合的利润与 S_T 的关系。

d. 哪种资产组合的风险更大？哪种贝塔值更高？

e. 说明为什么 c 中给出的数据不违背看跌期权与看涨期权平价关系。

30. 利用图20-1中IBM期权价格，计算面值为125美元、到期日与所列期权相同、1月到期的无风险利率债券的市场价格。

31. 对于给定的一种股票，证明到期日相同的平值看涨期权的费用要高于平值看跌期权的费用。到期日前，股票不分红。（提示：利用看跌期权与看涨期权平价关系。）

CFA考题

1. 特许金融分析师多尼的一位客户认为TRT原料公司（目前股价为58美元/股）的普通股股价将对涉及该公司的诉讼案的判决作出反应，股价大幅上涨或者大幅下跌。这个客户现在没有TRT原料公司的股票，他向多尼咨询，想通过宽跨式期权组合来利用股价大幅波动的机会。宽跨式期权组合就是具有不同执行价格但是到期日相同的一个看跌期权和一个看涨期权。多尼搜集的TRT期权价格如下：

项目	看涨期权	看跌期权
价格	5美元	4美元
执行价格	60美元	55美元
到期日	从现在起90天	从现在起90天

a. 多尼应向客户推荐一个多头宽跨式期权还是空头宽跨式期权来实现他的目标？

b. 计算a中选取的策略在到期时的：

ⅰ. 每股最大可能的损失。

ⅱ. 每股最大可能的收益。

ⅲ. 盈亏平衡点时的股票价格。

2. 马丁·布朗正在准备一份区分传统债券与结构性票据的报告。讨论在息票和本金支付方面下面的结构性票据与传统债券有何区别。

a. 与股票指数挂钩的票据

b. 与商品挂钩的熊市债券

3. 特许金融分析师休尔斯·辛格正在对一可转换债券进行分析。这个债券及其标的普通股的特征如下：

可转换债券特征	
面值	1 000美元
年息票利率（每年支付）	6.5%
转换比率	22
市场价格	面值的105%
纯粹价值	面值的99%
标的股票的特征	
当前股价	每股40美元
每年现金股利	每股1.20美元

计算这个债券的：

a. 转换价值

b. 市场转换价格

4. 特许金融分析师里奇·麦克唐纳通过分析Ytel公司的可转换债券与公司的普通股来评估他的投资选择。这两种证券的特征如下：

项目	可转换债券	普通股
面值	1 000美元	—
息票（每年支付）	4%	—
当前股价	980美元	35美元/股
纯粹债券价值	925美元	—
转换比率	25	—
转换期权	任何时间	—
股利	—	0美元
1年后预期的市场价格	1 125美元	45美元/股

a. 基于上述条件计算：

ⅰ. Ytel可转换债券的当前市场转换价格

ⅱ. Ytel可转换债券的1年期期望收益率

ⅲ. Ytel普通股的1年期期望收益率

一年后，Ytel公司普通股股价上涨至每股51美元。同时，经过这一年，Ytel公司同样期限不可转换债券的利率上升了，而信用利差保持不变。

b. 给可转换债券价值的两个组合部分命名。指出在下列情况下每部分的价值应该下降、保持不变还是增加：

ⅰ. Ytel公司股票价格上升

ⅱ. 利率上升

5. a. 考虑一种牛市期权价差套利策略，利用执行价格为25美元且价格为4美元的看涨期权和执行价格为40美元且价格为2.5美元的看涨期权。如果到期日股票价格上涨至50美元，到期日都被选择行权，那么到期日每股的净利润（不考虑交易成本）为：

ⅰ. 8.50美元

ⅱ. 13.50美元

ⅲ. 16.50美元

ⅳ. 23.50美元

b. 标的股票为XYZ的看跌期权，执行价格为40美元，期权价格是每股2.00美元，而执行价格为40美元的看涨期权的价格为每股3.50美元。未抛补看跌期权卖方的每股最大损失和未抛补看涨期权卖方的每股最大收益分别是多少？

	看跌期权卖方的每股最大损失	看涨期权卖方的每股最大收益
ⅰ	38.00美元	3.50美元
ⅱ	38.00美元	36.50美元
ⅲ	40.00美元	3.50美元
ⅳ	40.00美元	40.00美元

在线投资练习

期权清算公司

你在金融与金融市场方面受到的教育都集中于“前台”的工作，如投资分析、交易、经纪或与投资客户打交道等。但每一项交易都需要“清算”，以及几天后的“结算”。这一金融市场的“后台”领域，虽然曝光不多，却是一个巨大的运行平台，雇用了大量工作人员。本章讲述过的期权清算公司就是一个很好的例子。进入期权清算公司（www.optionsclearing.com）主页并回答以下问题：

1. 点击“Volume Statitics”按钮。昨天期权清算公司清算了多少股票期权合约？比较这一数据与年初至今的日平均值。

2. 点击“Historical Volume Statistics”链接。计算最近3个月所有清算合约中股票合约、指数合约、货币合约和期货合约各占多少百分比？每月的变化大吗？

3. 回到主页，在“About OCC”菜单下检查“Who We Are”链接。期权清算公司的任务是什么？

4. 在“Who We Are”页面的底部点击“Read More”链接。试解释“Three Tiered Back System”是如何支持期权清算公司具有AAA评级的？期权清算公司采取什么程序来促进其会员的流动性。

5. 回到主业，浏览“Career Center”。期权清算公司坐落在什么地方？期权清算公司当前提供哪些就业机会。

概念检查答案

20-1 a. 用S_T表示期权到期时的股票价格，X表示执行价格。如果该值为正，到期时的价值$=S_T-X-100$美元；否则，期权到期时毫无价值。

利润=最终价值－看涨期权的价格=收益－6美元

	$S_T=115$ 美元	$S_T=135$ 美元
收益	0美元	10美元
利润	−4.75美元	5.25美元

b. 如果该值为正，到期时价值$=X-S_T=100$美元$-S_T$；否则，看跌期权到期时毫无价值。

利润=最终价值－看跌期权的价格=收益－1.25美元

	$S_T=115$ 美元	$S_T=135$ 美元
收益	10美元	0美元
利润	−7.56美元	−2.44美元

20-2 股票分拆前，最终的收益为$100\times(140-130)=1\,000$美元。股票分拆后，收益为$200\times(70-65)=1\,000$美元。收益不受影响。

20-3 a.

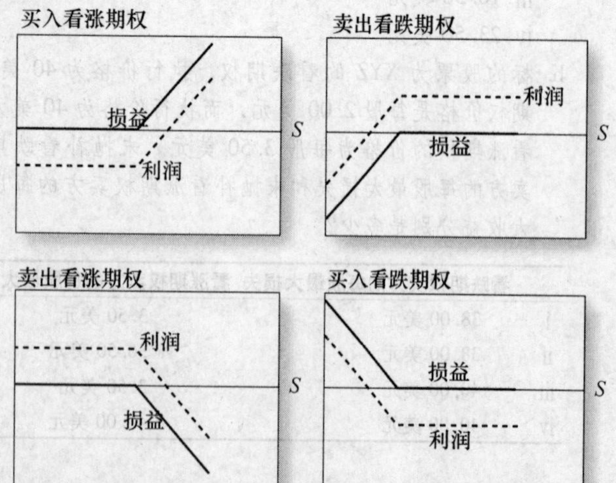

b. 一般来说，股价越高，买入看涨期权与卖出看跌期权的收益与利润越高。从这个意义上看，这两种头寸都是看涨的，都包含着潜在的股票买入交割。但是，股价较高时，看涨期权持有者会选择交割买入股票，而当股价较低时，看跌期权的卖方有义务必须交割买入股票。

c. 一般来说，股价越低，卖出看涨期权与买入看跌期权的收益与利润越高。从这个意义上看，这两种头寸都是看跌的，都包含着潜在的股票卖出交割。但是，当股价较低时，看跌期权持有者会选择交割卖出股票，而当股价较高时，看涨期权的卖方有义务必须交割卖出股票。

20-4

底部条式组合期权的损益

	$S_T\leqslant X$	$S_T>X$
2个看跌期权	$2(X-S_T)$	0
1个看涨期权	0	S_T-X

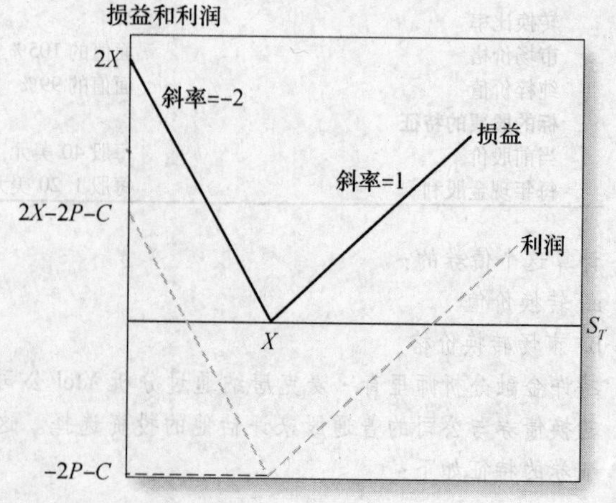

底部带式组合期权的损益		
	$S_T \leqslant X$	$S_T > X$
1 个看跌期权	$X - S_T$	0
2 个看涨期权	0	$2\ (S_T - X)$

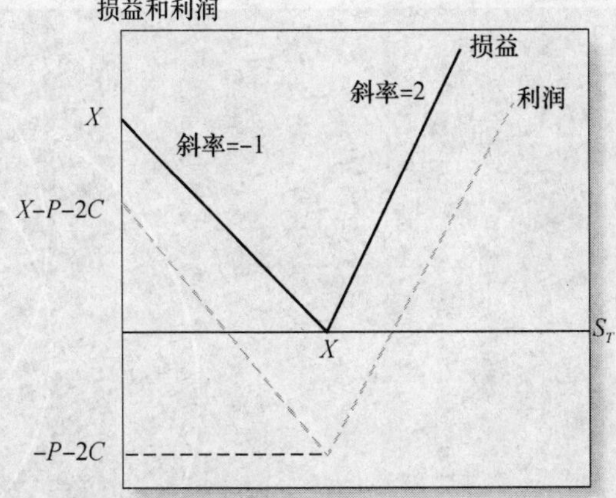

20-5　以每股为基础的损益表如下：

	$S_T \leqslant 90$	$90 \leqslant S_T \leqslant 110$	$S_T > 100$
买入看跌期权（$X = 90$）	$90 - S_T$	0	0
股份	S_T	S_T	S_T
卖出看涨期权（$X = 110$）	0	0	$-\ (S_T - 110)$
总计	90	S_T	110

损益图如下。如果你以 2 000 乘以每股价值，你会发现双限期权提供了一个 180 000 美元的最小收益（代表最大损失为 20 000 美元）和一个 220 000 美元的最大收益（代表房屋成本）。

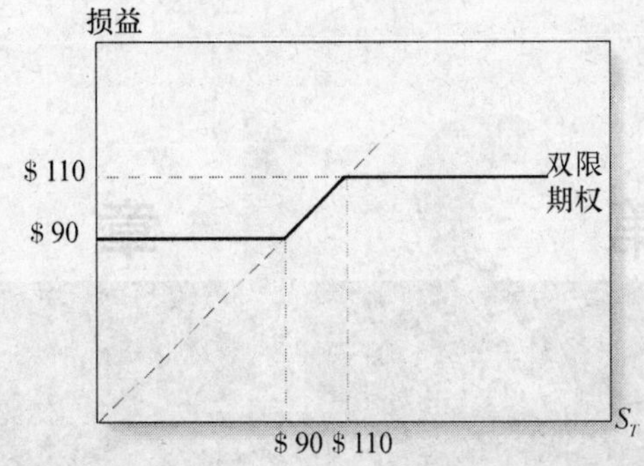

20-6　抛补看涨期权策略包括一种普通债券和该债券的看涨期权。到期时该策略的价值可以表示为普通债券价值的函数。普通债券价值由下图的收益实线所示。下图与图 20-11 在本质上是相同的。

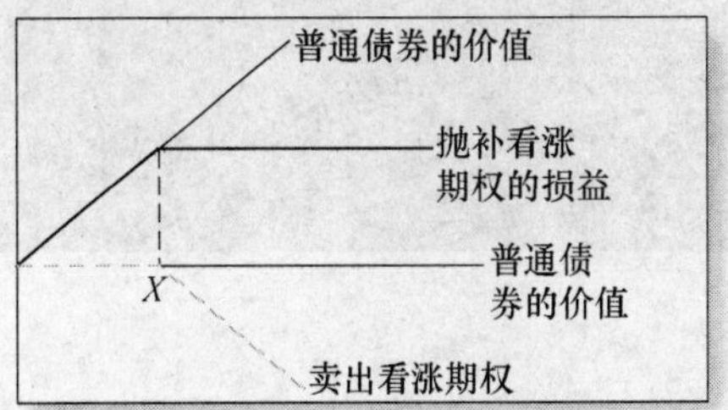

20-7　随着看涨期权保护范围的扩大，看涨期权的价值变小。因此，息票利率不需要如此之高。

20-8　更低。投资者将接受较低的息票利率以获得转换的权利。

20-9　存款者每 1 美元投资的隐性成本现在仅为（0.03 − 0.005）/1.03 = 0.024 27 每 6 个月。每投资 1 美元于指数，看涨期权的成本为 50/1 000 = 0.05 美元。乘数下降为 0.024 27/0.05 = 0.485 4。

CHAPTER21

第21章 期权定价

在上一章，我们分析了期权市场与策略。我们注意到很多证券包含影响其价值与风险收益特征的隐含期权。在这一章，我们将注意力转移至期权定价。要理解大部分期权定价模型需要相当的数学和统计学功底，但我们将着重通过简单的例子来说明模型的主要思想。

我们首先讨论影响期权价格的各种因素，然后阐明期权价格必须位于一些界限之内。接着我们转向数量模型，从简单的两状态期权定价模型开始，并说明这一方法如何一般化为精确实用的定价工具。然后，我们介绍数十年来金融理论上的重大突破，一个特殊的定价公式，即著名的布莱克－斯科尔斯模型。最后，我们研究期权定价理论在资产组合管理与控制方面的重要应用。

期权定价模型允许我们“回推”（back out）股票价格波动率的市场估计方法，并且我们将检查各种隐含波动率的测量方法。接着我们介绍期权定价理论在风险管理上的重要应用。最后，我们简单探讨期权定价的经验证据和布莱克－斯科尔斯模型使用限制的证据的含义。

21.1 期权定价：导言

21.1.1 内在价值与时间价值

考虑某时刻处于虚值状态的看涨期权，这时股票价格低于执行价格。这并不意味着期权毫无价值。即使现在执行期权无利可图，但期权价值仍为正，因为在到期时股票价格有可能上涨到足以使执行期权变得有利可图。否则，最坏的结果不过是期权以零值失效。

价值 S_0-X 有时被称为实值期权的**内在价值**（intrinsic Value），它是立即执行期权所带来的收益。虚值期权和平价期权的内在价值为零。期权实际价格与内在价值的差通常称为期权的**时间价值**（time Value）。

选择时间价值这个术语有些美中不足，因为它很容易同货币的时间价值相混淆。在期权语境中，时间价值仅是指期权价格与期权被立即执行时价值之间的差。它是期权价值的一部分，来源于期权距离到期日还有一段时间。

期权的大部分时间价值是一种典型的“波动性价值”。因为期权持有者可以选择不执行期权，收益最低也就是零。虽然看涨期权现在处于虚值，但仍然具有正的价格，因为一旦股价上升，就存在潜在的获利机会，而在股价下跌时却不会带来更多损失的风险。波动性价值依赖于当选择执行无利可图时可以选择不执行的权利。执行权利，而不是履行义务，期权为较差的股票价格表现提供了保险。

随着股价大幅上涨，看涨期权就有可能在到期时被执行。在几乎肯定要执行的情况下，价格波动性的价值达到最小。随着股价进一步升高，期权价值接近达到“经调整的”内在价值，即股票价格减去执行价格的现值，$S_0-\mathrm{PV}(X)$。

为什么会这样呢？如果你非常肯定会执行期权，以 X 的价格购买股票，这就相当于你已经持有了股票。现在价值为 S_0 的股票就好像已经放在你的保险箱里，事实上几个月后才会如此，而你只是现在还未付款罢了。你将来购买价值的现值就是 X 的现值，所以看涨期权的净价值为 $S_0-\mathrm{PV}(X)$。㊀

图21-1是看涨期权的价值函数。从价值曲线可以看出，当股票价格非常低时，期权价值几乎为零，因为几乎不存在执行期权的机会。当股票价格非常高时，期权价值接近经调整的内在价值。在中间阶段，期权接近平值时，曲线偏离调整的内在价值对应的直线。这是因为在这个区域执行期权的收益可以忽略不计（或者为负），但期权的波动性价值却很高。

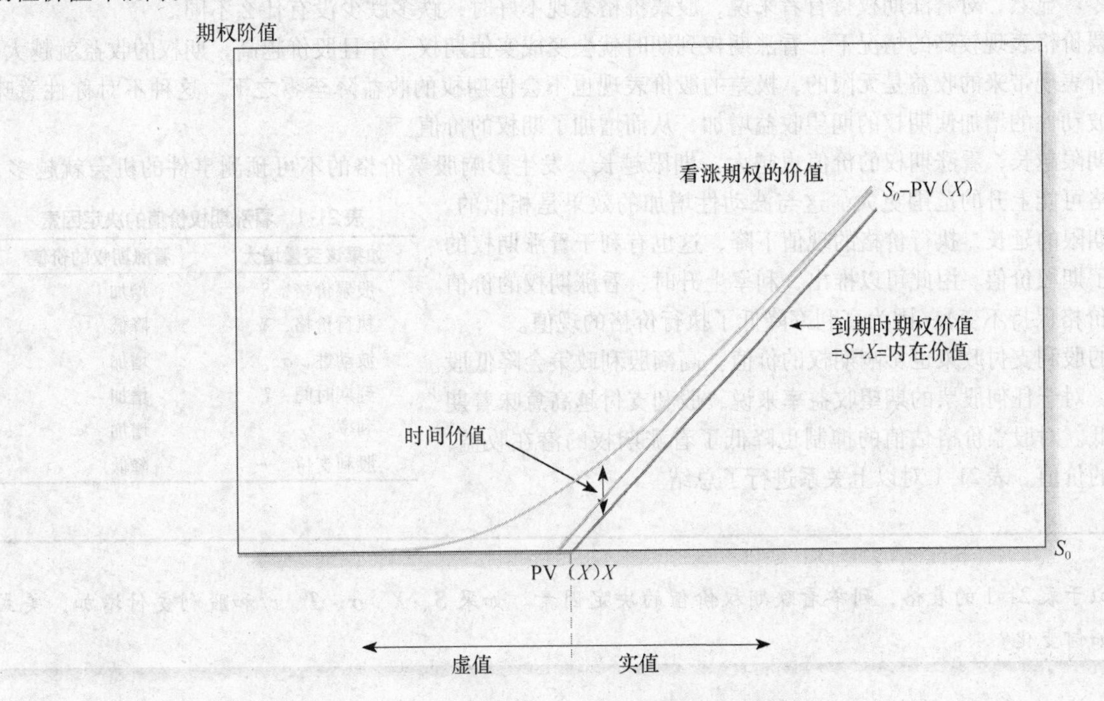

图21-1 到期前看涨期权的价值

看涨期权的价值总是随着股价上涨而增加。当期权处于深度虚值时，曲线的斜率最大。此时，执行几乎是肯定的，股票价格上涨一单位，期权价值就上涨一单位。

21.1.2 期权价值的决定因素

我们可以确定影响期权价值的因素至少有六个：股票价格、执行价格、股票价格的波动性、到期期限、利率和股票的股息率。看涨期权价值与股票价格同向变动，而与执行价格反向变动，因为如果期权被执行，其收益等于 S_T-X。看涨期权期望收益的幅度随 S_0-X 的增加而增加。

㊀ 在这里的讨论中，我们假定期权到期前不支付股利。如果期权到期前股票支付股利，那么就有理由让你愿意在到期前得到股票，而不是到期时得到股票，因为你会得到这段时间股票支付的股利。在这种情况下，调整的内在价值就必须减去到期前股票支付股利的现值。更一般地，调整的内在价值定义为 $S_0-\mathrm{PV}(X)-\mathrm{PV}(D)$，其中 D 表示期权到期前所支付的股利。

看涨期权价值也随着股票价格波动性的增加而增加。为了解释这个问题，假设存在两种情形，一种是到期日股票价格可能在10～50美元变化，另一种则在20～40美元变化。这两种情形下，股票价格期望值或平均值均为30美元。假定看涨期权的执行价格为30美元，期权的损益各是多少？

	高波动性情形（美元）				
股票价格	10	20	30	40	50
期权损益	0	0	0	10	20
	低波动性情形（美元）				
股票价格	20	25	30	35	40
期权损益	0	0	0	5	10

如果每种结果出现的可能性都相同，概率都为0.2，高波动性情形下期权的期望损益为6美元，而低波动性情形下期权的期望损益只有一半，即3美元。

尽管在上述两种情形下，股票的平均价格都是30美元，但是高波动性情形下期权的平均损益更高。这一额外价值源于期权持有者所承受的损失是有限的，或者说是看涨期权的波动性价值。不管股票价格从30美元跌至何处，持有者得到的均为零。显然，对看涨期权持有者来说，股票价格表现不好时，跌多跌少没有什么不同。

但是，在股票价格表现较高的情况下，看涨期权到期时就会变成实值期权，并且股价越高，期权的收益就越大。这样，极好的股价表现带来的收益是无限的，极差的股价表现也不会使期权的收益降至零之下。这种不对称性意味着标的股票价格波动性的增加使期权的期望收益增加，从而增加了期权的价值。[⊖]

同样，到期期限越长，看涨期权的价值也越大。期限越长，发生影响股票价格的不可预测事件的机会就越多，从而导致股票价格可能上升的范围更大。这与波动性增加的效果是相似的。而且，随着到期期限的延长，执行价格的现值下降，这也有利于看涨期权的持有者，且增加了期权价值。由此可以推出，利率上升时，看涨期权的价值增加（假定股票价格保持不变），因为高利率降低了执行价格的现值。

最后，公司的股利支付政策也影响期权的价值。高额股利政策会降低股票价格的增长率。对于任何股票的期望收益率来说，股利支付越高意味着期望资本收益率越低。对股票价格估值的抑制也降低了看涨期权的潜在收益，从而降低了期权的价值。表21-1对以上关系进行了总结。

表21-1　看涨期权价值的决定因素

如果该变量增大	看涨期权的价值
股票价格，S	增加
执行价格，X	降低
波动性，σ	增加
到期时间，T	增加
利率，r_f	增加
股利支付	降低

概念检查21-1

准备一个类似于表21-1的表格，列举看跌期权价值的决定因素。如果S、X、σ、T、r_f和股利支付增加，美式看跌期权的价值如何变化？

21.2　期权价值的限制

期权定价方面有很多数量模型，在本章中我们将考察其中一部分模型。但是，所有这些模型建立在简化的假设之上。你可能想知道期权价值的性质中哪些是普遍适用的，哪些依赖于特定的简化。首先，我们将探讨期权价格重要的普遍性质。某些性质在股票股利支付对期权价值的影响与美式期权提前执行的可能盈利方面具有重要含义。

⊖　在解释波动性与期权价值的关系时需要格外小心。对整体（与系统性相对）波动性的分析和期权持有者仿佛更喜欢波动性的结论与现代资产组合理论并不矛盾。在传统的现金流贴现分析中，我们发现折现率适合于给定未来现金流分布的情况。高风险意味着较高的折现率和较低的现值。但是，这里来自于期权的现金流取决于股票的波动性。期权价值增加并不是交易者喜欢风险，而是因为随着标的资产的波动性增加，来自于期权的现金流期望增加。

21.2.1 看涨期权价值的限制

看涨期权价值最为明显的限制是其价值不可能为负。因为期权并不一定执行，它不会给持有者强加任何义务；进一步讲，只要执行期权可能获得利润，期权就会有一个正的价值。期权的收益最差时为零，而且有可能为正，所以投资者乐意支付一笔钱去购买看涨期权。

我们可以给看涨期权的价值划定另一个界限。假定股票在到期日之前的时刻 T（现在为0时刻）支付数量为 D 美元的股利。现在比较两个资产组合，一个包括一份股票看涨期权，而另一个是由该股票和数额为 $(X+D)/(1+r_f)^T$ 的借款组成杠杆化的股票头寸。在期权到期日那天，还付贷款 $X+D$ 美元。例如，一个执行价格为70美元的半年期期权，股利支付为5美元，有效年利率为10%，那么在购买一股股票的同时，须借入 $75/(1.10)^{1/2}=71.51$ 美元。6个月后，归还到期贷款75美元。

到期时杠杆化的股票头寸的收益如下：

	一般表达式	数字
股票价值	S_T+D	S_T+5
－贷款偿还额	$-(X+D)$	-75
总计	S_T-D	S_T-70

其中，S_T 表示在期权到期时的股票价格。注意到股票的收益等于不含股利的股票价值加上收到的股利。股票加借款头寸的总收益是正或负，取决于 S_T 是否超过了 X。建立杠杆化的股票头寸的净现金支出是 $S_0-71.51$ 美元，或者更一般地，$S_0-(X+D)/(1+r_f)^T$，也就是当前股票价格 S_0 减去初始借款额。

如果期权到期时处于实值状态，看涨期权的收益为 S_T-D，否则为零。在期权收益与杠杆化的头寸收益均为正时，两者收益相等，而当杠杆化的头寸收益为负时，期权收益高于杠杆化头寸的收益。因为期权收益总是高于或等于杠杆化头寸的收益，所以期权价格必须超过建立该头寸的成本。

于是，看涨期权的价值必须高于 $S_0-(X+D)/(1+r_f)^T$，或者更一般地：

$$C\geqslant S_0-\mathrm{PV}(X)-\mathrm{PV}(D)$$

其中，$\mathrm{PV}(X)$ 表示执行价格的现值，$\mathrm{PV}(D)$ 表示期权到期时股票支付股利的现值。更一般地，我们把 $\mathrm{PV}(D)$ 解释为期权到期日之前所有股利的现值。由于已知看涨期权的价值为非负，所以可知 C 大于等于0和 $S_0-\mathrm{PV}(X)-\mathrm{PV}(D)$ 两者中的最大值。

我们还可以划定期权价值的上限；这个上限就是股票的价格。没有人会支付高于 S_0 美元的金额去购买价值为 S_0 美元的股票的期权。因此，有 $C\leqslant S_0$。

图21-2给出了看涨期权价值所处的范围，该范围由上述的上限和下限决定。根据我们得到的期权价值的限制，期权价值不可能处于阴影区域之外。期权到期之前，看涨期权的价值在阴影区域之内，但是不会达到上下边界，如图21-3所示。

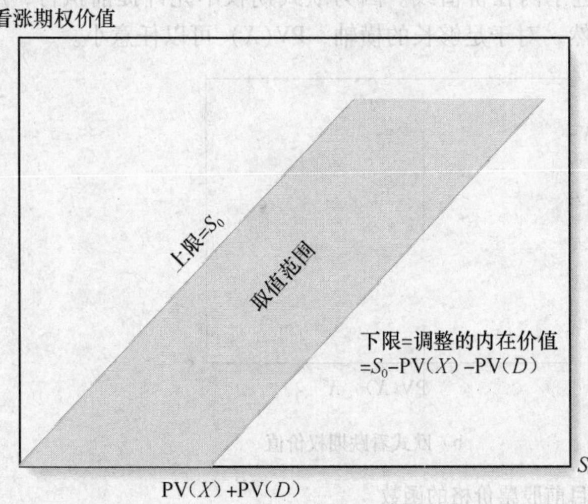

图21-2 看涨期权价值所处的可能范围

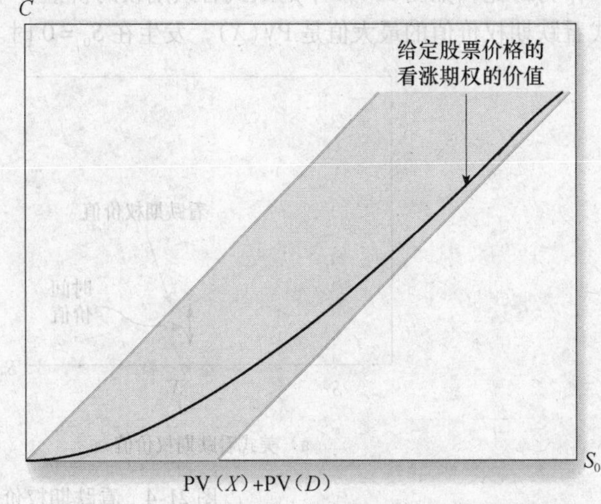

图21-3 看涨期权价值与股票现价之间的函数关系

21.2.2 提前执行期权与股利

想平掉头寸的看涨期权持有者有两种选择：执行期权或将其售出。如果持有者在 t 时刻执行期权，获得收益为 $S_t - X$，假定期权处于实值状态。我们已经知道，期权最低可以 $S_t - \text{PV}(X) - \text{PV}(D)$ 的价格卖出。因此对不支付股利的股票期权，C 高于 $S_t - \text{PV}(X)$。因为 X 的现值小于 X 本身，所以有：

$$C \geqslant S_t - \text{PV}(X) > S_t - X$$

这意味着以价格 C 出售期权的收益一定大于执行期权的收益 $S_t - X$。从经济角度讲，出售期权要比执行期权更具有吸引力，这可以让期权继续存在而不是使其消失。换句话说，对不支付股利的股票看涨期权而言，"活着比死更有价值"。

如果在到期日之前执行期权无法带来收益，那么提前执行就毫无价值。因为美式期权不会提前执行，所以提前执行的权利就毫无价值了。因此，我们可以认为对不支付股利的股票而言，美式看涨期权与欧式看涨期权是等价的。如果我们发现欧式期权的价值，也能发现美式期权的价值。欧式看涨期权仅有一个执行时间，并且适用于欧式看涨期权的定价公式也适用于美式看涨期权，这样情况就简化多了。

由于大多数股票是支付股利的，你可能想知道这一结果是否仅具有理论价值。并不是的：如果仔细加以考虑，你会发现实际上我们仅要求期权到期日之前不支付股利。对大多数期权而言，现实情况确实如此。

21.2.3 美式看跌期权的提前执行

对于美式看跌期权而言，肯定会有提前执行而达到最优的可能性。我们通过一个简单的例子来加以说明。假如你购买一个股票的看跌期权，不久公司破产，股票价格变为零。当然，你想现在立即执行期权，因为股票价格已经不可能再跌了。立即执行意味着你接受执行价格，这可以让你重新投资获利。推迟执行意味着损失资金的时间价值。在到期日之前执行看跌期权的权利是一定有价值的。

现在假定公司只是濒临破产，股票售价仅为几美分。立即执行期权仍是最优的选择。毕竟，股票价格仅有几美分的下跌空间，这意味着将来执行期权不过比现在执行期权多得到几美分的收益。要在可能多获得的很少的收益与推迟执行带来的资金时间价值的损失之间进行权衡。显然，当股票价格低于某个值时，提前执行是最优的选择。

从以上论述可知，美式看跌期权要比相应的欧式看跌期权价值更高。美式看跌期权允许你在到期日之前的任何时间行权。因为提前执行在某些情形下可能有用，这会在资本市场上获得一个溢价。于是，在其他条件相同时，美式看跌期权的价格高于欧式看跌期权。

图 21-4a 给出了美式看跌期权的价值与股票现价 S_0 之间的函数关系。一旦股票价格跌破临界值，图中记为 S^*，执行就是最优的选择。在这一点，期权价格曲线与代表期权内在价值的直线相切。当股票价格达到 S^* 时，看跌期权被执行，其收益等于期权的内在价值。

作为对比，如图 21-4b 中的欧式看跌期权的价值并不渐进于内在价值线。因为欧式期权不允许提前执行，所以欧式看跌期权价值的最大值是 $\text{PV}(X)$，发生在 $S_0 = 0$ 时。显然，对于足够长的横轴，$\text{PV}(X)$ 可以任意小。

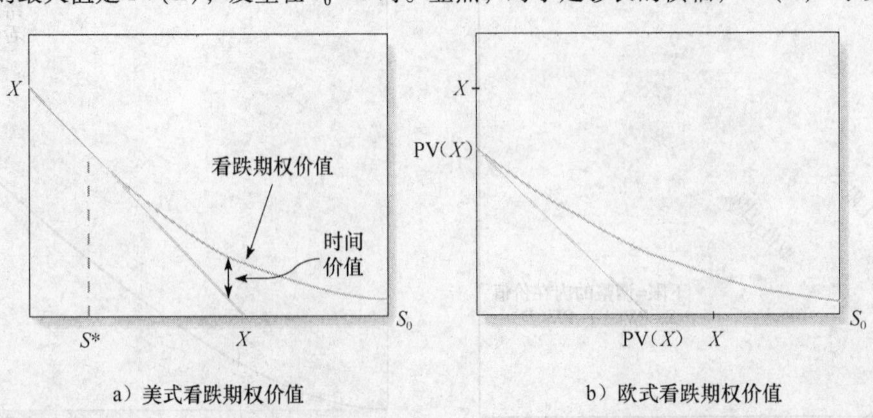

a）美式看跌期权价值　　b）欧式看跌期权价值

图 21-4 看跌期权价值与目前股票价格的函数

概念检查 21-2

根据以上讨论，解释为什么看跌-看涨期权平价关系只对不支付股利的欧式股票看跌期权成立。如果股票不支付股利，为什么美式期权不满足该平价关系？

21.3 二项式期权定价

21.3.1 两状态期权定价

没有坚实的数据基础，要完全理解通常使用的期权定价公式是很困难的。但是，我们仍然可以通过一个简单的特例来对期权定价进行有价值的考察。假定在期权到期时股票价格只有两种可能的值：股票价格涨到给定的较高价格，或者降至给定的较低价格。虽然这可能看起来太简单，但可以帮助我们进一步理解更复杂与现实的模型。而且，我们可以拓展此模型来描述股票价格行为更合理的特征。实际上，几家大型财务公司已经使用这种模型的变体来对期权与具有期权特征的证券进行定价。

假定现在股票价格为100美元，年底的股票价格可能上涨 $u=1.20$ 至120美元（u 表示上涨）或者下跌 $d=0.9$ 至90美元（d 表示下跌）。该股票的看涨期权的执行价格为110美元，到期期限为1年。利率为10%。如果股票价格下跌，年底看涨期权持有者的收益将为零；如果上涨到了120美元，收益为10美元。

下面用“二叉树”来阐述这些可能性：

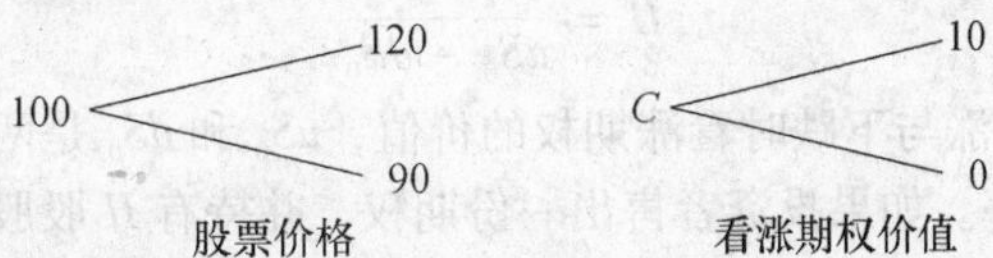

将看涨期权的收益与一个由一股股票和81.82美元借款组成的资产组合的收益进行比较，借款利率为10%。这一资产组合的收益也取决于年底的股票价格：

（单位：美元）

年底的股票价值	90	120
-贷款的本金和利息	-90	-90
总计	0	30

我们知道构建资产组合的现金支出是18.18美元：用来买股票的100美元减去借款得到的81.82美元。因此，这个资产组合的价值树为：

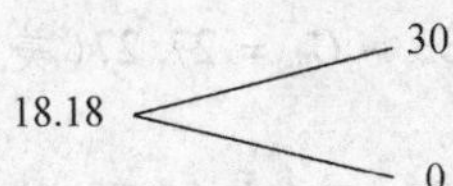

不管年底股票价格是何值，这一资产组合的收益都是看涨期权收益的三倍。换句话说，三份看涨期权正好可以复制出资产组合的收益；于是三份看涨期权的价值与构建资产组合的成本相同。这样，三份看涨期权的售价应等于资产组合的成本，即

$$3C = 18.18(\text{美元})$$

或者每份看涨期权的售价 $C=6.06$ 美元。这样，给定股票价格、执行价格、利率与股票价格波动性（即股票价格上涨或下跌的幅度），我们就能够得出看涨期权的公允价值。

这种定价方法主要依赖于复制的概念。基于股票以后两种可能的价值，杠杆化的资产组合的收益复制了三份看涨期权的收益，因此具有相同的市场价格。复制已经成为大部分期权定价公式的后盾。对于几个分布更复杂的股票来说，复制技术也相应地更为复杂，但原理是相同的。

我们也可以从另一个角度来考察复制的作用。仍使用前面例子的数字，由一股股票和出售三份看涨期权构成的资产组合是完全对冲的。它的年末价值不受最终股票价格的影响：

股票价值	\$90	\$120
-出售三份看涨期权的义务	-0	-30
净收益	\$90	\$90

投资者构造了一个无风险资产组合，其未来收益为 90 美元。它的价值一定等于 90 美元的现值，即 90/1.10 = 81.82 美元。资产组合的价值，等于股票多头 100 美元减去卖出三份看涨期权的价值 $3C$，应该等于 81.82 美元。因此 $100-3C=81.82$ 美元，即 $C=6.06$ 美元。

构造一个完全对冲头寸的能力是上述论证的关键。对冲锁定了年末的收益，该收益可以用无风险利率来折现。根据股票的价值得到期权的价值，我们并不需要知道期权或者股票的贝塔值与期望收益率。完全对冲或复制的方法，使我们可以用不包含这些信息的股票现在的价值来表示期权的价值。通过头寸对冲，最终的股票价格就不会影响投资者的收益，所以股票的风险与收益参数也不会受到任何影响。

这个例子中的对冲比率是一股股票对三份看涨期权，即 1∶3。对出售的每份看涨期权而言，资产组合中必须保持 1/3 股股票来对冲风险。这个比率在这里简单解释如下：它是期权价值的变动范围与股价只有两个取值时的股价变动范围的比值。最初股票价格是 $S_0=100$ 美元，将来价值等于 $d\times100=90$ 美元，或者 $u\times100=120$ 美元，变动范围为 30 美元。如果股票价格上涨，看涨期权价值为 $C_u=10$ 美元，而如果股票价格下跌，看涨期权价值 $C_d=0$ 美元，变动范围为 10 美元。变动范围的比率为 1/3，这正是我们构造头寸的对冲比率。

对冲比率等于变动范围的比率，因为在这个两状态例子中，期权与股票是完全相关的。当期权与股票完全相关时，完全对冲要求持有期权与股票的比例由相对波动性来决定。

对于其他两状态期权问题，我们给出对冲比率的一般公式

$$H=\frac{C_u-C_d}{uS_0-dS_0}$$

其中，C_u 和 C_d 分别表示股票价格上涨与下跌时看涨期权的价值，uS_0 和 dS_0 是两状态下的股票价格。对冲比率 H 是期权与股票期末价值波动范围的比率。如果投资者售出一份期权，并持有 H 股股票，那么该资产组合的价值将不受股票价格的影响。在这种情况下，期权定价就很容易：仅仅使对冲的资产组合的价值等于已知收益的现值。

利用我们的例子，期权定价技术将包括以下步骤：

（1）给定年底可能的股票价格，$uS_0=120$ 和 $dS_0=90$，执行价格为 110，计算得 $C_u=10$ 与 $C_d=0$。股票价格变动范围为 30，期权价格变动范围为 10。

（2）计算对冲比率为 10/30 = 1/3。

（3）卖出一份期权与 1/3 股股票组成的资产组合在年末的价值确定为 30 美元。

（4）年利率为 10%，30 美元的现值为 27.27 美元。

（5）让对冲头寸的价值等于将来确定收益的现值：

$$1/3S_0-C_0=27.27(\text{美元})$$
$$33.33-C_0=27.27(\text{美元})$$

（6）解出看涨期权的期价，$C_0=6.06$ 美元。

如果期权价值被高估（比如售价为 6.50 美元）又会如何呢？这样你可以获得套利利润，以下是具体做法：

（单位：美元）

	初始现金流	对每种可能的股票价格一年后的现金流	
		$S_1=90$	$S_1=120$
（1）卖出 3 份期权	19.50	0	-30
（2）购买 1 股股票	-100	90	120
（3）以年利率 10% 借入 80.50 美元	80.50	-88.55	-88.55
总计	0	1.45	1.45

虽然初始净投资为零，但是一年后的收益为正，并且是无风险的。如果期权被低估了，我们就会采取相反的套利策略：购买期权，出售股票，消除价格风险。另外，套利利润的现值正好等于期权价值高估部分的 3 倍。利率 10%，无风险利润 1.45 美元的现值是 1.318 美元。该套利策略卖出了 3 份期权，给每份期权带来 0.44 美元的利润，正好等于期权价值被高估的数额：6.50 美元减去公允价值 6.06 美元。

概念检查 21-3

假定看涨期权价值被低估了，售价为5.50美元。阐述利用错误股价的套利策略，并证明每购买一份期权一年后可以获得0.6167美元的无风险现金流。比较该现金流的现值与期权价值错估的部分。

21.3.2 两状态方法的推广

虽然两状态股票定价模型看起来很简单，但是我们可以将其推广，加入现实的假设。首先，我们假定将一年分成两个6个月，然后假定在任何一个时期，股票都只有两个可能的价值。这里我们假定股价将上升10%（即$u=1.10$）或下降5%（即$d=0.95$）。股票的初始价格为每股100美元，在一年中价格可能的路径为：

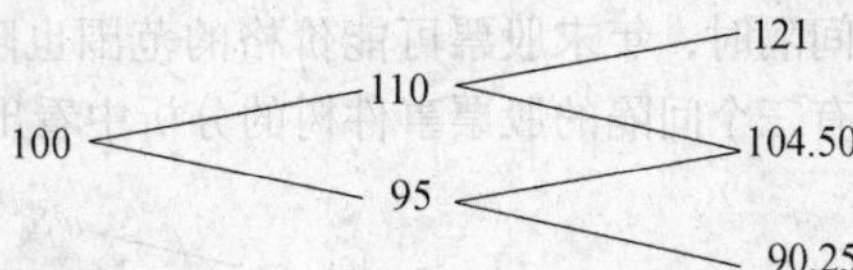

中间价为104.50美元，可通过两条途径获得：上升10%后下跌5%，或者下跌5%后上升10%。

这里有三种可能的年末股票价值与期权价值：

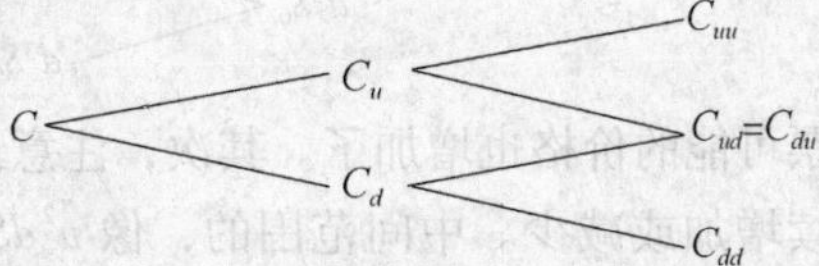

使用类似前面采用的方法，我们可以从C_{uu}与C_{ud}得到C_u，然后从C_{du}与C_{dd}得到C_d，最后从C_u和C_d得到C。而且我们也没有理由就停止在6个月的时间间隔上，接下来我们可以把1年分成4个3个月，或者12个1个月，或者365天，每一个时间段都假定是一个两状态过程。虽然计算量变得很大而且枯燥，但是对计算机程序来说却很容易，并且这种计算机程序在期权市场上得到了广泛的应用。

【例21-1】 二项式定价

假定6个月无风险利率为5%，有一个执行价格为110美元的股票看涨期权，用上述股票价格二叉树来对此期权进行定价。我们首先从求C_u的价值入手。从这点开始，直到期权的到期日，看涨期权价值能上升至$C_{uu}=11$美元（因为在该点股票价格$u\times u\times S_0=121$美元）或者下跌至$C_{ud}=0$（因为在此点，股票价格$u\times d\times S_0=104.50$美元，低于期权执行价格110美元）。因此，在该点的对冲比率为：

$$H=\frac{C_{uu}-C_{ud}}{uuS_0-udS_0}=\frac{11-0}{121-104.50}=2/3$$

这样，不管到期日股票价格如何，下列资产组合的价值都为209美元：

（单位：美元）

	$udS_0=104.50$ 美元	$uuS_0=121$ 美元
以$uS_0=110$美元的价格购买2股股票	209	242
以价格C_u卖出3份看涨期权	0	−33
总计	209	209

该组合的当前市场价值必定等于209美元的现值：

$$2\times110-3C_u=209/1.05=199.047\text{（美元）}$$

由上式可以求得$C_u=6.984$美元。

下一步，求C_d的价值。很容易看出其价值一定是零。如果达到这个点（相应股票价格为95美元），期权到期日股票价格将为104.50美元或90.25美元；在任何一种情况下，期权到期时处于虚值状态。（更正式地，我们注意到在$C_{ud}=C_{dd}=0$时，对冲比率为零，一个具有零股股票的资产组合将复制看涨期权的收益情况！）

最后，我们用C_u和C_d的值求出C的值。概念检查21-4给出了计算C的步骤，并证明了期权的价值为4.434美元。■

概念检查 21-4

验证例 21-1 中看涨期权的最初价值为 4.434 美元。

(1) 确认期权价值的价差为 $C_u - C_d = 6.984$ 美元。

(2) 确认股票价值的价差为 $uS_0 - dS_0 = 15$ 美元。

(3) 确认对于每个看涨期权空头的对冲比率为买入 0.465 6 股。

(4) 证明由 0.465 6 股股票和一份看涨期权空头构成的资产组合，其第一个时期价值是无风险的。

(5) 计算上述组合支付的现值。

(6) 求出期权价值。

当我们把一年分成越来越多的时间间隔时，年末股票可能价格的范围也随之扩大，并且实际上，将最终形成熟悉的钟形分布。这可以从对一段时间内有三个间隔的股票事件树的分析中看出：

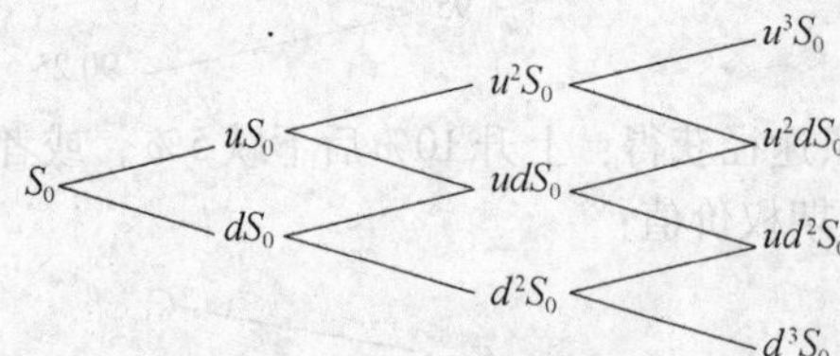

首先，注意当间隔数量增加时，股票可能的价格也增加了。其次，注意最后事件，像 u^3S_0 或者 d^3S_0 是很少会发生的，因为它们需要在三个子间隔内连续增加或减少。中间范围的，像 u^2dS_0 能通过不止一条途径得到，任何的价格两升一降组合将会得到 u^2dS_0。因此，中间范围的值可能性更大一些。用二项式分布可以将每个结果的概率描述出来，因此这种多时期的期权定价方法被称为**二项式模型**（binominal model）。

例如，初始股票价格为 100 美元，股票价格上涨或下跌的概率相同，三时期内股票价格可能上涨 20% 或下跌 10%，我们能从以下的计算中得出股票价格的概率分布。三时期内股票价格的变动有八种组合：uuu、uud、udu、duu、udd、dud、ddu、ddd。每种的概率都是 1/8。因此，股票价格在最后一个时期期末的概率分布为：

事件	概率	最终股票价格
3 上升	1/8	$100 \times 1.20^3 = 172.80$
2 升 1 降	3/8	$100 \times 1.20^2 \times 0.90 = 127.60$
1 升 2 降	3/8	$100 \times 1.20 \times 0.90^2 = 97.20$
3 下降	1/8	$100 \times 0.90^3 = 72.90$

注意，中间价值发生的概率是两段价值发生概率的 3 倍。图 21-5a 是这个例子的频率分布。假定现在我们将整个持有期分成六个间隔而不是三个。因为现在我们设定了两倍的间隔数量，我们把股票价格可能上涨幅度设为 20%/2 = 10%，把可能下跌幅度设为 10%/2 = 5%。图 21-5b 给出了结果的频率分布。图 21-5c 中我们把持有期分成 20 个间隔，这样分布就呈现明显的钟形。但是，图 21-5c 中分布的右尾要明显地长于左尾。实际上，随着间隔数量的增加，频率分布渐进于有偏对数正态分布，而非标准正态分布。尽管在每一个间隔股票价格会下降，但是绝不会降至零以下，并且股票价格却没有上限。这种不对称导致分布具有偏度。

最后，随着我们将持有期分成越来越小的间隔，每个事件树的节点对应着无限小的时间间隔，那么在这些时间间隔内股票价格的变动相应地也非常小。随着时间间隔的增加，最后股票价格越来越接近于对数正态分布。[⊖]这样，两状态模型过于简化的缺点就可以通过时间间隔的进一步细分来克服。

⊖ 实际上，这里引入了更复杂的考虑。只有我们假定股票价格连续变动，也就是说在很小的时间间隔内股票价格仅发生很小的变动时，这一过程的极限才是对数正态分布。这排除了极端事件（如公司接管）引起的股票价格异常变动。对这类问题的处理，参见：John C. Cox and Stephen A. Ross, "The valuation of Options for Alternative Stochastic Processes," *Journal of Financial Economics* 3 (January-March 1976), pp. 145-66, or Robert C Merton, "Option Pricing When Underlying Stock Returns Are Discontinuous," *Journal of Financial Economics* 3 (January-March 1976), pp. 125-44.

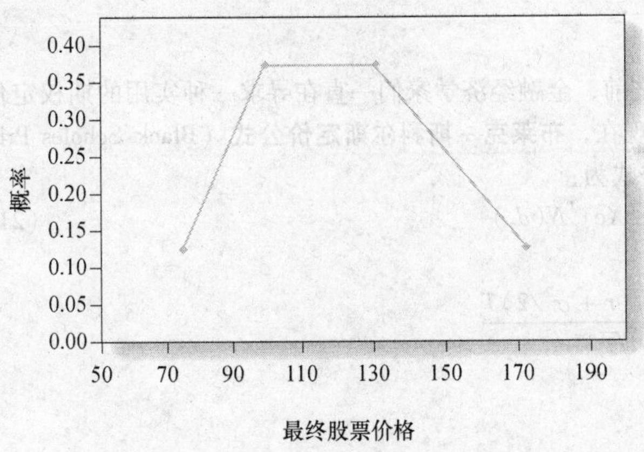

a）三个间隔：在每个间隔，股票价格上涨20%或下跌10%

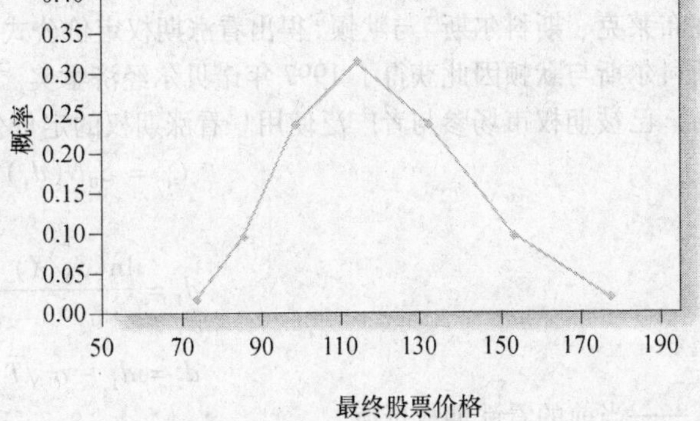

b）六个间隔：在每个间隔，股票价格上涨10%或下跌5%

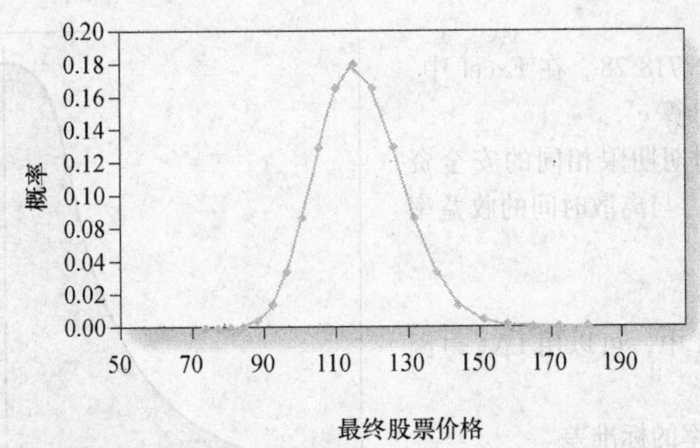

c）20个间隔：在每个间隔，股票价格上涨3%或下跌1.5%

图21-5 最终股票价格的概率分布：可能出现结果及其相应概率

在任何一个节点上，都可以构造一个在下一个时间间隔被完全对冲的资产组合。接着，在下一个时间间隔末，到达下一个节点时，又可以重新计算对冲比率，对资产组合的构成进行更新。通过不断改变对冲头寸，资产组合总可以保持在被对冲的状态，在每个间隔都获得无风险收益。这称为动态对冲，也就是随时间不断调整对冲比率。动态对冲越来越完善，期权的定价过程也越来越精确。

概念检查 21-5

当期权处于深度实值时，对冲比率是越大还是越小？（提示：记住对冲比率是期权价格变化与股票价格变化的比率。什么时候期权价格对股票价格的变动更敏感？）

21.4 布莱克－斯科尔斯期权定价

尽管我们介绍过的二项式模型非常灵活，但这种方法在实际交易中需要用计算机。期权定价公式要更为简单，没有二项式模型中复杂的算法。只要作两个假设，公式就可以使用，这两个假设是无风险利率与股票价格的波动率在期权有效期内保持不变。在这种情况下，到期日前的时间被细分成更多的间隔，到期日股票价格分布渐近于对数正态分布，如图21-5所示。当股票价格分布是真正的对数分布时，我们可以得出精确的期权定价公式。

21.4.1　布莱克－斯科尔斯公式

在布莱克、斯科尔斯㊀与默顿㊁得出看涨期权定价公式之前，金融经济学家们一直在寻求一种实用的期权定价模型。斯科尔斯与默顿因此获得了1997年诺贝尔经济学奖。㊂现在，**布莱克－斯科尔斯定价公式**（Black-Scholes Pricing formula）已被期权市场参与者广泛使用。看涨期权的定价公式为：

$$C_0 = S_0N(d_1) - Xe^{-rT}N(d_2) \tag{21-1}$$

式中：

$$d_1 = \frac{\ln(S_0/X) + (r + \sigma^2/2)T}{\sigma\sqrt{T}}$$

而且：

$$d_2 = d_1 - \sigma\sqrt{T}$$

C_0——当前的看涨期权价值

S_0——当前的股票价格

$N(d)$——标准正态分布小于 d 的概率，图21-6中的阴影部分在Excel中，这个函数叫NORMSDIST()

X——执行价格

e——自然对数的底，约为2.718 28。在Excel中，可以使用EXP(x)函数计算 e^x

r——无风险利率（与期权到期期限相同的安全资产连续复利的年收益率，与离散时间的收益率 r_f 不同）

T——期权到期时间，按年记

ln——自然对数函数。在Excel中，可以用LN(x)函数计算ln(x)

σ——股票连续复利的年收益率的标准差。

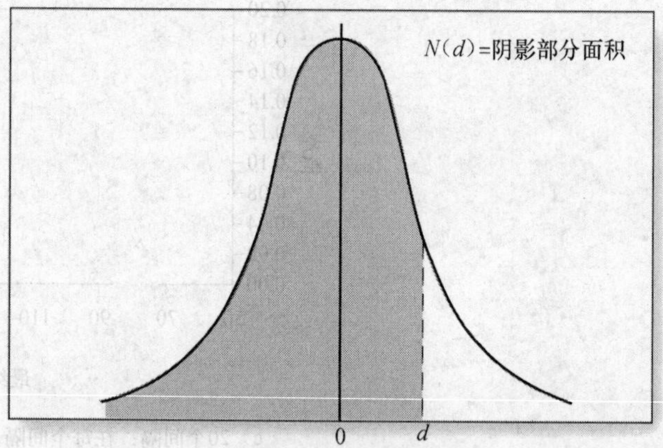

图21-6　标准正态曲线

注意，式（21-1）有一个惊奇的特点：期权价值并不取决于股票的期望收益率。在某种意义上说，含有股票价格的定价公式已经包括了该信息，因为股票价格取决于股票的风险与报酬特征。这里的布莱克－斯科尔斯公式假定股票不支付股利。

尽管你会觉得布莱克－斯科尔斯公式令人生畏，但是我们可以从直觉上进行理解。技巧是把 $N(d)$ 项（不严谨地）视为看涨期权在到期处于实值的风险调整概率。首先，看一下式（21-1），假定两个 $N(d)$ 项都接近于1.0，也就是说看涨期权被执行的概率很高。于是看涨期权价值等于 $S_0 - Xe^{-rT}$，这也是我们前面提到过的调整后内在价值 $S_0 - \text{PV}(X)$。这一点很有意义，如果确实执行了，我们就获得了现在价格为 S_0 的股票的索取权，而承担了现值PV(X)的义务，或者以连续复利计算的义务 Xe^{-rT}。

现在再看式（21-1），假定 $N(d)$ 项接近于0，意味着期权不会被执行。于是该等式说明看涨期权毫无价值。对于 $N(d)$ 项取值范围为0～1时，式（21-1）告诉我们可以把期权价值视为看涨期权潜在收益的现值，该收益经过到期时处于实值的概率调整。

$N(d)$ 项又是如何表示风险调整概率呢？这需要用到高级统计学的知识。注意，$\ln(S_0/N)$ 在 d_1 和 d_2 的分子中都出现了，它近似表示现在期权处于实值和虚值的百分比。例如，如果 $S_0=105$，$X=100$，期权处于实值的百分比为5%，即 $\ln(105/100)=0.049$。同理，如果 $S_0=95$，期权处于虚值的百分比为5%，即 $\ln(95/100)=0.051$。分母 $\sigma\sqrt{T}$，用股票价格在剩余期限中标准差对期权的实值与虚值的百分比进行调整。如果股票价格变动很小，并且距到期时间也所剩无几的时候，给定比例的实值期权一般会保持实值状态。因此，$N(d_1)$ 和 $N(d_2)$ 表示期权到期时处

㊀ Fisher Black and Myron Scholes, "The Pricing of Options and Corporate Liabilities," *Journal of Political Economy* 81 (May-June 1973).

㊁ Robert C. Merton, "Theory of Rational Option Pricing," *Bell Journal of Economics and Management Science* 4 (Spring 1973).

㊂ 费舍尔·布莱克于1995年去世。

于实值的概率。

【例 21-2】 **布莱克－斯科尔斯定价**

你可以很容易地使用布莱克－斯科尔斯公式。假定你想对一个看涨期权进行定价，已知条件如下：

股票价格	$S_0=100$	到期期限	$T=0.25$（3 个月或一个季度）
执行价格	$X=95$	标准差	$\sigma=0.50$（每年 50%）
利率	$r=0.10$（每年 10%）		

首先计算：

$$d_1=\frac{\ln(100/95)\ +\ (0.10+0.5^2/2)\ 0.25}{0.5\ \sqrt{0.25}}=0.43$$

$$d_2=0.43-0.5\ \sqrt{0.25}=0.18$$

接下来查 $N(d_1)$ 和 $N(d_2)$。在很多统计学课本里可以查到正态分布表（见表 21-2）。任何电子数据表程序也提供正态分布函数 $N(d)$。例如，在 Excel 中，程序名称为 NORMSDIST。利用 Excel 或表 21-2，我们可得到：

$$N\ (0.43)=0.6664$$

$$N\ (0.18)=0.5714$$

于是，看涨期权的价值为：

$$C=100\times0.6664-95e^{-0.10\times0.25}\times0.5714$$

$$=66.64-52.94=13.70\ (\text{美元})\ ■$$

概念检查 21-6

若标准差不是 0.5 而是 0.6，重新计算例 21-2 中看涨期权的价值。确认股票报酬波动率越大，期权价值越大。

表 21-2 累积正态分布

d	N(d)	d	N(d)	d	N(d)	d	N(d)	d	N(d)	d	N(d)
−3.00	0.001 3	−1.58	0.057 1	−0.76	0.223 6	0.06	0.523 9	0.86	0.805 1	1.66	0.951 5
−2.95	0.001 6	−1.56	0.059 4	−0.74	0.229 7	0.08	0.531 9	0.88	0.810 6	1.68	0.953 5
−2.90	0.001 9	−1.54	0.061 8	−0.72	0.235 8	0.10	0.539 8	0.90	0.815 9	1.70	0.955 4
−2.85	0.002 2	−1.52	0.064 3	−0.70	0.242 0	0.12	0.547 8	0.92	0.821 2	1.72	0.957 3
−2.80	0.002 6	−1.50	0.066 8	−0.68	0.248 3	0.14	0.555 7	0.94	0.826 4	1.74	0.959 1
−2.75	0.003 0	−1.48	0.069 4	−0.66	0.254 6	0.16	0.563 6	0.96	0.831 5	1.76	0.960 8
−2.70	0.003 5	−1.46	0.072 1	−0.64	0.261 1	0.18	0.571 4	0.98	0.836 5	1.78	0.962 5
−2.65	0.004 0	−1.44	0.074 9	−0.62	0.267 6	0.20	0.579 3	1.00	0.841 4	1.80	0.964 1
−2.60	0.004 7	−1.42	0.077 8	−0.60	0.274 3	0.22	0.587 1	1.02	0.846 1	1.82	0.965 6
−2.55	0.005 4	−1.40	0.080 8	−0.58	0.281 0	0.24	0.594 8	1.04	0.850 8	1.84	0.967 1
−2.50	0.006 2	−1.38	0.083 8	−0.56	0.287 7	0.26	0.602 6	1.06	0.855 4	1.86	0.968 6
−2.45	0.007 1	−1.36	0.086 9	−0.54	0.294 6	0.28	0.610 3	1.08	0.859 9	1.88	0.969 9
−2.40	0.008 2	−1.34	0.090 1	−0.52	0.301 5	0.30	0.617 9	1.10	0.864 3	1.90	0.971 3
−2.35	0.009 4	−1.32	0.093 4	−0.50	0.308 5	0.32	0.625 5	1.12	0.868 6	1.92	0.972 6
−2.30	0.010 7	−1.30	0.096 8	−0.48	0.315 6	0.34	0.633 1	1.14	0.872 9	1.94	0.973 8
−2.25	0.012 2	−1.28	0.100 3	−0.46	0.322 8	0.36	0.640 6	1.16	0.877 0	1.96	0.975 0
−2.20	0.013 9	−1.26	0.103 8	−0.44	0.330 0	0.38	0.648 0	1.18	0.881 0	1.98	0.976 1
−2.15	0.015 8	−1.24	0.107 5	−0.42	0.337 3	0.40	0.655 4	1.20	0.884 9	2.00	0.977 2
−2.10	0.017 9	−1.22	0.111 2	−0.40	0.344 6	0.42	0.662 8	1.22	0.888 8	2.05	0.979 8
−2.05	0.020 2	−1.20	0.115 1	−0.38	0.352 0	0.44	0.670 0	1.24	0.892 5	2.10	0.982 1
−2.00	0.022 8	−1.18	0.119 0	−0.36	0.359 4	0.46	0.677 3	1.26	0.896 2	2.15	0.984 2
−1.98	0.023 9	−1.16	0.123 0	−0.34	0.366 9	0.48	0.684 4	1.28	0.899 7	2.20	0.986 1
−1.96	0.025 0	−1.14	0.127 1	−0.32	0.374 5	0.50	0.691 5	1.30	0.903 2	2.25	0.987 8
−1.94	0.026 2	−1.12	0.131 4	−0.30	0.382 1	0.52	0.698 5	1.32	0.906 6	2.30	0.989 3
−1.92	0.027 4	−1.10	0.135 7	−0.28	0.389 7	0.54	0.705 4	1.34	0.909 9	2.35	0.990 6

（续）

d	$N(d)$	d	$N(d)$	d	$N(d)$	d	$N(d)$	d	$N(d)$	d	$N(d)$
-1.90	0.0287	-1.08	0.1401	-0.26	0.3974	0.56	0.7123	1.36	0.9131	2.40	0.9918
-1.88	0.0301	-1.06	0.1446	-0.24	0.4052	0.58	0.7191	1.38	0.9162	2.45	0.9929
-1.86	0.0314	-1.04	0.1492	-0.22	0.4129	0.60	0.7258	1.40	0.9192	2.50	0.9938
-1.84	0.0329	-1.02	0.1539	-0.20	0.4207	0.62	0.7324	1.42	0.9222	2.55	0.9946
-1.82	0.0344	-1.00	0.1587	-0.18	0.4286	0.64	0.7389	1.44	0.9251	2.60	0.9953
-1.80	0.0359	-0.98	0.1635	-0.16	0.4365	0.66	0.7454	1.46	0.9279	2.65	0.9960
-1.78	0.0375	-0.96	0.1685	-0.14	0.4443	0.68	0.7518	1.48	0.9306	2.70	0.9965
-1.76	0.0392	-0.94	0.1736	-0.12	0.4523	0.70	0.7580	1.50	0.9332	2.75	0.9970
-1.74	0.0409	-0.92	0.1788	-0.10	0.4602	0.72	0.7642	1.52	0.9357	2.80	0.9974
-1.72	0.0427	-0.90	0.1841	-0.08	0.4681	0.74	0.7704	1.54	0.9382	2.85	0.9978
-1.70	0.0446	-0.88	0.1894	-0.06	0.4761	0.76	0.7764	1.56	0.9406	2.90	0.9981
-1.68	0.0465	-0.86	0.1949	-0.04	0.4841	0.78	0.7823	1.58	0.9429	2.95	0.9984
-1.66	0.0485	-0.84	0.2005	-0.02	0.4920	0.80	0.7882	1.60	0.9452	3.00	0.9986
-1.64	0.0505	-0.82	0.2061	0.00	0.5000	0.82	0.7939	1.62	0.9474	3.05	0.9989
-1.62	0.0526	-0.80	0.2119	0.02	0.5080	0.84	0.7996	1.64	0.9495		
-1.60	0.0548	-0.78	0.2177	0.04	0.5160						

如果例21-2中期权价格是15美元而不是13.70美元，那又会怎么样呢？是不是期权被错误定价了？也许是，但在赌运气之前，应再考虑估价分析。首先，同所有模型一样，布莱克－斯科尔斯公式也是建立在使该模型近似有效的抽象简化基础之上的。

公式的一些重要假设如下：

- 在期权到期日之前，股票不支付股利。
- 利率 r 与股票的方差 σ^2 保持不变（或者更一般化地，两者都是时间的已知函数，任何变化都可预测）。
- 股票价格是连续的，也就是说股票价格不会发生异常的波动，比如公司被接管声明导致的价格异常波动。

如今已有变形的布莱克－斯科尔斯公式来处理以上的这些限制条件。

其次，在布莱克－斯科尔斯模型中，你必须保证公式中各个参数是正确的。其中的四个值（S_0、X、T 和 r）都是很直接的。股票价格、执行价格和到期期限都是给定的。利率是相同期限的货币市场利率，并且股利支付至少在短期内是可以合理预测的。

最后一个输入变量是股票收益率的方差，不能直接观察到。必须从历史数据、情境分析或者其他期权价格中估计出来，我们接下来讨论这个问题。

我们在第5章讲过，股票市场收益率的历史方差可以从 n 个观察值得到，其公式如下：

$$\sigma^2 \frac{n}{n-1}\sum_{t=1}^{n}\frac{(r_t-\bar{r})^2}{n}$$

其中，$\bar{r}$ 为样本期的平均收益率。在 t 天的收益率被定义为 $r_t=\ln(S_t/S_{t-1})$，与连续复利一致。（注意，一个比率取自然对数，其值近似等于分子与分母的百分比差异，于是 $\ln(S_t/S_{t-1})$ 可以用来测度 $t-1$ 期至 t 期的股票收益率）。历史方差一般用几个月的每日收益来计算。因为股票波动率是估计出来的，所以真实的期权价格与用公式算出的期权价格有可能不同，这是由股票的波动率估计误差造成的。

事实上，市场参与者往往从不同的角度来看期权定价问题。他们不是用所给的股票标准差按布莱克－斯科尔斯公式计算期权价格，而是会问：如果我观察到的期权价格与布莱克－斯科尔斯公式计算出来的期权价格一致的话，那么标准差是多少呢？这就是期权的**隐含波动率**（implied volatility），即期权价格中隐含的股票波动率水平。⊖投资者可以判断实际的股票标准差是否超过了隐含波动率。如果超过了，则购买期权是一个好的选择；如果实际波动率高于隐含波动率，期权的公允价格就要高于观察到的价格。

另一个角度是比较到期日相同、执行价格不同的同一股票的期权。具有较高隐含波动率的期权相对贵一些，因为需要较高的标准差来调节价格。分析师认为应该买入低隐含波动率期权，卖出高隐含波动率期权。

⊖ 这个概念的介绍参见：Richard E. Schmalensee and Robert R. Trippi, "Common Stock Volatility Expectations Implied by Option Premia," *Journal of Finance* 33 (March 1978), pp. 129-47.

布莱克－斯科尔斯定价公式，以及隐含波动率，很容易使用Excel中的电子数据表进行计算，如数据表21-3所示。模型的输入部分在B列，输出部分在E列。表格中还给出了d_1和d_2的计算公式，Excel中的公式NORMSDIST(d_1)用来计算$N(d_1)$。单元格E6中有布莱克－斯科尔斯公式。（数据表中实际上包含了对股利的调整，下一届将对此进行描述。）

表 21-3

	A	B	C	D	E	F	G	H	I	J
1	INPUTS			OUTPUTS			FORMULA FOR OUTPUT IN COLUMN E			
2	Standard deviation(annual)	0.2783		d1	0.0029		(LN(B5/B6)+(B4-B7+0.5*B2^2)*B3)/(B2*SQRT(B3)			
3	Maturity(in years)	0.5		d2	-0.1939		E2-B2*SQRT*(B3)			
4	Risk-free rate(annual)	0.06		N(d_1)	0.5012		NORMSDIST(E2)			
5	Stock price	100		N(d_2)	0.4231		NORMSDIST(E3)			
6	Exercise price	105		B/S call value	7.0000		B5*EXP(-B7*B3)*E4-B6*EXP(-B4*B3)*E5			
7	Dividend yield(annual)	0		B/S put value	8.8968		B6*EXP(-B4*B3)(1-E5)-B5*EXP(-B7*B3)*(1E4)			

如需计算隐含波动率，我们可以使用Excel工具菜单中的目标搜索（Goal Seek）命令，如图21-7所示。目标搜索命令可以让我们通过改变一个单元格的值以使另一个单元格（称为目标单元格）的值等于一个特定的值。例如，如果我们看到一个售价为7美元的看涨期权，其他输入部分如表格所示，则我们可以利用目标搜索命令改变B2单元格的值（股票的标准差），从而可以使E6单元格的值等于7美元。目标单元格E6就是看涨期权的价格，电子数据表会计算出单元格B2的相应值。当你点击"OK"按钮，电子数据表就会发现标准差0.2783与看涨期权价格7美元相符；如果期权售价是7美元，则该标准差就是期权的隐含波动率。

	A	B	C	D	E	F	G	H	I	J	K
1	INPUTS			OUTPUTS			FORMULA FOR OUTPUT IN COLUMN E				
2	Standard deviation (annual)	0.2783		d1	0.0029		(LN(B5/B6)+(B4B7.5*B2^2)*B3))/(B2*SQRT(B3))				
3	Maturity (in years)	0.5		d2	-0.1939		E2-B2*SQRT(B3)				
4	Risk-free rate (annual)	0.06		N(d1)	0.5012		NORMSDIST(E2)				
5	Stock price	100		N(d2)	0.4231		NORMSDIST(E3)				
6	Exercise price	105		B/S call value	7.0000		B5*EXP(-B7*B3)*E4-B6*EXP(-B4*B3)*E5				
7	Dividend yield (annual)	0		B/S put value	8.8968		B6*EXP-(B4*B3)*(1-E5) -B5*EXP(-B7*B3)*(1-E4)				
8											
9											
10											
11											
12											
13											
14											
15											
16											
17											

Goal Seek

Set cell: $E$6

To value: 7

By changing cell: $B$2

OK Cancel

图21-7 利用目标搜索确定隐含波动率

芝加哥期权交易所定期计算主要股票指数的隐含波动率。图21-8是1990年以来标准普尔指数30天隐含波动率走势。在动荡时期，隐含波动率会迅速突起。注意1991年1月（海湾战争）、1998年8月（长期资本管理公司破产）、2001年9月11日、2002年（入侵伊拉克）和2008年次贷危机的波动率高峰。因为隐含波动率与危机相关，所以它有时被称为"投资者恐惧指数"。如专栏21-1所述，观察家利用它推断未来几个月市场出现动荡的概率。

2004年3月，标准普尔500指数30天隐含波动率期货合约在芝加哥期权交易所开始交易。合约的收益取决于合约到期时的市场隐含波动率。合约的代码是VIX。

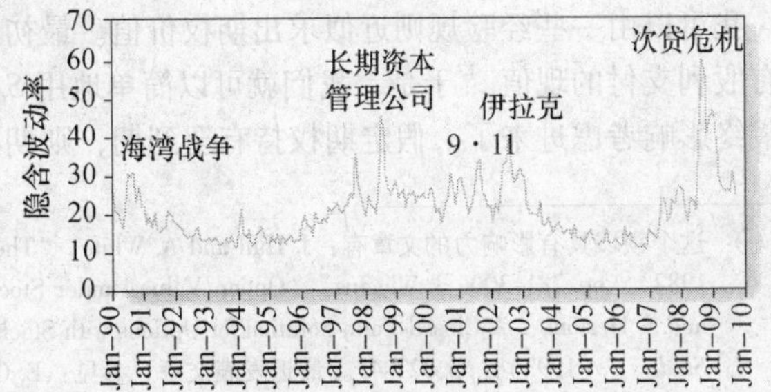

图21-8 标准普尔500指数的隐含波动率（VIX指数）

资料来源：Chicago Board Options Exchange，www. cboe. com.

图21-8也揭示了一个棘手的经验事实。布莱斯-斯科尔斯公式假定股票波动率保持不变，而从公式中计算出的隐含波动率时间序列远非保持不变。这个矛盾提醒我们布莱克－斯科尔斯模型（像所有的模型）是一个简化模型，并不能抓住真实市场的所有方面。在这种特定情景下，允许股票波动率有随机性，对定价模型进行拓展是有必要的，并且事实上，沿着这个思路对模型进行的改进已有许多。[㊀]

事实上，波动率变动不可预测意味着选择恰当的波动率代入任何期权定价模型都是有困难的。最近一些重要的研究都致力于预测波动率变动的技术。这些技术，包括ARCH和随机波动率模型，假定波动率变动是部分可预测的，并通过分析波动率的当前水平和趋势来改进对未来波动率的预测。[㊁]

概念检查 21-7

假定数据表21-3中看涨期权的实际售价是8美元，它的隐含波动率是大于还是小于27.83%？利用电子数据表来计算。

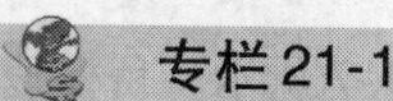

专栏21-1

“恐惧指数” 是市场信心的温度计

股票市场波动率回归正常水平。这意味着投资者已经获得了很大收益，但是更意味他们已经开始自鸣得意。

芝加哥期权交易所的VIX指数最能反映市场波动率，周五收盘于21.25，达到2008年8月以来的最低水平，接近于历史平均值20.28。跟踪标准普尔500指数期权波动率的VIX指数在雷曼兄弟危机最严重时超过80，其隐含的波动率达到大萧条以来前所未有的水平。

上升的VIX指数伴随着股票价格的下跌，这是它被称为“恐惧指数”的原因之一。随着市场上持续大幅上涨，它开始走低，并有望在短期继续下降。

但波动率依然存在。有一件事让交易者烦心，即强劲的就业市场可能导致美联储早于预期提高利率，这将使今年市场收益缩水。

但是高利率仅是未来一年众多威胁因素之一。尤其是，银行在商业不动产和消费者信贷上的损失增加，房屋市场的止赎，市政与主权债务担忧，飙升的商品价格，高失业率延缓了经济复苏以及谨慎地消费支出。

在任何动荡下，股票都能够上涨。但是VIX指数显示一切都回归正常，并且在持续好转。

旧金山Contango Capital Advisors公司联席战略投资官说：“我们将以持续的波动率水平向前迈进，伴随着反弹和回落。”

资料来源：Mark Gongloff, “The ‘fear’ Gauge Is Flashing Complacency,” *The Wall Street Journal*, *December*7, 2009. Reprinted by permission of The Wall street Journal, ©2009.

21.4.2 股利与看涨期权定价

我们已知道布莱克－斯科尔斯公式要求股票不支付股利，当在期权到期之前股票支付股利时，我们就要调整公式。股利的支付，提高了提前执行期权的可能性，对更接近现实支付股利的情况，定价公式变得比布莱克－斯科尔斯公式更为复杂。

我可以由一些经验规则近似求出期权价值。最初由布莱克建议的一种流行方法是将股票价格减去期权到期之前所有股利支付的现值。[㊂]于是，我们就可以简单地用 $S_0=\mathrm{PV}(D)$ 代替 S_0。这样，通过这种调整就把股利对股票价格的最终影响考虑进来了。假定期权持有至到期，则期权价值的计算方法与之前相同。

㊀ 这个领域具有影响力的文章有：J. Hull and A. White, “The Pricing of Options on Assets with Stochastic Volatilities,” *Journal of Finance* (June 1987), pp. 281-300; J. Wiggins, “Option Values under Stochastic Volatility,” *Journal of Financial Economics* (December 1987), pp. 351-72; and S. Heston, “A Closed-Form Solution for Options with Stochastic Volatility with Applications to Bonds and Currency Options,” *Review of Financial Studies* 6 (1993), pp. 327-43。最近发表文章，参见：E. Ghysels, A. Harvey, and E. Renault, “Stochastic Volatility,” in *Handbook of Statistics*, *Vol. 14*: *Statistical Methods in Finance*, ed. G. S. Maddala (Amsterdam: North Holland, 1996).

㊁ 对这些模型的介绍请参见：C. Alexander, *Market Models* (Chichester, England: Wiley, 2001).

㊂ Fisher Black, “Fact and Fantasy in the Use of Options,” *Financial Analysts Journal* 31 (July-August 1975).

在一个特定情况下，股利调整会采取一种简单的形式。我们假定标的资产支付连续现金收入。这一假设对股票指数期权来说是一个合理的假设，这里不同的股票在不同日期发放股利，从而股利收入就会以或多或少的连续现金流出现。如果股利率保持不变，记为δ，到期之前累积股利的现值为$S_0(1-e^{-\delta T})$。（更直观地，注意$e^{-\delta T}$近似等于$1-\sigma T$，所以股利的价值就近似等于δTS_0。）在这里，$S_0-\mathrm{PV}(D)=S_0-e^{-\delta T}$，只要简单地把原公式中的$S_0$代换成$S_0e^{-\delta T}$，就可以得到股利支付资产的布莱克－斯科尔斯看涨期权公式。数据表21-3用的就是这种方法。

对欧式看涨期权来说，这种方法能够产生更接近的近似值，因为欧式期权必须持有至到期。但是，对美式期权这种方法就不适用了，因为美式看涨期权所有者可在股利支付之前行权。在股利支付日之前执行期权时的看涨期权价值，可能高于持有至到期时的看涨期权价值。尽管持有至到期有更长的有效时间，这会增加期权的价值，但也承担了更多的股利支付，降低了到期日的预期股票价格，从而降低了当前的期权价值。

例如，假设股票价格为20美元，在4个月内将支付1美元股利，而该股票的看涨期权在6个月后到期。有效年利率为10%，所以股利的现值为$1/(1\cdot10)^{1/3}=0.97$美元。布莱克建议我们可以用下面两种方法中的任意一种来计算期权价值：

- 假定提前执行，把实际股票价格20美元和4个月到期期限（股利支付的时间）代入布莱克－斯科尔斯公式计算。
- 假定不会提前执行，把股利调整后股票价格20－0.97＝19.03美元和6个月到期期限代入布莱克－斯科尔斯公式计算。

得出两个值中的较大者就是对期权价值的估计，也许提前执行是最优的。换句话说，所谓的**伪美式看涨期权价值**（pseudo-American call option value）就是假定期权持有至到期时得到的价值和假定期权恰在除息日前执行得到的价值中的最大者。但是这种方法并不精确，因为它假定期权持有者现在就做了一个不可改变的何时行权的决策，而实际上这个决策在发出执行通知之前都不是必须遵守的。[⊖]

21.4.3 看跌期权定价

我们已经讨论了看涨期权的定价。我们可以通过看跌－看涨期权平价定理得到布莱克－斯科尔斯欧式看跌期权定价公式。对看跌期权定价，我们只需简单地根据布莱克－斯科尔斯公式求出看涨期权的价值，并求解出看跌期权的价值为：

$$\begin{aligned} P &= C + PV(X) - S_0 \\ &= C + Xe^{-rT} - S_0 \end{aligned} \tag{21-2}$$

为了与布莱克－斯科尔斯公式一致，我们必须使用连续复利来计算执行价格的现值。

有时，直接使用看跌期权定价公式更加简单。如果我们把看涨期权布莱克－斯科尔斯定价公式代入式（21-2），我们就可以得到欧式看跌期权的价值为：

$$P = Xe^{-rT}[1-N(d_2)] - S_0[1-N(d_1)] \tag{21-3}$$

【例21-3】 布莱克－斯科尔斯看跌期权定价

利用例21-2中的数据（$C=13.70$美元，$X=95$美元，$S=100$美元，$r=0.10$，$\sigma=0.50$和$T=0.25$），由式（21-3）可知，具有相同执行价格和到期期限的股票欧式看跌期权价值为：

$$95e^{-0.10\times0.25}(1-0.5714)-100(1-0.6664)=6.35\text{（美元）}$$

注意这个值与看跌－看涨期权平价是一致的：

$$P=C+\mathrm{PV}(X)-S_0=13.70+95e^{-0.10\times0.25}-100=6.35$$

正如我们已注意到的，作为交易策略的一个步骤，我们会将该计算结果与实际看跌期权价格相比较。■

⊖ 支付股利的美式看涨期权的精确定价公式，参见：Richard Roll, "An Analytic Valuation Formula for Unprotected American Call Options on Stocks with Known Dividends," *Journal of Financial Economics* 5 (November 1977). 该技术得到讨论与修改，参见：Robert Geske, "A Note on an Analytical Formula for Unprotected American Call Options on Stocks with Known Dividends," *Journal of Financial Economics* 7 (December 1979), and Robert E. Whaley, "On the Valuation of American Call Options on Stocks with Known Dividends," *Journal of Financial Economics* 9 (June 1981)。这些文章都很深奥。

21.4.4　股利与看跌期权定价

式（21-2）和式（21-3）适用于不支付股利股票的欧式看跌期权。如我们对看涨期权所做的，如果标的资产支付股利，我们用 $S_0-PV(D)$ 代替 S_0 就可以得到欧式看跌期权的价值。数据表 21-3 中单元格 E7 允许股利收益率 δ 的连续股利流。在那种情况下，$S_0-\mathrm{PV}(D)=S_0e^{-\delta T}$。

但上市的美式股票期权提供了提前执行的机会，并且我们已经知道提前执行的权利是有价值的，这意味着美式看跌期权比相应的欧式期权更有价值。因此，式（21-2）和式（21-3）仅仅是美式看跌期权真实价值的下限。即便如此，这种近似的计算在很多应用中也算是很精确的了。[⊖]

21.5　布莱克－斯科尔斯公式应用

21.5.1　对冲比率与布莱克－斯科尔斯公式

在上一章里，我们考虑过对 FinCrop 股票的两种投资：购买 100 股股票或者 1 000 份看涨期权。我们看到看涨期权头寸比全为股票头寸对股票价格波动更为敏感。但是，为了更精确地分析股票价格的总体风险，有必要给这些相关敏感性定量。有一个工具使我们可以在总体上概括包括有不同执行价格和到期期限期权的资产组合的风险，它就是对冲比率。一个期权的**对冲比率**（hedge ratio）就是股票价格上涨 1 美元时期权价格的变化。因此，看涨期权的对冲比率为正值，看跌期权的对冲比率为负值。对冲比率通常被称为期权的**德尔塔**（delta）。

如我们在图 21-9 中对看涨期权所做的，如果画出期权价值与股票价格的函数曲线，那么对冲比率就是曲线在当前股票价格上的斜率。例如，假设当股票价格为 120 美元时，曲线斜率为 0.6。当股票价格上升 1 美元时，期权价格近似增加 0.6 美元。

每出售一份看涨期权，就需要 0.6 股股票对冲投资者的资产组合。例如，某人出售 10 份看涨期权并且持有 6 股股票，根据 0.6 的对冲比率，股票价格上升 1 美元，股票收益增加 6 美元，而售出 10 份看涨期权则损失 10 × 0.60 美元，即 6 美元。股票价格变动没有引起总财富变动，这就是对冲头寸所要求的。投资者按股票与期权相对变动比率持有股票与期权就对冲了资产组合。

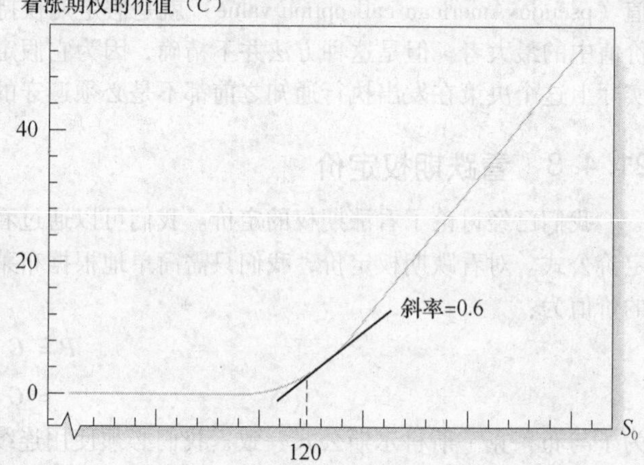

图 21-9　看涨期权价值与对冲比率

布莱克－斯科尔斯对冲比率非常容易计算。看涨期权的对冲比率是 $N(d_1)$，看跌期权的对冲比率是 $N(d_1)-1$。我们将 $N(d_1)$ 定义为布莱克－斯科尔斯公式的一部分，$N(d)$ 表示标准正态曲线中至 d 的区域面积。因此，看涨期权的对冲比率总是正值且小于 1.0，而看跌期权的对冲比率总是负值且绝对值小于 1.0。

图 21-9 中也可看出看涨期权价值函数的斜率小于 1.0，只有当股票价格超过执行价格很多时斜率才接近于 1.0。这就告诉我们，当股票价格变化为 1 时，期权价格的变化要小于 1，为什么会这样呢？假设目前期权处于实值，那么期权肯定被执行。在那种情况下，股票价格上升 1 美元，期权价值也会上升 1 美元。但如果看涨期权到期时是虚值，即使股票价格经历一定涨幅后，股票价格上升 1 美元也未必增加看涨期权的最后收益；因此，看涨期权价值不会相应地增加 1 美元。

对冲比率小于 1.0 的事实与我们前面观察期权的杠杆作用与对股票价格波动的敏感性并不矛盾。尽管美元计量的期权价格变动要比股票价格变动小，但是期权收益率波动性却远比股票高，因为期权的价格较低。在我们的例子中，股票价格为 120 美元，对冲比率为 0.6，执行价格为 120 美元的期权售价为 5 美元。如果股票价格上升至 121 美元，看涨期权价格预期增加 0.60 美元至 5.60 美元。期权价值增加百分比为 0.60 美元/5.00 美元 = 12%，而股票价格涨幅仅为 1 美元/120 美元 = 0.83%。百分比变动的比率为 12%/0.83% = 14.4。股票价格每上升 1%，期权价格就

⊖　对美式看跌期权更详细的论述，参见：R. Geske and H. E. Johnson, "The American Put Valued Analytically," *Journal of Finance* 39 (December 1984), pp. 1511-24.

上升 14.4%。这一比率，即期权价格变动百分比与股票价格变动百分比的比值，称为**期权弹性**（option elasticity）。

对冲比率是资产组合管理与控制中最基本的工具。例 21-4 将说明这一点。

【例 21-4】　　对冲比率

考虑两种资产组合，一个是持有 750 份 IBM 看涨期权和 200 股 IBM 股票，另一个是持有 800 股 IBM 股票。哪种资产组合对 IBM 股票价格波动的风险敞口更大？你可以利用对冲比率很容易地回答这个问题。

用 H 代表对冲比率，则股票价格每变动 1 美元，期权价格就会变动 H 美元。这样，如果 H 等于 0.6，股票价格波动时，750 份期权就相当于 $750 \times 0.6 = 450$ 股股票。显然，第一种资产组合对股票价格的敏感度要低，因为相当于 450 股股票的期权再加上 200 股股票要小于第二种资产组合的 800 股股票。

但是，这并不是说第一种资产组合对股票收益率的敏感度也较低。我们在讨论期权弹性时知道，第一种资产组合的总价值可能低于第二种资产组合。因此从市场总价值来说，它的敏感度较低，但是它的收益率敏感度较高。因为一份看涨期权的市场价值要低于股票价格，所以它价格变化幅度要高于股票价格变动幅度，尽管它的对冲比率小于 1.0。■

概念检查 21-8

如果股票价格为 122 美元，那么执行价格为 120 美元，对冲比率为 -0.4，售价为 4 美元的看跌期权的弹性为多少？

Excel 应用：布莱克 - 斯科尔斯期权定价

下列电子数据使用布莱克 - 斯科尔斯模型对期权进行定价。输入变量为股票价格、标准差、期权到期期限、执行价格、无风险利率和股利收益率。看涨期权定价用式（21-1），看跌期权定价用式（21-3）。对每个看涨期权和看跌期权，经股利调整的布莱克 - 斯科尔斯公式以替代 S。

该模型也可用来计算看涨期权和看跌期权的内在价值和时间价值。

该模型也用单向数据表显示敏感性分析。第一个工作簿给出了看涨期权的分析结果，而第二个工作表给出了看跌期权的分析结果。你可以再在线学习中心找到这些表格，网址是 www.mhhe.com/bkm。

	A	B	C	D	E	F	G	H	I	J	K	L	M	N
1	Chapter 21- Black-Scholes Option Pricing						LEGEND:							
2	Call Valuation & Call Time Premiums						Enter data							
3							Value calculated							
4							See comment							
5	Standard deviation(s)	0.27830												
6	Variance(annual) s^2)	0.07745			Call			Call			Call			Call
7	Time to expiration(years,T)	0.50		Standard	Option		Standard	Time		Stock	Option		Stock	Time
8	Risk-free rate(annual,r)	6.00%		Deviation	Value		Deviation	Value		Price	Value		Price	Value
9	Current stock price(S0)	$100.00			7.000			7.000			7.000			7.000
10	Exercise price (X)	$105.00		0.15	3.388		0.150	3.388		$60	0.017		$60	0.017
11	Dividend yield (annual,d)	0.00%		0.18	4.089		0.175	4.089		$65	0.061		$65	0.061
12				0.20	4.792		0.200	4.792		$70	0.179		$70	0.179
13	d_1	0.0 029095		0.23	5.497		0.225	5.497		$75	0.440		$75	0.440
14	d_2	-0.193878		0.25	6.202		0.250	6.202		$80	0.935		$80	0.935
15	$N(d_1)$	0.50116		0.28	6.907		0.275	6.907		$85	1.763		$85	1.763
16	$N(d_2)$	0.42314		0.30	7.612		0.300	7.612		$90	3.014		$90	3.014
17	Black-Scholes call value	$6.99992		0.33	8.317		0.325	8.317		$95	4.750		$95	4.750
18	Black-Scholes put value	$8.89670		0.35	9.022		0.350	9.022		$100	7.000		$100	7.000
19				0.38	9.726		0.375	9.726		$105	9.754		$105	9.754
20				0.40	10.429		0.400	10.429		$110	12.974		$110	7.974
21	Intrinsic value of call	$0.00000		0.43	11.132		0.425	11.132		$115	16.602		$115	6.602
22	Time value of call	6.99992		0.45	11.834		0.450	11.834		$120	20.572		$120	5.572
23				0.48	12.536		0.475	12.536		$125	24.817		$125	4.817
24	Intrinsic value of put	$5.00000		0.50	13.236		0.500	13.236		$30	29.275		$130	4.275
25	Time value of put	3.89670								$135.00	33.893		$135	3.893

21.5.2　资产组合保险

在第 20 章中，我们已经知道，保护性看跌期权策略提供了一种资产保险。事实证明，投资者非常喜欢保护性看跌期权。即使资产价格下跌了，看跌期权赋予以执行价格卖出资产的权利，这是一种锁定资产组合价值下限的方法。平值看跌期权（$X = S_0$）的最大损失是看跌期权的成本。资产可以以 X 出售，与其初始价值相等，所以即使资产价格下跌，投资者在这段时间内的净损失仅仅是看跌期权的成本。如果资产价格上升，潜在的空间却是没有限制的。图 21-10 画出了保护性看跌头寸在标的资产价值 P 变动时的利润与损失。

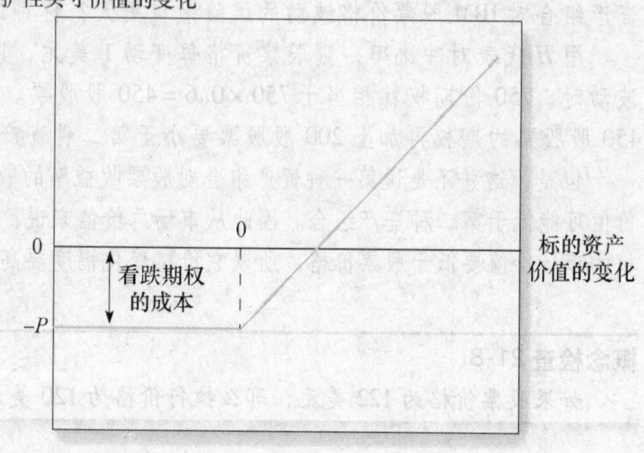

图 21-10　保护性看跌期权策略的利润

保护性看跌期权是实现**投资组合保险**（portfolio insurance）的一种简单方便的方法，它限制了资产组合在最坏情况下的收益率，但在对股票资产组合保险时，有一些实际的困难。首先，除非投资者的资产组合与看跌期权交易的市场指数相符，否则无法买到资产组合的看跌期权。并且如果用指数的看跌期权来保护非指数的资产组合时，会产生追踪误差。例如，如果市场指数上升，资产组合价值下跌，看跌期权将失去应有的保护作用。追踪误差限制了投资者进行积极股票策略的自由度，因为资产组合背离市场指数越严重，这种误差就越大。

一个人们普遍接受的观点是：即使想要的资产组合的看跌期权不存在，也可以通过理论上的期权定价公式（例如布莱克－斯科尔斯模型）来确定期权价格对资产组合价值的反应，如果这种期权确实在交易的话。例如，如果股票价格将来要下降，看跌期权价值会增加。期权定价模型可以量化这种关系。保护性看跌期权资产组合对股票价格波动的净风险敞口是资产组合中两个组成部分（股票和看跌期权）的风险敞口之和。净风险敞口等于股票的风险减去看跌期权的风险。

通过持有一定数量的股票，且该股票对市场波动的净风险敞口与保护性看跌期权头寸相同，我们就可以构造了“合成”的保护性看跌期权。这种策略的关键是期权的德尔塔，或者对冲比率，也就是标的股票资产组合价值的单位变化引起的保护性看跌期权价格的变化量。

【例 21-5】　合成的保护性看跌期权

假定现在一个资产组合的价值为 1 亿美元。以该资产组合为标的物的看跌期权的德尔塔值为 -0.6，意味着该资产组合价值每变动 1 美元，期权价值就朝相反方向变动 0.6 美元。假定资产组合价值减少了 2%。如果存在看跌期权的话，合成的保护性看跌期权的利润如下（以 100 万美元计）：

股票的损失	2% × \$100 = \$2.00
看跌期权的盈利	0.6 × \$2.00 = \$1.20
净损失	= \$0.80

我们通过出售等于德尔塔值（即 60%）的股票，并购买等额的无风险短期国债，来构造合成的期权头寸。基本原理是，看跌期权可以抵消股票资产组合价值变化的 60%，所以可以直接出售 60% 的股票并将收入投资于无风险资产。6 000 万美元投资于无风险资产，如短期国债与 4 000 万美元投资于股票所组成的资产组合的利润为（以 100 万美元计）：

股票的损失	2% × \$40 = \$0.80
+ 国债的损失	= 0
净损失	= \$0.80

合成的和实际的保护性看跌期权头寸具有同样的收益率。我们的结论是，如果你出售等于看跌期权的德尔塔值的股票，换成现金等价物，那么你在股票市场的风险敞口等于想要的保护性看跌期权头寸的风险敞口。■

这种处理的困难在于德尔塔值经常改变。图 21-11 表明，股票价格下跌，恰当的对冲比率将增大。因此，市场下跌时需要增加额外的对冲，也就是将更多的股票变为现金。不断更新对冲比率被称为**动态套期保值**（dynamic hedging，也称为德尔塔对冲、动态对冲）。

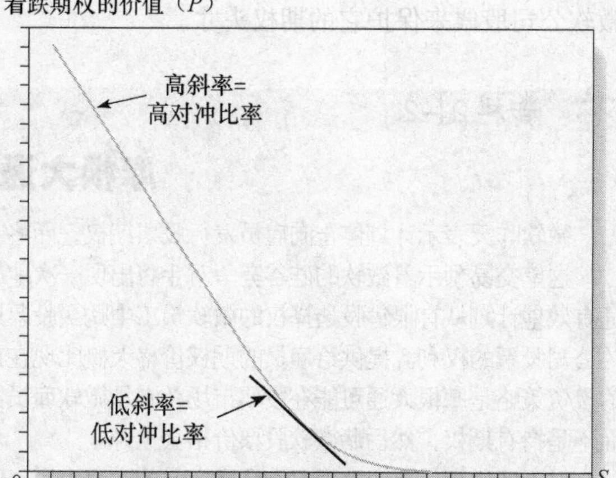

图 21-11 对冲比率随股票变化而变化

动态对冲是资产组合保险对市场波动性有影响的原因之一。市场下跌时，资产组合保险者努力增加对冲，从而导致额外的股票抛售。这些额外的抛售又会加剧市场的下跌。

在实践中，当更新他们的对冲头寸时，资产组合保险者并不直接买入或者卖出股票。作为替代，他们通过买入或卖出股票指数期货替代买卖股票使交易成本最小化。你将会在下一章中看到，在跨市场套利作用下，股票价格与指数期货价格通常紧密相连，所以期货交易就可以代替股票交易。保险者卖出相应数额的期货合约来代替卖出基于看跌期权德尔塔值的股票数量。[⊖]

1987 年 10 月 19 日市场崩盘，有些资产组合保险人遭受了巨大的挫折，当时市场在一天之内约损失了 20%。对当时所发生一切的详细描述会让你体会看似简单直接的对冲概念的复杂性。

- 崩盘时市场波动性比以前更大。基于历史经验的看跌期权的德尔塔值过低；保险者未完全对冲，持有过多的股票，所以遭受了额外损失。
- 价格变化太快使得保险者无法保持必要的再平衡。他们总是在不断“追逐德尔塔”，却总被甩开。期货市场总是“跳空”开盘，并且开盘价比前一日收盘价低将近 10%。在保险者更新他们的对冲比率之前价格就已经下跌了。
- 操作问题更为严重。首先，无法获得当前的市场价格，伴随着交易执行和行情报价延迟数小时，这使得计算正确的对冲比率不具有可能性。再者，有时股票交易与期货交易会中止一段时间。市场崩盘时，连续再平衡的能力消失了，而这是可实施的保险项目所必需的。
- 与股票价格相比，期货在其正常价格水平时的折扣价交易，这使得卖出期货（作为卖出股票的替代）的成本很高。尽管你在下一章中看到股票指数期货价格通常超过股票指数，但图 21-12 表明 10 月 19 日的期货价格远低于股票指数。当一些保险者打赌期货价格将恢复至保持对股票指数正常的升水，并选择延迟出售时，他们就没有完全对冲。随着市场进一步下跌，他们的资产组合遭受了严重的损失。

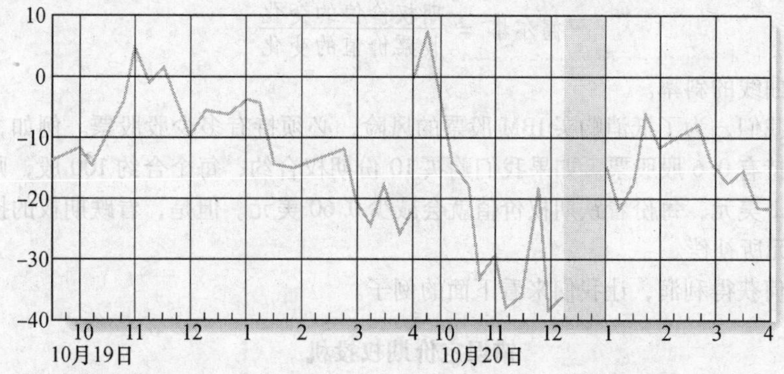

图 21-12 每间隔 15 分钟标准普尔 500 指数期间价差

注：期货合约在 12：15 至 1：05 期间暂停交易。

资料来源：*The Wall Street Journal*. Reprinted by permission of *The Wall Street Journal*，© 1987 Dow Jones & Company，lnc. All rights reserved worldwide.

⊖ 但是，需要注意指数期货的使用又引入了资产组合与市场指数之间的跟踪误差问题。

尽管大多数观察家认为，资产组合保险行业将永远不会从市场崩盘中复苏，但是德尔塔对冲在华尔街上仍然富有生命力。动态对冲依然被大公司广泛地用来对冲期权头寸的潜在损失。例如，专栏 21-2 表明，当微软结束了它的员工股票期权计划和摩根大通买入大量微软员工持有的存量期权时，市场普遍预期摩根会根据德尔塔对冲策略卖出微软公司股票来保护它的期权头寸。

专栏21-2

摩根大通在微软期权上掷骰子

微软昨天表示计划停止向雇员发行股票期权，而将向他们提供限售股。这种转变在技术商业领域很容易被效仿。

这笔交易预示着微软的硅谷竞争对手将出现一次地震式转变，并对华尔街产生影响。尽管计划的细节还不是很清晰，摩根大通有效地计划从有限售股选择权的微软员工中购买股票期权。雇员股票期权可以看做补偿金的一种形式，它赋予雇员把期权交换为公司股票的权利。提供给雇员的期权价格大概比现在市场价格低，这给摩根大通一个通过这笔交易创造利润的机会。人们熟悉的投资策略是摩根大通可能在股票市场为它从微软雇员购买的每一份期权做一个配对交易以对冲赌博风险并带来一个边际利润，而不是持有期权，然后赌微软股票价格会上升。

对于华尔街从事像这样复杂金融交易的专家来说，摩根大通与微软的这笔交易背后的策略并非是独一无二或者极为精巧。他们补充说摩根有几种处理几百万美元微软期权的方法。

例如，摩根可以通过卖出微软的股票对冲期权头寸。微软是市场上最大市值的股票，并且它的股票最具有流动性，这意味着能够很容易地对冲持有那些期权的风险。

摩根大通也可以把期权卖给投资者，就像它对待银团贷款一样，于是分散了风险。在投资者电话会议上，鲍默尔表示雇员可以把他们的期权出售给“一个第三方或者第三方团体”，并补充说公司将与摩根大通和美国证券交易委员会一起商定具体细节。

资料来源：*The Wall Street Journal*，July 9，2003.

21.5.3 对错误定价期权的对冲赌博

假定你认为 IBM 股票收益在未来几周的标准差为 35%，但是 IBM 股票看跌期权的售价却与 33% 的波动率相一致。因为看跌期权隐含波动率比你对该股票波动率的预测值要低，所以你认为该期权价格被低估。利用你掌握的像布莱克－斯科尔斯公式这种期权定价模型对波动率的估值，你可以得出看跌期权公平价格超过其实际价格。

这是不是意味着你应该买入这些看跌期权呢？也许可以，但这么做，如果 IBM 股票表现非常好，即使你对波动率的估计是正确的，也将面临损失风险。你将把对波动率的赌博和买入看跌期权附带的对股票下跌的赌博分离开来。换句话说，你是想通过买入看跌期权来投机期权错误定价部分，但是对冲 IBM 股票表现导致的风险敞口。

期权的德尔塔可用一个对冲比率来表示。德尔塔被定义为：

$$\text{德尔塔} = \frac{\text{期权价值的变化}}{\text{股票价值的变化}}$$

因此，德尔塔是期权定价曲线的斜率。

这个比率确切地告诉我们，为了抵消购买 IBM 股票的风险，必须持有多少股股票。例如，如果德尔塔是 -0.6，对冲每一份期权我们需要持有 0.6 股股票。如果我们购买 10 份期权合约，每个合约 100 股，则我们需要购买 600 股股票。如果股票价格上升 1 美元，每份看跌期权价值就会减少 0.60 美元。但是，看跌期权的损失就会被持有股票得到的收入 1×600=600 美元所补偿。

为了说明这种策略如何获得利润，让我们来看下面的例子。

【例 21-6】 **错误定价期权投机**

假定期权期限 T 为 60 天；看跌期权价格 P 为 4.495 美元；执行价格 X 为 90 美元；股票价格 S 为 90 美元；无风险利率为 4%。我们假定在未来 60 天里股票不支付股利。给定这些数据，期权的隐含波动率是 33%，正如我们所假定的。但是，你认为真正的波动率应该是 35%，意味着看跌期权的公平价格是 4.785 美元。因此，如果市场对该波动率的估值调整到你所认为是正确的值时，你的利润就是每一份看跌期权 0.29 美元。

回想一下看跌期权的对冲比率，即德尔塔，等于 $N(d_1)-1$，其中 $N(\cdot)$ 是累积的正态分布函数，且

$$d_1 = \frac{\ln(S/X) + (r + \sigma^2/2)\ T}{\sigma \sqrt{T}}$$

你估计 $\sigma = 0.35$，对冲比率 $N(d_1) - 1 = -0.453$。

因此，假定你购买了10张期权合约（1 000份看跌期权），并购买了453股股票。一旦市场“追上了”你估计的波动率水平，看跌期权价值就会增加。如果市场对波动性的估计在你购买这些期权之后立即改变，则你的利润等于1 000×0.29 = 290美元。当然，股票价格的任何变动都会对期权价格造成影响，但是对冲比率选择是合适的，则这部分风险就可以被消除。你的利润应该仅是基于看跌期权隐含波动率变动带来的影响，而股票价格带来的冲击已经被对冲掉了。

假定看跌期权价格变化反映了你对波动率的估计，表21-4表明你的利润是股票价格的函数。B中表明就看跌期权自己而言，它的利润或损失取决于股票价格的上升或下降。但是，我们从C中可以看出，不管股票价格如何变化，每一个对冲的看跌期权提供的利润基本上等于最初价格错估部分。■

表21-4 对冲的看跌期权资产组合的利润

a. 建立对冲头寸的成本			
1 000份看跌期权，每份4.495美元		\$4 495	
453股股票，每股90美元		40 770	
总支出		\$45 265	
b. 看跌期权价值是股票价格的函数，隐含波动率为35%			
股票价格	89	90	91
看跌期权价格	\$5.254	\$4.785	\$4.347
每一看跌期权的利润（损失）	0.759	0.290	(0.148)
c. 对冲的看跌期权资产组合的价值和利润			
股票价格	89	90	91
1 000份看跌期权的价值	\$5 254	\$4 785	\$4 347
453股股票的价值	40 317	40 770	41 223
总计	\$45 571	\$45 555	\$45 570
利润（=价值-A中的成本）	306	290	305

注意例21-6中，利润并非完全独立于股票价格。这是因为随着股票价格的变化，用来计算对冲比率的德尔塔也随之变化。原理上，对冲比率随德尔塔的变化而不断调整。德尔塔对股票价格的敏感度称为该期权的**伽玛**（gamma）。期权伽玛类似于债券的凸性。在这两个例子中，价值函数的曲率意味着对冲比率或久期随市场条件变化而变化，使得再平衡成为对冲策略的一个必要部分。

概念检查21-9

假定你在赌波动率时购买看涨期权而不是看跌期权，那么你会如何对冲股票价格波动带来的风险敞口？对冲比率是多少？

例21-6中策略的一个变体是跨期权投机。假定你观察到期限为45天的IBM看涨期权，执行价格为95，出售价格与波动性 $\sigma = 33\%$ 的期权一致，而另一个期限为45天，执行价格为90的看涨期权，其隐含波动率仅为27%。因为标的资产和到期期限都是等同的，你就得出结论，具有高隐含波动率的看涨期权价格被高估了。为了利用这个价格错估，你可以购买便宜的看涨期权（执行价格为90，隐含波动率为27%）并卖出贵一点的看涨期权（执行价格为95，隐含波动率为33%）。如果无风险利率是4%，IBM股票价格为每股90美元，则购买的看涨期权定价为3.620 2美元，卖出的看涨期权定价为2.373 5美元。

尽管事实上你既是看涨期权的多头又是另一个看涨期权的空头，但这种策略并没有对冲掉IBM股票价格不确定性带来的风险敞口。这是因为执行价格不同的看涨期权对标的资产价格变动的敏感度不同。较低执行价格的看涨期权具有较高的德尔塔，因此对IBM股票价格的风险敞口更大。如果在这两种期权上你持有相同数量的头寸，就不可避免地建立了IBM股票的牛市头寸，因为你购买的看涨期权的德尔塔高于你卖出看涨期权的德尔塔。事实上，回想一下第20章，这个资产组合（买入较低执行价格的看涨期权并卖出较高执行价格的看涨期权）称为牛市价差套利。

我们可以利用对冲比率来建立一个对冲头寸。考虑你卖出的是执行价格为95的期权，你用它们对冲你买入的执行价格为 90 的看涨期权的风险敞口。于是，对冲比率为：

$$H=\frac{\text{IBM 股价变动 1 美元时执行价格为 90 的看涨期权价值变动}}{\text{IBM 股价变动 1 美元时执行价格为 95 的看涨期权价值变动}}$$

$$=\frac{\text{执行价格为 90 的看涨期权的德尔塔值}}{\text{执行价格为 95 的看涨期权的德尔塔值}}>1$$

为了对冲你购买的每个较低执行价格的看涨期权，你需要卖出较高执行价格的看涨期权的数量大于 1。因为具有较高执行价格的看涨期权对 IBM 股票价格敏感度较低，所以需要更多数量来抵偿风险敞口。

假定该股票真正的年波动率介于两个隐含波动率之间，比如 $\sigma=30\%$。我们知道看涨期权的德尔塔是 $N(d_1)$。因此，这两个期权的德尔塔和对冲比率就可以这样计算：

执行价格为 90 的期权：

$$d_1=\frac{\ln(90/90)+(0.04+0.30^2/2)\times 45/365}{0.30\sqrt{45/365}}=0.099\,5$$

$$N(d_1)=0.539\,6$$

执行价格为 95 的期权：

$$d_1=\frac{\ln(90/95)+(0.04+0.30^2/2)\times 45/365}{0.30\sqrt{45/365}}=-0.413\,8$$

$$N(d_1)=0.339\,5$$

对冲比率：

$$\frac{0.539\,6}{0.339\,5}=1.589$$

因此，每购买 1 000 份执行价格为 90 的看涨期权，我们需要卖出 1 589 份执行价格为 95 的看涨期权。利用这种策略，我们就可以对两种期权的相对错误估价进行打赌，而不用持有 IBM 股票的头寸。表 21-5 中 A 表明该头寸会产生 151.30 美元的现金流。卖出看涨期权的权利金收入超过了购买看涨期权花费的成本。

表 21-5　德尔塔中性期权资产组合的利润

a. 资产建立时的现金流			
买入 1 000 份看涨期权，$X=90$，价格 3.620 2 美元（隐含波动率为 27%）	现金流出 3620.20 美元		
卖出 1 589 份看涨期权，$X=95$，价格 2.373 5 美元（隐含波动率为 33%）	现金流入 3 771.50 美元		
总计	现金净流入 151.30 美元		
b. 隐含波动率为 30% 的期权价格			
股票价格	89	90	91
执行价格 90 的看涨期权	\$3.478	\$3.997	\$4.557
执行价格 95 的看涨期权	1.703	2.023	2.382
c. 隐含波动率收敛于 30% 后资产组合的价值			
股票价格	89	90	91
1 000 份看涨期权的价值	\$3 478	\$3 997	\$4 557
减去卖出的 1 589 份看涨期权的价值	2 705	3 214	3 785
总计	\$773	\$782	\$772

当你在股票和期权上建立了一个头寸，该头寸根据标的资产价格的波动进行了对冲，你的资产组合就被称为**德尔塔中性**（delta neutral），这就是说当股票价格波动时，该资产组合的价值既没有上涨趋势也没有下跌趋势。

让我们检查我们的期权头寸，会发现其实就是德尔塔中性。假定这两个期权的隐含波动率在你刚建立头寸之后又重新调整，两个期权都按 30% 的波动率定价。你预期从买入的看涨期权价值的增加以及卖出的看跌期权价值的减少中获得利润。表 21-4 的 B 给出了波动率为 30% 时期权的价格，C 给出了不同股票价格下你的头寸的价值。尽管每份期权的利润或损失都受股票价格的影响，但是德尔塔中性期权组合的价值却是正的，并且本质上独立于 IBM 股票的价格。再者，我们可以从 A 中看出建立这样的资产组合并不需要现金支出。无论是在你建立资产组合时，还是在隐含波动率收敛于 30% 后你平掉头寸时，你都会有现金流入。

之所以出现这种不寻常的利润机会是因为你认识到了价格的偏离。如果价格处于均衡水平，这种机会就不会发生。通过德尔塔中性策略来利用价格差异，不管 IBM 股票价格如何变化，你都可以获得利润。

德尔塔中性策略也会遇到一些实际问题，其中最重要的困难就是准确估计下一个时期的波动率。如果波动率的估计是不准确的，则德尔塔也不准确，那么总的头寸就不会被完全正确地对冲。再者，如果波动率随时间变化，期权或期权加股票头寸通常不再是中性的。例如，用股票对冲的看跌期权可能是德尔塔中性的，但不是波动率中性的。即使股票价格保持不变，市场波动率的变化也会影响期权价格。

这些问题很严重，因为波动率的估计不是完全可靠的。首先，波动率不能被直接观察到并且必须从历史数据中估计，应用于未来时就存在计量误差。其次，我们已经看到历史的和隐含的波动率都随时间而变化。因此，我们总是瞄准一个移动的目标。尽管德尔塔中性头寸对冲了标的资产价格的变化，但是它们仍然面临波动率风险，该风险来自于波动率的变化不可预测。期权价格变化对波动率变化的敏感度称为期权的**引申波幅敏感度**（vega）。这样，尽管德尔塔中性头寸能够对冲掉标的资产价格变化带来的风险敞口，但是它们并不能消除波动率风险。

21.6 期权定价的经验证据

布莱克－斯科尔斯期权定价模型已经经受了无数次的实证检验。在绝大多数情况下，研究结果表明通过该公式计算的期权价格与实际价格相当接近。与此同时，该模型也不时呈现一些缺陷。

惠利[一]检查了布莱克－斯科尔斯公式与允许提前执行的更复杂的期权公式的表现。他的发现表明，允许提前执行期权的定价公式要优于布莱克－斯科尔斯公式。当股票支付高股利时，布莱克－斯科尔斯定价公式表现很差。另一方面，恰当的美式看涨期权定价公式，在预测支付高或低股利股票期权价格时表现相当好。

鲁宾斯坦强调了布莱克－斯科尔斯模型的一个严重问题。[二]如果模型是精确的，某个股票所有相同期限的看涨期权的隐含波动率应该相等。毕竟，每个期权的标的资产和到期期限是一样的，所以从每份期权推导出的波动率也应该一样。但事实上，当把隐含波动率当做执行价格的函数并画图，典型结果如图21-13所示，标的资产是标准普尔500指数期权。当执行价格上升时，隐含波动率稳步下降。很明显，布莱克－斯科尔斯模型遗漏了一些东西。

鲁宾斯坦认为模型的问题与类似1987年10月市场崩盘的恐惧有关。如果股票价格变化平缓，深度虚值的看跌期权几乎毫无价值，因为在短时间内股票价格大幅下跌（看跌期权变为实值）的概率很小。但是一个突然的价格暴跌会使看跌期权变为实值，就像市场崩盘，从而给予期权更高的价值。这样，股票价格大幅下跌的可能性很大，市场对这些期权的定价会比布莱克－斯科尔斯公式的定价更高。高期权价格的结果会是由布莱克－斯科尔斯模型推导出更高隐含波动率。

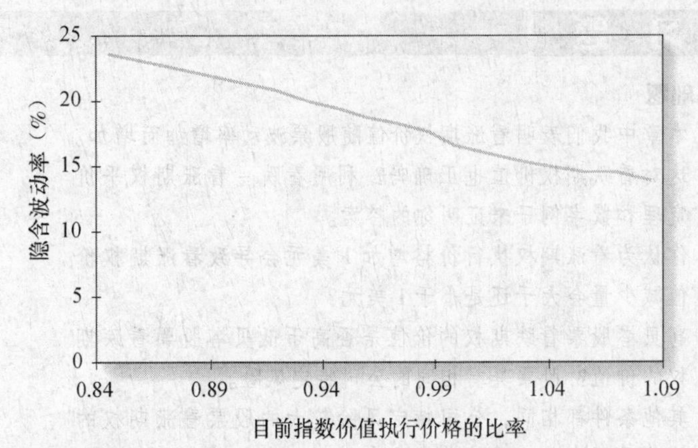

图21-13 把标注普尔500指数隐含波动率当做执行价格的函数

资料来源：Mark Rubinstein, "Implied Binomial Trees," *Journal of Finance* (July 1994), pp. 771-818.

有趣的是，鲁宾斯坦指出1987年股市崩盘之前，像图21-13中的隐含波动率的轨迹相对平坦，与那时市场不担心股市崩盘的观念相一致。但是，股市崩盘后隐含波动率的轨迹就向下倾斜，呈现出所谓的"期权微笑"形状。当我们使用允许更一般股票价格分布（包括崩盘风险和波动率随机变化）的期权定价模型时，它们产生类似于图21-13中向下倾斜的隐含波动率曲线。[三]

[一] Robert E. Whaley, "Valuation of American Call Options of Dividend-Paying Stocks: Empirical Tests," *Journal of Financial Economics* 10 (1982).

[二] Mark Rubinstein, "Implied Binomial Trees," *Journal of Finance* 49 (July 1994), pp. 771-818.

[三] 这些更一般模型的拓展分析，参见：R. L. McDonald, *Derivatives Markets*, 2nd ed. (Boston: Pearson Education [Addison-Wesley], 2006).

小 结

1. 期权价值包括内在价值与时间价值或“波动性”价值。波动性价值是如果股票价格与预计方向相反时持有者选择不执行的权利。这样不管股票价格如何变动，期权持有者的损失不会超过期权的成本。
2. 执行价格越低，股票价格越高，利率越高，到期期限越长，股票波动率越高，股利越低时，看涨期权的价值越高。
3. 看涨期权的价值至少等于股票价格减去执行价格与到期前支付股利之和的现值。这说明不支付股利的看涨期权的售价可能要比立即行权所获得的收益高。因为提前执行不支付股利的美式看涨期权没有价值，所以对不支付股利的看涨期权而言，欧式期权与美式期权价值相同。
4. 可以用两时期、两状态定价模型对期权进行定价。随着时期数量的增加，二项式模型能够近似反映股票价格的分布。布莱克－斯科尔斯定价公式可以视为当时间间隔持续地分为更小区间，在利率与股票波动率保持不变的情况下，二项式定价公式的极限情况。
5. 布莱克－斯科尔斯定价公式适用于不支付股利的股票期权。股利调整用来定价支付股利的欧式股票期权已经足够了，但是对支付股利的美式股票期权恰当处理就更加复杂了。
6. 不管股票是否支付股利，看跌期权都可提前执行。因此，美式看跌期权一般比欧式看跌期权价值更高。
7. 欧式看跌期权的价值可以从看涨期权的价值和看跌－看涨期权平价关系中得到。但是美式看跌期权能够提前执行，所以这种技术不适用于美式看跌期权。
8. 期权的隐含波动率是股票收益率的标准差，并与期权市场价格相一致。使期权价值与观察到的价格相等，可以通过期权定价模型推导出股票波动率。
9. 对冲比率是卖出一份期权时，为了对冲价格风险而需要的股票的数量。深度虚值看涨期权的对冲比率接近于0，深度实值看涨期权的对冲比率接近于1.0。
10. 虽然对冲比率小于1.0，但是看涨期权的弹性大于1.0。当股票价格变动1时，一份看涨期权的收益大于1（与美元收益相对）。
11. 资产组合保险可以通过购买股票头寸的保护性看跌期权来获得。当不存在合适的看跌期权时，资产组合保险就需要一个动态对冲策略，即卖出一定比例的股票资产组合，换成无风险证券，其中该比例等于看跌期权的德尔塔。
12. 期权的德尔塔用来决定期权头寸的对冲比率。德尔塔中性策略独立于标的资产价格的变化。但是德尔塔中性期权资产组合仍受波动率风险的约束。
13. 经验上，通过布莱克－斯科尔斯公式得出期权执行价格越高，隐含波动率越低。这可能是期权价格反映了股票价格存在突然大幅下跌可能性的证据。这样的“崩盘”与布莱克－斯科尔斯的假设不一致。

习 题

基础题

1. 本章中我们表明看涨期权价值随股票波动率增加而增加。这对看跌期权价值也正确吗？利用看跌－看涨期权平价定理和数字例子来证明你的答案。
2. 你认为看涨期权执行价格增加1美元会导致看涨期权价值减少量会大于还是小于1美元？
3. 高贝塔股票看跌期权的价值是否高于低贝塔股票看跌期权的价值？股票具有相同的公司特定风险。
4. 其他条件都相同，公司特定风险较大的股票看涨期权的价值是否高于公司特定风险较小的股票看涨期权的价值？两种股票的贝塔值相同。
5. 其他条件都相同，较高执行价格的看涨期权与较低执行价格的看涨期权相比，对冲比率高还是低？

中级题

6. 在下列各题中，你被要求比较给定参数的两种期权。假定无风险利率为6%，期权标的股票不支付股利。

a.

看跌期权	T	X	σ	期权价格
A	0.5	50	0.20	10美元
B	0.5	50	0.25	10美元

股票价格较低时，卖出哪一种看跌期权？

ⅰ. A
ⅱ. B
ⅲ. 信息不足

b.

看跌期权	T	X	σ	期权价格
A	0.5	50	0.2	10美元
B	0.5	50	0.2	12美元

股票价格较低时，一定卖出哪一种看跌期权？

ⅰ. A
ⅱ. B
ⅲ. 信息不足

c.

看涨期权	S	X	σ	期权价格
A	50	50	0.2	12美元
B	55	50	0.2	10美元

哪一种看涨期权的期限较短？

ⅰ. A
ⅱ. B
ⅲ. 信息不足

d.

看涨期权	T	X	S	期权价格
A	0.5	50	55	10美元
B	0.5	50	55	12美元

股票波动率较高时，卖出哪一种看涨期权？

i. A

ii. B

iii. 信息不足

e.

看涨期权	T	X	S	期权价格
A	0.5	50	55	10美元
B	0.5	50	55	7美元

股票波动率较高时，卖出哪一种看涨期权？

i. A

ii. B

iii. 信息不足

7. 重新考虑两状态模型中对冲比率的确定过程，我们证明了1/3股股票就能对冲1份期权。执行价格分别为120、110、100、90时，对冲比率各是多少？随着期权实值程度的逐渐提高，对冲比率会如何变化？

8. 证明布莱克-斯科尔斯看涨期权对冲比率随股票价格上升而上升。考虑执行价格为50美元的1年期期权，其标的股票的年标准差为20%。短期国债收益率为每年3%。股票价格分别为45美元、50美元和55美元时，求$N(d_1)$。

9. 在本题中我们将推导两状态看跌期权的价值。数据：$S_0=100$；$X=110$；$1+r=1.10$。S_T两种可能的价格为130和180。

   a. 证明两状态间S的变动范围是50，而P的变动范围是30。看跌期权的对冲比率是多少？

   b. 构建一个资产组合，包括3股股票和5份看跌期权。该资产组合的收益（非随机）是多少？该资产组合的现值是多少？

   c. 给定股票现在售价为100，求解看跌期权的价值。

10. 计算第9题中执行价格为110的股票看涨期权的价值。证明你对第9题和第10题的答案满足看跌-看涨期权平价定理。（此例中不要使用连续复利计算X的现值，因为这里我们使用的是两状态模型，而不是连续时间的布莱克-斯科尔斯模型。）

11. 根据以下信息，使用布莱克-斯科尔斯公式计算股票看涨期权的价值。

到期期限	6个月
标准差	每年50%
执行价格	50美元
股票价格	50美元
利率	3%

12. 与第11题中看涨期权的执行价格和到期期限相同，使用布莱克-斯科尔斯公式计算股票看跌期权的价值。

13. 重新计算第11题中的看涨期权价值。保持其他变量不变，只以下列条件逐一替代第11题中的原有条件：

    a. 到期期限=3个月

    b. 标准差=25%每年

    c. 执行价格=55美元

    d. 股票价格=55美元

    e. 利率=5%

    独立考虑每一种情形。证明期权价值的变化与表21-1中的预测保持一致。

14. 看涨期权$X=50$美元，标的股票价格$S=55$美元，看涨期权售价为10美元。根据波动率估计值$\sigma=0.30$，你会发现$N(d_1)=0.6$，$N(d_2)=0.5$。无风险利率为0。期权价格的隐含波动率高于还是低于0.30？为什么？

15. 在数据表21-3中，跨式期权头寸布莱克-斯科尔斯价值的Excel公式是什么？

阅读以下案例，回答第16-21题。特许金融分析师马克·华盛顿是BIC的分析师。一年前，BIC分析师预测美国股票市场将轻微下降并建议对BIC的资产组合进行德尔塔对冲。正如预测，美国股票市场在12个月确实下跌了近4%。但是，BIC的资产组合的表现令人失望，低于同行表现近10%。华盛顿被指派去检查期权策略，以确定对冲资产组合的表现不如预期的原因。

16. 哪一个是德尔塔中性资产组合的最佳表述？德尔塔中性资产组合完全对冲了：

    a. 标的资产价格的小幅变化

    b. 标的资产价格的小幅下跌

    c. 标的资产价格的任何变化

17. 在讨论了德尔塔中性资产组合的概念之后，华盛顿决定有必要进一步解释德尔塔的概念。华盛顿画出了把期权价值当做标的股票价格的函数。该图形表明了德尔塔该如何解释。德尔塔是：

    a. 期权价格图形中的斜率。

    b. 期权价格图形中的曲率。

    c. 期权价格图形中的水平线。

18. 华盛顿考虑了一个德尔塔为-0.65的看跌期权。如果标的资产价格下跌了6美元，那么期权价格的最佳估计是什么？

19. BIC拥有51 750股史密斯公司股票。每股售价为69美元。执行价格为70美元的史密斯公司股票看涨期权售价为3.50美元，其德尔塔为0.69。构建一个德尔塔中性对冲，需要多少份看涨期权？

20. 回到上题。如果股票价格下跌，德尔塔对冲需要卖出看涨期权的数量是增加还是减少？

21. 对于德尔塔中性资产组合的目标，下列哪种陈述最精确？一个德尔塔中性资产组合是结合一个______。
    a. 股票多头和看涨期权空头，这样股票价值变化时资产组合价值保持不变
    b. 股票多头和看涨期权空头，这样股票价值变化时资产组合价值也发生变化
    c. 股票多头和看涨期权多头，这样股票价值变化时资产组合价值保持不变
22. 长期国债收益率对利率变动的敏感性是高于还是低于标的债券收益率对利率的敏感性？
23. 如果股票价格下跌，看涨期权价格上升，那么看涨期权的隐含波动率如何变化？
24. 如果到期期限缩短，看跌期权价格上升，那么看跌期权的隐含波动率如何变化？
25. 根据布莱克－斯科尔斯公式，当股票价格趋于无限大时看涨期权对冲比率的值为多少？
26. 根据布莱克－斯科尔斯公式，当执行价格很小时看跌期权对冲比率的值为多少？
27. IBM 平值看涨期权的对冲比率为 0.4。平值看跌期权的对冲比率为 －0.6。IBM 平值跨式期权头寸的对冲比率为多少？
28. 考虑一个 6 个月期限的欧式看涨期权，执行价格为 105 美元。标的股票售价为每股 100 美元，不支付股利。无风险利率为 5%。如果期权现在售价为 8 美元，期权隐含波动率是多少？使用数据表 21-3（可从 www.mhhe.com/bkm 下载；链接至第 21 章材料）回答这一问题。
    a. 进入电子数据中的工具菜单并选择“Goal Seek”。对话框要求你回答三条信息。在那个对话框中，你通过改变单元格 B2 来设定 E6 单元格的值为 8。换句话说，你让电子表格寻求标准差的值（出现在单元格 B2 中），迫使期权的价值（单元格 E6）等于 8 美元。然后点击“OK”按钮，你会发现看涨期权现在价值 8 美元，输入的标准差随之改变以保持与期权价值一致。这是期权价值为 8 美元时看涨期权隐含的标准差。
    b. 如果期权售价为 9 美元，隐含波动率如何变化？为什么隐含波动率会增加？
    c. 如果期权价格保持在 8 美元，但是期权到期期限缩短，比如 4 个月，隐含波动率如何变化？为什么？
    d. 如果期权价格保持在 8 美元，但是执行价格降低，比如 100 美元，隐含波动率如何变化？为什么？
    e. 如果期权价格保持在 8 美元，但是股票价格下降，比如 98 美元，隐含波动率如何变化？
29. 构建一个双限期权：买入一股价格为 50 美元的股票，买入一份 6 个月期的执行价格为 45 美元看跌期权，并且卖出一份 6 个月期的执行价格为 55 美元的看涨期权。根据股票的波动率，你可以计算出 6 个月期、执行价格为 45 美元的期权，$N(d_1)=0.60$，而执行价格为 55 美元的期权，$N(d_1)=0.35$。
    a. 如果股票价格上升 1 美元，双限期权盈利或损失是多少？
    b. 如果股票价格变得非常大，资产组合的德尔塔如何变化？股票价格变得非常小呢？
30. 三份看跌期权的标的股票相同，德尔塔分别为 －0.9、－0.5 和 －0.1。填表把德尔塔分配给相应的期权。

看跌期权	X	德尔塔
A	10	
B	20	
C	30	

31. 你非常强烈地看涨 EFG 股票，并认为其大大超过市场上其他股票。在下列每个问题中，如果你的看涨预测是正确的，选出给你带来最大利润的资产组合。说明你的理由。
    a. 选择 A：10 000 美元投资于看涨期权，$X=50$。
       选择 B：10 000 美元投资于 EFG 股票。
    b. 选择 A：10 份看涨期权合约（每份 100 股），$X=50$。
       选择 B：1 000 股 EFG 股票。
32. 你想持有 XYZ 公司股票的保护性看跌期权头寸，锁定年末最小价值为 100 美元。XYZ 现在售价为 100 美元。下一年股票价格将上升 10% 或下降 10%。短期国债利率为 5%。不幸的是，没有 XYZ 股票的看跌期权交易。
    a. 假定有所需要的看跌期权交易，购买它的成本是多少？
    b. 这一保护性看跌期权资产组合的成本是多少？
    c. 什么样的股票加国债头寸将确保你的收益等于 $X=100$ 的保护性看跌期权提供的收益？证明该资产组合的收益与成本与所需的保护性看跌期权相匹配。
33. 回到例 21-1。运用二项式模型对执行价格为 110 美元的 1 年期欧式看跌期权进行估价，该期权标的股票与原例中相同。你对看跌期权价格的计算结果是否满足看跌－看涨期权平价？
34. 假设无风险利率为 0，美式看跌期权是否会被提前执行？解释之。
35. 用 $p(S, T, X)$ 表示价格为 S 美元的股票欧式看跌期权的价值，到期期限为 T，执行价格为 X，并且用 $P(S, T, X)$ 表示美式看跌期权的价值。
    a. 估算 $p(0, T, X)$

b. 估算 $P(0, T, X)$

c. 估算 $p(S, T, 0)$

d. 估算 $P(0, T, X)$

e. 以b的答案说明美式看跌期权提前执行的可能性如何。

36. 你尝试对执行价格为100美元的1年期看涨期权进行估价。标的股票不支付股利，它现在售价为100美元，并且你认为有50%的机会上涨至120美元并有50%的机会下跌至80美元。无风险利率为10%。利用两状态股票价格模型计算看涨期权的价值。

37. 考虑上题中股票波动率的增加。假定如果股票价格上升，就会增加至130美元；如果股票价格下跌，就会下跌至70美元。证明此时看涨期权价值大于上题中计算的价值。

38. 利用第36题中的数据，计算执行价格为100美元的看跌期权的价值。证明你的答案满足看跌－看涨期权平价。

39. ZYZ公司将在2个月后支付每股2美元的股利。它的股票现在售价为每股60美元。XYZ公司股票看涨期权的执行价格为55美元，到期期限为3个月。无风险利率为每月0.5%，股票波动率（标准差）=7%每月。求伪美式期权的价值。（提示：试将一个月作为一"期"，而不是把一年作为一"期"。）

40. "通用电气看涨期权的贝塔值高于通用电气股票的贝塔值。"这一说法正确还是错误？

41. "执行价格为1 130的标准普尔500指数看涨期权的贝塔值高于执行价格为1 140的指数看涨期权的贝塔值。"这一说法正确还是错误？

42. 当股票价格变得非常大时，可转换债券的对冲比率如何变化？

43. 高盛公司认为在今后的三年中市场波动率将为每年20%。市场指数的3年期平值看涨与看跌期权以隐含波动率为22%的价格出售。高盛公司应该建立什么样的资产组合对波动率进行投机，而不用建立市场牛市或熊市头寸？使用高盛对波动率的估计值，3年期平价期权的 $N(d_1)=0.6$。

44. 你持有股票的看涨期权。股票的贝塔为0.75，并且你担心股票市场可能会下跌。股票现在售价为5美元，并且你持有100万份股票期权（你持有10 000份合约，每份100股股票）。期权的德尔塔为0.8。为了对冲你的市场风险敞口，你需要买入或卖出多少市场指数资产组合？

45. 设想你是一位资产组合保险的提供商。你正在建立一个为期四年的项目。你管理的资产组合现在价值1亿美元，并且你希望最小收益为0%。股票资产组合的标准差为每年25%，短期国债利率为每年5%。简单起见，假定资产组合不支付股利（或者所有股利可以进行再投资）。

a. 多少钱用来购买国债？多少钱用来购买股票？

b. 如果第一个交易日股票资产组合就下跌了3%，作为管理人你应该如何处置？

46. 假定执行价格为60美元的3个月埃克森美孚股票看涨期权正在以隐含波动率为30%的价格出售。埃克森美孚股票现在价格为每股60美元，并且无风险利率为4%。如果你认为股票的真实波动率为32%，在不承担埃克森美孚业绩风险的情况，以你的观点，你该如何交易？对于卖出或买入的每一份期权合约，你需要持有多少股股票？

47. 使用上题中的数据，假定执行价格为60美元的3个月看跌期权以隐含波动率为34%的价格出售。构建一个包含看涨期权与看跌期权头寸的德尔塔中性资产组合，当期权价格恢复到调整后的正确价格时该资产组合能获得利润。

48. 假定摩根大通出售价值为125美元、贝塔值为1.5的股票资产组合的看涨期权。期权德尔塔为0.8。摩根大通想通过买入市场指数资产组合来对冲市场变化的风险。

a. 摩根大通需要购买价值多少美元的市场指数资产组合来对冲它的头寸？

b. 如果摩根大通使用市场指数看跌期权来对冲风险，该怎么办？买入还是卖出看跌期权？每份看跌期权对应100单位的指数，并且当前的指数价格代表了价值1 000美元的股票。

CFA考题

1. Abco公司董事会正在担心公司养老金计划中1亿美元股票资产组合的下跌风险。该董事会的顾问提议暂时（一个月）用期货或者期权对冲这个资产组合。该顾问引用了右表，并陈述道：

a. "通过卖出（做空）4 000个期货合约，这个1亿美元股票资产组合能够完全规避下跌风险。"

b. "这种保护方法的成本就是该资产组合的期望收益率为0%。"

市场、资产组合和合约数据

股票指数水平	99.00
股票期货价格	100.00
期货合约乘数	250美元
资产组合的贝塔值	1.20
合约期限（月）	3

请评价该顾问的每一个陈述的精确性。

2. 特许金融分析师迈克尔·韦伯正在对期权定价的一些方面进行分析，包括期权价值的决定因素，不同期权定价模型的特性，以及计算所得的期权价值与期权市场价格可能存在的背离。
   a. 如果标的股票波动率降低，对股票看涨期权价值的预期影响是什么？如果期权的到期期限增加呢？
   b. 使用布莱克－斯科尔斯定价模型，韦伯计算了3个月看涨期权的价值并注意到该计算值与期权市场价格不同。关于韦伯对布莱克－斯科尔斯期权定价模型的应用：
      ⅰ. 讨论为什么处于虚值的欧式期权的计算价值可能与它的市场价格不同。
      ⅱ. 讨论为什么美式期权的计算价值可能与它的市场价格不同。
3. 富兰克林是一位负责衍生证券的资产组合管理人。富兰克林观察到具有同样执行价格、到期期限和标的股票的美式期权与欧式期权。富兰克林认为欧式期权比美式期权具有更高的权利金。
   a. 试评论富兰克林认为该欧式期权会有较高权利金的观点。富兰克林被要求对Abaco有限公司股票的1年期欧式看涨期权进行定价，该股票最后交易价格为43.00美元。他已经搜集了如下信息：

股票收盘价	43.00美元
看涨与看跌期权的执行价格	45.00
1年期看跌期权的价格	4.00
1年期国债利率	5.50%
到期期限	1年

   b. 使用看跌－看涨期权平价和以上信息计算欧式看涨期权的价值。
   c. 试说明一下三个变量对看涨期权价值的影响。（无需计算。）
      ⅰ. 短期利率提高
      ⅱ. 股票价格波动率上升
      ⅲ. 期权到期期限缩短
4. 现在某股票指数在50点水平交易。特许金融分析师保罗·瑞普想运用二项式模型对2年期的指数期权进行估价。股票指数可能上升20%或者下降20%。年无风险利率为6%。指数中的任何成分股都不派发股利。
   a. 构造一个用于股票指数定价的两期二叉树。
   b. 计算执行价格为60点的该指数欧式看涨期权的价值。
   c. 计算执行价格为60点的该指数欧式看跌期权的价值。
   d. 证明你计算的看涨期权与看跌期权的价值满足看跌－看涨期权平价。
5. 肯·韦伯斯特管理着以标准普尔500指数为基准的2亿美元的股票资产组合。韦伯斯特认为若用一些传统的基础经济指标来测量的话，市场被高估了。他在担心潜在的损失，但是认识到标准普尔500指数仍可能超过目前1 136的水平。
   韦伯斯特正在考虑以下的双限期权策略。
   - 购买一份执行价格为1 130（刚刚处于虚值状态）的标准普尔500指数看跌期权，使资产组合受到保护。
   - 卖掉两份执行价格为1 150（处于深度虚值状态）的看涨期权，用来获取买入一份看跌期权所需的资金。
   - 因为两份看涨期权的综合德尔塔（见下表）小于1（即2×0.36＝0.72），如果市场继续发展，这些期权的损失也不会超过标的资产组合的盈利。

   下表就是用于构造双限期权的信息：

特征	1 150看涨期权	1 130看跌期权
期权价格	8.60美元	16.10美元
期权隐含波动率	22%	24%
期权的德尔塔	0.36	-0.44
双限期权需要的合约数量	602	301

注：
- 忽略交易成本。
- 标准普尔500指数30天历史波动率＝23%。
- 期权到期期限＝30天。

   a. 如果30天后标准普尔500指数发生了如下变化，请描述这些综合资产组合（标的资产组合加双限期权）的潜在收益：
      ⅰ. 上升约5%至1 193点。
      ⅱ. 保持在1 136点（无变化）。
      ⅲ. 下降约5%至1 080点。
      （无需计算。）
   b. 对于标准普尔500指数达到了a中所列的每一种情况，讨论这些情况对每个期权对冲比率（德尔塔）的影响。
   c. 根据提供的波动率数据，评估以下每个期权的定价：
      ⅰ. 看跌期权
      ⅱ. 看涨期权

在线投资练习

期权价格差异

选择CBOE网站（www.cboe.com）上列出的一个股票期权。在“delayed quotes”菜单选项下能找到价格数据。输入你选择股票的代码，导出它的期权价格数据。

使用finance.yahoo.com的日价格数据，计算股票价格每日变化的年度标准差。在电子数据表中建立一个布莱克－斯科尔斯期权定价模型，或者使用我们的数据表21-3，可以在www.mhhe.com/bkm第21章材料部分获得。利用标准差和 www.bloomberg.com/markets/rates/index.html 提供的无风险利率，计算看涨期权的价值。

期权的计算价值与市场价格相比，结果如何？根据你用历史波动率计算的期权价格和实际的期权价格的差异，你能从市场波动率预期趋势中得出什么结论？

概念检查答案

21-1

如果此变量上升	则看跌期权的价值
S	减少
X	增加
σ	增加
T	增加①
r_f	减少
股利	增加

注：①对美式看跌期权来说，到期期限延长必定增加其价值。如果遇到最佳时机，交易者总是能及时地行权；更长的到期期限扩大了期权持有人选择的范围，这必定使期权价值上升。而对于不允许提前行权的欧式看跌期权，更长到期期限对期权价值并没有什么确定的影响。到期期限延长，增加了期权的波动性价值，因为股票的最终价格更加不确定。但同时它降低了执行价格的现值，如果看跌期权被执行了，执行价格就定下来了。因此延长到期期限对欧式看跌期权的净效果是不确定的。

为了理解波动率上升的影响，考虑与看涨期权的相同情况。波动率较低，则期望收益较低。

高波动率	股票价格（美元）	10	20	30	40	50
	看跌期权收益（美元）	20	10	0	0	0
低波动率	股票价格（美元）	20	25	30	35	40
	看跌期权收益（美元）	10	5	0	0	0

21-2 平价关系假定所有期权都持有至到期且到期前无任何现金流。这种假设只针对无股利支付的欧式期权这一情况才有效。如果股票不支付股利，则美式看涨期权与欧式看涨期权是等价的，然而美式看跌期权价值要高于欧式看跌期权价值。因此，尽管根据欧式期权平价定理有：

$$P = C - S_0 + PV(X)$$

事实上，如果是美式看跌期权，P 的价格要高于计算的结果。

21-3 因为现在期权价值被低估，我们想改变原先的策略。

	初始现金流	对于每一个可能的股票价格，1年后的现金流 $S=90$	$S=120$
买入3份期权	−16.50	0	30
卖空1股股票；1年后还付	100	−90	−120
以10%的利率贷出83.50美元	−83.50	91.85	91.85
总计	0	1.85	1.85

1年后每份期权带来的无风险现金流为 1.85/3 = 0.6167 美元，并且现值为 0.6167 美元/1.10 = 0.56 美元，正好等于期权价值被低估的部分。

21-4 a. $C_u - C_d = 6.984 - 0 = 6.984$ 美元

b. $uS_0 - dS_0 = 110 - 95 = 15$ 美元

c. 6.984/15 = 0.4656

d.

	下一期的价值，作为股票价格函数 $dS_0=95$	$uS_0=110$
今天的行动（时间0）		
在价格 $S_0=100$ 美元时，买入0.4656股	\$44.232	\$51.216
在价格 C_0 卖出一份看涨期权	0	−6.984
总计	\$44.232	\$44.232

该资产组合的市场价值一定等于44.232美元的现值。

e. 44.232/1.05 = 42.126 美元

f. $0.4656 \times 100 - C_0 = 42.126$ 美元

$C_0 = 46.56 - 42.126 = 4.434$ 美元

21-5 更高。对于深度虚值看涨期权，股票价格上升仍然不太可能使期权得以执行。它的价值仅仅增加一部分。对于深度实值期权，它很可能被执行，并且期权持有人从股票的1美元上升中也可获得1美元的收益，就像持有股票本身一样。

21-6 因为 $\sigma = 0.6$，$\sigma^2 = 0.36$，有：

$$d_1 = \frac{\ln(100/95) + (0.10 + 0.36/2)0.25}{0.6\sqrt{0.25}} = 0.4043$$

$$d_2 = d_1 - 0.6\sqrt{0.25} = 0.1043$$

使用表21-2和插值法，或根据电子数据表函数，有：

$$N(d_1) = 0.6570$$

$$N(d_2) = 0.5415$$

$$C = 100 \times 0.6570 - 95e^{-0.10 \times 0.25} \times 0.5415 = 15.53$$

21-7 隐含波动率超过了0.2783。给定标准差为0.2783，则期权价值为7美元。如果价格为8美元，应该有更高的波动率。使用数据表21-3和"Goal Seek"功能，你能确认期权价格为8美元时隐含波动率为0.3138。

21-8 股票价格上升1美元，即百分比增加为 1/122 = 0.82%。看跌期权下跌 $0.4 \times 1 = 0.40$ 美元，下跌百分比为0.40/4 = 10%。弹性为 −10/0.82 = −12.2。

21-9 一个看涨期权的德尔塔为 $N(d_1)$，这个值为正，并且在这里为0.547。因此，每购买10份期权合约，你都需要卖空547股股票。

CHAPTER22

第22章 期货市场

期货合约与远期合约都是规定在将来的某一时间购买或者出售某项资产，这一点与期权类似。关键不同之处在于，期权持有者不会被强制购买或者出售资产，当无利可图时，可以选择放弃交易。但是，期货或者远期合约则必须履行事先约定的合约义务。

严格地讲，远期合约并不是一项投资，因为投资是以资金交换资产。远期仅仅是现在对未来进行交易的一个承诺。远期协议是投资学一个重要组成部分，因为它们提供了对冲其他投资的重要途径，并且通常改变投资组合的特性。

允许各类产品在未来进行交割的远期市场至少可以追溯到古希腊。有组织的期货市场直到 19 世纪才初露端倪。期货市场以高度标准化的交易所证券代替了非标准化的远期合约。

期货市场起源于农产品和商品，而现在已经被金融期货主导。常见的金融期货标的包括股票指数，利率相关的证券如政府债券和外汇。市场自身也在改变，越来越多的交易发生在电子交易平台。

本章描述期货市场的运作方式及交易机制，阐述期货合约对套期保值者和投机者来说是有用的投资工具，以及期货价格与现货价格之间的关系。我们也阐述了期货是如何应用于风险管理的。本章介绍期货市场的一般原理。第 23 章将详细介绍具体的期货市场。

22.1 期货合约

为了说明期货与远期如何起作用以及它们可能的有用性，让我们先来看一个只种单一农作物的农场主所面临的资产组合多样化问题。假定他只种小麦，那么他一个种植季度的全部收入取决于剧烈波动的小麦价格。这个农场主很难多样化他的头寸，因为他的全部财富仅来自于小麦。

必须购买小麦加工面粉的磨坊主则面临与农场主相反的资产组合。他的利润是不确定的，因为不确定未来小麦的进货成本。

其实，他们可以通过远期合约来降低风险。利用**远期合约**（forward contract）农场主能够以现在协商的价格在收获时出售小麦，而不管收获时小麦的市场价格如何，并且现在并不需要资金转移。远期合约就是在现在确定销售价格而延期交割资产。所需的是双方愿意锁定商品交割的最终价格。远期合约使交易双方免受未来价格波动的影响。

期货市场使远期合约规范化与标准化。买卖双方在集中的期货交易所进行交易。交易所将交易合约标准化：规定合约规模、可接受的商品等级和交割日期等。虽然这种标准化降低了远期合约的灵活性，但是增加了市场的流动性，因为大量的交易者集中交易少数几个期货合约。期货合约与远期合约的不同还在于期货合约每天都要结算盈亏，而远期合约在交割日之前并不发生任何的资金转移。

集中的市场、标准化合约以及每种合约的交易市场深度使得期货头寸的清算更加便捷，而不需要与交易对手私下协商。因为交易所对交易双方进行担保，交易者就不再需要花费成本调查对手的信用状况，而交易者只需存入一笔保证金以保证履约。

22.1.1 期货合约基本知识

期货合约要求在指定的交割日或到期日按商定的价格（称为**期货价格**（futures price），在合约到期日的支付价格）交割商品。合约严格规定了商品的规格。以农产品为例，交易所规定了能够交割的等级（如2级硬冬小麦和1级软红小麦）、交割地点与交割方式。农产品交割通过指定的交割仓库开具仓单的转移来实现。金融期货交割可以通过电子转账来完成。指数期货与指数期权采取现金交割的方式。虽然从技术上讲，期货交易需要实际交割，但实际上很少发生实物交割。交易双方经常在合约到期前平仓，以现金核算盈亏。

因为交易所已对合约的条款做了规定，所以交易者可以协商的只有期货价格了。**多头头寸**（long position）在交割日购买商品，**空头头寸**（short position）在合约到期日出售商品。多头是合约的“买方”，空头是合约的“卖方”。在这里，买与卖只是一种说法，因为合约并没有像股票或债券那样进行买卖；它只是双方之间的一个协议，在合同签订时，资金并没有易手。

图22-1列出了《华尔街日报》上的一些期货合约的价格。加粗的部分是商品名称、合约规模与报价单位，括号中为该期货合约的交易所。所列出的第一个农产品合约是芝加哥期货交易所（CBT）的玉米期货合约。2007年芝加哥期货交易所与芝加哥商品交易所合并（目前，芝加哥期货交易所仍维持独立身份）。每份合约规模为5 000蒲式耳，报价单位为美分/蒲式耳。

紧接着下面几行是不同到期日合约的具体价格信息。以2010年3月到期的玉米合约为例，当天开盘价是404美分/蒲式耳，当日最高价是410美分/蒲式耳，最低价是399.50美分/蒲式耳，结算价（交易结束前几分钟的一个代表性交易价）是408.50美分/蒲式耳。这个结算价比前一个交易日结算价高4美分/蒲式耳。未平仓合约数为497 859。对每个到期日的合约，都给出了类似的信息。

多头，也就是将来购买商品的一方，会从价格上涨中获利。假设3月合约到期日玉米价格为413.50美分/蒲式耳。以408.50美分/蒲式耳购买合约的多头赚取了5美分/蒲式耳。每份合约为5 000蒲式耳，这样多头每份合约赚取5 000×0.05美元=250美元。相应地，空头亏损5美分/蒲式耳。空头的亏损等于多头的盈利。

总结一下，在到期日：

$$多头的利润 = 到期日现货价格 - 现时期货价格$$

$$空头的利润 = 现时期货价格 - 到期日现货价格$$

式中，现货价格是指商品交割时的实际市场价格。

所以，期货是零和博弈，所有的总损益为零。每一个多头对应一个空头，期货交易中所有投资者的总利润为零，对商品价格变化的净风险敞口也为零。因此，期货市场的建立对现货市场商品价格不会有显著的影响。

图22-2a给出期货市场多头投资者的损益和利润线，表示了利润与到期日资产价格的函数关系。我们可以看到，当到期日现货价格 P_T 等于现时的期货价格 F_0 时，投资者利润为零。每单位标的资产的利润随到期日现货价格的升降而升降。与看涨期权的收益不同，期货多头的收益有可能是负的：比如到期日现货价格低于现时期货价格时。期货多头不像看涨期权的持有者那样具有购买的选择权，他不能简单地选择不执行合约。同样，与期权不同的是，期货多头没有必要对总收益与净利润进行区分。这是因为期货合约不是被购买，而仅仅是一个交易双方都同意的合约。期货价格使交易双方的合约现值为零。

Futures Contracts

Metal & Petroleum Futures

Contract	Open	High hi lo	low	Settle	Chg	Open interest
Copper-High（CMX）-25 000 IBS；cents per lb						
Dec	311.00	313.65	310.00	313.00	2.00	2 436
March'10	314.00	316.00	311.05	315.20	1.90	110 415
Gold（CMX）-100 troy oz；$ per troy oz						
Dec	1 114.50	1 127.50	1 114.50	1 123.30	3.90	1 606
Feb'10	1 114.60	1 128.90	1 111.70	1 123.80	3.90	337 982
April	1 116.70	1 130.10	1 113.00	1 125.10	3.90	50 967
June	1 119.00	1 131.00	1 115.60	1 126.30	4.00	23 452
Aug	1 115.90	1 130.00	1 115.90	1 127.60	4.00	11 720
Dec	1 119.10	1 135.10	1 119.10	1 130.90	4.20	20 860
Platinum（NYM）-50 troy oz；$ per troy oz						
Dec				1446.20	24.50	0
Jan'10	1 432.00	1 455.10	1 421.20	1447.00	24.30	22 475
Silver（CMX）-5 000 troy oz；cents per troy oz						
Dec	1 734.0	1 734.5	1 727.0	1732.6	24.2	470
March'10	1 714.0	1 744.5	1 709.5	1134.0	25.0	80 332
Crude Oil，Light Sweet（NYM）-1 000 bbls；$ per bbl						
Jan	69.63	70.22	68.59	69.51	-0.36	172 256
Feb	71.70	72.54	70.83	71.86	-0.09	231 544
March	73.27	74.08	72.45	73.46	-0.08	149 509
June	75.48	76.51	75.00	75.97	-0.02	105 906
Dec	78.40	79.77	78.40	79.22	-0.01	131 615
Dec'12	84.85	85.15	84.70	84.82	-0.06	57 590
Heating Oil No.2（NYM）-42 000 gal；$ per gal						
Jan	1.903 6	1.926 1	1.8956	1.908 2	-0.000 3	58 173
Feb	1.930 9	1.947 4	1.9250	1.930 7	-0.000 3	55 705
Gasoline-NY RBOB（NYM）-42 000 gal；$ per gal						
Jan	1.839 6	1.849 5	1.8240	1.826 7	-0.014 9	54 284
Feb	1.865 7	1.877 5	1.8522	1.855 0	-0.013 9	48 965
Natural Gas（NYM）-10 000 MMBtu；$ per MMBtu						
Jan	5.235	5.409	5.191	5.332	0.169	118 292
Feb	5.296	5.469	5.262	5.402	0.170	98 108
March	5.349	5.490	5.303	5.437	0.163	120 570
April	5.419	5.502	5.323	5.452	0.153	68 250
May	5.494	5.545	5.357	5.494	0.151	36 786
Oct	5.875	5.945	5.774	5.892	0.143	33 425

Agriculture Futures

Contract	Open	High hi lo	low	Settle	Chg	Open interest
Corn（CBT）-5 000 bu；cents per bu						
Dec	387.25	395.25	385.00	392.00	2.75	3 791
March'10	404.00	410.00	399.50	408.50	4.00	497 859
Ethanol（CBT）-29 000 gal；$ per gal						
Jan	1.917	1.917	1.870	1.881	-0.031	729
March	1.810	1.810	1.800	1.809	-0.023	1 168
Oats（CBT）-5 000 bu；cents per bu						
Dec				247.50	-0.50	4
March'10	257.50	261.75	257.50	258.75	-0.25	9 406
Soybeans（CBT）-5 000 bu；cents per bu						
Jan	1 032.75	1 059.00	1 023.50	1 055.00	20.00	143 687
March	1 041.00	1 066.00	1 032.00	1 061.75	18.75	163 832
Soybean Meal（CBT）-100 tons；$ per ton						
Dec	315.30	335.00	314.50	326.50	12.00	570
Jan'10	306.30	317.00	303.00	316.20	9.70	49 468
Soybean Oil（CBT）-60 000 lbs；cents per lb						
Dec	39.01	39.45	39.01	39.40	0.18	677
March'10	40.03	40.25	39.61	40.04	0.05	94 008
Rough Rice（CBT）-2 000 cwt；cents per cwt						
Jan	1 563.50	1 598.50▲	1 555.50	1598.00	32.00	6 014
March	1 594.50	1 627.00▲	1 594.00	1626.50	32.00	9 295
Wheat（CBT）-5 000 bu；cents per bu						
Dec	517.00	529.25	517.00	525.00	5.75	657
March'10	537.50	548.00	531.50	543.50	6.00	185 083
Wheat（KC）-5 000 bu；cents per bu						
Dec				526.00	8.75	3
March'10	528.25	539.25	523.00	534.00	6.50	59 698
Wheat（MPLS）-5 000 bu；cents per bu						
Dec	533.00	533.00	533.00	533.00	5.50	12
March'10	541.25	551.25	537.50	547.75	5.25	21 743
Cattle-Feeder（CME）-50 000 lbs；cents per lb						
Jan	91.775	92.050	91.600	91.900	0.325	12 247
March	92.650	92.750	92.250	92.375		10 954
Cattle-Live（CME）-40 000 lbs；cents per lb						
Dec	80.400	81.125	80.225	81.050	0.900	8 823
Feb'10	83.450	84.050	83.350	83.950	0.675	139 326
Sugar-World（ICE-US）-112 000 lbs；cents per lb						
Jan	23.45	24.61	23.45	24.71	1.28	153
March	24.07	25.40	24.00	25.28	1.28	340 446
Sugar-Domestic（ICE-US）-112 000 lbs；cents per lb						
March	33.99	33.99	33.95	33.96	-0.09	2.994
July	30.00	30.00	30.00	30.00	-0.23	1 591
Cotton（ICE-US）-50 000 lbs；cents per lb						
March	74.00	76.13	73.81	75.77	1.46	128 590
July	75.45	77.30	75.45	77.00	1.19	19 815
Orange Juice（ICE-US）-15 000 lbs；cents per lb						
Jan	126.90	134.35▲	126.85	132.90	6.05	12 786
March	130.70	138.35▲	130.60	136.80	6.10	14 863

Interest Rate Futures

Contract	Open	High hi lo	low	Settle	Chg	Open interest
Treasury Bonds（CBT）-$100 000；pts 32nds of 100%						
Dec	119-030	119-090	118-220	119-030	-6.0	23 707
March'10	117-210	118-070	117-170	118-010	-6.0	677 820
Treasury Notes（CBT）-$100 000；pts 32nds of 100%						
Dec	119-060	119-120	118-270	118-295	-3.0	22 449
March'10	117-190	117-290	117-150	117-180	-3.5	1 159 873
5 Yr. Treasury Notes（CBT）-$100 000；pts 32nds of 100%						
Dec	117-142	117-190	117-047	117-062	-8.2	42 355
March'10	116-057	116-117	115-280	115-300	-8.7	775 051
2 Yr. Treasury Notes（CBT）-$200 000；pts 32 nds of 100%						
Dec	109-065	109-065	109-035	109-040	-2.2	13 210
March'10	108-220	108-235	108-182	108-192	-2.7	899 750
30 Day Federal Funds（CBT）-$5 00 000；100-daily avg						
Dec	99.870	99.873	99.868	99.870	-0.002	78 058
March'10	99.820	99.820	99.810	99 820	-0.005	80 726
1 Month Libor（CME）-$3 000 000；pts of 100%						
Dec				99.767 5	-0.002 5	15 944
Feb'10	99.722 5	99.722 5	99.7150	99.717 5	-0.005 0	12 456
Eurodollar（CME）-$1 000 000；pts of 100%						
Dec	99.747 5	99.747 5▲	99.742 5	99.746 2	-0.003 7	972 556
March'10	99.595 0	99.610 0	99.575 0	99.6000	-0.005 0	1 124 481
June	99.380 0	99.410 0	99.355 0	99.365 0	-0.015 0	882 123
Dec	98.745 0	98.790 0	98.690 0	98.705 0	-0.040 0	787 484

Currency Futures

Contract	Open	High hi lo	low	Settle	Chg	Open interest
Japanese Yen（CME）-¥12 500 000；$ per 100¥						
Dec	1.119 6	1.132 2	1.119 5	1.1304	0.009 2	51 224
March'10	1.120 9	1.133 0	1.120 3	1.128 8	0.006 9	89 721
Canadian Dollar（CME）-CAD 100 000；$ per CAD						
Dec	0.942 2	0.946 2	0.937 8	0.943 7	0.000 9	34 162
March'10	0.942 3	0.946 4	0.937 8	0.943 7	0.000 9	76 148
British Pound（CME）-£62 500；$ per £						
Dec	1.622 2	1.632 4	1.619 0	1.624 2	0.000 2	31 720
March'10	1.621 4	1.631 6	1.617 9	1.629 4	0.006 3	72 201
Swiss Franc（CME）-CHF 125 000；$ per CHF						
Dec	0.966 0	0.971 2	0.965 8	0.968 7	0.001 9	18 007
March'10	0.966 3	0.972 0	0.966 3	0.969 6	0.002 2	33 394
Australian Dollar（CME）-AUD 100 000；$ per AUD						
Dec	0.910 7	0.912 6	0.905 3	0.912 1	0.001 3	51 404
March'10	0.902 1	0.909 0	0.896 7	0.908 0	0.005 8	98 513
Mexican Peso（CME）-MXN 500 000；$ per 10MXN						
Dec	0.775 75	0.780 75	0.773 75	0.779 25	0.003 25	90 956
March'10	0.769 00	0.777 50	0.764 25	0.772 75	0.004 75	115 004
Euro（CME）€125 000；$ per €						
Dec	1.461 7	1.468 6	1.460 6	1.464 1	0.002 2	76 982
March'10	1.461 1	1.468 2	1.459 9	1.464 3	0.002 9	126 868

Index Futures

Contract	Open	High hi lo	low	Settle	Chg	Open interest
DJ Industrial Average（CBT）-$10 × index						
Dec	10 480	10 567▲	10 460	10 498	14	13 861
March'10	10 422	10 507▲	10 397	10 437	14	2 010
Mini DJ Industrial Average（CBT）-$5 × index						
Dec	10 486	10 571▲	10 458	10 498	14	53 788
March'10	10 421	10 510▲	10 395	10 437	14	29 508
S&P 500 Index（CME）-$250 × index						
Dec	1 114.00	1 114.90	1 109.50	1 113.40	5.40	241 769
March'10	1 102.60	1 113.00	1 099.80	1 108.60	5.40	186 747
Mini S&P 500（CME）-$50 × index						
Dec	1 107.50	1 118.00	1 104.50	1 113.50	5.50	1 783 101
March'10	1 102.50	1 113.00	1 099.75	1 108.50	5.25	1 315 764
Nasdaq 100（CME）-$100 × index						
Dec	1 804.00	1 811.00	1 795.00	1 809.75	15.75	22 119
March'10	1 793.00	1 810.00▲	1 787.25	1807.75	15.75	2 660

图 22-1　期货列表

资料来源：*The Wall Street Journal*，December 15，2009. Reprinted by permission of *The Wall Street Journal*，© 2009 Dow Jones & Company，Inc. All Rights Reserved Worldwide.

比较图22-2a与图22-2c（期货价格为F_0时，执行价格为X的看涨期权的收益与利润），我们可以看出期货与期权之间的区别是显著的。如果价格下跌的话，期货多头投资者的损失相当可观，而看涨期权投资者的损失不超过权利金。

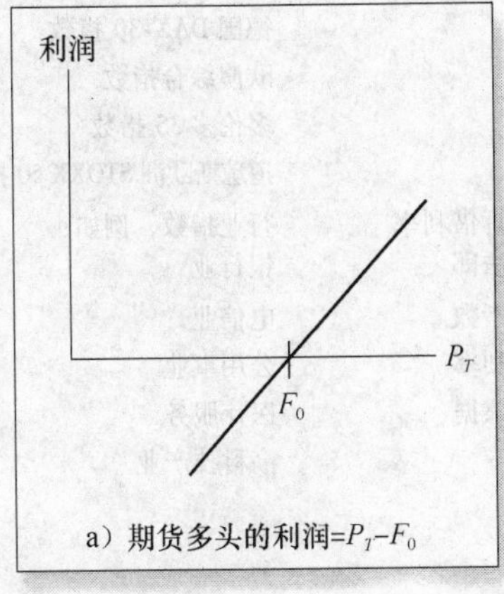

a）期货多头的利润=P_T-F_0

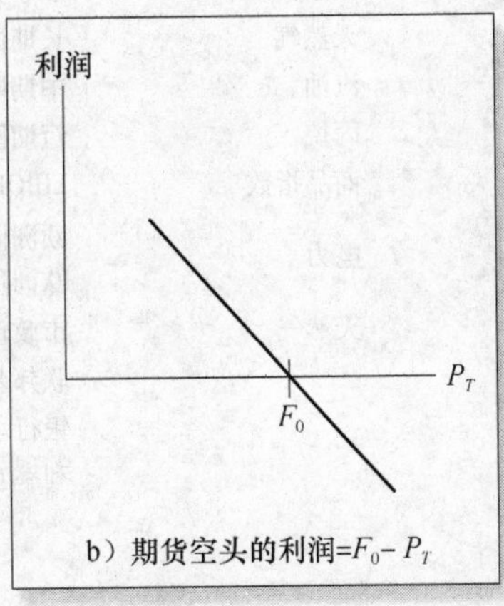

b）期货空头的利润=F_0-P_T

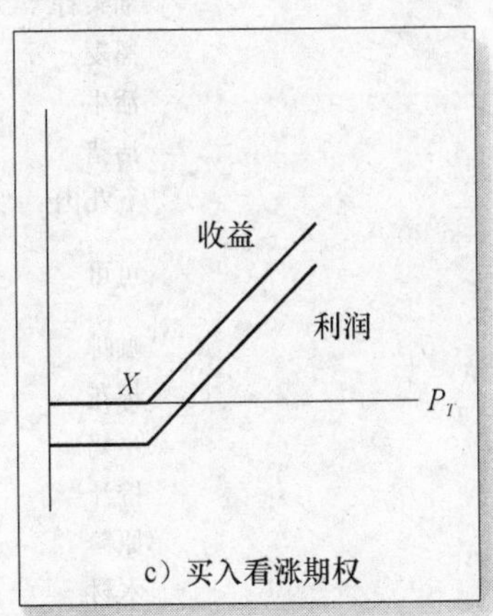

c）买入看涨期权

图22-2 期货与期权合约买卖双方的利润

图22-2b期货空头的利润线，是期货多头利润线的镜像。

概念检查22-1

a. 比较图22-2b期货空头的利润线与看跌期权多头的损益线，并画图。假设期权的执行价格等于期货的初始价格。

b. 比较图22-2b期货空头的利润曲线与一个卖出看涨期权的投资者的收益曲线，并画图。

22.1.2 已有的合约类型

交易的期货和远期合约品种可以分为四大类：农产品、金属与矿产品（包括能源）、外汇、金融期货（固定收益证券和股票市场指数）。除了主要股票指数的期货合约，现在期货市场出现了**单个股票的期货合约**（single-stock futures）和窄基指数的期货合约。OneChicago（芝加哥期权交易所、芝加哥商品交易所的合资公司）从2002年开始为个股期货提供电子交易平台。该交易所交易最活跃股票的期货合约以及标准普尔500（股票SPY）、纳斯达克100（QQQQ）和道琼斯工业平均指数（DIA）等ETF的期货合约，但是交易量不尽如人意。

表22-1列举了2010年交易的一些期货合约种类。现在交易的一些期货合约仅仅在几年前还被认为是不可能进行交易的。例如，电力期货、天气期货与期权合约。芝加哥商品交易所交易的天气衍生品的损益取决于天气平均水平，例如，一个地区气温高于或低于65华氏度[⊖]的累计天数。在控制电力和石油天然气使用上的风险方面，这些衍生品的潜在用途是显而易见的。

表22-1 期货合约举例

外汇	农产品	金属与能源	利率期货	股票指数
英镑	玉米	铜	欧洲美元	标准普尔500
加拿大元	燕麦	铝	欧洲日元	道琼斯工业
日元	大豆	黄金	欧元债券	标准普尔中盘股400
欧元	豆粉	白金	欧洲瑞士法郎	纳斯达克100
瑞士法郎	豆油	钯	英镑	纽约综合指数
澳大利亚元	小麦	白银	英国政府债券	罗素2000指数
墨西哥比索	大麦	原油	德国政府债券	日经225指数
巴西雷亚尔	亚麻籽	燃料油	意大利政府债券	英国FTSE指数

⊖ 约等于18℃。——编者注

（续）

外汇	农产品	金属与能源	利率期货	股票指数
	油菜籽	轻柴油	加拿大政府债券	法国 CAC-40 指数
	黑麦	天然气	长期国债	德国 DAX-30 指数
	活牛	汽油	中期国债	欧澳综合指数
	活猪	丙烷	短期国债	多伦多 35 指数
	五花肉	商品指数	LIBOR	道琼斯欧洲 STOXX 50 指数
	可可	电力	欧洲同业拆借利率 欧洲瑞士法郎	行业指数，例如： 银行业
	咖啡	天然气	市政债券指数	电信业
	棉花		联邦基金利率	公用事业
	牛奶		银行承兑票据	医疗服务
	橙汁		利率互换	高科技产业
	原糖			
	木材			
	大米			

虽然表 22-1 包含了很多期货合约，但面对品种不断增加的期货市场，表中所列举的合约未必是全面的。专栏 22-1 讨论了一些比较稀奇的期货市场，有时被称为预测市场。这些期货合约的损益取决于总统大选的结果、特定电影的票房收入或其他情况下参与者的立场。

专栏 22-1

预测市场

如果你觉得标准普尔 500 指数和国债较为枯燥，有兴趣的话可以预测下次总统大选的获胜者、季节性流感的严重程度或者 2016 年奥林匹克的主办城市。现在“期货市场”交易的品种五花八门。

例如，Intrade（www. intrade. com）和艾奥瓦电子市场（www. biz. uiowa. edu/iem）等网站上就有总统期货交易。2009 ~ 2010，你可以买入一份期货合约，如果最后民主党候选人当选总统，在 2012 年你就可以获得 10 美元的收益。合约价格（用面值的百分比来表示）用该党获胜的概率来表示，反映了市场参与者的普遍看法。

如果你打赌民主党获胜，你就可以购买期货合约。如果民主党候选人获胜，你可以获得每份合约 10 美元的收益，否则将不能获得收益。如果你认为 2012 年民主党获胜的概率是 55%，你将以 5. 50 美元的价格买入一份期货合约。相反，如果你想打赌民主党落选，你可以卖出期货合约。

下图给出了 2009 年年底民主党获胜期货合约的价格。注意，当 2008 年巴拉克 · 奥巴马的胜利预示着民主党在 2012 年大选中获胜的概率增加时，民主党获胜期货合约的价格急剧上升。但是，随着 2009 年早期经济不断下滑，合约价格不断下降。合约价格清晰地反映了民主党获胜的前景。

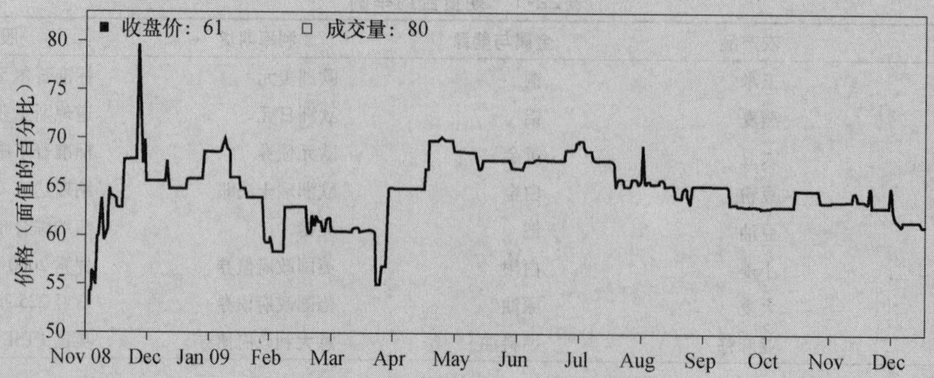

资料来源：www. intrade. com，downloaded December 17，2009.

在期货市场之外，完善的银行与经纪人网络已经建立起了一个远期外汇市场。由于交易所交易的合约都有确定的条款，从这个意义上讲远期市场并不是规范的交易所。在远期市场，交易双方可以协商交割任意数量的商品，而在规范的期货市场，合约规模和交割日期由交易所规定。在远期协议中，银行与经纪人在需要时可以为顾客或者自己就合约的内容进行协商。

22.2 期货市场的交易机制

22.2.1 结算所与未平仓合约

直到10年前，美国大部分期货交易是由一群场内经纪人在“交易大厅”进行集中交易。他们以声音和手势表明买卖意愿并确定交易的对手。现在，这个公开叫价系统正在被电子交易平台所取代，尤其是金融期货交易。

这种转变来自欧洲市场的推动，电子交易在欧洲已成为标准的交易方式。欧洲期货交易所由德意志证券交易所和瑞士交易所共同持股，已经发展成为世界上最大的衍生品交易所之一。它自2004年以来采用全电子交易与结算平台，在美国上市交易并接受监管机构的合约结算程序。作为回应，芝加哥期货交易所采用欧洲期货交易所的竞争对手 Eruonext. liffe[⊖]提供的电子交易平台，并且大部分芝加哥期货交易所的国债期货也采用电子交易。芝加哥商品交易所保留了名叫 Globex 的电子交易平台。

CBOT 和 CME 于2007年合并为 CME 集团，准备把所有电子交易都采用 Globex。电子交易继续替代场内交易看来是不可避免的。

一旦交易达成，就轮到**结算所**（clearinghouse）出场了。多空双方并不彼此持有合约，而是由清算所作为多头的卖方和空头的买方。清算所有义务交割商品给多头并付钱给空头取得商品。结果是，清算所的净头寸为零。这种机制使清算所既是多头的交易对手，也是空头的交易对手。由于清算所必须执行买卖合约，所以任何交易者的违约行为导致的损失只会由清算所来承担。这种机制是必要的，因为期货合约是在将来进行交易，不像即期的股票交易那样容易得到保证。

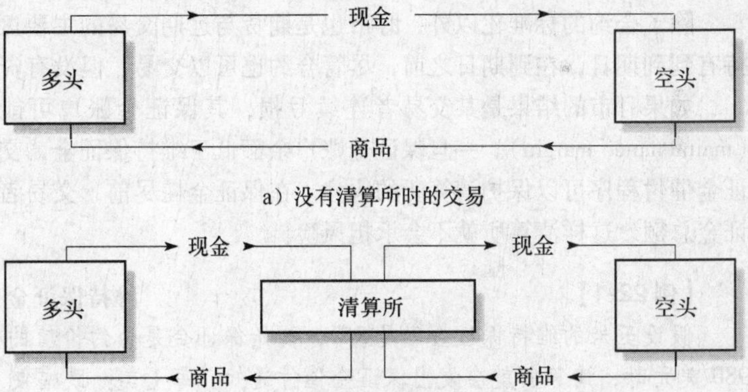

图22-3阐述了清算所的作用。图22-3a显示在没有清算所的情况下，多头有义务按照期货价格付款给空头，空头则必须交割商品。图22-3b显示了清算所是怎样充当中介的，它充当了多空双方的交易对手。清算所在每次交易中既是多头也是空头，保持中立立场。

现金
多头 空头
商品

a）没有清算所时的交易

现金 现金
多头 清算所 空头
商品 商品

b）有清算所时的交易

图 22-3

清算所使得交易者很容易地清算头寸成为可能。如果你是一个合约的多头并想了结头寸，只需通知你的经纪人卖出平仓就可以了。这叫做反向交易。交易所对你的多头与空头头寸进行抵消，使得你的净头寸为零。零头寸使你在合约到期日既不需要履行多头的义务，也不需要履行空头的义务。

持仓量（open interest，未平仓合约数）是未平仓的合约数量（多头与空头并不分开计算，也就是说持仓量可以定义为所有多头头寸之和或所有空头头寸之和）。清算所的净头寸为零，所以不计入持仓量。合约刚开始交易时，持仓量为零。随着时间推移，持仓量伴随着新开仓而逐渐增加。

有些杜撰的关于期货交易者的故事很有趣，比如一个期货交易者早上醒来，发现院子草坪上堆成了小山的小麦或者玉米。但是事实上，期货合约很少进行标的资产的交割。交易者建立多头或空头头寸，获利于未来价格的上涨或下跌，在合约到期日之前往往选择平仓了结。进入交割环节的合约估计少于总持仓的1% ~3%，这取决于商品及

⊖ Euronext. liffe 是泛欧证券交易所的国际化衍生品市场。2002年泛欧证券交易所收购了伦敦国际金融期货与期权交易所（LIFFE）和葡萄牙里斯本交易所。泛欧证券交易所于2000年由巴黎证交所、阿姆斯特丹证交所和布鲁塞尔证交所合并而成。

合约的活跃度。这种商品的实际交割通过常规的供应渠道来实现，通常是注册仓单。

从图22-1可以看出持仓量的典型规律。以黄金合约为例，12月合约即将到期，持仓量很小；大部分合约已经平仓。2月合约的持仓量最大。远月的几个合约的持仓量很小，因为它们最近才能交易，交易者还很少。对其他合约，以棉花合约为例，直到3月才有近月合约，且近月合约的持仓量最大。

22.2.2 逐日盯市与保证金账户

一个在时间0买入在时间t平仓的多头的利润或损失就是期货价格在这段时间的变化量$F_t - F_0$，而空头收益与之相反，为$F_0 - F_t$。

对交易者的盈亏进行累计的过程称为盯市。最初开新仓时，每个交易者都建立一个保证金账户，由现金或类似现金的短期国库券等组成，保证交易者能履行合约义务。由于期货合约双方都可能遭受损失，因此双方都必须交纳保证金。回到表22-1列举的第一个玉米期货合约。例如，如果玉米合约初始保证金为10%，则交易者每份合约需交纳1 960美元作为保证金，即合约价值（3.92美元/蒲式耳乘以5 000蒲式耳/合约）的10%。

由于初始保证金也可以是有息证券，这就不会给交易者带来过大的机会成本。初始保证金一般是合约价值的5%～15%。标的资产价格变化越大，所要求的保证金就越多。

> **概念检查22-2**
>
> 盯市带给清算所的净流入或支出是什么？

期货合约交易的任一天，期货价格都可能升或降。交易者并不等到到期日才结算盈亏，清算所要求所有头寸每日都结算盈亏。如果玉米期货价格从392升至394美分/蒲式耳，清算所则贷记多头保证金账户，每份合约5 000蒲式耳乘以2美分/蒲式耳，或者100美元每份合约。相应地，清算所就会从空头保证金账户中取出这么多钱。

这种每日结算就是所谓的**盯市**（marking to market），它意味着并不是合约到期日才能实现全部的盈亏。盯市保证了随着期货价格的变化所实现的盈亏立即进入保证金账户。我们将举一个详细的例子来说明这个过程。

除了合约的标准化以外，盯市也是期货与远期交易的主要区别。期货采取随时结算盈亏的方法，而远期则一直持有到到期日，在到期日之前，尽管合约也可以交易，但没有资金的转移。

如果盯市的结果是某交易者连续亏损，其保证金账户可能降至某关键值之下，这个关键值称为**维持保证金**（maintenance margin）。一旦保证金账户余额低于维持保证金，交易者就会收到补交保证金的通知。保证金制度和保证金催付程序可以保护清算所的头寸。在保证金耗尽前，交易者头寸会被平仓。交易者亏损不会超过他所交纳的保证金总额，这样清算所就不会承担风险。

【例22-1】 **维持保证金**

假设玉米的维持保证金率是5%，初始保证金是合约价值的10%，或者1 960美元。当初始保证金跌至一半，约980美元时，清算所就会发出保证金催付通知。每1美分跌幅使多头每份合约亏损50美元。这样期货价格只要下跌20美分，交易者就会收到保证金催付通知。于是，要么交易者立即在保证金账户中补充资金，要么经纪人将交易者的部分头寸平仓到现有保证金能满足要求为止。■

在合约到期日，期货价格应该等于商品的现货价格。因为到期合约需要立即交割，所以当天的期货价格必然等于现货价格。在自由竞争市场中，从这两个相互竞争渠道来的同一商品的成本是相等的[⊖]。你可以在现货市场上购买该商品，也可以在期货市场上做多头得到该商品。

从期货与现货市场两种渠道获得商品的价格必须是一致的，否则投资者就会从价格较低的市场购买到该商品然后到价格较高的市场上出售。如果清除套利机会的价格调整机制不出现，那套利活动就不能持续。因此，在到期日，期货价格与现货价格一致，这就是**收敛性**（convergence property）。

对一个期初（时间0）做多头，并持有至到期（时间T）的投资者来说，每日结算的总和是$F_T - F_0$，F_T代表合约到期日的期货价格。由收敛性可知，到期日的期货价格F_T等于现货价格P_T，所以期货总盈亏可以表示为$P_T - F_0$。

⊖ 由于存在运输成本，现货价格与期货价格之间存在微小的差异，但这是一个微不足道的因素。

我们可以看出一个持有至到期日的期货合约的利润很好地追踪了标的资产价值的变化。

【例22-2】 盯市

假如当前市场上5天后交割的白银期货的价格为17.10美元/盎司。假定未来5天里期货价格发生如下变动：

时间（天）	期货价格（美元）	时间（天）	期货价格（美元）
0（今天）	17.10	3	17.18
1	17.20	4	17.18
2	17.25	5（交割日）	17.21

交割日白银的现货价格为17.21美元。收敛性隐含了交割日的期货价格必然等于现货价格。

多头持有的每份合约逐日盯市结算的结果如下：

时间（天）	每盎司的盈亏额	乘以5 000盎司/合约＝每日收益（美元）
1	17.20－17.10＝0.10	500
2	17.25－17.20＝0.05	250
3	17.18－17.25＝－0.07	－350
4	17.18－17.18＝0	0
5	17.21－17.18＝0.03	150
		总计550

第一天的盈利是期货价格相比前一天的差额，即（17.20美元－17.10美元）每盎司。因为商品交易所规定每份白银期货合约的规模为5 000盎司，所以每份合约的盈利为0.10美元的5 000倍，即500美元。第三天，期货价格下跌，多头保证金账户余额减少了350美元。第五天，逐日结算的总和为550美元，等于最终期货价格17.21美元与初始期货价格17.10美元差额的5 000倍。这样多头每盎司白银逐日结算的总和为P_T-F_0。■

22.2.3 现金交割与实物交割

大部分期货合约要求，如果合约在到期日没有平仓，则要实际交割商品，如特定等级的小麦或一笔特定金额的外汇。对于农产品来说，质量差别有可能很大，于是交易所在合约中规定质量标准。有时，合约会因质量高低设定而分别处理，通过升贴水来调整质量差别。

有些期货合约需要**现金交割**（cash settlement），如股票指数期货，其标的物是股票指数，如标准普尔500指数或纽约证券交易所指数。交割股票指数中的每只股票是不现实的，于是合约要求以现金交割，其金额等于合约到期日股票指数达到的值。多头逐日盯市结算汇总后得到总损益为S_T-F_0，S_T是到期日T时股票指数的价值，F_0是初始的期货价格。现金结算很大程度上模拟了实物交割，只是以期货结算价交割时空头收到的是等于资产值的现金而不是资产本身。

更具体地说，标准普尔500指数合约要求交割的现金额为指数值的250倍。如果到期日股指为1 100点（这是市场上500只股票价格的加权平均值），则需要交割现金250美元乘以1 100，即275 000美元（交割时期货价格的250倍）。这时产生的利润，相当于直接以275 000美元买入250单位的股指，然后以期货价格的250倍将其交割出手获得的利润。

22.2.4 监管

商品期货交易委员会（CFTC）负责监管期货市场。CFTC负责对期货交易所的会员制定资本金要求，授权交易新合约，并对每日的交易记录进行检查。

期货交易所对期货价格每日变动额做了限定。例如，如果芝加哥交易所的白银期货价格变动幅度限定为1美元，且今日白银期货收盘价为17.10美元/盎司，那么明日交易只能在18.10～16.10美元之间进行。交易所也会根据观察到的合约价格的波动程度来提高或者降低每日价格变动限额。当合约价格临近到期日，通常是交割前一个月，价格变动限额常被取消。

传统上价格变动限制被认为是为了限制价格的剧烈波动。这种观点值得商榷。假如一次国际金融危机使白银现货价格上涨至20美元，那不会有人愿意再以17.10美元的价格卖出白银期货，于是期货价格以每日1美元（限额）的速度上涨，尽管报出的价格是没有可能实现的买方订单。实际上，在这么低的价格水平没有人愿意卖，不会有交易。几天之后，期货价格最终会达到均衡水平，于是交易又重新开始。这个过程说明了在期货价格达到均衡水平之前不会有人愿意出售头寸。这说明价格变动限额并不能提供真正的保护以防止均衡价格的剧烈波动。

22.2.5 税收

由于逐日盯市程序，投资者并不能控制他们的损益在哪个纳税年度实现。价格变化是随着逐日结算逐渐实现的。因此，不论年底是否平仓，应税额都是年底累计的损益额。一般的规律是，60%的期货损益被计入长期，40%的损益被计入短期。

22.3 期货市场策略

22.3.1 套期保值与投机

套期保值与投机是期货市场两个相反的策略。投机者利用期货合约从价格变化中获利，而套期保值者则为了规避价格波动带来的风险。

如果投机者认为价格会上涨，他们选择做多，来获取预期利润。反之，如果认为价格会下跌，他们则选择做空。

【例22-3】 **用原油期货投机**

假设2009年年底你认为原油价格会上涨，并决定购买原油期货合约。每份合约要求交割1 000桶原油。图22-1表明2010年2月交割的原油期货合约价格是71.86美元/桶。原油2月期货合约价格每上涨1美元，多头盈利增加1 000美元，而空头亏损相应金额。

相反，如果你认为价格将下跌，并卖出一份原油期货合约。如果原油价格的确下跌了，那么原油价格每下跌1美元，你的盈利增加1 000美元。

如果原油价格在合约到期日为73.86美元/桶，较开始时的期货价格上涨2美元，多头每份合约获利2 000美元。空头每份合约亏损相等的金额。相反，如果原油价格下跌至69.86美元/桶，多头就会损失，而空头每份合约获利2 000美元。■

投机者为什么选择购买原油期货合约，而不是直接购买原油呢？原因之一是期货市场的交易费用非常低。

另外一个重要的原因是期货交易的杠杆效应。期货合约要求交易者仅提供比合约标的资产价值低得多的保证金。因此与现货交易相比，期货保证金制度使投机者得到更大的杠杆作用。

【例22-4】 **期货与杠杆效应**

假设初始保证金要求是原油期货合约价值的10%。现在期货价格是71.86美元/桶，且合约规模是每份合约1 000桶，则初始保证金需$0.10\times71.86\times1\,000=7\,186$美元。原油价格上涨2美元，涨幅为2.78%，每份合约多头盈利2 000美元，相当于初始保证金7 186美元的27.8%。这个比例是原油价格上涨幅度的10倍。由于合约保证金只有对应资产价值的1/10，该比例产生了期货头寸固有的10倍杠杆效应。■

套期保值者利用期货来保护他们的头寸不受价格波动的影响。例如，一家原油销售公司预计将来原油市场将出现波动，并想保护其收入不受价格波动影响。为了对销售收入进行保值，该公司可以选择在原油期货市场做空，卖出原油期货。以下将举例说明套期保值锁定了其总收益（例如，原油销售收入加上期货头寸产生的利润）。

【例22-5】 **利用原油期货套期保值**

原油分销商预计2月出售100 000桶原油，他采取套期保值方式规避原油价格可能出现下跌带来的损失。每份合约规模1 000桶，他可以2月交割的期货合约为100份。原油价格下跌带来的现货头寸的亏损将被期货头寸带来的盈利所弥补。

为了便于说明，假定2月交割的期货合约价格仅有3个可能的价格，69.86美元/桶，71.86美元/桶和73.86美元/桶。原油销售收入是原油价格的100 000倍。每份期货合约的收益是期货价格跌幅的1 000倍。收敛性保证了最终原油期货价格等于现货价格。因此，100份期货合约的盈利为（$F_0 - P_T$）的100 000倍，P_T 是交割日的原油价格，F_0 是初始的期货价格，即71.86美元/桶。

考虑供公司所有的头寸，2月份的总收益计算如下：

	2月份的原油价格（美元），P_T		
	69.86	71.86	73.86
销售原油的收入：$100\,000 \times P_T$	6 986 000	7 186 000	7 386 000
+ 期货合约的利润：$100\,000 \times (F_0 - P_T)$	200 000	0	−200 000
总收益	7 186 000	7 186 000	7 186 000

原油到期日的价格加上期货合约的单位盈亏等于现在的期货价格71.86美元/桶。期货头寸的盈亏恰好抵消原油价格的变化。例如，如果原油价格跌至69.86美元/桶，期货合约空头头寸产生200 000美元的收益，足以保证总收益稳定在7 186 000美元。总收益与公司以现在的期货价格卖出原油资产获得的总收益相同。■

概念检查22-3

假设例22-5中2月每桶原油价格将是69.86美元、71.86美元或73.86美元。考虑一个电力公司计划在2月购买100 000桶原油。说明该公司今天购买100份原油期货合约，其在2月的支出将锁定在7 186 000美元。

图22-4是例22-5套期保值的原理图。原油的销售收入是一条向上倾斜的直线。期货合约的收益是一条向下倾斜的直线。两者之和是一条水平的直线。该直线是水平的，说明套期保值后公司总收益与未来原油价格无关。

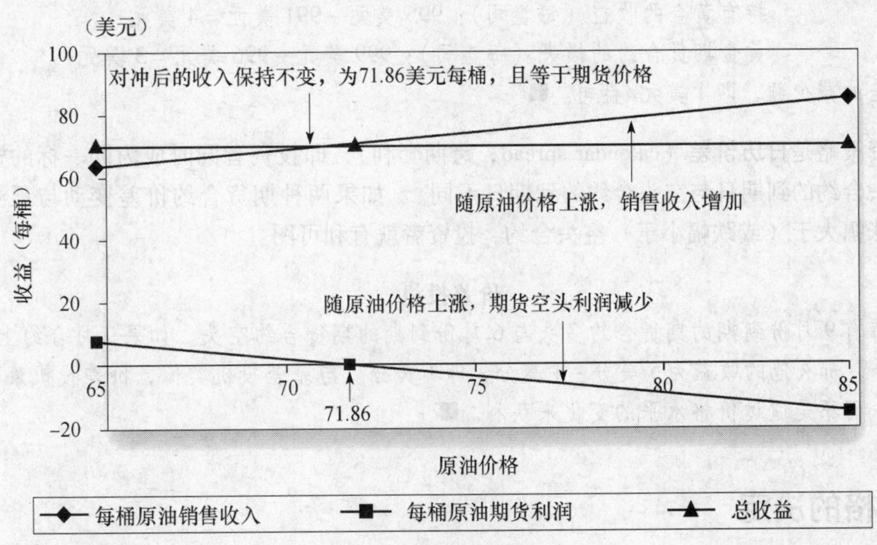

图22-4 利用期货对冲后的收入

资料来源：例22-5（期货价格=71.86美元）。

对例22-5进行概括，你会注意到到期日原油价格是 P_T，而期货的盈利是每桶（$F_0 - P_T$），因此不论原油的最后价格如何，每桶原油的收益总是 $P_T + (F_0 - P_T)$，等于 F_0。

例22-5中原油分销商利用空头头寸规避资产出售价格波动的风险，称为空头套期保值。多头套期保值是指为规避资产购买价格波动风险而采取相应的套期保值操作。例如，一个电力供应商计划现在采购原油是担心未来采购时价格上涨。以下概念检查表明，电力供应商可以通过购买原油期货合约来锁定原油的购买价格。

有些商品无法进行严格的套期保值，因为所需的期货合约并不交易。例如，一个投资经理想对多样化、积极管理的投资组合进行一段时期的套期保值。但是，只存在指数化的期货合约。但是，由于积极管理的投资组合的收益与指数的收益高度相关，投资经理可以通过卖出指数期货合约进行有效的套期保值。用其他标的资产的期货合约进行套期保值，称为交叉套期保值。

概念检查 22-4

投资者利用股指期货对积极管理的股票投资组合进行套期保值，存在的风险来源有哪些？

22.3.2　基差风险与套期保值

基差（basis）是指期货价格与现货价格的价差[一]。我们已经知道在合约到期日，基差为零：收敛性决定了 $F_T-P_0=0$。但在合约到期前，期货价格与现货价格之间可能会有较大的差值。

我们来讨论例 22-5 的案例，一个空头套期保值者建立原油空头头寸以规避风险。假如他将资产与期货合约持有至合约到期，则不存在任何风险，因为到期日期货与现货价格相等，资产与期货的损益正好抵消，所以风险被消除了。如果套期保值者在期货合约到期前清算期货合约与资产，则他需要承担**基差风险**（basis risk），因为期货价格与现货价格在到期前不一定完全同步变动。在此例中，期货合约与资产的损益就不一定会完全抵消。

有些投机者会利用基差的变动来获取利润。他们赌的不是期货或现货价格的变动方向，而是二者价差的变化。当基差变小时，现货多头和期货空头的组合就会盈利。

【例 22-6】　基差投机

假设某投资者拥有 100 盎司黄金与一份空头黄金期货合约。现在黄金每盎司售价 991 美元，而 6 月份交割的期货价格为 996 美元，那么现在的基差为 5 美元。明天，现货价格上涨至 995 美元，期货价格上涨至 999 美元，于是基差缩小为 4 美元。

投资者的收益和损失如下：

持有黄金的收益（每盎司）：995 美元 - 991 美元 = 4 美元

黄金期货合约的损失（每盎司）：999 美元 - 996 美元 = 3 美元

净收益等于基差的减少额，即 1 美元/盎司。■

与之相关的投资策略是**日历价差**（calendar spread，跨期套利），即投资者同时成为同一标的资产的期货多头与期货空头，但是多头合约的到期日与空头合约的到期日不同[二]。如果两种期货合约价差变动与预测相符的话，即多头合约的期货价格涨幅大于（或跌幅小于）空头合约，投资者就有利可图。

【例 22-7】　价差投机

假设某投资者持有 9 月份到期的期货合约多头与 6 月份到期的期货合约空头。如果 9 月合约上涨了 5 美分，而 6 月合约上涨了 4 美分，那么他的收益为 5 美分 - 4 美分，即 1 美分。与基差投机类似，价差投机策略是通过价格结构的相对变化来获利，而不是通过价格水平的变化来获利。■

22.4　期货价格的决定

22.4.1　现货 - 期货平价定理

我们已经知道，期货合约可用来对标的资产的价格变化进行套期保值。如果套期保值是完全的，也就是说标的资产和期货合约组成的资产组合是无风险的，那么该组合头寸的收益率应与其他无风险投资的收益率相同。否则，投资者就会在价格回到均衡状态之前获得套利机会。基于这一点，我们可以推导出期货价格与标的资产价格之间的理论关系。

假设标准普尔 500 指数现在是 1 000 点，某投资者投资 1 000 美元于以标准普尔 500 指数为标的物的指数共同基金，他想进行暂时套期保值以规避市场风险。该指数基金一年内支付给投资者 20 美元的股利，简单起见，假定股利

[一] 基差这个词用得不太严格。有时是指期货与现货价格的差 $F-P$，有时又指现货与期货价格的差 $P-F$。我们在本书中始终指的是 $F-P$。

[二] 另一种策略是跨商品套利，此时投资者购买一种商品的期货合约，同时卖出另一种商品的期货合约。

在年底一次支付。假定年底交割的标准普尔500指数期货合约价格为1 010美元[⊖]。如果投资者利用期货空头对资产组合进行套期保值，那么当年底股指点数不同，投资者的收益也会不同。

（单位：美元）

股票投资组合的最终价值 S_T	970	990	1 010	1 030	1 050	1 070
期货空头收益（等于 $F_0-F_T=1\,010-S_T$）	40	20	0	-20	-40	-60
股息收入	20	20	20	20	20	20
总计	1 030	1 030	1 030	1 030	1 030	1 030

期货空头的收益等于初始期货价格1 010美元与年底股价的差值。这是因为收敛性：合约到期日，期货价格等于当时的股票价格。

注意，整个头寸得到了完全的套期保值。股票组合价值的增加都被期货空头收益的减少完全抵消了，总价值与股价无关。总收益1 030美元是现在的期货价格 F_0（1 010美元）与股息20美元之和。这就像投资者以现在的期货价格在年底卖出了股票，于是消除了价格风险并锁定了总收益为现在的期货价格加上股息。

这个无风险头寸的收益率是多少？股票的初始投资额为1 000美元，期货空头的建立是不需要初始现金的，因此1 000美元投资组合年底增值为1 030美元，收益率为3%。更一般地，总投资 S_0，即股票现货价格，增至期末价值 F_0+D，D 是股票组合的股息，则收益率为

$$\text{完全套期保值股票组合的收益率}=\frac{(F_0+D)-S_0}{S_0}$$

这个收益率是无风险的，F_0 是起初购买期货合约时的期货价格。尽管股息不是完全无风险的，但在短期内却是高度可预测的，尤其是对分散化的股票组合。与股价的不确定性相比，这里的不确定性实在是太小了。

由此推测，其他无风险投资的收益率也应该是3%，否则投资者就会面临两种有不同收益率的无风险投资策略，这种情况是不可持续的。由此，有如下结论

$$\frac{(F_0+D)-S_0}{S_0}=r_f$$

重新整理后得到期货价格为

$$F_0=S_0(1+r_f)-D=S_0(1+r_f-d) \tag{22-1}$$

其中，d 代表股票组合的股息率，即 D/S_0。这个公式称为**现货－期货平价定理**，它给出了正常情况下或理论上正确的现货价格与期货价格的关系。对平价的任何偏离都会提供无风险的套利机会。

【例22-8】 期货市场套利

假如违背了平价关系，例如，如果经济中的无风险利率仅为1%，按照式（22-1），期货价格应该为1 000美元×1.01－20美元＝990美元。实际期货价格 $F_0=1\,010$ 美元，比“理论值”高出20美元。这意味着投资者可以在期货做空，以1%的无风险利率拆借资金买入价格被相对低估的股票组合就可以获得套利利润。这种策略产生的收益如下：

（单位：美元）

行动	期初现金流	一年后现金流
借入1 000美元，一年后还付本息	+1 000	$-1\,000\times1.01=-1\,010$
用1 000美元购买股票	-1 000	S_T+20 美元分红
做空期货（$F_0=1\,010$）	0	$1\,010-S_T$
总计	0	20

此策略的期初投资为零，一年后现金流为正，且无风险。不管股价是多少，总有20美元的收益，这个收益实际上就是期货的错误估价与平价之间的差额，1 010－990。

⊖ 实际上，该期货合约交割的是250美元乘以标准普尔500指数，所以每份合约按照指数的250倍进行结算。我们只是简单假设一份合约为一个单位的指数，而不是250单位的指数。实践中，一份合约可以对价值250美元×1 000＝250 000美元的股票进行套期保值。当然，机构投资者会认为该投资组合的规模相当小。

当平价关系被违背时，利用这种错误估价的策略就会产生套利利润——不需要初始投资的无风险利润。如果存在这种机会，所有的市场参与者都会趋之若骛，结果当然是股价上升或者期货价格下跌，直至满足式（22-1）。类似的分析也可用于 F_0 低于990美元的情况，只需反向策略就获得无风险利润。因此，结论是，在完善的市场内不存在套利机会，即

$$F_0 = S_0(1 + r_f) - D$$ ■

概念检查 22-5

回到例22-8给出的套利策略，假如 F_0 很低，比如为980美元，所采取的三个步骤是什么？用类似例22-8中的表格给出此策略现在与一年后的现金流。确认你获得的利润与期货错误估价差额相等。

更一般地，例22-8中的套利策略可以表示为

行动	期初现金流	一年后现金流
1. 借入 S_0	S_0	$-S_0(1+r_f)$
2. 用 S_0 购买股票	$-S_0$	$S_T + D$
3. 做空期货	0	$F_0 - S_T$
总计	0	$F_0 - S_0(1+r_f) + D$

初始净投资额为0，因为第二步买股票所需的钱来自第一步的借款，第三步的期货空头头寸时用来套期保值的，不需要初始投入。再者，年底的总现金流入是无风险的，因为所有的条件在合约签订时都是已知的。如果最终的现金流不为零，那么所有人都会利用这个机会进行套利，最后价格变化到年底现金流为零，此时，F_0 等于 $S_0(1+r_f)-D$。

平价关系又称为**持有成本关系**（cost-of-carry relationship），因为期货价格是由在期货市场上延迟交割购买股票与在现货市场上购买立即交割股票并持有到将来的相对成本决定的。如果你现在买股票现货，就需要立即支付现金，并损失其时间价值，成本为 r_f，另一方面，你会收到股息，股息率为 d。因此相对于购买期货合约，你的净持有成本率为 $r_f - d$，这部分成本会被期货与现货的价差所抵消。当 $F_0 = S_0(1+r_f-d)$ 时，价差正好冲销了持有成本。

平价关系也很容易推广到多期情形。我们很容易知道，合约到期日越长，现货与期货间的价差越大。这反映了合约到期日越长，净持有成本越高。当合约在 T 时到期，平价关系为

$$F_0 = S_0(1 + r_f - d)^T \tag{22-2}$$

尽管个股股息波动可能难以预测，宽基指数如标准普尔500指数的年度股息率相当稳定，近几年大致在2%左右。但是该股息率具有季节性，一年之中出现规律的波峰与波谷，因此需要采用相对应月份的股息率。图22-5描述了标准普尔500指数的股息率特征。比如1月份或4月份，呈现较低的股息率水平，而5月份则保持较高的股息率水平。

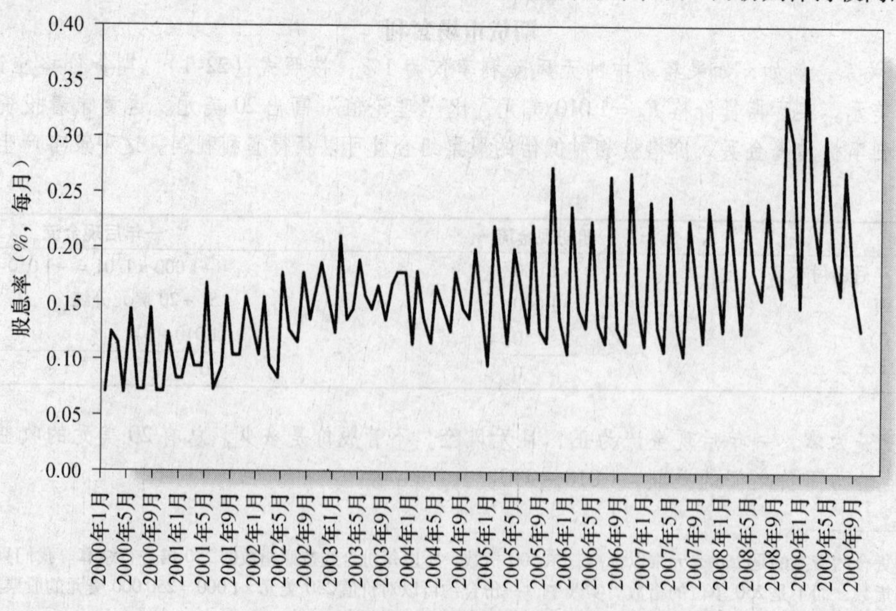

图22-5　标准普尔500指数的月度股息率

我们是以股票与股指期货为例推导出了平价关系，但同样的逻辑适用于所有的金融期货合约。例如，以黄金期货来说，只需股息率为零。对债券来说，可用债券的息票利率代替股票的股息率。这种情况都同样满足式（22-2）所描述的平价关系。

上述的套利策略使我们相信，这些平价关系绝不仅仅是理论结果，任何对平价关系的违背都会给交易者带来巨额利润的套利机会。在下一章中，我们将会看到股票市场中的指数套利就是发现股指期货合约平价关系背离的一种工具。

22.4.2　价差

同预测期货与现货价格关系一样，我们也能得出具有不同期限的期货价格之间的关系。式（22-2）说明期货价格部分由合约的期限决定。如果无风险利率大于股息率（即 $r_f > d$），那么合约的期限越长，期货价格就越高，且如果 $r_f < d$，到期日越长，期货价格就越低。从图22-1中可以证实，在2009年年末当无风险利率低于股息率，期货的期限越长，其价格越低。对黄金这类不付“股息”的资产，令 $d=0$，从而得出 F 与合约期限成正比。

为了更精确地描述价差，设在 T_1 时交割的期货价格为 $F(T_1)$，在 T_2 时交割的期货价格为 $F(T_2)$，股票股息率为 d，由平价关系式（22-2）可知

$$F(T_1) = S_0(1 + r_f - d)^{T_1}$$
$$F(T_2) = S_0(1 + r_f - d)^{T_2}$$

有

$$F(T_2)/F(T_1) = (1 + r_f - d)^{(T_2 - T_1)}$$

因此，价差间的基本平价关系为

$$F(T_2) = F(T_1)(1 + r_f - d)^{(T_2 - T_1)} \tag{22-3}$$

注意，式（22-3）与现货－期货平价关系，所不同的是原先的现货价格被 $F(T_1)$ 取代。直观地也可这么理解，交割日从 T_1 推迟到 T_2 向多头传递了这样的信息——股票可于 T_2 时以 $F(T_2)$ 买进，但在 T_2 之前不需要准备什么现金。所节省的成本为从 T_1 到 T_2 的净持有成本。由于交割日推迟了，使 $F(T_1)$ 带来的无风险收益率为 r_f，但同时也损失了从 T_1 到 T_2 时间内所支付的股息，于是推迟交割所节省的净持有成本为 $r_f - d$。相应地，期货价格上升，以补偿市场参与者因为延迟交割股票和延期付款带来的损失。如果不符合此平价关系，那么就会出现套利机会（本章末习题探讨的就是这种可能性）。

【例22-9】　**价差定价**

为说明式（22-3）的应用，假设存在一份合约，数据如下：

合约到期日	期货价格
1月15日	105.00美元
3月15日	105.10美元

假设短期国债有效年利率为3%，并保持不变，股息率为2%。根据式（22-3），相对于1月合约期货价格，“正确”的3月份合约期货价格为

$$105 \times (1 + 0.03 - 0.02)^{1/6} = 105.174$$

而实际的3月合约期货价格为105.10，也就是说，相对于1月合约期货价格，3月合约期货价格被稍微低估，如果不考虑交易成本，则存在套利机会。■

Excel应用：　平价与价差

平价电子数据表可以帮助计算不同到期日、利率和收益水平下与现货价格相对应的期货价格。你可以使用电子数据表查看远期合约价格如何随着现货价格和持有成本波动而变化。你可以通过网站www.mhhe.com/bkm更多地了解电子数据表的应用。

现货期货平价与时间价差			
现货价格	100		
收益率（%）	2	不同期限的期货价格	
利率（%）	4.5		
当前日期	5/14/09	现货价格	100.00
到期日1	11/17/09	期货价格1	101.26
到期日2	1/2/10	期货价格2	101.58
到期日3	6/7/10	期货价格3	102.66
到期时间1	0.51		
到期时间2	0.63		
到期时间3	1.06		

式（22-3）还表明所有合约期货价格的变动应趋于一致。实际上也是如此，不同期限的期货价格总呈现相同的变化趋势，因为平价关系决定了它们都同一个现货价格相联系。图22-6描绘了3种不同期限的黄金期货价格走势图。很显然，三种合约期货价格变化步伐一致，正如式（22-3）所预示的，离交割日越远的期货价格越高。

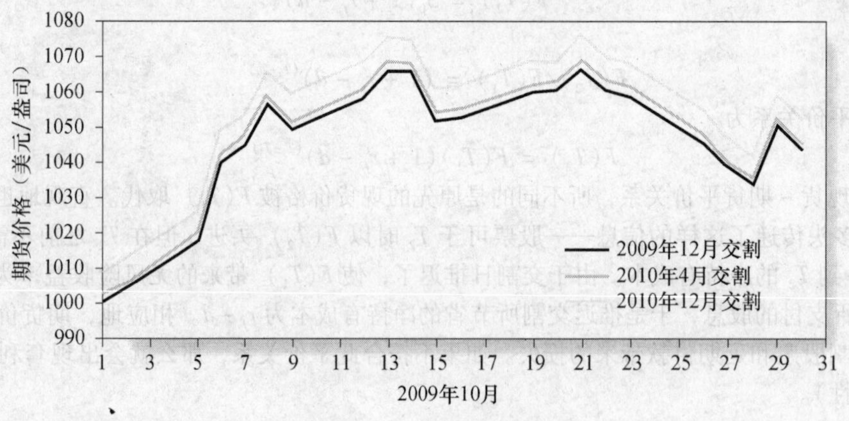

图22-6　黄金的期货价格

22.4.3　远期定价与期货定价

到目前为止，我们很少注意期货与远期收益的不同时间结构。我们认为，期货多头逐日盯市的盈亏总和为 $P_T - F_0$，并简单假设期货合约的全部利润是累积到交割日。假设合约的收益要到最后交割日才能得以实现，那么我们前面推出的平价定理严格适用于远期的定价。虽然这种方法对远期定价是恰当的，但是实际现金流出的时间却影响了期货价格的决定。

当逐日盯市给多头或者空头中的任一方提供系统性优势时，期货价格就会偏离平价关系。当逐日盯市对多头有利，期货价格就会高于远期的价格，因为多头愿意给盯市带来的系统性优势一定的升水。

那么何时盯市有利于多头或者空头？当逐日盯市结算在利率较高时收到，在利率较低时支付，那么交易者就会从中获利。高利率时收到付款能够用收益在高利率下投资。因为利率升高、期货价格倾向于上升时多头会受益，这些投资者愿意接受更高的期货价格。因此，只要利率与期货价格变化之间是正相关的，“公平”的期货价格就高于远期价格。相反，负相关意味着盯市的结果有利于空头，也隐含着均衡的期货价格要低于远期价格。

对大多数合约来说，期货价格与利率之间的协方差很低，以致期货与远期价格的差别可以忽略不计。但这个规则对于长期固定收益证券合约来说却是一个例外。在这种情况下，由于价格与利率高度相关，协方差很大，足以使远期与期货价格之间产生一个明显的价差。

22.5 期货价格与预期将来的现货价格

到目前为止，我们已经分析了期货价格与当前的现货价格之间的关系。在期货定价理论中，最古老的争论之一就是期货价格与将来某时现货价格的预期值之间的关系。换句话说，期货价格如何能更好地预测最终的现货价格。三种传统的理论分别是预期假设（expectation hypothesis）理论，现货溢价（normal backwardation）理论和期货溢价（contango）理论。现在所有这些传统假设都被纳入到了现在资产组合理论之中。图22-7显示了三种传统理论中期货价格的预期轨迹。

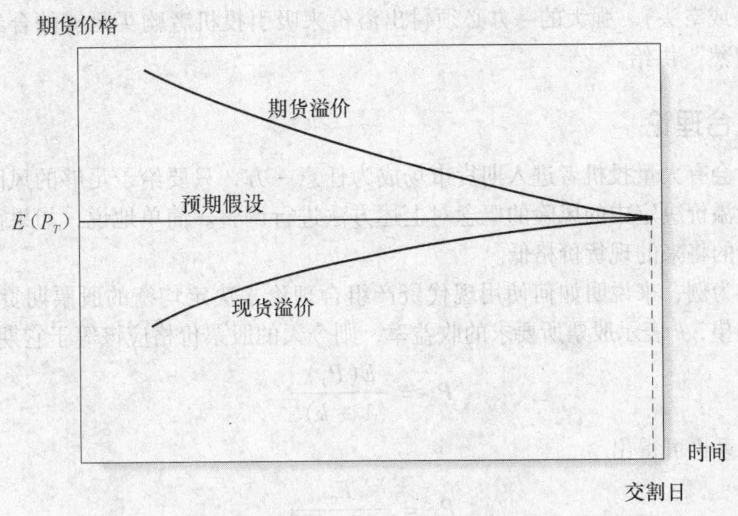

图22-7 预期现货价格不变的特殊情况下，期货价格随时间的变化

22.5.1 预期假设

预期假设是期货定价中最简单的理论，它表明期货价格等于资产未来现货价格的期望值，即 $F_0=E(P_T)$。这种理论认为期货合约多头和空头的期望收益都是零：空头的期望盈利为 $F_0-E(P_T)$，多头的期望盈利为$E(P_T)-F_0$，而 $F_0=E(P_T)$，故双方的期望盈利均为零。这个假设的前提是风险中性，如果所有的市场参与者都是风险中性的，他们就会对期货价格达成一致，使得各方的期望盈利均为零。

在无不确定性的世界中，期望假设与市场均衡有一个共同之处，那就是如果现在知道商品所有的未来时间的价格，则任何交割日的期货价格等于现在已知的那个交割日的未来现货价格。接下来我们说当存在不确定性时，期货价格等于预期的未来现货价格，虽然这个结论很诱人，但是不正确的。因为它忽略了未来现货价格不确定的情况下，期货定价必须考虑的风险溢价问题。

22.5.2 现货溢价

现货溢价理论与英国著名的经济学家约翰·梅纳德·凯恩斯和约翰·希克斯有关，他们认为大多数商品都有自然的套期保值者想规避风险。例如，小麦农场主想规避小麦价格的不确定性风险。他们使用空头头寸，以确定的价格在将来进行交割：他们进行空头套期保值。为使投机者持有对应的多头头寸，农场主需给予投机者一定的期望盈利。只有期货价格低于将来小麦现货价格的期望值时，投机者才会做多，以获得期望利润 $E(P_T)-F_0$。投机者的期望利润是农场主的期望损失，但为了避免承担小麦价格的不确定性风险，农场主依然愿意承担期货合约带来的期望损失。现货溢价理论表明了期货价格要低于将来现货价格的期望值一定的水平，但在随着到期日的临近期货价格逐渐上升，直至最后 $F_T=P_T$。

尽管这种理论认识到了风险溢价在期货市场中的重要作用，但它是基于所有不确定性而不是系统性风险（这并不奇怪，凯恩斯提出这个观点过后40年才诞生了现代资产组合理论）。现代观点提炼出了用来决定适当风险溢价的风险测度方法。

22.5.3　期货溢价

与现货溢价完全相反的期货溢价理论认为商品的购买者才是自然的套期保值的需求者，而非供应者。同样是小麦的例子，谷物加工商愿意付一定的溢价来锁定小麦的购买价格，因此他们采取多头头寸在期货市场进行套期保值：他们是多头套期保值者，而农场主是空头套期保值者。因为多头套期保值者愿意接受高期货价格来规避风险，且投机者必须被给予一定的溢价才建立空头头寸，所以期货溢价理论认为 F_0 必须高于 $E(P_T)$。

显然，任何商品都有自然的空头套期保值者和多头套期保值者，于是折中的传统观点即“净套期保值假设”认为当空头套期保值者数量多于多头套期保值者时，F_0 低于 $E(P_T)$，反之亦然。市场上强大的一方是拥有更多自然的套期保值者的一方（多头或空头）。强大的一方必须付出溢价来吸引投机者购买足够的合约以平衡多头套期保值者和空头套期保值者的“自然”供给。

22.5.4　现代资产组合理论

三种传统假设都认为会有大量投机者进入期货市场成为任意一方，只要给予足够的风险溢价进行补偿。现代资产组合理论通过提炼风险溢价决定中的风险的概念对上述方法进行调整。简单地说，如果商品价格有正的系统性风险，期货价格就会比预期的将来的现货价格低。

现以不付股利的股票为例，来说明如何使用现代资产组合理论来决定均衡的股票期货价格。如果 $E(P_T)$ 表示今天对 T 时股票价格的期望，k 表示股票所要求的收益率，则今天的股票价格应该等于它期望的未来回报的现值

$$P_0 = \frac{E(P_T)}{(1+k)^T} \tag{22-4}$$

从期货 - 现货平价关系也可得出

$$P_0 = \frac{F_0}{(1+r_f)^T} \tag{22-5}$$

因此，式（22-4）与式（22-5）的右半部分等价，使其相等并解出 F_0，有

$$F_0 = E(P_T)\left(\frac{1+r_f}{1+k}\right)^T \tag{22-6}$$

从式（22-6）立即得到，当 r_f 小于 k 时，F_0 小于 P_T 的期望值，这适用于任何 β 值为正的资产。这意味着当商品呈现正的系统性风险时（k 大于 r_f），合约多头会获得期望利润（F_0 低于 $E(P_T)$）。

为什么会这样？期货多头的盈亏为 $P_T - F_0$，如果 P_T 最终的实现涉及正的系统性风险，则多头的利润也涉及这种风险。持有很好的分散化资产组合的投机者只有因承担风险而被补偿以正的期望利润时，才会做期货多头。只有 $E(P_T)$ 大于 F_0 时，这个期望利润才是正的。相反，期货空头遭受与多头利润同值的期望损失，进而承担负的系统性风险。分散化投资的空头愿意承担这个期望损失以降低投资风险。即便是在 F_0 小于 $E(P_T)$ 时，也会进入合约。因此，如果 P_T 有正的 β 值，F_0 肯定小于 P_T 的期望值。对于负 β 值的商品，可做相反的分析。

概念检查 22-6

如果期货价格是最终现货价格的无偏估计，那么关于一项资产的现货价格的风险，什么是一定正确的？

小　结

1. 远期合约是一种要求在未来某日以现在商定的价格交割某项资产的协定安排。多头交易者有义务买入资产，而空头交易者有义务交割资产。如果合约到期日资产价格高于远期价格，则多头获利，因为他们是以较低的合约价格买入资产的。
2. 期货合约与远期类似，重要的差异在于标准化与逐日盯市，即每日结算期货合约各头寸的盈亏。相比之下，远期合约在到期之前没有现金转移。
3. 期货合约在有组织的交易所中交易，合约规模、交割资产的等级、交割日和交割地点都是标准化的。交易者仅需对合约价格进行协商。标准化大大增加了市场的流动性，并使买卖双方很容易地为所需买卖找到交易对手。
4. 结算所在每对交易者中间充当媒介，既是每个多头的空头，也是每个空头的多头。这样，交易者不需担心合约另一方的表现如何，实际上，每个交易者都需要交纳保证金以保证履约。

5. 在合约期间内0至t时间，期货多头的损益为F_t-F_0。因为$F_T=P_T$，所以合约到期日多头的利润为P_T-F_0，P_T表示T时的现货价格，F_0表示最初的期货价格。空头的损益为F_0-P_T。
6. 期货合约可用来套期保值或投机。投机者用合约来表明对资产最终价格所持的立场。空头套期保值者利用空头来冲销所持资产所面临的一切损益。多头套期保值者利用多头来冲销所购商品价格变动带来的损益。
7. 现货—期货平价关系表明某项不附带服务与收入（如股息）的资产的均衡期货价格为$F_0=P_0(1+r_f)^T$，如果期货价格偏离此值，市场参与者就能够获得套利利润。
8. 如果资产还附带服务或收入，收益率为d，则平价关系变为$F_0+P_0(1+r_f-d)^T$，这个模型也称为持有成本模型。因为它表明期货价格超过现货价格的部分实际上是将资产持有至到期日T的净成本。
9. 如果现货价格存在系统性风险时，均衡期货价格会小于现在预期的T时的现货价格。这给承担风险的多头一个期望利润，也强加给空头一个期望损失。空头愿意承担接受期望损失来规避系统性风险。

与本章相关的网站 www. mhhe. com/bkm

习　题

基础题

1. 为什么没有水泥期货市场？
2. 为什么个人投资者购买期货合约而不是标的资产？
3. 卖空资产与卖空期货合约的现金流有何区别？
4. 判断下述表述是正确还是错误的？为什么？
   a. 其他条件相同，具有高股息率的股指期货价格应高于低股息率的股指期货价格。
   b. 其他条件相同，高β股票的期货价格应高于低β股票的期货价格。
   c. 标准普尔500指数期货合约的空头头寸的β值为负。
5. 期货价格与期货合约的价值之间有何区别？
6. 如何评价期货市场从更有生产力的地方吸取了资金。

中级题

7. a. 根据图22-1所示的标准普尔500指数期货合约，如果保证金要求为期货价格的10%乘以250美元，你要交易3月合约需经过经纪人存多少钱？
   b. 如果3月合约期货价格上升至1 150美元，如果你按图中所示的价格做多，则你的净投资收益率是多少？
   c. 如果3月合约期货价格下跌1%，你的收益百分比如何？
8. a. 一个个股期货合约，其标的股票没有股息，有效期为1年，现在价格为150美元，如果短期国债收益率为3%%，期货价格应该是多少？
   b. 如果合约有效期是3年，期货价格应该是多少？
   c. 如果利率为6%，合约有效期是3年，期货价格又应该是多少？
9. 在下述情况下，资产组合管理人怎样使用金融期货来规避风险：
   a. 你有一个流动性较差并准备出售的大的债券头寸。
   b. 你从持有的国债中获得一大笔收益，并想出售该国债，但是却想将这笔收益延迟到下个纳税年度。
   c. 你将在下个月收到年终奖金，并想将它投资于长期公司债券。你认为公司债券的出售收益率是非常吸引人的，并相信在未来几周内债券价格将上升。
10. 假定标准普尔500指数的值是1 100点，如果一年期国债收益率为3%，标准普尔500股指的预期股息率为2%，一年期的期货价格是多少？如果短期国债收益率低于股息率，比如1%，股指期货价格是多少？
11. 考虑同一股票的期货合约、看涨期权和看跌期权交易，该股票无股利支付。三种合约到期日均为T，看涨期权和看跌期权的执行价格都为X，期货价格为F。证明如果$X=F$，则看涨期权价格等于看跌期权的价格。利用平价条件来证明。
12. 现在是1月份，现行利率为5%，6月合约黄金期货价格是946.30美元，而12月合约黄金期货价格为960美元。是否存在套利机会？如果存在，你怎样操作？
13. 期货交易所刚刚引入Brandex个股期货合约，这家公司不支付股利。每份合约要求一年后买入1 000股股票，短期国债收益率为6%。
    a. 如果股票价格为120美元/股，则期货价格应该是多少？
    b. 如果股票价格下跌3%，则期货价格变化多少？投资者保证金变化是多少？
    c. 如果合约的保证金为12 000美元，投资者头寸的收益百分比是多少？
14. 股指期货的乘数为250美元，到期日为1年，指数的即期水平为1 300点，无风险利率为每月0.5%，指数股利率为每月0.2%。假定一个月后，股指为1 320点。
    a. 确定合约逐日盯市的收益现金流。假定平价条件始终成立。
    b. 如果合约初始保证金为13 000美元，求持有期的收益。
15. 作为公司财务主管，你将在3个月后为偿债基金购入100万美元的债券。你相信利率很快会下跌，因此想提前为公司购入偿债基金债券（现在正折价出售）。不幸的是，你必须征得董事会的同意，而审批过程至少要两个月。你会在期货市场采取什么措施，以规避实际买入前债券价格和收益出现的任何不利变动？你要成为多头还是空头？只需要给出定性的回答。
16. 标准普尔资产组合每年支付股息率为1%，它现在价值1 300点，短期国债收益率为4%，假定一年期的标准普尔期货价格为 1 330 点。构建一个套利策略来证明你一年中的利润等于期货价格的错误估价的值（实际期货价格与理论价格的差值）。

17. 本章 Excel 应用专栏（www.mhhe.com/bkm 提供下载，详见第22章内容）显示了怎样利用现货 - 期货平价关系来找出"期货价格的期限结构"，即不同到期日的期货的价格。
    a. 假定今天是 2011 年 1 月 1 日，年利率为 3%，股票指数为 1 500 点，股息率为 1.5%。计算 2011 年 2 月 14 日、5 月 21 日和 11 月 18 日合约的期货价格。
    b. 如果股息率高于无风险利率，期货价格期限结构会怎样变化？比如，股息率为 4%。

高级题

18. a. 股票平价公式应怎样调整才能适用于国债期货合约？用什么来代替公式中的股息率？
    b. 当收益率曲线向上倾斜时，国债期货合约的期限越长，价格是越高还是越低？
    c. 用图 22-1 来验证你的观点。

19. 根据以下套利策略推导价差的平价关系：①期限为 T_1 的期货多头，期货价格为 $F(T_1)$；②期限为 T_2 的期货空头，期货价格为 $F(T_2)$；③在 T_1 时，第一份合约到期，买入资产并按 r_f 利率借入 $F(T_1)$ 美元；④在 T_2 时偿还贷款。
    a. 按照这个策略，0、T_1 和 T_2 时的总现金流是多少？
    b. 如果不存在套利机会，为什么 T_2 时的利润一定为零？
    c. 要使 T_2 时的利润为零，$F(T_1)$ 与 $F(T_1)$ 之间需满足什么样的关系？这一关系就是价差的平价关系。

CFA考题

1. 特许金融分析师琼·塔姆认为她发现了某一商品的套利机会，这个机会的信息提示如下：

商品的现货价格	120 美元
1 年期的商品期货价格	125 美元
年利率	8%

   a. 利用这一特定套利机会需要怎样的交易过程。
   b. 计算套利利润。

2. MI 公司发行 2 亿瑞士法郎的 5 年期贴现票据，这笔钱将兑换成美元去美国购买资本设备。MI 公司想规避现金头寸的风险，有以下 3 个方案：
   - 瑞士法郎平值看涨期权；
   - 瑞士法郎远期；
   - 瑞士法郎期货。

   a. 比较三种衍生工具的本质特征。
   b. 根据 MI 公司的套期保值目标，评价三种方案的适用性，并指出各自的优势与不足。

3. 指出期货合约与期权合约的根本区别，简要说明两者在调整资产组合风险的方式上有何不同。

4. 特许金融分析师玛丽亚·冯夫森认为固定收益证券远期合约可用来对 Star 医院退休金债券组合进行保值，以规避利率上升带来的风险。冯夫森准备了下面的例子来说明是如何操作的：
   - 10 年期面值 1 000 美元的债权，今天按面值发行，每年按票面利率支付利息；
   - 投资者计划今天买入该债券并在 6 个月后抛售；
   - 目前 6 个月无风险利率为 5%（年化）；
   - 6 个月此债券的远期合约可以利用，其价格是 1 024.70美元；
   - 6个月后，因利率上升，债券加上已产生的利息的总价值预计减少为 978.40 美元。

   a. 投资者是否应该买入或卖出远期合约对债券进行保值，规避持有期利率上升的风险。
   b. 如果冯夫森对债券的价格预测正确，计算这份远期合约在到期日的价值。
   c. 计算合约签订 6 个月后这份组合投资（债券及相应的远期合约头寸）价值的变化。

5. 桑德拉·卡佩尔向玛丽亚·冯夫森咨询有关采用期货合约的方式对 Star 医院退休金计划的债权组合进行保值，以防止利率上升带来的损失。冯夫森给出的表述如下：
   a. 如果利率上升，卖出债券期货合约将在到期日前获得正的现金流。
   b. 在到期日前，持有成本使得债券期货合约的价格高于标的债券的现货价格。

   请分析冯夫森提供的两种表述是否正确。

在线投资练习

金融期货与期权的合约条款

进入芝加哥商业交易所网站 www.cme.com。在 *Quick links* 部分选择 Contract Specifications，并跟踪 CME Equity 期货链接。回答 CME E-mini Russel2000 期货合约的有关问题：

1. 期货合约的交易单位是什么？
2. 期货合约的结算方式是什么？
3. 哪几个月份的期货合约可以使用？
4. 期货合约的 10% 限制指的是什么？点击 Equity limits 寻找 Price Limit Guide 并确定 E-mini Russel2000 的位置。点击 10% Limit 链接顶部栏目弄明白具体的含义。
5. 按计划，什么时候加入下一个期货合约。

概念检查答案

22-1

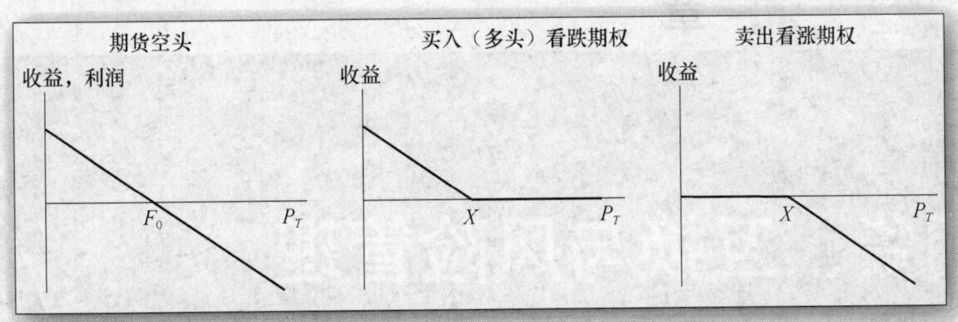

22-2 清算所对所有合约的净头寸为零。其多头头寸与空头头寸相互抵消，所以来自盯市的净现金流一定为零。

22-3

	2月份原油价格 P_T(美元)		
	69.86	71.86	73.86
购买原油的现金流：$-100\,000\times P_T$	−6 986 000	−7 186 000	−7 386 000
+期货多头的利润：$100\,000\times(P_T-F_0)$	−200 000	0	+200 000
总现金流	−7 186 000	−7 186 000	−7 186 000

22-4 风险在于指数和投资组合这两者的变化并不完全一致。因此，即使指数期货价格与指数本身完全相关，期货价格与投资组合价值之间价差的基差风险依然存在。

22-5 期货价格为980美元，比平价低10美元，如下策略的现金流是无风险的，且正好等于错估部分。

行动	初始现金流	一年后的现金流
借出 S_0 美元	−1 000	1 000×1.01 = 1 010
卖出股票期货	+1 000	$-S_T-20$
期货多头	0	S_T-980
总计	0	10美元（无风险）

22-6 β 值一定是0。如果期货价格是一个无偏估计，则可以推知风险溢价为0，也就意味着 β 值为0。

CHAPTER23

第23章 期货、互换与风险管理

第22章对期货市场的运作与期货定价的原理做了基本介绍。这一章将对选择的期货市场的定价和风险管理进行更深入的研究。大多数增长发生在金融期货市场，占了交易量的绝大部分，所以我们将重点研究金融期货合约。

对于一个完整的资产组合来说，**套期保值**（hedge）并不是那种野心勃勃的最优风险回报的组合，而是抵消一种特定来源风险的技术。因为期货合约以一定量的股票指数价值、外汇汇率和商品价格等为标的物，这对套期保值的应用来说很合适。在本章中，我们要研究几种套期保值的应用方式，使用多种来解释应用的一般性原则。

我们首先讨论外汇期货，这一部分阐述远期汇率是如何由不同国家的利率差别决定的，并考察企业利用期货工具管理汇率风险。接着，我们研究股指期货，重点讨论程式化交易和指数套利。接着，我们转向最活跃的交易市场，即利率期货市场。我们还将考察商品期货的定价。最后，我们将介绍外汇与固定收益证券的互换市场。我们会发现，互换其实可以解释为远期合约的资产组合并据此定价。

23.1 外汇期货

23.1.1 市场

货币之间的汇率不停地变化，并且通常比较剧烈。这种变化是所有从事国际商务的人都关心的。例如，一个在英国销售货物的美国出口商收到以英镑支付的货款，而这些英镑的美元价值取决于付款时的即期汇率。直到付款那天，这位出口商将一直面临汇率风险。这种风险可以通过外汇期货或远期市场进行套期保值来避免。例如，如果你将在90天内收到100 000英镑，你现在可以在远期市场卖出英镑远期把汇率锁定在与今天远期价格相同的汇率上。

外汇的远期市场一般是非正式市场，它只是一个允许客户建立远期合约在将来以当前协议的汇率买卖货币的经纪人与银行之间的交易网络。银行间的外汇市场是世界上最大的金融市场之一，许多有足够信誉的大交易商是在这里而不是在期货市场做外汇交易。与期货市场不同，远期市场上的合约是非标准化的，每一份合约都是单独协商定价，而且也不存在期货市场中的盯市。外汇远期合约都是到了到期日才执行。市场参与者需要考虑交易对手风险，即合约对方可能因为价格对他不利而不再履行合约责任的风险。因此，在远期市场上的交易者需要有良好的信誉。

不过，芝加哥商品交易所（国际货币市场）与伦敦国际金融期货交易所等都建立了正式的外汇期货市场。这些外汇期货合约的面值都是标准化的，而且逐日盯市。更重要的是这些市场都有标准的结算程序，使得交易商很容易地建立或冲销头寸。交易所的清算所要求交易者交纳足够的保证金以保证合约能够得到良好的履行，所以在交易中不需关注交易者的身份和信誉。

图 23-1 是《华尔街日报》上外汇即期与远期汇率行情表，表中给出的是 1 单位其他货币所兑换的美元数和 1 美元所兑换的其他货币的数额。图 23-2 是期货行情表，表中给出的是购买 1 单位外币所需要的美元数额。图 23-1 还同时给出了外汇的即期汇率和不同交割日的远期汇率。

货币　　2010年1月5日

U.S.-dollar foreign-exchange rates in late New York trading

国家/货币	US$ equiv	1-day % chg	YTD % chg	Currency per US$
美洲				
巴西雷亚尔	0.581	−1.26	−1.3	1.7212
加拿大元	0.96	−0.99	−0.9	1.041 7
1个月远期	0.96	−0.98	−0.9	1.041 7
3个月远期	0.96	−0.98	−0.9	1.041 7
6个月远期	0.959 8	−0.97	−0.9	1.041 9
墨西哥比索	0.077 7	−1.66	−1.5	12.878 3
亚太地区				
中国人民币元	0.146 4	unch	unch	6.828 5
港元	0.128 9	unch	unch	7.755 5
印度卢比	0.021 6	−0.69	−0.2	46.296 3
日元	0.010 801	−0.47	−0.5	92.58
1个月远期	0.010 803	−0.47	−0.5	92.57
3个月远期	0.010 807	−0.47	−0.5	92.53
6个月远期	0.010 815	−0.46	−0.5	92.46
韩元	0.000 869 6	−1.38	−1.4	1 149.95
欧洲				
欧元	1.441 1	−0.59	−0.7	0.693 9
俄罗斯卢布	0.032 99	unch	unch	30.31 2
瑞士法郎	0.971	−0.47	−0.5	1.029 9
1个月远期	0.971 2	−0.47	−0.5	1.029 7
3个月远期	0.971 5	−0.47	−0.5	1.029 3
6个月远期	0.972 3	−0.45	−0.5	1.028 5
英镑	1.610 1	0.44	0.4	0.621 1
1个月远期	1.609 8	0.44	0.4	0.621 2
3个月远期	1.609 2	0.42	0.4	0.621 4
6个月远期	1.608 4	0.4	0.4	0.621 7

图 23-1　即期汇率与远期汇率

资料来源：*The Wall Street Journal online*, January 5, 2010. Reprinted by permission of *The Wall Street Journal*,

图 23-1 中所列的远期汇率通常都采用每 30 天、90 天或 180 天的滚动交割方式。这样明天的远期报价的到期日比今天报价的到期日晚一天。相比，图 23-2中期货合约都是在每年 3 月、6 月、9 月和 12 月的四个特定的到期日进行交割。

	Open	Contract High hi lo	low	Settle	Chg	Open interest
日元（CME）-¥12 500 000；$ per100¥						
3月	1.076 3	1.085 2	1.073 1	**1.080 4**	0.006 4	100 677
6月	1.078 7	1.085 8	1.074 3	**1.081 2**	0.006 3	360
加拿大元（CME）-CAD 100 000；$ per CAD						
3月	0.954 9	0.966 0	0.950 8	**0.959 4**	0.003 2	100 156
6月	0.955 7	0.965 7	0.950 9	**0.959 3**	0.003 2	1 376
英镑（CME）-£62 500；$ per £						
3月	1.611 8	1.623 5	1.605 2	**1.608 5**	−0.006 1	81 371
6月	1.613 2	1.622 4	1.604 5	**1.607 7**	−0.006 1	501
瑞士法郎（CME）-CHF125 000；$ per CHF						
3月	0.967 7	0.974 8	0.960 0	**0.972 0**	0.005 1	35 932
6月	0.970 9	0.975 5	0.961 2	**0.972 8**	0.005 1	62

图 23-2　外汇期货

资料来源：*The Wall Street Journal*, January 5, 2010. Reprinted by permission of *The Wall Street Journal*,

23.1.2 利率平价

如同股票和股票期货一样，在完善的外汇市场上存在即期汇率与期货价格之间的平价关系。如果这种所谓的**利率平价关系**（interest rate parity relationship）被违背，套利者就能够在市场上以零净投资获得无风险利润。他们的行为能使即期汇率和期货价格回到平价关系上。利率平价关系也被称为**抛补利息套利关系**（covered interest arbitrage relationship）。

我们可以用两种货币，美元与英镑来说明这种利率平价关系。设 E_0 为当前两种货币的汇率，也就是说，买 1 英镑需要 E_0 美元。F_0 为远期价格，即今天达成协议于今后某一时间 T 购买 1 英镑所需的美元数目。设美国和英国两国的无风险利率分别为 r_{US} 和 r_{UK}。

根据利率平价理论，E_0 与 F_0 之间的合理关系应该为

$$F_0 = E_0\left(\frac{1 + r_{US}}{1 + r_{UK}}\right)^T \tag{23-1}$$

例如，如果每年的 $r_{US}=0.04$，$r_{UK}=0.05$，而 $E_0=2$ 美元/英镑，那么 1 年期远期合约的理论期货价格应该为

$$2.00 \text{ 美元} \times \left(\frac{1.04}{1.05}\right) = 1.981 \text{ 美元 / 英镑}$$

体会一下这个结果的含义，如果 r_{US} 小于 r_{UK}，即把资金投在美国比投在英国增值慢，那么为什么不是所有的投资者都决定把他们的资金投在英国呢？一个重要的原因就是美元相对于英镑会升值，所以尽管在美国的美元投资比在英国的英镑投资增值慢，但是随着时间的推移，每美元能换得的英镑数目会越来越多，这正好抵消了英国的高利率所带来的好处。

只要确定式（23-1）中美元升值是怎样表现出来的，我们就可以得到这个结论。如果美元升值，即购买 1 英镑所需要的美元数目越来越少，那么远期汇率 F_0（等于 1 年以后交割时购买 1 英镑所需要的美元数量）一定小于即期汇率 E_0。这正是式（23-1）告诉我们的：当 r_{US} 小于 r_{UK} 时，F_0 肯定小于 E_0。由 F_0 比 E_0 得到的美元升值程度恰好可以与两国利率之间的差额相抵消。当然，如果情况相反，结论正好颠倒过来：当 r_{US} 大于 r_{UK} 时，F_0 肯定大于 E_0。

【例 23-1】 抛补利息套利

如果利率平价被违背会怎么样呢？例如，假定期货价格是 1.97 美元/英镑而不是 1.981 美元/英镑，那么采取以下策略你就可以获得套利利润。用 E_1 表示 1 年后的汇率（美元/英镑），当然它应该是一个随投机者现在的期望而改变的随机变量。

行动	初始现金流（美元）	1 年以后的现金流（美元）
1. 在伦敦借入 1 英镑并兑换成美元，1 年后偿还 1.05 英镑	2.00	$-E_1$(1.05 英镑)
2. 在美国贷出 2 美元	−2.00	2.00 (1.04)
3. 签订期货合约以 $F_0=1.97$ 美元/英镑的价格购买 1.05 英镑	0	1.05 英镑 × (E_1 − 1.97 美元/英镑)
总计	0	0.115

第一步，你把从英国借入的 1 英镑按即期汇率兑换成 2 美元，一年以后你必须还本付息。因为贷款是在英国按英国利率借入的，所以你需要偿还 1.05 英镑，而它相当于 $E_1(1.05)$ 美元。第二步，在美国的贷款是按美国的利率 4% 借出的。第三步是期货头寸，你先按 1.97 美元/英镑的价格买入 1.05 英镑，然后以汇率 E_1 把它换成美元。

在这里，汇率风险正好被第一步的英镑借款与第三步的期货头寸抵消了，所以按此策略所获得的利润是无风险的，并且不需要任何净投资。■

将例 23-1 中的策略推而广之：

行动	初始现金流（美元）	1 年以后的现金流（美元）
1. 在伦敦借入 1 英镑并兑换成美元	E_0	$-E_1(1+r_{UK})$
2. 把从伦敦借来的钱在美国贷出	$-E_0$	$E_0(1+r_{US})$
3. 以 F_0 美元/英镑的价格建立个期货头寸	0	$(1+r_{UK})(E_1-F_0)$
总计	0	$E_0(1+r_{US})-F_0\ (1+r_{UK})$

让我们再回顾一下该套利过程。第一步是在英国借入 1 英镑，然后将这 1 英镑按即期汇率 E_0 兑换成 E_0 美元，这是现金流入。1 年后，这笔英镑贷款要还付本息，共需支付（$1+r_{UK}$）英镑，或美元 $E_1(1+r_{UK})$。第二步，把由英镑贷款换得的美元投在美国，这包括一个 E_0 美元的现金流出和一个 1 年后美元的现金流入 $E_0(1+r_{US})$。最后，英镑借款的汇率风险由第三步的套期保值来消除，即事先通过期货合约中买入（$1+r_{UK}$）英镑以偿还英国的贷款。

套利的净利润是无风险的，它等于 $E_0(1+r_{US})-F_0(1+r_{UK})$。如果这个值是正的，就在英国借款，在美国贷款，然后建立期货多头头寸以消除汇率风险。如果这个值是负的，就在美国借款，在英国贷款，然后建立英镑期货的空头头寸。当价格正好相符排除了套利机会时，这个表达式一定为零。把这个表达式整理可得

$$F_0=\frac{1+r_{US}}{1+r_{UK}}E_0 \tag{23-2}$$

这就是 1 年期的利率平价关系（也称为抛补利率平价）。

【例 23-2】 抛补利息套利

大量的经验数据都证实了利率平价关系。例如，2010 年 1 月 4 日，3 个月到期以美元计价的 LIBOR 利率是 0.26%，而英镑的利率是 0.61%，即期汇率是 1.610 1 美元/英镑。由以上数字，我们根据利率平价关系得到 3 个月的远期汇率应该是 $1.610\,1\times(1.002\,6/1.006\,1)^{1/4}=1.608\,7$ 美元/英镑。实际远期汇率是 1.609 2 美元/英镑，与平价价格非常接近，而交易费用的存在使得套利者不可能从这微小的差异中获利。

概念检查 23-1

如果初始期货价格 $F_0=2.01$ 美元/英镑，例 23-1 中如何设计套利策略？可以获得的利润是多少？

23.1.3 直接与间接报价

例 23-1 和例 23-2 中的汇率是以每英镑多少美元的形式表示的，这是一种直接汇率报价方式，欧元 - 美元也是直接报价的一种典型方式。相反，很多汇率的报价都是每美元多少外币（日元、瑞士法郎）的间接报价方式，比如 92 日元/美元。美元贬值，反映在报价中就是汇率的下跌（1 美元可以买到的日元比原来更少了）；相反，美元对英镑贬值后汇率升高（需要更多的美元来购买 1 英镑）。如果汇率是以每美元多少外币表示，那么式（23-2）中的国内和国外的汇率必须交换一下，这种情况下公式变为

$$F_0(\text{外币}/\$)=\frac{1+r_{\text{foreign}}}{1+r_{US}}\times E_0(\text{外币}/\$)$$

如果美国的利率高于日本，那么美元在远期市场的售价就会比即期市场的低（能够购买的日元数量减少）。

23.1.4 利用期货管理汇率风险

假定有一个美国公司，其产品的大部分都出口英国。公司就很容易受到美元/英镑汇率波动的影响。首先，从客户处得来的英镑的美元价值随汇率波动而波动；其次，公司在英国对客户收费的英镑价格也会受到汇率的影响。例如，如果英镑相对于美元贬值了 10%，那么为了维持与过去同样的美元等值的价格，该公司必须提高 10% 的英镑价格。但是，如果该公司面临英国产品制造商的竞争时，却未必能提升 10% 的价格，或者它认为提高英镑价格会降低对其产品的需求。

为了抵消这种外汇变动的风险，公司可能从事一些在英镑贬值时能带来利润的交易。这样贬值导致的业务上的亏损能够被金融交易上的利润所抵消。例如，该公司买入一张期货合约以今天协定的汇率把英镑兑换成美元。那么如果英镑贬值，期货头寸就会产生利润。

例如，假定 3 个月交割的英镑期货价格是 2.00 美元/英镑，如果该公司持有一张价格为 2 美元/英镑的期货合约，3 个月后汇率变为 1.90 美元/英镑，那么该交易的利润就是每英镑 0.10 美元/英镑。在到期日，英镑的期货价格与即期汇率相等，为 1.90 美元/英镑，因此英镑空头头寸的利润是 $F_0-F_T=2.00$ 美元 -1.90 美元 $=0.10$ 美元。

为了尽量抵消汇率波动带来的风险，需要在期货市场卖出多少英镑合适呢？假如英镑每贬值 0.10 美元，下一个季度利润的美元价值就会下滑 200 000 美元，那么进行套期保值，我们需要英镑期货头寸的数量是英镑每贬值 0.10

美元期货头寸需要带来的利润为200 000美元。因此，我们需要的期货头寸是2 000 000英镑。正如我们刚才看到的，期货合约每英镑的利润等于当前期货价格与最终汇率之差；因此，0.10美元的贬值[⊖]所带来的外汇利润＝0.10美元×2 000 000＝200 000美元。

只要利润与汇率之间的关系大致是线性的，英镑期货的正确套利头寸就与英镑的实际贬值无关。例如，如果英镑只是贬值了上述的一半，即0.05美元，公司的经营利润就只会损失100 000美元。期货头寸也只会得到上述利润的一半，即0.05美元×2 000 000＝100 000美元，同样恰好抵消了经营的风险。如果英镑升值了，套期保值仍然会抵消经营的风险，只是这种情景不见得是好事。如果英镑升值了0.05美元，公司可能会由于英镑升值而获得100 000美元的收益；然而，由于公司有义务按照初始的期货价格交割英镑，公司就会有等量的损失。

套期保值比率就是用来给未受保护的资产组合套期保值所必需的期货头寸数目，在这个例子中资产组合是指公司的出口业务。通常，我们可以把**套期保值比率**（hedge ratio）当成为了抵消某一特定未受保护头寸的风险而建立的套期保值工具的数量（比如，期货合约）。这个例子中，套期保值比率H就是

$$H=\frac{\text{汇率某一给定变化带来的未受保护头寸价值变化}}{\text{对于相同汇率变化产生的一个期货头寸的利润}}$$
$$=\frac{\text{汇率每 0.10 美元变化产生的 200 000 美元}}{\text{汇率的每 0.10 美元变化产生的每英镑交割的利润 0.10 美元}}$$
$$=20\,000\,000\ \text{英镑待交割}$$

因为国际货币市场（芝加哥商品交易所的分部）中每张期货合约需要交割62 500英镑，那么你就需要卖出2 000 000/62 500＝32张合约。

套期保值比率的一种解释是作为不确定性的基本来源敏感度的一种比率。汇率每波动0.10美元，经营利润的敏感度是200 000美元。汇率每波动0.10美元，期货利润的敏感度是待交割的0.10美元/英镑。因此，套期保值比率是200 000/0.10＝2 000 000英镑。

概念检查23-2

假定美元贬值时，一家跨国公司受到了损害。具体地，假定英镑兑美元每上升0.05美元，该公司利润就会减少200 000美元，那么该公司需要持有多少张合约？应该持有多头还是空头合约？

套期保值比率同样可以根据期货合约来定义。因为每张合约需要交割62 500英镑，则汇率每波动0.10美元给每张合约带来的利润是6 250美元。因此，以期货合约为单位的套期保值比率就是200 000美元/6 250美元＝32张合约，正如上面所得到的。

给定了未进行套期保值头寸对汇率变化的敏感度后，计算风险最小化的套期保值头寸就容易多了。但是敏感度的估计是比较困难的。例如，对于出口公司来说，一种比较幼稚的观点就是我们只需要估计预期的英镑计价的收入，然后在期货市场或远期市场交割该数目的英镑合约。然而，这种方法未能认识到英镑收入本身就是汇率的一个函数，因为该美国公司的竞争地位部分是由汇率决定的。

另一种方法则部分依赖于历史关系。例如，假定该公司准备了图23-3所示的一张散点图，该图把公司最近40个季度以来每个季度以美元计价的经营利润与该季度美元兑英镑的汇率联系起来。汇率较低，也就是英镑贬值时，利润一般来说比较低。为了对敏感度定量化，我们可以估计回归方程

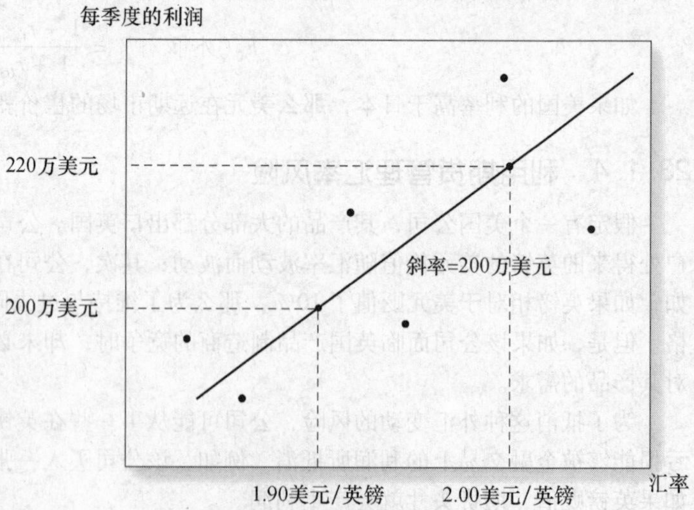

图23-3 利润是汇率的函数

⊖ 实际上，合约的利润取决于期货价格的变化，而不是即期汇率。为简单起见，我们把期货价格的下跌称为英镑的贬值。

$$利润 = a + b(美元/英镑汇率)$$

回归得到的斜率，也就是 b 的估计值，就是季度利润对汇率的敏感度。例如，如果 b 的估计值是 2 000 000，如图 23-3所示，那么平均来说，英镑兑美元每增加 1 美元就会带来 2 000 000 美元的利润增量。这当然是我们在断定英镑兑美元的汇率下跌 0.01 美元会使利润减少 200 000 美元假定的敏感度。

当然，解释这些回归结果必须小心。例如，我们不能把一段时间内汇率在每英镑 1.80～2.10 美元波动时的利润和汇率的历史关系外推至汇率低于 1.40 美元/英镑或者高于 2.50 美元/英镑的情形。

另外，把过去的关系外推至将来时也必须小心。在第 8 章中，我们就已经看到指数模型回归的贝塔倾向于随时间的变化而变化；这样的问题不仅仅出现在指数模型中。更进一步地说，回归估计仅仅是一个估计。有些时候一个回归方程的参数也可能相当不精确。

概念检查 23-3

联合米勒公司购买玉米做玉米片。玉米价格上涨时，谷类食品制造成本上升，从而利润降低。从历史上来看，每一季度的利润与玉米价格的关系都满足方程：利润＝800 万美元－100 万×价格/蒲式耳。为了对玉米价格风险进行套期保值，联合米勒公司应该在玉米期货市场购买多少蒲式耳玉米？

对寻找一个变量对另外一个变量的平均敏感度来说，历史关系通常是一个很好的出发点。这些斜率系数不是完美的，但仍然是有用的套期保值比率的指标。

23.2 股票指数期货

23.2.1 合约

与很多需要进行实物交割的期货合约不同，股票指数期货实行现金结算，结算金额等于合约到期日标的股票指数的点数与反映合约规模的乘数之积。期货多头的总利润为 $S_T - F_0$，其中 S_T 为到期日股票指数的值。现金结算节约了空头购买指数中的成分股并交割给多头，多头又将股票卖出以换取现金所花费的成本。事实上，多头的收入是 $S_T - F_0$美元，空头的收入为 $F_0 - S_T$ 美元。利润与真正的股票交割没有不同。

现在交易的股票指数期货合约有好几种，表 23-1 列出了一些主要的合约，合约规模一栏给出了用来计算结算金额的乘数。例如，标准普尔 500 指数期货价格是 1 100，而最终的指数值是 1 105，那么多头的利润为 250 美元×（1 105－1 100）＝1 250 美元。迄今为止，标注普尔 500 指数期货合约一直是美国股指期货市场最主要的品种[⊖]。

表 23-1 主要股票指数期货

合约品种	持有市场指数	合约规模	交易所
S&P 500	S&P 500，根据 500 只股票的市值加权平均值	250 美元×指数	芝加哥商业交易所
道琼斯工业平均指数	道琼斯工业平均指数，30 家公司的股价加权平均值	10 美元×指数	芝加哥交易所
罗素 2 000 指数	2 000 家小公司的指数	500 美元×指数	洲际交易所
纳斯达克 100 指数	100 只最大的场外交易股票的市值加权平均	100 美元×指数	芝加哥商业交易所
日经指数	日经 225 股票平均指数	5 美元×指数	芝加哥商业交易所
金融时报 100 指数	《金融时报》股市指数，100 家英国公司股票的指数	10 英镑×指数	伦敦国际金融期货交易所
DAX-30 指数	30 家德国公司股票的指数	25 欧元×指数	欧洲交易所
CAC-40 指数	40 家法国公司股票的指数	10 欧元×指数	巴黎国际商品交易所
道琼斯欧盟欧元区股指 50	欧元区蓝筹股股票指数	10 欧元×指数	欧洲交易所

这些股票市场指数都是高度相关的。表 23-2 给出了美国主要股票指数之间的相关矩阵。道琼斯工业平均指数、纽

⊖ 我们应该指出这些合约的乘数产生的头寸对于许多小投资者而言金额巨大，芝加哥商品交易所电子交易系统 Globex 上交易的 E-minis 是乘数较小的同等期货合约（典型的为标准合约价值的 1/5）。E-mini 合约不仅提供股指交易，也提供外汇交易。

约综指和标准普尔500指数的相关系数都超过了0.9。以科技公司为主NASDAQ指数和中小企业为主的Russell2000指数与其他宽基指数相关系数比较低，并且它们之间的相关系数比较低，但是与大部分指数的相关还是超过了0.8。

表23-2　美国主要股票市场指数的相关性

	DJIA	NYSE	NASDAQ	S&P 500	Russell 2000
道琼斯工业平均指数	1.000				
纽约证券交易所指数	0.931	1.000			
纳斯达克指数	0.839	0.825	1.000		
S&P 500	0.957	0.973	0.899	1.000	
罗素2 000指数	0.758	0.837	0.855	0.822	1.000

注：相关系数是根据2002年3月至2006年3月月度收益率计算得出。

23.2.2　构造综合股票头寸：一种资产配置工具

股指期货之所以这么受欢迎，其中一个原因就是它们可以替代持有股票，从而使投资者并不需要真正买入或卖出大量股票就能进行大范围的市场操作。

因此，我们说持有指数期货就是持有“综合的”市场资产组合。投资者只需要持有指数的多头头寸，就可以替代持有市场资产组合。这种策略之所以吸引人是因为期货头寸建立与平仓的交易成本远低于购买现货头寸的交易成本。希望频繁买卖市场头寸的投资者会发现在期货市场操作的成本远低于标的物现货市场操作的成本。那些在整个市场进行投机而不局限于个别证券的“市场时机决定者”更愿意作股指期货交易，也正是因为这个原因。

例如，市场时机选择的一种运作方式是在国债与大范围股票市场之间来回切换。当股票市场上扬时，市场时机决定者从国债市场进入股市，而当市场下跌时，他们又把股票换成国债，以规避市场下跌，这样他们就能从大范围的市场运作中获得利润。但是，这种市场时机选择会因为频繁买卖大量股票产生一大笔经纪费用。一个很好的替代选择就是投资国债和持有数量不断变化的市场指数期货合约。

具体地说，牛市时，他们建立大量的期货多头，这样一旦预测市场要转为熊市，他们就可以便宜快捷地平仓。与在国债与股票之间来回切换相比，他们只要买入并持有国债然后调整指数期货的头寸就可以了。这样可以使交易成本最小化。这种市场时机选择的另一个优点是投资者可以把市场指数作为一个整体买入或卖出，而在现货市场上，则要求他们同时买入或卖出构成指数的所有股票。这不仅在技术上很难协调，还会导致操作时机的延误。

你可以构造一个与持有股票指数资产组合收益一样的指数期货加国债的头寸，即

（1）买入与你想购买股票头寸相等的市场指数期货合约。例如，如果想持有1 000美元乘以标准普尔500指数，你就需要购买4份期货合约，因为每份合约要求交割250美元乘以该指数。

（2）投资足以支付合约到期日期货价格的资金于国债。最低投资额等于按期货价格清偿期货合约所需款项的现值。至到期日，持有的国债价值将上涨至与期货价格持平。

【例23-3】　　使用股票指数期货的综合头寸

假设一个机构投资者想在市场上进行为期1个月的1.1亿美元的投资，为了使交易成本最低，决定购买标准普尔500指数期货合约而不是真正持有股票。如果现在指数为1 100点，1个月到期的期货价格为1 111点，国债的月利率是1%，则该投资者需要买入400份合约。（每份合约相当于价值为250美元×1 100＝275 000美元的股票，且1.1亿美元/275 000美元＝400。）这样它就有了10万美元乘以标准普尔500指数的多头头寸（400份合约乘以合约乘数250美元）。为了支付期货价格，它必须投资期货价格现值100 000倍的金额于国债，即100 000×（1 111/1.01）＝1.1亿美元市值的国债。注意，在国债上1.1亿美元的支出恰好等于直接购买股票所需要的资金数额。（国债的面值是100 000×1 111＝1.111亿美元。）

这是人工合成的股票头寸。在到期日，资产组合的价值是多少？设S_T是到期日T时股票指数的价值，F_0为初始的期货价格：

一般形式（每单位指数）		我们的数字（美元）
1. 合约的利润	$S_T - F_0$	100 000（S_T − 1 111）
2. 国债的价值	F_0	111 100 000
总计	S_T	100 000S_T

合约到期日的总收益与股指价值成比例，也就是说，采取这种投资组合策略与持有股票指数本身没有什么区别，除了持有期的股利分配与税收处理。■

例23-3中国债加期货的策略可以被视为一种100%的股票投资策略。从一个极端的角度看，期货投资为零时这种策略就是100%的国债头寸。采取期货空头将得到与卖空股票市场指数一样的结果，因为在这两种情况下投资者都从股票价格的下跌中获利。很明显，国债加期货的资产组合为市场时机决定者开辟了一条灵活、低成本的投资途径。期货头寸可以迅速便宜地开仓与平仓。另外，由于期货空头使得投资者可以在国债上赚取利息，所以它比传统的股票卖空方式优越得多，因为卖空股票只能赚取很少或者不能赚到利息。

概念检查 23-4

如果一个投资者持有股票指数组合，当他对市场预期持悲观态度时，他会使用期货构造"综合退出"头寸，他也可以使用例23-3中的那种市场时机选择策略。假设该投资者持有1.1亿美元股票，当市场疲软时，他在持有的股票基础上增加什么样的期货头寸可以构造综合国债风险？使用例23-3中的表格，假设利润是无风险的。

专栏23-1说明，现在股票市场上用期货合约构造综合股票头寸对于基金管理人来说已经变得非常普遍。该文想强调的是，期货头寸在构造国外股票综合头寸方面尤其有用，因为那里交易费用昂贵、市场流动性较差。

专栏23-1

迅捷投资？考虑股指期货

随着越来越多的投资者进入全球性市场，并且市场波动性也有所提高，股指期货已成为灵活的基金管理人进行投资的最好工具。确实，在大多数主要市场中，股票期货交易量已经超过了股票的交易量。

股指期货为什么有这么大的吸引力？因为它方便、快捷与便宜。在大多数主要市场中，股票期货与传统的交易方式相比，不仅流动性更好，而且交易成本更低。

"一旦我决定现在是进入法国、德国或英国市场的最佳时机，我就不必等到找到合适的股票。"法布里奇奥·皮尔里尼（Fabrizio Pierallini）说。他是总部在纽约的沃托贝尔有限公司（Vontobel Ltd.）的欧洲太平洋基金管理人。

皮尔里尼先生说以后可以对市场选择进行微调，逐渐将期货头寸转为偏好的股票。在某种程度上，皮尔里尼先生的股票业绩能跑赢市场，而期货提供了保住这些收益的方法，同时又可对市场的下跌进行套期保值。

例如，通过出售等于标的资产组合价值的期货，基金管理人几乎可以完全使资产组合不受市场波动的影响。譬如基金管理人成功地获得了优于市场的业绩，但当市场整体下跌10%时他的资产组合价值下跌3%。用期货进行套期保值可以获得超出市场表现的业绩，把损失转变为近7%的利润。

在期货强化战略中，"全球性资产配置战术"是在全世界范围内进行期货交易，而传统的管理人可能交易股票。近年来，这种资产配置策略的普及极大地推动了期货市场的发展。

利用全球市场波动，"期货比股票做得更好，并且便宜"，泛安戈拉资产管理公司（PanAgora Asset Management）贾罗德·威尔科克斯（Jarrod Wilcox）说，该公司总部设在波士顿。虽然它也投资个股，但它经常利用期货改变其头寸，如对特定股票市场进行套期保值。

威尔科克斯注意到，当它准备进行海外投资时，期货经常是从成本角度看最有意义的唯一工具。在国外，交易税和手续费可能超过每笔交易资金额的1%，而期货交易的成本只有0.05%。

资料来源：Abridged from Suzanne McGee, "Got a Bundle to Invest Fast? Think Stock-Index Futures," *The Wall Street Journal*, February 21, 1995. Reprinted by permission of *The Wall Street Journal*, © 1995 Dow Jones & Company, Inc. All rights reserved worldwide.

23.2.3 指数套利

无论什么时候，只要实际期货价格落到无套利区域之外，我们就有获得利润的机会。这就是平价关系如此重要的原因。除了理论上的学术意义之外，它更是一种能带来巨额利润的交易规则。**指数套利**（index arbitrage）是一种利用期货的实际价格与理论上的正确平价之间背离来获利的投资策略。

理论上，指数套利很简单。如果期货价格过高，就卖出期货合约买入指数的成分股。如果期货价格过低，就买入期货合约卖出股票。通过完全的对冲，你可以获得期货价格错估带来的套利利润。

但实际中指数套利很难进行。问题在于购买"指数成分股"。想买入或卖出标准普尔500指数中500种成分股是不大切合实际的。原因有二：一是交易成本，它可能超过套利获得的利润；二是同时买入或卖出500种不同的股票是极其困难的，并且操作过程中的任何延误都会影响暂时价差的利用效果。

如果套利者想利用期货价格与其标的股票指数的价差获利时，他就需要同时快速地交易整个资产组合的股票。因此，他们需要协调交易程序，这就是**程式交易**（program trading），它是指买入或卖出整个资产组合的股票。电子交易使交易者可以向股票市场一次性递交经协调的买入或卖出程序。

这种套利行为及其相应的程式化交易能否成功取决于两件事情：现货与期货价格的相对水平和两个市场同步交易的情况。因为套利者利用的是现货与期货之间的价差，所以它们的绝对价格并不重要。

23.2.4 使用指数期货对冲市场风险

资产组合管理人应怎样利用期货对冲暴露的市场风险？例如，假设你管理一个3 000万美元的资产组合，β为0.8，你认为在长期市场是牛市，但是你担心接下来的两个月内市场很容易急剧下挫。如果交易是无成本的，你可以卖出你的资产组合，并持有短期国债2个月，然后在认为市场下跌风险过去之后，再重新建立你的头寸。但在实际中，这个策略会带来难以接受的交易成本，更不用说资产组合的资本利得或损失带来的税收问题。一个替代性的方法是使用股票指数期货对冲你的风险敞口。

【例23-4】 **对冲市场风险**

假设标准普尔500指数目前为1 000，指数下降到975就表示下降了2.5%。资产组合的β值是0.8，这样你预计的损失为$0.8\times2.5\%=2\%$，用美元表示就是$0.02\times3\,000$万美元$=60$万美元。因此，对于标准普尔500指数每25点的变动，你的资产组合对市场变动的敏感度为60万美元。

为了对冲这个风险，你可以卖出股票指数期货。当你的资产组合的价值随着市场下降而降低时，期货合约带来的利润能够抵消资产组合价值的降低。

期货合约对市场变动的敏感度很容易确定。合约乘数为250美元，指数每变动25点，标准普尔500指数期货合约的利润就增加6 250美元。因此，为了对冲两个月的市场风险，计算套期保值比率如下：

$$H=\frac{\text{资产组合价值的变化}}{\text{一份期货合约的利润}}=\frac{600\,000}{6\,250}=96\text{ 份合约(空头)}$$

因为你想从合约中获利来抵消资产组合的市场风险，所以你需要做空股指期货。你的资产组合在市场下跌时的业绩表现不好，因此你需要的是在市场下跌时的业绩表现好的头寸。■

我们也可以用前面图23-3中外汇风险例子中的回归程序来解决这一套期保值问题。图23-4所示的资产组合的价值是标准普尔500指数价值的函数。β为0.8，斜率系数为24 000：指数上涨2.5%，即从1 000到1 025，能够带来3 000万美元的2%的利润，也就是60万美元的资本利得。因此，指数每上涨1点，你的资产组合价值就增加24 000美元。于是，为了完全抵消市场变动的风险，你需要做24 000单位的标准普尔500指数点的空头头寸。因为合约乘数是250美元，所以你需要卖出24 000/250 = 96份合约。

注意，当未保护头寸对某一资产价格的回归斜率是正的，你的对冲策略是持有这一资产的空头头寸。对冲比率是回归斜率的相反数。这是因为对冲头寸必须抵消你初始的风险敞口。如果资产价值下降时，你的业绩表现变差，你需要这样一种对冲工具，即当资产价值下降时，该工具的业绩表现变好。这时就需要持有资产的空头头寸。

积极管理人有时认为一项特定的资产被低估了，但同时市场总体上将下跌。尽管与对市场中的其他股票相比，该项资产值得买入，但在整个市场下跌时它也可能表现欠佳。为了解决这个问题，管理人可以对公司和市场分别下赌注：对公司下注，购买公司的股票，但通过对冲头寸规避市场风险。换句话说，管理人寻找一种**市场中性策略**（market-neutral bet），即持有股票是为了获得 α 收益（风险调整后的超额期望收益），但是市场风险已经被完全对冲，最终持有的是一个 β 为零的头寸。

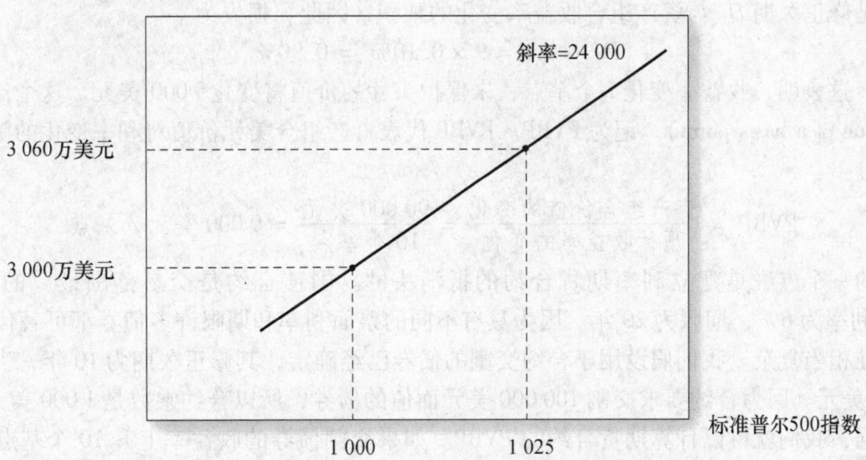

图 23-4　资产组合预测值是市场指数的函数

通过允许投资者对冲市场的表现，期货合约可被基金经理用来挑选个股，而不用关心市场风险对单个股票的市场风险。选好股票以后，通过股票期货合约可以把资产组合的市场风险调整到任何想要的程度。再次说明，股票的 β 值对对冲策略来说尤其重要。我们将在第 26 章中详细讨论市场中性策略。

【例 23-5】　市场中性下积极选股

假设股票的 β 是 2/3，管理者购买了价值 375 000 美元的股票。市场下跌 3%，股票预期下跌 2/3 × 3% = 2%，也就是 7 500 美元。如果市场下降 3%，标准普尔 500 指数将从现在的 1 000 点下跌 30 点。合约乘数为 250 美元，这样每份期货合约空头的利润为 30 × 250 美元 = 7 500 美元。因此，股票的市场风险可以通过卖出标准普尔 500 指数期货合约来抵消。更正式地，我们计算的对冲比率如下

$$
\begin{aligned}
H &= \frac{\text{市场下降 3\% 预计的股票价值变化}}{\text{市场下降 3\% 的空头合约的收入}} \\
&= \frac{\text{未受保护头寸 7 500 美元的变化}}{\text{每份合约 7 500 美元的收入}} \\
&= 1 \text{ 份合约}
\end{aligned}
$$

现在市场风险被对冲了，这个股票加期货资产组合表现不确定性的唯一来源就是股票的表现了。■

23.3　利率期货

对冲利率风险

同股票管理人一样，固定收益证券管理人有时也想对冲市场风险，即来自于整个利率期限结构的变动。例如，考虑到以下这些问题。

（1）一个固定收益证券管理人持有一个已获得相当可观的资本利得的债券组合。她预计利率会上升但是不愿意出售她的资产组合，并以一个短久期债券组合来替代该组合，因为这样做会带来巨大的交易成本和资本利得的税收。她愿意对冲她的风险敞口，以规避利率上升的风险。

（2）一个公司计划公开发行债券。它认为目前是发行的好时机，但是因为一直存在 SEC 注册的滞后期，在 3 个月内公司不能发行债券。公司希望对冲收益率的不确定性，这样它就能全部卖掉债券。

（3）一个养老基金下个月将收到一笔很大的现金，计划将其投资于长期债券。考虑到时利率下降的可能性，基

金希望能够把长期债券的收益率锁定在当前水平。

在以上每个案例中，投资管理人都希望对冲掉利率的不确定性。为了说明操作程序，我们集中研究第一个案例，并假设资产组合管理人持有1 000万美元的债权资产组合，其修正久期为9年[㊀]。如果像所担心的那样，市场利率真的上升了，债券组合的收益率也会上升，比如说10个基点（0.10%），基金就会有资本损失。回忆第16章的内容，资本损失的百分比是修正久期D^*与资产组合收益率变化的乘积。因此，损失为

$$D^* \times \Delta y = 9 \times 0.10\% = 0.90\%$$

也就是90 000美元。这表明，收益率变化1个基点，未保护头寸的价值将变化9 000美元。这个比率被市场人士称为**基点价值**（price value of a basis point），记为PVBP。PVBP代表资产组合美元价值对利率变化的敏感性。我们可以用公式表示如下

$$\text{PVBP} = \frac{\text{资产组合价值的变化}}{\text{预计收益率的变化}} = \frac{90\,000\text{ 美元}}{10\text{ 个基点}} = 9\,000\text{ 美元／基点}$$

对冲这个风险的一个方法是建立利率期货合约的抵消头寸。国债合约是交易范围最广的合约。国债面值为100 000美元，票面利率为6%，期限为20年。因为具有不同的票面利率和期限许多债券都可替代国债用于结算，实际中合约的交割标准相当复杂。我们假设用于合约交割的债券已经确定，其修正久期为10年，当前面值100美元的债券期货价格为90美元。因为合约要求交割100 000美元面值的债券，所以合约乘数是1 000美元。

有了以上的数据，我们就可以计算期货合约的PVBP。如果交割债券的收益率上升10个基点，债券价值将下降$D^* \times 0.1\% = 10 \times 0.1\% = 1\%$。期货价格也将下跌1%，从90降到89.10。[㊁]因为合约乘数是1 000美元，所以每份合约空头的收益为1 000美元×0.90=900美元。因此，期货合约的PVBP为900美元/10个基点，即收益率变化1个基点为90美元。

现在我们可以方便地计算出对冲比率

$$H = \frac{\text{资产组合的 PVBP}}{\text{对冲工具的 PVBP}} = \frac{9\,000\text{ 美元}}{\text{每份合约 90 美元}} = 100\text{ 份合约}$$

这样，100份国债合约就可以抵消资产组合在利率风险上的风险敞口。

注意，这是市场中性策略的又一个例子。例23-5中阐述了股票对冲策略，股指期货可被用来使得资产组合的β为零。在这个例子中，我们用国债期货使得债券头寸的利率风险敞口为零。经过对冲的债券头寸的久期（或PVBP）为零。风险来源不同，但对冲策略在本质上是相同的。

概念检查23-5

假设债权组合增大1倍，变为2 000美元，修正久期为4.5年。证明对冲要用的国债期货合约的数量与刚才所计算的一样，为100份合约。

虽然对冲比率很容易计算，但是实际中的对冲问题却非常困难。在我们的例子中，我们假设国债与债券组合的收益率变动是完全一致的。虽然不同债券工具的利率有相同的变化趋势，但不同类别债券之间还是存在相当大的差异。如图23-5所示，长期来看长期公司债券与10年期国债的利差具有相当大的波动。只有两类固定收益债券的利差是常数（或者至少可以精确预测），也就是两类债券收益率变动相等时，我们的对冲策略才是完全有效的。

这个问题突出了这样一个事实，大多数的对冲策略实际上是**交叉对冲**（cross-hedging），意味对冲工具与要被对冲的资产不属

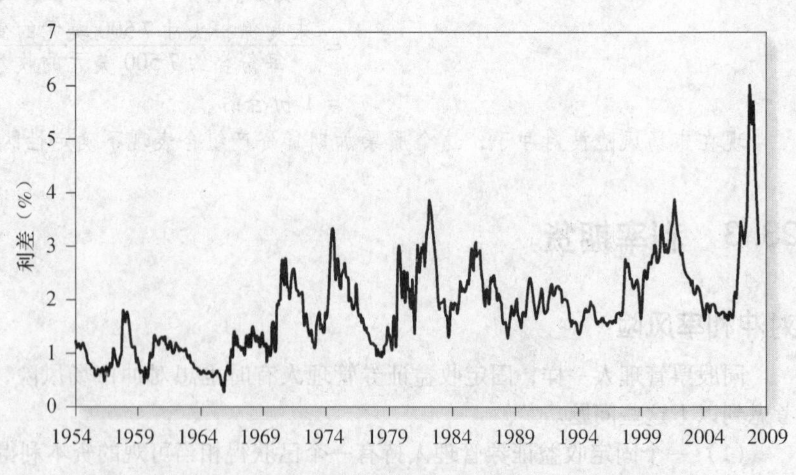

图23-5　10年期国债与Baa级公司债券的利差

㊀ 回忆一下修正久期的概念D^*，它与久期D相关，计算公式为$D^* = D/(1+y)$，其中y是债券的到期收益率。如果债券每半年付一次利息，y就应当是半年的收益率。简单起见，我们假设每年付一次息，把y作为有效的年化收益率。

㊁ 这里假设期货价格与债券价格完全同比例变动，通常，也几乎如此。

于同一类资产。两种资产的价格或收益率存在差别，因此在这个意义上，对冲将不够完全。交叉对冲可以消除未受保护资产组合的总风险的一大部分风险，但是你需要意识到它们与无风险头寸相比仍有明显的距离。

23.4　互换

互换是远期合约的多期扩展。例如，不仅仅在某一时日以协议远期价格把英镑换成美元，**外汇互换**（foreign exchange swap）可以要求在若干未来时日交换货币。交易方要求在未来5年里每年用200万美元交换100万英镑。类似地，**利率互换**（interest rate swap）是以按固定利率产生利息的现金流换取按浮动利息产生的现金流[㊀]。未来7年交易一方每年用100万美元乘以短期市场利率的现金流换取一个金额等于100万美元乘以固定利率8%的现金流。

互换市场是衍生品市场的重要组成部分，目前互换市场规模已经超过了500万亿美元。我们将以一个简单的利率互换例子阐述互换机制如何运作。

【例23-6】　**利率互换**

考虑一个大型资产组合管理人现在持有总面值1亿美元、平均票面利率为7%的长期债券。该管理人认为利率将上涨。因此，他想卖掉债券，并把它们换成短期或浮动利率债券。但是每当预计利率上涨就更换资产组合的交易成本过高。调整资产组合既便宜又快捷的方式是将资产组合产生的每年700万美元利息收入互换为一个按短期利率支付利息的现金流。这样，当利率上涨时，资产组合的利息收入随之增加。

某个互换交易者意愿将一份对应6个月LIBOR利率的现金流互换为对应固定利率7%的现金流。（LIBOR，伦敦银行同业拆借利率，是欧洲美元市场上银行之间短期资金借贷的利率。它是互换市场普遍采用的短期市场利率。）资产组合管理人则会换出这份名义本金为1亿美元、固定利率7%的现金流而换入以LIBOR利率计息相等名义本金的现金流[㊁]。换句话说，管理人将0.07×1亿美元的支付换为LIBOR×1亿美元的支付。管理人从互换协议得到的净现金流为（LIBOR－0.07）×1亿美元。注意，互换协议并不意味着贷款的生成。协议双方仅仅只是将固定现金流换为可变的现金流。

以下是三种假定利率水平下资产组合管理人的净现金流：

	LIBOR利率		
	6.5%	7.0%	7.5%
债券资产组合的利息收入（＝1亿美元债券资产组合的7%）	7 000 000美元	7 000 000美元	7 000 000美元
来自互换的现金流［＝（LIBOR－7%）×1亿美元的名义本金］	(500 000)	0	500 000
总计（＝LIBOR×1亿美元）	6 500 000美元	7 000 000美元	7 500 000美元

注意，所有头寸的净收入（债券加互换协议）等于每种情形下的LIBOR乘以1亿美元。事实上，管理人已将固定利率债券资产组合转换成为浮动利率资产组合。■

23.4.1　互换和资产负债表调整

例23-6阐述了为什么互换对持有固定收益管理人具有极大的吸引力。这些协议提供了一种快捷低廉而且变相的资产负债表调整方式。假设一个公司发行了固定利率债券，并认为利率可能下降；它更希望已发行的是浮动利率债券。原则上，它可以发行浮动利率债券并利用收益买回已经发行的固定利率债券。但是通过接收固定利率（抵消它的固定利息义务）支付浮动利率的互换协议，把固定利率债券转换成浮动利率债券更加容易与快捷。

相反，一家银行按目前市场利率向存款客户支付利息，面临市场利率上调的风险，希望将其部分融资转换为固定利率计息。它需要寻找以名义本金为基础，按浮动利率计息的接收现金流并且按固定利率支付现金流的互换交易方。这个互换头寸，加上浮动利率存款负债，将产生一个固定现金流动的净负债。银行则可投资于长期固定利率贷

㊀ 利率互换与第16章中描述的霍默—利伯维茨债券互换类型无关。

㊁ 互换的参与者不需要相互贷款。他们只需同意交换固定现金流和按照短期市场利率计息的可变现金流。这就是为什么本金被称为名义本金的原因。名义本金仅仅用来描述互换协议的规模。在此例中，双方协议将7%的固定利率互换为LIBOR利率；LIBOR与7%的差额乘以名义本金决定了交易双方交换的现金流。

款，而不必担心利率风险。

再举一个关于固定收益资产组合管理人的例子。当预计利率波动时，管理人能通过互换低廉快捷地在固定和浮动利率之间进行转换。管理人可以通过支付固定接收浮动的互换，将固定利率资产组合转换成浮动利率的资产组合，而后也可以通过一个相反的互换协议将其转回。

外汇互换也能使公司迅速便宜地调整资产负债表。例如，假设一家公司发行票面利率为8%，本金1 000万美元的债券，它更想用英镑支付其利息债务。也许，这家公司是一家英国公司，它发现在美国市场上有较好的融资机会，但又想用英镑偿还债务。那么，目前需要用美元偿还80万美元利息债务的这家公司，可以签订一份互换协议，每年用一定数目的英镑交换80万美元。这样做，它就用新的英镑债务有效地替代了美元债务。

概念检查 23-6

某公司如何利用互换将已发行的利率等于LIBOR的浮动利率债券转换为固定利率债券？假设互换协议用LIBOR换为固定利率8%。

23.4.2 互换交易商

什么是互换交易商？交易商，就像典型的金融中介如银行，为什么在假设的互换中愿意为互换的意愿参与者承担起交易对手的角色？

考虑一个交易商成为一个互换客户的交易对手，假定该交易商正在按LIBOR支付和按固定利率收入。该交易商将在互换市场寻找另外一个互换客户，该客户愿意按固定利率获得利息收益并按LIBOR支付利息。例如，公司A按7%的票面利率发行债券并希望将其转换为以浮动利率计息的债务，同时公司B发行了以LIBOR浮动利率计息的债券并希望将其转换为固定利率计息的债务。互换交易商将与公司A达成互换交易，公司A支付固定利率而接收LIBOR，然后与公司B达成互换交易，公司B支付LIBOR而接收固定利率。当两个互换交易合并在一起，互换交易商的头寸对市场利率完全中性，在一个互换中支付LIBOR而在另一个互换中接收LIBOR。类似地，互换交易商在一个互换中支付固定利率，而在另一个互换中接收固定利率。互换交易商仅是一个中介，把支付从一方转移到另一方[⊖]。互换的买卖价差使它在交易中有利可图。

概念检查 23-7

一个养老保险基金持有货币市场证券资产组合，管理人认为该组合与风险相当的短期证券相比收益更好。但是，管理人预计利率将会下降。采取什么类型的互换能使基金继续持有短期证券资产组合而同时在利率下调时获利。

互换交易的结构见图23-6。公司A发行了固定利率7%的债券（最左边的图），并与互换交易商达成协议，接收固定利率6.95%而支付LIBOR。因此，公司A净支付为7% +（LIBOR－6.95%）= LIBOR +0.05%，将固定利率债务转换成浮动利率债务。相反，公司B发行了浮动利率LIBOR债券（最右边的图），并与互换交易商达成协议，支付固定利率7.05%而接收LIBOR。因此，公司B净支付为LIBOR +（7.05% －LIBOR）=7.05%，将浮动利率债务转换成固定利率债务。如图23-6中所示，买卖价差是互换交易商的利润来源，在图23-6中是每年名义本金的0.10%。

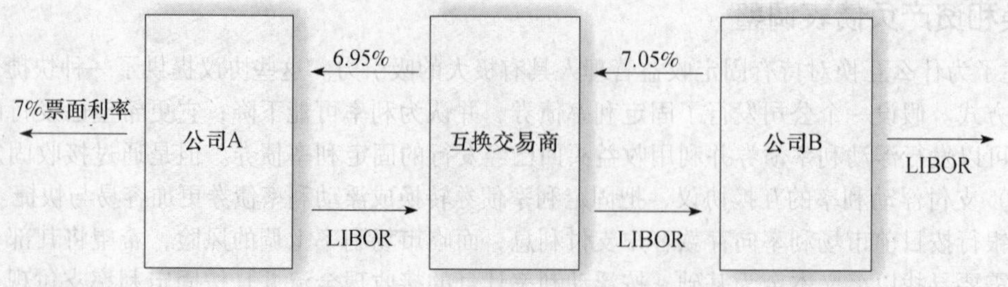

图23-6 利率互换

注：公司B向互换交易商支付固定利率7.05%以获得LIBOR。公司A从互换交易商得到6.95%，支付LIBOR。互换交易商将每期得到名义本金的0.10%的现金流。

⊖ 事实上，情况要更复杂一些。互换交易商不仅仅是中介角色，因为它还背负一方或另一方交易者违约的信贷风险。如图23-6所示，如果公司A违约，互换交易商仍须向公司B兑现承诺。从这个意义上说，互换交易商超出了向另一方交易者传输现金流的职能。

23.4.3　其他利率合约

互换是场外市场交易的不同期限远期合约的组合。它们也是交易所上市交易的利率合约。交易活跃程度最高的是欧洲美元合约，见图 23-7。该合约的利润与合约到期日 LIBOR 利率和合约初始利率之间的差成一定比例。它们类似于其他货币的银行同业拆借利率。例如，LIBOR 的孪生兄弟 EURIBOR，是在欧元区银行之间进行以欧元计价的同业拆借利率。

	Open	High	Contract hi lo low	Settle	Chg	Open interest
Eurodollar（CME）-$1 000 000; pts of 100%						
Jan	99.735 0	99.742 5 ▲	99.735 0	**99.740 0**	0.002 5	123 985
March	99.650 0	99.660 0	99.630 0	**99.655 0**	0.010 0	1 164 093
June	99.310 0	99.385 0	99.300 0	**99.375 0**	0.055 0	849 109
Dec	98.450 0	98.590 0	98.430 0	**98.580 0**	0.110 0	724 119

图 23-7　利率期货

资料来源：*The Wall Street Journal*, January 5, 2010. Reprinted by permission of The Wall Street Journal, © 2010 Dow Jones & Company, Inc. All rights reserved worldwide.

欧洲美元合约的规则有些特殊。例如，考虑一份在交易所上市的合约，到期日是 2010 年 1 月。初始协议价格 $F_0=99.74$。但是，这个值并不是真正的价格。事实上，合约参与者协议商定合约利率，并且所谓的期货价格等于 100 减去合约利率。因为所列的期货价格是 99.74，所以合约利率等于 100 − 99.74，即 0.26%。类似地，合约到期时最终期货价格 $F_T=100-\text{LIBOR}_T$。因此，合约购买者的利润与下面的公式成比例

$$F_T-F_0=(100-\text{LIBOR}_T)-(100-\text{合约利率})=\text{合约利率}-\text{LIBOR}_T$$

这样，合约设计允许参与者直接按 LIBOR 利率交易。合约乘数为 100 万美元，但合约上所列的 LIBOR 利率是按 3 个月（季度）利率；LIBOR 利率（年化）每增加 1 个基点，季度利率只增加 1/4 个基点，购买者利润减少

$$0.000\,1\times 1/4\times 1\,000\,000\text{ 美元}=25\text{ 美元}$$

检查这份合约的收益，可以发现，欧洲美元合约允许交易者将固定利率（即合约利率）“互换”为浮动利率（LIBOR）。因此，实际上这是一期利率互换。注意图 23-7 合约全部持仓量非常巨大——1 年期以内的合约数量超过 300 万。而且，虽然没有被《华尔街日报》披露，欧洲美元的重大交易合约的期限延长至 10 年。如此长期限的合约并不常见。它们反映了这样的事实，交易商把欧洲美元合约作为对冲工具进行长期利率互换。

24.4.4　互换定价

怎样确定合理的互换比率呢？例如，我们如何知道用 LIBOR 交换 8% 的固定利率是合理的呢？或者，在外汇互换中，英镑和美元之间的合理互换比率是多少呢？为了回答这个问题，我们必须研究一下互换协议与远期或期货合约的相似之处。

先考虑一个只有一年期的美元与英镑的互换协议。例如下一年，某交易者想用 100 万美元换取 50 万英镑。这只不过是一个简单的外汇远期合约。美元支付方协议在一年以后按今天商定的价格购买英镑。一年期交割的远期汇率是 $F_1=2$ 美元/英镑。根据利率平价关系，我们知道这个远期价格与即期汇率 E_0 有关，即 $F_1=E_0(1+r_{US})/(1+r_{UK})$。因为一年期的外汇互换实际上是一个外汇互换协议，所以合理的互换比率可以由平价关系确定。

现在考虑一个两时期的外汇互换协议。这个协议可以看做两份独立远期合约的组合。如果是这样，1 年以后汇率远期价格 $F_1=E_0(1+r_{US})/(1+r_{UK})$，而两年之后汇率远期价格 $F_2=E_0[(1+r_{US})/(1+r_{UK})]^2$。举一个例子，假定 $E_0=$ 2.03 美元/英镑，$r_{US}=5\%$，$r_{UK}=7\%$。根据平价关系，我们可以得到远期价格 $F_1=\$2.03/£\times(1.05/1.07)=\$1.992/£$，$F_2=\$2.03/£(1.05/1.07)^2=\$1.955/£$。图 23-8a 说明了假定每年交割 1 英镑的互换产生的现金流。尽管我们现在已经知道未来两年每年需要支付的美元数，可它们每年都是不同的。

相比之下，一份交换 2 年期外汇的互换协议要求互换久期中每年都使用固定的汇率。这就意味着每年每英镑兑付相同数量的美元，如图 23-8b 所示。因为未来两年每年汇率的远期价格分别是 1.992 美元/英镑和 1.955 美元/英镑，所以为使两年期互换成为公平交易，固定汇率必须介于这两个值之间。因此，美元支付方第一年要少支付（与远期汇率相比），而第二年要多支付。这样，互换可以视为远期合约的资产组合，但与远期合约分别定价不同，所有的交易都使用相同的远期价格。

了解了这一点，确定合理的互换价格就非常简单了。在未来两年，如果我们用两份单独的远期汇率协议每年购买 1 英镑，那么我们第一年支付 F_1 美元，第二年支付 F_2 美元。如果使用互换，每 1 英镑我们都得支付固定的价格 F^* 美元。因为这两种方式成本是相同的，我们可以得到

$$\frac{F_1}{1+y_1}+\frac{F_2}{(1+y_2)^2}=\frac{F^*}{1+y_1}+\frac{F^*}{(1+y_2)^2}$$

其中，y_1 和 y_2 分别为用来对 1 年期和 2 年期美元现金流进行贴现的收益率，它们可以从收益曲线上得到。在我们的例子中，我们假定美国收益曲线收益率恒等于 5%，求解

$$\frac{1.992}{1.05}+\frac{1.955}{1.05^2}=\frac{F^*}{1.05}+\frac{F^*}{1.05^2}$$

我们得到 $F^*=1.974$。相同的原理适用于任何期限的外汇互换。本质上，我们需要找到的是与一系列远期汇率协议的年度现金流现值相等的年金水平 F^*。

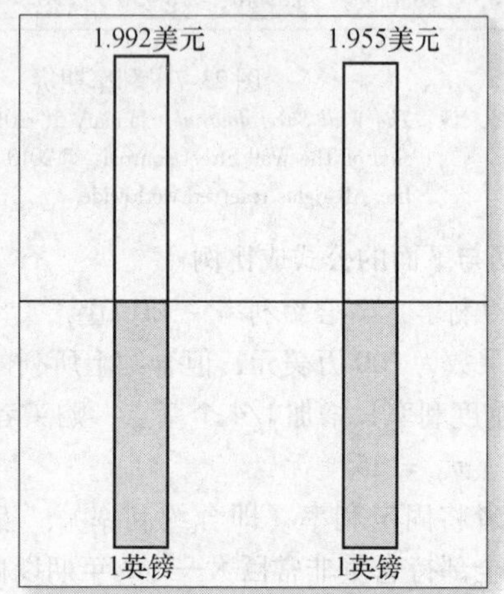

a）两份远期合约，每份合约单独定价

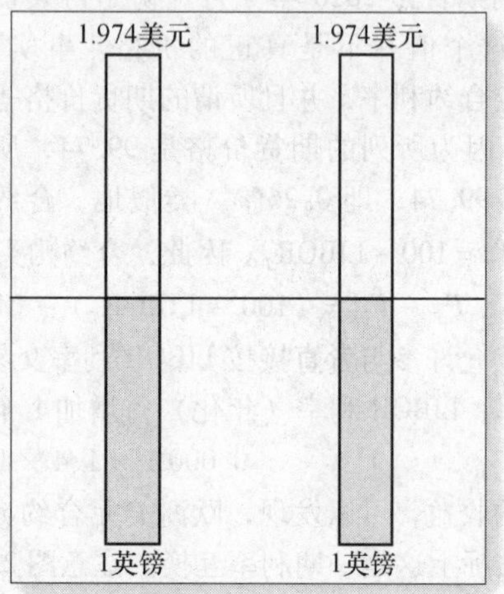

b）两年期互换协议

图 23-8　远期合约与互换协议对比

利率互换也可以采用相同的方法进行分析。不过，这里的远期交易是关于利率的。例如，如果你持有 100 美元名义本金，并将 LIBOR 互换为 7% 固定利率，那么你就建立远期协议，即用 100 美元与 LIBOR 利率的乘积交换一个固定的“远期”价格 7 美元。如果互换协议具有多个时期，那么合理价差应该由整个互换期内所有的利率远期价格决定。

24.4.5　互换市场的信用风险

随着互换市场的飞速发展，市场信用风险与主要交易对手违约风险也在随之增加。实际上，尽管互换市场信用风险并非微不足道，但也不像名义本金显示的那样巨大。为了弄明白这一点，试想一个用 LIBOR 交换固定利率的简单利率互换。

交易之初，对双方来说互换的净现值都是零，因为远期合约在开始时是没有价值的：双方仅仅是协议按照现在协商愿意履行的条件再进行现金交换。即使一方这时想退出交易，也不会造成对方任何损失，因为可以找到另一个交易者来代替。

但是，一旦利率或者汇率发生变化，情况就不那么简单了。例如，假设一份利率互换协议生效不久利率就上升了。因此浮动利率支付方将承受损失，而固定利率支付方获得利益。如果此时浮动利率支付方拒绝履约，那么固定利率支付方将承担损失。但是，这个损失并不像互换名义本金那么大，因为浮动利率支付方的违约也同时解除了固定利率支付方的付款义务。损失仅仅是固定利率与浮动利率之间的差额，而不是浮动利率支付方所应支付的价款总额。

【例 23-7】　　互换的信用风险

考虑一个名义本金为 100 万美元、5 年期互换协议内容是用 LIBOR 交换 8% 的固定利率。简单起见，假设当前收益曲线保持在 8%，LIBOR 等于 8%，除非利率发生变化，否则没有任何现金交换。但是假设现在收益突然上升至 9%，浮动利率支付方每年将向固定利率支付方支付现金（0.09 - 0.08）×100 万美元 = 10 000 美元（只要浮动利率

保持在9%)。如果浮动利率支付方违约，则固定利率支付方将损失5年的这么多现金。该等值年金的现值是10 000美元×年化因素（9%，5年）=38 897美元。该损失虽然并不少，但是比名义本金的4%还要小。我们得出结论，互换信用风险远比它的名义本金小。再者，这是因为浮动利率支付方违约对交易另一方造成的代价只是LIBOR与固定利率的差额。■

23.4.6 信用违约掉期

尽管名称类似，但是**信用违约掉期**（credit default swap，CDS）与利率或货币互换并不是同一类型的工具。如我们在第14章所见，CDS的支付与一个或多个公司的财务状况相关；因此CDS允许交易双方在这些公司的信用风险上选择立场。当引发了一个“信用事件”，比如说新发行债券违约或无力支付利息，卖方将提供保护并承担债券市场的损失。例如，互换卖方有义务支付面值并获得违约债券（即互换要求实物交割）或者向互换买方支付债券面值与市场价值之间的差额（称为现金交割）。互换买方向卖方定期支付费用以在信用事件发生时获得保护。

与利率互换不同，信用违约掉期并不需要定期支付利率差额。实际上，它们更像对特定信用事件的保险单。债券持有者可能购买这些互换把信用风险敞口转移给互换卖方，有效提高他们资产组合的信用质量。但是与保险单不同，互换购买者并不一定要持有CDS合约的标的债券；因此，信用违约掉期可以用来对目标公司信用条件的变化进行纯粹投机。

23.5 商品期货定价

商品期货的定价基本上与股票期货一样。不过有一点不同，那就是商品的持有成本，尤其是易损商品，比金融资产的持有成本大得多。一些期货合约的标的资产并不能简单地“持有”或保存在资产组合中，如电力期货。此外，一些商品的现货价格有明显的季节性变化，这也会影响商品期货的价格。

23.5.1 有储存成本时的定价

除了利息费用外，商品的持有成本还包括储存成本、保险成本和存货毁损备抵。为了确定商品的期货价格，让我们再考虑一下前面提到的那种同时持有资产与该资产期货空头的套利方法。这里我们用P_T表示T时商品的价格，另外简单起见，假定所有的非利息成本为C，在合约到期时T一次性付清。这些费用出现在最终的现金流中。

行动	初始现金流	T时的现金流
买入资产；在T时支付持有成本	$-P_0$	P_T-C
借入P_0；在T时还付本息	P_0	$-P_0(1+r_f)$
期货空头	0	F_0-P_T
总计	0	$F_0-P_0(1+r_f)-C$

因为市场不允许存在套利机会，所以这种净投资为零的无风险策略的最终现金流，应该为零。

如果现金流为正，按照这种方法不需要任何投资就可以保证得到利润。如果现金流为负，采取相反的步骤仍可以获得利润。实际上，反向操作需要卖出商品，这是不常见的，不过只要合理地考虑了储存成本就仍是可行的。这样[⊖]，我们可以得到

$$F_0 = P_0(1+r_f)+C$$

最后，如果我们令$c=C/P_0$，即c是以百分比形式表示的持有成本，我们就可写出

$$F_0 = P_0(1+r_f+c) \tag{23-3}$$

这就是一个包含储存成本的1年期的期货平价关系。将式（23-3）与上一章股票平价关系式（22-1）作比较，你会发现它们非常相似。实际上，如果我们把持有成本视为“负股利”的话，两个公式就是完全相同的。这是一种很直观的解释，因为商品持有者不是收到股利收益d，而是支付储存成本c。显然，该平价关系只是我们以前推导出的平价关系的简单拓展。

⊖ Robert A. Jarrow and George S. Oldfield, “Forward Contracts and Futures Contracts,” *Journal of Financial Economics* 9 (1981).

虽然我们称 c 为商品的持有成本，更一般地我们也可以把它解释为净持有成本，即持有成本扣除来源于持有存货的收益。例如，持有存货的部分“便利收益”便是可以防止缺货，以免延误生产或失去客户。

必须说明的是，式（23-3）是在假设资产可以被买进并储存的前提下得到的，因此它只适用于现在需要储存的商品。有两类商品不能储存，一类是储存在技术上是不可行的，如电力。另一类是出于经济原因不应储存的商品，例如现在就买进一种农产品，而计划 3 年后才最终使用是非常愚蠢的。事实上，最好的办法是等到第 3 年收获后再去购买，这样就可以避免储存成本。而且，如果 3 年后产量与今年相当的话，那你也能以与今年差不多的价格买到它。等到 3 年后再去购买，你节省了利息费用和储存成本。

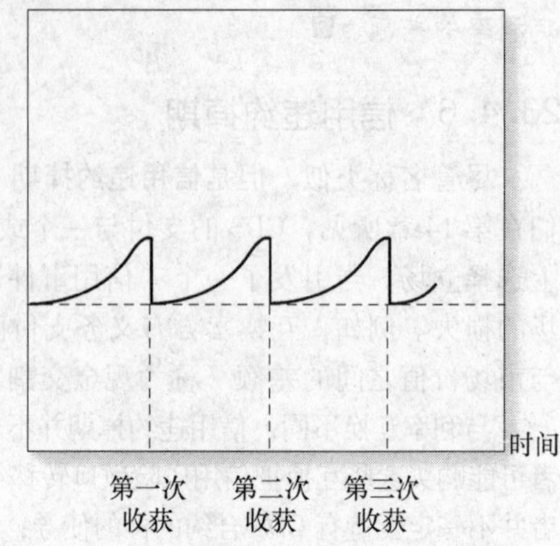

图 23-9 农产品价格典型的季节性走势，价格经通货膨胀调整

因为在收获期间储存商品是昂贵的，所以式（23-3）不适用于跨越收获时期的持有情况，也不适用于那些“应时”的易腐烂商品。黄金是一种可储存商品，所以它的期货价格随着期限的延长而稳步上升，而小麦期货价格却是季节性的：但 3～7 月新收获小麦上市时它的期货价格会明显回落。

图 23-9 是一种农产品价格典型的季节性走势。显然，这种走势与股票或黄金等金融资产的价格走势有很大不同，后者不会有季节性的价格变化。金融资产具有价格是因为持有它们能够获得期望收益。相反，农产品价格在每次收获时都会大幅下跌，这就使得跨收获期储存农产品常是无利润的。

跨季的期货定价需要一种不同的方法，该方法不是建立在跨收获期储存的基础之上。我们使用风险溢价理论和贴现现金流（DCF）分析来代替一般的无套利约束。

概念检查 23-8

尽管受到资本约束，人们还是希望购买并“存储”股票，但人们却不愿去购买并存储大豆，那么股票价格走势与大豆价格走势之间的什么特性差异导致了这样的结果？

23.5.2 商品期货的贴现现金流分析

给定未来某一时刻商品现货价格的当前预期和那个价格风险特征的测度指标，我们就可以测量未来某一时刻得到该商品的权利的现值。我们简单地根据资本资产定价模型与套利定价模型来计算恰当的风险溢价，然后用风险调整后的利率对预期的现货价格进行贴现，见下面的例子。

【例 23-8】 **商品期货定价**

表 23-3 列出了一系列商品的 β 系数，例如，橘汁的 β 系数估计值为 0.117。如果当前国债的利率为 5%，历史上市场风险溢价为 8%，那么由资本资产定价模型计算出来的橘汁的合理贴现率为

$$5\% + 0.117 \times 8\% = 5.94\%$$

表 23-3 商品的 β 系数

商品	β 系数	商品	β 系数	商品	β 系数	商品	β 系数
小麦	-0.370	肉鸡	-1.692	橘汁	0.117	猪	-0.148
玉米	-0.429	胶合板	0.660	丙烷	-3.851	猪肚	-0.062
燕麦	0.000	土豆	-0.610	可可	-0.291	鸡蛋	-0.293
大豆	-0.266	铂金	0.221	银	-0.272	木材	-0.131
豆油	-0.650	羊毛	0.307	铜	0.005	白糖	-2.403
豆粕	0.239	棉花	-0.015	牛	0.365		

资料来源：Zvi Bodie and Victor Rosansky, “Risk and Return in Commodity Futures,” *Financial Analysts Journal* 36 (May-June 1980).

如果预期6个月后的橘汁现货价格为每磅1.45美元，那么6个月后购买橘汁的价格的现值就为

$$1.45/(1.0594)^{1/2} = 1.409 \text{ 美元}$$

那么合理的橘汁期货价格是多少呢？这份合约要求最终交割橘汁时按期货价格执行。我们刚才已经得出橘汁的现值是1.409美元，它应该等于支付橘汁的期货价格的现值。协议在6个月后支付 F_0 美元的现值是 $\frac{F_0}{(1.05)^{1/2}} = 0.976 \times F_0$。（注意，贴现率是无风险利率5%，因为承诺的支付是固定的，与市场条件无关。）

使承诺支付 F_0 的现值与承诺收到商品的现值相等，我们就可以得到

$$0.976F_0 = 1.409 \text{ 美元}$$

即

$$F_0 = 1.444 \text{ 美元} \blacksquare$$

确定合理期货价格的一般规律是，使未来支付 F_0 的现值与即将收到商品的现值相等，因此我们有

$$\frac{F_0}{(1+r_f)T} = \frac{E(P_T)}{(1+k)T}$$

即

$$F_0 = E(P_T)\left(\frac{1+r_f}{1+k}\right)^T \tag{23-4}$$

其中，k 为商品的必要收益率，它可以从资产市场均衡模型，如资本资产定价模型中得到。

注意，式（23-4）与现货－期货平价关系完全一致。例如，用式（23-4）计算一种不付股利股票的期货价格。因为股票的全部收益都是资本利得，所以它的期望资本利得率应该等于它的必要收益率 k。因此，股票的期望价格应该是它的当前价格乘以 $(1+k)^T$，或 $E(P_T) = P_0(1+k)^T$，把它代入式（23-4）得到 $F_0 = P_0(1+r_f)^T$，这与平价关系完全相同。这个由平价关系导出的均衡条件再次强调了我们先前导出的无套利约束的重要性。现货－期货平价关系可以从所有资产组合都获得合理收益率的均衡条件中得出。

概念检查23-9

假定橘汁的系统性风险增加，而在时刻 T 的期望价格不变。如果预期的现货价格不变，那么期货价格是否发生变化？如何变？你答案背后的直觉是什么？

小　结

1. 外汇期货合约有很多品种，其中还包括欧洲货币指数。外汇期货的利率平价关系为
$$F_0 = E_0\left(\frac{1+r_{US}}{1+r_{\text{foreign}}}\right)^T$$
其中汇率是用每单位外币的美元数标价的。如果期货价格偏离了这个价值就意味着存在套利机会。不过，实证研究表明通常平价关系都能得到满足。
2. 各种股票市场指数的期货合约都采用现金结算。把这些合约与国债合约结合可以构造综合股票头寸，对市场时机决定者而言，这是一种非常有价值的工具。同样，股票指数期货合约也可以被套利者用来从股票期货平价关系背离中获取利润。
3. 对冲要求投资者购买一种资产，该资产能够抵消其资产组合对特定风险来源的敏感度。对冲头寸要求对冲工具能够带来与要保护头寸相反方向的收入。
4. 对冲比率是对冲工具的数量，例如用来抵消未受保护头寸的风险的期货合约数量。系统性市场风险的对冲比率与标的股票资产组合的规模和 β 值成比例。固定收益资产组合的对冲比率与基点的价格值成比例，也就是与资产组合的修正久期和规模成比例。
5. 很多对冲基金认为两种或两种以上证券存在相对错误定价时会使用对冲策略来构造市场中性头寸。它们不是套利策略，而是一种特殊的获取利润机会的单一业务。
6. 利率期货合约可以用债务证券标价（如国债期货合约）或者直接用利率标价（如欧洲美元合约）。
7. 标的商品存在储存成本，所以商品期货定价比较复杂。当投资者愿意储存商品时，把储存成本扣除便利收益，可以得到如下期货定价方程：
$$F_0 = P_0(1+r_f+c)$$
非利息的净储存成本 c，就相当于一种“负股利”。
8. 当储存商品不是为了投资时，正确的期货价格应该根据一般的风险溢价原则确定，即
$$F_0 = E(P_T)\left(\frac{1+r_f}{1+k}\right)^T$$

对可储存商品而言，合理期货价格的均衡条件（风险-报酬）和无套利预期是彼此一致的。

9. 互换，把一系列现金流进行交换，可以视为远期合约的资产组合。每次交换都可以视为一个单独的远期协议。不过，与把每次交换都单独定价不同的是，互换把一个“远期价格”用于所有的交换。因此，互换的价格是把每次交换都单独定价得到的远期价格的平均值。

习 题

基础题

1. 股票的贝塔值是股票市场对冲操作的关键变量。债券的久期是固定收益对冲的关键变量。它们的使用方式有何类似之处？在计算对冲头寸上有何区别？
2. 一个美国的出口公司可以使用外汇期货对冲它的外汇敞口风险。它的期货头寸部分取决于客户的外币计价的销售账单。但是，一般来说，它的期货头寸是否应该高于或低于对冲这些账单所需的期货合约数。对冲策略中还需要有其他什么考虑？
3. 黄金开采企业和原油生产企业可以利用期货对冲未来收入的不确定性，规避价格波动。但是交易常超过1年期。假设一个公司想利用短期限合约对冲更长期（比如自今开始4年内）商品价格风险。对原油或黄金生产企业来说，你认为该对冲是否有效？
4. 你认为在未来几个月市政债券与国债收益率的价差将不断缩小。你如何利用市政债券和国债期货合约来从这种变化中获得利润？

中级题

5. 考虑标准普尔500指数期货合约，6个月到期。6个月利率为3%，未来6个月预期支付股利的价值为15美元。指数现行水平为1 425。假定你能卖空标准普尔500指数。
   a. 假定市场的期望收益率为每6个月6%。6个月后预期的指数水平是多少？
   b. 理论上标准普尔500指数6个月期货合约的无套利定价是多少？
   c. 假定期货价格是1 422点。是否存在套利机会？如果存在，怎样套利？
6. 假定标准普尔500指数为1 150点。
   a. 如果与低价经纪商交易每份期货合约的成本为25美元，期货合约控制的每1美元股票的交易成本是多少？
   b. 如果纽约证券交易所的上市股票平均价为40美元，则期货合约控制的每一股“典型股票”的交易成本是多少？
   c. 对于小投资者而言，每股直接交易成本为每股15美分，期货市场的交易成本是它的多少倍？
7. 你管理资产组合的价值为1 150万美元，现在全部投资于股票，并且认为市场正处于短期下跌趋势的边缘。你会将自己的资产组合暂时转换为国债，却不想承担交易成本并重新构建你的股票头寸。作为替代，你决定暂时用标准普尔500指数期货合约来对冲你的股票头寸。
   a. 你是买入还是卖出合约？为什么？
   b. 如果你的股权投资是投资于一个市场指数基金，你应该持有多少份合约？标准普尔500指数现在是1 150点，合约乘数是250美元。
   c. 如果你的资产组合的β值是0.6，你对b的答案有何变化？
8. 管理人持有β为1.25的价值为100万美元的股票资产组合。她想用标准普尔500股票指数期货合约对冲资产组合的风险。为了使她持有头寸的波动性最小化，她应该在期货市场卖出多少美元价值的指数？
9. 假定IBM股票的收益率、市场指数以及计算机行业指数之间的关系可以用回归方程表示：$r_{IBM} = 0.5r_M + 0.75r_{Industry}$。如果一个计算机行业期货合约已被交易，你将如何对冲系统性因素和行业因素对IBM股票表现造成的风险敞口？对所持有的每1美元的IBM股票，你该买进或者卖出价值多少美元的市场以及行业指数合约？
10. 假定欧元的现货价格为1.50美元。1年期期货价格为1.55美元。是美国利率高还是欧元区的利率高？
11. a. 英镑的现货价格为2.00美元。如果1年期政府债券的无风险利率在美国为4%，在英国为6%，1年期英镑远期价格必定是多少？
    b. 如果远期价格高于a中的答案，投资者应怎样进行无风险套利？给出数字实例。
12. 考虑以下信息：

$$r_{US} = 4\%; \quad r_{UK} = 7\%$$
$$E_0 = 2.00 \text{ 美元/英镑}$$
$$F_0 = 1.98 \text{(1年期交割)}$$

    利率每年支付。给定这些信息：
    a. 应向哪个国家贷款？
    b. 应向哪个国家借款？
    c. 怎样套利？
13. 农场主布朗种植1号红玉米，并想对收获季节的价值进行套期保值。但是，市场中只有以2号黄玉米为标的物进行交易的期货合约。假定黄玉米都是以红玉米90%的价格出售。如果他的收成为100 000蒲式耳，并且每份期货合约要求交割5 000蒲式耳，为了给他的头寸套期保值，农场主布朗该买入还是卖出多少张期货合约？

14. 回到图23-7。假定列在第一行的欧洲美元合约1月份到期时LIBOR利率是0.40%。持有欧洲美元合约双方的利润或者损失是多少？

15. 短期债券收益率一般比长期债券收益率波动性更高。假定你已估计出5年期债券收益率每变动15个基点，20年期债券收益率变动10个基点。你持有一个价值100万美元的5年期、修正久期为4年的资产组合，并且想用当前修正久期为9年、售价为 $F_0=95$ 美元的国债期货对冲你的利率风险敞口。你应该卖出多少张期货合约？

16. 某管理人持有价值100万美元的债券资产组合，修正久期为8年。她想通过做空国债期货对冲资产组合的风险。国债的修正久期为10年。为了最小化她的头寸的方差，她需要卖出价值多少美元的国债？

17. 某公司计划在3个月内发行价值1 000万美元的10年期债券。在当前的收益率水平下，该债券的修正久期为8年。中期国债期货合约的售价 $F_0=100$，修正久期为6年。该公司怎样使用这种期货合约来对冲围绕它出售债券收益率的风险？债券和合约都是平价。

18. 如果黄金现货价格是980美元/盎司，无风险利率是4%，存储和保险成本为零，1年期交割的黄金远期价格应该是多少？利用套利工具来证明你的结论。举出实例证明如果远期价格超过了其价值上限，你可以获得无风险利润。

19. 如果现在玉米收成很差，你认为这会对今天2年期交割的玉米期货价格产生什么影响？在什么情况下会没有影响？

20. 假定玉米价格是有风险的，其 β 值为0.5。每月存储成本为0.03美元，现在的现货价格为2.75美元，3个月后预期的现货价格为2.94美元。如果市场期望收益率为每月1.8%，无风险利率为每月1%，你会储存玉米3个月吗？

21. 假定美国的收益率曲线平坦在4%，欧元收益率曲线平坦在3%。现在汇率是1.50美元/欧元。3年期的外汇互换协议的互换比率是多少？该互换协议要求每年以100万欧元换取一定数量的美元。

22. ABC公司与XYZ公司签订了一个5年期互换协议，支付LIBOR而接收固定利率8%，名义本金为1 000万美元。两年后，市场上3年期互换比率为以LIBOR换取7%；在此时，XYZ破产并对它的互换义务违约。
    a. 为什么ABC公司会因这项违约受损？
    b. 由于违约，ABC公司遭受的市场价值损失是多少？
    c. 假定是ABC公司破产。你认为这项互换协议在公司重组中会如何处置？

23. 现在，可以进行5年期互换，以LIBOR换取8%。场外互换定义为以LIBOR与除8%以外的固定利率进行互换。例如，某企业息票利率为10%的已发行债务可以转换为浮动利率债务，只要通过互换，它支付LIBOR收到10%的固定利率。要是这种互换的交易双方都接受，要预先支付多少钱？假定名义本金为1 000万美元。

高级题

24. 假定某股票指数资产组合的1年期期货价格为1 218，股票指数现价为1 200，1年期无风险利率为3%，在市场指数上1 200美元的投资年底可以获得15美元的分红。
    a. 这一合约错误定价程度如何？
    b. 构造一个初始投资为零的套利资产组合，并证明你可以锁定无风险利润并等于期货价格的错估部分。
    c. 现在假定（对散户而言是正确的）如果你按市场指数做空成分股股票，卖空的收益由经纪人代为保管，你不能从基金中获得任何利息收入。是否仍存在套利机会（假定你并未拥有指数的成分股）？解释之。
    d. 根据做空规则，股票-期货价格关系的无套利边界是什么？即给定股指为1 200点，要使套利机会不存在，期货价格最高和最低界限各是多少？

25. 考虑标准普尔500指数6月份交割的期货市场数据，距现在正好6个月。标准普尔500指数为1 350点，6月份到期的合约价格 $F_0=1\,351$。
    a. 如果现在利率为每半年2.2%，指数中股票平均股息率为每半年1.2%，你需要获得股票卖空的收入中的多大部分才能挣得套利利润？
    b. 假定你实际上可以获得卖空收入的90%。要使套利机会不存在，期货合约价格下限是多少？实际期货价格可下降多少就达到无套利边界？构建合理的套利策略，并计算相应的利润。

CFA考题

1. 特许金融分析师唐纳·多尼想探究期货市场潜在的非有效性。TOBEC指数现货价值185点。TOBEC期货合约用现金结算，并且标的合约价值等于指数价值乘以100。目前，年无风险利率为6.0%。
    a. 计算6个月到期期货合约的理论价格，使用持有成本模型。指数不支付股利。

    交易一个期货合约总（双边）交易成本是15美元。

    b. 计算6个月到期的期货合约价格下限。

2. 假定你的客户说："我投资于日本股市，但是想消除某个时期在这个市场的风险敞口。我能否完成这个目标，而不用承担卖出股票并在预期改变后再买回股票的成本和不便？"
   a. 简要描述一个策略，对冲投资于日本股市的市场风险和外汇风险。
   b. 简要说明为什么a中你描述的对冲策略可能不是完全有效的。
3. 特许金融分析师瑞娜·迈克尔斯计划未来90天内在美国政府现金等价物上投资100万美元。迈克尔斯的客户授权她使用非美国政府现金等价物，但要利用外汇远期合约对冲兑换美元的外汇风险。
   a. 计算下表中90天末对冲投资的两种现金等价物的美元价值。写出计算过程。
   b. 简要描述能够说明你结果的理论。
   c. 根据这一理论，估计90天期美国政府现金等价物的隐含利率。

90天期现金等价物的利率	(%)
日本政府	7.6
瑞士政府	8.6

汇率（每美元兑换的外汇数额）	即期	90天远期
日元	133.05	133.47
瑞士法郎	1.526 0	1.534 8

4. 在研究了艾瑞斯·汉姆森的信用分析后，乔治·戴维斯正在考虑是否将尤卡丹雪场的剩余现金（以墨西哥比索持有）投资于墨西哥的债券市场以增加持有期回报。虽然戴维斯投资墨西哥计价的债券，但是投资目标是获得以美元计价的持有期收益的最大化。

   戴维斯发现墨西哥1年期债券收益率较高，并且被认为是无信用风险的，该债券很有吸引力。但是他担心墨西哥比索的贬值会减少按美元计价的持有期回报。汉姆森搜集了下面的金融数据以帮助戴维斯进行决策：

搜集的经济与金融数据	(%)
美国1年期国债收益率	2.5
墨西哥1年期债券收益率	6.5

名义汇率	
即期	9.500 0 比索 = 1.00 美元
1年期远期	9.870 7 比索 = 1.00 美元

   汉姆森建议购买墨西哥1年期债券并使用1年期外汇远期对冲外汇风险敞口。计算汉姆森建议的投资策略所带来的美元持有期回报。该策略所带来的美元持有期回报比直接投资美国国债的回报多还是少？

5. a. 巴梅拉·伊舒克是一个日本银行的外汇交易员，正在计算6个月期日元/美元外汇期货合约的价格。她搜集到以下外汇与利率数据：

日元/美元即期汇率	124.30 日元/1.00 美元
6个月的日本利率	0.10%
6个月的美国利率	3.80%

   利用以上数据，计算6个月期日元/美元外汇期货合约的理论价格。
   b. 伊舒克还利用以下的外汇与利率数据重新计算了3个月期日元/美元外汇期货合约的价格。因为3个月日本利率刚刚上升至0.5%，伊舒克认识到存在套利机会，并决定借入100万美元购买日元。用以下数据计算伊舒克投资策略的日元套利利润：

日元/美元即期汇率	124.30 日元/1.00 美元
新3个月日本利率	0.50%
3个月美国利率	3.50%
3个月外汇期货合约的价值	123.260 5 日元/1.00 美元

6. 詹妮丝·戴尔斯是一个美国资产组合管理人，管理着8亿美元的资产组合（6亿美元股票和2亿美元债券）。作为对短期市场事件预期的反应，戴尔斯想通过期货将资产组合调整为50%的股票和50%的债券，并将头寸持有至"直到恢复初始资产组合的最佳时机"。戴尔斯利用金融期货调整资产组合配置的策略是正确的。股票指数期货的乘数是250美元，债券期货名义面值是100 000美元。与期货策略相关的其他信息如下：

债券资产组合的修正久期	5年
债券资产组合的到期收益率	7%
债券期货的基点价格值	97.85 美元
股票指数期货的价格	1 378
股票资产组合的β值	1.0

   a. 论述以期货调整资产配置的策略的必要性并解释该策略如何能使戴尔斯实施资产配置调整。不要求计算分析。
   b. 计算实施戴尔斯的资产配置策略所需要的每种合约的数量：
      i. 债券期货合约；

ⅱ. 股票指数期货合约。

7. 根据以下信息求解本题。

发行	价格（美元）	到期收益率（%）	修正久期（年）①
美国国债11.75%，到期日2024年11月15日	100	11.75	7.6
美国国债期货合约多头（合约6个月到期）	63.33	11.85	8.0
XYZ公司债券12.50%，到期日2015年6月1日（AAA级，偿债基金信用债券）	93	13.50	7.2

AAA级公司债券对美国国债收益率的波动率＝1.25∶1.0（1.25倍）

假定美国国债期货合约多头无佣金与保证金要求，无税收。

一份美国国债期货合约是一份面值100 000美元美国长期国债的要求权。

注：①修正久期/(1＋y)。

情景A 一个固定收益管理人持有价值2 000万美元的美国国债头寸，票面利率为11.75%，到期日为2024年11月15日。他预计在不远的将来，经济增长率和通货膨胀率都会高于市场预期。机构限制规定不允许资产组合中任何已有债券在货币市场上出售。

情景B XYZ公司的财务主管最近确信在不远的将来利率会下降。他认为这是提前购买公司的偿债基金债券的大好时机，因为这些债券正在折价销售。他准备在公开市场上购买面值2 000万美元的XYZ公司债券，票面利率为12.5%，到期日为2015年6月1日。面值2 000万美元的债券头寸现在公开市场的售价为每100美元售93美元。不幸的是，财务主管的决策必须获得董事会的批准，而审批过程需要2个月。此例中董事会的批准只不过是形式而已。

对以上两种情况，证明怎样利用国债期货来对冲利率风险。列出计算过程，包括所用期货合约的数量。

8. 你利用过去一年的月末数据，以10年期KC公司债券收益率对10年期美国国债收益率作回归。你得到以下的结果：

$$收益率_{KC}=0.54+1.22\ 收益率_{美国国债}$$

其中收益率$_{KC}$是KC债券的收益率，收益率$_{美国国债}$是美国国债的收益率。10年期美国国债的修正久期是7.0年，KC债券的修正久期是6.93年。

a. 假定10年期美国国债收益率变化了50个基点，计算10年美国国债价格变化的百分比。

b. 假定10年期美国国债收益率变化了50个基点，利用上面的回归公式计算KC债券价格变动的百分比。

在线投资练习

访问芝加哥商业交易所（www.cme.com），点击“Trade CME Products”，再点击“Foreign Exchange”。链接到“Canadian Dollar”合约，回答以下结果关于期货合约的问题：

1. 每张合约的规模（加元单位）的规模有多大?
2. 每日价格波动上限为多少?
3. 一天中合约交易在哪个时段进行?
4. 如果实施交割，合约的交割时间和地点各是什么?

概念检查答案

23-1 根据利率平价关系，F_0应该为1.981美元。因为期货价格太高，我们应该改变刚才考虑的套利策略。

	当前现金流（美元）	1年后的现金流（美元）
1. 在美国借入2美元。将其兑换为1英镑	+2.00	−2.00（1.04）
2. 在英国贷出1英镑	−2.00	$1.05E_1$
3. 签订合约，以2.01美元/英镑的期货价格卖出1.05英镑	0	(1.05英镑)(2.01英镑−E_1)
总计	0	0.030 5

23-2 因为美元贬值时，公司经营变差，它利用期货对冲，能够在那种情景下提供利润。它需要持有英镑期货的多头头寸，这意味着当期货价格上升，即购买1英镑需要更多的美元时，合约将带来利润。特定的对冲比率取决于：如果购买1英镑所需的美元数量增加0.05美元，同时利润下降200 000美元，这样期货多头带来的利润增加为0.05美元×62 500＝3 125美元。对冲比率为

$$\frac{0.05\text{ 美元的美元贬值带来的20万美元}}{0.05\text{ 美元的美元贬值期货合约带来的3 125美元}}=64\text{ 份多头合约}$$

23-3 玉米价格每上升1美元，利润减少100万美元。因此，公司需要按当日价格购买100万蒲式耳的期货合约。这样玉米价格每上升1美元期货头寸会带来100万美元的利润。合约带来的利润会抵消经营带来

的利润损失。

23-4

	一般情况 （每单位指数）	我们的数字
持有100 000单位股票指数资产组合，$S_0=1\,400$	S_T	$100\,000S_T$
卖出400份合约	F_0-S_T	400 × 250 美元× $(1\,111-S_T)$
总计	F_0	111 100 000美元

净现金流是无风险的，月收益率为1%，等于无风险利率。

23-5 一个基点的价格价值依然是9 000美元，利率一个基点的变化使这个2 000万美元资产组合的价值减少0.01%×4.5=0.045%。因此，对冲利率风险所需要期货合约应为该资产组合规模的一半，并且是其修正久期的2倍。

23-6

	LIBOR		
	7%	8%	9%
债券支付者（LIBOR×1 000万美元）	-700 000	-800 000	-900 000
固定支付者获得1 000万美元×(LIBOR-0.08)	-100 000	0	+100 000
净现金流	-800 000	-800 000	-800 000

不管LIBOR利率是多少，该公司净现金流出等于0.08×本金，相当于公司发行了一个票面利率为8%的固定利率债券。

23-7 管理者想持有货币市场证券，因为相对于其他短期限资产，它们的价格更具有吸引力。但是，这里有利率将要下降的预期。通过签订互换协议支付短期利率并接收固定利率，管理者能够继续持有这个特定的资产组合并从利率下跌中获利。如果利率确实下降，那么这个合成的固定利率资产组合价值会增加。

23-8 股票提供的总收益（资本利得加股利）足够弥补投资者投资于股票的时间价值。农产品价格并不一定随着时间而上升。事实上，在收获季节，农产品价格会下跌。囤积在经济上的吸引力不复存在。

23-9 如果系统性风险较高，合适的贴现率k会提高。根据式（23-4），我们可以推出F_0会下降。直觉上，如果橘汁的预期价格保持不变，1磅橘汁的要求权的价值就会减少，然而与这一要求权有关的风险却上升。因此，投资者愿意今天为期货交割所支付的数额较低。

PART 7 第七部分

应用投资组合管理

CHAPTER24

第24章 投资组合业绩评价

对于一个投资组合，我们该如何评价其业绩呢？我们已经看到，投资组合的平均收益率似乎可以直接作为评价指标，但事实并非如此。此外，经风险调整后的收益带来了其他一系列问题。本章我们首先从测算投资组合的收益开始，然后讨论风险调整的常见方法，并在不同情况下分别应用这些方法。最后介绍在实践中常用的组合评估的程序，例如风格分析、晨星公司的星级方法以及内部业绩贡献分析。

24.1 传统的业绩评价理论

24.1.1 平均收益率

我们在5.1中定义了持有期收益率（HPR），并且解释了算术平均与几何平均的差异。设想我们根据一个投资组合5年内（即20个季度）的收益率评价其业绩，可以用这些收益率的算术平均作为对下一季度收益率的估计。同时也可以用几何平均收益率来进行估计。几何平均收益率是指可以产生相同累积回报的20个季度的连续收益率。因此，几何平均收益率可定义为：

$$(1+r_G)^{20}=(1+r_1)(1+r_2)\cdots(1+r_{20})$$

等式右侧是1美元初始投资在5年观察期内20个季度收益率累计复利的终值。等式左侧是1美元初始投资以每季度 r_G 累计复利的终值。由此我们可以解出 $1+r_G$：

$$1+r_G=[(1+r_1)(1+r_2)\cdots(1+r_{20})]^{1/20}$$

在几何平均中，每一期的收益率权重相同。因此，几何平均收益率又被称为**时间加权收益率**（time-weighted average）。

为了可以更好地理解后面的复杂问题，我们先看一个简单的例子。考虑一只股票，每年支付股利 2 美元，当前市价为 50 美元/股。假如你现在购买该股票，获得 2 美元股利，然后在年底以 53 美元卖掉它，那么你的收益率是：

$$\frac{\text{总收益}}{\text{初始投资}} = \frac{\text{收入 + 资本利得}}{50} = \frac{2+3}{50} = 0.1 = 10\%$$

另一种计算收益率的方法是把投资转化为现金流贴现问题。设 r 为收益率，它能使投资所创造的所有现金流的现值等于初始投资。本例中，股票以 50 美元购得，年底产生的现金流包括 2 美元（股利）加 53 美元（出售股票）。因此解方程 $50=(2+53)/(1+r)$，也得到 $r = 10\%$。

24.1.2 时间加权收益率与美元加权收益率

如果我们的投资已持续了一段时间，且在此期间，我们还向投资组合注入或抽回了资金，那么测算收益率就比较困难了。继续看我们的例子，假如你在第 1 年年末购买了第二股同样的股票，并将两股都持有至第 2 年年末，然后以每股 54 美元的价格售出。

那么你的总现金流为：

时期	支出
0	50 美元购买第 1 股
1	53 美元购买第 2 股
	收入
1	最初购买股票得 2 美元股利
2	第 2 年持有两股得 4 美元股利，并以每股 54 美元出售股票得 108 美元

利用现金流贴现法（DCF），令现金流入的现值与现金流出的现值相等，便可得到这两年的平均收益率

$$50 + \frac{53}{1+r} = \frac{2}{1+r} + \frac{112}{(1+r)^2}$$

解得 $r=7.117\%$。

该值叫做内部回报率，也叫做**美元加权收益率**（dollar-weighed rate of return）。之所以称为“货币加权”，是因为第二年持有两股股票和第一年只持有一股股票相比，前者对平均收益率有更大的影响。

时间加权收益率（几何平均）是 7.81%：

$$r_1 = \frac{53+2-50}{50} = 0.10 = 10\% \qquad r_2 = \frac{54+2-53}{53} = 0.0566 = 5.66\%$$

$$r_G = (1.10 \times 1.0566)^{1/2} - 1 = 0.0781 = 7.81\%$$

这里的美元加权收益率比时间加权收益率要小一些。原因是第二年的股票的收益率相对要小，而投资者恰好持有较多股票。

概念检查 24-1

设 XYZ 公司在每年的 12 月 31 日支付 2 美元的股利，某投资者在 1 月 1 日以每股 20 美元的价格购入 2 股股票。一年后，即次年的 1 月 1 日他以 22 美元/股出售了其中一股；又过了一年，他以 19 美元/股出售了另一股。请分别计算这两年投资的美元加权收益率及时间加权收益率。

24.1.3 风险调整收益

评估投资组合的业绩，仅计算出其平均收益是不够的，还必须根据风险调整收益，这样，收益之间的比较才有意义。在根据投资组合风险来调整收益的各种方法中，最简单、最普遍的方法是将特定基金的收益率与其他具有类似风险的投资基金的收益率进行比较。例如，可以把高收益债券组合归为一类，把增长型股票组合归为一类，等等。然后确定各项基金的平均收益（一般是时间加权平均收益），并在各大类中根据**对比情况**（comparison universe）对

各项基金的相对业绩进行百分比排序。例如，在由100个基金组成的大类里，第9名的管理者排序为90%，表示在本期评估内其业绩比90%的同类竞争者要好[一]。

这些排名通常编制成表进行公布，如图24-1所示。该表汇总了1个季度、1年、3年和5年四个评估期的业绩排名。图中最上面和最下面的线分别表示位于5%和95%的管理者的收益率，中间的三条虚线分别表示位于75%、50%（中位数）和25%的管理者的收益。菱形代表某一特定基金的平均收益率，方块代表市场基准指数的收益率，如标准普尔500指数。从菱形在格子中的位置就很容易看出该基金在对比情况下的经营业绩。

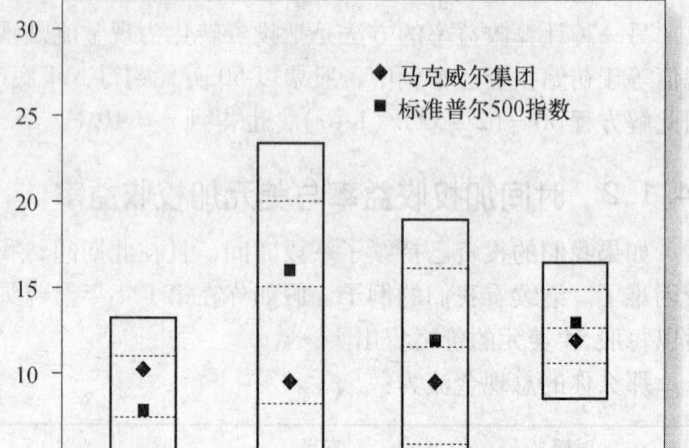

图24-1 同类对比（截至2010年12月31日）

在业绩评估中，与其他相同投资基金的业绩比较是第一步。然而，这些排名并不十分准确，甚至可能产生误导。例如，在某个特定的环境下，一些经理可能更注重投资组合中的某一部分资产，这样的投资组合特征就不再具有可比性。例如，在资本市场中，某个经理可能更关注高β值或快速增长的股票；类似地，在固定收益证券的情况下，不同的经理关注不同的久期。上述情况表明，寻求更精确的风险调整方式是相当有必要的。

因此，两种考虑风险调整的业绩评估方法同时出现了，它们是均值-方差比值标准和资本资产定价模型（CAPM）。杰克·特雷纳（Jack Treynor）[二]、威廉·夏普（William Sharpe）[三]和迈克尔·詹森（Michael Jensen）[四]立即认识到了CAPM在评估经营业绩上的特殊意义，随即，学者们掌握了一系列业绩评估方法，学术界涌现出了大量对共同基金业绩评估的研究成果。之后不久，市场上又出现了一些代理人，他们为投资组合管理人和其他客户提供评级服务并收取固定回报。

尽管得到了广泛的应用，各种风险调整的业绩测度指标有着各自的缺点。更重要的是，它们的可靠性依赖于相当长期的一致管理、稳定的业绩水平和富有代表性的投资环境（比如，牛市和熊市）。但在实际操作中，我们往往需要在未能得到必要数据时就做出决定。

现在，我们列出一些经风险调整的业绩测度指标，并考察其适用的条件。

夏普测度：$(\bar{r}_P-\bar{r}_f)/\boldsymbol{\beta}_P$ **夏普测度**（Sharpe's measure）是用某一时期内投资组合的平均超额收益除以这个时期收益的标准差。它测度了对总波动性权衡的回报[五]。

特雷纳测度：$(\bar{r}_P-\bar{r}_f)/\boldsymbol{\beta}_P$ 与夏普测度指标类似，**特雷纳测度**（Treynor's measure）给出了单位风险的超额收益，但它用的是系统风险而不是全部风险。

詹森测度（投资组合α）：$\alpha_P=\bar{r}_P-[\bar{r}_f+\beta_P(\bar{r}_M-\bar{r}_f)]$ **詹森测度**（Jensen's measure）是投资组合超过CAPM预测值的那一部分平均收益，它用到了投资组合的β值和平均市场收益，其结果即为投资组合的α值。

[一] 前面的章节（尤其是第11章讲述有效市场假说时）中，我们对积极管理投资组合时的业绩能否超过消极指数业绩进行了检验。为此我们研究了部分共同基金样本的α值分布。我们发现，从这些样本中得出来的任何结论都存在存活者偏差，因为如果基金破产了就将被踢出样本组。本章中，重点讨论单个基金业绩的评估方法。当选准一个基金后，就不存在存活者偏差了。但是作比较时的样本组一定要排除存活者偏差，一个只由幸存基金组成的样本组必然比基准组业绩更好。

[二] Jack L. Treynor, "How to Rate Management Investment Funds," *Harvard Business Review* 43 (January-February1966).

[三] William F. Sharpe, "Mutual Fund Performance," *Journal of Business* 39 (January 1966).

[四] Michael C. Jensen, "The Performance of Mutual Funds in Period 1945-1964," *Journal of Finance*, May 1968; and "Risk, the Pricing of Capital Assets, and the Evaluation of Investment Portfolios," *Journal of Business*, April 1969.

[五] 我们在r_P与r_f上加上横线是要说明，由于在测度期无风险利率并不是不变的，因此我们要用样本的平均值。类似地，我们也可以用样本数据计算超额收益。

信息比率：$\alpha_P/\sigma(e_P)$ 信息比率（information ratio）是用投资组合α除以该组合的非系统风险，也称为“循迹误差”。它测量的是每单位非系统风险所带来的超额收益。非系统风险指原则上可以通过持有市场上全部投资组合而分散掉的那一部分风险。

每一种指标都有其可取之处。由于各种经风险调整后收益指标在本质上是不同的，因此它们对于某一基金业绩的评估并不完全一致。

概念检查 24-2

某特定样本期内的数据如下：

	投资组合 P	市场 M
平均收益率（%）	35	28
β值	1.20	1.00
标准差（%）	42	30
循迹误差（非系统风险）（%）	18	0

请计算投资组合 P 与市场的下列业绩评估测度指标：夏普测度、詹森测度（α值）、特雷纳测度、信息比率（假设此时国库券利率为6%）。在哪种测度指标下，投资组合 P 的表现要比市场好？

24.1.4 业绩的 M^2 测度

虽然夏普测度可以用来评价投资组合的业绩，但其数值的含义并不那么容易解释。比较“概念检查 2”中市场 M 和投资组合 P 的各项比率。可以得到 $S_P=0.69$，$S_M=0.73$。这表明投资组合 P 的收益不如市场指数。但在夏普测度指标中，0.04 的差异具有经济意义吗？我们常常比较收益率，但这些数字形式的比率却难以解释。

格雷厄姆和哈维提出了改进的夏普测度指标，并由摩根士丹利公司的利娅·莫迪利亚尼（Leah Modigliani）和她的祖父、诺贝尔经济学奖得主佛朗哥·莫迪利亚尼（Franco Modigliani）进行了推广[⊖]。他们的方法被命名为 M^2 测度指标（表示莫迪利亚尼平方）。与夏普测度指标类似，M^2 测度指标也把全部风险作为对风险的度量，但是，这种收益的风险调整方法很容易解释与特定投资组合与市场基准指数之间的收益率差额。

M^2 测度指标的计算方法如下：假定有一个管理投资基金 P，当我们把一定量的国库券头寸加入其中后，这一经调整的投资组合的风险就可以与市场指数（如标准普尔500指数）的风险相等。比如说，如果投资基金 P 原先的标准差是市场指数的1.5倍，那么经调整的投资组合应包含2/3的基金 P 和1/3的国库券。我们把经调整的投资组合称为 P^*，它与市场指数有着相同的标准差（如果投资基金 P 的标准差低于市场指数的标准差，调整方法可以是卖空国库券，然后投资于 P）。因为 P 和市场指数的标准差相等，所以我们只要通过比较它们之间的收益率就可以来考察它们的业绩。M^2 测度指标的计算如下

$$M^2 = r_{P^*} - r_M \tag{24-1}$$

【例 24-1】 **M^2 测度**

利用“概念检查2”中的数据，P 的标准差为42%，而市场指数的标准差为30%。因此，调整后的投资组合 P^* 可以由30/42 = 0.714份的 P 和1 − 0.714 = 0.286份的国库券组成。该组合的期望收益率为（0.286×6%）+（0.714×35%）= 26.7%，比市场指数的平均收益率少1.3%。所以该投资基金的 M^2 测度为 −1.3%。

⊖ John R. Graham and Campbell R. Harvey, “Market Timing Ability and Volatility Implied in Investment Advisors' (24-1) Asset Allocation Recommendations,” National Bureau of Economic Research Working Paper 4 890, October 1994. 该论文中关于风险调整收益的部分最终发表于“Grading the Performance of Market Timing Newsletters,” *Financial Analysts Journal* 53 (November/December 1997), pp. 54-66. Franco Modigliani and Leah Modigliani, “Risk-Adjusted Performance,” *Journal of Portfolio Management*, Winter 1997, pp. 45-54.

图 24-2 给出了 M^2 指标的一个图形表述。当我们把 P 与国库券以适当比例组合时候，就可以沿着 P 的资本配置线向下移动，直到调整后投资组合的标准差与市场指数的标准差相等。这时 P^* 与市场指数的垂直距离（即它们期望收益率间的距离）就是 M^2 测度。从图 24-2 中可以看出，当投资基金 P 的资本配置线的斜率小于资本市场线的斜率时，即它的夏普测度小于市场指数时，P 的 M^2 测度就会低于市场[⊖]。■

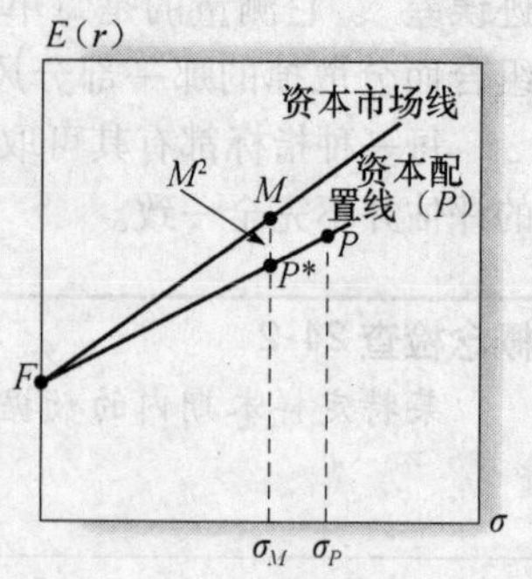

图 24-2　资产组合 P 的 M^2

24.1.5　作为投资组合整体评价标准的夏普测度

假定珍妮·克莱斯构建了一个投资组合并持有了很长一段时间，在这期间她没有调整该投资组合的构成。进一步假定所有证券以日计算的收益率具有相同的均值、方差及协方差。这些假设与现实相距甚远，但它们有助于我们鲜明扼要地研究重点问题。同时，它们对于理解传统业绩评估的缺点也是至关重要的。

现在我们试图评估珍妮手中投资组合的业绩。她是否选择了好的证券？这个问题包含了 3 层意思。首先，“好的选择”是和其他哪些选择比较？其次，在两个明显不同的投资组合之间进行选择时，我们应该采用何种合适的标准来评价它们呢？最后，假如我们找到了合适的评价标准，是否存在一种方法，可以把该投资组合的基本获利能力和随机性的好运气分开？

本书的前几章主要就是在讨论如何确定投资组合选择标准。如果投资者的偏好可以用一个均值－方差效用函数来描述（如第 6 章中所述），我们就能得到一个相对比较简单的评价标准。在第 6 章我们所用的效用函数为

$$U = E(r_P) - 1/2A\sigma_P^2$$

A 表示个体风险厌恶的系数。采用均值－方差的偏好选择，珍妮就可以使夏普测度指标最大化，也就是使比率（$[E(r_P) - r_f]/\sigma_P$）最大化。第 7 章中我们谈到，这种评价标准会让投资者选择有效边界切点的投资组合。现在摆在珍妮面前的问题就变成了如何找到具有最大夏普测度的投资组合。

24.1.6　两种情景下合适的业绩测度方法

对珍妮的投资组合选择做出评估前，首先要确定该投资组合是否是她的唯一的投资组合。如果不是，我们就还需要知道她其他的投资组合。投资组合评价标准的正确与否在很大程度上取决于该组合是否就是她所有的投资工具，或者只是她全部财富中的一部分。

该投资组合代表珍妮所有的风险投资　在这种最简单的情况下，我们只需确定珍妮的投资组合是否具有最大的夏普测度。按照如下三步进行分析。

（1）假设证券的过去业绩就是其未来业绩的代表，这意味着证券在珍妮持有期间所实现的收益与珍妮预期证券未来收益的均值、协方差等特征是相同的。

（2）如果珍妮选择消极策略，如持有标准普尔 500 指数的投资组合，确定珍妮应选择怎样的投资组合作为标杆。

（3）把珍妮投资组合的夏普测度值与最佳投资组合的夏普测度值进行比较。

总的说来，当珍妮的投资组合就是她所有的投资时，与之比较的标准就应是市场指数或另一个特定的投资组合。业绩评估就是把实际的投资组合与所选定的标杆组合的夏普测度指标进行比较。

珍妮的投资组合只是她所有投资资金中的一部分　如果珍妮是公司的财务主管并管理着公司的养老基金，那么这种情况就可能发生了。她现在可以把整个基金划分为几个部分，然后分给一些投资组合经理。但她为了能重新调整基金的投资去向以期提高今后的整体业绩，她必须评价每一位投资组合经理的业绩。正确的业绩评估指标应该是什么呢？

⊖ 从图 24-2 中可以看出，实际上 M^2 和夏普测度是直接相关的。用 R 代表超额收益，S 代表夏普测度，图中显示 $R_{P^*} = S_P\sigma_M$，因此，

$$M^2 = r_{P^*} - r_M = R_{P^*} - R_M = S_P\sigma_M - S_M\sigma_M = (S_P - S_M)\sigma_M$$

尽管α值是衡量业绩的基础，但仅仅这一个指标不足以确定P对组合的潜在贡献。下面的讨论说明了为什么在这种情况下，特雷纳测度是最为合适的标准。

假定现在P的α值为2%。"不错。"你也许会这样对珍妮说。但她会马上从她的桌子上拿出一份报告，然后告诉你另外一个具有3%α值的投资组合Q。"100个基点已经是很大的差距了，"她说，"我是否应该把部分资金从P的管理人抽调给Q的管理人呢?"

表24-1　投资组合业绩

	投资组合P	投资组合Q	市场
β	0.90	1.60	1.0
超额收益 $(\bar{r}-\bar{r}_f)$（%）	11	19	10
α*	2	3	0

注：* α = 超额收益 − (β × 市场超额收益) $= (\bar{r}-r_f) - \beta(\bar{r}_M - \bar{r}_f) = \bar{r} - [\bar{r}_f + \beta(\bar{r}_M - \bar{r}_f)]$

根据相关数据得到表24-1，并据此结果得到图24-3。注意我们是在期望收益－β平面（而非期望收益－标准差平面）上描出P、Q两点，这主要是因为我们假定P、Q只是总基金中众多子投资组合元素中的两个，因此，非系统风险就在很大程度上得到分散，最后只剩下β作为其合适的风险测度指标。图中证券市场线（SML）与P、Q的距离就是α_P与α_Q的值。

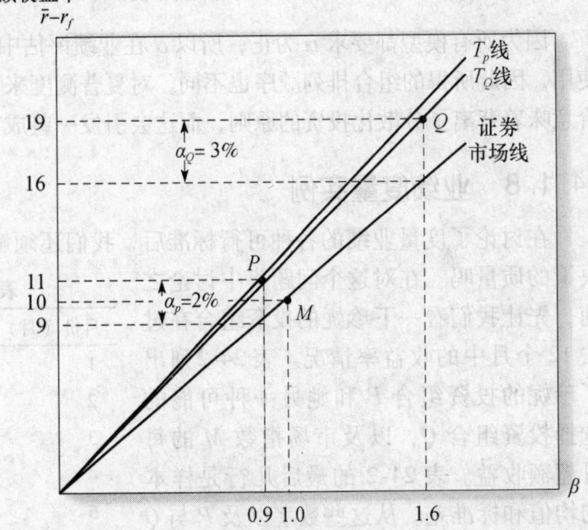

图24-3　特雷纳测度

假设投资组合Q可以与国库券所混合，如果我们把w_Q的比例投资于投资组合Q，那么国库券中的投资比例即为$w_F = 1 - w_Q$，于是最终投资组合Q^*的α值和β值就会由Q的α值、β值及比例w_Q来决定

$$\alpha_{Q^*} = w_Q \alpha_Q$$
$$\beta_{Q^*} = w_Q \beta_Q$$

因此，所有如此生成的投资组合Q^*就都可以在连接原点与Q点的直线上找到。我们把这条线称为T线，其斜率为特雷纳测度。

图24-3也显示了投资组合P的T线。P的T线显然更陡，尽管它的α值较低，但它应该是一个更佳的投资组合。在任意给定的β值下，P与国库券的混合投资组合会比Q与国库券的混合投资组合有更大的α值。考虑下面一个例子。

【例24-2】　令β值相等

假设我们把Q与一定比例的国库券混合组成投资组合Q^*，并使该组合的β值与组合P的β值相等。解出混合比例w_Q

$$\beta_{Q^*} = w_Q \beta_Q = 1.6 w_Q = \beta_P = 0.9$$
$$w_Q = 9/16$$

因此，投资组合Q^*的α值为

$$\alpha_{Q^*} = 9/16 \times 3 \approx 1.69\%$$

它显然小于P的α值。

换句话说，在这种情况下该投资组合T线的斜率就是其合适的业绩评估标准。投资组合P的T线的斜率T_P可按下式计算

$$T_P = \frac{\bar{r}_P - \bar{r}_f}{\beta_P}$$

当一项资产只是一个大型投资组合中的一部分时，投资者就应该在它的平均超额收益（超过无风险利率部分）与它的系统风险之间进行权衡，而不是与其总风险权衡。因此，在我们要评估这项资产对其投资组合总业绩的贡献时，特雷纳测度就显现出其优势了。

像M^2测度一样，特雷纳测度也是一个百分比。当你把市场超额收益从特雷纳测度指标中减去后，你将会得到图24-3中的T_P线收益与$\beta=1$时的证券市场线收益之差。我们把这个差称为特雷纳平方，或T^2测度（类似于

M^2）。但请注意，正如夏普测度与特雷纳测度不同，M^2 和 T^2 也是不同的。它们可能对相同的投资组合得出完全不同的排序。■

24.1.7　α 在业绩度量中的作用

掌握了一些代数知识之后，就可以得出前面介绍过的各种业绩度量方法之间的关系，如下表所示。

	特雷纳测度（T_P）	夏普测度①（S_P）
与 α 的关系	$\dfrac{E(r_P)-r_f}{\beta_P}=\dfrac{\alpha_P}{\beta_P}+T_M$	$\dfrac{E(r_P)-r_f}{\sigma_P}=\dfrac{\alpha_P}{\sigma_P}+\rho S_M$
与市场业绩的偏差	$T_P^2=T_P-T_M=\dfrac{\alpha_P}{\beta_P}$	$S_P-S_M=\dfrac{\alpha_P}{\sigma_P}+(\rho-1)S_M$

注：① r 表示市场组合与 P 组合之间的相关系数，$r<1$。

因为所有模型都要求 α 为正，所以 α 在业绩评估中使用的最为广泛。但是，特雷纳测度和夏普测度对 α 有不同的使用，因此所得的组合排列顺序也不同。对夏普测度来说，仅 α 为正并不能保证更好的组合业绩，因为利用证券的误定价意味着背离了分散化投资的原则，而这会引发一些成本（注意表中 $\rho-1$ 为负，因此夏普测度实际上是下降的）。

24.1.8　业绩度量实例

在讨论了度量业绩的各种可行标准后，我们还须解决一个统计学的问题：我们能够利用事后的数据来评价事先决策的质量吗？在对这个问题集中讨论之前，先让我们看一下珍妮的投资组合在过去 12 个月中的收益率情况。表 24-2列出了珍妮的投资组合 P 和她另一种可能的选择投资组合 Q，以及市场指数 M 的每月超额收益。表 24-2 的最后几行是样本的均值和标准差。从这些数字以及 P 与 Q 对 M 进行的线性回归，我们得到了进行业绩评估所必需的数据。

表 24-2　投资组合 P、Q 和基准指数 M 12 个月中的超额收益（%）

月份（月）	珍妮的投资组合 P	可能的投资组合 Q	基准指数 M
1	3.58	2.81	2.20
2	−4.91	−1.15	−8.41
3	6.51	2.53	3.27
4	11.13	37.09	14.41
5	8.78	12.88	7.71
6	9.38	39.08	14.36
7	−3.66	−8.84	−6.15
8	5.56	0.83	2.74
9	−7.72	0.85	−15.27
10	7.76	12.09	6.49
11	−4.01	−5.68	−3.13
12	0.78	−1.77	1.41
年平均值	2.76	7.56	1.63
标准差	6.17	14.89	8.48

表 24-3 中所列的业绩评估数据显示，投资组合 Q 比投资组合 P 更具冒险性，因为 Q 的 β 值（1.4）要明显地高于组合 P 的 β 值（1.40 比 0.69）。另一方面，从剩余标准差来看，投资组合 P 似乎要分散得更好一些（P 为 1.95%，Q 为 8.98%）。由于两个投资组合都具有较大的夏普测度（即正的 M^2 测度）和正的 α 值，投资组合 P、Q 的表现都要好于市场指数标准。

表 24-3　业绩评估数据

	投资组合 P	投资组合 Q	投资组合 M
夏普测度	0.45	0.51	0.19
M^2	2.19	2.69	0.00
SCL 回归统计			
α	1.63	5.28	0.00
β	0.69	1.40	1.00
特雷纳测度	4.00	5.40	1.63
T^2	2.37	3.77	0.00
σ(e)	1.95	8.98	0.00
估价比率	0.84	0.59	0.00
R^2	0.91	0.64	1.00

那么，从上述指标来看，到底哪一个投资组合更具吸引力呢？如果 P 或 Q 是珍妮的所有投资基金，Q 应该更被看好，因为 Q 具有更高的夏普值（0.51∶0.45）和更大的 M^2 测度（2.69%∶2.19%）。对于第二种情况，即 P、Q 只是珍妮所有投资中的一部分时，Q 也更胜一筹，因为它有更高的特雷纳测度（5.40∶4.00）。然而，当把 P、Q 这两种积极投资策略与消极的市场指数投资相结合时，由于 P 的信息比率高（0.84∶0.59），因此投资组合 P 要优于投资组合 Q。所以，这个例子说明证券的业绩评估在很大程度上依赖于该证券组合在投资者所有资产中的作用与地位。

但是，上述分析只建立在短短12个月的数据之上，因此我们不能完全确定结论是否可靠。其实就算更长时间段的样本观察值也可能不足以使决策更清晰，因为这本身就是一个需要更加深入探讨的问题。计算这些组和测度的模型可以在“在线学习中心”上查找。

Excel 应用

业绩测度

下表计算了该节讨论的所有的业绩测度。按照选择的不同标准，你可以看到相对排名次序是如何不同的。该表可以从“在线学习中心”（www.mhhe.com/bkm）获得。

	A	B	C	D	E	F	G	H	I	J	K
1	测度表现							LEGEND			
2								Enter data			
3								Value calculated			
4								See comment			
5											
6					Non-						
7		平均	标准	β	非系统	夏普	特雷纳	詹森	M^2	T^2	股价
8	基金	收益	差	系数	风险	测度	测度	测度	测度	测度	比率
9	Aahpl	28.00%	27.00%	1.7000	5.00%	0.8148	0.1294	-0.0180	-0.0015	-0.0106	-0.3600
10	Omega	31.00%	26.00%	1.6200	6.00%	0.9615	0.1543	0.0232	0.0235	0.0143	0.3867
11	Omicron	22.00%	21.00%	0.8500	2.00%	0.7619	0.1882	0.0410	-0.0105	0.0482	2.0500
12	Millennium	40.00%	33.00%	2.5000	27.00%	1.0303	0.1360	-0.0100	0.0352	-0.0040	-0.0370
13	Big Value	15.00%	13.00%	0.9000	3.00%	0.6923	0.1000	-0.0360	-0.0223	-0.0400	-1.2000
14	Momentum Watcher	29.00%	24.00%	1.4000	16.00%	0.9583	0.1643	0.0340	0.0229	0.0243	0.2125
15	Big Potentiall	15.00%	11.00%	0.5500	1.50%	0.8182	0.1636	0.0130	-0.0009	0.0236	0.8667
16	标准普尔收益	20.00%	17.00%	1.0000	0.00%	0.8235	0.1400	0.0000	0.0000	0.0000	0.0000
17	国库券收益	6.00%		0.0000							
18											
19	Ranking By Sharpe's Measure				Non-						
20		平均	标准	β	非系统	夏普	特雷纳	詹森	M^2	T^2	股价
21	基金	收益	差	系数	风险	测度	测度	测度	测度	测度	比率

24.1.9　已实现收益与期望收益

在对某个投资组合进行评估时，评估者其实并不了解投资组合管理者对该投资组合最初的预期，当然更不清楚这些预期是否合理。他只能在事实发生之后观察投资组合的业绩，同时还希望随机干扰不会掩盖投资组合的真实收益能力。但事实上风险资产的收益却是“白噪声”的，这无疑会使这个问题复杂化。为了避免这种错误，我们就必须定出该种业绩评估指标的“显著性水平”，以确定其是否可靠地反映了组合的实际获利能力。

假设现有一投资组合管理者乔·达特，如果其资产组合的月 α 值为20个基点，那么显然他每年会有2.4%的 α 值（未计复利）。我们还假定乔的投资组合的收益具有固定的均值、β 值和 α 值。这确实是相当严格的假设，但其实它们和一般情况下业绩指标的处理前提是一致的。我们再假定在评估期内该投资组合的 β 值为1.2，每月残差的标准差（非系统风险）为2%，如果市场指数的标准差为每月6.5%（每年22.5%），那么乔的投资组合的系统方差为

$$\beta^2\sigma_M^2 = 1.2^2 \times 6.5^2 = 60.84$$

于是该投资组合和市场指数之间协方差的相关系数就为

$$\rho = \left[\frac{\beta^2\sigma_M^2}{\beta^2\sigma_M^2 + \sigma^2(e)}\right]^{1/2} = \left[\frac{60.84}{60.84+4}\right]^{1/2} = 0.97$$

这个数字表明该资产是高度分散化的。

为了从证券市场线上估计乔的投资组合的 α 值，我们把投资组合的超额收益对市场指数进行回归。假设我们通过线性回归幸运地估计出了方程的参数，那么对 N 个月内证券市场线的估计为

$$\hat{\alpha} = 0.2\% \quad \hat{\beta} = 1.2 \quad \hat{\sigma}(e) = 2\%$$

然而评估者在做线性回归时根本不知道真实数据是多少。因此，他还必须计算 α 估计值的 t 统计量，从而确定他是否应拒绝该投资组合 α 值为 0 的原假设（也就是该投资组合并没有更出色业绩的假设）。

在证券市场线回归中 α 估计值的标准差近似为

$$\hat{\sigma}(\alpha) = \frac{\hat{\sigma}(e)}{\sqrt{N}}$$

这里 N 是样本数，$\hat{\sigma}(e)$ 是样本非系统风险的估计值。α 估计值的 t 统计量于是就应为

$$t(\hat{\alpha}) = \frac{\hat{\alpha}}{\hat{\sigma}(\alpha)} = \frac{\hat{\alpha}\sqrt{N}}{\hat{\sigma}(e)} \tag{24-2}$$

假定我们要求的显著性水平是5%，在这个显著性水平下，$t(\hat{\alpha})$ 就应为 1.96（若 N 能足够大）。把 $\hat{\alpha}=0.2$ 和 $\hat{\sigma}(e)=2$ 代入式（24-2），解得 N 值为：

$$1.96 = \frac{0.2\sqrt{N}}{2}$$

$$N = 384 \text{ 个月，即 } 32 \text{ 年！}$$

这说明什么？乔确实是一位才能出众的分析家，使用的例子是他喜欢的假设方式，即远离那些令人头痛的统计难题，假设参数在长期内不会改变。而且，样本期内的“表现”也无可挑剔，回归估计结果全部令人满意。但这仍需要乔花去他一生的工作精力来证明其具有的出色能力。我们不得不得出结论，在实际工作中，统计数据的干扰性问题使得业绩评估工作变得尤为困难。

除上述难题外，由于基金经理的平均任期只有 4.5 年，这更加剧了业绩评估的不准确性问题。也就是说，就算你非常幸运地找到了一个对其未来表现非常有信心的基金，但它的经理也差不多或者已经离职了。专栏 24-1 讨论了这个问题。

专栏 24-1

是否应追随基金经理

投资共同基金的初衷在于让专业人士帮你挑选股票和债券。但很多时候，天有不测风云——经理可能会退休、跳槽甚至死亡。投资者决定购买共同基金很大程度上取决于该基金经理的投资记录，因此这种变化往往会让人不安。

在经理离开后，事态发展并无定数。但是，事实证明经理对于基金表现的真实贡献往往被高估了。比如，晨星公司研究比较了 1990 ~ 1995 年有过经理更换和经理没有变动的基金表现，五年后的 2000 年 6 月，前五年间业绩最佳的基金继续超越了其他同行——无论这些基金有没有换过经理。而在前五年表现糟糕的基金不论是否更换经理，业绩依然不佳。共同基金公司无疑会继续推出明星经理并且宣传他们过去的投资记录，但投资者应当更加关注于基金本身的表现。

基金经理们过去三五年的投资记录促进了基金公司的发展。但是仅仅几年的业绩数据很难成为出众才智的有力证据。想要在统计上有显著性，一个经理至少要有十年以上的投资记录。

共同基金行业就像一个旋转木马，上面坐着不同的基金经理任你挑选，但是投资者不必担心。从设计上来说，基金经理离开后几乎不会对共同基金产生影响。这是因为为了降低风险和一系列困扰，共同基金通常是由各自管理着一小部分资产的股票挑选人团队共同管理的，并非由单独一个经理和他的副手管理。与此同时，即使是所谓明星经理身边也有一大批研究人员和分析师，他们充当了和上报纸头条上的经理们同等重要的作用。

别忘了，即使经理离开了，投资还在那里，持有的基金并没有改变。这和一个公司的 CEO 离开引起股价下跌是不同的。最好的做法就是密切关注一切可能影响基金基本投资质量变化的因素。

进一步说，不要低估了基金公司“经理板凳”（managerial bench）的宽度和广度，通常来说，大型的基金公司都有大型人才储备。他们也清楚当经理变动时，投资者倾向于离开基金。

最后，对于担心管理人变动的投资者，这里有一个解决方案：指数基金。指数基金并不依赖于明星经理，这种共同基金通过购买股票和债券来跟随某个目标指数，如标准普尔 500 指数。这种情况下，经理是否离开不再重要。与此同时，指数投资者也就省去了当经理离开时撤离基金所要缴纳的税款。更重要的，指数投资者们不需要为明星经理们高昂的工资买单。

资料来源：Shauna Carther, “Should You Follow Your Fund Manager?” *Invesopedia. com*, March 3, 2010. Provided by *Forbes*.

概念检查 24-3

假设在上例中，某分析师估计该投资组合的 α 值为 0.2%，其标准差为 2%，那么正的 α 值由运气所致（或者说该组合实际获利能力为零）的概率为多少？

24.2　对冲基金的业绩评估

在描述珍妮的投资组合业绩时，我们遗漏了一个很重要的情况。

假设珍妮对其风险充分分散的共同基金非常满意，但她现在偶然获得了关于对冲基金的信息。对冲基金的设计通常很少可以让投资者将其全部资产投资于其中。相比于关注期望收益和总体波动之间权衡的夏普比率，对冲基金更倾向于寻找误定价的证券，并且非常不关注风险分散。换句话说，对冲基金是由 α 值驱使的，它们被公认为是对以风险分散为目标投资组合的最佳补充。

在第 8 章中，我们已经详细讨论过如何将积极管理的投资组合与充分分散组合进行混合，混合关键的统计量是积极管理投资组合的信息比率，因此该比率成为对积极基金恰当的业绩测度。

简要的回顾，把对冲基金建立的积极投资组合称为 H，把投资者的基准消极投资组合称为 M。那么在总组合 P^* 中 H 的最佳比例为

$$w_H = \frac{w_H^0}{1 + (1 - \beta_H) w_H^0}$$

$$w_H^0 = \frac{\dfrac{\alpha_H}{\sigma^2(e_H)}}{\dfrac{E(R_M)}{\sigma_M^2}} \tag{24-3}$$

正如第 8 章所述，利用式（24-3）将对冲基金与基准组合相结合，对夏普测度的改善取决于它的信息比率 $a_H/\sigma(e_H)$，根据

$$S_{P*}^2 = S_M^2 + \left[\frac{\alpha_H}{\sigma(e_H)}\right]^2 \tag{24-4}$$

从式（24-4）可知，对冲基金业绩的恰当评估指标是它的信息比率。

回顾表 24-3，我们可以计算出组合 P 和 Q 的信息比率

$$IR_P = \frac{a_P}{\sigma(e_P)} = \frac{1.63}{1.95} = 0.84$$

$$IR_Q = \frac{5.28}{8.98} = 0.59 \tag{24-5}$$

假设我们把 P 和 Q 视为对冲基金，P 较低的 β 值 0.69，可能是由该基金持有一些资产的空头头寸造成。而组合 Q 相对较高的 β 值 1.40 可能是由杠杆造成的，且杠杆还会造成公司特定风险 $\sigma(e_Q)$ 的增加。根据这些计算，珍妮会选择具有高信息比率的对冲基金 P。

在实践中，对冲基金的评估是极具挑战的。我们将在第 26 章中详谈，现在我们简要提一下这些困难。

(1) 对冲基金的风险属性(包括总波动和系统因素)极易改变。相对于共同基金,对冲基金投资策略改变的余地极大。这种不稳定性使得任意时刻的风险都难以测度。

(2) 对冲基金偏好投资于缺乏流动性的资产。因此在评估资产表现时我们必须从α值中剥离流动性溢价。而且,缺乏流动性的资产难以被定价,也就是难以测量其收益率。

(3) 很多对冲基金采取可以在长时间内取得显著利润的策略,因此时常将基金带入严重的亏损中。所以,真实的评估对冲基金的风险收益权衡需要很长的时间。

(4) 当把对冲基金作为一个群体进行评估时,“存活者偏差”必须得到重视,因为这个行业的失败率要远远高于诸如共同基金一类的投资公司。

专栏24-2讨论了评估对冲基金业绩时对传统指标的一些误用。

专栏24-2

夏普的观点:风险测度被误用了

如果全球经济学家聚集在一堂讨论如何测量对冲基金的风险,那么威廉·夏普可能是这方面最大的专家了。大约40年前,夏普博士提出了计算在特定风险下投资者应接受的收益的方法,换句话说:就他们承担的波动风险而言,他们应该获得多少收益?

由于投资者可以根据夏普测度来选择基金经理和共同基金,使得夏普测度成为了现代金融的里程碑。但是这个比率的使用被很多卓越的学者批评,包括夏普博士本人。

出于促销的目的,对冲基金常常使用这个比率——夏普博士认为这是一种“误用”。作为管制松散的私人投资工具,对冲基金常常使用容易受意外事件影响的复杂策略,并且不适用那些测量风险的简单公式。“历史平均值根本无法很好地预测未来业绩。”夏普博士这样说道。

夏普博士发明这个比率的目的是用来评估股票、债券和共同基金投资组合的业绩。夏普测度越高,长期内该基金的期望表现就越好。但是,当小型投资者和养老基金开始大量投资对冲基金时,这个比率可能会产生错觉。

夏普博士说,这个比率不能预兆对冲基金灾难,因为“没有数字可以”。这个比率不能预言何时价格下跌,也不能解释极端事件。长期资本管理公司,康涅狄格州的一家大型对冲基金,在1998年(俄罗斯在1998年货币不断贬值,并发生了大量债务违约)破产前,有着光鲜的夏普比率。而且,由于对冲基金对于它们的策略往往保密,这使得投资者更加难以把握风险。

夏普比率的另一个问题在于它是被设计用于评估投资者所有投资组合的风险-报酬属性,而不是投资组合的一小部分。这个缺陷对于对冲基金来说相当明显。

资料来源:Ianthe Jeanne Dugan, “Sharp Point: Risk Gauge is Misused,” *The Wall Street Journal*, August 31, 2005, p. C1.

24.3 投资组合构成变化时的业绩评估指标

我们已经看到,就算投资组合收益分布的均值和方差固定不变,但由于股票收益率在不断波动,分析者必须根据相当长时期的样本观察值才能比较准确的预测业绩水平。如果投资组合收益的分布在不断变化,那么这个问题将会变成怎样呢?

当评估期并不很长时,消极投资策略具有固定均值及方差的假设是较为合理的。但是,由于投资组合管理者经常根据金融分析师的信息对投资组合成分进行调整,这种积极投资策略的收益分布就随之而变化了。在这种情况下,如果仍假设在样本期内均值和方差固定不变,那么就会产生很大的错误。让我们看一个例子。

【例24-3】 **投资组合风险的变化**

假设市场指数的夏普测度指标为0.4,在前52周内,基金管理者奉行了一种低风险策略,每年实现超额收益1%,其标准差为2%。于是它的夏普测度指标为0.5,显然要优于市场指数的消极投资策略。在下一个52周的投资期内,管理者发现超额收益为9%、标准差为18%的高风险投资策略要更好,其夏普值仍为0.5。基金管理者在这两年内都维持了高于市场指数的夏普测度值。

该基金管理者在两年投资期内的季度收益率（以年收益率表示）如图24-4所示。在前四季度内，超额收益率分别为 -1%、3%、-1%和3%，其均值为1%，标准差为2%。在后四季度内超额收益率分别为 -9%、27%、-9%、27%，均值为9%，标准差为18%。两年中投资组合的夏普测度指标都是0.5。但是，如果以8个季度为计算期，其均值为5%，标准差为13.42%，于是夏普测度指标只有0.37，竟然明显低于消极的投资策略！■

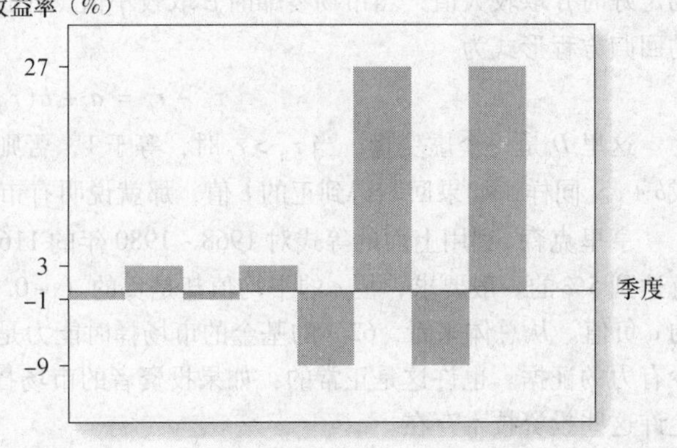

图24-4 资产组合收益，后4季度的收益波动大于前4季度

这是怎么回事？事实上，均值从前四个季度到后四个季度的改变并不能看做策略的转移，但两年中均值的差异却增加了投资组合收益率的表面波动。积极投资策略中均值的变化会使策略看上去比实际更具"风险"性，因此使夏普测度指标的有效性大大降低。所以我们认为对于积极的投资策略来说，跟踪投资组合的构成并随时调整投资组合的均值及方差是很有必要的。我们在下一部分会看到一个关于此问题（即市场择时）的另一个例子。

24.4 市场择时

从根本上说，市场择时解决的是何时在市场指数基金和安全资产之间转移资金的问题。这里所指的安全资产是指国库券或货币市场基金，决策的依据是市场作为一个整体其表现是否优于安全资产的表现。那么当市场表现不错时，我们将如何考虑资金的部分转移呢？

为简单起见，假设某投资者只持有市场指数基金和国库券两种证券。如果两者之间的比例是一定的，比如说市场指数基金占0.6，那么该投资组合的β值也是一定的，并且其证券特征线就应是一条斜率为0.6的直线（如图24-5a所示）。但是如果投资者能看准时机，在市场表现不错时把资金转入市场指数基金，那么原来的证券特征线就会如图24-5b所示。该线向上弯曲的原因是，如果投资者能够预测牛市和熊市，那么他在市场上升时就会加大市场指数基金的权重，于是当r_m升高时，证券特征线的斜率也会随之增大，这正如图24-5b所示的曲线。

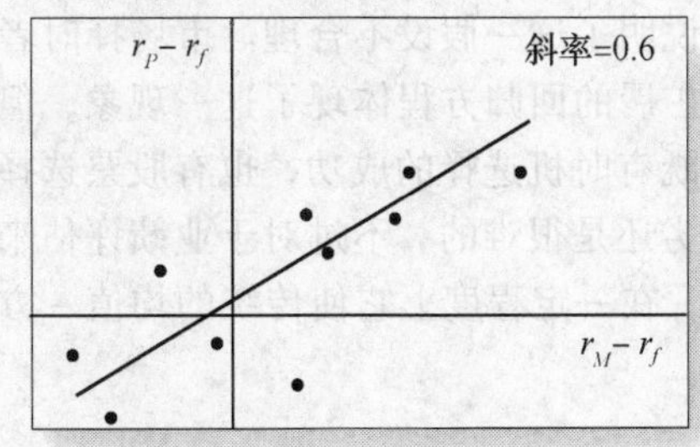

a）无市场择时，β不变

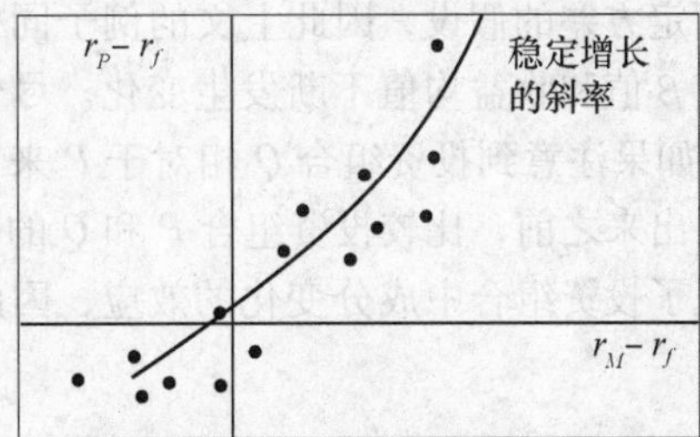

b）市场择时，β随预期市场超额收益增长

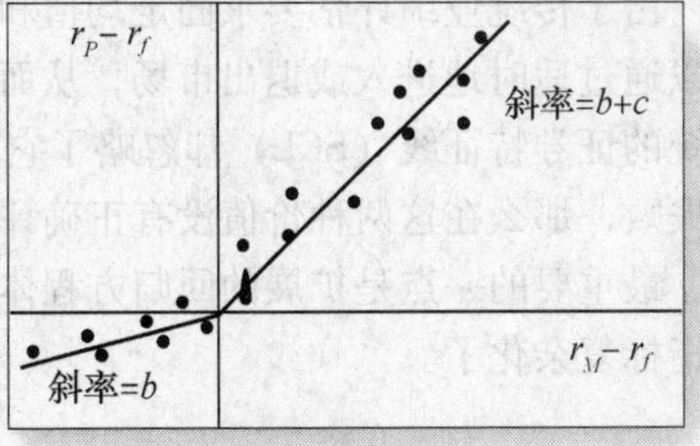

c）仅有两个β值的市场择时

图24-5 特征线

特雷纳和Mazuy首先提出在一般线性指数模型中加入一个平方项来估计特征线的方程[⊖]：

$$r_P - r_f = a + b(r_M - r_f) + c(r_M - r_f)^2 + e_P$$

其中，r_p标示投资组合收益，a、b和c是回归分析后所得的系数。如果c是正的，我们就能说明市场择时确实存在，因为最后一项能够使特征线在$r_M - r_f$较大时相应变陡。特雷纳和Mazuy利用上式对一些共同基金的数据进行了估计，但几乎没有找到任何投资者市场择时的证据。

⊖ Jack L. Treynor and Kay Mazuy, "Can Mutual Funds Outguess the Market?" *Harvard Business Review* 43 (July-August 1966).

亨里克森（Henriksson）和默顿[1]提出了另一种相似但更简单的方法。他们假设投资组合的β只取两个值：当市场走好时β取较大值，当市场萎靡时β取较小值。在这个假设下，投资组合的特征线就应如图24-5c所示。这条线的回归方程形式为

$$r_P - r_f = a + b(r_M - r_f) + c(r_M - r_f)D + e_P$$

这里D是一个虚变量，当$r_M > r_f$时，等于1，否则等于0。于是投资组合的β值在熊市时就为b，在牛市时就变成$b+c$。同样，如果回归得到正的c值，那就说明有市场择时存在。

亨里克森[2]利用上面的等式对1968～1980年的116家共同基金进行了回归检验。他发现，尽管其显著性水平没有达到5%的一般要求，但c的平均值却是负的（-0.07）。11家共同基金具有显著的c正值，但同时8家具有显著的c负值。从总体来看，62%的基金的市场择时能力是负的。因此，这些结果对投资者市场择时的能力没有提出多少有力的证据。也许这是正常的：如果投资者的市场择时能获得大量的收益，那么很难想象这个近似有效的市场会允许这些投资技术存在。

为具体说明如何检测市场择时的存在性，让我们回顾表24-2。分别把投资组合P与Q的超额收益与市场的超额收益及其平方进行线性回归

$$r_P - r_f = a_P + b_P(r_M - r_f) + c_P(r_M - r_f)^2 + e_P$$

$$r_Q - r_f = a_Q + b_Q(r_M - r_f) + c_Q(r_M - r_f)^2 + e_Q$$

可以得到下列统计数据

估计	投资组合 *P*	投资组合 *Q*	估计	投资组合 *P*	投资组合 *Q*
α	1.77（1.63）	-2.29（5.28）	时机（c）	0.00	0.10
β	0.70（0.69）	1.10（1.40）	R^2	0.91（0.91）	0.98（0.64）

括号中的数字是对表24-3进行单变量回归所得的估计结果，这些结果表明投资组合P不存在市场择时。至于这到底是因为珍妮没有在好时机时付出努力，还是因为这种努力都徒劳无功而只增加了不必要的投资组合方差，我们就不得而知了。

但投资组合Q的回归结果却表明，市场择时是相当成功的。市场择时系数c的估计值为0.1，表明投资者成功地把握了时机，但所带来的利益却被不明智的股票选择（a为负值）给抵消了。值得注意的是，投资组合Q的α值已由不存在市场择时（不变更投资组合成分）时的5.28%降到了现在的-2.29%。

由于传统业绩评估要求固定均值和固定方差的假设，因此上文的例子同样说明了这一假设不合理。市场择时者可以通过适时地进入或退出市场，从而使β值和收益均值不断发生变化。尽管扩展的回归方程体现了这一现象，但传统的证券特征线（SCL）却忽略了它。如果注意到投资组合Q相对于P来说既有时机选择的成功，也有股票选择的失败，那么在这两种价值没有正确评估出来之前，比较投资组合P和Q的优劣还是很难的。不过对于业绩评估来说，最重要的一点是扩展的回归方程体现了投资组合中成分变化的效应，因此，在一定程度上它使传统的均值-方差指标复杂化了。

24.4.1 市场择时的潜在价值

假设理想的市场择时是指在年初准确判断标准普尔500指数的业绩能否优于滚动购买1个月期国库券收益的能力，相应地，投资者便可以在每年年初将所有资金都转入会有更高收益的那一方。若从1926年1月1日开始，初始资本是1美元，市场择时的完美把握者在84年后，也就是2009年12月31日，资产会变成多少呢？他在整个时期内的总收益与只持有国库券或者股权的投资者相比又怎样呢？

根据国库券和标准普尔500指数的历史收益，表24-4的第1～3列计算了上述三种策略的各种统计指标（在第5章中有一个类似的表格，这个表格可以在 www.mhhe.com/bkm 找到，在第5章的链接中）。根据股票和国库券的收

[1] Roy D. Henriksson and R. C. Merton, "On Market Timing and Investment Performance. II. Statistical Procedures and Evaluating Forecast Skills," *Journal of Business* 54 (October 1981).

[2] Roy D. Henriksson, "Marketing Timing and Mutual Fund Performance: An Empirical Investigation," *Journal of Business* 57 (January 1984).

益率，我们得到了 2009 年全国库券投资者和全股权投资者的资产终值，而市场择时的完美把握者每年的收益是股票收益和国库券收益的最大值。

表 24-4　国库券、股权和完美与非完美时机把握者的业绩

策略	国库券	股权	完美时机把握者	非完美时机把握者①
终值	20.47	2 150	207 057	5 607
算术平均（%）	3.70	11.67	16.77	11.86
标准差（%）	3.11	20.56	14.04	14.59
几何平均（%）	3.66	9.57	16.27	10.82
LPSD（相对于国库券）	0	16.42	0	26.03
最小值（%）	-0.06①	-45.58	-0.06②	-45.58
最大值（%）	14.86	54.56	54.56	45.67
偏度（超额收益）	0	-0.27	0.90	0.05
峰度（超额收益）	0	-0.12	0.06	1.84

注：①非完美时机把握者有 $P_1 = P_2 = 0.7$ 和 $P_1 + P_2 - 1 = 0.4$。

②国库券一列中的负值 -0.06% 是在 1940 年得到的，这个数据并非根据国库券得出，而是根据临近到期日的中期国债得出。

表 24-4 的第一行说明了很多问题，投资 1 美元于国库券，84 年后的终值是 20.47 美元，同样 1 美元投资于股权的终值却是 2 150 美元。这与第 5 章中所提到的 25 年期的投资是类似的，投资期从 25 年延长至 84 年所导致的终值上的巨大差异也体现了复利计息的惊人效果。第 5 章中我们谈到过，这种终值上的差异是源于对股权投资者所承担风险的合理补偿。从表中可以看到，全股权投资者的标准差高达 20.56%，这也就解释了为什么股票的算术平均收益率有 11.67%，但几何平均收益率只有 9.57%。（请注意，几何平均永远小于算术平均，两者之差随收益率波动而增大。）

完美市场择时者的终值是 207 000 美元，是已经相当大的全股权投资者的 96 倍！实际上，这个结果比看上去还要好，因为他的收益是真正的无风险的，其投资组合的标准差（14.04%）与风险无关。由于完美时机者的收益永远不会低于无风险收益，标准差只是对好惊喜的测度而已。而其分布的正偏度（对比与股权投资者稍负的偏度）说明极值全都是正的。最大和最小收益也是它不凡表现的证明——最小收益等于国库券的最小收益（1940 年），而最大收益等于股权的最大收益（1933 年），所以所有为负的股权收益率（比如 1931 年的 -45.58%）都被时机者避免掉了。最后，下偏标准差（LPSD）可以通过计算低于无风险收益率的收益率标准差得到㊀。全股权组合的 LPSD 仅仅比传统标准差低一点，而对于时机完美者，这个值必然是零。

如果将全股权组合终值超过国库券终值的部分解释为对投资风险的补偿，那么风险调整后全股权组合的终值一定等于国库券的终值 20.47 美元㊁。相比之下，完美择时者的组合没有风险，因此收益不会被风险打折。因此可以这么说，完美择时者的预测能力将 20.47 美元的终值变成了 207 057 美元。

24.4.2　把市场择时作为看涨期权进行估价

评估市场择时能力的关键在于意识到完美的预测等同于持有股权组合的看涨期权。市场择时的完美择时者总是把 100% 的资金投资于安全资产或者股权组合当中收益较高的那个。收益率至少是无风险利率。这在图 24-6 中可以体现出来。

把信息的价值看做期权，假设市场指数现在是 S_0，以该指数为标的的看涨期权的执行价格为 $X = S_0(1 + r_f)$。如果下一期市场的表现超过国库券，S_T 将超过 X，反之它将小于 X。现在考察由此期权和 S_0 美元国库券投资组成的组合的回报：

㊀ 传统的 LPSD 基于低于均值的平均平方偏差。由于这里业绩的最低起点是无风险利率，我们取的 LPSD 是无风险利率偏差的平方的平均值。

㊁ 看上去很难把这么大的差别完全归咎于风险厌恶。但是这样考虑：股本投资的终值是国库券投资的 105 倍，也就是说在 84 年间，每年的风险溢价是 5.7%：$105^{1/84} = 1.057$。

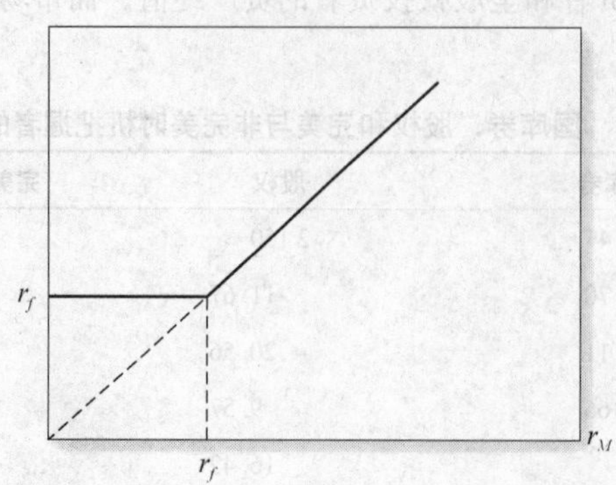

图 24-6 把完美市场择时者的收益率表示为市场指数收益率的函数

	$S_T < X$	$S_T \geqslant X$
国库券	$S_0(1+r_f)$	$S_0(1+r_f)$
期权	0	$S_T - X$
总计	$S_0(1+r_f)$	S_T

当市场处于熊市时（即市场收益率小于无风险利率），该组合的收益率等于无风险利率，当市场处于牛市时，售出国库券，组合收益即为市场收益。这便是完美市场择时者所构建的投资组合[⊖]。

由于精准预测的能力相当于持有看涨期权，当无风险利率已知时，我们就可以利用期权定价模型来赋予预测能力以货币价值。这样预测提供者也可以公平地对其预测服务向投资者收取费用。我们不仅可以对完美预测赋予货币价值，也可以对非完美预测赋予货币价值。

以 1 美元股权为标的资产的完美市场择时者看涨期权的执行价格为国库券投资的终值。利用连续复利计息，即为 1 美元 $\times e^{rT}$。将这个执行价格带入布莱克 - 斯科尔斯看涨期权定价公式中，那么公式便简化为[⊜]

$$市场价值(完美时机把握者每 1 美元资产) = C = 2N(1/2\sigma_M\sqrt{T}) - 1 \tag{24-6}$$

到目前为止，我们都假设为年度预测，即 $T=1$ 年。根据 $T=1$，以及表 24-4 中标准普尔 500 指数超额收益的标准差 20.81%，计算得到该期权的价值为 8.29 美分，即为股权组合价值的 8.29%。这比表 24-5 中完美时机者的历史平均收益要小，这说明市场择时价值对于收益率分布中的肥尾很敏感，而布莱克 - 斯科尔斯恰好预设了对数正态分布。

我们可以将 8.29% 解释为完美市场择时所获收益超过消极股权投资策略所获收益部分的现值。如果时机把握者把这部分额外价值随同其余资金一起投入他的投资组合中，可获得（1 + 看涨期权价值）×（1 + 权益收益）的年收益率，远远超过市场收益率。根据表 24-4 中的平均股权收益率 11.67%，1 美元初始投资在年末的终值为 1.082 9 × 1.116 7 = 1.209 3 美元，也就是说实际年利率达到了 20.93%。

更保守一些，我们可以用较低的下偏标准差（LPSD）16.42% 计算期权价格，代替传统标准差 20.81%。同样，由于我们将持有期延长满整个期限（即，预测期与样本期等长），我们应当使用几何平均收益率 9.57% 而非算术平均收益率 11.67%（见第 5.9 节）。重新计算得到期权价格为 6.54 美分，因此实际年利率为 16.74%，在 84 年后的终值即为 $1.167\,4^{84}$ = 443 051 美元。这个值远大于完美择时者在 84 年后真实的终值 207 057 美元，这与其巨大的风险是匹配的（这个策略总是投资于市场，而择时者有时投资于国库券）。同终值为 2 150 美元的全股权投资策略相比，也是公平的。

如果择时者并非每年，而是每月做出一次正确预测，预测价值将急剧上升。当然，更加高频率地做出预测须要更好的预测能力。由于这类预测频率的提升并无上限，自然这类服务的价值也没有上限。

⊖ 这种将市场时机与看涨期权相联系的方法是由默顿引入的。R. C. Merton, "On Market Timing and Investment Performance: An Equilibrium Theory of Value for Market Forecasts," *Journal of Business*, July 1981.

⊜ 把式（21-1）中，现值换为 $S_0 = \$1$，令 $X = \$1 \times e^{rT}$，就得到式（24-6）。

假设完美市场择时者每月都能做出正确预测。在这种情况下，由于预测期更短，每次预测的价值也就更小，但是每年可以有12次这样的预测，每次都等价于一个期权。从而导致总价值上的巨大提升。在月度预测下，看涨期权的价值为$2N(1/2\times0.1642\times\sqrt{1/12})-1=0.0189$。根据国库券月度收益率3.7%/12，每月的看涨期权价值为0.0189美元，可以得出1年内这些期权的现值为0.21美元。因此，相比于年度时机把握者的6.54美分，每美元月度时机把握者的年度价值为21美分。在84年的投资期内，对于1美元初始投资，预测能力的终值将远远增大，可达$[(1+0.21)\times(1+0.0957/12)]^{84}=1\,750$万美元。

24.4.3 非完美预测的价值

不幸的是，经理们不可能是完美预测者，经理们能在多数时间里正确就已经很不错了。但是，当说到“多数时间”，并不是指一个经理正确判断所占的百分比。比如说，亚利桑那州杜桑市的天气预报总是说“不会下雨”，那么90%的天数里它都是正确的。但是“维持”策略的高成功率根本不是预测能力的体现。

类似地，对市场预测能力的恰当测度并非正确预测所占的百分比。如果市场每3天里有两天是上涨的，一个每天都预测“上涨”的预测者有2/3的成功率，这显然不能证明他的预测能力。我们须要分别计算牛市（$r_M<r_f$）的正确预测率和熊市的（$r_M>r_f$）正确预测率。

假设P_1为对牛市的正确预测比率，P_2为对熊市的正确预测比率，那么$P=P_1+P_2-1$，就是对预测能力的正确测度。例如，一个永远正确的预测者$P_1=P_2=1$，最终预测能力为1。而一个一直预测熊市的预测者会错误预测所有牛市（$P_1=0$），正确预测所有熊市（$P_2=1$），因此其最终预测能力为$P=P_1+P_2-1=0$。

概念检查24-4

如果一个人靠扔硬币来预测市场，他的市场预测能力得分将有多少？

市场择时者的准确率可以通过预测数据和真实数据估测出来。如果择时机者并非完美，默顿证明了如果用$P=P_1+P_2-1$测度总正确率，非完美市场择时者的服务价值就是

$$\text{市场价值(非完美时机把握者)}=P\times C=(P_1+P_2-1)[2N(1/2\sigma_M\sqrt{T})-1]\qquad(24\text{-}7)$$

表24-4的最后一列从两方面提供了对非完美择时者的评估。为了模拟非完美择时者的行为，我们取随机数来确定每年的预测（假设$P_1=P_2=0.7$），并把84年的结果进行统计[一]。通过这种方法得到的终值“只有”5 607美元，相比之下全股权投资者的终值为2 150美元。利用式（24-7）也可以把时机把握者与被动投资者进行比较。当预测能力为$P_1+P_2-1=0.4$时，非完美预测者的期权价值是$0.4\times6.54=2.616$美分。重新计算他的终值就是$(1.02616\times1.0957)^{84}=18\,887$美元，仍然远远高于全股权组合的2 150美元[二]。

进一步考虑，由于市场中的择时者知道自己的预测并非完美，她不会把全部资产在不同组合之间进行转移。假定她调整寸头。把资产的ω在国库券和股权之间转移。这种情况下，可以对式（24-7）做如下改进

$$\text{市场价值(非完美时机把握者)}=\omega\times P\times C=\omega(P_1+P_2-1)[2N(\sigma_M\sqrt{T})-1]$$

比如说，当$\omega=0.50$（总组合的50%）时，择时者预测的市场价值仅有完全转移时（$\omega=1.0$）的一半。

24.5 风格分析

风格分析（style analysis）是由诺贝尔经济学奖得主威廉·夏普提出的[三]。这个极为流行的概念曾得到一项著名研究[四]的支持，该研究指出，82种共同基金收益的差异中有91.5%可以由基金在国库券、债券以及股票各部分

[一] 每一年都从正确的预测开始，然后用随机数生成器把预测引向错误，从而使得对于牛市和熊市的预测正确率都是0.7。

[二] 注意，在式（24-7）中，当$P=0$时的投资者不会有收益。此时在市场间转换等同于随机地决定资产配置。

[三] William F. Sharpe, "Asset Allocation: Management Style and Performance Evaluation," *Journal of Portfolio Management*, Winter 1992, pp. 7-19.

[四] Gary Brinson, Brian Singer, and Gilbert Beebower, "Determinants of Portfolio Performance," *Financial Analysts Journal*, May/June 1991.

的资产配置上的差别来解释。之后的研究，在考虑了更大范围内用不同资产等级的资产配置方法后发现，有97%基金收益可以单独由资产配置来解释。

夏普的想法是把基金收益用指数（代表某个风格的资产）进行回归，那么每个指数的回归系数就可以测度该“风格”资产隐含的配置额。由于基金不允许为空头头寸，所以回归系数一定是非负的，且加总后必为100%，从而可以表示一个完整的资产配置。回归的R^2表示由资产配置引起的收益率变动所占的百分比，收益率变动剩下的部分可以被解释为由股票选择或者是定期更换各种资产风格的权重所引起。

为了解释此方法，对富达公司麦哲伦基金（Fidelity Magellan's Fund）1986年10月至1991年9月5年的月收益进行研究，如表24-5所示，表中有7种资产风格，每一种都由一个股票指数代表，其中只有3个指数的回归系数是正的，仅这3种风格的投资组合就可以解释97.5%的收益，也就是说，一个如表24-5中比例构造起来的追踪组合，可以解释麦哲伦月度收益变动的绝大部分，于是可以得出结论，基金的收益可以只用上述3种风格的投资组合来解释。

表24-5　对富达麦哲伦基金的风格分析

组合风格	回归系数
国库券	0
小盘股	0
中盘股	35
大盘股	61
增长股	5
中等市盈率	0
价值股	0
总计	100
R^2	97.5

资料来源：Authors' calculations. Return data for Magellan obtained from finance. yahoo. com/funds and return data for style portfolios obtained from the Web page of Professor Kenneth French: mba. tuck. dartmouth. edu/pages/faculty/ken. french/data_library. html .

收益波动性中不能被资产配置所解释的部分可以归因于股票选择或者是定期更换各种资产类型的权重。对于麦哲伦基金来说，这一部分是100 - 97.5 = 2.5%。这种结果通常用于说明股票的选择与经常调整组合成分相比并非特别重要，但是这种分析又忽略掉了截距项的重要性。（R^2可以是100%，但是由于风险调整后的异常收益，截距可以不为零）。对于麦哲伦基金，截距为每月32个基点，在五年期内的累积异常收益为19.19%。麦哲伦基金的不俗表现如图24-7所示，图中画出了基金和风格分析基准累积收益的效果，除了1987年10月左右，相对于目标组合，麦哲伦的收益稳步提高。

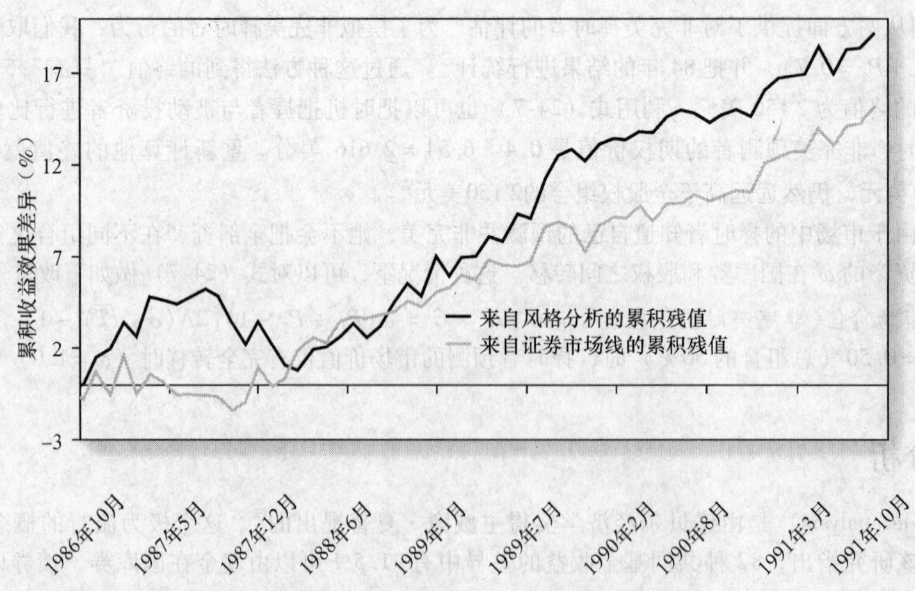

图24-7　富达公司麦哲伦基金累积收益差异：基金与风格分析基准和基金与证券市场线基准

资料来源：作者的计算。

除CAPM的证券市场线（SML）方法外，风格分析提供了另外一种评估业绩的方法。SML只用了一种组合，即总市场指数，而风格分析更为自由地从一些特定的指数中构造追踪组合。比较这两种方法，麦哲伦的证券特征线

(SCL) 是通过将组合的超额收益与包括所有 NYSE、Amex、NASDAQ 股票的市场指数的超额收益做回归得到。麦哲伦的 β 估值为 1.11，回归 R^2 为 0.99。α 值（截距）在这个回归中“仅有”25 个基点，表现为累积异常收益仅有 15.19%。

为什么该回归只用了一个市场指数，但其 R^2 会高于利用了 6 个股票指数的风格分析？原因是风格分析对回归系数加入了额外的约束条件：回归系数必须全部为正而且总和为 1。这种“简洁”的表示法不一定与时时变化的实际组合比重相一致。到底哪种方法更好地测量了麦哲伦基金的表现呢？这个问题没有定论。如果是消极组合，SML 方法更为适宜。但另一方面，风格分析揭示了最密切跟踪基金活动的策略和相对这一策略的业绩评估。如果由风格分析方法得出的策略与基金的募股说明书是一致的，那么相对于该策略的业绩就是对基金成功的正确测度。

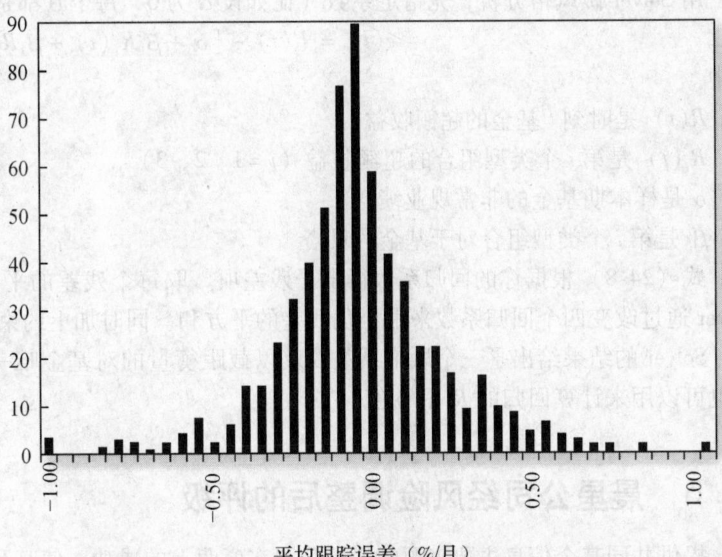

图 24-8　1985 ~ 1989 年 636 种共同基金的平均跟踪误差

资料来源：William F. Sharpe, “Asset Allocation: Management Style and Performance Evaluation,” *Journal of Portfolio Management*, Winter 1992, pp. 7-19. Copyrighted material is reprinted with permission from Institutional Investor, 225 Park Avenue South, New York NY 10003.

图 24-8 所示的是夏普风格的 636 种共同基金平均残值的频率分布。该分布呈现我们所熟悉的钟形图案，其每月的中值略低于零，为 -0.074%。这可能让你回想起图 11-7，在那幅图中我们列出了大量共同基金样本的 CAPM 模型 α 值的频率分布。在夏普的这个研究中，这个经风险调整的收益图形为一条钟形的曲线，其中值略低于零。

24.5.1　风格分析与多因素基准

风格分析给业绩评估带来了一个很有意思的问题。假设某个时期内一个成长指数组合比标准普尔 500 指数一类的共同基金有更好的业绩。若把该成长指数包含到风格分析中，将会从组合的 α 值中消除其优秀业绩的成分。这样做合适吗？相当合理，基金分析师认为该成长股的价值被低估了，从而使组合可以从中牟利。这个决定所带来的 α 值是合理的，不应当被风格分析所消除。这就带来了一些相关的问题。

第 11 章指出，传统的业绩评估基准是一个四因素模型，模型中包括法玛 - 弗伦奇模型的三个因素（市场指数收益，基于规模的组合收益以及账面价值与市场价值比率）加上一个动量因素（基于前一年股票收益构建的组合）。从这个四因素模型中估计的 α 控制了很多可能会影响到平均收益率的风格选择。但是使用多因素模型得到的 α 假设消极型策略会包含上述因素组合。在什么时候这种假设是合理的呢？

只有在假设因素组合都是基金的备选消极型策略的一部分时，才可以使用单指数基准之外的基准。很多时候这种假设并不符合现实，尽管研究表明多因素模型对资产收益的解释力更好，单指数基准仍被用于业绩评估。在第 24.8 节中我们将说明基金经理如何找出对超额业绩有贡献的决策。这种业绩贡献程序把实际组合和基准组合收益的差值归功于对各类资产的配置上。业绩评估的基准往往是在不考虑任何指定风格组合的情况下选定的。

24.5.2　利用 Excel 进行风格分析

风格分析在投资管理行业中相当受欢迎，并且产生了一系列类似的方法。大量组合管理人利用网站帮助投资者确定他们的风格和股票选择业绩。

我们可以用 Excel 中的 Solver 功能进行风格分析。方法是将基金的收益对于各种风格的组合做回归（如表 24-5）。风格组合是代表一种可能的资产配置的消极（指数）基金。假设你选择了三种风格组合，分别标记为 1、2、3。风格回归的系数包括 α（即描述异常业绩的截距）和三个斜率。斜率系数表示了基金业绩受各种消极型组合收益的敏感程度。回归的残差项代表“噪声”，独立于各个风格的投资组合。由于我们想让每个回归系数非负且相加为 1，因此我们不能使用传统的多元回归。

用 Solver 做风格分析，先指定系数（比如设 α 为 0，每个 β 都是 1/3），计算下述残差的时间序列：

$$e(t) = R(t) - [\alpha + \beta_1 R_1(t) + \beta_2 R_2(t) + \beta_3 R_3(t)] \quad (24\text{-}8)$$

式中

$R(t)$ 是时刻 t 基金的超额收益

$R_i(t)$ 是第 i 个类型组合的超额收益（i = 1、2、3）

α 是样本期基金的非常规业绩

β_i 是第 i 个类型组合对于基金的贝塔

式（24-8）根据你的回归系数得出了残差项。取每个残差的平方和，利用“by changing variables”命令，使用 Solver 通过改变四个回归系数来最小化残差的平方和。同时加上约束：系数非负且相加为 1。

Solver 的结果给出了三个风格系数以及以截距衡量的对基金唯一异常业绩的估值。第 8 章中提到，平方和的方法也可以用来计算回归的 R^2 和 p 值。

24.6　晨星公司经风险调整后的评级

提供共同基金信息主要来源的晨星公司在商业上的成功，使其开创的经风险调整后的基金评级（RAR）成为最广泛使用的一种基金业绩测度标准。晨星公司的五星评价是成千上万受其服务的基金经理的梦想。在第 4 章中已介绍过相关评级系统。

晨星公司计算了大量类似于却不同于我们本章所述的标准均值方差测度的经风险调整的基金业绩指标，最著名的就是晨星的星级评级。把每个基金放入同等级别的组内，在此基础上做比较。选择组别的基础是各个基金投资的范围（如国际投资型基金、增长与价值型基金、固定收入型基金等），同时还考虑组合的特点，比如平均账面价值、市盈率或市场资本化率等。

晨星公司主要根据基金在最糟糕的年份的业绩计算基金的收益率（经佣金调整）以及风险水平。同风格基金经风险调整后的业绩以及星级根据下表进行评定

百分比（%）	星级	百分比（%）	星级
0 ~ 10	1	67.5 ~ 90	4
10 ~ 32.5	2	90 ~ 100	5
32.5 ~ 67.5	3		

晨星的 RAR 方法产生的结果与建立在均值方差基础上的夏普比率类似但并不相同。图 24-9 展示了对 1 286 种不同股本基金在 1994 ~ 1996 年期间的业绩根据 RAR 排名和根据夏普比率排名后的匹配情况。夏普提到这段时间的特点是有高收益率，从而匹配效果不错。

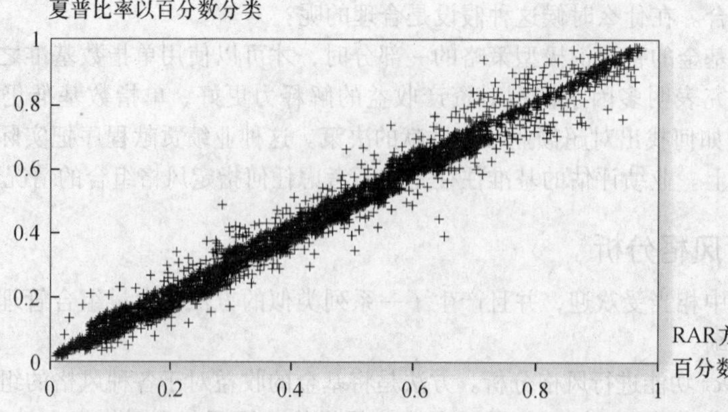

图 24-9　根据晨星 RAR 以及超额收益的夏普比率建立的等级

资料来源：William F. Sharpe, “Morningstar Performance Measures,” www. wsharpe. com.
Used by permission of William F. Sharpe.

24.7 对业绩评估的评价

业绩评估存在以下两个基本问题：

（1）即使投资组合收益的均值和方差固定不变，结果的显著性仍需要大量观测值；

（2）投资组合的主动调整使其参数经常发生变化，这令业绩评估的精确性几乎无法达到。

尽管客观上有这些难以克服的困难，但假如我们希望得到一个比较合理、可靠的业绩指标，那么我们就必须做到以下几点：

（1）更频繁地读取收益率数据，以增大样本量；

（2）在每个观测期都确定投资组合的精确组成，以使风险参数的估计尽量准确。

假设一位评估者在每一天的开始都对投资组合的成分有精确的了解，由于每一种证券的日收益率是可得的，于是投资组合的整体日收益率也可以计算出来。更进一步，精确地投资组合成分就能使评估者可以对每天的风险特征值（如方差、β值、残差）做出估计，于是就可以得到每日经风险调整的收益率。尽管在统计上，每天利用一个数据做业绩评估是不可靠的，但是每天这样的数据积累却很可观。因为考虑到投资组合成分的变化，其业绩评估肯定比假设整个评估期内投资组合风险不变要好得多。

在实际中哪种评估方法运用得更普遍呢？投资组合经理的业绩评估报告通常建立在 5 ~10 年的季度数据之上。一般来说，共同基金经理仅须在每一季度公布其精确的投资组合成分。人们知道那些没有被及时公布的交易活动很容易被粉饰，这种粉饰包括改变投资组合成分，以使经理的选股看上去非常成功。举个例子，比如本季度 IBM 表现很好，那么不管本季度投资组合经理是否持有 IBM 股票，他们肯定会让 IBM 股票出现在这一季的报表中。当然，经理们会否认这一行为，我们也缺乏公开的证据来证实此说法。但是，假如这种虚假报告相当严重，即使是每季度公布一次的成分数据也是不可靠的。尽管共同基金每天公布其资产组合价值，但这只体现了基金每天的收益率，而非基金投资组合的成分。

如此观之，即便数据再多，客观的评价仍有困难。由于业绩糟糕的共同基金不断倒闭，样本数据仅仅包括存活下来的基金，也就是相对成功的基金。同时这种偏见也影响了大量的被视为标准的市场指数，产生难以扭转的偏差收益。几家提供者为不同的指数提供收益，这几个指数都按照只要存活就是成功的倾向进行调整，这些提供者也试图通过持有那些会严重扭曲指数合适权重的股票来调整收益。

24.8 业绩贡献分析程序

事实上，经风险调整的收益并不是评估者关注的唯一焦点，更多时候他们只是想确定某一决策到底是否能提高业绩。好的投资业绩取决于投资者正确择时择股的能力，这些时机感和选择能力有较广泛的适用范围，它们既可以认为是在股市大升时从固定收益证券转入股权市场，当然又可以定义得更具体，比如指投资者在特定行业中寻找表现相对不错的股票。

投资组合管理者一般既做出关于资产配置的方向性决定，必要时又在同一资产类别中选择具体的证券配置。研究业绩贡献，其目的就是把总的业绩分解为一个一个的组成部分，每个组成部分都代表了一个特定的投资组合的选择能力。

我们先从最广泛的资产配置选择说起，然后再进一步分析投资组合选择中较细致的具体内容。在这种概念下，积极管理的投资组合与消极的市场标准投资组合（如市场指数基金）有了新的不同：前者由一系列决策所提供的贡献组成，这些决策是在投资组合的不同构成时期做出的。而后者却并不如此，例如，一个通常的贡献分析系统把业绩分解为三个要素：①广义的资产配置选择，如股权、固定收益证券和货币市场工具之间的选择；②各市场中行业的选择；③行业中具体股票的选择。

贡献分析法着重解释投资组合 P 与另一个市场基准投资组合 B 之间的收益差别，我们称其为**基准收益**（bogey）。假设投资组合 P 与投资组合 B 共包括了几类资产，其中包括股票、债券、国库券等。在每一类中存在着确定的市场基准指数投资组合。譬如，标准普尔500 指数是股票的市场基准。投资组合 B 中各类资产的权重是固定的，于是它的收益率为

$$r_B = \sum_{i=1}^{n} w_{Bi} r_{Bi}$$

这里 w_{Bi} 是投资组合 B 中第 i 类资产的权重，r_{Bi} 是评估期第 i 类资产市场基准资产组合的收益率。根据预测，投资组合 P 的管理者选择权重为 w_{Pi} 的第 i 类资产；在每类中管理者也根据证券分析做出了持有不同证券的选择，它们在评估期内的收益为 r_{Pi}。于是 P 的收益率是

$$r_P = \sum_{i=1}^{n} w_{Pi} r_{Pi}$$

它与投资组合 B 收益率的差距为

$$r_P - r_B = \sum_{i=1}^{n} w_{Pi} r_{Pi} - \sum_{i=1}^{n} w_{Bi} r_{Bi} = \sum_{i=1}^{n} (w_{Pi} r_{Pi} - w_{Bi} r_{Bi}) \tag{24-9}$$

在等式（24-9）中的每一项都能重新展开，从而使每项分解为资产配置决策贡献和该类中的证券选择决策贡献，并以此来确定它们对整体业绩水平的贡献。我们把每一项分解如下，注意每类中来自于资产配置的贡献与来自于证券选择的贡献之和实质上就是每一类资产对整体业绩的总贡献。

资产配置的贡献	$(w_{Pi} - w_{Bi}) r_{Bi}$
+ 证券选择的贡献	$w_{Pi}(r_{Pi} - r_{Bi})$
= 第 i 类资产总的贡献	$w_{Pi} r_{Pi} - w_{Bi} r_{Bi}$

第一项之所以能测度资产配置的效应，是因为它反映了各资产类实际权重与基准权重之差再乘以该资产类的指数收益率；第二项之所以能测度证券选择的效应，是因为它是某一资产类中实际投资组合的超额收益率与市场基准收益率之差然后乘以实际资产组合中该类资产的权重。由这两项构成了该类资产的总业绩。图 24-10 是关于整体业绩如何分解为证券选择和资产配置的简单图解。

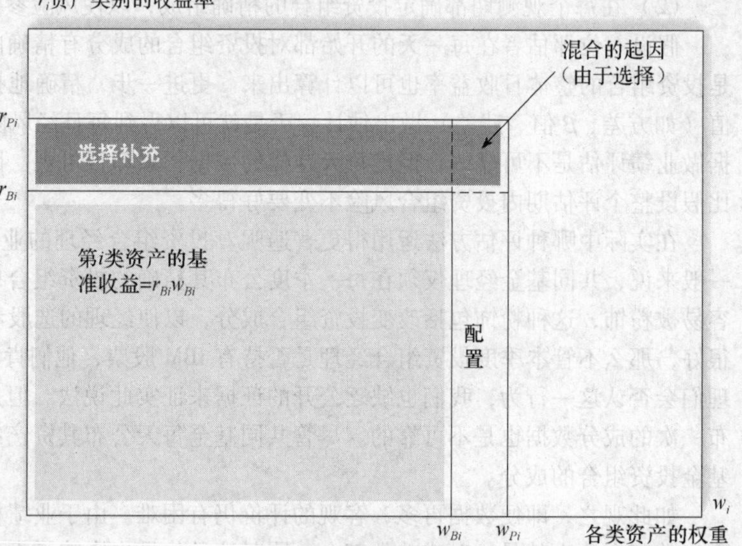

图 24-10　第 i 类资产对业绩的总贡献

为了解释这种方法，我们可以考虑对一个假想投资组合进行具体的贡献分解。如果该资产组合只投资于股票债券和货币市场。从表 24-6 到表 24-9 都是具体的贡献分析。设投资组合当月的收益率为 5.34%。

表 24-6　管理投资组合的业绩

组成	预定标准的业绩与超额收益	
	基准权重	月指数收益率
股权（标准普尔 500）	0.60	5.81%
债券（巴莱克指数）	0.30	1.45%
现金（货币市场工具）	0.10	0.48%
预定标准 = (0.60 × 5.81) + (0.30 × 1.45) + (0.10 × 0.48) = 3.97%		
管理投资组合的收益率		5.34%
− 预定标准的资产组合的基准收益率		3.97%
= 管理资产组合的超额收益率		1.37%

第一步当然是先建立一个可比较的市场基准水平。我们仍把这个市场基准称为基准收益，它是投资者就算完全采取消极策略也能得到的收益率。“消极”在这里有两层意思。首先，它指资金在各类资产之间的配置是按照常规或中性的原则进行的，于是一般的市场配置就是一种消极投资策略；其次，它意味着投资组合管理者在每一类资产中持有类似指数基金的投资组合，比如在股权市场中持有标准普尔 500 指数基金。在这种情况下，作为业绩基准的消极投资策略，既是资产配置的基准，又是证券选择的基准。任何一种对消极投资基准的偏离都可以归结为资产配置发生了变化（对市场资产中性配置的偏离），或者是证券选择发生了变化（对资产类中消极指数的偏离）。

虽然我们已经在前几章中大篇幅讨论了如何在某类资产中确定指数，但我们觉得有必要对如何确定资金在各类资产之间进行中性配置作一下简短介绍。各资产的权重能否称之为“中性”，这主要取决于投资者的风险容忍度，

因此它必须在与顾客进行交谈之后才能决定。比如说，爱冒险的投资者可能愿意把大部分的资金注入股权市场，于是该基金管理者的中性权重也许就是75%的股权、15%的债券，另有10%的现金。以这些权重为中心的任何一点偏离都将表明投资者认为其中一种资产的市场表现超过或低于了通常的风险-收益要求。相反的，厌恶风险型的投资者可能会认为在三种市场上45%、35%、20%的权重是中性的。因此，在正常情况下，他们的投资组合会比那些喜好风险的投资者具有更低的风险。所以，只有当投资者在判断各市场表现后，对各资产权重做出了“特意”的调整，我们才能认为其真正偏离了“中性”。

在表24-6中，中性权重分别为股权60%、债券30%、现金（货币市场工具）10%，因此基准收益的投资组合就由每种指数按照60:30:10的权重组成，其收益率为3.97%。被评估的投资组合的业绩是正的，等于为其实际收益率减去基准收益：5.34-3.97=1.37%。接下来我们需要对1.37%的收益率进行分解，并把它们归因于各个独立的决策。

24.8.1 资产配置决策

假设被评估投资组合的权重分别为股权70%、债券7%、货币市场工具23%。投资组合的业绩必然与这些权重对预定标准权重60:30:10的偏离有关，而且程度的大小取决于三种资产类中权重偏离所产生的或好或坏的结果。

为把管理者关于资产配置的效应独立出来，我们考察一个假想的投资组合，它由权重为70:7:23的三种指数基金组成。它的收益率仅反映了从60:30:10的基准权重转移到现在权重所引起的收益变化效应，而不包括任何由积极投资管理者在每个市场中积极选择证券所带来的效应。

由于管理者会对具有良好表现的市场增加权重，而减少表现不好市场的份额，上述假想投资组合的业绩要优于预定标准。因此，总业绩中属于资产配置的贡献就等于三个市场中超额权重与其相应指数收益率之积的总和。

表24-7a表明在总超额收益的137个基点中，成功的资产配置贡献了31个基点。因此部分优良业绩应归功于此，因为当该月股权市场实现了5.81%的收益率时，经理大幅增加了当月的股权市场投资权重。

表24-7 业绩归因

a. 资产配置对业绩的贡献

市场	(1) 在市场的实际权重	(2) 在市场的基准权重	(3) 超额权重	(4) 市场收益率（%）	(5)=(3)×(4) 对业绩的贡献率（%）
股权	0.70	0.60	0.10	5.81	0.581 0
固定收益	0.07	0.30	-0.23	1.45	-0.333 5
现金	0.23	0.10	0.13	0.48	0.062 4
资产配置的贡献					0.309 9

b. 证券选择对总业绩的贡献

市场	(1) 投资组合业绩（%）	(2) 指数业绩（%）	(3) 超额业绩（%）	(4) 投资组合权重（%）	(5)=(3)×(4) 对业绩的贡献率（%）
股权	7.28	5.81	1.47	0.70	1.03
固定收益	1.89	1.45	0.44	0.07	0.03
资产配置的贡献					1.06

24.8.2 部门与证券选择决策

如果业绩中有0.31%应归功于各资产市场间的成功配置，那么剩下的1.06%就应归功于在每一市场中的部门及证券选择。表24-7b具体计算了该投资组合中部门及证券选择对总体业绩的贡献大小。

从表24-7b可知，该投资组合中股权部分所实现的收益率为7.28%（而标准普尔指数的收益率为5.81%），固定收益证券的收益率为1.89%（而巴克莱指数收益率为1.45%）。把股票市场和债券市场中的超额收益乘以各自的投资比例，两项之和共计1.06%，此即为部门及证券选择对业绩的贡献。

表24-8通过记录股权市场每一部门的数据而得到了股权市场中优异业绩的具体来源。前三栏是该投资组合与标准普尔500指数在股权市场上各部门间的配置及两者之间的差异，第4栏列出了每部门的收益率。第5栏为每部门中两者之间的差异与部门收益率的乘积，它们分别代表每一部门对其在股权市场上出色业绩所做出的贡献。

表 24-8 股权市场中的部门选择

部门	(1) 月开始时权重（%）	(2)	(3) 权重差（%）	(4) 部门收益率（%）	(5)=(3)×(4) 部门配置的贡献
	投资组合	标准普尔 500 指数			
基本材料	1.96	8.3	-6.34	6.9	-0.4375
工商服务	7.84	4.1	3.74	7.0	0.2618
资本品	1.87	7.8	-5.93	4.1	-0.2431
周期性消费品	8.47	12.5	-4.03	8.8	-0.3546
非周期性消费品	40.37	20.4	19.97	10.0	1.9970
信用敏感品	24.01	21.8	2.21	5.0	0.1105
能源	13.53	14.2	-0.67	2.6	-0.0174
技术	1.95	10.9	-8.95	0.3	-0.0269
总计					1.2898

注意，好的业绩源于加大了对一些具有出色表现的部门所做的投资，如对经济周期非敏感的消费品行业；而同时减少了对技术工业等表现不佳部门的投资力度。由于仅部门选择一项就为投资组合中股权超额收益提供了 1.29% 的收益率，而且表 24-7b 中第 3 列显示投资组合中股权部分的收益率比标准普尔 500 指数大 1.47%，于是我们可以通过简单的相减得出部门内证券选择对投资组合中股权业绩所做的贡献为 0.18% =(1.47% -1.29%)。

当然在投资组合的固定收益证券部分也可以应用同样的部门分析，在这里不再赘述。

24.8.3 各部分贡献的加总

在该月，投资组合的各项选择程序都很成功。表 24-9 详细列出了各方面的业绩贡献。在 3 个市场上进行资产配置贡献了 31 个基点，在各市场内的证券选择贡献了 106 个基点，于是投资组合的总的超额业绩达到了 137 个基点。

Excel 应用

业绩归因

这一部分将利用业绩归因表对业绩归因进行说明，对于其他投资组合的业绩分析，则可以采用另外一些数据。该模型可用来评估共同基金以及其他一些投资组合的管理。

你可以从在线学习中心找到这个 Excel 模型 (www.mhhe.com/bkm)。

	A	B	C	D	E	F
1	业绩贡献					
2						
3						
4	基准收益					
5	投资组合		基准	收益率	投资组合	
6	各组成	指数	权重	指数	收益率	
7	普通股	标准普尔500指数	0.60	5.8100%	3.4860%	
8	债券	巴莱克指数	0.30	1.4500%	0.4350%	
9	现金	货币市场	0.10	0.4800%	0.0480%	
10			基准收益率		3.9690%	
11						
12		资产管理				
13		组合	投资组合	实际	投资组合	
14		各组成	权重	收益率	收益率	
15		普通股	0.70	5.8100%	5.0960%	
16		债券	0.07	1.4500%	0.1323%	
17		现金	0.23	0.4800%	0.1104%	
18			管理组合收益率		5.3387%	
19			超额收益率		1.3697%	

其中部门和证券选择所得的 106 个基点可以继续细分下去，股权市场中的部门选择实现了 129 个基点的超额收益，而部门内的证券选择贡献了 18 个基点。（把 147 个基点的股权总超额业绩乘以 70% 的股权权重，即为股权对投资组合业绩的贡献）。同样，对固定收益部分也可以进行类似的分解。

表 24-9　投资组合贡献小结

		贡献（基点）
1. 资产配置		31
2. 选择		
a. 股权超额收益（基点）		
ⅰ. 部门配置	129	
ⅱ. 证券选择	18	
	147 × 0.70（投资组合权重）=	102.9
b. 固定收益超额收益	44 × 0.07（投资组合权重）=	3.1
投资组合总的超额收益		137.0

概念检查 25-5

a. 设基准收益的权重为股权 70%、固定收益证券 25%、现金 5%，那么对于上文讨论的投资组合而言，其资产配置的贡献为多大？

b. 假设标准普尔 500 指数的收益率为 5%，重新计算证券选择对投资组合业绩的贡献。

小　结

1. 正确的业绩评估取决于被评估投资组合的性质和作用。合适的业绩评估指标主要有以下几种：
   a. 夏普测度：它适用于该投资组合就是投资者所有投资的情况。
   b. 信息比率：如果该投资组合由积极的投资组合和消极的投资组合组成，那么估价比率能帮助投资者寻找最佳混合点。
   c. 特雷纳或詹森测度：它们适用于该投资组合只是众多子投资组合中某个投资组合的情况。
2. 在业绩评估过程中，评估者需要把许多样本观测值中归于运气的那部分效应除去，因为通常投资组合的收益率都是“白噪声”的。
3. 对冲基金或者其他融合了与指数组合的基金要用信息比率来评价业绩。
4. 积极投资策略下的投资组合具有不定的均值和变化的方差，这使得评估工作变得更加困难。一个典型的例子就是投资组合管理者会把握市场择时，从而使投资组合的 β 值发生变化。
5. 衡量把握市场择时并成功选股是否奏效的一个简单检验方法就是利用推广的证券特征线去估计参数，该方程在一般的指数模型之上加一个二次项。另一种方法是评估与其等价的看涨期权的市场价值。
6. 风格分析使用多重回归模型，在模型中，因子是组合的资产（风格），如国库券、债券、股票等。风格组合上基金收益的回归产生了残差，它代表股票选择的增加值。这些残差可用于估计基金的业绩，以利于与同类基金比较。
7. 晨星公司评级方法对每一相同组基金按业绩表现做了比较，风险调整评级（RAR）是以同等类别组的基金收益为基础计算的，根据基金所获得的 RAR 的不同等级，给每个基金评级。
8. 所实现的业绩提升一般可分解为资产配置、部门选择和证券选择三个来源。我们一般通过计算该投资组合对市场基准或中性投资组合的偏离来对该业绩进行分解分析。

习　题

基础题

1. 正的 α 值可能与内在表现有关么？请解释。
2. 我们知道风险投资的几何平均（时间加权收益率）总是小于它的算术平均。IRR（美元加权收益率）可以与这两个平均值相比较吗？
3. 我们已经看到了把握市场择时的威力。因此把用于选股的资源和精力投放到关注市场择时上是明智的吗？

中级题

4. 考虑股票 ABC 和 XYZ 的回报率，如下表：

年份	r_{ABC}(%)	r_{XYZ}(%)
1	20	30
2	12	12
3	14	18
4	3	0
5	1	−10

a. 计算在样本期内这些股票的算术平均收益率。

b. 哪只股票对均值有较大的分散性？

c. 计算每只股票的几何平均收益率，你得出什么结论？

d. 如果在 ABC 股票的 5 年收益当中，你可以均等地得到 20%、12%、14%、3%或 1%的回报，你所期望的收益率是多少？如果这些可能的结果是属于 XYZ 股票的呢？

5. XYZ 股票的价格与分红情况如下表：

（单位：美元）

年份	年初价格	年末股利
2007	100	4
2008	120	4
2009	90	4
2010	100	4

一位投资者在 2007 年年初买了 3 股 XYZ 股票，在 2008 年年初又买了另外 2 股，在 2009 年年初卖出 1 股，在 2010 年年初卖出剩下的 4 股。

a. 这位投资者的算术与几何平均的时间加权的收益率分别是多少？

b. 美元加权的回报率是多少（提示：仔细做出一张与 4 个期间相联系的从 2007 年 1 月～2010 年 1 月收益的现金流量表。如果你的计算器不能计算内部收益率，就使用试错法）？

6. 一位管理者今天购买了 3 股股票，并在此后的 3 年中每年卖出其中的 1 股，他的行为与股票的价格历史信息总结如下。假定该股票不付股利。

时间	价格（美元）	行为
0	90	买入 3 股
1	100	卖出 1 股
2	100	卖出 1 股
3	100	卖出 1 股

a. 计算这一股票的时间加权几何平均回报率。

b. 计算这一股票的时间加权算术平均回报率。

c. 计算这一股票的美元加权的平均回报率。

7. 在目前的股利收益及预期的资本利得基础上，资产组合 A 与资产组合 B 的期望收益率分别为 12%与 16%。A 的 β 值为 0.7，而 B 的 β 值为 1.4，现行国库券利率为 5%，而标准普尔 500 指数的期望收益率为 13%。A 的标准差每年为 12%，B 的标准差每年为 31%，而标准普尔 500 指数的标准差为 18%。

a. 如果你现在拥有市场指数组合，你愿意在你所持有的资产组合中加入哪一个组合？说明理由。

b. 如果你只能投资于国库券和这些资产组合中的一种，你会作何选择？

8. 考虑对股票 A 与 B 的两个（超额收益）指数模型回归结果，在这段时间内无风险利率为 6%，市场平均回报率为 14%，对项目的超额收益以指数回归模型来测度。

	股票 A	股票 B
指数回归模型估计	$1\% + 1.2(r_M - r_f)$	$2\% + 0.8(r_M - r_f)$
R^2	0.576	0.436
残差的标准差 $\sigma(e)$	10.3%	19.1%
超额收益标准差	21.6%	24.9%

a. 计算每只股票的下列指数：

ⅰ. α。

ⅱ. 信息比率。

ⅲ. 夏普测度。

ⅳ. 特雷纳测度。

b. 在下列情况下哪只股票是最佳选择？

ⅰ. 这是投资者唯一持有的风险资产。

ⅱ. 这只股票将与投资者的其他债券资产组合混合，是目前市场指数基金的一个独立组成部分。

ⅲ. 这是投资者目前正在分析以便构建一积极的管理型股票资产组合的众多股票中的一种。

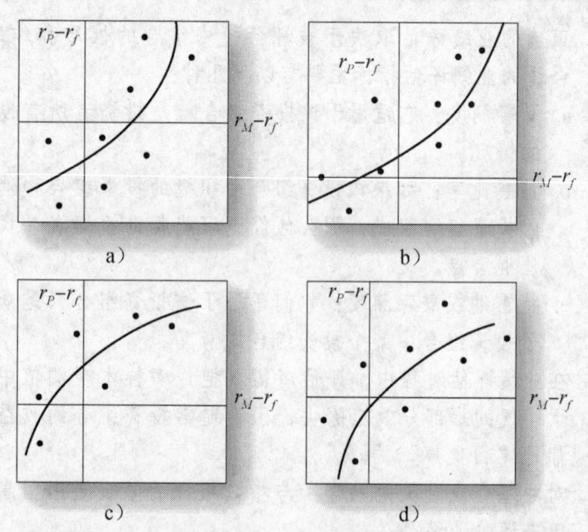

9. 评价 4 个经理的市场择时预测与债券选择能力，他们的业绩分散在各图上黑点所示的地方。

10. 考虑以下有关一货币基金经理最近一个月来的业绩资料。表上第 1 列标出了该经理资产组合中各个部分的实际收益。资产组合的各部分的比重、基准的或中性的以及各部分指数收益情况如第 2、3、4 列所示：

	真实收益（%）	实际权重	基准权重	指数回报（%）
股票	2	0.70	0.60	2.5（标准普尔 500）
债券	1	0.20	0.30	1.2（所罗门兄弟指数）
现金	0.5	0.10	0.10	0.5

a. 该经理本月的收益率是多少？他的超额业绩或不良

表现为多少?

b. 债券选择在相对业绩表现中所起的作用多大?

c. 资产配置在相对业绩表现中所起的作用多大?试证明选股与配置各自的贡献的总和等于她的相对于基准的超额收益。

11. 一个全球股权经理负责从一个全球性的股票市场中选择股票,其业绩将通过将他的收益率与MSCI国际债券市场的收益率做比较来做出评估,而他可以自由地按他认为合适的比例持有来自世界各国的股票。在某一月内其投资结果如下:

国家	MSCI指数中的权重	经理的权数	经理在某一国的收益(%)	股指对某国的收益(%)
英国	0.15	0.30	20	12
日本	0.30	0.10	15	15
美国	0.45	0.40	10	14
德国	0.10	0.20	5	12

a. 计算此期间内该经理所有决策的总价值。

b. 计算他的国家配置决策增加或减少的价值。

c. 计算他在国家内的股票选择方面增加的价值。证明他的国家配置与债券选择决策的价值总和等于总的超额(或不足)收益的值。

12. 以前有智者曾说一个人应该在一个完全的市场周期中测度投资者的业绩。怎样评价这一观点?什么样的论述是与之相矛盾的?

13. 通过由大量有相似投资风格的基金经理来评价其各自的相对投资业绩,是否可以克服与β值不稳定性或者总体波动性有关的统计方面的问题?

14. 在某年当中,国库券利率为6%,市场回报率为14%,一资产组合经理,其β值为0.5,实现的回报率为10%。

a. 以资产组合的α为基础评价这一经理。

b. 根据布莱克-詹森-斯科尔斯发现的证券市场线过于平缓的事实,重新考虑对a的回答。

15. 比尔·史密斯正在评估四支大盘股本组合:基金A、B、C和D。在他的评估中,计算了四只基金的夏普比率和特雷纳测度,排序如下:

基金	特雷纳测度排名	夏普比率排名
A	1	4
B	2	3
C	3	2
D	4	1

基金A和基金D排名的差异最有可能来自于:

a. 基金A没有基金D分散化;

b. 评估每个基金业绩时使用了不同的基准;

c. 风险溢价不同。

利用以下信息完成16~19题: 普莱默管理公司正在研究如何最好地评估经理们的业绩。普莱默越来越关注到基准组合的做法并且准备尝试这种方法。为此,公司聘请了一位CFA萨利·琼斯来指导经理们构建基准组合的最佳方法,如何最佳地选择基准,所管理的基金风格是否对此有影响,以及在使用基准组合方法时如何处理他们的国际基金。

为了便于讨论,琼斯列出了两年期普莱默管理的国内基金和潜在的基准的一些业绩数字。

风格	权重		收益	
	普莱默	基准	普莱默	基准
大盘增长型	0.60	0.50	17	16
中盘增长型	0.15	0.40	24	26
小盘增长型	0.25	0.10	20	18

作为研究的一部分,琼斯也研究了普莱默的国际基金。在这个组合中,普莱默投资了75%在荷兰股票,25%在英国股票。而基准组合则是各自投资了50%。平均上,英国股票业绩比荷兰股票好。持有期内欧元对于美元升值6%,而英镑对美元贬值了2%。从局部收益上看,普莱默的荷兰投资比基准业绩要好,但是考虑上英国股票,总体业绩就不如基准组合了。

16. 每个部门的部门内选择效应是什么?

17. 计算该时期内普莱默组合对于基准组合业绩超出(低于)了多少?计算部门选择和证券选择对业绩的贡献。

18. 如果普莱默决定使用基于收益的风格分析,消极管理基金回归方程的R^2会比积极管理基金的高还是低?

19. 下面对于普莱默国际基金的哪项叙述最正确?普莱默有正的货币配置效应以及

a. 负的市场配置效应和正的证券配置效应;

b. 负的市场配置效应和负的证券配置效应;

c. 正的市场配置效应和正的证券配置效应。

20. 凯莉·布莱克利是米兰达基金的经理,米兰达基金是一支大盘股本基金。以标准普尔500作为业绩评估的基准。尽管总体上米兰达基金追踪了标准普尔的资产风格以及部门权重,布莱克利在管理基金方面却有较大的余地。她的组合只包括标准普尔500和现金。

通过对市场择时的把握以及证券选择,布莱克利去年的收益很不错(如下表所示)。年初时,在疲软经济和动荡的地缘政治的双重影响下,她尤为谨慎。她大胆地更换了她的市场配置。整年中她的资产中有50%是股票,50%是现金。而同期的标准普尔500有97%的股票和3%的现金。无风险利率是2%。

一年追踪收益 (%)

	米兰达基金	标准普尔500
收益	10.2	-22.5
标准差	37	44
β	1.10	1.00

a. 米兰达基金和标准普尔500的夏普比率分别是多少?

b. 米兰达基金和标准普尔 500 的 M^2 测度分别是多少?

c. 米兰达基金和标准普尔 500 的特雷纳测度分别是多少?

d. 米兰达基金的詹森测度是多少?

高级题

21. 登录 http://mba.tuck.dartmouth.edu/pages/faculty/ken.french/data_library.html 选择两支产业组合并下载其 36 个月的数据。为完成以下任务，也可从该站点下载其他所需的数据。

a. 基于本章讨论的各种业绩评估标准，将组合业绩同市场指数做比较。画出月度阿尔法价值加上残差收益。

b. 将法玛-弗伦奇的三指数模型作为收益的基准。利用这一模型画出 α 价值加上残差收益。在这种基准下，业绩改变了吗?

CFA考题

1. 你与一位潜在的客户正在考虑投资业绩的评价标准，尤其是考虑到过去 5 年当中的国际性资产组合的评价。所讨论的数据如下表所示:

(%)

国际性基金经理或指数	总收益	国家与证券收益	货币收益率
经理 A	-6.0	2.0	-8.0
经理 B	-2.0	-1.0	-1.0
国际指数	-5.0	0.2	-5.2

a. 假设有关经理 A 与经理 B 的数据精确地反映了他们的投资能力，且两个经理都积极地管理其货币头寸。简述每个项目的优缺点。

b. 推荐一项策略使得你的基金能充分利用每个经理的长处并回避其缺点，并说明理由。

2. 卡尔是 Alpine 信托投资公司的投资经理，从 2015 年开始将负责一市政养老基金：Alpine 员工退休计划，Alpine 信托投资公司所在地 Alpine 镇是一个成长中的社区，并且在过去的 10 年当中城市服务与雇用支付每年都有所增长。在 2020 年养老金计划的资金流入将超过其福利支出，其比率达3:1。

委托人的计划委员会 5 年前指导卡尔去做长期的以总收益最大为目的的投资项目。但是，他们提醒他不要从事过于不稳定或错误的投资。他们也指出根据州政府的命令，养老金计划投资于普通股的资金不允许超过养老金资产的25%。

在 2020 年 11 月委托人的年度大会上，卡尔向董事会汇报了以下资产组合的业绩情况:

Alpine 员工退休计划

2020 年 9 月 30 日的资产构成	费用（百万美元）		市场（百万美元）	
固定收益型资产	4.5	11.0	4.5	11.4
短期证券	26.5	64.7	23.5	59.5
长期债券与抵押贷款	10.0	24.3	11.5	29.1
普通股	41.0	100.0	39.5	100.0

投资业绩

	截至 2020 年 9 月 30 日的年收益率	
	5 年	1 年
整个 Alpine 基金		
时间加权	8.2%	5.2%
美元加权（内部）	7.7%	4.8%
假定的摊销收益	6.0%	6.0%
美国国库券	7.5%	11.3%
大样本养老基金（平均 60% 股票，40%固定收益）	10.1%	14.3%
普通股 - Alpine 基金	13.3%	14.3%
平均资产组合 β 系数	0.90	0.89
标准普尔 500 股票指数	13.8%	21.1%
固定收益型证券 - Alpine 基金	6.7%	1.0%
所罗门兄弟债券指数	-4.0%	-11.4%

卡尔很为自己的表现而自豪，但当委托人提出以下批评时他又很沮丧。

a. “我们的年度业绩很不好，而你最近的所作所为正是主要的原因。”

b. “在过去的 5 年当中，我们的总的基金表现与大样本养老基金相比显然很差，这除了说明管理的落后之外又能说明什么呢?”

c. “在过去的 5 年当中，我们普通股的表现尤其差”。

d. “为什么要将你的收益率与国库券和精算假定收益率相比? 你通过竞争可以给我们带来什么利益? 或者说，如果唯一相关业绩衡量标准是投资一个消极指数（这种指数不花钱），那么我们会面对什么情形?”

e. “谁关心时间加权收益呢? 如果它不能为养老金带来收益，它就毫无益处。”

评论一下上述观点的可取之处，并给出卡尔先生可能的反驳。

3. “退休基金”（Retired Fund）是一个开放式基金，拥有 5 亿美元美国债券与国库券。该基金的资产组合的久期（包括国库券）在 3~9 年之间。根据一独立的固定收益测度服务指标的评价，该基金在过去的 5 年里业绩不俗。但是基金的领导想测度基金唯一的一个债券投资管理人的市场择时预测能力。一外部咨询机构提供了以下三种方案建议：

a. 方法Ⅰ：在每年年初考察债券资产组合的价值，并计算同样的资产组合持有 1 年可以获得的收益，将这一收益与基金的实际所得收益相比。

b. 方法Ⅱ：计算每一年债券与国库券的加权平均资产组合，使用长期债券市场指数和国库券指数来代替实际债券资产组合计算收益。例如，如果该资产组合平均而言 65% 为债券，35% 为国库券，就计算将资产组合按 65% 长期债券指数和 35% 国库券比例投资的年收益率。将这一收益与每季度根据指数与经理的实际债券/国库券权重计算的年收益率相比。

c. 方法Ⅲ：考察每个季度的净债券购买行为（买入的市场价值减去售出的市场价值）。如果每个季度买入额为正，则在净买入值变成负数时要评价债券业绩。正（负）的净购入额被经理视为看涨（跌）的标志。这种观点的正确性还有待考察。

请从市场择时测度的角度对以上三种方案进行评价。

下列数据用于第 4～6 题。

一大型养老基金的行政官员想评价四个投资经理的业绩。每个经理都是只投资于美国的普通股市场。假定最近 5 年来，标准普尔 500 指数包括股利的平均年度收益率为 14%，而政府国库券的平均名义收益率为 8%。下表显示了对每种资产组合的风险与收益进行测度的情况：

资产组合	年平均收益率（%）	标准差（%）	β
P	17	20	1.1
Q	24	18	2.1
R	11	10	0.5
S	16	14	1.5
标准普尔 500	14	12	1.0

4. 对于资产组合 P 的特雷纳业绩测度为多少？
5. 对于资产组合 Q 的夏普业绩测度为多少？
6. 一分析家要用特雷纳与夏普测度评估完全由美国普通股股票构成的资产组合 X，过去 8 年间该资产组合、由标准普尔 500 指数测度的市场资产组合和美国国库券的平均年收益率情况见下表：

	平均年收益率（%）	收益的标准差（%）	β 值
资产组合 X	10	18	0.60
标准普尔 500	12	13	1.00
国库券	6	N/A	N/A

a. 计算资产组合 X 与标准普尔 500 指数的特雷纳测度和夏普测度。简述根据这两个指标，资产组合 X 是超过、等于还是低于风险调整基础上的标准普尔 500 指数。

b. 根据 a 中计算所得的相对于标准普尔 500 指数的资产组合 X 的业绩，简要说明使用特雷纳测度所得结果与夏普测度所得结果不符的原因。

7. 假定你在两年内投资于一种资产。第一年收益率为 15%，第二年为 -10%。你的年几何平均收益率是多少？
8. 一股票资产组合 2008 年收益为 -9%，2009 年为 23%，2010 年为 17%，整个期间的年收益率（几何平均）是多少？
9. 用 2 000 美元投资两年，第一年年末的收益为 150 美元，第二年年末收回原投资，另外还收益 150 美元，这项投资的内部收益率是多少？
10. 要测度一资产组合的业绩，时间加权收益率要优于美元加权收益率，因为：
    a. 当收益率不同时，时间加权收益率较高。
    b. 美元加权收益率假定所有投资都在第一天投入。
    c. 美元加权收益率只能够估计。
    d. 时间加权收益率不受资金投入和撤出的时机的影响。
11. 养老基金资产组合的初值为 500 000 美元，第一年的收益率为 15%，第二年的收益率为 10%，第二年年初，发起人又投入 500 000 美元。时间加权与美元加权收益率是多少？
12. 在 Acme 公司的养老金计划审查期间，几个受托人就几个测度和风险评价等问题询问了他们的投资顾问。
    a. 就下列内容作为业绩评价标准的恰当性进行评论：市场指数、基准组合、管理者收益的中位数。
    b. 下列业绩测度的区别：夏普比率、特雷纳测度、詹森测度。
       ⅰ. 描述三个业绩测度是如何计算的。
       ⅱ. 说明与每一个测度相关的风险是系统风险、非系统风险还是全部风险，解释每一个测度中的额外收益与相关风险之间的关系。
13. Pallor 公司养老金计划的受托人就下列声明询问了投资顾问唐纳德·米利普，他的回答应该是什么？
    a. 在统计上，经理收益的中位数标准是长期业绩表现的无偏测度。
    b. 经理收益的中位数标准是明确的，因而容易被经理所重复，以至于他们采用消极/指数管理策略。
    c. 经理收益的中位数标准在所有环境下都是不恰当的，因为它包含了很多投资风格。
14. 詹姆斯·钱正在审查 Jarvis 大学捐赠基金的全球股权管理者的业绩。目前，Williamson 资本公司是捐赠基金唯一资本化的全球股权管理者，Williamson 资本公司的业绩数据见表 24-10a。

    钱也向捐赠基金投资委员会提交了 Joyner 资产管理公司的业绩信息，Joyner 资产管理公司是另一个资本化的全球股权管理者，该公司的业绩数据见表 24-10b。相关的无风险资产和市场指数的业绩数据见表 24-10c。

    a. 计算 Williamson 资本公司和 Joyner 资产管理公司的夏

普比率和特雷纳测度。

b. 投资委员会注意到，用夏普比率和特雷纳测度产生了对 Williamson 资本公司和 Joyner 资产管理公司不同的业绩排名，解释为什么这些标准可以导致不同的业绩排名？

表 24-10

a. Williamson capital 公司的业绩数据（1990 ~ 2010 年）	
平均收益率	22.1%
β	1.2
收益的标准差	16.8%

（续）

b. Joyner 资产管理公司的业绩数据（1990 ~ 2010 年）	
平均收益率	24.2%
β	0.8
收益的标准差	20.2%
c. 相关无风险资产和市场指数的业绩数据（1990 ~ 2010 年）	
无风险资产	
平均年收益率	5.0%
市场指数	
平均年收益率	18.9%
收益的标准差	13.8%

在线投资练习

共同基金的业绩

一些著名的金融网站都提供共同基金筛选器。登录 moneycentral. msn. com 点击顶菜单的 Investing 链接。在子菜单中选择 Funds，找到左侧的 Easy Screener 链接。在网页下方找到 Show more Options 并点击，筛选符合下述要求的基金：晨星五星级基金，尽可能小的初始投资，低晨星风险，无负载，至少 5 年的经理任期，晨星高回报，12b-1 费用尽可能低，费用率尽可能低。点击 Find Fund 开始筛选。

得到结果后，你可以按照任意评估标准将它们排序。根据结果看看你会舍弃哪些基金？如果想重新设定选择，点击页顶的 Change Criteria，再次点击 Find Fund 开始筛选。

有你感兴趣的基金吗？为不同客户筛选基金时，你的筛选选择又会有什么不一样呢？

概念检查答案

24-1

时间	行为	现金流
0	买入两股	-40
1	收入股利，并卖出其中一股股票	4 + 22
2	在剩余股份中收入股利，并卖出	2 + 19

a. 美元加权收益：

$$-40 + 26/(1+r) + 21/(1+r)^2 = 0$$

$$r = 0.1191 \text{ 或 } 11.91\%$$

b. 时间加权收益：

两年内该股票的收益率为：

$$r_1 = [2 + (22 - 20)]/20 = 0.20$$

$$r_2 = [2 + (19 - 22)]/22 = -0.045$$

$$(r_1 + r_2)/2 = 0.077, \text{即 } 7.7\%$$

24-2　夏普：$(\bar{r} - \bar{r}_f)/\sigma$

$$S_P = (35 - 6)/42 = 0.69$$

$$S_M = (28 - 6)/30 = 0.733$$

α：$\bar{r} - [\bar{r}_f + \beta(\bar{r}_M - \bar{r}_f)]$

$$a_P = 35 - [6 + 1.2(28 - 6)] = 2.6$$

$$a_M = 0$$

特雷纳：$(\bar{r} - \bar{r}_f)/\beta$

$$T_P = (35 - 6)/1.2 = 24.2$$

$$T_M = (28 - 6)/1.0 = 22$$

信息比率：$\alpha/\sigma(e)$

$$I_P = 2.6/18 = 0.144$$

$$I_M = 0$$

24-3　α 为 0.2/2 = 0.1 标准差。根据正态分布表（若 t 分布更合适，可用 t 分布）可知，该事件发生的概率为 46%。

24-4　时机把握者完全随机猜测牛市和熊市。对于牛市和熊市，都由一般的概率猜准。因此：

$$P_1 + P_2 - 1 = 1/2 + 1/2 - 1 = 0$$

24-5　首先计算新的业绩：

$$(0.7 \times 5.81) + (0.25 \times 1.45) + (0.05 \times 0.48) = 4.45$$

a. 资产配置对业绩的贡献

市场	(1) 市场的实际权重	(2) 市场的基准权重	(3) 多余权重	(4) 市场收益 (%)	(5) = (3) × (4) 对总业绩的贡献
股票	0.70	0.70	0.00	5.81	0.00
固定收益	0.07	0.25	-0.18	1.45	-0.26
现金	0.23	0.05	0.18	0.48	0.09
资产配置的贡献					-0.17

b. 选股对总业绩的贡献

市场	(1) 资产组合的业绩 (%)	(2) 指数的业绩 (%)	(3) 超额业绩 (%)	(4) 资产组合权重 (%)	(5) = (3) × (4) 贡献 (%)
股票	7.28	5.00	2.28	0.70	1.60
固定收益	1.89	1.45	0.44	0.07	0.03
选股的贡献					1.63

CHAPTER25

第25章 投资的国际分散化

虽然在美国，我们通常把宽基股票指数看做市场投资组合指数，实践中这种做法却越来越不合适了，因为美国的股权额占世界总股权的比重还不到40%，而美国的财富占世界总额的比例还要比这小得多。在这一章中，我们将超越国内市场，考察国际市场及更广泛的分散化组合问题。在某种意义上，国际投资可以被认为是对我们前面讨论问题的一般延伸，只是用以构建资产投资组合的资产“菜单”的范围更广了。在国际投资中，投资者同样面临着与此类似的分散化、证券分析、证券选择以及资产配置等问题。另一方面，国际投资还涉及一些国内市场没有的问题，包括汇率风险、国际资金流动的限制、更大范围的政治风险、个别国家的管制问题以及不同国家间会计方法的转换问题等。

因此，在这一章中，我们将就本书其他章节中谈到的主要问题做逐一的说明，重点强调它们涉及国际投资的方面。首先，我们将谈到投资组合理论的核心概念——分散化，我们将看到国际分散化为改善投资组合的“风险 - 收益”状况提供了极大的机会，而且事实上已经有不少投资者从中受益。我们也会看到汇率波动是如何影响到国际投资风险的。然后，我们将讨论国际环境下的消极与积极投资模式。我们将考虑解释消极的指数投资组合所涉及的一些特殊问题，我们还将说明除了传统的国内资产选择之外，如何将积极的资产配置推广到国家以及货币选择的层次。最后，我们讨论国际投资中的业绩贡献问题。

25.1 全球股票市场

25.1.1 发达国家/地区

为了评价我们是否过于将投资集中于美国的股票和债券上，我们看一下表25-1。美国仅占了全球股票市场资本总额的1/3。显然，同时在发达国家市场和新兴市场上搜寻股票可以获得更好的风险－收益权衡。发达国家或地区市场的股指通常比新兴市场的风险小，但两者都提供了分散化的机会[⊖]。发达国家或地区的GDP在2009年占到了全球GDP的68%。我们列出的20个新兴市场的股票市值也占到了全球股票市场资本总额的16.2%。

表25-1 发达国家或地区股票市值总额

	股票市值									GDP（2009，10亿美元）	人均GDP（2009）	股票市值总额占GDP的比重（2009，%）
	总额（10亿美元）						占全球比例（%）		增长率			
	2004	2005	2006	2007	2008	2009	2004	2009	（2004～2009，%）			
全球	31 701	35 525	43 104	48 333	26 786	37 193	100	100	17.3	57 530	10 348	65
美国	13 345	13 934	15 606	15 921	9 568	12 299	42.1	33.1	-7.8	14 270	46 450	86
日本	3 486	4 420	4 505	4 280	3 087	3 273	11.0	8.8	-6.1	5 049	39 731	65
英国	2 730	2 975	3 692	3 723	1 837	2 760	8.6	7.4	1.1	2 198	35 966	126
法国	1 436	1 667	2 313	2 572	1 408	1 828	4.5	4.9	27.3	2 635	41 135	69
加拿大	960	1 206	1 399	1 669	893	1 431	3.0	3.8	49.1	1 319	39 388	108
中国香港	706	778	1 120	1 669	853	1 351	2.2	3.6	91.4	209	29 596	647
德国	1 117	1 219	1 599	2 020	1 089	1 266	3.5	3.4	13.3	3 235	39 293	39
澳大利亚	641	721	933	1 188	597	1 102	2.0	3.0	71.9	920	43 268	120
瑞士	812	921	1 193	1 251	850	1 049	2.6	2.8	29.2	484	63 660	217
西班牙	635	651	926	1 017	649	773	2.0	2.1	21.8	1 438	35 484	54
意大利	778	786	1 020	1 070	524	663	2.5	1.8	-14.8	2 090	35 956	32
韩国	356	549	655	865	390	647	1.1	1.7	82.0	800	16 498	81
荷兰	612	543	725	777	304	459	1.9	1.2	-24.9	790	47 242	58
瑞典	343	366	510	499	235	398	1.1	1.1	15.9	398	43 898	100
新加坡	154	183	314	412	222	396	0.5	1.1	157.4	163	35 018	243
比利时	269	270	335	359	156	248	0.8	0.7	-7.9	462	44 314	54
挪威	137	193	267	340	123	230	0.4	0.6	67.6	369	79 175	62
芬兰	174	198	252	341	148	180	0.5	0.5	3.6	242	46 150	74
丹麦	143	163	201	231	115	162	0.5	0.4	13.7	308	56 049	53
以色列	67	85	109	156	87	148	0.2	0.4	121.3	216	29 819	69
奥地利	87	133	173	203	76	117	0.3	0.3	34.4	374	45 601	31
希腊	105	124	174	228	80	101	0.3	0.3	-3.5	338	31 507	30
葡萄牙	74	71	106	136	65	93	0.2	0.2	25.3	220	20 527	42
爱尔兰	106	111	157	136	45	64	0.3	0.2	-39.8	227	53 959	28
新西兰	40	39	41	44	22	33	0.1	0.1	-18.4	110	26 012	30
世界其他国家或地区	2 388	3 220	4 780	7 225	3 362	6 121	7.5	16.5	156.3	18 667		

资料来源：Market capitalization, Datastream; GDP and per capita GDP, www.cia.gov/library/publications/the-world-factbook/index.html.

表25-1的前六列列出了2004～2009年发达国家或地区市场资本总额的情况。第一行是全球资本市场的交易情况，2009年公司股票的市值总额为37.2万亿美元，其中美国股票市场市值总额为12.3万亿美元（占了33.1%）。接下来三列列出了2004年和2009年各国家或地区股票市场占全球的百分比以及在这一期间市值的增长情况。一国股指大的变动会导致相对规模重大的变化。举例而言，美国占全球股票总额的比例从2004年的42%下降到2009年的33%。排在美国之后的五个国家或地区（日本、英国、法国、中国香港和加拿大）的比例在2009年达到了29%，所以由这六个国家或地区组成的整体而言，美国的比重仅为54%。很明显，美国的股票市场不能构成一个完整的多样化的股票投资组合。

⊖ 富时指数公司［英国FTSE股票指数（金融时报指数）的赞助者］用了14条标准将国家划分为“发达”和“新兴”两类。我们列举了FTSE所确定的所有25个发达国家。

表 25-1 的最后三列是各国家或地区在 2009 年的 GDP、人均 GDP 及股票市值占 GDP 的百分比。不出意料，人均 GDP 在发达国家并不像总 GDP 那样差异巨大，因为总 GDP 部分取决于人口总数。但是市场市值占 GDP 的百分比在各国间差异巨大，说明即使是在发达国家之间，经济结构也有着明显差异。我们将在下节讨论这个问题。

25.1.2　新兴市场

对于消极的分散投资组合策略来说，由占全球投资组合总额 61.7%（2009 年）的六大市场组成可能已经足够分散化了。但对于寻求更多有良好前景的积极投资组合来说，这还不够分散。积极投资组合理应包含新兴市场的许多股票甚至是股票指数。

从表 25-2 中可以看出这种情况。当然，积极的投资组合经理必须谨慎对待金砖四国（巴西、俄罗斯、印度、中国）的市场。表 25-2 列出了 20 个新兴市场的数据，其中最引人注目的是中国市场，截至 2009 年五年间的增长率达 874%。但是经理同样不能忽视比如哥伦比亚（占全球资本市值的 0.36%）这种增长率也达到了 569% 的市场。

表 25-2　新兴市场国家或地区股票市值总额

	股票市值									GDP（2009，10 亿美元）	人均 GDP（2009）	股票市值总额占 GDP 的比重（2009，%）
	总额（10 亿美元）						占全球比例（%）		增长率			
	2004	2005	2006	2007	2008	2009	2004	2009	（2004～2009，%）			
总额	2 230	2 934	4 654	6 952	3 285	6 022	7.0	16.2	170.0	13 691		44
巴西	323	407	604	1 136	520	1 150	1.0	3.1	255.8	1 482	7 457	78
印度	301	408	605	1 285	499	992	0.9	2.7	229.9	1 243	1 074	80
俄罗斯	132	224	778	1 072	324	686	0.4	1.8	419.7	1 255	8 962	55
中国	59	163	421	637	345	572	0.2	1.5	874.4	4 758	3 554	12
中国台湾	332	351	437	488	271	464	1.0	1.2	39.8	357	15 552	130
南非	225	284	333	394	225	365	0.7	1.0	62.4	277	5 655	132
墨西哥	171	238	346	356	212	313	0.5	0.8	83.8	866	7 790	36
马来西亚	137	142	183	249	151	230	0.4	0.6	67.4	207	8 065	111
土耳其	83	128	135	241	106	198	0.3	0.5	140.0	594	7 727	33
智利	94	111	145	180	113	196	0.3	0.5	109.7	150	9 059	131
印度尼西亚	64	70	120	178	82	184	0.2	0.5	187.8	515	2 143	36
泰国	86	97	107	154	81	143	0.3	0.4	67.0	266	4 036	54
哥伦比亚	20	42	42	54	82	135	0.1	0.4	569.4	229	5 234	59
波兰	63	77	125	169	77	109	0.2	0.3	72.6	423	10 992	26
菲律宾	26	41	60	91	45	76	0.1	0.2	193.7	159	1 620	48
秘鲁	15	19	55	60	40	65	0.0	0.2	339.3	127	4 312	51
捷克共和国	30	38	50	77	44	46	0.1	0.1	53.4	190	18 576	24
阿根廷	21	24	30	36	36	41	0.1	0.1	98.2	301	7 364	14
匈牙利	28	33	42	46	19	30	0.1	0.1	6.7	124	12 538	24
巴基斯坦	21	36	37	49	16	25	0.1	0.1	16.0	167	954	15

资料来源：Market capitalzation，Datastream；GDP and per capita GDP，www. cia. gov/library/publications/the-world-factbook/index. html.

这 20 个新兴市场占到了全球 GDP 的 24% 和全球市值的 16%。但上述国家或地区的人均 GDP 还是差距悬殊，从 954 美元（巴基斯坦）到 18 576 美元（捷克共和国）不等。股票市值占 GDP 的比例从 12%（中国）到 132%（南非），说明这些股票市场在未来几年都会有显著的发展，即使在 GDP 方面进展缓慢。

2004～2009 年间新兴市场的资本化增长惊人（170%），而且相比发达国家，其增长有更大的波动性，说明在这些市场上更大的风险和更丰厚的收益是并存的。

25.1.3 市场资本化与 GDP

当代经济发展的观点（例如脚注[⊖]）认为经济发展的必备条件是有助于公民合法取得、投资、交易资本资产的完善的商业法律法规和机构等。由此推出，我们认为股权市场的发展是人民财富增长的催化剂，也就是市场资本化率高的国家相对更加富有。La Porta、Lopez-De Silvanes、Shleifer 和 Vishny 的研究表明，在其他情况相同时，对小股东保护更完善的市场公司市值通常更高[⊜]。

图 25-1 简单地（或许是过于简单，因为所有其他有关的解释变量都被忽略了）说明了发达市场有助于增加人民财富。图 25-1 中回归直线的斜率是 0.45，也就是说每增加 1% 的市场资本化率会带来人均 GDP0.45% 的增长。值得注意的是，只有两个发达国家或地区在回归直线的下方，而也只有两个低收入的新兴市场国家或地区在直线上方。在直线上方的国家或地区拥有比预测更高的人均 GDP，比如挪威，其拥有石油财富作为国民收入。而在直线下方的国家或地区，比如巴基斯坦，其政治不稳定以及政府对私营部门的限制恶化了商业环境。

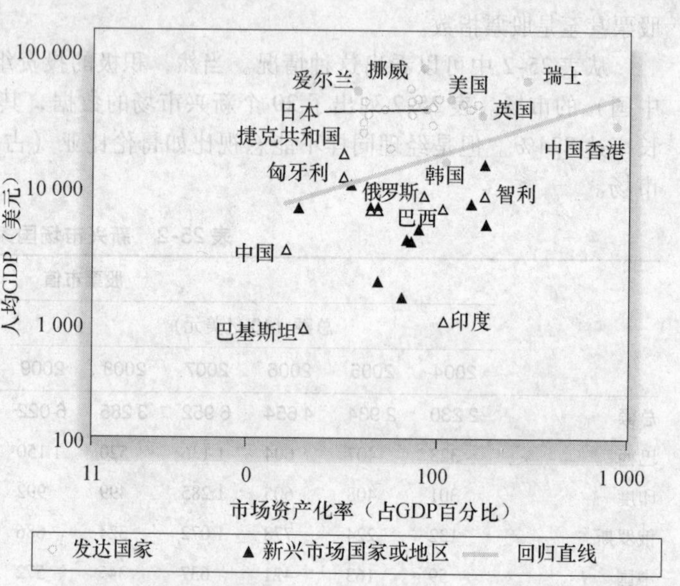

图 25-1 2009 年人均 GDP 与市场资本化率

25.1.4 母国偏见

对于大多数投资者来说，特别是机构和职业投资者，都要关注国际投资的机会。但是在实际操作中，与中性的指数策略相比，投资者的投资组合往往更偏重国内股票，降低外国证券的权重，甚至是完全忽略外国证券。这些现象通常被称为母国偏见。尽管跨国投资蓬勃发展，母国偏见仍在投资组合中占到了主导地位。这一问题将在本章第 3 节详细讨论。

25.2 国际化投资的风险因素

国际化投资并不能免除来自专业分析的风险和成本。国际化投资中特有的风险因素是汇率风险和政治风险，我们将在随后的两小节中讨论。

25.2.1 汇率风险

我们不妨先看一个简单的例子。

【例 25-1】

汇率风险

考虑在英国投资的情况，投资者购买以英镑计价的年收益率为 10% 的无风险英国国库券。尽管这项投资对英国投资者是无风险的，对美国投资者而言却并非如此。现在假设汇率是 1 英镑兑 2 美元，美国投资者的期初投资额为 20 000 美元，即相当于 10 000 英镑。在 10% 的收益率下，一年后他能拿到 11 000 英镑。

如果在这一年间英镑对美元的汇率发生变化，将会如何？假设这一年内英镑相对于美元贬值，年终汇率是 1 英镑兑 1.80 美元，那么，11 000 英镑只能兑换 19 800 美元（11 000 英镑 1.80 美元/英镑），相对于期初的 20 000 美元，反而损失了 200 美元。这样，尽管以英镑计算的收益率为正的 10%，但由于汇率变动，当以美元计算时，收益率就变成了负的 1%。■

将上例推广到一般情况。设 E_0 为期初汇率（2 美元/英镑），那么 20 000 美元相当于 20 000/E_0 英镑。一年后将

⊖ Hernando de Soto, *The Mystery of Capital* (New York: Basic Books, 2000).

⊜ Rafael La Porta, Florencio Lopez-De-Silvanes, Andrei Shleifer, and Robert Vishny, "Investor Protection and Corporate Valuation," *Journal of Finance* 57 (June 2002).

增值为 $(20\,000/E_0)[1+r_f(\text{UK})]$。其中 $r_f(\text{UK})$ 表示英国的无风险利率。期末时汇率变为 E_1，英镑收入最终要兑换为美元，则年终美元收入为 $20\,000\ (E_1/E_0)[1+r_f(\text{UK})]$。因此，以美元计算时英国国库券的收益率为

$$1+r(\text{US})[1+r_f(\text{UK})]E_1/E_0 \tag{25-1}$$

从式（25-1）可以看出，以美元计算的收益率等于以英镑计算的收益率乘以汇率的“收益率”。对美国投资者而言，他对英国国库券的投资可以视为无风险投资与风险投资的组合，其中风险投资是指英镑兑美元的汇率风险。上例中，英镑发生贬值，从每磅 2 美元跌到每磅 1.80 美元，英镑投资的汇率损失超过了国库券投资的盈利。

图 25-2 也说明了这一点，图中列出了 2009 年某些国家或地区的股指收益率。图中浅色条块代表本国或本地区货币的收益率，而深色条块代表经汇率变动调整后以美元计算的收益率，从图中可以清楚看出，此时期汇率变动对某些国家或地区以美元计算的收益率有极大影响。

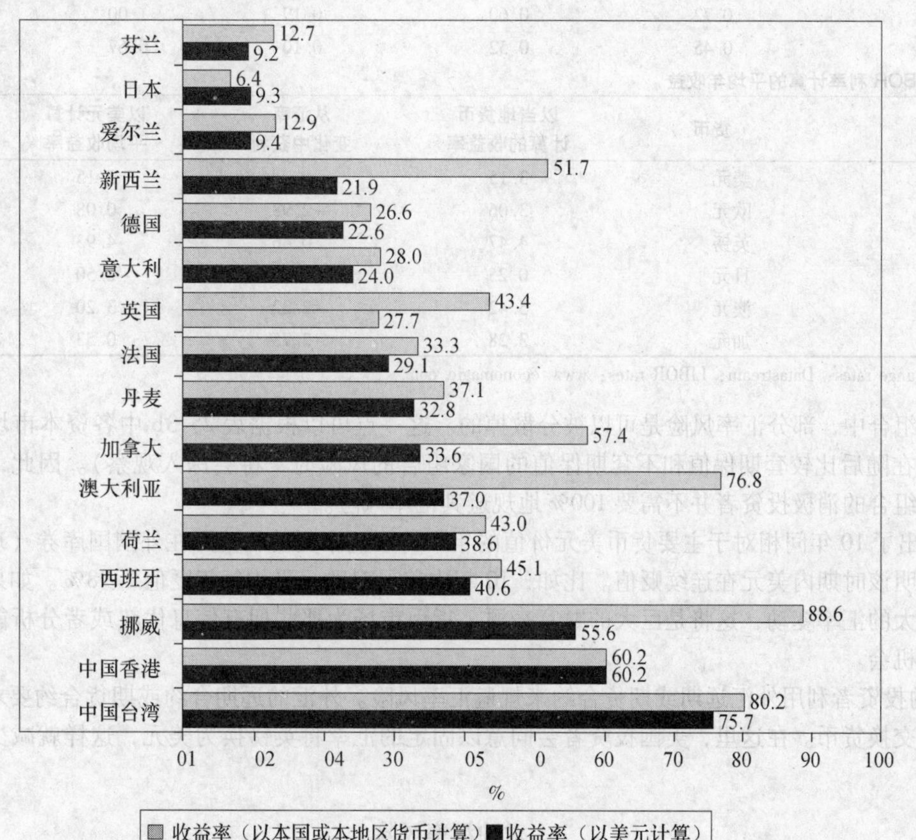

图 25-2　以美元计算与以本国或本地区货币计算的股市收益率

纯汇率风险（exchange rate risk）指的是投资于外国安全资产所承担的风险。在例 25-1中进行英国国库券投资的美国投资者所承担的风险仅仅是英镑兑美元的汇率风险。我们可以通过研究不同汇率变化和相关性的历史比率，来评估各国汇率风险的大小。

概念检查 25-1

利用例 25-1 中的数据分别计算在以下汇率下，购买英国国库券的美国投资者在以美元计算时的投资收益率：

(a) $E_1=2$ 美元/英镑；

(b) $E_1=2.20$ 美元/英镑。

表 25-3a 列出了 2000～2009 年按照主要货币汇率月度比率变化计算的历史汇率风险的度量值。数据表明货币风险还是相当高的。比率变动的标准差从 9.65%（加元）到 13.8%（澳元）不等。而同期美国股票市场的月度收益率标准差为 17.08%。因此，仅仅汇率风险一项就达到了股票风险的 57%～81%。很明显，如果一个积极的投资经理发现澳大利亚市场的股价被低估，但他并没有任何关于澳元是否被错误定价的信息，当他投资于澳大利亚股票时，

最好先对澳元汇率做套期保值。主要货币的汇率风险在一定时期内是比较稳定的。比如，Solnik[⊖]的研究表明，1971～1998年汇率变动的标准差基本是相同的，从4.8%（加元）到12.0%（日元）。

表25-3　美元对于其他世界主要货币的汇率变化（2000～2009年）

a. 标准差（年度）

货币	欧元区	英国	日本	澳大利亚	加拿大
标准差	10.66	9.84	10.13	13.84	9.65

b. 协方差矩阵

	欧元区	英国	日本	澳大利亚	加拿大
欧元区（€）	1.00				
英国（£）	0.68	1.00			
日本（¥）	0.35	0.14	1.00		
澳大利亚（$A）	0.72	0.60	0.19	1.00	
加拿大（$C）	0.45	0.52	0.10	0.67	1.00

c. 利用1个月的LIBOR利率计算的平均年收益

	货币	以当地货币计算的收益率	从汇率变化中获利	以美元计算平均收益率	年平均收益率的标准差
美国	美元	3.15		3.15	
欧洲	欧元	3.06	-2.98	0.08	3.37
英国	英镑	4.47	0.46	4.93	3.11
日本	日元	0.25	-2.75	-2.50	3.20
澳大利亚	澳元	5.42	-2.22	3.20	4.38
加拿大	加元	3.28	-2.75	0.53	3.05

资料来源：Exchange rates：Datastream；LIBOR rates：www.economagic.com.

在国际投资组合中，部分汇率风险是可以被分散掉的。这一点可以根据表25-3b中各资本市场间较低的相关系数清楚地看出（在随后比较套期保值和不套期保值的国家组合的风险时，将会深入观察）。因此，一个持有良好分散化的国际投资组合的消极投资者并不需要100%地规避其汇率风险。

表25-3c列出了10年间相对于主要货币美元价值的年平均收益率变动和美元在外国国库券（现金投资）上投资的收益。该表说明该时期内美元在连续贬值。比如，10年内美元对欧元平均每年贬值2.98%。如果有投资者可以预测到这样一个巨大的汇率变动，这将是巨大的财富来源。货币市场为那些拥有信息优势或者分析能力的投资者提供了很有吸引力的机会。

例25-1中的投资者利用外汇远期或期货合约来规避汇率风险。外汇的远期合约或期货合约要求以约定的汇率与另外一个投资者交换货币。在这里，美国投资者会同意以固定的汇率将英镑换为美元，这样就减少了将英镑兑换成美元的风险。

【例25-2】　　对冲汇率风险

如果进行投资时远期汇率为$F_0=1.93$美元/英镑，那么通过签订汇率为1.93美元/英镑的远期汇率和约以在年末按该汇率兑换11 000英镑，美国投资者就可以获得美元计算的无风险收益率。这个例子中，无风险收益率为6.15%

$$[1+r_f(\text{英国})]\ F_0/E_0=(1.10)\ 1.93/2.00=1.0615$$ ■

你也许会想到这个方法与第22章所讨论的以现货期货平价关系为中心的套期保值策略的中心思想相同。在这两种方法中，期货或远期市场都可以被用来消除持有另外一项资产的风险。美国投资者为了锁定无风险的美元收益，他既可以在英国投资，但须对冲汇率风险，也可以在美国投资无风险资产。由于这两种无风险的投资策略应该产生相同的收益，我们可以得出

$$[1+r_f(\text{英国})]F_0/E_0=1+r_f(\text{美国})$$

整理得

$$\frac{F_0}{E_0}=\frac{1+r_f(\text{美国})}{1+r_f(\text{英国})} \tag{25-2}$$

⊖ B. Solnik, *International Investing*, 4th ed.（Reading, MA: Addison Wesley, 1999）.

这就是我们在第23章中讲过的**利率平价关系**（interest rate parity relationship），或称为**抛补利息套利关系**（covered interest arbitrage relationship）。

不幸的是，这种完美的汇率对冲通常并不这么简单。在上例中，投资者可以确切地知道在期货市场或远期市场应卖出多少英镑，因为在英国以英镑为单位计算的收益是没有风险的。但如果不是投资英国国库券，而是投资有风险的英国股票，那么投资者就无法知道这项投资以英镑计算的最终价值，也不知道将来会卖出多少英镑，也就是说，由外汇远期合约所进行的套期保值是不完善的。

式（25-1）对非对冲投资的一般形式就是

$$1 + r(\text{美国}) = [1 + r](\text{外国})E_1/E_0 \tag{25-3}$$

其中，r(外国) 指的是以外国货币投资可能获得的风险收益率。只有在 r(外国) 已知的这种特殊情况下才能进行完美的套期保值。在这种情况下，我们必须在期货市场为现在购买的每单位外币出售 $1+r$(外国)单位的外币。

概念检查 25-2

在下面两种情况下，求出上例中投资者为了对对冲汇率风险，在远期中需要卖出多少英镑？

(a) r(英国) = 20%；

(b) r(英国) = 30%。

25.2.2 政治风险

原则上说，证券分析中的宏观环境分析、行业分析和特定公司分析在各个国家都是相似的。分析的目标都是提供个别证券资产或组合的期望收益及其相应的风险。但是，想要获得关于国外资产的相同质量的信息自然更加困难，且代价更加高昂。不仅如此，错误的或者误导的信息也会带来更大的风险。

让我们看两个投资者：一个美国投资者想要投资印度尼西亚的股票，一个印度尼西亚投资者想要投资美国的股票。这样，两个投资者都要对各自投资国的市场进行宏观分析，这个任务对美国投资者来说更加困难些。当然，并不是说印度尼西亚的投资风险必然高于美国，实际上可以轻易找到很多比印度尼西亚股票更具风险的美国股票。主要区别在于美国的金融市场比印度尼西亚的更加透明。

在过去跨国投资非常少的时候，跨国投资相对于国内投资的额外风险是指**政治风险**（political risk），并且对它的评估是一门艺术。随着跨国投资数量的增加，各种资源被有效利用起来，分析的质量也得到了很大提高。在这个领域内（竞争相当激烈），领先的组织是 PRS（政治风险服务，Political Risk Services）集团。下面将说明 PRS 的方法[⊖]。

PRS 的国家风险分析是在综合了各类指标后给出的一个 0（最危险）到 100（最安全）之间的评分。以此把国家分为5类：很低风险（100～80），低风险（79.9～70）、中等风险（69.9～60）、高风险（59.9～50）、很高风险（小于50）。为了更清楚地说明，表25-4 列出了 PRS 在2008 年7 月出版的《国际国家风险指南》（*International Country Risk Guide*）上对一些国家的评分。不出意外，挪威荣登榜首，而小型的新兴市场国家索马里垫底（140 名）。与中国（第36名）和英国（第35名）相比，美国的排名（第46名）略显平凡，上述三个国家都在低风险国家之列。

表 25-4 2007 年 8 月与 2008 年 7 月的综合风险等级

2008 年排名	国家	2008 年 7 月的综合风险指数	2008 年 7 月比 2007 年 8 月	2007 年 8 月排名
	很低风险			
1	挪威	91.8	−0.5	1
11	加拿大	85.0	1.25	17
22	日本	81.8	−2	17
	低风险			
35	英国	78.8	−2	29
46	美国	76.5	2.75	57
70	阿根廷	71.5	−3	52
	中等风险			
82	印度尼西亚	69.0	−0.5	83
94	印度	67.3	−3	79
114	土耳其	63.5	−1.5	108

⊖ 你可以在 www.prsgroup.com 找到更多信息，非常感谢 PRS 为我们提供数据与指导。

（续）

2008 年排名	国家	2008 年 7 月的综合风险指数	2008 年 7 月对比 2007 年 8 月	2007 年 8 月排名
	高风险			
128	黎巴嫩	58.5	0.25	129
135	伊拉克	53.5	4.25	137
	很高风险			
140	索马里	39.3	-0.5	140

资料来源：*International Country Risk Guide*, July 2008, Table 1.

综合风险指标是三个测度值的加权平均：政治风险、金融风险和经济风险。政治风险的评分从 100 到 0，而金融风险与经济风险的评分从 50 到 0。将上述三个测度值相加除以二就得到了综合指标。PRS 用于决定三类风险评分的变量如表 25-5 所示。

表 25-5　PRS 用于决定风险评分的变量

政治风险变量	金融风险变量	经济风险变量
政府稳定性	外债（占 GDP 百分比）	人均 GDP
社会经济环境	外债服务（占 GDP）	真实年度 GDP 增长
投资情况	经常账户（占出口百分比）	年度通货膨胀率
内部矛盾	进口净流动性	预算结余（占 GDP 百分比）
外部矛盾	汇率稳定度	经常账户收支（占 GDP 百分比）
腐败		
军事影响		
宗教矛盾		
法制程度		
种族矛盾		
民主程度		
官员质量		

表 25-6 按照 2008 年 7 月的综合风险评级排序，列出了表 25-4 中四个国家三项指标的值。四个国家中，美国的政治风险排名第二，而金融风险却是最高的。这方面美国出奇糟糕的表现可能由于过高的政府赤字，而这又给汇率带来了巨大压力。汇率稳定性、贸易差额和海外债务都计入 PRS 的金融风险度量。而 2008 年 8 月份开始的金融危机恰恰验证了 PRS 的判断。我们最初对美国的排名感到惊讶，其实是由于我们对其评判方法的了解不足。

表 25-6　综合评分与单项评分

国家	综合评分		单项评分		
	2007 年 8 月	2008 年 7 月	政治风险（2008 年 7 月）	金融风险（2008 年 7 月）	经济风险（2008 年 7 月）
加拿大	83.75	85	86	42	42
日本	83.75	81.75	77.5	46	40
美国	73.5	76.5	81	32	40
印度	71	67.25	60.25	43.5	30.5

资料来源：*International Country Risk Guide*, July 2008, Table 2B.

通过对总指标和它每个成分的情境分析，可以对国家风险有更为深刻的了解。表 25-7a 和表 25-7b 分别展示了在 1 年和 5 年内总体风险和政治风险可能出现的最好和最坏的情况。风险稳定度就是最好情况的风险值减去最差情况的风险值。最差情况下的风险值可能把一个国家移动到更高的风险分类中。比如说，根据表 25-7b 四个国家在最差情况下的风险值，说明印度极易受到政治环境恶化所带来的冲击。

表 25-7　综合风险与政治风险预测

a）综合风险预测

国家	当前评分（2008 年 7 月）	一年后			五年后		
		最坏情况	最好情况	风险稳定性	最坏情况	最好情况	风险稳定性
加拿大	85.0	80.8	87.8	7.0	78.0	90.8	12.8
日本	81.8	78.3	85.0	6.8	75.5	89.0	13.5
美国	76.5	74.8	82.0	7.3	71.0	84.3	13.3
印度	67.3	63.8	71.3	7.5	61.8	76.3	14.5

（续）

b）政治风险预测

国家	当前评分（2008年7月）	一年后			五年后		
		最坏情况	最好情况	风险稳定性	最坏情况	最好情况	风险稳定性
加拿大	86.0	83.5	88.5	5.0	83.0	92.5	9.5
日本	77.5	75.0	83.0	8.0	74.0	89.0	15.0
美国	81.0	79.0	87.0	8.0	77.0	87.5	10.5
印度	60.5	59.0	65.5	6.5	61.0	72.5	11.5

资料来源：A：*International Country Risk Guide*，July 2008，Table 2C；B：*International Country Risk Guide*，July 2008，Table 3C.

最后，表25-8给出了政治风险12个组成部分的具体评分情况。日本的腐败（变量F）得分比美国差，但是好于印度。而民主程度（变量K）中，美国、加拿大、印度并列第一。

表25-8 政治风险的组成成分（2008年6月）

表中列出政治风险组成部分每一项的最高分。最后一列是各国的总分（即把各项得分加总）

组成部分	最高分	组成部分	最高分
政府稳定性	12	军事影响	6
社会经济环境	12	宗教矛盾	6
投资情况	12	法制程度	6
内部矛盾	12	种族矛盾	6
外部矛盾	12	民主程度	6
腐败	6	官员质量	4

国家	A	B	C	D	E	F	G	H	I	J	K	L	政治风险评级（2008年7月）
加拿大	8.0	8.5	11.5	10.5	11.0	5.0	6.0	6.0	6.0	3.5	6.0	4.0	86.0
日本	5.0	8.0	11.5	10.5	9.5	3.0	5.0	5.5	5.0	5.5	5.0	4.0	77.5
美国	7.5	8.0	12.0	10.5	9.5	4.0	4.0	5.5	5.0	5.0	6.0	4.0	81.0
印度	6.0	5.0	8.5	6.5	10.0	2.5	4.0	2.5	4.0	2.5	6.0	3.0	60.5

资料来源：*International Country Risk Guide*，July 2008，Table 3B.

PRS每月出版的《国际国家风险指南》在250页左右，包含更多细节，也有其他机构提供类似的服务。因此，如今的投资者在进行国际投资时可以更准确地评估风险。

25.3 国际投资：风险、收益与分散化的好处

美国的投资者有多种途径进行国际投资。在实际操作中，尤其对于大机构投资者而言，最简单的方法是直接购买其他国家资本市场上的证券。现在，在国际化的驱动下，中小投资者也开始从这种方式中获利了。

除直接交易外，许多国外公司的股票以美国存托凭证（ADR）的形式在美国市场买卖。美国金融机构，如银行，可以在公司所在国购买该公司股票，然后以这些股票为基础发行ADR。每份ADR都是对银行所持有的一定数量股票的要求权。有些外国股票在美国既可以直接交易也可以通过ADR进行交易。

还存在很多以国际市场为投资目标的共同基金。除了单国共同基金外，还有很多开放式基金以国际市场作为投资目标。比如，富达基金（Fidelity）的投资集中在海外，主要在欧洲、太平洋地区及有着新兴基金发展机会的发展中国家。而秉承指数化投资策略的先锋基金（Vanguard），分别发行了欧洲、大洋洲和新兴市场的指数基金。最后，如第4章中提到的，有很多交易所交易基金，比如iShare和WEBS（World Equity Benchmark Shares，这是一种特定国家指数产品）。

美国的投资者也可以交易以外国证券市场价格为标的的衍生产品。比如，他们可以买卖日经指数或伦敦金融时报指数的期货与期权。这两种指数分别由日本证券交易所的225种股票与英国、欧洲的股票编制而成。

25.3.1 风险与收益：汇总统计

表25-9用统计数字说明了国际分散化的功效，该表分为发达国家或地区表25-9a和新兴市场表25-9b两个部分。44个指数投资组合是由具有良好数据资料的公司价值加权而成。市场资本总额是每个指数成分股市值的加总。该表是按照2010年1月1日的市值总额排序的。

表25-9也包括了在2000～2009年间每个指数的平均月度超额收益率（超过美国短期国库券收益率的数值）、标准差、相对于美国市场的β值和相对于美国收益的相关系数。这些数据分别以美元和本国或本地区货币计算。用该表我们来分析国际投资的风险与收益。

表25-9　全球风险与收益（2000～2009年）

国家或地区	全球市场总额①	美元年收益				本国或本地区货币年收益			
		均值	标准差	贝塔	相关系数	均值	标准差	贝塔	相关系数
全球	**37 193**	**20.01**	**5.34**	**1.00**	**0.97**	**20.01**	**5.34**	**1.00**	**0.97**
a）发达国家或地区									
美国	12 299	-0.20	5.14	1.00	1.00	-0.20	5.14	1.00	1.00
日本	3 273	-0.38	5.52	0.66	0.61	-0.46	5.34	0.62	0.60
英国	2 760	0.04	5.45	0.92	0.87	-0.01	4.54	0.77	0.87
法国	1 828	0.21	6.55	1.09	0.85	-0.15	5.59	0.90	0.82
加拿大	1 431	0.76	7.11	1.15	0.83	0.38	5.32	0.86	0.84
中国香港	1 351	0.35	6.74	0.85	0.65	0.35	6.73	0.85	0.65
德国	1 266	0.24	7.82	1.28	0.84	-0.13	6.91	1.09	0.81
澳大利亚	1 102	1.00	6.66	1.03	0.79	0.60	4.09	0.58	0.73
瑞士	1 049	0.35	5.48	0.86	0.81	-0.05	4.83	0.74	0.79
西班牙	773	0.71	7.12	1.11	0.80	0.34	6.12	0.91	0.77
意大利	663	0.18	6.81	1.02	0.77	-0.18	5.75	0.84	0.75
韩国	647	1.05	10.23	1.47	0.74	0.90	8.33	1.04	0.64
荷兰	459	0.19	6.98	1.14	0.84	-0.16	6.27	0.96	0.79
瑞典	398	0.36	8.83	1.38	0.80	0.10	7.47	1.01	0.70
新加坡	396	0.47	7.56	1.08	0.74	0.27	6.76	0.95	0.72
比利时	248	0.11	7.64	1.11	0.75	-0.27	6.58	0.93	0.73
挪威	230	1.13	8.73	1.29	0.76	0.74	7.38	1.09	0.76
芬兰	180	-0.12	10.68	1.43	0.69	-0.45	10.32	1.24	0.62
丹麦	162	0.71	6.48	1.00	0.79	0.36	5.83	0.81	0.72
以色列	148	0.69	7.49	0.82	0.56	0.55	6.86	0.63	0.47
希腊	117	-0.10	9.45	1.12	0.61	-0.46	8.44	0.93	0.57
奥地利	101	0.80	8.50	1.18	0.71	0.39	7.19	1.00	0.71
葡萄牙	93	0.27	6.58	0.80	0.62	-0.09	5.52	0.61	0.57
爱尔兰	64	-0.54	7.59	1.08	0.73	-0.86	7.23	0.90	0.64
新西兰	33	0.56	7.12	0.95	0.68	0.14	4.66	0.49	0.54
b）新兴市场国家或地区									
巴西	1 150	1.91	10.93	1.57	0.74	1.55	7.43	1.03	0.71
印度	992	1.38	10.13	1.20	0.61	1.34	8.99	1.03	0.59
俄罗斯	686	1.71	12.03	1.46	0.63	1.59	11.47	1.38	0.62
中国	572	0.96	9.13	1.08	0.61	0.96	9.12	1.08	0.61
中国台湾	464	0.13	8.68	0.99	0.59	0.09	7.91	0.87	0.57
南非	365	1.13	8.42	1.07	0.66	1.10	5.95	0.68	0.59
马来西亚	230	0.65	5.78	0.48	0.42	0.53	5.30	0.36	0.35
土耳其	198	1.30	15.69	1.88	0.61	1.71	12.73	1.33	0.54
智利	196	1.09	6.71	0.81	0.62	0.95	4.99	0.52	0.53
印度尼西亚	184	1.63	11.33	1.21	0.55	1.61	8.83	0.88	0.51
泰国	143	0.98	10.05	1.06	0.54	0.78	8.94	0.95	0.55
哥伦比亚	135	2.60	9.83	0.92	0.48	2.53	8.20	0.57	0.35
波兰	109	1.00	10.47	1.31	0.64	0.47	8.21	0.93	0.58
菲律宾	76	0.30	7.95	0.72	0.46	0.35	7.12	0.65	0.47
秘鲁	65	2.23	9.93	1.03	0.53	2.15	9.76	1.00	0.53
捷克共和国	46	2.11	8.93	0.97	0.56	1.44	7.73	0.76	0.51
阿根廷	41	0.88	12.23	1.00	0.42	1.97	12.58	0.90	0.37
匈牙利	30	1.20	10.42	1.32	0.65	0.73	8.29	1.01	0.63
巴基斯坦	25	1.45	11.24	0.25	0.11	1.82	10.85	0.22	0.10

注：①Billion of $ U. S as of January 1, 2010.

资料来源：Datasteam.

25.3.2 投资新兴市场的风险更大吗

在第24章中我们指出，对于风险适当的测度取决于所评估的是作为全部投资的组合还是一个分散化组合的一部分。对于全部投资组合，标准差和超额收益率就是对风险合适的测度。相比而言，对于一个将要被加入现有组合（这里指美国国内指数组合）中的资产（这里指外国指数组合），与美国市场的协方差（或者β）就是合适的测度。

图25-3中，发达国家/地区和新兴市场国家/地区都是按照标准差由小到大排列。作为全部组合来看待时，新兴市场风险明显更大。但是，图25-4却给了一个不同的角度，图中给出了各国市场相对于美国市场的β值。在金砖四国（巴西、俄罗斯、印度和中国）中，只有俄罗斯和巴西的风险是明显较大的。

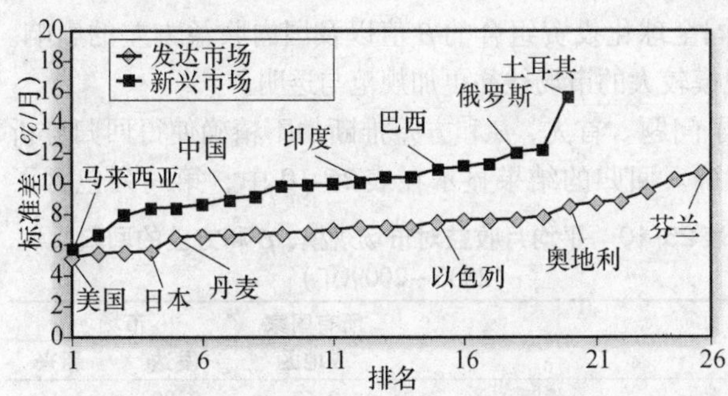

图25-3 2000~2009年发达市场与新兴市场月度超额收益率的标准差

注：发达市场与新兴市场均按收益率标准差由小到大排序。

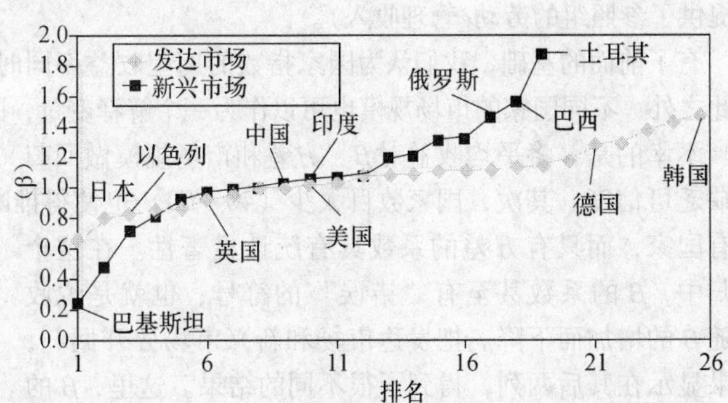

图25-4 2000~2009年各国/地区指数美元收益率对美国市场的β

注：发达市场与新兴市场均按收益率标准差由小到大排序。

25.3.3 平均国家指数收益与资本资产定价理论

图25-5按照2000~2009年市场的平均超额收益率将市场排序，新兴市场显示出了明显的优势。这与图25-3所示的标准差是相一致的，而与图25-4所示的β值不一致。根据CAPM理论，国家的平均收益率应该通过β与全球组合（被认为是最有效的投资组合）具有线性关系。

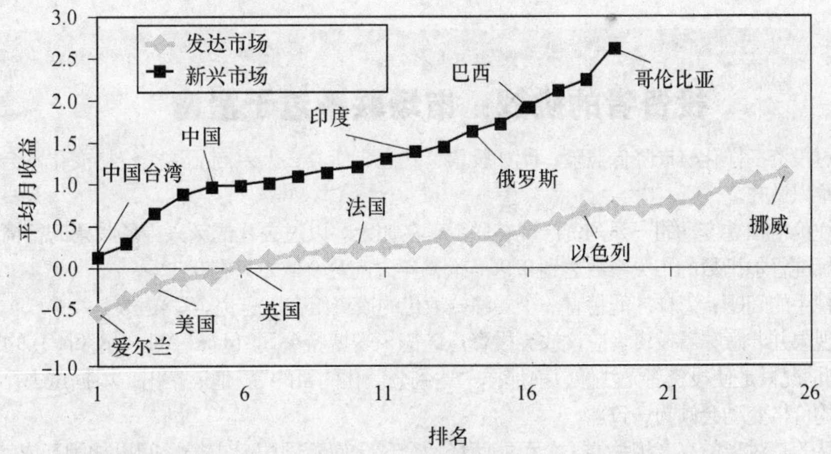

图25-5 2000~2009年发达市场与新兴市场的美元平均收益率

注：发达国家与新兴市场的平均月收益率从低到高排列。

假设投资者对国际分散化并无兴趣，在这种情况下，如同第9章中所讨论的，各国指数的超额收益率R_C依赖于本国市场的方差

$$E(R_C) = \bar{A}\sigma_C^2 \tag{25-4}$$

式中，$\bar{A}$为投资者风险厌恶的平均水平，σ_C^2为市场投资组合的方差。如果投资者的风险厌恶在各国间差别不大，图25-3的结果（平均收益率随国家的标准差增加）就与不考虑国际分散化时的资本资产定价理论是一致的。

相比之下，全球视角下的 CAPM 要求把全球所有风险资产经加权后的组合作为有效投资组合，而每个国家指数的期望收益率都通过 β 与该投资组合具有线性关系。但是这样的假设忽视了投资者往往不愿意大量持有外币的事实。当然，我们也可以假设投资者对所有外币都做了套期保值，因此，全球投资组合的收益以及 β 都可以按照本国货币来衡量。但是，如果投资者们这样做，他们将面临着把极大比重的资金投入海外资产的事实。即使是美国投资者也要持有 2/3 的外国资产（还有相应的外币套期保值），因为美国市场仅占全球市场的 1/3。

事实上，我们可以看到，各个国家的投资者都有母国偏见或**恋家倾向**（home bias），也就是，相比于纯粹的有效分散化，他们更倾向于本国资产。除了心理、制度和额外的费用，母国偏见也可能来源于下述动机[⊖]。投资者评估其生活水平时使用的参照组往往是其本国人。这也是人们倾向于将投资组合收益与母国公司的成功联系起来的原因（母国公司提供了参照组的劳动/管理收入）。

有了前面的基础，我们认为国家指数的期望收益率同时受到同全球化投资组合的 β 值以及国内收益方差的影响。除此之外，不同国家的市场规模也可以作为一个解释变量，因为规模较大的市场往往更加规范与透明。

不幸的是，将平均收益对 β、方差和市场规模做回归又引发了问题。首先，β 和方差推断的不精确使得回归分析也缺乏可信度。其次，国家数目太少（40～50）也使得推断不精确。回归的结果显示在表 25-10 中，第一列包含了所有国家，而只有方差的系数具有统计显著性。在这个回归中，β 的系数甚至有“错误”的符号，也就是说收益随 β 的增加而下降。把发达市场和新兴市场分开回归，结果显示在其后两列，得到了很不同的结果。这里，β 的系数是正的，但仍然不显著。用市场资本总额对数表示的国家规模在两个回归中符号都与预期相同，但是也不显著。所以我们从回归中能得出的结论只能是：没有模型准确解释了数据。

表 25-10　平均月收益对市场规模、β 和方差的回归
（2000～2009 年）

		所有国家或地区	市场	
			发达	新兴
系数	截距	0.67	0.00	1.16
	ln（规模）	−0.05	−0.06	−0.08
	对于美国的 β	−0.33	0.95	0.34
	方差	0.94	−0.50	0.15
t 统计量	截距	1.26	0.00	1.41
	ln（规模）	−0.60	−0.79	−0.45
	对于美国的 β	−0.75	1.15	0.50
	方差	2.94	−0.60	0.30
R^2		0.30	0.31	0.28
样本量		44	25	19

决定性的变量不是 β，而可能是各国市场方差，这说明了母国偏见的重要性。注意到表 25-10 中的回归收益率是按照美元计算的，所以对美国投资者更为有效。其他国家的投资者则需要将所有收益率转化为本国货币。

专栏 25-1

投资者的挑战：市场联系过于紧密

投资的黄金法则：通过投资多样化资产降低风险，比如股票、基金、债券、大宗商品这类价格变化不会完全相同的资产。但是这条法则在今天越来越难以遵守。

最近的研究表明，以往价格独立变动的一系列资产现在联系正在加大。以过去几周新兴市场股票的行情为例。代表新兴市场的摩根士丹利远东指数与标准普尔指数的相关系数达到 0.96，而 6 年之前这个值才只有 0.32。

对于投资者，这是个棘手的问题：怎样才能持有一个足够分散化的投资组合以避免全军覆没。

但现在相关度增加的现象并非意味着投资者应该放弃投资。诺德・安博特公司（Lord Abbett & Co.）的首席经济学家埃茨拉蒂（Ezrati）认为，现在的情况只是使投资者无法像以前那样“达到分散化的目的”。他还指出，根据过去几十年的经验，从长远上看，有时不同类别资产的价格变动会倾向一致。

加快的全球化进程被认为是对当前高度相关的一个可能解释，全球化使不同国家市场之间更加相互依赖。理柏（Lipper）公司的分析师杰夫・托内霍伊（Jeff Tjornehoj）认为尽管现在相关度很高，一个长期的投资者仍然有必要持有国际股票。托内霍伊相信高相关度只是一个暂时现象，而且相信多样化不久就会重新出现——一年或者几年后。

资料来源：Shefali Anand, "Investors Challenge: Markets Seem Too Linked," *The Wall Street Journal*, June 2, 2006, p. C1

⊖ 这个观点的正式分析见 Peter M. De Marzo, Ron Kaniel, and Ilan Kremer, "Diversification as a Public Good: Community Effects in Portfolio Choice," *Journal of Finance* 59 (August 2004).

25.3.4 国际分散化的好处

表 25-11 列出了不同国家之间股票和长期债券收益率的相关度。表 25-11a 部分列出了按美元计算的收益的相关系数，即没有对汇率风险进行对冲时一个美国投资者的收益。表 25-11b 部分列出了以当地货币计算的收益率的相关系数，即对汇率风险进行对冲后美国投资者的收益。这些相关系数说明，至少对于积极投资者而言，国际分散化是极有必要的。尽管表 25-11 中多数国家股票间的相关系数非常高，但还是存在一些足够小的相关度使得投资者可以从分散化中受益，尤其是债券之间和股票债券之间的组合。

表 25-11 资产收益的相关系数：套期保值与未套期保值

a. 美元计收益

	股票							债券						
	美国	英国	日本	法国	加拿大	德国	澳大利亚	美国	日本	英国	法国	加拿大	德国	澳大利亚
股票														
美国	1													
英国	0.87	1												
日本	0.61	0.61	1											
法国	0.85	0.90	0.60	1										
加拿大	0.83	0.82	0.64	0.80	1									
德国	0.84	0.86	0.55	0.96	0.77	1								
澳大利亚	0.79	0.84	0.65	0.81	0.83	0.78	1							
债券														
美国	-0.13	-0.03	0.03	-0.09	-0.13	-0.15	-0.06	1						
日本	0.00	0.02	0.13	0.03	-0.01	0.01	0.04	0.45	1					
英国	0.19	0.40	0.23	0.31	0.27	0.26	0.37	0.50	0.38	1				
法国	0.15	0.31	0.23	0.33	0.20	0.27	0.31	0.63	0.53	0.80	1			
加拿大	0.43	0.53	0.44	0.54	0.63	0.50	0.56	0.41	0.31	0.58	0.63	1		
德国	0.12	0.27	0.20	0.30	0.17	0.24	0.28	0.66	0.53	0.79	1.00	0.62	1	
澳大利亚	0.43	0.53	0.43	0.53	0.51	0.47	0.63	0.48	0.46	0.72	0.81	0.76	0.80	1

b. 本地货币计收益（等同于美元计收益加上完全规避货币风险）

	股票							债券						
	美国	日本	英国	法国	加拿大	德国	澳大利亚	美国	日本	英国	法国	加拿大	德国	澳大利亚
股票														
美国	1													
日本	0.60	1												
英国	0.87	0.59	1											
法国	0.82	0.63	0.89	1										
加拿大	0.84	0.61	0.74	0.74	1									
德国	0.81	0.57	0.84	0.95	0.70	1								
澳大利亚	0.73	0.64	0.74	0.74	0.68	0.69	1							
债券														
美国	-0.13	-0.16	-0.13	-0.25	-0.11	-0.28	-0.18	1						
日本	-0.03	-0.27	-0.05	-0.16	-0.14	-0.12	-0.09	0.36	1					
英国	-0.06	-0.13	-0.01	-0.13	-0.08	-0.15	-0.07	0.79	0.38	1				
法国	-0.18	-0.19	-0.10	-0.21	-0.20	-0.24	-0.19	0.77	0.32	0.77	1			
加拿大	-0.04	-0.09	0.01	-0.07	0.01	-0.12	-0.12	0.83	0.38	0.77	0.74	1		
德国	-0.21	-0.22	-0.12	-0.22	-0.22	-0.25	-0.21	0.75	0.31	0.76	0.99	0.74	1	
澳大利亚	-0.23	-0.30	-0.20	-0.27	-0.24	-0.33	-0.27	0.78	0.39	0.71	0.72	0.75	0.71	1

比较对冲前后的相关系数，至少对于美国投资者而言，有些货币需要对冲汇率风险而有些则不需要。显然，考虑到货币风险而构建最优的国际分散化组合是艰难且代价高昂的。这就引发了一个更基本的问题：未来消极投资者可以从国际分散化中受益吗？从表25-12中可以看到不同国家之间相关度增加的趋势（前面的专栏说明了这一问题），新兴市场的相关度较低，但也在稳步增长。而且考虑到新兴市场的风险更大（标准差更大），较低的相关度是获得收益所必需的。

表25-12　美国证券收益与各国家或地区证券收益的相关系数

	样本期（美元计月度超额收益）					样本期（美元计月度超额收益）			
	2000~2009①	1996~2000①	1991~1995①	1970~1989②		2000~2009①	1996~2000①	1991~1995①	1970~1989②
世界	0.97	0.92	0.64	0.86	中国香港	0.65	0.63	0.33	0.29
瑞典	0.80	0.60	0.42	0.38	意大利	0.77	0.44	0.12	0.22
德国	0.84	0.66	0.33	0.33	瑞士	0.81	0.56	0.43	0.49
法国	0.85	0.63	0.43	0.42	丹麦	0.79	0.56	0.36	0.33
英国	0.87	0.77	0.56	0.49	挪威	0.76	0.58	0.50	0.44
荷兰	0.84	0.63	0.50	0.56	比利时	0.75	0.49	0.54	0.41
澳大利亚	0.79	0.64	0.36	0.47	日本	0.66	0.54	0.23	0.27
加拿大	0.83	0.79	0.49	0.72	奥地利	0.71	0.53	0.19	0.12
西班牙	0.80	0.59	0.51	0.25					

注：①资料来源：Datastream.

②资料来源：Campbell R. Harvey, "The World Price of Covariance Risk," *Journal of Finance*, March 1991.

高相关度对国际投资可以分散风险的传统观点产生了质疑。图25-6（基于1961~1975年的数据）描绘了传统观点，它表示通过国际分散化投资可以把国内投资组合的标准差降低一半（从单一市场的27%降到现在的12%）。但是正如近年资料所示，随着相关度显著的提高，这种标准差上的下降可能被夸大了。不过国际分散化带来的好处依然明显，我们先看一个迄今广为流传的关于分散化投资好处的误导性表述。

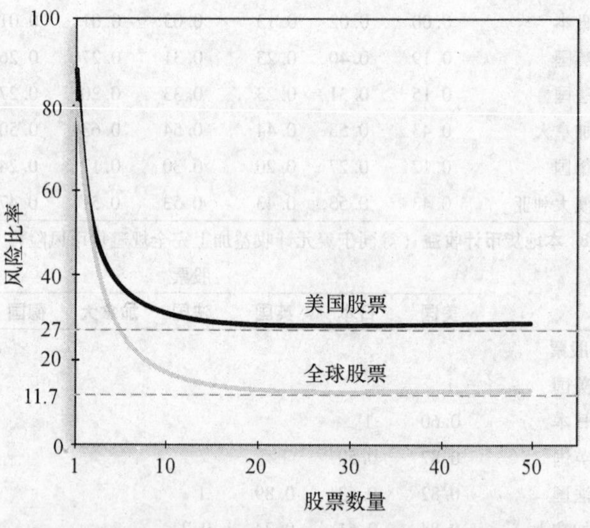

图25-6　国际分散化投资，投资组合标准差占单一股票投资组合平均标准差的百分比

资料来源：B. Solnik, "Why Not Diversify Internationally Rather Than Domestically." *Financial Analysts Journa*, JulyAugust 1974, pp. 48-54. Copyright 1976, CFA Institute. Reproduced and republished from *Financial Analysts Journal* with permission from the CFA Institute. All rights reserved.

25.3.5　分散化投资好处的误导性表述

构建有效投资组合的基本技术是有效边界理论。一条有效边界是通过期望收益与估计的收益协方差矩阵计算出来的。这条边界加上现金资产构成资本配置线，完整的有效投资组合集合在第7章中已述及。有效分散化的收益反映在有效边界的弯曲程度上。其他因素相同时，股票之间的协方差越低，有效边界的弯曲程度越大，那么对于任何期望收益来说，风险降低也就越多。目前为止一切都看起来不错，但是如果我们用样本期内已实现平均收益代替期望收益来构建有效边界，曲线又会怎样？

事后有效边界（根据已实现收益得到）描述了仅有一个投资者的投资组合，且该投资者是一个相当有洞察力的人，他准确预测出了所有资产的平均已实现收益，并准确估算出了样本期内所有资产的协方差矩阵。很明显，这样的投资者根本不存在。对于其他缺乏超凡洞察力的投资者而言，这种边界只具有业绩评估方面的意义。

在这个股价急剧波动的世界中，有些股票能实现巨额的未预期平均收益。这种巨大的“潜力”会体现于事后有效边界上。而这种潜力会放大分散化带来的收益。这种（难以预测的）潜力已在第24章中详细叙述。对于真实投资者而言，把这种潜力作为未来投资的工具是没有意义的。

25.3.6 国际分散化带来的实际收益

尽管用已实现收益来预测未来收益有很强的误导性，但是已实现收益在预测风险方面用处颇大。理由有二：第一，市场有效（至少是近似有效）意味着股价难以精确预测，但并没有说风险不能精确预测；第二，在统计上，根据实证数据得出的标准差、相关系数等的误差要远远小于根据期望值得出的。因此，利用已实现收益估计的风险可以比较好地代表分散化的好处。

图 25-7 表示了用已实现平均收益率得到的 25 个发达国家股指的有效边界，包括卖空和不卖空的情况。尽管事后有效边界排除了卖空的情况，但仍然极大夸大了分散化的好处。不幸的是，这种误导性的有效边界仍然经常出现在各类文献和课本中来说明分散化的好处。

引入合理的预期均衡收益就可以对分散化进行更合理地描述。由于缺乏优质信息，所以期望收益率最好建立在对资产合适的风险评估上。资本资产定价模型（CAPM）告诉我们要使用股票而非全球投资组合的β值。为了构造出所有资产的预期超额（相对于无风险利率）收益率，我们把预期超额收益率定位在了全球投资组合上。将全球组合的预期超额收益率乘以各资产的β值就得到该资产的预期超额收益率。这种处理使得全球投资组合一定在有效边界上，并且是全球资本市场线与有效边界的切点。而有效边界并不会受到全球组合超额收益估计的影响。一个更高的估计值只会把曲线向上移动。

我们用实际收益估算风险值，并且对卖空进行限制。我们假设全球组合的预期超额月收益率是 0.6%，用β计算各个市场的期望收益率，这个超额收益在过去 50 年的平均收益线上。而改变这个估值不会从本质上影响图 25-8 的结果（与图 25-7 同比例绘制）。本图仅仅利用发达市场的数据就体现了国际分散化所带来的显著好处，加入新兴市场后必然进一步提升这个优势。

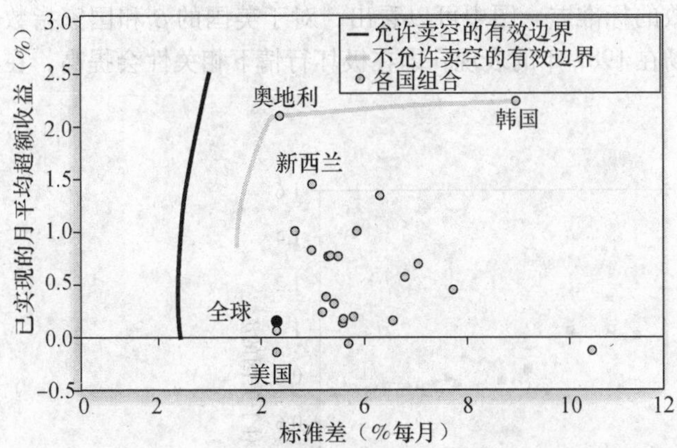

图 25-7 2001 ~ 2005 年间各国投资组合的事后有效边界

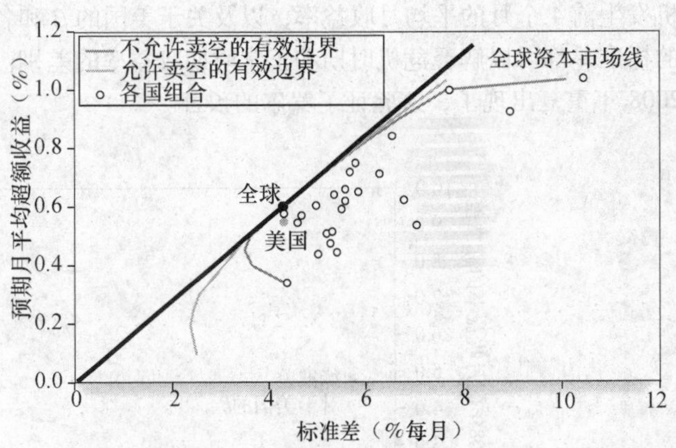

图 25-8 各国投资组合的有效边界（全球月预期超额收益率为 0.6%）

25.3.7 熊市中国际分散化还会带来好处吗

一些研究表明在资本市场动荡时期，国家组合投资收益之间的相关性将增大[⊖]。如果是这样，那么分散化的好处在最需要的时候就会消失。比如，罗尔（Roll）对 1987 年 10 月股市崩盘的研究表明，所有 23 个对象国家的指数在 10 月 12 日 ~26 日期间都发生下跌[⊜]。这种相关性体现在图 25-9 中区域性指数的变动中。罗尔发现一国指数对世界指数的β值（在崩盘前估计得出）是对美国股市 10 月崩盘最好的预测器。这就揭示了全球股价变动背后一个广泛的因素。这个模型认为宏观的冲击会影响到所有的国家，因此，分散化只能减轻各国特殊事件的影响。

⊖ Longin and B. Solnik, "Is the Correlation in International Equity Return Constant: 1960-1990?" *Journal of International Money and Finance* 14 (1995), pp. 3-26; and Eric acquier and Alan Marcus, "Asset Allocation Models and Market Volatility," *Financial Analysts Journal* 57 (March/April 2001), pp. 16-30.

⊜ Richard Roll, "The International Crash of October 1987," *Financial Analysts Journal*, Sep-Oct 1988.

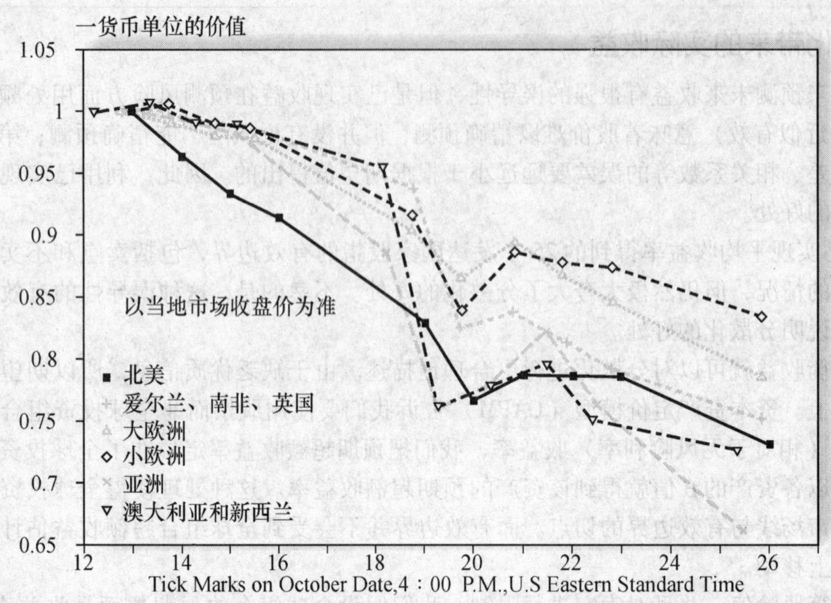

图 25-9 1987 年 10 月 14 ~ 26 日崩盘时期的区域指数

资料来源：Richard Roll，"The International Crash of October 1987，" *Financial Analysis Journal*，Sep-Oct 1988. Copyright 1988，CFA Institute. Reproduced from *Financial Analysis Journal* with permission from CFA Institute. All right reserved.

2008 年全球股市的崩盘也提供了一个检验罗尔理论的机会。图 25-10 中的数据包括 1999 ~ 2008 年和 2008 年危机发生前 4 个月的平均月收益率，以及关于美国的 β 和各指数的标准差。图中可以看出，对于美国的 β 和国家指数的标准差都可以解释危机时期和正常时期收益率的差别。市场在 1987 年的表现，即在极坏行情下相关性会提高，在 2008 年重复出现了，这验证了罗尔的预言。

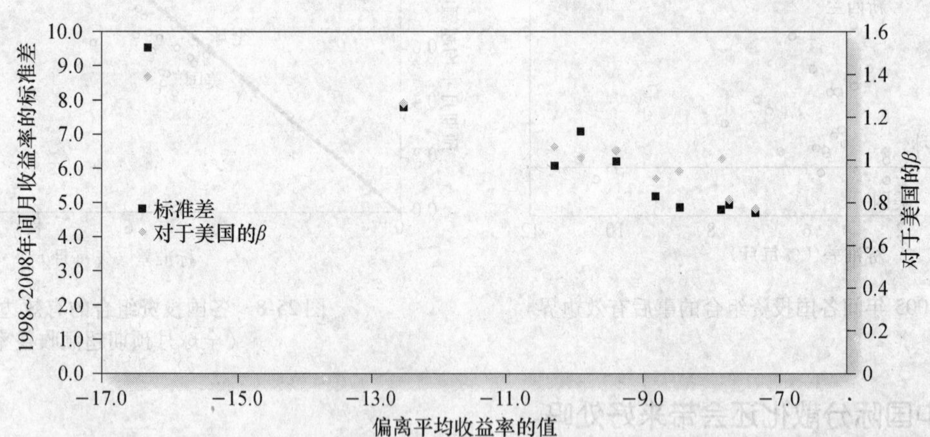

市场	平均月收益率：1999~2008年	平均月收益率：2008年9月 ~ 12月	距离均值的偏差	关于美国的贝塔	标准差
美国	−0.47	−8.31	−7.84	1	4.81
全球除美国外六大市场	−0.16	−7.51	−7.35	0.77	4.71
欧盟发达市场	−0.05	−10.34	−10.29	1.06	6.08
其他欧洲发达市场	0.14	−7.59	−7.73	0.82	4.95
澳大利亚+远东	0.10	−9.29	−9.38	1.04	6.21
新兴远东+南非	0.20	−9.70	−9.90	1.01	7.10
新兴拉美	0.80	−11.72	−12.52	1.27	7.83
欧洲新兴市场	0.90	−15.43	−16.32	1.38	9.54
全球除去美国（48个国家）	0.01	−8.79	−8.81	0.91	5.19
世界组合	−0.15	−8.60	−8.45	0.94	4.88

图 25-10 2008 年 9 ~ 12 月间 β 和月收益率标准差偏离 1998 ~ 2008 年间均值情况

资料来源：作者的计算。

25.4　国际分散化潜力评估

首先我们来看看希望持有大量消极投资组合的投资者。他们致力于以最小的代价取得最大的分散化效果。消极投资是简单明了的：它依赖于市场有效性确保广泛的股票投资组合具有最佳的夏普比率。具体做法是估计最佳风险投资组合的均值与方差，在你愿意承受的风险水平下进行资产配置以实现期望收益最高。但是现在，消极投资者必须考虑是否在自己的母国指数组合中加入国际成分。

假设消极投资者依赖有效市场和全球的资本资产定价模型，那么全球市值加权的组合就是最优的。遵守这个简明的理论结果也是有效的。摩根士丹利资本国际（MSCI）和世界指数（ACWI）的指数基金都可以说明这一点。2000～2009年，该投资组合与美国指数投资组合的业绩如下（利用表25-9中的月收益）：

投资组合	摩根士丹利资本国际	美国指数
平均收益率（%）	-0.01	-0.20
标准差（%）	5.34	5.14

这个结果发人深省。首先，这些广泛投资组合的负收益率（它一定低于预期值，因为没有投资者会投资在期望收益为负的资产上）再次提醒我们历史均值是不可靠的这一重要事实。我们也发现美国股票组合的风险相对较低，尽管美国投资组合可能处在世界有效边界的内侧，比世界投资组合具有更低的夏普比率，但是它比充分分散化的世界投资组合的风险更低。

当我们意识到上述数据不支持全球CAPM时，事情就变得复杂了，因为我们无法确保全球投资组合就是最有效的。我们可以发现，高标准差的国家倾向于有高收益率，因此一个消极投资者期待找出一些简单的规则，用以加入少量的国家（通过国际指数基金的各种组合）来淡化单一国家高标准差的劣势并且提高整个投资组合的夏普比率。在下述三条规则中，我们从美国投资者的角度出发，利用美元计收益。我们基于市场资本化率来添加国家原因有二：①所得的投资组合至少比较接近理论上的有效组合；②任何外国投资组合的权重都不能过大。我们根据已包含国家的数目和总组合占全球的比例来估计日益分散的投资组合的风险。

三条筛选国家指数的简单规则如下：

（1）市场资本化率（从高到低）。这个规则源于全球CAPM中的最优组合是以资本化加权的。

（2）关于美国的β（从低到高）。这条规则致力于降低与高风险国家有关的风险。

（3）国家指数标准差（从高到低）。这条规则源于高标准差往往带来高收益率，而通过分散化降低单个国家的风险。

这些规则显示了国际分散化的潜在风险与收益。结果显示在表25-13和图25-11中。先看图25-11a，鲜明展示了组合标准差随着三条规则分散化的进程。明显的，按从低到高的β顺序添加组合（或者按照美国市场的协方差），在这12个国家的标准差都大于美国的情况下，仍然迅速降低了组合风险。但是，当充分分散化后，再加入大波动的股指实际上会提高标准差。正如预料，按照标准差的顺序添加国家（这次为了提高期望收益率，是从高到低的顺序）则会得到最大的标准差。

表25-13　依分散化程度排列的国际组合标准差

组合成分	占全球组合比重	占美国组合比重	标准差	平均收益率
a. 按照市值添加				
1　只有美国[①]	0.33	1	5.17	-0.20
2　加日本[①]	0.42	0.79	4.95	-0.24
3　加英国[①]	0.49	0.67	4.97	-0.20
4　加法国[①]	0.54	0.61	5.02	-0.16
5　加加拿大[①]	0.58	0.57	5.07	-0.10
6　加中国香港[①]	0.62	0.54	5.06	-0.07
7　加德国[①]	0.65	0.51	5.11	-0.06

（续）

	组合成分	占全球组合比重	占美国组合比重	标准差	平均收益率
8	加巴西①	0.68	0.49	5.19	0.03
9	加澳大利亚①	0.71	0.46	5.19	0.07
10	加瑞士①	0.74	0.45	5.18	0.08
11	加中国①	0.76	0.44	5.19	0.10
12	加中国台湾①	0.77	0.43	5.19	0.10
13	加荷兰①	0.78	0.42	5.20	0.10
b. 按照贝塔添加					
1	只有美国①	0.33	1	5.17	−0.20
2	加巴基斯坦①	0.33	1.00	5.16	−0.20
3	加马来西亚①	0.34	0.98	5.12	−0.18
4	加日本①	0.43	0.78	4.85	−0.22
5	加菲律宾①	0.43	0.77	4.84	−0.22
6	加葡萄牙①	0.43	0.77	4.84	−0.22
7	加智利①	0.44	0.76	4.83	−0.20
8	加以色列①	0.44	0.75	4.83	−0.19
9	加中国香港①	0.48	0.70	4.83	−0.15
10	加瑞士①	0.50	0.66	4.81	−0.12
11	加哥伦比亚①	0.51	0.65	4.82	−0.10
12	加英国①	0.58	0.57	4.84	−0.09
13	加新西兰①	0.58	0.57	4.84	−0.09
c. 按照标准差添加					
1	只有美国	0.33	1	5.17	−0.20
2	加土耳其	0.34	0.98	5.25	−0.18
3	加阿根廷	0.34	0.98	5.25	−0.17
4	加俄罗斯	0.36	0.93	5.39	−0.08
5	加印度尼西亚	0.36	0.92	5.41	−0.05
6	加巴基斯坦	0.36	0.92	5.40	−0.05
7	加巴西	0.39	0.84	5.66	0.10
8	加芬兰	0.40	0.83	5.69	0.10
9	加波兰	0.40	0.83	5.70	0.11
10	加匈牙利	0.40	0.83	5.70	0.11
11	加韩国	0.42	0.79	5.80	0.15
12	加印度	0.44	0.74	5.87	0.22
13	加泰国	0.45	0.74	5.87	0.23
d. 用不同加权方法加权所有国家或地区的组合					
	平均加权	0.99	0.33	6.14	0.76
	按照市值	0.99	0.33	5.60	0.27
	全球组合的实际收益②	1.00	0.33	5.34	−0.01
	最小方差组合——无卖空	0.99	0.33	4.14	0.02
	最小方差组合——无限制	0.99	0.33	2.21	0.32

注：①组合按照市值加权。

②所有国家或地区（这里忽略了五个）按照市值加权。

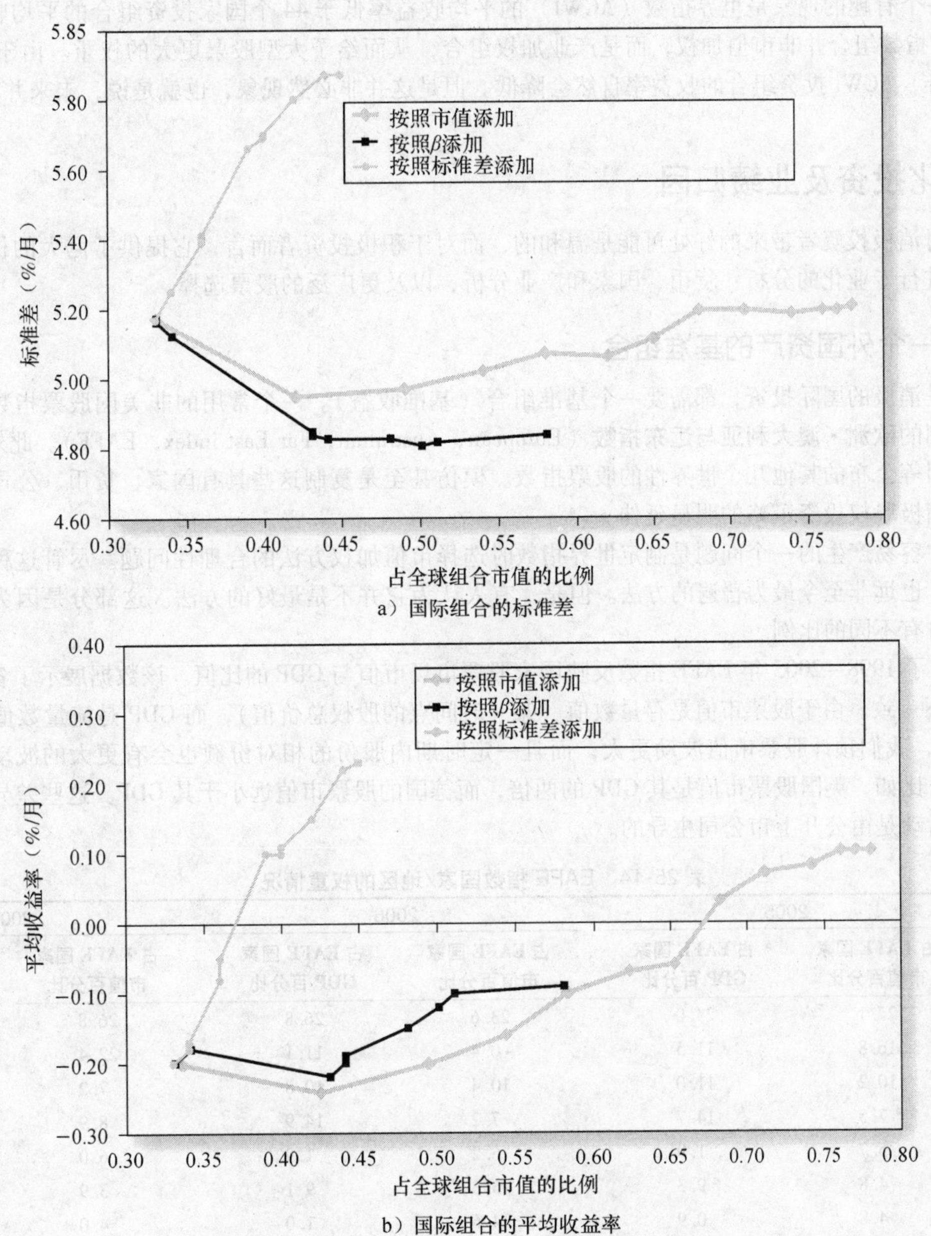

a）国际组合的标准差

b）国际组合的平均收益率

图 25-11　2000～2009 年国际投资的平均收益率

图 25-11b 验证了表 25-10 的结论，按照标准差的顺序加入组合也会增大平均收益率。按照 β 加入组合也会增大平均收益率，至少对于低 β 国家而言如此，这意味着至少在一定程度上，国际 CAPM 影响了资产定价。

总的来说，这些结果与前些章的逻辑是一致的。首先，为分散化付出了代价，回报就是风险的减小。其次，即使有强烈的母国偏见，协方差风险仍然在国际上占有一席之地。我们也看到世界各国对风险的厌恶是类似的：高标准差的国家对应着高收益率。

表 25-13d 考虑加入了更加完善的国际分散化组合的收益与风险。首先看到平均加权的组合相比风险最大，与此同时，由于该组合将高风险高收益国家的组合赋予了过高的权重，它也有更高的平均收益率。另一个极端是限制与不限制卖空时的最小方差组合。没有卖空限制时，标准差可以达到惊人的 2.21%，比最小方差国家（美国）的一半还小。但是这个组合恐怕并不可行，因为它有 22 个空头，其中最大的达到 −15%（瑞典）。当限制卖空时，标准差就提高到了 4.14%，比市值加权的组合相比改善有限。并且，这些组合比例也是不可行的，它包括 27% 在马来西亚而美国只占 7%。

表25-13中一个有趣的现象是世界指数（ACWI）的平均收益率低于44个国家投资组合的平均收益率。这个不同源于MSCI国家指数组合并非市值加权，而是产业加权组合，从而给予大型股票更大的权重。由于2000～2009年小型股票业绩更佳，ACWI投资组合的收益率自然会降低。但是这并非必然现象，也就是说，未来并非一定如此。

25.5 国际化投资及业绩归因

国际分散化对消极投资者带来的好处可能是温和的，而对于积极投资者而言，它提供了巨大的机遇。国际投资需要在更多领域进行专业化的分析：货币、国家和产业分析，以及更广泛的股票选择。

25.5.1 构建一个外国资产的基准组合

不论积极还是消极的国际投资，都需要一个基准组合（基准收益）。一个常用的非美国股票指数是摩根士丹利资本国际集团编制的**欧洲·澳大利亚与远东指数**（European，Australian，Far East index，EAFE）。此外还有第一波士顿公司、高盛公司等公布的其他几个世界性的股票指数。模仿甚至是复制这些具有国家、货币、公司代表性的指数的组合是纯国内消极股权投资策略的明显延伸。

在国际环境中容易产生的一个问题是制定世界指数时选择市值加权方法的合理性问题。尽管这种方法与最普通的方法很不一样，也远非至今最为普遍的方法。但是，有人认为它并不是最好的方法。这部分是因为不同国家的上市公司中各板块占有不同的比例。

表25-14列出了1998～2005年EAFE指数反映国家股票市场市值与GDP的比值。该数据展示了各国市值规模与GDP之间极大的不一致。由于股票市值是存量数值（某一时间点的股权总价值），而GDP是流量数值（一整年内产品与服务的价值），我们预计股票市值波动更大，而且一定时期内股份的相对份额也会有更大的波动。但是，有些差异是持续性的。比如，英国股票市值是其GDP的两倍，而德国的股票市值远小于其GDP。这些差异说明英国比德国有更多的经济活动是由公开上市公司主导的。

表25-14 EAFE指数国家/地区的权重情况

国家或地区	2005		2006		2006	
	占EAFE国家市值百分比	占EAFE国家GDP百分比	占EAFE国家市值百分比	占EAFE国家GDP百分比	占EAFE国家市值百分比	占EAFE国家GDP百分比
日本	27.1	24.0	23.6	26.8	26.8	29.1
英国	16.8	11.5	-0.4	11.1	22.4	10.5
法国	10.2	11.0	10.4	10.8	7.2	10.7
德国	7.5	14.7	7.2	14.9	8.9	15.8
瑞士	5.7	1.9	6.2	1.9	6.0	1.9
意大利	4.8	9.3	5.3	9.1	3.9	8.8
中国香港	4.8	0.9	4.6	1.0	4.0	1.2
澳大利亚	4.4	3.7	4.1	3.2	2.9	2.7
西班牙	4.0	5.9	3.6	5.2	2.7	4.3
荷兰	3.3	3.3	5.0	3.2	5.9	2.9
瑞典	2.2	1.9	1.9	1.9	2.4	1.8
比利时	1.7	2.0	1.4	1.9	1.4	1.8
芬兰	1.2	1.0	1.5	1.0	0.7	1.0
新加坡	1.1	0.6	1.1	0.6	1.1	0.6
挪威	1.1	1.6	0.7	1.4	0.6	1.1
丹麦	1.0	1.4	0.8	1.3	0.9	1.3
奥地利	0.8	1.6	0.4	1.6	0.4	1.6
希腊	0.8	1.2	0.6	1.1	0.3	0.9
爱尔兰	0.7	1.0	0.6	0.9	0.5	0.6
葡萄牙	0.4	1.0	0.5	0.9	0.6	0.8
新西兰	0.2	0.6	0.2	0.5	0.4	0.4

资料来源：Datastream.

一些人认为用 GDP 作为国际证券指数的权重比用上市公司的市值更为合适，因为一个国际分散化资产组合策略应该按照各国主要资产的比例来购买各种证券，而且一个国家的国内生产总值比它的股票市值更能代表这个国家在国际经济中的重要性。还有一些人建议用各国进口额的比例作为权重，其依据是那些希望对进口货物套期保值的投资者会按照这些进口货物同等比例选择在外国公司中拥有的股份。专栏 25-2 讨论了使得投资者寻求有效的国际投资分散化策略的国际资产配置问题。

25.5.2　业绩归因

我们可以使用类似于第 24 章的方法来测度这几个因素的贡献。

（1）**货币选择**（currency selection）测度相对于投资者的基准货币（我们在此使用美元）的汇率变动对于整个投资组合的影响。我们可以用 EAFE 指数来比较一个特定时期内投资组合的货币选择与使用消极基准的差别。EAFE 货币选择的计算是这样的：用在 EAFE 投资组合中对不同货币评价的加权平均作为投资在每种货币中的 EAFE 权重。

（2）**国家选择**（country selection）测度投资于世界上业绩较好的股票市场对于投资组合的影响。可以用每个国家股权指数回报率的加权平均作为每个国家投资组合的权重份额的测度。我们用指数收益来抽象各国证券选择的影响。检验一个管理者相对于消极管理的业绩，我们可以将国家的选择通过以下方法进行比较：以国家的指数回报率的加权平均值作为每一国家的 EAFE 投资组合的权重份额。

（3）**股票选择**（stock selection）像在第 24 章中一样，可以用每一国家的超额股权指数的股权收益的加权平均值来测度。在这里，我们用当地货币回报率作为不同国家的投资权重。

（4）**现金/债券选择**（cash/bond selection）可用相对于基准权重，从加权的债券中获得的超额收益率来测度。

> **概念检查 25-3**
>
> 利用表 25-15 的数据，计算组合权重为 40% 欧洲、20% 澳大利亚和 40% 远东时，管理人的国家选择和货币选择。

表 25-15 给出了如何测度一项国际投资组合管理策略的收益的示例。

表 25-15　业绩归因实例：国际投资

	EAFE 权重	股权指数收益	货币升值 E_1/E_0-1	管理人权重	管理人收益
欧洲	0.30	10%	10%	0.35	8%
澳大利亚	0.10	5	−10	0.10	7
远东	0.60	15	30	0.55	18

全部业绩（美元收益 = 指数收益 + 货币升值）

EAFE　0.30(10 + 10%) + 0.10(5 − 10%) + 0.60(15 + 30%) = 32.5%

管理人　0.35(8 + 10%) + 0.10(7 + 10%) + 0.55(18 + 30%) = 32.4%

相对于 EAFE 亏损 0.1%

货币选择

EAFE　(0.30 × 10%) + (0.10 × (−10%)) + (0.60 × 30%) = 20%

管理人　(0.35 × 10%) + (0.10 × (−10%)) + (0.55 × 30%) = 19%

相对于 EAFE 亏损 1%

国家选择

EAFE：(0.30 × 10%) + (0.10 × 5%) + (0.60 × 15%) = 12.5%

管理人(0.35 × 10%) + (0.10 × 5%) + (0.55 × 15%) = 12.25%

相对于 EAFE 亏损 0.25%

股票选择

(8% − 10%)0.35 + (7% − 5%)0.10 + (18% − 15%)0.55 = 1.15%

相比于 EAFE 盈利 1.15%

各项贡献加总（与全部业绩相等）

货币选择（−1%）+ 国家选择（−0.25%）+ 股票选择（1.15%）= −0.1%

专栏25-2

国际化投资所引起的问题

正如 Yoki Berra 所说的一样，跨国投资的问题是它太海外化了。

货币波动？套期保值？跨国分散化？这些是指什么？

下面是我常问的五个问题的答案。

- 国外股票占有世界股票市场大约60%的市值，那么是不是应把你投入股市资金的60%投向国外？

向国外投资的主要原因不是要复制全球市场或者提高收益。相反，SEI 投资管理公司的投资部门经理罗伯特·路德维希（Robert Ludwig）解释说："我们把国外股票列入投资范围是为了减少风险。"

国外股票同美国股票不同步变化，这样，在美国市场下跌时它们就可能带来相反的收益。但是为了达到这个降低风险的目标，你并不需要把你60%的钱投往国外。

- 那么，你需要把多少资金投向国外才可以有一种较为合适的分散化组合呢？

路德维格先生回答说："根据国外市场的波动性以及市场之间的相关性，我们认为较好的组合为70%投资于美国，20%投资于国外发达国家市场，10%投资于新兴市场。"

即便你有1/3的资金投资于国外的市场，你也会发现低风险的收益并不那么可靠。因为，不幸的是，当美国股票受到真正的重击时，国外股票的价格似乎也容易产生暴跌。

- 投资从事全球业务的美国跨国公司可以使你获得跨国的分散化组合吗？

"当你研究这些跨国公司时，你会发现主导它们业绩的主要因素是国内市场。"一家芝加哥调查公司的副总裁马克·里珀（Mark Riepe）说。

为什么会这样呢？美国的跨国公司是由美国的投资者所有，它们会随着美国市场的情况而产生波动。此外，里珀先生还指出，虽然跨国公司可能会从国外市场中获得巨大的收益，但它们的大部分成本，尤其是劳动力成本，都是在美国发生的。

- 国际分散化投资组合来自于国外的股票还是国外的货币？

"来自于两者的份额几乎相等，"里珀先生说，"那些希望对他们的外币进行套期保值的人增加了与美国股票的关联性，所以分散化收益不会那么大。"

是的，在投资于一种国外股票基金之前，对相应的货币进行套期保值，以消除外汇汇率变动的影响，并且获益于这种变动。你确实应该三思而后行。

"我们已经进行的研究表明股票管理者通过进行积极的货币管理所受到的损害比得到的收益还大。"路德维格先生说。

- 你应该根据每个国家股票市场的规模分配自己的资金吗？

应该对日本投资多少？这个问题仍处于争论之中。如果你用摩根士丹利资本国际集团的欧洲、澳大利亚及远东指数来复制市场，现在你就会将大约1/3的海外资金投在日本。

这就是你在跨国指数基金中发现的试图模拟 EAFE 或其他类似跨国指数业绩的权重模式。相反，积极管理下的国外股票基金对市场权重投入较少的关注，目前来看，它们在日本的平均投资额只有14%。

如果你的目标更多的是降低风险而不是业绩表现，指数以及模拟它的基金很明显是赢家。日本与美国市场表现截然不同，所以它可以为美国的投资者提供很好的分散化组合，一家芝加哥时事通讯公司《晨星共同基金》的国际编辑特里西亚·罗斯柴尔德（Jricia Rothschild）说。

"但是它们之间的关系并不是不变的，"她补充说，"以过去20年里发生的事情来推断将来20年里会发生什么，通常是有问题的。"

资料来源：Jonathan Clements, "International Investing Raises Questions on Allocation, Diversification, Hedging," *The Wall Street Journal*, July 29, 1997. Excerpted by permission of *The Wall Street Journal*.

Excel 应用：国际投资组合

这个 Excel 模型提供了类似于第6章的有效边界分析。第6章的有效边界由单个股票计算得来，这里检验了国际外汇交易基金的收益，并使得我们可以分析国际分散化投资的收益。请登录在线学习中心 www.mhhe.com/bkm。

	A	B	C	D	E	F	G	H	I	J
58		指数权重组合的方差矩阵								
59		权重D	权重H	权重I	权重J	权重L	权重P	权重W	标准普尔	
60	权重	0.00	0.00	0.08	0.38	0.02	0.00	0.00	0.52	
61	0.0000	0.00	0.00	0.00	0.00	0.00	0.00	0.00	0.00	
62	0.0000	0.00	0.00	0.00	0.00	0.00	0.00	0.00	0.00	
63	0.0826	0.00	0.00	4.63	3.21	0.55	0.00	0.00	7.69	
64	0.3805	0.00	0.00	3.21	98.41	1.82	0.00	0.00	53.79	
65	0.0171	0.00	0.00	0.55	1.82	0.14	0.00	0.00	2.09	
66	0.0000	0.00	0.00	0.00	0.00	0.00	0.00	0.00	0.00	
67	0.0000	0.00	0.00	0.00	0.00	0.00	0.00	0.00	0.00	
68	0.5198	0.00	0.00	7.69	53.79	2.09	0.00	0.00	79.90	
69	1.0000	0.00	0.00	16.07	157.23	4.59	0.00	0.00	143.47	
70										
71	组合方式	321.36								
72	组合标准差	17.93								
73	组合均值	12.00								
74										
75										
76					权重					
77	均值	标准差	权重D	权重H	权重I	权重J	权重L	权重P	权重W	标准普尔
78	6	21.89	0.02	0.00	0.00	0.71	0.00	0.02	0.00	0.26
79	9	19.66	0.02	0.00	0.02	0.53	0.02	0.00	0.00	0.41
80	12	17.93	0.00	0.00	0.08	0.38	0.02	0.00	0.00	0.52
81	15	16.81	0.00	0.00	0.14	0.22	0.02	0.00	0.00	0.62
82	18	16.46	0.00	0.00	0.19	0.07	0.02	0.00	0.00	0.73
83	21	17.37	0.00	0.00	0.40	0.00	0.00	0.00	0.00	0.60
84	24	21.19	0.00	0.00	0.72	0.00	0.00	0.00	0.00	0.28
85	27	26.05	0.00	0.00	1.00	0.00	0.00	0.00	0.00	0.00
86										
87										

小 结

1. 美国股权只占世界股权投资组合的一小部分，国际资本市场为投资组合的分散化与强化风险－收益特性提供了重要的机会。
2. 以外汇投资会产生一个额外的不确定的汇率风险，大部分汇率风险可以通过运用外汇期货或外汇远期对冲掉，但是，一个完全的套期保值是难以做到的，因为外币的收益率难以确定。
3. 有些世界市场指数可以成为消极国际投资的基础，积极的国际投资可以划分为货币选择、国家选择、股票选择与现金/债券选择。

习 题

基础题

1. 回到“国际化投资所引起的问题”栏目，这篇文章写得很好，只是有些过时了。你同意文中关于“投资从事全球业务的美国跨国公司可以使你获得跨国的分散化组合?”的回答吗?
2. 在图25-2中，我们同时提供了当地货币和美元计值的收益率。哪一个更重要？它又与投资是否对汇率风险套期保值有什么关系？

中级题

3. 假设一个美国投资者最近打算以每股40英镑的价格投资于一个英国企业，他有10000美元的现金，而当期汇率为2美元/英镑。
   a. 此投资者可以购买多少股？
   b. 填写完成下表中1年后9种情况的收益率（3种可能的每股英镑价格乘以3种可能的汇率）：

每股价格	以英镑计价的收益率（%）	以美元计价的1年后的汇率		
		1.80美元/英镑	2美元/英镑	2.20美元/英镑
35英镑				
40英镑				
45英镑				

   c. 什么时候，美元计值的回报率等于英镑计值的回报率？
4. 如果第3题的9种情况的可能性都相同，请分别求出以英镑计值和以美元计值的收益率的标准差。
5. 现在假设第3题的投资者在远期市场上售出5 000英镑，远期汇率是2.10美元/英镑。

a. 重新计算每种情况下的美元计值收益率。

b. 在这种情况下，美元计值收益率的标准差将如何变化？将之与原值以及英镑计值的标准差进行比较。

6. 计算下例中货币、国家和股票选择对总体业绩的贡献，所有汇率都表示为1美元所能购买的外币单位数。

	EAFE权重	股权指数收益（%）	E_1/E_0	管理人的权重	管理人的收益率（%）
欧洲	0.30	20	0.9	0.35	18
澳大利亚	0.10	15	1.0	0.15	20
远东	0.60	25	1.1	0.50	20

7. 如果即期汇率是1.75美元/英镑，1年期远期汇率为1.85美元/英镑，同时英国国库券的利率是每年8%，则用美元计算的由于投资英国国库券而锁定的无风险收益率是多少？

8. 如果你打算投资于第7题中的英国国库券10 000美元，你怎样锁定你的美元计值的收益率？

高级题

9. 这一章是从美国投资者观点写的。假设你在给一个小国家投资者提供建议。本章内容要做哪些修改？

CFA考题

1. 假设你是一名美国投资者，1年前购买了2 000英镑英国证券，当时每英镑1.5美元。如果证券价值现在是2 400英镑而且每磅价值升为1.75美元，你的总收益率是多少(美元计值)？假设该时期内没有股利和利息。

2. 美国股票大盘指数和其他工业化国家的股票指数收益率的相关系数最可能______，美国股票各种分散化资产组合收益率之间的相关系数最可能______。

a. 小于0.8；大于0.8。　　b. 大于0.8；小于0.8。

c. 小于0；大于0。　　d. 大于0；小于0。

3. 一个投资者投资者于外国的普通股，希望规避投资者本币的______风险，可以通过______远期市场的外币来规避。

a. 贬值；出售。　　b. 升值；购入。

c. 升值；出售。　　d. 贬值；购入。

4. 约翰·艾里什是特许金融分析师，也是一位独立投资咨询人，他帮助通用技术公司（General Technology Corporation）的投资委员会主席达尔文建立起一个养老基金。达尔文咨询艾里什关于投资委员会是否应该考虑国际股权投资。

a. 请解释将国际股权纳入通用的股权资产组合的合理性。确认并描述三个相关的因素，写出计算过程。

b. 请列出反对国际股权投资的三个可能的意见，并简单分析其重要性。

c. 为了说明国际证券的长期业绩的几个方面，艾里什向达尔文出示了近几年美国养老基金的投资结果。比较美国股权、非美股权与固定收益资产的业绩表现，并解释为什么会计收益指数与四种独立的资产类别指数明显不同，会计业绩指数的结果有何意义？

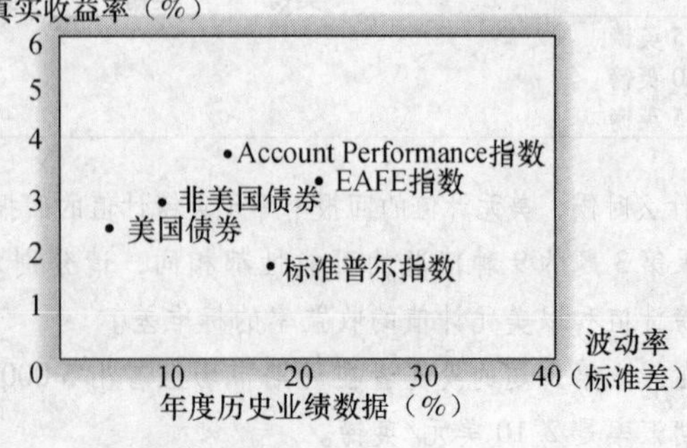

5. 作为一个美国投资者，决定购买以下证券中的一种。假设加拿大政府债券的货币风险是可避免的，6个月的加元远期合约的贴现率为每美元－0.75%。

债券	到期日	息票利率（%）	价格（美元）
美国政府	6个月	6.50	100.00
加拿大政府	6个月	7.50	100.00

请计算6个月范围内要使两种债券有相同的美元总收益，加拿大国债必需的期望价格变动。假设美国债券的收益率保持不变。

6. 一位全球经理计划在今后90天内投资100万美元于美国政府的现金等价物。但是，他也被授权可以使用非美国政府现金等价物，使用远期货币合约来规避货币风险。

a. 如果她投资于加拿大或日本的货币市场工具，并对其投资的美元价值进行套期保值，她的收益率是多少？使用下表数据。

b. 美国政府证券90天的利息率大约是多少？

90天现金等价物的利率（APR）	（%）
日本政府债券	2.52
加拿大政府债券	6.74
每单位美元兑换的外币的汇率	
	即期	**90天远期**

	即期	90天远期
日元	0.011 9	0.012 0
加元	0.728 4	0.726 9

7. 温莎基金会是一个立足美国的非营利慈善组织。旗下拥有1亿美元的分散化投资组合。温莎的董事会考虑进军新兴市场。基金会的财务总管，罗伯特·休斯顿做出了如下四条评论：

a. “对于只持有发达市场股权的投资者，新兴市场货币的稳定性是实现良好收益的先决条件。”

b. “当地货币相对于美元贬值经常发生于新兴市场。美国投资者的收益的很大部分都被货币贬值抵消掉。甚至长期投资者也不能幸免。”

c. “从以往经验而言，在美国股权组合比如标准普尔500

指数中加入新兴市场股票会降低波动性；而将新兴市场股票与国际组合比如MSCI EAFE指数相结合也会降低波动性。”

d. “尽管新兴市场之间的相关性在短期内会有变动，有证据显示长期内其相关性是稳定的。因此，某一时刻在有效边界上的新兴市场组合倾向于在接下来时期内留在有效边界附近。”

请讨论休斯顿的四条评论分别是正确的还是错误的。

8. 在对Otunia（这是一个虚构的国家）的经济与资本市场做出研究后，你的公司GAC决定在新兴市场投资中加入Otunia的股票。但是，GAC还未决定实行积极的投资策略还是指数策略。现在请你对于积极投资还是指数投资做出评价。以下是研究结果。

Otunia的经济均匀地分散于农业、自然资源、制造业（消费品与日用品）和增长的金融业。由于高佣金和政府印花税，证券市场的交易费用较高。该国信息公开机制健全，公司财务业绩的公众信息完整且可靠。

资金出入该国、外国资金持有该国证券被政府部门严格监管。非本国居民在办理各类手续时多有搁置，往往延误时机。该国政府财政部门高层致力于削弱监管开放外国资金流入，但是GAC政策顾问认为该国保守主义势力强大，短期内不会有实质性进展。

a. 简述Otunia投资环境利于积极投资的方面，以及利于指数策略的方面。

b. 推荐GAC应该采用哪个策略。并用（a）中的因素说明你的理由。

在线投资练习

国际投资

登录摩根士丹利全球经济论坛（GEF）www.morganstanley.com/views/gef。找到GEF文档链接，寻找一个最近日期，点击进入。选择一个公司阅读讨论该国当前经济现状的版块。哪些因素被提到？这些因素又会如何影响你决定是否持有该国证券？

返回文档页面，选择大约1年前的报告。找到关于同一个国家的报告（可能有些日子没有同一个国家的报告）。将1年前的报告与近期报告做比较。哪些部分是完全相同的又有哪些部分不同了呢？

概念检查答案

25-1 $1+r$（美国） = $[1+r_f$（英国）$]$ × (E_1/E_0)

a. $1+r$(美国) $=1.1\times1.0=1.10$，所以r(美国) $=10\%$。

b. $1+r$(美国) $=1.1\times1.1=1.21$，所以r(美国) $=21\%$。

25-2 你必须在远期市场上出售你今年结余的英镑数额，除非以英镑计价且其收益率已知，否则我们无法知道其具体价值

a. $10\,000\times1.20=12\,000$ 英镑。

b. $10\,000\times1.30=13\,000$ 英镑。

25-3 国家选择：

$(0.40\times10\%)+(0.20\times5\%)+(0.40\times15\%)=11\%$

相对于EAFE消极性基准，损失了1.5%。

货币选择：

$(0.40\times10\%)+(0.20\times(-10\%))+(0.40\times30\%)=14\%$

相对于EAFE消极性基准，损失了6%。

CHAPTER26

第26章 对冲基金

尽管对于多数证券市场投资者而言，共同基金仍然是占据统治地位的投资方式，在过去的十年间对冲基金有着高得多的增长率，其资产从1997年的2 000亿美元升至2008年的高点2万亿美元，而后于2009年年底跌至1.5万亿美元。与共同基金类似，对冲基金允许投资人集合资产供基金经理投资。与共同基金不同的是，它们通常是合伙制从而不受SEC的监管约束。它们通常仅对实力雄厚的投资人或机构投资者开放。

对冲基金实际上涉及本书前面章节所述的所有问题，包括流动性、证券分析、市场有效性、组合分析、套期保值以及期权定价。比如，这些基金通常认定某个证券被错误定价，而对大盘敞口套期保值。这种纯粹的“搜寻阿尔法”需要将对冲基金和普通组合进行优化混合。另一些基金激进地进行市场择时，它们的风险属性因此可以迅速地变化，从而引起业绩评估方面的问题。很多对冲基金持有大量的衍生品仓位。即使是不进行衍生品交易的基金也会收取奖励费，这些奖励费类似于看涨期权的损益，因此，对于期权定价的了解有助于理解对冲基金策略。简而言之，对冲基金涉及了积极的组合管理中可能遇到的所有问题。

我们从不同风格对冲基金的研究入手，重点讲解经典的“市场中性”策略，对冲基金也是因此得名。然后我们讨论对冲基金的业绩评估。最后，我们讨论对冲基金的费用结构及其对于投资者和管理者的启示。

26.1 对冲基金与共同基金

与共同基金类似，**对冲基金**（hedge fund）最基本的思想就是汇集投资。投资者购买基金股份，基金代表投资者将集合资产进行投资。每股的净资产价值代表了投资人在组合中的价值。从这个角度上，对冲基金与共同基金无异。但是，二者之间有着重要差别。

透明度　共同基金受1933年《证券法》和1940年《投资公司法》约束（用于保护投资新手），上述法案要求透明度与投资策略的可预测性。它们必须定期向公众披露投资组合成分的信息。相比之下，对冲基金常为有限责任合伙制，仅对其投资者提供少量关于组合构成和投资策略的信息。

投资人　通常对冲基金只有不到100个“成熟”的投资人，实践中有最低净资产和收入的限制。它们不对公众宣传，尽管现在对冲基金有放低门槛面向市场的趋势。某些新基金的最低投资限额仅为25 000美元，而通常的底限为25万~100万美元。

投资策略　共同基金在其计划书中披露基本投资策略（比如，偏向大盘价值股或者小盘成长股）。它们往往受到阻力从而难以转变类型（即偏离其投资导向），尤其是考虑到退休基金（如401(k)计划）对行业的重要性以及可预测策略对这类计划的需求。绝大多数共同基金承诺限制其使用卖空和杠杆，它们对衍生品的应用也受到严格限制。近年来，出现了主要面向机构投资者的130/30共同基金[⊖]，该基金明确允许持有更多空头和衍生品仓位，即便如此其灵活性也远远不及对冲基金。相比之下，对冲基金可以有效地执行任意投资策略并且随机应变。因此，纯粹地将对冲基金视为一种资产类型是错误的。对冲基金致力于进行广泛的投资，关注于衍生品、陷入困境的公司、货币投机、可转换债券、新兴市场、兼并套利等。某些基金可能由于预测投资机会转移而从一个资产类别转投其他资产类别。

流动性　对冲基金通常有**禁售期**（lock-up period），即在长达数年的时期内投资者不允许撤出。很多也包含撤资通告规定，要求投资人在撤资前数周或数月提交通告。这些规定限制了投资人的流动性但是使得基金可以投资于缺乏流动性的资产上以期获得更高的回报，而不用担心未知的撤资风险。

报酬结构　在费用结构方面对冲基金也不同于共同基金。共同基金的管理费用为资产的一个固定比率，比如说，股本基金通常是每年0.5%~1.5%。对冲基金收取管理费用，通常是资产的1%~2%，加上激励费，是其超过某个指定基准利润水平的固定比例。激励费通常是20%，有时更高。基准收益率通常来自货币市场，比如LIBOR。所以，有人也半开玩笑地称对冲基金是“一个貌似资产池的报酬计划”。

26.2　对冲基金策略

表26-1列出了对冲基金行业中常见的投资策略。这个列表包罗万象，可见将对冲基金视为一个群体实为牵强。但是，我们可以将对冲基金策略分为两大类：方向性和非方向性。

表26-1　对冲基金类型

可转换套利	投资于可转换证券，通常是多头可转换债券与空头股票
卖空偏好	纯卖空策略，通常在股权投资中使用，面临纯卖空敞口
新兴市场	发掘新兴市场中的非有效性。通常只持有多头因为这些市场中卖空往往不被不允许
股权市场中性	常使用多头/空头套期保值。通常控制行业、板块、规模和其他敞口，建立市场中性仓位以发掘市场非有效性。通常引入杠杆
事件驱动	试图从事件中获利，例如兼并、收购、改制、破产或重组
固定收益套利	从利率相关证券的错误定价中获利。包括利率互换套利、美国与非美国政府债券套利、收益率曲线套利和有抵押证券套利
全球宏观形势	在全球资本或衍生品市场中持有多头与空头。组合头寸反映了对于市场状况和宏观经济走势的观点
多头/空头股权对冲	在市场展望的基础上持有某一方头寸（多头或空头）。此策略不是市场中性。可能集中于某一地区（比如美国或欧洲）的某个板块（比如科技或医疗卫生）股票。可能用到衍生品套期保值
管理期货	利用金融、货币或商品期货，可能会用到技术交易规则或非结构化的评判方法
混合策略	根据展望对策略进行投机选择
基金中的基金	分配自身资产于其他基金代为管理的基金

注：CS/TASS（Gredit Suisse/Tremont Advisors Sharehdder Services，瑞士信贷集团有最完整的对冲基金业绩数据库，它将对冲基金划分为表中11种不同的投资类型）。

⊖ 此类基金可以卖空组合资产的30%，用以增加投资。对于每100美元的净资产，基金可以卖空30美元，从而有130美元的多头，因此得名130/30。

26.2.1　方向性策略与非方向性策略

方向性策略（directional strategy）很容易理解，它们单纯地认定市场中一个版块的表现会超过另一个板块。

相比之下，**非方向性策略**（nondirectional strategy）主要用来发掘证券定价中暂时的偏差。比如，如果抵押证券的收益率相较于国库券格外高，对冲基金可能购入抵押证券而卖空国库券。注意，基金并没有期待整个债券市场的波动：它购入一类债券而售出另一类。通过持有抵押债券，基金对其利率敞口进行套期保值，而期待两个板块的相对价差。当收益率差价返回到其“常态”时，无论利率如何变动，基金都将会获利。由此可见，达到**市场中性**（market neutral）需要特殊努力，在上例中表现为对利率风险的对冲，这也是“对冲基金”得名的原因。

非方向性策略有时被进一步分为趋同策略和相对价值策略，这种策略将赌注下在资产的误定价上，但无须承担市场风险。一个趋同策略的实例即为期货合约的错误定价在合约到期日一定会被修正。相比之下，刚才讨论的抵押证券和国库券的例子即为相对价值策略，因为没有错误定价一定会被“修正”的时限。

例26-1中的多头－空头头寸是对冲基金的典型策略。它们完全赌注与一些错误定价而完全不用担心市场敞口。无论市场如何变动，价格一旦“收敛”或者回到“恰当”水平上，即可获利。因此，卖空和衍生品是该行业的重要工具。

【例26-1】　市场中性头寸

我们用一个对冲基金广泛使用的策略来说明市场中性头寸。新发行的30年国债通常售价高于（低收益率）29.5年国债，尽管二者具有几乎相同的久期。其收益率差价被认为源于30年国债的流动性。而对冲基金往往不太需要流动性，因此购入29.5年国债并且售出30年国债。这是一个市场中性策略，即只要两个债券的收益率趋同就可获利。而事实上随着30年国债不再是流动性最高的债券，溢价会消失，收益率往往会趋同。

注意到上述策略不论利率如何变化均可获利。随着流动性溢价的消失，30年国债收益率上升，多头－空头策略一定可以获利。由于上述定价差异一定会在某个时刻消失，这个策略就是趋同策略。尽管趋同期限不如期货例子中那么确定，我们仍然可以断言下一个30年国债发售时现有30年国债的优势地位即会消失。■

一个更为复杂的多头－空头策略例子是可转换债券套利，它在对冲基金中更为常见。可转换债券可视为一个正常债券加上一个看涨期权，市场中性策略是持有一个可转换债券仓位然后持有一个相反仓位的标的资产。例如，若认为可转换债券被低估，基金应当购入该债券而通过卖空标的股票来对冲掉股价变动风险。

尽管市场中性策略经过了套期保值，我们必须指出，它们不是无风险套利策略。相比之下它们应当被视为**纯赌局**（pure plays），期待某两个指定板块间的错误定价，而将其他的外来风险比如市场风险对冲掉。进而言之，由于基金大量使用杠杆，收益率因而波动较大。

26.2.2　统计套利

统计套利（statistical arbitrage）是市场中性策略的一种形式，但是值得单独讨论。由于它不是通过寻找错误定价（比如指数套利）而实现无风险获利的策略，所以它有别于纯套利。事实上，它大量使用量化工具和自动交易系统来发现定价上的暂时偏差。通过在这些丰富的机会中持有较小的头寸，根据平均数法则，从中获利的概率非常高，几乎是一种“统计上的确定性”。当然，这种策略要求基金的建模技术可以可靠地辨别出市场无效。仅当期望收益率为正值时平均数法则才对基金有效。

概念检查26-1

将下述策略分类为方向性策略和非方向性策略。

a. 该基金购买印度投资基金的股份并售出MSCI印度指数互换，印度投资基金是一个折价出售的封闭式基金。

b. 基金购入皮特里连锁店（Petrie Stores）股份，卖出玩具反斗城股份，后者是皮特里连锁店资产负债表的重要组成部分。

c. 基金购买Generic Pharmaceuticals股份，期待其被辉瑞溢价收购。

统计套利通常包括每天交易上百个证券，持有期以分钟计。这种快速的交易需要大量运用数量工具例如自动交易和数学算法来识别获利机会并有效分散仓位。这些策略试图通过察觉到最微小的错误定价获利，需要最快的交易技术和最低的交易费用。没有第3章提到的电子通信网络是不可能实现的。

统计套利的特殊形式是**配对交易**（pairs trading），股票被根据其本质上的相似性或者市场风险（β）来配对。常见的做法是将收益高度相关而一个公司的定价较另一个更为激进的股票进行配对[㊀]。购入较为便宜的股票而售出较贵的股票即可实现市场中性仓位。对冲基金的全部组合由这些配对构成。每一对可能有不确定性，但是随着很多此类配对，大量的多头-空头赌注被期望获得正向的异常收益。更一般的配对交易允许持有一簇可能被错误定价的股票。

统计套利通常与**数据挖掘**（data mining）相结合，即收集大量历史数据以发现系统性的规律。数据挖掘的风险（也是统计套利的风险）在于当经济形势改变时，历史关系可能会被破坏。或者数据表面上体现出来的模式只是巧合的结果。对足够多数据进行足够多的研究必然会产生表面上的模式，而这种模式没有反应真实的关系，更不能用于预测未来。

26.3 可携阿尔法

市场中性纯赌局的重要推论是**可携阿尔法**（portable alpha）的概念。假设你想对一个你认为被低估的股票投机，但是你认为大盘会下跌。即使在该股票被相对低估方面你是正确的，但它仍然可能随着大盘而下跌。你想把纯股票赌注与由股票正贝塔值引起的市场资产配置赌注区分开来，解决方案是购买股票并且通过出售足够多的指数期货来消除市场敞口，从而将贝塔值降到零。这种股票多头-期货空头的策略使得你可以进行一场纯赌局，或者说该股票的市场中性头寸。

更一般的，你也许希望将资产配置与股票选择分开。方法是投资于任何可以“找到α”的地方。然后你可以对冲掉系统风险，从而将α剥离出来。最终，你通过消极产品比如指数基金或者ETF来对市场的目标板块建立敞口。换句话说，你已经创造了可以与市场任意选定板块敞口混合的可携α。这个过程称为**阿尔法转移**（alpha transfer），因为你把阿尔法从你发现的板块转移到了你最终建立敞口的板块。寻找α需要技巧，相较之下，贝塔，或者市场敞口是一种可以通过指数基金或者ETF廉价购得的“商品”。

纯赌局例子

假设你管理一个120万美元的组合。你确信组合的阿尔法是正的，$\alpha>0$，但是市场也会下跌，即$r_M<0$。因此你将针对上述错误定价建立一个纯赌局。

下个月的收益率用式（26-1）描述，该式说明组合收益率等于“公平的”CAPM收益率（右侧前两项），加上由“残差项”表示的公司特有风险e，加上代表错误定价的阿尔法

$$r_{\text{投资组合}} = r_f + \beta(r_M - r_f) + e + \alpha \tag{26-1}$$

具体而言，$\beta=1.20$，$\alpha=0.02$，$r_f=0.01$，标准普尔指数现在为$S_0=1\,152$，简化起见，组合无股利。你想要抓住每月2%的阿尔法，但你不希望被股票的正阿尔法影响，因为你预计大盘会下挫。所以你通过售出标准普尔期货来对冲风险。

由于标准普尔期货合约乘数为250美元，组合β为1.20，通过出售五份期货合约可对股票仓位套期保值一个月：[㊁]

$$\text{对冲比率} = \frac{1\,200\,000\text{美元}}{1152\times 250\text{美元}}\times 1.20 = 5\text{份合约}$$

一个月后组合的美元价值为

$$\begin{aligned}1\,200\,000\text{美元}\times(1+r_{\text{投资组合}}) &= 1\,200\,000\text{美元}[1+0.01+1.20(r_M-0.01)+0.02+e]\\ &= 1\,221\,600\text{美元}+1\,440\,000\text{美元}\times r_M+1\,200\,000\text{美元}\times e\end{aligned}$$

由期货仓位带来的收入为

$$\begin{aligned}&5\times 250\text{美元}\times(F_0-F_1) && \text{售出5份合约}\\ &=1\,250\text{美元}\times[S_0(1.01)-S_1] && \text{带入期货价格}\\ &=1\,250\text{美元}\times S_0[1.01-(1+r_M)] && \text{无股利时}\ S_1=S_0(1+r_M)\end{aligned}$$

㊀ 判断“激进”与否的标准不统一。一种方法下，电脑自动搜索历史上价格紧跟但是最近分开的股票。如果上述差异终将消失，基金会购入近来表现低迷的股票而售出高价股票。另一种方法下，可能根据价格与内在价值的关系决定是否为“激进定价”。

㊁ 简化设定期货到期日即为套期时限，此处为1个月。如果合约到期日较长，我们需要略减对冲比率，称为“对冲去尾”。

$$= 1\,250\text{ 美元} \times [S_0(0.01 - r_M)] \quad \text{化简}$$

$$= 14\,400\text{ 美元} - 1\,440\,000\text{ 美元} \times r_M \quad \text{由于 } S_0 = 1\,152$$

股票和期货仓位在月末的总价值即为组合价值和期货进项，等于

$$\text{套期收入} = 1\,236\,000\text{ 美元} + 1\,200\,000\text{ 美元} \times e \tag{26-2}$$

注意到期货市场的敞口完全抵消掉了股票组合的敞口。换句话说，β 值被降为零。你的投资为 120 万美元，月收益率为 3% 加上非系统风险（式（26-2）的第二项）。这种零 β 仓位的合理期望收益率即为无风险利率 1%，所以你可以得到 2% 的 α，而且消除股票组合的市场敞口。

概念检查 26-2

如果残差项为 -4%，市场中性仓位的美元价值和收益率将为多少？如果该月市场收益率为 5%，在图 26-1 每个图上收益率位于什么位置？

这是一个纯赌局的理想化示例。实际上，这个例子简化地假定一个已知固定的组合 β，但是该例说明了在对冲市场风险后对股票进行投机的目标。该目标一旦完成，借助指数或指数期货，你可以针对任何系统风险构建所需的敞口。因此，你实现了 α 的转移。

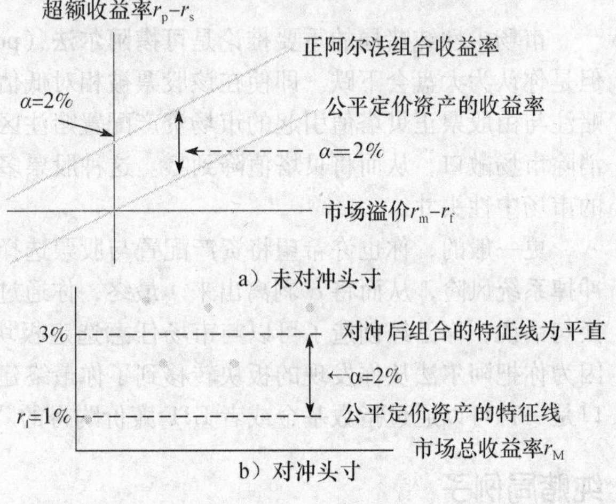

图 26-1　纯赌局

图 26-1 是该纯赌局的图示。图 26-1a 示例了一个“裸露”的正 α 赌注，即未有套期保值。风险固定时，你的期望收益率高于均衡收益率，但由于你的市场敞口，你仍有可能在市场下挫时亏损。图 26-1b 是系统风险对冲之后的特征线，没有市场敞口。

警告：即使市场中性仓位也是赌注，而且也可能失败。这不是真正的套利因为你的收益依赖于分析的正确性（你所察觉到的 α）。而且，你也许会失败仅仅是因为坏运气，即你的分析准确但是特定风险（式（26-1）和式（26-2）中 e 为负值）仍可能导致亏损。

【例 26-2】　纯赌局的风险

市场中性赌局在 1998 年时遭受了一次严重的质疑。尽管 30vs. 29.5 年国债策略（见例 26-1）运行顺利达数年，当俄罗斯债务违约时事情发生逆转，引发大量投资涌向最安全、流动性最高的 30 年国债。巨大的损失证明了，即使是最安全的赌注（基于趋同套利的赌注）也有风险。尽管差价最终一定会被消除，事实上数周之后也是如此，长期资本管理公司与其他对冲基金却蒙受了巨大损失。最后价格的趋同对于 LTCM 而言来得太迟了，它同时蒙受其他投资的损失，最终只得破产[⊖]。■

由于对冲基金大量使用杠杆，即使是市场中性赌局的收益也会有巨大波动。多数错误定价相当微小，而多头 - 空头策略的本质使得总体波动较低。对冲基金不断加大赌注金额，当赌注成功时加大了收益，但失败时也放大了损失。最后，基金收益的波动自然不会小。

26.4　对冲基金的风格分析

尽管传统的对冲基金策略可能关注于市场中性策略，随着市场的发展，卖空和衍生品的出现使得对冲基金事实上可以进行任意类型的投资策略。尽管很多对冲基金追求市场中性策略，对表 26-1 的考察不难发现，很多基金遵循方向性策略。这样，基金做出直率的赌注，比如币值波动、并购结果或者某个投资板块的业绩。这些基金显然不是经过风险对冲的，尽管它们叫对冲基金。

⊖ 对于积极管理者而言，市场择时尤为重要。在第 12 章中讨论过此话题。更一般的，证券分析师感觉察觉到错误定价后，他们普遍承认价格合适收敛至内在价值难以确定。

在第24章中，我们引入了风格分析，即利用回归分析度量一个组合对于各种因素或者资产类型的敞口。因此这种分析度量了一个组合对于资产类型的潜在敞口。各个因素的β值是基金对系统风险来源的敞口。一个市场中性基金对于市场指数没有敏感性。相比之下，方向性基金对于其下赌注的因素有着明显的β，此处多称为因素负荷。观察者可以通过因素负荷将敞口归因于各个变量的变动。

我们在表26-2中对于对冲基金指数做了简单的风格分析。所考虑的四类系统因素包括：

表26-2 对冲基金指数的风格分析

基金类型①	α	标准普尔指数	长期国债	信用溢价	美元
所有基金	0.005 2	0.271 8	0.018 9	0.175 5	−0.189 7
	3.348 7	5.011 3	0.306 4	2.046 2	−2.127 0
市场中性	0.001 4	0.167 7	−0.016 3	0.330 8	−0.509 7
	0.199 0	0.691 7	−0.058 9	0.863 1	−1.279 0
卖空偏好	0.005 8	−0.972 3	0.131 0	0.389 0	−0.263 0
	1.338 1	−6.3684	0.7527	1.6113	−1.0476
事件驱动	0.007 1	0.233 5	0.000 0	0.205 6	−0.116 5
	5.115 5	4.785 8	−0.000 2	2.664 2	0.152 0
风险套利	0.003 4	0.149 8	0.013 0	−0.000 6	−0.213 0
	3.067 8	3.862 0	0.044 2	−0.009 7	−3.339 4
不良资产	0.006 8	0.208 0	0.003 2	0.252 1	−0.115 6
	5.769 7	4.998 5	0.067 9	3.831 8	−1.690 1
新兴市场	0.008 2	0.375 0	0.262 4	0.455 1	−0.216 9
	2.886 7	3.745 2	2.299 5	2.874 8	−1.317 3
固定收益	0.001 8	0.171 9	0.228 4	0.570 3	−0.171 4
	1.014 9	2.813 9	3.280 6	5.903 2	−1.706 3
可转换套利	0.000 5	0.247 7	0.210 9	0.502 1	−0.097 2
	0.219 7	3.106 6	2.321 4	3.982 5	−0.741 4
全球宏观形势	0.007 9	0.074 6	0.059 3	0.149 2	−0.253 9
	3.521 7	0.943 7	0.658 7	1.193 8	−1.953 3
多头/空头股权	0.005 3	0.444 2	−0.007 0	0.067 2	−0.147 1
	2.569 3	6.142 5	−0.085 0	0.587 4	−1.237 2
管理期货	0.004 1	0.256 5	−0.299 1	−0.522 3	−0.270 3
	0.885 3	1.594 4	−1.631 0	−2.052 8	−1.021 7
混合策略	0.007 5	0.256 6	−0.004 8	0.178 1	−0.117 2
	4.218 0	4.128 4	−0.068 4	1.811 6	−1.147 1

注：上行为因素贝塔的估计值，下行为估计值的t统计量。

①基金定义见表26-1。

资料来源：Authors' calculations. Hedge fund returns are on indexes computed by Credit Suisse/Tremont lndex，LLC，availablet at www. hedgeindex. com.

利率：长期美国国债的收益率。

股票市场：标准普尔500指数的收益率。

信用状况：Baa级债券和国债的收益率差。

外汇：美元相对于一系列外币的价值变动百分比。

对冲基金指数i在月份t的收益率在统计上表述为：㊀

$$R_{it} = \alpha_i + \beta_{i1}\text{因素}1_t + \cdots + \beta_{i4}\text{因素}4_t + e_{it} \tag{26-3}$$

㊀ 此处的分析与第24章中共同基金的类型分析有两类不同。第一，因素负载没有被限制为非负。这是因为对冲基金可以很轻易地卖空各类资产。第二，组合权重没有总和为1的限制，这源于对冲基金没有杠杆限制。

式中，β 测度了每一因素的敏感度。通常情况下，用残差项 e_{it} 测度与解释变量无关的非系统性风险，用截距 α_i 测度基金 i 在剔除系统因素影响后的平均业绩。

表 26-2 显示了对 13 个对冲基金指数的敞口估计。结果证实了多数基金实际上是对于四个因素中一个或多个具有显著敞口的方向性策略基金。而且，估计的 β 值与基金所宣称的类型也是相符合的。比如：

- 股票市场中性基金具有较低而且统计上不显著的 β 值。
- 卖空偏好基金对于标准普尔 500 指数有着显著的负 β。
- 困境公司基金对于信用状况（此表中的信用价差越大，说明经济状况越好）和标准普尔 500 指数存在明显的风险敞口。这种风险敞口产生的原因在于重组活动通常依赖于借款的可获得性且成功重组经常依赖于宏观经济形势。
- 全球宏观形势基金对强势美元有负 β，因为强势美元使得海外投资贬值。

我们得出结论，多数对冲基金都在一系列经济因素上进行着明显的方向性赌注。

概念检查 26-3

分析表 26-2 中固定收益套利指数的 β 值，此类基金是市场中性的吗？如果不是，其因素风险在其投资的市场中有效吗？

26.5　对冲基金的业绩评估

表 26-2 显示对冲基金基本都拥有正的 α。Hasanhodzic 和 Lo 系统性地计算了大量基金的经风格调整的 α 和夏普比率，发现业绩评估指标比消极指数例如标准普尔指数高出很多[㊀]。这一现象的来源是什么？

当然，有一种可能性是：这个结果说明对冲基金经理技高一筹。另一种可能性是基金对于未知的因素具有敞口，从而具有正的风险溢价。一种可能的因素即为流动性，接下来我们将看到流动性和流动性风险与平均收益率息息相关。而且，另一些因素使得对冲基金难以评估，这些因素值得深思。

26.5.1　流动性与对冲基金业绩

对于对冲基金诱人业绩的一种解释来自流动性。回顾第 9 章中提到 CAPM 的一个重要拓展是对于持有流动性较差资产的投资者给予收益溢价。跟其他机构投资者比如共同基金相比，对冲基金更倾向于持有非流动性资产。它们可以这样主要做得益于禁售条款保证了投资在一段时期内的稳定性。因此，在评估业绩时应考虑流动性。否则，对于流动性的补偿将被视为真正的 α，即经过风险调整后的异常收益。

阿拉贡（Aragon）证实了拥有禁售限制的对冲基金乐于持有流动性较差的投资组合[㊁]。而且，当控制住禁售和其他股份条款（如撤资通告期）时，这些基金显著的正 α 变得不显著。阿拉贡认为，对冲基金所谓的“阿尔法”并非来自于选股能力，而是流动性溢价，换句话说，对于其他拥有流动性的投资者而言，这是一个“公正的”奖赏。

非流动资产的特征之一为收益率的序列相关性。正序列相关表示正收益率之后更容易出现正收益率（与负收益率相比）。这种现象常常被看做市场缺乏流动性的征兆，因为交易不活跃资产的价格难以获得，对冲基金为了计算净资产价值和收益率必须对这些资产进行估值。Getmansky、Lo 和 Makarov 的研究表明，由于基金公司要么倾向于平滑其估计，要么倾向于向市值靠近，所以这一过程存在明显缺陷，会导致价格正相关[㊂]。因此，正的序列相关通常用来证明流动性差的问题，在无摩擦的近似有效市场中，序列相关或者其他可预测的价格模式可以达到最小化。大多数共同基金的收益率不存在序列相关性，标准普尔 500 指数的序列相关性几乎为零。

㊀ Jasmina Hasanhodzic and Andrew W. Lo, “Can Hedge Fund Return Be Replicated? The Linear Case,” *Journal of Investment Management*, pp. 5-45

㊁ George O. Aragon, “Share Restrictions and Asset Pricing: Evidence from the Hedge Fund Industry,” *Journal of Financial Economics* 83 (2007), pp. 33 – 58

㊂ Mila Getmansky, Andrew W. Lo, and Igor Makarov, “An Economic Model of Serial Correlation and Illiquidity in Hedge Fund Returns,” *Journal of Financial Economics* 74 (2004), pp. 529 – 609

Hasanhodzic 和 Lo 发现对冲基金的收益率显示出强烈的正相关。平滑的价格给予我们两个重要启示。第一，它再度证明了对冲基金持有非流动性资产而且它们明显的 α 可能只是流动性溢价。第二，它说明对冲基金的评估指标是被高估的，因为任何平滑都会降低波动性（因此提升夏普比率）、协方差和对于系统因素的 β 值（提升经风险调整的 α 值）。事实上，图 26-2 显示对冲基金的序列相关与其夏普比率有着密切的联系。

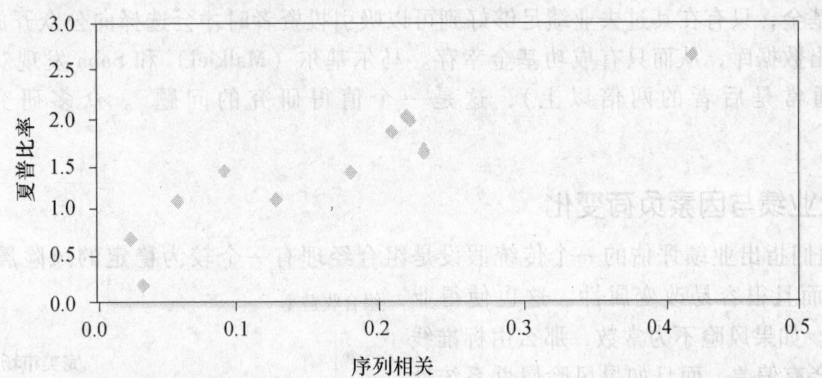

图 26-2　收益率序列相关较高（说明所持有的投资组合流动性很低）的对冲基金显现出了较高的夏普比率

资料来源：Plotted from data in Hasanhodzic and Lo, "Can Hedge Funds Be Replicated?"

阿拉贡关注流动性的平均水平，而 Sadka 讨论了对冲基金的流动性风险[⊖]。他指出意外的市场流动性下降将严重影响对冲基金的平均收益率，而最高和最低流动性敞口的基金收益率每年可相差 6%。对冲基金业绩可视为对流动性风险的补偿。图 26-3 是根据表 26-2 中各类资产的平均超额收益和流动性风险 β 所绘的散点图。随着市场流动性的提升，平均收益率显著提高。

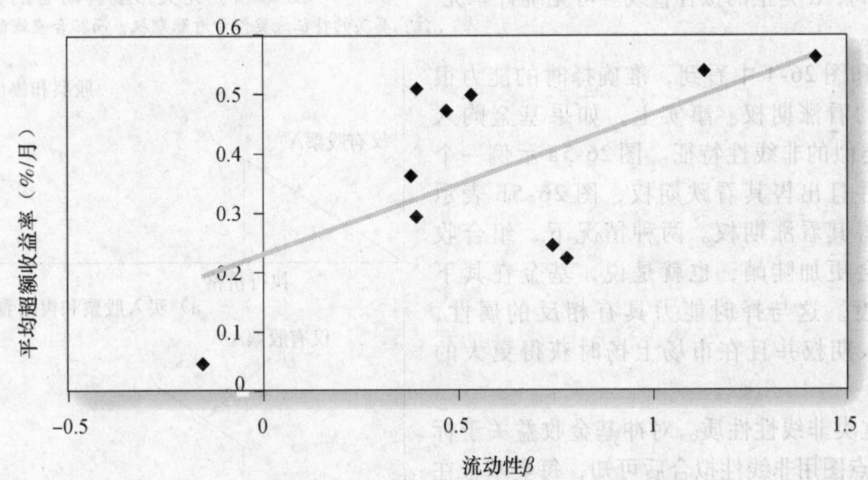

图 26-3　将平均超额收益表示为流动性 β 的函数

资料来源：Plotted from data in Sadka, "Liquidity Risk and the Cross-Section of Hedge-Fund Returns."

如果对冲基金可以利用流动性缺乏的市场对流动性较差的资产故意进行错误估价，从而操纵收益率，情况就变得更为复杂。这样一来，我们需要关注圣诞效应：比起其他月份，对冲基金 12 月的收益率格外得高[⊜]。对于那些处在激励费起征点附近的基金而言，此类现象更为严重。这说明在 12 月（相对于基准的年度业绩被计算的月份）流动性较差的资产被定价定高了。实际上，流动性越低的基金，其 12 月激励越大。如果基金利用市场来操纵收益率，业绩评估就更加变得不可能了。

⊖ Ronnie Sadka, "Liquidity Risk and the Cross-Section of Hedge-Fund Returns," *Journal of Financial Economics*, forthcoming.

⊜ Vikas Agarwal, Naveen D. Daniel, and Narayan Y. Naik, "Why Is Santa So Kind to Hedge Fund? The December Return Puzzel!" March 29, 2007, http://ssrn. com/abstrct = 891 169.

26.5.2 对冲基金业绩与生存偏差

我们已经知道了生存偏差（只有成功的基金才被纳入数据库）可以影响普通共同基金的业绩评估。对冲基金也有同样的问题。**回填偏差**（backfill bias）源于只有在对冲基金主动选择时，其基金报告才会进入数据库。对于从原始资本开始的基金，只有在其过去业绩足够好到可以吸引投资者时才会选择向公众开放。生存偏差则源于失败的基金被自动剔出数据库，从而只有成功基金幸存。马尔基尔（Malkiel）和 Saha 发现对冲基金的损耗率远远高于共同基金（通常是后者的两倍以上），这是一个值得研究的问题[一]。众多研究认为生存偏差可以达到2% ~4%。[二]

26.5.3 对冲基金业绩与因素负荷变化

在第 24 章中，我们指出业绩评估的一个传统假设是组合经理有一个较为稳定的风险属性。但是对冲基金是天生的投机主义者而且很容易改变属性。这也使得业绩评估更加扑朔迷离。如果风险不为常数，那么由标准线性模型估计出的 α 就会有偏差。而且如果风险属性系统性地随着市场期望收益率变化，业绩评估可谓难上加难。

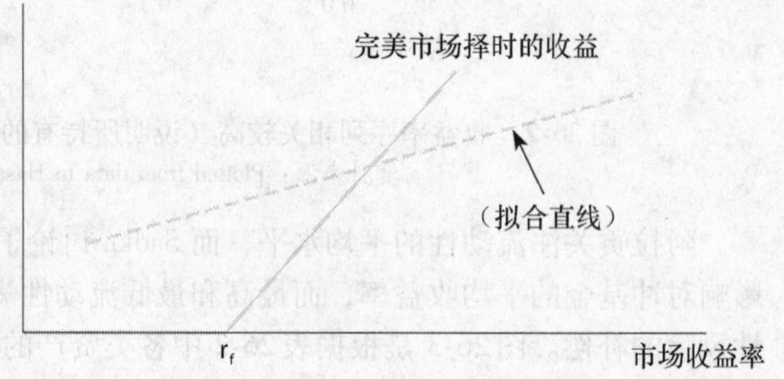

图 26-4 完美市场择时者的特征线

注：真实的特征线类似于看涨期权，而拟合直线的斜率和截距都有偏差

要问为什么，请看图 26-4。该图显示了一个不涉及选股，仅在市场可能超过短期国库券收益时将资金从短期国库券转向市场组合的市场择机者（见“24.4”）特征线。其特征线不是线性的，当市场超额收益率为负时其斜率为 0，为正时其斜率为 1。如果强行对其进行线性回归将会得到一个斜率介于 0 和 1 之间，α 为正的拟合直线。可见统计学无法正确描述此类基金。

我们在第 24 章和图 26-4 中看到，准确择时的能力很像是一个无需付费的看涨期权。事实上，如果基金购入或售出期权也会有类似的非线性特征。图 26-5a 示例一个基金持有投资组合并且出售其看跌期权，图 26-5b 表示持有投资组合并出售其看涨期权。两种情况下，组合收益疲软时特征线都会更加陡峭，也就是说，基金在其下跌时有更大的敏感度。这与择时能力具有相反的属性，择时能力更像是购入期权并且在市场上扬时获得更大的敏感性[三]。

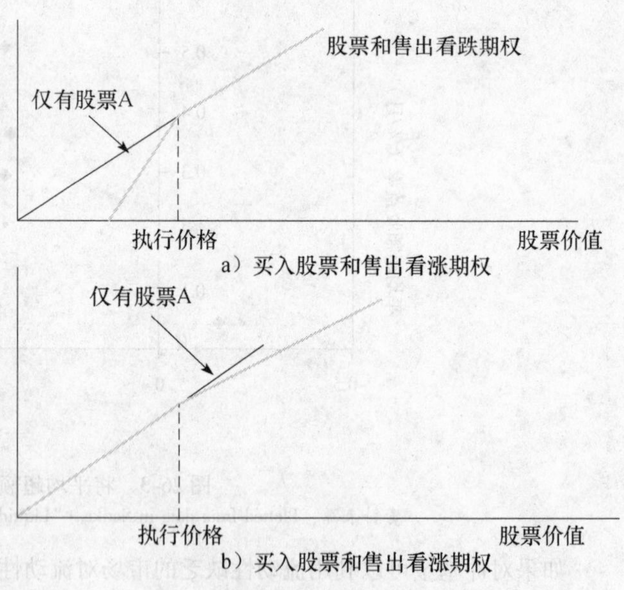

图 26-5 售出期权后的组合特征线

图 26-6 证明了这类非线性性质。对冲基金收益关于标准普尔指数收益的散点图用非线性拟合后可知，每类基金在下行市场的 β（斜率更大）都高于上行市场[四]。

这显然不是投资者想要的：市场走弱时敏感度提升。这说明基金可能在出售期权，要么直接出售，要么通过动态交易策略间接出售（见第 21.5 节）。

[一] Burton G. Malkiel and Atanu Saha, “Hedge Funds: Risk and Return,” *Financial Analysts Journal* 61 (2005), pp. 80-88.

[二] 举例说明，Malkie 和 Saha 估计偏差为 4.4%；G. Amin and Kat, “Stock, Bonds and Hedge Funds: Not Fee Lunch!” Journal of Portfolio Management 29 (Summer 2003), pp. 113-20，发现偏差大致为 2%；William Fung and David Hsieh, “Performance Characteristics of Hedge Funds and CTA Funds: Natural versus Spurious Biases,” *Journal of Financial and Quantitative Analysis* 35 (2000), pp. 291-307，认为偏差约为 3.6%。

[三] 但是售出期权的公司因其不诱人的特征线已先行得到了补偿。

[四] 不是所有类型的对冲基金都有此类性质。很多显示出了对称的上行、下行市场 β。但是，图 26-6a 把对冲基金看做一类，而图 26-6b 和图 26-6c 选取了最有名的两类非对称对冲基金。

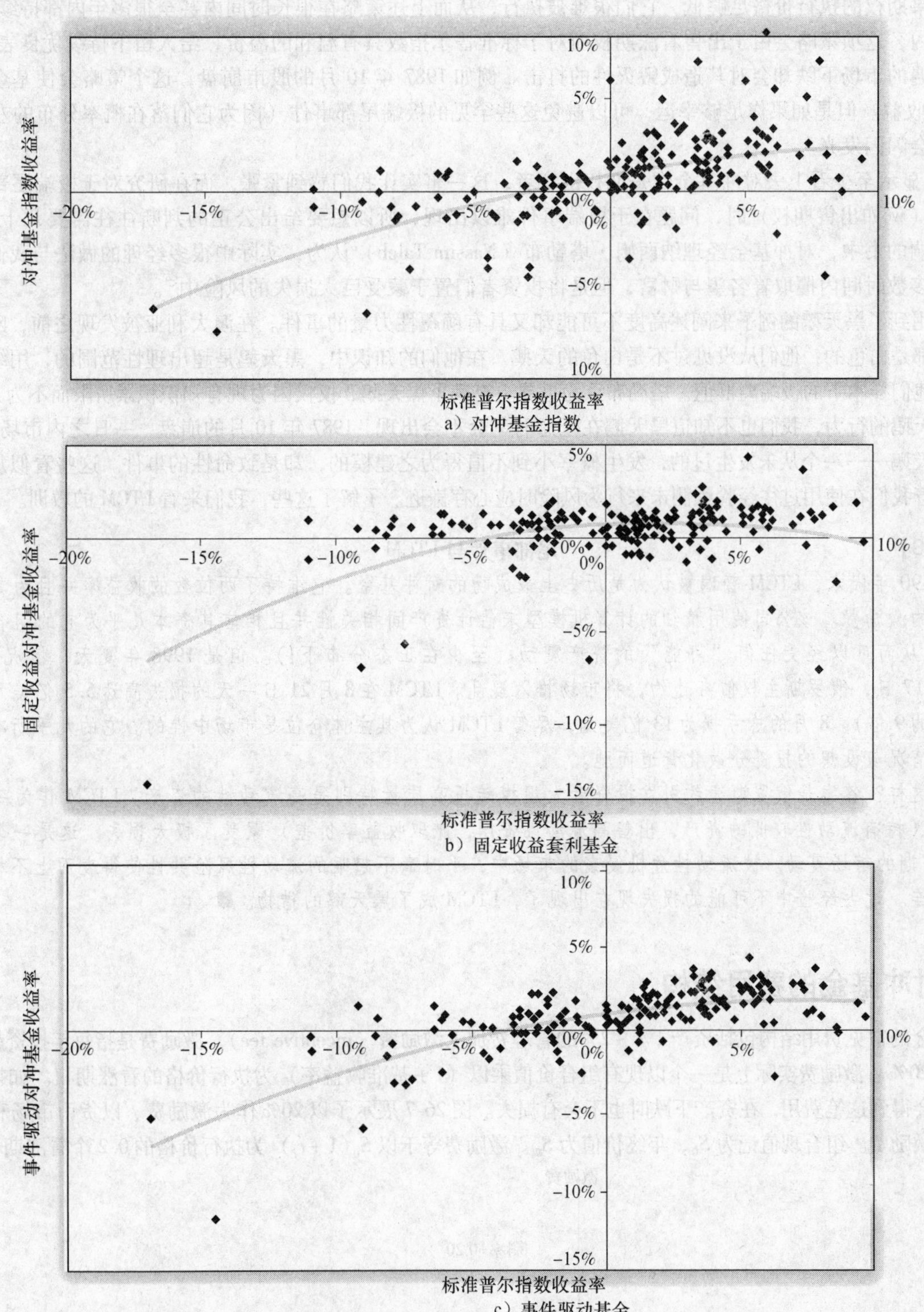

图 26-6　对冲基金指数月收益率和标准普尔指数月收益率（1993 ~ 2009）

资料来源：Constructed from data downloaded from www. hedgeindex. com and finance. yahoo. com.

26.5.4　尾部事件与对冲基金业绩

设想一个对冲基金的策略是持有标准普尔指数基金并且售出该指数通常难以执行的看涨期权。很明显该基金管理人不需要过多的技巧。但是如果你仅仅在短时间内知道其投资的结果，而不是其投资策略，你可能认为他绝顶聪明。因为如果期权的执行价格足够低，它们很难被执行，从而上述策略在很长时间内甚至很多年内都持续性地赢利。在多数时期内，这项策略会由于出售看涨期权而对于标准普尔指数具有温和的溢价，给人留下持续优良表现的印象。但是多年一遇的市场下跌却会对其造成毁灭性的打击。例如 1987 年 10 月的股市崩盘，这个策略会使基金失去过去 10 年的全部收益。但是如果你足够幸运，可以避免这些罕见的极端尾部事件（因为它们落在概率分布的左侧尾部），这个策略就会闪闪发光。

图 26-6 显示至少看上去对冲基金像是期权出售者，这一事实让我们感到紧张。而在研究对于极端尾部事件具有敞口的策略（例如出售期权）时，问题在于极端事件难以出现，所以想要给出公正的判断往往需要几十年的数据。在两本有影响的书中，对冲基金经理纳西姆·塔勒布（Nassim Taleb）认为，实际中很多经理的做法与我们假设的一样，在绝大多数时间内攫取着名望与财富，但是将投资者们置于蒙受巨大损失的风险中[⊖]。

塔勒布用到了黑天鹅的例子来阐述高度不可能却又具有颠覆性力量的事件。在澳大利亚被发现之前，欧洲人相信所有的天鹅都是白色的：他们从没见过不是白色的天鹅。在他们的知识中，黑天鹅是超出理性范围的，用统计术语来说，就是在他们样本下的极端离群值。塔勒布认为世界上充满了黑天鹅，仅仅因为现有知识积累所限而不为人知。我们不能预测黑天鹅的行为，我们也不知道黑天鹅在任意时刻会不会出现。1987 年 10 月的崩盘，一日之内市场缩水 20%，可以视做黑天鹅——一个从未发生过的，发生概率小到不值得为之建模的，却是致命性的事件。这些看似从天而降的事件，警醒着我们在使用过往经验预测未来行为风险时应心存谦逊。了解了这些，我们来看 LTCM 的教训。

【例 26-3】 **尾部事件与 LTCM**

20 世纪 90 年代末，LTCM 普遍被认为是历史上最成功的对冲基金。它维持了两位数的收益率并且为其经理带来了数以亿计的激励费。该公司使用精细的计算机模型来估计资产间相关性并且相信其资本几乎为它的组合收益标准差的 10 倍，从而可以经受任何"可能"的资产震动（至少在正态分布下!）。但是 1998 年夏天，情况开始恶化。1998 年 8 月 17 日，俄罗斯主权债务违约，将市场推入混乱。LTCM 在 8 月 21 日一天的损失高达 5.5 亿美元（几乎是月度标准差的 9 倍）。8 月的总亏损为 13 亿美元，尽管 LTCM 认为其主体仓位是市场中性的。它的几乎所有投资都出现了亏损，情况与设想的投资分散化背道而驰。

怎么会这样？答案是俄罗斯违约引发投资者大规模转投高质量特别是高流动性的资产。LTCM 作为一个典型的流动性卖家（持有流动性较低的资产，出售高流动性资产，赚取收益率价差）蒙受了极大损失。这是一个不同于过去样本/建模期的市场震动。被流动性危机侵袭的市场中，平时毫不起眼的流动性风险共性使得表面上不相关的资产类型紧密相连。过去经验中不可能的损失现在出现了，LTCM 成了黑天鹅的猎物。■

26.6 对冲基金的费用结构

对冲基金的常见费用结构包括资产 1% ~2% 的管理费加上**激励费**（incentive fee），激励费是指每年投资超过某一基准后利润的 20%。激励费实际上是一个以现有组合价值乘以（1 + 基准收益率）为执行价格的看涨期权。如果增值足够多，经理就会得到这笔费用，在资产下跌时也不会有损失。图 26-7 展示了以 20% 作为激励费、以货币市场利率 r_f 作为基准的基金激励费。组合现值记为 S_0，年终价值为 S_T。激励费等于以 $S_0(1+r_f)$ 为执行价格的 0.2 个看涨期权。

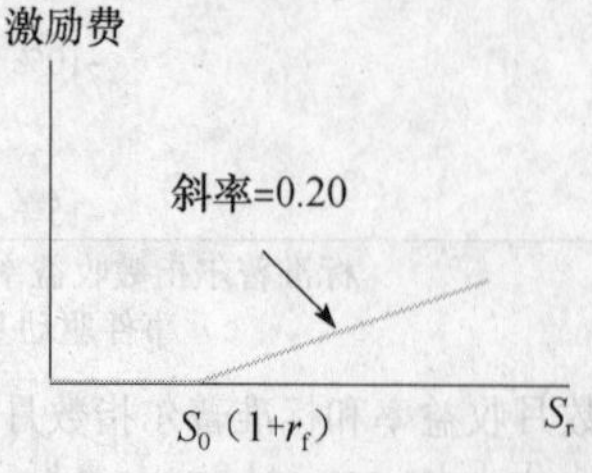

图 26-7 作为看涨期权的激励费

注：组合现值记为 S_0，年终价值为 S_T。激励费等于以 $S_0(1+r_f)$ 为执行价格的 0.2 个看涨期权。

⊖ Nassim N. Taleb, *Fooled by Randomness: The Hidden Role of Chance in Life and in the Markets*（New York: TEXERET（Thomson），2004）；Nassim N. Taleb, *The Black Swan: The Impact of the Highly Improbable*（New York: Random House, 2007）

【例26-4】 激励费的布莱克-斯科尔斯定价方法

假设对冲基金年收益率的标准差是30%，激励费是超过无风险利率部分的20%。如果组合现值为100美元/股，实际无风险年利率为5%（用连续复利计算则为4.88%），则激励费的执行价格为105美元。看涨期权的布莱克-斯科尔斯定价方法对于$S_0=100$，$X=105$，$\sigma=0.30$，$r=0.0488$，$T=1$年的看涨期权，定价为11.92美元，略小于净资产价值的12%。由于激励费为看涨期权的20%，其价值大约为净资产价值的2.4%，计入2%的管理费，对冲基金的投资人需要支付总价值4.4%的费用。■

这个补偿费用结构的主要副作用就是**水位线**（high water mark）。如果一个基金蒙受了损失，在到它取得比以前更高价值之前都无法收取激励费。如果亏损很严重，情况就更糟。水位线使经理们关闭表现糟糕的基金，这也是对冲基金损耗率较高的一个原因。

对冲基金中成长最快的一类是所谓的**对冲基金的基金**（funds of funds）。这种对冲基金投资于一个或多个其他对冲基金。基金中的基金也被称为联接基金，因为这些基金联结了投资人和其他的基金。它们由于具备帮助投资者在基金之间分散化的能力而受到市场追捧，而且它们也可以代表投资者考察基金投资价值。理论上说，这是一种极富价值的服务，因为很多对冲基金作风神秘，而联接基金通常比个人投资者有更多的信息渠道。但是当2008年12月伯纳德·麦道夫（Bernard Madoff）因庞氏骗局被逮捕时，很多联接基金被证明是他的客户，可见它们的“代表”能力值得质疑。名列榜首的是法菲尔德-格林威治集团（Fairfield Greenwich Advisors），所陷金额高达75亿美元，其他多家联接基金和资产管理公司也被钓走10亿美元以上，其中包括特里蒙特对冲基金公司（Tremont Group Holdings），西班牙国家银行（Banco Santander）（西班牙银行，欧元区最大的银行之一），阿斯特合伙人对冲基金（Ascot Partners）和阿塞斯国际咨询（Access International Advisors）。事实证明，某些基金甚至变成了麦道夫的营销代理人。专栏26-1详细讨论了麦道夫丑闻。

专栏26-1

伯纳德·麦道夫丑闻

2008年12月13日，伯纳德·麦道夫向他的两个儿子承认他多年操纵庞氏骗局，金额高达600亿美元。庞氏骗局是一类臭名昭著的投资欺诈，管理人向客户收集资金，号称代为投资并声称获得了优厚的回报，但事实上将资金挪作他用。（此骗局因查尔斯·庞兹（Charles Ponzi）得名，其骗局在20世纪初期的美国臭名昭著。）当早期投资者要求撤资时，支付给他们的资金来源于新进入的投资者，而非投资的真实收益。只要新进入的投资可以满足撤资需求，骗局便可维持下去，而吸引新投资者进入的是早期投资者所获得的丰厚收益和灵活的撤资能力。

作为华尔街的大佬，麦道夫的骗局进展顺利。他是电子商务的先驱者，而且又是纳斯达克前任主席。除此之外，他名下的伯纳德麦道夫投资证券也充当资金管理人的角色，不论市场好坏，每年都声称可以取得10%~12%的收益率。人们猜测他的策略大量应用了期权套期保值，但是麦道夫本人从不提及他的投资之道。即便如此，他在华尔街的声望以及他的客户名单依然向人们证明了他的合法性。而且，他努力吸收新客户，需要关系才可以加入其基金的事实更是钓足了投资人的胃口。据称骗局维持了数十年，在2008年股市大跌之际，几家大客户要求赎回70亿美元，而公司资产仅剩不足10亿美元，骗局因此大白于天下。

不是每个人都被愚弄了，回顾过往，曾有不少质疑和警告被提出过。例如，由于它异常的神秘，数家机构投资者离开了基金。考虑到其资产的规模，被认为是麦道夫投资策略核心的期权交易应当主宰了期权市场的交易规模，事实上并无迹象支持上述假定。不仅如此，麦道夫的审计公司只有3个职员（只有1个会计!），似乎无法完成如此巨额且复杂交易的审计。进而言之，麦道夫的费用结构也与众不同。与对冲基金管理费加激励费的模式不同，他声称其利润来自于交易佣金，若果真如此，对于客户可是一笔巨大的价差。最后，与多数基金将资金托管于银行不同，他声称将资金保管在家中，也就是说谁也无法确认它们的存在。在2000年，SEC收到了一个名为哈利·马可波罗（Harry Markopolos）教授的来信，声称“麦道夫证券是全球最大的庞氏骗局”，但麦道夫经营照旧。

还有一些悬而未决的问题。麦道夫得到了哪些帮助？到底流失了多少资金？大多数“不见了的”资金说明麦道夫的利润是虚构的，其余资金则返还给了早期投资者。这些钱去向何方？它们到底是在失败投资中损失的还是被麦道夫挥霍一空？为什么早前的警告没有引起管理者的警觉？

类期权性质的补偿对于对冲基金的基金的预期费用有着深远影响。这是因为即便联接基金的总业绩不佳，它仍然对每一家战胜基准的基金都支付激励费。这样一来，分散化会伤害你！[㊀]

【例 26-5】　　联接基金的激励费

假设一个联接基金对 3 家对冲基金分别投资 100 万美元。简化起见，我们忽略基于资产价值的费用（管理费）而仅仅关注激励费。假设基准收益率为零，所以每家基金都可以收到总收益 20% 的激励费。下表列出了各家基金在一年内的业绩、总收益率、激励费。基金 1 和基金 2 有正的收益率，因此获得激励费，而基金 3 业绩惨淡，激励费为零。

即使总组合的收益率为 −5%，它仍需为每 3 美元的投资付出 0.12 美元的激励费，占到了资产净值的 4%。如最后一列所示，联接基金的收益率从 −5% 降至 −9%。■

	基金 1	基金 2	基金 3	基金中的基金
年初（百万美元）	1.00	1.00	1.00	3.00
年末（百万美元）	1.20	1.40	0.25	2.85
总收益率（%）	20	40	−75	−5
激励费（百万美元）	0.04	0.08	0.00	0.12
年末净费用	1.16	1.32	0.25	2.73
年末净收益	16	32	−75	−9

联接基金的基本理念在于将风险分散于多家基金。但是，投资者应该意识到联接基金的杠杆往往很大，这使得收益波动巨大。而且，如果联接基金投资的多家基金具有相似的投资风格，所谓分担风险的作用就化为泡影——可是为此多付出的费用不会随之消失。[㊁]

小　结

1. 与共同基金类似，对冲基金汇集投资者资本代为投资。但是，对冲基金不同于共同基金在于封闭性、投资人群、灵活性和投资导向稳定性、条文规定、费用结构等方面。
2. 方向性策略锚定市场或行业的表现。非方向策略对于相对错误定价构建市场中性仓位，即便如此对冲基金仍有特有风险。
3. 统计套利是利用量化体系发掘错误定价并通过一系列的小额赌局获取平均意义上收益的方法。它通常利用数据挖掘找出过去数据的规律用以作为构建投资的基础。
4. 可携带 α 是构建正 α 仓位，对冲系统风险，最终利用消极指数或期货合约建立所需市场敞口的策略。
5. 由于生存偏差、风险因素的潜在不稳定性、流动性溢价和弱流动性资产定价的不可靠性，对冲基金的业绩评估较为复杂。当基金持有期权仓位时业绩评估尤为艰难。尾部事件使得在获取足够长的收益率历史记录之前，公正的业绩评估难以实施。
6. 对冲基金同时收取投资人管理费和超出基准收益部分一定比例的激励费。激励费类似于看涨期权。基金中的基金对其持有的每家打败基准的基金支付激励费，即便总体业绩不佳。

习　题

基础题

1. 市场中性对冲基金适合作为投资者的全部退休投资组合吗？如果不适合，对冲基金在该投资者的总组合可以占有一席之地吗？
2. 对冲基金的激励费将对管理人在组合中加入高风险资产产生怎样的影响？
3. 为什么说评估对冲基金的业绩比共同基金要难？
4. 对于对冲基金业绩评估中生存偏差和回填偏差的叙述，哪一项最准确？
   a. 生存偏差和回填偏差都使得对冲基金指数收益率被高估。
   b. 生存偏差和回填偏差都使得对冲基金指数收益率被低估。
   c. 生存偏差使得对冲基金指数收益率被高估，而回填偏

㊀ S. J. Brown, W. N. Goetzmann, and B. Liang, "Fees on Fees in Funds of Funds," *Journal of Investment Management* 2 (2004), pp. 39-56

㊁ One small silver lining: while funds of funds pay incentive fees to each of the underlying funds, the incentive fees they charge their own investors tend to be lower, typically around 10% rather than 20%.

差使得对冲基金指数收益率被低估。

5. 下面哪一个最适合作为对冲基金业绩评估的基准?
   a. 多因素模型。 b. 标准普尔指数。
   c. 无风险利率。
6. 考虑对冲基金投资，联接基金的投资人净收益要小于单个基金投资人是因为:
   a. 多层费用和更高的流动性。
   b. 无理由，两种基金应当收益相等。
   c. 仅由于多层费用。
7. 下面哪个基金的收益率最有可能接近无风险利率?
   a. 市场中性对冲基金。
   b. 事件驱动对冲基金。
   c. 多头-空头对冲基金。
8. 统计套利真的是套利吗?请解释。

中级题

9. 一家10亿美元的对冲基金收取2%的管理费和20%的激励费，基准收益率是5%。计算在下列组合收益下所需支付的总费用，分别用美元和占管理资产的百分比表示:
   a. -5% b. 0 c. 5% d. 10%
10. 一家资产净值为62美元/股的对冲基金水位线为66美元。它的激励费比水位线为67美元时要高还是低?
11. 重新考虑上题中的对冲基金。假设在1月1日，基金年收益率的标准差为50%，无风险利率为4%。基金的激励费为20%，现有水位线为66美元，而净值为62美元。
   a. 根据布莱克-斯科尔斯公式所得的激励费为多少。
   b. 如果基金没有水位线而且激励费根据总收益率计算，它每年可以获得多少激励费?
   c. 如果基金没有水位线而且激励费根据超出无风险利率的部分计算，它每年可以获得多少激励费?(视无风险利率为连续复利)
   d. 假设由于杠杆的提升，波动率升至60%，重新计算b中的激励费。
12. 登录网络学习中心www.mhhe.com/bkm，进入第26章，找到标准普尔指数月度值的表格。假设每月你售出一个单位的看涨期权，执行价格比当时指数低5%。
   a. 1977年10月到1987年9月间，你每月在看涨期权上的平均收入为多少?标准差呢?
   b. 将你的样本期延伸至1987年10月，重新计算上述策略的平均收入和标准差。对于尾部风险你学到了什么?
13. 设想一个执行下述策略的对冲基金。每个月持有1亿美元标准普尔指数基金，出售价值为1亿美元的指数看涨期权，执行价格比当时指数低5%。假设出售每单看涨期权的溢价为25万美元，基本与看涨期权的实际价值相当。
   a. 计算1982年10月至1987年9月间该对冲基金的夏普比率。将其与标准普尔指数比较。利用上题的数据，月度无风险利率设为0.7%。
   b. 将1987年10月计入后，现在计算该对冲基金的夏普比率。对于业绩评估和基金的尾部风险，又能学到什么呢?
14. 下表是将Waterwork股票的月收益率对标准普尔指数回归的结果。一位对冲基金经理认为Waterwork被低估了，下月应有2%的α。

β	R^2	残差标准差
0.75	0.65	0.06 (i，e，6%/月)

   a. 如果只有200万美元的Waterwork股票，而且希望通过标准普尔期货合约对冲下月的市场敞口，需要多少份合约?购入还是售出?标准普尔指数现为1 000而且乘数为250美元。
   b. 对冲基金月收益率的标准差是多少?
   c. 假设月收益率大致符合正态分布，下月市场中性策略亏损的概率为多少?设无风险利率为每月0.5%。

高级题

15. 接上一题。
   a. 假设你有100只股票，它们都与Waterwork有相同的α、β和残差标准差。现将其等权重构建组合。设每只股票的残差（式(26-1)和式(26-2)中的e)相互独立。组合的残差标准差是多少?
   b. 考虑市场中性的该投资组合，重新计算下月亏损的概率。
16. 回到第14题。假设经理误估了Waterwork的β，应当为0.5而不是0.75，市场月收益率的标准差为5%。
   a. 对冲组合（现在对冲不完全）的标准差为多少?
   b. 市场月度收益为1%，标准差为5%时，下月亏损的概率?与14题比较。
   c. 利用15题的数据，亏损的概率为多少?与14题比较。
   d. 为什么β的误估对100只股票组合的影响远大于对一只股票的影响?
17. 这里有3只对冲基金的数据。每只都收取总收益率的20%作为激励费。假设最初联接基金（FF）的经理等权重购买了3只基金，而且收取其投资人20%的激励费。简化起见，假设管理费为零。

	对冲基金1	对冲基金2	对冲基金3
年初价值（百万美元）	100	100	100
总收益率（%）	20	10	30

   a. 计算缴纳激励费后联接基金投资人的收益率。
   b. 假设不用购买3家对冲基金的股份，一家独立对冲基金（SA）购买了与3只基金相同的组合。因此SA基金的价值将与持有三家基金的联接基金相等。考虑一个持有SA基金的投资人。支付20%的激励费

后，年底投资人的组合价值为多少？

c. 确认 SA 投资人收益率超出 FF 的部分证实联接基金收取的那一层激励费。

d. 假设对冲基金 3 的收益率为 -30%。重新计算 a 和 b。FF 和 SA 还会收取激励费吗？为什么 FF 的投资人还比 SA 的投资人境况更糟？

在线投资练习

对冲基金类型与结果

登录 www. hedgeindex. com，一家瑞士信贷集团 Tremont 运营的网站，旗下的 TASS 对冲基金数据库拥有超过 2 000 家对冲基金和产业指数的投资业绩。点击下载键（需要免费注册）。在下载页面，可以看到每个对冲基金种类（比如，市场中性、事件驱动、卖空偏好等）的历史收益率。下载每类基金 5 年的月收益率并且在 finance. yahoo. com 上下载同一时期标准普尔指数的收益率。计算市场中性基金和卖空偏好基金的 β 值。考虑到这些基金的导向，β 值合理吗？然后，考察每类基金的年度业绩。在不同的年份与标准普尔指数相比又有什么特点呢？

概念检查答案

26-1 a. 非方向性策略。持有基金的股份同时卖空指数互换构成了套期保值，对冲基金希望封闭基金的折价缩小，从而不论印度市场走势如何均可赢利。

b. 非方向性策略。两个仓位的价值都受玩具反斗城的影响，对冲基金希望 Petri 对于玩具反斗城是被低估了。只要两者的相对价值差异回到正轨，就可获利。

c. 方向性策略。该策略依赖于 Generic Pharmaceuticals 价格如同预计的变化。

26-2 期望收益率（未知残差中反映的特殊风险）是 3%，如果残差达到 -4%，那么月收益率为 1%，月末资产价值降为 18.8 万美元。本月国库券的超额收益率为 5% -1% =4%，而对冲基金的超额收益率为 -1% -1% = -2%。所以该策略在图 26-1a 中的(4%，-2%)，在图26-1b 中，该策略为（5%，-1%）

26-3 固定收益套利组合对于长期债券和信用溢价都存在显著的敞口，说明这并不是一种对冲套利组合，而是一种方向性投资组合。

CHAPTER27

第27章 积极型投资组合管理理论

本章阐述了实践中积极型投资组合管理人为客户构建最优组合的过程。标题中的“理论”二字看上去可能与我们的实践目标不一致，其实不是这样的。由于先前的章节已经讲述了几乎所有关于证券投资组合管理的理论，因此这一章将更加注重应用与实践。

我们将看到即使在日常交易中，理论也显示出了惊人的作用。本章首先从特雷纳和布莱克提出的单指数模型进行投资组合最优化（该模型在第8章已介绍过）入手，根据实践中遇到的问题来讨论如何可以有效地应用该理论。然后讨论如何解决在执行特雷纳-布莱克模型时α预测精度问题。进行了这些基本了解之后，接下来我们将介绍原型组织图表，并说明如何将其用于有效的投资组合管理。

在下一节中，我们将介绍特雷纳-布莱克模型，该模型允许灵活地改进资产配置。最后，我们将考察证券分析的赢利潜力。本章附录详述了特雷纳-布莱克模型的数学基础。

27.1 最优投资组合与α值

在第8章中我们展示了如何用单指数模型构建最优的风险投资组合。表27-1描述了优化过程的步骤，这就是著名的特雷纳-布莱克模型。该过程所采用的指数模型忽略了残差的非零协方差。该模型有时被称为对角模型（diagonal model），因为它假设残差的协方差矩阵只有对角元素才是非零元素。尽管对角模型是一种特殊情形下的简化模型，但从第7章中我们知道，如果必要，仍然可以用完整的马科维茨算法（它允许残差之间存在相关性）来计算。而且从第8章投资组合构建的例子中我们看到，尽管一些残差之间存在明显的相关关系，比如壳牌和英国石油公司之间，由指数模型和马科维茨模型得到的有效边界几乎是一样的（见第8章的图8-5）。

表 27-1 最优风险投资组合的构建和特性

1. 在积极型投资组合中证券 i 的初始头寸	$w_i^0 = \dfrac{\alpha_i}{\sigma^2(e_i)}$
2. 规模化初始头寸	$w_i = \dfrac{w_i^0}{\sum_{i=1}^{n}\dfrac{\alpha_i}{\sigma^2(e_i)}}$
3. 积极型投资组合的 α 值	$\alpha_A = \sum_{i=1}^{n} W_i\alpha_i$
4. 积极型投资组合的剩余方差	$\sigma^2(e_A) = \sum_{i=1}^{n} w_i^2\sigma^2(e_i)$
5. 积极型组合的初始头寸	$W_A^0 = \dfrac{\dfrac{\alpha_A}{\sigma^2(e_A)}}{\dfrac{E(R_M)}{\sigma_M^2}}$
6. 积极型投资组合的 β 值	$\beta_A = \sum_{i=1}^{n} w_i\beta_i$
7. 积极型投资组合调整后（对 β）的头寸	$W_A^* = \dfrac{W_A^0}{1 + (1 - \beta_A)W_A^0}$
8. 在消极型投资组合和在证券 i 中的最终权重	$W_M^* = 1 - W_A^*;W_i^* = W_A^* W_i$
9. 最优风险投资组合的 β 值及其风险溢价	$\beta_P = W_M^* + W_A^*\beta_A = 1 - W_A^*(1 - \beta_A)$ $E(R_P) = \beta_P E(R_M) + W_A^*\alpha_A$
10. 最优风险投资组合的方差	$\sigma_P^2 = \beta_P^2\sigma_M^2 + [W_A^*\sigma(e_A)]^2$
11. 风险投资组合的夏普比率	$S_P^2 = S_M^2 + \sum_{i=1}^{n}\left(\dfrac{\alpha_i}{\sigma(e_i)}\right)^2$

为了便于说明，本章沿用第 8 章的例子。数据表 27-2 翻新了该例的数据和实验的结果。数据表 27-2d 显示了把**消极市场指数投资组合**（passive market index portfolio）与**积极型投资组合**（active portfolio）相混合所带来的夏普比率的改善。为了更好地表现这一改进，我们利用 M^2 这一业绩度量指标来度量。M^2 是在积极型投资组合与短期国债混合以提供与指数投资组合相同的总体波动时，最优化投资组合相对于消极型投资组合所带来的期望收益率的增加（回顾第 24 章）。

表 27-2 包含 6 只股票的积极型投资组合管理

	AC	B		DE		FG		HI		J
1										
2										
3	a.可投资领域的风险参数（按年折算）									
4										
5		超值收益标准差	贝塔	系统部分标准差	残差标准差	与S&P 500的相关系数				
6	S&P 500	0.135 8	1.00	0.135 8	0	1				
7	惠普	0.381 7	2.03	0.276 2	0.265 6	0.72				
8	戴尔	0.290 1	1.23	0.167 2	0.239 2	0.58				
9	玛尔玛	0.193 5	0.62	0.084 1	0.175 7	0.43				
10	塔吉特	0.261 1	1.27	0.172 0	0.198 1	0.66				
11	英国石油	0.182 2	0.47	0.063 4	0.172 2	0.35				
12	壳牌	0.198 8	0.67	0.091 4	0.178 0	0.46				
13										
14	b. 指数模型的协方差矩阵									
15										
16			S&P 500	惠普	戴尔	玛尔特	塔吉特	英国石油	壳牌	
17		贝塔	1.00	2.03	1.23	0.62	1.27	0.47	0.67	
18	S&P 500	1.00	0.018 4	0.037 5	0.022 7	0.011 4	0.023 4	0.008 6	0.012 4	
19	惠普	2.03	0.037 5	0.145 7	0.046 2	0.023 2	0.047 5	0.017 5	0.025 3	
20	戴尔	1.23	0.022 7	0.0462	0.084 2	0.014 1	0.028 8	0.010 6	0.015 3	
21	玛尔玛	0.62	0.011 4	0.023 2	0.014 1	0.037 4	0.014 5	0.005 3	0.007 7	
22	塔吉特	1.27	0.023 4	0.047 5	0.028 8	0.014 5	0.068 2	0.010 9	0.015 7	
23	英国石油	0.47	0.008 6	0.017 5	0.010 6	0.0053	0.010 9	0.033 2	0.005 8	
24	壳牌	0.67	0.012 4	0.025 3	0.015 3	0.007 7	0.015 7	0.005 8	0.039 5	
25										

（续）

	A	B	C	D	E	F	G	H	I	J
26	c. 宏观预测（S&P 500）与α值预测			ecasts of Alpha V alues						
27										
28										
29		S&P500	惠普	戴尔	沃尔玛	塔吉特	英国石油	壳牌		
30	α	0	0.0150	-0.0100	-0.0050	0.0075	0.012	0.0025		
31	风险溢价	0.0600	0.1371	0.0639	0.0322	0.0835	0.0400	0.0429		
32										
33	d. 最优风险组合计算									
34										
35		S&P 500	积极组合A		惠普	戴尔	沃尔玛	塔吉特	英国石油	壳牌
36				$\sigma^2(e)$	0.0705	0.0572	0.0309	0.0392	0.0297	0.0317
37			0.5505	$\alpha/\sigma^2(e)$	0.2126	-0.1748	-0.1619	0.1911	0.4045	0.0789
38			1.0000	$w_0(i)$	0.3863	-0.3176	-0.2941	0.3472	0.7349	0.1433
39				$[w(i)]^2$	0.1492	0.1009	0.0865	0.1205	0.5400	0.0205
40	α_A		0.0222							
41	$\sigma^2(e_A)$		0.0404							
42	w_A		0.1691	投资组合整体						
43	w^*	0.8282	0.1718		0.0663	-0.0546	-0.0505	0.0596	0.1262	0.0246
44	β	1	1.0922	1.0158	0.0663	-0.0546	-0.0505	0.0596	0.1262	0.0246
45	风险溢价	0.06	0.0878	0.0648	0.0750	0.1121	0.0689	0.0447	0.0880	0.0305
46	标准差	0.1358	0.2497	0.1422	0.3817	0.2901	0.1935	0.2611	0.1822	0.1988
47	夏普比率	0.44	0.35	0.4556						
48	M^2	0	-0.0123	0.0019						
49	基准风险			0.0346						

27.1.1 对α的预测和极端组合权重

数据表 27-2 给人最深刻的印象就是可怜的业绩改善：数据表 27-2d 显示 M^2 仅仅提升了 19 个基点（相当于夏普比率提升 0.013 6）。我们可以看到，积极型投资组合的夏普比率劣于消极型投资组合的夏普比率（因为积极型投资组合的标准差较大），所以它的 M^2 实际是负的。但是切记，积极型投资组合已与消极型投资组合混合，所以总波动性并非是对其风险的合适度量。当与消极型投资组合混合时，业绩确实得到了改善，尽管这种改善非常有限。这是在给定α值（alpha values）时证券分析师所发现的最好结果（见数据表 27-2c）。我们可以看到，积极型投资组合的头寸占了 17%，部分资金来源于约 10% 的戴尔和沃尔玛的股票头寸。由于数据表 27-2 中的数据是按年计算的，所以这一结果与一年持有期收益率相等。

数据表 27-2 中所用到的α值与典型分析师的预测相比实在太小了。在本例中，我们下载了 2006 年 6 月 1 日 6 只股票的实时价格以及分析师认为的 1 年后的目标价格。这些数据及隐含的α值见表 27-3。所有的α值都为正，可见分析师对这些股票非常乐观。图 27-1 显示了此前一年（2005 年 6 月～2006 年 5 月）股票价格和标准普尔 500 指数（ticker = GSPC）的走势。该图说明表 27-3 所显示出的乐观并不是根据历史数据推断出来的。

表 27-3 2006 年 6 月 1 日的股票价格及分析师的目标价格

股票	惠普	戴尔	沃尔玛	塔吉特	英国石油	壳牌
当前价格	32.15	25.39	48.14	49.01	70.8	68.7
目标价格	36.88	29.84	57.44	62.8	83.52	71.15
隐含的α	0.147 1	0.175 3	0.193 2	0.281 4	0.179 7	0.035 7

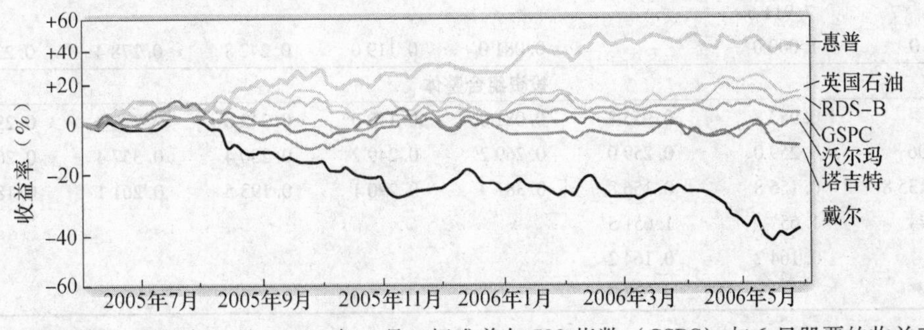

图 27-1 2005 年 6 月～2006 年 5 月，标准普尔 500 指数（GSPC）与 6 只股票的收益率

表27-4展示了利用分析师的预测而不是表27-2d中的原始α值得到的最优投资组合，业绩之间的差异是非常显著的。新的最优投资组合的夏普比率从基准0.44提升至2.32，产生了巨大的风险调整收益优势。这说明M^2达到了25%～53%！但是这些结果也暴露了特雷纳－布莱克模型潜在的主要问题。最优投资组合要求极端的多头/空头头寸，这对现实中的投资组合管理者而言是完全不可行的。例如，该模型要求5.79（579%）的积极型投资组合头寸，而资金主要来源于标准普尔500指数－4.79的空头头寸。更关键的是，该最优投资组合的标准差达到了52.24%，这一风险水平恐怕只有进取心极强的对冲基金才敢冒险一试。而且我们可以发现，该风险主要为非系统风险，因为积极型投资组合的β值0.95小于1，而且由于消极型投资组合中的空头头寸，整个风险投资组合的β值甚至更低，只有0.73。恐怕只有对冲基金才会对这种投资组合感兴趣。

表27-4　使用分析师新预测之后的最优风险投资组合

	标准普尔500	积极型投资组合A		惠普	戴尔	沃尔玛	塔吉特	英国石油	壳牌
			$\sigma^2(e)$	0.070 5	0.057 2	0.030 9	0.039 2	0.029 7	0.031 7
		25.756 2	$\alpha/\sigma^2(e)$	2.085 5	3.064 1	6.254 4	7.170 1	6.056 6	1.125 5
		1.000 0	$W_0(i)$	0.081 0	0.119 0	0.242 8	0.278 4	0.235 2	0.043 7
			$[W_0(i)]^2$	0.006 6	0.014 2	0.059 0	0.077 5	0.055 3	0.001 9
α_A		0.201 8							
$\sigma^2(e_A)$		0.007 8							
W_0		7.911 6							
W^*	−4.793 7	5.793 7		0.469 116 3	0.689 245 9	1.406 903 5	1.612 880 3	1.362 406 1	0.253 185 5
				投资组合整体					
β	1	0.953 8	0.732 3	0.469 1	0.689 2	1.406 9	1.612 9	1.362 4	0.253 2
风险溢价	0.06	0.259 0	1.213 2	0.269 2	0.249 2	0.230 4	0.357 4	0.207 7	0.076 1
标准差	0.135 8	0.156 8	0.522 4	0.381 7	0.290 1	0.193 5	0.261 1	0.182 2	0.198 8
夏普比率	0.44	1.65	2.322 3						
M^2	0	0.164 2	0.255 3						
基准风险			0.514 6						

针对这一问题的一种解决途径是限制极端头寸，首先是限制卖空。当消除掉标准普尔500指数的空头头寸后，就会迫使我们把积极型投资组合的头寸控制在1.0之内，把消极型投资组合（标准普尔500指数）的头寸控制在0，积极型投资组合便构成了整个风险头寸。表27-5显示最优投资组合标准差目前为15.68%，比消极型投资组合的标准差（13.58%）高不了多少。整个风险投资组合的β值就是积极型投资组合的β值（0.95），从系统性风险看仍是一个偏防守型的投资组合。虽然存在严格限制，但优化过程仍然是相当有力的，最优风险投资组合（现在是积极型投资组合）的M^2达到了16.42%。

表27-5　对积极型投资组合加以限制的最优投资组合（$w_A \leqslant 1$）

	标准普尔500	积极型投资组合A		惠普	戴尔	沃尔玛	塔吉特	英国石油	壳牌
			$\sigma^2(e)$	0.070 5	0.057 2	0.030 9	0.039 2	0.029 7	0.031 7
		25.756 2	$\alpha/\sigma^2(e)$	2.085 5	3.064 1	6.254 4	7.170 1	6.056 6	1.125 5
		1.000 0	$W_0(i)$	0.081 0	0.119 0	0.242 8	0.278 4	0.235 2	0.043 7
			$[W_0(i)]^2$	0.006 6	0.014 2	0.059 0	0.077 5	0.055 3	0.001 9
α_A		0.201 8							
$\sigma^2(e_A)$		0.007 8							
W_0		7.911 6							
W^*	0.000 0	1.000 0		0.081 0	0.119 0	0.242 8	0.278 4	0.235 2	0.043 7
				投资组合整体					
β	1	0.953 8	0.953 8	0.081 0	0.119 0	0.242 8	0.278 4	0.235 2	0.043 7
风险溢价	0.06	0.259 0	0.259 0	0.269 2	0.249 2	0.230 4	0.357 4	0.207 7	0.076 1
标准差	0.135 8	0.156 8	0.156 8	0.381 7	0.290 1	0.193 5	0.261 1	0.182 2	0.198 8
夏普比率	0.44	1.65	1.651 5						
M^2	0	0.164 2	0.164 2						
基准风险			0.088 7						

上述解决方案令人满意吗？这可能取决于投资主体的类型。对于对冲基金而言，这可能是最理想的投资组合。而对于大多数共同基金而言，由于这种投资组合缺乏多样性，因此可能会将其排除在外。我们可以发现到6只股票的头寸，仅沃尔玛、塔吉特、英国石油公司的头寸就占了整个投资组合的76%。

诚然，我们要意识到我们例子的局限性。当然，分散化可以通过涵盖更多股票来实现。但是即使涵盖再多股票，极端多头/空头头寸的问题依然会存在，这使得该模型在实践中有待商榷。我们来看布莱克和利特曼（Litterman）[⊖]在一篇重要论文中的结论（此模型见27.3节）：

标准资产配置模型中使用的均值-方差优化对于投资者的期望收益相当敏感……在如此敏感度下，最优投资组合往往与投资者的观点很少甚至没有联系。因此，在实践中国际投资经理很少使用定量化模型来决策资产配置问题，尽管定量化方法在概念上非常有吸引力。

这段评述非常值得回味，我们将在第27.3节中详细论及。此处引用是为了指出“国际投资经理很少使用定量化模型来决策资产配置问题”。事实上，这段描述也适用于出于其他原因而避免使用均值-方差优化过程的投资组合经理。第27.4节将会详细讨论这一问题。

27.1.2 基准风险的限制

布莱克和利特曼指出了一个重要的实践问题。实践中，许多投资经理的业绩是依照**基准**（benchmark）业绩来评估的，基准指数往往写入共同基金的募股说明书中。在我们的例子中，消极型投资组合标准普尔500指数便可作为基准，但这种方法引起了对**追踪误差**（tracking error）的重视。追踪误差是指整个风险投资组合收益率与基准收益率时间序列的差。即 $T_E = R_P - R_M$。投资组合经理必须关注基准风险，也就是追踪误差的标准差。

最优风险投资组合的追踪误差可以用投资组合的β值来表示，因此追踪误差为

$$\text{追踪误差} = T_E = R_P - R_M$$

$$R_P = w_A^* \alpha_A + [1 - w_A^*(1-\beta_A)]R_M + w_A^* e_A$$

$$T_E = w_A^* \alpha_A - w_A^*(1-\beta_A)R_M + w_A^* e_A$$

$$\text{Var}(T_E) = [w_A^*(1-\beta_A)]^2 \text{Var}(R_M) + \text{Var}(w_A^* e_A) = [w_A^*(1-\beta_A)]^2 \sigma_M^2 + [w_A^* \sigma(e_A)]^2$$

$$\text{基准风险} = \sigma(T_E) = w_A^* \sqrt{(1-\beta_A)^2 \sigma_M^2 + [\sigma(e_A)]^2} \tag{27-1}$$

式（27-1）告诉我们如何计算追踪误差的波动，以及如何设定积极型投资组合的头寸w_A^*，以把追踪风险控制在一定水平。对于一单位积极型投资组合的投资，也就是$w_A^*=1$，基准风险为

$$\sigma(T_E; w_A^* = 1) = \sqrt{(1-\beta_A)^2 \sigma_M^2 + [\sigma(e_A)]^2} \tag{27-2}$$

对于理想的基准风险$\sigma_0(T_E)$，我们可以把积极型投资组合的权重限制为

$$w_A(T_E) = \frac{\sigma_0(T_E)}{\sigma(T_E; w_A^* = 1)} \tag{27-3}$$

显然的，控制追踪风险需要付出成本。我们必须把权重从积极型投资组合转向消极型投资组合。图27-2说明了该成本。通过优化过程我们可以得到投资组合T，即与资本配置线（CAL）的切点，它是从无风险利率到有效边界的射线。通过从T向M转移权重来降低风险，我们是沿着有效市场边界而非资本配置线来得到低风险头寸的，降低了限制投资组合的夏普比率和M^2。

我们注意到，在数据表27-2中，由于积极型投资组合仅占17%，使用“微小”α预测所得的追踪误差的标准差只有3.46%。对投资组合权重没有约束并使用较高的α值（根据分析师的预测）时，追踪误差的标准差高达51.46%（见表27-4），远远超出了现实中管理者所愿意承受的范围。但是当积极型投资组合的权重为1.0时，基准风险便降至8.87%（见表27-5）。

⊖ Fischer Black and Robert Litterman, "Global Portfolio Optimization," *Financial Analysts Journal*, September/October 1992. Originally published by Goldman Sachs Company, ©1991

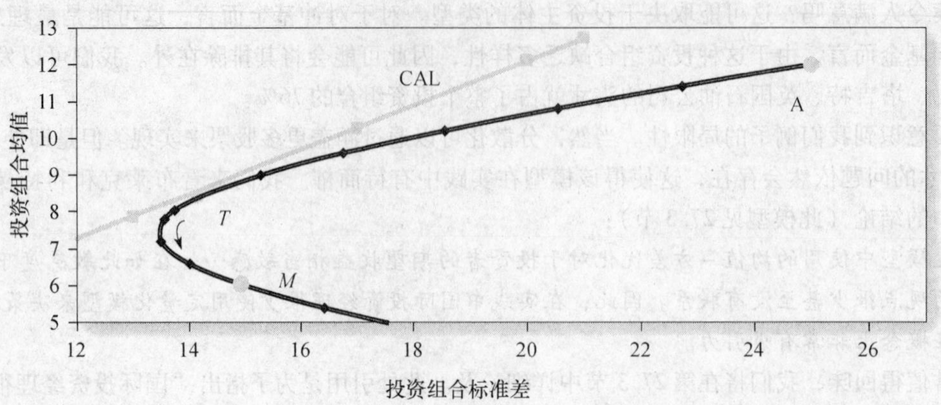

图 27-2　当基准风险降低时有效性也在降低

最后，假设某投资经理希望把基准风险限制在与最初预测时所使用风险的同一水平，即3.46%。式（27-2）和式（27-3）告诉我们积极型投资组合的权重应为 $W_A=0.43$，可从表27-6得出这一结论。这一投资组合是温和的，却表现不俗：①标准差（13.85%）仅略高于消极型投资组合的标准差；②β 值为0.98；③追踪误差的标准差非常低，只有3.85%；④我们仅有6只股票，但最高头寸仅占了12%（塔吉特），当包含更多股票时还会更低；⑤夏普比率高达1.06，M^2 也有8.35%。因此在控制了基准风险后，我们可以在取得高业绩的同时克服无约束投资组合的缺陷。

表 27-6　使用分析师新预测后的最优风险投资组合（基准风险被控制在3.85%）

	标准普尔500	积极型投资组合A		惠普	戴尔	沃尔玛	塔吉特	英国石油	壳牌
			$\sigma^2(e)$	0.0705	0.0572	0.0309	0.0392	0.0297	0.0317
		25.7562	$\alpha/\sigma^2(e)$	2.0855	3.0641	6.2544	7.1701	6.0566	1.1255
		1.0000	$W_0(i)$	0.0810	0.1190	0.2428	0.2784	0.2352	0.0437
			$[W_0(i)]^2$	0.0066	0.0142	0.0590	0.0775	0.0553	0.0019
α_A		0.2018							
$\sigma^2(e_A)$		0.0078							
W_0		7.9116							
W^*	0.5661	0.4339		0.0351	0.0516	0.1054	0.1208	0.1020	0.0190
				投资组合整体					
β	1	0.9538	0.9800	0.0351	0.0516	0.1054	0.1208	0.1020	0.0190
风险溢价	0.06	0.2590	0.1464	0.0750	0.1121	0.0689	0.0447	0.0880	0.0305
标准差	0.1358	0.1568	0.1358	0.3817	0.2901	0.1935	0.2611	0.1822	0.1988
夏普比率	0.44	1.65	1.0569						
M^2	0	0.1642	0.0835						
基准风险			0.0385						

27.2　特雷纳-布莱克模型与预测精度

假设你所管理的401(k)退休基金现正在投资标准普尔500指数基金，而你正在权衡要不要承担一些额外风险把部分资金投入塔吉特股票中。你知道在缺乏分析人员的研究前，所有股票的 α 都应假设为零。所以塔吉特的 α 等于零是你的**先验分布**（prior distribution）。下载的塔吉特和标准普尔500指数的收益率数据显示残差标准差为19.8%。给定这一波动率和等于零的先验均值，再假设为正态分布，你便可以得到塔吉特 α 的先验分布。

我们可以根据先验分布进行决策，也可以通过努力获得更多数据来完善分布。在术语上，这种努力被称为试验。试验作为一种独立的投机，可以得到可能结果的概率分布。统计上最好的方法就是把 α 的先验分布与实验所得到的数据相结合得到**后验分布**（posterior distribution），然后用后验分布来做决策。

标准差很小的“紧缩型”先验分布，意味着在观察数据之前，对于 α 值的可能区间也有相当高的置信度。这样一来，试验难以影响你的判断，从而使得后验分布与先验分布无异[㊀]。在这一章节，对 α 的积极预测及其精准度提供了试验，从而会使你改变对 α 值的先验感知。投资组合经理的任务就是形成 α 的后验分布，从而为组合构建服务。

27.2.1 对于 α 精度的调整预测

假设今天是 2006 年 6 月 1 日，你从雅虎财经上下载了我们在前一节中所用到的分析师的预测数据，得知塔吉特的 α 为 28.1%。在调整 β 之前，你可以直接得出塔吉特的最优头寸为 $\alpha/\sigma^2(e) = 0.281/0.198^2 = 7.17(717\%)$ 的结论吗？自然地，任何理性投资经理在构建这种极端头寸前都会问：“这个预测准确吗？”“若预测不准确，我应该如何调整头寸？”

特雷纳和布莱克[㊁]提出了这些问题而且给出了自己的答案。答案的逻辑非常易懂。你必须对预测的不确定性进行量化，就像你必须量化标的资产或投资组合的风险一样。从网上你可能查不到你所下载预测数据的精度，但发布这些预测数据的分析师的雇主有这些资料。那么他们是如何获得这些数据的？答案是通过检查同一个预测者以往的**预测记录**（forecasting records）。

假设证券分析师定期（例如每月月初）向投资组合经理提供预测的 α。投资经理根据投资预测更新投资组合，并持有该投资组合至下个月更新预测时。在每个月末 T 时，塔吉特股票实现的异常收益等于 α 和残差之和

$$u(T) = R_{\text{塔吉特}}(T) - \beta R_M(T) = \alpha(T) + e(T) \tag{27-4}$$

此处的 β 值根据 T 时刻之前塔吉特的证券特征线（SCL）求得。

$$SCL: R_{\text{塔吉特}}(t) = \alpha + \beta R_M(t) + e(t), t < T \tag{27-5}$$

分析师在 T 月初发布的预测 $\alpha^f(T)$，目标是求式（27-4）中的超额收益率 $u(T)$。投资组合经理根据分析师的预测记录确定如何使用 T 月的预测。分析师的记录是所有历史预测 $\alpha^f(t)$ 和实际实现 $u(t)$ 的配对时间序列。为了评估预测精度，也就是预测 α 与已实现 α 的关系，投资组合经理可以根据记录估计回归

$$u(t) = a_0 + a_1\alpha^f(t) + \varepsilon(t) \tag{27-6}$$

我们的目标是通过调整 α 以合理解释不精确性。根据最初预测的 $\alpha^f(T)$ 和回归方程式（27-6）的估计值，我们便可以得到未来一个月的**调整的 α**（adjusted alpha）预测值 $\alpha(T)$：

$$\alpha(T) = a_0 + a_1\alpha^f(T) \tag{27-7}$$

回归估计的特性可以保证，调整后的预测是对塔吉特未来一个月的异常收益的“最优线性无偏估计”。“最优”的意思是在所有无偏估计中方差最小。在附录 A 中我们说明了式（27-7）中 a_1 的值应用式（27-6）中 R^2 的值。由于 R^2 小于 1，这意味着我们把预测值“压缩”至零。最初预测的精度越低（即 R^2 越小），我们就会把调整 α 压缩的越多。若预测者一贯持悲观态度，则系数 a_0 向上调整预测，若预测者一贯持乐观态度，则应向下调整。

27.2.2 α 值的分布

式（27-7）说明，证券分析师预测的质量（用已实现异常收益率与分析师的预测值进行回归的 R^2 来测度）对构建最优投资组合以及业绩表现至关重要。不幸的是，这些数据难以获取。

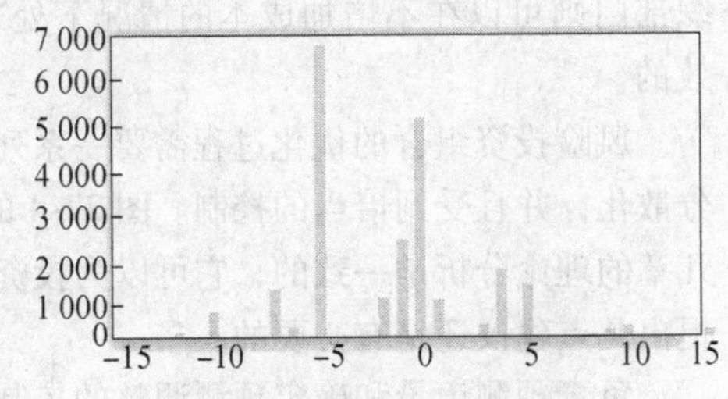

图 27-3 α 预测的直方图

卡恩（Kane）、金（Kim）和怀特（White）[㊂]从一家专门从事大型股票投资的、以标准普尔 500 指数为基准投资组合的投资公司得到了一个关于分析师预测数据的数据库。该数据库包含 1992 年 12 月 ~ 1995 年 12 月间 37 个月 646 ~ 771 只股票的 α 及 β 预测值的配对数据。该公司把 α 预测值控制在 +14% 到 −12% 之间[㊃]。预测的直方图见

㊀ 在社会事务的讨论中，你可以把偏执狂定义为先验分布相当紧缩的人，以至于任何事情都无法影响他的后验分布。

㊁ Jack Treynor and Fischer Black, “How to Use Security Analysis to Improve Portfolio Selection,” *Journal of Business*, January 1973.

㊂ Alex Kane, Tae-Hwan Kim, ans Halbert White, “Active Portfolio Management: The Power of the Treynor-Black Model,” in Progress in Financial Market Research, ed. C. Kyrtsou (New York: Nova, 2004).

㊃ 这是个合理的限制，因为它们意味着到年末股票价值会达到年初的 380% 或者降至 22%。

图 27-3。大型股票的收益率多在均值附近，如下表所示，该表包括了一个平均年份（1993）、一个糟糕年份（1994）和一个优良年份（1995）的收益率：

	1993	1994	1995	1926～1999 年的平均值	标准差（%）
收益率（%）	9.87	1.29	37.71	12.50	20.39

直方图显示 α 预测值呈正偏分布，有大量的悲观预测。预测 α 与实际 α 回归所得的调整 R^2 为 0.001 134，说明相关系数只有的 0.033 7。正如结果所示，乐观预测的质量优于悲观预测。当允许把系数分为正负两种情况进行预测时，R^2 增加到了 0.001 536，相关系数也达到了 0.039 2。

这一结果既包含“好消息”也包含“坏消息”。“好消息”是在调整后，即使是最疯狂的预测（即预测下个月的 α 值为 12%），当 R^2 等于 0.001 时，预测者所采用的 α 也只有 0.012%，每个月只有 1.2 个基点。这等于每年 0.14%，约等于数据表 27-2 中对 α 的预测。在这种微小的预测下，极端投资组合权重的情况永远不会发生。“坏消息”产生于同样的数据：积极型投资组合的业绩比我们的例子好不到哪里去——M^2 只有 19 个基点。

这种业绩的投资公司一定会亏损。但是，这种业绩是根据仅包含 6 只股票的积极型投资组合得出的。在 27.5 节中我们将谈到，即使单只股票很小的信息比率也可以被加起来（见表 27-1 的第 11 行）。因此，根据低精确度的预测来构建一个足够大的投资组合，也可以获得大量利润。

到目前为止我们假设各只股票的预测误差是独立的，但这一假设很可能不成立。当对各只股票的预测相关时，我们可以用预测误差的协方差矩阵来测度精准度。尽管这种情况下的预测调整非常烦琐，但这只是一些技术细节。我们可以预料到，预测误差之间的相关性将迫使我们进一步把调整的预测值压缩至零。

27.2.3 组织结构与业绩

最优风险投资组合的数学特性显示了投资公司的核心特点，即规模经济。根据表 27-1 中最优投资组合的夏普测度可以清楚看出，由夏普比率和 M^2 测度的业绩随积极型投资组合信息比率的平方单调递增（回顾第 8 章式(8-22)），反过来，这又是所包含证券的信息比率的平方和（见式（8-24））。因此，增加证券分析师的数量注定会提高业绩，至少在扣除成本之前会提高业绩。不仅如此，更广的投资范围会提高积极型投资组合的分散程度，缓和持有中性消极型投资组合头寸的需求，甚至可能产生有利可图的空头头寸。而且，可选证券种类的增加使得可以在不进行单一证券大宗交易的情况下扩大基金规模。最后，增加证券种类还创造了另一种分散化效应，即分析师预测误差的分散化效应，在 27.5 节中我们还将具体述及。

为了追求好业绩而增加积极型投资组合的多样性必然会增加成本，因为高质量的分析师非常昂贵。而其他组织部门则可以在不增加成本的情况下处理更多业务。这些都说明大型投资公司的规模经济提供的组织结构是有效的。

风险投资组合的优化过程需要一系列专业化、独立化的任务。因此，投资组合管理机构的组织结构需要适当的分散化，并且受到恰当的控制。图 27-4 的组织结构图就是基于这一目标而设计的。该图非常清晰，且其结构与前面几章的理论分析是一致的，它可以为投资组合的日常管理提供有力的支持。图中结构印证了前些章节的结论。但是，提出几点建议还是有必要的。

负责预测记录和确定预测调整的控制部门直接影响了分析师的奖励和升迁，因此该部门必须与其他部门隔离，不能受到组织压力的影响。

证券分析师观点的独立性与他们之间必要的合作、资源使用的协调及与公司、政府工作人员的联系之间相互矛盾，尤其是考虑到庞大的分析人员数量。相比之下，宏观经济分析部门往往与分析师太隔绝，在这些单位之间努力构建一种有效的沟通渠道是非常必要的。

最后，计量技术对组织而言是非常重要的，近年来已取得了巨大突破，且仍在加速发展。使负责估计的各部门跟上技术发展的前沿是非常重要的。

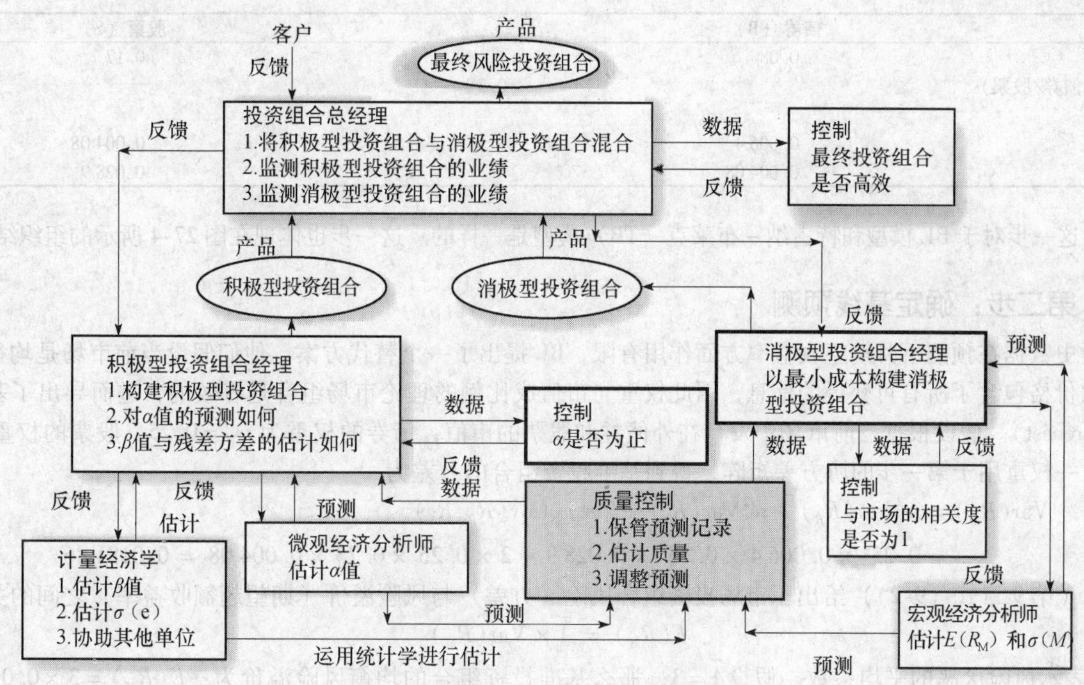

图 27-4 投资组合管理的组织结构图

资料来源：Adapted from Robert C. Merton, *Finance Theory*, Chapter 12, Harvard Business School.

27.3 布莱克-利特曼模型

因特雷纳-布莱克模型和布莱克-斯科尔斯期权定价公式闻名的费雪·布莱克与罗伯特·利特曼发展了另一个重要的模型，此模型允许投资组合经理对复杂的预测（他们称之为**观点**（views））进行量化并应用于投资组合的构建$^{⊖}$。在介绍该模型之前我们将简要介绍一下关于资产配置的问题。在下一节我们将比较两个模型，了解模型之间的共性可以帮助我们更好地理解布莱克-利特曼（BL）模型。

27.3.1 一个简单的资产配置决策

假设某投资组合经理正在努力为下个月进行**资产配置**（asset allocation），投资范围包括票据、债券和股票。为使夏普比率达到最大，投资组合应只包括债券和股票。最优化风险投资组合是与资本配置线（CAL）相切的投资组合。基金投资者根据自己的风险偏好沿资本配置线构建想要的头寸，也就是将票据与最优风险投资组合进行组合。这些问题在第 7.3 节已讨论过。在第 7 章，我们是用一系列给定数据来优化投资组合。但在实践中，如果知道数据，优化问题将迎刃而解，困扰投资组合经理的难题是如何获得数据。布莱克和利特曼提出了一种均衡考虑历史数据和投资组合经理未来短期观点的方法。

如今，债券和股票投资组合的历史收益率（实际上所有资产的历史收益率）都可以轻易获得。问题在于如何利用这些历史收益率，我们通常使用的统计量是历史平均收益率和估计协方差矩阵。但是这两个统计量之间存在明显区别。收益率巨大的波动性，尤其是在短期内，使得几乎无法预测未来一个月的收益率。表 5-2（第 5 章）显示，即使是在多年平均收益率的波动依然非常明显。很明显，当前的经济周期和其他宏观经济背景决定了下个月的期望收益率。相比之下，我们可以将一段近期的收益率样本分成更短的持有期，从而为下月预测得到一个恰当的协方差矩阵。

27.3.2 第一步：根据历史数据计算协方差矩阵

这项简单的任务就是 BL 模型的第一步。假设利用短期历史超额收益率得到的协方差矩阵如下：

⊖ Black and Litterman, "Global Portfolio Optimization"

	债券 (B)		股票 (S)
标准差	0.08		0.17
相关系数（债券/股票）		0.3	
协方差			
债券	0.006 4		0.004 08
股票	0.004 08		0.028 9

注意，这一步对于BL模型和特雷纳－布莱克（TB）模型是一样的。这一步也体现在图27-4所示的组织结构图中。

27.3.3 第二步：确定基线预测

由于历史数据在预测下月期望收益率方面作用有限，BL提出了一个替代方案。他们假设当前市场是均衡的，股票和债券的价格包含了所有可获得的信息，因此权重与市值成比例的理论市场组合是有效的，进而导出了**基线预测**(baseline forecast)。假设根据当前市场中发行在外债券和股票的市值，债券的权重为 $w_B=0.25$，股票的权重为 $w_S=0.75$。将这一权重用于第一步的协方差矩阵，得到基准投资组合的方差为

$$\begin{aligned}\mathrm{Var}(R_M) &= w_B^2\mathrm{Var}(R_B)+w_S^2\mathrm{Var}(R_S)+2w_Bw_S\mathrm{Cov}(R_B,R_S)\\ &= 0.25^2\times 0.0064\times 0.75^2\times 0.0289+2\times 0.25\times 0.75\times 0.00408 = 0.018186\end{aligned} \tag{27-8}$$

CAPM公式（第9章式(9-2)）给出了市场投资组合风险（方差）与风险溢价（期望超额收益率）之间的关系

$$E(R_M)=\bar{A}\times \mathrm{Var}(R_M) \tag{27-9}$$

其中$\bar{A}$表示风险厌恶的平均系数。假设$\bar{A}=3$，那么基准投资组合的均衡风险溢价为：$E(R_M)=3\times 0.018186=0.0546=5.46\%$。债券和股票的均衡风险溢价可根据它们在基准投资组合中的β值求出

$$E(R_B)=\frac{\mathrm{Cov}(R_B,R_M)}{\mathrm{Var}(R_M)}E(R_M)$$

$$\mathrm{Cov}(R_B,R_M)=\mathrm{Cov}(R_B,w_BR_B+w_SR_S)=0.25\times 0.0064\times 0.75\times 0.00408=0.00466$$

$$E(R_B)=\frac{0.00466}{0.018186}\times 5.46\% = 1.40\%$$

$$E(R_S)=\frac{0.75\times 0.0289+0.25\times 0.00408}{0.018186}\times 5.46\% = 6.81\% \tag{27-10}$$

因此，第二步得到债券风险溢价的基准预测为1.40%，股票为6.81%。

第二步的最后工作是计算基线预测的协方差矩阵，不同于债券和股票投资组合已实现超额收益率的协方差矩阵，这是关于预测精准度的报告。我们想知道的是期望收益率估计的精确性，而不是关注于实际收益率的波动。约定俗成的做法是将标准差设为收益率标准差的10%（即为收益率方差的1%）。比如说，在某种特定情况下，预测下个月的经济形势与过去100个月相近，也就是说过去100个月的平均收益率是下个月期望收益率的无偏估计，那么平均收益率的方差就是实际收益率方差的1%。因此，在这种情况下，用收益率的协方差矩阵乘以0.01便可以得到期望收益率的协方差矩阵，那么第二步将得到下列预测和协方差矩阵

	债券 (*B*)	股票 (*S*)
期望收益率（%）	0.014 0	0.068 1
协方差		
债券	0.000 64	0.000 040 8
股票	0.000 040 8	0.000 289

现在我们已经处理完了市场预期，接下来我们将把投资经理的个人观点引入我们的分析中。

27.3.4 第三步：融合投资经理的个人观点

BL模型允许投资组合经理在优化过程中引入任何关于基准预测的观点，他们还会在这些观点后加上自己的置信度。在BL模型中这些观点都被表示为各种超额收益率的不同线性组合的值，而置信度则作为这些值的误差的协方差矩阵。

【例27-1】 **BL模型的观点**

假设某投资经理对基线预测持约束的观点，具体来说，他相信债券的业绩将超过股票0.5个百分点。用公式表示为

$$1 \times R_B + (-1) \times R_S = 0.5\%$$

更一般的，任何观点（即相关超额收益率的线性组合）都可以表示为一个数组（在Excel中，数组是一列数字）与超额收益率数组（另一列数字）的乘积。在本例中，权重数组为 $P = (1, -1)$，超额收益数组为（R_B，R_S）（在Excel中，这个乘法可由函数SUMPRODUCT完成）。线性组合的值，用字母 Q 表示，就是投资组合经理的观点。在本例中，$Q = 0.5\%$ 将在优化过程中用到。■

每个观点都有其置信水平，即衡量 Q 精确度的标准差。换句话说，投资组合经理的观点为 $Q+\varepsilon$，其中 ε 表示均值为零时的观点（观点的标准差反映了投资组合经理的置信度）周围的“噪声”。我们可以发现，股票和债券期望收益率之差的方差为2.7%（计算见式（27-13）），如果投资组合经理认为 $\sigma(\varepsilon) = 1.73\%$，用 $R = (R_B, R_S)$ 来表示收益率数组，那么经理的观点 P 便可以表示为

$$\begin{aligned} PR' &= Q + \varepsilon \\ P &= (1, -1) \\ R &= (R_B, R_S) \\ Q &= 0.5\% = 0.005 \\ \sigma^2(\varepsilon) &= 0.0173^2 = 0.0003 \end{aligned} \tag{27-11}$$

27.3.5 第四步：修正（后验）期望

从市值及其协方差矩阵得来的基线预测构成了债券和股票收益率的先验分布。而投资组合经理的观点与其置信水平一起，提供了根据“试验”得来的概率分布，也就是说，附加信息必须与先验分布最佳结合。所得结果就是在投资组合经理观点下的一系列新的期望收益。

为了更直观地理解，思考基准期望收益率暗含了什么观点。从市场数据得出的预期是债券的期望收益率为1.40%，股票的为6.81%。因此，基线观点为 $R_B - R_S = -5.41\%$。相比之下，投资组合经理认为这个差值应为 $Q = R_B - R_S = 0.5\%$。下面我们用BL线性方程组来表示市场期望

$$\begin{aligned} Q^E &= PR'_E \\ P &= (1, -1) \\ R_E &= [E(R_B), E(R_S)] = (1.40\%, 6.81\%) \\ Q^E &= 1.40 - 6.81 = -5.41\% \end{aligned} \tag{27-12}$$

因此，基线“观点”为−5.41%（即股票的业绩会超过债券），这与投资组合经理的观点大相径庭，其差值D为

$$\begin{aligned} D &= Q - Q^E = 0.005 - (-0.0541) = 0.0591 \\ \sigma^2(D) &= \sigma^2(\varepsilon) + \sigma^2(Q^E) = 0.0003 + \sigma^2(Q^E) \\ \sigma^2(Q^E) &= \mathrm{Var}[E(R_B) - E(R_S)] = \sigma^2_{E(R_B)} + \sigma^2_{E(R_S)} - 2\mathrm{Cov}[E(R_B), E(R_S)] \\ &= 0.000064 + 0.000289 - 2 \times 0.0000408 = 0.0002714 \\ \sigma^2(D) &= 0.0003 + 0.0002714 = 0.0005714 \end{aligned} \tag{27-13}$$

在基线预期与投资组合经理观点悬殊的情况下，我们可以预计，条件期望将与基准大不相同，进而最优投资组合也会发生巨大变化。

期望收益率的变化是以下4个因素的函数：基线期望 $E(R)$、投资组合经理观点与基线观点之差 D（见式（27-13））、$E(R)$ 的方差和 D 的方差。根据投资组合经理的观点与基线观点及其精确度，利用BL模型可得到

$$\begin{aligned} E(R_B \mid P) &= E(R_B) + \frac{D\{\sigma^2_{E(R_B)} - \mathrm{Cov}[E(R_B), E(R_S)]\}}{\sigma^2_D} \\ &= 0.0140 + \frac{0.0591(0.000064 - 0.0000408)}{0.0005714} = 0.0140 + 0.0024 = 0.0164 \\ E(R_S \mid P) &= E(R_S) + \frac{D\{\mathrm{Cov}[E(R_B), E(R_S)] - \sigma^2_{E(R_S)}\}}{\sigma^2_D} \\ &= 0.0681 + \frac{0.0591(0.0000408 - 0.000289)}{0.0005714} = 0.0681 - 0.0257 = 0.0424 \end{aligned} \tag{27-14}$$

我们可以看到，投资组合经理将债券的期望收益率调高了0.24%，达到了1.64%，将股票的期望收益率下调了2.57%，变成了4.24%。股票和债券的期望收益率之差从5.41%降到了2.60%。这是一个非常大的变化，可见投资组合经理最后的观点几乎是其先前观点和基线观点折中的结果。更一般的，折中的程度与各观点的精确度有关。

在这个例子中，我们只涉及了两类资产和一个观点，可以很容易推广到多种资产和关于未来收益率的多种观点，这比简单的两种收益率之差要复杂得多。这些观点可以为资产的任何线性组合赋值，且置信水平（各观点 ε 值的协方差矩阵）可以允许各观点之间存在依存性，这种量化投资组合经理独有信息的灵活性赋予了模型巨大的潜力。本章的附录B展示了一般的BL模型。

27.3.6　第五步：投资组合优化

从现在开始，投资组合优化采用第7章所述的马科维茨过程，输入量由基线期望替换为产生于投资组合经理观点的条件期望。

数据表27-7列示了BL模型的计算过程。其中数据表27-7a列示了基准预测的计算过程；为了得到修正（条件）期望，数据表27-7b引入了投资组合经理的观点。我们在不同的置信水平下展现了这一过程。图27-5显示了假设观点正确时，不同置信水平下最优投资组合的性质。而图27-6显示了观点错误时的状况。图27-5和图27-6共同说明置信水平在BL模型中起着重要作用。下一节我们将讨论这些结果的含义。

表27-7　布莱克－利特曼组合对于信心水平的敏感性

	AC	B		DE		FG		HI	
1									
2									
3									
4	a.基于历史超额收益的协方差矩阵、								
5	市场价值权重、基线预测								
6									
7			债券	股票					
8		权重	0.25	0.75					
9	债券	0.25	0.006400	0.004080					
10	股票	0.75	0.004080	0.028900					
11		sumproduct	0.001165	0.017021					
12	市场组合方差V(M)=sum(c11:d11)					0.018186			
13	代表性投资者的风险厌恶系数=					3			
14	基线市场组合风险溢价=A×V(M)=					0.0546			
15	协方差R_M		0.00466	0.022695					
16	基线风险溢价		0.01	0.07					
17									
18	协方差对于期望收益率的贡献比率					0.01			
19	期望收益率的协方差矩阵								
20			债券	股票					
21		债券	0.000064	0.0000408					
22		股票	0.0000408	0.000289					
23									
24	b.观点、信心与后验期望								
25									
26	观点、与基线数据之差Q=					0.0050			
27	观点、基线预测Q^E=					-0.0541			
28	Variance of Q^E=Var(R_B-R_S)					0.000271			
29	Var[E(R_B)]- Cov[E(R_B), E(R_S)]=					0.000023			
30	Cov[E(R_B),E(RS)]-Var[E(R_B)]=					-0.000248			
31	观点、与基线数据之差D=					0.0591			
32	用Q的标准描述的偏心水平								
33	可能的SD	0	0.0100	0.0173	0.0300	0.0600			
34	方差	0	0.0015	0.0003	0.0009	0.0036	基线		
35	E(R_B|P)	0.0190	0.0148	0.0164	0.0152	0.0143	0.0140		
36	E(R_S|P)	0.0140	0.0598	0.0424	0.0556	0.0643	0.0681		

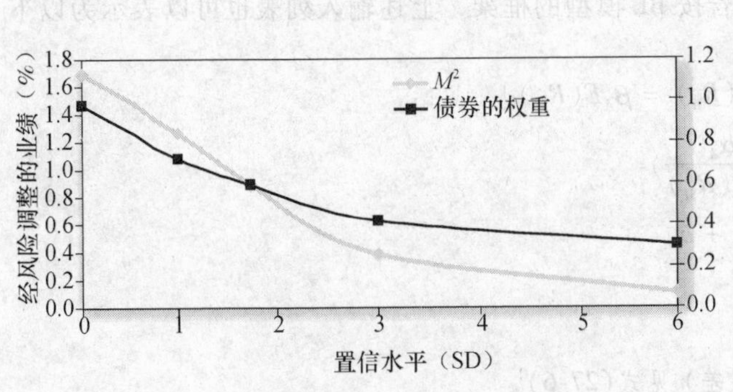

图 27-5　布莱克 - 利特曼投资组合业绩对置信水平的敏感性分析（观点正确时）

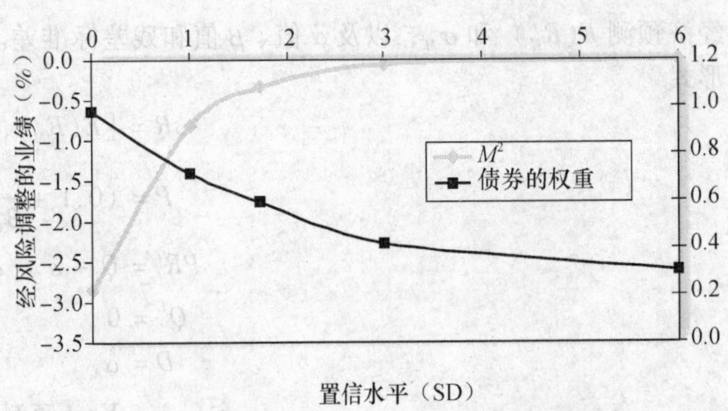

图 27-6　布莱克 - 利特曼投资组合业绩对置信水平的敏感性分析（观点错误时）

27.4　特雷纳 - 布莱克模型与布莱克 - 利特曼模型：互补而非替代

特雷纳、布莱克、利特曼成为了投资领域的重要革新者，他们的模型被广泛使用，推动了投资行业的发展。这里将两个模型比较分析并非为了说明孰优孰劣（事实上，我们发现它们是互补的），而是为了在比较中发现其各自的价值。

首先要明确的，在优化这一步骤中，两个模型都是一致的。也就是说，不论分析师使用哪个模型，只要他们的输入列表相同，就会得到相同的投资组合与相同的业绩指标。在第 27.6 节中，我们将看到用这两种模型构造的投资组合的业绩远远优于消极策略，也优于没有使用定量技术的积极策略。两个模型的区别主要在于获得输入列表的方法，下面的分析告诉我们，它们是相互补充的，最好一起使用。

27.4.1　BL 模型是 TB 模型蛋糕上的奶油

特雷纳 - 布莱克（TB）模型针对于单一证券进行分析，这可以从积极型投资组合的构建过程中看出。对证券的 α 赋值是相对于消极型投资组合得出的。如果所有 α 值全为零，那么该组合就是所要持有的组合。假设某投资公司的募股说明书说明将其投资组合的 70% 投资于美国大型股票，如标准普尔 500 指数，30% 投资于欧洲大型股票。这种情况下，宏观经济分析必须针对两地分别进行，而 TB 模型也要分别应用。在每个地区，证券分析师编制出相对于其本身的消极型投资组合的 α 值。因此该公司的产品将包括四种投资组合，两个消极型组合和两个积极型组合。只有将投资组合分别优化时，这套体系才会有效。也就是说，美国证券的参数（α 值、β 值、残差方差）是根据美国基准估计得出的，欧洲股票的参数是根据欧洲基准估计得出的。那么投资组合构建问题就变成了标准的资产配置问题。

所得的投资组合可以用 BL 方法改进。首先，关于美国和欧洲市场相对表现的观点可以增加对两大经济实体进行宏观经济预测的信息。为了更加专业化，美国和欧洲的宏观经济分析师必须专注于各自的经济体。显然，随着更多国家和地区的投资组合进入该公司的投资范围时，分散化会变得越来越重要，将 BL 模型运用到 TB 产品中的可能性就越大。此外，国外股票投资组合将导致投资者持有不同头寸的当地货币，这明显是国际金融的范畴，从这一分析中得到预测数据的唯一方法就是 BL 技术[⊖]。

27.4.2　为什么不用 BL 模型替代 TB 模型

如果对整体投资组合包含根据比较经济和国际金融分析得出的预测值，那么就需要用到 BL 技术，正是这种需求让我们提出了这一问题。用 BL 模型构建有效投资组合的确可行，因为 TB 模型中的 α 可以用 BL 模型的观点来代替。举个简单例子，如果积极型投资组合只包含一只股票。若采用 TB 模型构建积极型投资组合，需要宏观

⊖ BL 模型中也可以用来引入关于美国与国外公司业绩的观点。

经济预测 $E(R_M)$ 和 σ_M，以及 α 值、β 值和残差标准差。若按 BL 模型的框架，上述输入列表也可以表示为以下形式

$$R = [E(R_M), E(R_A) = \beta_A E(R_M)]$$

$$P = (0, 1 + \frac{\alpha_A}{\beta_A E(R_M)})$$

$$PR' = Q + \varepsilon = \alpha_A + \varepsilon$$

$$Q^E = 0$$

$$D = \alpha_A$$

$$\sigma^2(\varepsilon) = \text{Var}(\text{预测误差}) \text{ 见式(27-6)}$$

$$\sigma^2(D) = \sigma^2(\varepsilon) + \sigma^2(e) \tag{27-15}$$

其中 e 表示式（27-5）中证券特征线回归的残差。如式（27-13）一样，利用式（27-15）计算的条件期望可以得出与 TB 模型式（27-7）一样的调整的 α 值。

这样看来，BL 模型可视为 TB 模型的推广。与 TB 模型一样，BL 模型允许你根据关于 α 的观点来调整期望收益，同时它也允许你对相对业绩发表观点，这一点是 TB 模型所不能企及的。

但是，这个结论可能误导投资管理行为。为了理解这一点，我们先讨论置信水平，它是全面描述 BL 模型中的观点所必需的。数据表 27-7 和图 27-5、图 27-6 说明最优组合的权重与业绩对 BL 观点的置信度非常敏感。因此，模型的有效性很大程度上依赖于 BL 观点的置信水平。

当用 BL 观点来替代 TB 框架下的直接 α 估计时，我们必须把式（27-7）中预测误差的方差用于式（27-15）。这便是 BL 模型对"置信度"的量化方法。在 TB 框架中，通过计算分析师的预测 α 值与相应的已实现 α 值之间的相关性，我们便可以测度预测的精确性，但将这一过程运用到 BL 关于相对业绩的观点中并没有那么简单。投资组合经理的观点在不同时期有不同的量化值，因此，我们无法用某一变量的长期历史预测数据来评估精确度。从目前来看，无论是学界还是业界，都不存在对 BL 模型中"信心水平"量化的方法。

这就引出了在 TB 模型中调整预测的问题。没有直接证据证明分析师的追踪记录经过系统编纂并用以来调整 α 预测，虽然我们不能断言这种努力是行不通的，但是间接证据说明在 TB 模型中，α 值往往没有经过调整，常常可以听到关于 TB 模型导致"极端"调整组合权重的抱怨。但我们在第 27.3 节中已看到，这些极端权重的产生原因是没有调整 α 值以反映预测精度。任何卓越的预测者得到的实际 R^2 都会带来适度的投资组合权重。就算极端权重偶然出现，也会由于对基准风险的限制而消除。

因此保持这两个模型的独立性和独特性非常必要；TB 模型可用于证券分析管理（预测值已经过程调整），而 BL 模型可用于资产配置，尽管在资产配置实践中置信水平无法精确估计，但相对业绩的观点仍然非常有用。

27.5　积极型管理的价值

在第 24 章中我们已看到，成功把握市场时机的价值是巨大的。即使是一个预测能力有限的预测者也能创造显著的价值。但是，有证券分析支持的积极型投资组合管理具有更大的潜力。即使每一个证券分析师的预测能力十分有限，但他们组合起来的效果是无可限量的。

27.5.1　潜在费用估计模型

市场择时的价值可由等数量看涨期权的价值得到，该看涨期权模仿择时者投资组合的收益。因此，我们可以可以对择时能力给出一个明确的市场价值，也就是说，我们可以对择时者的服务中所隐含的看涨期权进行定价。虽然我们不能获得积极型投资组合管理的估价，但我们退而求其次，计算一个典型投资者会为该项服务付出的费用。

Kane、Marcus 和 Trippi[⊖] 得出了投资组合业绩的年度价值，以所管理资金的一定百分比来衡量。百分比费用 f，即投资者愿意为这项服务支付的费用，与积极型投资组合、消极型投资组合夏普比率的平方差有关

⊖ Alex Kane, Alan Marcus, and Robert R. Trippi, "The Valuation of Security Analysis," *Journal of Portfolio Management* 25 (Spring 1999)

最优组合与期望业绩。

高级题

5. 如果给分析师进行培训可以把他的预测精度 R^2 提高 0.01，这个培训的价值是多少？举例说明之。

在线投资练习

追踪误差

登录 www.jpmorganfunds.com/pdfs/other/Tracking_Error.pdf 讨论追踪误差的测度。什么可能引起高的追踪误差？高追踪误差与管理者的高 α 有什么关系？追踪误差和夏普比率如何应用于业绩评估？

附录 27A α 的预测值与实现值

预测 α 未来值（现在未知）的现行表达式为：

$$\alpha^f(t) = b_0 + b_1 u(t) + \eta(t) \tag{27A-1}$$

其中 $\eta(t)$ 表示预测误差且与实际 $u(t)$ 无关。注意，当将预测值按式（27-7）进行优化时，式（27-6）中的调整预测误差 $\varepsilon(t)$ 便与最优调整预测 $\alpha(T)$ 无关，系数 b_0 和 b_1 便会变化，预测将产生偏差。无偏的预测应当是 $b_0=0$（不发生变化）且 $b_1=1$（无偏差）。

根据式（27A-1）我们可以得出预测值的方差及预测值与实现值之间的协方差：

$$\sigma^2(\alpha^f) = b_1^2 \times \sigma^2(u) + \sigma^2(\eta)$$

$$\mathrm{Cov}(\alpha^f, u) = b_1 \times \sigma^2(u) \tag{27A-2}$$

因此式（27-6）中的斜率系数 a_1 为：

$$a_1 = \frac{\mathrm{Cov}(u,\alpha^f)}{\sigma^2(\alpha^f)} = \frac{b_1 \times \sigma^2(u)}{b_1^2 \times \sigma^2(u) + \sigma^2(\eta)} \tag{27A-3}$$

当预测无偏时，即 $b_1=1$ 时，a_1 就等于式（27A-1）中将预测值对实现值回归的 R^2，也等于式（27-6）中实现值对预测值回归的 R^2。当 b_1 不等于 1.0 时，为了说明这种偏差，我们必须对系数 a_1 进行调整。注意，调整后 $a_0 = -b_0$。

附录 27B 广义布莱克－利特曼模型

用矩阵形式可以更好地表达布莱克－利特曼模型。我们依照 27.3 节的步骤介绍此模型。

第 1 步和第 2 步：协方差矩阵与基线预测

N 种资产的过去超额收益构成了 $n \times n$ 阶的协方差矩阵，记作 Σ。此处假设超额收益率服从正态分布。

在资产空间中，所有资产的市值均可获得，我们用各资产的市值构造基线均衡投资组合 $1 \times n$ 阶的权重向量 w_M。基线调整组合的方差为：

$$\sigma_M^2 = w_M \Sigma w'_M \tag{27B-1}$$

利用 CAPM 模型获得市场组合风险溢价的基线宏观预测时，我们用到了经济中代表性投资者的风险厌恶系数 $\bar{A}$：

$$E(R_M) = \bar{A}\sigma_M^2 \tag{27B-2}$$

计算空间内证券风险溢价的基线预测向量（$1 \times n$）时，用到了宏观预测和协方差矩阵：

$$E(R') = E(R_M) \Sigma w'_M \tag{27B-3}$$

至此，我们得到了所有资产收益率的先验（基线）分布：

$$\tilde{R} \sim N[E(R), \ \Sigma] \tag{27B-4}$$

假设基线期望收益 $\tau\Sigma$ 的 $n \times n$ 阶的协方差矩阵与协方差矩阵 Σ 成正比，比例为 τ。

第 3 步：经理的个人观点

观点的 $k \times n$ 矩阵 P 包含了 k 个观点。第 i 个观点表示 $1 \times k$ 向量乘以 $1 \times n$ 的收益率向量 $\tilde{R}$，得到观点的价值 Q_i，预测误差为 ε_i。观点价值的整体向量和预测误差可根据下式得到：

$$RP = Q + \varepsilon \tag{27B-5}$$

观点中经理的置信水平可根据观点误差向量 ε 的 $k \times k$ 阶协方差矩阵 Ω 得到，嵌入在基线预测中的观点 R 可根据 Q^E 得到：

$$RP = Q^E$$

因此，表示观点与基线观点（预测）偏差的 $1 \times k$ 向量及其协方差矩阵 S_D 为：

$$D = Q^E - Q$$

$$S_D = \tau P \sum P' + \Omega \tag{27B-6}$$

第 4 步：修正（后验）期望

在引入观点后 $1 \times n$ 的后验（修正）期望向量为：

$$R^* = R \mid P = R + \tau D S_D^{-1} \sum P' \tag{27B-7}$$

第 5 步：投资组合优化

结合超额收益的协方差矩阵，依照马科维茨方法根据利用修正期望的向量得出最优投资组合的权重。

第28章 投资政策与注册金融分析师协会结构

使期望和境况各异的每个家庭都拥有称心如意的投资决策是一项艰苦的任务。对投资机构来说，这项任务同样困难。大多数投资机构由投资人出资，通常受到各种各样的权力机构的管制。整个投资过程很难简化成一个简单的或程序化的运算法则。

尽管许多投资原理都普遍适用，但是有些问题是某些投资者特有的。例如，税率、年龄、风险忍耐力、财富、就业前景以及其他不确定因素。本章，我们重点关注投资者如何系统地评价他们特定的目标、限制和境况。在这个过程中，我们调查了一些主要的机构投资者并研究了它们必须面对的特殊问题。

当然，没有唯一正确的投资过程。但是，总有一些方法优于其他方法，而且将这些有效的方法作为一个有用的案例来进行研究是很有益的。所以我们要研究一下注册金融分析师协会推荐的系统分析法。另外，该机构通过考试授予投资专业人士"注册金融分析师"资格。因此，我们概括出来的方法也受到德高望重的专业投资机构的支持，他们要求投资从业人员通过课程掌握这些方法。

该方法的基本框架将投资过程划分成4个阶段：明确投资目标、确定限制因素、制定投资决策、监控和必要时调整投资组合。我们会依次研究这四个阶段的行为。首先，描述投资者（包括个人投资者和机构投资者）的主要类型和他们的特定投资目标。其次，分析每类投资者面临的特定限制和不同情况，并且研究他们能够选择的投资决策，

我们将分析个人投资者和机构投资者（例如养老基金）的特定状况如何影响投资决策，也会分析一下税收制度如何对投资决策造成巨大影响。

28.1 投资决策过程

注册金融分析师协会将投资管理过程分成3步：计划、执行和反馈，这3个步骤构成一个动态的反馈

回路。图28-1和表28-1描述了该过程的各个步骤。简单地说，计划主要为决策制定做必要准备。这包括收集顾客以及资本市场数据，建立长期决策指导方针（战略性资产分配）。执行是将最优资产配置和证券选择方案具体化。最后，反馈是适应预期、目标变化以及导致市场价格变化的投资组合构成变化的过程。

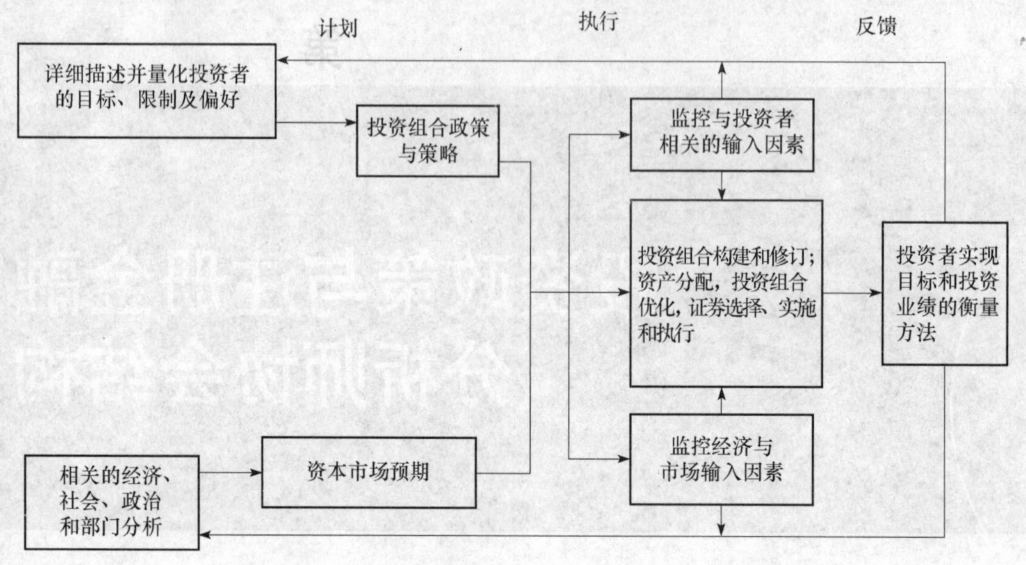

图28-1 注册金融分析师协会投资管理过程

表28-1 投资决策的过程

1. 计划
- A. 识别并明确投资者的目标和限制
- B. 建立投资策略说明书（见表28-2）
- C. 形成资本市场预期
- D. 构建战略性资产分配（最小和最大资产种类权重目标）

2. 执行：投资组合的构建和修订
- A. 资产分配（包括战术上的）和投资组合优化（资产组合满足风险和收益目标）
- B. 证券选择
- C. 实施和执行

3. 反馈
- A. 监控（投资者、经济因素和市场输入因素）
- B. 重新平衡
- C. 业绩评价

资料来源：John L. Maginn, Donald L. Tuttle, Dennis W. McLeavey, and Jerald E. Pinto, "The Portfolio Management Process and the Investment Policy Statement," in *Managing Investment Portfolios: A Dynamic Process*, 3rd ed. (CFA Institute, 2007) and correspondence with Tom Robinson, head of educational content.

表28-2所示投资策略说明书总结了上述分析结果。接下来，我们将详细介绍投资策略说明书的各个步骤。首先是表28-1a所示的计划阶段。

表28-2 投资策略说明书的构成

1. 简单介绍客户情况	6. 业绩衡量和衡量标准
2. 决策和方针的制定目标	7. 建立战略性资产分配的考虑因素
3. 参与各方的义务和责任	8. 投资策略和投资类型
4. 投资目标、对象以及投资限制的陈述	9. 重新建立平衡的指导方针
5. 投资业绩和投资策略说明书的评估计划	

28.1.1 目标

表28-1表明管理计划过程首先要分析投资客户的情况，尤其是影响他们决策的投资目标和限制。投资组合目标的核心是投资者的期望收益（表28-3第一栏的要求收益率）与他们愿意承担的风险（风险忍耐力）之间的**风险-**

收益权衡（risk-return trade-off）。投资管理人必须了解投资者在追求较高期望收益率时可以承受的风险水平。

表 28-3 投资组合决策的决定因素

目的	限制	策略	目的	限制	策略
要求收益率	流动性	资产分配		税收	税收定位
风险承受能力	期限	分散化		个别需求	收入生成
	监管	风险定位			

专栏 28-1 介绍了一份评价投资者风险忍受力的调查问卷。表 28-4 列示的各个因素制约着我们将要介绍的七种主要投资者的投资要求收益率和风险态度。

表 28-4 目标矩阵

投资者类型	要求收益率	风险承受力
个人信托	生命周期（教育、子女、退休）	生命周期（年轻人风险承受能力较强）
共同基金	可变的	可变
养老基金	假定的精算收益率	取决于代表性支出
捐赠基金	取决于当前收入要求以及为维持真实价值的资产增长需要	
	应该超过新货币利率以满足费用和利润目标；精算收益率也很重要	
人寿保险公司	没有最小值	保守的
非人寿保险公司	利息差额	保守的
银行	通常是保守的	可变的

专栏 28-1

风险承受能力调查问卷

以下问卷是金融机构用来评估风险承受能力的一个小测试。

问题	1分	2分	3分	4分
1. 我计划使用这笔投资资金的时间	6个月内	3年内	3~6年	至少7年
2. 投资资金占我总资产（除房产）的比例	75%以上	50%~75%	25%~50%	小于25%
3. 我预期未来收入会	下降	保持不变或增长缓慢	增长速度比通货膨胀率快	快速增长
4. 是否有应急用的储蓄	没有	—	有，没有想要的那么多	有
5. 我愿意用多少比例的资金冒风险使资金翻倍	无	10%	25%	50%
6. 我已经投资于股票和股票型共同基金	—	是的，但是很担心这项投资	没有，希望向这方面投资	是的，对这项投资很满意
7. 我最重要的投资目标是	维持原有投资	资金不断增长并有所收益	增长速度快于通货膨胀并且有所收益	资金尽快增长。当前的收益并不重要

将7个问题所得的分数相加。如果选第一个答案加1分，如果选第二个答案加2分，依此类推。得分在25~28分，为激进的投资者。得分在20~24分，你的风险承受能力在中等水平以上。得分在15~19分，是稳健型投资者。这意味着，为了潜在的高收益率，你愿意承担部分风险。如果得分在15分以下，那么你为保守型投资者。如果得分在10分以下，则你是一个非常保守的投资者。

资料来源：Security Industry and Financial Markets Association.

28.1.2 个人投资者

影响个人投资者收益率和风险忍耐力的基本因素是他们所在的生命周期阶段和个人偏好。例如，中年终身大学教授和退休寡妇的需要和偏好就不同。随后，我们将在本章进一步详细讨论个人投资者的相关内容。

28.1.3 个人信托

个人信托（personal trust）是通过个人投资者将其资产的合法权益授予另一个人或机构（托管人）并委托他们为一个或多个受益人管理财产建立起来的。习惯上，受益人可以分为**收入受益人**（income beneficiaries）和**余额继承人**（remainder men），前者在有生之年从信托中获得利息和股息。后者在收入受益人去世且信托解散时获得信托本金。托管人通常是银行、储蓄与贷款协会、律师或投资专家。信托投资受信托法规制约，同时“谨慎投资者法规”也将信托的投资类型限制在谨慎投资者的选择范围中。

个人信托的投资对象通常比个人投资者的投资范围更狭窄。个人信托管理者因为负有责任，通常比个人投资者更倾向于规避风险。他们不会进行期权和期货合同等资产类别的买卖，也不会采用买空、卖空等投资策略。

28.1.4 共同基金

共同基金汇集投资者的资金，以募股说明书阐述的方法投资，向投资者发行股份，投资者按一定比例获得基金产生的收入。募股说明书详细阐明了共同基金的投资目标。本书第4章详细讲述了共同基金的相关内容。

28.1.5 养老基金

养老基金的目标取决于退休计划的类型。退休计划分为**固定缴纳计划**（defined contribution plans）和**固定给付计划**（defined benefit plans）。事实上，固定缴款计划是公司为其员工在信托基金中设立的税收延迟退休储蓄账户，员工自负盈亏。

但是，大部分养老基金是固定给付计划。此计划中的资产作为发起计划的公司对计划受益人的负债总和，这一负债是员工工作期间赚取的终身年金，从计划参与者退休时开始领取。因此，发起公司的股东承担固定给付计划的风险。随后，我们将在本章更全面地讨论养老基金。

28.1.6 捐赠基金

捐赠基金（endowment funds）是指特许机构将资金用于特定的非营利性目的。他们由一个或多个发起者资助，通常由教育、文化、慈善机构或因特定目的设立的独立基金会管理。通常，捐赠基金的投资目标是在适度风险水平下产生稳定收入。但是，捐赠基金的托管人可以根据捐赠基金的特定情况确定其他目标。

28.1.7 人寿保险公司

人寿保险公司的投资通常用来对冲其保单中注明的负债。因此，有多少种不同的保单就有多少种不同的投资目标。到20世纪80年代，实际上，只有两种人寿保险业务：终身和定期。

终身保险保单（whole-life insurance policy）将死亡赔偿与储蓄计划相结合，该计划使投资者账户的现金价值不断增加，投保人晚年（通常为65岁）可以提取。另外，**定期人寿保险**（term insurance）只提供死亡赔偿，不包括现金升值。

终身保险保单中现金升值利率是固定的，并且人寿保险公司尽量通过投资长期债券对负债进行套期保值。通常，投保人有权以事先约定的利率从该保险账户中借款，借款的数额取决于保单的现金价值。

20世纪70年代和80年代早期通货膨胀严重的时候，许多旧的终身保险保单的契约式借款利率低至每年4%~5%，保单持有者从保险账户中借入大量资金，投资于货币市场共同基金并获得两位数的投资回报。为了适应这种发展，保险业提出两个新的保单类型：**可变人寿保险**（variable life）和**通用人寿保险**（universal life）。可变人寿保险中，投保人购买保单，可以得到一份固定的死亡赔偿金外加一部分现金额，投保人可以将其有选择地投资于各种各样的共同基金。在通用人寿保险中，投保人可以根据需要增加或减少保费或死亡赔偿。可变人寿保险和通用人寿保险的最大优点是在现金提取之前不需缴纳税金。

28.1.8 非人寿保险公司

像财产保险、意外损失保险等非人寿保险公司收取保费之后可能会支付索赔款项，所以会将基金进行投资。一般，他们对风险的态度比较保守。像人寿保险公司一样，非人寿保险公司一般为股票公司或共同基金公司。

28.1.9　银行

根据定义，银行的特征是大多数投资是对公司或顾客的贷款，大多数负债是存款账户。作为投资者，银行的目的是尽量将资产的风险和负债相匹配，并且获得借贷利差。

28.2　限制

个人投资者和机构投资者都会限定投资资产的选择范围。这种限制源于他们所处的特定环境。识别这些限制将会影响到投资策略的选择。下面列示了 5 种常见的限制。表 28-5 的矩阵总结了 7 种投资者的投资策略的主要限制。

表 28-5　限制因素矩阵

投资者类型	流动性	期限	监管	税收
个人信托	可变	生命周期	没有	可变
共同基金	高	可变	很少	没有
养老基金	年轻人低；成年人高	长	ERISA	没有
捐赠基金	低	长	很少	没有
人寿保险公司	低	长	复杂	是
非人寿保险公司	高	短	很少	是
银行	高	短	不断变化	是

28.2.1　流动性

流动性（liquidity）是以公平价格出售资产的难易程度（和速度）。它是资产的时间维度（出售所需的时间）和价格维度（对公平市场价格的折扣）的关系（见第 9 章流动性）。

当需要具体测度流动性时，可以考虑需要立刻出手某项资产时的折扣价。现金和货币市场工具（例如国债和商业票据）的买卖价差不到 1%，它们是流动性最强的资产。房地产是流动性最差的资产之一。办公楼和生产设备的折价可能达到 50%。

个人投资者和机构投资者都需要考虑他们需要短期内处置资产的可能性有多大，以此确定流动性资产在投资组合中的最低水平。

28.2.2　投资期限

这是投资或大部分投资的计划终止日期。例如，个人投资者的**投资期限**（investment horizon）可以是为子女的大学教育设立基金的时间或者是工薪族退休的时间。对于大学捐赠，投资期限可以是为某项主要的校园建筑项目设立基金的时间。当投资者在到期日不同的资产（例如债券，在未来的某一时点一次付清）做出选择时，需要考虑投资期限。

28.2.3　监管

只有专业投资者和机构投资者会受监管的制约。首先是**谨慎投资人法则**（prudent investor rule）。即，管理他人资金的专业投资者有责任将投资资产限制在谨慎投资者会选择的资产范围中。这项条款目标并不明确。每个专业投资者都必须准备好在法庭上为自己的投资策略辩护，因为其法律解释会随着时间的不同而发生变化。

此外，还有适用于不同机构投资者的特殊规定。例如，美国共同基金（将个人投资者的资金汇集在专业管理人之下的机构）持有的股票不超过公开发行公司的 5%。这种制度使专业投资者避免参与公司的实际治理过程。

28.2.4　税收考虑

税收结果对投资决策意义重大。所有投资战略的业绩都是通过税后收益测度的。对于面临高税赋的家庭和机构投资者来说，避税和延缓纳税在投资策略中十分重要。

28.2.5　独特需求

事实上，每个投资者所面临的情形各不相同。假设一对夫妻都是某航空公司工程师，收入很高。这个家庭的所有成员都与一个周期性的行业息息相关。这对夫妇需要对航天行业不景气的风险进行套期保值，并投资于在航天行业不景气时会有所收益的资产。

华尔街的一位主管遇到了相似的问题，他在华尔街附近有一所公寓。因为曼哈顿那一带的房屋价格取决于证券行业的发展状况，所以主管要双倍地承受证券市场波动带来的风险。由于工作和房产已经取决于华尔街的命运，购买典型的多元化的股票投资组合会增加其在股票市场的风险敞口。

这些例子表明工作通常是个人投资者最初的"投资"，工作带来的独特风险预测在决定投资组合中起到重要作用。

正如以下将要讨论的一样，个人投资者其他的独特需求通常关于他们所处的生命周期的阶段。退休、住房和子女的教育组成了基金的三大主要需求，投资策略部分取决于这些代表性支出。

机构投资者也有独特需要。例如，养老基金根据计划参与者平均年龄的不同，投资策略存在差异。再比如，一所大学的托管人要求管理层只能使用捐赠基金所获得的现金收入。这种限制会使其更偏好支付高股息的资产。

28.3　策略说明书[⊖]

投资策略说明书（IPS）对投资项目的计划和实施起到战略性指导作用。投资策略说明书的成功实施涉及投资项目管理、资产适当配置规划、与内外部管理者协调执行投资项目、结果监督、风险管理与适度报告。IPS也确定了代表投资者利益的各种投资实体的义务。也许更重要的是，IPS作为一项政策指引，可以使分解阶段的行为过程更为客观，否则情感和本能反应可能会导致非谨慎投资行为。

专栏28-2介绍了个人投资者和高资产净值投资者所使用的理想化投资策略说明书的构成。不是每一种构成要素对每个投资者和每种情形都适用，而且也可能有其他构成要素是反映某投资者情形的理想要素。

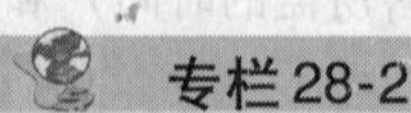

专栏28-2

个人投资者投资策略说明书的理想结构

范围和目标	投资、收益和风险目标
定义背景	描述整个投资目标
定义投资者	阐述收益、分配和风险要求
定义结构	描述相关限制
	描述其他相关要素
管理	**风险管理**
明确投资决策和决策责任	确定业绩衡量
描述投资策略说明书的评价过程	明确风险度量的适度频率
描述雇用或解雇外部顾问所需承担的责任	定义投资组合重新平衡的过程
分派资产分配决策责任	
分派风险管理责任	

个人投资者策略说明书样本

也许理解策略说明书的最佳方法是分析各种投资者的说明书样本。因此，接下来，我们会列示几个样本。

1. 范围和目标

（1）定义背景。

序文经常用来叙述投资者和/或财富来源的信息，给将要实施的投资项目确定投资背景。

例如，勒沃（Leveaux）家庭信托资产可以追溯到1902年克劳德·勒沃（Claude Leveaux）创立的Leveaux Vintners。在之后的77年里，勒沃家族祖孙三代共同努力使其成长为欧洲及加拿大一个集自制酒、美食小吃以及LVX咖

⊖　这部分根据CFA协会文件改编，初稿于2010年2月19日完成。可能与最终公布的文件存在差异。

啡连锁店于一身的家族企业。该企业致力于向消费者传递质量和价值的理念，以及向勒沃经营所在的社区投资。1979年，British conglomerate FoodCo 以2.72亿美元购买了LVX Industry。米歇尔·勒沃用其中的1亿美元建立了勒沃基金，剩下的大多数资金组成了勒沃家庭信托，即此投资策略说明书的介绍对象。

（2）定义投资者。

1）定义投资者是自然人还是法人或公司实体。

例如："本投资策略说明书管理陈光平先生的个人投资组合。"

2）明确IPS管理投资者的哪些资产。

例如，投资策略说明书管理的投资组合包括在乔治·卡斯蒂略名下设立的所有投资组合、与玛丽亚·卡斯蒂略共有的遗产、乔治·卡斯蒂略设立的剩余资金慈善信托、为乔治·卡斯蒂略、和辛西娅·卡斯蒂略设立的未成年人统一账户。

（3）定义结构。

1）阐明主要责任和参与者。

例如，贾妮斯·琼斯，作为萨姆·史密斯和玛丽·史密斯的财务顾问，负责更新投资决策，包括萨姆和玛丽的指定税收和法律顾问请求变更的内容。琼斯小姐也负责监督IPS的应用过程，必要时，应及时通知萨姆和玛丽更新政策和/或某实施过程已违背政策。萨姆和玛丽有责任支持IPS以及后续修改。

2）阐明顾问的"关心程度"。根据顾问偏好、商业模式和客户偏好的不同，顾问遵守的监管标准也不同。受托人标准一般要求顾问应该优先考虑顾客利益，但是，合适的标准要求顾问在了解投资者具体情况的基础上提供适合投资者的建议。如果没有投资策略说明书对相关事项进行说明，投资者可能无法觉察或理解这些区别。

例如，Fuji Advisors 作为一个受托人，是 Takesumi Family Accoutns 的顾问，认为所提供的所有建议和决议必须要首先考虑客户的最大利益。Fuji Advisors 也断言一定遵守 CFA 协会资产管理专业行为守则。

3）识别投资的组织结构。

例如，Wei Family Trust 托管人将委派有独家自由裁量权的投资顾问依据IPS代表信托利益进行投资，但是在ZZZ信托公司设立的"Wei Trust Discretionary Portfolio 1"应由张伟先生专门管理。

4）识别投资的风险管理结构。

例如，苏珊·史密斯，是拉塞尔·罗伯茨的投资顾问，负责监督投资风险并且以规定的报告形式向拉塞尔·罗伯茨报告。样本见附录××。

5）分配监管和报告责任。

例如，"HHH信托公司提供监护服务，负责为 Devereaux 信托提供月度财务报告。HHH信托公司的报告是信托账户的正式报告，也是信托顾问朱迪思·琼斯进行风险评价的基础。

6）接受投资策略说明书的证书

例如，下方签名表明 Xien 信托托管人和 LLL 投资委员会都承认接受该文件及其内容。

2. 监管

（1）明确制定、执行投资决策以及监管政策实施结果的责任人。IPS记录投资决策制定和实施的各个阶段的责任。这增加了顾问最终支持与否对该政策的责任。

例如，作为剩余资金慈善信托（Charitable Remainder Trust）的托管人，奈杰尔·布朗负责审批投资决策及后续的修改。作为信托顾问，Tower Advisors 应该建议托管人改善投资决策，不断地适度修改投资决策，至少每个月监控和报告政策实施的结果。

（2）描述IPS的评价和更新过程。当投资者环境和/或市场形势发生变化时，应该提前明确IPS的更新过程。

例如，万达·伍德负责检查萨姆·史密斯和苏珊·史密斯的投资要求以及投资和经济问题，并且在必要时，提议修改IPS。万达·伍德应该至少每年一次与萨姆和苏珊一起回顾投资策略说明书。

（3）描述雇用或解雇外部顾问的责任。IPS应该阐明雇用或解雇外部货币管理人、顾问、与投资资产有关的其他销售人等的责任人。

例如，Marcel Perrold 将专属权利授予财务顾问 Francois Finault 并委托他雇用和解雇个人和/或公司管理其投资资产。Francois Finault 在雇用外部投资管理人之前，应以书面形式向 Marcel Perrold 说明从外部管理人处收到的或将要收到的薪资、其他报酬。

（4）分派资产分配决策责任，包括改善输入假设条件所使用的数据和标准。资产分配结构为许多更加战术化的投资决策提供了战略背景。资产分配决策随着投资者特点以及市场形式的变化而变化。相应地，IPS 可将资产分配决策作为附录用来参考，这样在修改资产分配决策时无需修改整个 IPS。IPS 也可以说明为资产分配决议过程改善和挑选输入数据时的假设条件。

例如，Tower Advisors 至少每年都会评价 Family Investment Accounts 资产分配情况，提出修改意见并得到詹姆斯·詹森和珍妮弗·詹森最终的肯定。资产分配计划合并为投资策略说明书的附录 A，其中包含现金等价物、市政债券、美国固定收益债券、美国大型公司股票，美国小型公司股票以及美国存托凭证（ADRs）等的投资比例。Tower Advisors 也会考虑期望收益以及美国资本市场的代表性资产组合和通货膨胀率、边际税率预期变化的相关关系。

（5）分配风险管理、监察和报告的责任。IPS 应该在说明设立风险决策、监督投资组合风险预测以及报告投资组合风险的责任人。

例如，作为投资顾问，Tower Capital 负责以 CCC 中介公司准备的说明书为基础，评价 Jorge Luiz 账户的风险预测，并且遵守 Jorge Luiz 支持并采用的风险管理政策（见附录 ZZZ）。Tower Capital 应该负责识别风险头寸是否超出风险管理决策说明的忍耐力极限，并立即采取正确行动。至少每个季度，Tower Capital 要向 Jorge Luiz 提供前一季度各种变化的报告。

3. 投资、收益和风险目标

（1）描述整个投资目标。IPS 应该将资产的投资目标与主要投资对象联系在一起。

例如，IPS 管理的投资项目是为了补充 Marcel Perrold 的劳动收入，满足不断增长的生活费用，并在 2017 年他退休时提供基金。

（2）陈述收益、分配和风险要求。

1）陈述整个投资项目的业绩目标。详细说明整体投资业绩目标可能需要将一般资金需求与主要因素（例如通货膨胀、费率等）结合在一起。

例如，为玛格丽塔·门德斯制订的财务计划表明为满足其未来义务并按计划于 2017 年退休，她需要 4% 的必要真实增长率。

2）识别可以投资的每项资产组合的业绩目标。IPS 应该阐明投资组合可以投资的所有资产类别。一些投资者可能发现对基准收益和投资组合收益进行风险调整之后进行比较会有帮助。注意，对某些资产类别，投资组合不会总是投资，但是它们仍然可以在 IPS 中存在。应该对每个资产类别进行简单描述并确定其业绩标准。每个资产类别可能存在下属资产分类（例如，美国大资本股权是美国股权的一种）。投资策略说明书描述了下属资产分类及其分类标准，附录中也可能有资产分配计划的所有权声明。

例如，家族信托账户可以投资于美国股权、美国固定收益、美国货币市场和发展中国家国际股权证券。为比较每个资产组合，选用下列标准。美国股权：罗素 3000 指数。美国固定收益：巴克莱美国总体指数。美国货币市场：理柏美国政府货币市场平均值。发展中国家国际股权证券：摩根士丹利资本国际公司欧洲、澳大利亚和远东指数。

3）定义分配或支付假设或决策。应该定义投资组合的支出和分配。通常，“支出计算”将投资收益目标、费用、税收、通货膨胀和预计开支联系在一起。预计开支对可实现的假设条件起到指导作用。分配特征可能是以投资组合市场价值的百分比或特定现金价值来表示。

例如，由于投资组合的整体期望收益率是 7.5%，费率为 1.2%，通货膨胀率为 2.8%，以及所有增值的有效税率为 32%，Linzer 信托投资组合的年支付率为投资组合市场价值的 1.2%，同时保持资本保值和名义增长的潜力。

4）定义一个决策投资组合作为业绩和风险评价的基础。资产分配决策应该为每个资产类别指定目标分配比例，并且该分配比例可以在允许范围内上下波动。下属资产类别也可以有相同的分配比例和波动范围。根据战略性目标分配加权得到的全部基金收益，可以与整个真实基金业绩进行比较。相同地，一些关于风险敞口的观点可能源于目标分配背离以及超出了背离的可接受范围。

例如，Mendez Charitable 信托的某资产分配计划列示于附录 ZZZ，由独家授权的托管人 Jose Carrios 进行定期评论和修改。对每种资产类别而言，目标分配即投资顾问 Hill Counsel 研究得到的最优资产分配，以及真正分配到每项资产类别时的允许波动范围。投资顾问负责遵守资产分配计划，使每项资产的分配比例维持在确定范围内。投资经理呈现给托管人的每项季度报告应该确定季末时真正的资产分配，也要保证本季的资产分配在允许范围以内。

（3）定义投资者的风险承受能力。

根据风险承受能力描述投资者的一般原理。投资策略说明书应该承认风险的存在，以及随着时间的推移与风险相关的潜在收益可能是正的也可能是负的。通常相关风险有很多，包括流动性、法律、政治、监管、寿命、死亡率、商业或健康风险。除了确定相关风险外，定义可接受的风险的来源也很重要：例如，作为对风险的一种描述性测度方法，易变性可能是无关的。但是当该风险（例如，失业，伤残，生命周期阶段）产生的绝对损失水平彻底扰乱投资组合时除外。

对个人投资者而言，评价风险承受能力可能很困难并带有主观性。如果可以，投资策略说明书应该代表已知负债，从而为评价风险承受能力提供量化基础。个人投资者也可能要求通过访谈或问卷形式评价自己对风险引起的潜在损失所具有的智力和情感承受能力。更多微妙的方法试图定义财务困境、维持当前生活标准或者挖掘更多的财富与风险水平的联系。这种分析方法的结果可以得出风险承受能力边界和相关决策（例如，止损或组合重新平衡）。这些政策可能包含在附录参考文献中。

例如，詹姆斯·詹森和珍妮弗·詹森想得到与家庭信托投资组合中假定的风险成比例的投资回报，他们明白风险的本质是对未来的不确定性，尤其是未来投资回报率的不确定性。投资顾问 Tower Advisors 努力实施投资策略平衡家庭信托资产增长的必要性与2009年财务计划的目标以及与该策略相关的风险之间的关系。基于2009年4月12日与詹姆斯和珍妮弗的风险评价访谈，Tower Advisors 认为每12个月高于33%的绝对损失是难以忍受的。Tower Advisors 应该在开始时实施相关政策和程序使未来损失的风险最小化。

（4）描述相关限制。投资者必须注意能够影响投资项目的各种各样的限制。这些限制可能反映法律或监管命令或内部政策。通常，这种限制与投资者的特定风险紧密相关。

1）定义业绩目标的评价标准。尽管用来监管业绩的时间相对较短，但当需要采取行动解决业绩较差的问题时，确定业绩目标完成的最小时间范围更有利。

例如，投资顾问会向家庭信托托管人提供季度报告，总结每个投资管理人的业绩、每种资产类别以及家庭信托整体情况。尽管这种季度报告对目标监管很重要，但是评价是否达到投资目标是以连续的8个季度为基础的。

2）明确维持流动性的要求。投资者可能有短期或中期现金需求，如果这是一种持续需求，那应该在投资策略说明书中阐明。

例如，每月月末所有的股利和股息收入都会转入詹姆斯·詹森的支票账户。另外，需要对投资组合15%以上的市场价值进行投资，以便于保持资本流动性的同时保证不贬值。

3）识别或有税收因素会在多大程度上影响投资决策的制定。在某些情况下，投资决议的税收结果会极大地改变交易的有利条件。投资策略说明书应该阐明投资者的一般税收情况以及特殊税收问题。

例如，一般来说，Wen 投资组合的投资策略是投资于应税个人账户的增值部分，以及个人退休账户的股利和利息收入。另外，投资顾问要考虑现存持有量较高的资产的税收，当分析相似产业或部门的资产持有量时，也要考虑购买或销售决议的主要投资目标。

4）确定相关法律约束。

例如：Aquilla Family Foundation 账户管理在统一谨慎投资者法规的监督之下。

5）明确与杠杆有关的决策。杠杆投资组合可能受政策或相关法规的约束。一定要明确所有相关约束。另外，从某种程度来说，不同的投资组合和/或不同的资产组合有不同的杠杆津贴，要定义监督所有杠杆的责任。

例如：作为一名投资管理人，Tower Advisor 可能会根据自己的判断将 Xie Weng 投资组合增加50%。

6）明确投资外国证券或投资的限制。有的投资者可能因为经济或投资原因将投资范围限定在本国范围内。其他投资者可能会限制行政责任和成本。

个人投资者的事例：可以投资不以日元命名且/或不在东京股票交易所交易但受国内监管且用日元命名的混合基金的证券发行者。

7）明确外币管理的相关政策。如果允许投资外国资产，投资策略说明书应该说明外币管理相关内容。

个人投资者事例：从某种程度来说，不以加拿大美元支付的利息、股利或本金，投资顾问负责以现汇汇率立即将外币转换成加拿大元。

（5）描述投资策略的其他相关因素。

1）陈述投资原理。投资策略说明书应该阐明投资者的投资方法，包括市场有效性，机会主义参入程度，制定决策的环境、社会和/或管理因素的有利条件等。

个人投资者的事例：詹姆斯·詹森和朱迪·詹森认为市场是有效的，短期之内积极的资产管理不会增加价值只会增加投资成本。而且他们倾向于长期投资，不想挖掘只会在短时间存在的投资机会。他们认为自己无法持续赢利。

2）明确代理人投票政策。发挥股东权利的能力会促进投资增值。投资策略说明书应该描述确定代理人投票的过程和责任的政策，但是附录会对政策进行详细描述。一般来说，顾问和/或投资者会保留代理人投票决议的责任，但是投资策略说明书也应该阐明其他参与者（例如中介、托管银行和协商人员）的作用。

个人投资者事例：Family Trust 的投资顾问 Tower Advisor 负责及时为所有代理人投票并且保证信托的潜在投资作为价值最大化。一旦通知 Tower Advisor，家庭信托托管人就会提供投资说明。

3）明确参与证券借入项目的限制。证券投资项目使投资者的投资组合收入上升。但是参与这种项目会产生一定程度的担保品投资，也会产生相应的风险，应该阐明管理参与的政策。

个人投资者的事例：除非在 GGG 证券设立的保证金账户，否则不能借入剩余资金慈善信托或担保。

4）明确决定是否将潜在投资作为投资组合的特殊因素。投资者可能对某些投资加以限制，根据他们对非财务因素对证券价格的影响的想法，想要避免某个行业的集中风险，或者符合他们组织的哲学或政治风向。尤其是，现在使用环境、社会或政府因素（ESG）日渐普遍，投资策略说明书要明确说明是否使用这些因素。伊斯兰教客户可能选择将投资活动限制在遵守伊斯兰教教法的范围之内。

个人投资者事例：根据珍妮弗·詹森的个人信仰，她不会投资违反天主教教义的公司所生产的产品或服务。投资顾问负责每月评价投资组合确保该要求得到满足，一旦发现任何投资组合违反该政策一定要立即排除。

4. 风险管理

（1）确定业绩测度和报告责任。投资策略说明书应该确保投资业绩报告的客观性和可靠性。

个人投资者事例：Hill Counsel 是剩余慈善信托的投资顾问，对所监督下的每项投资账户的业绩进行计算，并在每个季度的前 15 天向托管人报告。计算方法遵循注册金融师协会出版的《全球投资业绩标准》。Hill Counsel 也会根据 CCC 提供的中介结构说明对报告进行调整，并将其作为业绩报告的一部分。

（2）风险测度和评价的适当频率。把握评价投资组合风险预测的节奏有利于比较并且能避免使用不同的节奏从而放大或隐瞒某些风险。对不同标准适用性的争论很多，不断回顾标准选择正确与否是一项策略的必要组成部分。

个人投资者事例：除了业绩报告，Tower Capital 每个季度会向 Marcel Family Trust 报告代表性的风险测度频率，按照与每项投资组合特定标准相关的投资组合的年标准差计算，并且每项投资组合的信息比率基于投资组合的每季度末的年度回报和基准。

（3）定义投资组合重新平衡至目标分配比例的过程。目标变动的可接受范围或其他目标重新平衡点应该在投资策略说明书中阐明。在某些案例中，重新平衡机制可以与风险管理体系融合在一起，此时，需要参考各自附录中的风险管理过程简单描述重新平衡政策。如果政策不能重新平衡，也要在投资策略说明书中加以记录。

个人投资者事例：在每个季度的第一个营业日，詹森个人账户的投资顾问会提议重新平衡交易使账户重新回到目标分配比例，并且在受到投资委员会批准之后两个营业日内执行这些交易。除非，建议重新平衡交易的主要价值少于 50 000 美元，重新平衡交易将会不确定地推迟。

28.4　资产分配

经过对投资者的目标和限制的考虑得到一系列投资决策。表 28-3 的决策栏列示了几种投资组合管理决策的制定方法，包括资产分配、多样化、风险和税收定位，收入生成。到目前为止，决策决定最重要的部分是资产分配，也就是说，决定投资组合在主要资产类别上的投资比例。

资产分配过程包含以下几步。

（1）明确投资组合包含的资产种类。主要的资产种类包括：

1）货币市场工具（通常称为现金）；

2）固定收益证券（通常称为债券）；

3）股票；

4）固定资产；

5）贵重金属；

6）其他。

机构投资者一般投资于前 4 种资产，但是个人投资者可能会投资贵重金属和其他更稀奇的投资品。

（2）明确资本市场预期。这一步包括使用历史数据和经济分析决定持有一段时间之后所需总结的资产的期望收益率。

(3) 获取有效投资组合边界，即寻找每一给定的风险水平下期望收益率最大的投资组合。

(4) 获取最优资产组合，即选择有效资产组合，在达到风险和收益率目标的同时满足投资者的限制要求。

专栏 28-3

希望降低风险？增加风险即可

像当今的许多投资者一样，你可能希望投资组合"风险较低"。

方法是增加风险，或至少增加风险的类型。这个奇怪的方法（为减少风险增加更多风险）使风险成为投资中最难理解的因素。

许多投资者很难接受风险的第一法则：没有"无风险投资"。

避开一个风险意味着遭遇另一个风险；通常最安全的投资回报最低，潜在受益最大的投资可能带来最大的损失。

基金投资的主要风险包括以下几种。

市场风险：这是最大也最主要的风险，市场低迷时可能会吞噬你的资金。

购买力风险：有时称为"通货膨胀风险"，这是"规避风险的风险"，这位于市场风险谱的另一端。简而言之，是投资者过于保守导致投资增长过慢低于通货膨胀率的可能性。

利率风险：这是在利率下降环境中的一个主要因素，当债券和银行大额可转让存单到期，投资者需要重新投资时，就会面临潜在收益下降的风险。

通过投资高收益的长期证券来提高收益，如果利率再变动一次，可能使自己陷入通货膨胀的困境中。

择时风险：这是另一个非常个性化的风险，与个人投资期限有关。简单地说，接下来的 20 年，股票基金赚钱的机会很大；但是，未来 18 个月的前景暗淡。

如果在某一时间你需要资金，这个风险一定会影响到你的资产分配。

流动性风险：当前的紧张气氛增加了另一风险出现的可能，它影响从垃圾股到外国股等一切投资。如果世界性事件要改变信用市场的资金流或在一段时间关闭某些外国证券交易市场。投资者在这些领域持有的资产就会遭受很大损失。

政治风险：是指政府政策会影响投资的价值。在当前的环境下，不管投资于股票市场还是债券市场，该风险可能是所有投资资产的一个影响因素。

社会风险：也称为"世界性事件风险"。当第一次炭疽病恐慌使市场暂时萎缩时这种风险的影响尤为明显。尽管几乎所有类型的投资都要考虑这种风险，但是一些行业特别敏感（例如，航空业）。

除了这些风险，有些投资面临货币风险、信用风险等。在建立投资组合时，每种类型的风险都值得考虑。

最终，确定你的投资组合处理了所有类型的风险之后，你偏好的资产比重可能更大而不稳定的资产比重可以减少，你就可以确定没有一种风险能够给你毁灭性的打击。

这就是"风险较低"的投资组合，但是这个组合可能难以达到。

资料来源：Abridged from Charles A. Jaffee's article of the same title, *Boston Sunday Globe*, October 21, 2001. BOSTON SUNDAY GLOBE ("GLOBE STAFF" / "CONTRIBUTING REPORTER " PRODUCED CORY ONLY) by CHARLES A. JAFFEE.

税收和资产分配

在此之前，我们在讨论资产分配时都会避开所得税问题。当然，如果你是免税投资者（像养老基金），或者如果你所有的投资组合都是避税账户（例如个人退休账户，IRA），那么税收与你的投资组合决策没有关系。

但是，在美国现行法律之下，至少部分投资收益要按照最高税率缴纳所得税。你可能只对投资组合持有期间的税后收益感兴趣。乍看，如果知道税前收益，得到股票、债券以及现金的税后持有期间收益是一件简单的事情。但是，这有几个复杂的因素。

第一，你要在免税和应税债券中做出选择。我们在第 2 章中讨论过这个问题，并且得出结论：如果你的个人所得税率使得应纳税债券的税后利率小于"市政债券"的利率，那么你就选择投资于免税债券。

因为我们假设投资者处于最高税率等级，那么理所当然地，我们可以假设投资者会选择投资短期（现金）和长期（债券）市政债券。实际上，这意味着"现金"可能是一个免税的货币市场基金。

第二个复杂因素不那么容易处理。这个问题源于部分投资者持有期收益是以资本利得和损失的形式展现出来的。在现有税收制度下，只有通过出售在持有期内的资产并实现资本利得才需要交纳所得税。这同时适用于债券和股票，而且这使得税后持有期收益成为证券在持有期终了时是否出售的函数。不管证券在持有期末是否真正出售，有经验的投资者会制定销售证券的时间使其税收负担最小化。这通常要求投资者在纳税年度末卖掉损失的证券，继续持有赢利的证券。

而且，因为股票的现金股息完全征税，溢价股票可以延迟出售，可以缓交资本利得税。股票的税后持有期收益取决于发行股票的公司的股息分配政策。

税收复杂性使得投资组合的选择过程对纳税投资者比对免税投资者更为复杂。通过特殊投资策略处理税收延期支付和避税的方法已经成为整个货币管理行业的一个分支。不幸的是，很多此类策略与有效分散化原则相冲突。

本章随后将详细讨论这些相关问题。

28.5　管理个人投资者的投资组合

个人投资者目标设立时最需要考虑的是其所处的生命周期的阶段。大多数年轻人开始其成人生活时只有一项资产——赚钱能力。在生命周期的前几个阶段，个人投资者不会有兴趣投资股票和证券。对流动性和本金安全的需要使他们采取保守策略，将资金存于银行或货币市场基金。当一个人结婚之后，就需要购买人寿保险或残疾保险来保护人力资本的价值。

到一对已婚夫妇的劳动收入增长到使保险和住房需要得到满足时，他们就可能为子女的大学教育和自己的退休生活开始储蓄。当政府为退休储蓄提供税收激励时，这个情况尤其明显。退休储蓄构成了一个家庭第一笔可投资的基金。这些资金可以投资股票、债券和房产（不同于住房）.

28.5.1　人力资本和保险

大多数个人投资者最重要的投资决策是教育，即构建人力资本。最初工作时大多数人的主要资产是通过人力资本赚钱的能力，在这种情形下，疾病和受伤的风险要比与金融财产有关的风险大得多。

对冲人力资本风险最直接的方法是购买保险。劳动收入和伤残保险相结合构成一个投资组合。这个投资组合收益率的风险比劳动收入本身要低很多。人寿保险是对家庭中任何一个能挣钱的人因死亡而带来的所有收入损失的套期保值。

28.5.2　住房投资

许多人起初拥有的最主要的经济资产是自有住房。决定购买而不是租赁住房就成为一个投资决策。

评价这项投资的风险和收益时，需要着重考虑的是其对冲两种风险的房屋的价值。第一种风险是租金率升高。如果你拥有一所住宅，租金的升高会增加投资收益。

第二种风险是你住的那所房子或公寓可能不会总让你住下去。买了之后，就可以保证住在里面了。

28.5.3　为退休储蓄和风险假设

人们储蓄、投资是为了未来的消费以及遗产。终身储蓄的主要目的是为了退休之后维持原来的生活标准。图28-2表明，你退休时的消费取决于当时的预期寿命。一个人65岁退休，寿命大约是85岁，所以准备20年的养老金以及足够的储蓄以满足平均退休生活需求是一笔巨大的资金。投资收入也会增加继承人或其喜爱的慈善机构（或两者）的财富。

倘若你现在开始酗酒、吸烟、吃高脂食物，那么投资可以让你享受终身的金融安全

图28-2　长寿是一把双刃剑

资料来源：www. glasbergen. com. Copyright 2000 by Randy Glasbergen. Reprinted by permission of Randy Glasbergen.

调查问卷表明当投资者接近退休年龄时，他从承受风险转换成厌恶风险。随着年龄的增长，投资者很难从灾难性投资业绩中恢复过来。但当他们年轻时，投资者可以努力工作，储蓄更多的收入来弥补损失。但是当退休临近时，投资者发现很少有时间恢复过来。因此会转而投资安全的资产。

28.5.4　退休金计划模型

最近，投资公司和金融咨询公司为退休计划创建了各种各样“用户友好型”的交互式工具和模型。尽管具体细节不同，但他们的主要结构都可以用美国储蓄教育委员会（American Saving Education Council）的“大略估计”工作表（见图28-3）。工作表假设你要求当前收入的70%，并将活到87岁，要实现3%的固定实际收益率。例如，简是一位35岁的职业女性，有两个孩子，每年收入达到3万美元。简当前收入（30 000美元）的70%是21 000美元。将社会福利（12 000美元）从其当前收入（21 000美元）中扣除，得到9 000美元。这9 000美元就是简每年要为退休需要填补的数字。预计她会于65岁退休，所以（使用工作表中的问题3）她将9 000美元×16.4等于147 600美元。简已经在401(k)计划中储蓄了2 000美元。她计划30年后退休所以（从问题4）她将2 000美元×2.4等于4 800美元。从总数中减去上述数字，那么她退休时计划的总储蓄为142 800美元。之后，简将142 800×0.20等于2 856美元（见问题6）。这就是简每年要为退休储蓄的资金数量。

粗略估算®

1.退休后你希望年收入是多少？（当前年收入的70%仅仅可以维持你当前的生活水平）　　21 000美元

2.扣除每年可以从以下各处得到的收入

· 社会福利

收入在25 000美元以下，得到8 000美元；收入在25 000～40 000美元，得到12 000美元；超过40 000美元，得到14 500美元　　−12 000美元

传统的雇主退休金—为生活支付一定数额的计划，支付数额取决于工资和工作年限（今天的美元）

· 兼职收入

· 其他

这是你退休后每年需要填补的金额　　9 000美元

现在你需要大致估计一下，退休时你需要在银行存入多少金额。所以会计开始着手并设计了这个简单的公式。从记录上看，你们指出如果要活到87岁，你需要3%的固定真实收益率，并且从65岁开始收到社会保障金

3.决定你需要储蓄的金额，用以下因子乘以你需要填补的数额　　147.600美元

预计退休年龄	因子为
55	21.0
60	18.9
65	16.4
70	13.6

4.如果你预计在65岁之前退休，用第二行的社会保障金乘以下列因子　　+

预计退休年龄	因子为
55	8.8
60	4.7

5.用下列因子乘以退休日的储蓄（包括401（K）计划、IRA或相似退休计划积累的金额）　　−4 800美元

如果退休年限距今	因子为
10年	1.3
15年	1.6
20年	1.8
25年	2.1
30年	2.4
35年	2.8
40年	3.3

退休时需要的额外储蓄的总额　　142 800美元

6.确定你每年需要储蓄的金额，用以下因子乘以总额　　2 856美元

如果退休年限距今	因子为
10年	0.085
15年	0.052
20年	0.036
25年	0.027
30年	0.020
35年	0.016
40年	0.013

这个工作表简化了计划社会福利收益和储蓄的赢利假设等几个退休计划问题。它反映出当天的美元价值；因此随着收入和环境的变化，你需要重新计算每年的退休需要储蓄的金额。你可能想要一个更详细的工作表或计算机软件或在财务专业人士的帮助下进行进一步的分析

图28-3　美国教育储蓄理事会工作表

资料来源：EBRI（Employee Benefit Research Institute）/American Saving Education Council.

28.5.5　自我管理投资组合还是依赖别人

很多人的资产包括：社会福利收益、退休和团体保险计划和人寿保险政策的储蓄部分。但是，投资者对这些计划的投资决议的管理权有限。这些为退休和人寿保险计划提供保险的基金是由机构投资者管理的。

但是，除了“强迫储蓄”计划之外，个人投资者可以自我管理投资组合。随着人们越来越富有，越来越多的人面临着这个决策。

自己管理投资组合的成本往往比较低。从概念上讲，自我管理投资组合和专业金融计划/投资管理差异很小。

概念检查 28-1

a. 想想你父母那一代人中与你关系最近的亲戚的财务状况（如果有幸他们在身旁的话，最好是你父母）。写下他们投资决策的目标和限制。

b. 现在考虑一下这位亲戚30多岁时的财务状况，写下符合他们投资决策的目标和限制。

c. 这位投资者在不同年龄时的决策有多大差异？

考虑到金融计划者和专业投资管理人收取的费用，你可能想弥补自己花费在投资组合管理上的时间和精力的价值。有合适背景的人甚至把投资看做一种消遣。最重要的是，你必须要认识到投资结果的潜在差异。

除了需要传递比较好的投资业绩，专业管理人员面临另外两个难题。第一，与客户交流他们的目的和限制需要很高的技巧。这不是一项一次性的任务，因为目标和限制不断发生变化。第二，专业人员要明确表达金融计划，不断向客户报告最新结果。需要设立一个有效组织使决策可以分散化，信息能够有效地传播出去。大投资组合的专业化管理由于这种需要而更加复杂。

对大多数人来说，生命周期金融计划是一项艰难的任务。所以一个为个人投资提供金融建议的行业迅速出现也就不令人吃惊了。

28.5.6　避税

在这一部分，我们将介绍3种重要的避税选择权，它们可以彻底地影响个人投资者的最优资产分配。第一，延税选择权，只有在实现资本利得时，才需要支付资本利得税。第二，递延纳税退休金计划，例如个人退休金账户。第三，税收递延年金，由人寿保险公司提供。第2章讲述的免税工具的投资就不在这里赘述了。

延税选择权　美国国内收入法的基本特征是只有在资产出售的时候才交纳资本利得税。这就是**延税选择权**（tax-deferral option）。因此，投资者可以控制税收支付时机。这样股票投资就可以获利。

为了说明这一点，将IBM的股票和债券做一下比较。假设两者的预期总收益率为12%。股票的股息收益为4%，预期价值增值为8%，但是债券的利率为12%。债券投资者必须在获得债券利息的当年纳税，但是股票持有者只会对股息纳税，等股票出售以后再支付资本利得税。

假设某投资者将1 000美元投资5年。尽管在实际生活中，利息同正常所得税率相同，但是对大多数投资者[⊖]而言，资本利得和股息的税率只有15%：为了分离税收延迟带来的收益，我们假设所有的投资收入的税率为15%。债券的税后收益为$12\% \times (1-0.15)=10.2\%$。五年末税后的累积收益为

$$1\,000\text{ 美元} \times 1.102^5 = 1\,625.20\text{ 美元}$$

至于股票，个人投资者的税后股息收益是$4\% \times (1-0.15)=3.4\%$。因为，直到第五年才交纳8%的年资本利得税，则税前累积收益是

$$1\,000\text{ 美元} \times (1+0.034+0.08)^5 = 1\,000\text{ 美元}(1.114)^5 = 1\,715.64\text{ 美元}$$

第五年，投资者出售股票，（现在纳税的）资本利得是

$$1\,715.64\text{ 美元} - 1\,000\text{ 美元} \times (1.034)^5 = 1\,715.64 - 1\,181.96 = 533.68\text{ 美元}$$

应纳税额是80.05美元，剩余1 635.59美元，比债券的投资收益多10.39美元。资本利得税递延使投资收益在实际支付税收之前以更快的复利增长。注意价值增值在总回报中占的比例越大，税收延迟选择权的价值越大。

⊖ 2011年这些税率可能会发生变化，资本利得税率会增至20%，股息税率与一般所得税率相同。

递延纳税退休金计划 最近几年，**税收延迟退休计划**（tax-deferred retirement plan）的使用增加，投资者可以选择如何分配资产。这种计划包括传统的个人退休账户，基奥（Keogh）计划，雇主发起的“有延税资格的”捐助计划，例如401(k)计划。这些计划的共同特点是在个人投资者提取分配和收益之前，不交纳联邦所得税。

通常，个人投资者的部分投资可能以符合退休账户的形式存在或以普通应纳税账户的形式存在。投资适用的基本投资原则是在退休账户中持有任何想持有的债券，同时在普通账户中持有股权。你可以通过在最没有税收优势的证券中持有退休账户使其税收优势最大化。

为了说明这一点，假设某投资者，拥有200 000美元的财富，其中的100 000美元投资于有递延税收资格的退休账户中。目前，她将财富一半投资于债券，一半投资于股票，所以她将一半退休账户和一半非退休账户分别投资于这两种资产。她可以在不改变税前收益的情况下，通过将债券转化成退休账户并且在退休账户之外持有所有的股票减少纳税金额。

概念检查28-2

假设投资者债券的年利息率是10%，股票年收益率是15%，都是以价格增值的形式出现。5年后，她会收回所有资金并且花掉。如果她把所有债券转换成退休账户并且在退休账户外持有所有股票，那么最终她的累积收益会增加多少？投资者普通收入的税率为28%，资本利得税率为15%。

延税年金 **延税年金**（deferred annuities）实际上是人寿保险公司提供的避税账户。他们把税收递延和以年金的形式提取基金的选择权联系到一起。可变年金合同提供共同基金投资的额外优势。个人退休账户和可变年金合同的主要差别是：尽管投资者向个人退休账户投入的数量是免税的，但存在最大额度的限制，对递延基金的投入数量是无限制的，但不能免税。

根据定义，终身年金的特征是只要受领者在世，就要继续支付年金，尽管几乎所有的延税年金合同都有多个撤回选项，包括在任何时候一次性支付一大笔现金。你无需担心去世前会用光所有的钱。因此，同社会福利一样，终身年金提供长寿保险，因此，对于已经退休的投资者来说，这无疑是一项理想的资产。的确，理论上，如果没有留下遗产的动机，投资者的最佳投资选择是大量投资于精算公平的终身基金[⊖]。

终身基金分为两种：**固定年金**（fixed annuities）和**可变年金**（variable annuities）。固定年金每期（通常为1个月）支付固定数目的金额，但是可变年金定期支付的金额与一些潜在投资组合的投资业绩有关。

在年金定价的时候，保险公司使用**死亡率表**（mortality tables），得出一年内不同年龄段的个人死亡的概率。这些表格使保险公司能够以合理的精度计算，大量特定年龄段的投资者未来每一年的死亡数量。如果向大量的投资者出售终身年金，保险公司能够很精确地估计出未来每一年必须支付的资金数量。

可变年金的设立使得潜在资产组合的投资风险传递给受领者，即使份额持有者也需要承担共同基金的风险。可变年金合同分为两个阶段：累计阶段和支付阶段。在累计阶段，将资金定期投入一个或多个开放式共同基金并且积累股份。第二阶段，或支付阶段，通常始于退休，此时投资者通常有多种选择权，包括：

(1) 一次性兑现股份的市值；
(2) 获取固定年金直到去世；
(3) 每期获得的资金数量取决于投资组合的投资表现。

可变人寿保险单和通用人寿保险单 可变人身保险是人寿保险业提供的另一种税收延迟投资工具。可变人寿保险政策将人寿保险和之前描述的税收递延年金联系在一起。

为了投资这项产品，你可以一次性支付保费也可以分期支付保费。在每种情形下，都有指定的死亡保险金，保单持有者可以将所投资的资金分配到几个投资组合，通常包括货币市场基金、债券基金以及至少一种普通股基金。这种分配比例随时可变。

可变人寿保险政策提供的死亡保险金是指定面值或投资基础市场价值的较大者。换句话说，死亡收益会随着投资业绩增长而上升，但是不会在面值以下。而且，依然存活的受益人无需对死亡收益支付个人所得税。

投保人可以从许多收入选择权中做出选择，可以把保单转变成一系列收入，或者撤回保单或者部分撤回保单。

⊖ 该观点的详细阐述请见 Laurence J Kotlikoff and Avia Spivak, “The Family as an Incomplete Annuities Market”, *Journal of Political Economy* 89 (April 1981).

在所有情形下，投资收益都要交纳个人所得税。

被保险人可以通过把撤保而变现的现金借出，可以获得收益且不需要支付个人所得税。他们在任何时候都可以以合同规定的固定利率为基础贷出最高达撤保额90%的资金。

通用人寿保险单同可变人寿保险单类似，但有一点区别：可变人寿保险单持有人可以获得由保险公司制定，并随着市场状况变动的一定比率的收益额，而不是拥有投资组合的选择权。通用人寿保险单的缺点在于保险公司控制了支付给保单持有人的收益率，尽管公司可能会因为竞争压力而改变收益率，这种改变并不是自动进行的。不同的公司提供不同的收益率，所以要对各个公司进行充分了解以选择最好的公司。

28.6　养老基金

到目前为止，退休收入系统中最重要的机构是雇主发起的养老金计划。这些计划的形式和复杂程度各有不同，但在任何国家它们都有某些共同点。通常来说，投资策略取决于计划类型。

养老金计划由相关条款决定，该条款详细说明了计划收益和计划投资者是“谁”、“什么时候”以及投资“多少”。养老金计划是投资金额以及在此基础上获得的投资收益，减去基金的收益支付，剩下的资产累计额。在美国，雇主或雇员向基金投入的资金是免税的，并且基金投资收入也不需要纳税。支付给雇主或雇员的基金需要像普通收入一样纳税。“纯”养老金计划分为两种类型：固定缴纳计划与固定给付计划。

28.6.1　固定缴纳计划

在固定缴纳计划中，公式可以确定投入金额但是无法确定支付额。规定的出资额通常是薪金的一个事先确定的比例（譬如雇主将雇员每年薪金的15%投入此计划），尽管这个比例在一个雇员的整个工作生涯中不一定固定不变。养老基金包括一系列个人投资账户，每个雇员有一个。除了雇员在退休时申请将其所有出资额的累计值以及在此基础上的收入购买年金的情况以外，养老金收益是不确定的。通常，雇员可以选择其出资额以及账户的投资方式。

原则上，投入的资金可以投资于任何有价证券，但是，在实际操作中大多数计划把投资范围限制于债券、股票以及货币市场基金。雇员承担所有的投资风险，根据定义，养老基金账户完全由缴款额构成，除了定期出资之外雇主没有其他的法定义务。

从本质上说，固定缴纳计划的投资策略与有资格延税的个人退休金账户的策略相同。事实上，这些计划的投资产品的重要提供者也是相同的机构，如服务于个人一般投资需要的共同基金与保险公司。所以，在固定缴纳计划中，制定以及完成收入目标的任务很大一部分就落在了雇员自己的身上。

概念检查 28-3

某雇员45岁，年薪40 000美元，其自我导向固定缴款养老金计划的累计金额达10万美元。每年她将5%的工资投入这个计划，雇主配给另外的5%。她打算65岁退休，该计划提供了两种基金以供选择：一种是有保障的收益基金，每年支付3%的无风险真实收益率；另一种是股指基金，每年的期望真实收益率为6%，并有20%的标准差。在现有资产组合中，她有5万美元投资于有保障的收益基金，5万美元投资于股指基金。她计划将每个基金的投资收益在两个基金中进行再投资，并将每年的出资额均等地分配到两个基金上。如果她的工资增长率与生活费用增长率相同，那么她退休时的期望收益是多少？她肯定能得到的收益是多少？

28.6.2　固定给付计划

固定给付计划中，有公式可以确定收益，但是无法确定基金的投资形式与方法及缴款额。通常，收益公式要考虑为雇主服务的年数以及工资或薪金水平（譬如，雇主从雇员65岁开始为雇员支付终生养老基金，每年的数额等于最后服务期间年工资的1%）。雇主（称为“计划发起人”）或发起人雇用的保险公司保证收益水平并承担相应的投资风险。计划发起人支付承诺收益的义务类似于雇主发行长期债券的责任。

从计划参与人的数量以及养老债务总值两个方面来看，固定给付计划在世界上大多数国家都占据统治地位。20

世纪 70 年代中期以来，发起人逐渐开始选择固定缴纳计划，但是这两种计划并不相互排斥。许多发起人将固定给付计划作为他们的首选，采取强制参加方式，固定缴纳计划作为补充，采取自愿方式。

在固定给付计划中，养老计划与养老基金之间存在一个重要区别。养老计划是一份列明参与各方权利义务的契约式协议；养老基金将资产单独汇集在一起，并为已承诺收益额提供担保。根据定义，在固定缴纳计划中，收益的价值等于资产的价值，所以这个计划可以完全提供资金。但是在固定给付计划中，有着许多连续的可能性。在不存在独立基金的情况下，这种计划不能提供资金。当有资产单独基金的价值低于承诺收益现值时，计划就不能提供全部资金。如果计划的资产市值高于其债务现值，那么计划提供了过多的资金。

28.6.3　固定给付养老基金义务的不同前景

如上所述，在固定给付计划中，养老金收益由一个考虑了雇员的服务年限和薪金或工资的公式决定。无论养老基金资产的投资表现如何，计划发起人都要提供这些收益。因此承诺给雇员的年金额就成为雇主的债务。这种债务的本质是什么呢？

人们普遍相信，在退休前，最后支付公式的计划中的养老金收益没有通货膨胀风险。但这是一种错觉。与起始价值根据薪金总体指数确定的社会保障金收益不同，即使处于最后支付私人部门计划的养老金收益在“指数化”时要取决于：①某雇员继续为同一个雇主工作，②雇员自己的薪金或工资与总体价格指数的同步变化，③雇主继续保持同样的计划。美国只有极少的私人公司提供了自动与通货膨胀率成指数关系的养老金收益，这样改变工作的雇员在退休时要比那些始终为同一个雇主工作的雇员获得的养老金收益少，即使两者的固定给付计划有相同的最后支付收益公式。这种现象被称为**可移植性问题**。

会计行业的规则制定组织（FASB）与美国国会都采用名义收益现值作为发起人养老基金债务的合适的测度标准。FASB 第 87 项法令明确指出列示在公司内部资产负债表中的养老金债务要用累积收益义务（ABO）来测度，即除了薪金计划外，计划收益公式下所欠雇员的以名义利率贴现的养老金收益的现值。与此相类似，在美国 1987 年的《综合预算调整法》（OBRA）中，国会把流动债务定义为公司的养老金债务的测量标准，对公司可以划归为流动负债的一部分有资格延税的投入资金额进行限制。《奥姆尼巴斯预算调节法》对流动负债的定义在本质上与 FASB 第 87 项法令中对累积收益的定义是相同的。

因此，累积收益义务就成为养老基金投资策略的关键因素。它不仅影响公司公开资产负债表的负债，也反映出真实经济状况。

但是，第 87 项法令同时认可另外一个固定给付计划债务的测度标准：计划的收益义务（PBO）。计划的收益义务是对发起人养老金债务的测度，包括雇员预期退休前的薪金计划预计增长的测度。第 87 项法令要求公司使用计划的收益义务计算列入损益表的养老金的费用。这对财务分析人员或许会有一些用处，这可以帮助他们推导出预期未来劳动成本的恰当估计值，这一估计值是从持续经营的角度运用公司贴现后现金流模型的。但是，计划的收益义务并不能测度出雇主明确保证的收益额。计划的收益义务与累积的收益义务之间的差额不可以视为公司的负债，因为只有当员工将来继续为公司服务时这部分额外的养老金成本才会发生。如果把这部分偶然的未来劳务成本视为公司负债，那么是否应该把所有的未来工资均视为公司负债？如果真的这样做，那么我们为什么不把这些劳动力未来产生收入的现值作为一项资产呢？确实，我们很难在记账方法或经济上找到利用计划的收益义务来测度养老金债务的合理性。

概念检查 28-4

某雇员现在 40 岁，已经为公司工作了 15 年。如果正常的退休年龄为 65 岁，利率是 8%，这名雇员的预期寿命为 80 岁。不断增值的养老金收益的现值是多少？

28.6.4　养老金投资策略

养老金特殊的税收状况使得固定缴纳计划以及固定给付计划更愿意将资产组合向那些在税前与税后收益间有较大差额的资产投资。由于在固定缴纳计划中，参与者承担了所有的投资风险，最优资产组合也取决于参与者的风险承受力。

在固定给付计划中，由于发起人承担了投资风险，最优投资策略可能会有不同。如果发起人需要同计划参与人分享养老金资产的潜在超额收益。他们就更愿意投资于与承诺收益额匹配的有价证券来消除所有的投资风险，例如，如果计划发起人在未来5年中每年需要支付100美元，他可以通过购买5个面值为100美元并且顺次到期的零息票债券以提供这种收益的支付流。这样做，发起人就消除了支付不足的风险。我们称之为养老金债务的**免疫**（immunization）。

如果一个公司养老基金的累积的收益义务超出其资产的市场价值，FASB第87项法令要求公司在其资产负债表上确认其未有资金支持的债务。但是，如果养老金资产价值超出了累积的收益义务值，公司不可以把这项差额列入资产负债表。这种不对称的会计处理体现了对固定给付基金的深层次认识。工会代表、一些政治家甚至少数养老金专家都相信作为累积的养老金收益保证人的发起公司有义务弥补养老金资产不足的情况，但却没有收回养老金超额部分的明确权利。

如果养老金处于超额状态，那么我们就不需要100%固定收益的资产组合来最小化公司养老金保证的成本。管理人员可以将额外的养老金投资于股权，他们只需在养老金资产的市场价值接近累积收益义务的价值时减少此部分投资的比例。

投资于股权 如果公司养老金策略的唯一目标是股东财富最大化，确实很难理解一个在财务上健全的养老金发起人为什么会完全投资于股权。100%债券投资的策略会使获得有保证的固定收益的成本最小化。

除了有充分资金的养老金计划只投资于固定收益证券给出的解释之外，这样做也有税收方面的原因。养老基金的税收优势来源于发起人赚取养老金投资所获税前利率的能力。为了使避税的价值最大化，有必要完全投资于可以提供最大的税前利率的资产。由于股票的资本利得可以延期纳税，而且股利的税率要低于利息的税率，公司养老金应该完全投资于需纳税的债券以及其他固定收益的投资品。

但是我们知道，一般来说，养老基金要把资产组合的40%～60%投资到股权之中。即使漫不经心地翻阅一下有关基金管理人的文献也会发现他们这样做是有许多理由的，但是有些是正确的，有些却是错误的，这里有三个可能恰当的理由。

第一个理由是公司管理层把养老金计划看成是为雇员建立的一项信托，并把基金资产视为一个固定缴纳计划进行管理。人们相信一项成功的股权投资策略可能会为雇员提供额外收益，因此值得为此承担风险。

第二个可能正确的理由是管理层相信通过市场时机与证券的优化选择，可以创造出除管理费用和其他支出外的价值，非金融公司的许多高层管理人员习惯在各项业务中创造高于成本的价值。他们认为在资产组合管理领域这也是同样可以做到。当然，如果这是真的，那么人们一定会问为什么他们不在他们的公司账户中这样做，而只是在养老基金中这样做。那样他们就可以同样有避税的“蛋糕”供自己享用。但是，意识到这一点很重要：为了完成这项事业，公司必须战胜市场，而不仅仅是与市场相匹配。

注意，有效市场假设的弱有效性时指出，管理者仅仅通过将养老基金投资组合中的债券转换成股票，并不能为股份持有人创造价值。即使所有的额外养老基金都属于股东，投资于股票仅仅是把股份持有人移到资本市场线（对于积极投资者来说，是在风险与收益之间的均衡市场线），并不创造价值。当考虑到对计划受益人进行支付的净成本缺乏风险保险时，除非股权投资可以把公司提高到资本市场线以上，否则增加养老基金投资于股权的数额将会降低份额持有人的价值。这意味着如果养老基金想通过投资时机或证券的最优选择，寻求战胜市场的积极策略时，则投资股权才是有意义的。一项完全消极的策略不会增加份额持有者的价值。

对于公司处于财务困境，计划的资金不足时，投资于股票和其他风险资产可能有其他可能的原因——联邦养老基金保险。处于财务困境的公司倾向于把养老基金中的资金投资于风险最大的资产，就像20世纪80年代由联邦储蓄与贷款保险公司（FSLIC）投保的机构，他们对贷款投资组合也有同样的动机。

投资于股权的错误理由 对于养老基金来说，投资股权的错误理由产生于几个相互关联的错误观点。第一个观点是从长期来看股票没有风险，这种错误观点在第5章有过详尽阐述。另外一个相关的错误观点认为股票可以对通货膨胀进行套期保值。支持这种观点的理由是股票对实际存在的资产享有要求权。当出现未预料的通货膨胀时，实际利润不仅不会受影响，可能还会增加，所以对实物资产的所有人将不会造成伤害。

我们假设这种结论是正确的，股票的真实收益率与通货膨胀不相关或有很弱的正相关性。如果依照传统观点，股票是通货膨胀风险的一个很好的套期保值方法，那么股票的名义收益与通货膨胀存在高度正相关关系。但是实证研究表明，过去几年，股票收益是与通货膨胀成负相关的，它的R^2值很低。这样，即便是在最好的情况下，股票对通货膨胀的套期保值作用是有限的。

28.7 长期投资

全世界老年人口的增长速度比其他社会阶层都要快，长期储蓄（大多围绕退休）已经成为投资行业的前沿话题。传统上说，可以用拇指法则概括长期投资建议，包括随年龄的转变对于从风险型资产到安全型资产的分配的转变。“现代”投资组合管理的含义（已有 30 年了）起源于默顿的生命周期消费/投资模型（ICAPM），它表明人们使用对冲资产抵御市场外风险，例如通货膨胀、不确定的长寿产生的需要。

前一部分讲述了 CFA 协会为个人和各种机构设计的投资项目。这里，基于最近的研究发现，我们着重介绍长期投资的两个重要方面，即，期限的匹配和波动的期限结构。

28.7.1 来自共同基金行业的建议

尽管互联网、书本杂志上的信息很丰富，而且图书馆免费提供许多报纸杂志，但是许多雇员不知道何为明智的投资的基本原理。共同基金行业列示了下列几个基本投资规则。

- 不要试图通过资金的投入或取出超越市场变化，因为市场是瞬息万变的。市场的长期趋势是上升的（市场的风险溢价是正的）。一般来说，购买或持有都会赚钱。
- 投资多样化以分散风险。
- 将一部分资金投入股票、债券和货币市场基金。在这些分类下，还有其他选择有助于进一步多样化，例如，公司债券、政府债券、市政债券。
- 不要把 401(k) 的资金放在公司一直不执行的投资计划。这个项目通常是低风险、低收益率的基金。
- 注意不要把 401(k) 大部分投资于所在公司债券。如果公司举步维艰，你将同时失去工作和养老金。

尽管很实用，但以上几点忽略了一些重要的基本原则。

28.7.2 目标投资和债券的期限结构

利率通常随到期日的长短而变化。例如，某人打算投资于已投保的银行大额存单或国库券，他会发现利率取决于到期日。因此，对于任何给定的目标日期，无风险利率是不同的。每个投资者的投资期限不同，因此其无风险资产也不同。对 S 先生来说是钞票，对 L 先生来说是债券。因此，为了使投资者适应不同的投资期限，必须有一个无风险投资期限结构选择表。期限的匹配原则意味着将某人的资产与其目标（负债）相匹配，与我们在第 16 章讨论的养老基金免疫策略相似。

哪部分账户应该是无风险期限结构？这是一个有争议的问题，因为只有在特定数字下（账户的一部分）债券才是无风险的，例如美元、日元等。因此，如果债券许诺两年之后支付 100 美元，支付日元的多少取决于两年之后美元与日元的汇率，反之亦然。因此，如果它的计算单位与投资者目标不相符的话，即使是没有拖欠风险的零息票债券，其风险依然很大。这种风险被称为“基险”。

为了说明这一点，假设目标是退休。如果目标确定为退休期的真实财富水平，那么计算单位应该是消费单位。本例的无风险资产应该是与零售价格指数例如 CPI 相联系的债券收益。但是，如果选择的指数不能真正反映特定投资者未来的生活成本，就会有风险。如果目标是为了在退休后维持某人的生活标准，那么根据消费单位来代替一个固定的退休财富水平，更合适的计算单位就是生命周期的实际消费流。将美元数量除以生命周期实际年金的市场价格就能得到，年金是目标退休日首次支付保险金。期限结构是由拥有不同开始日期的生命周期实际年金的价格所给出的。同样的，与大学教育成本相关的教育债券为孩子的大学基金提供了合适的计算单位。

28.7.3 进行简单的投资选择

目标日期退休基金（TDRF）是一个将其资金分散投资于股票和债券的基金中的基金，其特点是，随着时间的推移[㊀]基金中投资于股票的部分自动减少。TDRF是401(k)计划、IRA以及其他的个人投资账户中的资金确定合适的资产分配方案等复杂工作的简单解决方法。在市场中，TDRF能够使投资者计划自动进行。你一旦选择符合自己投资期限的基金，生命周期经理就会在退休期将近时，将部分资金从股票转而投资债券。但是，这对有“典型”人力资本风险和对市场风险承受力的个人投资者而言是最优选择。

一个改良的计划至少可以给每个年龄组别的生命周期投资者提供一种额外的基金：一个无风险的投资组合，这个投资组合与某个投资期限相匹配。根据他们的个人特点，通过指导投资者将TDRF和无风险基金混合，能够获得相对比较高而且统一的福利水平。在这种组合投资策略下，使个人面临的风险经由人力资本风险转变为股权风险。根据个人特点来指导个体投资者的TDRF投资或者是无风险基金投资以匹配他们的投资期限，可以增加一个额外的自由度，这些将产生经济上显著的个体福利收益。[㊁]

28.7.4　通货膨胀风险和长期投资者

从短期来看，通货膨胀风险通常很低，但是投资期限很长时，通货膨胀是退休计划的一级风险源。通货膨胀冲击可能会持续好几年，使投资者为退休储蓄的所有货币的购买力存在不确定性。

避免通货膨胀风险的传统方法是投资于TIPS（见第14章）等价格指数债券。这是第一步，很完美但是不能完全避免通货膨胀风险。从购买力来说，到期日与投资者的投资期限相符的零息价格指数债券是无风险的投资。这种债券可以通过CPI指数储蓄债券得到，但是政府限制投资者每年可以买到的这种债券的数量。不幸的是，在市场交易的TIPS债券不是无风险的。随着真实利率的变化，这些债券的价值会上下波动。而且，这些债券支付利息，所以投资组合的累计真实价值处于在投资利率风险当中。第16章介绍了上述问题。在这种背景下，投资者通过将债券投资组合的持续时间修改为投资期限，平衡价格风险和再投资利率风险。但在这种情况下，我们需要使用真实利率计算持续时间，并且关注投资的真实支付。

小　结

1. 在讨论投资组合管理原则的时候，区分下列7种类型的投资者是非常有用的。
   a. 个人投资者和个人信托　b. 共同基金
   c. 养老基金　d. 捐赠基金
   e. 人寿保险公司　f. 非人寿保险公司
   g. 银行

   总的来说，各种投资者有不同的投资目标、限制和投资组合策略。
2. 从某种程度来说，大多数机构投资者努力将投资组合的风险和收益率特征与负债特征相匹配。
3. 资产分配过程包括以下几步：
   a. 确定要包含的资产类型。b. 定义资本市场预期。
   c. 寻找有效市场前沿。　d. 确定最优组合。
4. 货币收入固定的人容易遭受通货膨胀风险，可能会想对这种风险进行套期保值。资产对通货膨胀风险套期保值的有效性与非预期通货膨胀相关。
5. 对于必须在投资收益基础上纳税的投资者来说，他们只在特定投资收益上支付所得税的事实使资产分配过程进一步复杂化。市政债券的利率收益可以免税，高税率等级的投资者偏向于持有市政债券而不是长期或短期应纳税债券。但是，税收影响最难解决的部分是，只有在持有期出售某项资产获得资本利得时才需要纳税。用来避税的投资策略可能与有效多样化原则相冲突。
6. 个人投资组合管理生命周期法将个人投资者的生命周期分成几个阶段，晚年时对风险更加厌恶。这种方法的合理之处在于晚年时，我们用完了自己的人力资本，几乎没有时间通过增加劳动供给偿还可能的投资组合损失。
7. 人们早年购买寿险和残疾险对冲与人力资本（他们未来的赚钱能力）损失有关的风险。
8. 除了投资免税债券，还有三种方法使投资收益免交联邦所得税。第一是通过投资收益形式是价值溢价的资产，比如普通股票或不动产。只要资本利得税是在资产出售时交纳，税收就可以无限推延。

   第二种避税方法是通过投资于税收延迟退休计划，比如IRAs。一般投资规则是持有计划中税收优势最小的资产，以及计划外最有税收优势的资产。

㊀ 先锋基金将TDRFs描述成：“对目标退休基金，你只需做出一个决定：你什么时候退休。当退休期限将近时，你的目标退休基金会自动变得更加保守。当你退休后准备提取收益时，目标退休基金会有一个稳定的、收益为导向的资产组合。”选自“选择简单的解决方法：Vanguard目标退休基金”，见www.vanguard.com/jumppage/retire.

㊁ Zvi Bodie和Jonathan Treussard详细介绍了该模型，“Making Investment Choices as Simple as Possible bur not Simpler,” *Financial Analysts Journal* 63（May-June 2007）

第三种方法是投资于人寿保险行业提供的有税收优势的产品——税收递延年金和可变或通用人寿保险。他们将共同基金投资的灵活性和税收延迟的税收优势联系到一起。

9. 养老基金分为固定缴纳计划和固定给付计划。固定缴纳计划实际上是雇主为雇员在信托中持有的养老基金。这种计划的雇员承受其资产的所有风险，通常可以选择资产分配。雇员退休后，在固定给付计划享有固定收益年金的要求权。年金水平由一个公式决定，该公式考虑了服务年限以及雇员的工资或薪资历史。

10. 如果公司养老金政策的唯一目标是股份持有者财富最大化，那么很难理解一个资产雄厚的养老金发行者投资股权的行为。100%债券投资决策可以使资助养老金计划的税收优势最大化，又可以确保固定收益的成本最小化。

11. 如果发行者把养老金负债看做通货膨胀指数，那么使提供收益保障的成本最小化的适当方法是，对与通货膨胀高度相关的证券的收益进行套期保值。普通股票不是合适的套期保值方法，因为它们与通货膨胀关联性低。

习 题

基础题

1. 邻居听说你成功学完投资学课程，于是向你寻求建议。她和丈夫都是50岁。他们刚完成房贷和子女大学教育并计划退休。你会提出怎样的退休储蓄建议？如果他们是风险厌恶型的，你会提出什么建议？

2. 下列投资者的最低风险资产选择各是什么？
   a. 为三岁孩子的大学费用投资。
   b. 固定给付养老基金，平均持续时间为10年，收益不受通货膨胀保护。
   c. 固定给付基金，平均持续时间为10年，收益受通货膨胀保护。

中级题

3. 乔治·莫尔是固定缴纳退休计划的参与者，该计划提供固定收入基金和普通股票基金作为投资选择。他现在40岁，每只基金累计投资10万美元。目前，他每年向每只基金投资1 500美元，预计65岁退休，寿命为80岁。
   a. 假设固定给付基金的年实际收益率为3%，普通股票的年收益率为6%，到65岁时，乔治每个账户的预期累积收益为多少？
   b. 假设有相同的实际收益率，每个账户的预期实际退休年金是多少？
   c. 如果乔治希望每年从固定收入基金中获得30 000美元的退休年金，那么还需要增加多少年金的投入？

4. Roth-IRA和传统IRA的区别是在Roth-IRA中，要对投资收益征税，但是退休时，要对所提金额征税。但是，在传统IRA中，投资减少了应税收入，但是退休时，要对所提金额征税。尽量使用附录中介绍的Excel电子数据表回答这些问题。
   a. 哪种投资方式的税后收益较高？
   b. 哪种投资方式对未知税率免税效果较好？

CFA考题

1. 安格斯·沃克是一名注册金融分析师，正在为Acme Industries的固定收益退休计划（见表28-6～表28-8）写评论。Acme，总部位于伦敦，业务遍及北美、日本和几个欧洲国家。下个月，该计划所有受益人的退休年龄会从60岁降到55岁。

表28-6 Acme退休计划：当前资产分配

	(%)
国际股权（摩根士丹利世界指数，不包括英国）	10
英国债券	42
英国小资本化股权	13
英国大资本股权	30
现金	5

表28-7 Acme Industries选择的金融信息（单位：百万美元）

Acme Industries 总资产	16 000
退休计划数据	
计划资产	6 040
计划负债	9 850

表28-8 投资策略说明书

	投资策略说明书（IPS）X	投资策略说明书（IPS）Y
必要收益率	计划的目标是大幅超出相关基准收益	计划的目标是与相关基准回报相匹配
风险承受力	因为计划与负债的长期性，计划有高风险承受力	因为承担大量风险的能力有限，计划有低风险承受力
时间范围	因为计划是无限持续的，所以有很长的时间范围	因为计划人口统计，计划的时间范围比以前的短
流动性	计划需要中等流动性为每月的收益支付提供资金	计划有最小流动需求

Acme工人年龄的中位数是49岁。沃克负责退休计划和战略性资产分配决议。该计划的目的包括获得8.4%的最小期望收益，期望标准差不高于16.0%。

沃克正在评估当前资产分配（见表28-6），并且为公司选择了金融信息（见表28-7）。Acme Industries内部对退休计划的投资策略说明书存在持续性争议。正在考虑中的两个投资策略说明书见于表28-8。

a. 对下列各部分来说，IPS X还是IPS Y（见表28-8）适合 Acme Industries 的退休计划。并说明一个理由。

ⅰ. 必要收益率

ⅱ. 风险承受力

ⅲ. 时间范围

ⅳ. 流动性

注意：IPS X 的某些组成部分可能合适，同时 IPS Y 的另一些组成部分可能合适。

b. 为协助沃克，Acme 雇用了两个养老基金顾问，卢西·格雷厄姆和罗伯特·迈克尔。格雷厄姆认为养老基金的投资应该反映出低风险承受能力，但是迈克尔认为养老基金的投资必须获得最高可能收益。基金当前资产分配以及格雷厄姆和迈克尔推荐的资产分配见表 28-9。从表 28-9三种资产组合中选择最适合 Acme 的退休计划。解释你的决定如何满足该计划的下列目标和限制。

表 28-9 资产分配

(%)

	现在	格雷厄母	迈克尔
英国大资本化股权	30	20	40
英国小资本化股权	13	8	20
国际股权（除英国外的摩根士丹利世界指数）	10	10	18
英国债券	42	52	17
现金	5	10	5
总共	100	100	100
期望投资组合收益率	9.1	8.2	10.6
期望投资组合变动程度（标准差以百分率计量）	16.1	12.8	21.1

ⅰ. 必要回报率。

ⅱ. 风险承受能力。

ⅲ. 流动性。

2. 你的客户说："加上投资组合中未实现的资本利得，我几乎已经为女儿凑足了 8 年后的大学学费，但是教育成本不断上升。"仅凭这个说明书，下列哪项对你客户来说是最不重要的投资决策。

a. 时间范围。

b. 购买力风险。

c. 流动性。

d. 税收。

3. 下列最不可能包括在投资组合管理过程的是：

a. 识别投资者的目标、限制和偏好。

b. 组织管理过程本身。

c. 根据将要使用的资产，实施投资策略。

d. 监控市场情形，相关价值和投资者情形。

4. 萨姆·肖特是一名注册金融分析师，最近加入了 Green、Spence 和 Smith（GSS）投资管理公司。几年来。GSS 的顾客范围广泛，包括雇员收益计划、富人和慈善机构。而且，公司专门投资股票、债券、现金余额、不动产、风险资本和国际证券。迄今，公司没有正式的资产分配过程而是依赖于顾客的个人愿望或投资组合管理人的特定偏好。简单来说，GSS 管理是：正式的资产分配过程是有益的并强调投资组合的最终收益的大部分取决于资产分配。公司要求他通过为行政管理提供建议将工作更推进一步。

a. 推荐一种 GSS 可以使用的资产分配方法。

b. 此方法要应用到中年、富裕人群等非常保守的投资者（有时候指的是"监护人投资者"）。

5. Jarvis University（JU）是一所私有化、多程序的美国大学。截至 2009 年 5 月 31 日第一个财政年度获得 20 亿美元捐赠基金。由于政府捐赠较少，JU 很大程度上依赖捐赠基金来支持源源不断的支出，尤其是因为近几年来学校的入学增长率和学费没有达到预期。对 JU 的一半收入预算而言，捐赠基金必须每年投入 1.26 亿美元，与通货膨胀挂钩。每年美国的消费者价格指数预期增长 2.5%，美国高等教育成本指数预期增长 3%。2010 年 1 月 31 日到期的捐赠预计为 2 亿美元，代表建设新图书馆主楼的一期支付数额。

在近来的资本竞争中，JU 在一位成功的女校友——Valerie Bremner 的帮助下达到了募集基金的目标，Valerie Bremner 于 2009 年 5 月 31 日捐赠了 4 亿美元的 Bertocchi Oil and Gas 普通股票。Bertocchi Oil and Gas 是一只大资本化、公开发行股票的美国公司。Bremner 捐赠股票的条件是在第一财政年度内不得销售大于 25% 的股票。未来预期再没有大量捐赠。

考虑到对捐赠基金的大量投入和分配，该捐赠基金的投资委员会决定修改该基金的投资策略说明书。它也意识到修改资产分配可能需要授权。JU 捐赠基金的资产分配从 2009 年 5 月 31 日开始（见表 28-10）。

表 28-10 Jarvis University 自 2009 年 5 月 31 日起捐赠基金资产分配情况

资产	当前分配（百万美元）	当前分配比率（%）	当前收益（%）	预期年收益（%）	收益的标准差（%）
美国货币市场债券基金	40	2	4.0	4.0	2.0
中间全球债券基金	60	3	5.0	5.0	9.0
全球股权基金	300	15	1.0	10.0	15.0
Bertocchi 油气普通股票	400	20	0.1	15.0	25.0
直接房地产	700	35	3.0	11.5	16.5
风险资产	500	25	0.0	20.0	35.0
总计	2 000	100			

a. 根据已知信息，为 Jarvis University 捐赠基金准备自2009年6月1日起实施的适当的投资策略说明书构成要素。

注意：你回答中的每个构成要素必须特别强调 JU 捐赠基金的情形。

b. 决定自2009年6月1日起，表28-10中每项资产的最佳修改分配比例。调整每个修改过的分配比例。

6. 苏珊·费尔法克斯是一家以美国为基础的公司 Reston Industries 的主席，它的产品完全内销，股票在纽约股票交易所上市交易。下列是关于它目前情形的其他事实：

- 费尔法克斯是单身，年龄为58岁，没有直系亲属，无债务，没有住房。她身体状况良好，在 Reston 支付的健康保险的保护之下，这项保险在她预期65岁退休时仍然会继续。
- 它的基本工资是500 000美元/年，足够支付她当前的生活，但是永远不会有剩余基金储蓄。
- 早年她有200万美元的储蓄，是以短期投资工具的形式持有。
- Reston 通过大量的股票股利刺激计划回报主要雇员，但是不提供退休计划，不发放股息。
- 费尔法克斯参与刺激计划使其拥有的 Reston 股票价值1亿美元（目前的市场价）。该股票买入时无需缴税，卖出时交纳全部收入的35%，预期将至少持有至退休。
- 她当前的支出水平和当前的年通货膨胀率为4%，预期退休后仍然会持续下去。
- 费尔法克斯需要就所有工资、投资收入和已实现资本利得纳税。假设她的符合税率会在该水平无限持续下去。

费尔法克斯的定位是对所有事情都耐心、细致、保守。她说，如果从她的累计储蓄创造的投资组合在任何的12个月的周期中下降不超过10%，那么税后年真实回报率为3%是完全可以接受的。为寻求专业帮助，她找到两家投资咨询公司——HH Counselors（“HH”）和 Coastal Advisors（“Coastal”）寻求对现存储蓄资产创建投资组合的资产分配建议，以及有关投资总的建议。

a. 基于上述费尔法克斯的特定信息，为其创建投资策略说明书，列示目标和限制。（如果只有一项资产分配，则不需要回答这个问题。）

b. Coastal 对费尔法克斯的200万美元的储蓄资产的资产分配见于表28-11。假设只对费尔法克斯计划总收益的当前部分（由投资收益和已实现资本利得组成）征税，并且市政债券完全免税。

表28-11 Coastal Advisors 给苏珊·费尔法克斯建议的资产分配情况（%）

资产类别	建议分配	当前收益	计划总收益
现金等价物	15.0	4.5	4.5
公司债券	10.0	7.5	7.5
市政债券	10.0	5.5	5.5
大资本化美国股票	0.0	3.5	11.0
小资本化美国股票	0.0	2.5	13.0
国际股票（EAFE）	35.0	2.0	13.5
房地产投资信托（REITs）	25.0	9.0	12.0
风险资本	5.0	0.0	20.0
总计	100.0	4.9	10.7
预计通货膨胀（CPI）			4.0

评价 Coastal 的建议。根据你创建的投资策略说明书的观点，在回答对 Coastal 的建议时，回答它的3处缺点。

c. HH Counselors 为客户的投资组合建立了另外5种资产分配（见表28-12）。基于表28-12和你为费尔法克斯创建的投资策略说明书回答下列问题：

表28-12 HH Counselors 准备的另一种资产分配方法（%）

资产类别	计划总收益	希望标准差	资产分配A	资产分配B	资产分配C	资产分配D	资产分配E
现金等价物	4.5	2.5	10	20	25	5	10
公司债券	6.0	11.0	0	25	0	0	0
市政债券	7.2	10.8	40	0	30	0	30
大资本美国股票	13.0	17.0	20	15	35	25	5
小资本美国股票	15.0	21.0	10	10	0	15	5
国际股票（EAFE）	15.0	21.0	10	10	0	15	10
房地产投资信托（REITs）	10.0	15.0	10	10	10	25	35
风险资本	26.0	64.0	0	10	0	15	5
总计			100	100	100	100	100
数据汇总							
			资产分配A	资产分配B	资产分配C	资产分配D	资产分配E
预期总收益			9.9%	11.0%	8.8%	14.4%	10.3%
预期税后总收益			7.4%	7.2%	6.5%	9.4%	7.4%
预期标准差			9.4%	12.4%	8.5%	18.1%	10.1%
夏普比率			0.574	0.524	0.506	–	0.574

i. 决定表28-12的哪种资产分配符合或超出费尔法克斯所述的收益目标。

ii. 决定表28-12的哪3种资产分配满足费尔法克斯的风险承受力标准。假设需要95%的置信区间，两个标准差。

d. 假设无风险利率为4.5%。

i. 计算资产分配D的夏普比率

ii. 基于夏普比率法，决定28-12有最佳风险调整收益的两种资产分配。

7. 最近，约翰·富兰克林的妻子去世了，他在账户投资上小有经验。在他妻子的丧事和财产处置完之后，富兰克林先生获得了一家业绩相当不错的私营制造公司的控制权，以前富兰克林夫人在这家公司工作很积极。他还拥有一处刚刚竣工的仓库，一处住宅，还有股票和债券。他决定将仓库作为分散化投资的一部分，并且出售私营公司的股权。收入的一半捐赠给一个医学研究基金，以纪念他去世的妻子。赠予将于3个月之后进行。现在要求你帮他评估、计划并构建一个合适的资产组合。

富兰克林先生向3个月后接受捐赠（4 500万美元，最后能够获得房产）的医学研究基金的财政委员会推荐了你。这项捐赠将大大增加基金的数额（从1 000万美元到5 500万美元）并能给研究人员带来好处。基金的经费捐助政策（支出）一直是花费掉几乎所有的年投资净收益。因为富兰克林一直比较保守，现在捐赠资产组合几乎全是由固定收益资产组成。公司财政委员会已经意识到因为通货膨胀的影响，这些行动会使基金所拥有的资产的实际价值和将来资助的实际价值减少。直到现在，财政委员会相信这一点，但是没有更好的办法，因为计划研究需要大量的即期经费，而基金的规模太小。基金每年的资助的资金至少要等于资产市值的5%时才能免税，预计这一要求会一直持续下去。而且未来可能不会有额外的捐赠或基金筹措活动。

因为要获得富兰克林先生的捐赠，财政委员会想制定新的经费捐助和投资策略。年支出必须达到市值的5%以上才能免税，但是委员会不确定是否能达到5%，也不确定是否应该达到5%。因为研究很重要，委员会会保证支出的数额；但是，它也意识到为了保留未来经费捐助的能力，维持基金资产的实际价值同样重要。现要求你帮助委员会制定合适的策略。

a. 识别并简单介绍确定基金经费捐助策略中的三个关键要素。

b. 为基金制定一项投资策略报告，并对富兰克林先生捐赠之后引起资产规模增加的这项因素考虑进去。投资策略报告必须包括所有相关目标、限制因素以及a中的关键因素。

c. 推荐一个与b中投资策略一致的长期资产配置方案，并解释该资产配置方案的期望收益如何满足基金的可行性经费捐助政策的要求。（资产配置比例之和必须为100%，并运用表28-13所列示的经济/市场数据和资产分类知识。）

表28-13 资本市场年收益率数据 （%）

	历史平均水平	中期共同预期
美国国库券	3.7	4.2
美国中期债券	5.2	5.8
美国长期债券	4.8	7.7
美国公司债券（AAA）	5.5	8.8
非美国债券（AAA）	N/A	8.4
美国普通股（全部）	10.3	9.0
美国普通股（小盘）	12.2	12.0
非美国普通股（全部）	N/A	10.1
美国通货膨胀	3.1	3.5

8. Christopher Maclin，今年40岁，是Barnett公司的管理层，每年税前收入80 000英镑。Louise Maclin，今年38岁，在家中照顾刚刚出生的双胞胎。最近，她从父亲的遗产中继承了900 000英镑（税后）。此外，夫妇二人还有以下资产（当前市值）：

- 5 000英镑现金；
- 160 000英镑股票和债券；
- 价值220 000英镑的Barnett公司的普通股。

Barnett公司股票市值增值幅度很大，因为过去10年公司的销售额和利润不断增长。Christopher Maclin相信Barnett公司和其他公司股票的良好业绩会一直持续下去。

Maclin夫妇的房屋首付需要30 000英镑，并且为了纪念Louise Maclin的父亲，两人打算向当地的慈善机构捐赠20 000英镑，不可抵税。Maclin夫妇每年的生活费用为74 000英镑。工资的税后增加额可以抵消未来所有的生活费用的增加额。

在与格兰特·韦布讨论期间，Maclin夫妇表示他们希望能实现其子女的教育目标和他们的退休目标。他们告诉韦布：

- 他们希望在18年后退休时有足够的资金；养老并支持子女读大学；
- 近年来，他们不希望遭受资产组合波动的影响，并且不希望任何一年的损失超过12%；
- 他们不想投资酒和烟草的股票；
- 他们以后不会再有别的小孩。

讨论之后，韦布计算出18年后Maclin夫妇共需要200万英镑以满足他们的教育和退休目标。韦布建议，他们资产组合年收益率下降的幅度控制在12%以内。Maclin的工资、资本利得和投资收益将按40%纳税，而且没有避税策略。下一步，Webb将为Maclin夫妇制定一份投资策略报告。

a. 制定投资策略报告的风险目标。

b. 制定投资策略报告的收益目标。计算相应的税前收益率。写出计算过程。

c. 制定投资策略报告的限制因素，从以下几个方面进行阐述：

ⅰ. 时间期限； ⅱ. 流动性要求；

ⅲ. 税收； ⅳ. 特殊环境。

9. Louise和Christopher Maclins已经买了房子并且完成对慈善机构的捐赠。现有一份为Maclins夫妇制定的一份投资策略，格兰特·韦布建议他们考虑一下表28-14列出的战略性资产配置方案。

表28-14 Louise和Christopher Maclins建议的战略性资产配置方案（%）

资产类别	建议的资产配置比	当期收益率	预计每年税前总收益率	期望标准差
现金	15.0	1.0	1.0	2.5
英国公司债券	55.0	4.0	5.0	11.0
英国小盘股	0.0	0.0	11.0	25.0
英国大盘股	10.0	2.0	9.0	21.0
美国股票[①]	5.0	1.5	10.0	20.0
Barnett公司普通股	15.0	1.0	16.0	48.0
资产组合总计	100.0	–	6.7	12.4

注：①美国股票数据均以英镑为单位计算。

a. 找出表 28-14 的资产配置方案中与 Maclins 夫妇投资目标和限制因素相矛盾的方面。并证明你的回答。

b. 进行深入讨论之后，韦布和 Maclins 一致认为合适的战略性资产配置方案应该包含 5% ~10% 的英国小盘股和 10% ~15% 的英国大盘股。组合中的其他部分，韦布列出了表 28-15 所示的资产类别范围。

表 28-15 列出了每种资产类别的建议配置范围。基于 Maclins 夫妇的投资目标和限制因素，用一种理由来证明每种合适的配置范围。

注意：不需要计算。

表 28-15 Louise 和 Christopher Maclins 的资产类别范围 (%)

资产类别	配置范围		
现金	0 ~ 3	5 ~ 10	15 ~ 20
英国公司债券	10 ~ 20	30 ~ 40	50 ~ 60
美国股票	0 ~ 5	10 ~ 15	20 ~ 25
Barnett 公司普通股	0 ~ 5	10 ~ 15	20 ~ 25

在线投资练习

资产分配和金融计划

登录 Asset Allocaiton Wizard (http://cgi. money. cnn. com/tools/assetallocwizard/assetallocwizard. html) 网站，该网站根据你的时间结构和对待风险的态度，提供有关投资组合资产比例的建议。根据偏好运行计算器，稍微改变一下输入值，将对结果产生什么影响。

如果想要一个综合退休计划计算器，登录 http://cgi. money. cnn. com/tools/retirementplanner/retirementplanner. jsp。明确当前收入和储蓄习惯，对待风险的态度以及其他相关信息，计算器会告诉你成功实现目标的可能性。它也为未来储蓄计划提供建议，并且列示几个可能输出结果可能性的图表。

概念检查答案

28-1 识别目标和限制计划中的生命周期驱动要素。

28-2 如果投资者持续持有当前资产分配，从现在起 5 年内，她需要支付的税后数额为：

税收合格账户：

债券：50 000 美元 $\times (1.1)^5 \times 0.72$ = 57978.36 美元

股票：50 000 美元 $\times (1.15)^5 \times 0.72$ = 72 408.86 美元

小计 = 130 387.22 美元

非退休账户：

债券：50 000 美元 $\times [1 + (0.10 \times 0.85)]^5$ = 75 182.83 美元

股票：50 000 美元 $\times (1.15)^5 - 0.15 \times [50\,000 \times (1.15)^5 - 50\,000]$ = 92 982.68 美元

小计 = 168 165.51 美元

总计 = 298 552.73 美元

如果她把所有债券换成退休账户，把所有股票换成非退休账户，从现在起 5 年，她税后要花费的数额为：

税收合格账户：

债券：10 000 美元 $\times (1.1)^5 \times 0.72$ = 115 956.72 美元

非退休账户：

股票：10 000 美元 $\times (1.15)^5 - 0.15 \times [10\,000 \times (1.15)^5 - 100\,000]$ = 185 965.36 美元

总共 = 301 922.08 美元

预期她的支付额会增加 3 369.35 美元。

28-3 以不变美元计算，每只基金每年的投资将为 2 000 美元（例如，40 000 美元的 5%）。退休时，她将必然持有的收益基金为

50 000 美元 $\times 1.03^{20}$ + 2 000 美元 × 年度因素(20 年,3%) = 144 046 美元

这是她一定会等到的数额。

除此之外，她股票账户的预期未来价值为：

50 000 美元 $\times 1.06^{20}$ + 2 000 美元 × 年度因素(20 年,6%) = 233 928 美元

28-4 他连续 15 年获得 $0.10 \times 15 \times 15\,000 = 2\,250$ 美元年金，从 25 年开始。该年金的当前价值为 2 812.13 美元。

$$PV = 2250 \times \text{年度因素(15 年,8\%)} \times \text{限制因素(25 年,8\%)} = 2\,812.13$$

术 语 表

abnormal return 异常收益 仅依靠市场运动规律难以预测到的股票收益。累积异常收益（CAR）是信息公布期间异常收益的总和。

accounting earnings 会计收益 企业在损益表中报告的收益。

acid test ratio 酸性测验比率 参见 quick ratio。

active management 积极型管理 通过预测宏观市场形势或识别市场中某些定价错误的行业或证券，取得超常投资组合风险溢价收益。

active portfolio 积极型投资组合 在特雷纳－布莱克模型中，投资组合是由各种已知 α 值非零的股票混合组成的。最终，该投资组合将与消极管理的市场指数投资组合相结合。

adjusted alphas 调整的 α 预测—调整后的 α 用来解释分析师估计值在统计上的不准确性。

agency problem 代理问题 股东、债权人和经理人之间的利益冲突。

alpha α 超出 CAPM 和 APT 等均衡模型预测的证券的超常收益率。

American depository receipts 美国存托凭证 在美国国内交易的代表对外国股票份额要求权的证券

American option 美式期权 美式期权可以在截止日期前任何一天执行期权，相反，欧式期权只能在截止日期当天执行期权。

announcement date 公告日 某公司公开发布特定消息的日期。在事件研究中，研究者用其评价股息事件的经济影响。

annual percentage rate（APR）年化百分比利率 按单利而不是复利计算的年利率。

anomalies 异象 违背有效市场假设的收益模式。

appraisal ratio 估价比率 分析师进行预测时使用的信号－噪声比率，即 α 与残值标准差的比率。

arbitrage 套利 零风险、零净投资且会产生利润的策略。

arbitrage pricing theory 套利定价理论 由因素模型推导出的资产定价理论，涉及分散化和套利的概念。该理论在无风险套利投资不会产生财富的假设下，描述了两种证券期望收益之间的关系。

asked price 卖价，卖方报价 交易商出售证券的价格。

asset allocation 资产配置 在股票、债券等主要资产类别中做出选择。

at the money 平价期权 执行价格与期权的资产价格相等时的现行价格。

auction market 拍卖市场 所有交易者聚集在一起交易同一种资产的一种市场，例如纽约证券交易所。

average collection period or days' receivables 应收账款平均收款期 应收账款与销售收入的比率，或每一美元日销售信用的加总（平均应收账款/销售额 × 365）

backfill bias 回填偏差 某些基金表现良好时会被加进样本，因包含这部分基金的历史业绩而导致的基金样本的平均收益出现的偏差。

balance sheet 资产负债表 反映公司某特定时间财务状况的财务报表。

bank discount yield 银行贴现收益率 假设每年 360 天，使用证券的面值而不是买价，按照单利计算所投资的每一美元的收益的年利率。

banker's acceptance 银行承兑汇票 是一种货币市场资产，其内容是顾客命令银行在未来某一日期支付某一数额的资金。

baseline forecasts 基线预测 在市场处于均衡状态且当前价格能反映所有信息的假设下对证券收益的预测。

basis 基差 期货合约中期货价格和现货价格的差额。

basis risk 基差风险 由期货价格和现货价格差额的波动引起的风险。

behavioral finance 行为金融 强调心理因素影响投资者行为的金融市场模型。

benchmark error 基准误差 对真实市场投资组合的替代存在不合理产生的误差。

benchmark portfolio 基准组合 评价经理人所依据的投资组合。

Beta β 用来测量证券的系统性风险。它反映了市场行情波动时证券收益的趋势。

bid-asked spread 买卖价差 交易商买方报价和买方报价的差额。

bid price 买价，买方报价 交易商愿意购买某种证券时的价格。

binominal model 二项式模型 一种预测期权价值的模型，假设在任意短的时间里，股票价格只有两种可能性。

black-Scholes formula 布莱克－斯科尔斯定价公式 看

涨期权的定价方程式。用于股票价格、执行价格、无风险利率、到期日和股票收益标准差的计算。

block sale 大宗买卖 超过10 000股股票的交易。

block transactions 大宗交易 在大宗交易中，至少有10 000股股票进行交易。经纪人或"大宗证券公司"通常不会在股票交易所进行交易，而是直接寻找大型交易者。

bogey 基准收益 对投资经理进行业绩评估时所参考的投资收益。

bond 债券 是债务人发行的一种证券，在一定持有期后向持有者支付特定款项。息票债券中，发行者在债券存续期间支付利息，在到期日返还面值。

bond equivalent yield 债券等值收益率 根据年百分比率计算的债券收益率，以区别有效年收益率。

bond indenture 债券契约 发行者和债券持有人之间的合约。

bond reconstitution 债券重构 组合国库券本息，再造国库券初始现金流。

bond stripping 息票分离 将债券的现金流（利息或本金）作为单独的零息证券出售。

book-to-market effect 净市率效应 高市净率公司的股票产生异常收益的趋势。

book value 账面价值 根据公司资产负债表描述其普通权益净值的会计方法。

breadth 宽度 个股价格波动对宏观市场指数波动的反映程度。

brokered market 经纪人市场 经纪人为买卖双方提供搜索交易服务的市场。

budget deficit 预算赤字 政府支出超过政府收入的部分。

bull CD, bear CD 牛存单，熊存单 牛存单向持有人支付特定市场指数收益增长额的特定百分比，同时确保提供最小收益率；熊存单向持有者支付特定市场指数收益减少额的一部分。

bullish, bearish 牛市，熊市 用来描述投资者态度的词语。牛市意味着投资者的投资态度积极向上；熊市意味着投资者的投资态度消极懈怠。

bundling, unbundling 组合、拆分 通过将基础证券和衍生证券组合在一起或者将某项资产的收益率拆分的方式创造证券的趋势。

business cycle 经济周期 经济衰退与复苏的循环往复。

calendar spread 日历价差 购入一个期权的同时卖出一个到期日不同的期权。

callable bond 可赎回债券 投资者可以在特定时期以某一价格赎回的债券。

call option 看涨期权 在到期日当天或之前以某一执行价格买入某项资产的权利。

call protection 赎回保护期 可赎回债券刚发行时不可被赎回的那段时期。

capital allocation decision 资本配置决策 投资基金在无风险资产和风险投资组合之间的配置方法。

capital allocation line (CAL) 资本配置线 风险资产和无风险资产可行性风险回报组合图。

capital gains 资本利得 证券的出售价格超出购买价格的部分。

capital market line (CML) 资本市场线 市场指数投资组合形成的资本配置线。

capital market 资本市场 包括投资期限较长、风险较大的证券的市场。

cash/bond selection 现金/债券选择 进行资产配置时，在投资期限较短的现金等价物和投资期限较长的债券之间做出选择。

cash equivalents 现金等价物 是短期货币市场证券。

cash flow matching 现金流匹配 是一种免除期限风险的形式，对债券投资组合的现金流和义务进行匹配。

cash ratio 现金比率 用来度量公司的流动性，是现金与市场证券和流动负债的比率。

cash settlement 现金结算 一些期货合约的条款规定根据标的资产的现金价值结算，而不是像农产品期货那样进行现货交易。

certainty equivalent rate 确定等价收益率 与风险投资组合提供相同效用的确定收益率。

certificate of deposit 大额存单 一种银行定期存款形式。

clearinghouse 清算所 交易所设立的促进交易证券转让的机构。在期权、期货交易过程中，清算所担任交易双方中间人的角色。

closed-end (mutual) fund 封闭式（共同）基金 份额通过经纪人以市场价格交易的基金；该基金不会以资产净值赎回份额。该基金的市场价格与其资产净值不同。

collar 双限期权 将投资组合的价值限制在两个边界之间的期权策略。

collateral 担保品 为某种可能有风险的债券做抵押的资产。抵押债券用资产所有权担保。担保信托债券用其他证券的所有权担保。设备契约债券用设备的所有权担保。

collateralized debt obligation (CDO) 担保债权凭证 根据风险水平差异将贷款分成不同份额。

collateralized mortgage obligation (CMO) 担保抵押债务 一种抵押转递证券，把根据约定规则得到的本金作为标的抵押的现金流分别付给债券持有人。

commercial paper 商业票据 大型公司发行的短期、无担保债券。

common stock 普通股 上市公司发行的代表一定所有权份额的权益证券。股东享有投票权，并且可能获得与所有权成比例的分红。

comparison universe 对比情况 收集投资风格相似的货币经理的情况，用来评价投资经理的相对业绩。

complete portfolio 完整资产组合 包括风险资产和无风险资产在内的全部投资组合。

conditional tail expectation 条件尾部期望 低于一些阀值的随机变量条件期望，通常用来测度下偏风险

confidence index 信心指数 高等级公司债券收益与中级债券收益的比率。

conservativism 保守主义 认为投资者对新出现的迹象反应过慢，不能及时改变看法。

constant-growth model 固定增长模型 假设股息增长率不变的一种股息贴现模型。

contango theory 期货溢价理论 认为期货价格一定会超过未来现货价格的期望值。

contingent claim 或有权益 其价值直接取决于某些标的资产的价值。

contingent immunization 或有免疫 如果需要保证最低可接受收益，在不允许采用积极管理的情况下所采用的积极与消极相结合的管理策略，这样形成的组合可以消除风险。

convergence arbitrage 趋同套利 在两个或两个以上的价格发生偏离时进行交易，当价格回归到恰当关系时就能获利。

convergence property 收敛性 期货合约到期时，现货价格与期货价格趋于一致的性质。

convertible bond 可转换债券 债权人有权将债券转换成本公司一定数量的普通股股票。转换率是指可转换多少股票。市场转换价格是指债券可以交换的股票的现行价格。转换溢价是指债券价值超过转换价格的部分。

convexity 凸性 债券的价格－收益曲线的曲率性质。

corporate bonds 公司债券 公司发行的长期债券，通常每半年支付一次利息，到期时支付债券面值。

correlation coefficient 相关系数 由协方差表示的统计量，它的值介于－1（完全负相关）和＋1（完全正相关）之间。

cost-of-carry relationship 持仓成本关系 参见 spot-futures parity theorem。

country selection 国家选择 一种积极的国际管理方式，测度了投资于业绩较好的国际股票市场对业绩的贡献程度。

coupon rate 息票利率 债券单位面值支付的利息。

covariance 协方差 两种风险资产收益关联变动程度的测量方法。协方差为正表明资产收益同方向变化。协方差为负表明两者反向变化。

covered call 抛补看涨期权 出售某股票看涨期权的同时买入该股票的投资组合。

covered interest arbitrage relationship 抛补利息套利关系 参见 interest rate parity relation。

credit default swap（CDS）信用违约掉期合约 是一种金融衍生工具，其内容是一方出售另一方有关信用风险的保险。

credit enhancement 信用增级 通过购买大保险公司的金融担保来增加资金信用。

credit risk 信用风险 即违约风险

cross hedge 交叉套期 用一种商品的期货合约为另一种资产套期保值。

cumulative abnormal return 累积异常收益 参见 abnormal return。

currency selection 货币选择 投资者在以不同货币标价的投资品中做出选择的资产配置方式。

current ratio 流动比率 表示公司用当前流动资产偿付当前流动负债的能力（流动资产/流动负债）

current yield 当期收益率 债券每年支付的利息与其价格的比率，不同于到期收益率。

cyclical industries 周期性行业 是指对经济形势较为敏感的行业。

data mining 数据挖掘 为挖掘可采用的系统性模式而对大量历史数据进行整理。

day order 当日委托指令 当前交易日收盘前有效的买卖交易指令。

day's receivables 日应收款 参见 average collection period。

dealer market 交易商市场 交易商为自己的账户专门从事某种资产买卖的市场，例如场外交易市场。

debenture or unsecured bond 信用债券、无抵押债券 没有抵押品作为担保的债券。

debt security 债务证券 即债券，也称为固定收益证券。

dedication strategy 贡献策略 指的是多期现金流匹配的策略。

default premium 违约溢价 与承诺收益的差异，作为对投资者因购买公司债券承担违约风险的补偿。

defensive industries 防御性行业 对经济形势不太敏感的行业。

deferred annuities 延税年金 有纳税利益的寿险产品。递延年金提供税收延缓交纳的同时还提供了以终身年金的形式提取基金的选择权。

defined benefit plans 固定给付计划 退休收益根据某固定公式计算的养老金计划。

defined contribution plans 固定缴纳计划 雇主根据某一固定公式出资的养老金计划。

degree of operating leverage 经营杠杆系数 销售量变动1%时利润变动的百分比。

Delta（of option）（期权）德尔塔 见 hedge ratio。

Delta neutral 德尔塔中性 投资组合的价值不受已签发期权的资产的价值变动的影响。

demand shock 需求波动 影响经济中货物和服务需求的事件。

derivative asset/contigent claim 衍生资产/或有债权 证券的收益取决于商品价格、债券和股票价格或市场指数价值等其他资产的价值。例如期货和期权。

derivative security 衍生证券 收益取决于股票价格、利率或汇率等其他金融变量的证券。

direct search market 直接搜寻市场 买卖双方直接寻找交易对手并且直接交易的市场。

directional strategies 方向性策略

discount bonds 折价债券 发行价低于面值的债券。

discretionary account 授权账户 是客户授权经纪人代表其买卖证券的一种账户。

diversifiable risk 可分散风险 属于公司特有风险或非市场风险。不可分散化风险是指系统或市场风险。

diversification 分散化 使投资组合包含多种投资产品从而避免过度暴露在某种风险之下。

dividend discount model（DDM）股息贴现模型 表明公司的内在价值是所有预期未来股息的现值的模型。

dividend payout ratio 股息支付率 股息占公司收益的百分比。

dividend yield 股息收益率 股息占股票价格的百分比。

dollar-weighed return 美元加权收益率 投资的内部收益率。

doubling option 双重期权 偿债基金条款规定，允许两次（买入和卖出）以偿债基金的看涨期权价格购买所要求数量。

Dow theory 道氏理论 是一种技术分析法，用来识别证券价格的长期和短期趋势。

DuPont system 杜邦体系 将公司收益进行分解，找出决定这些收益的潜在因素。

duration 久期 用来测度债券的平均有效期，是债券持有至到期时间的加权平均，其权重与支付现值成比例。

dynamic hedging 动态套期保值 当市场状况发生变化时，不断更新套期保值的头寸。

EAFE index EAFE 指数 摩根士丹利公司编制的欧洲、澳大利亚和远东指数，是被广泛应用的非美国股票指数。

earnings management 盈余管理 运用会计准则的灵活性原则明显提高公司收益的行为。

earnings retention ratio 收益留存率 利润再投资比率。

earnings yield 盈利率 收益与价格的比率。

economic earnings 经济利润 在公司生产能力不变的情况下，能够永远支付的实际现金流。

economic value added（EVA）经济增加值 资产收益率与资本成本之差乘以投入公司的资本，测度了公司收益超出机会成本部分的美元价值。

effective annual rate（EAR）有效年利率 使用复利计算而非单利计算的年利率。

effective annual yield 有效年收益率 使用复利计算得到的证券的年利率。

effective duration 有效久期 市场利率水平每变动一个百分比，债券价格变动的比例。

efficient diversification 有效分散化 现代投资组合理论的组织原则，认为任何风险厌恶型投资者会在任何投资风险水平下寻求最高期望收益。

efficient frontier 有效边界 代表一系列使任何风险水平下收益最大化的投资组合。

efficient frontier of risky assets 风险资产有效边界 位于全部最小方差投资组合之上的最小方差边界的部分。

efficient market hypothesis 有效市场假说 证券价格完全反映市场信息。在有效市场购买证券的投资者期望得到均衡收益率。弱有效市场假设认为股票价格能够反映所有的历史价格信息。半强有效市场假设认为股票价格能够反映所有公开的信息。强有效市场假设认为股价能够反映包括内部信息在内的所有相关信息。

elasticity（of an option）（期权）弹性 股票价值变动1%时期权价值变动的百分比。

Electronic communication network（ECN）电子通信网络 是计算机交易网络，为股票交易所和交易商市场的证券交易服务。

endowment funds 捐赠基金 为特定投资目的而设立的组织。

equities 股权 公司份额的所有权。

equity 权益 公司所有权，边际账户的净值。

equivalent taxable yield 应税等值收益率 是应纳税债券的税前收益率，它使该债券的税后收益率与免税市政债券的收益率相等。

Eurodollar 欧洲美元 在国外的银行或美国银行在国外的支行用美元标识的存款。

European, Australian, Far East (EAFE) index 欧洲、澳大利亚与远东指数 由摩根士丹利编制的被广泛应用的非美国股票指数。

European option 欧式期权 只能在到期日行权的期权。美式期权可以在到期日当天及之前的任何一天行权。

event study 事件研究法 测度利率事件对股票收益影响的研究方法。

event tree 事件树 描述事件所有可能的序列。

excess return 超额收益 超过无风险利率的收益率。

exchange rate 汇率 一单位某国货币相对于另一国货币的价格。

exchange rate risk 汇率风险 由于美元和外国货币汇率的变动而导致的资产收益的不确定性。

exchange-traded fund (ETF) 交易所交易基金 共同基金的一种，使投资者可以像投资股票那样对证券投资组合进行交易。

exchanges 交易所 为会员提供设备进行证券交易的国家或区域性拍卖市场。在交易所中，一个席位代表一个会员。

exercise or strike price 执行价格 买入或卖出资产的价格。

expectations hypothesis (of interest rates) (利率的)预期假定 是关于远期利率是未来预期利率的无偏估计的理论。

expected return 期望收益 各种可能出现的结果的概率的加权平均。

expected return-beta relationship 期望收益-贝塔关系 资本资产定价模型的含义，即证券风险溢价（预期超额收益）与贝塔成比例。

expected shortfall 预期损失 当收益位于概率分布的左尾时，证券的预期损失。

face value 面值 债券到期时的价值。

factor beta 因子贝塔 证券收益率对系统因素变动的敏感性。也称因子载荷，因素敏感性。

factor loading 因子载荷 见 factor beta。

factor model 因素模型 将影响证券收益率的因素分解成共有影响和公司特有影响的方法。

factor portfolio 纯因子组合 一个充分分散化的投资组合，其中一种因素的贝塔值为1，其他因素的贝塔值为0。

factor sensitivity 因素敏感度 见 factor beta。

fair game 公平博弈 风险补偿为0的投资项目。

fair value accounting 公允价值会计 在公司财务报表中使用现值而非历史成本的方法。

Federal fund 联邦基金 银行储蓄账户上的基金。

FIFO 先进先出法 一种存货计价的会计方法。

financial assets 金融资产 股票、债券等对真实资产产生的收入以及政府的收入享有所有权。

financial engineering 金融工程 创建和设立有特定性质的证券。

financial intermediary 金融中介 银行、共同基金、投资公司或保险公司等机构，为家庭和商业部门建立联系，以便于家庭投资，商业部门融资生产。

firm-specific risk 公司特有风险 见 diversification risk。

first-pass regression 一阶回归 估计证券或投资组合贝塔值的时间序列回归。

fiscal policy 财政政策 使用政府支出和税收的方法达到稳定经济的目的。

fixed annuities 固定年金 保险公司定期支付固定数额的年金合约。

fixed-charge coverage ratio 固定费用偿付比率 收益对所有固定现金债务的比率，包括租赁和偿债基金的支付。

fixed-income security 固定收益证券 一定时期支付一定现金流的证券，例如债券。

flight to quality 安全投资补偿 用来描述投资者在不确定经济形势下要求较大投资违约补偿的趋势。

floating-rate bond 浮动利率债券 根据特定市场利率定期重置利率的债券。

forced conversion 强制转换 当公司得知债权人将行权转换可转换债券时，就会行使权力赎回债券。

forecasting records 预测记录 证券分析师预测误差的历史记录。

foreign exchange market 外汇市场 是银行和经纪人之间的一种信息网，允许顾客通过远期合约以当前约定的汇率在未来进行货币买卖。

foreign exchange swap 外汇互换 约定在未来某一或某几个日期互换约定数量的货币协议。

forward contract 远期合约 要求在未来以约定价格交割某种资产的协议，也可参见 futures contract。

forward interest rate 远期利率 是未来一段时间的利率，它可以使长期债券的总收益与采用滚动策略的较短期债券的总收益相等。远期利率是从债券期限结构中推导出来的。

framing 框定 对选择的描述方式的不同会影响决策，

例如，将不确定性看做基于低基准的潜在收益还是基于高基准值的损失所做出的决策是不同的。

fully diluted earnings per share **摊薄后的每股收益** 假设所有流通在外的可转换证券和认股权证都行权之后的每股收益。

fundamental analysis **基本面分析** 基于收益和股息预测、未来利率预期和公司风险评价等决定因素进而预测股票价值的研究。

fundamental risk **基本面风险** 即使资产被错误定价，依然没有套利机会的风险。因为在价格最终回归内在价值之前，错误定价普遍存在。

funds of funds **对冲基金的基金** 投资于其他对冲基金的对冲基金。

futures contract **期货合约** 规定交易商在未来某一时间以约定价格买卖某资产的协议。承诺买入的一方持有多头，承诺卖出的一方持有空头。期货与远期合约的区别在于标准化、交易所交易、需要交纳保证金以及日结算（每日盯市）。

futures option **期权** 未来以约定执行价格购入某期货合约的权利。

futures price **期货价格** 期货交易商对标的资产的承诺交割价。

Gamma **伽玛** 期权定价函数（标的资产价值的方程）曲线的曲率

geometric average **几何平均** n 个数乘积的 n 次方根。用来测度收益的跨期复利率。

globalization **全球化** 投资环境趋于世界化，各国资本市场趋于一体化。

gross domestic product（GDP）**国内生产总值** 一段时间内生产的货物和服务的市场价值的总和，包括在美国境内的外国公司和外国居民创造的收入，但除去美国居民和公司在海外创造的收入。

hedge fund **对冲基金** 一种私募基金，面向机构投资者或资金充裕投资者，几乎不受美国证券交易委员会的监管，与共同基金相比，可以采纳更多的投机性策略。

hedge ratio（for an option）**（期权）对冲比率** 对冲持有某期权的价格风险所要求的股票数量。也称为期权的德尔塔。

hedging **套期保值** 为减少某投资组合的整体风险投资于某项资产。

hedging demands **套保需求** 除了通常的均方差分散化动机之外，证券对冲特定消费风险来源的需求。

high water mark **水位线** 对冲基金收取奖励费之前投资组合必须再次达到的价值。

holding-period return **持有期收益** 某一段时期的收益率。

homogenous expectations **同质期望** 即假设所有投资者都使用相同的期望收益和证券收益的协方差矩阵作为证券分析的输入量。

horizon analysis **水平分析** 预测不同持有期和投资范围可以实现的复利收益。

home bias **本土偏好** 投资者会倾向于将投资组合的大部分份额投资到国内证券，而非为分散化而平均分配的趋势。

illiquidity **非流动性** 不折价销售的情况下，要想在短期内销售资产的困难、成本和资产延迟销售时间。

illiquidity cost **非流动性成本** 某些证券的不完全流动性造成的成本。

illiquidity premium **非流动溢价** 作为对有限流动性补偿的超额期望收益。

immunization **免疫** 资产与负债久期相匹配的策略，使净财富不受利率变动的影响。

implied volatility **隐含波动率** 期权市场价值一致的股票回报率的标准差。

incentive fee **激励费** 对冲基金收取的费用，等于超过规定标准业绩的投资收入的部分。

income beneficiary **收入受益人** 从信托中获取收益的人。

income statement **损益表** 显示公司特定时期的收入和费用的财务报表。

indenture **契约** 债券发行人和持有人之间签订的合同文件。

index arbitrage **指数套利** 挖掘期货实际价格与理论价格的差额从而获取利润的投资策略。

index fund **指数基金** 持有的股票份额与标准普尔 500 等市场指数的股票构成成比例的共同基金。

index model **指数模型** 使用标准普尔 500 等市场指数代表共有或系统风险因素的股票收益模型。

index option **指数期权** 在股票市场指数的基础上建立的看涨或看涨期权。

indifference curve **无差异曲线** 在收益和标准差坐标系中，连接所有效用相同的投资组合的曲线。

industry life cycle **行业生命周期** 在公司成长过程中通常会经历的几个阶段。

inflation **通货膨胀** 产品和服务价格普遍上涨的百分比。

information ratio **信息比率** α 值与可分散风险的标准差的比率。

initial public offering **首次公开发行** 原私有企业第一次公开发行的股票。

input list 输入列表 用来决定最优风险投资组合的期望收益率、方差、协方差等参数列。

inside information 内幕信息 公司高管、主要控制人或其他有特权获得公司信息的个人等掌握的公司尚未公开的信息。

insider trading 内幕交易 公司高管、董事、主要控制人或其他拥有内部消息的人进行股票买卖而获利的交易。

insurance principle 保险原则 平均法则。

interest coverage ratio 利息覆盖倍数 财务杠杆的测量方法。用息税前利润对利息的倍数来表示。

interest coverage ratio, or times interest earned 利息覆盖倍数或利息保障比率 财务杠杆的度量方法、息税前利润与利息支出的比值。

interest rate 利率 每期投入的每单位美元的收入。

interest rate parity theorem 利率平价理论 有效市场上即期汇率和远期汇率关系的理论。

interest rate swaps 利率互换 是一种管理利率风险的方法，各方直接交易不同证券的现金流而不直接交易证券。

intermarket spread swap 市场间差价互换 从债券市场的一个细分市场向另一个细分市场的转换（例如，从国债转换到企业债券）。

in the money 实值期权 是指执行期权时会产生收益的期权。虚值期权是指执行期权时不会产生收益的期权。

intrinsic value (of a firm) （企业的）内在价值 由必要收益率折现的企业的预期未来净现金流的现值。

international financial reporting standards 国际财务报告准则 在许多非美国国家适用的会计准则，与美国标准相比注重原则而不注重规则。

intrinsic value of an option 期权的内在价值 立即执行市值期权所能获得的利润或股票价格与执行价格的差额。

inventory turnover ratio 存货周转率 用已销售货物的成本对平均存货成本的倍数来表示。

investment 投资 为了将来获得更多资源而对当前资源的委托行为。

investment banker 投资银行 通常采用承销方式，专门从事新证券的发行销售的公司。

investment company 投资公司 为投资者管理基金的公司。一家投资公司可能同时管理几个共同基金。

investment-grade bond 投资级债券 在 BBB 级及以上的债券，或 Baa 级及以上债券。级别较低的债券被归为投机级债券或垃圾债券。

investment horizon 投资期限 为达到投资决策目的而确定的时间范围。

investment portfolio 投资组合 投资者选择的一系列证券。

Jensen's measure 詹森测度 一项投资的 α 值。

junk bond 垃圾债券 见 speculative-grade bond。

kurtosis 峰度 概率分布肥尾的测度，表示观察到极值的概率。

Law of one price 一价定律 为了排除套利机会，规定相同证券或证券组合必须以相同的价格出售的规则。

leading economic indicators 先行经济指标 先于经济中其他指标上升或下降的经济序列。

leverage ratio 杠杆比率 公司负债与总资产的比率。

IIFO 后进先出法 会计上使用的一种存货计价法。

limited liability 有限责任 公司破产时，股东不以个人财产偿还债权人的事实。

limit order 限价指令 明确说明投资者愿意在某价格买入或卖出某证券的指令。

liquidation value 清算价值 支付债务之后通过销售公司财产可以实现的净值。

liquidity 流动性 指的是某项资产可以转换成现金的速度和难易程度。

liquidity preference theory 流动性偏好理论 认为远期利率超过未来期望利率的理论。

liquidity premium 流动性溢价 远期利率与期望未来短期利率的差额。

load 手续费 购买某些共同基金所收取的销售费用。

load fund 收费基金 收取手续费或佣金的共同基金。

lock-up period 冻结期 投资者无法赎回其在对冲基金中的投资的那段时期。

lognormal distribution 对数正态分布 变量的对数为正态分布（钟形）

london interbank offered rate (LIBOR) 伦敦银行同业拆借利率 大多数信誉良好的银行在伦敦市场上大量贷出欧洲美元时收取的利率。

long position hedge 多头套期 通过采取多头期货头寸降低未来购买成本，以防止资产价格变化。

lower partial standard deviation 下偏标准差 只使用概率分布变量均值以下的部分计算的标准差。

Macaulay's duration 麦考利久期 债券以支付现值为权重的有效到期时间，等于每次支付时的加权平均时间。

maintenance, or variation margin 维持保证金或可变保证金 交易者保证金的最低值，达到维持保证金要求投资者追加保证金。

margin 保证金 从经纪商处借款买入证券，目前最大额度的保证金比率是 50%。

market-book-value ratio 市场价值与账面价值比率（账

面－市值比） 每股价格与每股账面价格的比率。

market capitalization rate 市场资本化率 市场认可的某公司现金流的贴现值。

market model 市场模型 指数模型的另一种形式，将收入的不确定性分为系统性因素和非系统性因素。

market neutral 市场中性 能够挖掘出市场中定价错误的证券，但是通过套期保值的方式避免整个市场风险的策略。

market order 市场指令 在当前市场价格立即执行的买入或卖出指令。

market of systematic risk, firm-specific risk 市场或系统风险、公司特有风险 市场风险是普遍存在的宏观经济因素引起的风险。公司特有风险反映了独立于市场风险的公司特有的风险。

market portfolio 市场投资组合 每种证券的持有量与其市场价值成比例的投资组合。

market price of risk 风险的市场价格 投资者需要承担的风险的额外收入或风险溢价的度量方法。市场投资组合的收入－风险比率。

market risk 见 systematic risk。

market segmentation or preferred habitat theory 市场分割理论或优先置产理论 期限不同的债券在不同的细分市场上交易，价格互不影响的理论。

market timer 市场择机者 对整个市场变动进行投机，而不是投机于单个具体证券的投资者。

market timing 市场择时 如果预期市场表现会超过国库券，资产配置中对市场的投资就会增加。

market-value-weighted index 市值加权指数 通过计算指数中每种证券的收益率的加权平均值得到的一组证券的指数，其权重与当前市场价值成比例。

marking to market 盯市 描绘了期货多头的每日结算责任。

mean-variance analysis 均值－方差分析 基于可能性结果的期望值与方差对风险性预期的估计。

mean-variance criterion 均值－方差准则 基于回报率的期望值和方差选择投资组合。在给定的方差水平下选择期望回报率较高的组合，在给定的期望收益下选择方差较小的组合。

mental accounting 心理账户 个人在心理上将各项资产分成独立的账户而不是把它们看成整个组合的组成部分。

minimum-variance frontier 最小方差边界 给定期望收益下的最小可能方差的证券组合曲线。

minimum-variance portfolio 最小方差投资组合 方差最小的风险性资产的投资组合。

modern portfolio theory (MPT) 现代投资组合理论 建立在风险－收益均衡和有效分散化基础上的理性投资组合选择的分析与评估原则。

modified duration 修正久期 麦考利久期除以 1 + 到期收益，测度债券的利率敏感性。

momentum effect 动量效应 某一时期业绩好的股票和业绩差的股票在下一个时期继续这种非正常业绩的趋势。

monetary policy 货币政策 联邦储蓄体系委员会采取的影响货币供应或利率的行动。

money market 货币市场 包括短期、高流动性和风险相对较低的债券工具。

mortality tables 死亡率表 一年内不同年龄段个人的死亡概率。

mortgage-backed security 抵押担保证券 持有人有权从一组抵押组合或这样一组抵押组合所担保的债券中获得现金流的证券，也称为转手证券，因为款项由最初抵押发起人转给抵押证券的购买者的。

multifactor CAPM 多因素 CAPM 模型 在基本的 CAPM 模型基础上考虑外部市场套期需求发展得出的 CAPM 模式。

multifactor models 多因素模型 证券收益模型，认为收益受几个系统因素影响。

municipal bond 市政债券 国家或当地政府发行的免税债券，通常用来为项目融资。一般责任债券由发行者的一般税收能力做担保。收益债券由发行筹资建设项目或发行机构担保。

mutual fund 共同基金 汇集并管理投资者资金的公司。

mutual fund theorem 共同基金原理 由资本资产定价模型发展得到的结果，认为投资者会选择将所有风险性投资组合投资于一个市场指数共同基金。

NAICS codes 北美工业分类码 用数字化区分行业的分类码。

naked option writing 裸卖期权 签发没有对冲股票头寸的期权。

Nasdaq 纳斯达克 场外交易市场的自动报价系统，显示数千种股票的当前买卖价格。

neglected-firm effect 被忽略公司效应 投资于不被人注意的公司的股票形成的非正常收益。

net asset value (NAV) 资产净值 每股价值，表示为每股基础上的资产减负债。

nominal interest rate 名义利率 以名义美元（未经购买力调整）表示的利率。

nondirectional strategy 非定向策略 用来挖掘相关定价暂时偏差的头寸，通常用相关证券的空头对某种证券的多头进行套期保值。

nondiversifiable risk 不可分散风险 见 systematic risk。

nonsystematic risk 非系统风险 可以通过分散化消除的非市场或公司特有的风险因素。也称为特有风险或可分散风险。系统风险指的是整个经济共有的风险因素。

normal distribution 正态分布 钟形概率分布，表现出许多自然现象的特征。

notional principal 名义本金 用来计算互换支付非本金数量。

on the run 新发行债券 刚发行债券，以接近面值的价格出售。

on-the-run yield curve 新发行债券收益曲线 以面值出售的新发行的债券的到期收益和到期时间之间的关系。

open-end (mutual) fund 开放式（共同）基金 以资产净值申购或赎回份额的基金。

open interest 未平仓合约数 未清偿期货合约的数量。

optimal risky portfolio 最优风险组合 投资者风险性资产与安全资产的最佳组合。

option elasticity 期权弹性 目标债券价值变动 1% 时，期权价值增长百分比。

original issue discount bond 最初发行折价债券 折价销售的低利息率的债券。

out of the money 虚值期权 指的是执行期权时不会盈利的期权。市值期权是指行权期权时会产生利润的期权。

over-the-counter market 场外交易市场 经纪商和交易商协商证券销售的非正式网络（不是正式的交易所）。

pairs trading 配对交易 将价格走势相似的股票进行配对，并且对每对定价错误的股票建立多头或空头策略。

par value 面值 债券的面值。

passive investment strategy 消极型投资策略 见 passive management。

passive management 消极型管理 购买反映整个市场指数的充分分散化的投资组合，并不是为了寻找错误定价的证券。

passive portfolio 消极型投资组合 一种市场指数投资组合。

passive strategy 消极策略 见 passive management。

pass-through security 转递证券 打包出售的一组贷款（例如住房抵押贷款）。转递证券所有人将收到借款人支付的所有的本金和利息。

peak 高峰 从扩张期末期转换到收缩期初始期的阶段。

P/E effect 市盈率效应 低市盈率股票的投资组合比高市盈率的股票的投资组合的平均风险调整回报高。

personal trust 个人信托 托管人代表他人进行盈利的资产管理。

plowback ratio 盈余再投资率 公司利润在投资的比例（不会以股利形式发放）。盈余再投资率等于 1 减去股息支付率。

political risk 政治风险 是指资产征收、税收政策变化、外汇管制和一国经济环境的其他变化的可能性。

portable alpha; alpha transfer 可携阿尔法 投资于积极的阿尔法头寸，对冲投资的系统风险，最终通过消极指数建立市场风险敞口的策略。

portfolio insurance 投资组合保险 运用期权或动态套期保值策略为投资提供保护，同时保持其增长潜力的行为。

portfolio management 投资组合管理 根据投资者的偏好和需要拥有的投资组合，监督投资组合，评价业绩的过程。

portfolio opportunity set 投资组合机会集 可以由给定的一组资产构成的所有投资组合的期望收益－标准差组合。

posterior distribution 后验分布 按经验可能值调整后的变量的概率分布。

preferred habitat theory 优先置产理论 投资人对特定期限有偏好，只有当风险溢价充分大，投资者才会愿意转换非偏好期限的证券。

preferred stock 优先股 在公司中无投票权的股票，支付固定或非固定的股利。

premium 溢价，期权费 期权的购买价。

premium bonds 溢价债券 卖出价高于面值的债券。

present value of growth opportunities (PVGO) 增长机会价值 公司未来投资的净现值。

price-earnings multiple 价格收益乘数 见 price-earnings ratio。

price-earnings ratio 市盈率 股票价格与每股收益的比率，也称为 P/E 乘数。

price value of a basis point 基点价值 由于资产到期收益率 1 个基点的变化带来的固定收益资产价值的变化。

price-weighted average 价格加权平均 权重与证券价格而不是总资本成比例。

primary market 一级市场 向公众公开发行新证券的市场。

primitive security, derivative security 原生证券、衍生证券 原生证券是股票、债券等投资工具，支付数额仅仅取决于发行者的金融地位。衍生证券是在原生证券的收益基础上产生的，它的收益不取决于发行者的情况，而是与其他资产价格相关。

principal 本金 贷款的未偿余额。

prior distribution 先验分布 按经验可能值调整前的变量的概率分布。

private placement 私募 股份主要直接出售给小部分机构或资金充裕投资者。

profit margin 利润率 见 return on sales。

program trade 程式交易 在计算机的帮助下完成全部投资组合的买卖指令的撮合，常常可以达到指数套利的目的。

prospect theory 前景理论 投资者行为效用模型（与理性模型不同）。投资者效用取决于财富的变化而非财富水平本身。

prospectus 募股说明书 一种包括要发行证券价格在内的经修订的最终记录册。

protective covenant 保护性条款 载明担保品、偿债基金，股利政策等要求的条款，用来保护债券持有人的利益。

protective put 保护性看跌期权 同时购买股票和看跌期权，从而保证最小收益等于看跌期权的执行价格。

proxy 投票委托书 授权代理商以股东名义投票的工具。

prudent investor rule 谨慎投资人法则 投资管理人必须的投资行为必须与假设谨慎投资者的行为一致。

pseudo-American call option value 伪美式看涨期权价值 假设期权被持有至到期时得到的最大价值，和假设期权恰好在分红日前行权的期权价值。

public offering, Private placement 公开发行、私募

pure play 纯赌局 定位于某种觉察到的错误定价的资源，而对冲其他对价格的影响。

pure yield curve 纯收益曲线 描述的是到期收益和零息债券的到期日之间的关系。

pure yield pickup swap 纯收益-高收益债券互换 转向高收益债券。

put bond 可回卖债券 债券持有者可以选择在到期前的指定日期以面值进行兑现或者延期若干年。

put-call parity theorem 看跌-看涨期权平价定理 反映看跌、看涨价格关系的等式。违背平价关系会产生套利机会。

put/ call ratio 看跌/看涨期权比率 某股票未清算看跌期权与看涨期权的比率。

put option 看跌期权 在到期日当天或之前以某执行价格出售资产的权利。

quality of earnings 盈余质量 现实主义和保守主义的收益数额与范围，意味着我们的期望收益可维持在现有的水平上。

quick ratio 速动比率 一种流动性的测度方法，与流动比率相似，但是排除存货（现金加应收账款除以流动负债）。

random walk 随机漫步 认为股票价格变化是随机的、不可预测的。

rate anticipation swap 利率预期互换 根据利率预期而做的利率交换。

real assets, financial assets 实物资产、金融资产 实物资产包括土地、建筑物和用来生产货物和服务的设备。金融资产是对实物资产收益的要求权，例如证券。

real interest rate 实际利率 名义利率超过通货膨胀率的部分，即投资获得的购买力的增长率。

realized compound yield 实现复利收益率 假设支付的利息以已有的市场利率在投资，直到债券到期所得的全部利息。

rebalancing 再平衡 按照需要重新编制投资组合中各个资产的比例。

registered bond 记名债券 发行商登记所有权和利息支付数额的债券，而不记名债券不登记所有权，持有即获得所有权。

regression equation 回归方程 描述因变量和一系列解释变量之间平均关系的方程式。

regret avoidance 避免后悔 行为金融的概念，指做出错误决定的人，决定越违反常规越后悔。

reinvestment rate risk 再投资率风险 债券利息再投资时所获得的未来累积收益的不确定性。

REIT 不动产投资信托 与封闭式基金相似，它投资于不动产或由不动产担保的贷款，或者以这样的投资为基础发行股份。

remainderman 余额受益人 指当信托解散时收到本金的人。

replacement cost 重置成本 重新购置企业资产的成本，“再生产”成本。

representativeness bias 代表性偏差 人们往往相信小样本和大样本同样具有代表性，因而根据小样本的讯息过快推断出某种结论。

repurchase agreement (repos) 回购协议 销售短期，通常是隔夜政府证券，并承诺以稍高的价格重新购回的协议。反向回购协议是承诺未来以某一价格重新出售证券的协议。

residual claim 剩余追索权 是指当公司倒闭或破产时，股东位于公司资产索取次序的最后一位。

residual income 剩余收入 见 economic value added (EVA)。

residuals 残值 部分股票收益无法用解释变量（市场指数收益）解释，残值衡量了特定时期公司特有事件的影响。

resistance level 阻力水平 是据推测股票或股票指数很难超越的价格水平。

return on assets (ROA) 资产收益率 一种赢利能力比率，用息税前利润除以总资产得出。

return on equity（ROE）**净资产收益率** 用净利润除以净资产得到的一种会计比率。

return on sales（ROS），or profit margin **销售收益率或利润率** 销售一美元所得利润（息税前利润除以销售收入）。

reversal effect **反向效应** 某一时期业绩好的股票和业绩差的股票往往在随后一段时期向反方向变化。

reversing trade **反向交易** 进行反方向的期货头寸交易从而将现有期货头寸平仓。

reward-to-volatility ratio **报酬－波动性比率** 额外收益与投资组合标准差之比。

riding the yield curve **滑动收益曲线** 由于投资收益随债券到期日的缩短而降低，所以为获得资本利得而购买长期债券。

risk arbitrage **风险套利** 发现定价错误的证券并进行投机，通常以收购兼并的企业的股票为目标。

risk-averse，risk-neutral，risk lover **风险厌恶、风险中性、风险爱好者** 风险厌恶型投资者只有在风险溢价能够得到补偿时才会投资风险性投资组合。风险中性型投资者不考虑风险水平，只关心风险的预期期望收益。风险偏好型投资者愿意在期望收益较低的情况下承担较高的风险。

risk-free asset **无风险资产** 收益率确定的资产，常指短期国库券。

risk-free rate **无风险利率** 确定能得到的利率。

risk lover **风险偏好者** 见 risk-averse。

risk-neutral **风险中性** 见 risk-averse。

risk premium **风险溢价** 超过无风险证券期望收益的部分，该溢价是对投资风险的补偿。

risk-return trade-off **风险－收益权衡** 如果投资者愿意承担风险，就会有较高的期望收益作为回报。

risky asset **风险资产** 收益率不确定的资产。

risk pooling **风险集合** 将投资组合投资于许多风险性资产。

risk sharing **风险共享** 许多投资者共同承担一定规模的投资组合的风险。

scatter diagram **散点图** 两种证券收益的图示，每个点代表给定持有期内的一组收益。

seasoned new issue **再次发行** 上市公司再次发行的股票。

secondary market **二级市场** 交易已有证券的证券交易所或场外市场。

second-pass regression **二阶回归** 投资组合收益对 β 值的横截回归，估计的斜率测度了一定期限内承担系统风险的回报。

sector rotation **部门转换** 是一种投资策略，将投资组合投资于宏观经济预期下业绩较好的行业。

securitization **证券化** 把不同类型贷款转换成由这些贷款担保的标准化证券，它们可以像任何其他证券那样交易。

security analysis **证券分析** 确定市场中证券的正确价值的行为。

security characteristic line **证券特征线** 证券超过无风险利率的超额收益作为市场超额收益的函数的图形。

security market line **证券市场线** 资本资产定价模型的期望收益与贝塔之间关系的图形表示。

security selection **证券选择** 见 security selection decision。

security selection decision **证券选择决策** 将特定证券选入某投资组合的决策。

semistrong-form EMH **半强式有效市场假说** 见 efficient market hypothesis。

separation property **分离特性** 投资组合选择可以分为两项独立的工作：第一，确定最优风险投资组合，这是一个纯技术性问题；第二，根据个人偏好配置资本风险投资组合与无风险资产。

Sharpe's measure **夏普测度** 报酬－波动性比率，投资组合额外收益与标准差的比率。

shelf registration **上架登记** 在证券开始销售前两年就在证券交易委员会登记注册。

short position or hedge **空头头寸或套期** 通过卖空期货合约保持已持有的某项资产的价值。

short rate **短期利率** 一期利率。

short sale **卖空** 投资者并不拥有所出售的份额，而是从经纪人那里借贷而来之后通过回购偿还贷款。如果初始售价比回购价格高就会获得利润。

single-factor model **单因素模型** 仅含有一种公认的共同因素的证券收益模型。见 factor model。

single-index model **单指数模型** 一种股票收益模型，将收益的影响因素分解成系统因素（用整个市场指数的收益衡量）和公司特有因素。

single-stock futures **单一股票期货** 关于某只股票而非某个指数的期货合约。

sinking fund **偿债基金** 要求债券发行人在公开市场或按照偿债基金条款所约定的价格赎回一定比率的未到期债券，并允许在到期时支付本金。

skew **偏度** 衡量概率分布不对称性的指标

small-firm effect **小规模公司效应** 是指投资小规模公司的股票往往会取得异常收益。

soft dollars **软美元** 经纪公司为换取投资经理的业务而向他们提供免费的研究服务的价值。

Sortino ratio 索提诺比率 额外收益除以下行标准差。

specialist 专家做市商 对一家或多家公司的股票进行交易的交易商，通过个人对股票的交易维持一个公平有序的市场。

speculation 投机 为获得比无风险投资更高的利润（风险溢价）因而承担风险。

speculative-grade bond 投机级债券 等级在穆迪评级Ba级及以下，或标准普尔评级BB级及以下或未评级的债券。

spot-futures parity theorem, or cost-of-carry relationship 现货－期货平价定理，持仓成本关系 描述了现货－期货价格之间的在理论上正确的关系，违背平价关系增加套利机会。

spot rate 即期利率 可以作为某些给定到期日现金流折现率的当期利率。

spread (futures) (期货) 买卖价差 建立在同种标的物上，同时持有不同期限的多头期货合约和空头期货合约。

spread (options) (期权) 价差 同一种标的物但执行价格或到期日不同的两个或多个看涨期权或看跌期权组合。货币价差是指不同行权价格的价差；时间价差是指不同行权期的价差。

standard deviation 标准差 见 root of the variance。

statement of cash flows 现金流量表 显示公司特定时期现金流入流出情况的财务报表。

statistical arbitrage 统计套利 使用定量系统揭示许多可觉察到的相对定价偏差，并且通过诸多小型交易确保总体上获利。

stock exchanges 股票交易所 由会员交易已发行证券的二级市场。

stock selection 股票选择 是一种积极的投资组合管理技术，关注某些股票而不是整个资产配置的最优选择。

stock split 股票拆分 公司发行给定数量的股票以交换股东目前持有的股票。拆分可能出现两种情况：增加或减少流通中的股票的数目。反向拆分会减少在流通股份数量。

stop-loss order 止损指令 股价跌至规定水平以下时发出的销售指令。

stop orders 停止指令 当证券价格不利于交易商时，以止损价交易的命令。

straddle 跨式期权 为从预期变动中获得利润而买入执行价格和到期日相同的同一标的看涨期权和看跌期权的策略。

straight bond 普通债券 没有赎回权和可转换权的债券。

street name 街名 经纪人代表顾客持有的但以公司名义登记的证券。

strike price 执行价格 见 exercise price。

strip, strap 底部条式组合、底部带式组合 跨式期权的变型。底部条式组合包括同一标的的两个看跌期权和一个看跌期权。底部带式组合包括两个看涨期权和一个看跌期权，该期权的执行价格和到期日相同。

stripped of coupons 息票分离债券 有些投资银行出售由付息国债作担保的有权一次性支付的“综合”零息债券。

strong-form EMH 强式有效市场假说 见 efficient market hypothesis。

subordination clause 次级条款 在债券契约中限制发行者未来借款额的条款，这是通过现有债券持有人对企业资产有优先要求权来实现的。在优先次序的债务偿付之前，不得对次级或初级债券进行偿付。

substitution swap 替代互换 将一种债券和另一种与其特征相同但价格更吸引人的债券相互交换。

supply shock 供给波动 影响经济中产能和成本的事件。

support level 支持水平 一种价格水平，据推测股票或股票指数一般都在此价格水平以上。

survivorship bias 生存偏差

swaption 互换期权 建立在互换合约基础上的期权。

systematic risk 系统性风险 整个经济体共有的风险因素，不可分散的风险，也称为市场风险。

tax anticipation notes 待付税款票据 实际收税前筹集资金支付费用的短期市政债券。

tax deferral option 延税选择权 美国《国内税收法》规定，资产的资本利得税只在出售资产实现所得时才缴纳。

tax-deferred retirement plans 延税退休金计划 在作为利润支出之前允许捐助和收入免税累积的雇主支持的或其他的计划。

tax swap 税收互换 为取得税收上的优惠而进行的两个相似债券之间的互换。

technical analysis 技术分析 通过研究确认定价错误的证券，特别关注可复现、可预测的股票价格模式及市场买卖压力。

tender offer 招标收购股权 外部投资者主动向某公司的股东购买股票，其规定的价格通常高于市场价格，从而购进大量股票以获得对公司的控制权。

term insurance 定期人寿保险 只提供死亡收益，不提供现金价值增值。

term premiums 期限溢价 长期债券到期收益率超过短期债券到期收益率的部分。

term structure of interest rates 利率期限结构 不同期

限现金流折现率与期限关系的模型。

times interest earned 利息保障倍数 利润与利息的比率。

time value (of an option) (期权的) 时间价值 未到期期权所具有的价值的一部分，不要与货币现值或时间价值相混淆。

time-weighted average 时间加权收益率 各期持有期投资收益的平均值。

Tobin's q 托宾 *q* 值 公司市场价值与重置成本的比值。

total asset turnover 总资产周转率 单位美元资产所产生的年销售收入（销售收入/资产）。

tracking error 跟踪误差 指特定投资组合收益与复制该组合的基准组合收益之间的偏差。

tracking portfolio 跟踪证券组合 投资收益与系统性风险因素高度相关的投资组合。

tranche 份额 见 collateralized mortgage obligation。

treasury bill 短期国库券 折价发行的短期、流动性很高的政府证券，到期支付面值。

treasury bond or note 中长期国债 联邦政府发行的债券，每半年付息一次，发行价格等于或接近面值。

Treynor's measure 特雷纳测度 额外收益与贝塔的比率。

Trin statistic Trin 统计量 下跌股票平均交易量与上涨股票平均交易量的比率。常用于技术分析。

trough 谷底 经济萧条与复苏的转折点。

turnover 换手率 投资组合成交量与流通总股数的比率。

12b-1 fees 12b-1 费用 共同基金每年收取的营销、宣传费。

unbundling 拆分 见 bundling。

underwriters 承销商 帮助公司公开发行证券的投资银行家。

underwriting, underwriting syndicate 承销、承销辛迪加 承销商（投资银行）从发行公司购买证券并出售的行为，投资银行辛迪加通常由一个牵头银行组织。

unemployment rate 失业率 失业人数与劳动力总量的比率。

unique risk 独特风险 见 diversifiable risk。

unit investment trust 单位投资信托 将货币投资于基金构成终身不变的投资组合。单位投资信托的份额称为可赎回信托凭证，售价高于净资产价值。

universal life policy 通用人寿保险单 允许在有效期内改变死亡赔付和溢价水平的保单，其现金值的利率与市场利率保持一致。

utility 效用 用来度量投资者的福利和满意度。

utility value 效用值 特定投资者希望从具有某一收益和风险的投资中获得的福利。

value at risk 在险价值 衡量下偏风险，是指在一定的持有期和给定的置信水平下，发生极端不利价格变化事件时造成的损失。

variable annuities 可变年金 保险公司定期支付的金额与标的投资组合的投资业绩相关的年金合同。

variable life policy 可变人寿保险单 提供固定死亡保险和可投资于可选基金的现金值的保单。

variance 方差 衡量随机变量的分散程度，等于偏离均值部分的方差的期望值。

variation margin 可变保证金 见 maintenance margin。

Vega 引申波幅敏感度 标的资产标准差的变动对期权价格的影响。

views 点评 分析师对某个股票或行业的可能的业绩或相对市场一致期望的股票的观点。

volatility risk 波动性风险 由于标的资产的波动性产生未预期变化而给期权投资组合带来的风险。

warrant 认股权证 某公司为购买本公司股票而发行的期权。

weak-form EMH 弱式有效市场假说 见 efficient market hypothesis。

well-diversified portfolio 充分分散的投资组合 投资组合向许多证券分散风险，以至于每种证券在组合中的权重接近零。

whole-life insurance policy 终身保险保单 提供死亡收益的同时，也提供某种储蓄计划以应付未来可能的提前支取。

workout period 市场疲软期 临时失调的收益关系的调整期。

world investable wealth 世界可投资财富 正在交易的那部分世界财富，也是投资者可以利用的那部分财富。

writing a call 卖出看涨期权 即出售看涨期权。

yield curve 收益率曲线 到期收益率作为到期时间函数的图形。

yield to maturity 到期收益率 测度持有债券至到期时所获得的平均收益率。

zero-beta portfolio 零贝塔投资组合 与所选有效投资组合无关的最小方差投资组合。

zero-coupon bond 零息债券 不支付利息，折价销售，到期时只支付面值的债券。

zero-investment portfolio 零投资组合 在套利策略中运用的，通过买入一些证券，同时做空这些证券而建立的净值为零的投资组合。

CFA协会投资系列

机械工业出版社华章公司、Wiley出版社和CFA协会非常荣幸地推出CFA协会投资系列及CFA协会机构投资系列丛书，这套丛书通过享有盛誉的学者和金融专业人士的努力，针对金融领域的重要问题提供了大量的关键资料。在每一本书中，这些善于思考的领导者在理论和实践层面针对金融问题提出了自己的洞见。这些书籍是金融研究生和从业人员的理想读物。

序号	丛书名	中文书号	中文书名	原作者	译者	定价
1	CFA协会投资系列	978-7-111-45367-3	公司金融：实用方法	Michelle R. Clayman, Martin S. Fridson, George H. Troughton	汤震宇 等	99
2	CFA协会投资系列	978-7-111-38805-0	股权资产估值(原书第2版)	Jeffrey K.Pinto, Elaine Henry, Jerald E. Pinto, Thomas R. Robinson, John D. Stowe, Abby Cohen	刘醒云 等	99
3	CFA协会投资系列	978-7-111-38802-9	定量投资分析（原书第2版）	Jerald E. Pinto, Richard A. DeFusco, Dennis W. McLeavey, David E. Runkle	劳兰珺 等	99
4	CFA协会投资系列	978-7-111-38719-0	投资组合管理：动态过程（原书第3版）	John L. Maginn, Donald L. Tuttle, Dennis W. McLeavey, Jerald E. Pinto	李翔 等	149
5	CFA协会投资系列	2014即将出版	固定收益证券分析（原书第2版）	Frank J. Fabozzi	汤震宇 等	99
6	CFA协会投资系列	2014即将出版	国际财务报表分析	Thomas R. Robinson, Elaine Henry, Wendy L. Pirie, Michael A. Broihahn	汤震宇 等	149
7	CFA协会投资系列	2014即将出版	投资决策经济学：微观、宏观与国际经济学	Christopher D. Piros	韩复龄 等	99
8	CFA协会投资系列	2014即将出版	投资学：投资组合理论和证券分析	Michael G. McMillan	王晋忠 等	99
9	CFA协会投资系列	2014即将出版	新财富管理：理财顾问客户资产管理指南	Roger C. Gibson	翟立宏 等	99
10	CFA协会机构投资系列	978-7-111-43668-3	投资绩效测评：评估和结果呈报	Todd Jankowski, Watts S. Humphrey, James W. Over	潘席龙 等	99
11	CFA协会机构投资系列	2015即将出版	风险管理：变化的金融世界的基础	Austan Goolsbee, Steven Levitt, Chad Syverson	郑磊 等	149
12	CFA协会机构投资系列	2014即将出版	估值技术：现金流贴现、收益质量、增加值衡量和实物期权	David T. Larrabee	王晋忠 等	99
13	CFA协会机构投资系列	2014即将出版	私人财富管理：财富管理实践	Stephen M. Horan	翟立宏 等	99

华章教材经典译丛（清明上河图）系列

课程名称	书号	书名、作者及出版时间	定价
财务会计	978-7-111-27376-9	财务会计：概念、方法与应用（第12版）（斯蒂克尼）（2009年）	78
财务会计	978-7-111-39244-6	财务会计教程（第10版）（亨格瑞）（2012年）	79
财务管理（公司理财）学习指导	978-7-111-32466-9	公司理财（第8版）习题集（汉森）（2010年）	42
财务管理（公司理财）	978-7-111-36751-2	公司理财（第9版）（罗斯）（2012年）	88
财务管理（公司理财）	978-7-111-32633-5	公司理财（精要版）（第9版）（罗斯）（2010年）	68
电子商务	978-7-111-45187-7	电子商务：管理与社会网络的视角（第7版）（特班）（2014年）	79
战略管理	978-7-111-39138-8	战略管理：概念与案例（第8版）（希尔）（2012年）	69
战略管理	978-7-111-43844-1	战略管理：获取持续的竞争优势（第4版）（巴尼）（2013年）	69
商业伦理学	978-7-111-37513-5	企业伦理学（第7版）（乔治）（2012年）	79
领导学	即将出版	领导学（第8版）（尤克尔）（2014年）	59
管理学	978-7-111-46255-2	管理学（诺里亚）（2014年）	69
管理学	978-7-111-41449-0	管理学：原理与实践（第8版）（罗宾斯）（2013年）	59
管理技能	978-7-111-37591-3	管理技能开发（第8版）（惠顿）（2012年）	98
创业管理	978-7-111-40258-9	公司创新与创业（第3版）（库拉特科）（2012年）	49
项目管理	978-7-111-39774-8	项目管理：基于团队的方法（布朗）（2012年）	49
管理会计	978-7-111-39512-6	管理会计教程（第15版）（亨格瑞）（2012年）	88
投资银行学	978-7-111-41476-6	投资银行、对冲基金和私募股权投资导论（斯托厄尔）（2013年）	99
金融中介学	978-7-111-43694-2	金融市场与金融机构（第7版）（米什金）（2013年）	99
金融学（货币银行学）指导或案例	978-7-111-44311-7	货币金融学（第2版）学习指导（米什金）（2013年）	45
金融学（货币银行学）	978-7-111-34261-8	货币金融学（第2版）（米什金）（2011年）	75
金融市场学	978-7-111-26674-7	金融市场学（第10版）（罗斯）（2009年）	79
金融工程学习指导	978-7-111-30014-4	期权、期货及其他衍生产品习题集（第7版）（赫尔）（2010年）	42
金融工程	978-7-111-35821-3	期权、期货及其他衍生产品（第8版）（赫尔）（2011年）	98
（证券）投资学学习指导	978-7-111-42662-2	投资学习题集（第9版）（博迪）（2013年）	49
（证券）投资学	978-7-111-39028-2	投资学（第9版）（博迪）（2012年）	98
（证券）投资学	978-7-111-44485-5	投资学（第9版）（珍藏版）（博迪）（2013年）	199
中级宏观经济学	978-7-111-43155-8	宏观经济学（第5版·升级版）（布兰查德）（2013年）	75
西方经济学学习指导	978-7-111-33099-8	哈伯德《经济学》学习指南（第3版）（斯卡希尔）（2011年）	45
西方经济学学习指导	978-7-111-31352-6	经济学精要（精要版）（第4版）学习指南（拉什）（2010年）	39
西方经济学（微观）	978-7-111-32767-7	经济学（微观）（第3版）（哈伯德）（2011年）	59
西方经济学（微观）	978-7-111-42810-7	经济学（微观部分）（第2版）（斯通）（2013年）	55
西方经济学（宏观）	978-7-111-32768-4	经济学（宏观）（第3版）（哈伯德）（2011年）	49
西方经济学（宏观）	978-7-111-42849-7	经济学（宏观部分）（第2版）（斯通）（2013年）	49
西方经济学	978-7-111-28088-0	经济学：私人与公共选择（第12版）（格瓦特尼）（2009年）	78
西方经济学	978-7-111-27481-0	经济学原理（精要版）（第4版）（帕金）（2009年）	62
商务与经济统计	978-7-111-37641-5	商务与经济统计（第11版）（安德森）（2012年）	108
组织行为学	978-7-111-44814-3	组织行为学精要（第12版）（罗宾斯）（2014年）	45
人力资源管理	978-7-111-40189-6	人力资源管理（亚洲版·第2版）（德斯勒）（2012年）	65
消费者行为学	即将出版	消费者行为学（第12版）（霍金斯）（2014年）	79
市场营销学（营销管理）	978-7-111-43017-9	市场营销学（第11版）（阿姆斯特朗、科特勒）（2013年）	75
市场营销学（营销管理）	978-7-111-43202-9	市场营销原理（亚洲版·第3版）（科特勒）（2013年）	79
服务营销学	即将出版	服务营销（第6版）（泽丝曼尔）（2014年）	75
供应链（物流）管理	978-7-111-45565-3	供应链物流管理（第4版）（鲍尔索克斯）（2014年）	59
管理信息系统	978-7-111-34151-2	管理信息系统（第11版）（劳顿）（2011年）	55

教师服务登记表

尊敬的老师：

您好！感谢您购买我们出版的________________________________教材。

机械工业出版社华章公司为了进一步加强与高校教师的联系与沟通，更好地为高校教师服务，特制此表，请您填妥后发回给我们，我们将定期向您寄送华章公司最新的图书出版信息！感谢合作！

个人资料（请用正楷完整填写）

<table>
<tr><td>教师姓名</td><td></td><td>□先生
□女士</td><td>出生年月</td><td></td><td>职务</td><td></td><td colspan="2">职称：□教授 □副教授
□讲师 □助教 □其他</td></tr>
<tr><td>学校</td><td colspan="2"></td><td>学院</td><td colspan="3"></td><td>系别</td><td></td></tr>
<tr><td rowspan="2">联系电话</td><td rowspan="2" colspan="3">办公：
宅电：
移动：</td><td>联系地址及邮编</td><td colspan="4"></td></tr>
<tr><td>E-mail</td><td colspan="4"></td></tr>
<tr><td>学历</td><td></td><td>毕业院校</td><td></td><td>国外进修及讲学经历</td><td colspan="4"></td></tr>
<tr><td>研究领域</td><td colspan="8"></td></tr>
<tr><td colspan="3">主讲课程</td><td colspan="2">现用教材名</td><td>作者及出版社</td><td>共同授课教师</td><td colspan="2">教材满意度</td></tr>
<tr><td colspan="3">课程：
□专 □本 □研 □MBA
人数： 学期：□春□秋</td><td colspan="2"></td><td></td><td></td><td colspan="2">□满意 □一般
□不满意 □希望更换</td></tr>
<tr><td colspan="3">课程：
□专 □本 □研 □MBA
人数： 学期：□春□秋</td><td colspan="2"></td><td></td><td></td><td colspan="2">□满意 □一般
□不满意 □希望更换</td></tr>
<tr><td colspan="9">样书申请</td></tr>
<tr><td>已出版著作</td><td colspan="3"></td><td>已出版译作</td><td colspan="4"></td></tr>
<tr><td colspan="3">是否愿意从事翻译/著作工作 □是 □否</td><td>方向</td><td colspan="5"></td></tr>
<tr><td>意见和建议</td><td colspan="8"></td></tr>
</table>

填妥后请选择以下任何一种方式将此表返回：（如方便请赐名片）

地 址：北京市西城区百万庄南街1号 华章公司营销中心 邮编：100037

电 话：(010) 68353079 88378995 传真：(010)68995260

E-mail:hzedu@hzbook.com marketing@hzbook.com 图书详情可登录http://www.hzbook.com网站查询